張大同

资治通鉴全本新注

（全十四册）

第一册

卷一至卷二二（周纪一至汉纪十四）

［宋］司马光　编著
张大可　注释

華中科技大學出版社
http://press.hust.edu.cn
中国·武汉

图书在版编目（CIP）数据

资治通鉴全本新注：全十四册 /（宋）司马光编著；张大可注释 .
—武汉：华中科技大学出版社，2023.9
ISBN 978-7-5680-9524-2

Ⅰ . ①资… Ⅱ . ①司… ②张… Ⅲ . ①《资治通鉴》—注释
Ⅳ . ① K204.3

中国国家版本馆 CIP 数据核字（2023）第 118985 号

资治通鉴全本新注（全十四册）　　［宋］司马光　编著
Zizhitongjian Quanben Xinzhu (Quan Shisi Ce)　　张大可　注释

策划编辑：亢博剑
责任编辑：章　红　林凤瑶　肖诗言
封面设计：璞茜设计 2815932450@qq.com
责任校对：刘　竣　李　琴　曾　婷 等
责任监印：朱　玠
出版发行：华中科技大学出版社（中国·武汉）　电话：（027）81321913
武汉市东湖新技术开发区华工科技园　邮编：430223
录　　排：北京艺点锦秀文化传播有限公司
印　　刷：湖北新华印务有限公司
开　　本：710mm×1000mm　1/16
印　　张：610　　插页：2
字　　数：12696 千字
版　　次：2023 年 9 月第 1 版第 1 次印刷
定　　价：1588.00 元（全十四册）

作者简介

二〇一二年八月二十八日作者信步于壶口瀑布（七十二岁）

张大可，1940年12月7日生，重庆市人。1966年毕业于北京大学中文系古典文献专业。历任兰州大学历史系教授、北京外国语大学中文系教授兼系副主任、中央社会主义学院教授。社会职务：中国史记研究会会长、中国历史文献研究会常务理事、中华伏羲文化研究会常务理事。享受国务院政府特殊津贴。

长期从事中国历史文献学与秦汉三国史方向的研究，发表学术论文近200篇，主要著作有《史记研究》《史记全本新注》《史记文献学》《史记论赞辑释》《史记精言妙语》《史记十五讲》《史记史话》《司马迁评传》《三国史研究》《三国史》《三国十二帝》等。主编高校教材《中国历史文选》《中国历史文献学》《史记教程》等。并整理注译《史记》《资治通鉴》等多种古籍。其中有六部学术专著获省部级优秀图书奖。2008年《中国历史文选》教育部评为普通高等教育精品教材。2014年商务印书馆出版《张大可文集》1—10卷。

本书《资治通鉴全本新注》其中卷七十五至卷一百五十五共八十一卷，为作者友人江苏省产业海外发展和规划协会副会长兼秘书长朱枝富先生协助提供初稿长编；书后附录“资治通鉴大事编年”，为中国社会科学院历史所研究员陈绍棣先生提供初稿长编。两人之长编稿，再由作者修订统筹定稿，特此说明。

凡 例

一、新注体例

以清胡克家刻本为底本，参照中华点校本厘定文字，正文与注文均采用简体字横排。个别常用通假字改用正字，第一次出现时出注。一些采择章钰的校记成果，直接改正原文，一一加注释“据章校补”或“据章校改”。个别改换字采用张敦仁、严衍两人的校勘成果，在注释中注明。本书包括书前“导读”评介；书中行文解读、宏观点示史事大要与疏通文字的微观解析相结合，以原书卷为单元，含“大事提要”“段意”“注释”“点评”四项内容。点评有话则长，无话则短，灵活处理。书后附录大事编年。

二、行文的技术处理

全书行文使用宋体、仿体、楷体三种字体。《资治通鉴》原文、注文（包括书前“导读”、书后“附录”）均用宋体，字号有别。原文中的史论均用仿体。每卷的“大事提要”“段意”“点评”使用楷体。三体并用的技术处理，使行文条理清晰，原著与解读泾渭分明，更加醒目，便于阅读。

三、字、词、句的注释

难字注音，采用单一拼音注释，直接括注在本字后。词义为注释重点。笔法用语、特殊词语、通假字等均简洁注释，尽可能做到不漏、不滥。特殊短语、难句、复杂历史内容的句子，以及必须疏解的语法及修辞句子，或先串释再注单词，或先释单词再串释，随文而定，以简洁明快为要领。

四、天文、地理、历史掌故、职官、人物等的注释

凡有助于阅读的内容，当注必注，一律不作烦琐考证，亦不介入争鸣，采择昔贤今人的研究成果，尤其注重吸收当今史学、考古学、语言文字学的新成果，用现代语言做最简明的说明性注释。注释坚持简洁明快原则，要点如下：

（1）天文，只注天象，不注感应。

（2）地理，重点注释古地名在今位置坐标，不注沿革，注释地名的今地名行政区，省级行政区的“省”与“自治区”省略，保留县级行政区的“县”“市”“区”字。

（3）职官，重点注释当世秩禄、职能，不详注历任与职官沿革。

（4）人物，同一人物的注释，视语言环境有详略，一般重点注释身份与史事相关的事，不详注履历。知名人物简注，不知名人物稍详。

五、纪年方法

每卷的卷题下注明该卷的起讫纪年，括注公元年，占一行。另起行加鱼尾括注星岁纪年名，并括注干支纪年与公元年。凡括号内的公元纪年，“公元前”一律简化为“前”，公元后略去“公元”二字，径写某某年的数字。

六、正注文的联系

每卷行文的注释，以首尾完备的大事件划分段落，每段应注条目列于段后，用方括数字序号联系。凡每一单词为一条者，序号紧跟单词，亦可“某某”句为一条，有两个以上单词注释为一条者，序号紧跟注释条目，或放在句末标点符号内。

七、有关注文的技术处理

（1）全书所有注文不注互见，以省翻检之劳，多次出现的同一注文，首次详，重出简，或省。

（2）注释中，某字词通假时，所凡用“同”“通”“读”“音”等字作注的字词加引号。例如：趣，同“趋”，趋向。

（3）双音节或多音节词各字注音，括注于字后，例如匍（pú）匐（fú），惓（quán）惓。余类推。

以上凡例，贯通全书。

全书十四册总目

第一册目录

导 读

《资治通鉴》是北宋大政治家、大史学家司马光领衔修撰的一部历史名著，是我国历史上第一部编年体通史，有着巨大的历史价值，以及知往鉴今的借鉴价值，值得所有人阅读。本导读着重点是评介编年体史书的特点，了解《资治通鉴》一书的内容、体制及价值。此外，本导读还涉及编年体史书的源和流的相关内容，以助读者透彻了解《资治通鉴》的特点。

一、编年体史书的源流与特点

《资治通鉴》，简称《通鉴》，全书二百九十四卷，不计标点约有 330 万字。该书上起周威烈王二十三年（前 403 年），下讫后周世宗显德六年（959 年），记载了战国至五代末叶一千三百六十二年错综复杂的历史，是一部贯通古今的编年体史书巨著，其气势与规模，不仅在古代中国，就是在世界中世纪史坛上，都堪称高视独步、无与伦比之作。如此一部伟大的历史巨著，不是凭空产生的，它是编年体史书发展到成熟时期水到渠成之作。大体说来，编年体史书的发展经历了三个历史阶段（编年体史书以下行文简称编年史书）：商周讫秦，即先秦时期，是编年史书的草创时期，可称之为源；两汉讫唐，即汉唐时期，是编年史书的确立时期；两宋讫清，是编年史书的成熟时期，《资治通鉴》是其成熟的标志。这后两个时期，可通称为流。本节简括地评介《资治通鉴》产生前的编年史书的源和流，即先秦时期与汉唐时期，《春秋》和《汉纪》分别是这两个时期的代表之作，重点说这两部书，以了解编年史书的特点。

（一）先秦时期：编年史书的草创

编年体是按时间发展顺序记叙历史的一种史学体裁形式，是我国上古记载史事普遍使用的一种体裁，所以《隋书 · 经籍志》称为古史。上古事简，低下的生产力限制了人们的眼光，加之书写条件极其困难，负责记叙历史的史官或档案人员，只能用简练的文字记下他们认为重要的事，为使所记载的资料更具有使用价值，往往冠之以时间单位，因而很自然地创造了编年记事的形式，此不独中国为然，世界各国亦多循由此途拉开各自史学发展的序幕。原始社会结绳记事、刻木为志，就是最早的以时间为顺序的编年体式。我国现存最早的记事文献为商朝甲骨文。甲骨文又称卜辞。卜辞记事就已标明年、月、日的顺序，只是一般日、月在前，而年代居后。现存西周的文献，也有只记日、月而不记年的，或者只记年、月、日其中之一项的，缺乏完整准确的时间观念，说明编年记事体制尚处于原始阶段。

《汉书·艺文志》载，西周时“左史记言，右史记事”。但从传世文献来看，西周史书记事很不完备，不重时间观念，以记言体为主，记事编年体处于附属地位。春秋战国时期群雄竞起，称霸争雄。为在变动的社会中掌握历史主动权，统治者招延名师攻习历史，不仅是时髦，更是实际需要，从而推动了史学的发展。记言体史书，因大多无时期位置可以对比，日益不受重视，如《国语》就被目为《春秋外传》，地位在《左传》之下。这时，编年体史书，由于有时间作为界标，便于考察时事，抑恶劝善，进一步发展起来，成为史书编纂的主导形式。此时期编年记事方式有了发展，按年、时（季）、月、日记事的程式已固定下来，所以内容也丰富充实得多了。编年体的史书编纂体例已具定式。周代王室和各诸侯国都设有专门的史官，有左史、右史、内史、外史、大史之类，负责编年记载史事，所成之书，通称“春秋”。《墨子·明鬼篇》所谓“百国春秋”，犹言各国春秋，乃合指周王室和各诸侯国的大事记式的编年史。也有少数诸侯国不称“春秋”的，如晋之《乘》、楚之《梼杌》等，据《孟子》一书解释，都是“春秋”的别称，也就是各国自己的编年史。

秦始皇焚书，“诸侯史记尤甚，为其有所刺讥也”[①]。“史记”是“春秋”的又一通称，指为史官所记。先秦编年史书劫后复见者，仅存孔子所修鲁史《春秋》，这是极为遗憾的事，相传是孔子以鲁国的《春秋》为主，参照其他诸侯国的记载整理删定而成。从此以后，《春秋》成为对一书的专称。《春秋》用鲁国年号，按年、时、月、日分条记事，以展示自鲁隐公元年（前722年）至鲁哀公十四年（前481年）共二百四十二年的春秋列国史。[②]其文字极简略，每事只记结果或结论，没有过程的描述和事态的展开，且措辞隐晦，往往使人不知所云，又对于社会情况及重大事件多有缺漏，于是，为《春秋》作注解的所谓“传”便相继出现了。汉代传《春秋》的有五家，即《左传》三十卷，《公羊传》《谷梁传》《邹氏传》《夹氏传》各十一卷。《邹氏传》《夹氏传》早佚，剩下的就是著名的《春秋》三传。其中《公羊传》《谷

①《史记》卷十五《六国年表·序》。

②《春秋》三传，《公羊传》《谷梁传》记事至鲁哀公十四年（前481），《左传》则延至鲁哀公二十七年（前468），全书记事为二百五十五年。

梁传》重在阐释微言大义，向不被目为史学著作。但细考二传，都是严格遵循编年体式，按时间顺序以阐释《春秋》义旨的，其中着重阐释避讳书法理论及大一统思想之类，对后世史学影响甚巨，且在编年释义中，亦偶有史料的补充，因之，仍具有某种编年史书性质，应该在史部典籍中占有一定的地位。至于《左传》，因作了大量的史料补充，并在史学上有重大探索，而成为我国第一部比较完备的编年体史书，则是举世皆知的了。

《左传》原名《左氏春秋》，形式上虽也以鲁国隐、桓、庄、闵、僖、文、宣、成、襄、昭、定、哀十二公记事，但其内容追溯到周宣王二十三年（前805年），较《春秋》记事提前八十三年，又下延记事至智伯之灭（前453年），后延十八年，前后共计多出百年以上。其记事特点，不仅尽力充实史料，更注意过程的叙述、场面的描写、人物的刻画，同时又新创史论，于人物事件有分析，有评说，文辞更是着意求工，曲尽其妙，使人读之兴味盎然。凡此诸端，遂使《左传》成为我国古代第一部独立的史著。换言之，《左传》虽属解释《春秋》的“传”，但它却可以离开《春秋》而显示史学著作的功能，但《春秋》如离开《左传》，不少地方会使人难明所指。由于《左传》不仅记述了春秋时期政治、军事、社会、文化等各方面的重大史实，而且辑录了很多有关春秋以前的历史事实和传说，因而成为研究先秦历史的重要资料。

《左传》与《春秋》相比，史体有了重大改进，大体说有三个方面。一是丰富了史料。《春秋》宣公二年“秋九月乙丑，晋赵盾弑其君夷皋”此条史事寥寥十三字，《左传》则衍为五百三十四字，详细地予以记述，使得事件真相大白，读者明其所以。二是注意了文采。《左传》记事渊懿美茂，其语生气勃勃，文章优美，便易习诵，有利流传。三是新创了史论。《左传》记事用评论来表现是非，或以“君子曰”发端，或借引“孔子曰”代己立言，或系判断语于事尾，巧妙地将各种形式的史论组合交织于记事之中，是述史的一种“书法”。这种书法，左丘明发端于前，司马迁弘扬于后，理论概括称之为“寓论断于序事”，将《春秋》的“书”与“不书”或一字褒贬之“书法”上升至不可同日而语的境界。《左传》编年记事的成就，对《资治通鉴》产生重大的影响。上述《左传》改造《春秋》史体的三大特点，在《资治通鉴》中有淋漓尽致的发扬。

（二）汉唐时期：编年史书的确立

到了汉代，编年史书结束了它的草创时期而进入确立时期。具体说有两大标志。

其一，《史记》《汉书》创立的“本纪”编年记事的创造，是这一时期编年体确立的第一个标志。总体上，纪传体与编年体各为一体，互相争胜于史坛，但细致分析，纪传体实际是把编年记事、人物传记、年表谱录与制度专史熔于一炉的综合体。其中“本纪”明确采用编年体为全书之纲。《史记》《汉书》的“本纪”以年、时、月、日为经，以载录大事为纬，广泛涉及政治、经济、军事、文化、民族关系，乃至中外交通，强调揭示一定时期历史发展的重要线索和基本轮廓，故能成为全书之总纲，其余列传、表、志所述，无不据以为依归。这种述史体制，较之《春秋》基本不录社会经济文化史料是一个巨大的进步。《左传》载政治军事又囿于常事不书、非告无录、斤斤于礼、叙存细事、讳饰含混，乃至于黑白颠倒，有害实录。《史记》《汉书》本纪编年对先秦编年体所作的重大改造，也为《资治通鉴》所吸收。

其二，此时期出现了改编纪传史而成的新型断代编年史书《汉纪》，是编年体确立的第二个标志。《汉纪》为东汉末荀悦所编。起因是汉献帝读《汉书》，苦其“文繁难省”，乃命荀悦删之，荀悦在建安五年（200）完成改编《汉书》的编年史书《汉纪》三十卷。该书以“辞约事详，论辨多美”[①]著称于世。

所谓改编，并非就《汉书》各帝本纪加以简单串联，而是统驭全书材料，分类排比，再撷其精要，将足以显示历史发展脉络者，用编年之法表现出来。荀悦改编《汉书》的成功为后世编年史书，特别是《资治通鉴》的修撰提供了宝贵的经验。此外，荀悦还有三大创新：一是首创了断代编年史书，其后专写一个王朝的编年史书接踵而起，《汉纪》所起的开山引导作用，不能被低估。二是首开以“纪”名编年之例，即改“春秋”为“纪”，它不只是一个称谓问题，实则寓有纲纪的深意。“盖纪者，纲纪庶品，网罗万物”[②]，取纪以名编年之史，表明其纪事原则不是有闻必录，洪纤靡失，而是突出重大事件，纲纪万物，以表现一代之史。三是首次自立凡例与著书意图以统驭全书。综上，《汉纪》在史体方面的创新，使编年体正式确立，后世史家给予了高度评价。刘知幾在《史通》中论史体的发展，提出了“六家”“二体”之说，就是以班固断代的《汉书》和荀悦断代的《汉纪》作为纪传、编年二体的代表总结理论，肯定了荀书确立编年体的历史地位。近代学者亦给予《汉纪》高度评价。梁启超称《汉纪》是“现存新编年体之第一部书”[③]。金毓黻说《汉纪》为司马光修《通鉴》之所本[④]，都是很有见地的。

在东汉末年荀悦《汉纪》的影响之下，魏晋南北朝时期，断代编年史书大兴。一国之史，往往一部纪传史出，旋即有一部编年史与之相配，更有先出编年后出纪

①《后汉书》卷六十二《荀悦传》。

②《史通》卷二《本纪》。

③ 梁启超：《中国历史研究法》，华东师范大学出版社 1995 年版，第 25 页。

④ 参见金毓黻：《中国史学史》，商务印书馆 1999 年版。

传，乃至仅有编年而无纪传者。编年史书蜂起，与纪传史书争胜于史坛，形成自春秋、战国以后编年史书发展史上的又一次高潮。其中，影响较大的有袁宏《后汉纪》、孙盛《晋阳秋》、干宝《晋纪》、王韶之《晋安帝阳秋》、裴子野《宋略》、何之元《梁典》以及王劭《齐志》等。因种种原因，流传下来的只有袁宏《后汉纪》一种。袁书对编年体又有丰富与发展，是编年体确立时期堪与《汉纪》相媲美的一部力作。

二、《资治通鉴》的特点与成就

唐初修《晋书》《梁书》《陈书》《北齐书》《周书》《隋书》《南史》《北史》，确立纪传体为正史编修体例，编年体的发展势头相对低落。至北宋《资治通鉴》出，编年体又重振雄风，进入了编年史书的成熟时期。

《通鉴》总结了以往编年史家的经验，发展和完善了这种古老的体裁，使编年体得以重振，代表了我国古代编年史的最高成就。兹从以下六个方面略述其体制特点与成就。

（一）预先制定严密的工作程序和体例细则以指导编纂全过程

司马光编纂《资治通鉴》，开创了主编全面负责的集体分工合作制。司马光为全书主编，刘恕、刘攽、范祖禹为主要的协编。《通鉴》编书程序，分为三大环节，先作丛目，次成长编，最后定稿。前两步工作由协编者分段负责，大体分工是刘攽负责汉史长编，刘恕负责魏晋南北朝史、隋史及五代史长编，范祖禹负责唐史长编。五代史也由刘恕负责。刘恕中途病死，未完的南北朝部分由刘攽负责，五代部分由范祖禹负责。最后定稿由司马光一人独立完成。丛目制作之法，首先在广泛阅读原始文献的基础之上，按时间顺序列出事题目录，叫作“事目”，然后为事目作注，即将收入各目之资料，注明篇卷出处，因事目繁多，故谓之“丛目”。长编又称“草卷”，实即初稿，制作之法，是根据丛目提供的线索，将史料重新检阅一次，然后经过取舍、综合、诠次，写出编年史雏形。长编写成后，交由主编“笔削”，作进一步加工，又有“粗删”“细删”的程序，以期定稿趋于完美。司马光在修《通鉴》之前先拟定出《通鉴释例》一卷，确定全书用语、格式等方面凡例三十六条，后又与刘恕反复商讨，定出纪元、薨卒等多项义例，又对范祖禹作工作指示，全面申述丛目及长编修撰细则。这些规则，为所有编写人员所遵守，成功地体现在整个编书实践中。以上种种措施，皆为编书质量提供了保证，使《通鉴》在结构谨严、体例统一方面，能够卓然高出于传统编年史书。

（二）主干材料与辅翼材料交相为用，使编年体书体制一新

为什么要编《资治通鉴》？司马光自道原因说："每患迁、固以来，文字繁多，自布衣之士，读之不遍，况于人主，日有万机，何暇周览！臣常不自揆，欲删削冗长，举撮机要，专取关国家盛衰，系生民休戚，善可为法，恶可为戒者，为编年一书，使先后有伦，精粗不杂。"[①] 可见《通鉴》之修，实存在满足士子学史需要和为君主治国提供借鉴两方面的原因。由于前者，必须写成"举其大略"的比较全面反映历史内容的通史，由于后者，必须强调政治史，以便从"国家盛衰"与"生民休戚"中引出"善可为法，恶可为戒"的历史借鉴，二者的综合，遂造成了主干材料与辅翼材料相交为用的述史体制应运而生。《通鉴》着重叙述历代重大政治事件和战争，以"穷探治乱之迹"，同时对于重要历史人物的言论事迹、各类典章制度的沿革、民族间的交往、经济的发展、习俗的变迁、历法的进步之类，皆有扼要的记述，以为"生民休戚"之表证和"治乱兴衰"之基托。所以胡三省说："温公作《通鉴》，不特纪治乱之迹而已。至于礼乐、历数、天文、地理，尤致其详。读《通鉴》者，如饮河之鼠，各充其量而已。"[②] 纪传体广载史事，各类史料按纪、传、表、志，分体著录，做到分而不散。《通鉴》则熔纪、传、表、志材料于一炉，用编年线索加以贯穿，使之统而不分。如此述史，于中心突出之际，兼收包罗宏富之功，既便于总结历史治乱兴衰的经验教训，又便于全面表现社会历史的概貌。此例之设，为编年体注入了新的血液，使编年史书真正建立起了与纪传史书并驾齐驱的体制基础。

（三）首创史料考异之法以取信，使编年述史体制臻于精善

《通鉴》载述一千三百六十二年的历史，面对的史料极其浩繁，如何考订鉴别，成为一大难题。为了准确记事，对相互矛盾的史料，必须有所去取，对各有短长的记载，必须综合诠次。司马光将此等去取诠次的情形，写成《通鉴考异》三十卷，随附《通鉴》并行，由此创造了史料考异之法，也开启了修史之家"自著一书，明所以去取之故"的先例，遂使古老编年体臻于精善。考异之例一开，对后世史家震动甚大，有作为而又实事求是的史家，争相效仿之。如《通鉴》协编者之一范祖禹之子范冲，南宋高宗朝时重修北宋《神宗实录》，即著《神宗实录考异》五卷，以明对旧录删改去取之由。此外，李焘等一些史家，在他们的编年著作中，更将考异文字直接附于正文有关史事条下，体式又有所推进。

① 司马光：《进资治通鉴表》。

②《资治通鉴》卷第二百一十二胡注。

（四）系年方法进一步改进

时间本位是编年史书最根本的特征，也是它区别于其他史体的最主要依据。在标准编年体式中，被记载下来的所有史实，无不一一与其确定的时间相联系，并被嵌入相应的日、月、时、年、年号、君主、朝代的严密序列当中。如此述史，便于把握大势，使一定时期历史发展的概貌，由远及近地展现在读者面前。如何编年记事，前节评述了《春秋》《汉纪》，乃至《史记》《汉书》的本纪已经奠定了基础，至《资治通鉴》又有改进。具体说，系年的改进，主要有以下三项。

1.《通鉴》纪年吸取了当时历法的最新成就。古代用干支纪年，要推定朔闰，必然牵涉历法，而历法精粗不一，自然导致纪年的准确程度呈现差异。北宋著名天文历法专家刘羲叟著《长历》一书，相当精密。司马光即采用《长历》辨定典籍所载史事的朔闰、甲子，从而使纪年错误较少。

2.《春秋》《左传》记事叙次的原则，如注家杜预所概括，乃“以事系日，以日系月，以月系时（季），以时系年”。《通鉴》因系通史，又加上“以年（号）系君主，以君主系朝代”，则其纪年体式为“以事系日，以日系月，以月系时，以时系年，以年系号，以号系朝”。例如曹操之死，《通鉴》记为“魏记·世祖文皇帝（曹丕）·黄初元年：春季，正月，武王（曹操）至洛阳；庚子，薨”。汉武帝以前，没有年号，鲁庄公某年，秦始皇某年，汉高帝某年之类，是当时通行的纪年法，还不属“以年号系君主”，《通鉴》以前没有编年体通史，断代编年，自然没有在行文中标明朝代的必要。可见，《通鉴》改进纪年法，也是时代变化、史学发展的必然结果。

3.诸侯并立，王朝分裂，各国对峙时期，《通鉴》纪年，只取一国、一帝年号；又更号改元之岁，皆取最后一个年号。这种纪年方法，容易示人主从亲疏，并产生“头齐脚不齐”的感觉，有待进一步改进，但能使行文简明，体例划一，也是无法否认的。

（五）叙论分出，突出史论地位，创新史论体式

所谓叙论分出，是指在编年史书中，史事的叙述与撰史者的评论明确分开，并突出史论的地位。一般来说，史事的叙述，严格依据有关史料来写，“悉从论纂，皆有凭依”[①]，不得向壁虚造。史而有论，乃是史学著作区别于单纯史料汇编的重要标志。我国古人撰史，向来重视“事”“文”“义”的有机联系。《通鉴》史论，即是为“义”而发之作。自《左传》创立史论体式以来，有作为的史家无不致力于此，写出脍炙人口的力作。《通鉴》既以“资治”为重要编书目的，则发掘、阐发史义的文

① 司马光:《进稽古录表》,《稽古录》，商务印书馆印明翻宋刊本。

字，便不能不提到突出地位。表现在数量方面，据精确统计，《通鉴》全书设史论218篇，其中有不少千言以上的大论，这在我国古代史书编撰中是空前的。内容方面，除一般的讨论为政得失、赏善惩恶外，更围绕以礼治国思想反复宣扬，并对史学功能、经史关系乃至编修凡例之类，展开广泛评说。《通鉴》突出史论地位，是与它主要作为政治史的体制相吻合的。

《通鉴》史论，分为两大类型：一是司马光自撰之论，以“臣光曰”发端；一是借引前人成说之论，以借引史家姓名或著作名发端。前者可称“自论”，后者可称“借论”。《通鉴》对欲评之事，一般一事一论，或自论，或借论。间亦有同时借引两则成说，或借引一则成说之后又作“臣光曰”，即以二论共评一事者。《通鉴》全书，共设借论99篇，征引作者35家，其中：

孟轲1篇　荀况2篇　贾谊1篇　司马迁2篇　扬雄6篇　班彪3篇　班固15篇　仲长统1篇　荀悦8篇　傅玄1篇　华峤1篇　陈寿5篇　徐众1篇　孙盛5篇　习凿齿6篇　鱼豢1篇　虞喜1篇　干宝1篇　荀崧1篇　袁宏3篇　袁准1篇　范晔3篇　崔鸿2篇　沈约4篇　裴子野11篇　萧子显1篇　萧方1篇　颜之推1篇　陈岳2篇　李延寿2篇　权德舆1篇　李德裕1篇　柳芳1篇　苏冕1篇　欧阳修2篇

借引成说立论，发自左丘明，司马光加以弘扬，广泛借引成说，将借论与自论有机地结合起来，构成遍布本书为之经络，无疑应是对编年体式的一种创新。

（六）主体著作与成套系列著作联为一气，使编年史体气象万千

《通鉴》因记事时限太长，虽极简要之能事，亦洋洋三百万余言，颇难掌握。为便阅读，提高史著的社会效益，司马光以《通鉴》为中心，先后编写了一系列著作，以与主体互相发明。除《通鉴考异》三十卷起辨析增广史料的作用外，“又略举事目，年经国纬，以备检寻，为《目录》三十卷”[①]。

《通鉴目录》与一般书籍的标题目录不同，其特点是“年经国纬，著其岁阳岁名于上，而各标《通鉴》卷数于下，又以刘羲叟《长历》气朔闰月及列史所载七政之变著于上方，复撮书中精要之语散于其间。次第厘然，具有条理”[②]。实为一内容提要性的大事年表。《目录》与《考异》随《通鉴》同时上呈宋神宗，是《通鉴》的两部主要的辅翼之作。此外，又恐《目录》过于简略，复有《通鉴举要历》八十卷，《通鉴节文》六十卷，以为简编。加上修《通鉴》之前撰写的《通鉴释例》一卷，

① 司马光：《进资治通鉴表》。

②《四库全书总目》卷四七“资治通鉴目录”条。

载录修书凡例及与协编者来往信札，又有《历年图》五卷，“上自周威烈王二十三年，下尽周世宗显德六年，略举每年大事，编次为图”[①]。总上六种辅翼著作，共一百八十六卷，与《通鉴》正文二百九十四卷交相辉映，从不同侧面增强了《通鉴》这部编年体通史巨著的表现力。可以说这是编年体的一项重大革新。

《资治通鉴》引领编年体史书蓬勃发展，仿其体制继起者，或添前，或续后，自宋讫清，逐步形成了一套从古到今的编年史系统丛书，举其要者，有十二种，书目如次：

1.《通鉴外纪》十卷，目录五卷　北宋刘恕撰。

2.《汉纪》三十卷　东汉荀悦撰。

3.《后汉纪》三十卷　东晋袁宏撰。

4.《资治通鉴》二百九十四卷　北宋司马光等撰。

5.《续资治通鉴长编》五百二十卷　南宋李焘撰。

6.《建炎以来系年要录》二百卷　南宋李心传撰。

7.《宋元资治通鉴》六十四卷　明薛应旂撰。

8.《明纪》六十卷　清陈鹤生撰。

9.《明通鉴》一百卷　清夏燮撰，亦为明代编年史。

10.《国榷》一百零八卷　明末清初谈迁撰。

11.《资治通鉴后编》一百八十四卷　清徐乾学撰。

12.《续资治通鉴》二百二十卷　清毕沅撰。

这就是与二十四史纪传史系统相辅相补的编年史系列，不一一备述。但没有一部编年史书可与《资治通鉴》相颉颃。胡应麟《史书占毕》说：“编年之史，备于司马氏。”这个“备”字，应视为对《通鉴》完善编年体历史功绩的确评。

三、《资治通鉴》的内容与价值

（一）《资治通鉴》的主要内容

中国传统史学强调经世致用，《资治通鉴》把这一主旨发挥到极致。书名《资治通鉴》虽然是宋神宗所赐，实为司马光之本旨，顾名思义，即史学要“鉴于往事，有资于治道”。既然是“垂鉴资治”，所以司马光选用材料以及叙述内容，“专取

① 《温国文正司马公集》卷五一《乞令校定资治通鉴所写稽古录札子》。

关国家盛衰，系生民休戚，善可为法，恶可为戒者”[①]。这就决定了《资治通鉴》全部内容落实在“治、乱、兴、衰”四字上，用今语说，是一部政治军事史。司马光着墨于国家治乱，写得最多的是君主的贤愚，官吏的好坏。司马光认为“国之治乱，尽在人君”[②]，因此特别重视为君之道。司马光把历史上的君主，依据他们的才能与功业，分为创业、守成、陵夷、中兴、乱亡五类。“创业之君”，如汉高帝、光武帝、隋文帝、唐太宗等，削平群雄，统一中夏，“智勇冠一时”，乃非常之人，干非常之事。这些君主的光辉业绩，《资治通鉴》写得很详细，供人敬仰与效法。“守成之君”，能把创业之君留下的家业发扬光大，如汉文帝、汉景帝、北魏孝文帝等，他们是守成的代表人物。司马光说，守成之君“必兢兢业业，以奉祖考之法度，弊则补之，倾则扶之，不使耆老有叹息之音，以为不如昔日之乐，然后可以谓之能守成矣”[③]。司马光称美文景，借引班固的话说：“扫除烦苛，与民休息……移风易俗，黎民醇厚。周云成、康，汉言文、景，美矣！”[④]陵夷之君，即昏庸之主，他们“习于宴安，乐于怠惰”，“人之忠邪混而不分，事之得失置而不察，苟取目前之佚，不思永远之患”，以至“祖考之业”日益衰微。西汉元帝、成帝，东汉桓帝、灵帝，都是昏庸之主。中兴之君，指能拨乱反正，把处于危机或急剧衰落的国家引导上正轨，转危为安，使政治重新归于治。汉宣帝是中兴之君的典型，司马光借班固的话赞颂说：“孝宣之治，信赏必罚，综核名实。政事、文学、法理之士，咸精其能。至于技巧、工匠、器械，自元成间鲜能及之。亦足以知吏称其职，民安其业也。”[⑤]最坏的是乱亡之君。他们“心不入德义，性不受法则，舍道以趋恶，弃礼以纵欲，谗谄者用，正直者诛，荒淫无厌，刑杀无度，神怒不顾，民怨不知”，结果是“敌国丧之”，“下民叛之”[⑥]，只有破家亡国了。亡国之君十之八九都是昏暴淫逸的乱亡之君，秦二世、陈后主是其尤者。创业、守成、中兴三类之君，是贤圣的明君，是司马光提供学习的榜样。陵夷、乱亡之主，是司马光提供借鉴、警世的标识，在叙述中给予揭露和鞭挞。司马光发扬传统史学惩恶劝善的思想，应予肯定。

战争是政治斗争的最高形式。古代国之大事，在祀与戎。司马光在《资治通鉴》中着力写各种战争，改朝换代群雄逐鹿的战争，创业之主平乱诛暴的战争，雄主御辱与开拓的对外战争，农民起义与王朝镇压的战争，《资治通鉴》都作了绘声绘色的

① 司马光：《进资治通鉴表》。

②③ 司马光：《稽古录》卷十六，商务印书馆印明翻宋刊本。

④ 司马光：《资治通鉴》卷十六，中华书局点校本。

⑤ 司马光：《资治通鉴》卷二十七，中华书局点校本。

⑥ 司马光：《稽古录》卷十六，商务印书馆印明翻宋刊本。

描写。司马光总结战争经验，各种战争，在不同年代、不同地域、不同将帅指挥下有不同的结果。有国有家者，不可以不知兵，写战争就是要总结强国用兵的兵法。顾炎武评论说："《通鉴》承左氏而作，其中所载兵法甚详。凡亡国之臣，盗贼之佐，苟有一策，亦具录之。朱子《纲目》大半削去，似未达温公之意。"[①]

司马光轻文学，明人李因笃说"《通鉴》不载文人"指此。大诗人屈原，《通鉴》只字未提。司马迁写《史记》，为文学家立专传，大量录载文学作品，评价屈原《离骚》"虽与日月争光可也"，认为司马相如赋"虽多虚辞滥说，然其要归引之节俭，此与《诗》之风谏何异"。两司马的态度大相径庭。文人参与的政治活动，与王朝、社会有重大关系的涉政文章，司马光仍不遗弃。如录载司马相如的《谏猎书》，录载唐宋八大家唐韩愈的《谏佛骨表》《送文畅师序》，柳宗元的《梓人传》《种树郭橐驼传》。司马光轻文学家及文学的政治作用，既不必为之讳，也不必为之病，这就是他的立场。

《资治通鉴》对于正史诸志中关于礼仪、刑罚、职官、食货等方面的内容，颇多采录，如西汉除肉刑、东汉立石经、曹魏九品官人法、西晋罢州郡兵、北周创府兵等。涉及土地制度与民生的财赋制度亦纳入作为重要的政治内容，如对商鞅变法，文景时期的轻徭薄赋，北魏孝文帝的均田制，唐德宗实行的两税法，以及水、旱丰歉等记载不遗余力。当然，比起纪传史来，综合史的内容大大减少，突出的是政治军事，这是编年史书的一个特点。

由于《资治通鉴》吸收《左传》《汉纪》，以及纪传史之"本纪"叙事的优点，在政治军事中关注礼乐、历数、天文、地理、经济、文化等内容，因此《通鉴》是一部内容宏富的古代政治编年通史。简括条列其述史内容，主要有以下十个方面：

（1）帝王的即位、治绩与丧葬、评说；

（2）重要历史人物的活动与卒年；

（3）经济、政治制度的变革与重要的法令颁布；

（4）社会各阶级、阶层尖锐复杂的矛盾斗争；

（5）重大的军事活动与战争；

（6）民族关系；

（7）中外关系；

（8）重要的科技文化的发明与发现；

（9）生产工具和生产技术的改进；

---

① 顾炎武：《日知录》卷二十六。

（10）重大的自然变化与灾害。

（二）《资治通鉴》的史学价值

《资治通鉴》的史学价值，在史学、史体、史料三个方面都有突出的创造，试简析之如次。

1. 史学方面。史学价值，指帮助人们了解历史、认识历史、总结历史的作用。作为鸿篇巨制的《资治通鉴》，它较为详尽地反映了中国古代从战国周威烈王二十三年至五代后周显德六年（公元前403年至公元959年）共一千三百六十二年的历史，熔铸于史事内容中的史学价值有三个方面。

第一，贯通古今。《通鉴》一书在手，历代大事囊括其中，兴衰得失汇聚眼前。这一优点，其他任何一部史籍无可比拟。清人张之洞、近人梁启超作了画龙点睛的评价。张之洞说："若欲通知历朝大势，莫如《资治通鉴》及《续通鉴》。"[①] 梁启超说："司马温公《通鉴》亦天地一大文也。其结构之宏伟，其取材之丰赡，使后世有欲著通史者，势不能不据以为蓝本，而至今卒未能有逾之者焉。"[②]

第二，政治史为中心。司马光《进资治通鉴表》明确其著书目的说："专取关国家盛衰，系生民休戚，善可为法，恶可为戒者，为编年一书。"知往鉴今，其要在政治，《通鉴》的价值亦在此，这是读《通鉴》要牢牢把握的。

第三，以史为鉴。这一点经历了历史的考验，正如胡三省所说："为人君而不知《通鉴》，则欲治而不知自治之源，恶乱而不知防乱之术。为人臣而不知《通鉴》，则上无以事君，下无以治民。为人子而不知《通鉴》，则谋身必至于辱先，作事不足以垂后。乃如用兵行师，创法立制，而不知迹古人之所以得，鉴古人之所以失，则求胜而败，图利而害，此必然者也。"[③]

2. 史体方面。在我国史体发展史上，编年体占有重要位置，一是开众体之先，二是奠众体之基。无论是中国还是世界，按年月日记事，是人类最早用于编写史书的方法，也就是人类创造的最古老的史体。在这个意义上，可以说编年体乃开众体之先，即史体之祖。中国编年体经历了自草创、确立直至成熟的过程。在其自身发展的同时，又给后起其他史体以普遍的深刻影响。《资治通鉴》追附交错的叙事，编年之中带纪事本末的辅助，对一些事件的前因或过程加以补叙，多用"初"字起笔，

---

① 张之洞：《輶轩语》，清光绪三年刻本。

② 梁启超：《新史学》，商务印书馆2014年版，第90页。

③ 胡三省：《新注资治通鉴序》。

避免了割裂。《通鉴》已经达到史家叙事得心应手的境界。由《通鉴》又派生出袁枢的《通鉴纪事本末》，以及朱熹的《资治通鉴纲目》，成为南宋以后流行的史书体裁。特别是《通鉴》完备的时间本位叙事，为各种史体奠定了基础。

3. 史料方面。司马光对史料的处理，考异取信已如前述，这里补述搜罗宏富。司马光说，他搜集史料"遍阅旧史，旁采小说，简牍盈积，浩如烟海"[①]。后人考证司马光采用的资料有300余种。宋人高似孙《纬略》说："《通鉴》采正史之外，其用杂史诸书凡二百二十二家。"清人胡元常录《通鉴考异》所载书名，作《通鉴引书考》凡得272种。近人张煦侯据《资治通鉴》和《通鉴考异》所引各书加以考索，分为正史、编年、别史、杂史、霸史、传记（附碑碣）、秦汉（附别集）、地理、小说、诸子共十类，得301种。《河北师范学院学报》1987年第2期载陈光崇先生的《通鉴引用书目的再检核》，拾遗补缺，考定为359种。司马光实际引用的书目不只此数，足见其用力之勤，为后进述史者树立了榜样。

司马光从宋英宗治平三年（1066）奉命编纂《资治通鉴》，到宋神宗元丰七年（1084）完成，历时19年，耗尽了司马光一生的心血。在这19年中，司马光"研精极虑，穷竭所有，日力不足，继之以夜"，把全部精力投入到这部书上。由此可见，要写出一部历史名著，作者要付出何等高昂的代价。司马光的付出，换来了《资治通鉴》的永垂不朽。《资治通鉴》自问世以来，一直享有很高的声誉。宋神宗钦赐书名《资治通鉴》。明人胡应麟说："自有书契以来，未有如《通鉴》者。"清人王鸣盛说："此天地间必不可无之书，亦学者必不可不读之书也。"[②] 清人浦起龙对《资治通鉴》产生的影响作了高度评价，浦氏说，国史"上起三国（指韩赵魏列为诸侯），下终五季，弃编年而行纪传，史体偏缺者五百余年，至宋司马光始有《通鉴》之作，而后史家二体，到今而行，坠绪复续，厥功伟哉"[③]。这是说《资治通鉴》带动了编年史书的复兴，产生了贯通中国历史的编年史书系列，与纪传体全史交相辉映。司马光对中国史学的贡献，铸就了他在中国史学史上崇高的历史地位。

最后，还须交代一下司马光写《资治通鉴》既不写上古，又不写后周之灭，止于禅让之前，一部通史，无头无尾，总给人以遗憾，其实这正是司马光的用心处。《资治通鉴》始于周威烈王命韩、赵、魏三家为诸侯，由此写了一篇史论，批评周王违背了名与器不可假人的礼，开启了礼坏乐崩，表明司马光维护帝王权威，臣下不

① 司马光：《进资治通鉴表》。

② 参见王鸣盛：《十七史商榷》卷一百，中国书店1937年版。

③ 参见浦起龙：《史通通释》卷十二，商务印书馆1930年版。

可越礼犯分的思想。《资治通鉴》下限不书宋周禅代，既为本朝回护，隐讳赵匡胤从孤儿寡母手中夺权的尴尬，也为自己避免触讳，少惹麻烦。中国历史上的文字狱，历史学家首当其冲，因此我们不能苛责司马光去效法南史氏。由此可知，《资治通鉴》无头无尾，皆寓意良深，这也曲折地反映了中国封建社会的某种特色吧！著名史学大家有如司马光者，也未敢轻越雷池一步！

卷一　周纪一

周威烈王二十三年至烈王七年（前403—前369年）

【起著雍摄提格（戊寅，前403年），尽玄黓困敦（壬子，前369年），凡三十五年。】

【大事提要】

本卷为《资治通鉴》开篇，记事起公元前403年，讫公元前369年，凡三十五年，当周威烈王二十三年至周烈王七年。本卷所载大事，主要有五个方面：其一，周威烈王册封韩、赵、魏三家为诸侯，周王室丢失了名分，受到司马光的批评，这标志德义时代的终结，王室权威坠地。其二，韩、赵、魏三家灭智氏而分晋，智伯最强，却恃才傲物，不修德义而亡，也受到了司马光的批评。其三，魏文侯任贤使能而称霸。吴起遇贤君得以发挥才智为国立功，带兵打仗，天下无敌。后来，吴起遇昏君，声名受诽谤，最终以悲剧结局。其四，写魏武侯不立嫡子，死后诸子争位导致魏国差点灭亡，说明家天下太子为国本的道理。其五，本卷穿插豫让报知己，聂政刺韩相侠累，颂扬义士。总之，本卷记事以德义二字贯穿始终。

威烈王[1]

二十三年（戊寅，前403年）

初命晋大夫魏斯、赵籍、韩虔为诸侯[2]。

臣光曰[3]：臣闻天子之职莫大于礼[4]，礼莫大于分[5]，分莫大于名[6]。何谓礼？纪纲[7]是也。何谓分？君臣是也；何谓名？公、侯、卿、大夫是也。

夫以四海[8]之广，兆民之众[9]，受制于一人，虽有绝伦之力，高世之智[10]，莫不奔走[11]而服役者，岂非以礼为之纪纲哉！是故天子统三公[12]，三公率诸侯[13]，诸侯制卿大夫[14]，卿大夫治士庶人[15]。贵以临贱[16]，贱以承贵[17]。上之使[18]下犹心腹[19]之运手足，根本[20]之制支[21]叶，下之事上犹手足之卫[22]心腹，支叶之庇[23]本根，然后能上下相保而国家治安[24]。故曰天子之职莫大于礼也。

文王序《易》[25]，以《乾》《坤》为首[26]。孔子系之曰[27]："天尊地卑，乾坤定矣[28]，卑高以陈，贵贱位矣[29]。"言君臣之位犹天地之不可易也。《春秋》抑诸侯[30]，尊王室[31]，王人虽微[32]，序[33]于诸侯之上，以是[34]见圣人于君臣之际未尝不惓惓[35]也。非有桀、纣之暴[36]，汤、武之仁[37]，人归之[38]，天命之，君臣之分当守节伏死[39]而已矣。是故以微子[40]而代纣则成汤配天[41]矣，以季札而君吴则太伯血食矣[42]。然二子[43]宁亡国而不为者，诚以[44]礼之大节不可乱也。故曰礼莫大于分也。

夫礼，辨贵贱，序[45]亲疏，裁[46]群物，制庶事[47]。非名不著[48]，非器不形[49]。名[50]以命之，器以别[51]之，然后上下粲然[52]有伦，此礼之大经[53]也。名器既亡，则礼安得独在哉[54]！昔仲叔于奚有功于卫[55]，辞邑而请繁缨[56]，孔子以为不如多与之邑。惟器与名，不可以假[57]人，君之所司也[58]；政亡则国家从之[59]。卫君待孔子而为政，孔子欲先正名[60]，以为名不正则民无所措手足[61]。

夫繁缨，小物也，而孔子惜之；正名，细务[62]也，而孔子先之[63]；诚以名器既乱则上下无以相保故也。夫事未有不生于微而成于著，圣人之虑远，故能谨其微而治之，众人[64]之识近[65]，故必待其著而后救之；治其微则用力寡而功多，救其著则竭力而不能及也。《易》曰："履霜坚冰至[66]，"《书》[67]曰："一日二日万几[68]，"谓此类也。故曰分莫大于名也。

呜呼！幽、厉失德[69]，周道日衰[70]，纲纪散坏[71]，下陵上替[72]，诸侯专征[73]，大夫擅政[74]。礼之大体什[75]丧七八矣，然文、武之祀犹绵绵相属者[76]，盖以周之子孙尚能守其名分故也。何以言之？昔晋文公[77]有大功于王室[78]，请隧[79]于襄王，襄王不许，曰："王章[80]也。未有代德而有二王[81]，亦叔父之所恶也[82]。

不然，叔父有地而隧[83]，又何请[84]焉！”文公于是惧而不敢违。是故以周之地则不大于曹、滕[85]，以周之民则不众于邾、莒[86]，然历数百年，宗主天下[87]，虽以晋、楚、齐、秦之强不敢加[88]者，何哉？徒以[89]名分[90]尚存故也。

至于季氏之于鲁[91]，田常之于齐[92]，白公之于楚[93]，智伯之于晋[94]，其势皆足以逐君而自为，然而卒不敢者，岂其力不足而心不忍哉，乃畏奸名犯分而天下共诛之也[95]。今晋大夫暴蔑[96]其君，剖分晋国[97]，天子既不能讨，又宠秩[98]之，使列于诸侯，是区区[99]之名分复[100]不能守而并弃[101]之也。先王之礼于斯尽矣！

或者以为当是之时，周室微弱，三晋[102]强盛，虽欲勿许，其可得[103]乎！是大不然。夫三晋虽强，苟不顾天下之诛而犯义侵礼，则不请于天子而自立矣。不请于天子而自立，则为悖逆[104]之臣。天下苟有桓、文之君[105]，必奉[106]礼义而征之。今请[107]于天子而天子许之，是受天子之命而为诸侯也，谁得而讨之！故三晋之列于诸侯，非三晋之坏礼[108]，乃天子自坏之也。乌呼！君臣之礼既坏矣，则天下以智力相雄长[109]，遂使圣贤之后为诸侯者，社稷[110]无不泯绝[111]，生民之类糜灭几尽[112]，岂不哀哉！

（以上为第一段，写公元前403年周烈王册命韩、赵、魏三家为诸侯，为《资治通鉴》的开端。“臣光曰”批评周天子丢失名分，是德义时代的终结。）

【注释】

[1]威烈王：名午，考王之子，东周第二十任国君，公元前425年至公元前402年在位。

[2]初：起始。命：古时天子封爵曰命。晋：周朝所封诸侯国名，周成王封弟叔虞于唐，叔虞子燮父改国号为晋，后被赵、魏、韩三家大夫瓜分而亡国。事详《史记·晋世家》。大夫：西周分封政体的第三级。王室为中央政权，诸侯和大夫为地方政权。诸侯由天子分封，大夫由诸侯分封，但对周天子仍然称臣，叫“陪臣”。魏斯：魏桓子之子，魏国的创业之君魏文侯，公元前446年至公元前397年在位。事详《史记·魏世家》。赵籍：赵献侯之子，赵国的创业之君赵烈侯，公元前408年至公元前387年在位。事详《史记·赵世家》。韩虔：韩武子之子，韩国的创业之君韩景侯，公元前408年至公元前400年在位。事详《史记·韩世家》。周威烈王二十三年，公元前403年，始命魏斯、赵籍、韩虔为诸侯。司马光认为周威烈王此举破坏了名分，标志德治以礼时代的终结，历史进入强兵并敌的暴力时代。历史称之为战国。《资治通鉴》起于是年，发表批评扰乱名

分的史论。［3］臣光曰：司马光发表评论的起首语。所著《资治通鉴》要上呈皇上，故称“臣”。按：司马光（1019—1086年），字君实，陕州夏县（今山西夏县）人，北宋时杰出的史学家。历仕仁宗、英宗、神宗、哲宗四朝，官至宰相。公元1066年至公元1084年，前后历时19年主持编撰《资治通鉴》。［4］礼：此指国家的法律制度、典礼仪式，以及社会行为的准则、规范的总称。［5］分：身份，指君、臣、父、子，以及各种人际关系的等级秩序。［6］名：指各种爵位。［7］纪纲：又作“纲纪”，即国家法度、法纪。［8］四海：指全天下，全国。［9］兆民：指万民。众：多。［10］绝伦、高世：均指能力优于常人。［11］奔走：受人役使。［12］统：领导。三公：辅佐国君的最高军政长官。周的三公为太师、太傅、太保。汉之三公为丞相、太尉、御史大夫。［13］率：统领。诸侯：古代帝王分封的地方藩国。［14］制：掌控。卿大夫：《礼记·王制》：“诸侯之上大夫卿、下大夫、上士、中士、下士，凡五等。”此指五等爵位。三代时官称为三等，即卿、大夫、士。［15］治：理。以上统、率、制、治四字变文，均是领导、把控之意，一级掌控一级，从天子、三公、诸侯、卿大夫到士庶，成为宝塔结构。士：官府胥吏。庶人：底层百姓。［16］贵以临贱：高贵的人统治卑贱的人。临，统治。［17］贱以承贵：卑贱的人要接受尊贵的人统治。承，接受。［18］使：使唤，命令。［19］心腹：偏义复词，即心。［20］根本：同义复词，均指根。树之主根为本。［21］支：“枝”之假借。［22］卫：保卫，保护。［23］庇：寄托，依托。［24］治安：谓政治清明，社会安定。［25］文王：姓姬名昌，周武王之父。殷时封国在岐山之下，为西方诸侯之长，称西伯。武王灭殷建周，尊其为文王。序：通“叙”，述。《易》：《周易》，即《易经》，简称《易》，是儒家六经之一，讲说哲理变化的一部重要典籍。［26］为首：《易经》共六十四卦，乾、坤为第一、二卦，故曰“为首”。［27］孔子（前551—前479）：名丘，字仲尼，春秋末期鲁国人。我国古代思想家、教育家，儒家学派的创始人。事详《史记·孔子世家》。系：解说。［28］天尊地卑，乾坤定矣：见《周易大传·系辞上》。高亨《周易大传今注》：“尊，高也；卑，下也。乾为天，坤为地，天尊地卑，则乾尊坤卑，因之以定。”［29］卑高以陈，贵贱位矣：见《系辞上》。以，通“已”。陈，列、显示。位，通“立”。这里是说天高为贵，地卑为贱；天高地卑之势已明，则天贵地贱之位因此而定。［30］《春秋》：书名。相传是孔子删削鲁国史的一部编年史，起隐公元年（前722）至哀公十四年（前481）共十二公242年的历史。抑：贬。［31］王室：指周王室。［32］王人：犹言周王室之官。微：贱。［33］序：列。［34］以是：因此。［35］惓（quán）惓：恳切，忠谨。［36］桀、纣之暴：桀，夏朝末代国君，姓姒名履癸。桀王暴虐，诸侯归汤。汤率众伐桀，流放桀于南巢（今安徽巢湖市东北），夏亡。事详《史记·夏本纪》。纣，商朝末代国君，姓子名辛，又名受。纣王残酷昏乱，周武王伐纣，在公元前1066年牧野（今河南新乡市北部）之战中，商军倒戈，纣兵败自焚而死。事详《史记·殷本纪》。［37］汤、武之仁：汤，商朝开国之君，姓子名履，本为夏朝诸侯，起兵伐桀，立国为商朝。事详《史记·殷本纪》。武，周武王，文王之子，姓姬名发，灭纣，即天子位，为周王朝开国之君。事详《史记·周本纪》。［38］归：往。之：指汤、武。［39］守节伏死：意谓君辱臣死。［40］微子：

即微子启，帝乙的长子，纣之庶兄。纣即位，无道，微子启数谏不听，于是去国隐伏。周灭商，微子称臣于周，封于宋以治殷遗民，为宋国的始祖。事详《史记·宋微子世家》。［41］成汤配天：成汤，即汤。配天，和上帝享受同样的祭祀。“是故”句是说：如果微子启取代纣而继承帝乙为商王，那么商不至于灭国，成汤就与上天一样永远享受祭祀。［42］“以季札”句：若季札当仁不让，吴国不会亡，吴太伯将永享血食。季札，吴太伯传至十九世，为吴王寿梦，寿梦有子四人，季札为少子而贤。寿梦临终嘱诸子，王位兄终弟及，依次传位到季札。季札辞让，导致长子诸樊之子公子光与三子余昧之子吴王僚争国，至吴王夫差而亡国。太伯，即春秋时吴国始祖吴太伯。太伯是古代周族首领古公亶父周太王的长子。太王次子仲雍，少子季历。太王想立季历，以便传位给季历之子姬昌，即周文王。太伯避位让贤，带领仲雍逃到荆蛮，自号勾吴，史称吴太伯。太伯让贤成就周朝八百年天下，季札沽名让位致吴国灭亡。事详《史记·吴太伯世家》。［43］二子：指微子、季札。［44］诚以：实在是因为。［45］序：序列，分别。［46］裁：裁度，衡量。［47］制：决断。庶：众。［48］名：名位，爵号。著：显现。［49］器：此特指古代钟、磬等乐器，以及数量、悬挂方式，象征一个人的身份和地位。帝王钟室四面墙壁皆悬挂叫“宫悬”；诸侯三面悬挂，去其南面乐器，叫“曲悬”；大夫只在左右两面墙悬挂，叫“判悬”；士仅在东面墙或阶间悬挂，叫“特悬”。形：显现，表现。指“宫悬”“曲悬”“判悬”“特悬”，这些乐器体现名位、爵号。［50］名：名称。指爵名是爵位的称呼。［51］别：区别。指器物是用来区别人的职位的。［52］粲然：清楚鲜明。［53］大经：大是大非，大义，方向。［54］“名器既亡”二句：丢失了名器，礼怎么能存在。指名与器是维系国家体制的基础。亡，丢失。［55］昔仲叔于奚有功于卫：事见《左传》成公二年。是年春，齐侯进攻鲁国北部边境，卫侯派遣孙良夫等攻打齐国。在交战中，卫国的新筑大夫仲叔于奚救了孙良夫。［56］辞邑而请繁缨：仲叔于奚辞邑而请繁缨，要的是一个身份。辞邑，仲叔于奚救了孙良夫，卫国人把温邑赏赐给他，他谢绝了。请繁缨，要求得到繁缨。诸侯所乘马的马腹带叫繁缨，象征主人身份。［57］假：借。［58］君之所司也：司，掌管，专有。名与器为国君所专有，是权力的象征。［59］“政亡”句：如果国君丢失了政治权力，国家也就随之灭亡了。政，政权。［60］正名：辨正名分、名称，使名与实相符。［61］民无所措手足：百姓不知怎么办，连手脚都不知道摆在哪里好。［62］细务：小事。［63］先之：把它放在首位。之，指正名。［64］众人：一般人。［65］识近：目光短浅。［66］履霜坚冰至：《易·坤·初六》爻辞。踏在下霜的地面上，便知道快要结冰了。比喻人事的吉、凶皆逐渐而来。［67］《书》：《尚书》，又称《书经》，儒家六经之一，是一部上古政治文献的汇编。［68］一日二日万几：见《书·皋陶谟》。孔安国注曰：“几，微也，言当戒惧万事之微。”微，即征兆、苗头。此言每天都有成千上万件事情的苗头出现，一定要当心，戒惧处理。［69］幽、厉失德：谓周幽王、周厉王昏暴无德失去民心。幽，周幽王（前781—前771），周宣王之子，名宫涅（shēng）。好谗谄，不理国事。宠爱褒姒，废申后及太子宜臼，终于遭到申后联合犬戎攻伐，被杀于骊山之下，西周亡。厉，周厉王（前878年至前828年在位），周夷王之子，名胡，暴虐无道。国人谤王，使监谤者，人莫敢言，道路以目。万民沸腾，共叛袭王，厉王奔彘。幽厉事详《史记·周本纪》。［70］周：周王朝。道：政治措施。［71］散坏：破坏，败坏。［72］下陵上替：在下位者欺侮在上位者，在位者权势日衰。陵，通“凌”，侵犯、欺侮。替，衰败。［73］诸侯专征：指齐桓公、晋文公、宋襄公、楚庄王、秦穆公等春秋五霸互相攻杀，专事征伐。［74］大夫擅政：春秋时，晋之六卿韩氏、赵氏、魏氏、范氏、中行氏、智氏，齐之陈（田）氏，宋之乐氏，郑之罕氏，鲁之季氏、孟氏、叔孙氏，皆大夫专政。擅，专。［75］什：同“十”。［76］文、武：周文王、周武王。祀：谓子孙世世代代祭祀不绝。灭国即绝祀。因此，“祀”指政权的存续。绵绵：连续不断。属：连接。［77］晋文公（前697—前628）：姓姬名重耳，献公之子，春秋五霸之一。［78］有大功于王室：鲁僖公二十四年（前636）周襄王弟太叔带攻王，襄王出奔氾（fán，今河南襄城县南），太叔居温（今河南温县西南）。次年，晋文公发师围温，迎襄王入于王城，杀太叔带。晋文公平太叔带之乱，大功指此。［79］请隧：隧，地下通道，此指天子之墓深有隧相通。晋文公请隧，请求天子允许其死后按天子礼下葬，其实是对名分的过分要求，天子不许。［80］王章：王者的葬礼。章，典章制度。［81］未有代德而有二王：没有改朝换代而有两个王。代德，取代旧朝以治天下之德，引申为改朝换代。文公是诸侯，而用天子的葬礼，故曰“二王”。［82］叔父：《仪礼·觐礼》：“同姓小邦则曰叔父。”此指晋文公。恶（wù）：忌讳，不同意。［83］隧：用作动词。挖地道。［84］请：请示，求。此言要求周襄王批准。［85］曹：国名，姬姓，周武王封其叔振铎于曹，都曹丘，故城在今山东菏泽市定陶区西南。公元前487年（鲁哀公八年）为宋所灭。滕：国名，姬姓，周文王第十四子叔绣，武王封之于滕，今山东滕州市西南有古滕城，即滕国。［86］邾（zhū）：国名，曹姓，至周为鲁附庸，亦称邾娄，后改曰邹。初都今山东曲阜市东南，后都今山东邹城市东南，战国时为楚所灭。莒（jǔ）：国名，己姓，旧都介根，今山东胶州市西南，后迁莒，今山东莒县。［87］宗主天下：为诸侯的共主。［88］加：凌，侵犯。［89］徒以：只是因为。［90］名分：“宗主天下”的名分。［91］季氏之于鲁：鲁大夫季氏，鲁庄公之幼弟季友，自鲁僖公世为相以来，世专鲁政。季平子逐昭公，季康子逐哀公，然终身为臣，不敢篡国。事详《史记·鲁周公世家》。［92］田常之于齐：田常即田成子，又名田恒，汉避孝文讳，改“恒”为“常”。春秋时陈国公子完因内乱奔齐，改称为田氏。其后田釐子事齐景公为大夫，至田乞立悼公，自为相，专齐政。田乞死，田常继位，杀简公，立平公，齐国之政尽归田氏。然亦不敢自立。事详《史记·田敬仲完世家》。［93］白公之于楚：白公，楚平王太子建之子名胜，随父逃避费无忌的谗害，去楚至宋，宋乱逃至郑。郑杀太子建，胜奔吴，后回归楚，号白公。白公请楚攻郑，欲报父仇，楚令尹子西、司马子期应允，还未发兵，晋伐郑，子西、子期反助郑。白公怒，反楚，杀子西、子期，劫楚惠王，楚国叶公征讨，白公兵败自杀。［94］智伯之于晋：智伯，晋六卿之一，在六卿中最强。智伯攻晋出公，出公道死。智伯未敢篡晋，乃奉哀公骄而立之。事详《史记·晋世家》。［95］奸：干犯。诛：讨伐。［96］暴蔑：轻慢。［97］剖分晋国：周贞定王十六年，晋出公二十二年（前453），赵、魏、韩灭智伯，遂三分晋国。剖分，瓜分。［98］宠秩：宠爱而授以官爵。秩，序官赐爵。［99］区区：微小，残存。［100］复：又。

[101]并弃：屏除。并，通“屏”。［102］三晋：公元前453年晋国赵氏、魏氏、韩氏三家大夫联合灭智氏，三分晋国成为赵、魏、韩三国，史称“三晋”。［103］得：能。［104］悖逆：叛逆，犯上作乱。［105］桓、文之君：桓，齐桓公，名小白，春秋五霸之一，公元前685年至公元前643年在位。文，晋文公。［106］奉：遵循。［107］请：主语为“三晋”。［108］坏礼：毁坏、破坏礼制。［109］以智力相雄长：用智谋和武力相争，决定谁强谁弱谁为霸主。［110］社稷：土、谷之神，合称“社稷”，为国家政权的代称。历代王朝，建国必立社稷坛；灭人之国，必毁其国的社稷坛。［111］泯绝：消灭。［112］糜灭几尽：破碎毁灭，几乎死绝。

初，智宣子[1]将以瑶[2]为后，智果[3]曰：“不如宵[4]也。瑶之贤于人者五，其不逮[5]者一也。美鬓长大[6]则贤，射御足力[7]则贤，伎艺毕给[8]则贤，巧文辩慧[9]则贤，强毅果敢[10]则贤；如是而甚不仁。夫以其五贤陵人[11]而以不仁行之，其谁能待[12]之？若果立瑶也，智宗必灭。”弗听，智果别族[13]于太史[14]，为辅氏。

赵简子[15]之子，长曰伯鲁，幼曰无恤。将置后[16]，不知所立。乃书训戒之辞于二简[17]，以授二子曰：“谨识之[18]！”三年而问之，伯鲁不能举其辞[19]；求[20]其简，已失之矣。问无恤，诵其辞甚习[21]，求其简，出诸袖中而奏之[22]。于是简子以无恤为贤，立以为后。

简子使尹铎为晋阳[23]，请曰：“以为茧丝[24]乎？抑为保障[25]乎？”简子曰：“保障哉！”尹铎损其户数[26]。简子谓无恤曰：“晋国有难[27]，而无以[28]尹铎为少[29]，无以晋阳为远，必以为归[30]。”

及智宣子卒，智襄子为政[31]，与韩康子[32]、魏桓子[33]宴于蓝台[34]。智伯戏康子而侮段规[35]。智国[36]闻之，谏曰：“主不备难[37]，难必至矣！”智伯曰：“难将由我。我不为难，谁敢兴之！”对曰：“不然。《夏书》有之[38]：‘一人三失，怨岂在明，不见是图[39]。’夫君子能勤小物，故无大患[40]。今主一宴而耻人之君相[41]，又弗备，曰‘不敢兴难[42]’，无乃不可乎[43]！蚋、蚁、蜂、虿[44]，皆能害人，况君相乎！”弗听。

智伯请[45]地于韩康子，康子欲弗与[46]。段规曰：“智伯好利而愎[47]，不与，将伐我；不如与之。彼狃[48]于得地，必请于他人；他人不与，必向之以兵[49]。然则我得免于患而待事之变矣。”康子曰：“善。”

使使者致万家之邑[50]于智伯。智伯悦。又求地于魏桓子，桓子欲弗与。任章[51]曰："何故弗与？"桓子曰："无故索[52]地，故弗与。"任章曰："无故索地，诸大夫必惧；吾与之地，智伯必骄。彼骄而轻敌，此惧而相亲[53]；以相亲之兵待[54]轻敌之人，智氏之命必不长矣。《周书》[55]曰：'将欲败之，必姑辅[56]之。将欲取之，必姑与[57]之。'主不如与之，以骄智伯[58]，然后可以择交[59]而图[60]智氏矣，奈何[61]独以吾为智氏质[62]乎！"桓子曰："善。"复[63]与之万家之邑一。

智伯又求蔡[64]、皋狼[65]之地于赵襄子，襄子弗与。智伯怒，帅[66]韩、魏之甲[67]以攻赵氏[68]。襄子将出，曰："吾何走[69]乎？"从者曰："长子[70]近，且城厚完[71]。"襄子曰："民罢力[72]以完之，又毙死以守之[73]，其谁与[74]我！"从者曰："邯郸[75]之仓库实[76]。"襄子曰："浚民之膏泽以实之，又因而杀之[77]，其谁与我！其晋阳乎[78]，先主[79]之所属[80]也，尹铎之所宽也[81]，民必和[82]矣。"乃走晋阳。

三家以国人围而灌之[83]，城不浸[84]者三版[85]；沈灶产蛙，民无叛意。智伯行水[86]，魏桓子御，韩康子骖乘[87]。智伯曰："吾乃今[88]知水可以亡人国也。"桓子肘康子，康子履桓子之跗[89]，以汾水可以灌安邑，绛水可以灌平阳也[90]。絺疵[91]谓智伯曰："韩、魏必反矣。"智伯曰："子何以知之？"絺疵曰："以人事知之。夫从[92]韩、魏之兵以攻赵，赵亡，难必及韩、魏矣。今约胜赵而三分其地，城不没者三版，人马相食，城降有日[93]，而二子无喜志[94]，有忧色，是非反而何[95]？"明日，智伯以絺疵之言告二子[96]，二子曰："此夫谗人[97]欲为赵氏游说，使主疑于二家而懈[98]于攻赵氏也。不然，夫二家岂[99]不利[100]朝夕分赵氏之田[101]，而欲为危难不可成之事乎！"二子出，絺疵入曰："主何以臣之言告二子也？"智伯曰："子何以知之？"对曰："臣见其视臣端而趋疾[102]，知臣得其情故也。"智伯不悛[103]。絺疵请使于齐[104]。

赵襄子使张孟谈[105]潜出见二子[106]，曰："臣闻唇亡则齿寒[107]。今智伯帅韩、魏以攻赵，赵亡则韩、魏为之次矣。"二子曰："我心知其然也；恐事未遂[108]而谋泄，则祸立[109]至矣。"张孟谈曰："谋出二主之口，入臣之耳，何伤也！"二子乃潜与张孟谈约，为之期日而遣之[110]。

襄子夜使人杀守堤之吏，而决水灌智伯军。智伯军救水而乱，韩、魏翼而击之[111]，襄子将[112]卒犯[113]其前，大败智伯之众，遂杀智伯，尽灭智氏之族[114]。唯辅果在[115]。

臣光曰：智伯之亡也，才胜德也。夫才与德异[116]，而世俗莫之能辨[117]，通谓之贤，此其所以失人也[118]。夫聪察强毅[119]之谓才，正直中和[120]之谓德。才者，德之资[121]也；德者，才之帅[122]也。云梦[123]之竹，天下之劲[124]也；然而不矫揉[125]，不羽括[126]，则不能以入坚。棠溪之金[127]，天下之利[128]也；然而不镕范[129]，不砥砺[130]，则不能以击强[131]。是故才德全尽[132]谓之“圣人”，才德兼亡[133]谓之“愚人”；德胜才谓之“君子”，才胜德谓之“小人”。凡取人之术，苟不得圣人、君子而与之[134]，与其得小人，不若得愚人。何则？君子挟[135]才以为善，小人挟才以为恶。挟才以为善者，善无不至[136]矣；挟才以为恶者，恶亦无不至[137]矣。愚者虽欲为不善，智不能周[138]，力不能胜[139]，譬如乳狗[140]搏人，人得而[141]制[142]之。小人智足以遂其奸[143]，勇足以决[144]其暴，是虎而翼者也[145]，其为害岂不多哉！夫德者人之所严[146]，而才者人之所爱；爱者易亲，严者易疏，是以察者[147]多蔽于才[148]而遗于德[149]。自古昔以来，国之乱臣，家之败子，才有余而德不足，以至于颠覆[150]者多矣，岂特[151]智伯哉！故为国为家者苟能审于才德之分[152]而知所先后[153]，又何失人之足患哉[154]！

（以上为第二段，追书公元前453年，韩、赵、魏三家共灭智伯而分晋。至此，晋六卿只剩韩、赵、魏三家。继以“臣光曰”评论作结，指出智氏之灭，德不继其才故也，是以德重于才。）

【注释】

[1]智宣子：晋大夫荀林父的弟弟荀首，即智庄子，因食采邑于智，故别为智氏。[2]瑶：智伯瑶即智襄子，智宣子之子。[3]智果：智氏之族人名。又作智过、智国。[4]宵：智宣子的庶子。[5]不逮：过错，不足。[6]美鬓长大：是说智瑶一表人才，鬓发好看，身材高大。章校：他本“鬓”作“须”。[7]射御足力：精通骑射。[8]伎艺毕给：通晓各种技能。毕，全。给，足。[9]巧文辩惠：能文善辩。惠，善。[10]强毅果敢：坚强果断。[11]五贤：五种

长处。指上文“美鬓长大”“射御足力”“伎艺毕给”“巧文辩惠”“强毅果敢”。陵：通“凌”，侵犯。[12]待：宽待、容忍。[13]别族：从智氏家族分出，另立门户。[14]太史：官名，掌管文书起草、收藏典籍，兼理天文、历法。[15]赵简子：名鞅，赵襄子毋恤之父。[16]置后：立继承人。[17]简：古代用来写字的狭长竹片或木片。[18]谨识之：牢牢记住简上写的“训戒之辞”。[19]举其辞：将简上的“训戒之辞”背诵出来。[20]求：求索。[21]诵：背诵。习：熟。[22]出诸袖中：从袖中取出。诸，之于。奏：呈上。[23]“简子”句：赵简子委任尹铎治理晋阳。尹铎，赵简子家臣。为，治理。晋阳，邑名。在今山西太原市西南。[24]以为茧丝：抽茧丝，不尽不止。比喻像抽茧丝一样尽量搜刮人民财富。[25]抑：或。保障：优厚百姓如筑城堡以自障，即藏富于民。[26]损其户数：犹言减轻税赋。《国语·晋语九》韦昭注：“损其户，则民优而税少。”[27]难（nàn）：祸患。[28]无以：不能，不可。[29]少：轻。[30]归：依靠。[31]为政：掌管晋国政权。[32]韩康子：韩宣子之曾孙庄子之子，名虎，晋六卿之一。事详《史记·韩世家》。[33]魏桓子：襄子之子，文侯之父，名驹，晋六卿之一。事详《史记·魏世家》。[34]蓝台：地名。[35]段规：韩康子相。[36]智国：智氏之族人名。又作智果、智过。[37]主：指智伯。春秋以来，大夫的家臣称大夫为“主”。难：据章校，他本无“难”字。按：《国语·晋语九》亦无“难”字。[38]《夏书》有之：今本《尚书·五子之歌》有此文。[39]“一人三失”三句：一个人有了多次失误，就埋下积怨，难道积怨是明显地产生的吗？都是由小事而起，所以事故未萌发时，应事先图谋，使人不怨。三，多次。见（xiàn），显露。[40]“君子”二句：君子能在小事上谨慎，就能避免大的祸患。物，事。[41]耻人之君相：指上文“戏康子而侮段规”。[42]不敢兴难：指上文“谁敢兴之”。[43]无乃不可乎：恐怕不行吧。无乃，恐怕。[44]蚋（ruì）：《说文》：“秦、晋谓之蚋，楚谓之蚊。”蚃（chái）：蝎子一类毒虫。此言蚋、蚁、蜂、蚃这些小虫，皆能毒害人。[45]请：求，索。[46]与：予，给。[47]愎（bì）：傲慢固执。[48]狃（niǔ）：贪。[49]向之以兵：对他使用武力。[50]致：呈献，赠送。万家之邑：指大县。[51]任章：魏桓子相。[52]索：同上文之“请”，求也。[53]此：指韩氏、赵氏“诸大夫”。相亲：互相团结。[54]待：对付。[55]《周书》：《书经》无此文，似《老子》之言，留在《周书》选篇之中。王应麟《困学纪闻》卷二：“任章引《周书》……岂苏秦所读《周书》《阴符》者欤？老氏之言，范蠡、张良之谋皆出于此。”[56]辅：助。[57]与：给。[58]骄智伯：使智伯骄，让他被胜利冲昏头脑而丧失警惕。[59]择交：选择联盟。[60]图：谋。[61]奈何：为什么。[62]质：箭靶子，目标。此句意为，为什么让我魏氏当作智伯的箭靶子呢。[63]复：也，又。[64]蔡：据《战国策·赵策一》第二章鲍彪注改“蔡”作“蔺”，是。蔺，故城在今山西吕梁市离石区西。[65]皋狼：故城在山西吕梁市离石区西北。[66]帅：通“率”，率领。[67]甲：兵，军队。[68]赵氏：赵襄子毋恤。[69]走：往，投奔。[70]长子：今山西长子县。[71]厚完：指城墙厚实完好。[72]罢力：精疲力竭。罢，通“疲”。[73]毙死以守之：即以死守之。毙，死。[74]与：帮助，支持。[75]邯郸：赵都，今河北邯郸市。[76]仓库实：藏谷多，车马兵甲多。［77］“浚民之膏泽”二句：地方官榨取了百姓财富充实了仓库，我现在又来屠杀百姓。浚（jùn），榨取。膏泽，财富。［78］其晋阳乎：还是去晋阳吧。其，表决定的语气。［79］先主：指襄子之父赵简子。［80］属：叮嘱。此指前文赵简子对襄子言“无以晋阳为远，必以为归”的叮嘱。［81］尹铎之所宽也：尹铎在晋阳待民宽厚。［82］和（hè）：相应，拥护。［83］三家：指智伯、魏桓子、韩康子。国人：都城之民。［84］浸：淹没。［85］版：高二尺为一版。亦作“板”。［86］行水：察看水势。行，巡视、视察。［87］“魏桓子”二句：魏桓子在前居中驾车，韩康子在后为陪乘，居智伯之右，相当于今之侍从、警卫。韩、魏畏智伯之强，故作谦卑。智伯之傲慢，由此可见。［88］乃今：而今，如今。［89］肘：用肘触，作动词。履：踩。跗（fū）：用脚踩。魏桓子、韩康子不敢明言，双方以肘、足相触，暗通其意。［90］“以汾水”二句：汾水流经平阳，绛水流经安邑。《史记·魏世家》泷川资言《史记会注考证》云：“《水经》六《浍水注》《梁书·韦睿传》‘汾水’‘绛水’互易为是，此与《秦策》同讹。”泷川说是，当改。［91］缔疵：亦作“郗疵”“郄疵”。晋之公族。［92］从：率领。［93］有日：指日可待。［94］志：心意。［95］非反而何：不是背叛又是什么？而，则。［96］二子：指魏桓子、韩康子。［97］谗人：挑拨是非的人。［98］懈：放松。［99］岂：难道。［100］利：贪。［101］田：领地。［102］视臣端：眼睛直勾勾地看着我发愣。趋疾：急匆匆地走过去了。这是说韩康子、魏桓子看到缔疵，惊慌畏惧的神情。［103］悛（qūn）：觉悟，醒悟。［104］缔疵请使于齐：缔疵因不被智伯信任，故请求使齐以避祸。［105］张孟谈：赵襄子家臣。［106］潜出见二子：秘密出城去联络魏桓子、韩康子。［107］唇亡则齿寒：古谚语。见《左传》僖公五年传。如果嘴唇没有了，牙齿就会受寒。比喻关系密切，利害相关。［108］遂：成。［109］立：马上，立刻。［110］期日：约定日期。遣之：送回张孟谈。［111］翼而击之：左右夹击。［112］将：带领。［113］犯：进攻。［114］灭智氏之族：事在晋出公二十二年，当周贞定王十六年，公元前453年。［115］辅果：即智果。因不被智伯信任，乃从智氏家族分出，另立门户，姓辅氏。［116］才与德异：才与德是两码事。［117］莫之能辨：即“莫能辨之”。辨，区别。之，谓才与德。［118］通谓之贤，此其所以失人也：只看到一点长处，就说他什么都好，这就是看错人的原因。通，都。失，错误。此用作动词。［119］聪察强毅：聪慧、明察、魄力、坚毅。［120］正直中和：正直、公道、平和待人。［121］才者，德之资：才能是品德的凭借资本。［122］帅：统帅、主宰。［123］云梦：古泽薮名，是云泽、梦泽两湖的合称，分跨今湖北长江南北。江北为云泽，江南为梦泽，面积广八九百里，后世淤成陆地，今曹湖、洪湖、梁子湖、斧头湖等数十湖泊，星罗棋布，若连若断，皆古云梦之遗迹。［124］劲：坚韧。［125］矫揉：使曲者变直为矫，使直者变曲为揉。言矫正使直。［126］羽括：给箭加上羽毛。括，箭末端受弦处。［127］堂溪：今河南漯河市郾城区。金：指铜。［128］利：优良。［129］不镕范：指没有经过铸造的铜。镕范，铸器之模型。［130］不砥砺：不经过磨砺。砥砺，磨石。细者为砥，粗者为砺。［131］击：砍，刺。强：坚硬，此指铠甲。［132］全：全面。尽：极点。［133］亡：无。［134］与之：用之。［135］挟：持，怀。［136］善无不至：没有什么不做的善，即无善不做。［137］恶亦无不至：没有什么坏事不做，即无恶不作。［138］周：完备，周密。［139］胜：任，承担。［140］乳狗：育子的母狗。［141］得而：得以，能够。［142］制：制服，控制。［143］足以：可以，能够。遂：完成。奸：做坏事。［144］决：变文，同“遂”，完成。［145］是虎而翼者也：这是给老虎加上了翅膀。［146］严：尊敬。［147］察者：推荐人的人。［148］蔽于才：被才所蒙蔽。［149］遗于德：忘掉了德。［150］颠覆：翻转过来，此指灭国败家。［151］特：独，只。［152］审于才德之分：了解才能与品德的区别。［153］知所先后：知道才与德何者应放在第一位，何者次之。［154］又何失人之足患哉：又怎么会重蹈看错人的覆辙呢。足，蹈。

三家[1]分智氏之田。赵襄子漆智伯之头，以为饮器[2]。智伯之臣豫让[3]欲为之报仇，乃诈为刑人[4]，挟匕首[5]，入襄子宫中涂厕[6]。襄子如[7]厕心动[8]，索[9]之，获豫让。左右欲杀之，襄子曰：“智伯死无后，而此人欲为报仇，真义士也，吾谨避之耳。”乃舍[10]之。豫让又漆身为癞[11]，吞炭为哑。行[12]乞于市，其妻不识也。行见其友，其友识之，为之泣曰：“以子之才，臣事赵孟[13]，必得[14]近幸[15]。子乃为所欲为，顾[16]不易邪？何乃[17]自苦如此！求以报仇[18]，不亦难乎[19]？”豫让曰：“不可！既已委质[20]为臣，而又求杀之，是二心也。凡吾所为者，极难耳。然所以为此者，将以愧天下后世之为人臣怀二心者也[21]。”襄子出，豫让伏[22]于桥下。襄子至桥，马惊；索之，得豫让，遂杀之。

襄子为伯鲁之不立也[23]，有子五人，不肯置后[24]。封伯鲁之子于代[25]，曰代成君[26]，早卒；立其子浣[27]为赵氏后。襄子卒[28]，弟桓子[29]逐浣而自立；一年卒[30]。赵氏之人曰：“桓子立非襄主意。”乃共杀其子，复迎浣而立之，是为献子[31]。献子生籍，是为烈侯[32]。魏斯者，魏桓子之孙也，是为文侯[33]。韩康子生武子[34]；武子生虔，是为景侯[35]。

（以上为第三段，写豫让为知己报仇，赵襄子让国。）

【注释】

［1］三家：指赵、魏、韩。［2］饮器：盛酒之器。［3］豫让：《战国策·赵策一》第四章：

“晋毕阳之孙豫让，始事范、中行氏而不悦，去而就智伯，智伯宠之。”按：毕阳，春秋时晋国的义士。事见《国语·晋语五》。［4］诈为：伪装成。刑人：判徒刑做苦工的人。［5］挟：持。匕首：短剑，长一尺八寸。［6］宫中：住宅中。涂厕：整修厕所。［7］如：往。［8］心动：心惊。［9］索：搜查。［10］舍：释放。［11］癞：癞疮。［12］行：去，往。［13］事：侍奉。赵孟：赵襄子毋恤。［14］得：能。［15］近幸：亲近宠信。［16］顾：岂。［17］何乃：为何竟……。［18］求以报仇：要求用这种办法来报仇。求以，在“以”后省介词宾语“之”。［19］不亦难乎：岂不是太难了吗？［20］委质：献礼，此指献身。委，献。质，通“贽”。古人初次见尊者的礼品。［21］将以：欲以，想用（之）来……。省掉的“之”即上句的“此”。愧……者：让为人臣怀二心的人感到惭愧。［22］伏：守候。［23］为：因为。伯鲁：赵简子的太子，赵襄子之兄。不立：指伯鲁被废，不能做继承人。［24］不肯置后：襄子不肯立自己的儿子为继承人。［25］代：战国时国名，为赵襄子所灭。故地在今河北蔚县一带。［26］代成君：《史记·赵世家·索隐》：“代成君名周。”［27］浣（huàn）：代成君之子赵浣。《史记·赵世家》泷川资言《史记会注考证》引王维桢曰：“赵襄子舍子不立，而立侄之子，以念兄不立之故。”［28］襄子卒：襄子立三十三年卒。据《六国年表》，在周威烈王元年，公元前 425 年。［29］桓子：赵简子之子，襄子弟，名嘉。［30］一年卒：在位一年即卒，时为周威烈王二年，公元前 424 年。［31］献子：即献侯。公元前 423 年至公元前 409 年在位。［32］烈侯：公元前 408 年至公元前 387 年在位。［33］文侯：魏桓子之孙魏斯，魏国创立之君。公元前 445 年至公元前 396 年在位。见《史记·魏世家》。［34］武子：名启章。公元前 424 年至公元前 409 年在位。［35］景侯：公元前 408 年至公元前 400 年在位。

魏文侯以卜子夏[1]、田子方[2]为师。每过段干木之庐必式[3]。四方贤士多归之。

文侯与群臣饮酒，乐，而天雨，命驾将适野[4]。左右曰：“今日饮酒乐，天又雨，君将安之[5]？”文侯曰：“吾与虞人期猎[6]，虽乐，岂可无一会期[7]哉！”乃往，身自罢之[8]。

韩借师于魏以伐赵。文侯曰：“寡人与赵，兄弟也，不敢闻命[9]。”赵借师于魏以伐韩，文侯应之亦然。二国皆怒而去。已而[10]知文侯以[11]讲于己也，皆朝于魏。魏于是始大于三晋[12]，诸侯莫能与之争。

使乐羊[13]伐中山[14]，克之；以封其子击[15]。文侯问于群臣曰：“我何如主？”皆曰：“仁君。”任座[16]曰：“君得中山，不以封君之弟而以封君之子，何谓仁君！”文侯怒，任座趋出。次问翟璜[17]，对曰：“仁君。”文侯曰：“何以知之？”对曰：“臣闻君仁则臣直。向者[18]任座之言直，臣是以知之。”文侯悦，使翟璜召任座而反[19]之，亲下堂迎之，以为上客。

文侯与田子方饮，文侯曰：“钟声不比[20]乎？左高[21]。”田子方笑。文侯曰：“何笑？”子方曰：“臣闻之，君明乐官，不明乐音[22]。今君审[23]于音，臣恐其聋于官也[24]。”文侯曰：“善。”

子击出，遭[25]田子方于道，下车伏谒[26]。子方不为礼。子击怒，谓子方曰：“富贵者骄人乎？贫贱者骄人乎？”子方曰：“亦[27]贫贱者骄人耳，富贵者安敢骄人！国君而[28]骄人则失其国，大夫而骄人则失其家[29]。失其国者未闻有以国待之者也，失其家者未闻有以家待之者也[30]。夫士贫贱者，言不用[31]，行不合[32]，则纳履而去耳[33]，安往而不得贫贱哉[34]！”子击乃谢之[35]。

文侯谓李克[36]曰：“先生尝有言曰：‘家贫思良妻；国乱思良相。’今所置非成则璜[37]，二子何如？”对曰：“卑不谋尊，疏不谋戚[38]。臣在阙门之外[39]，不敢当[40]命。”文侯曰：“先生临事勿让[41]！”克曰：“君弗察故也。居[42]视其所亲，富视其所与[43]，达视其所举[44]，穷[45]视其所不为，贫视其所不取，五者[46]足以定之[47]矣，何待克哉[48]！”文侯曰：“先生就舍[49]，吾之相定矣。”李克出，见翟璜。翟璜曰：“今者[50]闻君召先生而卜[51]相，果[52]谁为之？”克曰：“魏成。”翟璜忿然作色[53]曰：“西河守[54]吴起[55]，臣所进[56]也。君内以邺为忧[57]，臣进西门豹[58]。君欲伐中山，臣进乐羊。中山已拔[59]，无使守之，臣进先生。君之子无傅[60]，臣进屈侯鲋[61]。以耳目之所睹记[62]，臣何负于魏成[63]！”李克曰：“子言[64]克于子之君者，岂将比周以求大官哉[65]？君问相于克，克之对如是。所以知君之必相魏成者，魏成食禄千钟[66]，什九在外，什一在内[67]；是以东得卜子夏、田子方、段干木。此三人者，君皆师之[68]；子所进五人者，君皆臣之[69]。子恶得[70]与魏成比也！”翟璜逡巡再拜[71]曰：“璜，鄙人[72]也，失对[73]，愿卒[74]为弟子。”

吴起者，卫[75]人，仕于鲁[76]。齐人伐鲁，鲁人欲以为将，起取[77]

齐女为妻，鲁人疑之，起杀妻以求将，大破齐师。或谮之鲁侯曰[78]："起始事曾参，母死不奔丧，曾参绝[79]之；今又杀妻以求为君将。起，残忍薄行人[80]也！且以鲁国区区[81]而有胜敌之名，则诸侯图[82]鲁矣。"起恐得罪。闻魏文侯贤，乃往归[83]之。文侯问诸[84]李克，李克曰："起贪而好色；然用兵，司马穰苴[85]弗能过也。"于是文侯以为将，击秦，拔五城。

起之为将，与士卒最下者同衣食，卧不设席[86]，行不骑乘[87]，亲裹赢粮[88]，与士卒分劳苦。卒有病疽[89]者，起为吮[90]之。卒母闻而哭之。人曰："子，卒也，而将军自吮其疽，何哭为[91]？"母曰："非然也。往年吴公吮其父疽，其父战不旋踵[92]，遂死于敌。吴公今又吮其子，妾[93]不知其死所[94]矣，是以哭之。"

燕湣公薨[95]，子僖公立[96]。

二十四年（己卯，前 402 年）

王崩[97]，子安王[98]骄立。

盗杀楚声王[99]，国人[100]立其子悼王[101]。

（以上为第四段，写魏文侯励精图治，选择贤相良将。）

【注释】

[1]卜子夏：即卜商，字子夏，春秋晋国温（今河南温县西南）人，孔子学生，比孔子小 44 岁。长于文学。相传曾讲学于西河，为魏文侯师。 [2]田子方：战国时魏人，名无泽，亦单称"方"，学于子贡，魏文侯师。 [3]段干木：晋国大阻（zǎng），有贤名。魏时，学于子夏，魏文侯曾以爵禄招他，辞不受。庐：住宅。式：古代车厢前用来扶手的横木，立乘车上，伏身扶式，表示敬意。后写作"轼"。 [4]驾：帝王车乘。适：往。野：郊外。 [5]安之：去何处。 [6]虞人：掌管山林苑囿的小吏。期猎：约定打猎。 [7]无一会期：不去赴约。期，约会。 [8]身自罢之：亲自前往告知因雨罢猎。 [9]敢：表客气。闻命：承命，受命。 [10]已而：以后。 [11]以：通"已"。 [12]大于三晋：在三晋中最强。大，强。 [13]乐羊：魏文侯将。 [14]中山：春秋时鲜虞国，为白狄之别种，战国时称中山。据杨宽《战国史》，中山疆域在今河北西部高邑县、宁晋县、元氏县、赵县、石家庄县、灵寿县、平山县、行唐县、曲阳县、唐县、定州市一带。初都顾（今河北定州市），后都灵寿（今河北灵寿县）。魏文侯十九年，公元前406年，魏文侯灭中山武公。 [15]击：姬击，魏武侯，魏文侯之子，公元前 396 年至公元前 371 年在位。 [16]任座：魏文侯臣，以直言为文侯上宾。 [17]翟璜：魏文侯上卿，又作"翟黄"。 [18]向者：刚才。 [19]反：

通“返”，召任座返回。［20］不比：不协调。比，和，协调。［21］左高：言编钟左边的音高。［22］君明乐官，不明乐音：国君只要了解管理音乐的官员就行了，不必具体了解音乐。［23］审：了解，熟悉。［24］臣恐其聋于官也：我担心您对乐官会一无所知啊。聋，无知。［25］遭：遇。［26］伏谒：谒见尊者，伏地跪拜。［27］亦：唯，只有。［28］而：作连词“如”字解。［29］国、家：国君领地称“国”，大夫领地称“家”。［30］“失其国者”二句：失掉国就不会再有国，失掉家就不会再有家。待，备用。国与家，都没有备用，失去了不会再有。［31］言不用：建议不被采用。［32］行不合：行为不合要求。［33］纳履而去耳：穿上鞋子走掉。去，离去。［34］安往而不得贫贱哉：走到哪里都是贫贱。［35］谢之：向田子方道歉。谢，道歉。之，代田子方。［36］李克：又作“里克”，子夏弟子。魏文侯灭中山，封太子击为中山君，李克任相。［37］置：立。此指选择，任用。成：魏文侯弟魏成。璜：翟璜。［38］卑不谋尊，疏不谋戚：卑贱者不去参与决定尊贵者的事，疏远者不去参与决定近亲者的事。卑、疏，李克自指。尊、戚，指魏成、翟璜。［39］阙门：指朝廷。古代官府、庙及墓门前的牌坊式建筑物称阙，通常左右各一，建成高台，台上有楼观，因两侧楼观，相对如阙，故称“阙”，或阙门。在阙门之外，即指地方官。此句李克自谓是一个地方官，与国君关系疏远，地位低下，不足以言国事。［40］当：担当，承受。［41］让：推辞。［42］居：平时。［43］所与：和什么人交朋友。［44］达：贵。举：推荐。［45］穷：困窘。［46］五者：上举居、富、达、穷、贫五种情况。［47］定之：确定人选。［48］何待克哉：还用得着我说吗？［49］就舍：回府去。就，归。［50］今者：现今。［51］卜：择。［52］果：究竟。［53］忿然：发怒的样子。作色：变脸色。指严肃或发怒。［54］西河：今陕西与山西间之黄河古称“西河”。因河出禹门口折而向南成由北向南流的西方之河。河之东称河东，河之西称河西。守：古时地方长官，后为郡守、太守、刺史的简称。［55］吴起：卫人，历任鲁、赵、楚三国，春秋时著名兵法家，与孙武齐名。事详《史记·孙子吴起列传》。［56］进：举荐。［57］以邺为忧：担心赵国进攻邺。邺，今河北临漳县西南。［58］西门豹：姓西门，为邺令。事详《史记·滑稽列传》及褚少孙补《西门豹传》。［59］中山已拔：魏灭中山在周威烈王二十年，魏文侯四十年，公元前406年。［60］傅：教导。［61］屈侯鲋：复姓屈侯，战国时贤人。［62］以耳目之所睹记：就耳闻目睹的这些。［63］臣何负于魏成：我哪一点比不上魏成。负，欠缺，比不上。［64］子言：据章校：他本“子”下有“之”字。按：《魏世家》有“之”字，“子之言”是。言，进言，推荐。［65］岂将：难道想要。比周：结党营私。以：用来。求：谋求。［66］禄：俸禄。钟：计量单位，六石四斗为一钟。［67］什九在外，什一在内：十分之九钟用在广交贤士，十分之一钟留给家人用。［68］师之：尊之为师。［69］臣之：任之为臣。［70］恶（wū）得：怎么能。［71］逡（qūn）巡：迟疑。再拜：恭敬地拜了两拜。［72］鄙人：浅陋的人，粗人。［73］失对：失言，指刚才的回答不恰当。［74］卒：终身。［75］卫：姬姓，侯爵，周武王同母少弟、康叔姬封之封国，传位25代36任国君，至君角，初都朝歌，数迁后都野王。于秦二世元年（前209）被废为庶人。事详《史记·卫康叔世家》。［76］鲁：春秋诸侯国名。周武王封其弟周公旦于鲁，国都曲阜（今山东曲阜市），公元前256年被楚所灭。事详《史记·鲁周公世家》。［77］取：通“娶”。［78］谮（zèn）：造谣中伤。之：于。鲁侯：据泷川资言《史记会注考证》，鲁侯为鲁穆公，公元前407至前377年在位。［79］绝：断绝关系。［80］薄行人：小人。薄，刻薄，不诚实。［81］区区：微不足道。［82］图：谋取。［83］归：投奔。［84］诸：之于。之，指吴起。［85］司马穰苴（jū）：春秋齐人，姓田名穰苴，为齐国大司马，故称司马穰苴。齐景公时，退燕晋之师，一战成名。事详《史记·司马穰苴列传》。［86］卧不设席：就地而卧，不设席。［87］行不骑乘：徒步而行，不用车马。［88］亲裹赢粮：亲自包扎并挑起士兵行军用的粮食。赢，负担。［89］疽（jū）：毒疮。［90］吮（shǔn）：口吸。［91］何哭为：为什么哭？为，语尾助词。［92］战不旋踵：奋力作战不后退。［93］妾：古时妇女自谦之称。［94］死所：死在哪里，谓将英勇作战而死。［95］燕湣公：燕孝公之子。在位三十一年，公元前433年至公元前403年在位。薨（hōng）：《礼记·曲礼下》：“诸侯死曰薨。”［96］僖公：湣公之子，在位三十年，公元前402年至公元前373年在位。［97］王崩：周威烈王死。崩，《礼记·曲礼下》：“天子死曰崩。”［98］安王：周威烈王子，名骄，在位二十六年，公元前401年至公元前376年在位。［99］楚声王：楚简王之子，名当，在位六年，公元前407年至公元前402年在位。［100］国人：京都士庶众民。［101］悼王：名疑，一名类，在位二十一年，公元前401年至公元前381年在位。

安王

元年（庚辰，前401年）

秦伐魏，至阳孤［1］。

二年（辛巳，前400年）

魏、韩、赵伐楚，至桑丘［2］。

郑［3］围韩阳翟［4］。

韩景侯［5］薨，子烈侯［6］取立。

赵烈侯［7］薨，国人立其弟武侯［8］。

秦简公［9］薨，子惠公［10］立。

三年（壬午，前399年）

王子定奔晋［11］。

虢山［12］崩，壅河［13］。

四年（癸未，前398年）

楚［14］围郑。郑人杀其相驷子阳［15］。

五年（甲申，前 397 年）

日有食之。

三月，盗杀韩相侠累[16]。侠累与濮阳[17]严仲子[18]有恶[19]。仲子闻轵[20]人聂政[21]之勇，以黄金百溢[22]为政母寿[23]，欲因以报仇。政不受，曰："老母在，政身未敢以许[24]人也！"及母卒，仲子乃使政刺侠累。侠累方坐府上，兵卫甚众，聂政直入上阶，刺杀侠累，因自皮面决眼[25]，自屠[26]出肠。韩人暴[27]其尸于市，购问[28]，莫能识。其姊荌闻而往，哭之曰："是轵深井里[29]聂政也！以妾[30]尚在之故，重自刑以绝从[31]。妾奈何[32]畏殁身之诛[33]，终灭[34]贤弟之名！"遂死于政尸之旁。

六年（乙酉，前 396 年）

郑驷子阳之党[35]弑繻公[36]，而立其弟乙，是为康公[37]。

宋悼公[38]薨，子休公[39]田立。

八年（丁亥，前 394 年）

齐伐鲁，取最[40]。

郑负黍[41]叛，复归韩[42]。

九年（戊子，393 年）

魏伐郑。

晋烈公[43]薨，子孝公倾[44]立。

十一年（庚寅，前 391 年）

秦伐韩宜阳[45]，取六邑[46]。

初，田常生襄子盘[47]，盘生庄子白，白生太公和[48]。是岁[49]，齐田和迁齐康公于海上，使食一城，以奉其先祀[50]。

十二年（辛卯，前 390 年）

秦、晋战于武城[51]。

齐伐魏，取襄阳[52]。

鲁败齐师于平陆[53]。

十三年（壬辰，前 389 年）

秦侵晋[54]。

齐田和会[55]魏文侯、楚人、卫人于浊泽[56]，求为诸侯。魏文侯为之请于王及诸侯，王许之。

（以上为第五段，写周安王之时，魏文侯任贤使能，称霸诸侯。）

【注释】

［1］阳孤：邑名，故城在今山西垣曲县东南。《史记·六国年表》《魏世家》作“阳狐”。［2］魏、韩、赵伐楚，至桑丘：《史记·楚世家》：“悼王二年（前400）三晋来伐楚，至乘丘而还。”按：桑丘，齐邑，在今河北涞水县西南。此“桑丘”当是“乘丘”之误。乘丘，楚邑，故城在今山东济宁市兖州区西。桑丘，燕地，非楚邑。［3］郑：春秋时小国，姬姓，伯爵，周宣王庶弟友始受封，即桓公。初都棫林（今陕西渭南市华州区西北），武公始徙新郑（今河南新郑市）。周烈王元年（前375）韩灭郑。事详《史记·郑世家》。［4］阳翟：韩景侯时国都，在今河南禹州市。［5］韩景侯：韩武子之子，名虔，韩国始封国君。周威烈王二十三年（前403）始命韩景侯虔为诸侯，公元前408年至公元前400年在位。［6］烈侯：韩景侯之子，名取，公元前399年至公元前387年在位。［7］赵烈侯：赵献侯之子，名籍，公元前408年至公元前400年在位。［8］武侯：佚名。《史记·六国年表》称赵武公，公元前399年至公元前387年在位。［9］秦简公：昭子之弟，怀公之子，公元前414年至公元前400年在位。［10］惠公：佚名，公元前399年至公元前387年在位。［11］王子定：安王子姬定。奔：逃。［12］虢（guó）山：山名，在今河南三门峡市西南。［13］壅河：堵塞黄河。［14］楚：亦称荆，芈（mǐ）姓国。周成王封熊绎为子爵，这是楚受封之始。西周时期熊绎子孙不断扩大领土，立国号为楚。传至第四十君楚王负刍，于公元前223年为秦所灭。事详《史记·楚世家》。［15］驷子阳：郑繻公之相。［16］侠累：《战国策·韩策三》作韩傀。侠，姓。傀又作“廆”“傫”。［17］濮阳：县名，县治在今河南滑县。［18］严仲子：《战国策·韩策二》作严遂，又称严仲翁，韩烈侯宠臣。［19］有恶：有仇怨。［20］轵：县名，县治在今河南济源市东南。［21］聂政：战国时的刺客。其事迹见《战国策·韩策二》第二十二章、《燕策二》第五章、《史记·刺客列传》。［22］溢：黄金重量单位，二十两（或二十四两）为一溢，字又作“镒”。［23］寿：通“酬”，献礼，致敬。［24］许：承诺。《礼记·曲礼上》：“父母存，不许友以死。”［25］自皮面决眼：聂政自毁面容挖眼，使人不可辨认，保守行刺者的秘密，用以保护家人。皮，割裂脸面。决眼，挖出眼睛。［26］屠：剖开。［27］暴：露。此指抛尸于市。［28］购问：悬赏征求，重金收买。［29］深井里：里名，在河南济源市南。［30］妾：古时妇女自谦之称。［31］重自刑以绝从：狠狠地自毁面容，不可辨认。刑，残毁。从，通“踪”，踪迹，线索。［32］奈何：怎么能。［33］殁身之诛：遭杀身之祸。［34］灭：埋没。［35］党：党羽。［36］繻（xū）公：郑幽公之子，名姬骀。一作幽公之弟。公元前422年至公元前396年在位。［37］康公：幽公弟姬乙。公元前395年至公元前375年在位。［38］宋悼公：昭公之子，名购由，公元前403年至公元前396年在位。［39］休公：悼公之子，名田，公元前395年至公

元前 373 年在位。［40］最：据章校，他本“最”下有“韩救鲁”三字。按：最，疑当作“冣”，与聚音义相同。《集韵》：“聚或作‘郰’，同‘邹（zōu）’”。郰，在今山东曲阜市东南。［41］负黍：邑名，在今河南登封市。［42］复归韩：《史记·郑世家》：“（缟公）十六年（前 407）郑伐韩，败韩兵于负黍。”又：“郑君乙（即郑康公）立二年，郑负黍反，复归韩。”［43］晋烈公：姬姓，名止，公元前 419 年至公元前 393 年在位。［44］孝公倾：《史记·晋世家》“倾”作“颀”，《世本》作“倾”。公元前 392 年至公元前 378 年在位。［45］宜阳：县名，今河南宜阳县。［46］邑：《周礼·地官·小司徒》：“九夫为井，四井为邑。”［47］田常：即田成子，齐相田乞之子。乞死，田常代立为相，田常卒，子襄子盘又代立为相。田氏三世为齐相，姜齐之政已归田氏。［48］太公和：田庄子白之子，庄子卒，田和代立为齐相。姜齐康公十九年，公元前 386 年，请周天子立为齐侯，纪元年，为田齐开国君，公元前 386 年至公元前 384 年在位。［49］是岁：指周安王十一年，当姜齐康公十四年，即公元前 391 年。［50］奉其先祀：供奉祖先祭祀。［51］武城：邑名，今陕西渭南市华州区东。［52］襄阳：应从《史记》之《魏世家》《六国年表》作“襄陵”。邑名，今河南睢县。［53］平陆：邑名，在今山东汶上县北。［54］晋：指代魏国。据《史记》之《六国年表》《魏世家》“晋”皆作“阴晋”，指秦侵犯魏国的阴晋。阴晋邑，在今陕西华阴市东。［55］会：古代诸侯之间的双边或多国盟会。［56］浊泽：故城在今河南长葛市西北。

十五年（甲午，前 387 年）

秦伐蜀[1]，取南郑[2]。

魏文侯薨[3]，太子击立，是为武侯[4]。

武侯浮[5]西河而下，中流[6]顾谓吴起曰：“美哉山河之固，此魏国之宝也！”对曰：“在德不在险[7]。昔三苗氏[8]，左洞庭[9]，右彭蠡[10]；德义不修[11]，禹[12]灭之。夏桀之居[13]，左河济[14]，右泰华[15]，伊阙[16]在其南，羊肠[17]在其北；修政不仁[18]，汤放[19]之。商纣之国，左孟门[20]，右太行[21]，常山[22]在其北，大河[23]经其南；修政不德[24]，武王[25]杀之。由此观之，在德不在险。若君不修德，舟中之人皆敌国也！”武侯曰：“善。”

魏置相，相田文[26]。吴起不悦，谓田文曰：“请与子论功可乎？”田文曰：“可。”起曰：“将[27]三军，使士卒乐死[28]，敌国不敢谋，子孰与起[29]？”文曰：“不如子。”起曰：“治百官[30]，亲万民[31]，实府库[32]，子孰与起？”文曰：“不如子。”起曰：“守西河，秦兵不敢东乡[33]，韩、赵宾从[34]，子孰与起？”文曰：“不如子。”起曰：“此三者子皆出[35]吾下，而位居吾上，何也？”文曰：“主少国疑[36]，大臣未附[37]，百姓不信，方是之时[38]，属之[39]子乎，属之我乎？”起默然良久曰：“属之子矣！”

久之，魏相公叔[40]尚魏公主[41]而害[42]吴起。公叔之仆曰：“起易去[43]也。起为人刚劲自喜[44]。子先言于君曰：‘吴起，贤人也，而君之国小，臣恐起之无留心也。君盍试延以女[45]，起无留心，则必辞[46]矣。’子因[47]与起归而使公主辱子，起见公主之贱子也，必辞，则子之计中[48]矣。”公叔从之，吴起果辞公主。魏武侯疑之[49]而未信[50]，起惧诛[51]，遂奔[52]楚。

楚悼王[53]素闻其贤，至则任之为相。起明法审令[54]，捐不急之官[55]，废公族疏远者[56]，以抚养战斗之士[57]，要[58]在强兵，破[59]游说之言从横者[60]。于是南平百越[61]，北却[62]三晋，西伐秦，诸侯皆患楚之强；而楚之贵戚大臣多怨[63]吴起者。

秦惠公[64]薨，子出公[65]立。

赵武侯[66]薨，国人复立烈侯[67]之太子章，是为敬侯[68]。

韩烈侯[69]薨，子文侯[70]立。

十六年（乙未，前 386 年）

初命齐大夫田和为诸侯。

赵公子朝作乱[71]，奔魏；与魏袭邯郸[72]，不克。

十七年（丙申，前 385 年）

秦庶长改逆献公于河西而立之[73]；杀出子[74]及其母，沈[75]之渊旁。

齐伐鲁。

韩伐郑，取阳城[76]；伐宋，执宋公[77]。

齐太公薨，子桓公午立[78]。

十九年（戊戌，前 383 年）

魏败赵师于兔台[79]。

二十年（己亥，前 382 年）

日有食之，既[80]。

二十一年（庚子，前381年）

楚悼王[81]薨，贵戚大臣作乱，攻吴起；起走之王尸而伏之[82]。击起之徒因射刺起，并中王尸。既葬，肃王[83]即位，使令尹[84]尽诛[85]为乱者；坐起[86]夷宗[87]者七十余家。

二十二年（辛丑，前380年）

齐伐燕，取桑丘。魏、韩、赵伐齐，至桑丘[88]。

二十三年（壬寅，前379年）

赵袭卫，不克。

齐康公薨，无子，田氏遂并齐而有之。

是岁，齐桓公亦薨，子威王因齐立[89]。

二十四年（癸卯，前378年）

狄[90]败魏师于浍[91]。

魏、韩、赵伐齐，至灵丘[92]。

晋孝公[93]薨，子靖公俱酒[94]立。

（以上为第六段，写吴起在魏而魏强，功高遭忌而奔楚，楚悼王任吴起为相，推行改革，以悲剧终。田氏代姜姓为齐诸侯。）

【注释】

［1］蜀：古国名，今四川西部及陕南地区。［2］南郑：蜀邑，今陕西汉中市南郑区。［3］魏文侯薨：据陈梦家《六国纪年》，文侯卒在周安王六年，公元前396年，此有误。［4］武侯：魏文侯之子名击。公元前395年至公元前370年在位。［5］浮：乘船游玩。［6］中流：半途。［7］在德不在险：国家政清民和则强，而不在地形险要。［8］三苗氏：相传三苗是尧、舜时的诸侯，舜时被迁到三危。三危一说在今甘肃敦煌市一带，一说在今甘肃岷山西南。［9］洞庭：即今洞庭湖。［10］彭蠡：即今江西鄱阳湖。［11］德义不修：不修德行，不讲信义。［12］禹：传说古帝，鲧之子，姓姒名文命，治水有功，受舜禅让，国号夏。事详《史记·夏本纪》。［13］桀：夏朝末代君主。居：所都之地。相传桀都安邑在今山西夏县。［14］河济：黄河，济水。［15］泰华：泰山，华山。［16］伊阙：山名，伊水经流其间，形成缺口，故名"伊阙"，又名龙门，在今河南洛阳市南。［17］羊肠：即羊肠坂。太行山的坂道，因山形曲屈如羊肠，故名。在今山西壶关县东南。［18］修政不仁：不行德政。［19］放：流放。［20］孟门：太行山险隘，在今河南焦作市东北。［21］太行：山名，在今河南沁阳市北。［22］常山：即恒山，在今河北曲阳县西北。［23］大河：黄河。［24］修政不德：即"修政不仁"。［25］武

王：周武王。［26］田文：与齐国孟尝君田文同名。《吕氏春秋·执一》作“商文”。［27］将：统帅。［28］乐死：甘心拼死作战。［29］子孰与起：您跟我比谁强？［30］治百官：管理文武百官。［31］亲万民：使百姓亲附。［32］实府库：使府库充实。古时府谓储藏财货之处，库谓储藏兵器之处。［33］东乡：向东侵扰。乡，通“向”。［34］宾从：归服。宾，服。［35］出：居于，处在。［36］疑：犹疑不定，不安定。［37］未附：不亲近。［38］方是之时：当此之时。［39］属：委托、交给。之：指国政。［40］公叔：公叔座，亦作“公叔痤”，曾连任魏武侯、魏惠王相国。［41］尚魏公主：原作“尚主”，语不通。据章校：他本“尚”字下有“魏公”二字，据改。古代帝王之女称公主、尚主，即尚公主，娶公主。不言娶而言尚，尚，通“上”，高攀，尊崇之意。［42］害：畏忌。［43］去：除掉。［44］自喜：《史记·吴起列传》：“吴起为人节廉而自喜名也。”则此“自喜”是说喜好名声，爱面子。［45］君盍试延以女：君何不以嫁女迎聘他作考验。盍（hé），何不。延，迎聘。［46］辞：推辞，不同意。［47］因：则，就使。［48］中（zhòng）：行，可以。《礼记·礼器》郑玄注：“犹成也。”［49］疑之：怀疑吴起。［50］未信：不信任。［51］诛：惩罚、诛杀。［52］奔：逃，投奔。［53］楚悼王：声王之子，名芈疑，一名类，公元前401年至公元前381年在位。［54］明法审令：明确法规，审定律令。即严明法令。［55］捐：裁减。不急之官：冗员。［56］废公族疏远者：废除王族中疏远者的俸禄。［57］以：用来。抚养：抚慰战士的家属，供养战士。［58］要：关键，目的。［59］破：排除。［60］从横者：游说之士。［61］百越：古南方越族聚居区域的统称。今江、浙、闽、粤之地皆为越族所居。勾践六世孙无强被楚破败后，诸子散处海上，有闽越、瓯越、西越、骆越，统称“百越”。［62］却：退，打退。［63］怨：仇恨。［64］秦惠公：简公之子，公元前399年至公元前387年在位。［65］出公：名出子，又名小主，公元前386年至公元前385年在位。［66］赵武侯：《史记·六国年表》《赵世家》并作“赵武公”。［67］烈侯：名籍，献侯之子，赵开国国君，公元前408年至公元前387年在位。［68］敬侯：公元前386年至公元前375年在位。［69］韩烈侯：名取，景侯之子，公元前399年至公元前387年在位。［70］文侯：史佚名，据《史记·六国年表》载，公元前386年至公元前377年在位。［71］赵公子朝作乱：《史记·赵世家》：“敬侯元年，武公子朝作乱。”武公，赵烈侯之弟。［72］邯郸：今河北邯郸市，赵都。［73］庶长：商鞅变法，定秦爵二十级，从第十级左庶长到第十八级大庶长皆为庶长级，属武官，相当于卿。改：人名。逆：迎。献公：秦灵公之子，名连，又名师隰，公元前384年至公元前362年在位。河西：《史记·秦本纪·正义》云：“西者，秦州西县。”则“河”字涉下文而衍。西县，在今甘肃天水市西南。［74］出子：即秦出公。［75］沈：“沉”之借字。［76］阳城：邑名，今河南登封市东南。［77］宋公：宋休公，悼公之子，名田，公元前395年至公元前370年在位。［78］子桓公午立：据《史记》之《六国年表》《田敬仲完世家》，桓公午立，事在周安王十八年，公元前384年。他在位六年，公元前379年卒，威王立。［79］兔台：台名，在今河北大名县东。［80］既：尽。指日全蚀。［81］楚悼王：声王之子，名熊疑，公元前401年至公元前381年在位。［82］伏之：趴在楚悼王尸上。［83］肃王：悼王之子，名熊臧，公元前380年至公元前370年在位。［84］令尹：春秋、战国时期楚国执政官名，相当于宰相、相国。［85］诛：杀。［86］坐起：因射杀吴起而获罪。坐，株连获罪。［87］夷宗：荡平宗族，即灭族。［88］桑丘：邑名，今河北保定市徐水区西南。［89］子威王因齐立：威王乃齐桓公田午之子，齐太公田和之孙，公元前378年至公元前343年在位。［90］狄：又作“翟”，泛指我国古代北部的少数民族。战国后期，戎、狄融合为匈奴族。［91］浍（huì）：水名，源出今山西翼城县东北浍山下，西经侯马市，入新绛县注入汾河。［92］灵丘：邑名，在今山东高唐县南。［93］晋孝公：据《史记·六国年表》，晋孝公在位共十五年，公元前392年至公元前378年在位。［94］靖公俱酒：晋国末代之君，在位二年被废为庶民，晋绝祀。

二十五年（甲辰，前377年）

蜀伐楚，取兹方[1]。

子思言苟变于卫侯曰[2]：“其才可将五百乘[3]。”公曰：“吾知其可将；然变也尝为吏[4]，赋于民[5]而食人二鸡子[6]，故弗用也。”子思曰：“夫圣人之官[7]人，犹匠之用木[8]也，取其所长，弃其所短；故杞梓连抱[9]而有数尺之朽，良工不弃。今君处战国之世[10]，选爪牙之士[11]，而以二卵弃干城之将[12]，此不可使闻于邻国也。”公再拜曰：“谨受教[13]矣！”

卫侯言计非是[14]，而群臣和[15]者如出一口[16]。子思曰：“以吾观卫，所谓‘君不君，臣不臣[17]’者也！”公丘[18]懿子曰：“何乃若是[19]？”子思曰：“人主自臧[20]，则众谋不进[21]。事是[22]而臧之，犹却众谋[23]，况和非以长恶乎[24]！夫不察事之是非而悦人赞己，暗莫甚焉[25]；不度理之所在而阿谀求容[26]，谄莫甚焉[27]。君暗臣谄，以居百姓之上，民不与[28]也。若此不已[29]，国无类[30]矣！”

子思言于卫侯曰：“君之国事将日非[31]矣！”公曰：“何故？”对曰：“有由然焉[32]。君出言自以为是，而卿大夫[33]莫敢矫其非[34]；卿大夫出言亦自以为是，而士庶人[35]莫敢矫其非。君臣既自贤[36]矣，而群下同声贤之[37]，贤之则顺而有福，矫之则逆而有祸[38]，如此则善安从生[39]！《诗》曰[40]：‘具曰予圣[41]，谁知乌之雌雄[42]？’抑亦似君之君臣乎！”

鲁穆公[43]薨，子共公奋[44]立。

韩文侯薨，子哀侯立。

二十六年（乙巳，前 376 年）

王崩，子烈王喜[45]立。

魏、韩、赵共废晋靖公为家人[46]而分其地[47]。

（以上为第七段，写卫小国君臣浑浑噩噩，坐以待亡。魏韩赵三家灭晋后嗣。）

【注释】

[1]兹方：《史记·楚世家》："肃王四年，蜀伐楚取兹方，于是楚为扞关以距之。"扞关在重庆市奉节县东，兹方当在扞关上游不远。[2]子思（前 483—前 402）：孔丘之孙，孔鲤之子，名伋，字子思，为鲁穆公师。《礼记》中的《中庸》相传为子思所著。苟变：战国卫人。卫侯：慎公，怀公之子，名颓，公元前 414 年至公元前 373 年在位。[3]将：通"率"，率领。乘（shèng）：一辆兵车称一乘，有甲士三人，步卒七十二人。五百乘，三万七千五百人。[4]吏：据下文"赋于民"，当是税务官。[5]赋于民：向民收税。[6]鸡子：鸡蛋。[7]官：任用。[8]犹匠之用木：如同木匠选择木材。[9]杞（qǐ）梓（zǐ）：木名，此指良材。连抱：合抱之大木。[10]战国之世：战乱时代。[11]爪牙之士：得力的助手。[12]干城之将：捍卫国家之将。[13]谨受教：我接受你的指教。[14]言计非是：说的计谋不对。[15]和（hè）：随声附和。[16]如出一口：异口同声。[17]君不君，臣不臣：君不像个君，臣不像个臣。即君不守君道，臣不守臣道。[18]公丘：复姓。[19]何乃若是：怎么会这样。[20]自臧：自以为是。臧，善，高明。[21]进：进言，献计。[22]事是：事情做对了。事，治，办理。[23]犹却众谋：还会堵塞言路。却，退，堵塞。[24]况和非以长恶乎：更何况做错了还沉醉在附和声中，难道不是助长邪恶吗！[25]暗莫甚焉：真是糊涂到极点。暗，不明、糊涂。[26]阿谀求容：一味地奉承取悦于人。[27]谄莫甚焉：献媚到了极点。谄，献媚、拍马屁。[28]与：助，拥护。[29]已：止。[30]国无类：国家灭亡。无类，没有活口，即灭族、灭种。[31]国事：国家政事。日非：一天不如一天，即一天天衰败、没落。[32]有由然焉：当然有原因。由，原因。[33]卿大夫：卿和大夫。泛指高级官员。[34]矫其非：纠正错误。[35]士庶人：士人和老百姓。泛指百姓。[36]自贤：自我吹捧为圣贤。[37]群下：属下，包括民吏和民众。同声贤之：同声附和吹捧。[38]顺：顺从，谄谀。逆：违逆，批评。[39]善安从生：善政从何处产生。[40]"《诗》曰"句：见《诗·小雅·正月》。[41]具曰予圣：毛亨传："君臣俱自谓圣也。"[42]谁知乌之雌雄：郑玄笺："君臣贤愚适同，如乌之雌雄相似，谁能别异之乎。"这是用《诗》比喻君臣半斤八两，都是一路货色。[43]鲁穆公：元公之子，名显，又名衍，又名不衍。公元前 407 年至公元前 376 年在位。[44]共公奋：共公，又作恭公。名奋。公元前 376 年至公元前 355 年在位。[45]烈王喜：周烈王，名姬喜，安王之子，东周第三十二任国君，又作周夷烈王，公元前 375 年至公元前 369 年

在位。［46］家人：平民。［47］分其地：吕祖谦《大事记》："所分者绛与曲武。"晋君残剩的最后一点领地被瓜分。

烈王

元年（丙午，前 375 年）

日有食之。

韩灭郑，因徙都之[1]。

赵敬侯薨，子成侯种[2]立。

三年（戊申，前 373 年）

燕败齐师于林狐[3]。

鲁伐齐，入阳关[4]。

魏伐齐，至博陵[5]。

燕僖公[6]薨，子桓公[7]立。

宋休公[8]薨，子辟公[9]立。

卫慎公[10]薨，子声公训[11]立。

四年（己酉，前 372 年）

赵伐卫，取都鄙[12]七十三。

魏败赵师于北蔺[13]。

五年（庚戌，前 371 年）

魏伐楚，取鲁阳[14]。

韩严遂[15]弑哀侯[16]，国人立其子懿侯[17]。初，哀侯以韩廆为相而爱严遂[18]，二人甚相害也。严遂令人刺韩廆于朝，廆走[19]哀侯，哀侯抱之；人刺韩廆，兼及哀侯。

魏武侯薨，不立太子，子䓨[20]与公中缓[21]争立，国内乱。

六年（辛亥，前 370 年）

齐威王来朝。是时周室微弱，诸侯莫朝，而齐独朝之，天下以此益贤威王。

赵伐齐，至鄄[22]。

魏败赵师于怀[23]。

齐威王召即墨大夫[24]，语之曰："自子之居即墨也[25]，毁言日至。然吾使人视即墨，田野辟[26]，人民给[27]，官无事[28]，东方[29]以宁；是子不事吾左右[30]以求助也！"封之万家[31]。召阿[32]大夫，语之曰："自子守[33]阿，誉言[34]日至。吾使人视阿，田野不辟，人民贫馁[35]。昔日赵攻鄄，子不救；卫取薛陵[36]，子不知；是子厚币事吾左右[37]以求誉也！"是日[38]，烹[39]阿大夫及左右尝誉者。于是群臣耸惧[40]，莫敢饰诈[41]，务尽其情[42]，齐国大治，强于天下。

楚肃王[43]薨，无子，立其弟良夫，是为宣王[44]。

宋辟公薨，子剔成立[45]。

七年（壬子，前369年）

日有食之。

王崩[46]，弟扁立，是为显王[47]。

魏大夫王错出奔韩[48]。公孙颀[49]谓韩懿侯曰："魏乱[50]，可取也。"懿侯乃与赵成侯合兵伐魏，战于浊泽[51]，大破之，遂围魏[52]。成侯曰："杀䓨，立公中缓，割地而退，我二国之利也。"懿侯曰："不可。杀魏君，暴[53]也；割地而退，贪也。不如两分之[54]。魏分为两，不强于宋、卫，则我终无魏患矣。"赵人不听。懿侯不悦，以其兵夜去[55]。赵成侯亦去。䓨遂杀公中缓而立，是为惠王。

太史公曰：魏惠王之所以身不死、国不分者，二国之谋不和也。若从一家之谋[56]，魏必分矣。故曰："君终，无适子[57]，其国可[58]破也。"

（以上为第八段，写周烈王初年，魏武侯死后，因为没有立嫡，诸子争位而内乱，魏国差一点被韩、赵瓜分。）

【注释】

［1］韩灭郑：韩王并灭了郑国。郑国末代之君为郑康公，幽公之弟，名乙阳，一名乙，郑末代国君，公元前395年至公元前375年在位。徙都：韩都五迁。韩氏始封韩原，在今陕西韩城市南。公元前566年，韩宣子迁都居州，在今河南武陟县西南。公元前479年，韩贞子迁都平阳，在今山西临汾市西北。公元前416年韩武子迁都宜阳，在今河南宜阳县西。韩景侯时又迁都阳翟，在今河南禹州市。韩哀侯灭郑又迁都郑，在今河南新郑市。［2］成侯种：赵第四代国君，名种。公元

前 374 年至公元前 350 年在位。［3］林狐：邑名，地点不详。［4］阳关：邑名，今山东泰安市南。［5］博陵：县名，今山东茌平区博平镇。［6］燕僖公：据《史记·燕世家》，滑公之子。僖，作“釐”。公元前 402 年至公元前 373 年在位。［7］桓公：据《史记·六国年表》，燕桓公公元前 371 年至公元前 362 年在位。［8］宋休公：悼公之子，名田，公元前 395 年至公元前 373 年在位。［9］辟公：名辟兵，公元前 372 年至公元前 370 年在位。［10］卫慎公：公元前 414 年至公元前 373 年在位。［11］声公训：慎公之子，名训，公元前 372 年至公元前 362 年在位。［12］都鄙：公卿大夫之采邑，王子弟之食邑。［13］北蔺：赵邑名，今山西吕梁市离石区西。［14］鲁阳：楚邑名，今河南鲁山县西。［15］严遂：韩烈侯宠臣。又称严仲子，又称严仲翁。［16］哀侯：据《史记·韩世家》为文侯之子。［17］懿侯：哀侯之子。［18］韩廆：《战国策·魏策四》第二十七章：“聂政之刺韩傀也，白虹贯日。”廆，同“傀”。韩廆，韩相，《史记·刺客列传》作“侠累”。严遂：《刺客列传》作“严仲子”，韩国大臣，与韩廆有仇。［19］走：至也。［20］子䓨（yīng）：魏武侯之子，名䓨，又作“莹”，又作“婴”，魏第三代国君魏惠王，后迁都大梁，又称梁惠王。公元前 369 年至公元前 319 年在位。［21］公中缓：魏武侯之子，与惠王争为太子，后奔赵。［22］鄄（juàn）：齐邑名，今山东鄄城县北。［23］怀：赵邑名，今河南武陟县西南。［24］即墨：齐邑名，今山东平度市东南。大夫：齐国邑之长官称大夫。［25］居即墨也：任即墨大夫以来。［26］田野辟：荒地都已开垦。［27］给（jǐ）：足。［28］官无事：官府没有积滞不办的事。［29］东方：指齐国东部。［30］事吾左右：讨好我左右的那些当权的人。事，侍、奉承，巴结讨好。［31］封之万家：封给即墨大夫一万户的食邑。［32］阿：齐邑名，今山东阳谷县东北。［33］守：掌管。［34］誉言：赞美之辞。［35］贫馁：贫穷饥饿。［36］薛陵：齐邑名，今山东阳谷县东北。［37］厚币事吾左右：拿重金买通了我左右的那些当权的人。［38］是日：当天。［39］烹：古代一种酷刑，用鼎煮杀人。［40］耸惧：害怕。耸，通“悚”，惧。［41］饰诈：造假欺诈。［42］情：真实情况。［43］楚肃王：悼王之子，名熊臧，公元前 380 年至公元前 370 年在位。［44］宣王：公元前 369 年至公元前 340 年在位。［45］剔成：宋第三十一君，公元前 369 年至公元前 329 年在位。［46］王崩：周烈王死。［47］显王：周烈王子，名扁，东周第二十三任国君，公元前 368 年至公元前 321 年在位。［48］魏大夫王错出奔韩：方诗铭、王修龄《古本竹书纪年辑证》：“错本䓨党，其‘出奔韩’之故未详。”［49］公孙颀（qǐ）：魏人。《史记·魏世家》：“公孙颀自宋入赵，自赵入韩。”［50］魏乱：指魏武侯不立太子，子䓨与公中缓争立，国内乱。［51］浊泽：今山西运城市西南。［52］围魏：包围了魏都安邑。按：魏都安邑邻近浊泽。［53］暴：残暴，此指残暴的恶名。［54］两分之：分魏为二，让魏䓨和公中缓都做国君。［55］夜去：指韩军乘夜撤退，抛弃同盟。［56］一家之谋：指韩、赵两家之中任何一家的意见。［57］嫡子：正妻所生之子曰“嫡子”。嫡子只有一个，所以传位要传嫡子，避免诸子争位。［58］可：大约、大概。

【点评】

司马光论名分。周威烈王册命韩、赵、魏三家为诸侯，王室名分丧失。《资治通鉴》以周威烈王册命韩、赵、魏三家为诸侯开端，突显司马光名分不可丢失的历史观，故以“臣光曰”评论为述史起笔。幽厉之后，周王室东迁，王室权威式微，东周襄、惠之后，王室权威进一步衰落。周威烈王册命韩、赵、魏三家为诸侯，名分丢失，王权坠地，德义终结，暴力滋起，历史时势为之一变，也就是由春秋时代进入战国时代。“臣光曰”之后，追述三家分晋，在公元前453年，也就是说，册命三家为诸侯，已由三家分晋注定了。暴力取代了德义，周王室名分不守是没办法的事，也可以说是用手中的名分换取苟延残喘。“臣光曰”讲的是大道理，周威烈王遵守的是现实，即便是做傀儡，也还有一个王室的名义。

卷二　周纪二

周显王元年至四十八年（前368—前321年）

【起昭阳赤奋若（癸丑，前368年），尽上章困敦（庚子，前321年），凡四十八年】

【大事提要】

本卷记事起公元前368年，讫公元前321年，凡四十八年，当周显王元年至显王四十八年，即周显王之一代天子。本卷所载大事，主要有五个方面：其一，战国初期的霸主魏国在齐、秦两大国夹攻下衰落。魏惠王好战，任用庞涓，想重振魏国雄风，由于惠王才能平庸，不能任用大才，既失商鞅，又失孙膑，结果东败于齐，丧失太子申；西败于秦，失地河西。魏国离开安邑，迁都大梁，国土缩小，从此国势式微。其二，秦孝公求贤，任用商鞅变法，秦国迅速崛起，东向争雄，战国逐鹿中原，秦国成为主导。其三，商鞅变法，取得富国强兵的成效，给历史留下改革的成功经验，无疑应予高度评价。但商鞅暴力施政，外交用诈，悲剧下场，给历史留下教训，亦应吸取。其四，周显王时代，战国进入中期，七国争雄，合纵连横兴起，公元前333年苏秦拜六国相印，同年张仪入秦开启连横，保持秦国强大，两人为当时策士之代表人物，可以说是时代的弄潮儿。其五，孟尝君率先登上历史舞台，开养士之风，乃当时列国争夺人才之时势使然。

显王

元年（癸丑，前368年）

齐伐魏，取观津[1]。

赵侵齐，取长城[2]。

三年（乙卯，前366年）

魏、韩会于宅阳[3]。

秦败魏师、韩师于洛阳。

四年（丙辰，前 365 年）

魏伐宋[4]。

五年（丁巳，前 364 年）

秦献公[5]败三晋[6]之师于石门[7]，斩首六万。王赐以黼黻[8]之服。

七年（己未，前 362 年）

魏败韩师、赵师于浍[9]。

秦、魏战于少梁[10]，魏师败绩[11]；获魏公孙痤[12]。

卫声公[13]薨，子成侯速[14]立。

燕桓公[15]薨，子文公[16]立。

秦献公薨，子孝公[17]立。孝公生二十一年矣。是时河、山以东强国六[18]，淮、泗之间小国十余[19]，楚、魏与秦接界。魏筑长城[20]，自郑滨洛以北有上郡[21]；楚自汉中[22]，南有巴、黔中[23]；皆以夷翟遇秦[24]，摈斥之[25]，不得与中国之会盟[26]。于是孝公发愤，布德修政，欲以强秦。

（以上为第一段，写战国七雄并立混战，秦国受到东方六国轻视，秦孝公继位，发愤图强，布德修政以强秦。）

【注释】

[1]观津：省称“观”，魏邑名。故城在今河南清丰县南。 [2]长城：齐的长城是利用原有堤防，连接山脉，陆续扩建而成，所以又称“长城巨坊”。坊，通“防”。《水经·济水注》：“平阴城南有长城，东至海，西至济，河道所由，名坊门。” [3]宅阳：魏邑名，故城在今河南荥阳市西南 17 里。又作“北地”“北宅”。 [4]宋：国名。周公平乱，诛武庚，封殷纣王之庶兄微子启于宋以续殷祀。其疆域有今河南东南部和今山东、江苏、安徽之间一部分地。国都睢阳，在今河南商丘市西南。 [5]秦献公：秦灵公之子，名连，又名师隰，公元前 384 年至公元前 362 年在位。[6]三晋：指赵、魏、韩三国。 [7]石门：山名，又名石门山、石门道，在今山西运城市西南。[8]黼（fǔ）黻（fú）：古代礼服上绣的花纹。黼，黑白相间如斧形的花纹。黻，黑青相间如“亞”形的花纹。 [9]浍（huì）：浍水，在今山西翼城县南，西流经曲沃，入汾水。 [10]少梁：魏邑名，在今陕西韩城市西南。 [11]败绩：指军队溃败，全军覆没。 [12]公孙痤：魏将名。《史记》之《秦本纪》及《魏世家》云“虏其将公孙痤”。 [13]卫声公：卫慎公之子，名训，又作驯，公元前 372 年至公元前 362 年在位。 [14]成侯速：卫声公之子，名速，公元前 361 年至公元前 333

在位。［15］燕桓公：燕釐公之子，公元前372年至公元前362年在位。［16］文公：燕桓公之子，公元前361年至公元前333年在位。［17］孝公：秦献公之子，名渠梁，任用商鞅变法，秦国富强。公元前361年至公元前338年在位。［18］河、山：指黄河、华山。强国六：指燕、齐、赵、魏、韩、楚。［19］淮、泗之间：即淮北、泗上地区，包括淮水、泗水两河中下游所经地域。其间者为今江苏徐州市及淮安北境、山东济宁市及兖州区南境、安徽泗州等地。小国十余：即所谓“泗上十二诸侯”，战国时十二个小国，为邾、鲁、郳、莒、宋、卫、滕、薛、费、任、郯、邳等。［20］魏筑长城：《史记·魏世家》，惠王十九年（前351）“筑长城，塞固阳”。泷川资言《史记会注考证》：“《水经》引《纪年》‘魏惠王十二，龙贾帅师筑城于西边。’盖魏筑长城在惠王十二年以前，至此（指惠王十九年）而竣也。”［21］自郑滨洛以北有上郡：从郑县（今陕西渭南市华州区）开始，沿洛河北上，直抵上郡。上郡，今陕西延安市、榆林市一带。［22］汉中：楚郡名，今陕西汉中市为中心的陕南地区及湖北西北十堰市郧阳区。［23］巴、黔中：楚郡名。巴郡当今四川东部及湖北西部一带，黔中郡当今湖北西部、北部及贵州东部一带。［24］皆以夷翟遇秦：指中原各诸侯国都用对待夷狄的态度对待秦国。古时称东方各部族为夷，北方各部族为狄。翟，通“狄”。遇，对待。［25］摈斥：排斥。之：指秦国。［26］得：能。与：参与。中国：指中原各诸侯国。

八年（庚申，前361年）

孝公下令国中曰：“昔我穆公[1]，自岐、雍[2]之间修德行武[3]，东平晋乱[4]，以河为界[5]，西霸戎翟[6]，广[7]地千里，天子致伯[8]，诸侯毕贺，为后世开业甚光美[9]。会[10]往者厉、躁、简公、出子[11]之不宁，国家内忧，未遑外事[12]。三晋攻夺我先君河西地[13]，丑莫大焉。献公即位，镇抚[14]边境，徙治栎阳[15]，且欲东伐，复穆公之故地，修[16]穆公之政令。寡人思念先君之意，常痛于心。宾客群臣有能出奇计强秦者，吾且[17]尊官[18]，与之分土[19]。”于是卫公孙鞅[20]闻是令下，乃西入秦。

公孙鞅者，卫之庶孙[21]也，好刑名之学[22]。事魏相公叔痤，痤知其贤，未及进。会病，魏惠王往问之曰：“公叔病如有不可讳[23]，将奈社稷何[24]？”公叔曰：“痤之中庶子[25]卫鞅，年虽少，有奇才，愿君举国而听之[26]！”王嘿然[27]。公叔曰：“君即不听[28]用鞅，必杀之，无[29]令出境！”王许诺而去。公叔召鞅谢[30]曰：“吾先君而后臣，故先为君谋，后以告子。子必速行矣！”鞅曰：“君不能用子之言任臣，又安能用子之言杀臣乎！”卒[31]不去。王出，谓左右曰：“公叔病甚[32]，悲乎，欲令寡人以国听卫鞅也！既又劝寡人杀之，岂不悖[33]哉！”卫鞅既至秦，因嬖臣[34]景监以求见孝公，说[35]以富国强兵之术[36]；公大悦，与议国事。

十年（壬戌，前359年）

卫鞅欲变法，秦人不悦。卫鞅言于秦孝公曰：“夫民不可与虑始[37]，而可与乐成[38]。论至德者不和于俗，成大功者不谋于众[39]。是以圣人苟[40]可以强国，不法其故[41]。”甘龙[42]曰：“不然[43]。缘法[44]而治者，吏习而民安[45]之。”卫鞅曰：“常人[46]安于故俗[47]，学者[48]溺于所闻[49]，以此两者[50]，居官守法[51]可也，非所与论于法之外也[52]。智者作法[53]，愚者制焉[54]；贤者更礼[55]，不肖者拘焉[56]。”公曰：“善。”以卫鞅为左庶长[57]，卒[58]定变法之令。令民为什伍[59]而相收司[60]、连坐[61]，告奸者与斩敌首同赏[62]，不告奸者与降敌同罚[63]。有军功者，各以率受上爵[64]；为私斗者[65]，各以轻重被刑大小[66]。僇力本业[67]，耕织致粟帛多者，复其身[68]；事末利及怠而贫者[69]，举以为收孥[70]。宗室非有军功论，不得为属籍[71]。明尊卑爵秩等级[72]，各以差次[73]，名[74]田宅、臣妾、衣服。有功者显荣，无功者虽富无所芬华[75]。

令既具未布[76]，恐民之不信，乃立三丈之木于国都市南门[77]，募民有能徙置北门者予十金[78]。民怪之，莫敢徙。复曰：“能徙者予五十金！”有一人徙之，辄予五十金[79]。乃下令[80]。

令行期年[81]，秦民之国都言新令之不便者以千数[82]。于是[83]太子犯法。卫鞅曰：“法之不行，自上犯之[84]。太子，君嗣[85]也，不可施刑。”刑其傅[86]公子虔，黥其师[87]公孙贾。明日，秦人皆趋令[88]。行之十年，秦国道不拾遗，山无盗贼，民勇于公战，怯于私斗[89]，乡邑大治[90]。秦民初言令不便者，有来言令便。卫鞅曰：“此皆乱法之民也！”尽迁之于边[91]。其后民莫敢议令。

臣光曰：夫信者，人君之大宝[92]也。国保于民[93]，民保于信[94]。非信无以使民[95]，非民无以守国[96]。是故古之王者不欺四海[97]，霸者不欺四邻，善为国[98]者不欺其民，善为家者不欺其亲。

不善者反之，欺其邻国，欺其百姓，甚者欺其兄弟，欺其父子。上不信下，下不信上，上下离心，以至于败。所利不能药[99]其所伤，所获不能补其所亡[100]，岂不哀哉！昔齐桓公[101]不背曹沫[102]之盟，晋文公[103]不贪伐原之利[104]，魏文侯不弃虞人之期[105]，秦孝公不废徙木之赏[106]。此四君[107]者，道非粹白[108]，而商君尤称刻薄[109]，又处战攻之世，天下趋于诈力，犹且不敢忘信以畜[110]其民，况为四海治平[111]之政者哉！

韩懿侯薨，子昭侯立。

（以上第二段，写秦孝公求贤，商鞅入秦变法，使秦国迅速崛起，国富兵强。“臣光曰”论诚信，是立国立身之本。）

【注释】

[1]穆公：名任好，春秋五霸之一，在西边戎狄地区辟地千里。公元前659年至公元前621年在位。[2]岐：岐山，在今陕西岐山县东北。雍：邑名，在今陕西宝鸡市凤翔区东南。[3]修德行武：施行德政，崇尚武功。[4]东平晋乱：向东平定了晋国的内乱，扶植晋文公执晋政。事详《史记·秦本纪》。[5]以河为界：言秦国的疆界向东发展直至黄河。[6]翟：同“狄”。[7]广：开辟。[8]天子致伯：周天子给予霸主称号。伯，通“霸”。[9]甚光美：非常光大美好。[10]会：碰上，恰巧。[11]厉、躁、简公、出子：秦国四代国君。厉，秦厉公，秦悼公之子，亦曰“厉共公”，公元前476年至公元前443年在位。躁，秦躁公，秦厉公之子，公元前442年至公元前429年在位。简公，秦怀公之子，公元前414年至公元前400年在位。出子，秦惠公之子，公元前386年至公元前385年在位。[12]未遑外事：没来得及顾及外交。遑，闲暇。[13]河西地：指黄河以西地区，在今陕西东北部。[14]镇抚：安抚。[15]徙治：迁都。栎（yuè）阳：今陕西富平县东南。按：事在秦献公二年，公元前383年。[16]修：实行。[17]且：将。[18]尊官：提升官位。尊，用作动词，提高。[19]与之分土：赐给他们封地。[20]公孙鞅：即卫鞅，卫国贵族的后代，入秦变法，秦孝公任用为相，封于商，故号商鞅。事详《史记·商君列传》。[21]庶孙：旁支或姬妾所生子孙。[22]刑名之学：“刑名”亦作“形名”。战国时以法家申不害、韩非为代表的学派，主张循名责实，慎赏明罚。后人称他们的学说为“刑名之学”，省称“刑名”。[23]如有：据章校，他本二字互乙，与《史记·商君列传》和《魏世家》同。此“如有”，当作“有如”，即“如果”。不可讳：死的委婉说法。讳，忌讳，避讳。此指死的代名词。[24]将奈社稷何：国家将怎么办？社，土神。稷，谷神。“社稷”为天子、诸侯所祭祀，因此是国家的代称。[25]中庶子：官名，掌管卿、大夫家族的事务。[26]愿：希望。举国而听之：让全国都听从他的。即把管理国家的大权交给卫鞅。[27]嘿然：沉默无言的样子。

嘿，同“默”。［28］即：如果。听：听从，同意。［29］无：同“毋”，不要。［30］召：叫来。谢：道歉。［31］卒：终于。［32］病甚：病得太重。［33］悖：荒谬，糊涂。［34］嬖（bì）臣：受宠信的近臣。［35］说（shuì）：游说，让人听从自己的意见。［36］术：办法。［37］虑始：谋划开创事业。［38］乐成：乐享其成。［39］“论至德”二句：讲论大理的人，不附和庸俗的见解；成就大功的人，不找庸人谋划。［40］苟：只要。［41］不法其故：不必遵行旧的法典制度。法，效法，遵守。［42］甘龙：人名。秦孝公时职位较高的官吏。［43］不然：不是这样的。［44］缘法：沿袭现行的旧法。［45］吏习：官吏习惯于旧法。民安：百姓安于现状。［46］常人：指平庸的人，墨守成规的人。［47］故俗：旧的习惯。［48］学者：这里指食古不化的教条主义学究。［49］溺于所闻：局限于自己所知道的旧事旧习。溺，沉湎，引申为“局限”。［50］此两者：指“常人”和“学者”。［51］居官：占着官位。守法：墨守成法。［52］非所与论于法之外也：不能和他们讨论现行法规以外的事，指“变法”。［53］作法：创立新法。［54］制焉：受成法的制约，谓只会守法、循法。［55］贤者：贤能的人。此指能变法的人。更礼：改革旧礼制。［56］不肖者：无德无才的人。拘焉：拘泥守旧。［57］左庶长：秦国二十级爵位的第十级为左庶长，属于卿一级的高爵。［58］卒：终于。［59］什伍：把居民按五家为“伍”、十家为“什”的军事模式组织起来。［60］相收司：互相监督揭发。按：收司，同“牧伺”，指主动监视。［61］连坐：“什”“伍”中一家有罪，其他各家如不告发，则与犯罪者按同罪受罚，称连坐，即株连受罚。［62］告奸者与斩敌首同赏：《史记·商君列传·索隐》：“告奸一人则得爵一级，故云‘与斩敌首同赏’也。”［63］不告奸者与降敌同罚：隐藏奸人，本人处刑，家人没入官府为奴婢，与降敌同罪。［64］各以率受上爵：各按功劳大小依条例的规定升爵受赏。率（lǜ），通“律”，条例规定的标准。［65］为私斗者：为私利争斗的人。［66］各以轻重被刑大小：各按照情节轻重分别处以大小不同的刑罚。［67］僇力本业：努力从事农业。僇，通“勠”，合力。［68］复其身：免除本人的劳役或赋税。复，免除。［69］事末利：从事工商业。怠而贫者：因懒惰而贫穷的人。［70］举以为收孥：全家拘捕。他们的妻子、儿女收进官府为奴婢。举，全部，一律。收孥，古时，一人犯法，妻、子连坐，没收为官府奴婢，谓之“收孥”。［71］“宗室”二句：国君的族人凡是没有军功的，取消其宗室资格，不准再入族谱。论，论定，评定。属籍，宗室的谱牒。［72］明尊卑爵秩等级：明确规定尊卑爵禄的等级界限与标准。［73］各以差次：标明军功之大小为各级爵禄的等级次序。［74］名：占有。［75］“无功者”句：意谓无军功而富有的人得不到尊显的政治地位。芬华：尊荣。指政治地位尊贵显耀。［76］具：准备就绪。布：公布。［77］国都市南门：秦国都城南门的市场。古代的国都，前面是朝廷，在城市中心；后面是市场，靠近南城门；左面是祖庙，右面是社稷。［78］募：招求。徙置北门：把三丈长的木头从南门移放到北门。十金：值十万铜钱。汉代一金指黄金一斤，称一镒，值万钱。［79］辄予五十金：立即兑现五十镒黄金。以此表明令出必行，决不欺骗。辄，就，立刻。［80］乃下令：于是公布了新法令。［81］期（jī）年：一整年。［82］“秦民之国都”句：秦国各地到国都请愿说新法不好的人以千为单位计数。之，至，往。以千数，言其人多。［83］于是：在这时。［84］法之不行，自上犯之：新法行不通是由于上面的人带头触犯它。［85］君嗣：国君的继承人。［86］傅：太傅。［87］黥（qíng）：古代一种肉刑，即墨刑。在犯人脸上刺成记号或文字并涂上墨。师：太师。［88］趋令：遵守法令。趋，向，遵奉。［89］怯于私斗：不敢为个人私利而争斗。［90］乡邑：乡村和城市。大治：社会秩序良好。［91］尽迁之于边：把议论新法的人全部迁移到边远地区。［92］大宝：最贵重的宝物。［93］国保于民：国家因老百姓拥护而安定。保，安定。［94］民保于信：老百姓因国家统治者讲信用而安定。［95］非信无以使民：没有信用就不能使老百姓服从。［96］非民无以守国：没有老百姓就不能守卫住国家。［97］四海：全国。［98］为国：治国。［99］药：治疗，医治。［100］亡：失，损失。［101］齐桓公：名小白，春秋五霸之一，公元前685年至公元前643年在位。［102］曹沫：鲁人，又作曹刿，为鲁庄公（前693—前662年）将，与齐战，三败，丧师失地。鲁庄公十三年（前681年），鲁庄公与齐桓公会盟于柯（今山东阳谷县东北），曹沫在盟会上挟持齐桓公，要求尽归齐所侵鲁地，桓公应允。事详《史记·刺客列传》。［103］晋文公：献公之子，名重耳，春秋五霸之一，公元前636年至公元前621年在位。［104］不贪伐原之利：《左传》僖公二十五年载，晋文公讨伐原国，命令包围原国三天，原国不投降，就下令撤兵。到时晋文公果然下令撤兵三十里，原国人得知后诚心投降。“晋文公不贪伐原之利”指此。［105］魏文侯不弃虞人之期：魏文侯与虞人期猎，到了约定的日子，天下大雨，魏文侯不失信前往，大得人心，魏国由此成为强国。弃，废掉，取消。虞人，掌管帝王苑囿的小吏。期，约会。［106］秦孝公不废徙木之赏：见前周显王十年，商鞅变法移木取信的事件。［107］四君：齐桓公、晋文公、魏文侯、秦孝公。［108］粹白：纯粹。［109］称：叫做，可以说是。刻薄：冷酷无情，残忍寡恩。［110］畜：养育。［111］治平：清平，指政治清明，社会安定。

十一年（癸亥，前358年）

秦败韩师于西山[1]。

十二年（甲子，前357年）

魏、韩[2]会于鄗[3]。

十三年（乙丑，前356年）

赵、燕会于阿[4]。

赵、齐、宋会于平陆[5]。

十四年（丙寅，前355年）

齐威王、魏惠王会田[6]于郊。惠王曰：“齐亦有宝乎？”威王曰：“无有。”惠王曰：“寡人国虽小，尚有径寸[7]之珠，照车前后各十二乘者十枚。岂[8]以齐大国而无宝乎？”威王曰：“寡人之所以为宝者与王异[9]。吾臣有檀[10]子者，使守南城，则楚人不敢为寇[11]，泗上十二诸侯[12]皆来朝。吾臣有盼子[13]者，使守高唐[14]，则赵人不敢东渔于河[15]。吾吏有黔夫[16]者，使守徐州[17]，则燕人祭北门[18]，赵人祭西门，徙而从者七千余家[19]。吾臣有种首者，使备盗贼，则道不拾遗[20]。此四臣者，将照千里，岂特[21]十二乘哉！”惠王有惭色。

秦孝公、魏惠王会于杜平[22]。

鲁共公[23]薨，子康公毛[24]立。

十五年（丁卯，前 354 年）

秦败魏师于元里[25]，斩首七千级[26]，取少梁[27]。

魏惠王伐赵，围邯郸[28]。楚王[29]使景舍[30]救赵。

十六年（戊辰，前 353 年）

齐威王使田忌[31]救赵。

初，孙膑[32]与庞涓[33]俱学兵法。庞涓仕魏[34]为将军，自以能[35]不及孙膑，乃召之[36]。至，则以法断其两足而黥之，欲使终身废弃。齐使者至魏，孙膑以刑徒阴见[37]，说[38]齐使者。齐使者窃载与之齐[39]。田忌善[40]而客待之[41]，进[42]于威王。威王问兵法，遂以为师[43]。于是威王谋救赵，以孙膑为将，辞以刑余之人不可[44]。乃以田忌为将而孙子为师，居辎车[45]中，坐为计谋[46]。

田忌欲引兵[47]之赵。孙子曰：“夫解杂乱纷纠者不控拳[48]，救斗者[49]不搏撠[50]。批亢捣虚[51]，形格势禁[52]，则自为解[53]耳。今梁、赵相攻，轻兵锐卒必竭于外[54]，老弱疲于内。子不若[55]引兵疾走[56]魏都[57]，据其街路[58]，冲其方虚[59]，彼必释[60]赵以自救。是我一举解赵之围而收弊于魏[61]也。”田忌从之。十月，邯郸[62]降魏。魏师还，与齐战于桂陵[63]，魏师大败。

韩伐东周[64]，取陵观、廪丘[65]。

楚昭奚恤为相[66]。江乙[67]言于楚王曰：“人有爱其狗者，狗尝溺[68]井，其邻人见，欲入言之，狗当门而噬之[69]。今昭奚恤常恶臣之见[70]，亦犹是也[71]。且人有好扬人之善者，王曰：‘此君子也，’近[72]

之；好扬人之恶者，王曰：‘此小人也，’远[73]之。然则且[74]有子弑其父、臣弑其主者，而王终已[75]不知也。何者？以王好[76]闻人之美而恶闻[77]人之恶也。”王曰：“善！寡人愿两闻之[78]。”

（以上为第三段，写齐魏桂陵之战，齐救赵大败魏军。这是孙膑与庞涓斗智的第一个回合。）

【注释】

[1]西山：山名，今河南宜阳县熊耳山之东的连嵩山，南至河南鲁山县，皆韩之西山。[2]韩：据章校，他本“韩”作“赵”。《史记·六国年表》“韩”作“赵”。[3]鄗（hào）：赵邑，今河北高邑县与柏乡县之间。[4]阿：赵邑名，在今河北保定市东北。[5]平陆：齐邑名，在今山东汶上县北。[6]田：又作“畋”，打猎。[7]径寸：直径一寸。[8]岂：难道。[9]“寡人”句：寡人所认为的宝与大王的不同。[10]檀：姓。[11]为寇：进犯。[12]泗上十二诸侯：泗水流域的十二个诸侯小国，即邾、鲁、郧、莒、宋、卫、滕、薛、费、任、郯、邳。[13]盼子：田盼。[14]高唐：齐邑名，在今山东高唐县东北。[15]东渔于河：向东到齐国黄河里来捕鱼。喻赵国不敢向东侵犯齐国。[16]黔夫：与下文种首，皆齐臣。[17]徐州：古地名，今河北保定市徐水区。[18]燕人祭北门：燕国人畏惧齐国，故在齐北境祭祀以求福。[19]徙而从者七千余家：迁徙跟随黔夫的有七千余家。[20]道不拾遗：路上没有人拾取别人遗失的东西。[21]岂特：岂止，何止。[22]杜平：魏河西邑名，在今陕西澄城县东南。[23]鲁共公：穆公子，名奋，鲁国第二十九君，公元前376年至公元前353年在位。[24]康公毛：鲁共公之子，名屯，《鲁周公世家》作“屯”。“毛”字误。公元前354年至公元前344年在位。[25]元里：地名，今陕西澄城县东南。[26]级：量词，一颗人头。杀敌获一颗人头，称斩敌一级。[27]少梁：魏邑，今陕西韩城市南。至是为秦所夺。[28]邯郸：赵都，今河北邯郸市。[29]楚王：楚宣王熊良夫，肃王之弟，公元前369年至公元前340年在位。[30]景舍：楚将。[31]田忌：齐将。[32]孙膑：战国时齐人，是孙武的后世子孙，生卒年不详，约与商鞅同时。传附《史记·孙子吴起列传》。[33]庞涓：魏将，据银雀山汉墓竹简《孙膑兵法》，庞涓在桂陵之役战败，于马陵之役被杀。[34]仕魏：《史记·孙子吴起列传》“为惠王将军”。[35]能：才干。[36]召之：邀请孙膑。[37]以刑徒阴见：以罪犯的身份秘密会见齐使。阴，暗中。[38]说（shuì）：说服别人听从自己的意见。[39]窃载与之齐：秘密地把孙膑装在车上和他一道去到齐国。之，去，至。[40]善：赞许，赏识。[41]客待之：以上宾之礼款待孙膑。[42]进：举荐。[43]遂以为师：于是尊孙膑为老师。[44]辞以刑余之人不可：拿刑余之人为理由推辞不能担任全军主将。刑余之人，指受过肉刑，身残受辱，已不是一个完人。按：孙膑在魏被断两足，又被黥面。[45]辎车：有篷的车。[46]坐为计谋：坐在军营出谋划策，不直接参加战斗。[47]引兵：率领军队。[48]“夫解杂乱”句：解开乱丝不能用拳头去乱砸。杂乱纷纠，乱成一团的丝，比喻事

情杂乱无章很难解开。控拳，握紧拳头。［49］救斗者：劝解打斗的人。［50］搏撠：揪住。意思是加入进去帮着打。［51］批亢捣虚：控制对方要害空虚。亢（háng），咽喉。引申为要害。［52］形格势禁：迫使打斗双方在形势上受到阻遏和限制，即迫使形势变化。格，阻遏。禁，限制。［53］自为解：打斗的双方便自然解开。［54］轻兵锐卒必竭于外：精锐的士兵必定在国外筋疲力尽。轻兵，轻装快捷的士兵。锐卒，精良锐利的士卒。［55］不若：不如。［56］疾走：火速前往。［57］魏都：大梁，今河南开封市。［58］据其街路：占据敌方的交通要道。［59］冲其方虚：攻击敌方防备空虚的地方。［60］释：放弃。［61］收弊于魏：从魏国的疲弊中找到战机。［62］邯郸：指赵军。［63］桂陵：古地名，今河南长垣市西北。［64］东周：东周王室后期分裂成为西周、东周两个小国。周考王封其弟揭于王城，即王室所居之洛阳，是为河南桓公。桓公之孙惠公又封其少子于巩，今河南巩义市，在王城之东，号东周。惠公在王城号西周。周显王二年，赵与韩分周为二，正式成为西周、东周两小国，周王居于西周的王城，是名义上的周天子。［65］陵观、廪丘：两邑名，东周领地，在今河南境内巩、洛地区，具体所在不详。［66］昭奚恤：楚宣王时令尹。楚令尹为辅佐君王的最高军政长官，平时为相，战时为帅。［67］江乙：楚宣王臣。［68］溺（niào）：同“尿”。［69］狗当门而噬之：狗堵在门口就咬他。噬（shì），咬。［70］常恶臣之见：常常忌恨我，不让我和大王见面。恶（wù），忌恨。［71］亦犹是也：如同“狗当门而噬之”一样。［72］近：亲近。［73］远：疏远。［74］且：若。［75］终已：终身。［76］好（hào）：喜欢。［77］恶（wù）闻：不喜欢听。［78］两闻之：两方面的话都要听。

十七年（己巳，前 352 年）

秦大良造[1]伐魏。

诸侯围魏襄陵[2]。

十八年（庚午，前 351 年）

秦卫鞅围魏固阳[3]，降之。

魏人归赵邯郸，与赵盟漳水[4]上。

韩昭侯[5]以申不害[6]为相。

申不害者，郑之贱臣[7]也，学黄、老[8]、刑名，以干[9]昭侯。昭侯用为相，内修[10]政教，外应[11]诸侯，十五年[12]，终申子之身，国治兵强。

申子尝请仕其从兄[13]，昭侯不许，申子有怨色。昭侯曰：“所为[14]学于子者，欲以治国也。今将听子之谒而废子之术乎，已其行子之术而废子之请乎[15]？子尝教寡人修功劳[16]，视次第[17]；今有所私求，我将奚[18]听乎？”申子乃辟舍请罪[19]曰：“君真其人[20]也！”

昭侯有弊裤[21]，命藏之。侍者曰：“君亦不仁者[22]矣，不赐左右而藏之！”昭侯曰：“吾闻明主爱一嚬一笑[23]，嚬有为嚬[24]，笑有为笑。今裤岂特嚬笑哉[25]！吾必待有功者。”

十九年（辛未，前 350 年）

秦商鞅筑冀阙[26]宫庭于咸阳[27]，徙都之[28]。令民父子、兄弟同室内息者为禁[29]。并诸小乡聚[30]，集[31]为一县，县置令、丞[32]，凡[33]三十一县。废井田[34]，开阡陌[35]，平斗、桶、权、衡、丈、尺[36]。

秦、魏遇于彤[37]。

赵成侯薨，公子绁与太子争立。绁败，奔韩[38]。

二十一年（癸酉，前 348 年）

秦商鞅更为赋税法[39]，行之。

二十二年（甲戌，前 347 年）

赵公子范袭邯郸，不胜而死。

二十三年（乙亥，前 346 年）

齐杀其大夫牟[40]。

鲁康公薨，子景公偃立[41]。

卫更贬号曰侯[42]，服属[43]三晋。

二十五年（丁丑，前 344 年）

诸侯会于京师[44]。

二十六年（戊寅，前 343 年）

王致伯[45]于秦，诸侯皆贺秦。秦孝公使公子少官帅师会诸侯于逢泽[46]以朝王。

二十八年（庚辰，前 341 年）

魏庞涓伐韩。韩请[47]救于齐。齐威王召大臣而谋曰：“早救孰与晚救[48]？”成侯[49]曰：“不如勿救。”田忌[50]曰：“弗救则韩且折而入于魏[51]，不如早救之。”孙膑曰：“夫韩、魏之兵未弊[52]而救之，是吾代韩受魏之兵，顾反[53]听命于韩也。且魏有破国之志[54]，韩见亡，必东面[55]而诉于齐矣。吾因深结韩之亲而晚承魏之弊[56]，则可受重利而得尊名[57]也。”王曰：“善！”乃阴许韩使而遣之[58]。韩因恃齐[59]，五战不胜，而东委国于齐[60]。

齐因起兵[61]，使田忌、田婴、田盼将之[62]，孙子为师[63]，以救韩，直走魏都[64]。庞涓闻之，去[65]韩而归。魏人大发兵，以太子申为将，以御齐师。孙子谓田忌曰：“彼三晋[66]之兵素悍勇而轻齐，齐号为怯[67]。善战者因其势而利导之[68]。《兵法》[69]：‘百里而趣利者蹶上将，五十里而趣利者军半至[70]。’”乃使齐军入魏地为十万灶，明日为五万灶，又明日为二万灶。庞涓行三日，大喜曰：“我固知齐军怯，入吾地三日，士卒亡者过半[71]矣！”乃弃其步军，与其轻锐倍日并行[72]逐之。孙子度其行[73]，暮当至马陵[74]。马陵道狭而旁多阻隘[75]，可伏兵。乃斫[76]大树，白而书之[77]曰：“庞涓死此树下！”于是令齐师善射者万弩[78]夹道而伏，期日[79]：“暮见火举而俱发。”庞涓果夜到斫木下，见白书，以火烛之[80]。读未毕，万弩俱发，魏师大乱相失[81]。庞涓自知智穷[82]兵败，乃自刭[83]，曰：“遂成竖子之名[84]！”齐因乘胜大破魏师，虏太子申。

成侯邹忌恶[85]田忌，使人操十金[86]，卜于市[87]，曰：“我，田忌之人[88]也。我为将三战三胜，欲行大事[89]，可乎？”卜者出，因使人执之。田忌不能自明[90]，率其徒攻临淄[91]，求[92]成侯。不克，出奔楚。

（以上为第四段，写孙膑与庞涓斗智的第二个回合，孙膑凭借齐国军队救援韩国，在马陵大败魏军，史称马陵之战。两个回合，两战之后，魏国迅速衰落。）

【注释】

[1]大良造：秦爵第十六级，又称大上造。据章校，他本“大良造”下有“卫鞅”二字。[2]襄陵：在今河南睢县西。[3]固阳：故城在今内蒙古固阳县。[4]漳水：经河北临漳县南，东流至馆陶县注入卫河。[5]韩昭侯：亦称韩釐侯，名武。公元前 362 年至公元前 333 年在位。[6]申不害（约前 385—前 337）：郑国人，战国中期法家，曾任韩昭侯相，使韩“国治兵强”。[7]贱臣：低级官吏。[8]黄、老：指“黄老之学”，崇尚无为而治，形成于战国末期而兴盛于西汉初期，至汉武帝实行“罢黜百家，独尊儒术”，其后黄老之学式微。[9]干（gān）：向有权势者请谒仕进。[10]修：调整，治理。[11]应：应对，交往。[12]十五年：指申不害

相韩十五年。据《史记·韩世家》，韩昭侯八年（前 355）“申不害相韩”，二十二年（前 341），“申不害死”。正好十五年。［13］请仕其从兄：申不害向韩昭侯为其堂兄求官。［14］所为：所以。［15］“今将”二句：现今是听从先生的请求而废弃先生的学说呢，还是实践先生的学说而废弃先生的请求呢？将，当，应该。听，听从，同意。谒，请求。废，废弃，抛开。术，办法，学说。已其，还是。［16］修功劳：即“循功劳”，按功行赏。修，遵循。［17］视次第：即“因能而受官”，按能力强弱委任不同等级的官职。次第，等级。［18］奚：何。［19］辟舍请罪：迁出正宫，移居别处，请求惩处。辟，通“避”。［20］真其人：真正是言行一致的人。［21］弊袴：破裤。弊，通“敝”。［22］不仁者：吝于财而爱财的人。［23］爱一嚬一笑：不随便轻易地皱一次眉或微笑一次。嚬（pín），同“颦”，皱眉。［24］嚬有为嚬：皱眉有皱眉的理由。有为，有所为，有目的。［25］袴岂特嚬笑哉：裤虽破，岂是一颦一笑能比拟的吗？［26］冀阙：即“魏阙”。古代宫廷正门前两边的城楼，相对如阙，称“阙门”，为公布法令的地方。［27］咸阳：故城在今陕西咸阳市东北。［28］徙都之：秦初都雍，今陕西宝鸡市凤翔区南，秦孝公徙都咸阳。［29］令民父子、兄弟同室内息者为禁：下令老百姓父子兄弟同住一室的严加禁止。按：秦地旧俗袭戎狄风俗，男女长幼同在一间屋杂居。息，止息，居处。［30］聚：村落。［31］集：合并。［32］令：一县之长。大县万户以上之长称县令，小县之长称县长。丞：县丞，县令的副手。［33］凡：共。［34］井田：周代实行的一种土地制度。以方九百亩为一里，划为九区，形如“井”字，故名。中区为公田，外八区为私田，八家私田同养公田。［35］开阡陌：铲除井田中田间小道的疆界。阡陌，田间小路，南北为阡，东西为陌。［36］平斗、桶、权、衡、丈、尺：统一度量衡制度。平，统一标准，使之公平。斗、桶，量器名，六斗为一桶。权，秤锤。衡，秤杆。［37］彤：邑名，在今陕西渭南市华州区西南。［38］太子：指赵肃侯，成侯子，名语，公元前 349 年至公元前 326 年在位。奔：逃。［39］更为赋税法：更新旧的赋税法，制定新的赋税法，允许土地私有，并可自由买卖。［40］大夫牟：《史记·六国年表》作“大夫牟辛”。［41］康公：鲁共公之子，名屯。公元前 352 年至公元前 344 年在位。景公：鲁康公之子，名偃，公元前 343 年至公元前 315 年在位。［42］卫更贬号曰侯：周成王封康叔为卫侯，是五等爵的第一级“公”爵，由于卫日益小弱，至是贬为第二等的“侯”爵。五等爵为公、侯、伯、子、男。［43］服属：顺从归属。战国时卫归属为魏之附庸。［44］京师：今河南洛阳市。［45］致伯：天子封给“诸侯首领”的称号。伯，通“霸”。［46］逢泽：在今河南开封市东北。［47］请：求。［48］早救孰与晚救：早救好还是晚救好？早，原文作通假字“蚤”，今改之。［49］成侯：邹忌，齐威王的相国。［50］田忌：齐威王将。［51］折而入于魏：转过来投靠魏国。［52］弊：通“敝”，疲困。［53］顾反：同义复词，即“反而”。［54］破国之志：灭掉韩国的意图。［55］东面：向东。［56］吾因深结韩之亲：我就秘密和韩国结好。深，藏，秘密。晚承魏之弊：慢慢等待，乘魏国疲惫。晚，拖延，等待。［57］可受重利而得尊名：可以获得重大利益和扶弱抑强的好名声。受，收到，取得。［58］乃阴许韩使而遣之：就暗中把出援的打算告诉给韩国使者并送他回去。［59］韩因恃齐：韩国因为依仗有齐国支持便与魏战。［60］委国于齐：投靠齐国。委，委托，引申为投靠。［61］起兵：发兵。［62］田婴：齐国孟尝君田文的父亲靖国君，齐威王少子，封于薛，故又称薛公。田盼：又称盼子，田婴同族。将：率领。［63］孙子：孙膑。师：军师，相当于参谋长。［64］直走：直指，直往。魏都：大梁。［65］去：撤离。［66］三晋：统称赵、魏、韩，此处指魏。［67］齐号为怯：齐国被称作怯懦。［68］善战者：善于用兵的人。因其势而利导之：指齐军要利用魏军认为齐兵胆怯这一形势，伪装胆怯逃跑，引诱魏兵深入。因，趁势，利用。［69］《兵法》：指《孙子兵法》。［70］“百里而趣利者”二句：急行军一百里路程去争利，先头部队的将领将遭受挫败；紧赶五十里路程去争利，部队只有一半能到达。趣，取，争。蹶（jué），挫折，失败。按：《孙子·军争篇》：“百里而争利，则擒三将军。……五十里而争利，则蹶上将军，其法半至。”为二句所本。［71］亡者过半：谓逃亡的齐军超过了半数。［72］倍日并行：两天的路程合在一天走完。按：“倍日”“并行”同义，皆“兼程”之义，重言加强语势。［73］度其行：推测庞涓追兵的行程。度（duó），推测，估量。［74］马陵：齐地名，在今山东莘县大张家镇马陵村。［75］阻隘：地势险要。［76］斫：削。［77］白：削去树干外皮，露出白木。书之：在白木上写字。［78］善射者万弩：善于使用弩弓的弓箭手一万人。［79］期日：约定日期。两军交战，设伏诱敌，不可能约定时间，《史记·孙子吴起列传》作“期曰”，指约定齐兵，当庞涓中伏举火时齐声大喊“庞涓死此树下”。《资治通鉴》改“期曰”为“期日”，是推测魏兵到时，前文有“度其行”，下文有“果夜到”，可证“期日”二字不误。［80］以火烛之：用火照树上的字。烛，照，照亮。［81］相失：魏军溃乱，相互失去联系。［82］智穷：一点办法也没有了。［83］自刭：自杀。刭，用刀割脖子。［84］遂成竖子之名：竟然让这小子成了名。竖子，骂人的话，即“臭小子”。［85］恶（wù）：憎恨。［86］金：金币重量单位，二十两为一金。金，又作“镒”。［87］卜：占卜，预测吉凶祸福。市：市场，人聚集之处。［88］我，田忌之人：诈称是“田忌之人”，达到陷害田忌的目的。［89］大事：特大政治事件，隐喻发动兵变，夺取政权。［90］自明：自己说清楚。［91］徒：部下。临淄：齐都，故城在今山东临淄市北。［92］求：讨要。

二十九年（辛巳，前 340 年）

卫鞅言于秦孝公曰：“秦之与魏，譬若人之有腹心之疾[1]，非魏并秦，秦即[2]并魏。何者？魏居岭厄之西[3]，都安邑[4]，与秦界河[5]，而独擅[6]山东[7]之利。利[8]则西侵秦，病[9]则东收地[10]。今以君之贤圣，国赖以盛；而魏往年大破于齐[11]，诸侯畔[12]之，可因此时伐魏。魏不支[13]秦，必东徙。然后秦据河、山之固[14]，东乡[15]以制诸侯，此帝王之业也。”公从之，使卫鞅将兵伐魏。魏使公子卬[16]将而御之。

军既相距[17]，卫鞅遗公子卬书曰：“吾始与公子驩[18]，今俱为两国将，不忍相攻，可与公子面相见盟[19]，乐饮而罢兵[20]，以安秦、魏之民。”公子卬以为然，乃相与会[21]。盟已，饮。而卫鞅伏甲士[22]，袭[23]虏公子卬，因攻魏师，大破之。

魏惠王恐，使使献河西之地[24]于秦以和。因去安邑，徙都大梁。乃叹曰:“吾恨不用公叔之言！”

秦封卫鞅商於十五邑[25]，号曰商君。

齐、赵伐魏。

楚宣王薨，子威王商[26]立。

三十一年（癸未，前338年）

秦孝公薨，子惠文王[27]立，公子虔之徒[28]告商君欲反，发吏捕之。商君亡之魏。魏人不受[29]，复内[30]之秦。商君乃与其徒之商於，发兵北击郑[31]。秦人攻商君，杀之，车裂以徇[32]，尽灭其家[33]。

初，商君相秦，用法严酷，尝临渭论囚[34]，渭水尽赤，为相十年，人多怨之。赵良[35]见商君，商君问曰:“子观我治秦孰与五羖大夫[36]贤？”赵良曰:“千人之诺诺[37]，不如一士之谔谔[38]。仆请终日正言而无诛[39]，可乎？”商君曰:“诺。”赵良曰:“五羖大夫，荆之鄙人[40]也，穆公举之牛口之下[41]，而加之[42]百姓[43]之上，秦国莫敢望[44]焉。相秦六七年[45]而东伐郑，三置晋君[46]，一救荆祸[47]。其为相也，劳不坐乘[48]，暑不张盖[49]。行于国中[50]，不从车乘[51]，不操干戈[52]。五羖大夫死，秦国男女流涕，童子不歌谣[53]，舂者不相杵[54]。今君之见也[55]，因嬖人[56]景监以为主；其从政[57]也，凌轹[58]公族，残伤百姓。公子虔杜门[59]不出已八年矣。君又杀祝欢[60]而黥公孙贾。《诗》曰[61]:‘得人者兴，失人者崩[62]。’此数者，非所以得人[63]也。君之出也，后车[64]载甲，多力而骈胁者[65]为骖乘，持矛而操闟戟[66]者旁车而趋。此一物不具，君固不出[67]。《书》曰[68]:‘恃德者昌，恃力者亡。’此数者，非恃德也。君之危若朝露[69]，而尚贪商於之富，宠[70]秦国之政，畜[71]百姓之怨。秦王一旦捐宾客[72]而不立朝，秦国之所以收君者[73]岂其微哉[74]！”商君弗从。居五月而难作[75]。

（以上为第五段，写商鞅伐魏，兵可诈外交不可诈，不择手段地擒公子卬，犯立身不诚信之大忌，不免悲剧下场。）

【注释】

［1］腹心之疾：喻严重的、根本的祸患。［2］即：则，就。［3］岭厄：山岭中有险要的隘口。岭，山岭，指今山西中条山一带。［4］安邑：魏旧都，今山西夏县西北。［5］界河：以河为界。河，即黄河。［6］擅：专有，独占。［7］山东：指华山或崤山以东地区。［8］利：条件有利时。［9］病：条件不利时。［10］东收地：向东拓展地盘。收，取得，占有。［11］大破于齐：被齐国打得大败。指齐魏马陵之战，魏大败，太子被掳，将军庞涓死。［12］畔：通“叛”。［13］不支：抵挡不住。［14］河、山之固：指黄河、崤山的形势险要，十分稳固。［15］乡：通“向”。［16］公子卬：魏国公族将领，卫鞅的老朋友。［17］距：通“拒”，对抗。［18］驩：同“欢”，友好。［19］面相见盟：当面会见，盟誓友好。［20］乐饮：痛痛快快地饮宴。罢兵：双方撤兵。［21］相与会：相互面见会盟。［22］伏甲士：埋伏全副武装的士兵。［23］袭：突然出击。［24］河西之地：指山陕交界黄河以西地区，今陕西韩城市、合阳县一带。［25］商於十五邑：指今陕西商洛市商州区至河南内乡县一带地。商，故城在今陕西商洛市商州区东。於，故城在今河南内乡县。［26］威王商：楚威王，名熊商，公元前339年至公元前329年在位。［27］惠文王：即秦惠王，名驷，孝公之子。公元前337年至公元前311年在位。［28］公子虔：惠王为太子时之傅，商君变法时，太子犯法，刑其傅公子虔。徒：党徒，党羽。［29］魏人不受：受，接纳。《史记·商君列传》：“魏人怨其欺公子卬而破魏师，弗受。”［30］内：古“纳”字。［31］郑：古郑县，故城在今陕西渭南市华州区北。［32］车裂：残酷的极刑，俗称“五马分尸”。被刑者的四肢及头缚在五辆车上，以五马驾车，同时分驰，撕裂肢体。徇：示众。［33］尽灭其家：诛杀全家。［34］临渭论囚：在渭水边判决犯人行刑。渭，渭水，东流经秦都咸阳南，流至潼关入黄河。论，定罪，判刑。［35］赵良：秦国隐士。［36］五羖大夫：指百里奚。事详《史记·秦本纪》。羖（gǔ），黑色公羊。百里奚为奴，秦用五张黑色公羊皮赎身，故称五羖大夫。按：百里奚，姓百里，名奚。奚，即为奴仆之称。［37］诺诺：随声附和。［38］谔谔：直话直说，正色进谏。［39］无诛：不会受到责备。［40］荆：楚国的别称。鄙人：粗俗之人。［41］举：提拔。牛口之下：是说百里奚替人家饲养牛。［42］加之：凌驾于。［43］百姓：百官。［44］望：怨恨，不满。［45］相秦六七年：马非百《秦集史》“百里奚”条考证，“‘六七年’应是‘二十七年’之讹。奚以穆公五年入秦为政，至三十二年伐郑，正是二十七年也”。［46］三置晋君：指穆公九年（前651），秦送晋公子夷吾回国，立为惠公；穆公二十二年（前638），秦送晋公子圉回国，立为怀公；穆公二十四年（前636）送晋公子重耳回国，立为文公。［47］一救荆祸：指秦穆公二十八年（前632），晋楚城濮之战，秦助晋败楚，阻遏了楚国北进的祸乱。［48］坐乘：指百里奚不使用有座位的安车。古时车载皆立乘，有地位的人或老弱者使用的安车才有座位。［49］盖：车用大伞称盖。［50］国中：京都中。［51］不从车乘：不用随从的车辆。［52］不操干戈：不带防卫的武器。

[53]歌谣：唱歌。 [54]相杵：捣米时发出的劳动号子。杵，捣米的工具。 [55]今君之见也：指商鞅初见秦孝公。 [56]嬖人：受国君宠信的人。 [57]从政：执政。 [58]凌轹（lì)：欺压，加害。 [59]杜门：闭门。 [60]祝欢：不详其人，与公孙贾并提，亦当太子师傅行列中人。[61]《诗》曰：引文不见于《诗经》，当在逸诗中。 [62]崩：崩溃，衰败。 [63]得人：指得人心。 [64]后车：随从车辆。 [65]骈胁者：指肌肉发达的壮汉，看不见肋骨。骈胁，肋骨相连一片。 [66]闟（xì）戟：长戟。 [67]君固不出：你就不敢外出。 [68]《书》曰：引文不见《尚书》，当在逸书篇中。 [69]朝露：早上露珠，太阳一出即被蒸发，喻瞬息即逝。 [70]宠：贪恋，把持。 [71]畜：通“蓄”，积累，此指积怨。 [72]捐宾客：抛弃宾客，死的委婉说法。[73]收君者：想要抓捕你的人。 [74]岂其微哉：难道还少吗？ [75]难作：灾祸发生，指车裂商鞅。

三十二年（甲申，前337年）

韩申不害卒。

三十三年（乙酉，前336年）

宋太丘社亡[1]。

邹人孟轲[2]见魏惠王。王曰：“叟，不远千里而来，亦有以利吾国乎？”孟子曰：“君何必曰利，仁义而已矣！君曰何以利吾国，大夫曰何以利吾家，士庶人曰何以利吾身，上下交征利[3]而国危矣。未有仁而遗其亲者也[4]，未有义而后其君[5]者也。”王曰：“善。”

初，孟子师子思[6]，尝问牧民[7]之道何先。子思曰：“先利之[8]。”孟子曰：“君子所以教民者，亦仁义而已矣，何必利！”子思曰：“仁义固所以利之也[9]。上不仁则下不得其所，上不义则下乐为诈也。此为不利大矣。故《易》曰[10]：‘利者，义之和[11]也。’又曰：‘利用安身，以崇德也[12]。’此皆利之大者也[13]。”

臣光曰：子思、孟子之言，一[14]也。夫唯仁者为知仁义之为利[15]，不仁者不知也。故孟子对梁王直以仁义而不及利者，所与言之人异故也。

三十四年（丙戌，前335年）

秦伐韩，拔宜阳[16]。

三十五年（丁亥，前 334 年）

齐王、魏王[17]会于徐州[18]以相王[19]。

韩昭侯作高门[20]，屈宜臼[21]曰："君必不出此门[22]。何也？不时[23]。吾所谓时者，非时日也。夫人固有利、不利时。往者君尝利矣，不作高门。前年秦拔宜阳，今年旱，君不以此时恤民之急[24]而顾[25]益奢，此所谓时诎举赢[26]者也。故曰不时。"

越王无强[27]伐齐。齐王使人说之以伐齐不如伐楚之利，越王遂伐楚。楚人大败之，乘胜尽取吴故地，东至于浙江。越以此散[28]，诸公族争立，或为王，或为君，滨于海上，朝服[29]于楚。

（以上为第六段，写义与利两者，在仁德的基础上两者是统一的。）

【注释】

[1]太丘：地名，在今河南永城市西北。社亡：土地神社消亡。 [2]邹：古国名，故都，在今山东邹城市。孟轲（约前 372—前 289）：字子舆，弘扬孔子学说的大儒，其学说主张见《孟子》一书。 [3]交征利：互相只讲利益。交，互相，一起。征，夺取。 [4]未有仁而遗其亲者也：从来没有讲仁爱的人会遗弃他的双亲啊。 [5]后其君：怠慢他的君王。 [6]子思：孔子之孙，名伋，《中庸》作者。 [7]牧民：治民。 [8]先利之：首先要让百姓得到利益，即关爱民生。 [9]仁义固所以利之也：仁义本来就是为民谋福利的。即统治者最大的仁就是为民谋利。 [10]《易》曰：引文见《易·乾卦·文言》。 [11]利者，义之和：利与义两者相辅为用，密不可分。和，和谐，相辅。 [12]"利用"二句：有了生活保障，才能发扬光大德义。即《管子》说的"仓廪实而知礼节，衣食足而知荣辱"。 [13]利之大者也：利的最高价值表现。大，最高的，最大的，此指最高价值。 [14]一：相同，一致。 [15]为利：据章校，他本无"为"字。 [16]宜阳：韩国大邑，军事重镇，故城在今河南宜阳县西。 [17]齐王、魏王：《史记·六国年表》作"齐宣王"与"魏襄王"。 [18]徐州：今山东滕州市东南。 [19]相王：互相承认为王。 [20]作高门：兴建高大的阙门。 [21]宜臼：楚国大夫。 [22]必不出此门：一定出不了这座高门。《史记·韩世家》，作高门的第二年，高门成，韩昭侯卒，果然没能出入此门。 [23]不时：不合时宜。 [24]恤：体恤。急：困难。 [25]而顾：回头看，引申为反而，反其道。 [26]时诎举赢：倒行逆施。《史记·韩世家·集解》引徐广曰："时衰耗而作奢侈。"诎，同"屈"，不足，此指时艰，困厄。韩国此时兵败失地，又遇大旱。赢，丰盈，盛时。韩昭侯在国家困厄时大兴土木，不合时宜。《资治通鉴》注，胡三省评论"时诎举赢"说："言国家多难而势诎，此时宜恤民之急，而举事反若有赢余者，失其所以为国之道矣。" [27]无强：越王勾践后裔第七世越王。

[28]越以此散：越国因此败亡。以，因，由。散，溃散，败亡。 [29]朝服：投降。朝，朝见。服，顺服。

三十六年（戊子，前333年）

楚王伐齐[1]，围徐州。

韩高门成。昭侯薨，子宣惠王[2]立。

初，洛阳人苏秦[3]说秦王以兼天下之术，秦王不用其言。苏秦乃去，说燕文公曰："燕之所以不犯寇[4]被甲兵[5]者，以赵之为蔽其南[6]也。且秦之攻燕也，战于千里之外；赵之攻燕也，战于百里之内。夫不忧百里之患而重千里之外[7]，计无过于此者[8]。愿大王与赵从亲[9]，天下为一[10]，则燕国必无患矣。"

文公从之，资[11]苏秦车马，以[12]说赵肃侯曰："当今之时，山东之建国[13]莫强于赵，秦之所害[14]亦莫如赵。然而秦不敢举兵伐赵者，畏韩、魏之议[15]其后也。秦之攻韩、魏也，无有名山大川之限[16]，稍蚕食[17]之，傅国都而止[18]。韩、魏不能支[19]秦，必入臣于秦[20]。秦无韩、魏之规则祸中于赵矣[21]。臣以天下地图按之[22]，诸侯之地五倍于秦，料度[23]诸侯之卒十倍于秦。六国[24]为一[25]，并力西乡[26]而攻秦，秦必破矣。夫衡人者[27]皆欲割诸侯之地以与[28]秦，秦成[29]则其[30]身富荣，国被秦患而不与其忧[31]，是以衡人日夜务以秦权恐愒诸侯[32]，以求割地。故愿大王熟计[33]之也！窃[34]为大王计，莫如一[35]韩、魏、齐、楚、燕、赵为从亲[36]以畔[37]秦，令天下之将相会于洹水[38]之上，通质结盟[39]，约曰：'秦攻一国，五国各出锐师，或桡[40]秦，或救之。有不如约者，五国共伐之！'诸侯从亲以摈秦，秦甲[41]必不敢出于函谷[42]以害山东矣。"肃侯大说[43]，厚待苏秦，尊宠赐赉[44]之，以约于诸侯。

会[45]秦使犀首伐魏，大败其师四万余人，禽将龙贾，取雕阴[46]，且欲东兵[47]。苏秦恐秦兵至赵而败[48]从约，念莫可使用于秦者[49]，乃激怒张仪[50]，入之于秦。

张仪者，魏人，与苏秦俱事鬼谷先生[51]，学纵横之术，苏秦自以为不及也。仪游诸侯无所遇[52]，困于楚[53]，苏秦故召而辱之[54]。仪恐[55]，念诸侯独秦能苦赵[56]，遂入秦。苏秦阴[57]遣其舍人[58]赍[59]金币资仪，仪得见秦王[60]。秦王说之，以为客卿[61]。舍人辞去[62]，曰："苏君忧秦伐赵败从[63]约，以为非君莫能得秦柄[64]，故激怒君，使臣阴奉给君资，尽苏君之计谋[65]也。"张仪曰："嗟乎！此吾在术中而不悟[66]，吾不及苏君明矣。为吾谢苏君，苏君之时[67]，仪何敢言[68]！"

于是苏秦说韩宣惠王[69]曰："韩地方九百余里，带甲[70]数十万，天下之强弓、劲弩、利剑皆从韩出。韩卒超足[71]而射，百发不暇止[72]。以韩卒之勇，被坚甲，跖劲弩[73]，带利剑，一人当百，不足言[74]也。大王事[75]秦，秦必求宜阳[76]、成皋[77]。今兹效之[78]，明年又复求割地。与[79]则无地以给之，不与则弃前功，受后祸。且大王之地有尽而秦之求无已[80]，以有尽之地逆[81]无已之求，此所谓市怨结祸[82]者也。不战而地已削矣！鄙谚曰[83]：'宁为鸡口，无为牛后[84]。'夫以大王之贤，挟[85]强韩之兵，而有牛后[86]之名，臣窃[87]为大王羞[88]之。"韩王从其言。

苏秦说魏王[89]曰："大王之地方千里，地名[90]虽小，然而田舍、庐庑之数[91]，曾无所刍牧[92]。人民之众，车马之多，日夜行不绝，輷輷殷殷[93]，若有三军之众。臣窃量[94]大王之国不下楚[95]。今窃闻大王之卒，武士[96]二十万，苍头[97]二十万，奋击[98]二十万，厮徒[99]十万；车六百乘[100]，骑[101]五千匹，乃[102]听于群臣之说，而欲臣事[103]秦[104]。故敝邑[105]赵王使臣[106]效[107]愚计，奉明约[108]，在大王之诏诏之[109]。"魏王听之。

苏秦说齐王[110]曰："齐四塞[111]之国，地方二千余里，带甲数十万，粟如丘山。三军[112]之良，五家之兵[113]，进如锋矢[114]，战如雷霆[115]，解如风雨[116]。即有军役[117]，未尝倍[118]泰山、绝清河[119]、涉[120]渤海者也。临淄之中七万户，臣窃度[121]之，不下户三男子，不待发于远县[122]，而临淄之卒固已二十一万矣。临淄甚富而实[123]，其民无不斗鸡、走狗、六博、阘鞠[124]。临淄之涂，车毂击[125]，人肩摩[126]，连衽成帷[127]，挥汗成雨。夫韩、魏之所以重畏[128]秦者，为与秦接境壤也[129]。兵出而相当[130]，不十日而战胜存亡之机决矣[131]。韩、魏战而[132]胜秦，则兵半折[133]，四境不守[134]；战而不胜，则国已[135]危亡随其后。是故韩、魏之所以重与秦战而轻为之臣也[136]。今[137]秦之攻齐则不然。倍韩、魏之地[138]，过卫阳晋[139]之道，经乎亢父[140]之险，车不得方轨[141]，骑不得比行[142]。百人守险，千人不敢过也。秦虽欲深入则狼顾[143]，恐韩、魏之议其后也。是故恫疑、虚喝、骄矜[144]而不敢进，则秦之不能害齐亦明矣。夫不深料秦之无奈齐何[145]，而欲西面而事之，是群臣之计过[146]也。今无臣事秦之名而有强国之实，臣是故愿大王少留意计之[147]。"齐王许之。

乃西南说楚威王[148]曰："楚，天下之强国也，地方六千余里，带甲[149]百万，车千乘，骑万匹，粟支[150]十年，此霸王之资[151]也。秦之所害[152]莫如楚，楚强则秦弱，秦强则楚弱，其势不两立。故为大王计，莫如从亲[153]以孤秦。臣请令山东之国[154]奉四时之献[155]，以承大王之明诏[156]。委社稷[157]，奉宗庙[158]，练士厉兵[159]，在大王之所用之[160]。故从亲则诸侯割地以事楚，衡合则楚割地以事秦。此两策者相去远矣，大王何居焉[161]？"楚王亦许之。

于是苏秦为从约长[162]，并相六国[163]，北报赵，车骑辎重拟于王者[164]。

齐威王薨，子宣王辟强[165]立；知成侯卖田忌[166]，乃召而复之[167]。

燕文公薨，子易王[168]立。

卫成侯薨，子平侯[169]立。

（以上为第七段，写战国中期，秦国崛起与东方六国争雄，合纵连横之士兴起。苏秦主张合纵抗秦，为六国盟主，受六国相印。）

【注释】

[1]楚王：指楚威王，于七年伐齐，大败于徐州。 [2]宣惠王：昭侯之子，公元前332年至公元前312年在位。 [3]苏秦：战国时著名纵横家，游说六国合纵抗秦，拜六国相印。事详《史记·苏秦列传》。 [4]犯寇：遭到侵犯。犯，遭受。寇，侵略，侵犯。 [5]甲兵：作动词用，指代战争。甲，铠甲。兵，兵器。 [6]为蔽其南：在燕的南面作屏障。蔽，屏障。 [7]"不忧百

里之患”句：意谓不担心百里之内赵国可能犯边的祸患，却看重千里之外对秦国的防备。［8］计无过于此者：谋略没有比这更错误的了。［9］愿大王与赵从亲：希望韩王与赵王同心结成联盟。从亲，合纵相亲，结成联盟。从，通“纵”，合纵。东方齐、楚、燕、赵、魏、韩六国结成南北一线抗秦的联盟称合纵。［10］天下为一：六国联盟统一行动。［11］资：资助，供给。［12］以：用来。［13］建国：建立的国家，指东方六国。一说“建国”是“战国”之误，《管子》《战国策》《史记》已有“战国”一词。两说均通，其义则一，不必改字。［14］害：患。［15］议：算计、图谋。［16］限：阻，隔，屏障。［17］稍：渐渐。蚕食：像蚕吃桑叶一样。比喻一点一点逐步侵占。［18］傅国都而止：一直逼近韩、魏的国都为止。傅，近。［19］支：抵抗、对付。［20］入臣于秦：向秦国归顺称臣。［21］规：同前文的“议”，算计、图谋，背后使绊。中（zhòng）：指箭中靶。谓赵国将受祸。［22］地图按之：“按之地图”的倒说，即按核地图，比较秦与东方六国的大小。按，检核，察验。［23］料度：推测，估计。［24］六国：赵、魏、韩、楚、燕、齐六国。［25］为一：合纵为一。为，如果。［26］并：合。乡：通“向”。［27］衡人者：主张组织连横阵线的那一帮人。衡，通“横”，连横。东西为横，东方国家，与秦联合成东西一线，攻击他国称“连横”。［28］与：给。［29］秦成：与秦国讲和了。［30］其：指“衡人”。［31］“国被”句：国，指与秦讲和的国家。被，遭受。而不与其忧，主张连横的人却不与诸侯共忧患。其，指诸侯。［32］务以秦权恐愒诸侯：务，一心一意。以，用，凭借。权，权势，威势。恐愒，即恐吓。诸侯，东方六国。［33］熟计：深思熟虑，仔细想好。［34］窃：个人看法，谦辞。谦指自己或自己的意见。［35］一：犹“联合”。［36］从亲：合纵。［37］畔：通“叛”，犹言“对抗”。《赵策二》第一章“畔秦”作“傧秦”。傧通“摈”，对抗。［38］洹（huán）水：水名，在今河南淇河北。［39］通质结盟：通过交换人质结为同盟。通，犹“交换”。质，人质。古时两国交好或结盟，为了取信于对方，派自己的亲信去对方作抵押，称“人质”。如果派国君的儿子去做人质，称“质子”，派大臣去做抵押，称“质臣”。［40］桡（naó）：削弱。［41］甲：指军队。［42］函谷：关名。自崤山以西、潼关以东通称函谷，为秦的险要关口。崤山与潼关间，大山中裂，绝壁千仞，有路如槽，深险如函，故名“函谷”，亦称“崤函”。［43］说：同“悦”。［44］尊宠：尊重爱信。赐赉（lài）：赏赐。赉，赏给。［45］会：正巧，刚好赶上。［46］雕阴：邑名，在今陕西渭南市华州区东。［47］东兵：向东进军。［48］败：毁坏，瓦解。［49］念：考虑。可使用于秦者：能够派到秦国去让秦国重用的人。［50］激怒：煽动张仪发奋。张仪：苏秦同学，师事鬼谷子，与苏秦齐名的连横家，《史记》有《张仪列传》。［51］鬼谷先生：即鬼谷子，战国时隐于鬼谷地方的贤者。《隋书·经籍志》录有《鬼谷子》三卷，据考证为六朝时人所伪托。［52］游：游说。遇：得志，飞黄腾达。［53］困于楚：张仪曾为楚相门客，被疑为贫而无行之人，说他偷窃了楚相之璧，遭到暴打。事详《史记·张仪列传》。［54］召而辱之：张仪困于楚，投靠故人苏秦，苏秦故意冷落张仪，张仪怒而入秦。［55］仪恐：《史记·张仪列传》作“仪怒”。此“恐”字为“怒”字之讹。［56］苦赵：使赵国困苦，即伤害赵国。［57］阴：暗中。［58］舍人：门客。

[59]赍（jī）：赠送。［60］秦王：指秦惠王，公元前337年至公元前311年在位。［61］客卿：不是本国人担任的卿位称客卿。［62］辞去：告辞离去。［63］从：通“纵”。［64］柄：权。［65］尽苏君之计谋：这些全都是苏秦先生的计谋。［66］此吾在术中而不悟：如此说来，我在他的计谋之中却没有觉察到。［67］苏君之时：指苏秦掌权之时。［68］仪何敢言：我敢说什么呢。［69］韩宣惠王：又作“韩宣王”，史失其名，昭侯之子，韩国第七代国君，公元前332年至公元前312年在位。［70］带甲：战士。［71］超足：疑为“超距”。据《史记·王翦列传》，超距是练习臂力的一种功法。［72］百发不暇止：连续不断地发射，中途不停歇。［73］跖劲弩：用脚踩而发射的强弓。跖（zhí），踩，踏。劲，强。［74］不足言：自不待言，不在话下。［75］事：侍奉，服事。［76］宜阳：韩大邑，在今河南宜阳县。［77］成皋：春秋时郑的制邑，又名虎牢，在今河南荥阳市境。宜阳、成皋自古为兵家必争之地。［78］今兹：现在。兹，此，当前。效：献。［79］与：予，给。［80］已：止。［81］逆：应对。［82］市怨结祸：自找怨祸。市，买，求。［83］鄙谚曰：俗话说。［84］宁为鸡口，无为牛后：比喻宁愿做一个制人的小官，也不做受制于人的大官。［85］挟：持，握，拥有。［86］牛后：犹言牛尾。［87］窃：私心。［88］羞：惭愧。［89］魏王：魏襄王，惠王之子，名嗣，魏国第四代国君，公元前318年至公元前296年在位。［90］名：名义上。［91］数（shuò）：多。［92］曾无所刍牧：竟然连打草放牧的地方也没有多少。曾，竟。刍，喂牛马的草。牧，放牧，牧养。［93］輷輷殷殷：犹言轰轰隆隆。輷輷（hōng），象声词，象众声。殷（yǐn）殷，象声词，象车声。［94］量：估计。［95］不下楚：不在楚国之下，不比楚差。［96］武士：经过选拔的精锐的步兵。［97］苍头：用青巾裹头以区别于其他士卒的特种部队。［98］奋击：善战、敢于冲锋陷阵勇于殊死决战的士卒，也写作“奋戟”“奋擳”。［99］厮徒：服杂役的人。［100］车：此指战车。乘（shèng）：古代一辆四匹马拉的车为一乘。［101］骑：战马。［102］乃：竟然。［103］臣事：以臣子的身份侍奉人。臣，如同臣，低人一等。［104］秦：据章校，他本“秦”下有“愿大王熟察之”六字。［105］敝邑：敝国，对本国的谦称。［106］赵王：指赵肃侯。臣：苏秦自称。［107］效：献出，提出。［108］奉：遵。明：通“盟”。［109］在大王之诏诏之：犹言任凭大王决定。在，由，任凭。诏，令，命。［110］齐王：据《史记》之《六国年表》《苏秦列传》以及《战国策·齐策一》第十六章，此齐王为“宣王”，然依陈梦家《六国纪年》、方诗铭《中国历史纪年表》，周显王三十六年为齐威王二十四年。此从后一说。［111］四塞：四面有险阻。［112］三军：大国常备兵有上、中、下三军，此指全军。［113］五家之兵：杨宽《战国史》：“在战国时代，只有齐国始终没有设郡，而设有都。齐国共设有五都，除国都临淄外，四边的都具有边防重镇的性质。五都均驻有经过考选和训练的常备兵，即所谓‘技击’，也称‘持戟之士’，因而有所谓‘五都之兵’，也称为‘五家之兵’。”［114］进如锋矢：前进冲锋如锋利的箭锐不可当。［115］战如雷霆：战斗掩杀如迅雷不及躲避。［116］解如风雨：分散变动如风雨之疾速。［117］即：虽。军役：战事。［118］倍：通“背”。［119］绝：渡，横跨。清河：即济水。［120］涉：过，游渡。［121］度（duó）：推测，估计。［122］待：等。

发：征发。远县：临淄以外之地。［123］实：富。［124］斗鸡：以鸡相斗的游戏。走狗：以狗赛跑为游戏。六博：古棋戏，共十二棋子，六黑六白，二人对玩。就一方言为六棋，故称“六博”。下棋时，每行一步前要掷采（骰子，或称色子）叫“博”。玩法各异，决定胜负的条件也不同。阘鞠：中国古代的足球游戏。阘（tà），通“蹋”，踢。鞠，古代一种皮球，外为皮，内为毛。［125］车毂击：来往车辆车毂互相撞击。这是说来往车辆众多，奔驰急速。毂（gǔ），车轴两端突出的部分。［126］人肩摩：挨肩擦背，形容人多。［127］衽（rèn）：衣襟。帷：帐子。［128］重畏：加倍害怕。［129］为与秦接境壤也：《史记·苏秦列传》作“为与秦接境壤界也”。又《楚世家》作“寡人与楚接境壤界”。据此，“壤”下缺“界”字。为，因。［130］相当：相抗，正面交锋。［131］战胜存亡：据上下文意当作“胜败存亡”。机：关键。［132］而：如。［133］折：损失。［134］不守：不能固守。［135］已：通“以”，语助词。［136］“是故”句：这就是韩国、魏国把与秦国作战看得很慎重而把向秦国称臣看得很随便的原因。是故，此则。［137］今：如果，连词。［138］倍韩、魏之地：言韩、魏两国在其后（可以抄秦国的后路）。倍，通“背”。［139］阳晋：邑名，是通往齐国的关口，在今山东郓城市西，故卫地。［140］亢（gāng）父：齐地，故城在今山东济宁市南，金乡县东北，是险隘之地。［141］车不得方轨：两车不能并排行进。指道路狭窄。方，并排。［142］骑不得比行：骑兵不能两队并行。比，同“方”，变文，都是“并”的意思。［143］狼顾：狼性多疑，行走时常常后顾，回头观望，恐人袭其后。［144］恫疑：恐惧犹疑。虚喝：虚张声势。骄矜：傲慢夸大。［145］“不深料秦”句：不深刻考虑到秦国对齐国无可奈何这一事实。［146］过：错误。［147］少留意计之：稍加留意，仔细考虑这个问题。［148］楚威王：名熊商，宣王之子，公元前 339 年至公元前 329 年在位。［149］带甲：战士。［150］粟：泛指粮食。支：维持。［151］资：凭借。［152］害：害怕，畏惧。［153］从（zòng）亲：组织合纵联盟。［154］山东之国：指赵、魏、韩、燕、齐、楚六国。山，指崤山。［155］奉四时之献：一年四季贡献礼品。［156］承大王之明诏：接受大王英明的诏令。［157］委社稷：把国家交给你。社稷，土神、谷神，指代国家。［158］宗庙：朝廷和国家政权的代称。“奉宗庙”意同“委社稷”。［159］练士厉兵：训练士卒，修治武器。厉，通“砺”，磨，可引申为制造。兵，兵器。［160］在大王之所用之：任凭大王指挥调遣。在，任凭。［161］何居焉：选择哪一个呢？［162］从约长：合纵联盟的盟主。［163］相：作动词用，指出任相国。［164］拟于王者：与诸侯王的气派相当。拟，比拟。［165］宣王：齐威王之子，名辟强，公元前 320 年至公元前 302 年在位。［166］成侯卖田忌：事见显王二十八年“成侯邹忌恶田忌”一段，陷害田忌谋反，逼迫田忌远走楚国避难。卖，欺诈。［167］复之：恢复田忌的原职为齐将。［168］易王：燕文公太子，秦惠王之婿，公元前 332 年至公元前 321 年在位。［169］平侯：卫成侯之子，公元前 332 年至公元前 325 年在位。

三十七年（己丑，前332年）

秦惠王使犀首欺齐、魏，与共伐赵，以败从约[1]。赵肃侯让[2]苏秦，苏秦恐，请使燕，必报齐。苏秦去赵而从约皆解[3]。赵人决河水[4]以灌齐、魏之师，齐、魏之师乃去。

魏以阴晋为和于秦，实华阴[5]。

齐王伐燕，取十城，已而复归之[6]。

三十九年（辛卯，前330年）

秦伐魏，围焦、曲沃[7]。魏入[8]少梁[9]、河西[10]地于秦。

四十年（壬辰，前329年）

秦伐魏，渡河，取汾阴[11]、皮氏[12]，拔焦[13]。

楚威王薨，子怀王槐[14]立。

宋公剔成[15]之弟偃袭攻剔成。剔成奔齐，偃自立为君[16]。

四十一年（癸巳，前328年）

秦公子华[17]、张仪帅师围魏蒲阳[18]，取之。张仪言于秦王，请以蒲阳复与魏，而使公子繇[19]质于魏。仪因说魏王曰："秦之遇[20]魏甚厚，魏不可以无礼于秦。"魏因尽入上郡[21]十五县以谢焉。张仪归而相秦。

四十二年（甲午，前327年）

秦县义渠[22]，以其君为臣。

秦归焦、曲沃于魏。

四十三年（乙未，前326年）

赵肃侯薨，子武灵王[23]立，置博闻师[24]三人，左、右司过[25]三人，先问先君贵臣肥义[26]，加其秩[27]。

四十四年（丙申，前325年）

夏，四月，戊午，秦初称王。

卫平侯薨，子嗣君[28]立。卫有胥靡亡之魏[29]，因为魏王[30]之后治病。嗣君闻之[31]，请以五十金买之。五反[32]，魏不与[33]，乃以左氏易之[34]。左右谏曰："夫以一都[35]买一胥靡，可乎？"嗣君曰："非子所知也。夫治无小，乱无大[36]。法不立，诛不必[37]，虽有十左氏，无益也。法立，诛必，失十左氏，无害也。”魏王闻之曰：“人主之欲[38]，不听之[39]不祥。”因载而往[40]，徒献之[41]。

四十五年（丁酉，前 324 年）

秦张仪帅师伐魏，取陕[42]。

苏秦通[43]于燕文公之夫人，易王知之。苏秦恐，乃说易王曰：“臣居燕不能使燕重[44]，而在齐则燕重。”易王许之。乃伪[45]得罪于燕而奔[46]齐，齐宣王以为客卿。苏秦说齐王高宫室[47]，大苑囿[48]，以明得意，欲以敝齐[49]而为燕。

四十六年（戊戌，前 323 年）

秦张仪及齐、楚之相会啮桑[50]。

韩、燕皆称王，赵武灵王独不肯，曰：“无其实，敢处其名[51]乎？”令国人谓己曰君。

四十七年（己亥，前 322 年）

秦张仪自啮桑还而免相，相魏。欲令魏先事秦而诸侯效之，魏王[52]不听。秦王[53]伐魏，取曲沃[54]、平周[55]，复阴[56]厚张仪益甚。

（以上为第八段，写张仪主张连横助秦，瓦解合纵。）

【注释】

[1]败：破坏。从约：合纵联盟。 [2]让：责备。 [3]解：散，瓦解。 [4]决河水：掘黄河堤放水淹齐魏之师。 [5]实华阴：实，其实，就是。华阴，故阴晋，秦惠王六年更名宁晋。汉高帝改名华阴县，故曰“实华阴”。在今陕西华阴市东。 [6]“齐王伐燕”三句：燕文公卒，易王立。齐宣王因燕丧攻之，取十城。苏秦为燕说齐王归还了燕城。 [7]焦：地名，故地在今河南三门峡市西。曲沃：邑名，在今河南三门峡市陕州区西南。 [8]入：献纳。 [9]少梁：在今陕西韩城市南。 [10]河西：地域名，在今陕西大荔县、渭南市华州区一带。 [11]汾阴：邑名，故城在今山西万荣县西南。 [12]皮氏：邑名，故城在今山西河津市西。 [13]拔焦：攻下焦邑。[14]怀王槐：楚威王之子，名槐，公元前 328 年至公元前 288 年在位。 [15]宋公剔成：宋辟公之子，公元前 369 年至公元前 329 年在位。据梁玉绳《史记志疑》：“‘剔成’者‘易城’之误，盱其名，盱封于易城之地，因以为号，失其谥。” [16]偃自立为王：《史记·宋微子世家》：“君偃十一年自立为王。”《索隐》：“《战国策》《吕氏春秋》皆以偃谥康王。”公元前 328 年即位，称宋君偃，公元前 318 年自立为王，公元前 286 年齐闵王与魏、楚灭宋，三分其地。 [17]公子华：《史记·张仪列传》同，《六国年表》作“公子桑”。 [18]蒲阳：邑名，故城在今山西隰县西北。 [19]公子

繇：马非百《秦集史》："惠文王子也。一名通，又名通国。司马错既定蜀，更贬蜀王号为侯。王乃封繇为蜀侯，而以陈庄为相。"［20］遇：待。［21］上郡：郡名，辖区在今陕西北部及内蒙古鄂尔多斯市一带。［22］县义渠：以义渠为县。义渠，义渠国，其地当今陕西北部和甘肃的东北部，泾水、渭水以北之地。［23］武灵王：赵肃侯之子，名雍，公元前325年至公元前299年在位。［24］博闻师：备顾问的师傅名号。博闻，见多识广。［25］司过：主管察知人君过失，直言进谏。［26］肥义：姓肥，名义。武灵王父赵肃侯之臣，武灵王时为亲信大臣，惠文王时为相国并为傅，死于太子章之难。［27］秩：品级，俸禄。［28］嗣君：卫平侯之子，即孝襄侯，立五年贬为君。公元前324年至公元前283年在位。［29］胥靡：囚徒。亡：逃。之：至。［30］魏王：指魏襄王。［31］之：据章校，他本"之"下有"使人"二字。［32］五反：往返五次。反，通"返"。［33］与：许，同意。［34］左氏：邑名。程恩泽《国策地名考》卷十五："在今（山东）曹县西北六十五里。"易：交换。［35］一都：指"左氏"。［36］治无小，乱无大：一个国家的治理没有小事；大乱的发生不一定起于大事。［37］法不立，诛不必：法令不建立，惩罚不坚决。［38］欲：欲治，即想把国家治理得好。［39］之：则。［40］因：于是。载而往：把胥靡载送至卫国。［41］徒献之：白白奉送，谓不取五十金及左氏。按：此节与《战国策·宋卫策》第十四章及《韩非子·内储说上》所记略有不同。［42］陕：县名，在今河南三门峡市西。［43］通：私通。［44］重：举足轻重。［45］伪：假装。［46］奔：逃亡。［47］高宫室：把宫室建得宏伟。［48］苑：园林。后来多指帝王游猎的场所。囿：同苑，在古代指有围墙的园林，段玉裁《说文解字注》："古谓之囿，汉谓之苑也。"［49］敝齐：拖垮齐国。敝，损失，伤害。［50］啮桑：楚邑，在今江苏沛县西南。［51］处：居。名：称王的虚名。赵武灵王暂时不肯称王，并非要守君臣的本分，有大志而未到时机而已。［52］魏王：指魏襄王。［53］秦王：指秦惠文王。［54］曲沃：显王四十二年秦归曲沃于魏，今又取之。［55］平周：邑名，在今山西介休市西。［56］阴：暗中。

四十八年（庚子，前321年）

王崩，子慎靓王定[1]立。

燕易王薨，子哙[2]立。

齐王封田婴于薛[3]，号曰靖郭君[4]。靖郭君言于齐王曰："五官之计[5]，不可不日听而数览也[6]。"王从之。已而厌之，悉以委靖郭君。靖郭君由是得专齐之权。

靖郭君欲城薛[7]，客[8]谓靖郭君曰："君不闻海大鱼乎？网不能止[9]，钩不能牵[10]，荡而失水，则蝼蚁制焉[11]。今夫齐，亦君之水也。君长有齐，奚以薛为[12]！苟为[13]失齐，虽隆[14]薛之城到于天，庸足恃乎[15]！”乃不果城。

靖郭君有子四十[16]人，其贱妾之子曰文[17]。文通傥饶智略[18]，说靖郭君以散财养士。靖郭君使文主家待宾客，宾客争誉其美，皆请[19]靖郭君以文为嗣[20]。靖郭君卒，文嗣为薛公[21]，号曰孟尝君。孟尝君招致诸侯游士及有罪亡人，皆舍业厚遇之[22]，存救[23]其亲戚。食客常数千人，各自以为孟尝君亲己。由是孟尝君之名重天下。

臣光曰：君子之养士，以为民也。《易》曰[24]："圣人养贤，以及万民[25]。"夫贤者，其德足以敦化正俗[26]，其才足以顿纲振纪[27]，其明足以烛微虑远[28]，其强足以结仁固义[29]。大则利天下，小则利一国。是以君子丰禄[30]以富之，隆爵[31]以尊之。养一人而及万人者，养贤之道也。今孟尝君之养士也，不恤[32]智愚，不择臧否[33]，盗其君之禄，以立私党，张[34]虚誉，上以侮[35]其君，下以蠹[36]其民，是奸人之雄[37]也，乌足尚哉[38]！《书》曰[39]："受为天下逋逃主、萃渊薮[40]。"此之谓也。

孟尝君聘[41]于楚，楚王遗之象床[42]。登徒直[43]送之[44]，不欲行[45]，谓孟尝君门人[46]公孙戌曰："象床之直[47]千金，苟伤之毫发，则卖妻子不足偿[48]也。足下能使仆无行[49]者，有先人之宝剑，愿献之。"公孙戌许诺，入见孟尝君曰："小国[50]所以皆致相印于君者，以君能振达贫穷，存亡继绝，故莫不悦君之义，慕君之廉也。今始至楚而受象床，则未至之国将何以待君哉！"孟尝君曰："善。"遂不受。公孙戌趋去[51]，未至中闺[52]，孟尝君召而反之，曰："子何足之高，志之扬[53]也？"公孙戌以实对。孟尝君乃书门版[54]曰："有能扬文[55]之名，止文之过，私得宝于外者，疾入谏[56]！"

臣光曰：孟尝君可谓能用谏矣。苟其言之善也，虽怀诈谖之心，犹将用之[57]，况尽忠无私以事[58]其上乎！《诗》云[59]："采葑采菲[60]，无以下体[61]。"孟尝君有焉[62]。

韩宣惠王欲两用公仲、公叔为政[63]，问于缪留[64]。对曰："不可。晋用六卿而国分[65]，齐简公[66]用陈成子及阚止[67]而见杀[68]，魏用犀首[69]、张仪而西河[70]之外亡。今君两用之，其多力[71]者内树党[72]，其寡力[73]者借外权[74]。群臣有内树党以骄主[75]，有外为交以削地[76]，君之国危矣！”

（以上为第九段，写战国列强争夺人才，四公子养士，齐国孟尝君首先登上历史舞台。司马光评论孟尝君，养士不择贤与不肖，有树党之私；而孟尝君用人不求全责备而尽其才，以及从谏如流之精神风采，获得肯定。）

【注释】

［1］慎靓王定：显王子，名定，公元前320年至公元前315年在位。靓，即“静”字。见《史记·周本纪》。［2］哙：燕易王之子，昭王之父，名哙，公元前320年至公元前312年在位。［3］齐王：指齐威王。田婴：齐威王少子，孟尝君田文的父亲靖郭君，封于薛，又称薛公。薛：邑名，在今山东滕州市南。［4］靖郭君：田婴生前的封号。［5］五官：据《管子·小匡》，隰朋为大行，宁戚为大司田，王子城父为大司马，宾胥吾为大司理，东郭牙为大谏。以周制言之，在五大夫之列，当即齐之五官。计：计簿，即会计所用簿册，也包括人事登记。这里是说五官将自己的工作情况定期向上报告。这个“报告”即所谓“计”。［6］不可不日听而数览也：大王不可不每天听取他们的汇报，并及时阅览他们的书面报告。［7］城薛：给薛邑筑城。城，用作动词。［8］客：指靖郭君的食客。［9］网不能止：鱼网捕不到。止，捕获，捉住。［10］钩不能牵：鱼钩牵不住。［11］“荡而失水”二句：意谓海里的大鱼可以任意地在无边无际的大海里遨游，可是它游到岸上离开了水，就会失去自由，连小小的蚂蚁和蝼蛄也能制服它。荡而，即“荡然”，顿时消失。蝼蚁，蝼蛄、蚂蚁。［12］奚以薛为：为何还要薛邑呢？奚，何。［13］苟为：如果。［14］隆：加高，筑高。［15］庸足恃乎：难道还靠得住吗？庸，岂，难道。足，可。恃，依仗。［16］四十：据章校，他本“十”下有“余”字。《史记·孟尝君列传》亦有“余”字。［17］文：田文，靖郭君田婴的少子，封为孟尝君。《史记》有《孟尝君列传》。［18］通：通达。傥：倜傥，卓异不凡。饶智略：足智多谋。［19］请：说项，请求。［20］嗣：继承人。［21］薛公：齐威王封田婴于薛，田文世袭，故称薛公。［22］舍（shè）业：修建房舍，建立家业。厚遇之：优待宾客。［23］存救：救济。存，慰问，抚恤。［24］《易》曰：引语见《颐卦·彖辞》。［25］圣人养贤，以及万民：国君依靠和培养贤人，为的是治理国家，把善政普及到天下万民。圣人，指国君。贤，指贤人，有才德之士。［26］“其德”句：谓贤人的品德应足以敦促教化、匡正风俗。［27］顿纲振纪：整顿纲纪。顿、振，整顿。［28］“其明”句：他们的智慧足以洞察隐微，考虑长远。明，智慧。烛微，烛照细微，喻观察细致入微。［29］结仁固义：团结友爱，加固仁义。［30］丰禄：增多俸禄。［31］隆爵：提高爵位。［32］恤：顾及，考虑。［33］臧否（pǐ）：好坏。［34］张：夸大。［35］侮：欺。［36］蠹：损害。［37］奸人之雄：坏人中最突出的。本指淆乱是非的辩士。后多以“奸雄”指弄权欺世、窃取高位的人。［38］乌足尚哉：有什么值得提倡的。乌足，何足。尚，崇尚，提倡。［39］《书》曰：引文见伪古文《尚书·武成》。［40］受为天下逋逃主、萃渊薮：

殷纣王受是天下逃亡者的窝主，是聚集罪犯的地方。受，即“纣”。萃，聚集。渊薮，渊为鱼聚处，薮为兽聚处。此泛指人和事物聚集的地方。［41］聘：访问。［42］楚王：此指楚怀王。遗（wèi）：赠送。象床：象牙床。［43］登徒直：人名。［44］送之：把象牙床送回国内。［45］不欲行：登徒直不想去送象牙床。［46］门人：即门客、食客。［47］直：同“值”，价值。［48］不足偿：抵偿不了。［49］无行：指不去送象牙床。［50］小国：当作“五国”。小，“五”字之讹。《战国策·齐策三》第九章：“孟尝君出行五国。”据《春秋后语》《太平御览·喜览》引及王念孙《读书杂志》说策文“小”字当作“五”字之误。［51］趋去：匆匆地离去。［52］中闺：中门。闺，宫中上圆下方的小门，因形如圭，故称“闺”。［53］足之高，志之扬：成语“趾高气扬”出此。神气十足、得意自满之情。［54］书门版：写在门板上，使出入的人都能看见。相当于现在的布告、通告。书，写。［55］文：孟尝君田文自称。［56］谏：提意见。［57］“苟其言之善”三句：只要所提意见是正确的，即使那人怀有欺诈之心，仍然采用。即不以人废言之意。苟，如果，只要。诈谖，欺诈。虽……犹将……，虽然（即使）……仍然（还是）……。［58］事：侍奉。［59］《诗》云：引文见《诗·邶风·谷风》。［60］葑（fēng）：蔓菁。菲：萝卜。［61］无：不，勿。以：用。下体：指植物根茎。［62］焉：之，指品德风度。按：孟尝君不因人有缺点、错误而仍用人之善言善行这样的优良品德和风度。［63］两用：同时并用。两，并。公仲：韩朋，亦作公仲朋。公叔：公叔伯婴。为政：执政。［64］缪（miào）留：韩人，又作“樛留”“摎留”。［65］国分：指晋国被瓜分。晋六卿智氏灭范、中行氏，赵、魏、韩氏又联合灭智氏，后三分晋国，成为赵、魏、韩三个独立的诸侯国。［66］齐简公：悼公之子，名壬，公元前484年至公元前481年在位。［67］阚（kàn）止：字子我，简公相。又作“监止”。［68］见杀：指齐简公被杀。田成子杀阚止于郭关，又杀简公子舒州。事详《左传》哀公十五年。［69］犀首：魏阴晋人，名衍，姓公孙，在魏曾任犀首，故号“犀首”。张仪卒，入秦为相。曾佩五国相印，为纵约长，战国时与苏秦、张仪齐名的纵横家。传附《史记·张仪列传》。［70］西河：今陕西和山西之间的黄河段，由北向南流，古称西河。［71］多力：权重，势力大。［72］树党：拉帮结派，经营小团体。［73］寡力：权轻，势力小。［74］外权：指勾结外国的势力。［75］骄主：专主之权。骄，专横，横暴。［76］削地：割让土地。

【点评】

论魏惠王。魏惠王好战，遭秦、齐东西夹击，魏沉沦为二等强国。本卷记事起公元前368年，迄公元前321年，凡48年，半个世纪，正是战国中段的中前期，最大事件是魏国从霸主地位衰落，成为二等强国。公元前370年，魏惠王继魏武侯即位，战国进入中期。据《竹书纪年》记载，魏惠王在位52年。魏惠王治魏，承父祖两代所积之资，任贤使能，魏国仍在中原保持霸主地位，一度伐韩攻赵，欲统一三晋，雄心可谓不小。但魏惠王志大才疏，只能任用二等贤才。他用庞涓为将而失孙膑；不听公叔痤之言而失商鞅；又四面树敌，攻韩、赵而招来齐、秦东西夹击，丢失大片国土，从安邑迁都大梁，故魏惠王又称梁惠王。在整个战国时代，魏惠王仍能称得上是一个有为之君，在列国君主之中可列为中上，是一个成功者。魏惠王三十七年（公元前334年），魏惠王与齐威王会于徐州，互相推重称王，也缓和了齐魏矛盾，史称“徐州相王”。不久，魏、齐、赵、燕、中山又举行会盟，史称“五国相王”，从此进入列国称王时代。战国时代诸侯称王就是从徐州会盟开始的。五国相王，东方诸侯矛盾进一步缓解，逐渐形成联合趋势，共同抗击西边崛起的秦国，战国进入了合纵连横时代。六国联合抗秦，成为“北起燕，南至楚”的纵线联合，史称“合纵”。秦国威逼东方六国与秦联合，打破合纵，成为东西一线的双边结盟，史称“连横”。苏秦是合纵的代表人物，张仪是连横的代表人物。秦惠王要打破合纵，他选定魏国为突破口。秦惠王连年进攻魏国，在公元前322年逼迫魏惠王接受与秦联合，张仪相魏。魏惠王并不心服，公元前319年任用主张合纵的公孙衍为相驱逐张仪出境，魏国又回到合纵阵线，与楚、赵、韩、燕联合。公元前319年，魏惠王死，魏襄王即位。魏国从此一路衰落，降为二等强国。魏国的衰落始于魏惠王好战，在这个意义上，魏惠王又是一个失败者。魏惠王一生的升沉，留给历史深刻的教训。

卷三 周纪三

周慎靓王元年至赧王十七年（前320—前298年）

【起重光赤奋若（辛丑，前320年），尽昭阳大渊献（癸亥，前298年），凡二十三年】

【大事提要】

本卷记事起公元前320年，讫公元前298年，凡二十三年，当周慎靓王元年至赧王十七年。本卷所载大事主要有六个方面：其一，公元前318年秦兵打败了东方楚、赵、魏、韩、燕的第一次五国合纵之兵，确立了连横的胜势。秦惠王又用司马错伐蜀，秦国力倍增，从此称雄诸侯。其二，燕王哙昏聩让国，燕国大乱，几乎亡国。其三，楚怀王继燕王哙之后是战国时代最大的一个昏君，既昏庸又贪婪，被张仪玩于股掌之上，在与强秦的外交中一再上当受骗，他绝交于齐，丧失了合纵盟主的地位，最终入秦不返，成了异国的囚徒，落得客死他乡的悲剧结局。其四，公元前310年秦武王即位逐张仪，连横瓦解，但秦国称雄东方的形势已不可逆转。其五，赵武灵王胡服骑射，赵国崛起，阻挡秦国东进，是合纵式微形势下的中坚。其时，秦昭王即位，亦是一位明主，他任甘茂伐韩，攻占了宜阳，为秦兵东进打开了一个缺口。韩国亲赵，秦赵决战将不可避免。其六，写战国四公子兴起，养士成风。孟尝君受困于秦，依靠食客鸡鸣狗盗之徒脱险。平原君养士，开诸子学说论辩之风。

慎靓王

元年（辛丑，前320年）

卫更贬号曰君[1]。

二年（壬寅，前319年）

秦伐魏，取鄢[2]。

魏惠王薨，子襄王立[3]。孟子入见而出，语人曰[4]："望[5]之不似人君，就之而不见所畏焉[6]。卒然[7]问曰：'天下恶乎定[8]？'吾对曰：

'定于一[9]。''孰能一之[10]?'对曰:'不嗜[11]杀人者能一之。''孰能与[12]之?'对曰:'天下莫不与也。王知夫苗[13]乎?七、八月[14]之间旱,则苗槁[15]矣。天油然作云[16],沛然下雨[17],则苗浡然兴之[18]矣。其如是[19],孰能御之[20]!'"

三年(癸卯,前318年)

楚、赵、魏、韩、燕同伐秦,攻函谷关。秦人出兵逆之[21],五国之师皆败走[22]。

宋初称王[23]。

四年(甲辰,前317年)

秦败韩师于脩鱼[24],斩首八万级,虏其将鳆、申差[25]于浊泽[26]。诸侯振恐[27]。

齐大夫与苏秦争宠,使人刺秦,杀之[28]。

张仪说魏襄王曰:"梁地方不至千里,卒不过三十万,地四平[29],无名山[30]大川之限[31],卒戍[32]楚、韩、齐、赵之境[33],守亭、障[34]者不过[35]十万,梁之地势固战场[36]也。夫诸侯之约从,盟于洹水之上,结为兄弟以相坚[37]也。今亲兄弟同父母,尚有争钱财相[38]杀伤,而欲恃反覆苏秦之余谋[39],其不可成亦明矣。大王不事秦,秦下兵[40]攻河外[41],据卷、衍、酸枣[42],劫卫[43],取阳晋[44],则赵不南[45],赵不南而梁不北[46],梁不北则从道绝[47],从道绝则大王之国欲毋危[48]不可得也。故愿大王审定计议[49],且赐骸骨[50]。"魏王乃倍[51]从约,而因[52]仪以请成于秦[53]。张仪归,复相秦。

鲁景公薨,子平公旅[54]立。

五年(乙巳,前316年)

巴、蜀[55]相攻击,俱告急于秦。秦惠王欲伐蜀,以为道险狭[56]难至,而韩又来侵,犹豫未能决。司马错[57]请伐蜀。张仪曰:"不如伐韩。"王曰:"请闻其说。"仪曰:"亲魏,善楚,下兵三川[58],攻新城、宜阳[59],以临二周[60]之郊,据九鼎[61],按图籍[62],挟[63]天子以令[64]于天下,天下莫敢不听,此王业也。臣闻争名者于朝[65],争利者于市[66]。今三川、周室,天下之朝、市也,而王不争焉[67],顾[68]争于戎翟[69]，去[70]王业远矣！”司马错曰：“不然，臣闻欲富国者务广其地，欲强兵者务富其民，欲王者务博其德[71]，三资者备[72]而王随之矣[73]。今王地小民贫，故臣愿先从事于易。夫蜀，西僻之国而戎翟之长也，有桀、纣之乱[74]，以秦攻之，譬如使豺狼逐群羊。得其地足以广国，取其财足以富民，缮兵[75]，不伤众而彼已服焉。拔[76]一国而天下不以为暴，利尽四海[77]而天下不以为贪，是我一举而名实附[78]也，而又有禁暴止乱之名。今攻韩，劫[79]天子，恶名也，而未必利也，又有不义之名，而攻天下所不欲，危矣！臣请论[80]其故。周，天下之宗室[81]也；齐，韩之与国[82]也。周自知失九鼎，韩自知亡三川，将二国并力合谋[83]，以因乎齐、赵而求解乎楚、魏[84]，以鼎与楚，以地与魏，王弗能止也。此臣之所谓危也。不如伐蜀完[85]。”王从错计，起兵伐蜀，十月取之[86]。贬蜀王，更号为侯[87]，而使陈庄[88]相蜀。蜀既属秦，秦以益强[89]，富厚[90]，轻诸侯。

苏秦既死，秦弟代、厉[91]亦以游说显于诸侯。燕相子之与苏代婚[92]，欲得燕权。苏代使于齐而还，燕王哙问曰：“齐王其霸乎[93]？”对曰：“不能。”王曰：“何故？”对曰：“不信其臣。”于是燕王专任子之[94]。鹿毛寿[95]谓燕王曰：“人之谓尧贤者，以其能让天下也。今王以国让子之，是王与尧同名也。”燕王因属国[96]于子之，子之大重。或曰[97]：“禹荐益而以启人为吏[98]，及老[99]而以启为不足任天下，传之于益。启与交党[100]攻益，夺之，天下谓禹名传天下于益[101]而实令启自取之[102]。今王言属国于子之而吏无非太子人者，是名属子之而实太子用事[103]也。”王因收印绶，自三百石吏已上而效之子之[104]。子之南面行王事[105]，而哙老[106]，不听政[107]，顾为臣[108]，国事皆决于子之。

六年（丙午，前315年）

王崩，子赧王延[109]立。

（以上为第一段，写周慎靓王时代五年史事，秦惠王命张仪连横瓦解六国合纵，公元前318年秦兵打败了东方楚、赵、魏、韩、燕的第一次五国合纵之兵，确立了连横的胜势。秦惠王又用司马错伐灭蜀，秦国国力倍增。）

【注释】

[1]卫更贬号曰君：早在周显王二十三年（前346）卫成侯十六年，卫已贬号为侯。 [2]鄢：即鄢陵，故城在今河南鄢陵县西南。 [3]襄王立：陈梦家《六国纪年》附《六国纪年表》谓魏襄王元年在慎靓王四年（前317），杨宽《战国史》附《战国大事年表》谓在慎靓王三年。《史记·六国年表》在慎靓王三年，作魏哀王元年。 [4]语人曰：孟子对人说。见《孟子·梁惠王上》。语（yù），告诉。 [5]望：远远望去。 [6]"就之"句：靠近梁惠王看不出他有什么让人敬畏的地方。就，靠近。不见，看不到。所畏，让人敬畏的地方。 [7]卒然：即"猝然"，突然。 [8]天下恶乎定：天下如何才能安定？恶乎，犹言"何所""何如"。 [9]定于一：天下安定在于统一。[10]孰能一之：谁能统一天下呢？之，指天下。 [11]嗜：喜好。 [12]与：服从，归服。[13]苗：禾苗。 [14]七、八月：此为周历。夏历十一月为周历正月，则七、八月当夏历五、六月，正是禾苗需要雨水的时候。 [15]槁：枯萎。 [16]油然作云：乌云翻滚。油然，云盛的样子。 [17]沛然下雨：倾盆大雨。沛然，雨盛的样子。 [18]浡（bó）然兴之：蓬勃生长的样子。兴，生长。之，调节音节的语气词。[19]其如是：如果是这样。其，假设连词。[20]孰能御之：谁能阻挡它（生长）呢。御，抵挡。 [21]逆之：迎击秦军。 [22]走：逃跑，溃散。 [23]宋初称王：宋国君始称王。据《史记·宋微子世家》："君偃十一年自立为王。"（即慎靓王三年）《战国策》《吕氏春秋》《墨子》《新书》都云君偃谥"康王"。[24]脩鱼：邑名，在今河南原阳县西南。[25]鲰（sōu）、申差：韩国二将。 [26]浊泽：邑名，在今河南长葛市。 [27]振恐：震惊恐惧。振，通"震"，震惊。 [28]杀之：苏秦死年众说纷纭，学术界有八种说法，不具引。《史记·张仪列传·索隐》谓在周赧王四年，公元前311年。 [29]地四平：国土四面平旷无险阻。 [30]名山：大山。 [31]限：险阻。 [32]卒戍：用士兵防守。 [33]境：与邻国接界的边境。魏南接楚，西接韩，东接齐，北接赵。 [34]亭：边防瞭望哨所。障：规模较大的城堡。 [35]过：据章校，他本"过"作"下"。按：《史记·张仪列传》作"下"。作"下"为是。 [36]固战场：原本就是四战之地。固，本来。 [37]相坚：共同坚守。 [38]相：互相。 [39]恃：依靠，依仗。反覆：变化无常。余谋：下策。余，《春秋公羊传注疏序》徐彦疏："末也。" [40]下兵：发兵，出兵。 [41]河外：对"河内"而言，指今河南西北部黄河以南之地。 [42]据：占领。卷：邑名，在今河南新乡市与郑州市之间。衍：邑名，在今河南郑州市北。酸枣：邑名，在今河南延津县西。[43]劫卫：胁迫卫国。 [44]阳晋：邑名，在今山东郓城县西。 [45]赵不南：赵国不能向南支援魏国。 [46]梁不北：魏国不能向北与赵国联络。梁，魏国都大梁，故梁指代魏国。 [47]从道绝：合纵联盟的通道断绝。 [48]毋危：没有危险。毋，通"无"。 [49]审定计议：认真考虑做出决定。计议，决定。 [50]赐骸骨：把这把老骨头恩赐给我。意即恩准我告老还乡。 [51]倍：通"背"，背弃。 [52]因：通过。 [53]请成于秦：请求跟秦国媾和。成，媾和。 [54]平公旅：鲁景公子，名旅，又名叔，公元前314年至公元前295年在位。 [55]巴、蜀：两古国名。巴国当今四川东部及湖北西部一带地。战国时其都在今重庆市北。蜀，今四川中、西部之地，其都在今

四川成都市。［56］道险狭：道路艰险狭窄。［57］司马错：秦臣，司马迁第八世祖，秦灭蜀后，以司马错为第一任郡守。［58］三川：地区名，在今河南黄河、洛水、伊水之间，为东周王室所在地。秦并周后置为三川郡。［59］新城、宜阳：两韩邑名。新城，在今河南伊川县西南，宜阳，在今河南巩义市西。［60］临：逼迫。二周：周分裂为东西两周。都王城，即洛阳者为西周，都巩邑，即今河南巩义市，在王城之东为东周。秦昭王五十二年（前255）灭西周，秦庄襄王元年（前249）灭东周。［61］九鼎：是一组九个大鼎。相传禹铸九鼎，夏、商、周传为国宝，为得政权之象征。秦昭王灭周，第二年把九鼎从洛阳迁到秦都咸阳，从此九鼎下落不明。［62］按：考察，掌握。图籍：地图和户籍。［63］挟：胁迫。［64］令：号令，指挥。［65］朝：朝廷。［66］市：市场。［67］不争焉：不争于三川、周室。焉，于此。［68］顾：反而。［69］戎翟：古代称西方各部族为戎，北方各部族为翟。翟，通“狄”。［70］去：距离。［71］王（wàng）：统一天下，成就王业。博其德：推广其德政。［72］三资：成就王业的三个条件、凭借。指地、民、德。备：齐备。［73］王随之矣：统一天下成就王业的事，也就跟着自然而来了。［74］有桀、纣之乱：有夏桀、商纣时那样的政治混乱。［75］缮兵：充实军事力量。缮，修治。［76］拔：攻占，此犹言灭掉。［77］四海：为西海之讹。西海，指巴、蜀。据章校，他本“四”作“西”。按：《战国策·秦策一》第七章、《史记·张仪列传》《新序·善谋》及《文选》李善注引《战国策》文均作“西海”。当作“西”。［78］名实附：名利双收。附，益也，增加。［79］劫：以力威胁，挟持。［80］论：陈述。［81］宗室：即根本。按：各诸侯皆本出于周室，故称周室为“宗室”，或称“宗周”。［82］与国：同盟国，友邦。［83］并力合谋：努力合盟。［84］以因乎齐、赵而求解乎楚、魏：通过齐、赵谋求与楚、魏和解。求解，周、韩先与楚、魏结怨，现在谋求和解。［85］完：全。无伤败故曰“完”。［86］十月：当年十月。取：攻下。［87］贬蜀王，更号为侯：《史记·秦本纪》及《六国年表》都说“灭蜀”，与此不同。［88］陈庄：秦臣。［89］秦以益强：秦国因此更加强大。以，因。益，更。［90］富厚：物资丰厚。厚，多。［91］代、厉：苏代、苏厉，苏秦的两个弟弟，亦以游说显名诸侯。两人《史记》有传，附于《苏秦列传》之后。［92］婚：姻亲。［93］齐王其霸乎：齐王能称霸吗？［94］专任子之：让子之独专国政。［95］鹿毛寿：为苏代之使者。［96］属国：把国家交给。［97］或曰：有人说。［98］“禹荐益”句：夏禹推荐伯益执政，任用启的亲信为伯益的官吏。人，犹“臣”，部属，亲信。［99］及老：禹王年老时。［100］交党：同党，朋党。［101］禹名传天下于益：禹王名义上把国家传给了伯益。［102］实令启自取之：实际上让启自己夺取了国家政权。［103］用事：掌权，执政。［104］“王因收印绶”二句：此言燕王哙因此收回三百石以上俸禄的官吏的印玺交给了子之。石，官俸的计量单位，秦、汉以为官位的品级。［105］子之南面行王事：子之受燕王哙禅位执政。南面，古代以面向南为尊位，帝王的座位面向南，故称居帝王之位为“南面”。行王事，行使国王的权力。［106］哙老：燕王哙因老退休。［107］不听政：不再执掌国政。［108］顾为臣：反而处在臣位。［109］赧王延：慎靓王子，名延，又名诞，公元前314年至公元前256年在位。

赧王上

元年（丁未，前314年）

秦人侵义渠[1]，得二十五城。

魏人叛秦。秦人伐魏，取曲沃[2]而归其人。又败韩于岸门[3]，韩太子仓入质于秦以和[4]。

燕子之为王三年，国内大乱。将军市被与太子平谋攻子之。齐王[5]令人谓燕太子曰："寡人闻太子将饬君臣之义[6]，明父子之位[7]，寡人之国[8]唯太子所以令之[9]。"太子因[10]要党聚众[11]，使市被攻子之，不克[12]。市被反攻太子。构难[13]数月，死者数万人，百姓恫恐[14]。齐王令章子[15]将五都之兵[16]，因北地之众[17]以伐燕。燕士卒不战，城门不闭。齐人取[18]子之，醢之[19]，遂杀燕王哙。

齐王问孟子曰："或谓寡人勿取燕，或谓寡人取之。以万乘之国[20]伐万乘之国，五旬而举之[21]，人力不至于此；不取，必有天殃[22]。取之何如？"孟子对曰："取之而燕民悦则取之，古之人有行之者[23]，武王是也；取之而燕民不悦则勿取，古之人有行之者，文王是也。以万乘之国伐万乘之国，箪食壶浆以迎王师[24]，岂有他哉[25]？避水火也[26]。如水益深，如火益热[27]，亦运而已矣[28]！"

诸侯将谋救燕。齐王谓孟子曰："诸侯多谋伐寡人者，何以待之[29]？"对曰："臣闻七十里为政于天下者，汤是也[30]。未闻以千里畏人者也[31]。《书》曰[32]：'徯我后，后来其苏[33]。'今燕虐其民，王往而征之，民以为将拯己于水火之中也，箪食壶浆以迎王师。若[34]杀其父兄，系累[35]其子弟，毁其宗庙，迁其重器[36]，如之何其可也[37]！天下固畏齐之强也，今又倍地[38]而不行仁政，是动天下之兵也[39]。王速出令[40]，反其旄倪[41]，止其重器[42]，谋于燕众[43]，置君[44]而后去之[45]，则[46]犹可及止[47]也。"齐王不听。

已而燕人叛[48]。王曰："吾甚惭于孟子。"陈贾[49]曰："王无患焉。"乃见孟子，问曰："周公[50]何人也？"曰："古圣人也。"陈贾曰："周公使管叔监商[51]，管叔以商畔[52]也。周公知其将畔而使之与[53]？"曰：

"不知也。"陈贾曰："然则圣人亦有过与[54]？"曰："周公，弟也；管叔，兄也，周公之过不亦宜乎[55]！且古之君子，过则改之；今之君子，过则顺之[56]。古之君子，其过也如日月之食[57]，民皆见之；及其更[58]也，民皆仰之[59]。今之君子，岂徒顺之，又从为之辞[60]！"

是岁，齐宣王薨，子湣王地立[61]。

（以上为第二段，写燕王哙昏聩，让国子之，导致燕国大乱，齐宣王趁机攻占了燕国，不听孟子劝告撤兵，为后来齐湣王遭五国进攻而身灭埋下了伏笔。）

【注释】

[1]义渠：义渠国，在今陕西北部和甘肃的东北部，泾水、渭水以北地区。 [2]曲沃：邑名，故城在今河南三门峡市陕州区西南。 [3]岸门：地名，在今河南许昌市北。 [4]和：讲和，交好。 [5]齐王：指齐宣王。 [6]饬君臣之义：重整朝纲，夺回政权。饬（chì），整顿。 [7]明父子之位：子继父位，这是大义；现在燕王哙禅位给子之，太子夺回君位，故言"明父子之位"。[8]国：据章校，他本"国"下有"虽小"二字。《战国策·燕策一》第九章、《史记·燕世家》"国"下均有"小"字。当补"小"字。 [9]唯太子所以令之：完全听从太子调遣。 [10]因：遂，随即。[11]要党聚众：邀约同党，聚合兵众。 [12]克：胜。 [13]构难：交战。即内战。 [14]恫恐：恐惧。 [15]章子：齐将匡章。 [16]五都之兵：齐国未设郡而设都，共设五都，除国都临淄外，四边的边防重镇也称都。五都均驻有经过考选和训练的常备兵，即所谓"五都之兵"，也称"五家之兵"。 [17]北地之众：齐国北部地区的守备部队。 [18]取：俘获。 [19]醢（hǎi）之：把子之等人剁成肉酱。[20]万乘（shèng）之国：指可以出兵车万乘的大国。四马曰乘；一乘，马四匹，甲士三人，兵卒七十二人，万乘合计七十五万人，战车万辆，马四万匹。古代以兵车多少来衡量国家的大小。当时一般认为秦、齐、楚、赵、魏、韩、燕七国为万乘大国，宋、卫、中山、东周、西周为千乘之国。 [21]五旬：五十天。举：占领。 [22]天殃：上天降的灾祸。 [23]有行之者：有这样做过的。 [24]箪食壶浆以迎王师：老百姓用筐盛着干饭，用壶盛着酒浆来欢迎大王您的军队。箪（dān），古代盛饭的圆形有盖的竹器。食，饭，食物。浆，饮料的总称，如水浆，酒浆。[25]岂有他哉：难道还会有别的用意吗？ [26]避水火也：不过是想逃避那种水深火热的痛苦生活罢了。 [27]如水益深，如火益热：如果燕国被并吞，老百姓蒙受的灾难更加深重，处于水深火热之中。 [28]亦运而已矣：那他们也就只好逃到他国了。《尔雅·释诂》："运，徙也。"即"运"有转移、逃亡的意思。 [29]待之：对付他们。 [30]"臣闻"二句：我听说只有方圆七十里的国土而统一天下的人，商汤就是。 [31]"未闻"句：没有听说像齐王您这样拥有方圆一千里国土的人反而会怕别人的。 [32]《书》曰：引语见《尚书·仲虺之诰》。 [33]徯我后，后来其苏：盼望我们的国君啊，他一到我们就能活命了。徯，期望，等待。后，君。其，表将要的虚词。

苏，复活。［34］若：汝，你。［35］系累：束缚，捆绑。［36］迁其重器：搬走他们的传国宝器。［37］如之何其可也：这怎么可以呢。［38］倍地：增大国土一倍。指齐燕土地扩大一倍。［39］是动天下之兵也：这是招惹各国兴兵一起来讨伐齐国啊。［40］出令：发出命令。［41］反其旄倪：把俘虏的老人小孩送回去。反，遣返俘虏。旄，通“耄”，八九十岁的老人。倪，少年兵。［42］止其重器：停止搬走燕国的传国宝器。［43］谋于燕众：和燕国民众共同商议。［44］置君：扶立新的燕国国君。［45］去之：把军队撤出燕国。［46］则：如此，这样。［47］犹可及止：尚可来得及阻止各国兴兵。［48］已而：不久，后来。燕人叛：指燕人群起反抗齐国。［49］陈贾：齐国大夫。［50］周公：周武王弟，姓姬名旦，佐武王兴周制礼作乐的开国大臣，因采邑在周（今陕西岐山县南），故称周公。传见《史记·鲁周公世家》。［51］管叔：姓姬名鲜，武王的弟弟，周公的哥哥。监：监督。［52］管叔以商畔：武王灭商，封纣子武庚为诸侯。派其三个弟弟管叔、蔡叔、霍叔监督武庚的国家。史称三监。武王死后，管叔、蔡叔和武庚反叛周朝，周公平叛，杀武庚，诛管叔，贬蔡叔。畔，通“叛”。［53］周公知其将畔而使之与：周公是事先知道管叔将会反叛却仍派他去的吗？［54］过：错误。与：同“欤”。［55］不亦宜乎：难道不也是合乎情理的吗？［56］过则顺之：有了错误，竟然将错就错。［57］日月之食：即日蚀、月蚀。食，通“蚀”。［58］更：改。［59］仰之：抬头看得见，指敬仰改错的人。［60］岂徒顺之，又从为之辞：不仅仅将错就错，而且还要文过饰非，编谎言来为自己的错误作辩护。［61］滑王：又作闵王，宣王之子，名地，公元前301年至公元前284年在位。

二年（戊申，前313年）

秦右更疾[1]伐赵。拔蔺[2]，虏其将庄豹[3]。

秦王欲伐齐，患齐、楚之从亲[4]，乃使张仪至楚，说楚王曰：“大王诚能听臣，闭关绝约于齐[5]，臣请献商於[6]之地六百里，使秦女得为大王箕帚之妾[7]，秦、楚嫁女娶妇，长为兄弟之国。”楚王说而许之。群臣皆贺，陈轸独吊[8]。王怒曰：“寡人不兴师而得六百里地，何吊也？”对曰：“不然。以臣观之，商於之地不可得而齐、秦合，齐、秦合则患必至矣。”王曰：“有说乎[9]？”对曰：“夫秦之所以重楚者，以其有齐也。今闭关绝约于齐则楚孤，秦奚贪夫孤国而与之商於之地六百里[10]！张仪至秦，必负[11]王。是王北绝交齐[12]，西生患于秦[13]也，两国[14]之兵必俱至。为王计[15]者，不若阴合而阳绝于齐[16]，使人随张仪[17]，苟[18]与吾地，绝齐未晚也。”王曰：“愿陈子[19]闭口，毋复言，以待寡人得地[20]！”乃以相印授张仪，厚赐之。遂闭关绝约于齐，使一将军随张仪至秦。

张仪详[21]堕车，不朝[22]三月。楚王闻之，曰："仪以寡人绝齐未甚邪[23]？"乃使勇士宋遗借宋之符，北骂齐王[24]。齐王大怒，折节[25]以事秦[26]，齐、秦之交合[27]。张仪乃朝，见楚使者曰："子何不受地？从某至某，广袤六里[28]。"使者怒，还报楚王。楚王大怒，欲发兵而攻秦。陈轸曰："轸可发口言乎[29]？攻之不如因赂之以一名都[30]，与之并力[31]而攻齐，是我亡地于秦[32]，取偿于齐也。今王已绝于齐而责欺于秦[33]，是吾合齐、秦之交而来天下之兵也[34]，国必大伤矣！"楚王不听，使屈匄[35]帅师伐秦。秦亦发兵使庶长章[36]击之。

三年（己酉，前 312 年）

春，秦师及楚战于丹阳[37]，楚师大败；斩甲士八万[38]，虏屈匄[39]及列侯、执珪[40]七十余人，遂取汉中郡[41]。楚王悉发国内兵[42]以复袭秦[43]，战于蓝田[44]，楚师大败。韩、魏闻楚之困，南袭楚，至邓[45]。楚人闻之，乃引兵归，割两城以请平于秦[46]。

燕人共立太子平，是为昭王[47]。昭王于破燕之后[48]。吊死问孤[49]，与百姓同甘苦，卑身[50]厚币[51]以招贤者。谓郭隗[52]曰："齐因孤[53]之国乱而袭破燕，孤极知燕小力少，不足以报；然诚得贤士与共国[54]，以雪先王之耻[55]，孤之愿也。先生视可者[56]，得身事之[57]！"郭隗曰："古之人君有以千金使涓人[58]求千里马者，马已死，买其首五百金而返。君大怒，涓人曰：'死马且买之，况生者乎！马今至[59]矣。'不期年[60]，千里之马至者三。今王必欲致士[61]，先从隗始，况贤于隗者，岂远千里哉！"于是昭王为隗改筑宫而师事之[62]。于是士争趣[63]燕；乐毅[64]自魏往，剧辛[65]自赵往。昭王以乐毅为亚卿[66]，任以国政。

韩宣惠王薨，子襄王仓[67]立。

（以上为第三段，写楚怀王昏庸而贪婪，绝交于齐，遗祸于楚，被张仪玩于股掌之上。燕昭王复国求贤。）

【注释】

[1]右更：秦爵第十四级。疾：人名。《史记·秦本纪》载此年“庶长疾攻赵”，左庶长为第十级，右庶长为第十一级，皆低于右更。《史记·六国年表》谓“樗里击蔺阳，虏赵将”，据此，“右更疾”当为“右庶长樗里疾”。［2］蔺：邑名，又称蔺阳或北蔺，在今山西吕梁市离石区西。[3]庄豹：《史记·六国年表》载“虏将赵庄”，《秦本纪》谓“虏将赵庄”。《赵世家》作“赵庄”，《樗里子列传》作“壮豹”。［4］从亲：合纵联盟。从，通“纵”。［5］闭关绝约于齐：关闭使者往来的门，撕毁盟约，断绝与齐国的外交关系。［6］商於：指今陕西商洛市商州区至河南内乡县一带地方。“商於之地六百公里”包括十五邑。［7］箕帚之妾：本为持箕帚的奴婢，转为妻的谦称。箕，簸箕。帚，笤帚。［8］吊：悼唁，哀悼遭遇不幸的人。［9］有说乎：说一说有什么道理呢？[10]秦奚贪夫孤国而与之商於之地六百里：秦国为什么会看重孤立的楚国而白白地送他六百里的商於之地？奚，何，为什么。贪，爱，看重。与之，送给楚国。［11］负：背弃。［12］北绝齐交：北面与齐国断交。［13］西生患于秦：西面招惹秦国为患。［14］两国：指齐国和秦国。［15］计：考虑。［16］若：如。阴合（于齐）：暗中与齐国联合。阳绝于齐：公开与齐国断交。［17］随张仪：跟张仪回秦国。［18］苟：如果。［19］愿：希望。陈子：陈轸。［20］以待寡人得地：就等着我得到商於六百里之地吧。［21］详：通“佯”，假装。［22］不朝：不上朝。［23］甚：彻底。引申为真诚。《战国策·秦策四》第四章高诱注：“甚，谓诚也。” 邪：吗，呢，表疑问的语气词。[24]“乃使”二句：《战国策·秦策二》第一章作“乃使勇士往置齐王”，《史记·张仪列传》作“乃使勇士至宋，借宋之符，北骂齐王”，又《楚世家》作“乃使勇士宋遗北辱齐王”，疑《资治通鉴》乃合《张仪列传》《楚世家》为此文。符，跨国通使的凭证，如今之护照。胡三省注：既闭关绝约，则齐、楚之信使不通，故使宋遗借宋符以至齐。［25］折节：委屈自己，甘为人下。［26］事秦：侍奉秦国。［27］齐、秦之交合：齐、秦两国联合，结成同盟。［28］广袤六里：即方圆六里，东西为“广”，南北为“袤”。［29］发口言乎：可以开口说话吗？［30］“攻之”句：攻打秦国，还不如送一个大都邑给秦国。赂，送给。名都，大邑。［31］并力：据章校，他本“力”作“兵”。按：《史记·张仪列传》作“并兵”。并力、并兵，义相同。［32］亡地于秦：损失一名都。[33]责欺于秦：追究秦国的欺骗。［34］“是吾合齐、秦之交”句：这是我们在推动齐、秦两国交好而招来诸侯的大军的进攻啊。［35］屈匄：楚将。《史记·六国年表》载楚怀王十七年“秦败我将匄。”［36］庶长：秦爵共二十级，十级至十二级，为左、右庶长，相当于卿。章：即秦将魏章。[37]丹阳：丹水之阳，在今陕西丹水北岸，丹凤县东南，河南淅川县西。［38］甲士：披甲的士卒。泛指全副武装的精锐士兵。［39］虏屈匄：《史记·张仪列传》作“杀屈匄”。［40］执珪：楚国的爵位名，为最高爵位。珪也写作“圭”。［41］汉中郡：楚怀王时设置，辖境有今陕西东南角及湖北西北角。［42］悉发国内兵：结集全国军队。［43］复袭秦：再一次进攻秦国。［44］蓝田：县名，在今陕西蓝田县西。［45］邓：邑名，在今河南漯河市东南。［46］请平于秦：请求与秦媾和。［47］昭王：燕王哙之子，太子平，于国难中平乱即位，为燕国中兴之主。公元前311年

至公元前279年在位。［48］后：据章校，他本“后”下有“即位”二字。《史记·燕世家》“后”下有“即位”二字。［49］吊死问孤：哀悼死者，慰问孤寡。［50］卑身：对别人谦卑。［51］厚币：优厚的礼品。币，《礼仪·士见礼·疏》：“玉、马、皮、圭、璧、帛皆称币。”［52］郭隗（wěi）：燕处士。［53］孤：古时王、侯自谦称“孤”。［54］共国：共同治理国家。［55］以雪先王之耻：用来洗刷先王被齐王残灭的耻辱。以，来。雪，洗除。［56］视：考察。可者：可以“与共国”的人。［57］得身事之：一定亲自侍奉他。［58］涓人：在宫中掌管清洁洒扫之事的人，即左右亲近的人。涓，清洁。［59］今至：即至，就要来了。王引之《经传释词》卷四谓：今，与“即”同义。［60］期（jī）年：一周年。［61］致士：招揽人才。［62］师事之：言燕昭王把郭隗当老师一样来侍奉。事，侍奉。［63］趣：投奔，奔往。［64］乐毅：战国时中山国灵寿（今河北平山县东北）人，著名的军事家。传见《史记》卷二十。［65］剧辛：赵人，至燕国为大将后，为赵将庞煖所擒。［66］亚卿：上卿为朝中最高级的官职，亚卿仅次于上卿。［67］襄王仓：又作“襄哀王”，韩宣惠王之子，名仓，公元前311年至公元前296年在位。

四年（庚戌，前311年）

蜀相杀蜀侯[1]。

秦惠王使人告楚怀王，请以武关之外易黔中地[2]。楚王曰：“不愿易地，愿得张仪而献黔中地。”张仪闻之，请行[3]。王曰：“楚将甘心于子[4]，奈何[5]行？”张仪曰：“秦强楚弱，大王在，楚不宜敢取臣[6]。且臣善其嬖臣[7]靳尚，靳尚得事幸姬[8]郑袖，袖之言，王无不听者。”遂往。楚王囚，将杀之。靳尚谓郑袖曰：“秦王甚爱张仪，将以上庸[9]六县及美女赎之。王重地尊秦，秦女必贵而夫人斥[10]矣。”于是郑袖日夜泣于楚王曰：“臣各为其主耳。今杀张仪，秦必大怒。妾请子母俱迁江南，毋为秦所鱼肉[11]也！”王乃赦张仪而厚礼之。张仪因说楚王曰：“夫为从者无以异于驱群羊而攻猛虎，不格明矣[12]。今王不事秦，秦劫[13]韩驱[14]梁而攻楚，则楚危矣。秦西有巴、蜀，治船积粟[15]，浮岷江[16]而下，一日行五百余里，不至十日而拒扞关，扞关惊则从境以东尽城守矣[17]，黔中、巫郡[18]非王之有。秦举甲[19]出武关，则北地绝[20]。秦兵之攻楚也，危难在三月之内，而楚待诸侯之救在半岁之外[21]，夫待弱国之救，忘强秦之祸，此臣所为大王患也。大王诚能听臣，臣请令秦、楚长为兄弟之国，无相攻伐。”楚王已得张仪而重出黔中地，乃许之[22]。

张仪遂[23]之韩，说韩王[24]曰："韩地险恶山居，五谷[25]所生，非菽[26]而麦，国无二岁之食[27]；见卒[28]不过二十万。秦被甲[29]百余万。山东之士[30]被甲蒙胄[31]以会战，秦人捐甲徒裼以趋敌[32]，左挈人头，右挟生虏[33]。夫战孟贲、乌获[34]之士以攻不服之弱国，无异垂千钧[35]之重于鸟卵之上，必无幸[36]矣。大王不事秦，秦下甲据宜阳[37]，塞成皋[38]，则王之国分[39]矣，鸿台之宫，桑林之苑[40]，非王之有也。为大王计，莫如事秦以攻楚，以转祸而悦秦[41]，计无便于此者[42]！"韩王许之。

张仪归报，秦王封以六邑[43]，号武信君。复使东说齐王[44]曰："从人[45]说大王者必曰：'齐蔽于三晋[46]，地广民众，兵强士勇，虽有百秦，将无奈齐何'。大王贤其说[47]而不计其实[48]。今秦、楚嫁女娶妇[49]，为昆弟[50]之国；韩献宜阳；梁效河外[51]；赵王入朝[52]，割河间[53]以事秦。大王不事秦，秦驱韩、梁攻齐之南地[54]，悉赵兵[55]，渡清河[56]，指博关[57]，临淄、即墨[58]非王之有也！国一日见攻[59]，虽欲事秦，不可得也！"齐王许张仪。

张仪去，西说赵王[60]曰："大王收率天下以摈秦[61]，秦兵不敢出函谷关十五年。大王之威行于山东，敝邑[62]恐惧，缮甲厉兵，力田积粟[63]，愁居慑处[64]，不敢动摇[65]，唯大王有意督过之[66]也。今以大王之力[67]，举巴、蜀，并汉中，包两周[68]，守[69]白马之津[70]。秦虽僻远，然而心忿含怒之日久矣。今秦有敝甲凋兵[71]军于渑池[72]，愿渡河，逾漳，据番吾[73]，会邯郸之下，愿以甲子合战[74]，正殷纣之事[75]。谨使使臣先闻左右[76]。今楚与秦为昆弟之国[77]，而韩、梁称东藩[78]之臣，齐献鱼盐之地[79]，此断赵之右肩也。夫断右肩而与人斗，失其党而孤居，求欲毋危得[80]乎！今秦发三将军，其一军塞午道[81]，告齐使渡清河[82]，军于邯郸之东，一军军成皋，驱[83]韩、梁军于河外，一军军于渑池，约四国为一[84]以攻赵，赵服必四分其地。臣窃为大王计，莫如与秦王面相约而口相结[85]，常为兄弟之国也。"赵王许之。

张仪乃北之燕，说燕王[86]曰："今赵王已入朝[87]，效[88]河间以事秦。大王不事秦，秦下甲[89]云中、九原[90]，驱赵而攻燕，则易水、长城[91]非大王之有也！且今时齐、赵之于秦，犹郡县也，不敢妄举师以攻伐。今王事秦，长无齐、赵之患矣。”燕王请献常山之尾五城以和[92]。

张仪归报，未至咸阳[93]，秦惠王薨，子武王[94]立。武王自为太子时，不说张仪；及即位，群臣多毁短[95]之。诸侯闻仪与秦王有隙[96]，皆畔衡[97]，复合从。

（以上为第四段，写张仪游说六国与秦连横，功败垂成。）

【注释】

［1］蜀相：陈庄。蜀侯：原蜀王，周慎靓王五年秦惠王取蜀，被贬为侯。［2］“请以”句：秦惠王请求用秦国武关外的土地交换楚国的黔中郡。请，要求。武关，秦国东南边的关隘，在今陕西商南县东南，楚入秦必经之道。易，交换。黔中地，战国时楚地，今湖南西部、北部及贵州东部一带。楚置黔中郡。［3］请行：请求出使楚国。［4］楚将甘心于子：谓楚怀王一定要杀了您张仪心里才痛快。将，将要，一定。甘心，快意，痛快。［5］奈何：为什么。［6］楚不宜敢取臣：楚王恐怕不敢捉拿我。宜，大概，恐怕。［7］嬖（bì）臣：受宠幸的近臣。［8］幸姬：宠爱的夫人。［9］上庸：地区名，当今湖北西北部及陕南东部之地。［10］斥：被排斥，疏远。［11］鱼肉：指菜板上的鱼和肉任人宰割，比喻被欺凌，被杀戮。［12］“夫为从者”二句：合纵抗秦，如同驱赶羊群去攻击猛虎一样，羊群打不过猛虎是明摆着的事。无以异，一样，没有什么差别。格，斗，敌，抗拒。［13］劫：胁持。［14］驱：迫使。［15］治船积粟：备办船只，装运粮食。［16］岷江：长江支流，在今四川中部。［17］“扞关惊”句：若扞关告急，那么楚国扞关以东的全境都要戒严守城了。扞（hàn）关：关名，在古巴郡鱼复县，即今重庆市奉节县。惊，惊动，告急。境，楚境。扞关为楚之西境，则“从境以东”指扞关以东楚国的全境国土。尽（jǐn）城守，只有守备之力。［18］巫郡：今四川东部。［19］举甲：发兵。［20］北地绝：指楚与韩、魏接壤的北边之地被割裂。绝，断绝，切断。［21］半岁之外：半年之后。［22］“楚王已得张仪”二句：楚怀王已得张仪，却又舍不得割让黔中地与秦，就同意了张仪的意见与秦和好。实际上，楚怀王是以不杀张仪并与秦国和好为条件，换得了不割让黔中地。所以《史记·张仪列传》载有楚怀王的话，说“许仪而得黔中，美利也”。重出，难以拿出，舍不得拿出。［23］遂：于是，就。［24］韩王：韩襄王。［25］五谷：通常指稻、麦、稷、黍、菽。此当指五谷杂粮的一般通称。［26］菽：豆类的总称。［27］无二岁之食：存粮不够两年。［28］见卒：现有的兵力，国家常备兵力。见，同“现”。［29］被甲：穿上铠甲的士卒，同上句的“见卒”。［30］山东之士：指齐、楚、燕、赵、魏、韩六国的兵力。［31］蒙胄：戴上头盔。［32］捐甲徒裼以趋敌：不穿铠甲，赤膊上阵，冲向敌人。捐，弃。徒裼（xī），袒胸露臂。［33］左挈人头，右挟生虏：左手提着人头，右手挟持俘虏。挈（qiè），提，举。挟（xié），用胳膊夹住。虏，俘虏。［34］孟贲

(bēn)、乌获：两人均是古代的大力士。［35］钧：古代计量单位，三十斤为一钧。［36］必无幸：言必破无疑。无，不。幸，言幸免于破碎。［37］下甲据宜阳：出兵占据宜阳。宜阳，韩邑，在今河南宜阳县。［38］塞成皋：封锁成皋。成皋，又名虎牢，在今河南荥阳市。成皋自古为兵家必争之地。［39］分：被割裂，被分割。［40］宫、苑：顾祖禹《读史方舆纪要》说此宫、苑"都在韩都城内"。苑，古时帝王游乐打猎的场所。［41］悦秦：使秦高兴。悦，为形容词使动用法。［42］无便于此者：没有比这更好的办法了。便，利。［43］六邑：《史记·张仪列传》作"五邑"。邑，城市。［44］齐王：齐宣王。［45］从人：主张合纵联盟的人。从，通"纵"。［46］蔽于三晋：有三晋作屏障。三晋，指赵、魏、韩。蔽，屏障。［47］贤其说：赞成这一说法。贤，赞赏。［48］不计其实：不考虑实际效果。［49］秦、楚嫁女娶妇：秦嫁女即楚娶妇。［50］昆弟：兄弟。［51］献、效：变文义同，即奉献。河外：对"河内"而言，指今河南西北部黄河以南之地。［52］赵王入朝：此指秦赵渑池之会。言赵王在渑池朝秦。渑池，赵邑名，在今河南渑池县西。［53］河间：故城在今河北河间市东南，滹沱河与漳河之间。［54］齐之南地：齐国南部之地。［55］悉赵兵：动员赵国的全部兵力。悉，全部。［56］清河：水名，即济水，在齐、赵两国之间，发源于今河南内黄县南。［57］博关：关名，在今山东茌平区博平镇。［58］临淄(zī)：齐都，故城在今山东淄博市临淄区北。即墨：邑名，故城在今山东平度市东南。［59］一日：一旦。见攻：被进攻。［60］赵王：赵武灵王。［61］"大王收率"句：大王联合并领导天下各国对抗秦国。收，联合。率，领导。摈，对抗，排斥。［62］敝邑：对本国的谦称。［63］力田积粟：努力耕种，储积粮食。［64］愁居慑处："愁居"与"慑处"义同，犹言小心谨慎，居处不安。［65］不敢动摇：不敢轻举妄动。［66］唯大王有意督过之：只有大王存心挑剔、指责。［67］今以大王之力：此处行文疑有误，因"举巴、蜀，并汉中"等事，系秦王所为，与赵王无关。［68］包：取。两周：东周、两周。此指东周后期，在周王室洛阳地区分裂出的东西两周。［69］守：卫护，守卫。［70］白马之津：即白马口，渡口名，在今河南滑县东北。［71］敝甲凋兵：残兵败将。乃谦卑委婉之辞。敝，破烂。凋，损伤。［72］军于渑池：驻扎在渑池。［73］河、漳、番吾：黄河、漳水、番吾邑。番(bō)吾，在今河北邯郸市南，即今磁县。［74］甲子合战：周武王伐纣在甲子之日，此言喻赵为纣，秦将讨伐，是向赵发出的最后通牒和请战书，施加恫吓。［75］正殷纣之事：恰如武王伐纣，乃正义之举。正，符合。［76］先闻左右：让大王身边的人先知晓。闻，告知。左右，古人于国君不直呼，以"左右""执事"等代指国君。［77］昆弟之国：秦女嫁楚，故称昆弟之国。［78］东藩：犹言东面的属国。古代称分封及臣服的国家为藩国。［79］齐献鱼盐之地：此时齐国未献地给秦，张仪夸大其说以恫吓赵国。［80］得：能，可以。［81］塞午道：切断午道。午道，《史记·张仪列传·索隐》："此午道当在赵之东，齐之西也。午道地名也。"按：《史记·楚世家·正义》谓午道在博州西境。博州故城在今山东聊城市西北。正在赵、齐之间。［82］清河：水名，即济水，在今山东境内。［83］驱：使，迫使。［84］四国为一：秦、齐、魏、韩四国，联合一致。［85］面相约而口相结：此言秦赵结为同盟，而相约两王相会。口相结，指歃血为盟。古时定盟约，双方以牲畜之血含于口内或涂于口旁，表示信誓。［86］燕王：燕昭王。［87］入朝：本指属国、外国使臣或地方官员拜见天子。此言赵王朝拜秦王，是说赵国已臣服秦国。［88］效：献。［89］下甲：出兵。［90］云中：赵地名，故城在今内蒙古呼和浩特市与托克托县之间。九原：赵邑名，故城在今内蒙古包头市西北。［91］易水：在今河北易县南。长城：燕易水长城，燕文公时所筑。［92］常山：山名，即恒山，五岳之北岳，在今河北曲阳县西北。此言常山之末五城，在燕国的西南边界。［93］咸阳：秦的国都，故城在今陕西咸阳市东北。［94］武王：惠王之子，名荡，公元前310年至公元前307年在位。［95］毁：诽谤。短：指责缺点，揭发过失。［96］隙：矛盾，怨恨。［97］畔衡：背离连衡阵线。畔，通"叛"。

五年（辛亥，前310年）

张仪说秦武王曰："为王计[1]者，东方有变[2]，然后王可以多割[3]得地也。臣闻齐王[4]甚憎臣，臣之所在，齐必伐之。臣愿乞其不肖之身以之梁[5]，齐必伐梁，齐、梁交兵[6]而不能相去[7]，王以其间[8]伐韩，入三川，挟天子[9]，案图籍[10]，此王业也！"王许之。齐王果伐梁，梁王恐。张仪曰："王勿患[11]也！请令齐罢兵。"乃[12]使其舍人[13]之楚，借使[14]谓齐王曰："甚矣王之托仪于秦也[15]！"齐王曰："何故？"楚使者曰："张仪之去秦也固与秦王谋[16]矣，欲齐、梁相攻而令秦取三川也。今王果伐梁，是王内罢国[17]而外伐与国[18]，而信仪于秦王也[19]。"齐王乃解兵还[20]。张仪相魏一岁，卒。

仪与苏秦皆以纵横之术游诸侯[21]，致位[22]富贵，天下争慕效之。又有魏人公孙衍[23]者，号曰犀首，亦以谈说显名。其余苏代、苏厉、周最、楼缓[24]之徒，纷纭遍于天下，务以辩诈相高[25]，不可胜纪[26]；而仪、秦、衍最著。

孟子论之曰[27]：或谓[28]："公孙衍、张仪岂不大丈夫[29]哉；一怒而诸侯惧，安居而天下熄[30]？"孟子曰："是恶足为大丈夫哉[31]！君子立天下之正位[32]，行天下之正道[33]，得志则与民由之[34]，不得志则独行其道[35]，富贵不能淫[36]，贫贱不能移[37]，威武不能诎[38]，是之谓大丈夫。"

扬子[39]《法言》曰：或问："仪、秦学乎鬼谷术而习乎纵横言，安中国者各十余年，是夫[40]？"曰："诈人[41]也，圣人恶诸[42]。"

曰："孔子读而仪、秦行[43]，何如也？"曰："甚矣凤鸣[44]而鸷翰[45]也！""然则子贡不为欤[46]？"曰："乱而不解，子贡耻诸[47]，说而不富贵，仪、秦耻诸[48]。"或曰："仪、秦其才矣乎，迹不蹈已[49]？"曰："昔在任人，帝而难之[50]。不以才乎[51]？才乎才，非吾徒之才也[52]！"

秦王使甘茂[53]诛蜀相庄。

秦王、魏王会于临晋[54]。

赵武灵王纳吴广之女孟姚[55]，有宠，是为惠后。生子何。

（以上为第五段，写战国之世为纵横家提供了政治舞台，苏秦、张仪名显于世。孟子、扬雄两条借论评游说之士为了个人富贵而乱天下，不是大丈夫。）

【注释】

[1]计：考虑。[2]东方：华山以东，此指六国。有变：指发生战争。[3]割：取。[4]齐王：指齐宣王。[5]乞：求。不肖：不贤，没出息。此为自谦之辞。梁：魏都大梁。今河南开封市。[6]交兵：交战。[7]不能相去：扭打一起难分难解，不能分开。[8]以其间：趁此时机。[9]挟：挟制。天子：指周赧王，此时在西周。[10]案：考察。图籍：地图和户籍。[11]患：担忧。[12]乃：于是。[13]舍人：其地位比宾客、门下为低。[14]借使：假借楚使的名义。[15]甚矣王之托仪于秦也："王之托仪于秦也甚矣"的倒装。是说，大王让张仪取信于秦王，您太看重张仪了。[16]固与秦王谋：原本是和秦王谋划好的。固，本来。[17]内罢国：使国内疲困。罢，通"疲"。[18]与国：盟国。齐、魏本是盟国。[19]信仪于秦王也：齐国如出兵攻魏，就使张仪取信于秦王。[20]解兵还：解围引兵返齐。[21]游诸侯：游说诸侯。[22]致位：获得尊位。[23]公孙衍：姓公孙名衍，魏阴晋（今陕西华阴市）人，在魏曾任犀首，故号"犀首"。张仪卒，入秦为大良造。后入魏为将，曾佩五国相印，为纵约长，是战国时与苏秦、张仪齐名的纵横家。《史记》有传，附于《张仪列传》后。[24]周最：周的公子。最字应作"冣"。楼缓：赵人，初为赵武灵王臣，曾为秦相，主张连横。[25]相高：互争高下。[26]纪：通"记"，记载。[27]孟子论之曰：见《孟子·滕文公下》。[28]或谓：有人说。[29]大丈夫：有志气、有节操、有作为的男子汉。[30]安居而天下熄：（他们）要安静下来天下就太平无事。熄，火灭，指没有战争。[31]是恶足为大丈夫哉：这样的人怎么可以称得上是大丈夫呢。恶（wù），何，怎么。[32]正位：指"礼"。[33]正道：指"义"。[34]得志则与民由之：得志时就跟老百姓一起顺着这条道前进。由，循，遵照。[35]独行其道：独自坚持走这条道路。[36]富贵不能淫：厚禄高官不能乱其心。淫，乱，放纵。[37]贫贱不能移：家贫位卑不能改变其志。移，改变。[38]威武不能诎：威武相逼不能折其节。诎，屈，弯曲。

[39]扬子（前53—18）：名雄，字子云，成都市人，西汉末年著名的辞赋家、哲学家，埋头著述，仿《周易》作《太玄》，仿《论语》作《法言》。《汉书》有传。［40］是夫：是吗？［41］诈人：专行诈伪之人。［42］圣人恶诸：圣人厌恶他们。诸，之。［43］孔子读而仪、秦行：读孔子之书而行张仪、苏秦之事。［44］凤鸣：比喻言语高尚。［45］鸷翰：比喻样子可憎。鸷，猛禽。翰，羽翼。［46］子贡不为欤：子贡不也做过游说的事吗？《史记·仲尼弟子列传》："子贡一出，存鲁，乱齐，破吴，强晋而霸越。"［47］乱而不解，子贡耻诸：子贡以乱而不解为耻。［48］说而不富贵，仪、秦耻诸：张仪、苏秦以游说人君得不到富贵为耻。《战国策·秦策一》第二章："苏秦曰：'嗟乎，贫穷则父母不子，富贵则亲戚畏惧。人生世上，势位富厚盖可忽乎哉！'"说（shuì），游说。［49］迹不蹈已：不走别人走过的路。蹈，践，踏。［50］昔在任人，帝而难之：从前选用人才，即使如大圣人尧、舜，也难以辨别。任，用。［51］不以才乎：不就是才干吗？［52］非吾徒之才也：可不是我们这些人所说的才。［53］甘茂：下蔡（今安徽凤台县）人，学百家之说，官至秦左丞相。《史记》有《甘茂列传》。［54］临晋：邑名，在今陕西大荔县东南。［55］纳：娶。吴广：赵人，武灵王之臣。孟姚：又名娃嬴。

六年（壬子，前309年）

秦初置丞相，以樗里疾为右丞相[1]。

七年（癸丑，前308年）

秦、魏会于应[2]。

秦王使甘茂约魏以伐韩，而令向寿[3]辅行[4]。甘茂令向寿还，谓王曰："魏听臣矣，然愿王勿伐！"王迎甘茂于息壤[5]而问其故。对曰："宜阳大县，其实郡也[6]。今王倍数险[7]，行千里攻之，难。鲁人有与曾参[8]同姓名者杀人，人告其母，其母织自若[9]也。及三人告之，其母投杼[10]下机，逾墙而走[11]。臣之贤不若曾参，王之信臣又不如其母，疑臣者非特[12]三人，臣恐大王之投杼也[13]。魏文侯令乐羊[14]将而攻中山[15]，三年而拔之。反[16]而论功，文侯示之谤书一箧[17]。乐羊再拜稽首[18]曰：'此非臣之功，君之力也！'今臣，羁旅[19]之臣也。樗里子、公孙奭挟韩而议之[20]，王必听之，使王欺魏王[21]而臣受公仲侈之怨也[22]"。王曰："寡人弗听也，请与子盟！"乃盟于息壤。秋，甘茂、庶长封帅师伐宜阳。

八年（甲寅，前 307 年）

甘茂攻宜阳，五月而不拔，樗里子、公孙奭果争之[23]。秦王召甘茂，欲罢兵。甘茂曰："息壤在彼[24]。"王曰："有之[25]。"因大悉起兵以佐甘茂[26]，斩首六万，遂拔宜阳。韩公仲侈入谢[27]于秦以请平[28]。

秦武王好以力戏[29]，力士任鄙、乌获、孟说[30]皆至大官。八月，王与孟说举鼎，绝脉[31]而薨；族[32]孟说。武王无子，异母弟稷为质于燕，国人逆[33]而立之，是为昭襄王[34]。昭襄王母芈八子[35]，楚女也，实宣太后。

（以上为第六段，写秦昭王任用甘茂为将，排除干扰，攻占了韩国的宜阳。）

【注释】

[1]樗（chū）里疾：秦惠王异母弟，居渭南阴乡樗里，俗谓之"樗里子"，亦曰"褚里疾"，名疾，武王时为左丞相。《史记》有传。 [2]应：邑名，在今河南宝丰县。 [3]向寿：秦昭王母宣太后娘家的亲戚，武王时已为亲信。 [4]辅行：副使。 [5]息壤：靠近魏国的秦邑。一说在咸阳东。 [6]宜阳大县，其实郡也：宜阳是韩国的大县，相当一个郡。 [7]倍数险：越过重重险阻，如崤山、函谷关等。 [8]曾参：字子舆，春秋末鲁国武城（今山东费县）人，孔丘的学生，以孝著称。 [9]织自若：照常织布。若，如。 [10]投杼（zhù）：扔掉梭子。 [11]逾墙而走：翻墙逃跑。 [12]非特：不止。 [13]臣恐大王之投杼也：我担心大王也会像曾参的母亲对曾参不信任那样对我不信任。 [14]乐羊：魏文侯将，伐取中山，魏文侯封乐羊以灵寿。 [15]中山：春秋时鲜虞国，为白狄之别种，战国时称中山。其疆域当今河北西部。 [16]反：通"返"。[17]谤书：群臣背地诽谤乐羊的书简。箧（qiè）：盛物的器具，大曰箱，小曰箧。 [18]再拜稽首：谓之吉拜。再拜，两次拜。稽首，叩头。 [19]羁旅：长期客居异乡。 [20]"樗里子、公孙奭（shì）"句：樗里疾、公孙奭两人亲韩，他们的母亲都是韩国人，他们仗着和韩国这种关系而非议攻韩。 [21]欺魏王：已与魏约伐韩，因樗里疾、公孙奭非议而中止伐韩，故言"欺魏王"。 [22]臣受公仲侈之怨也：公仲，韩相，名侈。甘茂伐韩，若被秦武王中止，则公仲侈必认为伐韩非王之意，乃甘茂之计，故茂"受公仲侈之怨也"。怨，恨。 [23]争之：争论伐韩这件事。[24]息壤在彼：这是甘茂提醒秦武王不要忘记"息壤之盟"，是批评秦武王委婉含蓄的说法。[25]有之：有的。意思是说，我没有忘记"息壤之盟"。 [26]大悉起兵：大规模地出动秦军。佐：援助。 [27]谢：请罪。 [28]请平：请求媾和。 [29]好以力戏：喜好以力角斗。力戏，角力，角斗。 [30]任鄙、乌获、孟说：都是秦大力士。秦昭王十三年秦相穰侯举荐任鄙为汉中郡守。[31]绝脉：血管崩断。《史记》之《秦本纪》《赵世家》并作"绝膑"，膝盖骨崩裂。 [32]族：灭族。 [33]逆：迎接。 [34]昭襄王：名稷，一名则，武王异母弟，又称秦昭王，公元前 306 年

至公元前251年在位。［35］芈八子：其先楚王，姓芈氏，故号芈八子。八子，嫔妃之号。

赵武灵王北略[1]中山之地，至房子[2]，遂至[3]代，北至无穷[4]，西至河[5]，登黄华[6]之上。与肥义[7]谋胡服骑射[8]以教百姓，曰：“愚者所笑，贤者察[9]焉。虽驱世[10]以笑我，胡地、中山，吾必有之！”遂胡服。

国人皆不欲，公子成[11]称疾不朝。王使人请之曰：“家听于亲[12]，国听于君。今寡人作教易服[13]而公叔不服，吾恐天下议己[14]也。制国有常[15]，利民为本[16]；从政有经[17]，令行为上[18]。明德先论于贱[19]，而从政先信于贵[20]，故愿慕公叔之义[21]以成胡服之功也。”公子成再拜稽首曰：“臣闻中国[22]者，圣贤之所教也[23]，礼乐之所用也[24]，远方之所观赴也[25]，蛮夷之所则效也[26]。今王舍此[27]而袭远方之服[28]，变古之道[29]，逆[30]人之心，臣愿王孰图之也[31]！”使者以报[32]。王自往请之[33]，曰：“吾国东有齐、中山，北有燕、东胡[34]，西有楼烦[35]、秦、韩之边。今无骑射之备[36]，则何以守之哉？先时中山负[37]齐之强兵，侵暴吾地[38]，系累吾民[39]，引水围鄗[40]；微[41]社稷之神灵，则鄗几于不守[42]也。先君丑之[43]，故寡人变服骑射，欲以备四境之难[44]，报中山之怨[45]。而叔[46]顺中国之俗[47]，恶变服之名[48]，以[49]忘鄗事之丑，非寡人之所望也！”公子成听命，乃赐胡服；明日服而朝。于是始出胡服令而招骑射[50]焉。

九年（乙卯，前306年）

秦昭王使向寿平[51]宜阳，而使樗里子、甘茂伐魏。甘茂言于王，以武遂[52]复归之韩。向寿、公孙奭争之，不能得，由此怨谗甘茂。茂惧，辍[53]伐魏蒲阪[54]，亡去[55]。樗里子与魏讲[56]而罢兵。甘茂奔齐[57]。

赵王[58]略中山地，至宁葭[59]；西略胡地，至榆中[60]。林胡[61]王献马。归，使楼缓[62]之秦，仇液[63]之韩，王贲[64]之楚，富丁[65]之魏，赵爵[66]之齐；代相赵固主胡[67]，致[68]其兵。

楚王与齐、韩合从。

十年（丙辰，前 305 年）

彗星见[69]。

赵王伐中山，取丹丘[70]、爽阳[71]、鸿之塞[72]，又取鄗、石邑[73]、封龙[74]、东恒[75]。中山献四邑以和[76]。

秦宣太后异父弟曰穰侯魏冉[77]，同父弟曰华阳君芈戎；王之同母弟曰高陵君[78]、泾阳君[79]。魏冉最贤，自惠王、武王时，任职用事[80]。武王薨，诸弟争立，唯魏冉力能立昭王。昭王即位，以魏冉为将军，卫咸阳。是岁，庶长壮及大臣、诸公子谋作乱，魏冉诛之；及惠文后[81]皆不得良死[82]，悼武王后[83]出居[84]于魏，王兄弟不善者，魏冉皆灭之。王少，宣太后自治事，任魏冉为政，威震秦国。

十一年（丁巳，前 304 年）

秦王、楚王[85]盟于黄棘[86]；秦复与楚上庸[87]。

十二年（戊午，前 303 年）

彗星见。

秦取魏蒲阪、晋阳[88]、封陵[89]；又取韩武遂[90]。

齐、韩、魏以楚负其从亲，合兵伐楚[91]。楚王使太子横为质于秦以请救。秦客卿通将兵救楚，三国引兵去[92]。

十三年（己未，前 302 年）

秦王、魏王、韩太子婴会于临晋，韩太子至咸阳而归；秦复与魏蒲阪。

秦大夫有私与楚太子斗[93]者，太子杀之[94]，亡归[95]。

十四年（庚申，前 301 年）

日有食之，既[96]。

秦人取韩穰[97]。

蜀守辉[98]叛秦，秦司马错往诛之。

秦庶长奂会韩、魏、齐兵伐楚，败其师于重丘，杀其将唐昧[99]；遂取重丘。

赵王伐中山，中山君奔齐[100]。

十五年（辛酉，前 300 年）

秦泾阳君为质于齐[101]。

秦华阳君伐楚，大破楚师，斩首三万[102]，杀其将景缺，取楚襄城[103]。楚王恐，使太子为质于齐以请平[104]。

秦樗里疾卒，以赵人楼缓为丞相。

赵武灵王爱少子何，欲及其生而立之[105]。

（以上为第七段，写赵武灵王实施胡服骑射改革，赵国兵强，灭了中山国。）

【注释】

[1]略：夺取。 [2]房子：邑名，在今河北高邑县西南。 [3]至：据章校，他本“至”作“之”。《史记·赵世家》“至”作“之”。当据改。 [4]无穷：胡三省注：“自代北出塞外，大漠数千里，故曰无穷。” [5]河：黄河。 [6]黄华：黄河侧之山名。 [7]肥义：赵武灵王父赵肃侯之臣，武灵王时为信臣，惠文王时为相国并为傅。 [8]胡服骑射：穿胡人的服装，练习骑马射箭。 [9]察：看得很清楚。 [10]驱世：举世。驱，通“举”。 [11]公子成：赵肃侯之子，赵武灵王之弟。 [12]亲：指父、母。 [13]作教易服：发令改革服装。作，兴，起，发。 [14]议己：据章校，他本“己”作“之”。《史记·赵世家》作“议之”。当据改。 [15]制国有常：治理国家有法规。制，通“治”。 [16]本：根本。 [17]经：常法，原则。 [18]令行为上：执行命令是最高准则。上，最高的，首要的。 [19]明德先论于贱：宣扬道德必须先在下层百姓中实践。[20]从政先信于贵：要想贯彻政令，必先使贵戚遵奉。从政，施行政令。 [21]愿慕公叔之义：希望效法公叔的榜样。慕，仿效。义，正义行为，即榜样。 [22]中国：中原地带。 [23]圣贤之所教也：圣人贤人在那里进行教育。 [24]礼乐之所用也：是实行礼乐制度的地方。 [25]远方之所观赴也：是远方的人向往景仰的地方。 [26]蛮夷之所则效也：是蛮夷部族学习的楷模。则，法则，楷模。 [27]舍此：放弃、丢掉中原礼仪。 [28]袭远方之服：穿胡服。袭，承袭，穿。 [29]道：方法。 [30]逆：违反。 [31]孰图之也：深思熟虑这件事。孰，古“熟”字。图，谋划。 [32]使者以报：使者把公子成这番话报告给了赵武灵王。 [33]请之：劝说公子成。[34]东胡：我国古代东北部一个少数民族，在内蒙古南部、辽宁一带。 [35]楼烦：古部落，分布在今山西北岢岚县、宁武县一带。 [36]备：防备，守备。 [37]负：依仗。 [38]侵暴吾地：侵犯劫掠我国土地。 [39]系累吾民：捆绑、掳掠我国民众。 [40]鄗（hǎo）：邑名，在今河北柏乡县北。 [41]微：无，要不是。 [42]几于不守：几乎守不住。 [43]先君丑之：先君以此为可耻。丑，可耻。 [44]备四境之难：防备四面边境的灾祸。 [45]怨：怨仇。 [46]叔：“伯、仲、叔、季”兄弟行次之称，指公子成。 [47]顺中国之俗：因袭中原的习俗。 [48]恶变服之名：反对变服的命令。恶（wù），憎恶，反对。名，号令，命令。 [49]以：而。 [50]招

骑射：招募训练骑马射箭的士兵。［51］平：平定，安抚。［52］武遂：邑名，在今山西垣曲县东南。［53］辍：停止。［54］蒲阪：津渡名，在今山西永济市西。［55］亡去：逃跑了。［56］讲：《说文》："和解也。"［57］奔齐：投奔齐国。［58］赵王：赵武灵王。［59］宁葭（jiā）：亦作"蔓葭"，县名，在今河北石家庄市西北。［60］榆中：县名，在今陕西榆林市。［61］林胡：古部族名，战国时分布在今山西朔州市朔城区至内蒙古境内。［62］楼缓：赵人，初为赵武灵王臣，武灵王死，入秦，曾为秦昭王丞相。［63］仇液：《战国策》又作"仇郝""仇赫""机郝"，实一人而异名。战国时曾为宋国丞相。［64］王贲：赵臣。［65］富丁：赵人。［66］赵爵：当是赵人。［67］主胡：驻守胡地。主，《广雅·释诂三》："守也。"［68］致：招收。［69］见：同"现"。［70］丹丘：邑名，在今河北曲阳县西北。［71］爽阳：《史记·赵世家》作"华阳"，即恒山地区，在今河北曲阳县西北。［72］鸿之塞：关塞名。《赵世家》作"鸱之塞"，其《正义》以为当作"鸿上塞"。在今河北唐县西北。［73］石邑：邑名，又名石城。在今河北石家庄市西南。［74］封龙：山名，在今河北元氏县西北。［75］东恒：邑名，在今河北石家庄市东北。［76］和：请和。［77］穰侯：魏冉，秦昭王以夺取的韩国穰邑封魏冉，故称穰侯。穰邑在今河南邓州市东南。昭王时穰侯曾为秦相国。《史记》有《穰侯列传》。［78］高陵君：秦昭王同母弟，名悝（kuī）。［79］泾阳君：秦昭王同母弟，名市。穰侯魏冉、华阳君芈戎、泾阳公子市、高陵公子悝，当时称为"四贵"。［80］用事：执政。［81］惠文后：《史记·穰侯列传》："武王母号曰惠文后。"［82］不得良死：死于非命。［83］悼武王后：即秦武王之后，武王死不久，故加"悼"字。［84］出居：据章校，他本"居"作"归"。《秦本纪》作"出归魏"，《六国年表》作"来归"，《穰侯列传》作"逐武王后出之魏"。按：武王后为魏女，作"归"字是，当据改。［85］楚王：指楚怀王。［86］黄棘：邑名，在今河南新野县东北。［87］上庸：地域名，今湖北西北部及陕南东部之地。［88］晋阳：《史记·魏世家》作"阳晋"，所指为一地，邑名，在今山西永济市虞乡镇西。［89］封陵：邑名，在今山西芮城县风陵渡镇东。［90］取韩武遂：赧王九年"以武遂复归之韩"，今又取之。［91］"齐、韩、魏"二句：赧王九年，齐、韩、魏三国以楚国背叛合纵之约为借口，联合伐楚。负，背叛。从亲，合纵联盟。［92］三国引兵去：齐、韩、魏三国率兵解围离开楚国。［93］斗：斗殴。［94］杀之：杀秦大夫。［95］亡归：逃回楚国。［96］既：日全食。［97］穰：韩邑名，在今河南邓州市东南，为秦所夺。［98］辉：人名。［99］"败其师"二句：指败楚师杀唐眛，即史称"垂沙之事"。公元前301年，齐相孟尝君田文合从齐、魏、韩三国攻楚，齐将匡章、魏将公孙喜、韩将暴鸢联军进攻楚的方城，在泌水旁的垂沙大败楚军，杀死楚将唐眛。［100］中山君奔齐：《史记·赵世家》："惠文王三年（周赧王十九年，前296）灭中山桓公。"则此"中山君"或即"中山桓公"。［101］秦泾阳君为质于齐：马非百《秦集史·人物传二之四》："昭王七年，王闻孟尝君贤，乃先使泾阳君市质于齐，以求见孟尝君。"［102］斩首三万：《史记·楚世家》作"楚军死者二万"。［103］襄城：邑名，在今河南襄城县。［104］太子：即后来继位的楚顷襄王芈横。楚襄王为太子之时，曾质于齐。［105］"赵武灵王"二句：《史记·楚世家》载赵武灵王二十七年（前299）"立王子何以为主"，纪年从次年算。

十六年（壬戌，前 299 年）

五月戊申，大朝东宫[1]，传国于何[2]。王庙见[3]礼毕，出临朝[4]，大夫悉为臣。肥义为相国[5]，并傅王。武灵王自号“主父”[6]。主父欲使子治国，身胡服[7]，将士大夫西北略胡地。将自云中[8]、九原[9]南袭咸阳，于是诈自为使者[10]，入秦，欲以观秦地形及秦王之为人。秦王不知，已而怪其状甚伟，非人臣之度[11]，使人逐之；主父行已脱关[12]矣，审问[13]之，乃主父也。秦人大惊。

齐王、魏王会于韩[14]。

秦人伐楚，取八城。秦王遗楚王书曰：“始寡人与王约为兄弟，盟于黄棘，太子入质，至驩[15]也。太子陵[16]杀寡人之重臣，不谢而亡去[17]。寡人诚不胜怒[18]，使兵侵君王之边。今闻君王乃令太子质于齐以求平。寡人与楚接境，婚姻相亲；而今秦、楚不欢，则无以令诸侯[19]。寡人愿与君王会武关[20]，面相约，结盟而去，寡人之愿也！”

楚王患之，欲往恐见欺[21]，欲不往恐秦益怒[22]。昭雎[23]曰：“毋行而发兵自守耳[24]！秦，虎狼也，有并诸侯之心，不可信也！”怀王之子兰[25]劝王行，王乃入秦。秦王令一将军诈为王[26]，伏兵武关，楚王至则闭关劫[27]之，与俱西，至咸阳，朝章台[28]，如藩臣礼，要以割巫、黔中郡。楚王欲盟，秦王欲先得地。楚王怒曰：“秦诈我，而又强要[29]我以地！”因不复许。秦人留之。

楚大臣患之，乃相与谋[30]曰：“吾王在秦不得还，要以割地，而太子为质于齐；齐、秦合谋，则楚无国[31]矣。”欲立王子之在国者。昭雎曰：“王与太子俱困于诸侯，今又倍[32]王命而立其庶子，不宜[33]！”乃诈赴于齐[34]。齐湣王[35]召群臣谋之，或曰：“不若留太子以求楚之淮北[36]。”齐相[37]曰：“不可！郢[38]中立王，是吾抱空质[39]而行不义于天下也。”其人[40]曰：“不然，郢中立王，因与其新王市[41]曰：‘予我下东国，吾为王杀太子。不然，将与三国[42]共立之。’”齐王卒用其相计而归楚太子。楚人立之[43]。

秦王闻孟尝君之贤，使泾阳君为质于齐以请。孟尝君来入秦，秦王以为丞相。

（以上为第八段，写楚怀王昏聩糊涂，与强秦外交，一再上当受骗，最终入秦不返。）

【注释】

[1]东宫：太子所居之宫。 [2]何：即赵惠文王，武灵王之子，名何，公元前298年至公元前266年在位。 [3]庙见：古代继位之君即位或封建诸王必拜谒祖庙，称“庙见”。 [4]临朝：上朝处理国事。 [5]肥义为相国：肥义，武灵王父赵肃侯之臣，武灵王时为信臣，惠文王时为相国，并为傅。 [6]自号“主父”：言为国之主、为国之父。一说，言其子主国而自己只是父亲。惠文王即位时只有12岁，其父禅位，所以有这样的称呼。 [7]身胡服：指武灵王亲自穿上胡服。身，亲自。 [8]云中：故城在今内蒙古呼和浩特市与托克托县之间。 [9]九原：今内蒙古包头市西北。 [10]诈自为使者：自己伪装成使者。 [11]非人臣之度：不是一个人臣的气度。 [12]脱关：出了秦国的关口。脱，离开。 [13]审问：仔细察问。 [14]韩：此“韩”为韩国。次年有“齐、韩、魏出击秦于函谷”之事。 [15]驩：同“欢”。 [16]陵：通“凌”，欺凌。 [17]不谢而亡去：不认错不道歉就逃回去了。此指赧王十三年“秦大夫有私与楚太子斗者，太子杀之，亡归”一事。 [18]诚不胜怒：真是怒不可遏。 [19]令诸侯：号令诸侯。 [20]武关：秦国南边的关隘，在今陕西商南县东南，河南淅川县西北，是楚人入秦必经之道。 [21]见欺：被欺。[22]益怒：更怒。 [23]昭睢：楚之谋臣。 [24]毋行而发兵自守耳：大王不要去，派军队守住边界就是了。 [25]子兰：据章校，他本“子”下重“子”字。《史记·楚世家》复“子”字，当补。[26]诈为王：伪称为秦王。 [27]劫：劫持。 [28]章台：秦王离宫台名，旧址在今西安市长安区旧城西南。 [29]要（yāo）：要挟。 [30]相与谋：共同商议。 [31]无国：没有了国君，等于国亡。 [32]倍：通“背”，违背。 [33]不宜：不合适，不恰当。 [34]诈赴于齐：伪称楚怀王已死去，齐国报丧。赴，通“讣”，报丧。 [35]齐湣王：又作“闵王”，齐宣王之子，名地，公元前301年至公元前284年在位。 [36]淮北：楚国东部与齐国接壤之地，因在淮河以北，故称淮北。又因处于淮河下游，属楚国东部之地，又称“下东国”。 [37]齐相：当是孟尝君田文。[38]郢：指楚的国都，今湖北江陵城北之纪南城。 [39]抱空质：此言楚怀王死于秦，太子质于齐，如果齐国扣留太子，楚国另立新王，则扣留太子也无益，所以说是“抱空质”。 [40]其人：即前文“或曰”之人，据《战国策·齐策三》第一章，是苏秦。 [41]市：交易，此指提出交换条件。 [42]三国：齐、韩、魏。 [43]楚人立之：即楚顷襄王，又称楚襄王，怀王之子，名横，公元前298年至公元前263年在位。

十七年（癸亥，前298年）

或谓秦王曰："孟尝君相秦，必先齐而后秦；秦其[1]危哉！"秦王乃以楼缓为相，囚孟尝君，欲杀之。孟尝君使人求解于秦王幸姬[2]，姬曰："愿得君狐白裘[3]。"孟尝君有狐白裘，已献之[4]秦王，无以应姬求[5]。客有善为狗盗[6]者，入秦藏中[7]，盗狐白裘以献姬。姬乃为之言于王而遣之[8]。王后悔，使追之[9]。孟尝君至关，关法，鸡鸣而出客，时尚蚤[10]，追者将至，客有善为鸡鸣者，野鸡[11]闻之皆鸣。孟尝君乃得脱归[12]。

楚人告于秦曰："赖社稷神灵，国有王矣[13]！"秦王怒，发兵出武关击楚，斩首五万，取十六城。

赵王封其弟[14]为平原君。平原君好士，食客尝[15]数千人。有公孙龙[16]者，善为坚白同异之辩[17]，平原君客之。

孔穿自鲁适赵[18]，与公孙龙论"臧三耳[19]"，龙甚辩析[20]。子高弗应，俄而[21]辞出，明日复见平原君。平原君曰："畴昔[22]公孙之言信辩[23]也，先生以为何如？"对曰："然。几能令'臧三耳'矣[24]。虽然，实难[25]！仆愿得又问于君[26]：今谓'三耳'甚难而实非也，谓'两耳'甚易而实是也[27]，不知君将从易而是者乎，其亦从难而非者乎[28]？"平原君无以应[29]。明日，谓公孙龙曰："公无复与孔子高辩事也[30]！其人理胜于辞；公辞胜于理，终必受诎[31]。"

邹衍[32]过赵，平原君[33]使与公孙龙论"白马非马"之说[34]。邹子曰："不可。夫辩者[35]，别殊类使不相害[36]，序异端使不相乱[37]。抒意通指[38]，明其所谓[39]，使人与知[40]焉，不务相迷[41]也。故胜者不失其所守[42]，不胜者得其所求[43]。若是，故辩可为也[44]。及至烦文以相假[45]，饰辞以相悖[46]，巧譬以相移[47]，引人使不得及其意[48]，如此害大道[49]。夫缴纫争言而竞后息[50]，不能无害君子[51]，衍不为也。"座皆称善[52]。公孙龙由是遂诎[53]。

（以上为第九段，写孟尝君受困于秦，依靠鸡鸣狗盗之徒而脱险。）

【注释】

[1]其：将。[2]幸姬：宠爱的妃子。[3]狐白裘：《史记·孟尝君列传》："孟尝君有一狐白裘，直千金，天下无双。"[4]献之：献给。[5]无以应姬求：不能答应幸姬的要求。[6]狗盗：古代指披狗皮作狗形以盗物者。[7]藏中：仓库里。[8]遣之：把孟尝君释放了。[9]使追之：即派人追孟尝君。[10]蚤：通"早"。[11]野鸡：郊外之鸡。[12]脱归：遁逃，潜逃，回到齐国。[13]国有王矣：立了顷襄王。[14]弟：据章校，他本"弟"下有"胜"字。平原君即赵惠文王之弟赵胜。[15]尝：通"常"。[16]公孙龙：字子秉，战国时赵人，名家。约生活在公元前320年至公元前250年。[17]坚白同异之辩：《公孙龙子》有"坚白论"，是影响较大的一篇著作。他根据视觉和触觉功能的不同，对"坚白石"的认识是："视不得其所坚而得其所白"，"拊不得其所白而得其所坚"，由此得出"坚石"与"白石"不能混为一谈、"坚性"与"白色"不可同时得知的结论。他把感性认识与理性认识绝对化、夸大化了，否认两者之间的辩证关系。史称"离坚白"学派。[18]孔穿：孔子六世孙，字子高。适：去。[19]臧三耳：《孔丛子·公孙龙》同，《吕氏春秋·淫辞》作"藏三牙"。历来说者莫衷一是。公孙龙的诡辩术，不细究。[20]辩析：谓分辨甚精微。[21]俄而：不久。[22]畴昔：往日。此指"昨天"。[23]信辩：很有说服力。[24]几能令"臧三耳"矣：似乎能说明石含有坚、白性质与"石"为三的理论了。[25]虽然，实难：不过，这种理论实难成立。[26]仆愿得又问于君：我想再请教您。[27]"今谓"二句：如果认为石含有坚、白、石三种性质，这种理论难以成立，实际上是错误的；如果认为石含有两种性质，即石、坚，石、白，这种理论是容易成立的，实际上是正确的。[28]"不知君将"二句：不知您将选择理论容易成立而肯定正确的观点呢？还是选择理论难以成立而肯定错误的观点呢，从，听从，选择。其亦，或者。[29]无以应：无言以对。[30]公无复与孔子高辩事也：您不要再和孔穿辩论了。[31]终必受诎：最后一定会把您搞得理屈辞穷。诎，同"屈"。[32]邹衍：后于孟轲，与公孙龙同时，论辩家。[33]平原君：战国四公子之一。赵惠文王的弟弟赵胜，初封于平原（故城在今山东平原县南），故号平原君，后又封在东武城（故城在今山东武城县西）。平原君相赵惠文王及赵孝成王。《史记》有《平原君列传》。[34]"白马非马"之说：《公孙龙子》有《白马论》，最有影响。其重要论题是"白马非马"。公孙龙认为"白马"与"马"是两个不同的概念，"马"是说形体，"白"是说马的颜色。称呼马的颜色和形体结合的概念"白马"不等于只称呼马的形体的概念"马"，所以说"白马非马"。[35]辩者：所谓辩论。[36]别殊类使不相害：（是用来）区别不同种类的事物，使它们彼此不相妨害。[37]序异端使不相乱：表达不同的见解，使它们彼此不相淆乱。[38]抒意通指：表达个人的心意。抒、通，陈述，表达。指，旨意。[39]明其所谓：公开他们要说的话。[40]与知：全都了解。与，通"举"。[41]不务相迷：并不是尽力让人迷惑不解。[42]胜者不失其所守：辩论胜利的人不会失掉他应有的立场。[43]不胜者得其所求：辩论失败的人也会得到他所希望得到的道理。[44]辩可为也：辩论是可以进行的。[45]烦文以相假：用繁杂的文辞使辩论离开了中心。假，通"遐"，远。[46]饰辞

以相悖：巧饰言辞使辩论与中心悖谬。悖，原作“惇”，依《韩诗外传》改。［47］巧譬以相移：用巧妙的比喻来转移辩论的中心。［48］引人使不得及其意：引导别人使其离开辩论的主题，而不能把握住本意。［49］如此害大道：这样做，就伤害了真理。［50］缴纫争言而竞后息：互相争论，纠缠不清，一直到面红耳赤方才罢休。纫，据章校，他本“纫”作“纷”。《别录》作“纷”，当改“纫”作“纷”。缴（jiǎo）纷，纠缠不清。［51］不能无害君子：不能说不会伤害一个君子的身份。［52］座皆称善：一座的人都称赞邹衍说得很好。［53］公孙龙由是遂诎：从此公孙龙就不再辩论了。

【点评】

赵武灵王胡服骑射改革。本卷所载历史，赵武灵王胡服骑射改革是最大的亮点。赵武灵王，赵肃侯赵语之子，名雍，战国时赵国第六代国君，公元前325年至公元前299年在位。赵武灵王即位之时，正值秦国商鞅变法之后走向鼎盛的秦惠王、秦昭襄王时代。这时魏国衰落，丧失了河西之地。赵国西境与强秦相连。秦国大举东进，赵国首当其冲，北方中山国与林胡、楼烦又是赵国长期的宿敌。赵武灵王面对严峻的形势，坚决果断地实施改革。赵武灵王改革后，赵国成了中原强国。胡服骑射改革的第二年，即公元前306年，西攻林胡，略地至榆中（今内蒙古包头市以西河套地区），接着又对中山发起了大规模进攻，五年之间灭亡了中山。赵国开拓了大片领土，国土几乎扩大一倍。

如果对照赵武灵王胡服骑射与商鞅变法，是司马迁花大力气记述的两种改革模式，供后世借鉴。赵武灵王胡服骑射是渐进式的改革，长期蓄势，化解对立面的阻力，用了二十年时间改革成功。商鞅变法，暴风骤雨，用强权高压执行，立竿见影，当年就见成效。渐进式改革必然有许多妥协，见效慢，但所花成本小，负面影响小；暴风骤雨式改革彻底除旧布新，见效快，但所花成本巨大，负面影响也大。这两场改革在《史记》中许多用语雷同，此为司马迁有意昭示读者要对照来读，后王借鉴要对照权衡利弊。《资治通鉴》记述大大简化，深入研讨则要对照《史记》。

卷四　周纪四

周赧王十八年至四十二年（前 297—前 273 年）

【起阏逢困敦（甲子，前 297 年），尽著雍困敦（戊子，前 273 年），凡二十五年】

【大事提要】

本卷记事起公元前 297 年，讫公元前 273 年，凡二十五年，当周赧王十八年至赧王四十二年。本卷所载大事主要有七个方面：其一，楚怀王与赵武灵王以悲剧谢幕，使人叹惋。楚怀王曾为六国合纵盟主，因贪利误听张仪邪说，最终入秦不返，客死于秦。赵武灵王胡服骑射，灭中山，假称使臣入秦考察，何其壮也。晚年废长立少，导致赵国内乱，饿死沙丘，又何其昏也。其二，宋康王、齐湣王穷兵黩武而丧生，宋国破，齐国亦差点灭亡。其三，田单复齐，因功高震主一度遭齐襄王疏远，后襄王纳谏，君臣相知如初。其四，蔺相如使秦，不辱君命，完璧归赵，渑池之会勇折秦昭襄王，退让廉颇演绎出将相和的历史佳话。其五，燕惠王信谗，又中齐反间计，逐走乐毅，失人才使燕国从此衰弱不振。其六，秦将白起崭露头角，用兵野蛮，破赵魏联军的华阳之战，杀魏降卒十三万，沉赵卒二万于河。其七，春申君上书秦昭襄王，说秦亲楚以图韩、魏，避免了秦、韩、魏联合攻楚。楚怀王与顷襄王两代屈身事仇，到春申君上书，反映了东方六国争相事秦，以苟延时日，从此张仪连横之策得势。

赧王中

十八年（甲子，前 297 年）

楚怀王亡归。秦人觉之，遮楚道[1]。怀王从间道走赵[2]。赵主父[3]在代[4]，赵人不敢受[5]。怀王将走魏，秦人追及之，以归[6]。

鲁平公薨，子缗公贾立[7]。

十九年（乙丑，前 296 年）

楚怀王发病，薨于秦，秦人归其丧。楚人皆怜[8]之，如悲亲戚[9]。诸侯由是不直秦[10]。

齐、韩、魏、赵、宋同击秦，至盐氏[11]而还。秦与韩武遂、与魏封陵以和[12]。

赵主父行新地[13]，遂出代；西遇楼烦[14]王于西河而致其兵[15]。

魏襄王薨，子昭王[16]立。

韩襄王薨，子釐王咎[17]立。

二十年（丙寅，前 295 年）

秦尉错[18]伐魏襄城[19]。

赵主父与齐、燕共灭中山，迁其王[20]于肤施[21]。归，行赏，大赦，置酒[22]，酺五日[23]。

赵主父封其长子章于代，号曰安阳君[24]。

安阳君素侈[25]，心不服其弟[26]。主父使田不礼[27]相之。李兑[28]谓肥义曰："公子章强壮而志骄，党众而欲大[29]，田不礼忍杀[30]而骄，二人相得[31]，必有阴谋。夫小人有欲，轻虑浅谋[32]，徒[33]见其利，不顾其害，难必不久矣。子任重而势大[34]，乱之所始而祸之所集[35]。子何不称疾毋出[36]而传政于公子成[37]，毋为祸梯[38]，不亦可乎[39]！"肥义曰："昔者主父以王属[40]义也，曰：'毋变而度[41]，毋易而虑[42]，坚守一心[43]，以殁而世[44]！'义再拜受命而籍之[45]。今畏不礼之难而忘吾籍[46]，变孰大焉[47]！谚曰：'死者复生，生者不愧[48]。'吾欲全吾言[49]，安得[50]全吾身乎！子则有赐而忠我[51]矣。虽然[52]，吾言已在前[53]矣，终不敢失[54]！"李兑曰："诺，子勉之矣[55]！吾见子已今年耳[56]。"涕泣而出。

李兑数[57]见公子成以备田不礼。肥义谓信期[58]曰："公子章与田不礼声善而实恶[59]，内得主而外为暴[60]，矫令[61]以擅一旦之命[62]，不难为[63]也。今吾忧之，夜而忘寐，饥而忘食，盗出入[64]不可以不备。自今以来[65]，有召王者[66]必见吾面，我将以身先之[67]，无故[68]而后王可入也。"信期曰："善。"

主父使惠文王朝群臣而自从旁窥之，见其长子傫然[69]也，反北面为臣，诎[70]于其弟，心怜[71]之，于是乃欲分赵而王公子章于代。计未决而辍[72]。主父及王游沙丘[73]，异宫[74]，公子章、田不礼以[75]其徒作乱，诈以主父令召王。肥义先入，杀之。高信即与王战[76]。公子成与李兑自国至[77]，乃起[78]四邑之兵入距难[79]，杀公子章及田不礼，灭其党。公子成为相，号安平君[80]；李兑为司寇[81]。是时惠文王少，成、兑专政。

公子章之败也，往走主父[82]；主父开之[83]。成、兑因围主父[84]。公子章死，成、兑谋曰："以章故，围主父；即解兵[85]，吾属夷矣[86]！"乃遂围之，令："宫中人后出者夷！"宫中人悉出。主父欲出不得，又不得食，探雀鷇[87]而食之。三月余，饿死沙丘宫。主父定死[88]，乃发丧赴诸侯[89]。主父初以长子章为太子，后得吴娃[90]，爱之，为不出者数岁。生子何，乃废太子章而立之。吴娃死，爱弛[91]；怜故太子，欲两王之，犹豫未决，故乱起。

秦楼缓免相，魏冉[92]代之。

（以上为第一段，有两大历史事件。一是楚怀王客死于秦，二是赵武灵王因内乱饿死在沙丘。楚怀王曾为六国盟主，因贪地而绝齐亲秦，乃至入秦不返；赵武灵王胡服骑射灭中山，因废长立幼导致赵国内乱，两王均以悲剧终，令人叹惜。）

【注释】

[1]遮楚道：拦住楚怀王回楚国的路。 [2]间道走赵：从小路逃亡到赵国。 [3]赵主父：即赵武灵王。 [4]代：古国名，为赵所并。在今河北蔚县一带及山西东北部。 [5]受：接纳。[6]以归：即"以之归"，把他带回秦国。以，带领。 [7]缗公：平公之子，名贾，缗，同"愍"，公元前295年至公元前273年在位。此依梁玉绳《汉书人表考》。 [8]怜：哀。 [9]亲戚：此指父母兄弟。 [10]不直秦：不认为秦国有理。 [11]盐氏：古地名，即今山西运城市，一名司盐城。 [12]"秦与"句：周赧王十二年，秦取韩武遂，取魏封陵，今归还韩、魏。和，媾和。[13]行新地：巡视新取得的土地中山。行，巡视。 [14]楼烦：部族名，在今山西宁武县、岢岚县等地。汉楼烦县在今宁武县境内。 [15]致其兵：招收楼烦部族的一些士兵。 [16]昭王：名速遬，魏襄王之子，公元前295年至公元前277年在位。 [17]釐王：韩襄王之子，名咎，公元前295年至公元前273年在位。 [18]尉错：指秦都尉司马错。 [19]襄城：邑名，在今河南襄

城县西。［20］王：中山桓公。［21］肤施：县名，今陕西榆林市东南。［22］置酒：摆开酒宴。［23］酺（pú）五日：聚会饮酒，庆贺五天。在古代是国家发布的一道政令。［24］安阳君：据《史记·赵世家》，惠文王三年（前296）“封长子章为代安阳君。”［25］素侈：一向奢侈放纵。［26］不服其弟：不服其弟何为赵王。［27］田不礼：教唆安阳君发动政变，导致赵主父饿死，为公子成、李兑所杀。［28］李兑：赵惠文王四年与赵成平定公子章之乱，因功任为司寇（司法长官），后为赵相，封为奉阳君。［29］欲大：野心很大。［30］忍杀：残忍好杀。［31］相得：彼此投合。［32］轻虑：考虑轻率。浅谋：谋划不周密。［33］徒：只，仅。［34］任重而势大：责任重大且权势大。［35］“乱之所始”句：谓肥义是田不礼打击的目标，将成为动乱的起点，也是灾祸的集中点。［36］称疾毋出：声称有病，不出家门。［37］传政于公子成：把政务交给公子成。［38］祸梯：祸阶，谓祸之所由来。梯，阶梯，比喻凭借，途径。［39］不亦可乎：不也可以吗？［40］属：托付，委托。［41］毋变而度：不要改变你的气度。而，你。［42］毋易而虑：不要改变你所考虑的。［43］坚守一心：坚持到底，永不变心。［44］以殁而世：直到你离开人世。以，语助词。［45］“义再拜”句：肥义拜了两拜，才接受主父委托的使命，还特地做了记录。再拜，表示极尊敬。［46］忘吾籍：忘掉我的记录。［47］变孰大焉：变节忘恩没有比这更严重的了。［48］死者复生，生者不愧：如果死者复活，活着的人面对他应不感到惭愧。［49］欲：要。言：诺言。［50］安得：哪能，怎么可以。［51］子则有赐而忠我：您已赐教我并且忠心为我。［52］虽然：尽管如此。［53］言已在前：有言在先。［54］失：食言，背弃自己的诺言。［55］子勉之矣：您就尽力而为吧。勉，努力，尽力。［56］吾见子已今年耳：我能见到您到今年为止了。已，止。［57］数（shuò）：屡次，多次。［58］信期：《史记·赵世家·索隐》作“高信”。［59］声善而实恶：表面上说得好听，实际上十分险恶。［60］内得主：在内得到主父的宠信。外为暴：在外肆意残暴。［61］矫令：假传主父的命令。［62］擅一旦之命：一旦专有王命。指公子章突然杀害惠文王而登王位。［63］不难为：不怕做。意思是什么都干得出来。［64］盗出入：指公子章出入于主父左右。［65］自今以来：从今以后。［66］召王者：请求见王的。［67］身先之：自己先去见。［68］无故：平安无事。［69］儽（lěi）然：垂头丧气的样子。［70］诎：通“屈”，屈服。［71］怜：怜惜，爱怜。［72］辍：中止。［73］沙丘：地名，在今河北平乡县东北。［74］异宫：分别住在不同的行宫。［75］以：带领。［76］高信即与王战：高信立即跟惠文王一起与公子章之徒作战。［77］国至：从国都赶来，当时赵都为邯郸。［78］起：调动。［79］入距难：进入沙丘宫平定叛乱。距，通“拒”，抵抗。难，变乱，叛乱。［80］号安平君：因公子成能平乱而安国，故号为“安平君”。［81］司寇：官名，夏、殷已有，周为六卿之一，掌管刑狱、纠察等事。［82］往走主父：逃到主父所住行宫。［83］开之：开宫门接纳公子章。［84］主父：据章校，他本“父”下有“宫”字。《史记·赵世家》“父”下有“宫”字，当补“宫”字读。［85］即解兵：如果撤离了包围的军队。［86］吾属夷矣：我们这帮人就会灭族。［87］探雀鷇（kòu）：在鸟窝里摸取刚孵化出来的幼鸟。雀鷇，刚孵化出尚待哺食的幼鸟。［88］定死：确定已死无疑。

[89]赴诸侯：向各诸侯报丧。赴，通"讣"，讣告，报丧。 [90]吴娃：赧王五年"赵武灵王纳吴广之女孟姚，有宠，是为惠后。生子何"。吴娃，即孟姚。 [91]爱弛：主父不再偏爱太子何。弛，减退。 [92]魏冉：穰侯，秦昭王母宣太后同母弟。《史记》有《穰侯列传》。

二十一年（丁卯，前 294 年）

秦败魏师于解[1]。

二十二年（戊辰，前 293 年）

韩公孙喜[2]、魏人伐秦。穰侯荐左更[3]白起[4]于秦王以代向寿将兵，败魏师、韩师于伊阙，斩首二十四万级[5]，虏公孙喜，拔五城。秦王以白起为国尉[6]。

秦王遗[7]楚王书曰："楚倍[8]秦，秦且率诸侯伐楚，愿[9]王之饬士卒[10]，得一乐战[11]！"楚王患之，乃复与秦和亲。

二十三年（己巳，前 292 年）

楚襄王迎妇于秦。

臣光曰：甚哉秦之无道也，杀其父[12]而劫其子[13]；楚之不竞[14]也，忍其父而婚其仇[15]！乌呼，楚之君诚得其道[16]，臣诚得其人[17]，秦虽强，乌得陵之哉[18]！善乎荀卿论之[19]曰："夫道，善用之则百里之地可以独立[20]，不善用之则楚六千里而为仇人役[21]。"故人主不务得道而广有其势，是其所以危也。

秦魏冉谢病免，以客卿烛寿为丞相。

二十四年（庚午，前 291 年）

秦伐韩，拔宛[22]。

秦烛寿免。魏冉复为丞相，封于穰与陶[23]，谓之穰侯。又封公子市[24]于宛，公子悝于邓[25]。

二十五年（辛未，前 290 年）

魏入河东[26]地四百里、韩入武遂[27]地二百里于秦。

魏芒卯[28]始以诈见重。

二十六年（壬申，前 289 年）

秦大良造白起、客卿错[29]伐魏，至轵[30]，取城大小六十一。

二十七年（癸酉，前 288 年）

冬，十月，秦王称西帝，遣使立齐王为东帝，欲约与共伐赵。苏代自燕来[31]，齐王[32]曰："秦使魏冉致帝[33]，子以为何如？"对曰："愿王受之而勿称[34]也。秦称之，天下安之，王乃称之，无后[35]也。秦称之，天下恶[36]之，王因[37]勿称，以收天下[38]，此大资也[39]。且伐赵孰与伐桀宋利[40]？今王不如释帝以收天下之望[41]，发兵以伐桀宋，宋举[42]则楚、赵、梁、卫皆惧矣。是我以名尊秦[43]而令天下憎之[44]，所谓以卑为尊[45]也。"齐王从之，称帝二日而复归之[46]。十二月，吕礼自齐入秦[47]。秦王亦去帝，复称王。

秦攻赵，拔杜阳[48]。

二十八年（甲戌，前 287 年）

秦攻赵[49]，拔新垣、曲阳[50]。

二十九年（乙亥，前 286 年）

秦司马错击魏河内[51]。魏献安邑以和，秦出其人归之魏[52]。

秦败韩师于夏山[53]。

宋有雀生𪁺[54]于城之陬[55]。史占之曰[56]："吉。小而生巨[57]，必霸天下。"宋康王喜，起兵灭滕[58]，伐薛[59]，东败齐，取五城，南败楚，取地三百里，西败魏军，与齐、魏为敌国，乃愈自信其霸。欲霸之亟[60]成，故射天笞地[61]，斩社稷[62]而焚灭之，以示威服鬼神。为长夜之饮[63]于室中，室中人呼万岁，则堂上之人应之，堂下之人又应之，门外之人又应之，以至于国中[64]，无敢不呼万岁者。天下之人谓之"桀宋"。齐湣王起兵伐之，民散，城不守。宋王奔魏，死于温[65]。

三十年（丙子，前 285 年）

秦王会楚王于宛[66]，会赵王于中阳[67]。

秦蒙武[68]击齐，拔九城。

齐湣王既灭宋而骄，乃南侵楚，西侵三晋[69]，欲并二周[70]，为天子。狐咺正议[71]，斫之檀衢[72]。陈举直言，杀之东闾。

燕昭王日夜抚循[73]其人，益以富实[74]，乃与乐毅[75]谋伐齐。乐毅曰："齐，霸国之余业[76]也，地大人众，未易[77]独攻也。王必欲伐之，莫如约赵及楚、魏。”于是使乐毅约赵，别使使者连楚、魏，且令赵啖秦以伐齐之利[78]。诸侯害[79]齐王之骄暴[80]，皆争合谋与燕伐齐。

三十一年（丁丑，前284年）

燕王悉起兵，以乐毅为上将军[81]。秦尉斯离[82]帅师与三晋之师会之。赵王以相国印授乐毅，乐毅并将秦、魏、韩、赵之兵以伐齐[83]。齐湣王悉国中之众以拒之，战于济西[84]，齐师大败。乐毅还秦、韩之师，分魏师以略宋地，部[85]赵师以收河间。身率燕师[86]，长驱逐北[87]。剧辛[88]曰："齐大而燕小，赖诸侯之助以破其军，宜及时攻取其边城以自益，此长久之利也。今过而不攻，以深入为名，无损于齐，无益于燕而结深怨，后必悔之。"乐毅曰："齐王伐攻矜能[89]，谋不逮下[90]，废黜贤良，信任谄谀，政令戾虐[91]，百姓怨怼[92]。今军皆破亡，若因而乘之，其民必叛，祸乱内作，则齐可图也。若不遂乘之，待彼悔前之非，改过恤下而抚其民，则难虑也。"遂进军深入。齐人果大乱失度[93]，湣王出走。乐毅入临淄，取宝物、祭器[94]，输之于燕[95]。燕王亲至济上[96]劳军，行赏飨士[97]；封乐毅为昌国[98]君，遂使留徇[99]齐城之未下者。

齐王出亡之卫，卫君辟宫舍之[100]，称臣而共具[101]。齐王不逊[102]，卫人侵之[103]。齐王去[104]奔邹、鲁，有骄色；邹、鲁弗内[105]，遂走莒。楚使淖齿[106]将兵求齐，因为齐相。淖齿欲与燕分齐地，乃执湣王而数之[107]曰："千乘、博昌[108]之间，方数百里，雨血沾衣[109]，王知之乎？"曰："知之。""嬴、博[110]之间，地坼及泉[111]，王知之乎？"曰："知之。""有人当阙[112]而哭者，求[113]之不得，去[114]则闻其声，王知之乎？"曰："知之。"淖齿曰："天雨血沾衣者，天以告也[115]；地坼及泉者，地以告也；有人当阙而哭者，人以告也。天、地、人皆告矣，而王不知诫焉，何得无诛！"遂弑王于鼓里[116]。

（以上为第二段，写宋康王、齐湣王穷兵黩武而丧生。）

【注释】

[1]解（xiè）：县名，故城在今山西临猗县西南。 [2]公孙喜：韩国将领。《史记·六国年表》云："秦败我伊阙，斩首二十四万，虏将喜。" [3]左更：秦爵第十二级，相当于卿。 [4]白起：郿（故城在今陕西眉县东北）人，善用兵，秦昭王时封为武安君，共攻取七十余城。后与秦相范雎

不和，称病不出，被削职为民，并流放到阴密（今甘肃灵台县西），刚出国都，就被赐死于杜邮（今陕西咸阳市东）。传见《史记》卷七十三。［5］级：《后汉书·光武帝纪上》李贤注："秦法，斩首一赐爵一级，故因谓斩首为级。"［6］国尉：即太尉，官名，秦至西汉设置，为全国军政首长，与丞相、御史大夫并称三公。［7］遗（wèi）：赠予。［8］倍：通"背"，背叛。［9］愿：希望。［10］饬士卒：整顿军队。［11］得一乐战：让我们痛痛快快地打一仗。［12］杀其父：指楚怀王被囚在秦而困死。［13］劫其子：指秦昭王送信给楚襄王以战争威胁。劫，威胁。［14］不竞：不能与秦争。［15］忍其父而婚其仇：容忍其父被囚杀之耻，还与仇国联姻。［16］楚之君诚得其道：楚国国君假如真能治理国家。诚，如果。［17］得其人：得到治国贤人。［18］乌得陵之哉：怎能随意欺凌楚国呢！乌，何，哪，怎么。得，能。陵，通"凌"，欺凌。［19］荀卿论之：见《荀子·仲尼》。［20］善用之：善于运用治国方略。地可：《荀子》"地可"作"国足"。［21］"不善用之"句：治国方略使用不当，像楚国拥有六千里的土地还被仇国役使。仇人，指秦国。役，役使。［22］宛：本楚、韩两属之地，《史记·秦本纪》，昭王十五年，大良造"攻楚取宛"。又《史记·韩世家》，釐王"五年，秦拔我宛"。故城在今河南南阳市。［23］陶：定陶，故城在今山东菏泽市定陶区西北。［24］公子市：泾阳君，秦昭王同母弟。初封泾阳，号泾阳君。［25］公子悝（kūi）：高陵君，秦昭王同母弟。初封高陵，号高陵君。邓：今河南邓州市。［26］河东：黄河以东，今山西西南部一带地。［27］武遂：赧王八年秦取韩武遂，九年秦归韩武遂，十二年秦又取之，十九年又归韩。［28］芒卯：魏将，又作"孟卯"。［29］错：司马错。［30］轵：邑名，在今河南济源市东南。［31］苏代自燕来：《史记·田敬仲完世家》同。［32］齐王：齐闵王。［33］致帝：送帝号给齐。［34］受之而勿称：接受帝号，但不立即称帝。［35］无后：还不算晚。［36］恶（wù）：憎恶。［37］因：由于。［38］收天下：收揽天下人心。［39］此大资也：这是大利啊。资，财货，引申为利。［40］伐赵孰与伐桀宋利：进攻赵国与进攻无道的宋国哪一个更有利？桀宋，宋君偃无道，荒淫暴虐，被称为"桀宋"。［41］释帝以收天下之望：放弃帝号用来赢得诸侯的信任。望，威望，引申为"信任"。［42］宋举：攻取了宋国。［43］名尊秦：名义上尊秦。［44］令天下憎之：使天下的人憎恨秦王。［45］以卑为尊：《老子·三十九章》："贵以贱为本，高以下为基。"《礼记·表记》："君子虽自卑，而民敬尊之。"皆以退为进之意。［46］复归之：又送还帝号改称为王。之，帝号。［47］吕礼自齐入秦：吕礼，秦国五大夫，使齐赠帝号，由齐返回秦国。五大夫，秦爵第九段。［48］杜阳：《史记·赵世家》作"梗阳"，《六国年表》作"桂阳"，《集解》"徐广曰'一作梗'"。按："桂阳"非，不是赵地，秦邑，属扶风。梗阳，赵邑名，在今山西太原市西南清徐县。［49］秦攻赵：据章校，他本"赵"作"魏"。《史记》之《六国年表》《魏世家》并作攻"魏"，是。［50］新垣、曲阳：皆魏邑名，新垣故城在今山西垣曲县东南。曲阳故城在今河南济源市西。［51］河内：地区名，指今河南西北部黄河以北地区。［52］秦出其人归之魏：秦国把安邑的魏国人赶出，让他们回到魏国去。［53］夏山：未详。［54］雀生䲹（zhān）：麻雀孵出了猛禽䲹鸟。［55］城之陬：城墙的角落。［56］史占之曰：史官占卜后说。

史，在王左右的史官，担任祭祀、星历、卜筮、记事等职。占，占卜，古代用龟甲、蓍草占卜推断吉凶祸福。［57］小而生巨：麻雀小却孵出了大鸟。巨，大。［58］滕：滕国约在今河南延津县一带。［59］薛：邑名，在今山东滕州市南。［60］亟（jí）：快速。［61］射天笞地：用牛皮袋盛着血，悬挂起来用箭射它，称为“射天”。用鞭子抽打土地，叫做“笞地”。［62］斩社稷：砍断社稷神主。斩，断。社稷，指土神、谷神的牌位。［63］长夜之饮：通宵饮酒。［64］国中：全都城。［65］温：属魏地，今河南温县西。［66］宛：楚邑名，今河南南阳市。［67］中阳：县名，在今山西中阳县东。［68］蒙武：骜之子，骜事昭王。按：此时击齐者，应是蒙骜而不是蒙武。［69］三晋：赵、魏、韩三国。［70］二周：周王室分出去的东周、西周。［71］狐咺：齐臣。又作狐爰、狐援。正议：直言批评。下文“直言”义同。［72］斫（zhuó）：斩。檀衢：古时行刑之处。下文“东闾”同。［73］抚循：慰勉抚恤。“循”犹“抚”，二字义同。［74］益以富实：更加富裕殷实。［75］乐毅：魏国名将乐羊之后，为燕昭王的大将，率兵伐齐，破齐七十余城。昭王死，惠王疑乐毅，乐毅乃奔赵。传见《史记》卷八十。［76］霸国之余业：齐国从春秋时代的桓公到战国时代的齐威王、宣王都名显天下，所以乐毅称“霸国之余业”。余业，遗留的基业。［77］未易：不宜随便，不轻举妄动。［78］令赵啖秦以伐齐之利：让赵国以伐齐之利劝诱秦国。啖（dān），以利引诱，劝诱。［79］害：畏惧，怕。［80］骄暴：骄横暴虐。［81］上将军：最高军事将领。［82］尉：武官名。斯离：人名。［83］伐齐：此役乐毅牵燕师与秦并三晋会合，楚国随后加入。［84］济西：济水以西之地，与赵国的黄河以东一带的边境相邻。［85］部：部署，安排。［86］身率燕师：乐毅亲自统领燕军。［87］长驱逐北：跃马扬鞭，一直不停追赶败军。［88］剧辛：赵人，仕燕，后与赵战，为赵将庞煖所擒。［89］伐功矜能：夸耀自己的功劳和才能。［90］谋不逮下：《盐铁论·刺议》：“谋及下者无失策。”逮，及。［91］戾虐：暴虐。［92］怼（duì）：怨恨。［93］失度：举止失当。［94］祭器：祭祀时所陈设的各种礼器。［95］输之于燕：运送到燕国。之，至。［96］济上：济水之上。［97］飨士：用酒食招待军士。［98］昌国：邑名，在今山东淄博市东北。［99］徇：巡视，引申为攻取。［100］辟宫舍之：让出王宫给齐王住宿。辟，通“避”。［101］共具：摆上酒席。共，通“供”，献。具，包含器具，引申为酒食，筵席。［102］不逊：傲慢无礼。［103］侵之：攻击齐湣王。［104］去：离卫。［105］内：通“纳”，接待。［106］淖（zhuō）齿：楚公族。［107］数（shǔ）之：列举其罪状。［108］千乘、博昌：齐两邑名。千乘故城在今山东广饶县西。博昌故城在今山东博兴县西南。［109］雨血：下血雨。雨，作动词。［110］嬴：故城在今山东济南市莱芜区西北。博：故城在今山东泰安市东南。［111］地坼及泉：地裂泉涌。坼（chè），地震造成的裂缝。［112］当阙：在宫门前。阙，宫门的代称。［113］求：寻找。［114］去：离开。［115］天以告也：这是天告诫你。［116］鼓里：莒地名。

荀子论之[1]曰：国者，天下之利势也[2]。得道以持之[3]，则大安也，大荣[4]也，积美之源[5]也。不得道以持之，则大危也，大累[6]也，有之不如无之。及其綦也，索为匹夫，不可得也[7]。齐湣、宋献是也[8]。

故用国者义立而王[9]，信立而霸，权谋立而亡[10]。

挈国以呼礼义[11]，而无以害之[12]。行一不义，杀一无罪，而得天下，仁者不为也。擽然扶持心、国且若是其固也[13]。之所与为之者[14]，之人则举义士也[15]。之所以为布陈于国家刑法者，则举义法也[16]。主之所极然，帅群臣而首向之者，则举义志也[17]。如是，则下仰上以义矣，是基定也[18]。基定而国定，国定而天下定。故曰：以国济义[19]，一日而白[20]，汤、武是也[21]，是所谓义立而王也。

德虽未至[22]也，义虽未济[23]也，然而天下之理略奏[24]矣，刑、赏已诺信于天下矣[25]，臣下晓然皆知其可要也[26]。政令已陈，虽睹利败，不欺其民[27]；约结已定[28]，虽睹利败，不欺其与[29]；如是，则兵劲城固[30]，敌国畏之；国一綦明[31]，与国信之[32]；虽在僻陋之国[33]，威动天下[34]，五伯是也[35]。是所谓信立而霸也。

挈国以呼功利[36]，不务张其义、齐其信[37]，唯利之求[38]；内则不惮诈其民而求小利[39]焉，外则不惮诈其与[40]而求大利焉；内不修正其所以有[41]，然常欲人之有[42]。如是，则臣下百姓莫不以诈心待其上矣。上诈其下，下诈其上，则是上下析[43]也。如是，则敌国轻[44]之，与国疑之[45]，权谋日行[46]而国不免危削[47]，綦之而亡[48]，齐湣、薛公[49]是也。故用强齐[50]，非以修礼义也[51]，非以本政教[52]也，非以一天下[53]也，绵绵常以结引驰外为务[54]。故强，南足以[55]破楚，西足以诎秦[56]，北足以败燕，中足以举[57]宋，及以[58]燕、赵起而攻之，若振槁然[59]，而身死国亡，为天下大戮[60]，后世言恶则必稽焉[61]。是无他故焉，唯其[62]不由礼义而由权谋也。

三者[63]，明主之所谨择[64]也，仁人之所务白[65]也。善择者制人[66]，不善择者人制之[67]。

乐毅闻昼邑[68]人王蠋[69]贤，令军中环昼邑三十里无人[70]。使人

请蠋，蠋谢[71]不往。燕人曰："不来，吾且屠[72]昼邑！"蠋曰："忠臣不事二君，烈女不更二夫[73]。国破君亡，吾不能存，而又欲劫之以兵[74]；吾与其不义而生，不若死！"遂经[75]其颈于树枝，自奋绝脰而死[76]。燕师乘胜长驱，齐城皆望风奔溃[77]。乐毅修整[78]燕军，禁止侵掠，求齐之逸民[79]，显而礼之[80]。宽[81]其赋敛，除[82]其暴令，修[83]其旧政，齐民喜悦。乃遣左军渡胶东、东莱[84]；前军循泰山以东至海[85]，略琅邪[86]；右军循河、济[87]，屯阿、鄄以连魏师[88]；后军旁[89]北海以抚[90]千乘；中军据临淄而镇[91]齐都。祀桓公、管仲[92]于郊，表贤者之闾，封王蠋之墓。齐人食邑于燕者二十余君，有爵位于蓟[93]者百有余人。六月之间，下齐七十余城，皆为郡县。

秦王、魏王、韩王会于京师[94]。

（以上为第三段，写荀子评论礼义、诚信乃立国之本，指出用权谋诈术治国是亡乱之源。）

【注释】

[1]荀子论之：见《荀子·王霸》。 [2]国者，天下之利势也：国家就是集中了天下最高的利益和权势。《荀子》原文是两句话："国者，天下之利用也；人主者，天下之利势也。""天下之利用"，指国家机器是最有力的工具，人君掌握了这一工具就获得了"天下之利势"。 [3]得道以持之：要运用正确的规则来掌握它。道，指正确的治国方略。之，指国家政权和人主的权势。[4]大荣：大繁荣，最强盛。 [5]积美之源：聚集一切美好业绩和声誉的源泉。 [6]大累：大负担，大灾难。 [7]"及其綦也"三句：君主不能用正确的规则掌握国家，达到了极点，想要当个平头百姓，都不可能啊。綦（qì），极。索，求，想要。匹夫，普通老百姓。 [8]齐湣、宋献是也：齐湣王、宋康王就是这样。宋献，指宋康王。 [9]故用国者义立而王：所以治理国家的人，遵循道义就可称王天下。用国者，治理国家的人。义，符合当政时代的政治要求与道德标准的言行。 [10]"信立"二句：恪守信用可以称霸天下，使用权术诈谋就要亡国。 [11]挈国以呼礼义：治理国家要提倡礼义。挈，执掌，治理。呼，提倡。 [12]无以害之：没有谁能加害他。[13]扬然扶持心、国且若是其固也：像磐石那样坚定地用礼义来约束心志和管理国家，那么国家的稳定也如磐石一样。扬（luò）然，石头坚固的样子。固，如磐石一样坚固。 [14]之所与为之者：凡是和他一道这样治理国家的人。 [15]之人则举义士也：那些人都是仁义之士。举义，即遵守当时国家政治要求与道德标准。举义士，这样的人士，也就是仁义之士。 [16]"之所以"二句：能把国家刑法内容公布于众，那么刑法的全部内容都是合于仁义的。即合于仁义的刑法是敢于

公布于众的。布陈，公布，公开。举义法，全部合于“义”的法。［17］“主之所极然”三句：君主极力如此主张，就是率领臣子们向往礼义之事，为其终极目标。极然，全力这样做。举义志，以追求礼义为终极目标。［18］“如是”三句：真是这样，那么在下位的臣属和百姓都会用礼义来敬仰国君，这样国家的根基就稳固了。基定，根基稳固。［19］以国济义：举国上下都实行“义”。［20］一日而白：一天就能推行全国。一日，形容很快。白，成就显赫，昭著，即推向全国。［21］汤、武是也：商汤王、周武王就是榜样。［22］德虽未至：仁德即使未能达到完美。未至，未达到完美程度。［23］义虽未济：礼义即使还没有全部实现。［24］天下之理略奏：治理天下政理大体齐备。略，基本，大体。奏，通“凑”，齐备。［25］刑、赏已诺信于天下矣：刑法、赏赐已成体系，得到全天下人的认可和信服。［26］臣下晓然皆知其可要也：臣下清楚地知道诚信是一切的核心。要，要害，核心。［27］“政令已陈”三句：政令已明确颁布，得失利弊也看得分明，绝不可以欺骗民众。不欺其民，不欺骗、不失信于民。［28］约结已定：指国家之间的盟约已经缔结。［29］虽睹利败，不欺其与：得失利弊已十分鲜明，绝不可以欺诈盟国。与，相与，指盟国。［30］兵劲城固：兵强城坚。［31］国一綦明：举国上下一致，制度彰显。綦，通“欺”，约定，指国家制度法令。［32］与国信之：盟国信赖。［33］僻陋之国：偏远的国家。僻陋，偏僻。［34］威动天下：声威震动天下。［35］五伯是也：五霸就是这样的国家。伯，通“霸”。荀子所说的五霸指春秋时的齐桓公、晋文公、楚庄王、吴王阖闾、越王勾践。［36］挈国以呼功利：治理国家只提倡功利。功利，指眼前的功效和利益。［37］不务张其义、齐其信：不致力于发扬礼义、坚守信用。张，发扬。齐，一致，统一。这里指一贯到底的坚持。［38］唯利之求：唯利是图。［39］不惮诈其民而求小利：不顾一切地欺诈老百姓来追求小利。不惮，不怕。［40］诈其与：欺诈相交的国家。［41］内不修正其所以有：不好好开发国内已有的土地、百姓。修正，治理，开发。以，通“已”。［42］然常欲人之有：却总想占有别国的土地、百姓。［43］析：分离，离心离德。［44］轻：轻视，看不起。［45］与国疑之：受到国家怀疑。［46］权谋日行：权谋诡计一天比一天盛行。［47］危削：危险削弱。［48］綦之而亡：达到极点就要灭亡。［49］齐湣、薛公：齐湣王、孟尝君。［50］用强齐：指齐湣王掌握了强大的齐国。［51］非以修礼义也：不在齐国修仁行义。非以，不用。指不依靠，不凭借强齐之势。［52］非以本政教：不凭借强齐来整治礼义教化。本，根本，引申为整治。［53］一天下：用诚信规范天下。一，统一，规范。［54］“绵绵”句：只是以不停地驾驭战车奔驰在外为要务。绵绵，经常不断地。结引驰外，驾驭战车奔驰在外，即马不停蹄地争战，亦可解为交结他国向外扩张，但是此解不符合史实，齐湣王是单打独斗，东奔西突。［55］足以：完全可以。［56］诎秦：使秦屈服。诎，通“屈”。［57］举：占有。［58］及以：到了。［59］若振槁然：像摧枯拉朽一样。［60］为天下大戮：成为天下的奇耻大辱。戮，耻辱。［61］后世言恶则必稽焉：后世的人谈起坏人坏事都引齐湣王为借鉴。稽，考察，借鉴。［62］唯其：只是因为。［63］三者：指前文所说用国的三种样式：义立而王，信立而霸，权谋立而亡，即义、信、权谋三者。［64］谨择：慎重选择。［65］务白：必须明白。

[66]制人：控制、统治别人。 [67]人制之：被别人控制。 [68]昼邑：据章校，他本“昼”作“画”。下均同。画邑，在今山东淄博市临淄区西北。 [69]王蠋：齐国的爱国贤士。 [70]无入：不准人进入。 [71]谢：拒绝。 [72]屠：《荀子·议兵》杨倞注：“谓毁其城，杀其民，若屠者然也。” [73]不更二夫：不再嫁。夫，据章校，他本“夫”下有“齐王不用吾谏，故退而耕于野”十二字。《史记·田单列传》有此十二字，当补。 [74]劫之以兵：用武力胁迫。 [75]经：用绳系脖子上吊。 [76]自奋绝脰而死：用力摆动扭断脖子而死。奋，用力摆动。脰（dòu），脖子。[77]望风奔溃：齐人远远望见燕师，甚至听到风声就溃散逃跑。 [78]修整：约束。 [79]逸民：隐逸贤士。 [80]显而礼之：使齐之逸民显贵，待以厚礼。 [81]宽：减轻。 [82]除：取消。[83]修：重新实行。 [84]胶东：今山东胶河以东。东莱：郡名，在今山东莱州市。 [85]前军循泰山以东至海：前锋沿着泰山东行推进到海滨。循，顺。 [86]略琅邪：夺取了琅邪。琅邪，郡名，也作“琅琊”，在今山东青岛市黄岛区南。 [87]河、济：黄河、济水。 [88]阿、鄄以连魏师：驻扎在阿、鄄两地联络魏国军队。阿，齐之东阿，在今山东阳谷县东北阿城镇。鄄（juàn），故城在今山东鄄城县北。 [89]旁（bàng）：同“傍”，靠近。 [90]抚：控制。 [91]镇：镇守。[92]桓公：齐桓公，春秋五霸之一。管仲（？—前645）：名夷吾，又名敬仲，齐国人，佐齐桓公成就霸业。传见《史记》卷六十二。 [93]蓟：蓟丘，燕都。在今北京市西。 [94]秦王：昭襄王。魏王：昭王。韩王：釐王。京师：《史记》之《六国年表》《魏世家》《韩世家》均记“会西周”。据此，则京师当指西周之王城，在今河南洛阳市西。

三十二年（戊寅，前283年）

秦、赵会于穰[1]。秦拔魏安城[2]，兵至大梁而还。

齐淖齿之乱，湣王子法章变姓名为莒太史敫家佣[3]。太史敫女奇[4]法章状貌，以为非常人，怜[5]而常窃[6]衣食之，因与私通。王孙贾[7]从湣王，失王之处[8]，其母曰[9]：“汝朝出而晚来，则吾倚门而望；汝暮出而不还，则吾倚闾[10]而望。汝今事王，王走，汝不知其处，汝尚何归焉！”王孙贾乃入市中呼曰：“淖齿乱齐国，杀湣王。欲与我诛之者袒右[11]。”市人从者四百人，与攻淖齿，杀之。于是齐亡臣相与[12]求湣王子，欲立之。法章惧其诛己，久之乃敢自言，遂立以为齐王[13]，保莒城以拒燕，布告国中曰：“王已立在莒矣！”

赵王得楚和氏璧[14]，秦昭王欲之，请易以十五城[15]。赵王欲勿与，畏秦强；欲与之，恐见欺。以问蔺相如[16]，对曰：“秦以城求璧而王不许，曲[17]在我矣。我与之璧而秦不与我城，则曲在秦。均[18]之二策，宁许以负秦[19]。臣愿奉璧而往；使秦城不入，臣请完璧而归之！”赵王遣之。相如至秦，秦王无意偿赵城。相如乃以诈[20]绐[21]秦王，复取璧，遣从者怀之[22]，间行[23]归赵，而以身待命于秦[24]。秦王以为贤而弗诛，礼而归之。赵王以相如为上大夫[25]。

卫嗣君薨，子怀君[26]立。嗣君好察微隐[27]，县令有[28]发褥而席弊[29]者，嗣君闻之，乃赐之席。令大惊，以君为神。又使人过关市[30]，赂之以金[31]，既而召关市[32]，问有客过与汝金，汝回遣之[33]；关市大恐。又爱泄姬，重如耳[34]，而恐其因爱重以壅己[35]也，乃贵薄疑[36]以敌如耳[37]，尊魏妃以偶[38]泄姬，曰："以是相参[39]也。"

荀子论之曰[40]：成侯、嗣君，聚敛计数[41]之君也，未及取民也[42]。子产[43]，取民者也，未及为政[44]也。管仲，为政者也，未及修礼[45]也。故修礼者王，为政者强，取民者安，聚敛者亡。

三十三年（己卯，前 282 年）

秦伐赵，拔两城[46]。

三十四年（庚辰，前 281 年）

秦伐赵，拔石城[47]。

秦穰侯复为丞相。

楚欲与齐、韩共伐秦。因欲图周。王使东周武王谓楚令尹[48]昭子[49]曰："周不可图也。"昭子曰："乃图周，则无之；虽然，何不可图？"武公曰："西周之地，绝长补短，不过百里。名为天下共主[50]，裂其地不足以肥国[51]，得其众不足以劲兵[52]。虽然，攻之者名为弑君。然而犹有欲攻之者，见祭器[53]在焉故也。夫虎肉臊[54]而兵利身[55]，人犹攻之；若使泽中之麋蒙虎之皮[56]，人之攻之也必万倍矣。裂楚之地，足以肥国[57]，诎楚之名，足以尊王[58]。今子欲诛残[59]天下之共主，居[60]三代之传器[61]，器南，则兵至矣[62]！”于是楚计辍不行[63]。

三十五年（辛巳，前 280 年）

秦白起败赵军，斩首二万，取代光狼城[64]。又使司马错发陇西[65]兵，因蜀攻楚黔中[66]，拔之。楚献汉北[67]及上庸[68]地。

三十六年（壬午，前 279 年）

秦白起伐楚，取鄢[69]、邓、西陵[70]。

秦王使使者告赵王，愿为好会[71]于河外渑池[72]。赵王欲毋行[73]，廉颇[74]、蔺相如计曰："王不行，示赵弱且怯也。"赵王遂行，相如从。廉颇送至境，与王诀[75]曰："王行，度道里会遇之礼毕[76]，还不过三十日[77]；三十日不还，则请立太子以绝秦望[78]。"王许之[79]。

会于渑池。王与赵王饮，酒酣，秦王请赵王鼓瑟[80]，赵王鼓之。蔺相如复请秦王击缶[81]，秦王不肯。相如曰："五步之内，臣请得以颈血溅大王[82]矣！"左右欲刃[83]相如，相如张目叱之[84]，左右皆靡[85]。王不怿[86]，为一击缶[87]。罢酒，秦终不能有加于赵[88]；赵人亦盛为之备[89]，秦不敢动。赵王归国，以蔺相如为上卿，位在廉颇之右[90]。

廉颇曰："我为赵将，有攻城野战之功。蔺相如素贱人[91]，徒[92]以口舌而位居我上，吾羞，不忍[93]为之下！"宣言曰："我见相如，必辱之！"相如闻之，不肯与会；每朝，常称病，不欲争列[94]。出而望见[95]，辄引车[96]避匿。其舍人皆以为耻。相如曰："子视廉将军孰与秦王[97]？"曰："不若[98]。"相如曰："夫以秦王之威而相如廷叱之[99]，辱其群臣[100]。相如虽驽[101]，独[102]畏廉将军哉！顾[103]吾念之，强秦之所以不敢加兵[104]于赵者，徒以吾两人在也。今两虎共斗，其势不俱生。吾所以为此者，先国家之急而后私仇也。"廉颇闻之，肉袒负荆至门谢罪[105]，遂为刎颈之交[106]。

（以上为第四段，写齐田单和民众拥立齐湣王之子法章为齐王，杀淖齿，为齐湣王报仇雪恨；又写赵国蔺相如使秦不辱君命，完璧归赵，渑池之会勇折秦昭襄王，退让廉颇，将相和而赵强。）

【注释】

[1]会于穰：《史记·赵世家》赵惠文王十六年（前 283）无会穰事。《史记》之《六国年表》《秦本纪》《楚世家》并记秦、楚会于穰。穰，在今河南邓州市东南。 [2]安城：邑名，在今河南原阳县西南。 [3]太史敫（jiǎo）：人名。太史，复姓。家佣：仆人。 [4]奇：认为……特异。 [5]怜：爱。 [6]窃：暗中偷偷地。 [7]王孙贾：人名。王孙，复姓。 [8]失王之处：不知湣王逃到何处。 [9]其母曰：王母所说的意思是，母爱子超过子爱王，其母要求王孙贾像母爱子一样地

爱齐湣王。［10］闾：里巷。［11］袒右：脱衣之右袖，露出右臂及肩。［12］亡臣相与：一道逃亡在外的大臣。［13］齐王：齐襄王，名法章，湣王之子，公元前283年至公元前265年在位。［14］和氏璧：春秋时楚人和氏（卞和）所得的宝玉，称和氏璧。［15］请易以十五城：要求用十五城交换。［16］蔺相如：战国赵人，初为宦者令舍人，赵惠文王时，因完璧归赵、渑池会有功，任为上卿（宰相）。传见《史记》卷八十一。［17］曲：理亏。［18］均：衡量，比较。［19］负秦：让秦理亏。［20］诈：假，伪。［21］绐（dài）：诳骗。［22］怀之：怀里揣着和氏璧。［23］间行：密密地从小路走。［24］待命于秦：等候秦王的处置。［25］上大夫：大夫最高级，仅次于卿。［26］怀君：卫怀君，公元前283年至公元前253年在位。［27］微隐：埋藏很深非常隐秘的事。见《韩非子·内储说下》。［28］有：或，有时。［29］发褥而席弊：揭开褥子露出了破席子。发褥，揭开褥子。弊，破。［30］关市：关，道路上的关卡。市，都邑里的市场。［31］赂之以金：给管理关市之吏贿赂。［32］召关市：召来管理关市之吏。［33］回遣之：退还贿赂之金。［34］如耳：人名。先任魏为大夫，后仕卫，又为韩臣。［35］壅己：使自己受蒙蔽。［36］薄疑：卫嗣君宠臣。［37］敌如耳：与如耳抗衡。［38］偶：对立，抵制。［39］相参：互相牵制。［40］荀子论之曰：见《荀子·王制》。［41］聚敛计数：搜刮民财，锱铢必较。［42］未及取民也：没有能够争取民心。［43］子产（？—前522）：姓公孙名侨，字产，春秋时郑国大夫，曾为相国。［44］为政：实施政教。［45］修礼：修治礼义。［46］两城：《六国年表》赵惠文王十七年，公元前282年，“秦拔我两城”。据杨宽《战国史·战国大事年表》，秦所拔两城为蔺、祁二城。蔺邑在今山西吕梁市离石区西，祁邑在今山西祁县东南。［47］石城：即石邑，在今山西吕梁市离石区。［48］令尹：楚令尹，王之下的最高行政长官，即齐、秦等国的丞相。［49］昭子：昭鱼，即昭奚恤。［50］共主：共同尊奉的宗主，即周天子。［51］肥国：使国富裕。［52］劲兵：增强兵力。［53］祭器：祭祀时所用的礼器，特别指九鼎之类三代传国之礼器。［54］臊：腥臊。［55］兵利身：虎有尖牙利爪。［56］麋蒙虎之皮：假如野泽中的麋鹿披上贵重的虎皮。意谓麋肉好吃，加上如虎之皮，又无利兵在身，那么攻击它的人比捕虎的多一万倍。此虎皮比喻祭器，若楚在周取祭器，如同麋鹿披上虎皮，定会招来诸侯国的攻打与争夺，楚则危也。［57］裂楚之地，足以肥国：瓜分楚国的土地，可以使国家富庶。［58］诎楚之名，足以尊王：使楚国屈服的美名，可以使国君尊荣。诎，通“屈”。王，据章校，他本“王”作“主”。《史记·楚世家》作“尊主”，当改“王”字为“主”。［59］诛残：诛杀，残杀。［60］居：占有。［61］传器：指象征王朝政权的传国宝器，即九鼎。［62］器南，则兵至矣：九鼎南迁，讨伐楚国的大军就紧跟着来了。［63］计辍不行：图周的计划就中止不实行。辍，止。［64］光狼城：在今山西高平市西。［65］陇西：地区名。因陇山而得名，当今甘肃临夏县、临潭县以西地。［66］黔中：指楚国巫郡以及江南地，秦夺取以后改置为黔中郡。［67］汉北：汉水北岸之地。包括宛（今河南南阳市）、叶（今河南叶县）、邓（今河南邓州市）、随（今湖北随州市）等地。［68］上庸：在今湖北竹山县西南。［69］鄢：即鄢郢，今湖北宜城市西。［70］西陵：邑名，故城在今湖北宜城市西北。［71］好会：友好之会，盟会。［72］渑池：邑名，在今河南渑池县西。［73］毋行：不去。［74］廉颇：赵良将，曾为上卿，封平信君。传见《史记》卷八十二。［75］诀：别。［76］“度道里”句：计算路程以及与秦王相会礼仪完成。度，估计，计算。道里，代指行程。会遇之礼毕，两国国君见面和会谈的礼仪完成。［77］还不过三十日：来回路程不超过三十天。［78］绝秦望：断绝秦国要挟的念头。［79］许之：同意三十天未返赵就立太子为王的请求。［80］鼓瑟：奏瑟。瑟，二十五弦琴。［81］击缶：敲瓦盆。缶（fǒu），一种盛酒的瓦器，敲击以表节拍。［82］以颈血溅大王：用颈血溅洒大王。意谓要与秦王同归于尽。［83］刃：杀。［84］张目叱之：瞪大眼睛，大声呵斥秦王左右的人。［85］靡：散乱倒退。［86］怿：喜悦，高兴。［87］为一击缶：为大家敲了一下瓦盆。［88］加于赵：占赵国的上风。［89］盛为之备：做了充分准备。［90］右：尊，上。［91］素贱人：本来是一个卑贱的人。素，一向，原来。［92］徒：只不过。［93］不忍：不耐，不愿意。［94］争列：争位次的先后。［95］望见：远远看见廉颇。［96］辄引车：就调转车子。辄，就，马上。引，退，此指调头。［97］廉将军孰与秦王：廉将军与秦王比谁厉害？［98］不若：廉将军不如秦王厉害。［99］廷叱之：在秦朝廷当众呵斥他。［100］辱其群臣：此指请秦王击缶。［101］驽：劣马，喻愚笨，拙劣。［102］独：岂，难道。［103］顾：但。［104］加兵：进兵侵犯。［105］“肉袒负荆”句：裸露身体，背上荆条，到蔺相如府上道歉。“负荆请罪”成语出此。肉袒，解衣袒露出身体。负荆，背着荆杖，表示愿受责罚。荆，荆棘的枝条，古代常用来做刑杖。［106］刎颈之交：友谊深挚，可以同生死共患难的朋友。

初，燕人攻安平[1]，临淄市掾[2]田单在安平，使其宗人[3]皆以铁笼傅车軎[4]。及城溃，人争门而出，皆以軎折车败[5]，为燕所禽；独田单宗人以铁笼得免，遂奔即墨[6]。是时齐地皆属燕，独莒[7]、即墨未下，乐毅及并右军、前军以围莒，左军、后军围即墨。即墨大夫出战而死。即墨人曰：“安平之战，田单宗人以铁笼得全，是多智习兵[8]。”因共立以为将以拒燕。乐毅围二邑，期年[9]不克，乃令解围，各去城九里而为垒[10]，令曰：“城中民出者勿获[11]，困者赈之[12]，使即[13]旧业，以镇[14]新民。”三年而犹未下。或谗之于燕昭王曰：“乐毅智谋过人，伐齐，呼吸之间[15]克七十余城。今不下者两城耳，非其力不能拔，所以三年不攻者，欲久仗兵威以服齐人，南面而王耳[16]。今齐人已服，所以未发者，以其妻子在燕故也。且齐多美女，又将忘其妻子。愿王图之！”昭王于是置酒大会[17]，引言者而让之[18]曰：“先王[19]举国以礼贤者，非贪土地以遗子孙也。遭所传德薄，不能堪命[20]，国人不顺。齐为无道，乘孤国之乱以害先王。寡人统位[21]，痛之入骨，故广延[22]群臣，外招宾客，以求报仇。其有成功者，尚欲与之同共燕国[23]。今乐君亲为寡人破齐，夷[24]其宗庙，报塞[25]先仇，齐国固乐君所有，非燕之所得也。乐君若能有齐，与燕并为列国，结欢同好，以抗诸侯之难[26]，燕国之福，寡人之愿也。汝何敢言若此！”乃斩之[27]。赐乐毅妻以后服[28]，赐其子以公子之服；辂车乘马[29]，后属百两[30]，遣国相奉而致之乐毅，立乐毅为齐王。乐毅惶恐不受，拜书[31]，以死自誓。由是齐人服其义，诸侯畏其信，莫敢复有谋者。

顷之，昭王薨，惠王立。惠王[32]自为太子时，尝不快于乐毅。田单闻之，乃纵[33]反间于燕，宣言曰：“齐王已死，城之不拔者二耳。乐毅与燕新王有隙[34]，畏诛而不敢归，以伐齐为名，实欲连兵南面王齐。齐人未附[35]，故且缓攻即墨以待其事[36]。齐人所惧，唯恐他将之来，即墨残[37]矣。”燕王固已疑乐毅，得齐反间，乃使骑劫代将而召乐毅[38]。乐毅知王不善[39]代之，遂奔赵。燕将士由是愤惋[40]不和。

田单令城中人，食必祭其先祖于庭[41]，飞鸟皆翔舞而下城中[42]。燕人怪之，田单因宣言曰：“当有神师下教我。”有一卒曰：“臣可以为师乎？”因反走[43]。田单起引还[44]，坐东乡[45]，师事之[46]。卒曰：“臣欺君。”田单曰：“子勿言[47]也。”因师之，每出约束[48]，必称神师[49]。乃宣言曰：“吾唯惧燕军之劓所得齐卒[50]，置之前行[51]，即墨败[52]矣！”燕人闻之，如其言。城中见降者尽劓，皆怒，坚守，唯恐见得[53]。单又纵反间，言：“吾惧燕人掘吾城外冢墓[54]，可为寒心[55]！”燕军尽掘冢墓，烧死人。齐人从城上望见，皆涕泣，共欲出战，怒自十倍[56]。田单知士卒之可用，乃身操版、锸[57]，与士卒分功[58]；妻妾编于行伍[59]之间；尽散饮食飨士[60]。令甲卒皆伏[61]，使老、弱、女子乘城[62]，遣使约降于燕，燕军皆呼万岁。田单又收民金得千镒，令即墨富豪遗[63]燕将，曰：“即降[64]，愿无虏掠吾族家[65]。”燕将大喜，许之。燕军益懈[66]。田单乃收城中，得牛千余[67]，为绛缯衣[68]，画以五采龙文[69]，束兵刃于其角，而灌脂束苇于其尾[70]，烧其端，凿城数十穴，夜纵牛，壮士五千随其后。牛尾热，怒而奔燕军。燕军大惊，视牛皆龙文，所触尽死伤。而城中鼓噪[71]从之，老弱皆击铜器为声，声动天地[72]。燕军大骇[73]，败走[74]。齐人杀骑劫，追亡逐北[75]，所过城邑皆叛燕，复为齐[76]。田单兵日益多，乘胜，燕日败亡，走至河上，而齐七十余城皆复[77]焉。乃迎襄王于莒。入临淄，封田单为安平君[78]。

齐王以太史敫之女为后，生太子建。太史敫曰："女不取媒[79]，因自嫁，非吾种也[80]，污吾世[81]！"终身不见君王后，君王后亦不以不见故失人子之礼。

赵王封乐毅于观津[82]，尊宠之，以警动[83]于燕、齐。燕惠王乃使人让[84]乐毅，且谢之[85]曰："将军过听[86]，以与寡人有隙，遂捐燕归赵[87]。将军自为计[88]则可矣，而亦何以报先王之所以遇[89]将军之意乎？"乐毅报书曰："昔伍子胥说听于阖闾而吴远迹至郢[90]；夫差弗是也，赐之鸱夷而浮之江[91]。吴王不寤[92]先论[93]之可以立功，故沈子胥而不悔；子胥不蚤[94]见主之不同量[95]，是以至于入江而不化[96]。夫免身立功以明先王之迹，臣之上计也[97]。离毁辱之诽谤，堕先王之名，臣之所大恐也[98]。临不测之罪[99]，以幸为利[100]，义之所不敢出也[101]。臣闻古之君子，交绝不出恶声[102]，忠臣去国，不洁其名[103]。臣虽不佞[104]，数奉教于君子矣[105]。唯君王之留意焉[106]！"于是燕王复以乐毅子间为昌国君，而乐毅往来复通燕[107]，卒于赵，号曰望诸[108]君。

（以上为第五段，写燕惠王信谗忌惮乐毅，齐国田单施反间计使燕惠王逐走乐毅，这才大败燕军，复兴了齐国。）

【注释】

[1]安平：邑名，在今山东淄博市东北。 [2]市掾（yuàn）：管理市政的辅助人员。 [3]宗人：近房的族人。 [4]以铁笼傅车辖：用铁皮笼罩在车轴头上。铁笼，铁皮帽，铁箍。傅，通"附"，箍住。辖（wèi），车轴的两端。 [5]败：坏。 [6]即墨：邑名，今山东平度市东南。 [7]莒：邑名，今山东莒县。 [8]习兵：熟悉兵法。 [9]期（jī）年：一周年。 [10]垒：营垒。 [11]获：抓捕。 [12]赈之：救济他们。之，出城的人。 [13]即：就。 [14]镇：安抚。 [15]呼吸之间：一呼一吸的时间，言时间很短，犹言顷刻之间。 [16]南面而王耳：古代以坐北

朝南为尊位。此谓乐毅有称王的野心。［17］大会：大宴群臣。［18］引言者而让之：拉出进谗言的人当面斥责。引，援引，拉出。言者，那些进谗言的人。让，责备。［19］先王：燕王哙。［20］不能堪命：言燕王哙让位给子之，子之不能胜任传国的重托。堪，胜任。［21］统位：执掌国家政权。［22］广延：广泛礼请，邀请。［23］同共燕国：共同享有燕国。燕昭王曾说："诚得贤士以共国，以雪先王之耻，孤之愿也。"（见《史记·燕世家》）［24］夷：平。［25］报塞：报复。［26］难：兵难，祸难。［27］之：指那些向燕昭王说乐毅坏话的人。［28］后服：王后的服饰。［29］辂（lù）车：多指帝王用的大车。乘（shèng）马：四匹马。［30］后属百两：辂车后的扈从车队一百辆。两，同"辆"。［31］拜书：写信给别人的敬辞。［32］惠王：昭王之子，史失其名，公元前278年至公元前272年在位。［33］纵：肆意，大张旗鼓，此作动词用，施展。［34］"乐毅"句：乐毅与燕国新王有嫌隙。新王，指惠王。隙，隔阂，矛盾。［35］附：归附。［36］事："连兵南面王齐"之事。［37］即墨残：即墨城将被攻破。［38］"乃使骑劫"句：便派骑劫替代乐毅统兵。骑劫，燕将。将，统兵。召，召回。［39］不善：不怀好意，欲杀乐毅。［40］愤惋：愤恨。惋，怨恨。［41］食必祭其先祖于庭：每次吃饭时，必须先在庭院里摆供品祭祀祖先。［42］飞鸟皆翔舞而下城中：使得众多飞鸟因争食祭祀的食物，都飞到城上空盘旋翱翔再下去啄食。［43］因反走：（说完）转身就跑。［44］田单起引还：田单起身把他请回来。引还，把那士兵请回。［45］坐东乡：请他面向东坐。乡，通"向"。［46］师事之：用事奉老师的礼节来事奉他。［47］勿言：不要声张。［48］出约束：发号施令。［49］必称神师：一定说是神师的主意。［50］劓所得齐卒：把俘虏的齐兵割掉鼻子。劓（yì），古代割掉鼻子的酷刑。［51］置之前行：把他们放在燕军的最前列做先锋。［52］败：败亡。［53］见得：被俘虏。［54］冢墓：祖宗坟墓。［55］可为寒心：那可是真让人心酸。［56］怒自十倍：愤怒增强十倍，形容士气高涨。［57］乃身操版、锸：田单于是亲身操持板、锸工具。身，亲自。版，筑墙夹板。锸，挖壕的铁锹。［58］分功：各自劳动修筑工事。［59］行伍：古代军队编制，五人为伍，二十五人为行，故以"行伍"泛指军队。［60］飨士：用酒食款待士卒。［61］甲卒皆伏：披甲士兵都埋伏起来。甲卒，即武装的士卒。伏，隐藏起来。［62］乘城：登城防守。［63］遗（wèi）：送。［64］即降：马上、很快就要投降。［65］愿无虏掠吾族家：希望不要抢劫我的家族。愿，希望。［66］益懈：更加松懈。［67］得牛千余：在即墨城中收集到千余头牛。［68］为绛缯衣：给牛做紫红色绢衣。［69］画以五采龙文：绢衣上画着五颜六色的蛟龙花纹。［70］灌脂束苇于其尾：牛尾上捆上浸满油的芦苇。［71］鼓噪：击鼓呐喊。［72］声动天地：喊杀声震天动地。动，震。［73］骇：惊。［74］败走：战败逃跑。［75］追亡逐北：燕军溃散逃命，齐军紧紧追赶。［76］复为齐：又成为齐国的城邑。［77］复：收复。［78］封田单为安平君：因田单安定国家，平定国难；又因田单为安平人，以即墨为基地，收复齐国七十余城，故以安平封田单。［79］女不取媒：你没有通过媒人。女，通"汝"，你。取，采取。［80］非吾种也：犹言"非吾家所出"。不是我们家的人。［81］污吾世：犹言给我丢人现眼。污，玷污。世，身。［82］观津：邑名，在今河北武邑县东。［83］警动：震动。警，通“惊”，震动。［84］让：责备，指斥。［85］谢之：向乐毅表示歉意。［86］过听：误听了流言蜚语。［87］捐燕归赵：抛弃燕国，投奔赵国。［88］自为计：为个人打算。［89］遇：待遇。此指燕昭王对乐毅的知遇之恩。［90］“昔伍子胥”句：从前伍子胥的计谋被吴王阖闾采纳，致使吴国军队远征到了楚国郢都。伍子胥，楚平王时大夫伍奢之子，平王冤杀伍奢，子胥奔吴引兵破楚郢都。传见《史记》卷六十六。说听于阖闾（héiu），意见被吴王阖闾所接受。吴远迹至郢，吴师能远征深入楚国郢都。［91］“夫差弗是也”二句：继位的吴王夫差不是这样，他赐死伍子胥，还把他的尸体装在皮袋里漂浮在江上。弗是，不认为子胥的意见是对的。鸱夷，皮囊。［92］寤：明白，了解。［93］先论：指伍子胥生前的见解、主张，即劝夫差拒绝越国求和及停止攻打齐国的主张。［94］蚤：通“早”。［95］主之不同量：阖闾与夫差两吴王气度不同。不同量，指器度、才识不相同。［96］“是以”句：以至于不改初衷，落得尸体被沉入江中。不化，不变，不改初衷。指伍子胥仍然以对待阖闾的态度（忠心耿耿，直言正谏）对待夫差。［97］“夫免身立功”二句：离开燕国，免遭大祸，保全大功，用以发扬先王的业绩，这是我的上策。［98］“离毁辱之诽谤”三句：遭受诽谤和羞辱，毁坏先王的名声，这是我最害怕的事。离，通“罹”，遭受。毁辱，诋毁，侮辱。［99］不测之罪：多指死罪，也指大罪。［100］以幸为利：指燕惠王担心乐毅与赵谋燕。［101］义之所不敢出也：从道义上讲，我是不能做出这等事的。［102］交绝不出恶声：与人断绝交情不口出恶言。［103］“忠臣”二句：忠臣离开本国去到别国，不说国君的坏话，不标榜自己。洁，同“絜”，修饰，修整。有标榜的意思。［104］不佞：无才能。古时自谦之辞。［105］数奉教于君子矣：屡受君子们的教导。言外之意是，不会乘燕之敝而伐燕。［106］唯君王之留意焉：希望君王你注意到这些。唯，同“惟”，希望。留意焉，对此事要深思熟虑，认真考虑。［107］复通燕：仍旧交好燕国。［108］望诸：胡三省注：“泽名，本齐地；毅自齐奔赵，赵人以此号之，本其所从来也。”

田单相齐，过淄水［1］，有老人涉淄而寒，出水不能行。田单解其裘而衣之［2］。襄王恶之［3］，曰：“田单之施于人［4］，将［5］以取我国乎？不早图，恐后之［6］变也。”左右顾无人，岩下［7］有贯珠者［8］，襄王呼而问之曰：“汝闻吾言乎？”对曰：“闻之。”王曰：“汝以为何如？”对曰：“王不如因以为己善［9］。王嘉［10］单之善，下令曰：‘寡人忧民之饥也，单收而食之；寡人忧民之寒也，单解裘而衣之；寡人忧劳［11］百姓，而单亦忧之，称寡人之意。’单有是善而王嘉之，单之善亦王之善也。”王曰：“善。”乃赐单牛酒。后数日，贯珠者复见王曰：“王朝日宜召田单而揖之于庭［12］，口劳之［13］。乃布令求百姓之饥寒者，收谷［14］之。”乃使人听[15]于闾里[16]，闻大夫之相与语者曰："田单之爱人，嗟，乃王之教也！"

田单任貂勃[17]于王。王有所幸臣九人，欲伤安平君[18]，相与语于王曰："燕之伐齐之时，楚王使将军[19]将万人而佐齐。今国已定而社稷已安[20]矣，何不使使者谢于楚王？"王曰："左右孰可？"九人之属曰："貂勃可。"貂勃使楚，楚王受而觞之[21]，数月不反[22]。九人之属相与语曰[23]："夫一人之身而牵留万乘者，岂不以据势也哉[24]！且安平君之与王也，君臣无异而上下无别。且其志欲为不善，内抚百姓，外怀[25]戎翟，礼天下之贤士，其志欲有为[26]，愿王察之！"异日[27]，王曰："召相单而来！"田单免冠、徒跣、肉袒[28]而进，退而请[29]死罪，五日而王曰："子无罪于寡人。子为子之臣礼，吾为吾之王礼而已矣。"貂勃从楚来，王赐之酒。酒酣[30]，王曰："召相单而来！"貂勃避席稽首[31]曰："王上者孰与周文王[32]？"王曰："吾不若也。"貂勃曰："然，臣固知[33]王不若也。下者孰与齐桓公[34]？"王曰："吾不若也。"貂勃曰："然，臣固知王不若也。然则周文王得吕尚[35]以为太公，齐桓公得管夷吾以为仲父[36]，今王得安平君而独曰'单'，安得此亡国之言乎[37]！且自天地之辟，民人之始，为人臣之功者，谁有厚于安平君者哉？王不能守王之社稷，燕人兴师而袭齐，王走而之城阳[38]之山中，安平君以惴惴[39]即墨三里之城，五里之郭[40]，敝卒七千人，禽其司马而反千里之齐，安平君之功也。当是之时，舍城阳而自王，天下莫之能止。然而计之于道，归之于义[41]，以为不可[42]，故栈道木阁而迎王与后于城阳山中，王乃得反，子临百姓[43]。今国已定，民已安矣，王乃曰'单'[44]，婴儿之计不为此也[45]。王亟杀[46]此九子者以谢安平君，不然，国其危矣！"乃杀九子而逐其家[47]，益封安平君以夜邑[48]万户。

田单将攻狄，往见鲁仲连[49]。鲁仲连曰："将军攻狄，不能下也。"田单曰："臣以即墨破亡余卒破万乘之燕，复齐之墟[50]，今攻狄而不下，何也？"上车弗谢而去[51]，遂攻狄，三月不克。齐小儿谣[52]曰："大冠若箕[53]，修剑拄颐[54]。攻狄不能下，垒枯骨成丘。"田单乃惧，问鲁仲连曰："先生谓单不能下狄，请闻其说[55]。"鲁仲连曰："将军之在即墨，坐则织蒉，立则仗锸[56]，为士卒倡[57]曰：'无可往矣！宗庙亡矣！今日尚矣！归于何党矣[58]！'当此之时，将军有死之心，士卒无生之气[59]，闻君言莫不挥泣奋臂而欲战，此所以破燕也。当今将军东有夜邑之奉，西有淄上之娱，黄金横带而骋乎淄、渑之间[60]，有生之乐，无死之心，所以不胜也。"田单曰："单之有心，先生志之矣[61]。"明日，乃厉气循城[62]，立于矢石之所[63]，援枹鼓之[64]。狄人乃下。

初，齐湣王既灭宋[65]，欲去孟尝君。孟尝君奔魏，魏昭王以为相，与诸侯共伐破齐。湣王死，襄王复国，而孟尝君中立为诸侯，无所属。襄王新立，畏孟尝君，与之连和。孟尝君卒，诸子争立，而齐、魏共灭薛，孟尝君绝嗣[66]。

（以上为第六段，写齐襄王忌惮田单功高而疏远，因纳谏而诛佞臣，尊礼田单，君臣和好如初。）

【注释】

[1]淄水：在今山东，流经淄博市临淄区东南。［2］衣之：给老人穿上。衣（yì），拿衣服给人穿。［3］恶之：十分厌恶田单。［4］施于人：笼络人心。［5］将：据章校，他本"将"下有"欲"字。《战国策·齐策六》第四章"将"下有"欲"字，当补"欲"字。［6］后之：恐怕要落后手，意谓田单先下手。［7］岩下：殿堂下。［8］贯珠者：宫内串连珠的匠人。此当是回宫之后的事。［9］王不如因以为己善：大王不如把田单的善行作为自己的善行。［10］嘉：称赞，表彰。［11］忧劳：忧念。劳，忧。［12］揖之于庭：在殿庭上致谢。［13］口劳之：亲口慰劳他。［14］谷：养。［15］听：打听。［16］闾里：泛指乡里。此指群众中。［17］任：保举。貂勃：齐人，又作"刁勃"。［18］伤：害。安平君：田单。［19］将军：指淖齿。［20］国已定而社稷已安：国家已经安定。"国已定""社稷已安"同义。［21］楚王受而觞之：楚王接受礼品设宴款待貂勃。觞，古代酒杯。向人劝酒也称"觞"，此指设宴劝酒。［22］反：通"返"。［23］语曰：据章校，他本"语"下有"于王"二字。［24］"夫一人"二句：他一个使臣能让大国的国君出面挽留，难道不是仗着安平君权大势重吗？牵，挽。［25］怀：安抚使归服。［26］有为：有所作为。指阴谋篡权。为，据章校，他本"为"下有"也"字，当补。［27］异日：以后，有一天。［28］免冠、徒跣、肉袒：脱帽、赤脚、光着身子，古时谢罪时表示恭敬或惶恐的形象。徒跣（xiǎn），赤脚步行。［29］请：要求。［30］酒酣：饮酒尽兴时。［31］避席稽首：离开座席，叩头下拜。避席，离开自己的座席，表示不安而肃然起敬之意。稽首，叩头至地，为最恭敬的跪拜礼，一般为臣拜君之礼。［32］"王上者"句：大王上比周文王怎么样？［33］固知：原本就知道。［34］齐桓公：春秋五霸之一，公元前685年至公元前643年在位。［35］吕尚：姜尚，辅佐周文

王的西周开国功臣。［36］仲父：叔父，又称亚父，即事之如父。一说“仲”指管仲之“仲”，非是。［37］“安得”句：哪能讲出这种亡国的话呢？安，何，为什么。得，出。［38］城阳：县名，故城在今山东鄄城县东南。按：此城阳为莒城之误。齐襄王法章落魄在莒县而非城阳。［39］惴惴：岌岌可危。［40］城、廓：内城曰城，外城曰廓。［41］计之于道，归之于义：从道义上考虑，以德义为依归。计，考虑。归，依归。［42］以为不可：认为不能违背道义。［43］子临百姓：把老百姓当作自己的儿子一样看待。临，有治理的意思。［44］王乃曰“单”：大王却呼叫安平君的名字“单”。［45］“婴儿”句：即便是小孩子也不这样想。［46］亟杀：立即诛杀。［47］逐其家：驱逐他们全家。［48］夜邑：今山东莱州市。夜，通“掖”。［49］鲁仲连：战国时齐人，解人危难，不计报酬，终身不仕。传见《史记》卷八十三。［50］墟：土地。［51］弗谢而去：不辞而别。谢，告辞。［52］小儿谣：童谣，在儿童中流行的歌谣。［53］大冠若箕：高大的帽子像簸箕。大冠，武官所戴的帽子。箕，簸箕。［54］修剑拄颐：长长宝剑顶面颊。修，长。拄，支。颐，腮。［55］说：道理。［56］坐则织蒉，立则仗锸：休息时就同士兵一起编竹筐，劳作时就同士兵一起挥锹锸。仗，持，握。锸，挖土的工具。［57］倡：同“唱”。鼓动、激励士兵。［58］“无可往矣”四句：没有退路了，国家宗庙已经灭亡了，今天若不齐心协力，真的是无家可归了。党，齐语所指居所。［59］无生之气：不求苟活的勇气。［60］淄、渑之间：淄水、渑水之间。两水在今山东境内临淄地区。［61］“单之有心”二句：我田单已有决心了，感谢先生的激励。有心，有殊死、决死之心。上文言“有死之心”，“所以破燕”；以后“无死之心”，“所以不胜”。志，通“识”，《说文》：“识，知也。”知，了解，此指激励。［62］厉气循城：振奋意气，巡行城下。厉气，鼓励斗志。［63］立于矢石之所：站在容易受到弓矢弹石攻击的地方。所，处，地方。《战国策》《吕氏春秋》作“所及”，亦通。［64］援枹鼓之：田单亲自拿起鼓槌击鼓，即亲赴战场第一线。援，持。枹（fú），鼓槌。鼓，击鼓。［65］灭宋：赧王二十九年（前286）齐灭宋。［66］绝嗣：无继承人。

三十七年（癸未，前278年）

秦大良造白起伐楚，拔郢，烧夷陵[1]。楚襄王兵散，遂不复战，东北徙都于陈[2]。秦以郢为南郡，封白起为武安君。

三十八年（甲申，前277年）

秦武安君定巫、黔中，初置黔中郡[3]。

魏昭王薨，子安釐王[4]立。

三十九年（乙酉，前276年）

秦武安君伐魏，拔两城。

楚王收东地[5]兵，得十余万，复西取江南[6]十五邑。

魏安釐王封其弟无忌为信陵君[7]。

四十年（丙戌，前 275 年）

秦相国穰侯伐魏。韩暴鸢[8]救魏，穰侯大破之，斩首四万。暴鸢走开封[9]。魏纳[10]八城以和。穰侯复伐魏，走芒卯[11]，入北宅[12]。魏[13]人割温[14]以和。

四十一年（丁亥，前 274 年）

魏复与齐合从。秦穰侯伐魏，拔四城，斩首四万。

鲁湣公薨，子顷公雠[15]立。

四十二年（戊子，前 273 年）

赵人、魏人伐韩华阳[16]。韩人告急于秦，秦王弗救。韩相国谓陈筮[17]曰："事急矣！愿公虽病，为一宿之行[18]。"陈筮如[19]秦，见穰侯。穰侯曰："事急乎？故使公来。"陈筮曰："未急也。"穰侯怒曰："何也？"陈筮曰："彼韩急则将变而他从[20]；以未急，故复来耳。"穰侯曰："请发兵矣。"乃与武安君及客卿胡阳救韩，八日而至，败魏军于华阳之下，走芒卯，虏三将，斩首十三万。武安君又与赵将贾偃战，沈其卒二万人于河。魏段干子[21]请割南阳[22]予秦以和。苏代[23]谓魏王曰："欲玺[24]者，段干子也，欲地者，秦也。今王使欲地者制玺，欲玺者制地[25]，魏地尽矣！夫以地事秦，犹抱薪救火，薪不尽，火不灭。"王曰："是则然也[26]。虽然[27]，事始已行[28]，不可更矣[29]！"对曰："夫博之所以贵枭[30]者，便则食，不便则止。今何王之用智不如用枭也？"魏王不听，卒以南阳为和，实修武[31]。

韩釐王薨，子桓惠王[32]立。

（以上为第七段，写秦破赵、魏联军的华阳之战。）

【注释】

[1]夷陵：陵名，后为县，在今湖北宜昌市。[2]陈：今河南周口市淮阳区。[3]黔中郡：秦侵楚地所置郡，在今湖南洞庭湖以西，包括湖南沅水、澧水流域，湖北清江流域，四川黔江流域。[4]安釐王：名圉（yǔ），昭王之子，公元前 276 年至公元前 243 年在位。釐，同"僖"。[5]东地：楚国东境淮、汝之地。[6]江南：《史记·楚世家》作"江旁"。[7]信陵君：战国四公子之一。传见《史记》卷七十七。[8]暴鸢：韩将。[9]走开封：逃到开封。开封，邑名，今

河南开封市南。［10］纳：奉献，割让。［11］走芒卯：赶跑了魏将芒卯。［12］北宅：即宅阳，故城在今河南荥阳市西南。［13］魏：据章校，他本“魏”上有“遂围大梁”四字。大梁，魏都，今河南开封市。［14］温：魏邑，在今河南温县西。［15］顷公雠：滑公之子，名雠。公元前272年至公元前249年在位。［16］华阳：在今河南新郑市西北。［17］陈筮：人名。事迹不详，不同典籍有多种记载。《史记·韩世家·集解》引徐广说：“一作田筌”，《索隐》引《战国策》作“田荼”，今本《战国策·韩三》作“田苓”，《太平御览·游说览》作“由余”。［18］一宿之行：一日的行程。《左传》庄公三年传：“凡师一宿为舍。”古时行军一日三十里，为一舍，舍亦可称为宿。［19］如：往。［20］“彼韩急”句：那韩国到了危急的时候就会投靠别的国家。彼，若，那韩国。他从，投靠别的国家，指赵、魏。［21］段干子：《战国策》作“段干崇”。［22］南阳：今河南获嘉县一带。［23］苏代：苏秦之弟，亦游说之士。［24］玺：印。［25］“今王”二句：如今魏王你让想得到魏国土地的秦国掌控大王的相印，让想得到相印的人支配大王的土地。制，掌控，支配。［26］是则然也：是这个道理。然，对的。［27］虽然：即使这样。［28］已行：已经实施。［29］不可更矣：不能改变了。［30］贵枭：看重枭。古代棋戏，有五个木骰子，其上刻有枭、卢、雉、犊、塞等形。行博时掷骰子中采，然后行棋，得枭者为上采，最贵。［31］实修武：实际割让的土地是修武。修武，邑名，今河南获嘉县。［32］桓惠王：公元前332年至公元前312年在位。

韩、魏既服于秦，秦王将使武安君与韩、魏伐楚，未行，而楚使者黄歇[1]至，闻之，畏秦乘胜一举而灭楚也，乃上书曰：“臣闻物至则反，冬、夏是也[2]；致至则危，累棋是也[3]。今大国[4]之地，遍天下有其二垂[5]，此从生民已来，万乘之地未尝有也。先王三世[6]不忘接地于齐[7]，以绝从亲之要[8]。今王使盛桥[9]守事于韩，盛桥以其地入秦，是王不用甲[10]，不信威[11]，而得百里之地，王可谓能矣！王又举甲[12]而攻魏，杜大梁之门[13]，举河内[14]，拔[15]燕、酸枣、虚、桃[16]，入邢[17]，魏之兵云翔而不敢救[18]，王之功亦多矣！王休甲息众，二年[19]而后复之，又并蒲、衍、首垣以临仁、平丘，黄、济阳婴城而魏氏服[20]。王又割濮磨之北[21]，注齐、秦之要[22]，绝楚、赵之脊[23]，天下五合六聚而不敢救[24]，王之威亦单矣[25]！王若能保功守威，绌攻取之心[26]，而肥仁义之地[27]，使无后患[28]，三王不足四，五伯不足六也[29]！王若负[30]人徒之众，仗兵革之强，乘毁魏之威[31]，而欲以力臣天下之主[32]，臣恐其有后患也。《诗》曰[33]：‘靡不有初，鲜克有终[34]。’《易》曰[35]：‘狐涉水，濡其尾[36]。’此言始之易，终之难也。昔吴之信越也，从而伐齐，既胜齐人于艾陵[37]，还为越禽于三江之浦[38]。智氏之信韩、魏也，从而伐赵，攻晋阳城[39]，胜有日矣[40]，韩、魏叛之，杀智伯瑶于凿台之下[41]。今王妒楚之不毁[42]，而忘毁楚之强韩、魏也[43]，臣为王虑而不取也[44]。夫楚国，援也[45]；邻国，敌也。今王信韩、魏之善王[46]，此正吴之信越也[47]，臣恐韩、魏卑辞除患而实欲欺大国也[48]。何则？王无重世[49]之德于韩、魏而有累世之怨焉。夫韩、魏父子兄弟接踵[50]而死于秦者将十世矣，故韩、魏之不亡，秦社稷之忧也。今王资之与攻楚，不亦过乎[51]！且攻楚将恶出兵[52]？王将借路于仇雠之韩、魏乎？兵出之日而王忧其不反[53]也。王若不借路于仇雠之韩、魏，必攻随水右壤[54]，此皆广川、大水、山林、溪谷，不食之地[55]。是王有毁楚之名而无得地之实也。且王攻楚之日，四国[56]必悉起兵而应王。秦、楚之兵构而不离[57]；魏氏将出而攻留、方与、铚、湖陵、砀、萧、相，故宋必尽[58]；齐人南面攻楚，泗上必举[59]。此皆平原四达[60]膏腴之地。如此，则天下之国莫强于齐、魏矣。臣为王虑，莫若善楚。秦、楚合而为一以临韩[61]，韩必敛手而朝[62]；王施[63]以东山之险[64]，带以曲河之利[65]，韩必为关内之侯[66]。若是而王以十万戍郑[67]，梁氏寒心[68]，许、鄢陵婴城而上蔡、召陵不往来也[69]。如此，魏亦关内侯矣。大王壹善楚[70]而关内两万乘之主注地于齐[71]，齐右壤[72]可拱手而取也[73]。王之地一经两海[74]，要约[75]天下，是燕、赵无齐、楚[76]，齐、楚无燕、赵也。然后危动燕、赵[77]，直摇齐、楚[78]，此四国者不待痛而服矣[79]。”王从之，止武安君而谢韩、魏[80]，使黄歇归，约亲于楚[81]。

（*以上为第八段，写春申君上书秦昭襄王，避免了秦、韩、魏联合攻楚。东方六国争相亲秦，以苟延时日。*）

【注释】

[1]黄歇：楚春申君。传见《史记》卷七十八。[2]物至则反，冬、夏是也：事情发展到极点，就要向它的反面发展，冬去夏来就是这样。至，极。 [3]致至则危，累棋是也：东西放到最高点，形势就很危险，垒棋子就是这样。致，达到。 [4]大国：指秦国。 [5]二垂：指秦国横跨西北，占有两个边陲。垂，通“陲”，边。[6]先王三世：当年为秦昭王三十四年，上推三代，即秦武王、

秦惠文王、秦孝公。［7］接地于齐：让秦国与齐国连接。秦、齐中隔韩、魏、赵，使韩、魏、赵成为秦国领土的一部分，秦则可以“接地于齐”。意思是不忘吞并韩、魏、赵三国。［8］以绝从亲之要：用以切断诸侯各国合纵攻秦的纽带。绝，切断。要，同“腰”，纽带。山东合从，韩、魏是其腰。［9］盛桥：即始皇之弟成蟜。盛，通“成”。桥，通“蟜”。［10］不用甲：不使用武力。甲，兵士。［11］不信威：不施展威势。信，通“伸”。［12］举甲：发兵。［13］杜大梁之门：堵塞大梁的门户。杜，堵塞。大梁，魏都，今河南开封市。门，要道，要口。［14］举河内：占有河内。河内，地区名，为今河南东北部黄河以北地区。［15］拔：攻下。［16］燕、酸枣、虚、桃：皆在今河南延津县一带。［17］入邢：又吞并了邢丘。邱丘，魏邑，在今河南温县。［18］云翔而不敢救：徘徊观望不敢去救援。［19］二年：休兵二年。按：应作三年。“拔燕、酸枣、虚、桃”在始皇五年，“并蒲、衍、首垣”在始皇九年，其间正隔三年。［20］“又并”二句：又攻下了蒲、衍、首垣等地，兵临仁、平丘，包围了黄、济阳，魏国就屈服了。蒲，邑名，在今河南长垣市西南。衍，邑名，在今河南郑州市北。首垣，邑名，在长垣市东北。临，威胁。仁，地名，当在平丘附近。平丘，故城在今长垣市西南。黄，《战国策》作“小黄”，靠近外黄。外黄，在今河南杞县东北。济阳，故城在今河南兰考县与山东曹县间。［21］濮磨之北：指今河南濮阳市。［22］注齐、秦之要：打通了通往齐国和秦国的要道。［23］绝楚、赵之脊：切断了楚国与赵国的交通。脊，与“要”义同。脊梁与腰，指要害，此为交通要道、枢纽。按：赵，《战国策》作“魏”，下文皆“韩、魏”连言，此句当改“赵”作“魏”。［24］天下五合六聚而不敢救：各国诸侯多次会盟互相观望而不敢救援。五合六聚，多次盟会。五、六，非定数，言其多次。［25］王之威亦单矣：大王的威望空前无比。单，通“惮”，强大。［26］绌攻取之心：减少进攻的野心。绌，通“黜”，消除，减少。［27］肥仁义之地：巩固已占有的地方。肥，加厚，巩固。［28］使无后患：使国家没有后顾之忧。［29］“三王”二句：那是可以和三王、五霸相提并论的功业。三王，指夏、商、周三代开国圣王，即大禹、商汤、周文、周武等王。伯，通“霸”。五伯，春秋五霸。不足四、不足六，谓第四王、第六霸正等待秦昭王去补足，即秦昭王可与三王、五霸相提并论。［30］负：与下文“仗”同义，依仗，凭持。［31］乘毁魏之威：乘着击败魏国的威势。［32］欲以力臣天下之主：想用武力使天下各诸侯国君臣服。臣，使其称臣。［33］《诗》曰：引诗见《诗·大雅·荡》。［34］“靡不”二句：做任何事总有个开头，但很少能做到善始善终。靡，无。鲜，少。克，能。［35］《易》曰：引文见《易·未济》。［36］狐涉水，濡其尾：是说小狐渡河，水漫其尾，因无后劲儿，终难渡河。濡，浸湿。［37］艾陵：齐地名，在今山东济南市莱芜区东北。公元前485年，吴败齐于艾陵。［38］“还为”句：回师后吴王在三江水滨被越王擒拿。还，指吴王回师。禽，通“擒”。三江之浦，松江、娄江、东江三江汇合之口，在苏州东南。按：公元前494年，吴王夫差大败越王勾践臣服吴王，诱使吴王北伐齐，败齐艾陵，西与晋争霸，公元前482年吴王与晋举行黄池之会，越国趁机伐吴，掳吴太子。吴王回师以厚礼与越讲和。公元前475年，越又伐吴，至公元前473年，被越国困在姑苏之山（今苏州市西北）的夫差终于自杀。［39］晋阳城：今太原市。

[40]胜有日矣：胜利指日可待。智伯要挟韩、魏共围赵，水灌晋阳城，城墙只差三版就要被淹没了，胜利在望。［41］“韩、魏叛之”二句：智伯瑶约韩、魏共伐赵，后韩、魏、赵联合共灭智伯，智伯被杀于凿台之下。凿台，在今山西晋中市榆次区南洞过（涡）水侧。［42］“今王”句：现今大王对没有毁灭楚国感到不快。妒，忌恨，不快。［43］“而忘”句：却忘记了毁灭楚国会使韩、魏强大。［44］不取也：这样做是不可取、不明智的。［45］夫楚国，援也：楚国是秦国的友邦。［46］善王：对秦国亲善、友好。［47］此正吴之信越也：这正如当初吴国相信越国一样。正，诚，正是。［48］“臣恐”句：我担心韩魏用谦卑的言辞消除秦国施压的祸患，而实际上是要欺骗秦国。［49］重世：同“累世”，即世世代代。［50］接踵：一个接一个，相继。［51］“今王资之”二句：现今大王帮助韩、魏，并联合攻楚，岂不是大错特错吗？资之，提供军备给韩、魏。过，大错特错。［52］恶出兵：从哪儿出兵？韩、魏挡在楚的前面，秦攻楚，从哪条线路出兵呢？恶（wù），何，哪儿。［53］反：同“返”，指还兵。谓秦若攻楚，韩、魏断其后，秦将没有退还的路线。［54］随水右壤：今湖北随州市西部之地，即当时楚西部之地，故称“右壤”。［55］不食之地：即“不毛之地”，不生五谷之地。［56］四国：指韩、魏、齐、燕四国。［57］秦、楚之兵构而不离：秦、楚两国交战将无休无止。构，结，指交战。不离，不分，无休无止。若四国响应，秦将抽不出身。［58］“魏氏将出”二句：魏必然出兵进攻留、方与等地，将全部占有原来宋国的土地。留，故城在今江苏沛县东南。方与，今山东鱼台县北。铚（zhì），在今安徽宿州市西南。萧，在今安徽萧县北。相，今安徽宿州市西北。［59］泗上必举：泗水上的土地必将被齐占领。泗上，泗水流域之地，在今江苏西北部，春秋时楚北界。举，攻下，占领。［60］四达：交通四通八达。［61］临韩：进逼韩国。［62］韩必敛手而朝：韩国一定拱手向秦国称臣。敛手，拱手，表示恭顺臣服。敛，收缩。［63］施：利用，依靠。［64］东山之险：指咸阳以东的华山、崤山等地的险塞地势。［65］带以曲河之利：加上蜿蜒曲折的黄河的便利。带，义同上句的“施”，凭借，拥有，加上。曲河，通称河曲，指山西永济市一带的黄河由北向南，曲折而东的走势。［66］关内之侯：即下文之“关内侯”，乃比喻之义。言秦、楚联合，威胁韩，韩必服秦，如此，秦据山东之险，有黄河之利，韩国失去独立，只不过相当于秦国所封的一个“关内侯”而已。［67］以十万戍郑：用十万秦军戍守韩国都城新郑。戍，军队驻防。［68］梁氏寒心：魏国胆寒害怕。［69］“许、鄢陵”句：魏国的许、鄢陵两城将收缩防守，楚国的上蔡、召陵两地被切断，与魏国不往来了。许，故城在今河南许昌市建安区。鄢陵，故城在今河南鄢陵县西南。上蔡，故城在今河南上蔡县西。召（shào）陵，故城在今河南漯河市郾城区。［70］壹善楚：专心亲楚，只要亲楚。［71］关内两万乘之主注地于齐：韩、魏地接于齐，只要秦国拥有韩、魏两个万乘之君为关内侯，等于秦国的土地与齐接壤。注，连接。［72］齐右壤：齐国西部地区。南向右为西，左为东。［73］拱手而取也：不费力气就可取得。拱手，喻容易。［74］王之地一经两海：秦王的土地从西海一直到东海。两海，西流沙瀚海，东大海。［75］要约：约束、控制。［76］无齐、楚：指燕、赵没有齐国、楚国的援助与同盟。下句相反，齐、楚没有燕、赵的援助与同盟，是“无燕、赵也”。［77］危动燕、

赵：危逼燕、赵。［78］直摇齐、楚：摇撼齐、楚。摇，动摇、震撼。［79］不待痛而服矣：等不到遭受沉重打击就臣服了。痛，痛击，沉重打击。［80］止武安君而谢韩、魏：停止派武安君攻打楚国，并向韩、魏两国致歉。［81］约亲于楚：与楚国订立友好盟约。

【点评】

廉蔺交欢，将相和而赵强。本卷所载七国争雄，是张仪连横之策得势的时期，许多英杰人物登场。著名的有乐毅、田单、廉颇、蔺相如，“战国四公子”中的两位——孟尝君、春申君登场表演。最大亮点是廉蔺交欢，将相和而赵强，演奏了一曲爱国主义的赞歌。蔺相如智勇双全，出使秦国维护了赵国的利益。他用智慧和勇敢挫败了秦昭王君臣勒索的野心，完璧归赵，渑池之会强秦未能占上风。廉颇是赵国的大将，英勇善战，别国都十分畏惧廉颇。渑池之会，廉颇是蔺相如的坚强后盾，因此廉颇也是立有大功的。蔺相如心里很清楚，将相和是凝聚国民的核心，也是国家兴旺安全的保证。所以，当廉颇不服，要折辱蔺相如的时候，蔺相如退让三分，使廉颇感悟，最终将相和而赵强。蔺相如面对秦王，不畏强暴，表现出他的大智大勇；在同僚面前退让，顾全大局，先国家而后私仇，同样是大智大勇。激昂是勇敢，忍辱也是一种勇敢。一个人的智勇，只有与国家利益紧密相连，为捍卫国家利益才能得到最大限度的发扬。

卷五　周纪五

周赧王四十三年至五十九年（前272—前256年）

【起屠维赤奋若（己丑，前272年），尽旃蒙大荒落（乙巳，前256年），凡十七年】

【大事提要】

本卷记事起公元前272年，讫公元前256年，凡十七年，当周赧王四十三年至赧王五十九年。本卷所载大事主要有六个方面：其一，写秦赵阏与之战，赵将马服君赵奢大败秦军，是秦赵争雄的第一场大战。其二，写范雎入秦，说秦昭襄王实施远交近攻策略蚕食东方诸侯，荐良将白起，使秦昭襄王称雄于东方。范雎以忠臣事主的名义，助秦昭襄王剥夺太后及四贵权力，取得了秦国相位。其三，写秦赵长平大战，此战起于秦将白起公元前264年攻陉之战，结束于公元前257年楚、魏救赵解邯郸之围，前后八年。公元前260年秦赵主力于长平决战，秦胜赵败，从此赵国一蹶不振。其四，写秦赵长平之战推动了楚、魏、赵三国合纵抗秦，赵平原君、楚春申君、魏信陵君齐聚长平之战历史舞台，合力击秦军解邯郸之围。其五，写韩国大商人吕不韦奇货可居，投机政治，催生了后来统一六国的秦始皇，秦庄襄王异人之子嬴政。其六，秦灭西周。

赧王下

四十三年（己丑，前272年）

楚以左徒[1]黄歇侍太子完[2]为质于秦。

秦置南阳郡[3]。

秦、魏、楚共伐燕。

燕惠王薨，子武成王[4]立。

四十四年（庚寅，前271年）

赵蔺相如[5]伐齐，至平邑[6]。

赵田部吏[7]赵奢收租税，平原君[8]家不肯出。赵奢以法治之，杀平原君用事者[9]九人。平原君怒，将杀之。赵奢曰："君于[10]赵为贵公子，今纵君家而不奉公则法削[11]，法削则国弱，国弱则诸侯加兵[12]，是[13]无赵也，君安得有此富乎[14]？以君之贵，奉公如法[15]则上下平，上下平则国强，国强则赵固，而君为贵戚，岂轻于天下邪[16]！"平原君以为贤[17]，言之于王[18]。王使治国赋[19]，国赋太平，民富而府库实。

四十五年（辛卯，前 270 年）

秦伐赵，围阏与[20]。赵王召廉颇、乐乘[21]而问之曰："可救否？"皆曰："道远险狭[22]，难救。"问赵奢，赵奢对曰："道远险狭，譬犹两鼠斗于穴中，将勇者胜。"王乃令赵奢将兵救之。去[23]邯郸三十里而止，令军中曰："有以军事谏者死！"

秦师军武安[24]西，鼓噪勒兵[25]，武安屋瓦尽振[26]。赵军中候[27]有一人言急救武安，赵奢立斩之。坚壁[28]留二十八日不行，复益增垒[29]。秦间[30]入赵军，赵奢善食遣之[31]。间以报秦将，秦将大喜曰："夫去国三十里而军不行，乃增垒，阏与非赵地也！"赵奢既已遣间，卷甲而趋[32]，一日一夜而至，去阏与五十里而军，军垒成。秦师闻之，悉甲[33]而往。赵军士许历请以军事谏，赵奢进之。许历曰："秦人不意[34]赵至此，其来气盛[35]，将军必厚集其陈[36]以待之；不然，必败。"赵奢曰："请受教[37]！"许历请刑[38]，赵奢曰："胥后令邯郸[39]。"许历复请谏[40]，曰："先据北山[41]上者胜，后至者败。"赵奢许诺，即发万人趋之[42]。秦师后至，争山不得上；赵奢纵兵击秦师[43]，秦师大败，解[44]阏与而还。赵王封奢为马服君[45]，与廉、蔺同位[46]；以许历为国尉[47]。

穰侯言客卿灶于秦王，使伐齐，取刚、寿以广其陶邑[48]。

（以上为第一段，写秦赵阏与之战，赵将马服君赵奢大败秦军。）

【注释】

[1]左徒：战国时楚官名。传达命令的官，位次于令尹，为楚贵臣。 [2]太子完：即后来的楚考烈王。完又作"元"。 [3]南阳郡：郡治宛城，在今河南南阳市。 [4]武成王：燕惠王之子，史失名，公元前 271 年至公元前 258 年在位。 [5]蔺相如：赵人，初为赵宦者令缪贤舍

人，出使秦国完璧归赵，拜为上大夫，又拜为上卿。传见《史记》卷八十一。［6］平邑：在今河南南乐县东北。［7］田部吏：征收田赋的下级官吏。［8］平原君：赵胜，战国四公子之一。传见《史记》卷七十六。［9］用事者：管事的人。［10］于：在。［11］“今纵君家”句：现今放纵你的管家不奉公守法交租税，这样国家法令就要削弱。纵，放任。奉公，尊重公家。［12］加兵：用武力进攻。［13］是：则。［14］君安得有此富乎：你又怎能享有这些财富呢？安得，怎么能。［15］如法：遵守法令。［16］岂轻于天下邪：难道会被天下人轻视吗？［17］以为贤：认为赵奢贤能。贤，能，善。［18］言之于王：把赵奢举荐给赵王。［19］治国赋：管理国家的赋税。［20］阏（yān）与：今山西和顺县西。《史记·廉颇蔺相如列传》：“秦伐韩，军于阏与”，徐孚远《史记测议》：“阏与本赵地，伐韩而军阏与，假道也，亦以胁赵。”［21］乐乘：《史记·乐毅列传》：“乐间之宗也。”［22］狭：狭窄。［23］去：离开。［24］军武安：驻扎在武安。武安，赵邑，今河北武安市西南。［25］鼓噪勒兵：击鼓呐喊，操练军队。［26］振：通“震”。［27］候：侦察敌情的军吏。［28］坚壁：坚守营垒。［29］复益增垒：还要增修营垒工事。复，又，再。益，同“增”，加倍。［30］间：间谍。［31］善食遣之：用好饭好菜款待后放他回去。［32］卷甲而趋：卷起铠甲，轻装急进。见《孙子·军争》。［33］悉甲：全军。［34］不意：没有料到。［35］其来气盛：他们来势很猛。［36］厚集其陈：集中兵力。陈，通“阵”，交战时的战斗队列。［37］请受教：愿意接受建议。［38］请刑：要求死刑。赵奢曾令军中曰“有以军事谏者死”。［39］胥后令邯郸：等待回到邯郸请赵王处置。胥，通“须”，等待。［40］许历复请谏：临战时许历又请进言。［41］先据北山：抢先占领阏与的北山。［42］趋之：赶上去。［43］纵兵击秦师：指挥全军进攻秦兵。［44］解：解除包围。［45］马服君：马服，山名，在今河北邯郸市西北，赵王以此山名为赵奢封号。奢死葬于此山上。［46］与廉、蔺同位：与廉颇、蔺相如地位相同。廉、蔺二人为上卿，赵奢亦为上卿。［47］国尉：官名，仅次于将军。［48］取刚、寿以广其陶邑：夺取刚邑、寿邑以扩大穰侯的封邑陶邑。刚，邑名，在今山东宁阳县东北。寿，邑名，在今山东东平县西南。陶邑，在今山东菏泽市定陶区西北。

初，魏人范雎[1]从中大夫[2]须贾使于齐，齐襄王闻其辩口[3]，私赐之金及牛、酒。须贾以为雎以国阴事告齐[4]也，归而告其相魏齐。魏齐怒，笞击[5]范雎，折胁[6]，折齿[7]。雎佯死，卷以箦[8]，置厕中，使客醉者更溺之[9]，以惩后[10]，令无妄言[11]者。范雎谓守者[12]曰：“能出我[13]，我必有厚谢。”守者乃请弃箦中死人。魏齐醉，曰：“可矣。”范雎得出。魏齐悔，复召求之[14]。魏人郑安平遂操范雎亡匿[15]，更姓名曰张禄。

秦谒者[16]王稽使于魏，范雎夜见王稽。稽潜载与俱归[17]，荐之于王[18]，王见之于离宫[19]。范雎佯[20]为不知永巷[21]而入其中，王来而宦者怒逐之，曰："王至。"范雎谬曰[22]："秦安得王[23]！秦独有太后、穰侯耳！"王微闻其言[24]，乃屏左右[25]，跽而请曰[26]："先生何以幸教[27]寡人？"对曰："唯唯[28]。"如是者三。王曰："先生卒[29]不幸教寡人邪？"范雎曰："非敢然也[30]！臣，羁旅[31]之臣也，交疏[32]于王；而所愿陈者皆匡君之事[33]。处人骨肉之间[34]，愿效愚忠而未知王之心也，此所以王三问而不敢对者也。臣知今日言之于前，明日伏诛[35]于后，然臣不敢避也。且死者，人之所必不免也，苟可以少有补于秦而死，此臣之所大愿也。独恐[36]臣死之后，天下杜口裹足[37]，莫肯乡[38]秦耳！"王跽曰："先生，是何言也！今者寡人得见先生，是天以寡人溷先生而存先王之宗庙也[39]。事无大小，上及太后，下至大臣，愿先生悉以教寡人，无疑寡人也！"范雎拜，王亦拜。范雎曰："以秦国之大，士卒之勇，以治诸侯，譬若走韩卢而博蹇兔也[40]，而闭关十五年，不敢窥兵于山东[41]者，是穰侯为秦谋不忠，而大王之计亦有所失也。"王跽曰："寡人愿闻失计！"然左右多窃听者，范雎未敢言内[42]，先言外事[43]，以观王之俯仰[44]。因进曰："夫穰侯越韩、魏而攻齐刚、寿，非计也。齐湣王南攻楚，破军杀将，再辟地千里[45]，而齐尺寸之地无得焉者，岂不欲得地哉？形势不能有也[46]。诸侯见齐之罢敝[47]，起兵而伐齐[48]，大破之，齐几于亡，以其伐楚而肥韩、魏也[49]。今王不如远交而近攻[50]，得寸则王之寸也，得尺亦王之尺也[51]。今夫韩、魏，中国之处，而天下之枢也[52]。王若用霸[53]，必亲中国以为天下枢，以威[54]楚、赵，楚强则附赵，赵强则附楚[55]，楚、赵皆附，齐必惧矣，齐附则韩、魏因可虏[56]也。"王曰："善。"乃以范雎为客卿，与谋兵事。

四十六年（壬辰，前 269 年）

秦中更胡伤攻赵阏与，不拔[57]。

（以上为第二段，写范雎入秦，说秦昭王实施远交近攻策略蚕食东方六国。）

【注释】

[1]范雎：曾为秦昭王相国，封为应侯。传见《史记》卷七十九。 [2]中大夫：议论政事之官，当时大夫分上、中、下三级。 [3]辩口：能言善辩。 [4]以国阴事告齐：把魏国的秘密泄

漏给齐国。阴事，秘密事，机密事。［5］笞击：用竹板责打。［6］折胁：打断肋骨。［7］折齿：打掉牙齿。［8］箦（zē）：芦席。［9］更溺之：轮流往范雎身上撒尿。溺，同“尿”，作动词用。［10］以惩后：用来警戒以后的人。［11］妄言：胡说。指谈论出卖国家机密。［12］守者：看守范雎的人。［13］出我：放我出去。［14］召求之：寻找范雎。［15］操范雎亡匿：带着范雎逃亡藏匿。［16］谒者：官名，掌管接纳宾客，通报传达。［17］稽潜载与俱归：王稽秘密载着范雎一起回到秦国。潜，暗中，秘密。［18］荐之于王：把范雎推荐给秦昭王。［19］离宫：别宫，行宫，帝王在国都正宫以外的居室。［20］佯：假装。［21］永巷：宫中长巷。［22］谬曰：故意瞎说。［23］秦安得王：秦国哪有什么王。［24］王微闻其言：秦昭王隐约听到范雎的谬言。［25］屏左右：遣退左右侍从的人。屏（bǐng），回避。［26］跽而请曰：秦昭王长跪着向范雎请教说。跽，长跪。古人跪坐在席上，抬起身子即成长跪状态，挺直上身，表示庄重、恭敬。［27］幸教：祈求别人教导自己的谦辞。［28］唯唯：恭敬的应声。［29］卒：终究。［30］非敢然也：不敢这样。［31］羁（jī）旅：寄居他乡。［32］交疏：相交疏远。［33］“而所”句：可我想要说的是匡助国君的事。愿陈，想要说的。匡，纠正。［34］处人骨肉之间：牵涉到国君与亲属骨肉之间的关系。处，插手，牵涉。骨肉，父子兄弟等至亲。此指秦昭王与其母宣太后以及昭王舅穰侯之间的关系。［35］伏诛：受极刑。伏，通“服”。［36］独恐：只是担心，只怕。［37］杜口裹足：闭口不说，止步不敢前来。［38］乡：通“向”。［39］“是天以寡人”句：是上天替寡人烦扰先生来保全我秦国先王的宗庙啊。溷（hùn），烦扰。［40］“譬若”句：好比是放出韩卢名犬去猎取跛足的兔子。走韩卢，放出韩卢追赶。博蹇兔，猎取跛足的兔子。［41］山东：华山、崤山以东六国，重点指韩、赵、魏。［42］未敢言内：不敢说国内朝廷的事，指宣太后、穰侯专权事。［43］先言外事：只先说秦国对外的事，指穰侯对外政策失误的事。［44］以观王之俯仰：用以观察秦昭王的态度。观，试探。俯仰，低头与抬头，借指人的内心起伏、动态。［45］再辟地千里：又扩张国土千里。指齐湣王灭宋，扩地千里。［46］形势不能有也：这是形势使齐国不能占有夺取的土地。形势，指齐与列国的关系。齐湣王称霸犯了列国众怒，招来燕、赵等五国进攻，齐国差点灭亡。［47］罢敝：疲惫困顿。罢，通“疲”。［48］伐齐：指公元前284年燕昭王派乐毅为将，联合赵、魏、楚、秦共伐齐国事。［49］以其伐楚而肥韩、魏也：因为齐国攻打楚而肥了韩、魏。肥，富饶，引申为得利。此以齐之失利喻穰侯越国远攻之失计，将为害整个国家。［50］远交而近攻：与远方的国家交好而进攻邻近的国家。范雎相秦，为统一六国建远交近攻之策，蚕食和削弱韩、赵、魏，增强秦国实力，为后来秦始皇统一打下坚实基础。［51］得寸、得尺：都指得土地。［52］“中国之处”二句：指韩、魏处于中原之地，是天下的中心。中国，即中原。枢，中心，门户。［53］用霸：称霸。用，据章校，他本“用”作“欲”。“欲霸”，想要称霸。［54］威：威慑。［55］楚强则附赵，赵强则附楚：楚国强，秦国就支持赵国削弱楚国；赵国强，秦国就支持楚国削弱赵国。［56］虏：通“掳”，收服，臣服。［57］“秦中更”二句：秦国委派中更胡伤进攻赵国的阏与邑，没有成功。中更，秦国二十等爵第十三级。胡伤，卫人。

四十七年（癸巳，前 268 年）

秦王用范雎之谋，使五大夫绾[1]伐魏，拔怀[2]。

四十八年（甲午，前 267 年）

秦悼太子质于魏而卒[3]。

四十九年（乙未，前 266 年）

秦拔魏邢丘[4]。范雎日益亲，用事[5]，因承间说王曰："臣居山东时，闻齐之有孟尝君，不闻有王；闻秦有太后、穰侯，不闻有王。夫擅国[6]之谓王，能利害[7]之谓王，制杀生[8]之谓王。今太后擅行不顾[9]，穰侯出使不报[10]，华阳、泾阳[11]等击断无讳[12]，高陵进退不请[13]，四贵[14]备而国不危者，未之有也。为此四贵者下，乃所谓无王也[15]。穰侯使者操王之重[16]，决制[17]于诸侯，剖符于天下[18]，征敌伐国[19]，莫敢不听；战胜攻取则利归于陶[20]，战败则结怨于百姓而祸归于社稷。臣又闻之，木实繁者披其枝，披其枝者伤其心；大其都者危其国，尊其臣者卑其主[21]。淖齿管齐[22]，射王[23]股，擢王筋，悬之于庙梁[24]，宿昔而死[25]。李兑管赵，囚主父于沙丘，百日而饿死。今臣观四贵之用事，此亦淖齿、李兑之类也。夫三代[26]之所以亡国者，君专授政于臣，纵酒弋猎[27]。其所授者妒贤疾能[28]，御下蔽上[29]以成其私，不为主计，而主不觉悟，故失其国，今自有秩以上至诸大吏，下及王左右，无非相国之人者[30]，见王独立于朝[31]，臣窃为王恐，万世之后[32]有秦国者[33]，非王子孙也！"王以为然。于是废太后，逐穰侯、高陵、华阳、泾阳君于关外[34]，以范雎为丞相，封为应侯[35]。

魏王使须贾聘于秦[36]，应侯敝衣间步[37]而往见之。须贾惊曰："范叔固无恙乎[38]！"留坐饮食[39]，取一绨袍[40]赠之。遂为须贾御[41]而至相府，曰："我为君先入通于相君[42]。"须贾怪其久不出，问于门下[43]，门下曰："无范叔。乡者[44]吾相张君也。"须贾知见欺[45]，乃膝行入谢罪[46]。应侯坐，责让之，且曰："尔[47]所以得不死者，以绨袍恋恋[48]尚有故人之意耳！"乃大供具[49]，请诸侯宾客；坐须贾于堂下[50]，置莝、豆[51]于前而马食之[52]，使归告魏王曰："速斩魏齐头来！不然，且屠大梁[53]！”须贾还，以告魏齐。魏齐奔赵，匿于平原君家。

赵惠文王薨，子孝成王丹[54]立；以平原君为相。

五十年（丙申，前265年）

秦宣太后薨。九月，穰侯出之陶。

臣光曰：穰侯援立昭王[55]，除其灾害，荐白起为将，南取鄢、郢，东属地于齐[56]，使天下诸侯稽首而事秦。秦益强大者，穰侯之功也。虽其专恣骄贪足以贾祸[57]，亦未至尽如范雎之言。若雎者，亦非能为秦忠谋，直欲得穰侯之处[58]，故搤其吭[59]而夺之耳。遂使秦王绝母子之义，失舅甥之恩。要之，雎真倾危之士[60]哉！

（以上为第三段，写范雎危言耸听游说秦昭襄王，排斥太后及四贵的权力，以忠诚事主的名义夺取了秦国相位，受到司马光的批评，司马光说范雎真是一个危险诡诈的人。）

【注释】

［1］五大夫：秦爵第九级。绾（wǎn）：人名。［2］拔怀：夺取了怀邑。怀邑，在今河南武陟县西南。［3］悼太子质于魏而卒：《史记·秦本纪》，昭襄王“四十年，悼太子死魏，归葬芷阳”。［4］邢丘：在今河南温县东平皋故城。［5］用事：执政。［6］擅国：专断国政，不受牵制。［7］能利害：能决定国家的利与害。［8］制杀生：掌握全国的生杀大权。制，控制，决定。［9］擅行不顾：独断专行，不顾一切。［10］不报：不向秦王回报。［11］华阳：华阳君芈戎，宣太后同父弟。泾阳：泾阳君市，昭王同母弟。［12］击断无讳：拿主意、做决定肆无忌惮。击断，即“决断”。［13］高陵进退不请：高陵君悝（kuī）（昭王同母弟）进出朝廷不请示。［14］四贵：指穰侯、高陵、华阳、泾阳四君。［15］“为此”二句：在这四贵的专权之下，就是臣所说的秦国无主啊。为，于，在。［16］穰侯使者操王之重：穰侯派遣使臣，凭借大王的崇高地位。操，持，凭。重，尊。［17］决制：专断控制。［18］剖符于天下：四贵对天下进行剖符封赏。剖符，古代帝王分封诸侯或功臣，将符节剖分为二，双方各执其半，以为凭证，称为“剖符”。［19］征敌伐国：穰侯执政三十年，其中二十七年连年征战。［20］陶：穰侯的封地，今山东菏泽市定陶区。［21］“木实”四句：树木的果实太多就要压断树枝，树枝压断了就会伤害树干；封地的都邑过大就要危害国家，大臣的地位高了就会使君主的地位卑下。披，折，裂。［22］管齐：掌握齐国大权。［23］王：齐湣王。［24］庙梁：庙堂的大梁。［25］宿昔而死：折磨一夜直到死。昔，通“夕”。［26］三代：夏、商、周。［27］君专授政于臣，纵酒弋猎：国君把政权交给臣下，自己纵酒射猎。纵酒，任情放纵饮酒取乐。弋（yì）猎：打猎。弋，带绳的箭，用来射

鸟。［28］其所授者：指专国政的宠信大臣。疾：嫉妒。［29］御下蔽上：控制臣下，蒙蔽君上。［30］“今自有秩”三句：现今从领有俸禄的最低级官吏以上至朝中大臣，甚至大王您身边的侍从，没有不是相国的人。有秩，初级小吏。大吏，朝中大臣。［31］见王独立于朝：如今大王是孤立于朝。［32］万世之后：即万岁之后，讳言秦昭王死后。［33］有秦国者：得到秦国政权的人。［34］于关外：逐四贵离开国都到函谷关外自己的封邑去。穰侯至陶，高陵至邓，泾阳至宛，皆在函谷关外，故言“关外”。［35］应侯：范雎封地在应邑，故称“应候”。应邑在今河南鲁山县东。［36］聘于秦：出使秦国。聘，古代诸侯国之间遣使访问。［37］敝衣：破旧的衣服。间步：从小路徒步。［38］范叔：范雎字叔。固无恙乎：原来没有事啊。恙，忧，病。范雎作为“箦中死人”而被弃，故有此惊语。［39］留坐饮食：留范雎坐下，一起喝酒吃饭。［40］绨（tí）袍：厚绸制作的上衣。［41］御：驾车赶马。［42］相君：对相国的尊称。［43］门下：守门的侍卫。［44］乡者：刚才。［45］见欺：受骗上当。［46］膝行入谢罪：用双膝行走进相府去向范雎请罪。［47］尔：你。［48］恋恋：顾念，形容念旧之情。［49］大供具：大摆筵席。［50］坐须贾于堂下：安排须贾坐在堂下。［51］莝（cuò）、豆：铡碎的草和豆拌在一起的马饲料。［52］马食（sì）之：像喂马一样地让范雎吃。［53］屠大梁：毁灭魏都大梁城。屠，捣毁城池，屠杀城内居民。［54］孝成王丹：赵国国君，公元前265年至公元前245年在位。［55］援立昭王：扶立秦昭王。《史记·穰侯列传》：“武王卒，诸弟争立，唯魏冉力为能立昭王。”［56］属地于齐：言开拓疆域至东面与齐连接。［57］贾（gǔ）祸：招来灾祸。［58］处：处所，此指地位。［59］搤其吭：用力掐住喉咙。吭（hǎng）：喉咙。［60］倾危之士：危险诡诈的人。

秦王以子安国君为太子[1]。

秦伐赵，取三城。赵王新立[2]，太后用事[3]，求救于齐。齐人曰：“必以长安君[4]为质。”太后不可。齐师不出，大臣强[5]谏。太后明谓左右曰：“复言长安君为质者，老妇必唾其面[6]！”左师[7]触龙愿见太后，太后盛气而胥之入[8]。左师公徐趋而坐。自谢曰：“老臣病足，不得见久矣，窃自恕，而恐太后体之有所苦[9]也，故愿望见太后。”太后曰：“老妇恃辇而行[10]。”曰：“食得毋衰乎？”曰：“恃粥耳。”太后不和之色稍解[11]。左师公曰：“老臣贱息[12]舒祺，最少，不肖[13]，而臣衰，窃怜爱之。愿得补黑衣[14]之缺，以卫王宫，昧死以闻[15]！”太后曰：“诺。年几何矣？”对曰：“十五岁矣。虽少，愿及未填沟壑而托之[16]。”太后曰：“丈夫亦爱少子乎？”对曰：“甚于妇人。”太后笑曰：“妇人异甚[17]。”对曰：“老臣窃以为媪之爱燕后贤于长安君[18]。”太后曰：“君过矣！不若长安君之甚。”左师公曰：“父母爱其子则为之计深远[19]。媪之送燕后也，持其踵而泣[20]，念其远也，亦哀之矣。已行，非不思也，祭祀则祝[21]之曰：‘必勿使反[22]！’岂非为之计长久，为子孙相继为王也哉[23]？”太后曰：“然。”左师公曰：“今三世以前，至于赵王之子孙为侯者，其继有在者乎[24]？”曰：“无有。”曰：“此其近者祸及身，远者及其子孙[25]。岂人主之子侯则不善哉[26]？位尊而无功，奉厚[27]而无劳，而挟重器多也[28]。今媪尊长安君之位[29]，而封之以膏腴之地[30]，多与之重器，而不及今令有功于国[31]。一旦山陵崩[32]，长安君何以自托于赵哉？”太后曰：“诺，恣君之所使之[33]！”于是为长安君约车百乘质于齐[34]。齐师乃出[35]，秦师退。

齐安平君田单将赵师以伐燕，取中阳[36]；又伐韩，取注人[37]。

齐襄王薨，子建立[38]。建年少，国事皆决于君王后[39]。

（以上为第四段，写赵国左师公善解人意，劝说赵太后送小儿子长安君为质于齐以抒国难。）

【注释】

［1］安国君为太子：安国君，名柱，一名式，秦昭襄王次子，封为安国君，公元前 267 年（昭襄王四十年）太子死，后二年安国君为太子。［2］赵王新立：孝成王刚即位。［3］太后用事：赵太后执政。太后，赵惠文王妻、赵孝成王母，赵威后。［4］长安君：赵太后的少子。［5］强：极力，一再。［6］唾其面：朝他脸上吐口水。［7］左师：冗散之官，优厚老臣。［8］“太后”句：太后怒气冲冲地等待他进来。胥，等待。［9］苦：不适，不快。［10］恃辇而行：依靠人力推车行走。［11］稍解：怒气渐渐消解。［12］贱息：卑贱的儿子，犹言犬子，谦词。息，儿子。［13］不肖：不贤，无能，没出息。亦为谦辞。［14］黑衣：宫廷卫士穿黑衣，此处指“卫士”。［15］昧死以闻：冒着死罪来请求。昧，冒。［16］“愿及”句：臣希望在死之前将他托付太后补缺。填沟壑，死的自谦说法。［17］妇人异甚：女人疼爱小儿子特别厉害。异，特别。［18］“老臣窃以为”句：老臣私下认为太后疼爱女儿燕后超过疼爱长安君。媪（ǎo），对老妇人的敬称。燕后，赵太后之女，为燕王之后。贤，胜。［19］计深远：考虑长远。［20］持其踵而泣：拉着燕后的脚而哭泣。踵，脚后跟。踵，又为车后之部件，挽留人时，用手附于车后，称“攀辇”，或把于车辕，则称“攀辕”。［21］祝：祷告。［22］必勿使反：一定不要被休弃回来。反，通“返”，回来。［23］相继为王也哉：燕后的子孙相继为燕王吗？也哉，虚字叠用，加强语气。［24］“今三世以前”三句：现今三代以前的赵王，再到赵国初建的国主，他们的子孙封为侯的，他们的后代

还有继承为侯的吗？三世，指孝成王、赵惠文王、赵武灵王。至于赵王，从武灵王再往前推，直到始祖赵烈侯。［25］“此其近者”二句：这些王侯子孙，封侯时间短的灾祸殃及自身，封侯时间长的灾祸落到他们的子孙身上。按：自赵烈侯以后，赵国数次发生诸子争夺君位的内乱，赵武灵王长子章，因争位被杀死，灾祸殃及武灵王自身。［26］岂人主之子侯则不善哉：难道说国君子孙中封侯的人都不好吗？［27］奉厚：俸禄优厚。［28］挟重器多也：拥有国家的贵重宝器太多了。挟，持，拥有。重器，金玉珍宝，如钟、鼎等。［29］尊长安君之位：尊显长安君的身份、地位。尊，作动词用，使之尊。［30］膏腴（yú）之地：富饶人众的地方。［31］而不及今令有功于国：而又不趁现今让长安君为国家立功。此句正说就是现在让长安君出质于齐，则“有功于国”。［32］山陵崩：天子死曰崩，此是对太后死的讳称。［33］恣君之所使之：任凭你去安排长安君。恣，任凭。［34］约车百乘质于齐：安排车辆一百乘随长安君出使齐国为人质。［35］齐师乃出：齐国这才派出了救赵的援军。［36］中阳：据《史记·赵世家》的《集解》《正义》，中阳应为“中人”，即中山故城，在今河北唐县东北。［37］注人：在今河南汝州市西北。［38］子建立：即齐王建，齐襄王子，末代国君，公元前264年至公元前221年在位。［39］君王后：齐王建之母，齐襄王后太史嬓之女。

五十一年（丁酉，前264年）

秦武安君伐韩，拔九城，斩首五万。

田单为赵相。

五十二年[1]（戊戌，前263年）

秦武安君伐韩，取南阳[2]；攻太行道[3]，绝之。

楚顷襄王疾病[4]。黄歇言于应侯曰：“今楚王疾恐不起[5]，秦不如归其太子。太子得立，其事秦必重而德相国无穷[6]，是亲与国而得储万乘也[7]。不归，则咸阳布衣耳[8]。楚更立君[9]必不事秦，是失与国而绝万乘之和，非计也[10]。”应侯以告王。王曰：“令太子之傅[11]先往问疾，反而后图之。”黄歇与太子谋曰：“秦之留太子，欲以求利也。今太子力未能有以利秦也，而阳文君子二人在中[12]。王若卒大命[13]，太子不在，阳文君子必立为后[14]，太子不得奉宗庙[15]矣。不如亡秦[16]，与使者俱出[17]。臣请止[18]，以死当之[19]！”太子因变服为楚使者御以出关[20]；而黄歇守舍[21]，常为太子谢病[22]。度[23]太子已远，乃自言于王曰：“楚太子已归，出远矣。歇愿赐死[24]！”王怒，欲听之[25]。应侯曰：“歇为人臣，出身以徇其主[26]，太子立，必用歇。不如无罪而归之，以亲楚。”王从之。黄歇至楚三月，秋，顷襄王薨，考烈王[27]即位；以黄歇为相，封以淮北[28]地，号曰春申君。

五十三年（己亥，前262年）

楚人纳州[29]于秦以平[30]。

武安君[31]伐韩，拔野王[32]。上党路绝[33]，上党守[34]冯亭与其民谋曰："郑道已绝，秦兵日进[35]，韩不能应[36]，不如以上党归赵[37]。赵受我[38]，秦必攻之；赵被[39]秦兵，必亲韩。韩、赵为一，则可以当[40]秦矣。"乃遣使者告于赵曰："韩不能守上党，入之秦[41]，其吏民皆安于赵[42]，不乐为秦[43]。有城市邑[44]十七，愿再拜献之大王。"赵王以告平阳君豹[45]，对曰："圣人甚祸无故之利[46]。"王曰："人乐吾德，何谓无故？"对曰："秦蚕食韩地，中绝[47]，不令相通，固自以为坐而受上党[48]也。韩氏所以不入于秦者，欲嫁其祸于赵也。秦服其劳[49]而赵受其利，虽强大不能得之于弱小，弱小固能得之于强大乎[50]！岂得谓之非无故哉？不如勿受。"王以告平原君，平原君请受之。王乃使平原君往受地，以万户都三[51]封其太守为华阳君，以千户都三封其县令为侯，吏民皆益爵三级[52]。冯亭垂涕不见使者，曰："吾不忍卖主地而食之[53]也！"

（以上为第五段，写秦将白起公元前264年伐韩，拉开了秦与韩、赵长达八年的战略决战大幕，史称长平之战。第一阶段，秦伐韩，历时四年攻下野王邑，韩上党太守冯亭附赵，把战火引向秦赵决战。公元前263年，楚国春申君黄歇用计使入秦为人质的太子脱险回国，继位为考烈王。）

【注释】

[1]五十二年：以上至"秦武安君伐韩"二十二字据章校补。 [2]南阳：地区名，今河南南阳市附近一带。 [3]太行道：指今河南黄河以北与山西接界的山隘。 [4]疾病：病重。古称轻者为疾，重者为病。 [5]不起：病不能治，不能愈。 [6]"其事秦必重"句：他一定会敬重地事奉秦国，并永远感激你相国。事，待。重，厚，尊。 [7]"是亲与国"句：这将使秦国得到一个亲善友好的万乘大国。储，将会收获、得到。 [8]咸阳布衣：楚太子留在秦都咸阳不过一个普通百姓罢了。布衣，普通百姓。耳：而已，罢了。 [9]更立君：改立别的楚公子为君。 [10]非计也：不是计谋。计，决策。 [11]傅：官名，辅导太子之师。 [12]"阳文君"句：阳文君有两个儿子

在国内。阳文君，楚顷襄王之弟。［13］王若卒大命：假如楚王辞世。卒大命，“死”的讳称。卒，终。大命，寿命。［14］立为后：确定为楚王继承人。［15］不得奉宗庙：不能祭祀宗庙，即不能继承君位。宗庙，古代帝王、诸侯祭祀祖宗的地方，常用为朝廷和国家政权的代称。［16］亡秦：从秦逃走。［17］与使者俱出：与使者一起回国。出，离开秦国，回到楚国。［18］臣请止：臣请求留下来。止，留下来。［19］以死当之：拼死抵挡可能发生的一切。［20］“太子因变服”句：太子便改换服装，打扮成楚国使者的赶车人出了函谷关。变服，改变服饰。［21］守舍：留守在咸阳楚使的馆舍。［22］常为太子谢病：常常称太子有病谢绝来访的宾客。［23］度：估计。［24］歇愿赐死：黄歇愿意被处死。［25］欲听之：《史记·春申君列传》作“欲听其自杀。”［26］出身以徇其主：把生命奉献给他的主人。［27］考烈王：顷襄王之子，名熊完，又名熊元，公元前262年至公元前238年在位。［28］淮北：地区名，淮水之北。［29］州：州陵，在今湖北监利市东。［30］平：讲和。［31］武安君：秦将白起。［32］野王：邑名，今河南沁阳市。［33］上党路绝：上党通往国都新郑邑的道路被切断。即韩国上党郡孤悬于黄河之北。上党，郡名，今山西东南部，治所在壶关，即今山西长治市东南。［34］守：一郡的军政长官。［35］日进：日益进逼。［36］韩不能应：韩国不能来救援。应，支撑，应对，指救援。［37］上党归赵：上党郡归附赵国。［38］赵受我：赵国接受上党归附。［39］被：遭受。［40］当：抵抗，对抗。［41］入之秦：入之于秦，被秦吞没。［42］安于赵：安心归附于赵。［43］不乐为秦：不愿归入秦国。［44］城市邑：大邑。［45］平阳君豹：赵豹，赵惠文王母弟。［46］甚祸无故之利：把没有缘故而获得利益当作大祸害。［47］中绝：上党与韩国内地中间的道路被切断。［48］坐而受上党：不动一兵一卒就可以轻易地拿下上党。受，取，收。［49］秦服其劳：秦国承担了战争的劳苦。［50］“弱小”句：弱小者难道能从强大者那里夺得利益吗？固，岂，难道。［51］万户都三：三个万户的都邑。［52］益爵三级：晋升爵三级。益，增加，晋升。［53］吾不忍卖主地而食之：我不忍心出卖了国君之地，而自己因此升官发财。

五十五年（辛丑，前260年）

秦左庶长王龁[1]攻上党，拔之。上党民走赵[2]。赵廉颇军于长平[3]，以按据[4]上党民。王龁因伐赵。赵军数[5]战不胜，止一裨将、四尉[6]。赵王与楼昌、虞卿[7]谋，楼昌请发重使为媾[8]。虞卿曰：“今制媾者在秦[9]，秦必欲破王之军矣[10]，虽往请媾，秦将不听。不如发使以重宝附楚、魏[11]，楚、魏受之，则秦疑天下之合从，媾乃可成也。”王不听，使郑朱媾于秦，秦受之。王谓虞卿曰：“秦内郑朱矣[12]。”对曰：“王必不得媾而军破矣。何则？天下之贺战胜者皆在秦矣。夫郑朱，贵人[13]也，秦王、应侯必显重之以示天下[14]。天下见王之媾于秦，必不救王。秦知天下之不救王，则媾不可得成矣。”既而秦果显郑朱而不与赵媾。

秦数败赵兵，廉颇坚壁[15]不出。赵王以颇失亡多而更怯不战，怒，数让之[16]。应侯又使人行千金于赵为反间[17]，曰：“秦之所畏，独畏马服君[18]之子赵括为将耳！廉颇易与[19]，且降矣！”赵王遂以赵括代颇将。蔺相如曰：“王以名使括[20]，若胶柱鼓瑟耳[21]。括徒能[22]读其父书传，不知合变[23]也。”王不听。初，赵括自少时学兵法，以天下莫能当[24]；尝与其父奢言兵事，奢不能难[25]，然不谓善[26]。括母问其故，奢曰：“兵，死地也[27]，而括易言之[28]。使赵不将括则已[29]；若必将之，破赵军者必括也。”及括将行，其母上书，言括不可使。王曰：“何以[30]？”对曰：“始妾[31]事其父，时为将，身所奉饭而进食者以十数[32]，所友者以百数[33]，王及宗室所赏赐者，尽以与军吏士大夫[34]；受命之日，不问家事。今括一旦为将，东乡而朝[35]，军吏无敢仰视之者；王所赐金帛，归藏于家，而日视便利田宅[36]可买者买之。王以为如其父，父子异心，愿王勿遣！”王曰：“母置之[37]，吾已决矣！”母因曰：“即如有不称[38]，妾请无随坐[39]。”赵王许之。

秦王闻括已为赵将，乃阴[40]使武安君为上将军[41]而王龁为裨将，令军中：“有敢泄武安君将者斩！”赵括至军，悉更约束[42]，易置军吏[43]，出兵击秦师。武安君佯败而走[44]，张二奇兵以劫之[45]。赵括乘胜追造秦壁[46]，壁坚拒不得入[47]；奇兵二万五千人绝赵军之后[48]，又五千骑绝赵壁间[49]。赵军分而为二，粮道绝。武安君出轻兵[50]击之，赵战不利，因筑壁坚守以待救至。秦王闻赵食道绝，自如河内发民年十五以上悉诣长平[51]，遮绝[52]赵救兵及粮食。齐人、楚人救赵。赵人乏食，请粟于齐[53]，齐王弗许。周子[54]曰：“夫赵之于齐、楚，扞蔽[55]也，犹齿之有唇也，唇亡则齿寒；今日亡赵，明日患[56]及齐、楚矣。救赵之务，宜若奉漏瓮沃焦釜然[57]。且救赵，高义也[58]；却秦师，显名也[59]；义救亡国，威却强秦。不务为此而爱粟[60]，为国计者过[61]矣！”齐王弗听。九月，赵军食绝[62]四十六日，皆内阴相杀食[63]。急来攻垒[64]，欲出[65]。为四队，四五复之[66]，不能出。赵括自出锐卒搏战，秦人射杀之[67]。赵师大败，卒四十万人皆降。武安君曰："秦已拔上党，上党民不乐为秦而归赵。赵卒反覆[68]，非尽杀之，恐为乱。"乃挟诈而尽坑杀之[69]，遗其小者[70]二百四十人归赵。前后斩首虏[71]四十五万人，赵人大震[72]。

（以上为第六段，写秦赵两军主力在长平决战，赵孝成王中秦国反间计，临阵易将，用纸上谈兵的赵括代替持重老将廉颇，赵军大败，被秦军斩杀活埋40余万人，赵国元气大伤。）

【注释】

[1]王龁（hé）：人名。 [2]走赵：逃到赵国。 [3]军：驻扎。长平：邑名，今山西高平市西北。 [4]按据：安抚。 [5]数（shuò）：屡次。 [6]止：据章校，他本"止"作"亡"。当改"止"作"亡"。裨（pí）将：副将。尉：赵国武官名，在将军之下。 [7]楼昌：或说为楼缓的兄弟。虞卿：姓虞，史失其名，战国游说之士，赵孝成王时为上卿。 [8]发重使为媾：派出高级使臣与秦和谈。重使，重臣为使。 [9]今制媾者在秦：当前形势和谈的主动权掌握在秦人手里。[10]秦必欲破王之军矣：秦国决心要打败赵国的军队。必，一定。破，打败。 [11]附楚、魏：亲近楚、魏。附，亲近，交好。 [12]秦内郑朱矣：秦国已接待了郑朱。内，通"纳"，接纳，接待。 [13]贵人：高级人物，即所谓重臣。 [14]必显重之以示天下：一定会大张旗鼓、郑重其事地向诸侯宣传。 [15]坚壁：坚守营垒。 [16]数让之：多次责备廉颇。 [17]行千金于赵为反间：在赵使用一千镒黄金施行反间计。行，使用，携带。 [18]马服君：赵奢。 [19]易与：容易对付。 [20]王以名使括：赵王看重赵括的虚名使用他。名，名声，不实之虚名。 [21]若胶柱鼓瑟耳：如同胶柱鼓瑟弹奏一样。胶柱，把瑟上调弦的短轴用胶黏死，不能调松紧，弹奏不出音调的变化，喻保守固执，不知变化，打不了仗。 [22]徒能：只能，只会。 [23]合变：随机应变。 [24]以天下莫能当：自认为天下没有人能与他匹敌。当，相抗，匹敌。 [25]难（nàn）：驳倒。 [26]不谓善：不说好。 [27]兵，死地也：用兵打仗，是要死人的。 [28]易言之：说得太轻易了。 [29]使赵不将括则已：假如赵国不任用赵括为将便罢了。使，假如。则已，便罢了，还好。 [30]何以：为什么？有何根据？ [31]妾：女子自称的谦辞。 [32]身所奉饭而进食者以十数：亲自捧着食物招待的人有好几十。是说赵奢在军中以师事者有好几十。 [33]所友者以百数：当朋友看待的有好几百。 [34]尽以与军史士大夫：赵奢把全部赏赐都分给了军史和士大夫。军吏，指军中僚属。士大夫，指"以十数""以百数"的人。 [35]东乡而朝：东向而坐会见部属。乡，通"向"。东向，主位，此指主帅之位。 [36]日视便利田宅：每天打听哪里有便宜合适的田地房屋。视，察看，打听。 [37]母置之：母亲别管儿子的事。置之，搁下别管这事儿。 [38]即如有不称：如果不称职的话。即如，同义复词，如果。 [39]妾请无随坐：我请

求不受儿子的株连。随坐，连坐，株连受罪。［40］阴：暗中，秘密。［41］上将军：军事最高统帅。［42］悉更约束：把原来的章程办法全都换了。［43］易置军吏：撤换了一些下级军官。［44］佯败而走：假装战败逃跑。［45］张二奇兵以劫之：部署两支奇兵突击赵军。劫之，袭击赵军。［46］追造秦壁：追到秦军营垒。造，到。［47］壁坚拒不得入：（秦军）营垒顽强抵御攻不进去。拒，抵御。［48］绝赵军之后：切断赵军的后路。［49］绝赵壁间：拦截在赵军与营垒之间。［50］轻兵：轻装部队。［51］“自如河内”句：秦昭王亲自前往河内坐镇，征发十五岁以上的男子，全部开赴长平。如，往。发，征募。悉，全部。诣（yì），开往，到达。［52］遮绝：切断，阻断。［53］请粟于齐：向齐国请求粮食救援。粟，小米，此泛指粮食。［54］周子：齐之谋臣，史失名。［55］扞蔽：屏障。［56］患：祸患。［57］“宜若”句：应该像捧着漏瓮向烧焦的锅上浇水一样。宜，差不多，应该。若，如同，像。奉，同“捧”。瓮，一种腹部较大盛水陶器。［58］且救赵，高义也：况且救援赵国，是高尚的大义啊。［59］却秦师，显名也：打败强秦军队，可显扬名声。却，打败，打退。［60］不务为此而爱粟：不致力于大义和威名而吝惜粮食。［61］过：错了。［62］食绝：断粮，断炊。［63］内阴相杀食：赵军内部暗中互相攻杀吃人肉。阴，暗中。［64］急来攻垒：赵军加紧攻击秦军营垒。据章校，他本“攻”下有“秦”字。［65］欲出：打算突围而出。［66］为四队，四五复之：赵军分成四个梯队，轮番攻击四五次。［67］射杀之：射死了赵括。按：赵括纸上谈兵，虽有误国大罪而能死难，犹可嘉也。［68］赵卒反覆：赵国士兵变化无常。［69］乃挟诈而尽坑杀之：于是用欺诈的手段全部活埋了赵军士兵。挟诈，依靠欺骗手段。坑杀，活埋。［70］遗其小者：留下年少的未成年人。［71］斩首虏：斩杀和俘虏。［72］震：惊恐。

五十六年（壬寅，前 259 年）

十月，武安君分军为三[1]，王龁攻赵武安、皮牢[2]，拔之。司马梗北定太原[3]，尽有上党地。韩、魏恐[4]，使苏代厚币[5]说应侯曰：“武安君即[6]围邯郸乎？”曰：“然。”苏代曰：“赵亡则秦王王[7]矣。武安君为三公[8]，君能为之下乎？虽无欲为之下，固不得已矣。秦尝攻韩，围邢丘[9]，困上党，上党之民皆反为赵[10]，天下乐为秦民之日久矣。今亡赵，北地入燕，东地入齐，南地入韩、魏，则君之所得民无几何人[11]矣。不如因而割之，无以为武安君功也[12]。”应侯言于秦王曰：“秦兵劳，请许韩、赵之割地以和，且休士卒[13]。”王听之，割韩垣雍[14]、赵六城以和。正月，皆罢兵。武安君由是[15]与应侯有隙[16]。

赵王将使赵郝约事于秦[17]，割六县。虞卿谓赵王曰：“秦之攻王也，倦而归[18]乎？王以其力尚能进，爱王而弗攻[19]乎？”王曰：“秦不遗余力矣[20]，必以倦而归也。”虞卿曰：“秦以其力攻其所不能取，倦而归，王又以其力之所不能取以送之[21]，是助秦自攻也。来年秦攻王，王无救矣[22]。”赵王计未定，楼缓至赵，赵王与之计之。楼缓曰：“虞卿得其一，不得其二。秦、赵构难而天下皆说[23]，何也？曰：‘吾且因强而乘弱[24]矣。’今赵不如亟割地[25]为和以疑天下[26]，慰秦之心[27]。不然，天下将因秦之怒[28]，乘赵之敝[29]，瓜分之，赵且亡，何秦之图[30]乎！”虞卿闻之，复见曰：“危哉楼子之计，是愈疑天下，而何慰秦之心哉？独不言其示天下弱乎[31]？且臣言勿与者，非固勿与而已也。秦索六城于王，而王以六城赂齐[32]。齐，秦之深仇[33]也，其听王不待辞之毕[34]也。则是王失之于齐而取偿于秦，而示天下有能为也[35]。王以此发声[36]，兵未窥于境，臣见秦之重赂至赵而反媾于王也[37]。从秦为媾[38]，韩、魏闻之，必尽重王[39]。是王一举而结三国之亲而与秦易道[40]也。”赵王曰：“善。”使虞卿东见齐王，与之谋秦。虞卿未返，秦使者已在赵矣。楼缓闻之，亡去。赵王封虞卿以一城。

秦之始伐赵也，魏王问于[41]大夫，皆以为秦伐赵，于魏便[42]。孔斌[43]曰：“何谓也？”曰：“胜赵，则吾因而服焉；不胜赵，则可承敝而击之。”子顺曰：“不然。秦自孝公以来，战未尝屈[44]，今又属其良将[45]，何敝之承？”大夫曰：“纵其胜赵，于我何损？邻之羞，国之福也[46]。”子顺曰：“秦，贪暴之国也，胜赵，必复他求，吾恐于时魏受其师[47]也。先人有言：燕雀处屋，子母相哺，呴呴[48]焉相乐也，自以为安矣。灶突炎上[49]，栋宇[50]将焚，燕雀颜不变[51]，不知祸之将及己也。今子不悟赵破患将及己，可以人而同于燕雀乎[52]！”子顺者，孔子六世孙也。初，魏王闻子顺贤，遣使者奉黄金束帛，聘以为相[53]。子顺[54]曰：“若王能信用吾道[55]，吾道固为治世也，虽蔬食饮水，吾犹为之。若徒欲制服吾身，委以重禄，吾犹一夫耳，魏王奚少于一夫[56]！”使者固请[57]，子顺乃之魏；魏王郊迎[58]以为相。子顺改嬖宠之官以事贤才[59]，夺无任之禄[60]以赐有功。诸丧职者[61]咸不悦，乃造谤言[62]。文咨[63]以告子顺。子顺曰：“民之不可与虑始[64]久矣！古之善为政者，其初不能无谤。子产[65]相郑，三年而后谤止；吾先君[66]之相鲁，三月而后谤止。今吾为政日新[67]，虽不能及贤，庸知谤乎[68]！”文咨曰：“未识先君之谤何也？”子顺曰：“先君相鲁，人诵[69]之曰：‘麛裘而芾，投之无戾；芾而麛裘，投之无邮[70]。’及三月，政化既成，民又诵曰：‘裘衣章甫，实获我所；章甫裘衣，惠我无私[71]。’”文咨喜曰：“乃今知先生不异乎圣贤矣[72]。”子顺相魏凡[73]九月，陈大计辄不用[74]，乃喟然曰：“言不见用[75]，是吾言之不当也。言不当于主，居人之官，食人之禄，是尸利素餐[76]，吾罪深矣[77]！”退而以病致仕[78]。人谓子顺曰：“王不用子，子其行[79]乎？”答曰：“行将何之[80]？山东之国将并于秦。秦为不义，义所不入。”遂寝于家[81]。新垣固[82]请子顺曰：“贤者所在，必兴化致治[83]。今子相魏，未闻异政[84]而即自退，意者志不得乎[85]，何去之速也？”子顺曰：“以无异政，所以自退也。且死病[86]无良医。今秦有吞食天下之心，以义事之，固不获安[87]；救亡不暇，何化之兴！昔伊挚[88]在夏，吕望[89]在商，而二国不治，岂伊、吕之不欲哉？势不可也。当今山东之国敝而不振[90]，三晋割地以求安，二周折而入秦[91]，燕、齐、楚已屈服矣。以此观之，不出[92]二十年，天下其尽为秦乎[93]！”

秦王欲为应侯必报其仇，闻魏齐在平原君所[94]，乃为好言诱平原君至秦而执之[95]。遣使谓赵王曰：“不得齐首，吾不出王弟于关[96]！”魏齐穷[97]，抵虞卿[98]，虞卿弃相印，与魏齐偕亡[99]。至魏，欲因信陵君以走楚[100]。信陵君意难见之[101]，魏齐怒，自杀。赵王卒取其首以与秦，秦乃归平原君。九月，五大夫王陵复将兵伐赵。武安君病，不任行[102]。

（以上为第七段，写长平之战进程中，赵、魏两国面对秦兵压境的高压不能合纵抗秦，争相割地赂秦以苟延时日。魏相子顺建言合纵，魏安釐王不听，子顺辞去了相位。）

【注释】

[1]分军为三：秦军分为三路。王龁一军、司马梗一军，白起自率一军。 [2]武安：赵邑，在今河北武安市西南。皮牢：邑名，在今山西翼城县东。按：武安、皮牢两地相距悬远，《史记·白起列传》无“赵武安”三字，疑为衍字。 [3]太原：郡名，治晋阳，在今山西太原市西

南。［4］韩、魏恐：据章校，他本“魏”下有“恐”字。《史记·白起列传》有“恐”字。故补之。［5］厚币：厚礼。［6］即：则，就。［7］王：称王于天下，统一天下。［8］三公：是辅助皇帝的中央最高级官员，各时代名称不同。秦、汉时代的三公是左、右丞相，太尉和御史大夫，分别掌管政务、军事和监察。［9］围邢丘：围困邢丘。邢丘，魏邑，在河南温县东。王念孙《读书杂志》：“邢丘，魏地，非韩地。此本作‘攻韩围邢’，‘邢’下‘丘’字衍文耳。‘邢’即‘陉’之借字也。”陉邑故城在今山西曲沃县东北。［10］反为赵：回归赵国。反，通“返”，回归。［11］无几何人：没有多少人。［12］“不如”二句：不如趁着这有利的形势让赵国割让土地，不要使之都成为武安君的战功啊。因，趁。割之，许韩、赵割地求和。这样白起就不必出战，就没有立功的机会了。［13］休士卒：让士卒休息一下。［14］垣雍：邑名，在今河南原阳县西南。［15］由是：因此。［16］隙：隔阂，仇怨，矛盾。［17］约事于秦：订立和约服侍秦国。［18］倦而归：指秦军疲困退师。［19］爱王而弗攻：秦军亲近赵王退师不进攻。［20］不遗余力矣：秦攻赵使用了全部力量，一点也不保留。［21］“王又”句：大王又把秦国力所不能取得的城邑送给秦国。［22］王无救矣：大王你怕是没救了。言外之意是说割地与秦讲和的办法是错误的。［23］“秦、赵构难”句：秦、赵两国交战，天下的诸侯都高兴。构难，交战。说，同“悦”。［24］吾且因强而乘弱：我将借强国的力量去战胜弱国。因，借重，依靠。［25］亟割地：赶快割地。［26］疑天下：迷惑天下诸侯。［27］慰秦之心：满足秦国的贪婪野心。慰，宽慰，满足。［28］怒：贪婪野心暴发的怨怒。［29］敝：国困，疲弱。［30］何秦之图：还能对秦国怎么样。［31］“危哉楼子之计”四句：楼缓说的计策很危险，这会让天下诸侯更加怀疑赵国，哪能满足秦国的野心啊，唯独不说这样做实在是向天下诸侯暴露赵国的软弱吗？［32］赂齐：赠送给齐国。［33］深仇：大仇。［34］不待辞之毕：言立刻听从，等不到把话说完。［35］有能为也：显示有作为有能力。［36］王以此发声：大王把齐、赵两国友好的消息张扬出去，大肆宣传。［37］“兵未窥于境”二句：齐、赵之兵还未到达秦国边境，臣将看到秦国的使者带着厚礼来到赵国，反而向大王求和了。兵，齐、赵联军。窥，接近。境，秦边境。重赂，大量财物。反媾于王，反而向赵王求和。［38］从秦为媾：用这样的方式与秦谈和。从，指赵、齐联军与秦讲和。［39］必尽重王：韩、魏一定全都敬重大王。［40］易道：改变主动与被动的地位，使形势反转。从前赵受秦攻，言和则为被动，秦主动；今赵得秦重赂，秦为被动而赵主动。故云“与秦易道”。［41］于：据章校，他本“于”下有“诸”字。［42］便：利。［43］孔斌：孔子八世孙，字子顺，曾相魏，封文信君。［44］屈：服，败。［45］属其良将：交兵权于良将。即得良将辅佐。［46］邻之羞，国之福也：邻国失败蒙羞，正是我魏国之福啊。［47］于时：于此时。受其师：遭受战争之祸。［48］呴（gòu）呴：鸟叫声。［49］灶突炎上：烟囱窜出火苗。灶突，烟囱。炎，火焰，火苗。［50］栋宇：泛指房屋。［51］颜不变：意谓相乐如故。［52］可以人而同于燕雀乎：难道人可以像燕雀那样无知吗？［53］“遣使者”二句：便派使者进献黄金和礼物，聘请子顺为魏相。奉，进献。束帛，捆为一束的五匹帛。古代用为聘问、馈赠的礼物。［54］子顺：据章校，他本“顺”下有“谓使者”三字。《孔丛子·陈士义》有“谓使者”三字，当补此三字。［55］信用吾道：确实运用我的治国方略。信，确实，真正。道，治国之道。［56］“若徒欲”四句：如果只是想利用我这个人，给我很高的俸禄，那我也只是一个普通人罢了，魏王怎会缺少一个普通人呢？委，给。一夫，一个普通人。奚，何。［57］固请：坚决邀请。固，坚决，诚心。［58］魏王郊迎：魏安釐王到国都郊外迎接。郊迎，远远地迎接客人，是极敬重的礼节。［59］“子顺”句：子顺把被君王宠爱的人担任的职务让有才能的人去做。嬖宠，指被君王宠爱的人。［60］无任之禄：不做事只拿俸禄。［61］丧职者：失掉官位的人。［62］乃造谤言：于是编造诽谤的谣言。［63］文咨：魏人。［64］民之不可与虑始：不能和一般人谈论开创事业。此语见《商君书·更法》。［65］子产：姓公孙名侨，字子美，春秋时郑国大夫。子产为郑国相，执政二十余年，郑国大治。传见《史记·循吏列传》。［66］先君：祖上。指孔丘。孔子曾任鲁相。［67］为政日新：治理国政，一天天见成效。日新，也可理解为时时有革新。［68］庸知谤乎：岂能去理会那些毁谤。知，理会。也可解为“不知”，以肯定为否定。庸知，难道我不知道谤言吗？两种解释意思一样，即不畏谤言。［69］诵：顺口溜。［70］“麛裘”四句：意谓穿便服换朝服的那个大夫，抛弃他无害处；穿朝服弃便服的那个大夫，不用他无错误。即抛弃孔子如同扔掉这些衣服一样既无害处又无错误。麛裘，鹿皮衣，指便服。芾（fú），通“韨”，指朝服。投，扔掉。戾，害处。邮，错误。［71］“裘衣章甫”四句：穿便服戴礼帽的那个大夫，实在合我意；那个戴礼帽穿便服的大夫，无私地施惠给我。裘衣，便服。章甫，殷时冠名，礼帽。获我所，中我意。惠我无私，给我恩惠，大公无私。此诵是颂扬孔子相鲁，三个月已见成效。［72］“乃今知先生”句：如今才知先生与圣贤没有什么不同啊。乃今，如今，现在。不异，同。［73］凡：总共。［74］陈大计辄不用：提出的治国大计总是得不到采用。陈，提出。辄，总是。［75］言不见用：说的话得不到采用。见用，被采用。［76］尸利素餐：空占位子白吃饭，尸利，空占职位，享有俸禄，而无所作为。素餐，白吃饭，喻白拿俸禄。［77］吾罪深矣：我的罪过实在太重了。深，重，大。［78］退而以病致仕：回到家里以生病为由辞官退休。退，指退出朝廷回到家中。致仕，退休。［79］行：出走，到别的国家另谋高就。［80］行将何之：出走又能到哪里去呢？［81］遂寝于家：于是高卧在家，即在家闲居。［82］新垣固：人名。姓新垣，名固。［83］兴化致治：振兴教化，达到太平盛世。［84］异政：突出的政绩。［85］意者志不得乎：想来是不得志吧。意者，大概，或许。［86］死病：不治之症。［87］固不获安：一定得不到安全。［88］伊挚：即伊尹，商的贤相，汤伐桀灭夏，伊尹之功为多。事详《史记·殷本纪》。［89］吕望：即吕尚、姜尚。［90］敝而不振：衰败毫无生气。敝，疲惫，破败。不振，不振作，无生气。［91］二周折而入秦：东周、西周两小国转向附从秦国。折，转向。入，归顺，附从。［92］不出：不超过。［93］“天下”句：天下一定全部并入秦国了。其，将，一定。尽，全部。［94］魏齐在平原君所：赧王四十九年魏相魏齐逃至赵，藏于平原君家。所，处。［95］“乃为好言”句：于是用甜言蜜语引诱平原君到秦国后把他拘留下来。为，以，用。好言，甜言蜜语。诱，诳骗。［96］吾不出王弟于关：我决不让赵王你的弟弟平原君出函谷关。王弟，平原君乃赵孝成王之弟。关，函谷关。［97］穷：走投无路。［98］抵虞卿：到虞卿家里躲藏。时虞卿为赵相。［99］偕亡：两人一起逃亡。［100］欲因信陵君以走楚：想通过信陵君去投靠楚国。因，通过。走，投奔。［101］难见之：怕见魏齐。难，《释名·释言语》“惮也”，怕。［102］不任行：不能随军出征。

五十七年（癸卯，前258年）

正月，王陵攻邯郸，少利[1]，益发[2]卒佐陵；陵亡五校[3]。武安君病愈，王欲使代之。武安君曰：“邯郸实未易攻也；且诸侯之救日至。彼诸侯怨秦之日久矣，秦虽胜于长平，士卒死者过半，国内空，远绝河山[4]而争[5]人国都；赵应其内，诸侯攻其外，破秦军必矣。”王自命不行[6]，乃使应侯请之。武安君终辞疾[7]，不肯行；乃以王龁代王陵。

赵王使平原君求救于楚，平原君约[8]其门下食客文武备具者二十人与之俱[9]，得十九人，余无可取者。毛遂自荐于平原君。平原君曰：“夫贤士之处世也，譬若锥之处囊中，其末立见[10]。今先生处胜之门下三年于此矣[11]，左右未有所称诵，胜未有所闻，是先生无所有也[12]。先生不能，先生留！”毛遂曰：“臣乃今日请处囊中耳[13]！使[14]遂蚤[15]得处囊中，乃颖脱而出[16]，非特[17]其末见而已。”平原君乃与之俱，十九人相与目笑之[18]。平原君至楚，与楚王言合从之利害，日出而言之，日中不决[19]。毛遂按剑历阶而上[20]，谓平原君曰：“从之利害[21]，两言[22]而决耳！今日出而言，日中不决，何也？”楚王怒叱[23]曰：“胡不下[24]！吾乃与而君言[25]，汝何为者也[26]！”毛遂按剑而前曰：“王之所以叱遂者，以楚国之众也。今十步之内[27]，王不得恃楚国之众也[28]！王之命悬于遂手[29]。吾君在前。叱者何也？且遂闻汤以七十里之地王天下[30]，文王以百里之壤而臣诸侯[31]，岂其士卒多哉？诚能据其势而奋其威也[32]。今楚地方五千里，持戟百万[33]，此霸王之资也[34]。以楚之强，天下弗能当[35]。白起，小竖子耳[36]，率数万之众，兴师以与楚战，一战而举鄢、郢，再战而烧夷陵，三战而辱王之先人[37]，此百世之怨而赵之所羞，而王弗知恶焉[38]。合从者为楚，非为赵也。吾君在前，叱者何也？”楚王曰：“唯唯[39]，诚若先生之言，谨奉社稷以从[40]。”毛遂曰：“从定乎[41]？”楚王曰：“定矣。”毛遂谓楚王之左右曰：“取鸡、狗、马之血来[42]！”毛遂奉[43]铜盘而跪进之[44]楚王曰：“王当歃血[45]以定从，次者吾君，次者遂。”遂定从于殿上。毛遂左手持盘血而右手招十九人曰：“公等相与歃此血于堂下！公等录录[46]，所谓‘因人成事[47]’者也。”平原君已定从而归，至于赵，曰：“胜不敢[48]相天下士[49]矣！遂以毛遂为上客[50]。

（以上为第八段，写赵平原君使楚求救，门客毛遂自荐入楚立大功，立盟成功，毛遂成为平原君门下上客。）

【注释】

[1]少利：失利。 [2]益发：增派。 [3]亡五校：丧失了五校的部队。校，校尉，武官名，低于将军。一校部队为一营垒。《汉书·卫青霍去病传》颜师古注：“校者，营垒之称，故谓军之一部为一校。”[4]远绝河山：自秦攻邯郸，有黄河及王屋、太行诸山的阻隔，故言。绝，横渡，隔断。 [5]争：夺取。 [6]王自命不行：秦昭王亲自下令，武安君仍不肯前行。不行，不出发。[7]辞疾：以有病为理由而拒绝。 [8]约：挑选。 [9]与之俱：与平原君同行。俱，为随员同去。 [10]其末立见：它的尖端很快就会显现出来。末，锥子的尖儿。见，读 xiàn。 [11]三年于此矣：至今三年了。 [12]是先生无所有也：这是先生一无所长吧。 [13]臣乃今日请处囊中耳：臣就在今天请求把我放在囊中。乃今日，就今天，现在。 [14]使：假使，如果。 [15]蚤：通“早”。 [16]脱颖而出：整个锥子尖都露出。颖，禾穗芒尖，此指锥子尖。 [17]非特：非独，不仅仅。 [18]相与目笑之：大家以眼示意讥笑毛遂。 [19]不决：定不下来。 [20]毛遂按剑历阶而上：毛遂持剑快步登阶上殿。历阶，一只脚上一级台阶，第二只脚又上一级台阶。按古礼，上台阶应该一只脚跨一级后，双脚并齐一次，再跨第二只脚。现在毛遂因事情紧急，所以不顾礼节，“历阶”而上。 [21]从之利害：合纵的利害得失。从，通“纵”。 [22]两言：两句话。指利和害两个字。 [23]怒叱：发怒叱斥。 [24]胡不下：为何不退下去。胡，通“何”，怎么。[25]吾乃与而君言：我是在与你的主子说话。而君，你的主子，主人。 [26]汝何为者也：你要干什么。 [27]今十步之内：现今在这十步之内。 [28]王不得恃楚国之众也：楚王你不能依仗楚国的人多势众。按：毛遂按剑离楚王最近，只有十步的距离。楚值班卫士在殿外阶陛之下，远水救不了近火，故有是言。 [29]王之命悬于遂手：楚王你的生命掌握在我毛遂手中。悬，吊，挂。此指操控。 [30]王天下：统治天下。 [31]臣诸侯：使诸侯臣服。 [32]“诚能”句：实在是他们能够掌控当时的形势来发挥他们的威力啊。据其势，掌握当时的形势。奋其威，发挥他们的威力。 [33]持戟百万：楚国拥有手持戈矛的战士一百万。 [34]此霸王之资也：这是称霸争王的资本。资，凭借，资本。 [35]天下弗能当：天下各国都不能抵挡。当，抵挡，对抗。 [36]小

竖子耳：一个平庸的小子而已。竖子，骂人的话，如同今之臭小子。［37］“一战”三句：楚顷襄王二十年（前279）秦将白起取楚鄢、郢，第二年白起烧了楚先王之墓夷陵，楚被迫徙都于陈，楚考烈王的祖父怀王已客死于秦，陵庙又被毁，故云。［38］而王弗知恶焉：可是大王对此却不感到羞恶（wù）。［39］唯唯：连声答应。较“诺”更恭敬。［40］“诚若”二句：真是像先生你说的，我敬请以楚国的土地、百姓跟从赵国。诚若，当真是。从，跟从，听从。［41］从定乎：合纵联盟决定了吗？［42］取鸡、狗、马之血来：古代歃血为盟所用的牲血因等级而不同。天子用牛和马，诸侯用狗和公猪，大夫以下用鸡。这里是总言定盟所用的牲血。［43］奉：同“捧”。［44］进之：献与，献给。［45］歃血：古代举行盟会时，饮牲畜之血，或嘴上涂牲畜之血，表示诚意，这是盟会时的一种仪式。歃（shà），同“唼”，用嘴吸取。［46］录录：随从貌，借喻平庸无能。也写作碌碌、逯逯、娽娽、鹿鹿。［47］因人成事：借他人之力办成事情。［48］敢：据章校，他本“敢”下有“复”字。《史记·平原君列传》“敢”下有“复”字，当补“复”字。［49］相天下士：品评天下的才智之士。相士，鉴别人才。［50］上客：最受尊礼的门客。

于是楚王使春申君将兵救赵，魏王亦使将军晋鄙将兵十万救赵。秦王使[1]谓魏王曰：“吾攻赵[2]，旦暮且下[3]，诸侯敢救之者，吾已拔赵[4]，必移兵先击之[5]！”魏王恐，遣人止晋鄙，留兵壁邺[6]，名为救赵，实挟两端[7]。又使将军新垣衍间入邯郸[8]，因平原君说赵王，欲共尊秦为帝，以却其兵[9]。齐人鲁仲连[10]在邯郸，闻之，往见新垣衍曰：“彼秦者[11]，弃礼义而上首功之国[12]也。彼即肆然而为帝于天下，则连有蹈东海而死耳[13]，不愿为之民也！且梁未睹秦称帝之害故耳，吾将使秦王烹醢梁王[14]！”新垣衍怏然[15]不悦曰：“先生恶能[16]使秦王烹醢梁王？”鲁仲连曰：“固也[17]，吾将言之。昔者九侯、鄂侯、文王，纣之三公也[18]。九侯有子而好[19]，献之于纣，纣以为恶[20]，醢九侯；鄂侯争之强[21]，辩之疾[22]，故脯鄂侯[23]；文王闻之，喟然而叹，故拘之牖里之库百日[24]，欲令之死。今秦，万乘之国也，梁，亦万乘之国也；俱据[25]万乘之国，各有称王之名，奈何睹其一战而胜，欲从而帝之，卒就脯醢之地乎[26]！且秦无已而帝[27]，则将行其天子之礼以号令于天下，则且变易诸侯之大臣[28]，彼将夺其所不肖而与其所贤[29]，夺其所憎而与其所爱，彼又将使其子女谗妾为诸侯妃姬[30]，处梁之宫，梁王[31]安得晏然而已乎[32]！而将军又何以得故宠乎！”新垣衍起，再拜曰：“吾乃今知先生天下之士[33]也！吾请出[34]，不敢复言帝秦矣！”

燕武成王薨，子孝王[35]立。

初，魏公子无忌[36]仁而下士[37]，致食客[38]三千人。魏有隐士[39]曰侯嬴，年七十，家贫，为大梁夷门监者[40]。公子置酒[41]大会宾客，坐定[42]，公子从车骑虚左自迎侯生[43]。侯生摄敝衣冠[44]，直上载公子上坐不让[45]；公子执辔[46]愈恭。侯生又谓公子曰：“臣有客在市屠中[47]，愿枉车骑过之[48]。”公子引车入市[49]，侯生下见其客朱亥，睥睨[50]，故久立[51]，与其客语，微察公子[52]，公子色愈和[53]；乃谢客就车[54]，至公子家。公子引侯生坐上坐，遍赞宾客[55]，宾客皆惊。及秦围赵，赵平原君之夫人，公子无忌之姊也，平原君使者冠盖相属于魏[56]，让[57]公子曰：“胜[58]所以自附于婚姻[59]者，以公子之高义[60]，能急人之困也[61]。今邯郸旦暮降秦而魏救不至，纵[62]公子轻胜弃之[63]，独不怜公子姊邪！”公子患之，数请魏王敕[64]晋鄙令救赵，及宾客辩士游说万端[65]，王终不听。公子乃属宾客，约车骑百余乘[66]，欲赴斗以死于赵[67]；过夷门，见侯生。侯生曰：“公子勉之矣[68]，老臣不能从！”公子去，行数里，心不快，复还见侯生。侯生笑曰：“臣固知[69]公子之还也！今公子无他端[70]而欲赴秦军[71]，譬如以肉投馁虎[72]，何功之有[73]！”公子再拜问计。侯嬴屏人[74]曰：“吾闻晋鄙兵符[75]在王卧内，而如姬最幸[76]，力能窃之。尝闻公子为如姬报其父仇[77]，如姬欲为公子死无所辞[78]。公子诚[79]一开口，则得虎符，夺晋鄙之兵，北救赵，西却秦，此五伯[80]之功也。”公子如其言，果得兵符。公子行，侯生曰：“将在外，君令有所不受[81]。有如[82]晋鄙合符而不授兵，复请之[83]，则事危矣。臣客朱亥，其人力士，可与俱。晋鄙若听，大善；不听，可使击之！”于是公子请朱亥与俱。至邺，晋鄙合符，疑之，举手视公子曰[84]：“吾拥十万之众屯于境上[85]，今单车来代之[86]，何如哉[87]？”朱亥袖[88]四十斤铁椎[89]，椎杀晋鄙[90]，公子遂勒兵[91]下令军中曰：“父子俱在军中者，父归；兄弟俱在军中者，兄归！独子无兄弟者，归养[92]！”得选兵[93]八万人，将之而进。

王龁久围邯郸不拔，诸侯来救，战数[94]不利。武安君闻之曰：“王不听吾计，今何如矣？”王闻之，怒，强起[95]武安君。武安君称病笃[96]，不肯起。

（以上为第九段，写楚相春申君领兵救赵，魏国信陵君窃符救赵。楚、魏、赵三国合纵抗秦，赵平原君、楚春申君、魏信陵君齐聚长平之战的历史舞台。）

【注释】

［1］秦王使：秦王所派的使臣。［2］攻赵：指秦兵攻围赵都邯郸。［3］旦暮且下：攻下邯郸就在早晚之间。［4］已拔赵：攻取邯郸以后。［5］必移兵先击之：一定调转军队首先攻击他。之，指敢救赵的国家。［6］留兵壁邺：停止进军，驻扎在邺城。邺，魏国靠近赵国的边邑，在今河北临漳县西南。［7］实挟两端：实际上脚踏两只船。挟，持。两端，游移于救赵、畏秦两者之间。［8］新垣衍间入邯郸：魏王所派新垣衍从小路进入邯郸。新垣衍，人名，姓新垣，名衍，在魏做客将军。间，小道，即秘密入赵。［9］以却其兵：用以退秦兵。却，退。［10］鲁仲连：主张合纵抗秦的义士。传见《史记》卷八十三。［11］彼秦者：那个秦国。轻蔑语气。［12］上首功之国：以追求杀敌砍头多的人为大功的国家。上，通“尚”，崇尚，提倡。首功，指在战场斩敌首而立功。秦国分爵位为二十级，作战时，斩得敌人的头愈多爵位愈高。［13］“彼即”二句：如果那秦国真的肆无忌惮在天下称了帝，那么我鲁仲连只有跳入东海一死。即，若。肆然，如说“肆无忌惮”。有蹈东海，宁可跳入东海。有，宁可。蹈，跳。［14］烹醢梁王：把魏王烹杀剁成肉酱。烹醢，古代的一种酷刑。烹，煮杀。醢，剁成肉酱。梁王，魏王。［15］怏然：不高兴的样子。［16］恶（wù）能：怎么能。［17］固也：当然。［18］“昔者”二句：从前九侯、鄂侯、周文王都是纣王的三公。九侯，又称鬼侯，封地在今河北临漳县境。鄂侯，封地在今山西乡宁县境。文王，即周文王。三公，朝中太师、太傅、太保为三公，大臣的最高品级。此处三公是对九侯等人的加衔，一种荣誉。［19］有子而好：有一个女儿十分漂亮。子，女儿，女子。上古时，子为男、女的通称。好，貌美。［20］纣以为恶：纣王认为丑。恶，丑。［21］争之强：强争之。强，坚决，一再。争，通“诤”，谏，规劝。［22］辩之疾：极力为九侯辩护。［23］脯鄂侯：把鄂侯做成肉干。脯（fǔ），肉干，用作动词。［24］拘之牖里之库百日：纣王就把周文王拘禁在羑里的牢房一百天。牖里，也写作“羑里”，在今河南汤阴县北。库，牢房。［25］俱据：都拥有。［26］“奈何”三句：为什么只看到秦国打了一次胜仗，便听任他称帝，而自己却甘愿落得被做成肉干肉酱的地步呢！从而帝之，顺从地尊秦为帝。卒就，最后落到。［27］且秦无已而帝：况且秦王并不满足于称帝。［28］则且变易诸侯之大臣：还要撤换诸侯各国的大臣。变易，撤换，变更。［29］“彼将”句：他还要撤掉他认为不称职的人，而把职位给他认为称职的人。夺，撤掉。其所不肖，他认为不称职的。其所贤，他认为称职的。［30］“彼又将”句：他还要让自己嫉贤妒能和挑拨是非的妇人做诸侯的王妃。谗妾，嫉贤妒能、善于毁谤人的女人。［31］梁王：魏安釐王。［32］安得晏然而已乎：怎么能太太平平地过日子呢。安，焉，何，怎么。［33］天下之士：

天下的贤士。［34］吾请出：我请求离开邯郸。出，离开。［35］孝王：燕武成王之子，史失其名，公元前257年至公元前255年在位。［36］魏公子无忌：魏昭王少子，魏安釐王异母弟，安釐王即位，封无忌为信陵君。传见《史记》卷七十七。［37］仁而下士：仁爱而尊重士人。下士，放下架子，礼敬士人。［38］致食客：招来宾客。［39］隐士：有学问、有才能、隐居不做官的人。［40］为大梁夷门监者：是魏都大梁城夷门的监守官吏。夷门，东门。［41］置酒：设宴。［42］坐定：宾客已纷纷入座。［43］“公子”句：公子亲自驾车，带着随从，空出左边的尊位去迎接侯嬴。虚左，空出尊位。古代乘车以左边为尊。自迎，亲自迎接。侯生，侯嬴。生，先生的省称。［44］摄敝衣冠：整理身穿的破旧衣服、头戴的破旧帽子。摄，整理。［45］“直上”句：侯生毫不推辞地径直坐上公子车上左边的位置。直上，径直上车，没有推让。［46］执辔：握着驾马的缰绳。［47］臣有客在市屠中：我有一位在市场屠宰牲口的朋友。［48］愿枉车骑过之：希望车能绕道去看他。枉，委屈，央烦。过，访问。［49］引车入市：赶车到市场。［50］睥睨：斜着眼睛偷看。［51］故久立：故意久久地站在那里，考验公子的耐心。［52］微察公子：暗暗观察公子。微，暗暗地。［53］色愈和：脸上的神情更和悦。［54］乃谢客就车：才辞别朱亥上车。［55］遍赞宾客：向宾客一一地介绍侯生。遍，一一地。赞，介绍，引见。［56］“平原君”句：平原君派到魏国求援的使者车马络绎不绝地到了魏国。冠盖，冠冕和车盖，指穿着礼服的使者与使车。相属，络绎不绝。［57］让：责备，埋怨。［58］胜：赵胜，平原君自称。［59］自附于婚姻：自愿高攀结亲。［60］高义：很讲义气。［61］能急人之困也：能够救助别人的急难。急，解急，救患，作动词用。［62］纵：即使。［63］轻胜弃之：嫌弃我赵胜不管。［64］敕（chì）：古时上告下之词。此指魏王的手令。［65］游说万端：百般劝说，理由无数。万端，种种理由。［66］约车骑百余乘：配备车骑一百多辆。［67］欲赴斗以死于赵：想奔赴赵国前线参加战斗，与赵国共存亡。赴斗，奔赴前线参加战斗。以死于赵，与赵国共存亡。［68］勉之矣：好好努力吧。［69］固知：早已料到，本来就知道。［70］无他端：没有别的办法。［71］欲赴秦军：想去和秦军拼命。［72］馁虎：饥饿的老虎。［73］何功之有：是不会有好结果的。功，效果。［74］屏（bǐng）人：让身边的人回避。屏，通“摒”。［75］兵符：又名虎符，是古代调遣军队的一种凭证。中剖为二，可分可合。国家有战事时，国君将左边一半交领军统帅，右边一半留下。如有新命令，国君必须将右符交使者，前往合符，命令才生效。［76］如姬：魏安釐王的爱妃。最幸：最受宠爱。［77］为如姬报其父仇：如姬之父被人杀，公子使客斩其仇头献如姬。［78］“如姬欲为”句：如姬为了公子，即使去死也愿意。无所辞，绝不会推辞。［79］诚：如果。［80］伯：通“霸”。［81］“将在外”二句：国君身居朝内，不明前方战斗形势，统帅自不能盲从君命。《史记·孙子列传》：“将在军，君命有所不受。”［82］有如：如果。有，如，若。［83］复请之：再向魏王请示。请，有“核对”的意思。［84］举手视公子曰：晋鄙抬头看着公子说。手，通“首”。这里是说晋鄙俯首合符，因疑心而举首望公子。［85］屯于境上：驻扎在魏国边境上。据章校，他本“上”下有“国之重任”四字。《史记·魏公子列传》有此四字，当补。［86］单车来代之：指无忌只身前来，没有随从的副使。之，指晋鄙本人。［87］何如哉：怎么回事啊？［88］袖：藏……在衣袖中。［89］铁椎：铁锤，状如瓜。［90］椎杀晋鄙：用椎击杀晋鄙。［91］勒兵：整顿部队。［92］归养：回家奉养父母。［93］选兵：经挑选合格的兵士。［94］数（shuò）：屡次。［95］强起：强迫任职。［96］病笃：病重。

五十八年（甲辰，前257年）

十月，免武安君为士伍[1]，迁之阴密[2]。十二月，益发卒军汾城[3]旁。武安君病，未行，诸侯攻王龁，龁数却[4]，使者日至，王乃使人遣[5]武安君，不得留咸阳中。武安君出咸阳西门十里，至杜邮[6]。王与应侯群臣谋曰："白起之迁，意尚怏怏有余言[7]。"王乃使使者赐之剑，武安君遂自杀。秦人怜之[8]，乡邑[9]皆祭祀焉。

魏公子无忌大破秦师于邯郸下，王龁解邯郸围走。郑安平为赵所困，将二万人降赵，应侯由是得罪[10]。

公子无忌既存赵，遂不敢归魏，与宾客留居赵，使将将其军还魏。赵王与平原君计，以五城封公子。赵王扫除自迎[11]，执主人之礼，引公子就西阶[12]。公子侧行辞让[13]，从东阶上[14]，自言罪过，以负于魏[15]，无功于赵。赵王与公子饮至暮，口不忍[16]献五城，以公子退让也。赵王以鄗[17]为公子汤沐邑[18]。魏亦复以信陵[19]奉公子。公子闻赵有处士[20]毛公隐于博徒[21]，薛公隐于卖浆家[22]，欲见之。两人不肯见，公子乃间步从之游[23]。平原君闻而非之[24]。公子曰："吾闻平原君之贤，故背魏而救赵。今平原君所与游，徒豪举耳[25]，不求士[26]也。以无忌从此两人游，尚恐其不我欲[27]也，平原君乃以为羞[28]乎？"为装[29]欲去。平原君免冠谢[30]，乃止。

平原君欲封鲁连，使者三返，终不肯受。又以千金为鲁连寿[31]，鲁连笑曰："所贵[32]于天下之士，为人排患释难解纷乱而无取也[33]。即有取，是商贾之事[34]也！"遂辞平原君而去，终身不复见。

秦太子[35]之妃曰华阳夫人，无子；夏姬[36]生子异人。异人质于赵；秦数伐赵，赵人不礼之。异人以庶孽孙[37]质于诸侯，车乘进用不饶[38]，居处困[39]不得意。

阳翟大贾吕不韦适邯郸[40]，见之[41]，曰："此奇货可居[42]！"乃往见异人，说[43]曰："吾能大子之门[44]。"异人笑曰："且[45]自大君之门！"不韦曰："子不知也，吾门待子门而大。"异人心知所谓[46]，乃引与坐[47]，深语[48]。不韦曰："秦王老矣。太子爱华阳夫人，夫人无子。子之兄弟二十余人，子傒有秦国之业[49]，士仓又辅之[50]。子居中[51]，不甚见幸[52]，久质诸侯[53]。太子即位，子不得争为嗣矣[54]。"异人曰："然则奈何[55]？"不韦曰："能立嫡嗣者独华阳夫人耳[56]。不韦虽贫，请以千金为子西游[57]，立子为嗣。"异人曰："必如君策[58]，请得[59]分秦国与君共之。"不韦乃以五百金与异人，令结[60]宾客。复以五百金买奇物玩好，自奉而西[61]，见华阳夫人之姊，而以奇物献于夫人，因誉子异人之贤，宾客遍天下，常日夜泣思太子及夫人，曰："异人也以夫人为天[62]！"夫人大喜。不韦因使其姊说夫人曰："夫以色事人者，色衰则爱弛[63]。今夫人爱而无子，不以繁华时[64]蚤自结于诸子中贤孝者，举[65]以为嫡，即[66]色衰爱弛，虽欲开一言，尚可得乎！今子异人贤，而自知中子不得为嫡，夫人诚以此时拔之，是子异人无国而有国，夫人无子而有子也，则终身有宠于秦矣。"夫人以为然，承间[67]言于太子曰："子异人绝贤[68]，来往者皆称誉之[69]。"因泣曰："妾不幸无子，愿得子异人立以为子以托妾身[70]！"太子许之，与夫人刻玉符[71]，约以为嗣，因厚馈遗异人，而请吕不韦傅之[72]。异人名誉盛于诸侯。

吕不韦娶邯郸姬绝美者[73]与居[74]，知其有娠[75]，异人从不韦饮，见而请之[76]，不韦佯怒，既而献之，孕期年[77]而生子政[78]，异人遂以为夫人。邯郸之围，赵人欲杀之，异人与不韦行金六百斤予守者[79]，脱亡[80]赴秦军，遂得归。异人楚服[81]而见华阳夫人，夫人曰："吾楚人也，当自子之[82]。"因更其名曰楚。

五十九年（乙巳，前256年）

秦将军摎[83]伐韩，取阳城[84]、负黍[85]，斩首四万。伐赵，取二十余县，斩首虏九万。赧王恐，背秦，与诸侯约从，将天下锐师出伊阙[86]攻秦，令无得通阳城。秦王使将军摎攻西周，赧王入秦，顿首受罪，尽献其邑三十六，口三万。秦受其献，归赧王于周。是岁，赧王崩。

（以上为第十段，写信陵君窃符救赵后，留赵不归；吕不韦奇货可居，投机政治。秦灭西周。）

【注释】

［1］免武安君为士伍：免除武安君的官爵，降为普通士兵。［2］迁之阴密：流放到阴密。阴密，邑名，在今甘肃灵台县西。［3］汾城：今山西临汾市。［4］数却：多次败退。［5］遣：驱逐。［6］杜邮：亭名，在今陕西咸阳市东。［7］怏怏：因不服和不满而郁郁寡欢的样子。余言：指怨言。［8］怜之：爱惜，同情白起。［9］乡邑：此指城乡的老百姓。［10］应侯由是得罪：应侯因郑安平降赵受到株连犯罪。按：魏人郑安平匿范雎，交给秦昭襄王谒者王稽，因此入秦为相。范雎报郑安平救命之恩，保荐郑安平为秦将，今安平降赵，按秦法，保荐人与被保荐人同罪，故范雎受株连犯死罪。［11］赵王扫除自迎：赵孝成王打扫台阶亲自迎接魏公子。古人迎接贵宾，亲自扫除以示恭敬。［12］就西阶：古人升堂之礼，主人从东阶上，宾客从西阶上。就，到。［13］侧行辞让：侧着身子前进，表示谦退礼让。［14］从东阶上：自谦降等，与主人一同从东阶上。［15］负于魏：对不起魏国。［16］口不忍：说不出口。因魏公子谦让，说对不起魏国，接受五城封邑有卖国求荣之嫌，故赵王说不出口。［17］鄗（hào）：邑名，在今河北高邑县东。［18］汤沐邑：周制，诸侯朝见天子，天子赐以王畿以内封邑，供诸侯住宿和斋戒沐浴，故称汤沐邑。汉代始，皇帝、皇后、公主等收取赋税的私邑也称汤沐邑。此指为公子私邑，即住处。［19］信陵：邑名，在今河南宁陵县西。［20］处士：古代称有才德隐居不做官的人。［21］博徒：聚赌的人。［22］卖浆家：卖酒的人家。［23］间步从之游：秘密地与毛公、薛公交往。［24］非之：批评无忌。［25］徒豪举耳：空有豪侠的名声罢了。［26］不求士：不是真正追求贤士。［27］不我欲："不欲我"的倒装。［28］乃以为羞：竟然认为和他交往是羞耻的事。［29］为装：整理行装。［30］免冠谢：脱帽认错。脱帽露顶是认错的表示。［31］寿：祝寿，此指以祝寿为名赠人金帛。［32］所贵：指贤士所看重的事物、所追求的境界。［33］"为人"句：替人排除祸患、清除危难、解决纠纷，而不取报酬。［34］商贾之事：生意买卖人的行为。商贾，行为商，坐为贾，此泛称商人。［35］秦太子：昭襄王之子，名柱。初封安国君，昭襄王四十二年（前265）立为太子。［36］夏姬：异人即位为庄襄王，夏姬为夏太后。［37］庶孽：妃妾所生之子。犹树有孽生，故名。异人对秦太子而言为庶子，对昭襄王而言为庶孽孙。［38］进用不饶：财物用度不充裕。进，通"赆"，财货。不饶，不富裕。［39］居处困：日常生活贫困。［40］阳翟大商吕不韦适邯郸：阳翟的大商人吕不韦来到邯郸。阳翟，邑名，在今河南禹州市。吕不韦，濮阳（今河南濮阳市南）人，在阳翟经商，投机政治，为秦庄襄王、秦始皇两代秦王国相。传见《史记》卷八十五。适，到，往。［41］见之：看到了秦异人的景况。［42］奇货可居：稀有的货物，值得囤积。居，囤积。［43］说（shuì）：说服别人使之相信。［44］吾能大子之门：我能够使你的门第光大。［45］且：将，还是。［46］心知所谓：明白他话里有话。［47］乃引与

坐：于是请吕不韦一同进屋坐下。引，请进。［48］深语：推心置腹地深谈。［49］子傒有秦国之业：子傒最有资格继承秦国的王位。子傒，秦孝文王长子，异人的异母兄。［50］士仓又辅之：指子傒又得到丞相士仓的辅佐。按：马非百《杜仓相秦考》（载 1978 年《历史研究》12 期）认为士仓为杜仓，“杜”的残字“土”讹为“士”。［51］子居中：你在兄弟中排行居中。［52］不甚见幸：又不怎么受宠。幸，宠爱。［53］久质诸侯：长期在诸侯国做人质。［54］子不得争为嗣矣：你无力争做太子。嗣，君位继承人。［55］奈何：怎么办？［56］“能立嫡嗣者”句：能够立嫡为继承人的，只有华阳夫人。［57］为子西游：替你西行去秦国奔走。西游，到秦国去。［58］必如君策：真的实现了你的计谋。必，果真，如果。如，按照。［59］请得：甘愿。［60］结：交结，交友。［61］自奉而西：吕不韦亲自带着珍奇物品，西行到秦国。奉，持，携带。［62］异人也以夫人为天：我异人唯一的依靠就是夫人。为天，为依靠。［63］色衰则爱弛：年老色衰宠爱就淡了。弛，减退。［64］繁华时：本指鲜花盛开时，喻人之青春盛年时。［65］举：举荐，提携。［66］即：如果，等到。［67］承间：利用机会。［68］绝贤：特别优秀。［69］来往者皆称誉之：来往的人都称赞他。［70］以托妾身：用来托付我的终身。［71］刻玉符：安国君把许子楚为嫡的诺言刻在玉符上以为凭证。当时秦昭王在位，太子不得私立嗣，此密为之。［72］傅之：做子楚的老师。［73］绝美者：绝代美人。［74］与居：和她同居。［75］有娠（shēn）：即“有身”，怀孕。［76］请之：要求得到赵姬。［77］期年：十二个月。［78］政：即嬴政，后来统一六国的秦始皇。［79］行金六百斤予守者：拿出六百斤金子给看守的人。行，拿出。予，给。守者，看守子楚的人。［80］脱亡：脱身逃跑。［81］楚服：穿楚国的服装。因华阳夫人为楚人，穿楚服就是要讨好华阳夫人。［82］当自子之：把你当作自己亲生的儿子。［83］摎（jiū）：秦将，史失其姓氏。［84］阳城：邑名，在今河南登封市东南。［85］负黍：亭名，在今河南登封市西南。［86］伊阙：河关，在今河南洛阳市南。

【点评】

秦赵长平之战。本卷所述史事处于战国中期的后段，时间起自公元前 272 年，止于公元前 256 年，共十七年，值得评述的最大事件是秦赵主力决战。这一时期，东方六国赵国最强，是阻挡秦国东进的最大障碍。秦赵决战是不可阻挡的历史大势。秦赵决战又总是从秦伐韩开始。东方六国，韩国最弱，又挡在秦国东进的最前沿，秦国东进首先要灭掉的是韩国。但是唇亡齿寒，秦伐韩，赵救韩是必然之势。加之韩与赵渊源深厚。晋六卿当政时，韩赵两家在政治斗争中就紧密联手，韩厥救赵孤，就是家喻户晓的故事。韩赵世代联姻，实际就是同盟关系。公元前 270 年阏与之战，起于秦伐韩，赵救韩。此役赵胜秦败。公元前 264 年，秦伐韩攻陉，开启了长达八年的长平之战。秦国经过长期准备，委派白起为主帅，志在必得。公元前 260 年，韩国上党不保，赵救韩，并非平原君利令智昏，这只是一个导火索，唇亡齿寒才是赵救韩的本质。其后信陵君的窃符救赵，平原君使楚，楚春申君救赵，实现韩、赵、楚、魏四国结盟。楚、魏、赵三国联军大败秦军于邯郸城下，赵国才死里逃生，但从此一蹶不振。

秦赵长平之战，赵国的失败并不是输在军事上，而是输在政治和外交上。赵韩联军以逸待劳，又在内线作战，占天时地利人和之优。廉颇持重，避敌锋芒，想用持久战拖垮秦军。秦国即使有善战的白起也必败无疑。无奈赵孝成王昏庸，中敌反间计，临阵换将，已是兵家大忌，更何况换了一个纸上谈兵之将，军事上也输给了秦国。政治上，秦国上下一心，举国一致，浇灌农田的水也引入水渠用来作运输，十五岁的男子全部征发上战场、保运输。赵国政治腐败，小人当道，未见有举国一致的动员。外交上，赵孝成王对是和是战举棋不定，未能在长平军事决战之时做好与魏、楚合纵的准备。齐国置身事外，坐看赵军粮草断绝而不伸援手。假如赵孝成王听得进蔺相如、虞卿的意见，军事上听信廉颇，外交上听信虞卿，政治上听信蔺相如，赵国人才济济，加上合纵盟国的支援，完全可以打败秦军，历史或许会是另一番模样。长平战后，三晋削弱，东方六国失去了屏障，争相割地与秦以求和，只不过是苟延残喘罢了。长平之战，是战国时代的转折点，秦并六国已成为不可逆转之势。

卷六　秦纪一

秦昭襄王五十二年至秦始皇帝十九年（前 255—前 228 年）

【起柔兆敦牂（丙午，前 255 年），尽昭阳作噩（癸酉，前 228 年），凡二十八年】

【大事提要】

本卷记事起公元前 255 年，讫公元前 228 年，凡二十八年，当秦昭襄王五十二年至秦始皇帝十九年。本卷所载的大事，主要是以下几个方面：其一，秦灭周朝。公元前 256 年，秦国出兵攻打西周，西周非常恐惧，以西周三十六城、人口三万降秦，秦尽收其地，周赧王悲愤而死。从公元前 255 年开始，《资治通鉴》便以秦历纪年。公元前 249 年，东周君合纵攻秦，秦攻东周，执东周君而归，周朝彻底灭亡。其二，嬴政即位。公元前 251 年，执政 56 年的秦昭襄王嬴稷去世，其子孝文王嬴柱即位。可怜的是，秦孝文王即位三天后就死了，大概是历史上最短命的帝王。其太子子楚即位，是为秦庄襄王。三年后，庄襄王也一命呜呼。其子嬴政继位，是为秦始皇帝，开启了帝国统一的征程。其三，嬴政平乱。公元前 238 年，秦王嬴政举行冠礼。长信侯嫪毐因私通太后的丑事暴露，便矫诏发动叛乱，嬴政早有防备，很快平定叛乱，嫪毐落荒而逃，后被车裂，暴尸示众；文信侯吕不韦牵连其中，被免去相国职务，后被嬴政羞辱而自杀。秦国真正进入嬴政时代。其四，赵毁“长城”。老将廉颇于赵偃即位后即被弃用，去魏，后赵国多次被秦军围困，岌岌可危，赵王思用廉颇，派使臣慰问，使臣受郭开金而予以谗毁，诬之“一饭三遗矢”，无复再用。李牧是赵国赖以支撑危局的唯一良将，亦受谗毁而被杀害，国亡矣！其五，秦灭三晋。秦王嬴政亲政后，任用尉缭和李斯等人，积极推行统一战略，至公元前 228 年，已消灭韩国、赵国。公元前 230 年，秦国派韩国叛将腾攻打韩国，俘获韩王韩安，韩国灭亡。公元前 228 年，秦军攻破邯郸，赵王赵迁被迫投降，赵国实际上灭亡。

昭襄王

五十二年（丙午，前 255 年）

河东守王稽坐与诸侯通[1]，弃市[2]。应侯日以不怿[3]。王临朝而叹[4]，应侯请[5]其故。王曰："今武安君死，而郑安平、王稽等皆畔[6]，内无良将而外多敌国，吾是以忧。"应侯惧，不知所出[7]。

燕客蔡泽闻之[8]，西入秦，先使人宣言于应侯曰："蔡泽，天下雄辩之士[9]。彼见王，必困君[10]而夺君之位。"应侯怒，使人召之。蔡泽见应侯，礼又倨[11]。应侯不快，因让之[12]曰："子宣言[13]欲代我相，请闻其说。"蔡泽曰："吁，君何见之晚也[14]！夫四时之序[15]，成功者去[16]。君独不见夫秦之商君、楚之吴起、越之大夫种，何足愿与[17]？"应侯谬曰[18]："何为不可！此三子者，义之至也，忠之尽也[19]。君子有杀身以成名，死无所恨[20]！"蔡泽曰："夫人立功，岂不期于成全[21]邪？身名俱全者，上也[22]；名可法[23]而身死者，次也；名僇辱[24]而身全者，下也。夫商君、吴起、大夫种，其为人臣尽忠致功[25]，则可愿矣。闳夭、周公，岂不亦忠且圣[26]乎？三子之可愿，孰与闳夭、周公哉[27]？"应侯曰："善。"

蔡泽曰："然则君之主惇厚旧故，不倍功臣[28]，孰与孝公、楚王、越王？"曰："未知何如[29]。"蔡泽曰："君之功能[30]孰与三子？"曰："不若。"蔡泽曰："然则君身不退，患恐甚于三子矣。语曰[31]：'日中则移，月满则亏[32]。'进退赢缩，与时变化，圣人之道也[33]。今君之怨已雠而德已报[34]，意欲至矣而无变计[35]，窃为君危之[36]。"

应侯遂延以为上客，因荐于王。王召与语，大悦，拜为客卿。应侯因谢病免。王新悦蔡泽计画，遂以为相国，泽为相数月，免。

（以上为第一段，写秦国国相范雎因所推荐的王稽犯通敌罪被诛而心神不宁，被辩士蔡泽取而代之。）

【注释】

[1]坐与诸侯通：判处通敌罪。坐，被判罪。通，勾结诸侯。 [2]弃市：死罪斩刑，在闹市执行后陈尸示众。 [3]不怿（yì）：不高兴，闷闷不乐。怿，悦，高兴。 [4]临朝：上朝。叹：

唉声叹气。［5］请：问。［6］畔：通“叛”。［7］不知所出：不知道该怎么办。［8］燕客：燕泽本燕人，故云。闻之：听到范雎被王稽、郑安平牵连的消息。［9］雄辩之士：辩才高超的人士。雄，超越。［10］困君：为难你。君，指范雎。［11］倨：傲慢不恭。［12］让之：责备蔡泽。［13］宣言：扬言。［14］吁（xū），君何见之晚也：哎呀，您见事怎么这样迟钝啊！吁，惊怪之词。晚，迟钝。［15］夫四时之序：那春种、夏长、秋收、冬藏，四时各任其职，依序代谢更迭。［16］成功者去：四时规律轮回更替，喻范雎要功成身退。［17］“君独不见”二句：您难道没看到秦国商君、楚国吴起、越国大夫种的下场吗？这有什么值得大惊小怪的。独，岂，难道。何足愿与，有什么值得仰慕的呢，您何必大惊小怪呢？［18］谬曰：故意反驳，诡辩。［19］义之至也，忠之尽也：节义的准则，忠贞的典范，即义和忠都达到尽善尽美的地步。［20］死无所恨：死而无憾。恨，怨恨，遗憾。［21］期于成全：期望功成名就，全身而退。成全，指身名俱全，即性命与功名都保全，圆满无缺。［22］上也：最受人期望，第一等，指身名俱全。［23］名可法：功名可被后世效法。［24］名僇辱：声名遭受侮辱。［25］尽忠致功：竭尽忠诚而取得了功名。［26］忠且圣：既忠心耿耿又道德高尚、智慧过人。圣，旧时指品格最高尚、智慧最高超、通达万物之理者。［27］“三子”二句：商君、吴起、大夫种与闳夭、周公相比，谁更值得仰慕呢？［28］惇（dūn）厚旧故，不倍功臣：顾念旧情，不背弃功臣。惇厚，待人忠恳。旧故，老友。倍，通“背”，背弃。［29］未知何如：不知道能不能相比。［30］功能：功业与才干，总称功劳。［31］语曰：俗话说。［32］“日中”二句：太阳行至正午，就要偏移西沉；月亮到了圆满，就要逐渐亏损。［33］“进退赢缩”三句：该进则进，该退则退，该伸则伸，该屈则屈，适应形势而相应变化，这是圣人遵守的常理。［34］怨已雠：怨仇已报复。指魏齐已杀。雠，报。德已报：恩德已报答。指进用王稽、郑安平。［35］意欲至：心愿已实现。无变计：没有适应时事变化的计谋。［36］窃为君危之：我私下里替您担忧。

楚春申君以荀卿为兰陵令[1]。荀卿者，赵人，名况，尝与临武君[2]论兵于赵孝成王之前。

王曰：“请问兵要[3]。”临武君对曰：“上得天时[4]，下得地利[5]，观敌之变动，后之发，先之至[6]，此用兵之要术[7]也。”荀卿曰：“不然。臣所闻古之道，凡用兵攻战之本[8]，在乎一民[9]。弓矢不调，则羿不能以中[10]；六马不和，则造父不能以致远[11]；士民不亲附[12]，则汤、武不能以必胜也。故善附民者[13]，是乃善用兵者也。故兵要在乎附民而已。”临武君曰：“不然。兵之所贵者势利也[14]，所行者变诈也[15]。善用兵者感忽悠暗[16]，莫知所从出[17]。孙、吴[18]用之，无敌于天下，岂必待附民哉[19]！”荀卿曰：“不然。臣之所道[20]，仁人[21]之兵，王者之志也[22]。君之所贵，权谋势利也[23]。仁人之兵，不可诈也。彼可诈者，怠慢者也，露袒者也[24]，君臣上下之间滑然[25]有离德[26]者也。故以桀诈桀[27]，犹巧拙有幸焉[28]。以桀诈尧，譬之[29]以卵投石，以指桡沸[30]，若赴水火，入焉焦没耳[31]。故仁人之兵，上下一心，三军[32]同力；臣之于君也，下之于上也，若子之事[33]父，弟之事兄，若手臂之扞头目而覆胸腹也[34]。诈而袭之，与先惊而后击之，一也[35]。且仁人用十里之国则将有百里之听[36]，用百里之国则将有千里之听，用千里之国则将有四海之听，必将聪明警戒[37]，和傅而一[38]。故仁人之兵，聚则成卒[39]，散则成列[40]，延则若莫邪之长刃[41]，婴之者断[42]；兑[43]则若莫邪之利锋，当之者溃[44]。圜居而方止，则若盘石然[45]，触之者角摧而退耳[46]。且夫暴国之君[47]，将谁与至哉[48]？彼其所与至者，必其民也[49]。其民之亲我欢若父母，其好我芬若椒兰[50]；彼反顾其上则若灼黥[51]，若仇雠[52]；人之情，虽桀、跖[53]，岂有肯为其所恶[54]，贼其所好[55]者哉！是犹使人之子孙自贼其父母[56]也。彼必将来告[57]，夫又何可诈也[58]？故仁人用[59]，国日明[60]，诸侯先顺者安[61]，后顺者危，敌之者削[62]，反之者亡[63]。《诗》曰[64]：'武王载发[65]，有虔秉钺[66]，如火烈烈[67]，则莫我敢遏[68]，'此之谓也。"

孝成王、临武君曰："善。请问王者之兵，设何道、何行而可[69]？"荀卿曰："凡君贤者其国治，君不能者其国乱；隆礼贵义[70]者其国治，简礼贱义[71]者其国乱。治者强，乱者弱，是强弱之本也。上足卬则下可用也，上不足卬则下不可用也[72]。下可用则强，下不可用则弱，是强弱之常也[73]。齐人隆技击[74]，其技也，得一首[75]者则赐赎锱金[76]，无本赏矣[77]。是事小敌毳，则偷可用也[78]；事大敌坚，则涣焉离耳[79]。若飞鸟然[80]，倾侧反覆无日[81]，是亡国之兵也，兵莫弱是矣，是其去赁市佣而战之几矣[82]。魏氏之武卒[83]，以度取之[84]；衣三属之甲[85]，操十二石之弩[86]，负矢五十个[87]，置戈其上[88]，冠胄带剑[89]，赢三日之粮[90]，日中而趋百里[91]；中试则复其户[92]，利其田宅[93]。是其[94]气力数年而衰，而复利未可夺也[95]，改造则不易周也[96]，是故地虽大，其税必寡[97]，是危国之兵也[98]。秦人[99]，其生民也狭隘[100]，其使民也酷烈[101]，劫之以势[102]，隐之以厄[103]，忸之以庆赏[104]，鳝之以刑罚[105]，使民所以要利于上者，非斗无由也[106]。使以功赏相长[107]，五甲首而隶五家[108]，是最为众强长久之道[109]。故四世[110]有胜，非幸也[111]，数也[112]。故齐之技击不可以遇[113]魏之武卒，魏之武卒不可以遇秦之锐士，秦之锐士不可以当桓、文之节制[114]，桓、文之节制不可以当汤、武之仁义，有遇之者，若以焦熬投石[115]焉。兼是数国者，皆干赏蹈利之兵也[116]，佣徒鬻卖之道也[117]，未有贵上安制綦节之理也[118]。诸侯有能微妙之以节，则作而兼殆之耳[119]。故招延募选，隆势诈，上功利，是渐之也[120]。礼义教化，是齐之也[121]。故以诈遇诈，犹有巧拙焉；以诈遇齐，譬之犹以锥刀堕泰山也[122]。故汤、武之诛桀、纣也，拱挹指麾[123]，而强暴之国莫不趋使[124]，诛桀、纣若诛独夫[125]。故《泰誓》[126]曰：'独夫纣'，此之谓也。故兵大齐[127]则制天下，小齐是治邻敌[128]。若夫招延募选，隆势诈，上功利之兵，则胜不胜无常[129]，代翕代张，代存代亡，相为雌雄耳[130]。夫是之谓盗兵[131]，君子不由[132]也。"

（以上为第二段，写楚国兰陵县令荀况与临武君在赵孝成王赵丹面前辩论用兵之道，即在什么样的情况下才发动战争，荀况主张发动战争以仁义为根本，其标志是对人民有利，能团结人心，得到大众的拥护。）

【注释】

[1]荀卿（约前313—前238）：即荀况，赵人，亦称孙卿。战国末年儒家大师。传见《史记》卷七十四。兰陵：楚县名，故邑在今山东枣庄市峄城区东。 [2]临武君：楚国将领，姓名不详。[3]兵要：用兵的要旨，要领。 [4]天时：阴晴寒暑的气象变化，是否宜于作战。 [5]地利：指高城深池、山川险阻的有利地势。 [6]后之发，先之至：比敌人后发兵而先到达。即后发制人。[7]用兵之要术：这就是用兵的关键与方略。[8]本：根本。 [9]一民：使民心团结一致。[10]"弓矢"二句：弓与箭不协调，就是善射的后羿也不能射中目标。羿（yì），后羿，相传是夏朝东方有穷氏部落的首领，擅长射箭。事见《左传》襄公四年。中，中的，射中目标。《荀子·议兵》作"中微"，指射中细微的目标。 [11]"六马"二句：六马不协力一致，即使善驾车马的造父也无法将马车赶往远方。六马，古代给皇帝驾车用六匹马。造父，周朝人，善驾车马。 [12]亲附：统一意志，协调作战。 [13]善附民者：善于使人民统一意志，听从号令的人。 [14]兵之所贵者势利也：用兵所重视的是形势要有利。势利，有利的形势和有利的条件。 [15]所行者变

诈也：行动要诡诈多变。变诈，变化无常、行动隐秘、迷惑对方。［16］感忽悠暗：变化无常，神秘莫测。［17］莫知所从出：没有人料得到他会从哪里出动，即让敌人摸不清你的作战意图。［18］孙、吴：指孙武、吴起。［19］岂必待附民哉：难道一定要依靠民众的依附啊！岂，难道。［20］臣之所道：我所说的。道，说。［21］仁人：道德修养高遵行仁爱原则的人。［22］王者之志也：有统治天下的帝王之志。［23］“君之所贵”二句：您所看重的，则是权术、谋略、形势、利害。君，指临武君。［24］“彼可诈者”三句：那些可以用欺骗之术对付的，必是骄傲轻慢、疲惫衰弱的军队。怠慢，松懈，骄傲轻慢。露袒，疲弱不堪的意思。［25］滑然：圆滑，不和谐。［26］离德：离心离德，不团结。［27］以桀诈桀：比喻一个用变诈手段的人去诈骗另一个用变诈手段的人。［28］犹巧拙有幸焉：或许还有使巧的一方成功，而使拙的一方失败的可能。犹，尚且，或许。巧拙，指变诈手段高明或拙劣。幸，侥幸，可能。［29］譬之：譬如，比如。［30］以指桡沸：用手指搅动滚沸的开水。桡（náo），搅。［31］“若赴水火”二句：如同投身到水深火热之中，人就要被烧焦淹死。［32］三军：全军。三，指上、中、下，或左、中、右三军。［33］事：侍奉。［34］“若手臂”句：如同用手臂保护头颅、眼睛、胸膛、腹部一样。扞，护卫。覆，掩藏。［35］“诈而袭之”三句：用诈谋去突然袭击，与先惊动敌人然后再去进攻，两种方法结果一样。［36］仁人用十里之国则将有百里之听：指仁人统治的十里之国，耳目布置可达百里之远。［37］必将聪明警戒：他一定耳聪目明，机警而有戒备。［38］和傅而一：众人团结得如同一个人。傅，同“附”，团聚。王念孙《读书杂志》考证，认为“傅”是“抟”字之误。抟，聚也。［39］聚则成卒：集结起来就成铁拳部队。卒，古代军队的一种编制，百人为卒。此处非指编制一卒之众，而是指整体部队。［40］散则成列：分散开去就成战阵行列。［41］“延则”句：延长伸展，好似莫邪宝剑的长刃。延，横向展开的阵法。莫邪，古代传说中的宝剑名。［42］婴之者断：碰上的就要被斩断。婴，触犯，碰到。［43］兑（ruì）：古“锐”字。指仁者之师，一种短兵相接的纵队阵法，锋利无比。［44］当之者溃：遇到的就要溃败瓦解。当，抵抗。［45］“圜居”二句：扎营驻军不管圆阵方阵，都安如磐石。圜，同“圆”，指圆阵。方，指方阵。居、止，义同，指军队驻扎。［46］触之者角摧而退耳：顶撞它迅即遭到摧折而退却。角摧而退，指牛角触碰必折断而退。［47］且夫：至于，再说。暴国之君：残暴的国君。［48］将谁与至哉：能依靠谁呢？至，与之一起。［49］“彼其”二句：他们所依靠的，只能是他的民众。［50］椒兰：都是香草。［51］“彼反顾其上”句：相反，想起他的君王，就好似畏惧遭受烧灼与黥刑。灼，烧灼。黥，即墨刑。脸上刺字，再涂以墨。［52］若仇雠：就像看到有深仇大恨的敌人。［53］桀、跖：夏桀、盗跖。跖是传说中的江洋大盗，每天杀人，吃人肉。［54］为其所恶：他所厌恶的人。恶（wù），憎恨。［55］贼其所好：残害他所喜欢的人。贼，残害。好（hào），喜欢。［56］子孙自贼其父母：子孙亲自杀害他的父母。［57］彼必将来告：那民众一定会来告发杀害父母的不孝子孙。［58］夫又何可诈也：那又有什么诈术可施呢？［59］仁人用：仁人执政。［60］国日明：国家一天天昌盛。［61］诸侯先顺者安：诸侯先归顺的安定。顺，归服。［62］敌之者削：与仁人对抗的诸侯被削弱。敌，对抗。［63］反之者亡：反叛的诸侯必然灭亡。［64］《诗》曰：引诗见《诗·商颂·长发》。［65］武王：指商朝汤王。载发：始发，始兴师。载，通“哉”，始。［66］有虔秉钺：诚敬地握着斧钺。虔，诚敬的样子。秉，持。钺，大斧。王者亲征多秉钺。［67］如火烈烈：队伍的气势像熊熊的烈火。［68］莫我敢遏：“莫敢遏我”的倒装，没有人敢来阻挡。［69］“请问”二句：请问君王用兵，该建立什么战略，如何运用才好呢？设，建立。道，治军路线，以及用兵战略。行，用兵，战术执行。［70］隆礼贵义：推崇礼教，尊贵仁义。隆、贵，二字义同，尊崇、看重。礼，不同历史时期的统治理论、社会规则、风俗习惯的总称。义，言行符合“礼”的就叫“义”。［71］简礼贱义：荒废礼教，鄙视仁义。简，怠慢。贱，轻视。［72］“上足印”二句：君王的言行足以为人敬慕，民众才可以接受驱使；君王的言行不能为人景仰，民众也就不会服从召唤。上，君王。印，同“仰”。用，效命，出力。［73］是强弱之常也：这就是强与弱的常理。［74］齐人隆技击：齐国人重视技击之术。隆，重视。技击，各种作战杀敌的技巧，即格斗功夫。［75］得一首：斩敌一人。首，一颗人头。［76］赐赎锱金：赐金八两换回人头。也就是斩杀敌人，一个人头奖赏八两金子。锱（zì），古代重量单位，八两为一锱。［77］无本赏矣：打了胜仗，交不出人头的也没有赏赐。本赏，打了胜仗应当得到的赏赐。齐军重视个人技击得赏，不重视全军胜利给予赏赐，这样的军队就是一盘散沙，只能打小仗，不能打大仗。［78］是事小敌毳，则偷可用也：这样的军队，遇上了弱小的敌人，还可凑合着应付。毳，脆弱。指小敌脆弱。偷，勉强，凑合。［79］事大敌坚，则涣焉离耳：一旦面对强大的敌军，就会涣然离散。涣焉，涣然、涣散的样子。［80］若飞鸟然：像无依无靠的飞鸟一样。［81］倾侧反覆无日：败亡颠覆就在眼前。倾侧，败亡，灭亡。反覆，颠覆，覆灭。无日，就在眼前。［82］“是其去赁”句：这与招募一群受雇佣的市井小人去作战相差无几。赁，雇佣。市佣，市场上等待别人雇佣，靠出卖力气为生的人。几，差不多。［83］魏氏：指魏国。武卒：武勇之士，格斗步兵。［84］以度取之：按严格的标准选取。度，考核标准。下面列数了七条标准。故魏国武卒号称精勇。［85］衣三属之甲：披挂重装铠甲，此标准一也。衣（yì）穿，披挂。三属之甲，重装铠甲。用皮革制成，上身的披肩叫披膊。中缀于当胸叫胸铠，下垂于两旁叫腿裙，故称“三属之甲”。属，连缀。［86］操十二石之弩：能拉开十二石的强弓，此标准之二也。石，重量单位，古代一百二十斤为一石。十二石之弩，一千四百四十斤拉力的弓。［87］负矢五十个：背负五十支利箭，此标准之三也。［88］置戈其上：戈扛在肩上，此标准之四也。［89］冠胄带剑：头戴盔，腰佩剑，此标准之五也。胄，头盔。［90］赢三日之粮：携带三天的食粮，此标准之六也。赢，担，携带。［91］日中而趋百里：半个白天急行军一百里，此标准之七也。日中，太阳在天空正中，半个白天。趋，急行军，半天行军百里，正常行军，负重一天五十里。急行军加快四倍。［92］中试：考试合格。复其户：免除他家的徭役。［93］利其田宅：分给较好的田地和住宅。［94］是其：这些武卒。指中试的人。［95］复利未可夺也：指力衰的魏国武卒，所获得的利益国家不能收回。复，指徭役赋税被免除。利，指分得的田地和住宅。［96］改造则不易周也：即使改变办法也不容易做得周全。一说“改造”指重新中试周而复始，造成国家纳税服役的人越来越少，亦通。［97］寡：少。指国家收入日益减少。［98］是危国之兵也：指魏国挑选武卒的兵制是危害国家的军制。［99］秦人：指秦国。［100］狭隘：狭窄。指生计困窘。［101］使民也酷烈：对付人民的刑罚非常严酷。［102］劫之以势：借严酷之法胁迫民众出战。劫，胁迫。［103］隐之以厄：胡三省注引杨倞曰：“隐之以厄，谓隐蔽以险厄，使敌不能害。”此解指秦兵出战隐于险恶地势，即置之死地使之奋战。梁启雄《荀子简释》谓以“狭隘”之境苦民，使之不得不从事于战。此解与前文“其生民也狭隘”相应，义更长。［104］忸之以庆赏：习惯于战胜敌人得奖赏。忸，习惯。［105］鰌之以刑罚：凭借严刑战败处以重罚。鰌，藉也。［106］“使民”二句：迫使民众（指秦军战士）要从上面获得好处，除了与敌人拼杀外，没有别的办法。无由，无路可走，没有别的办法。［107］功赏相长：战功与奖赏互相促进成正比例增长。［108］五甲首而隶五家：在战场上获得五个敌人士兵的首级，能够得到役使乡里五家人的爵赏。甲，士兵。隶，役使。［109］“是最为”句：这就是秦国兵员多战斗力强长期不衰的原因。众，兵员多。强，战斗力强。长久，长期不衰。道，办法，原因。［110］四世：秦孝公、秦惠文王、秦武王、秦昭襄王。［111］非幸也：不是侥幸得来的。［112］数也：而是有必然性的。［113］遇：遭遇，抵挡。［114］以当桓、文之节制：却不能抵挡齐桓公、晋文公约束有方的军队。节制，有严格纪律的军队。［115］以焦熬投石：用薄脆的东西去打击石头。焦熬，指焦脆之物。［116］“兼是”二句：况且那几个国家培养的都是追求赏赐、追逐利益的将领和士兵。兼，所有。数国，包括齐、魏、秦几个国家。干、蹈，追逐。［117］佣徒鬻卖之道也：如同雇工靠出卖劳动力挣钱那样。［118］贵上：尊重君主。安制：遵守制度。綦节：极尽忠心，永不变节。［119］“诸侯”二句：诸侯中如有哪一个能精尽仁义之道，便可起而兼并那几个国家。微妙，尽善尽美。节，仁义、礼义。［120］“故招延募选”四句：故在那几个国家中招募或选拔士兵，推重威势或变诈，崇尚论功行赏，渐渐成了习俗。隆、上，二字同义，均推重、崇尚也。［121］礼义教化，是齐之也：只有尊奉礼义教化，才能使全国上下一心，精诚团结。齐之，使他们齐心协力。［122］“故以诈遇诈”四句：所以用诈术对付诈术成俗的国家，尚且还有巧与拙的分别，而若用诈术对付万众一心的国家，就如同用小刀去毁坏泰山了。遇，对付。锥刀，小刀。堕，同“隳（huī）”，毁坏。［123］拱挹指麾：形容汤、武在指挥军队时态度从容，镇定自若。拱挹，拱手作揖。挹，通“揖”。麾，同“挥”。［124］趋使：被驱使。［125］独夫：指众叛亲离的统治者。［126］《泰誓》：《尚书》中篇名。［127］大齐：最大限度的齐心协力，大团结。［128］“小齐”句：一般的团结可以惩治邻近的敌国。［129］无常：没有定准，变化无常。［130］“代翕代张”三句：有时收缩，有时扩张，有时生存，有时死亡，强弱不定。代，互相更迭，有时若此，有时若彼。翕，收敛，收缩，引申为衰弱。张，扩张，引申为强大。雌雄，指强弱。雌，指弱；雄，指强。［131］盗兵：指诈力之兵，就是强盗之兵。［132］由：用。

孝成王、临武君曰："善。请问为将。"荀卿曰："知莫大于弃疑[1]，行莫大于无过[2]，事莫大于无悔[3]；事至无悔而止矣，不可必也[4]。故制号政令[5]，欲严以威[6]；庆赏刑罚，欲必以信[7]；处舍收藏[8]，欲周以固[9]；徙举进退[10]，欲安以重[11]，欲疾以速[12]；窥敌观变[13]，欲潜以深[14]，欲伍以参[15]；遇敌决战，必行吾所明[16]，无行吾所疑[17]；夫是之谓六术[18]。无欲将而恶废[19]，无怠胜而忘败[20]，无威内而轻外[21]，无见其利而不顾其害[22]，凡虑事欲熟而用财欲泰[23]，夫是之谓五权[24]。将所以不受命于主有三：可杀而不可使处不完[25]，可杀而不可使击不胜[26]，可杀而不可使欺百姓[27]，夫是之谓三至[28]。凡受命于主而行三军[29]，三军既定[30]，百官得序[31]，群物皆正[32]，则主不能喜，敌不能怒，夫是之谓至臣[33]。虑必先事而申之以敬，慎终如始，始终如一，夫是之谓大吉[34]。凡百事之成也必在敬之[35]，其败也必在慢之[36]。故敬胜怠[37]则吉，怠胜敬则灭；计胜欲则从，欲胜计则凶[38]。战如守，行如战，有功如幸[39]。敬谋无旷[40]，敬事[41]无旷，敬吏[42]无旷，敬众[43]无旷，敬敌[44]无旷，夫是之谓五无旷[45]。慎行此六术、五权、三至，而处之以恭敬、无旷，夫是之谓天下之将[46]，则通于神明[47]矣。"

临武君曰："善。请问王者之军制[48]。"荀卿曰："将死鼓[49]，御死辔[50]，百吏死职[51]，上大夫死行列[52]。闻鼓声而[53]进，闻金声[54]而退。顺命为上[55]，有功次之[56]。令不进而进，犹令不退而退也，其罪惟均[57]。不杀老弱，不猎禾稼[58]，服者不禽[59]，格者不赦[60]，奔命者不获[61]。凡诛，非诛其百姓也，诛其乱百姓者也[62]。百姓有捍其贼[63]，则是亦贼也。以其顺刃者生，傃刃者死，奔命者贡[64]。微子开封于宋[65]，曹触龙断于军，商之服民[66]，所以养生之者无异周人[67]，故近者歌讴而乐之，远者竭蹶而趋之[68]，无幽间辟陋之国[69]，莫不趋使而安乐之[70]，四海之内若一家，通达之属莫不从服[71]，夫是之谓人师[72]。《诗》曰[73]：'自西自东，自南自北，无思不服。'此之谓也。王者有诛而无战[74]，城守不攻[75]，兵格不击[76]，敌上下相喜则庆之[77]，不屠城[78]，不潜军[79]，不留众[80]，师不越时[81]，故乱者乐其政[82]，不安其上[83]，欲其至也[84]。”临武君曰：“善。”

陈嚣[85]问荀卿曰：“先生议兵，常以仁义为本。仁者爱人，义者循理[86]，然则又何以兵为[87]？凡所为有兵者，为争夺也[88]。”荀卿曰：“非汝所知也。彼仁者爱人，爱人，故恶人之害之也[89]；义者循理，循理，故恶人之乱之也。彼兵者，所以禁暴除害也，非争夺也[90]。”

燕孝王薨，子喜[91]立。

周民东亡[92]。秦人取其宝器，迁西周公于𢘅狐之聚[93]。

楚王迁鲁于莒而取其地[94]。

（以上为第三段，写荀况论为将之道，一个统帅的素质要具有“六术”“五权”“三至”“五不废”的原则，核心是具有最高境界的仁爱之心。）

【注释】

[1]知莫大于弃疑：谋虑最关键的是抛弃不明的谋划。知，通“智”，智慧，此指谋略、谋虑。疑，谋划不明。 [2]过：过失，错误。 [3]悔：后悔。 [4]不可必也：不必追求一定成功，一定尽善尽美。 [5]制号政令：军中的各种法规号令。 [6]欲严以威：要求严厉、威重。欲，要求。[7]必以信：坚决执行，遵守信用。[8]处舍收藏：营垒仓库。[9]周以固：周密坚固。[10]徙举进退：军队的转移行动，前进后退。 [11]安以重：安全而稳重。安，安全。 [12]疾以速：快速敏捷。 [13]窥敌：刺探敌情。观变：观察敌情的变化。 [14]潜以深：隐蔽而深入，引申为行动机密。 [15]伍以参：此指侦察敌情，派出间谍要三五错杂混入敌方将士之中。伍，通“五”。参，通“三”。伍、参用作动词。 [16]必行吾所明：一定要按我了解清楚的情况去行动，即一定要打有把握之仗。 [17]无行吾所疑：不要做自己还糊涂的事，即不打无把握之仗。无，通“勿”，不要。疑，糊涂不清。 [18]六术：指前述六种战略战术。号令有威，一也；赏罚必信，二也；营垒库房坚固，三也；军队行动安全快速，四也；察敌要深入，五也；决战必明，六也。 [19]无欲将而恶废：不要只想保住将帅的职位而屈从君主的主张。无，不要，作谓语，“无”后为宾语，下三句同此。 [20]无怠胜而忘败：不要因急于取胜而忘记还有失败的可能。怠，《荀子·议兵》作“急”，此“怠”字误。 [21]无威内而轻外：不要对内威严对外轻敌。 [22]无见其利而不顾其害：不要只见到利益而不顾忌它的害处。 [23]凡虑事欲熟而用财欲泰：考虑问题要仔细周详，使用钱财要慷慨宽裕。熟，深思熟虑。泰，宽裕，不吝啬。 [24]五权：五种应该权衡考虑的情况。权，权衡。患得患失一心只想保将位，一权也；急于取胜而忘败，二权也；内严而轻外，三权也；见利而忘害，四权也；虑事不周而吝啬，五权也。 [25]处不完：军队守卫设施不完备的地方，引申为绝境。 [26]击不胜：去打不能取胜的仗。 [27]欺百姓：欺凌民众。[28]三至：坚守的三种原则。至，极，指必须遵守不可改变的原则。不带兵进入绝境，一至也；

不打不能取胜之仗，二至也；不欺凌民众，三至也。［29］行三军：调动三军。［30］三军既定：三军各自到位。［31］百官得序：百官井然有序。百官，指军中的官吏各当其任，各守其职。序，次序。［32］群物皆正：军中各种事务安排停当、纳入正轨。［33］“则主不能喜”三句：即使君主奖励也不沾沾自喜，敌人激讽也不愤怒，这样的将帅是最善于治军的将帅。至臣，最好的将领。［34］“虑必先事”四句：行事前一定先要深思熟虑，步步慎重，始终如一，这就叫“大吉”。虑必先事，谋虑必须在行动之前。事，指“战争”。申之以敬，慎之又慎。申，重复，一再。敬，谨慎。大吉，指每战必无覆败。［35］成也必在敬之：战争的成功，一定是由于严肃对待这件事。敬，谨慎重视。［36］其败也必在慢之：战争的失败，一定是由于轻视这件事造成。慢，松懈，轻视。［37］敬胜怠：严肃胜过懈怠。［38］“计胜欲”二句：谋划胜过欲望，就事事顺利；欲望胜过谋划，就会遭遇不幸。欲，想要达到的要求。从，顺利，成功。凶，不幸，失败。［39］“战如守”三句：作战如同防守一样慎重，行军转移如同作战一样，获得成功则看作是侥幸取得。幸，侥幸，此谓不要居功自傲。［40］敬谋：严肃制定谋略。敬，严肃。无旷：不可废止。［41］敬事：严肃处理事务。［42］敬吏：严肃对待下属。［43］敬众：谨慎对待士兵。［44］敬敌：严肃对待敌人。［45］五无旷：五种不可废止的常事。即对谋、事、吏、众、敌五种事务，时时敬重，天天敬重，不可须臾停止。［46］天下之将：天下无敌的将领。［47］神明：神机妙算，最高的智慧。［48］军制：军队的法令制度。［49］将死鼓：临战将军要与战鼓共存亡。古时作战，由主将擂鼓发出全军进攻的号令，至死也不能放弃战鼓逃奔。［50］御死辔：驾驭战车的人至死不能放松马缰绳。［51］死职：至死不能擅离职守。［52］上大夫死行列：指挥军官尽心致力，死于战阵行列。据章校，他本“上”作“士”。《荀子·议兵》“上”作“士”。此处“上”乃“士”之讹字，当改。士大夫，指临战指挥的军官。［53］而：则，即。［54］金声：即钲声。古代作战时，以敲钲作为全军停止进攻的号令。钲是金属做成，敲钲的声音叫“金声”。［55］顺命为上：服从命令是第一。［56］有功次之：建功还在其次。［57］均：相等。［58］不猎禾稼：不践踏庄稼。猎，通“躐”，践踏。［59］服者不禽：不追杀不战而退的敌人。服，屈服，此指不战而退。禽，通“擒”，抓获，此指追杀。［60］格者不赦：不赦免抗拒格斗的敌人。格，斗，抵拒。［61］奔命者不获：跑来投降的敌人，不当俘虏看待。［62］诛其乱百姓者也：该诛杀的是那些祸害百姓的人。乱，祸害。［63］捍其贼：保护、窝藏敌人。［64］“以其”三句：所以，不战而退的人生，抗拒顽抗的人死，跑来归顺的人安置。其，据章校，他本作“故”，《荀子·议兵》“其”作“故”，当改。顺刃，不战而退。傃刃，顽抗。贡，指将俘虏贡献统帅，与上文“奔命者不获”相左。梁启雄《荀子简释》引刘师培曰：“贡”字系“置”字之讹，“置”字残而形似“贡”。置，放了，即赦免，不作为俘虏对待，刘说是。［65］微子开封于宋：微子开，纣王兄，多次谏纣王不听，投降周，封于宋，刘向避汉景帝讳，改“启”为“开”。［66］曹触龙断于军：曹触龙，纣之佞臣，被周武王在军中处以重刑。断，斩首。［67］养生之者无异周人：给予归顺的商民的生活待遇与周人没有区别。［68］“故近者”二句：所以近处的人唱着歌欢乐地颂扬周天子，远方的人跌跌撞撞地前来投奔周天子。近者，离周都近的民众。远者，边远的民众。竭蹶而趋之，不辞颠仆之苦，争先恐后地投奔。［69］无幽间辟陋之国：无论是多么边远荒僻鄙陋的国家。无，无论。幽间辟陋，偏僻、边远。辟，通“僻”。［70］莫不趋使而安乐之：都要派人去关照，让民众安居乐业。［71］通达之属莫不从服：周天子恩威所能达到的属国，没有不服从、归顺的。［72］人师：为人表率的人。［73］《诗》曰：引诗见《诗·大雅·文王有声》。［74］王者：能称王天下的人，即圣明君主。有诛而无战：只诛讨不义而不挑起战争。诛，诛不义。［75］城守不攻：不强攻坚固防守的敌军。［76］兵格不击：不攻击顽强抵抗的敌人。格，顽强战斗。［77］敌上下相喜则庆之：敌人上上下下喜悦欢庆就祝贺他们。相喜则庆，敬仰敌人的团结。［78］不屠城：不洗劫屠戮敌方城镇。屠城，攻下敌方城镇，不加区别地杀光城内民众称“屠城”，又称“夷为平地”。［79］不潜军：不偷袭敌人。［80］不留众：不在外久留重兵，即不使军队长久地滞留在外。［81］师不越时：用兵不超过规定的时间。［82］乱者乐其政：那些政治混乱国家的人民欢迎王者的政治措施。［83］不安其上：不安心于自己国君的统治。［84］欲其至也：盼望着王者的军队早日到来。［85］陈嚣：人名。荀子的学生。［86］义者循理：施行仁义的人遵循道理。［87］然则又何以兵为：既然如此，又怎么兴兵打仗呢？［88］“凡所为”二句：所以一切用兵之事，都是为了争夺攻伐啊。所为，所以。［89］爱人，故恶人之害之也：正因为爱人，所以才憎恶害人的人。［90］“彼兵者”三句：所以，用兵的目的，在于制止暴乱，清除祸害，而不是为了争夺攻伐。［91］喜：燕王喜，燕末代君，公元前254年至公元前222年在位。［92］东亡：向东逃亡。［93］郸（dàn）狐：村落名，在今河南汝州市西北。聚：村落。［94］“楚王”句：楚孝烈王把鲁国国君迁到莒邑，夺取了鲁国的封地。

五十三年（丁未，前254年）

摎伐魏，取吴城[1]。韩王入朝[2]。魏举国听令。

五十四年（戊申，前253年）

王郊见上帝于雍[3]。

楚迁于钜阳[4]。

五十五年（己酉，前252年）

卫怀君朝于魏，魏人执而杀之；更立其弟，是为元君[5]。元君，魏婿也。

五十六年（庚戌，前251年）

秋，王薨，孝文王[6]立。尊唐八子为唐太后[7]，以子楚为太子。赵人奉[8]子楚妻子归之。韩王衰绖入吊祠[9]。

燕王喜使栗腹约欢于赵[10]，以五百金为赵王酒[11]。反[12]而言于燕王曰："赵壮者皆死长平[13]，其孤未壮，可伐也。"王召昌国君乐间[14]问之，对曰："赵四战之国[15]，其民习兵[16]，不可。"王曰："吾以五而伐一[17]。"对曰："不可。"王怒。群臣皆以为可，乃发二千乘，栗腹将而攻鄗[18]，卿秦攻代[19]。将渠[20]曰："与人通关约交[21]，以五百金饮[22]人之王，使者报而攻之，不祥，师必无功。"王不听，自将偏军[23]随之。将渠引王之绶[24]，王以足蹴之[25]。将渠泣曰："臣非自为，为王也！"燕师至宋子[26]，赵廉颇为将，逆击之[27]，败栗腹于鄗，败卿秦、乐乘于代[28]，追北[29]五百余里，遂围燕[30]。燕人请和，赵人曰："必令将渠处和[31]。"燕王以[32]将渠为相而处和，赵师乃解去[33]。

赵平原君卒。

（以上为第四段，写公元前253年至公元前251年史事，写秦国昭襄王嬴稷去世，儿子嬴柱继位，是为孝文王；燕王姬喜派使臣栗腹与赵孝成王缔结友好盟约，回去后就反悔，出兵攻打赵国，结果被打得大败。）

【注释】

[1]吴城：又名虞城，在今山西夏县与平陆县之间。[2]韩王入朝：韩国桓惠王入秦朝见秦昭王。[3]王郊见上帝于雍：秦昭王在雍城南郊祭祀上帝。雍，在今陕西宝鸡市凤翔区西。[4]楚迁于钜阳：楚国从陈迁都到钜阳。陈，故邑在今河南淮阳市。钜阳，在今安徽太和县东南。按：楚国受到秦国进攻，都城多次向东迁徙。楚初都丹阳（今湖北秭归县东），楚文王时迁都郢（今湖北江陵县北之纪南城），楚昭王时迁都鄢郢（今湖北宜城市东南），楚惠王时曾迁都西阳（今湖北黄冈市东），后又迁回鄢郢，楚顷襄王时由鄢郢徙都陈，至是楚考烈王又迁都钜阳，最后楚迁都寿春。[5]元君：史失其名，公元前252年至公元前230年在位。[6]孝文王：名柱，又名式，秦昭襄王子。公元年前250年在位，享国一年（实际三日）即崩。[7]唐八子：唐，姓；八子，秦、汉宫内女官名号。唐八子为秦孝文王生母，早死，此追尊为太后。[8]奉：送。尊敬之辞。[9]韩王衰绖入吊祠：韩桓惠王穿孝服来到秦国，吊唁祭祀秦昭王。衰（cuī）绖（dié），丧服，孝服。[10]栗腹：时为燕相。约欢：订立友好盟约。[11]酒：敬酒，祝福，祝寿。一般作"寿"。古时借祝寿为名向人送财物，用以联络感情，或有求于人。[12]反：同"返"。指栗腹回到燕国。[13]死长平：死于秦、赵长平之战。[14]乐间：乐毅之子。[15]四战之国：四面受敌之国。按：赵东邻燕、齐，西边秦、楼烦，南界韩、魏，北迫匈奴，处四战之地。[16]习兵：擅长作战。[17]五而伐一：用五倍兵力攻伐赵国。[18]鄗（hào）：在今河北柏乡县北。[19]卿秦：燕将，又作"庆秦"。代：今山西东北部及河北蔚县一带。[20]将渠：燕大夫。[21]通关：

开通关塞，与诸侯往来。约交：互订盟约。［22］饮（yìn）：斟酒给人喝，即敬酒。［23］偏军：配合主力军队的策应之师。［24］将渠引王之绶：将渠拉住燕王喜腰间结系印纽的丝带，不让燕王出征。引，拉住。绶，古代系印纽的丝带。［25］蹴之：脚踢将渠。［26］宋子：邑名，在今河北赵县北。［27］逆击之：迎击燕军。［28］败卿秦、乐乘于代：《史记·燕召公世家》："乐乘将破卿秦于代。"此总括在廉颇名下。［29］追北：追击败军。北，败。［30］围燕：包围燕国都城蓟城。［31］处和：议和，讲和。［32］以：据章校，他本"使"字原著作"以"。［33］解去：解除包围离去。

孝文王

元年（辛亥，前250年）

冬，十月己亥[1]，王即位[2]；三日薨。子楚立，是为庄襄王[3]；尊华阳夫人为华阳太后，夏姬为夏太后[4]。

燕将攻齐聊城[5]，拔之。或谮之燕王[6]，燕将保[7]聊城，不敢归。齐田单攻之，岁余不下，鲁仲连乃为书，约之矢[8]以射城中，遗燕将[9]，为陈利害[10]曰："为公计者，不归燕则归齐。今独守孤城，齐兵日益[11]而燕救不至，将何为乎[12]？"燕将见书，泣三日，犹豫不能自决，欲归燕，已有隙[13]；欲降齐，所杀虏于齐甚众[14]，恐已降而后见辱[15]。喟然叹曰："与人刃我[16]，宁我自刃！"遂自杀。聊城乱，田单克[17]聊城。归，言鲁仲连于齐[18]，欲爵之[19]。仲连逃之海上，曰："吾与富贵而诎于人[20]，宁贫贱而轻世肆志[21]焉！"

魏安釐王问天下之高士于子顺，子顺曰："世无其人也[22]；抑可以为次[23]，其鲁仲连乎！"王曰："鲁仲连强作之者[24]，非体[25]自然也。"子顺曰："人皆作之。作之不止，乃成君子；作之不变，习与体成[26]：则自然也。"

（以上为第五段，写公元前250年史事，写燕国将领率军攻下齐国聊城，齐国相国田单率军反攻，相持一年多，齐人鲁仲连写信给燕将劝降，燕将自杀，齐军下聊城。鲁仲连立功而不受封赏。）

【注释】

［1］十月：秦以十月为岁首。己亥：即当年十月一日。［2］王即位：秦孝文王即位。［3］庄襄王：孝文王子，一作庄王，又曰襄王，初名异人，后变名曰楚，又名子楚。公元前249

年至公元前247年在位。［4］夏太后：庄襄王之生母。［5］燕将：或为乐毅之部将。聊城：今山东聊城市西北。［6］或谮之燕王：有人在燕王跟前说坏话。谮，谗毁。［7］保：留守，固守。［8］约之矢：把信绑在箭杆上。约，束。［9］遗燕将：将信送给燕将。遗（wèi），赠。［10］陈利害：分析陈述利害。［11］齐兵日益：齐军一天天增加。［12］将何为乎：您将怎么办呢？［13］隙：隔阂，嫌隙。［14］所杀虏于齐甚众：杀死和俘虏的齐国人很多。［15］见辱：被辱，受辱。［16］刃我：杀死我。［17］克：攻下。［18］齐：据章校，他本“齐”下有“王”字。依文意当补“王”字。［19］爵之：封鲁仲连爵位。［20］诎于人：受制于人。诎，通“屈”。［21］轻世：看淡世俗荣利。肆志：随心适意地生活。［22］世无其人也：世间没有这样的人。［23］抑：或者。为次：求其次。［24］强作之者：矫情故意做作出来的。［25］体：本性。［26］习与体成：习惯于本性逐渐融合为一。

庄襄王

元年（壬子，前249年）

吕不韦为相国。

东周君为诸侯谋伐秦，王使相国帅师讨灭之，迁东周君于阳人聚[1]。周既不祀[2]。周比[3]亡，凡有七邑：河南、洛阳、谷城、平阴、偃师、巩、缑氏[4]。

以河南洛阳十万户封相国不韦为文信侯。

蒙骜[5]伐韩，取成皋、荥阳[6]，初置三川郡[7]。

楚灭鲁，迁鲁顷公于下[8]，为家人[9]。

二年（癸丑，前248年）

日有食之。

蒙骜伐赵[10]，取榆次、狼孟等[11]三十七城。

楚春申君言于楚王曰：“淮北地边[12]于齐，其事急[13]，请以为郡而封于江东[14]。”楚王许之。春申君因城吴故墟[15]以为都邑，宫室极盛。

（以上为第六段，写公元前249年至公元前248年史事，写秦庄襄王嬴异人派吕不韦率军攻打东周，东周灭亡；楚国灭亡鲁国，将其国君贬为平民；楚国春申君黄歇封到江东，在过去吴国的旧都筑城。）

【注释】

［1］阳人聚：在葸狐聚西南。［2］周既不祀：周王朝尽灭。既，尽。不祀，无人主持祭祀，

指亡国或绝后。［3］比：及。［4］河南：即王城，今河南洛阳市西。洛阳：即成周城，今河南洛阳市东北。谷城：今河南洛阳市西北，谷水北。平阴：今河南洛阳市孟津区北。偃师：今河南洛阳市偃师区。巩：今河南巩义市西。缑（gōu）氏：在今河南洛阳市偃师区南。［5］蒙骜：一作蒙傲，其先齐人，为蒙恬的祖父，骜自齐事秦昭王，官至上卿，后为秦将，秦始皇七年（前240）卒。［6］成皋：邑名，故城在今河南荥阳市西北汜水镇东北。荥阳：地处冲要的军事重镇，故城在今河南荥阳市东北。［7］三川郡：因有黄河、洛水、伊水三川而得名。郡治洛阳，故城在今洛阳市东北。［8］鲁顷公：名雠，文公之子，公元前272年至公元前249年在位。卞：邑名，在今山东泗水县东。［9］家人：平民。［10］赵：据章校，他本"赵"下有"定太原"三字。《史记·秦本纪》有此三字，当补。［11］榆次：今山西晋中市榆次区。狼孟：今山西阳曲县西北。［12］边：界，邻接。［13］事急：指防务吃紧。［14］请以为郡：要求把淮北地设置为楚国的边郡。封于江东：把春申君的封地改封在江东。江东，地区名，指今安徽芜湖市至南京市一段的长江南岸地区。［15］城吴故墟：在吴国旧都筑城。吴故墟，指吴国旧都，即今苏州市。

三年（甲寅，前247年）

王龁攻上党诸城，悉拔之，初置太原郡[1]。

蒙骜帅师伐魏，取高都、汲[2]。魏师数败，魏王患之，乃使人请信陵君于赵。信陵君畏得罪，不肯还，诫门下[3]曰："有敢为魏使通[4]者死！"宾客莫敢谏。毛公、薛公见信陵君曰："公子所以重于诸侯者[5]，徒以有魏也[6]。今魏急而公子不恤[7]，一旦秦人克大梁，夷先王之宗庙[8]，公子当何面目立天下乎！"语未卒[9]，信陵君色变[10]，趣驾还魏[11]。魏王持信陵君而泣，以为上将军。信陵君使人求援于诸侯。诸侯闻信陵君复为魏将，皆遣兵救魏[12]。信陵君率五国之师败蒙骜于河外[13]，蒙骜遁走[14]。信陵君追至函谷关，抑之而还[15]。

安陵[16]人缩高之子仕于秦，秦使之守管[17]。信陵君攻之不下，使人谓安陵君[18]曰："君其遣缩高，吾将仕之以五大夫[19]，使为执节尉[20]。"安陵君曰："安陵，小国也，不能必使其民[21]。使者自往请之[22]。"使吏导使者[23]至缩高之所。使者致[24]信陵君之命，缩高曰："君之幸高也，将使高攻管也[25]。夫父攻子守，人之笑也；见臣而下，是倍主也[26]。父教子倍，亦非君之所喜。敢再拜辞[27]！"使者以报信陵君[28]。信陵君大怒，遣使之安陵君所曰："安陵之地，亦犹魏也[29]。

今吾攻管而不下，则秦兵及我，社稷必危矣[30]。愿君生束[31]缩高而致之[32]！若君弗致，无忌将发十万之师以造[33]安陵之城下！”安陵君曰：“吾先君成侯[34]受诏襄王以守此城也，手授太府之宪[35]，宪之上篇[36]曰：‘臣弑君，子弑父，有常不赦[37]。国虽大赦，降城亡子不得与焉[38]。’今缩高辞大位以全父子之义[39]，而君曰‘必生致之’，是使我负襄王之诏[40]而废太府之宪也，虽死，终不敢行！”缩高闻之曰：“信陵君为人，悍猛而自用[41]，此辞必反为国祸[42]。吾已全己[43]，无违人臣之义矣[44]，岂可使吾君有魏患乎！”乃之使者之舍，刎颈而死。信陵君闻之，缟素辟舍[45]，使使者谢安陵君曰：“无忌，小人也，困于思虑[46]，失信于君[47]，请再拜辞罪[48]！”

王使人行[49]万金于魏以间[50]信陵君，求得晋鄙客[51]，令说魏王曰：“公子亡在外十年[52]矣，今复为将，诸侯皆属，天下徒闻[53]信陵君而不闻魏王矣。”王[54]又数使人贺信陵君：“得为魏王未也？”魏王日闻其毁，不能不信，乃使人代信陵君将兵。信陵君自知再以毁废[55]，乃谢病不朝[56]，日夜以酒色自娱，凡四岁而卒[57]。韩王往吊，其子荣之，以告子顺。子顺曰：“必辞之以礼。‘邻国君吊，君为之主。’今君不命子，则子无所受韩君也。”其子辞之[58]。

五月，丙午，王薨。太子政立，生十三年矣，国事皆决于文信侯，号称仲父[59]。

晋阳[60]反。

（以上为第七段，写公元前247年史事，写秦军进攻魏国，魏信陵君魏无忌从赵国返回，率领吴国联军打败秦军，后被秦国用反间计，遭谗毁而被废，忧郁而死；秦庄襄王嬴异人去世，太子嬴政继位。）

【注释】

[1]太原郡：郡治晋阳，在今山西太原市西南。 [2]高都、汲：县名。高都县故治在今山西晋城市。汲县故治在今河南汲县南。 [3]诫门下：警告门客。 [4]通：通报。 [5]重于诸侯者：被诸侯尊重的人。重，敬重、尊重。 [6]徒以有魏也：就是因为有魏国啊。徒，只是，就是。以，因为。 [7]不恤：不救助。恤，周济，救助。 [8]夷先王之宗庙：将魏国先王的宗庙铲为平地，喻灭亡了魏国。夷，平，毁。[9]语未卒：话还没说完。卒，终。[10]色变：变了脸色。

[11]趣驾还魏：立即驾车起程回魏国。趣（cù），催促。［12］遣兵救魏：派兵救援魏国。遣，派。［13］信陵君率五国之师败蒙骜于河外：《史记·六国年表》秦表："魏公子无忌率五国却我军河外，蒙骜解去。"五国，指赵、韩、齐、楚、燕五国。河外，对"河内"而言，指今河南西北部黄河以南之地。［14］遁走：逃跑。［15］抑之而还：将秦军压制在函谷关内后才领兵还魏。抑之，压制秦兵。［16］安陵：小国，魏的附属国。在今河南漯河市郾城区东。又作"鄢陵"。［17］守管：管地的长官。管，今河南郑州市。［18］安陵君：名坛，又作"缠"，亦作"缠"。［19］"君其"二句：您能遣送缩高到我这里来，我将授给他五大夫的军职。君，指安陵君。其，表希望、要求的语气词。遣缩高，信陵君想让安陵君以君王的名义迫使缩高听从信陵君的命令，故言"遣缩高"。［20］执节尉：享有执节的军尉。尉，低于将军的军官，校尉之省称。执节者有专杀之权。［21］必使其民：使其民一定从命。必，一定。［22］使者自往请之：让使者自己到缩高住处去邀请缩高。请之，邀请缩高到信陵君那里任职。［23］使吏导使者：安陵君委派了一个小官吏引导信陵君使者。［24］致：致信，传达。［25］"君之幸高也"二句：信陵君看重我，是让我缩高去进攻管城。幸高，指"将仕之以五大夫"与"执节尉"之事。幸，敬重，看重。［26］是倍主也：这是背叛国君啊。倍，通"背"。［27］敢再拜辞：我冒昧地辞谢，不敢接受这一命令。敢，冒昧，斗胆。再拜，一拜再拜。敢再拜，辞不受命的委婉说法。［28］以报信陵君：使者把缩高的话回报给了信陵君。"以"后省介词宾语"之"，"之"指代缩高说的那番话。［29］安陵之地，亦犹魏也：安陵原本就是魏国之地。按：安陵本魏地，魏襄王以之封其弟，故信陵君如此说。此指安陵君、缩高都是魏国人。［30］社稷必危矣：魏国就危急了，也就是祖国危急了。［31］生束：活捉捆绑。［32］致之：押送缩高到信陵君处。［33］造：至，到。［34］成侯：《史记·秦本纪》，昭襄王八年，"魏公子劲、韩公子长为诸侯"。昭襄王八年正当魏襄王之世。据此，安陵君之先君即"公子劲"。［35］手授：亲授。太府之宪：藏于中央太府之法令。［36］上篇：第一篇。［37］有常不赦：按照惯例，即使大赦，叛臣逆子亦不赦免。常，常法，惯例。［38］不得与焉：不在大赦之列。［39］今缩高辞大位以全父子之义：现今缩高不接受你要给他的高位，以此成全他们的父子之义。大位，显贵的官位，指前文"五大夫"。大，尊。按：缩高之子为敌国效力，是叛国行为，缩高若还有爱国心，定当大义灭亲，没有大位亦应去劝说儿子归国，何况予以大位呢？安陵君与缩高敌我不分，是非不明，他们的说辞，纯属诡辩。［40］负襄王之诏：背叛襄王的诏令。负，背负，背叛。［41］悍猛而自用：性情凶暴蛮横，而且刚愎自用。此为缩高泼给信陵君的污水。［42］此辞必反为国祸：文句不顺。据章校，他本"必反"二字互换。《战国策·魏策四》作"此辞反，必为国祸"。此辞反，谓使者把安陵君的这番话禀报给信陵君，将给安陵君带来祸患。反，通"返"。［43］吾已全己：我已保全了自己的名声。［44］无违人臣之义矣：没有违背作为臣子应尽的道义。［45］缟素辟舍：身着素服，避住到厢房。人死为大，信陵君此举表示对缩高的敬重。缟素，白色衣服。此指凶服。辟舍，离舍。辟，通"避"。［46］困于思虑：思虑糊涂。困，惑，乱。［47］失信于君：对您说了一些错话。［48］辞罪：道歉，请罪。辞，信陵君所言义正，并

无过错。他之缟素避舍，向安陵君请罪致歉，有矫情之嫌。［49］行：使用。［50］间：离间。［51］求得晋鄙客：找到晋鄙的门客。［52］亡在外十年：指信陵君在赵十余年。亡，逃亡，避居国外。［53］徒闻：只听说，只知道。［54］王：指秦庄襄王。［55］再以毁废：再一次遭别人的谗毁而被废免。［56］谢病：推说有病。不朝：不去朝见魏王。［57］凡：总共。卒：死亡。按：信陵君卒于魏安釐王三十四年，公元前 243 年。［58］辞之：谢绝韩王的吊丧。［59］仲父：又称“亚父”，敬之如父，犹今语之“叔父”。［60］晋阳：邑名，在今山西太原市南。

始皇帝[1]上

元年（乙卯，前 246 年）

蒙骜击定之[2]。

韩欲疲秦人[3]，使无东伐，乃使水工[4]郑国为间于秦[5]，凿泾水自仲山[6]为渠，并北山，东注洛[7]。中作而觉[8]，秦人欲杀之。郑国曰：“臣为韩延数年之命，然渠成，亦秦万世之利也。”乃使卒为之[9]。注填阏之水溉舄卤之地四万余顷[10]，收皆亩一钟[11]，关中由是益富饶。

二年（丙辰，前 245 年）

麃公[12]将卒攻卷，斩首三万。

赵以廉颇为假相国[13]，伐魏，取繁阳[14]。赵孝成王薨，子悼襄王[15]立，使武襄君乐乘代廉颇。廉颇怒，攻武襄君；武襄君走。廉颇出奔魏。久之，魏不能信用。赵师数困于秦，赵王思复得廉颇，廉颇亦思复用于赵。赵王使使者视廉颇尚可用否。廉颇之仇郭开[16]多与使者金，令毁之[17]。廉颇见使者，一饭斗米[18]，肉十斤，被甲上马，以示可用。使者还报曰：“廉将军虽老，尚善饭[19]；然与臣坐，顷之三遗矢[20]矣。”赵王以为老，遂不召[21]。楚人阴使迎之[22]。廉颇一为楚将[23]，无功，曰：“我思用赵人[24]！”卒死于寿春[25]。

三年（丁巳，前 244 年）

大饥[26]。

蒙骜伐韩，取十二城。

赵王以李牧[27]为将，伐燕，取武遂、方城[28]。李牧者，赵之北边良将也，尝居代、雁门备匈奴[29]，以便宜置吏[30]，市租皆输入莫府[31]，为士卒费，日击[32]数牛飨士[33]；习骑射，谨烽火[34]，多间谍[35]，为约曰[36]："匈奴即入盗[37]，急入收保[38]。有敢捕虏者斩[39]！"匈奴每入，烽火谨，辄入收保不战。如是数岁，亦不亡失[40]。匈奴皆以为怯[41]，虽赵边兵亦以为吾将怯。赵王让之[42]，李牧如故。王怒，使他人代之。

岁余，屡出战，不利，多失亡，边不得田畜[43]。王复请李牧，李牧杜门[44]称病不出。王强起之[45]，李牧曰："必欲用臣[46]，如前[47]，乃敢奉令[48]。"王许之。李牧至边，如约。匈奴数岁无所得，终以为怯。边士日得赏赐而不用[49]，皆愿一战。于是乃具选车[50]得千三百乘，选骑[51]得万三千匹，百金之士[52]五万人，彀者[53]十万人，悉勒习战[54]；大纵畜牧[55]、人民满野。匈奴小入，佯北[56]不胜，以数十人委之[57]。单于[58]闻之，大率众来入。李牧多为奇陈[59]，张左、右翼击之[60]，大破之，杀匈奴十余万骑，灭襜褴[61]，破东胡[62]，降林胡[63]。单于奔走，十余岁不敢近赵边。

先是，天下冠带之国七[64]，而三国[65]边于戎狄：秦自陇[66]以西有绵诸、绲戎、翟、貆之戎[67]，岐、梁、泾、漆之北有义渠[68]、大荔、乌氏、朐衍之戎[69]；而赵北有林胡、楼烦之戎；燕北有东胡、山戎[70]；各分散居溪谷[71]，自有君长，往往而聚者百有余戎[72]，然莫能相一。其后义渠筑城郭以自守，而秦稍蚕食之，至惠王遂拔义渠二十五城。昭王之时，宣太后诱义渠王，杀诸甘泉[73]，遂发兵伐义渠，灭之[74]，始于陇西、北地、上郡[75]筑长城以拒胡。赵武灵王北破林胡、楼烦，筑长城，自代并阴山[76]下，至高阙[77]为塞，而置云中、雁门、代郡[78]。其后燕将秦开为质于胡，胡甚信之；归而袭破东胡，东胡却千余里；燕亦筑长城，自造阳至襄平[79]，置上谷、渔阳、右北平、辽东郡[80]以拒胡。及战国之末而匈奴始大。

（以上为第八段，写公元前246年至公元前244年三年史事，写韩国派水利专家郑国到秦国兴修水利，使秦国富强；赵国老将廉颇被谗毁而被弃用，大将李牧守卫边疆，大破匈奴，匈奴十多年不敢接近赵边。）

【注释】

［1］始皇帝：秦庄襄王之子，名政，继位后二十六年统一六国，建成统一的秦帝国，自号“始皇帝”，公元前246年至公元前210年在位。［2］定之：平定了晋阳叛乱。［3］疲秦人：使秦国疲困。［4］水工：水利技术人员。［5］郑国：人名，水利工程人员。为间于秦：到秦国去替韩国当间谍。韩国为了苟延残喘，派郑国游说秦王兴修水利，拖住秦国的人力物力，暂时不要东伐。［6］泾水：在陕西中部，自西向东流入渭河。仲山：在今陕西泾阳县西北。［7］并北山，东注洛：灌溉渠沿北东注洛河。北山，泛指陕西关中平原北面诸山。洛，洛河，即北洛河，源于今陕西定边县东南，东流至大荔县南汇入渭河。［8］中作：工程进行到一半时。觉：发觉。［9］卒为之：让郑国把工程进行到底。［10］“注填阏之水”句：这条水渠引含有淤泥而有肥效的水灌溉盐碱地四万多顷。注，引。填阏之水，指含有淤泥十分混浊的水。这种水可以降低土地的盐碱含量。舄（xì），通“潟”，盐碱地。卤，盐碱地。［11］钟：古容量单位，六斛四斗，合今219斤。［12］麃（biāo）公：姓麃，史失其名，秦将。大夫称公。［13］假相国：代理相国。假，代理，此指待遇。［14］繁阳：邑名，在今河南内黄县西北。［15］悼襄王：名偃，公元前244年至公元前236年在位。［16］郭开：赵王宠臣，多受秦金的内奸。［17］令毁之：让使者说廉颇的坏话。毁，诽谤。［18］一饭斗米：吃一顿饭要一斗米。［19］尚善饭：还能吃饭。善饭，能吃，食量大。［20］顷之三遗矢：不一会儿就上了三次厕所。矢，通“屎”。［21］不召：不征召，不用。［22］阴使迎之：暗中派人请廉颇。阴，秘密。［23］一为楚将：一度任楚将。［24］思用赵人：愿意指挥赵国的士兵。［25］卒死于寿春：最后死在寿春。卒，最后，最终，竟然。寿春，后为楚都，今安徽寿县。［26］大饥：五谷皆无收成，严重的饥荒。［27］李牧：赵之良将。传见《史记》卷八十一。［28］武遂、方城：两邑名。武遂故治在今河北保定市徐水区西北。方城故治在今河北固安县西南。［29］代、雁门：两郡名。地域当今山西北部和内蒙古、河北交界地带。匈奴：我国古代北方的一个游牧民族，殷商和西周初年称鬼方，西周中期以后称猃狁，东周时称戎、狄，战国以来称匈奴。［30］以便宜置吏：根据需要自行任命官吏。［31］莫府：即幕府。本指将帅在外的营帐，此指李牧的驻军公署。［32］日击：每天宰杀。［33］飨士：以酒食犒劳将士。［34］谨烽火：严密防守烽火台。［35］多间谍：多派侦察员。［36］为约曰：申明约束，号令说。［37］即入盗：假如小股匈奴窜入边境抢掠。［38］急入收保：迅速收缩进入营垒固守。收，收缩防守。保，通“堡”，营垒。［39］有敢捕虏者斩：有敢于捕捉匈奴人的，一律处斩。李牧约束部下不准抓获盗边的匈奴，故意示弱。［40］亦不亡失：也没有伤亡损失。［41］怯：胆小懦弱。［42］让之：责备李牧。［43］田畜：耕种畜牧。［44］杜门：闭门拒绝宾客。［45］王强起之：赵王强迫李牧任将。［46］必欲用臣：据章校，他本作“王必用臣”四字，当改。［47］如前：仍照从前的办法行事。［48］奉令：接受任命。［49］不用：不出战。［50］具选车：备齐精选的战车。［51］选骑：精选骑兵。［52］百金之士：能得一百金赏赐的勇士。［53］彀者：彀者之士的省说，善射之士。彀，拉满弓，作动词用。［54］悉勒习战：全部组织起来进行作战训

练。悉，全部。勒，组织起来。［55］大纵畜牧：大力组织畜牧。［56］佯北：假败。［57］委之：丢给匈奴。［58］单于：匈奴君主的称号。［59］奇陈：埋伏军队，出其不意袭击。陈，通“阵”。［60］张左、右翼击之：像张开翅膀那样两边包抄打击敌人。［61］襜褴：部族名，代北胡国。［62］东湖：部族名，在匈奴以东，故名。在今黑龙江及以北地区。［63］林胡：部族名，在今内蒙古呼和浩特市附近。［64］冠带之国七：懂得礼义的国家有七个。即指战国七雄。冠带，帽子和腰带，即服饰，引申为礼义、教化。［65］三国：指秦、赵、燕。［66］陇：山名，在陕、甘两省之间。［67］绵诸、绲戎、翟、豲之戎：此为西戎各部族名称。绵诸，分布在甘肃天水市东部地区。绲戎，即混夷，即大戎。翟，即狄。戎、狄合称，泛指西北方少数民族。豲，分布在今甘肃陇西县东南部。［68］岐：岐山，在今陕西岐山县境。梁：梁山，在今陕西韩城市。泾：泾水，渭河的支流，在陕西中部，也称泾河。漆：漆水，在今陕西铜川市一带。义渠：部族名，活动在今陕西北部和甘肃的东北部一带。［69］大荔：部族名，分布在陕西大荔县一带。乌氏（zhī）：其部族分布在今甘肃平凉市一带。朐（qú）衍：其部族分布在今甘肃东北部。［70］山戎：部族名，又称北戎，匈奴的一支，活动地区在今河北北部。［71］溪谷：山谷。［72］“往往”句：常常有一百多个部族聚居在一起，即一个地区常常有一百多个部族杂居，但不统属。故下文说“莫能相一”。［73］杀诸甘泉：杀之于甘泉宫。甘泉宫，秦所建离宫，在今陕西淳化县甘泉山上。［74］灭之：秦灭义渠在秦昭王三十五年，公元前 272 年。［75］陇西、北地、上郡：战国时秦国西北部的边郡。陇西郡治所在今甘肃临洮县南。北地郡治所在今甘肃宁县西北。上郡治所在今陕西绥德县东南。［76］阴山：即今大青山，在内蒙古中部。［77］高阙：山名，在今内蒙古杭锦后旗东北，其山中断，望之若阙，故名。［78］云中：郡名，治所云中，在今内蒙古托克托县东北。雁门：郡名，治所善无，在今山西右玉县南。代郡：治所在今河北蔚县东北。［79］自造阳至襄平：燕国在造阳至襄平一线筑长城。造阳，邑名，在今河北怀来县。襄平，邑名，在今辽宁辽阳市。［80］上谷：郡名，治所沮阳，在今河北怀来县东南。渔阳：郡名，治所渔阳，在今北京市密云区西南。右北平：郡名，治所无终，在今天津市蓟州区。辽东郡：治所襄平，在今辽宁辽阳市。

四年（戊午，前 243 年）

春，蒙骜伐魏，取畼、有诡[1]。三月，军罢。

秦质子归自赵；赵太子出归国[2]。

七月，蝗，疫。令百姓纳粟千石，拜爵一级。

魏安釐王薨，子景湣王[3]立。

五年（己未，前 242 年）

蒙骜伐魏，取酸枣、燕、虚、长平、雍丘、山阳[4]等三十城[5]；初置东郡[6]。

初，剧辛在赵与庞煖善，已而仕燕。燕王见赵数困于秦，廉颇去而庞煖为将，欲因其敝而攻之，问于剧辛，对曰："庞煖易与[7]耳！"燕王使剧辛将而伐赵。赵庞煖御之，杀剧辛，取燕师二万。

诸侯患秦攻伐无已时。

六年（庚申，前 241 年）

楚、赵、魏、韩、卫合从以伐秦[8]，楚王为从长，春申君用事，取寿陵[9]。至函谷，秦师出，五国之师皆败走。楚王以咎[10]春申君，春申君以此益疏。观津人朱英[11]谓春申君曰："人皆以楚为强，君用[12]之而弱。其于英不然。先君时，秦善楚，二十年而不攻楚，何也？秦逾[13]黾厄之塞[14]而攻楚，不便；假道于两周[15]，背韩、魏而攻楚，不可。今则不然。魏旦暮亡[16]，不能爱许、鄢陵[17]，魏割以与秦，秦兵去陈百六十里[18]。臣之所观者，见秦、楚之日斗也。"楚于是去陈[19]，徙寿春[20]，命曰郢。春申君就封于吴[21]，行相事。

秦拔魏朝歌及卫濮阳[22]。卫元君率其支属徙居野王[23]，阻其山[24]以保魏之河内。

七年（辛酉，前 240 年）

伐魏，取汲[25]。

夏太后[26]薨。

蒙骜卒。

八年（壬戌，前 239 年）

魏与赵邺[27]。

韩桓惠王薨，子安立[28]。

（以上为第九段，写公元前 243 年至公元前 239 年五年史事，写魏安釐王去世，子魏增继位；燕王派剧辛率兵攻打赵国，兵败；楚、赵、魏、韩、卫五国合纵联盟，共同攻打秦国，五国联军大败。）

【注释】

[1]睗（chàng）、有诡：均魏邑名，今地未详。 [2]"秦质子"二句：秦、赵两国互换的质子各自回国。 [3]景湣王：名增，又名午，公元前 242 年至公元前 228 年在位。 [4]酸枣：邑名，在今河南延津县西。燕：邑名，在今延津县东北。虚：邑名，在今延津县东。长平：邑名，在今

河南西华县东北。雍丘：邑名，在今河南杞县北。山阳：邑名，在今河南焦作市东南。［5］三十城：据章校，他本“三”作“二”。《史记·秦始皇本纪》作“二”，当改。［6］东郡：治所濮阳，在今河南濮阳市西南。［7］易与：容易对付。［8］楚、赵、魏、韩、卫合从以伐秦：秦王政六年，当公元前241年。《六国年表》只作“五国共击秦”，因齐国早已中立，五国者当指楚、赵、魏、韩、燕。此处“卫”应为“燕”。［9］取寿陵：攻占了寿陵。寿陵，指在位帝王给自己预建之陵。秦始皇寿陵，即骊山陵，在今陕西西安市临潼区东，属秦蕞邑。《史记·赵世家》载，是年，赵将庞煖领赵、楚、魏、燕之锐师攻秦蕞，不拔，此役即春申君率五国之师攻秦一役。“取寿陵”，乃指五国之师一度到达而已。［10］咎：责怪，斥责。［11］观津：邑名，今河北武邑县东南。朱英：春申君门客。［12］用：治理。［13］逾：越过。［14］黾厄之塞：楚北险隘关口。名平靖关，又名黾塞、渑塞、鄍隘。在今河南信阳市。［15］假道：借道。两周：东周后期，洛阳王城分裂出的东周、西周两小国。［16］魏旦暮亡：魏灭亡只在早晚间。旦暮，早晚，指很短的时间。［17］许：今河南鄢陵县西南。鄢陵：又称安陵。在今河南鄢陵县北。［18］“秦兵去陈”句：秦兵距离楚都陈邑百六十里。去，距离。［19］去陈：离开陈邑。去，离开。陈，楚都，在今河南周口市淮阳区。［20］徙寿春：迁都到寿春。寿春，邑名，在今安徽寿县西南。［21］就封于吴：回到封地吴邑。吴，今江苏苏州市。［22］朝歌：邑名，在今河南淇县。濮阳：卫都，故城在今河南濮阳县西南。［23］野王：邑名，在今河南沁阳市。［24］阻其山：凭借山的险阻。阻，仗恃。［25］汲：邑名，今河南汲县西南。［26］夏太后：秦庄襄王子楚的生母夏姬。［27］邺：邑名，今河北临漳县西南。［28］子安立：韩桓惠王子韩安继立为韩王，公元前238年至公元前230年在位。

九年（癸亥，前238年）

伐魏，取垣、蒲[1]。

夏，四月，寒，民有冻死者。

王宿雍[2]。

己酉，王冠，带剑[3]。

杨端和[4]伐魏，取衍氏[5]。

初，王即位，年少，太后时与文信侯私通[6]。王益壮，文信侯恐事觉[7]，祸及己，乃诈以舍人嫪毐为宦者[8]，进于太后。太后幸之[9]，生二子，封毐为长信侯，以太原为毐国，政事皆决于毐；客求为毐舍人者甚众。王左右有与毐争言者，告毐实非宦者，王下吏治毐[10]。毐惧，矫王御玺[11]发兵，欲攻蕲年宫[12]为乱。王使相国昌平君、昌文君[13]发卒攻毐，战咸阳，斩首数百；毐败走，获之。秋，九月，夷毐三族[14]；党与皆车裂灭宗[15]；舍人罪轻者徙蜀，凡四千余家。迁太后于雍萯阳宫[16]，杀其二子。下令曰："敢以太后事谏者，戮而杀之，断其四支，积之阙下！"死者二十七人。齐客茅焦[17]上谒[18]请谏。王使谓之曰："若不见夫积阙下者[19]邪？"对曰："臣闻天有二十八宿[20]，今死者二十七人，臣之来固欲满其数耳[21]。臣非畏死者也！"使者走入白之[22]。茅焦邑子同食者，尽负其衣物而逃[23]。王大怒曰："是人也[24]，故来犯吾[25]，趣召镬烹之[26]，是安得积阙下哉[27]！"王按剑而坐，口正沫出。使者召之入，茅焦徐行至前[28]，再拜谒起，称曰："臣闻有生者不讳死，有国者不讳亡。讳死者不可以得生，讳亡者不可以得存。死生存亡，圣主所欲急闻也[29]，陛下欲闻之乎？"王曰："何谓也[30]？"茅焦曰："陛下有狂悖之行[31]，不自知邪？车裂假父[32]，囊扑[33]二弟，迁母于雍，残戮谏士；桀、纣之行不至于是矣。今天下闻之，尽瓦解，无向秦者，臣窃为陛下危之！臣言已矣[34]！"乃解衣伏质[35]。王下殿，手自接之[36]曰："先生起就衣[37]，今愿受事[38]！"乃爵之上卿[39]。王自驾，虚左方，往迎太后，归于咸阳，复为母子如初。

（以上为第十段，写公元前238年史事，写秦王嬴政举行冠礼，亲政；长信侯嫪毐与太后私通的丑事暴露，矫诏叛乱，被诛灭。）

【注释】

［1］垣：邑名，在今山西垣曲县东南。蒲：蒲阳之省称，邑名，在今山西隰县东南。［2］雍：秦旧都，在今陕西宝鸡市凤翔区南，此指雍的蕲年宫。［3］王冠：秦王举行加冕礼，表示成年。带剑：加冕礼时带剑，表示威仪，也意味着掌权，亲政。［4］杨端和：秦将。［5］衍氏：邑名，在今河南郑州市北。［6］太后时与文信侯私通：据章校，他本"时"作"时时"。《史记·吕不韦列传》作"时时"，当补"时"字。文信侯，吕不韦。［7］事觉：私通奸情败露。［8］"乃诈"句：于是将自己的舍人嫪毐假充作宦官。诈，伪，冒充。嫪毐，吕不韦舍人，冒充宦官入宫与秦王之母太后赵姬私通。［9］幸之：与嫪毐同居。［10］王下吏治毐：秦王将告发的事交付法官审讯。下吏，交付法官。治毐，审讯惩治嫪毐。［11］矫王御玺：盗用始皇帝印。［12］蕲（qí）年宫：又作"祈年宫"。在雍，秦惠公所筑，当时秦王政住此。［13］昌平君、昌文君：皆封号，名不详。二人均楚王室公子，或质于秦而一度为秦相国，在平嫪毐之乱中立功。昌平君在王翦灭楚后被楚残部立为荆王，不一年兵败自杀。［14］夷毐三族：诛灭嫪毐全族。夷，灭。三族，父族，母族、

妻族。即全族。［15］党与皆车裂灭宗：嫪毐同党都被车裂灭族。党与，党羽。车裂，古代酷刑，又称“轘”，或“轘刑”，俗称“五马分尸”。被刑者的四肢及头缚在五辆车上，以五马驾车，同时分驰，撕裂肢体。灭宗，即夷三族，灭族。［16］萯阳宫：《三辅黄图》：“秦文王所筑，在今鄠县西南二十三里。”［17］齐客茅焦：齐国在秦作客卿或客居的人，名曰茅焦。［18］上谒：上书。谒，名片，此指奏书。［19］积阙下者：指堆积在阙下的那二十七个谏者的尸体。［20］二十八宿：环周天黄道上的二十八颗恒星，四方各七宿，共二十八宿。东方，角、亢、氐、房、心、尾，箕。南方，井、鬼、柳、星、张、翼、轸。西方，奎、娄、胃、昴、毕、觜、参。北方，斗、牛、女、虚、危、室、壁。宿，星宿，星座。［21］固欲满其数耳：原本就是为了凑满这二十八个数啊。［22］走入白之：跑步回宫向始皇报告。白之，告知秦始皇。［23］“茅焦”二句：与茅焦住在一起的同乡，因害怕受到牵连，都带着衣物四散逃走。邑子，同乡人。［24］是人也：这家伙。愤怒的骂人语。［25］故来犯吾：故意冒犯我。犯吾，犯我禁令。［26］趣召镬烹之：快取大锅来烹杀他。趣，通“促”，赶快。镬（huò），古代的刑具，大锅。［27］是安得积阙下哉：怎么能让他的尸体堆在阙下呢。秦王言此，愤恨之极。［28］徐行至前：慢吞吞地来到秦王面前。卑者至尊者前要急趋细步以示敬重，徐行乃傲慢之态。［29］生死存亡，圣主所欲急闻也：生死存亡的道理，是圣明的君王急于知道的。闻，知。［30］何谓也：什么道理？［31］狂悖之行：狂妄背理的行为。［32］假父：叔父，指秦王之母太后赵姬之情夫嫪毐。［33］囊扑：将人装入口袋中摔死，或捶杀而死。［34］臣言已矣：我的话说完了。［35］解衣伏质：解开衣服，伏身在刑具上。质，古代刑具，杀人所用的砧板。或作“椹”“锧”。［36］手自接之：秦王亲手扶起茅焦。［37］就衣：穿上衣。［38］受事：接受所教之事。［39］爵之上卿：授给茅焦上卿的官。爵，授官。

楚考烈王无子，春申君患之[1]，求妇人宜子者甚众，进之，卒无子[2]。赵人李园持其妹欲进诸楚王[3]，闻其不宜子[4]，恐久无宠[5]，乃求为春申君舍人。已而谒归[6]，故失期[7]而还。春申君问之，李园曰：“齐王使人求臣之妹，与其使者饮，故失期。”春申君曰：“聘入乎[8]？”曰：“未也。”春申君遂纳之。既而有娠[9]，李园使其妹说春申君[10]曰：“楚王贵幸君[11]，虽兄弟不如也。今君相楚二十余年而王无子，即百岁后[12]将更立兄弟，彼亦各贵其故所亲，君又安得常保此宠乎！非徒然[13]也，君贵，用事久，多失礼于王之兄弟，兄弟立，祸且及身矣。今妾有娠而人莫知，妾幸君未久，诚以君之重[14]，进妾于王，王必幸之。妾赖天而有男，则是君之子为王也。楚国尽可得，孰与身临不测之祸哉[15]！”春申君大然之[16]。乃出李园妹谨舍[17]，而言诸楚王[18]。王召人，幸之，遂生男，立为太子。

李园妹为王后，李园亦贵用事，而恐春申君泄其语，阴养死士[19]，欲杀春申君以灭口；国人[20]颇有知之者。楚王病，朱英谓春申君曰："世有无望之福[21]，亦有无望之祸。今君处无望之世[22]，事无望之主[23]，安可以无无望之人[24]乎！"春申君曰："何谓无望之福？"曰："君相楚二十余年矣，虽名相国，其实王也。王今病，旦暮薨，薨而君相幼主[25]，因而当国[26]，王长而反政，不即遂南面称孤[27]，此所谓无望之福也。""何谓无望之祸？"曰："李园不治国而君之仇也，不为兵[28]而养死士之日久矣。王薨，李园必先入，据权[29]而杀君以灭口，此所谓无望之祸也。""何谓无望之人？"曰："君置臣郎中[30]，王薨，李园先入，臣为君杀之，此所谓无望之人也。"春申君曰："足下置之[31]。李园，弱人也，仆又善之。且何至此！"朱英知言不用，惧而亡去。

后十七日，楚王薨，李园果先入，伏死士于棘门[32]之内。春申君入，死士侠[33]刺之，投其首于棘门之外；于是使吏尽捕诛春申君之家。太子立，是为幽王[34]。

> 扬子《法言》曰[35]：或问："信陵、平原、孟尝、春申益乎[36]？"曰："上失其政，奸臣[37]窃国命，何其益乎！"

王以文信侯奉先王功大，不忍诛。

（以上为第十一段，写楚国春申君黄歇将怀有身孕的李园妹妹献给楚考烈王，楚考烈王死后，祸及自身。）

【注释】

[1]春申君：楚人，姓黄名歇，战国四公子之一，事楚顷襄王，为太子傅，辅太子立，是为考烈王，以歇为相，封春申君。传见《史记》卷七十八。患之：为考烈王无子之事而忧虑。 [2]求：找。妇人宜子者：指富有生育能力的女子。卒无子：最终仍无妇女为考烈王生下儿子。 [3]"赵人李园"句：赵国人李园带来她的妹妹想要献给考烈王。李园，春申君属吏。持，携。进诸，把她献给。 [4]闻其不宜子：听说考烈没有生育能力。其，指考烈王。 [5]恐久无宠：李园担心妹妹进宫时间久了没生儿子会失去宠幸。 [6]已而：不久。谒归：请假回家。 [7]故失期：故意误期。 [8]聘入乎：下了聘礼没有。如今言"订婚没有"。 [9]既而：不久。有娠：怀孕了。[10]说（shuì）春申君：说服春申君。 [11]贵幸君：尊重宠信您春申君。 [12]即：如果。百

岁后：死后。百岁，死的委婉说法。［13］非徒然：不仅仅如此。徒，特，但。［14］诚以君之重：倘若果真凭借您的尊贵身份。诚，果真。重，尊贵的地位、身份。［15］孰与身临不测之祸哉：这与遭受不测的灾祸相比，哪一种结果更好呢？［16］春申君大然之：春申君十分赞同李园的意见。［17］乃出李园妹谨舍：于是就把李园的妹妹安置在另一所住处，并为她严加警卫。出，离开春申君府第，另行安置。谨舍，严防李园妹妹的住所，防止怀孕事件泄露。谨，严禁。［18］言诸楚王：告诉给楚王。［19］阴养死士：暗中豢养敢死之士。阴，秘密，暗中。［20］国人：居住在国都的人，特指上层人物。［21］无望之福：意外的洪福。无望，意外的、非常的、未可预料的、忽然来到。［22］无望之世：生死未可预料之世。［23］无望之主：喜怒无常之主。［24］无望之人：非凡之人。朱英自指，是春申君突然得到的帮手。［25］相幼主：辅佐幼主。［26］当国：执掌国政。［27］“王长”二句：待幼主长成后还政于他，或者干脆就南面称孤，自立为君。反政，归还政权。南面，古代以面向南为尊位，帝王的座位面向南，故称帝位为“南面”。称孤，古代帝王自称“孤、寡”，故称孤、道寡指代君王。［28］不为兵：不掌握军权。［29］据权：独揽大权。［30］置臣郎中：把我安排在宫中警卫郎中的位置上。置，安排。郎中，宫廷警卫。［31］足下置之：您放弃这个想法。足下，对朱英的敬称。置，放弃。［32］棘门：古时宫门插戟，故宫门别称“戟门”。棘，通“戟”，故戟门又称“棘门”。［33］侠：通“夹”。［34］幽王：考烈王之子，名悍，又作悼，又作捍，又作择，公元前237年至公元前228年在位。［35］《法言》曰：引语见《法言·渊骞》。《法言》是扬雄的一部哲学著作。［36］益乎：有益于国吗？［37］奸臣：奸贼之臣。此指战国四公子为权臣。

十年（甲子，前237年）

冬，十月，文信侯免相，出就国[1]。

宗室大臣议曰：“诸侯人来仕者，皆为其主游间耳[2]，请一切逐之[3]。”于是大索，逐客。客卿楚人李斯[4]亦在逐中，行，且上书曰[5]：

“昔穆公[6]求士，西取由余于戎[7]，东得百里于宛[8]，迎蹇叔于宋[9]，求丕豹、公孙支于晋[10]，并国二十[11]，遂霸西戎。孝公用商鞅之法，诸侯亲服，至今治强[12]。惠王用张仪之计，散六国之从[13]，使之事秦[14]。昭王得范雎，强公室[15]，杜私门[16]。此四君[17]者，皆以客之功。由此观之，客何负于秦[18]哉！夫色、乐、珠、玉不产于秦而王服御[19]者众；取人[20]则不然，不问可否[21]，不论曲直[22]，非秦者去，为客者逐。是所重者在乎色、乐、珠、玉，而所轻者在乎人民也。臣闻太山不让土壤[23]，故能成其大；河海不择细流，故能就其深[24]；王者不却众庶，故能明其德。此五帝、三王之所以无敌也。今乃弃黔首以资敌国[25]，却宾客以业诸侯[26]，所谓藉寇兵、赍盗粮者也[27]。”

王乃召李斯，复其官，除逐客之令。李斯至骊邑而还[28]。王卒用李斯之谋，阴遣辩士赍金玉游说诸侯，诸侯名士可下以财者厚遗结之[29]，不肯者利剑刺之，离[30]其君臣之计，然后使良将随其后，数年之中，卒兼天下。

十一年（乙丑，前236年）

赵人伐燕，取狸阳[31]。兵未罢，将军王翦、桓齮、杨端和伐赵，攻邺，取九城[32]。王翦攻阏与、轑阳[33]，桓齮取邺、安阳[34]。

赵悼襄王薨，子幽缪王迁[35]立。其母，倡也[36]，嬖于悼襄王[37]，悼襄王废嫡子嘉而立之。迁素以无行[38]闻于国。

文信侯就国岁余，诸侯宾客使者相望于道[39]，请之。王恐其为变，乃赐文信侯书曰："君何功于秦，封君河南，食十万户？何亲于秦，号称仲父？其与家属徙处蜀[40]！"文信侯自知稍侵[41]，恐诛。

十二年（丙寅，前235年）

文信侯饮鸩[42]死，窃葬[43]。其舍人临者[44]，皆逐迁[45]之。且曰："自今以来[46]，操国事不道[47]如嫪毐、不韦者，籍其门，视此[48]！"

扬子《法言》曰[49]：或问："吕不韦其智矣乎？以人易货[50]。"曰："谁谓不韦智者欤？以国易宗[51]。吕不韦之盗，穿窬之雄[52]乎！穿窬也者，吾见担石[53]矣，未见雒阳[54]也。"

自六月不雨，至于八月[55]。

发四郡兵助魏伐楚。

（以上为第十二段，写公元前237年至公元前235年三年史事，写秦国因文信侯吕不韦引进嫪毐作乱等事，秦王政发布《逐客令》，李斯上《谏逐客书》，秦王政大悟，停止逐客；吕不韦被秦王政羞辱，自杀而死。）

【注释】

［1］出就国：出都城到封国去。出，离开京城。［2］皆为其主游间耳：都是为了自己国家的君主来秦国游说离间。［3］请一切逐之：请求将诸侯国的人士一律逐出秦国。一切，一律，全部。［4］李斯：楚人，入秦为吕不韦舍人，因逐客事上书秦王，仕为廷尉，秦统一后任丞相，辅佐秦始皇立有大功，始皇死，李斯与赵高合谋立秦二世，上督责书阿谀取容，加速了秦国的灭亡，亦秦之罪臣。传见《史记》卷八十七。［5］上书曰：以下引文为李斯上书，后世称“谏逐客书”。［6］穆公：秦穆公，名任好，公元前659年至公元前621年在位，为春秋五霸之一。［7］由余：其先祖本晋国人，后逃亡到西戎，戎王派他出使秦国，秦穆公见其有才能，用离间计使他归秦，并用他的计谋统一了西戎各个部落。戎：古代对西方少数民族的通称。［8］百里：百里奚之省称。佐秦穆公称霸的贤臣。宛：春秋时楚邑名，故城在今河南南阳市。［9］迎蹇叔于宋：秦穆公从宋国聘来蹇叔，任为上大夫。［10］求：请来。丕豹：晋国人，其父丕郑，晋国大夫，为晋惠公所杀，丕豹奔秦，助秦攻晋。公孙支：岐州（今陕西宝鸡市凤翔区一带）人，字子桑，游于晋，入秦为大夫。［11］并国二十：是总括五人之功说的。［12］治强：治理国家使之安定强盛。［13］散六国之从：瓦解六国的合纵。东方六国韩、赵、魏、燕、齐、楚联合抗秦，称为合纵。从，同“纵”。［14］使之事秦：迫使六国臣服于秦。之，指六国。［15］强公室：加强了王室的权力。公室，指秦昭王时的中央政权机构。［16］杜私门：抑制私人豪强势力。指范雎帮助秦昭王从魏冉等权贵家族手中夺回实权。［17］四君：指秦穆公、秦孝公、秦惠文王、秦昭襄王。［18］何负于秦：没有对不起秦国的地方。负，对不起。［19］服御：使用。［20］取人：用人。［21］不问可否；不问可不可用。可否，是否适用，是否相宜。［22］不论曲直：不讲是非曲直。［23］不让土壤：不辞让细小的土壤。让，推辞，拒绝。［24］“河海”二句：河海不择除细流，故能成就其深广。择，挑剔。就，成就。［25］“今乃”句：现今您抛弃那些不是秦国籍的士人百姓，使他们去帮助敌国。黔首，百姓。黔，黑色。资，帮助。［26］业诸侯：为各诸侯国效力。指把宾客推到其他诸侯国去建功立业。［27］“藉寇兵”句：把武器借给敌人，把粮食送给盗匪。赍（jī），送，赠。［28］骊邑：在今陕西西安市临潼区东北。还：追还回京。［29］“诸侯名士”句：对各诸侯国有名望、有势力的人，凡是可以用钱财贿赂的，使出重金收买。下，使之屈服。厚遗，重金贿赂。［30］离：离间。［31］狸阳：邑名，在今河北任丘市与文安县之间。按：《史记·赵世家·正义》以为“狸”为“渔”之误。渔阳，在今北京市密云区西。［32］攻邺，取九城：邺，邑名，在今河北邯郸市临漳县。按：攻邺之役，王翦为主将，桓齮为次将，杨端和为末将。［33］阏与：邑名，在今山西和顺县西北。镣（lǎo）阳：邑名，又作“橑阳”，在今山西左权县。［34］安阳：邑名，在今河南安阳县东南。［35］幽缪王迁：赵国末代国君，公元前235年至公元前228年在位。［36］倡也：歌舞艺人。［37］嬖（bì）于悼襄王：受到赵悼襄王的宠爱。［38］无行：品行不端。［39］使者相望于道：探望文信侯的人频繁往来于道。相望，络绎不绝。［40］处蜀：安置在蜀。处，安置，流放。［41］稍侵：渐渐受到逼迫。［42］饮鸩（zhèn）：喝

下毒酒。［43］窃葬：被偷偷安葬。［44］临者：参加丧礼的人。［45］逐迁：驱逐出京，或迁移离境（指故土）。［46］自今以来：从今以后。［47］操国事不道：负责政事而胡作非为。［48］籍其门，视此：将其家族的所有人口财产没收入官，照此办理。籍，登记没收。古代的一种重刑，除对当事人施刑外，家属人口入官为奴，财产没收。［49］《法言》曰：引文见《法言·渊骞》。［50］以人易货：指吕不韦投机政治，资助秦质子异人为秦国君继承人，以为“奇货可居”这一事件。［51］以国易宗：用封国换取了宗族的灭亡。“国”谓吕不韦的封国河南洛阳，是说洛阳之封，最终导致身诛家灭。［52］穿窬之雄：钻洞逾墙的窃贼高手。［53］担石：一担一石之粮，比喻微小。石，一百二十斤。［54］雒阳：洛阳。吕不韦封文信侯，食蓝田十二邑，后以洛阳为其封国，与“担石”不可比。［55］自六月不雨，至于八月：从六月起没有下雨，直到八月。即大旱从六月到八月。

十三年（丁卯，前 234 年）

桓齮伐赵，败赵将扈辄于平阳[1]，斩首十万，杀扈辄。赵王以李牧为大将军，复战于宜安、肥下[2]，秦师败绩，桓齮奔还。赵封李牧为武安君。

十四年（戊辰，前 233 年）

桓齮伐赵，取宜安、平阳、武城[3]。

韩王纳地效玺[4]，请为藩臣[5]，使韩非来聘[6]。韩非者，韩之诸公子也，善刑名法术之学[7]，见韩之削弱，数以书干韩王[8]，王不能用。于是韩非疾治国不务求人任贤[9]，反举浮淫之蠹而加之功实之上[10]，宽则宠名誉之人，急则用介胄之士[11]，所养非所用，所用非所养。悲廉直不容于邪枉之臣[12]，观往者得失之变，作《孤愤》《五蠹》《内、外储》《说林》《说难》五十六篇，十余万言。

王[13]闻其贤，欲见之。非为韩使于秦，因上书说王曰：“今秦地方数千里，师名[14]百万，号令赏罚[15]，天下不如。臣昧死[16]愿望见大王，言所以破天下从之计[17]。大王诚[18]听臣说，一举而天下之从不破，赵不举，韩不亡，荆[19]、魏不臣，齐、燕不亲，霸王之名不成，四邻诸侯不朝，大王斩臣以徇国[20]，以戒[21]为王谋不忠者也。”王悦之，未任用。李斯嫉之，曰：“韩非，韩之诸公子也。今[22]欲并诸侯，非终为韩不为秦，此人情也。今王不用，久留而归之，此自遗患[23]也；不如以法诛之[24]。”王以为然，下吏治非[25]。李斯使人遗非药，令早自杀。韩非欲自陈，不得见。王后悔，使赦之，非已死矣。

扬子《法言》曰[26]：或问：“韩非作《说难》之书而卒死乎说难[27]，敢问何反也[28]？”曰：“说难盖其所以死乎[29]！”曰：“何也？”“君子以礼动[30]，以义止，合则进，否则退，确乎不忧其不合也[31]。夫说人而忧其不合，则亦无所不至矣[32]。”或曰[33]：“非忧说之不合，非邪？”曰：“说不由道[34]，忧也。由道而不合，非忧也。”

臣光曰：臣闻君子亲其亲以及人之亲，爱其国以及人之国[35]，是以功大名美而享有百福也。今非为秦画谋，而首欲覆其宗国以售其言[36]，罪固不容于死[37]矣，乌足愍哉[38]！

（以上为第十三段，写公元前234年至公元前233年两年史事，写韩王韩安向秦国割地、称臣；韩非得不到重用，去秦，劝说秦王政拆散合纵联盟，而李斯妒才杀之；韩非以灭亡母国证实其主张，遭到司马光非议。）

【注释】

[1]平阳：邑名，在今山西临汾市西南。[2]宜安：县名，在今河北石家庄市藁城区西南。肥下：即肥累，邑名，在今山西昔阳县西南。[3]武城：邑名，在今河北磁县南。[4]纳地效玺：割让土地，献出国君的大印。[5]藩臣：为附庸，臣服。藩，古代封国称藩。[6]韩非：韩国公室诸公子，战国时法家学者，著有《韩非子》。传见《史记》卷六十三。来聘：诸侯对天子遣使访问。[7]善刑名法术之学：精通刑名法术的学说。刑名，指刑赏与名分配合，主张“循名责实，慎赏明罚”。法术，“法”与“术”的合称。法即统治者的刑赏法令。术就是驾驭群臣的办法。[8]干韩王：请求韩王录用。干，有求于人。[9]疾治国不务求人任贤：痛恨韩王治国不致力于访求人才。疾，痛恨。务，致力于。[10]“反举”句：反而推崇虚浮、淫乱无能的蠹虫，把他们安置在与实际功劳不相称的高位上。举，推崇，提拔。浮淫之蠹，轻薄淫逸的无用之人，蛀虫。韩非在《韩非子·五蠹》中把儒者、游侠、纵横家、患御者（怕服兵役者）、工商之民等五种人称为“五蠹”，主张要对“五蠹”实施专政打击。[11]“宽则”二句：国家和平宽松时宠爱那些徒有虚名的学者，国家紧急时就征用那些披甲戴盔的武士。名誉之人，即“浮淫之蠹”。介胄之士，披甲戴盔的武士。介，铠甲。胄，古时作战用的头盔。[12]“悲廉直”句：悲伤忧愤那些廉洁正直的人遭受奸邪不正的权臣排斥。廉直，指廉洁正直的人。邪枉，不正派。[13]王：秦王，即后来的秦始皇。[14]名：号称。[15]号令赏罚：号令严明，赏罚有信。[16]昧死：冒死罪。

［17］从之计：合纵联盟的抗秦策略。［18］诚：如果，当真。［19］荆：楚别称荆。［20］徇国：在全国示众。［21］戒：惩戒。［22］今：如果，连词。［23］遗患：留下祸患。［24］以法诛之：找借口依据法律杀掉他。［25］下吏治非：交付司官审理，治韩非的罪。［26］《法言》曰：引文见《法言·问明》。［27］死乎说难：死于游说之难。乎，于。《韩非子》有《说难》篇，专讲游说人君的困难，是在死亡线上游走。［28］敢问何反也：我冒昧地请问，是什么原因使他的行为与言论相违背呢？指韩非既然专题论说了游说之难，自己却又死于游说。［29］说难盖其所以死乎：游说之难大概就是他死的原因啊。盖，大概。［30］以礼动：根据礼行动。［31］"确乎"句：如此（指合于礼义游说）根本不用去担心自己的主张是否符合别人的意志。依礼义游说绝无危险。［32］"夫说人"二句：游说别人而又担心自己的说辞不合别人的心意，那就什么手段无所不用了。指担心说辞不合别人的心意而猜度揣摩本身就不正，必然危险。［33］或曰：有人问。［34］由道：遵循礼义。［35］"臣闻君子"二句：我听说，君子由亲近自己的亲人而至亲近别人的亲人，由热爱自己的国家而至热爱别人的国家。亲其亲，爱自己的父母。以及人之亲，从而推广到爱别人的父母。《孟子·梁惠王上》："老吾老以及人之老，幼吾幼以及人之幼"，《墨子·兼爱中》："视人之国若视其国，视人之家若视其家，视人之身若视其身"，与此义同。［36］"而首欲"句：首先就要以灭亡他的祖国来证实他的主张。覆，灭亡。宗国，祖国，指韩国。言，学说，主张。［37］罪固不容于死：韩非本来就死有余辜啊。不容于死，死也不值得同情。［38］乌足愍哉：哪里还值得怜悯呢？

十五年（己巳，前 232 年）

王大兴师伐赵，一军抵邺，一军抵太原，取狼孟、番吾［1］；遇李牧而还。

初，燕太子丹尝质于赵，与王善［2］。王即位，丹为质于秦，王不礼［3］焉。丹怒，亡归。

十六年（庚午，前 231 年）

韩献南阳［4］地。九月，发卒受地于韩。

魏人献地［5］。

代地震，自乐徐［6］以西，北至平阴［7］；台屋墙垣太半［8］坏，地坼［9］东西百三十步。

十七年（辛未，前 230 年）

内史胜［10］灭韩，虏韩王安，以其地置颍川郡［11］。

华阳太后薨。

赵大饥。

卫元君薨，子角立[12]。

十八年（壬申，前 229 年）

王翦将上地兵下井陉[13]，端和将河内兵共伐赵。赵李牧、司马尚[14]御之。秦人多与赵王嬖臣郭开金，使毁牧及尚，言其欲反。赵王使赵葱[15]及齐将颜聚代之。李牧不受命，赵人捕而杀之；废司马尚。

十九年（癸酉，前 228 年）

王翦击赵军，大破之，杀赵葱，颜聚亡[16]，遂克邯郸，虏赵王迁。王如[17]邯郸，故[18]与母家有仇怨者皆杀之。还，从太原、上郡归。

太后[19]薨。

王翦屯中山以临燕。赵公子嘉帅其宗数百人奔代，自立为代王[20]，赵之亡，大夫稍稍[21]归之，与燕合兵，军上谷[22]。

楚幽王薨，国人立其弟郝[23]。三月，郝庶兄负刍[24]杀之，自立。

魏景湣王薨，子假立。

燕太子丹怨王[25]，欲报之，以问其傅鞠武。鞠武请西约三晋，南连齐、楚，北媾[26]匈奴以图秦。太子曰："太傅之计，旷日弥久[27]，令人心惛然[28]，恐不能须[29]也。"顷之，将军樊於期[30]得罪，亡之燕；太子受而舍之[31]。鞠武谏曰："夫以秦王之暴而积怒于燕，足为寒心[32]，又况闻樊将军之所在乎！是谓委肉当饿虎之蹊[33]也。愿太子疾遣樊将军入匈奴。"太子曰："樊将军穷困于天下，归身于丹，是固丹命卒之时也[34]，愿更虑之[35]！"鞠武曰："夫行危以求安，造祸以为福，计浅而怨深[36]，连结一人之后交[37]，不顾国家之大害，所谓资怨而助祸[38]矣！"太子不听。

太子闻卫人荆轲之贤，卑辞厚礼而请见之。谓轲曰："今秦已虏韩王，又举兵南伐楚，北临赵。赵不能支秦[39]，则祸必至于燕。燕小弱，数困于兵，何足以当秦[40]！诸侯服秦，莫敢合从。丹之私计愚，以为诚[41]得天下之勇士使于秦，劫秦王[42]，使悉反诸侯侵地[43]，若曹沫之与齐桓公，则大善矣[44]；则不可[45]，因而刺杀之。彼大将擅兵于外[46]而内有乱，则君臣相疑，以其间[47]，诸侯得合从，其破秦必矣。唯荆卿留意焉[48]！”荆轲许之。

于是舍荆卿于上舍[49]，太子日造门下[50]，所以奉养荆轲，无所不至。及王翦灭赵，太子闻之惧，欲遣荆轲行。荆轲曰：“今行而无信[51]，则秦未可亲也[52]。诚得樊将军首与燕督亢之地图[53]，奉献秦王，秦王必说见臣[54]，臣乃有以报[55]。”太子曰：“樊将军穷困来归丹[56]，丹不忍也！”

荆轲乃私见樊於期曰：“秦之遇将军，可谓深矣[57]，父母宗族皆为戮没[58]！今闻购[59]将军首，金千斤，邑万家，将奈何？”於期太息流涕曰：“计将安出[60]？”荆卿曰：“愿得将军之首以献秦王，秦王必喜而见臣，臣左手把其袖，右手揕其胸[61]，则将军之仇报而燕见陵之愧[62]除矣！”樊於期曰：“此臣之日夜切齿腐心也[63]！”遂自刎。太子闻之，奔往伏哭，然已无奈何，遂以函盛其首[64]。

太子豫求[65]天下之利匕首，使工以药淬之[66]，以试人，血濡缕[67]，人无不立死者。乃装为遣荆轲[68]，以燕勇士秦舞阳为之副，使入秦。

（以上为第十四段，写公元前232年至公元前228年五年史事，写韩国、魏国割献土地给秦国；秦将王翦率军攻打并消灭赵国；燕太子姬丹用鸡蛋去碰石头，不听太傅鞠武的意见，派侠客荆轲前去行刺秦王嬴政。）

【注释】

［1］番吾：又作“鄱吾”，县名，在今河北磁县。［2］与王善：与出生在赵国的秦王政相友善。按：秦王政生父异人质于赵，故政生于赵。［3］不礼：无礼。［4］南阳：地域名，今河南西南部一带。其地置郡，治宛，即今河南南阳市。［5］魏人献地：《史记·秦始皇本纪》：“魏献地于秦，秦置丽邑”。今陕西西安市临潼区东。“丽”亦作“骊”。［6］乐徐：邑名，在今河北保定市满城区西北。［7］平阴：邑名，在今山西阳城县东南。［8］太半：大半，三分之二。［9］地坼（chè）：大地裂开。［10］内史：官名，掌京师及其附近地区行政的最高长官。胜：《史记》之《秦始皇本纪》《六国年表》并作“腾”。［11］颍川郡：今河南登封市以东，尉氏县以西，包括舞阳县与临颍县等地。郡治阳翟，在今河南禹州市。［12］角：卫君角，卫末代君，公元前240年至公元前209年在位。［13］井陉（xíng）：关名，在今河北井陉县。［14］司马尚：赵之将军。［15］赵葱（cōng）：赵将。［16］亡：逃走。［17］如：往，至。［18］故：从前。［19］太后：始皇帝母。［20］代王：赵公子嘉，悼襄王嫡子，王迁兄，自立为代王，公元前227年至公元前

222年在位。［21］稍稍：渐渐。［22］军：驻扎。上谷：郡名，属燕，包括今河北北部部分地区，治所沮阳，在今河北怀来县东南。［23］郝：《史记·楚世家》："幽王卒，同母弟犹代立，是为哀王。"《史记·六国年表》"犹"作"郝"。［24］负刍：楚末代君，公元前227年至公元前223年在位。［25］怨王：怨秦王对己无礼。王，即后来的秦始皇。［26］媾：媾和，结盟。［27］旷日弥久：荒废拖延的日子更加长久。旷，空，废。弥，更加。［28］惛然：忧闷烦乱。［29］不能须：等不及。须，等待。［30］樊於（wū）期（jī）：秦将，叛逃到燕。［31］受而舍之：接纳樊於期并安置在燕住下。之，指樊於期。［32］寒心：惊心，害怕。［33］委肉当饿虎之蹊：把肉弃置在饿虎进出的小道上。委，弃。当，在。蹊，小径，小道。［34］"是固丹"句：这本来就是我应当舍命保护他的时候。命卒，命尽，舍命。命卒之时，豁出一条命的时候。［35］愿更虑之：希望重新考虑这件事。［36］计浅而怨深：谋略浅薄却还要加深仇怨。［37］后交：新朋友。［38］资怨而助祸：积蓄仇怨并助长灾祸。指燕太子丹结交樊於期，增加秦国对燕国的怨恨，而助长灾祸。［39］支秦：抵抗秦国。［40］当秦：对抗秦国，与"支秦"同义。［41］诚：如果，当真。［42］劫秦王：以生死胁迫秦王。劫，胁迫。［43］使悉反诸侯侵地：迫使秦王把兼并来的土地全部归还给诸侯各国。悉，全部。反，通"返"，归还。［44］"若曹沫"二句：就像曹沫当年逼迫齐桓公归还给鲁国被占领土一样，这当然是最好的了。曹沫，鲁人，为鲁庄公将，与齐战，三败，丧失了大片鲁国土地。齐鲁在地盟会，曹沫执匕首在盟会坛上胁迫齐桓公全部归还侵鲁之地。曹沫传见《史记》卷八十六。［45］不可：不答应。［46］擅兵于外：指秦国大将拥兵在国都之外。擅兵，掌控、统领军队。［47］以其间：利用这个机会。［48］留意焉：认真考虑这件事啊。焉，之，指入秦劫秦王这件事。［49］舍……上舍：安排住进最豪华的府第。［50］日造门下：每天登门拜访。［51］无信：没有使秦王相信的礼物。［52］秦未可亲也：秦王不可能靠近。亲，接近，靠近。［53］燕督亢之地图：燕国督亢地区的地图。督亢，燕国南部肥沃之地。约当今河北易水东北涿州市、固安县一带。［54］说见臣：高兴地接见我。说，通"悦"。［55］臣乃有以报：我才有机会劫秦王回报您。以报，拿出东西来回报，指劫秦王成功。［56］"樊将军"句：樊将军在穷途末路时来投靠我。归，投靠。［57］秦之遇将军，可谓深矣：秦国对待您，可以说是太残忍了。遇，对待。深，太残忍，太残酷。秦诛灭了樊於期全家。［58］戮没：戮，诛灭。没，没收为官奴。［59］购：悬赏，高价收买。［60］计将安出：你有什么办法吗？［61］"臣左手"二句：我左手拉住秦王的袖子，右手持匕首刺他的胸膛。揕(zhèn)，刺进。［62］见陵之愧：被欺凌的耻辱。陵，通"凌"。愧，耻辱。［63］"此臣之"句：这正是我日日夜夜切齿捶胸渴求实现的啊。切齿，咬牙切齿。腐心，捶胸顿足。腐，通"拊"。切齿、腐心皆深恨的情状。［64］函盛其首：用匣子装上樊於期的人头。函，匣子。［65］豫求：预先寻找。豫，通"预"。［66］以药淬之：用毒药水淬火炼在匕首上。淬（cuì），淬火。制造刀、剑时，把烧红了的刀、剑浸入水或其他液体中，急速冷却，使之硬化。［67］血濡缕：被刺伤，浸出一丝儿血。［68］乃装为遣荆轲：于是，准备行装，委派荆轲入秦。

【点评】

春申君黄歇。黄歇是一个富有传奇色彩的人物，聪明绝顶，少有人能够企及，宋代诗人苏轼评论他为“宏才伟略，大度深思，三千珠履，百万雄师，名列四杰，声振华夏”；而说他愚笨，大概是他连自己的命运都没有能力掌握，徒死他人之手。从司马光在本卷中记载的黄歇，可以感悟到以下四点。

首先，黄歇心存杂念，妄想固位，而让他人有空可钻。黄歇对于楚国，可以说是立下大功，以身涉险，让太子熊完逃离秦国，得以继位。而熊完即位后，就让黄歇担任国相，掌控楚国权柄二十五年，一直宠幸有加，使得其相权赫赫。但问题就出在这里。熊完没能生下儿子，一旦谢世，将来王位落入他人之手，黄歇将如何自处？这确实是让黄歇担心不已的事情。正因为黄歇有“心病”，才被奸人李园钻了空子。黄歇想保住禄位，殊不知这是犯了滔天大错啊！对于李园的诡计，黄歇言听计从，成了李园手中的一颗棋子而不自知，一步步走向绝路。一旦心中有了私念，就无法摆脱邪恶之人所设下的圈套，结果把自己套在里面了。秦朝的李斯不就是这样吗？赵高的一句“你与蒙恬相比，在扶苏心目中的位置如何”的设问，就把他打倒了。的确，李斯在扶苏心目中不如蒙恬，但是，他没有看到扶苏是一个正人君子。结果，李斯犯下了不可饶恕的罪过，葬送了秦朝，也葬送了自己。而这杯苦酒，是李斯自己一手酿成的。黄歇也是如此，是“私念”二字害了他。

其次，有句成语叫作“人面兽心”，“人面”可以感觉，而“兽心”却难以捉摸。李园善于伪装，善于估摸人心，因而诡计得以成功。黄歇生于战国时期，当时豢养宾客之风非常盛行，而黄歇的宾客情结非常重，门下有食客三千。李园就是装成他的宾客，而实现了自己邪恶的计划。黄歇好客，总以为宾客是在为他着想，为他谋划。李园正是利用了黄歇的这种潜意识，达到了自己的目的。后来，宾客朱英识破了李园的鬼把戏，劝说黄歇，而黄歇根本不相信，觉得李园弱得像个奴才似的，怎么可能做出这种毒恶的事情来呢？其实，这就是李园的成功之处，他在黄歇身上施展了诡计，成功地骗过了黄歇。当然，这诡计并不十分高明，只是他伪装得比较巧妙，利用黄歇的重义来达到自己的目的。如果李园显得非常强悍，又耀武扬威，那他一定不能成功。看来，伪装是实现阴谋诡计的最好道具。西汉末年的王莽，能够篡夺汉朝权柄，靠的也是伪装。“王莽谦恭未篡时”，王莽谦恭俭让，礼贤下士，实际上是为了沽名钓誉。这些人虽然得势一时，但终究没有好下场。王莽如此，李园也是如此。

后来，熊完的弟弟听说熊完的儿子不是亲生的，便毫不犹豫地杀掉了时为太后的李园妹妹，又尽灭李园之家，总算为黄歇出了一口恶气。

再次，宾客朱英早知黄歇会有无妄之灾，却未能救黄歇，徒有应对之举。所谓“当事者昏，旁观者清”，长期为黄歇宾客的朱英看出了李园的诡计，他曾提醒黄歇：“李园不是领兵大将，却在暗中豢养刺客，这事已经很久了。楚王死后，李园必定入宫，据本奏议，假传君王命令杀死您灭口。”这已经说得很清楚了，可黄歇被李园的假象蒙蔽，觉得李园不会如此行事。而朱英也想出了对策，请黄歇将他安插在王宫当差，想在楚王死后，李园入宫，就杀死李园。但黄歇太相信李园了，未能听进朱英所言，朱英只好逃出避祸。黄歇的做法太过粗疏，没有做好防备，让李园奸计得逞。而作为黄歇的宾客，朱英得到黄歇的厚待，一次建言没有被采纳，就弃之不顾而逃之夭夭，明哲保身。唐代诗人杜牧评说：“烈士思酬国士恩，春申谁与快冤魂？三千宾客总珠履，欲使何人杀李园？”朱英面对黄歇的死难，难道不也要感到羞愧吗？

最后，应对黄歇豢养宾客做出如何评价？纵观战国四公子，有不少宾客还是起了作用的，如信陵君魏无忌的侯嬴、朱亥，平原君赵胜的毛遂，孟尝君田文的冯欢，以及鸡鸣狗盗之徒。而春申君黄歇的“珠履三千”，也只有这个朱英。但朱英虽然明智建言，却没有起到任何作用。看来，黄歇豢养的宾客是徒有形式，没有用宾客的才能智慧，最后自己死于无妄。这实在是对徒有虚名的养士三千莫大的讽刺！

卷七　秦纪二

秦始皇帝二十年至秦二世皇帝元年（前227—前209年）

【起阏逢阉茂（甲戌，前227年），尽玄黓执徐（壬辰，前209年），凡十九年】

【大事提要】

本卷记事起公元前227年，讫公元前209年，凡十九年，当秦始皇帝二十年至秦二世皇帝元年。本卷所载的大事，主要是以下几个方面：其一,六国灭亡。秦王嬴政运用“笼络燕齐，稳住魏楚，消灭韩赵，远交近攻，逐个击破”的方略，从公元前230年到公元前221年，先后用了十年时间，灭掉了韩、赵、魏、楚、燕、齐六国，统一天下，结束中国自春秋以来长达五百多年的诸侯割据纷争的局面。其二，嬴政称帝。秦王嬴政消灭六国、统一天下，建立中央集权国家，自认为功劳胜过三皇五帝，自称“始皇帝”，建立三公九卿制度，废除分封制，实行郡县制，同时推行书同文、车同轨，统一度量衡；对外北击匈奴，南征百越，修筑万里长城。其三，嬴政去世。秦始皇嬴政实现统一后，修筑驰道，先后五次巡视全国，足迹所至，北到今天的秦皇岛，南到江浙、湖北、湖南地区，东到山东沿海地区，到处刻石纪功。公元前210年，秦始皇进行最后一次巡游，南下云梦，沿长江东至会稽，在西返途中于沙丘病逝。其四，胡亥即位。秦始皇去世后，中车府令赵高伙同丞相李斯，采用阴谋手段，杀掉长子扶苏，立小儿子胡亥，为“二世皇帝”。胡亥追求“极乐世界”，视治国为儿戏，又听从赵高挑拨，杀掉蒙氏兄弟，杀尽诸位公子、大臣，实行严刑酷法，很快短命而亡。其五，陈胜起义。秦朝实行严酷刑罚，民怨沸腾，大有土崩瓦解之势。陈胜、吴广篝火狐鸣、揭竿而起，伐无道，诛暴秦，正式称王，定国号为“张楚”。其一呼百应，迅速蔓延全国各地，刘邦、项梁、田儋等纷纷起兵响应，武臣、韩广、田儋、魏咎等割据称王。

始皇帝下

二十年（甲戌，前 227 年）

荆轲至咸阳，因[1]王宠臣蒙嘉卑辞以求见；王大喜，朝服[2]，设九宾[3]而见之。荆轲奉图而进于王[4]，图穷而匕首见[5]，因把王袖而揕之；未至身，王惊起，袖绝。荆轲逐王，王环柱而走[6]。群臣皆愕[7]，卒起不意[8]，尽失其度[9]。而秦法，群臣侍殿上者不得操尺寸之兵[10]，左右以手共搏之，且曰："王负剑[11]，负剑！"王遂拔以击荆轲，断其左股[12]。荆轲废[13]，乃引匕首擿王[14]，中铜柱。自知事不就[15]，骂曰："事所以不成者，以欲生劫之[16]，必得约契以报太子也[17]！"遂体解荆轲以徇[18]。王于是大怒，益发兵[19]诣赵，就王翦以伐燕，与燕师、代师[20]战于易水之西，大破之。

二十一年（乙亥，前 226 年）

冬，十月，王翦拔蓟[21]，燕王及太子率其精兵东保辽东[22]，李信[23]急追之。代王嘉遗燕王书，令杀太子丹以献。丹匿衍水[24]中，燕王使使斩丹，欲以献王，王复进兵攻之。

王贲[25]伐楚，取十余城。王问于将军李信曰："吾欲取荆，于将军度用几何人而足[26]？"李信曰："不过用二十万。"王以问王翦，王翦曰："非六十万人不可。"王曰："王将军老矣，何怯[27]也！"遂使李信、蒙恬[28]将二十万人伐楚；王翦因谢病归频阳[29]。

二十二年（丙子，前 225 年）

王贲伐魏，引河沟[30]以灌大梁。三月，城坏。魏王假降，杀之，遂灭魏。

王使人谓安陵君[31]曰："寡人欲以五百里地易安陵。"安陵君曰："大王加惠[32]，以大易小，甚幸。虽然，臣受地于魏之先王[33]，愿终守之，弗敢易。"王义而许之[34]。

李信攻平舆[35]，蒙恬攻寝[36]，大破楚军。信又攻鄢郢[37]，破之，于是引兵而西，与蒙恬会城父[38]，楚人因随之[39]，三日三夜不顿舍[40]，大败李信，入两壁[41]，杀七都尉[42]；李信奔还。

王闻之，大怒，自至频阳谢王翦曰："寡人不用将军谋，李信果辱秦军。将军虽病，独忍弃寡人乎！"王翦谢："病不能将。"王曰："已矣，勿复言[43]！"王翦曰："必不得已用臣，非六十万人不可！"王曰："为听[44]将军计耳。"于是王翦将六十万人伐楚。王送至霸上[45]，王翦请美田宅甚众。王曰："将军行矣，何忧贫乎！"王翦曰："为大王将，有功，终不得封侯[46]，故及大王之向臣，以请田宅为子孙业耳[47]。"王大笑。王翦既行，至关[48]，使使还请善田者五辈[49]。或曰[50]："将军之乞贷亦已甚矣[51]！"王翦曰："不然。王怚中而不信人[52]，今空国中之甲士而专委于我，我不多请田宅为子孙业以自坚[53]，顾令王坐而疑我矣[54]。"

二十三年（丁丑，前224年）

王翦取陈以南至平舆。楚人闻王翦益军而来，乃悉国中兵以御之；王翦坚壁不与战。楚人数挑战，终不出。王翦日休士洗沐，而善饮食，抚循[55]之；亲与士卒同食。久之，王翦使人问："军中戏乎？"对曰："方投石、超距[56]。"王翦曰："可用矣！"楚既不得战，乃引而东[57]。王翦追之，令壮士击，大破楚师，至蕲南[58]，杀其将军项燕[59]，楚师遂败走。王翦因乘胜略定城邑[60]。

二十四年（戊寅，前223年）

王翦、蒙武[61]虏楚王负刍，以其地置楚郡[62]。

（以上为第一段，写公元前227年至公元前223年五年史事，写荆轲刺杀秦王政失败，秦王加速统一进程，派出三路大军东伐，李信一军攻燕，王贲一军攻魏，王翦一军伐楚，燕破魏亡楚灭。）

【注释】

[1]因：通过。[2]朝服：穿了上朝的礼服。[3]设九宾：举行外交上最隆重的礼仪。九宾，由九个傧相依次传呼、接引使者上殿。[4]"荆轲"句：荆轲手捧地图进献给秦王政。奉，捧。进，献。[5]图穷而匕首见：地图展到尽头露出了匕首。见，同"现"，露。[6]王环柱而走：秦王政绕着柱子奔跑。环，环绕。[7]愕：惊愕，吓呆了。[8]卒起不意：事发仓促，大出意料。卒（cù），同"猝"，突然。起，发生。不意，出人意料。[9]尽失其度：群臣全都失去了常态，不知所措。度，气度，常态。[10]不得操尺寸之兵：不得携带任何兵器。尺寸之兵，小小的兵器。[11]王负剑：大王，把剑推上背。负，背。剑挎腰间，推上背，便于拔出。[12]股：大腿。[13]荆轲废：荆轲残废。左腿断，已无战斗力。[14]乃引匕首擿王：于是举起匕首投掷

秦王。引，举起。擿，同“掷”。［15］事不就：事不成，指劫秦王失败。［16］以欲生劫之：只是想活捉你。［17］“必得”句：一定要强迫你订立契约，退还诸侯侵地，以此回报燕太子丹。约契，归还侵夺诸侯土地的契约。［18］遂体解荆轲以徇：于是，荆轲被分尸示众。［19］益发兵：增派军队，大发兵。［20］代师：赵代王嘉之兵。［21］蓟：燕都，在今北京市西郊。［22］保：据守。辽东：地域名，今辽宁辽河以东地。［23］李信：字有成，秦将。［24］衍水：即太子河，在辽宁东南部。［25］王贲：王翦之子，秦将。［26］度用几何人而足：估计需要出动多少军队才足够伐楚。度，推测，估计。几何，多少。［27］怯：胆小。［28］蒙恬：蒙骜之孙，秦将。传见《史记》卷八十八。［29］频阳：县名，县治在今陕西富平县东北。［30］河沟：黄河鸿沟之省说。引黄河入淮的人工渠，绕大梁城的一段称鸿沟。［31］安陵君：名坛，《汉书人表》作“亶”，《说苑·权谋》作“缠”，三字可通假。安陵，魏的附庸国，地不足五百里，在今河南鄢陵县西北。［32］加惠：给予恩惠。［33］臣受地于魏之先王：始封之安陵君是魏襄王之弟，此安陵君是其后裔，故称“受地于魏之先王”。［34］王义而许之：秦王嘉许安陵君守义而同意了他的请求。［35］平舆：邑名，在今河南平舆县西北。［36］寝：即寝丘，邑名，在今河南固始县。［37］鄢郢：楚都郢陈，秦白起破楚都郢之后所迁之都，在今河南周口市淮阳区。［38］城父：邑名，在今河南平顶山市西北。［39］随之：紧紧尾追李信、蒙恬军。［40］不顿舍：不停宿休息。顿舍，停歇，住宿。［41］入两壁：攻入秦军两座营垒。壁，营垒。［42］都尉：职位略次于将军的将官。［43］已矣，勿复言：好啦，不要再这么说了。意即让王翦不要再称病了。［44］为听：就听，依你的。［45］霸上：地名，在今陕西西安市东。［46］不得封侯：秦朝废分封，故王翦有是言。［47］“故及”二句：趁着大王现在正看重我，请求赏赐田宅，好为子孙留下产业啊。向，近，看重。业，产业。［48］关：武关，在今陕西商南县东南。［49］善田：良田。五辈：五批。［50］或曰：有人说。［51］乞贷：要求。已甚：太过分。［52］王怚中而不信人：秦王心性粗暴多猜忌不信人。怚，通“粗”，粗暴。［53］自坚：使自己的地位坚固牢靠。［54］“顾令”句：秦王反倒要无缘无故地对我怀疑啊。顾令，反而会使。坐而疑我，空闲下来就怀疑我，即无缘无故怀疑我。坐，闲下来。［55］抚循：安抚慰问。［56］方：正在。投石、超距：古代军中的习武练功活动。投石，投掷训练。超距，跑跳训练。［57］引而东：楚军向东撤退。［58］至蕲南：追击楚军到蕲县之南。蕲，县名，县治在今安徽宿州市南。［59］项燕：楚将，项梁之父，项羽的叔祖父。［60］略定城邑：攻占平定各个城镇县邑。［61］蒙武：蒙骜之子，蒙恬之父，秦将，佐王翦，任伐楚副将。［62］以其地置楚郡：将并吞的楚国之地设置郡县。

二十五年（己卯，前222年）

大兴兵，使王贲攻辽东，虏燕王喜。

臣光曰：燕丹不胜一朝之忿[1]以犯虎狼之秦，轻虑浅谋，挑怨速祸[2]，使召公之庙不祀忽诸[3]，罪孰大焉！而论者或谓之贤，岂不过哉[4]！

夫为国家者，任官以才，立政以礼，怀民以仁，交邻以信[5]。是以官得其人，政得其节[6]，百姓怀其德，四邻亲其义。夫如是，则国家安如磐石，炽如焱[7]火。触之者碎，犯之者焦，虽有强暴之国，尚何足畏哉！丹释此不为[8]，顾以[9]万乘之国，决匹夫之怒[10]，逞盗贼之谋[11]，功隳身戮[12]，社稷为墟[13]，不亦悲哉！

夫其膝行、蒲伏，非恭也[14]；复言、重诺，非信也[15]；糜金、散玉，非惠也[16]；刎首、决腹，非勇也[17]。要之，谋不远而动不义，其楚白公胜[18]之流乎！

荆轲怀其豢养之私，不顾七族[19]，欲以尺八匕首强燕而弱秦，不亦愚乎！故扬子论之[20]，以要离为蛛蝥之靡，聂政为壮士之靡，荆轲为刺客之靡，皆不可谓之义[21]。又曰："荆轲，君子盗诸[22]！"善哉！

王贲攻代，虏代王嘉。

王翦悉定荆江南地[23]，降百越之君[24]，置会稽郡[25]。

五月，天下大酺[26]。

初，齐君王后[27]贤，事秦谨[28]，与诸侯信[29]；齐亦东边海上[30]。秦日夜攻三晋、燕、楚，五国各自救，以故齐王建立四十余年不受兵[31]。及君王后且死，戒[32]王建曰："群臣之可用者某。"王曰："请书之。"君王后曰："善！"王取笔牍受言[33]，君王后曰："老妇已忘矣。"君王后死，后胜相齐，多受秦间金[34]。宾客入秦，秦又多与金。客皆为反间，劝王朝秦，不修[35]攻战之备，不助五国攻秦，秦以故得灭[36]五国。

齐王将入朝[37]，雍门司马[38]前曰："所为立王者，为社稷耶，为王耶？"王曰："为社稷。"司马曰："为社稷立王，王何以去社稷而入秦[39]？"齐王还车而反。

即墨大夫[40]闻之，见齐王曰："齐地方数千里，带甲[41]数百万。夫三晋大夫皆不便秦[42]，而在阿、鄄[43]之间者百数；王收[44]而与之百万人之众，使收[45]三晋之故地，即临晋之关[46]可以入矣。鄢郢[47]大夫不欲为秦，而在城南下者百数，王收[48]而与之百万之师，使收楚故地[49]，即武关[50]可以入矣。如此，则齐威可立，秦国可亡，岂特保其国家而已哉！”齐王不听。

（以上为第二段，写公元前222年史事，写秦王灭燕、灭代，王翦平定楚国长江以北地区。司马光批评燕太子丹不举用贤才发愤图强，而遣刺客做无谓牺牲，荆轲非义士。）

【注释】

[1]燕丹：燕太子丹。不胜一朝之忿：不能忍受一时的激愤。胜（shèng），克制，承受。一朝，一时。忿，同“愤”。[2]挑怨速祸：挑起怨恨，加速灭亡。[3]召公之庙不祀忽诸：供奉燕国始祖召公的宗庙祭祀忽然中断。召公，燕开国国君姬奭。不祀，宗庙断了烟火，喻国家灭亡。忽诸，一下子，突然。诸，语助词。[4]岂不过哉：岂不是错了吗！过，错。[5]“夫为国家者”五句：对于治理国家的君王来说，任命有才能的人为官，按照礼制确立政策法规，以仁爱之心安抚百姓，凭借信义结交邻国。[6]官得其人，政得其节：官职由有才的人担任，政事得到礼教的节制。[7]焱（yàn）：火焰。[8]丹释此不为：燕太子丹放弃这条路不走。释，放弃。此，指“任官以才，立政以礼，怀民以仁，交邻以信”。[9]顾以：反而。[10]决匹夫之怒：决于个人之怒，引申为排解个人的私愤。决，定。匹夫，个人。[11]逞盗贼之谋：炫耀盗贼式的谋略。逞，仗恃，炫耀。盗贼，指荆轲。[12]功隳身戮：功业被毁坏，身遭杀戮。隳（huī），毁。[13]社稷为墟：江山社稷化作废墟。墟，废墟，指国灭。[14]“夫其”二句：跪着前行，伏地而进，并不表示恭敬。蒲伏，爬行。[15]复言、重诺，非信也：言必行，重承诺，并不表示守信。复言，实践诺言。重诺，重承诺。两者均表示言必行之意。[16]“糜金”二句：过度耗费金钱，散发玉器，并不表示施恩。糜，通“靡”，散。[17]“刎首”二句：自割颈部，自剖肚腹，并不表示勇敢。决腹，剖腹。[18]白公胜：名胜，号白公。楚平王太子建之子，其父遭少师无忌谗害，被杀于郑国。白公欲报父仇，不果而自杀，祸及叔父。比喻燕太子丹与白公胜同类。[19]“荆轲”二句：荆轲心怀报答太子丹豢养的私情，而不顾及全家七族人会遭株连。七族，自曾祖至曾孙。[20]扬子论之：引语见扬子《法言·渊骞》。[21]“以要离”四句：说到要离的死，是蜘蛛、毒虫一类的死；聂政的死，是壮士一类的死；荆轲的死，是刺客一类的死，这些人都不能算是义士。要离、聂政、荆轲，三人均古代刺客，传见《史记》卷八十六。蛛蝥（máo），蜘蛛。靡，为，行为。此指刺客的赴死行为。[22]荆轲，君子盗诸：荆轲，用君子的道德来衡量，可算是一个盗贼。此据汪容宝《法言义疏》引吴秘云：“以君子之道类之则大盗耳。”诸，语尾助词。[23]“王翦”句：王翦全部平定了楚国长江以南的地区。荆，楚国。江南，指洞庭湖以东长江以南地区，这

是战国末年楚迁都寿春后的版图。［24］降百越之君：臣服百越各部族君长。古越族有众多部族，号称百越，在今福建、广东两省区。［25］会稽郡：当今苏浙两省大部地区，郡治吴，在今苏州市。［26］天下大酺：特许全国举行大规模的聚会宴饮。大酺，大张筵席。酺(pú)，聚餐。按：秦汉时平时不许三人以上无故饮酒，违者罚金。在国家喜庆之时，皇帝下令天下大酺。公元前222年，秦灭楚，至是韩、赵、魏、燕、楚五国已灭，天下略定，秦王特令天下大酺。［27］君王后：襄王即位，立大史敫女为王后，史称君王后。［28］事秦谨：事奉秦国小心周到。谨，恭谨。［29］信：诚敬。［30］东边海上：东部边境与海相接。［31］不受兵：未经受战争。［32］戒：通"诫"，告诫。［33］王取笔牍受言：等到齐王建取来笔和木简写遗言。牍，古代写字用的木简。［34］多受秦间金：齐相后胜大量接受秦国间谍的重金贿赂。秦间，秦国间谍。［35］修：整治，打造。［36］得灭：能灭。［37］入朝：入秦朝见秦王。［38］雍门：齐都临淄西门名。司马：武官名。［39］去社稷而入秦：丢弃自己的国家而到秦国去。去，离开，丢弃。社稷，指代齐国。［40］即墨大夫：即墨地方长官。即墨，县名，故治在今山东平度市东南。［41］带甲：战士。［42］"夫三晋"句：现今韩、赵、魏三国的官员都不接受秦国的统治。三晋，指韩、赵、魏。便，利。不便秦，不为秦谋利，即不接受秦国的统治。［43］阿、鄄：皆齐邑名。阿，东阿之省称，故治在今山东阳谷县东北阿城镇。鄄（juàn）：故治在今山东鄄城县北。［44］收：合，结集，指结集军队。［45］收：收拾，收复。［46］临晋之关：即秦之临晋关，在今陕西大荔县西南。［47］鄢郢：楚都，指代楚国。［48］收：聚集逃亡城南的楚之士大夫。［49］收楚故地：收复被秦占领的楚地。［50］武关：秦国南面的关隘，在今陕西商南县东南。

二十六年（庚辰，前221年）

王贲自燕南攻齐，猝入临淄[1]，民莫敢格者[2]。秦使人诱齐王，约封以五百里之地。齐王遂降，秦迁之共[3]，处之松柏之间[4]，饿而死。齐人怨王建不早与诸侯合从，听奸人宾客以亡其国，歌之曰："松耶，柏耶，住建共者客耶[5]！"疾[6]建用客之不详[7]也。

臣光曰：从衡之说[8]虽反覆百端[9]，然大要合从者，六国之利也。昔先王建万国[10]，亲诸侯，使之朝聘[11]以相交，飨宴[12]以相乐，会盟[13]以相结者，无他，欲其同心戮力[14]以保家国也。向使[15]六国能以信义相亲，则秦虽强暴，安得而亡之哉！夫三晋[16]者，齐、楚之藩蔽[17]；齐、楚者，三晋之根柢[18]；形势相资[19]，表里相依[20]。故以三晋而攻齐、楚，自绝其根柢也；以齐、楚而攻三晋，自撤其藩蔽也。安有撤其藩蔽以媚盗[21]，曰"盗将爱我而不攻”，岂不悖哉[22]！

王初并天下[23]，自以为德兼三皇，功过五帝[24]，乃更号曰“皇帝[25]”，命为“制”[26]，令为“诏”[27]，自称曰“朕[28]”。追尊庄襄王为太上皇[29]。制曰：“死而以行为谥[30]，则是子议父，臣议君也，甚无谓[31]。自今以来[32]，除谥法[33]。朕为始皇帝，后世以计数，二世、三世至于万世，传之无穷。”

初，齐威、宣之时[34]，邹衍[35]论著终始五德之运[36]；及始皇并天下，齐人奏之。始皇采用其说，以为周得火德，秦代周，从所不胜，为水德[37]。始改年[38]，朝贺皆自十月朔[39]；衣服、旌旄、节旗皆尚黑[40]；数以六为纪[41]。

丞相绾言：“燕、齐、荆地远，不为置王，无以镇之[42]。请立诸子。”始皇下其议[43]。廷尉斯[44]曰：“周文、武[45]所封子弟同姓甚众，然后属[46]疏远，相攻击如仇雠，周天子弗能禁止。今海内赖陛下神灵[47]一统，皆为郡、县，诸子[48]功臣以公赋税[49]重赏赐之，甚足易制[50]，天下无异意[51]，则安宁之术[52]也。置诸侯不便[53]。”始皇曰：“天下共苦战斗不休[54]，以有侯王。赖宗庙[55]，天下初定，又复立国，是树兵也[56]；而求其宁息，岂不难哉！廷尉议是。”

分天下为三十六郡[57]，郡置守、尉、监[58]。

收天下兵聚咸阳[59]，销以为钟鐻[60]、金人十二，重各千石[61]，置宫庭[62]中，一法度衡石丈尺[63]。徙天下豪杰[64]于咸阳十二万户。

诸庙及章台、上林[65]皆在渭南。每破诸侯[66]，写放其宫室，作之咸阳北阪上[67]，南临渭，自雍门[68]以东至泾、渭，殿屋、复道、周阁相属[69]，所得诸侯美人、钟鼓以充入之。

（以上为第三段，写公元前221年史事，写秦王嬴政最后消灭齐国，统一天下，自称“始皇帝”，废除分封制，分天下为三十六郡，统一度量衡，销毁天下兵器，迁豪富于咸阳，在渭水北岸仿建六国宫殿。）

【注释】

[1]猝入临淄：突然攻入临淄城。[2]民莫敢格者：齐民没有敢于抵抗的人。格，斗，抵抗。[3]共：邑名，有两地。一为古国名，周文王所灭之国，在今甘肃泾川县北。一为西周所封共伯

和之国，在今河南辉县。齐王建被流放之共不详。［4］处之松柏之间：安置在荒僻的松柏之间。［5］住建共者客耶：让齐王住在共邑饿死的就是那些宾客啊。客，指齐奸后胜之流。［6］疾：痛恨。［7］不详：不清楚，不审慎。［8］从衡之说：合纵连横的主张。从，通“纵”。古代称南北为纵，东西为横。主张东方六国联合抗秦是南北联合称为“合纵”；瓦解合纵与秦交好是东西联合称为“连横”。［9］反覆百端：变化无常，多种多样。［10］先王建万国：《左传》哀公七年传，“禹合诸侯于涂山，执玉帛者万国”。［11］朝：古代诸侯定期朝见天子，报告封国情况。聘：古代国与国之间交好，遣使访问。［12］飨宴：酒食宴会。［13］会盟：友好盟会。［14］戮力：效力，共同努力。［15］向使：假使，如果。［16］三晋：指韩、赵、魏。［17］藩蔽：屏障。［18］根柢：树之根，喻基础。［19］形势相资：三晋齐楚五国的形势是互相资助。［20］表里相依：里外互相依赖。［21］媚盗：讨好强盗。［22］岂不悖哉：难道不是荒谬的吗？悖，荒谬，糊涂。［23］并天下：统一全国。并，统一。［24］“自以为”二句：秦始皇自己认为兼备了三皇的德行，功业超过了五帝。三皇、五帝，传说时代的圣王，有多种说法，只各取一种。司马贞补《三皇本纪》，三皇为伏羲氏、女娲氏、神农氏。《史记》卷一《五帝本纪》，五帝为黄帝、颛顼、帝喾、唐尧、虞舜。［25］皇帝：合三皇五帝的名号为“皇帝”，至尊之称。［26］命为“制”：对臣下发话，决断可称为制。［27］令为“诏”：以皇帝名义发布法律、文告称为诏。［28］朕：我。上古第一人称不分贵贱通称为“朕”，秦始皇定为皇帝的专称，至尊无比。［29］太上皇：极尊之皇，高于皇帝。实际是子夺父权，给父亲的一个空头名号。此是秦始皇废谥号后给已死父亲庄襄王的称号，用“太上皇”代替“庄襄王”之称。［30］以行为谥：一个人的谥号是以他的一生行为来命名的。行，生平事迹。谥，古代帝王、贵族、大臣等死后依其一生所行事迹给予的称号。［31］甚无谓：实在没有意思。［32］自今以来：从今以后。［33］除谥法：废除谥法。按：谥法制度始于周，相传《谥法》为周公所作。秦废谥法，汉又沿用，直至清末。［34］齐威、宣之时：当齐威王、齐宣王的时候。［35］邹衍：战国末齐人，五行学说集大成者。［36］终始五德之运：邹衍提出的历史循环论，指朝代兴衰按五德轮替循环。邹衍认为自然界水、火、木、金、土五种物质的德性相生相克。五行相生，木生火，火生土，土生金，金生水，水生木。五行相克，水克火，火克金，金克木，木克土，土克水。朝代更替为五行相克，循环往复相承，故称“终始五德之运”。夏、商、周三个朝代的更替，就是火（周）克金（商），金克木（夏）的结果。其后则是秦以水德代周，汉以土德代秦。［37］“从所不胜”二句：从火不能胜水来推算，秦应是水德，即以秦代周。［38］改年：更改一年的岁首，标志新王朝改变的历元。按：周以建子之月（夏历十一月）为岁首，秦以建亥之月（夏历十月）为岁首。［39］朝贺皆自十月朔：封建时代，年初一群臣要入朝庆贺，秦改历后，以十月一日为新年朝贺之日。朔，初一，此指元旦日。［40］“衣服”句：衣服、旗帜、符节等都崇尚黑色。旌旄，以牦牛尾装饰的旗。节旗，符节，使者所持的凭证。尚黑，崇尚黑色。［41］数以六为纪：以六作为计数的单位。按五行相生相克的序数，水克火的序数为六，所以秦尊“六”。如“符”规定为方六寸，长度规定六尺为一步等。［42］“不为”二句：不在那里设立封王，便不能镇抚。［43］下其议：把这个建议下达群臣讨论。［44］廷尉：官名，秦九卿之一，为最高的司法长官。斯：李斯。［45］周文、武：周文王，周武王。［46］后属：后代。［47］神灵：圣明。［48］诸子：皇室太子之外的各位皇子。［49］以公赋税：用公家的赋税，即用国家的赋税。［50］甚足易制：非常容易控制。［51］无异意：同心同德。［52］安宁之术：安定国家的策略。［53］不便：不利。［54］天下共苦战斗不休：天下人都吃尽了无休止的战乱之苦。［55］赖宗庙：全靠祖宗神灵。［56］是树兵也：这是种下战乱的祸根啊。树，种，动词。［57］三十六郡：三川、河东、南阳、南郡、九江、鄣郡、会稽、颍川、砀郡、泗川、薛郡、东郡、琅邪、齐郡、上谷、渔阳、右北平、辽西、辽东、代郡、巨鹿、邯郸、上党、太原、云中、九原、雁门、上郡、陇西、北地、汉中、巴郡、蜀郡、黔中、长沙、内史。［58］郡置守、尉、监：秦朝地方实行郡县制，郡的最高三位长官，行政长官称郡守，位第一；军事长官称郡尉，位第二；监察长官为郡守之副称监御史。郡下置县。一县之长，大县称令，小县称长。郡县长官皆由中央任命，随时可以任免调动。［59］收天下兵聚咸阳：收缴全国的兵器输送到京师咸阳。兵，指兵器。［60］钟鐻：钟，铜钟。鐻（jù），同“虡”，古代悬挂钟或磬的架子，其两旁的柱子叫鐻。［61］石（dàn）：重量单位，一石一百二十斤。［62］宫庭：同“宫廷”。庭，通“廷”。［63］一法度衡石丈尺：统一了全国度量衡制度。［64］豪杰：《史记·秦始皇本纪》作“豪富”。［65］章台、上林：指章台宫、上林苑。两者均在渭水之南。［66］每破诸侯：每次消灭一个诸侯国。［67］“写放”二句：就摹画、仿照该国的宫室，在咸阳城北的山坡上同样建造一座。写放，模仿。写，摹写。放，同“仿”，仿效，模拟。作，建造。北阪，咸阳城北边的山坡。［68］雍门：地名，在今西安市高陵区。［69］复道：楼阁之间架木构成的通道。周阁：四周有窗户和栏杆可供远眺的楼阁。

二十七年（辛巳，前220年）

始皇巡陇西、北地[1]，至鸡头山[2]，过回中[3]焉。

作信宫[4]渭南，已，更命曰极庙[5]。自极庙道通骊山，作甘泉[6]前殿，筑甬道[7]自咸阳属之，治驰道[8]于天下。

二十八年（壬午，前219年）

始皇东行郡、县，上邹峄山[9]，立石[10]颂功业。于是召集鲁儒生[11]七十人，至泰山下，议封禅[12]。诸儒或曰：“古者封禅，为蒲车[13]，恶[14]伤山之土石、草木；扫地而祭，席用菹秸[15]。”议各乖异[16]。始皇以其难施用，由此绌[17]儒生。而遂除车道[18]，上自太山阳至颠[19]，立石颂德；从阴道[20]下，禅于梁父。其礼颇采太祝[21]之祀雍上帝所用，而封藏皆秘之[22]，世不得而记也[23]。

于是始皇遂东游海上，行礼祠[24]名山、大川及八神[25]。始皇南登琅邪[26]，大乐之，留三月，作琅邪台[27]，立石颂德，明得意[28]。

初，燕人宋毋忌、羡门子高[29]之徒称有仙道、形解销化之术[30]，燕、齐迂怪之士[31]皆争传习之。自齐威王、宣王、燕昭王皆信其言，使人入海求蓬莱、方丈、瀛洲[32]，云此三神山在勃海中，去人不远[33]。患[34]且至，则风引船去[35]。尝有至者，诸仙人及不死之药皆在焉[36]。及始皇至海上，诸方士[37]齐人徐市[38]等争上书言之，请得斋戒[39]与童男女求之。于是遣徐市发童男女数千人入海求之。船交[40]海中，皆以风为解[41]，曰："未能至，望见之焉。"

始皇还，过彭城[42]，斋戒祷祠，欲出周鼎泗水[43]，使千人没水求之，弗得。乃西南渡淮水，之衡山、南郡[44]。浮江至湘山祠[45]，逢大风，几不能渡。上问博士曰："湘君[46]何神？"对曰："闻之：尧女，舜之妻，葬此。"始皇大怒，使刑徒三千人皆伐湘山树，赭其山[47]。遂自南郡由武关归。

初，韩人张良[48]，其父、祖以上五世相韩[49]。及韩亡，良散千金之产，欲为韩报仇。

二十九年（癸未，前 218 年）

始皇东游，至阳武[50]博浪沙[51]中，张良令力士操铁椎[52]狙击[53]始皇，误中副车[54]。始皇惊，求，弗得；令天下大索十日[55]。

始皇遂登之罘[56]，刻石；旋[57]，之琅邪，道上党入[58]。

三十一年（乙酉，前 216 年）

使黔首自实田。

三十二年（丙戌，前 215 年）

始皇之碣石[59]，使燕人卢生求羡门[60]，刻碣石门[61]。坏城郭，决通堤坊[62]。始皇巡北边，从上郡入。卢生使入海还，因奏《录图书》[63]曰："亡秦者胡也[64]。"始皇乃遣将军蒙恬发兵三十万人，北伐匈奴。

三十三年（丁亥，前 214 年）

发诸尝逋亡人、赘婿、贾人为兵[65]，略取南越陆梁地[66]，置桂林、南海、象郡[67]；以谪徙民五十万人戍五岭[68]，与越杂处[69]。

蒙恬斥逐[70]匈奴，收河南[71]地为四十四县。筑长城，因地形，用制险塞[72]；起临洮至辽东[73]，延袤[74]万余里。于是渡河[75]，据阳山[76]，逶迤[77]而北。暴师[78]于外十余年，蒙恬常居上郡[79]统治之；威振匈奴。

（以上为第四段，写秦始皇统一六国后巡行郡县，记公元前220年至公元前214年七年史事。始皇派人入海求仙，讨论封禅，曾遭刺客袭击；派遣将军蒙恬攻打匈奴，筑造长城。）

【注释】

[1]陇西：郡名，治所狄道，即今甘肃临洮县。北地：郡名，治所义渠，在今甘肃庆阳市西南。[2]鸡头山：当指今甘肃平凉市西的崆峒山。[3]回中：秦宫名，在今陕西宝鸡市凤翔区西。[4]信宫：长信宫，又名咸阳宫。[5]极庙：指宫庙象天极，故曰“极庙”。按：天极，指北极星。古人认为北极星正处在天球的中央，秦始皇建庙以象征“天极”，借以表示自己的最高权威。二世改极庙为皇家祖庙。[6]甘泉：宫名。一名云阳宫。在陕西淳化县西北甘泉山上。[7]甬道：两旁筑有夹墙的通道。[8]驰道：行车大道，宽五十步，路中间三丈宽的部分种树为界，专供皇帝行车。[9]邹峄山：即峄（yì）山，在今山东邹城市东南。[10]立石：树碑。[11]鲁儒生：鲁地的儒生。鲁，地区名，指先秦鲁国地区，在今山东泰山市以南，曲阜市为中心的地区。其地是孔子的故乡，儒学发达。[12]封禅：古代帝王祭天地的大典。在泰山上筑土为坛祭天，向天报告事业的成功，答谢上天之功，称封；在泰山下梁父山上辟场祭地，报地之德，称禅。[13]蒲车：用蒲草裹住车轮的车，使行走时减少颠簸，又称安车，且不伤草木。这种车常用于祭告天地或迎接贤士。[14]恶（wù）：不让，以免。[15]席用菹秸：用麦秸枯草作垫席。菹（zū），枯草。秸，农作物脱粒后剩下的茎。[16]乖异：不一致。[17]绌：斥退，排除。[18]除车道：修建一条通车的大道。[19]上自太山阳至颠：从泰山南一直通到山顶。阳，山南水北为阳。[20]阴道：北边山道。阴，山北水南为阴。[21]太祝：官名，掌管祝辞和祈祷，隶属奉常。[22]封藏皆秘之：礼仪记载皆封藏保密。[23]世不得而记也：世人无法获悉并记录下来。[24]行礼：举行仪式。祠：祭祀。[25]八神：古人敬奉的八大神主，即天、地、兵、阴、阳、月、日、四时。八神各有祭祀之所。天主，祭天齐渊水；地主，祭泰山、梁父山；兵主，祭蚩尤；阴主，祭三山；阳主，祭之罘山；月主，祭之莱山；日主，祭成山；四时主，祭琅邪。[26]琅邪：即“琅琊”，山名，在今山东青岛市黄岛区南。[27]琅邪台：齐威王、越王勾践先后在琅邪山筑台，秦始皇再次复建。[28]明得意：表明自己万事称心如意。[29]宋毋忌、羡门子高：是当时的所谓仙人。[30]形解销化之术：古代方士说修道可以成仙，把死叫作“形解”，亦作“尸解”，即所谓“形化”。[31]迂怪之士：怪诞迂阔、不切实际的人。[32]蓬

莱、方丈、瀛洲：传说中的三座神山。［33］去人不远：距离人间并不遥远。［34］患：担心。［35］风引船去：风把船刮走了。［36］在焉：在那里。［37］方士：方术之士。古代自称能访仙炼丹以求长生不老的人。起源于燕、齐近海地区，以此骗取统治者的信任。［38］徐市：一作“徐福”，琅邪人，方士，入海求仙，一去不返。［39］斋戒：古人准备向神祷告，为了表示恭敬虔诚，要实行斋戒，独身禁欲，洗澡换衣，不喝酒，不吃荤。［40］交：进入。［41］以风为解：因风大刮走了船而不能到达三神山为解释。［42］彭城：县名，在今江苏徐州市。［43］欲出周鼎泗水：想要打捞沉没在泗水中的周鼎。出，打捞。周鼎，相传大禹所铸九个大鼎，历夏、商、周为传国重宝。秦昭王灭周，把九鼎从洛阳迁到秦都咸阳，其中一鼎沉入泗水。泗水，流经彭城的淮水支流。［44］衡山、南郡：两郡名。衡山郡治邾，在今湖北黄冈市西北。南郡郡治郢，在今湖北江陵县西北。［45］湘山祠：湘山上祭祀湘君的神祠。湘山，一名君山，又名洞庭山，在洞庭湖中。［46］湘君：相传舜帝巡视南方，死于苍梧，葬于九嶷山，舜的二妃娥皇、女英都是尧的女儿，在洞庭湖的君山闻讯投水殉节，化为湘水女神，称“湘君”。［47］赭其山：使其山光秃。赭，赤红色，光秃秃的土色。［48］张良：韩臣遗少，佐汉高帝定天下，封留侯。传见《史记·留侯世家》。［49］其父、祖以上五世相韩：张良的父亲、祖父曾经做过五代韩相。按：祖父开地相韩昭侯、宣惠王、襄哀王，父平相釐王、悼惠王，共五世。［50］阳武：县名，县治在今河南原阳县东南。［51］博浪沙：地名，在今河南原阳县境。［52］铁椎：形状像瓜的一种铁锤。椎，通“锤”。［53］狙（jū）击：暗中埋伏，乘机袭击。［54］副车：随行的车辆。［55］大索十日：大张旗鼓地戒严搜捕十天。［56］之罘（fú）：山名，亦作“芝罘”，在今山东烟台市西北的芝罘半岛上。［57］旋：还，指返途。［58］道上党入：取道上党返回京城咸阳。上党，郡名，郡治长子，在今山西长子县西。［59］碣石：山名，在今河北昌黎县北。［60］羡门：传说中碣石山仙人的名字。［61］刻碣石门：直接在碣石山口崖壁上刻碑文。［62］坏城郭，决通堤坊：七字为衍文。《史记会注考证》认为是铭辞误入史文。［63］《录图书》：如后世的谶纬之书。谶是秦汉间巫师、方士编造的预言吉凶的隐语；纬是汉代神学迷信附会儒家经义的一类书。［64］亡秦者胡也：这是一句谶语。当时北方匈奴称为胡人，秦始皇认为“胡”指的就是匈奴。［65］“发诸”句：秦朝征发那些曾经逃亡的人、因贫困而入赘女家的男子、商贩等入伍当兵。逋亡人，因逃避兵役、劳役及他事而逃亡的人。赘婿，男子到女家为婿随女方之姓，称入赘，即赘婿。有的卖身为奴，过期不赎，主人为其配妻，仍为奴，亦称赘婿。贾人，商人。秦代，这几种人的社会地位很低，凡有苦役、戍边，总先强制他们去。［66］陆梁地：指今两广之地。［67］桂林、南海、象郡：秦拓地岭南所置新郡。桂林郡治中留，在今广西桂平市西南。南海郡治番禺，在今广州市。象郡郡治临尘，在今广西崇左市。［68］谪：流放。戍：守卫。五岭：大庾岭、始安岭、临贺岭、桂阳岭、揭阳岭。［69］与越杂处：与南越的本地人一起杂居。［70］斥逐：驱逐。［71］河南：地区名，指今内蒙古河套以南地区。［72］用制险塞：用以控制险关要塞。［73］临洮（táo）：县名，即今甘肃岷县。辽东：今辽宁辽河以东地。［74］延袤：绵延伸展。袤，延。［75］渡河：万里长城跨过黄河。［76］阳山：阴山最西的一段，即今内蒙古乌拉特后旗的狼山。［77］逶：形容山势弯弯曲曲延续不断。［78］暴（pù）师：野战军队经常受风霜雨露之苦。［79］上郡：郡名，郡治肤施，在今陕西榆林市东南。

三十四年（戊子，前 213 年）

谪治狱吏不直及覆狱故失者，筑长城及处南越地[1]。

丞相李斯上书曰："异时[2]诸侯并争，厚招游学[3]。今天下已定，法令出一[4]，百姓当家[5]则力农工[6]，士[7]则学习法令。今诸生不师今[8]而学古，以非当世[9]，惑乱黔首[10]，相与非法教[11]；闻令下[12]，则各以其学议之，入则心非[13]，出则巷议[14]，夸主以为名[15]，异趣以为高[16]，率群下以造谤。如此弗禁，则主势降乎上[17]，党与成乎下[18]。禁之便[19]！臣请史官非秦记[20]皆烧之；非博士官所职[21]，天下有藏《诗》《书》、百家语[22]者，皆诣守、尉杂烧之[23]。有敢偶语[24]《诗》《书》弃市[25]；以古非今者族[26]；吏见知不举[27]，与同罪。令下三十日，不烧，黥为城旦[28]。所不去者，医药、卜筮、种树之书。若有欲学法令者，以吏为师。"制曰："可。"

魏人陈馀[29]谓孔鲋[30]曰："秦将灭先王之籍[31]，而子为书籍之主，其危哉！"子鱼曰[32]："吾为无用之学，知吾者惟友。秦非吾友，吾何危哉！吾将藏之以待其求；求至，无患矣。"

三十五年（己丑，前 212 年）

使蒙恬除直道[33]，道九原[34]，抵云阳[35]，堑山堙谷[36]千八百里；数年不就[37]。

始皇以为咸阳人多，先王之宫庭[38]小，乃营作朝宫渭南上林苑中[39]，先作前殿阿房[40]，东西五百步，南北五十丈，上可以坐万人，下可以建五丈旗[41]，周驰为阁道[42]，自殿下直抵南山[43]，表南山之颠以为阙[44]。为复道，自阿房度渭，属之咸阳，以象天极阁道、绝汉抵营室也[45]。隐宫、徒刑者七十万人，乃分作阿房宫或作骊山[46]。发北山石椁[47]，写[48]蜀、荆地材[49]皆至；关中[50]计宫三百，关外[51]四百余。于是立石东海上朐界中[52]，以为秦东门。因徙三万家骊邑[53]，五万家云阳，皆复[54]不事十岁。

卢生说始皇曰："方中[55]：人主时为微行以辟恶鬼[56]。恶鬼辟，真人至[57]。愿上所居宫毋令人知，然后不死之药殆[58]可得也！"始皇曰："吾慕真人！"自谓"真人"，不称"朕"。乃令咸阳之旁二百里内宫观[59]二百七十，复道、甬道[60]相连，帷帐、钟鼓、美人充之[61]，各案署不移徙[62]。行所幸[63]，有言其处者，罪死。始皇幸梁山宫[64]，从山上见丞相车骑众，弗善[65]也。中人[66]或告丞相，丞相后损车骑[67]。始皇怒曰："此中人泄吾语！"案问[68]，莫服[69]，捕时在旁者，尽杀之。自是后，莫知行之所在。群臣受决事者[70]，悉于咸阳宫。

侯生、卢生相与讥议[71]始皇，因亡去[72]。始皇闻之，大怒曰："卢生等，吾尊赐之甚厚[73]，今乃[74]诽谤我！诸生在咸阳者，吾使人廉问[75]，或为妖言[76]以乱黔首[77]。"于是使御史悉案问诸生。诸生传相告引[78]，乃自除[79]犯禁者四百六十余人，皆坑[80]之咸阳，使天下知之，以惩后；益发谪徙边[81]。始皇长子扶苏谏曰："诸生皆诵法孔子[82]。今上皆重法绳之[83]，臣恐天下不安。"始皇怒，使扶苏北监蒙恬军[84]于上郡。

（以上为第五段，写公元前213年至公元前212年两年史事：一为秦始皇焚书坑儒；二是长子扶苏劝谏，被派到上郡，监长城军。）

【注释】

[1]"谪治狱吏"二句：流放那些营私舞弊的司法官吏去修筑长城或到南越去服苦役。谪，流放。治狱吏不直，徇私枉法、办案不公。覆狱故失，核查案件故意释放有罪的人。南越地，今两广地区，即岭南地区，古时为南方越人所居，故称南越地。秦并南越置桂林、象郡、南海诸郡，亦为流放罪人之所。 [2]异时：从前，指战国时代。 [3]厚招游学：用高官厚禄招揽游说之士。[4]法令出一：法令由皇帝统一颁布。 [5]当家：主持家业。 [6]力农工：努力从事农业、手工业生产。 [7]士：即诸生，主要指儒生。 [8]不师今：不遵守现今的法规、法令。 [9]以非当世：用儒学批评当今社会。非，批评，诽谤。[10]惑乱黔首：蛊惑民众。[11]相与非法教：互相非难、指责现行制度。法教，法治，引申为现行制度。 [12]令下：新法颁布。 [13]入则心非：入朝则心怀不满。 [14]出则巷议：离开朝廷就在街头巷尾批评议论。 [15]夸主以为名：在君主面前夸夸其谈，以此来沽名钓誉。 [16]异趣以为高：标新立异，以此来抬高自己。 [17]主势降乎上：君主的权势在社会上层下降。 [18]党与成乎下：臣下拉帮结派的活动

蔓延民间。［19］禁之便：禁止这些行为对国家有利。［20］秦记：秦国史书，为秦史官所记。［21］非博士官所职：除博士官因职务所需者。［22］百家语：诸子百家的著作。［23］杂烧之：集中起来焚毁。杂，集中。［24］偶语：相聚议论。［25］弃市：处死于闹市以示众。［26］以古非今者族：借古讽今的灭族。［27］见知不举：知情不报。［28］黥：脸上刺字，涂上墨，使之永不消掉。城旦：古代刑罚名，指判处三年苦役的徒刑。往往流放边地筑长城。［29］陈馀：魏国名士，秦末随众起义，曾为代王。传见《史记》卷八十九。［30］孔鲋：字甲，又字子鱼，孔子八世孙，秦末曾参加农民起义军，任陈涉的博士。死于陈下。［31］灭先王之籍：指秦始皇焚书坑儒事件。籍，书籍，典籍。［32］"子鱼曰"：语见《孔丛子·独治》，略有不同。［33］除：开辟，修筑。直道：古道路名，从秦都咸阳直通河套。［34］九原：郡名，治所在今内蒙古包头市西北。［35］云阳：郡名，治所在今陕西淳化县西北。［36］堑山堙谷：开凿大山，填塞峡谷。堑，开凿。堙（yīn），填塞。［37］就：完成。［38］宫庭：同"宫廷"。庭，通"廷"。［39］"乃营作"句：便命人在渭南上林苑中建筑宫殿。营作，营造，修建。朝宫，帝王朝会的宫殿。渭南，渭水以南。苑，养禽兽种树木的场所，后来多指帝王游乐打猎的场所。［40］阿房：地名，在今陕西西安市西北。阿（ē），近。房（páng），通"旁"。阿房宫建在咸阳宫附近，直到秦亡未命名，因前殿在阿房，故称"阿房宫"。项羽入关，焚毁阿房宫，遗址在今西安市西郊。［41］建五丈旗：阿房宫前殿空高可竖立五丈高的旗。建，竖立。［42］周驰为阁道：周围是车马驰行的天桥。阁道，复道，天桥。［43］南山：终南山，在咸阳南。［44］表南山之颠以为阙：在终南山顶建造双阙作为标志。表，标志。阙，古代宫殿、陵墓前的高建筑物，形如牌坊，左右各一。［45］"以象天极"句：以此象征天上的北极星，阁道星横越银河抵达营室宿。天极，北极星，古人认为其象征帝王所居的中宫。阁道、营室，皆古星座名。阁道星，指仙后座内的六颗星，古人认为其象征沟通银河两岸的天桥。营室星，指天马座内的两颗星，古人认为其象征野营。绝，横渡。汉，指银河。［46］"隐宫"二句：征发受宫刑和判处其他徒刑的囚犯七十万人，分别修筑阿房宫或修建骊山秦始皇陵墓。隐宫，即宫刑，又称腐刑，阉割男子的生殖器。施行宫刑之后，受刑者要关闭在不透风的温室里静养一百天，所以称"隐宫"。作骊山，在骊山为秦始皇预建坟墓。骊山，在今陕西西安市临潼区东南。［47］发北山石椁：开凿用作套棺的北山的石料。［48］写：运送。［49］材：木材。［50］关中：古地区名，指函谷关以西、大散关以东的渭水流域地区。［51］关外：即关东，指函谷关以东广大地区。［52］"于是"句：于是在东海郡的朐县界内竖立石阙，作为秦朝东方的大门。朐（qú），东海郡朐县，县治在今江苏连云港市西南。［53］徙三万家骊邑：迁徙三万家到骊邑。［54］复：免除赋税劳役。［55］方中：方法。［56］时为微行：不时地暗中秘密出行。微行，便装隐秘出行。辟恶鬼：躲避恶鬼。辟，通"避"。［57］真人至：仙人到来。真人，道家修炼得道成仙的人。［58］殆：差不多，可能，大概。［59］宫观：宫殿楼观。［60］复道、甬道：天桥、夹道。［61］帷帐、钟鼓、美人充之：宫殿、楼观内都布置了帷幕、钟鼓等器物，安排了美人、宫女等侍从。［62］各案署不移徙：按照要求布置好以后不许再移动。案，通"按"。

[63]行所幸：皇帝所到之处称临幸。[64]梁山宫：秦行宫，在今陕西乾县北。[65]弗善：很不高兴。[66]中人：宦官。[67]损车骑：减少了随从的车骑人员。[68]案问：审问。[69]莫服：没有一个人招认服罪的。[70]受决事者：接受皇上的决定、诏令的人。[71]讥议：指责。[72]亡去：逃跑。[73]吾尊赐之甚厚：我很看重他们，赏赐十分优厚。[74]乃：竟然。[75]廉问：查访。廉，察看。[76]或为妖言：有人制造妖言。妖言，荒诞不经的邪说。秦有诽谤、妖言之罪。汉初废除。汉武帝又复立腹诽罪，甚于妖言罪。[77]乱黔首：迷惑百姓。[78]传相告引：互相告发，彼此牵连。[79]乃自除：于是，秦始皇亲自判决。[80]坑：活埋。[81]益发谪徙边：征发更多的流放人员去防守边塞。[82]诸生皆诵法孔子：那些儒生都是读孔子的书，效法孔子的为人。[83]今上皆重法绳之：而今皇上却用严厉的法令来制裁。[84]监蒙恬军：任蒙恬的监军。

三十六年（庚寅，前211年）

有陨石于东郡[1]。或刻其石曰："始皇死而地分。"始皇使御史逐问[2]，莫服；尽取石旁居人诛之，燔其石。

迁河北榆中[3]三万家，赐爵一级。

三十七年（辛卯，前210年）

冬，十月，癸丑，始皇出游；左丞相斯从，右丞相去疾守[4]。始皇二十余子，少子胡亥最爱，请从；上许之。

十一月，行至云梦[5]，望祀[6]虞舜于九疑山[7]。浮江下[8]，观藉柯[9]，渡海渚[10]，过丹阳[11]，至钱唐[12]，临浙江[13]。水波恶[14]，乃西百二十里，从狭中渡[15]。上会稽[16]，祭大禹，望于南海[17]；立石颂德。还，过吴[18]，从江乘[19]渡。并海上[20]，北至琅邪、之罘。见巨鱼，射杀之。遂并海西，至平原津[21]而病。

始皇恶言死[22]，群臣莫敢言死事[23]。病益甚[24]，乃令中车府令行符玺事赵高为书赐扶苏曰[25]："与丧[26]，会咸阳而葬[27]。"书已封，在赵高所，未付使者。

秋，七月，丙寅[28]，始皇崩于沙丘平台[29]。丞相斯为上崩在外，恐诸公子及天下有变，乃秘之不发丧[30]，棺载辒凉车[31]中，故幸宦者骖乘[32]。所至[33]，上食[34]、百官奏事如故，宦者辄从车中可其奏事[35]。独胡亥、赵高及幸宦者五六人知之。

初，始皇尊宠蒙氏[36]，信任之。蒙恬任外将，蒙毅常居中参谋议，名为忠信，故虽诸将相莫敢与之争。赵高者，生而隐宫[37]；始皇闻其强力[38]，通于狱法[39]，举以为中车府令，使教胡亥决狱[40]；胡亥幸之。赵高有罪，始皇使蒙毅治之；毅当高法应死[41]。始皇以高敏于事[42]，赦之，复其官。

赵高既雅得[43]幸于胡亥，又怨蒙氏，乃说胡亥，请诈以始皇命诛扶苏而立胡亥为太子。胡亥然其计[44]。赵高曰："不与丞相谋，恐事不能成。"乃见丞相斯曰："上赐长子书及符玺，皆在胡亥所。定太子，在君侯与高之口耳。事将何如[45]？"斯曰："安得亡国之言[46]！此非人臣所当议也！"高曰："君侯[47]材能、谋虑、功高、无怨、长子信之，此五者皆孰与蒙恬[48]？"斯曰："不及也。"高曰："然则长子即位，必用蒙恬为丞相，君侯终不怀通侯[49]之印归乡里明矣！胡亥慈仁笃厚[50]，可以为嗣。愿君审计而定之！"

丞相斯以为然，乃相与谋，诈为受始皇诏，立胡亥为太子；更为书赐扶苏，数以不能辟地立功[51]，士卒多耗，数上书[52]，直言诽谤[53]，日夜怨望不得罢归为太子[54]；将军恬不矫正，知其谋；皆赐死，以兵属裨将王离。

扶苏发书[55]，泣，入内舍，欲自杀。蒙恬曰："陛下居外，未立太子；使臣将三十万众守边，公子为监，此天下重任也。今一使者来，即自杀，安知其非诈！复请而后死，未暮也[56]。"使者数趣[57]之。扶苏谓蒙恬曰："父赐子死，尚安复请[58]！"即自杀。蒙恬不肯死，使者以属吏[59]，系诸阳周[60]；更置李斯舍人为护军[61]，还报。胡亥已闻扶苏死，即欲释蒙恬。会蒙毅为始皇出祷山川，还至。赵高言于胡亥曰："先帝欲举贤立太子久矣，而毅谏以为不可；不若诛之！"乃系诸代[62]。

（以上为第六段，写公元前211年秦始皇生时天下已出现造反端倪，有人在东郡掉落的陨石上刻字说："始皇死而地分"。第二年，公元前210年始皇出巡，病死沙丘，中车府令赵高与丞相李斯密谋，发动宫廷政变，假传遗诏，赐死长子扶苏，立小儿子胡亥为帝，秦政权旁落宦官赵高之手。）

【注释】

［1］东郡：郡名，治所濮阳，在今河南濮阳县南。［2］逐问：逐个审问。［3］河北：《史记·秦始皇本纪》作“北河”。河套地区的黄河段为北河，此指这一地区。榆中：今陕西榆林市。［4］去疾守：右丞相冯去疾留守咸阳。去疾，人名，姓冯。［5］云梦：古泽薮名，在今湖北京山县以南、枝江市以东、蕲春县以西，湖南华容县以北大片地区。［6］望祀：遥祭。［7］九疑山：一作“九嶷山”，又名苍梧山，在今湖南宁远县南。［8］浮江下：乘船沿长江东下。浮，水上航行。［9］藉柯：地名，不详。［10］海渚：“海”为“江”字之误。江渚，又名牛渚，即今采石矶，在今安徽当涂县西北长江南岸。［11］丹阳：县名，县治在今安徽当涂县东北小丹阳镇。［12］钱唐：县名，即今杭州市。［13］浙江：即钱塘江。［14］水波恶：水波汹涌险恶。［15］从狭中渡：从江面狭窄处渡江。［16］会稽：山名，在今浙江绍兴市南。［17］南海：即今东海。［18］吴：县名，治所在今江苏苏州市。［19］江乘：县名，治所在今江苏句容市东北。江乘渡口为长江下游重要津渡。［20］并海上：沿海北上。［21］平原津：平原县境的黄河渡口。平原，县名，治所在今山东平原县南。［22］恶言死：一向讳说“死”字。［23］死事：死后如何料理后事的事。［24］病益甚：病情越来越沉重。甚，剧，加重。［25］“乃令”句：才命中车府令、兼掌符玺事务的赵高写诏书给长子扶苏说。中车府令，秦官名，掌管皇帝的车辆，往往以宦官充任。行，代理，兼职。赵高以中车府令兼管符玺事务。符玺事，指保管虎符、玺印以及盖印等事务，由专职符玺郎掌管。诏书要加盖印玺才能生效。［26］与丧：回咸阳参与丧事。［27］会咸阳而葬：到咸阳会齐后再举行丧礼。［28］七月，丙寅：七月二十日。［29］沙丘平台：沙丘宫的平台。沙丘宫，战国时赵王所建行宫，在今河北广宗县。［30］不发丧：不发布秦始皇死亡的消息。［31］辒凉车：凉，同“辌”。密闭曰辒（wēn），旁开可通风为辌，当是一种封闭严密而又有通风设备的车。因为秦始皇棺载辒凉车，后成为丧车的专名。［32］故幸宦者骖乘：用秦始皇生前宠信的宦官作陪乘。骖乘，即陪乘。古代乘车主座在左，驾车者居中，居右陪坐的叫“骖乘”。［33］所至：皇帝所到之处。［34］上食：给皇帝进献食物。［35］可其奏事：批准臣下的报告。［36］蒙氏：蒙恬兄弟。［37］生而隐宫：（赵高）一出生就阉割了。隐宫，指宫刑。［38］强力：指办事能力很强。［39］狱法：刑法。［40］胡亥：始皇少子，即秦二世。决狱：审理和判决诉讼案。［41］毅当高法应死：蒙毅依法判处赵高死刑。当，判处。法，依法。［42］敏于事：会办事。敏，勤勉，灵活。［43］雅得：一向得到。［44］然其计：同意赵高的计策。然，同意。［45］事将何如：这件事将怎么办呢？［46］安得亡国之言：怎么能讲出这种亡国的话。亡国之言，李斯认为赵高有意搞阴谋，会使秦国灭亡，所以称为“亡国之言”。［47］君侯：秦汉时丞相依例封侯，故敬称“君侯”。［48］此五者皆孰与蒙恬：才能、谋略、功勋、人缘、受长子（扶苏）信任，所有这五项你比得上蒙恬吗？［49］通侯：秦制，二十级爵位最高级第二十级称“彻侯”，为避汉武帝刘彻讳，改“彻侯”为“通侯”，又称“列侯”。［50］笃厚：诚实厚道。［51］数以不能辟地立功：斥责扶苏没能开拓疆土建立功勋。数，责备。辟地，开拓疆域。［52］数上书：多次上奏。

[53]直言诽谤：明目张胆地数落父皇。直言，说话一针见血，引申为明目张胆。[54]罢归为太子：解除监军职务回京做太子。[55]发书：拆开诏书。[56]未暮也：未晚，不迟。[57]数趣：多次催促。趣，通“促”。[58]尚安复请：怎么还要再请示。[59]以属吏：就把他交给司法官。[60]系诸阳周：囚禁在阳周。阳周，县名，治所在今陕西子长县西北。[61]更置李斯舍人为护军：改置李斯的舍人担任护军都尉。护军，武官名，即护军都尉，调节各将领的关系。护，督统。[62]乃系诸代：便将蒙毅囚禁在代郡。诸，之于的合音。

遂从井陉抵九原[1]。会暑，辒车臭，乃诏从官令车载一石鲍鱼以乱之[2]。从直道至咸阳，发丧。太子胡亥袭位[3]。

九月，葬始皇于骊山，下锢三泉[4]；奇器珍怪，徙藏满之。令匠作机弩，有穿近者辄射之[5]。以水银为百川、江河、大海[6]，机相灌输[7]。上具天文[8]，下具地理[9]。后宫[10]无子者，皆令从死。葬既已下[11]，或言工匠为机[12]，藏皆知之[13]，藏重即泄[14]。大事尽[15]，闭之墓中[16]。

二世欲诛蒙恬兄弟。二世兄子子婴[17]谏曰：“赵王迁杀李牧而用颜聚，齐王建杀其故世忠臣而用后胜，卒皆亡国。蒙氏，秦之大臣、谋士也，而陛下欲一旦弃去之。诛杀忠臣而立无节行之人[18]，是内使群臣不相信而外使斗士之意离也[19]！”二世弗听，遂杀蒙毅及内史恬[20]。恬曰：“自吾先人及至子孙，积功信于秦三世矣[21]。今臣将兵[22]三十余万，身虽囚系[23]，其势足以倍畔[24]。然自知必死而守义[25]者，不敢辱先人之教以不忘先帝也！”乃吞药自杀。

扬子《法言》曰[26]：或问：“蒙恬忠而被诛，忠奚可为也[27]？”曰：“堑山堙谷[28]，起临洮击辽水[29]，力不足而尸有余[30]，忠不足相也[31]。”

臣光曰：始皇方毒天下而蒙恬为之使[32]，恬不仁可知矣。然恬明于为人臣之义，虽无罪见诛，能守死不贰[33]，斯亦足称也[34]。

（以上为第七段，写傀儡皇帝秦二世冤杀蒙恬、蒙毅兄弟，自毁长城，秦朝的祸乱由此起矣！蒙恬的愚忠受到扬雄和司马光的批评，而蒙恬尽臣节之义得到司马光的肯定。）

【注释】

［1］井陉（xíng）：井陉口之省称，关猛名，即今河北井陉关。［2］鲍鱼：腌咸鱼，气味腥臭。以乱之：用鱼臭混淆尸臭。［3］袭位：继承皇位。此指即位。［4］下锢三泉：把铜熔化后灌进墓穴深处，堵塞地下水。下锢，灌熔铜使锢塞。三泉，三重泉，形容很深。［5］有穿近者辄射之：如有人掘墓靠近就自动射杀。［6］以水银为百川、江河、大海：用水银做成百川、江河、大海。按：秦始皇陵墓考古队，通过调查钻探，发现地宫中有大量集中的水银存在，分布面积达一万二千平方米，其他地方则无。水银的分布构成几何图案，这些图案可以反映地宫的部分结构。［7］机相灌输：用机械的力量使水银在川、河、海里流动不息。按：世上无永动机，此乃秦人的妄想，如同始皇求长生。［8］上具天文：顶上装饰有日、月、星、辰等天象。［9］下具地理：底下有山水郡县城郭等景物图形。［10］后宫：指嫔妃。［11］葬既已下：安葬完毕。［12］或言工匠为机：有人说，墓里的机弩都是工匠做的。［13］藏皆知之：指墓内藏的大量珍宝工匠都知道。［14］藏重即泄：陪葬品珍宝十分贵重必然被泄露出去。藏重，指藏品十分贵重、丰厚。［15］大事尽：安葬完毕。［16］闭之墓中：那些工匠全都被封闭在墓中。［17］子婴：此从《史记》之《秦本纪》《秦始皇本纪》作“二世兄子”，而《李斯列传》作“始皇弟”。秦二世担心政权不稳，杀灭诸兄及十公主姐妹，怎能留下“兄子”？二世篡夺始皇嫡子扶苏之位，“兄子”更不可能是扶苏之子。当从《李斯列传》，应是秦始皇远房之弟。子婴为王，立四十六日降沛公刘邦，为项羽所杀。［18］立无节行之人：扶立节操品德不端的人。［19］斗士之意离也：使战斗之士离心离德。意离，意志涣散，离心离德。［20］内史恬：内史蒙恬。内史，治理京师咸阳的行政长官，为蒙恬加官。［21］积功信于秦三世矣：指蒙氏效力秦朝建立功业和忠信已经三代了。功信，功劳忠信。三世，指蒙恬祖父蒙骜、父蒙武，以及蒙恬、蒙毅祖孙三代效力于秦。［22］将兵：统兵。［23］囚系：拘禁、囚禁。［24］倍畔：同“背叛”。［25］守义：守住臣下忠君的准则。［26］《法言》曰：引文见《法言·渊骞》。［27］奚可为也：为君尽忠还有什么可值得做的呢？奚，何。［28］堑山堙谷：挖山填谷。［29］起临洮击辽水：西起临洮，东接辽水。“击”字不符此处语境，当系讹字。《史记·蒙恬列传》：“起临洮属之辽东”。属，连接。［30］力不足而尸有余：威力不足而造成的尸体却有余。汪荣宝《法言义疏》：“谓用民之力而不惜民之死，民力匮而死者多耳。”［31］忠不足相也：蒙恬的这种忠不足以辅助君王。相，辅翼。［32］始皇方毒天下而蒙恬为之使：当秦始皇正荼毒天下时，蒙恬甘愿受他驱使。毒，祸害。使，用，役使，为之效力。［33］不贰：没有二心。［34］斯亦足称也：这也是很值得称道的了。称，颂扬，显名。

二世皇帝上

元年（壬辰，前209年）

冬，十月，戊寅，大赦。

春，二世东行郡县[1]，李斯从；到碣石，并海[2]，南至会稽；而尽刻始皇所立刻石，旁著大臣从者名，以章[3]先帝成功盛德而还。

夏，四月，二世至咸阳，谓赵高曰："夫人生居世间也，譬犹骋六骥过决隙也[4]。吾既已临天下[5]矣，欲悉[6]耳目之所好，穷心志之所乐[7]，以终吾年寿，可乎？"高曰："此贤主之所能行而昏乱主之所禁也。虽然，有所未可，臣请言之：夫沙丘之谋，诸公子及大臣皆疑焉；而诸公子尽帝兄，大臣又先帝之所置也。今陛下初立，此其属意怏怏皆不服[8]，恐为变[9]；臣战战栗栗[10]，唯恐不终[11]，陛下安得为此乐乎！"二世曰："为之奈何？"赵高曰："陛下严法而刻刑[12]，令有罪者相坐[13]，诛灭大臣及宗室；然后收举遗民[14]，贫者富之，贱者贵之[15]。尽除先帝之故臣，更置陛下之所亲信者，此则阴德归陛下[16]，害除而奸谋塞[17]，群臣莫不被润泽[18]，蒙厚德，陛下则高枕肆志宠乐矣[19]。计莫出于此[20]！"二世然之。乃更为法律[21]，务益刻深，大臣、诸公子有罪，辄下高鞠治之[22]。于是公子十二人僇死[23]咸阳市，十公主矺死于杜[24]，财物入于县官[25]，相连逮者不可胜数[26]。

公子将闾昆弟三人[27]囚于内宫，议其罪独后[28]。二世使使令将闾曰："公子不臣[29]，罪当死！吏致法[30]焉。"将闾曰："阙廷[31]之礼，吾未尝敢不从宾赞[32]也；廊庙之位，吾未尝敢失节[33]也；受命应对[34]，吾未尝敢失辞[35]也；何谓不臣？愿闻罪而死！"使者曰："臣不得与谋[36]，奉书从事[37]！"将闾乃仰天大呼"天"者三，曰："吾无罪！"昆弟三人皆流涕，拔剑自杀。宗室[38]振恐。

公子高欲奔，恐收族[39]，乃上书曰："先帝无恙[40]时，臣入门赐食[41]，出则乘舆[42]，御府[43]之衣，臣得赐之，中厩[44]之宝马，臣得赐之。臣当从死而不能[45]，为人子不孝，为人臣不忠。不孝不忠者，无名以立于世[46]，臣请从死，愿葬骊山之足。唯上幸哀怜之[47]！"书上，二世大说[48]，召赵高而示之[49]，曰："此可谓急乎[50]？"赵高曰："人臣当忧死不暇，何变之得谋[51]！"二世可其书，赐钱十万以葬。

复作[52]阿房宫。尽征材士五万人为屯卫咸阳[53]，令教射，狗马禽兽，当食者多[54]，度不足[55]，下调郡县[56]，转输菽粟、刍稿，皆令自赍粮食[57]；咸阳三百里内不得食其谷[58]。

（以上为第八段，写公元前209年上半年史事，写胡亥继位为二世皇帝，尽力追求享乐；赵高添油加醋，又使出坏主意，实行严刑酷法，杀尽诸位公子和大臣；胡亥下令重新营修阿房宫，民怨沸腾。）

【注释】

[1]行郡县：巡视郡县。[2]并海：沿着海岸。[3]章：通“彰”，显扬。[4]“譬犹”句：好比驾着六匹骏马飞奔过缝隙一般的短促。骋，奔驰。六骥，六匹千里马驾的车子。决隙，裂缝。[5]临天下：统治天下。[6]悉：尽情享有。[7]穷心志之所乐：享尽我心中所喜欢的任何事物。[8]此其属意怏怏皆不服：这些公子臣僚正怏怏不服。此其属，这一帮人，这一班人。怏怏，怨恨的样子。[9]恐为变：怕会作乱。[10]臣战战栗栗：我（赵高）心惊胆战。栗，害怕。[11]不终：没有好结果。[12]严法而刻刑：严厉的法律，残酷的刑罚。严，严苛。刻，残酷。[13]相坐：株连。[14]收举遗民：收罗提拔遗民。[15]贫者富之，贱者贵之：使贫穷的富裕起来，卑贱的高贵起来。富之、贵之，使其富，使其贵。[16]阴德归陛下：受提拔的人私下感念陛下。阴德，心中记下恩德。[17]塞：杜绝。[18]润泽：雨露滋润。喻恩惠。[19]“陛下”句：皇上就可以高枕无忧，纵情享乐了。高枕，无忧无虑。肆志，为所欲为。宠乐，尊荣安乐。[20]计莫出于此：没有比这更好的计谋了。出，超过。[21]更为法律：修改、修订法律。[22]下高鞠治之：交给赵高审讯治罪。鞠，通“鞫”，穷究，审讯。[23]僇死：杀死。僇，通“戮”，杀。[24]十公主矺死于杜：十公主在杜县被分裂肢体而死。矺（zhé），同“磔”，古代一种分裂肢体的酷刑。杜，县名，治所在今陕西西安市西南。[25]财物入于县官：财产全部充公。入，没收。县官，指朝廷、官府。[26]相连逮者不可胜数：受牵连被逮捕的人无法统计。相连，株连。逮，被捕。不可胜数，数也数不清。[27]昆弟三人：指将闾的三个同母兄弟。[28]议其罪独后：只有将闾兄弟三人在最后定罪。[29]不臣：不尽臣道，即不忠君。[30]致法：执行判决。[31]阙廷：与下文“廊庙”，均指宫廷。[32]宾赞：掌司仪的人。[33]失节：违背礼节。[34]应对：酬答。[35]失辞：言辞失当。[36]与谋：参与定罪。[37]奉书从事：奉命办事。书，诏书。[38]宗室：皇族。[39]恐收族：担心连累家族。[40]无恙：无忧，无病。[41]入门：入宫。按：据章校，他本“门”作“则”，“入则赐食”，与下文“出则乘舆”相对。[42]出则乘舆：外出则赐我乘车。[43]御府：皇帝内府。[44]中厩：宫中马房。[45]从死而不能：跟从先帝而死没能做到。[46]无名以立于世：没有理由活在世上。无名，无理，无颜。[47]唯上幸哀怜之：希望皇上可怜我。唯，通“惟”，希望。[48]说：通“悦”。[49]示之：把公子高的上书给赵高看。[50]此可谓急乎：这可以说是太急迫了。急，走投无路。意谓会不会激起变故。[51]“人臣”二句：作为臣子担心死亡还来不及呢，哪里能有空闲图谋造反呀！此谓“严法而刻刑”收到了实效。[52]复作：恢复建造阿房宫。因丧事停工，现在继续建

造，故说“复”。［53］“尽征”句：尽行征调五万名身强力壮的人去咸阳驻防守卫。材士，健壮勇武的战士。［54］狗马禽兽，当食者多：谓五万征调之士，加上养狗马禽兽，要消耗大量的粮食。当食者，指材士及狗马禽兽所需的粮食和饲料。［55］度（duó）不足：估计供应不足。［56］下调郡县：从下面各郡县征调。［57］“转输”二句：转运粮食和饲料都必须自己携带粮食。菽，豆类的总称。粟，谷子。刍稿，饲料。赍，携带。［58］“咸阳”句：不得在咸阳三百里内买粮食吃。

秋，七月，阳城人陈胜[1]、阳夏人吴广起兵于蕲[2]。是时，发闾左戍渔阳[3]，九百人屯大泽乡[4]，陈胜、吴广皆为屯长[5]。会天大雨，道不通，度已失期[6]；失期，法皆斩[7]。陈胜、吴广因天下之愁怨[8]，乃杀将尉[9]，召令徒属曰：“公等皆失期当斩；假令毋斩，而戍死者固什六七[10]。且壮士不死则已，死则举大名[11]耳！王、侯、将、相宁有种乎[12]！”众皆从之。

乃诈称[13]公子扶苏、项燕，为坛而盟，称大楚[14]；陈胜自立为将军，吴广为都尉[15]。攻大泽乡，拔之；收而攻蕲[16]，蕲下。乃令符离[17]人葛婴将兵徇蕲以东[18]；攻铚、酂、苦、柘、谯[19]，皆下之。行收兵[20]；比至陈[21]，车六七百乘，骑千余，卒数万人。攻陈，陈守、尉皆不在[22]，独守丞与战谯门[23]中，不胜；守丞死，陈胜乃入据陈。

初，大梁人张耳、陈馀[24]相与为刎颈交[25]。秦灭魏，闻二人魏之名士，重赏购求之[26]。张耳、陈馀乃变名姓，俱之陈，为里监门[27]以自食。里吏尝以过笞[28]陈馀，陈馀欲起[29]，张耳蹑之[30]，使受笞。吏去，张耳乃引陈馀之桑下，数之曰[31]：“始吾与公言何如[32]？今见小辱[33]而欲死一吏乎！”陈馀谢之。陈涉既入陈，张耳、陈馀诣门上谒[34]。陈涉素闻其贤，大喜。

陈中豪桀父老请立涉为楚王，涉以问张耳、陈馀。耳、馀对曰：“秦为无道，灭人社稷，暴虐百姓；将军出万死之计[35]，为天下除残[36]也。今始至陈而王之，示天下私[37]。愿将军毋王[38]，急引兵而西；遣人立六国后[39]，自为树党[40]，为秦益敌[41]；敌多则力分，与众则兵强[42]。如此，则野无交兵，县无守城[43]，诛暴秦，据咸阳，以令诸侯；诸侯亡而得立，以德服之，则帝业成矣[44]！今独王陈，恐天下懈也[45]。”陈涉不听，遂自立为王，号“张楚[46]”。

当是时，诸郡县苦[47]秦法，争杀长吏以应涉。谒者从东方来[48]，以反者闻[49]。二世怒，下之吏[50]。后使者至[51]，上问之，对曰：“群盗鼠窃狗偷[52]，郡守、尉方逐捕，今尽得，不足忧也。”上悦。

陈王以吴叔为假王[53]，监诸将以西击荥阳[54]。

张耳、陈馀复说陈王，请奇兵[55]北略赵地。于是陈王以故所善陈人武臣为将军，邵骚为护军，以张耳、陈馀为左、右校尉[56]，予卒三千人，徇赵[57]。

陈王又令汝阴[58]人邓宗徇九江郡[59]。当此时，楚兵数千人为聚者不可胜数。

葛婴至东城[60]，立襄强[61]为楚王。闻陈王已立，因杀襄强还报。陈王诛杀葛婴。

陈王令周市[62]北徇魏地。以上蔡[63]人房君蔡赐为上柱国[64]。

陈王闻周文[65]，陈之贤人也，习兵，乃与之将军印，使西击秦。

武臣等从白马[66]渡河，至诸县，说其豪桀[67]，豪桀皆应之；乃行收兵，得数万人；号武臣为武信君。下赵十余城[68]，余皆城守[69]；乃引兵东北击范阳[70]。范阳蒯彻[71]说武信君曰：“足下[72]必将战胜而后略地[73]，攻得然后下城[74]，臣窃以为过矣。诚听臣之计，可不攻而降城，不战而略地，传檄[75]而千里定；可乎？”武信君曰：“何谓也？”彻曰：“范阳令徐公，畏死而贪，欲先天下降[76]。君若以为秦所置吏，诛杀如前十城，则边地之城皆为金城、汤池[77]，不可攻也。君若赍臣侯印[78]以授范阳令，使乘朱轮华毂[79]，驱驰燕、赵之郊，即燕、赵城可无战而降矣。”武信君曰：“善！”以车百乘、骑二百、侯印迎徐公。燕、赵闻之，不战以城下者[80]三十余城。

陈王既遣周章，以秦政之乱，有轻秦之意，不复设备。博士孔鲋[81]谏曰：“臣闻兵法：‘不恃敌之不我攻[82]，恃吾不可攻[83]。’今王恃敌而不自恃，若跌而不振[84]，悔之无及也。”陈王曰：“寡人之军，先生无累焉[85]。”

周文行收兵至关[86]，车千乘，卒数十万，至戏[87]，军焉。二世乃大惊，与群臣谋曰："奈何？" 少府章邯[88]曰："盗已至，众强，今发近县[89]，不及矣。骊山徒多[90]，请赦之，授兵[91]以击之。"二世乃大赦天下，使章邯免骊山徒、人奴产子[92]，悉发[93]以击楚军，大败之。周文走[94]。

（以上为第九段，写秦二世法律更加苛酷，引起天下怨愤，陈胜首难，发动起义，天下云集响应。秦将章邯率领骊山刑徒反击，陈涉遣将周文西进失败。）

【注释】

［1］阳城：县名，治所在今河南登封市东南告城镇。陈胜：字涉，与吴广同为我国封建社会第一次农民起义领袖。传见《史记》卷四十八《陈涉世家》。［2］阳夏（jiǎ）：县名，治所在今河南太康县。吴广：字叔。蕲（qí）：县名，治所在今安徽宿州市南。［3］发闾左戍渔阳：征发闾左平民到渔阳去屯戍守边。闾左，指住在里巷左边的居民。秦制，富户住闾右，贫民住闾左。渔阳，县名，治所在今北京市密云区西南。［4］大泽乡：在今安徽宿州市埇桥区。［5］屯长：行军途中被临时指派的领队。［6］失期：误期。不能按预定时间到达渔阳。［7］法皆斩：按秦法都要处死。［8］愁怨：痛苦怨恨。［9］将尉：秦时大县有二县尉，带领戍卒的县尉称"将尉"。［10］戍死者固什六七：戍边而死的战士原本就要占到十分之六七。固，原本，必然。［11］举大名：图大事，立大名。［12］宁有种乎：难道是天生的吗？宁，岂，难道。种，指祖传、遗传，引申为天生。［13］诈称：冒称，假传。此以百姓敬仰的秦太子扶苏、楚项燕为号召。［14］称大楚：号称"大楚"。大楚，张大楚国，扩大原来六国时的楚国，表示陈胜志在灭秦，非只复楚。［15］都尉：低于将军的武职。［16］收而收蕲：集中兵力攻蕲。［17］符离：县名，治所在今安徽宿州市东北。［18］徇蕲以东：一路号召攻略蕲县以东地区。徇，巡示，号召。［19］铚：县名，在今安徽宿州市西南。酂（cuó）：县名，在今河南永城市西。苦：县名，在今河南鹿邑县东。柘：县名，在今河南柘城县北。谯：县名，在今安徽亳州市。［20］行收兵：沿途招兵，扩大队伍。［21］比到陈：等到到达陈郡时。陈，郡名，郡治在今河南周口市淮阳区。［22］陈守、尉皆不在：陈郡郡守、郡尉都逃跑了。郡守，一郡的行政长官。郡尉，一郡的军事长官。［23］谯门：城门上可以望远的高楼。［24］张耳、陈馀：秦末追随陈涉起义的两位英雄。传见《史记》卷八十九。［25］刎颈交：友谊深挚，生死与共，断颈无悔。［26］重赏购求之：悬重赏通缉张耳、陈馀。购求，收买征求。［27］里监门：看守里门的人。里，古代居民区。周代二十五户为里，后世户数有变更。［28］笞（chī）：用鞭或竹板打。［29］欲起：不愿受辱，要起来与里吏抗争。［30］蹑之：踩陈馀，示意他不要起来。［31］数（shǔ）之曰：责备陈馀说。［32］始吾与公言何如：当初我是怎么对你说的？［33］见小辱：受一点小委屈。［34］诣门上谒：登门呈上名片。谒，古代自我介绍的简片，如今之名片。［35］出万死之计：冒极大的生命危险起兵反秦。［36］为天下

除残：替全天下的人除害。残，指秦暴虐无道，是大祸害。［37］示天下私：自立为王，等于告诉天下人，起义是为了个人私利。［38］毋王：不要称王。［39］立六国后：扶立六国国君的后裔。即重建战国时的东方六国齐、楚、燕、韩、赵、魏。后，后代。［40］自为树党：为自己建立同盟军。［41］为秦益敌：给秦朝增加敌对势力。［42］与众则兵强：同盟多了，兵力必然强大。与，同盟。［43］则野无交兵，县无守城：这样一来，在野外没有军队与我们交战，在县城没有秦兵守卫。此谓六国复立，各县皆叛秦为六国效力，则野无秦兵，县无秦卒。［44］则帝业成矣：那么，您的帝王大业就完成了。按：据章校，他本“则”字前有“如此”二字。［45］天下懈也：天下瓦解，四分五裂。［46］张楚：即前文的“大楚”，张大楚国。［47］苦：怨恨、痛苦。［48］谒者从东方来：谒者出使东方归来。谒者，官名，掌宾赞受事。按：据章校，他本“者”下有“使”字，是说秦朝谒者出使东方返咸阳。［49］以反者闻：把造反的人报告二世。闻，奏，上达。［50］下之吏：把谒者交给司法官治罪。下，交给，下发。［51］后使者至：以后回来的使者到达京师。［52］鼠窃狗偷：如同鼠、狗窃食，喻小偷小摸。［53］以吴叔为假王：任用吴广为代理王。吴叔，吴广字叔。［54］监诸将以西击荥阳：督率众将向西攻击荥阳。荥阳，县名，军事要冲，县治在今河南荥阳市东北。［55］奇兵：出乎敌人意料而突然袭击的军队。［56］校尉：职位次于将军的武官名。［57］徇赵：攻取旧时赵国的土地。［58］汝阴：县名，治所在今安徽阜阳市。［59］九江郡：郡治寿春，在今安徽寿县。［60］东城：县名，治所在今安徽定远县东南。［61］襄强：秦二世元年八月被葛婴立为楚王，随即九月被杀。［62］周市（fú）：陈涉部将，魏人。［63］上蔡：县名，治所在今河南上蔡县。［64］上柱国：战国时楚官，为最高武官，地位仅次于令尹。［65］周文：又名周章，陈涉部将。［66］白马：黄河渡口名，故址在今河南滑县东北。［67］豪桀：即豪杰。桀，通“杰”。［68］下赵十余城：攻下赵地十多座县城。［69］城守：据城固守，指未能攻下之城。［70］范阳：县名，治所在今河北定兴县。［71］蒯彻：即蒯通，因避汉武帝刘彻讳而改。游说辩士，后为淮阴侯韩信谋士，劝韩信叛汉自立，未果佯狂为巫以避祸。《史记》《汉书》皆有传。［72］足下：称对方的尊敬之词。古代下称，同辈相称，皆可称足下。［73］略地：攻占土地、城池。［74］攻得然后下城：先进攻得手然后才能占领城池。攻得，攻破了守敌。下城，取得城邑。［75］传檄：宣布檄文。檄（xí），古代用以征召、声讨的文书。［76］先天下降：率先投降。［77］金城、汤池：形容城防坚固严密，不易攻破。金城，像金属铸造的城墙。汤池，像翻滚着开水的护城河。汤，沸水。［78］赍臣侯印：送臣侯印。指给臣以封侯的权力。侯印，侯的印玺。［79］朱轮华毂：红漆车轮，彩绘车毂。指古代显贵者乘的车子。毂（gǔ），车轮的中心部位，周围与车辐的一端相接，中可以插轴。［80］不战以城下者：不抵抗便举城投降的人。［81］孔鲋：孔子八世孙，秦博士。［82］不我攻：“不攻我”的倒装。［83］不可攻：不能被敌攻破。［84］“今王”二句：如今大王凭借敌人不来进攻，而不是依靠自己设防不怕为敌所攻，一旦遭遇挫折就不能奋起。不振，不能奋起，不可挽救。［85］无累焉：不必操心了。［86］关：指函谷关。［87］戏：水名，源出骊山鸿谷，东经戏亭，北入渭。此指戏亭，在今陕西西安市临潼区东。［88］少府：官名，为九卿之一，掌山海池泽收入和皇室手工业制造，为皇帝的私府。章邯：字少荣，为秦二世少府，任秦将，镇压了陈胜、项梁的起义军，后降项羽，封为雍王。楚汉相争时，章邯助项羽被汉军攻杀。［89］今发近县：现今征发附近各县的兵力。［90］骊山徒多：在骊山服劳役的刑徒众多。按：修骊山陵的刑徒达七十万人。［91］授兵：发授兵器。［92］人奴产子：奴婢所生之子。［93］悉发：全部征发。［94］周文走：周文率领的起义军战败逃走。

张耳、陈馀至邯郸，闻周章却[1]，又闻诸将为陈王徇地还者[2]多以谗毁得罪诛，乃说武信君令自王[3]。八月，武信君自立为赵王，以陈馀为大将军，张耳为右丞相，邵骚为左丞相；使人报陈王。陈王大怒，欲尽族武信君等家[4]而发兵击赵。柱国房君谏曰："秦未亡而诛武信君等家，此生一秦也[5]；不如因而贺之[6]，使急引兵西击秦。"陈王然之，从其计，徙系[7]武信君等家宫中，封张耳子敖为成都君[8]，使使者贺赵，令趣[9]发兵西入关。张耳、陈馀说赵王曰："王王赵[10]，非楚意[11]，特以计贺王[12]。楚已灭秦，必加兵于赵。愿王毋西兵[13]，北徇燕、代[14]，南收河内[15]以自广。赵南据大河[16]，北有燕、代，楚虽胜秦，必不敢制赵[17]；不胜秦，必重赵[18]。赵乘秦、楚之敝，可以得志于天下[19]。"赵王以为然，因不西兵，而使韩广略燕[20]，李良略常山[21]，张黡略上党[22]。

（以上为第十段，写张耳、陈馀佐武臣北上开辟河北战场，建立赵国，四出略地。）

【注释】

［1］却：败退。［2］徇地还者：为陈胜攻城略地得胜回来的诸将。徇，夺取。［3］自王：自立为王。［4］尽族武信君等家：尽灭武臣等人的家族。族，灭族。［5］生一秦也：又一个秦朝复生啊，即又树一敌。［6］因而贺之：顺水推舟，庆贺武信君为王。［7］徙系：迁徙囚禁。指软禁武臣等人的家属为人质。［8］成都君：把成都封给张敖。成都，邑名，即今四川成都市。君，低于侯的封君。［9］趣：催促，赶快。［10］王王赵：大王在赵地称王。［11］非楚意：这不是楚国陈胜王的本意。［12］特以计贺王：祝贺您称王，不过是权宜之计。［13］毋西兵：不要往西进军去攻灭秦国。［14］北徇燕、代：向北进军攻取燕、代之地。［15］河内：地区名，当今河北南部黄河北岸地区。［16］南据大河：南面扼守黄河。［17］制赵：制约赵国。

[18]重赵：看重赵国，谓赵国地位加重。[19]得志于天下：实现志向统一天下。[20]略燕：攻取燕地。[21]常山：郡名，郡治在今河北元氏县西北。[22]上党：郡名，郡治在今山西长治市北。

九月，沛人刘邦起兵于沛[1]，下相人项梁起兵于吴[2]，狄人田儋起兵于齐[3]。

刘邦，字季，为人隆准、龙颜[4]，左股有七十二黑子[5]。爱人喜施[6]，意豁如[7]也；常有大度，不事家人生产作业[8]。初为泗上亭长[9]，单父人吕公[10]，好相人[11]，见季状貌，奇之，以女妻之[12]。

既而季以亭长为县送徒骊山，徒多道亡[13]。自度比至[14]皆亡之，到丰西泽[15]中亭，止饮[16]，夜，乃解纵[17]所送徒曰："公等皆去，吾亦从此逝矣[18]！"徒中壮士愿从者十余人。

刘季被酒[19]，夜径泽中[20]，有大蛇当径，季拔剑斩蛇。有老妪[21]哭曰："吾子，白帝子[22]也，化为蛇，当道；今赤帝子[23]杀之！"因忽不见。刘季亡匿于芒、砀[24]山泽之间，数有奇怪；沛中子弟闻之，多欲附者[25]。

及陈涉起，沛令欲以沛应之。掾、主吏萧何、曹参[26]曰："君为秦吏，今欲背之，率沛子弟，恐不听。愿君召诸亡在外者，可得数百人，因劫众，众不敢不听。"乃令樊哙[27]召刘季。刘季之众已数十百人矣。

沛令后悔，恐其有变，乃闭城城守[28]，欲诛萧、曹。萧、曹恐，逾城保刘季[29]。刘季乃书帛射城上，遗沛父老，为陈利害。父老乃率子弟共杀沛令，开门迎刘季，立以为沛公[30]。萧、曹等为收沛子弟，得三千人，以应诸侯。

（以上为第十一段，写刘邦起义，号沛公。）

【注释】

[1]沛：县名，县治在今江苏沛县。刘邦是沛县丰镇人。西汉建立，丰镇升格为县。与沛县并称丰沛。[2]下相：县名，县治在今江苏宿迁市西南，为项氏祖籍地。吴：今江苏苏州市。项梁、项羽为秦朝通缉要犯，藏匿于吴，故起兵反秦于吴。[3]狄：县名，县治在今山东高青县东南，原属齐地。田儋（dān）：曾起兵自立为齐王，被秦朝章邯所杀。传见《史记》卷九十四。

[4]隆准：高鼻梁。龙颜：上额突起，像龙额。古人认为是帝王之相。［5］左股有七十二黑子：左大腿上有七十二颗黑痣。七十二在五行中代表土，故特别书出。子，读“痣”。［6］喜施：喜欢施舍财物。［7］意豁如：性格开朗豁达。［8］不事家人生产作业：不安于从事平民百姓的日常耕作。家人，平民百姓。生产作业，指农业耕作。［9］泗上：泗水岸边。此指江苏沛县东泗水之滨的泗水亭。亭长：秦时十里一亭，置亭长，掌管治安、接待之事。［10］单（shàn）父：县名，治所在今山东单县。吕公：刘邦岳父。［11］相人：给人看相。［12］以女妻之：嫁女给刘邦为妻。［13］道亡：中途逃跑。［14］比至：等到至骊山时。［15］丰西泽：丰邑西边的一片洼地。［16］止饮：停留下来休息饮酒。［17］解纵：解开绳索放掉囚徒。［18］“公等”二句：你们都逃走吧，我也从此逃命去了。逝，逃跑。［19］被酒：乘着酒兴。［20］夜径泽中：夜间从小路走进湖沼地。径，小路。此用作动词，抄小路走。［21］老妪（yù）：老年的妇女，老太婆。［22］白帝子：白帝的儿子，象征秦的子孙。白帝，古代传说中的五天帝之一，位于西方。秦襄公供奉白帝，自称为白帝的子孙，白帝成为秦的象征。［23］赤帝子：赤帝的儿子，象征汉家子孙。赤帝，传说中五天帝之一，位于南方，刘邦自称是赤帝的子孙。西方金，南方火，按五德终始，火克金。赤帝子杀白帝子，预示汉灭秦。［24］芒、砀：二山名，在今安徽砀山县东南，芒山在北，砀山在南，其间相距八里。［25］多欲附者：许多人想要追随刘邦。附，追随。［26］掾、主吏：县令属官。此指沛县狱吏掾曹参、主吏掾萧何。狱吏掾管刑狱，主吏掾管政务。萧何、曹参：西汉开国功臣，《史记》《汉书》均有两人的传。［27］樊哙：刘邦同乡，原以屠狗为业，后为刘邦得力将领，曾任左丞相，封舞阳侯。传见《史记》卷九十五。［28］闭城城守：关闭城门，据城防守。［29］逾城保刘季：翻过城墙投靠刘邦以自保。［30］沛公：沛县县令。楚制，县令为公，刘邦从楚制称公。

项梁者，楚将项燕子也，尝杀人，与兄子籍避仇吴中。吴中贤士大夫皆出其下。籍少时学书[1]，不成，去[2]；学剑[3]，又不成。项梁怒之。籍曰：“书，足以记名姓而已！剑，一人敌，不足学；学万人敌[4]！”于是项梁乃教籍兵法[5]，籍大喜，略知其意，又不肯竟学[6]。籍长八尺余，力能扛鼎，才器过人[7]。

会稽[8]守殷通闻陈涉起，欲发兵以应涉，使项梁及桓楚将。是时，桓楚亡在泽中[9]。梁曰：“桓楚亡，人莫知其处，独籍知之耳。”梁乃[10]诫籍持剑居外，梁复入，与守坐，曰：“请召籍，使受命召桓楚。”守曰“诺。”梁召籍入。须臾[11]，梁眴[12]籍曰：“可行矣[13]！”于是籍遂拔剑斩守头。项梁持守头，佩其印绶[14]。门下大惊[15]，扰乱；籍所击杀数十百人[16]，一府中皆慑伏[17]，莫敢起。

梁乃召故所知豪吏[18]，谕以所为起大事，遂举吴中兵[19]，使人收下县[20]，得精兵八千人。梁为会稽守，籍为裨将[21]，徇下县[22]。籍是时年二十四。

田儋，故齐王族也。儋从弟[23]荣，荣弟横，皆豪健[24]，宗强[25]，能得人[26]。周市徇地至狄，狄城守。田儋详[27]为缚其奴，从少年之廷[28]，欲谒杀奴[29]，见狄令，因[30]击杀令，而召豪吏[31]子弟曰："诸侯皆反秦自立。齐，古之建国也[32]；儋，田氏，当王！"遂自立为齐王，发兵以击周市。周市军还去。田儋率兵东略定齐地[33]。

韩广[34]将兵北徇燕，燕地豪桀欲共立广为燕王。广曰："广母在赵，不可！"燕人曰："赵方西忧秦，南忧楚，其力不能禁我。且以楚之强，不敢害赵王将相之家，赵独安敢害将军家乎！"韩广乃自立为燕王。居数月，赵奉燕王母家属归之。

赵王与张耳、陈馀北略地燕界，赵王间出[35]，为燕军所得。燕囚之，欲求割地；使者往请，燕辄杀之。有厮养卒走燕壁[36]，见燕将曰："君知张耳、陈馀何欲？"曰："欲得其王耳。"赵养卒笑曰："君未知此两人所欲也。夫武臣、张耳、陈馀，杖马棰下赵数十城[37]，此亦各欲南面而王，岂欲为将相终已耶[38]！顾其势初定[39]，未敢参分而王[40]，且以少长先立武臣为王，以持赵心[41]。今赵地已服，此两人亦欲分赵而王，时未可耳[42]。今君乃囚赵王。此两人名为求赵王，实欲燕杀之；此两人分赵自立。夫以一赵尚易燕[43]，况以两贤王左提右挈而责杀王之罪，灭燕易矣[44]！"燕将乃归赵王，养卒为御而归[45]。

周市自狄还，至魏地，欲立故魏公子宁陵君咎[46]为王。咎在陈，不得之魏。魏地已定，诸侯皆欲立周市为魏王。市曰："天下昏乱，忠臣乃见。今天下共畔秦[47]，其义必立魏王后乃可。"诸侯固请立市，市终辞不受；迎魏咎于陈，五反，陈王乃遣之，立咎为魏王，市为魏相。

是岁，二世废卫君角[48]为庶人，卫绝祀。

（以上为第十二段，写项梁、田儋起义。各路起义军，自武臣称为赵王后，田儋称为齐王，韩广称为燕王，魏咎称为魏王，秦朝分崩离析，各路起义兵马也是各自占据地盘，一盘散沙。）

【注释】

［1］学书：学习认字和写字。［2］不成，去：没学到家，半途而废。去：放弃学书。［3］学剑：学剑习武。［4］学万人敌：学习可以抵抗万人的本领，即战略战术。［5］兵法：用兵作战、克敌制胜的策略和方法。［6］不肯竟学：没有耐心，不愿完成学业。竟，终，完成。［7］才器过人：才干、气度、识见超过一般的人。［8］会稽：郡名，郡治吴县，在今苏州市。［9］桓楚亡在泽中：桓楚逃亡隐藏在江湖中。桓楚，吴中奇士，遭秦廷通缉而逃亡。［10］梁乃：据章校，他本“乃”下有“出”字。《项羽本纪》有“出”字，当增“出”字。［11］须臾：不一会。［12］眴（shùn）：使眼色。［13］可行矣：可以动手了。［14］佩其印绶：佩带上郡守的官印。印，印章。绶，穿缚印纽的带子。［15］门下大惊：郡守的侍从护卫们见状十分惊慌。门下，指郡守的侍从护卫之人。［16］数十百人：不定数，或八九十，或一百。即一百来人。［17］慑伏：吓得趴在地上。［18］所知豪吏：所熟悉的精干官吏。［19］举吴中兵：调集吴中的兵员。［20］收下县：征集下属各县的丁壮。［21］裨将：副将。［22］徇下县：镇抚会稽郡属各县。［23］从弟：堂弟。［24］豪健：地方上有威望的人物。［25］宗强：即强宗，势力大的宗族，大族。［26］能得人：意为有号召力。［27］详：通“佯”，假装。［28］从少年之廷：一伙年轻人跟随着到官府。［29］欲谒杀奴：想以杀奴告官。谒，告。古时杀奴需事先报告官府。田儋用此办法来靠近狄令。［30］因：趁机。［31］豪吏：有声望有权势的官吏。［32］齐，古之建国也：齐国是古时候就受天子封立的国家。此指姜齐，为周武王所封。［33］略定齐地：平定了旧时齐国的土地。［34］韩广：韩广原是上谷郡守的属官卒吏，为赵王武臣帅兵徇燕地，故上谷郡豪杰官吏推以为燕王。［35］间出：为隐藏身份而改换便装出行。［36］有厮养卒走燕壁：有一个赵军伙夫跑到燕军的营地。厮养卒，杂役，伙夫。［37］杖马棰下赵数十城：手持马鞭攻下赵国数十城。杖，握。马棰，马鞭。［38］“岂欲”句：难道甘心一辈子做将相吗？［39］顾其势初定：不过是考虑大势初定。顾，考虑，因为。［40］未敢参分为王：不敢立即三分土地自立为王。参，通“叁”，指赵王武臣、张耳、陈馀并立为三。［41］“且以少长”二句：暂且按年龄的长幼，先立武臣为王，用以安定赵地的民心。且，权宜，暂且。［42］时未可耳：时机尚未成熟罢了。［43］一赵尚易燕：一个赵国进攻燕国尚且轻而易举。［44］“况以”二句：更何况两位贤王左右夹攻，而以杀赵王之罪追究责任，灭掉燕国就更容易了。［45］养卒为御而归：那位伙夫为赵王驾车回去。［46］宁陵君咎：战国时魏公子咎封为宁陵君。宁陵，邑名，故址在今河南宁陵县。［47］畔秦：叛秦。畔，通“叛”。［48］卫君角：卫国国君姬角。

【点评】

秦并六国。公元前238年，秦王嬴政铲除了丞相吕不韦和长信侯嫪毐集团，开始亲政，以后，从公元前230年攻打韩国，到公元前221年消灭齐国，用十年时间，扫平了韩、赵、魏、楚、燕、齐六国，结束了中国自春秋以来长达五百多年的诸侯割据局面，建立了中国历史上第一个中央集权国家。对此，历代论说纷纭，见仁见智。如何对秦灭六国做出一个客观公正的评说?

首先，秦国经历了数代人的艰辛努力，一步步向前迈进，由弱小到强大，奠定了比较雄厚的基础，在列国争强的时代快速崛起。公元前770年，秦襄公派兵护送周平王东迁，被封为诸侯，赐封岐山以西之地，秦国正式成为周朝的诸侯国。秦穆公时，先后灭掉西方戎族所建立的十二个国家，开辟国土一千多里，稳定了后方。而在战国初期，魏国连年进攻秦国，夺取了河西之地，秦国被迫退守到洛水以西。到了秦孝公时，任用商鞅进行变法，秦国由此逐渐成为战国中后期最为强大的国家。商鞅变法，为秦国一统霸业奠定了雄厚的人力、物力、财力基础。而后，秦惠文王嬴驷称王，消灭了巴国和蜀国，东进而无后顾之忧矣。秦昭襄王嬴稷时，任用战将白起。白起担任秦国将领三十多年，东出攻城七十多座，歼灭近百万敌军，曾在伊阙之战中大破魏韩联军，攻陷楚国国都郢城，在长平之战重创赵国主力，使秦国雄起。这些，成为秦王嬴政统一六国不可或缺的基础条件。

其次，秦王嬴政具有雄才大略，是完成华夏一统的铁腕领袖人物。换句话说，如果没有嬴政的恢弘气度、博大胸襟以及铁血情怀，即使有再好的基础，也不能完成统一大业。嬴政十三岁时即王位；二十二岁举行冠礼，铲除了丞相吕不韦和长信侯嫪毐集团，开始亲政，重用李斯、尉缭，制定了“灭诸侯，成帝业，为天下一统”的政治方略，采纳了尉缭破六国合纵的策略，“毋爱财物，赂其豪臣，以乱其谋”，从内部分化瓦解敌国；继承了历代远交近攻政策，确定了先弱后强、先近后远、各个击破的攻战策略，即“笼络燕、齐，稳住魏、楚，消灭韩、赵，远交近攻”。先攻韩、赵，“赵举则韩亡，韩亡则荆、魏不能独立，荆、魏不能独立则是一举而坏韩、蠹魏，拔荆，东以弱齐、强燕”，将关东六国逐一消灭。诚如李贽在《藏书》中说:“始皇帝，自是千古一帝也。始皇出世，李斯相之，天崩地坼，掀翻一个世界，……是千古英雄挣得一个天下。”章太炎在《秦政记》中说:“虽四三皇、六五帝，曾不足比隆也。”

再次，关东六国相互攻杀而又内部攻斗，自毁长城，自掘坟墓。秦国在做着“统一梦”，而关东六国在互相拆台，挖彼此的墙角，饮鸩止渴，绝自己的寿命，是在做着“灭亡梦”！逐个说来，齐国是东方的强国，但逐渐徒有虚名，只图自保，坐观其他国家对秦国的抗争，自以为得计，而实际上是自折羽翼，其他国家灭亡了，齐国的死期也就到来了。韩国本来就是三晋中最为弱小的国家，早已臣服于秦国，只有挨打的份儿，即使摇尾乞怜，也终将断送其性命。魏国曾经是战国初期最为强大的国家，而魏安釐王昏庸无能，当信陵君魏无忌窃符救赵，联合各诸侯国合纵抗秦，取得河外大捷时，他不但不借机复国，反而听信秦国离间挑拨之言，罢免信陵君，失去了东山再起的可贵时机。赵国，赵武灵王时期倡导胡服骑射，革新政治，富国强兵，国势为之一振。而以后，赵王一代不如一代，屡被秦兵攻打，赵王忠奸不分，对良将廉颇、李牧等不予任用，听信谗言妄加诛杀，自毁“长城”，哪有不亡的道理？燕国在燕昭王时，励精图治，疆域扩大，国力日强，而燕王喜当政，不但不与近邻赵、齐修好，而且发动混战，劳民伤财，国力亏耗。即使秦国不出兵攻打，他也是撑不下去啊！楚国是南方大国，曾经在关东居于领袖地位，自秦将白起攻陷楚国郢都后，国势大为减弱，到了楚考烈王当政前后，楚国徒有虚名而已，哪里是秦国的对手？

其四，关东六国犬牙交错，浑然一体，但他们根本弄不清楚互保与自保，以及一荣俱荣、一损俱损的道理，都想损他人以利己，结果损他人就是损自己，既损了他人也不利自己，更何况还在自损呢？战国时期有两种外交战略，即合纵与连横。合纵就是南北纵列的国家联合起来，共同对付强国，阻止齐、秦两国兼并弱国；连横就是秦国或齐国拉拢一些国家，共同进攻另外一些国家。合纵的目的在于联合许多弱国抵抗一个强国，以防止被强国兼并。连横的目的在于侍奉一个强国以为靠山从而进攻另外一些弱国，以达到兼并和扩展土地的目的。当秦国的势力不断强大起来，成为东方六国的共同威胁时，合纵则成为六国合力抵抗强秦，连横则是六国分别与秦国联盟，以求苟安。秦国的连横活动，目的是破坏六国间的合纵，以便孤立各国，各个击破。可是在当时，六国并没有觉悟到这一点，而是在自觉不自觉地互相拆台，互相攻打，争斗不休，克敌一万，自损八千，结果给了秦国可乘之机。而当他们“互弱”（互相攻斗）与“自弱”（内部纷争）后，秦国的大军来了，他们无能为力，动弹不得，秦军还没有发动攻势，他们就扯起了白旗，将江山拱手让人，即使是抵而抗之，也是徒劳挣扎。

由上可见，秦国攻灭六国，统一天下，具备了主客观条件，天时、地利、人和，三者皆备，具有历史的必然性。

卷八　秦纪三

秦二世皇帝二年至三年（前 208—前 207 年）

【起昭阳大荒落（癸巳，前 208 年），尽阏逢敦牂（甲午，前 207 年），凡二年】

【大事提要】

本卷记事起公元前 208 年，讫公元前 207 年，凡二年，当秦二世二年至三年。本卷所载的大事，主要是以下几个方面：其一，陈胜败亡。秦将章邯组织骊山囚犯向义军反扑。周文攻进关中，孤军作战而失败；吴广在荥阳被部下杀死，全军覆没；陈胜于公元前 208 年被车夫庄贾杀害。刘克庄诗说："辛苦佣耕久，饥寒谪戍余。竟令秦失鹿，首为汉驱鱼。"其二，李斯灭族。秦始皇死后，李斯与赵高合谋，伪造遗诏，迫令始皇长子扶苏自杀，立少子胡亥为二世皇帝。后为赵高所忌，设计陷害，屈打成招，被迫承认谋反，于公元前 208 年被腰斩，并被夷三族。其三，项羽救赵，巨鹿大战。秦将章邯、王离将赵王赵歇、丞相张耳围困于巨鹿城，岌岌可危。楚王熊心派上将军宋义率兵救援，但逗留不进。项羽诛杀宋义，率军救赵，巨鹿大战，击破章邯、王离统率的秦军主力，威震诸侯，被举为上将军，后迫使章邯投降，封其为雍王。其四，胡亥被杀。胡亥继位后，丞相赵高窃国弄权，指鹿为马，为所欲为；胡亥只知道吃喝玩乐，实行严刑酷法，陈胜起义，一倡而天下应，秦国土崩瓦解，赵高被胡亥斥责，眼看大势已去，便与女婿咸阳县令阎乐、弟弟赵成商议，杀掉胡亥。胡亥也是算罪有应得。其五，子婴为王，诛杀赵高。公元前 207 年，丞相赵高逼杀秦二世，本想自己称帝，发现群臣和将领们都不支持他，无可奈何，不得不迎立子婴，去其帝号，拥立为王；让子婴斋戒，到宗庙参拜祖先，接受传国玉玺。子婴厌恶赵高，趁此机会，杀掉赵高，诛灭其三族。

二世皇帝下

二年（癸巳，前 208 年）

冬，十月，泗川监平将兵围沛公于丰[1]，沛公出与战，破之；令雍齿守丰[2]。十一月，沛公引兵之薛[3]。泗川守壮兵败于薛，走至戚[4]；沛公左司马得杀之[5]。

周章出关，止屯曹阳[6]，二月余，章邯追败之；复走渑池[7]，十余日，章邯击，大破之。周文自刎，军遂不战。

吴叔围荥阳[8]；李由为三川守[9]，守荥阳，叔弗能下。楚将军田臧[10]等相与[11]谋曰："周章军已破矣，秦兵旦暮至[12]。我围荥阳城弗能下，秦兵至，必大败，不如少遗兵守荥阳[13]，悉精兵迎秦军。今假王骄[14]，不知兵权[15]，不足与计事，恐败。"因相与矫王令[16]以诛吴叔，献其首于陈王。陈王使使赐田臧楚令尹印[17]，以为上将[18]。

田臧乃使诸将李归等守荥阳，自以精兵西迎秦军于敖仓[19]，与战；田臧死，军破。章邯进兵击李归等荥阳下，破之，李归等死。阳城人邓说将兵居郯[20]，章邯别将击破之。铚人伍逢将兵居许[21]，章邯击破之。两军皆散，走陈[22]，陈王诛邓说。

二世数诮让[23]李斯："居三公[24]位，如何令盗如此！"李斯恐惧，重爵禄，不知所出[25]，乃阿二世意[26]，以书对曰："夫贤主者，必能行督责之术[27]者也。故申子[28]曰：'有天下而不恣睢[29]，命之曰[30]"以天下为桎梏[31]"者，无他焉，不能督责，而顾以其身劳于天下之民[32]，若尧、禹然，故谓之桎梏也。'夫不能修申、韩之明术[33]，行督责之道，专以天下自适[34]也；而徒务苦形劳神，以身徇百姓[35]，则是黔首之役，非畜天下者也[36]，何足贵哉！故明主能行督责之术以独断于上，则权不在臣下[37]，然后能灭仁义之途[38]，绝谏说之辩[39]，荦然行恣睢之心而莫之敢逆[40]。如此，群臣、百姓救过不给[41]，何变之敢图[42]！"二世说[43]，于是行督责益严，税民深者为明吏[44]，杀人众者为忠臣，刑者相半于道[45]，而死人日成积于市[46]；秦民益骇惧思乱。

赵李良已定常山[47]，还报赵王[48]。赵王复使良略太原[49]；至石邑[50]，秦兵塞井陉[51]，未能前。秦将诈为二世书以招良。良得书未信，还之邯郸，益请兵[52]。未至，道逢赵王姊出饮[53]，良望见，以为王，伏谒道旁。王姊醉，不知其将，使骑谢[54]李良。李良素贵[55]，起，惭其从官[56]。从官有一人曰："天下畔秦[57]，能者先立。且赵王素出将军下，今女儿乃[58]不为将军下车，请追杀之！”李良已得秦书，固欲反赵，未决；因此怒，遣人追杀王姊，因将其兵袭邯郸。邯郸不知，竟杀赵王、邵骚。赵人多为张耳、陈馀耳目者[59]，以故二人独得脱。

（以上为第一段，写代理楚王吴广率军围攻荥阳，久攻不下，将军田臧杀之；田臧被陈胜任为大将军，后战死；秦二世皇帝胡亥责备李斯，李斯上书“督责”；赵国将领李良叛变杀赵王武臣，张耳、陈馀逃脱。）

【注释】

［1］泗川：即泗水郡，治所相县，在今安徽淮北市西北。监：郡的监察官。平：和下文的“壮”皆人名。丰：沛县所属乡镇，西汉时升格为县，今属江苏丰县。［2］令雍齿守丰：派雍齿守卫丰镇。雍齿，沛公刘邦同乡，丰人，随刘邦起兵，守丰背叛，后回归刘邦，高帝封其为什方侯。［3］薛：县名，治所在今山东滕州市。［4］走至戚：秦泗川郡守壮逃到戚县。走，逃跑。戚，县名，治所在今山东滕州市。［5］“沛公”句：沛公左司马曹无伤俘获了壮，杀了他。左司马，武官名，掌军政。沛公左司马曹无伤，秦灭后投靠项羽，出卖军情被刘邦诛杀。得，获得，俘虏。［6］曹阳：亭名，在今河南灵宝市东。［7］渑（miǎn）池：邑名，在今河南渑池县西。［8］吴叔：叔，吴广的字。荥（xíng）阳：县名，军事重镇，治所在今河南荥阳市东北。［9］李由：秦丞相李斯的儿子，当时为三川郡守。三川：在今河南西部，郡治在洛阳。［10］田臧：吴广部将。［11］相与：相互，一起。［12］秦兵旦暮至：秦军很快就会到来。旦暮，早晚。喻时间很短。［13］少遗兵守荥阳：留下少量的兵围困荥阳。遗，留。［14］今假王骄：现今代理王吴广自高自大。骄，傲慢自大。［15］不知兵权：不懂兵家权谋、用兵艺术。［16］矫王令：假传陈王的命令。矫，诈，假传。［17］赐田臧楚令尹印：陈王赐给田臧楚令尹印绶。即给予楚丞相的加官，重其权威。［18］上将：将军的最高衔，统领全军。［19］敖仓：秦所建大粮仓的粮仓名，故址在今河南郑州市西北邙山上。［20］邓说（yuè）：陈胜的将领。郯（tán）：县名，治所在今山东郯城县北。按：《史记·陈涉世家》之《正义》和《索隐》均以“郯”为“郏”字的形误。郏，在今河南郏县，距阳城较近，章邯在荥阳击败李归后南下攻郏县及许昌，在情理之中；郯城远，章邯兵力不可能到达。［21］铚（zhì）：县名，治所在今安徽宿州市西南。伍逢：陈胜部将。许：县名，县治在今河南许昌市东。［22］走陈：逃到楚都陈郡。［23］诮让：责备。［24］三公：秦时丞相、太尉、御史大夫为三公。［25］不知所出：不知该怎么办。［26］阿二世意：迎合二世之意。［27］督责之术：督察臣下而责罚的方法。督责，相互监视揭发，即鼓励告密，为李斯所发明，流毒无穷。［28］申子：战国时法家申不害。传见《史记》卷六十三。［29］恣睢：为所欲为。［30］命之曰：这就叫作。［31］桎梏：镣铐。桎，脚镣。梏（gù），手铐。［32］“而顾”句：自己反而为老百姓操劳。［33］修申、韩之明术：实行申子、韩非子高明的统治术。［34］专以天下自适：一心将天下作为使自己快乐的资本。自适，使自己肆意快乐。［35］“而徒务”二句：偏要劳身苦心地

去为百姓效力。［36］“则是”二句：这样就成了平民百姓的奴仆，不能算是统治天下的君主了。黔首之役，百姓的奴仆。畜，统治。［37］权不在臣下：大权不致旁落于臣下之手。［38］灭仁义之途：堵塞讲仁义之人的道路，即排斥儒者。［39］绝谏说之辩：封住辩士之口，即排斥纵横家。［40］“荦然”句：独自称心如意地为所欲为，谁也不敢抵触反抗。荦（luò）然，特立独行的样子。莫之敢逆，没人敢违抗。［41］救过不及：补救过失还来不及。［42］何变之敢图：哪里还敢去图谋什么变故。［43］说：通“悦”。［44］税民深者为明吏：向人民征收重税的官吏被认为是贤明的官吏。［45］刑者相半于道：路上的行人有一半是被判刑的罪犯。［46］死人日成积于市：死人的尸体天天成堆地积陈在街市中。［47］李良：武臣的部将，叛赵杀武臣，降章邯。常山：郡名，郡治在今河北元氏县西北。［48］赵王：武臣，二世元年八月至邯郸自立为赵王。［49］太原：郡名，郡治在今太原市西南。［50］石邑：县名，在今石家庄市西南。［51］井陉（xíng）：关名，今河北井陉县东北井陉关。［52］益请兵：请求增加援兵。［53］出饮：出外饮宴。据章校，他本“饮”下有“从百余骑”四字，故下文有“良望见，以为王”。［54］使骑：派了一个骑士。谢：答谢。［55］素贵：向来显贵。［56］惭其从官：当着随从官员的面感到非常惭愧。［57］畔秦：叛秦。畔，通“叛”。［58］乃：竟然。［59］耳目者：指通风报信的人。

陈人秦嘉、符离人朱鸡石等起兵[1]，围东海守于郯[2]。陈王闻之，使武平君畔为将军，监郯下军[3]。秦嘉不受命，自立为大司马[4]；恶属[5]武平君，告军吏[6]曰：“武平君年少，不知兵事，勿听！”因矫以王命杀武平君畔。

二世益遣长史[7]司马欣、董翳[8]佐章邯击盗。章邯已破伍逢，击陈柱国房君[9]，杀之；又进击陈西张贺[10]军。陈王出监战。张贺死。

腊月[11]，陈王之汝阴[12]，还，至下城父[13]，其御[14]庄贾杀陈王以降。初，陈涉既为王，其故人皆往依之。妻之父亦往焉，陈王以众宾待之，长揖不拜[15]。妻之父怒曰：“怙乱僭号[16]，而傲长者，不能久矣！”不辞而去。陈王跪谢，遂不为顾[17]。客出入愈益发舒[18]，言陈王故情。或说[19]陈王曰：“客愚无知，颛妄言[20]，轻威[21]。”陈王斩之。诸故人皆自引去[22]，由是无亲陈王者。陈王以朱防为中正[23]，胡武为司过[24]，主司群臣[25]。诸将徇地至，令之不是，辄系而罪之[26]。以苛察[27]为忠；其所不善者，弗下吏，辄自治之[28]。诸将以其故不亲附，此其所以败也。

陈王故涓人将军吕臣为苍头军[29]，起新阳[30]，攻陈，下之，杀庄贾，复以陈为楚；葬陈王于砀[31]，谥曰隐王[32]。

初，陈王令铚人宋留将兵定南阳[33]，入武关[34]。留已徇南阳，闻陈王死，南阳复为秦；宋留以军降，二世车裂留以徇。

魏周市将兵略丰、沛，使人招雍齿。雍齿雅[35]不欲属沛公，即以丰降魏。沛公攻之，不克。

赵张耳、陈馀收其散兵，得数万人，击李良；良败，走归章邯。

客有说耳、馀曰："两君羁旅[36]，而欲附赵[37]，难可独立[38]；立赵后，辅以谊，可就功[39]。"乃求得赵歇。春，正月，耳、馀立歇为赵王，居信都[40]。

东阳宁君、秦嘉闻陈王军败，乃立景驹[41]为楚王，引兵之方与[42]，欲击秦军定陶[43]下；使公孙庆使齐，欲与之并力俱进。

齐王曰："陈王战败，不知其死生，楚安得不请而立王！"公孙庆曰："齐不请楚而立王，楚何故请齐而立王！且楚首事[44]，当令于天下。"田儋[45]杀公孙庆。

秦左、右校[46]复攻陈，下之。吕将军走[47]，徼兵复聚[48]，与番盗黥布[49]相遇，攻击秦左、右校，破之青波[50]，复以陈为楚。

黥布者，六人也[51]，姓英氏，坐法黥[52]，以刑徒论输骊山[53]。骊山之徒数十万人，布皆与其徒长豪杰交通[54]，乃率其曹耦[55]亡之江中为群盗。番阳令吴芮[56]，甚得江湖间民心，号曰番君。布往见之，其众已数千人。番君乃以女妻之，使将其兵击秦。

（以上为第二段，写楚王陈胜被叛徒车夫杀死，亦是咎由自取；张耳、陈馀收拾残兵，拥立赵歇为赵王；东阳人宁君和秦嘉拥立景驹为楚王；吕臣与番阳县盗贼英布相遇，合兵打败秦军，重新以陈为楚都。）

【注释】

[1]陈人秦嘉：陈，《史记·陈涉世家》作"陵"，《汉书·陈胜传》作"凌"，陵、凌通，本字应作"陵"。陵，县名，在今江苏宿迁市东南。符离：县名，在今安徽宿州市南。起兵：聚众起义。[2]东海：郡名，治所郯县，在今山东郯城县北，故又称郯郡。[3]监郯下军：监管围困郯的五支义军部队，包括秦嘉、朱鸡石、董緤、郑布、丁疾等五部。[4]大司马：一国的最高军事长官。

秦时称太尉，汉武帝改称大司马。此为秦嘉自称。［5］恶属：不愿隶属，即不受节制。［6］军吏：军事长官，是对军队各级将官的总称。［7］长史：官名，丞相府、大将军府掌管总务的官，为诸吏之长。［8］司马欣、董翳：两人为章邯副将，与章邯三人归降项羽，被封为三秦王。［9］柱国房君：陈王的上柱国蔡赐，封房君，抗击秦军，与楚都陈共存亡，死难国事。［10］张贺：陈王部将。［11］腊月：夏历十二月。［12］汝阴：县名，在今安徽阜阳市。［13］下城父：古地名，在今安徽蒙城县西北。［14］御：车夫。［15］长揖不拜：陈胜王见岳父只行拱手礼而不跪拜。长揖，至亲平辈相见所行的最高拱手礼，拱手自上而至下。拜，跪拜叩头礼，下跪低头与腰平，两手至地。［16］怙乱僭号：乘乱取利，冒用王号。［17］遂不为顾：扬长而去，不回头，言气愤之极。［18］发舒：随便放肆。［19］或说：有人劝说，实乃进谗言。［20］颛妄言：专门胡说八道。颛，通“专”。［21］轻威：损害陈胜的威信。［22］自引去：自动离开。引，退，离。［23］中正：陈胜所设主管人事的官，掌百官考核升迁。［24］司过：陈胜所设负责监察百官过失的官。［25］主司群臣：主管考核、监察群臣。［26］“诸将”三句：派往各地攻城略地的将领，回到陈县后，只要稍不符陈王命令，就被抓起来治罪。［27］苛察：严求细察，吹毛求疵。［28］“其所不善者”三句：凡是朱防、胡武不喜欢的人，不送交司法官审理，即擅自作主张处置。［29］“陈王故涓人”句：先前在陈王左右担任洒扫的近侍吕臣将军，建立了一支由青巾裹头的人组成的队伍。涓人，也称中涓，职掌洒扫及传达宾客的近侍。［30］新阳：县名，在今安徽太和县西北。［31］砀：秦郡名，郡治砀县，在今安徽砀山县。［32］谥曰隐王：谥（shì），古代帝王、贵族、大臣等死后以其一生所行事迹给予盖棺论定的称号。谥法起于西周。陈涉功业未成，故谥曰“隐”。《逸周书·谥法》：“不显尸国曰隐。”［33］南阳：秦郡名，治所宛，在今河南南阳市。［34］武关：关隘名，在今陕西丹凤县东南。［35］雅：一向。［36］羁旅：客居他乡。羁，同“羁”。［37］而欲附赵：想要赵国人归附。［38］难可独立：难以单独成功。张耳、陈馀外来人，不依靠赵地人缘势力，难以成功。［39］立赵后，辅以谊，可就功：拥立原赵国后裔，用仁义辅助，才能成功。谊，通“义”，仁义。［40］信都：县名，在今河北邢台市。［41］景驹：楚旧贵族，后为项梁击败，身死。［42］方与：县名，在今山东鱼台县西北。［43］定陶：县名，在今山东菏泽市定陶区西北。［44］首事：发难，首倡，最先起兵伐秦。［45］田儋：田齐后裔，自立为齐王，为章邯所杀。传见《史记》卷九十四。［46］左、右校：指章邯属下的左、右两翼秦军，率军将领为校官。校，低于将军的武官。［47］吕将军走：吕臣从陈县败走。［48］徼兵复聚：吕臣收集散兵重新整合。徼（yāo），收集。［49］番盗黥布：在鄱阳县聚义的黥布。番（pó）：即鄱阳，县名，在今江西鄱阳县东北。黥（qíng）布，即英布，因被黥刑，故称黥布。后属项羽，常为先锋将，归汉封淮南王，谋反被诛。传见《史记》卷九十一《黥布列传》。［50］青波：县名，在今河南新蔡县西南。［51］六人也：黥布六县人。六，西周封国名，秦改为县，在今安徽六安市东北。［52］坐法黥：因犯法受黥刑。黥刑，脸上刺字。［53］以刑徒论输骊山：因被判处徒刑发配骊山服劳役。论，判罪。输，发配。［54］徒长：刑徒的头目。交通：交往。［55］曹耦：

同类人，指囚徒。曹，辈。耦，类。［56］番阳令吴芮：鄱阳县令吴芮，号“鄱君”，参加反秦起义，项羽封他为衡山王，入汉后为长沙王。

楚王景驹在留[1]，沛公往从之。张良亦聚少年百余人欲往从景驹，道遇沛公，遂属焉；沛公拜良为厩将[2]。良数以《太公兵法》[3]说沛公；沛公善之，常用其策；良为他人言，皆不省。良曰：“沛公殆天授！”故遂留不去[4]。

沛公与良俱见景驹，欲请兵以攻丰。时章邯司马𬍛[5]将兵北定楚地，屠相，至砀[6]。东阳[7]宁君、沛公引兵西，与战萧[8]西，不利，还，收兵聚留。

二月，攻砀，三月，拔之；收砀兵得六千人，与故合九千人。三月，攻下邑[9]，拔之；还击丰，不下。

广陵人召平为陈王徇广陵[10]，未下。闻陈王败走，章邯且至，乃渡江，矫陈王令，拜项梁为楚上柱国，曰：“江东已定，急引兵西击秦！”梁乃以八千人渡江而西。闻陈婴已下东阳，遣使欲与连和俱西[11]。陈婴者，故东阳令史[12]，居县中，素信谨[13]，称为长者[14]。东阳少年杀其令，相聚得二万人，欲立婴为王。婴母谓婴曰：“自我为汝家妇，未尝闻汝先世之有贵者。今暴得大名[15]，不祥；不如有所属[16]。事成，犹得封侯；事败，易以亡，非世所指名[17]也。”婴乃不敢为王，谓其军吏曰：“项氏世世将家，有名于楚；今欲举大事，将非其人不可[18]。我倚名族，亡秦必矣！”其众从之，乃以兵属梁[19]。

英布既破秦军，引兵而东；闻项梁西渡淮，布与蒲将军皆以其兵属焉。项梁众凡[20]六七万人，军下邳[21]。

景驹、秦嘉军彭城[22]东，欲以距梁[23]。梁谓军吏曰：“陈王先首事，战不利，未闻所在。今秦嘉倍[24]陈王而立景驹，大逆无道！”乃进兵击秦嘉，秦嘉军败走。追之，至胡陵[25]，嘉还战。一日，嘉死，军降；景驹走死梁地[26]。

梁已并秦嘉军，军胡陵，将引军而西。章邯军至栗[27]，项梁使别将[28]朱鸡石、馀樊君与战。馀樊君死；朱鸡石军败，亡走胡陵。梁乃引兵入薛[29]，诛朱鸡石。

沛公从骑[30]百余往见梁；梁与沛公卒五千人，五大夫将[31]十人。沛公还，引兵攻丰，拔之。雍齿奔魏。

项梁使项羽别攻襄城[32]，襄城坚守不下；已拔，皆坑之，还报。

（以上为第三段，写张良投奔刘邦，多次献策，得到赏识；项梁率领八千子弟渡江而西，统领了陈婴、英布、蒲将军的军队，兼并了秦嘉的军队，声威渐壮；刘邦三攻丰邑而夺之；项羽攻下襄城而屠之。）

【注释】

[1]留：县名，在今江苏沛县东南。 [2]厩将：管理厩马的官。 [3]《太公兵法》：相传为太公吕尚所著。太公，即姜尚，字子牙，号太公望，佐周文王、周武王建周，封于齐。传见《史记》卷三十二。 [4]遂留不去：张良于是留下辅佐沛公不再他往。 [5]𡰥：古“夷”字。 [6]相：县名，泗水郡郡治，在今安徽淮北市相山区。砀：县名，县治在今河南夏邑县东。 [7]东阳：县名，县治在今江苏盱眙县东南。 [8]萧：县名，县治在今安徽萧县西北。 [9]下邑：县名，县治在今安徽砀山县。 [10]广陵：县名，县治在今江苏扬州市。 [11]连和俱西：结成联盟，一同西进。 [12]令史：县令属下的书吏。 [13]素信谨：一向诚信谨慎。 [14]长者：忠厚有德行的人。 [15]暴得大名：突然得到称王的大名声。 [16]有所属：依托于人。 [17]非世所指名：不是社会上指名道姓的知名人物，即不会遭通缉。 [18]将非其人不可：作为将帅非这人不可。 [19]乃以兵属梁：于是陈婴把军队交给了项梁。 [20]凡：总计。 [21]下邳：县名，县治在今江苏邳州市西南。 [22]彭城：县名，县治在今江苏徐州市。 [23]距梁：抗拒项梁。距，通“拒”。 [24]倍：通“背”，背叛。 [25]胡陵：县名，县治在今山东鱼台县东南。[26]走死梁地：败逃死于梁地。梁地，泛指六国时魏境。 [27]栗：县名，县治在今河南夏邑县。[28]别将：另一支军队的将领。 [29]薛：县名，县治在今山东滕州市东南。 [30]从骑（jì）：随从的骑兵。 [31]五大夫将：五大夫级的将领。五大夫，秦爵二十级的第九级。 [32]襄城：县名，县治在今河南襄城县西。

梁闻陈王定死[1]，召诸别将会薛计事，沛公亦往焉。居鄛人范增[2]，年七十，素居家[3]，好奇计，往说项梁曰：“陈胜败，固当[4]。夫秦灭六国，楚最无罪。自怀王入秦不反，楚人怜之至今[5]。故楚南公[6]曰：‘楚虽三户，亡秦必楚[7]。’今陈胜首事，不立楚后而自立，其势不长。今君起江东，楚蜂起之将[8]皆争附君者，以君世世楚将，为能复立楚之后也[9]。”于是项梁然其言[10]，乃求得楚怀王孙心于民间，为人牧羊；夏，六月，立以为楚怀王，从民望也。陈婴为上柱国，封五县，与怀王都盱眙[11]。项梁自号为武信君。

张良说项梁曰："君已立楚后，而韩诸公子横阳君成[12]最贤，可立为王，益树党[13]。"项梁使良求韩成，立以为韩王。以良为司徒[14]，与韩王将千余人西略韩地，得数城，秦辄复取之；往来为游兵颍川[15]。

章邯已破陈王，乃进兵击魏王于临济[16]。魏王使周市出，请救于齐、楚；齐王儋[17]及楚将项它皆将兵随市救魏。章邯夜衔枚击[18]，大破齐、楚军于临济下，杀齐王及周市。魏王咎为其民约降；约定，自烧杀。其弟豹亡走楚，楚怀王予魏豹数千人，复徇魏地[19]。齐田荣收其兄儋余兵，东走东阿[20]；章邯追围之。齐人闻田儋死，乃立故齐王建之弟假为王，田角为相，角弟间为将，以距[21]诸侯。

秋，七月，大霖雨[22]，武信君[23]引兵攻亢父[24]，闻田荣之急，乃引兵击破章邯军东阿下；章邯走而西。田荣引兵东归齐。武信君独追北[25]，使项羽、沛公别攻城阳[26]，屠之[27]。楚军军濮阳[28]东，复与章邯战，又破之。章邯复振[29]，守濮阳，环水[30]。沛公、项羽去，攻定陶[31]。

八月，田荣击逐齐王假，假亡走楚[32]，田间前救赵，因留不敢归。田荣乃立儋子市为齐王，荣相之。田横为将，平齐地。章邯兵益盛，项梁数使使告齐、赵发兵共击章邯。田荣曰："楚杀田假，赵杀角、间，乃出兵。"楚、赵不许。田荣怒，终不肯出兵。

（以上为第四段，写项梁在薛城召集诸将议事，成为义军的实际主宰，范增建议拥立楚王后代，于是找到牧羊人熊心，立为王；项梁率军大败秦将章邯军队；齐王田儋被秦军袭杀，堂弟田荣拥立田市为王。）

【注释】

[1]定死：确死无疑。 [2]居鄛：县名，县治在今安徽巢湖市东北。范增：项羽的谋士。项羽尊称其为亚父，但信任不专，在楚汉最紧急之时，项羽中刘邦反间计疏远范增，范增气愤，疽发背而死。 [3]素居家：一直家居，未出外任事。 [4]固当：本该如此。 [5]楚人怜之至今：楚国人至今怀念楚怀王。 [6]楚南公：楚国人南公，战国末人，史失其名，只有号，预言家。《汉书·艺文志·阴阳家》有《南公》三十一篇。 [7]楚虽三户，亡秦必楚：楚南公留下的预

言。［8］蜂起之将：纷纷起义的诸将领。蜂起，如蜂之起，言众多。［9］“以君”二句：正因为您家世世代代为楚将，确实是拥立楚王后代最合适的人啊。为，确实是。［10］项梁然其言：项梁认为范增的话很对。按：范增说项梁立楚后，成为后来项羽为霸王的障碍，其实是馊主意。［11］盱眙：县名，县治在今江苏盱眙县东北。［12］横阳君成：即韩成，封横阳君，韩国后裔。［13］益树党：增树党羽，即增加楚国的同盟军。［14］司徒：周时为掌教化的官，秦汉时为管理民众的执政长官。［15］为游兵颍川：在颍川流动作战。颍川，郡名，治所阳翟，即今河南禹州市。颍川为韩国旧地，都阳翟。［16］临济：城名，在今河南封丘县东。［17］齐王儋：田儋。［18］夜衔枚击：趁夜偷袭。衔枚，古代秘密行军，为了防止喧哗，命令士兵口横衔枚，两头用绳子系在颈上。枚，形如筷子。［19］复徇魏地：重新夺回魏国的领地。徇，夺取。［20］东阿：县名，县治在今山东阳谷县东北。［21］距：抗拒。距，通“拒”。［22］大霖雨：连续多天降大雨。［23］武信君：项梁。［24］亢（gāng）父（fǔ）：县名，县治在今山东济宁市南。［25］追北：追赶败军。北，败逃。［26］城阳：县名，即成阳，县治在今山东菏泽市西北。［27］屠之：杀戮城阳城中军民。［28］濮阳：县名，县治在今河南濮阳市南。［29］复振：重整旗鼓，士气重新高涨。［30］环水：修建护城河，即环城挖沟引水，加固防守。［31］定陶：县名，交通要冲，县治在今山东菏泽市定陶区西北。［32］楚：据章校，他本“楚”下有“田角亡走赵”五字。《史记·田儋列传》作“齐相角亡走赵”，当依章校补此五字。

郎中令[1]赵高恃恩专恣[2]，以私怨诛杀人众多；恐大臣入朝奏事言之，乃说二世曰：“天子之所以贵者，但以闻声，群臣莫得见其面故也。且陛下富于春秋[3]，未必尽通诸事；今坐朝廷，谴举有不当者[4]，则见短[5]于大臣，非所以示神明[6]于天下也。陛下不如深拱禁中，与臣及侍中习法者待事[7]，事来有以揆之[8]。如此，则大臣不敢奏疑事[9]，天下称圣主矣。”二世用其计，乃不坐朝廷见大臣，常居禁中；赵高侍中用事[10]，事皆决于赵高。

高闻李斯以为言[11]，乃见丞相曰：“关东群盗多，今上急益发繇，治阿房宫，聚狗马无用之物[12]。臣欲谏，为位贱[13]，此真君侯[14]之事；君何不谏？”李斯曰：“固也，吾欲言之久矣。今时上不坐朝廷，常居深宫。吾所言者，不可传也[15]；欲见，无间[16]。”赵高曰：“君诚能谏，请为君候上间，语君[17]。”于是赵高侍二世方燕乐[18]，妇女居前，使人告丞相：“上方闲，可奏事。”丞相至宫门上谒[19]。

如此者三。二世怒曰：“吾常多闲日，丞相不来；吾方燕私，丞相辄来请事[20]！丞相岂少我哉，且固我哉[21]？”赵高因曰[22]：“夫沙丘之谋，丞相与[23]焉。今陛下已立为帝，而丞相贵不益[24]，此其意亦望裂地而王[25]矣。且陛下不问臣，臣不敢言。丞相长男李由为三川守，楚盗陈胜等皆丞相傍县之子[26]，以故楚盗公行[27]，过三川，城守不肯击[28]。高闻其文书相往来[29]，未得其审[30]，故未敢以闻[31]。且丞相居外，权重于陛下。”二世以为然，欲案[32]丞相；恐其不审[33]，乃先使人按验三川守与盗通状[34]。

（以上为第五段，写郎中令赵高弄权；秦二世胡亥深居宫中，只管吃喝玩乐；右丞相冯去疾、左丞相李斯、将军冯劫上书规劝，二世大怒，赵高趁势设下圈套，治罪李斯。）

【注释】

[1]郎中令：官名，九卿之一，掌管宫殿门户及百官出入，防卫宫禁重地。 [2]恃恩专恣：仗着受皇帝恩宠而专权自恣。恃恩，指赵高矫始皇遗诏，杀太子扶苏，二世始得即位。专恣，独断专行，为所欲为。 [3]富于春秋：年轻。富，多。春秋，年岁。 [4]谴举有不当者：若有赏罚不当之处。谴，责罚。举，选拔，奖赏。 [5]见（xiǎn）短：暴露自己的短处。 [6]示神明：显示自己的神奇英明。 [7]“陛下”二句：皇上不如拱手深居宫禁之中，与我和熟悉法令规章的侍中们在一起等待事务奏报。深拱，深居宫中，不理政务。与臣，与我，赵高自指。侍中，皇帝的侍从人员。习法者，熟悉法令的人。待事，接待大臣奏事。 [8]揆之：研究处理。 [9]疑事：疑难不实之事。 [10]侍中用事：指赵高侍奉二世左右，独断专权。 [11]高闻李斯以为言：赵高听到李斯对二世“深拱禁中”这件事有不满的言论。以为言，以之为言。之，指赵高让二世深拱之事。 [12]“今上”三句：关东盗贼风起云涌，而现今皇上却加紧征调夫役去修建阿房宫，并搜集狗马一类的无用玩物。上，指二世。发繇，征调夫役。繇，同“徭”，指服劳役的人。 [13]为位贱：因为地位卑贱。 [14]君侯：秦汉时丞相例封列侯，故称君侯。 [15]不可传也：无法传达给皇上。 [16]无间：没有空，没有机会。 [17]“请为”二句：让我为你打听，一等皇帝有空我就通知你。候，等候。语，告知。 [18]方燕乐：正在宴饮取乐。燕，通“宴”。 [19]上谒：求见。 [20]“吾方”二句：我正在闲居休息，丞相就来请示奏报。燕私，欢宴休息之时。请事，请求奏事。 [21]“丞相”二句：丞相岂不是轻视我吗，还是根本就看不起我？少，轻视。且，还是。固，根本，原本。 [22]因曰：趁机进事。 [23]与：参与。 [24]贵不益：地位并没提高。 [25]裂地而王：割地称王。 [26]傍县之子：邻县人氏，老乡。意谓陈胜是李斯同乡，所以李斯之子李由纵容他们造反。 [27]公行：指盗贼公然横行。 [28]城守不肯击：指李由只是据城防守，不出击盗贼。 [29]文书相往来：书信相通，勾结盗贼。文书，公函、信件。往来，互通。

[30]未得其审：还没找到确切证据。审，详情，核实。 [31]以闻：把这情况报告陛下。闻，奏报。 [32]案：审判。 [33]不审：事实不确，不落实。 [34]“乃先”句：于是，就先派人去审核三川郡守李由勾结盗贼的情况。按验，查验。通，暗中勾结。状，具体情况。

李斯闻之，因上书言赵高之短[1]曰：“高擅利擅害[2]，与陛下无异。昔田常相齐简公，窃其恩威，下得百姓，上得群臣，卒弑简公而取齐国[3]，此天下所明知也。今高有邪佚之志[4]，危反之行[5]，私家之富，若田氏之于齐矣，而又贪欲无厌[6]，求利不止，列势次主[7]，其欲无穷，劫[8]陛下之威信，其志若韩玘为韩安相也[9]。陛下不图，臣恐其必为变也。”二世曰：“何哉！夫高，故宦人[10]也；然不为安肆志[11]，不以危易心[12]，洁行修善[13]，自使至此[14]，以忠得进，以信守位，朕实贤之[15]；而君疑之，何也？且朕非属赵君，当谁任哉[16]！且赵君为人，精廉强力[17]，下知人情，上能适朕[18]；君其勿疑！”二世雅爱[19]赵高，恐李斯杀之，乃私告赵高。高曰：“丞相所患者独高；高已死，丞相即欲为田常所为[20]。”

是时，盗贼益多，而关中卒发东击盗者无已[21]。右丞相冯去疾、左丞相李斯、将军冯劫进谏曰：“关东群盗并起，秦发兵诛击，所杀亡甚众，然犹不止。盗多，皆以戍、漕、转、作事苦[22]，赋税大也[23]。请且止[24]阿房宫作者，减省四边戍、转。”二世曰：“凡所为贵有天下者，得肆意极欲[25]，主重明法，下不敢为非[26]，以制御四海[27]矣。夫虞、夏之主，贵为天子，亲处穷苦之实以徇百姓[28]，尚何于法[29]！且先帝起诸侯，兼天下，天下已定，外攘四夷以安边境，作宫室以章得意[30]；而君观先帝功业有绪[31]。今朕即位，二年之间，群盗并起，君不能禁，又欲罢先帝之所为，是上无以报先帝，次不为朕尽忠力，何以在位！”下去疾、斯、劫吏[32]，案责他罪[33]。去疾、劫自杀；独李斯就狱[34]。二世以属赵高治之[35]，责[36]斯与子由谋反状，皆收捕宗族、宾客。赵高治斯，榜掠千余[37]，不胜痛，自诬服[38]。

斯所以不死者，自负其辩[39]，有功，实无反心，欲上书自陈[40]，幸二世寤而赦之[41]。乃从狱中上书曰：“臣为丞相治民，三十余年[42]矣。逮秦地之狭隘[43]，不过千里，兵数十万。臣尽薄材，阴行[44]谋臣，资之[45]金玉，使游说诸侯；阴修甲兵[46]，饬政教[47]，官斗士[48]，尊功臣；故终以胁韩，弱魏，破燕、赵，夷齐、楚[49]，卒兼六国，虏其王，立秦为天子。又北逐胡、貉[50]，南定百越[51]，以见秦之强[52]。更克画[53]，平斗斛、度量[54]、文章[55]，布之天下，以树秦之名。此皆臣之罪也，臣当死久矣！上幸尽其能力，乃得至今。愿陛下察之！”书上，赵高使吏弃去不奏，曰：“囚安得上书！”

赵高使其客十余辈诈为御史、谒者、侍中，更往覆讯斯[56]，斯更以其实对[57]，辄使人复榜之。后二世使人验斯[58]，斯以为如前[59]，终不敢更言[60]。辞服[61]，奏当上[62]。二世喜曰：“微[63]赵君，几为丞相所卖[64]！”及二世所使案[65]三川守由者至，则楚兵已击杀之。使者来，会丞相下吏[66]，高皆妄为反辞以相傅会[67]，遂具斯五刑论[68]，腰斩[69]咸阳市。斯出狱，与其中子俱执[70]。顾[71]谓其中子曰：“吾欲与若[72]复牵黄犬，俱出上蔡[73]东门逐狡兔，岂可得乎！”遂父子相哭，而夷三族[74]。二世乃以赵高为丞相，事无大小皆决焉。

（以上为第六段，写李斯下狱，受尽极刑，屈打成招，被灭三族。）

【注释】

[1]短：过错。 [2]高擅利擅害：赵高专擅赏罚大权。擅，专断。利，封赏。害，惩罚。[3]弑简公而取齐国：田常终于杀了齐简公而篡夺了齐国。事详《史记·田敬仲完世家》。 [4]邪佚之志：指叛逆之心。邪，邪恶，此指叛逆。佚，放任胡为。 [5]危反之行：危害反叛的行为。 [6]贪欲无厌：贪得无厌，没有满足的时候。厌，满足。 [7]列势次主：地位权势仅次于皇上。次，比，等，仅次于。 [8]劫：窃取。 [9]“其志”句：他的野心就如同韩玘为韩王安的丞相那样。志，指野心。韩玘（qǐ），韩国末代君韩王安的相国，大权在握，控制了韩王安。此事史文缺载，而为近世的李斯、胡亥所知，故李斯引以为二世戒。 [10]故宦人：过去是个宦官。[11]不为安肆志：不因为处境安逸就肆意妄为。 [12]不以危易心：不会处境危急而改变忠心。[13]洁行修善：品行廉洁，以善自勉。 [14]自使至此：才使自己得到今天的地位。 [15]朕实贤之：我确实认为他贤明。 [16]“且朕”二句：况且我不依靠赵高，又当任用谁呢？属，托付，依靠。 [17]精廉强力：精明廉洁，强干有能力。 [18]“下知”二句：对下能了解人情民心，对上能适合我的心意。 [19]雅爱：一向宠信，非常喜欢。 [20]“丞相”句：丞相李斯将要效法田常杀害胡亥篡权。 [21]无已：没有止境。 [22]戍、漕、转、作事苦：由于兵役、水陆运输以及建宫建陵等事劳苦不堪。戍，征兵戍边。漕，水运。转，陆运。作，役作，指大兴土

木。［23］赋税大也：赋税太重。［24］且止：暂时停止。［25］“凡所为”二句：大凡能尊贵到拥有天下的原因，就在于能为所欲为，尽情享受。［26］“主重”二句：君主重在修明法制，臣下便不敢为非作歹。［27］以制御四海：凭这个统治天下。制御，掌控，统治。［28］以徇百姓：为老百姓献身。［29］尚何于法：还有什么可效法的呢！［30］作宫室以章得意：修建宫室用以彰显得意的心情。章，通“彰”。［31］功业有绪：功业的开创。绪，头绪，开创。［32］下……吏：交付司法官审讯。［33］案责他罪：追究其他罪责。［34］就狱：被下狱。［35］属赵高治之：委托赵高治李斯的罪。［36］责：追查。［37］榜掠千余：笞打一千多板。榜掠，捶击拷问。［38］诬服：冤屈地认罪。［39］辩：能言善辩。［40］自陈：陈述自己的冤情。［41］幸二世寤而赦之：希望秦二世醒悟将他赦免。寤，明白过来。［42］三十余年：李斯自公元前247年入秦至公元前208年入狱止，在秦国政坛活动三十九年。［43］逮秦地之狭隘：曾赶上当初秦国疆域狭小。逮，及，赶上。［44］阴行：暗中派遣。［45］资之：资助他们。［46］阴修甲兵：暗中整饬武备。［47］饬政教：整治政令教化。［48］官斗士：提拔敢战善斗的将士做官。［49］“故终以”四句：故而终于能以此胁迫韩国，削弱魏国，击破燕国、赵国，铲平齐国、楚国。［50］北逐胡、貉（mò）：在北方驱逐胡人、貉人。胡，指匈奴。［51］南定百越：在南方戡定了百越部族。百越，古代我国南方两广、福建越人部族众多，统称百越。［52］以见秦之强：用以显扬秦国的强大。见，同“现”，显示。［53］更克画：改革文字。更，改变。克，通“刻”，指文字写法。［54］平斗斛、度量：统一度量衡。平，统一。斗，量器，十升为一斗。斛，量器，十斗为一斛。度，长度的标准。量，容积的标准。［55］文章：礼乐制度。［56］“赵高使其客”二句：赵高派他的门客十余人假充御史、谒者、侍中，轮番审讯李斯。客，赵高门客同党。诈为，假扮作。御史，职掌监察弹劾。谒者，掌皇帝行礼时傧相赞礼。［57］斯更以其实对：李斯则翻供以实情对答。［58］验斯：核对李斯口供。［59］如前：如以前一样。［60］更言：改口供。［61］辞服：招供服罪。［62］奏当上：呈奏判决书给二世皇上。当，判决书。上，指二世。［63］微：无，没有。［64］卖：欺骗。［65］案：调查。［66］下吏：交付司法官吏审讯。［67］“高皆”句：赵高便捏造了李由谋反的罪证，与李斯的罪状牵合在一起。妄为反辞，捏造李由谋反的罪证。妄，虚假不实。傅，同“附”，牵强附会。［68］遂具斯五刑论：于是判决李斯按腰斩死刑定罪。具，判决。五刑，秦汉五刑，包括黥、劓（割鼻）、刖（斩左、右足）、斩首、碎尸。腰斩死刑要遍受五刑。论，定罪。［69］腰斩：拦腰斩断。腰斩死刑在闹市执行示众。［70］中子：次子。俱执：一同押解。［71］顾：回头。［72］若：汝，你。［73］上蔡：邑名，在今河南上蔡县西南，是李斯故乡。［74］夷三族：杀灭父族、母族、妻族。

项梁已破章邯于东阿，引兵西，北至定陶[1]，再破秦军。项羽、沛公又与秦军战于雍丘[2]，大破之，斩李由。项梁益轻秦，有骄色。宋义谏曰："战胜而将骄卒惰者，败。今卒少惰矣[3]，秦兵日益，臣为君畏[4]之！"项梁弗听。乃使宋义使于齐，道遇齐使者高陵君显[5]，曰："公将见武信君乎？"曰："然。"曰："臣论[6]武信君必败；公徐行[7]即免死，疾行则及祸。"二世悉起兵益章邯[8]击楚军，大破之定陶，项梁死。

时连雨，自七月至九月。项羽、沛公攻外黄[9]未下，去，攻陈留[10]；闻武信君死，士卒恐，乃与将军吕臣[11]引兵而东，徙怀王自盱眙都彭城。吕臣军彭城东；项羽军彭城西；沛公军砀。

魏豹下魏二十余城；楚怀王立豹为魏王。

后九月[12]，楚怀王并吕臣、项羽军，自将之；以沛公为砀郡长，封武安侯，将砀郡兵；封项羽为长安侯，号为鲁公；吕臣为司徒[13]，其父吕青为令尹。

章邯已破项梁，以为楚地兵不足忧[14]，乃渡河[15]，北击赵，大破之；引兵至邯郸，皆徙其民河内[16]，夷其城郭[17]。张耳与赵王歇走入巨鹿[18]城，王离[19]围之。陈馀北收常山[20]兵，得数万人，军巨鹿北；章邯军巨鹿南棘原[21]。赵数请救于楚[22]。

高陵君显在楚，见楚王曰："宋义论武信君之军必败；居数日，军果败。兵未战而先见败征[23]，此可谓知兵[24]矣！"王召宋义与计事而大说之[25]，因置以为上将军[26]，项羽为次将[27]，范增为末将[28]，以救赵。诸别将[29]皆属宋义，号为"卿子冠军[30]"

初，楚怀王与诸将约："先入定关中者王之[31]。"当是时，秦兵强，常乘胜逐北[32]，诸将莫利先入关[33]；独项羽怨秦之杀项梁，奋[34]，愿与沛公西入关。怀王诸老将[35]皆曰："项羽为人，慓悍猾贼[36]，尝攻襄城[37]，襄城无遗类[38]，皆坑之[39]；诸所过无不残灭[40]。且楚数进取，前陈王、项梁皆败，不如更遣长者[41]，扶义而西[42]，告谕秦父兄。秦父兄苦其主久矣，今诚得长者往，无侵暴，宜可下[43]。项羽不可遣；独沛公素宽大者，可遣。"怀王乃不许项羽，而遣沛公西略地，收陈王、项梁散卒以伐秦。

沛公道砀[44]，至阳城与杠里[45]，攻秦壁[46]，破其二军。

（以上为第七段，写武信君项梁接连几次打败秦军，骄傲懈怠，被秦军一举消灭；楚怀王熊心遣将伐秦，约定“先入定关中者王之”；任命宋义为上将军，统军救援巨鹿赵军；派遣刘邦西进，一路攻打秦军。）

【注释】

[1]北至定陶：北，据章校，他本“北”作“比”。《史记·项羽本纪》作“比”，当改“北”作“比”。比，等到。[2]雍丘：县名，县治在今河南杞县。[3]卒少惰矣：战士的士气稍稍有些怠惰。少，通“稍”。[4]畏：担忧。[5]高陵君显：封于高陵的贵臣，名显，姓氏不详。[6]论：推断。[7]徐行：慢行。[8]悉起兵益章邯：征发秦国全部兵力增援章邯。悉，全部。益，增援。[9]外黄：县名，县治在今河南杞县东北。[10]陈留：县名，县治在今河南开封市东南陈留镇。[11]吕臣：楚将军，后归顺刘邦，封为宁陵侯。[12]后九月：闰九月。[13]司徒：此指主管后勤的军需官。[14]不足忧：不必担心。[15]河：黄河。[16]河内：地区名，泛指今河南东北部黄河以北地区。[17]夷其城郭：铲平了邯郸的城墙。城，内城。郭，外城。[18]巨鹿：县名，县治在今河北平乡县西南。[19]王离：秦将，王翦之孙，蒙恬死后，王离率领长城军，此时被章邯征调围巨鹿。后被项羽所俘。[20]常山：郡名，郡治元氏，在今河北元氏县西北。[21]棘原：地名，在今河北平乡县南。[22]请救于楚：向楚国请求救援。[23]败征：失败的征兆。[24]知兵：懂得用兵，善于作战。[25]大说之：十分喜欢他。说，通“悦”。[26]置以为上将军：安排他为众将之首。上将军，众将首领，第一将军，故下文称“冠军”。[27]次将：排名第二，副将。[28]末将：排名第三。[29]别将：其他将领，隶属宋义为部将。按：次将、末将，地位高于别将，为宋义副手，参决谋议。[30]卿子冠军：卿子，当时对男子的美称，犹言“公子”。宋义为上将军，故有“卿子冠军”之称。[31]先入定关中者王之：谁先攻入关中灭秦的人，他就在关中称王。这是楚怀王与伐秦众将的约定，也是对先入关者的重奖。关中，地区名，指陕西中部渭水中下游平原地区，因在函谷关以西，散关以东，萧关以南，武关以北的四关之中，故称关中。王（wàng），封为王，用作动词。[32]常乘胜逐北：秦军经常乘胜追击逃敌。[33]莫利先入关：没有人认为先入关为有利。按：先入关者先遇强敌，故无利。[34]奋：激愤不已。[35]诸老将：指楚旧时遗臣，他们妒忌项羽，怂恿怀王钳制项羽。[36]慓（piāo）悍：轻捷勇猛。猾贼：奸猾凶残。[37]襄城：秦县名，县治即今河南襄城县。[38]无遗类：全部杀光，没留下一个人。[39]皆坑之：全部活埋了襄城秦军民。[40]“诸所过”句：所有项羽经过的地方，无不遭到残杀毁灭。[41]更遣长者：改派宽厚持重的人。[42]扶义而西：以仁义为号召向西进军。扶义，仗义，以仁义为号召。[43]宜可下：关中应该是可以攻下的。[44]道砀：取道砀，从砀进军。按：刘邦驻军于砀，故从砀西进。[45]至阳城与杠里：到达阳城、杠里。阳城，乃城阳之倒。城阳，即“成阳”。《史记·高祖本纪》作“成阳”，县名，县治在今山东鄄城县东南。杠（gāng）里，地名，在城阳西。[46]壁：营垒。

三年（甲午，前 207 年）

冬，十月，齐将田都畔[1]田荣，助楚救赵。

沛公攻破东郡尉于成武[2]。

宋义行至安阳[3]，留四十六日不进。项羽曰："秦围赵急，宜疾引兵渡河；楚击其外，赵应其内，破秦军必矣！"宋义曰："不然。夫搏牛之虻，不可以破虮虱[4]。今秦攻赵，战胜则兵疲，我承其敝[5]；不胜，则我引兵鼓行而西[6]，必举秦矣[7]。故不如先斗秦、赵[8]。夫被坚执锐[9]，义不如公；坐运筹策[10]，公不如义。"因下令军中曰："有猛如虎，狠如羊，贪如狼[11]，强不可使者[12]，皆斩之！"

乃遣其子宋襄相齐，身送之至无盐[13]，饮酒高会[14]。天寒，大雨，士卒冻饥。项羽曰："将勠力[15]而攻秦，久留不行。今岁饥民贫[16]，士卒食半菽[17]，军无见粮[18]，乃饮酒高会。不引兵渡河，因赵食[19]，与赵并力攻秦，乃曰'承其敝'。夫以秦之强，攻新造之赵[20]，其势必举。赵举秦强，何敝之承！且国兵新破[21]，王坐不安席，扫境内而专属于将军[22]，国家安危，在此一举。今不恤[23]士卒而徇其私[24]，非社稷之臣[25]也！"

十一月，项羽晨朝[26]上将军宋义，即其帐中[27]斩宋义头。出令军中曰："宋义与齐谋反楚，楚王阴令[28]籍诛之！"当是时，诸将皆慑服[29]，莫敢枝梧[30]，皆曰："首立楚者，将军家也；今将军诛乱[31]。"乃相与共立[32]羽为假上将军[33]。使人追宋义子，及之齐，杀之。使桓楚报命于怀王。怀王因使羽为上将军[34]。

（以上为第八段，写楚国上将军宋义带领军队救赵，到达安阳，停留四十六天，又把儿子宋襄送去齐国为相，并置酒高会；项羽诛杀宋义，派桓楚向楚怀王熊心报告，被任为上将军，统率救赵军队。）

【注释】

[1]畔：通"叛"。 [2]东郡：郡名，治所濮阳，在今河南濮阳市西南。成武：县名，县治在今山东成武县。 [3]安阳：邑名，在今山东曹县东南。 [4]"夫搏牛"二句：咬牛的牛虻却不能蛟破小小的虱子。牛虻喻秦军，虮虱喻巨鹿，城小而坚，秦军屯于坚城之下，不能马上攻破；即使攻破了，也必然疲敝。虮，虱卵。虮虱，虱子的统称。 [5]承其敝：趁秦军疲惫之时击灭之。

[6]鼓行而西：大张旗鼓地向西进兵。 [7]必举秦矣：一定攻取秦国。 [8]先斗秦、赵：让秦、赵两国先打。 [9]被坚执锐：披坚甲，执利兵，谓冲锋陷阵。被，同“披”。坚，指铠甲。锐，指兵器。 [10]坐运筹策：坐在军帐中运用谋略。 [11]猛如虎，狠如羊，贪如狼：此皆以生活实际作比喻，当是流行的俗语。狠如羊，两羊相斗，先退后冲，十分凶狠。 [12]强不可使者：倔强不听命令的人。 [13]无盐：地名，在今山东东平县东南。 [14]饮酒高会：大摆筵席，宴请宾客。高会，盛会。 [15]将勠力：正应当并力、合力。 [16]岁饥民贫：荒年民困。 [17]半菽：半菜半粮，指粗劣的饭食。菽，豆的总名。 [18]见粮：存粮。见，同“现”。 [19]因赵食：是说楚军应急往赵地，利用赵地的粮草以为军需。 [20]新造之赵：新建立的赵国。 [21]国兵新破：指楚军大败于定陶，项梁死，楚王熊心移避彭城。国兵，楚人自称其本国军队。 [22]“扫境内”句：倾一国之兵交给了宋义指挥。扫，悉数。境内，全国。 [23]恤：体谅。 [24]徇其私：徇私情，谋私利，指宋襄相齐事。徇，图谋，与前文“徇下县”“徇广陵”之“徇”不同。 [25]非社稷之臣：不是忠实于国家的大臣。 [26]晨朝：早上参见。 [27]即其帐中：就在宋义的营帐中。 [28]阴令：密令。 [29]慑服：畏惧屈服。 [30]枝梧：枝为屋架之小柱，梧为斜柱。枝梧，支撑屋盖，引申为抵触、抗拒。 [31]今将军诛乱：如今又是将军诛除了乱臣贼子。按：这是半句话，“今将军诛乱”，又立了新功，应该坐第一把交椅为上将军，由于心急又恐惧，说话不成整句，只说了半句，众将军惶恐之态跃然纸上。 [32]相与共立：共同推立。 [33]假上将军：代理上将军。 [34]怀王因使羽为上将军：楚怀王因此让项羽担任上将军。因使，顺水推舟，承认既成事实。按：项羽夺回军权。

十二月，沛公引兵至栗[1]，遇刚武侯[2]，夺其军四千余人，并之；与魏将皇欣、武满军合攻秦军，破之。

故齐王建孙安下济北[3]，从项羽救赵。

章邯筑甬道属河[4]，饷王离[5]。王离兵食多，急攻巨鹿。巨鹿城中食尽、兵少，张耳数使人召前陈馀[6]。陈馀度兵少[7]，不敌秦，不敢前。数月，张耳大怒，怨陈馀，使张黡、陈泽往让陈馀[8]曰：“始吾与公为刎颈交，今王与耳旦暮且死，而公拥兵数万，不肯相救，安在其相为死[9]！苟必信[10]，胡不赴秦军俱死[11]；且有十一二相全[12]。”陈馀曰：“吾度前终不能救赵，徒尽亡军[13]。且馀所以不俱死，欲为赵王、张君报秦[14]。今必俱死，如以肉委饿虎[15]，何益！”张黡、陈泽要以俱死。馀乃使黡、泽将五千人先尝秦军[16]，至，皆没[17]。当是时，齐师、燕师皆来救赵，张敖亦北收代兵[18]，得万余人，来，皆壁馀旁[19]，未敢击秦。

项羽已杀卿子冠军，威震楚国，乃遣当阳君[20]、蒲将军将卒二万渡河救巨鹿[21]。战少利[22]，绝章邯甬道，王离军乏食。陈馀复请兵[23]。项羽乃悉引兵渡河，皆沈船[24]，破釜、甑[25]，烧庐舍，持三日粮，以示士卒必死[26]，无一还心[27]。于是至则围王离，与秦军遇，九战[28]，大破之；章邯引兵却[29]。诸侯兵乃敢进击秦军，遂杀苏角[30]，虏王离；涉间不降，自烧杀。当是时，楚兵冠诸侯[31]；军救巨鹿[32]者十余壁，莫敢纵兵[33]。及楚击秦，诸侯将从壁上观[34]。楚战士无不一当十，呼声动天地，诸侯军无不人人惴恐[35]。于是已破秦军，项羽召见诸侯将；诸侯将入辕门[36]，无不膝行而前[37]，莫敢仰视。项羽由是始为诸侯上将军，诸侯皆属焉。

于是赵王歇及张耳乃得出巨鹿城谢诸侯。张耳与陈馀相见，责让陈馀以不肯救赵；及问张黡、陈泽所在，疑陈馀杀之，数以问馀。馀怒曰："不意君之望臣深也！岂以臣为重去将印哉[38]？"乃脱解印绶[39]，推与张耳；张耳亦愕不受[40]。陈馀起如厕[41]。客有说张耳曰："臣闻'天与不取，反受其咎[42]。'今陈将军与君印，君不受；反天不祥[43]。急取之！"张耳乃佩其印，收其麾下[44]。而陈馀还，亦望张耳不让，遂趋出[45]，独与麾下所善数百人之河上泽中渔猎。赵王歇还信都。

（以上为第九段，写张耳与赵王赵歇被围困在巨鹿城，日夜盼望陈馀领兵来救，陈馀自度无法取胜而没有出兵；项羽率领楚军救援巨鹿，英勇无比，打败秦军，各路诸侯无不佩服，拥戴项羽为各路诸侯统帅。）

【注释】

[1]栗：县名，县治在今河南夏邑县。 [2]刚武侯：史失其姓名。 [3]"故齐王"句：原齐王田建孙子田安攻占了济北地。济北，济水以北之地，今山东聊城市。 [4]筑甬道属河：修筑甬道连接黄河。甬道，两旁筑有墙壁的通道，如现在的交通壕，为防御敌人袭击劫夺。属（zhǔ），连接。河，黄河。 [5]饷王离：给王离供应军粮。饷，军粮。 [6]召前陈馀：通报陈馀向前进攻秦军以救巨鹿。 [7]度兵少：估计、比较自己兵少。度（duó），估计。 [8]往让陈馀：前往责备陈馀。让，批评。[9]安在其相为死：同生死的誓言哪里去了。[10]苟必信：如果真守信用。[11]胡不赴秦军俱死：何不攻击秦军与我们一同战死。胡，何，为什么。 [12]且有十一二相全：

或许还有十分之一二的可能战胜秦军保全性命。［13］徒尽亡军：白白地让全军覆没。［14］报秦：向秦军报仇。［15］如以肉委饿虎：如同把肉送给饿虎。委，扔给。［16］先尝秦军：先去试攻秦军。［17］至，皆没：一去就全军覆没了。［18］张敖：张耳子。收代兵：结集了代地的士兵。［19］壁馀旁：在陈馀兵营旁扎营驻守。壁，营垒。［20］当阳君：黥布。［21］渡河救巨鹿：河，漳河。漳河流经今河北南部，楚军渡漳河始至巨鹿。［22］战少利：初战取得小胜。［23］陈馀复请兵：陈馀再次向项羽请求救兵。［24］沈船：沉船。沈，通“沉”。［25］破釜、甑：打破炊具。釜（fǔ），饭锅。甑（zèng），蒸饭用的炊具。［26］必死：不胜即死，拼死作战。［27］无一还心：沉船，破釜甑，烧庐舍，都表示自断退路，无一生还的必死决心，用以激励全军死中求活。［28］九战：多次战斗。九表示多数。［29］章邯引兵却：章邯领兵退却。［30］苏角：秦将。［31］冠诸侯：压倒诸侯，为诸侯之冠。［32］军救巨鹿：语不顺，“军”字上当有“诸侯”二字。《史记·项羽本纪》《汉书·项籍传》均有“诸侯”二字。［33］莫敢纵兵：诸侯没人敢出兵作战。纵兵，出动军队。［34］从壁上观：都在营垒上观战。［35］惴恐：战栗畏惧。［36］辕门：即营门。军队驻扎，以战车为阵，车辕竖起相对为门，故称营门为辕门。辕，车前驾牲畜的两根直木。［37］膝行而前：两膝跪地向前行走。［38］“不意”二句：没有想到你对我的怨恨这样深，难道你以为我舍不得放弃这颗将军印吗？望，怨恨。重，珍惜，看重，舍不得。［39］印绶：指印。绶，系印纽的丝带。［40］张耳亦愕不受：张耳也是惊愕不肯接受。按：陈馀突如其来的辞职举动让张耳惊愕。［41］如厕：上厕所。［42］天与不取，反受其咎：古谚语，《国语·越语下》作“天予不取，反为之灾”。意谓机不可失。［43］反天不祥：逆天不吉利。［44］收其麾下：接收了陈馀的军队。麾（huī）下，旗下，部下。麾，古代大将的指挥旗。［45］遂趋出：于是快步跑出。

春，二月，沛公北击昌邑[1]，遇彭越[2]；彭越以其兵从沛公。越，昌邑人，常渔巨野泽[3]中，为群盗[4]。陈胜、项梁之起，泽间少年相聚百余人，往从彭越曰：“请仲为长。”越谢曰[5]：“臣不愿也。”少年强请，乃许；与期旦日日出会[6]，后期者斩。旦日日出，十余人后，后者至日中。于是越谢曰：“臣老，诸君强以为长。今期而多后，不可尽诛，诛最后者一人。”令校长斩之[7]。皆笑曰：“何至于是[8]！请后不敢。”于是越引一人斩之，设坛祭[9]，令徒属[10]，皆大惊，莫敢仰视。乃略地，收诸侯散卒，得千余人，遂助沛公攻昌邑。

昌邑未下，沛公引兵西过高阳[11]。高阳人郦食其[12]，家贫落魄[13]，为里监门[14]。沛公麾下骑士适食其里中人[15]，食其见，谓曰：“诸侯将过高阳者数十人，吾问其将皆握龊[16]，好苛礼[17]，自用[18]，不能听大度之言[19]。吾闻沛公慢而易人[20]，多大略[21]，此真吾所愿从游[22]，莫为我先[23]。若见沛公[24]，谓曰：'臣里中有郦生，年六十余，长八尺，人皆谓之狂生[25]。生自谓"我非狂生"。'"骑士曰："沛公不好儒[26]，诸客冠儒冠来者[27]，沛公辄解其冠[28]，溲溺其中[29]，与人言，常大骂；未可以儒生说也[30]。"郦生曰："第言之[31]。"骑士从容言[32]，如郦生所诫者[33]。

【注释】

[1]昌邑：县名，县治在今山东金乡县西北。[2]彭越：字仲，昌邑人，秦末起兵，助汉王刘邦破项羽。西汉建立，封梁王。传见《史记》卷九十。[3]巨野泽：亦称大野泽，在今山东巨野县。[4]为群盗：聚众为盗。[5]越谢曰：彭越推辞说。[6]"与期"句：和大伙约定第二天清晨太阳出来时集合。期，约定。旦日，第二天。会，集合。[7]令校长斩之：下令校长杀那个最后迟到的人。校长，彭越指定执行军法的官员。[8]何至于是：哪至于这样啊！[9]设坛祭：设立土坛，以人头祭祀，用来严明法纪。[10]令徒属：号令徒众。[11]高阳：乡名，在今河南杞县西南。[12]郦食其：见汉高帝时年六十余，常为说客，出使诸侯。传见《史记》卷九十七。[13]落魄：困窘失意。[14]为里监门：做看管里门的小吏。里，聚居的村落。[15]适食其里中人：正好是郦食其同一个里的人。适，正好，恰巧。[16]握龊（chuò）：同"龌龊"，器量狭小。[17]好苛礼：好拘泥于烦琐的礼节。[18]自用：自以为是。[19]大度之言：恢宏豁达的言论。[20]慢而易人：傲慢看不起人。[21]多大略：富有远大的谋略。[22]此真吾所愿从游：这真是一个我愿意结交的朋友。游，交游，交往。[23]莫为我先：没有人为我介绍。先，引见，介绍。[24]若见沛公：你去见沛公。若，汝，你。[25]狂生：疯老头。[26]不好儒：不喜欢儒生。[27]冠儒冠来者：戴儒生帽子的人来了。[28]辄解其冠：总是摘下他的帽子。[29]溲溺其中：往儒生帽子里撒尿。溲（sōu），尿。溺，同"尿"。[30]未可以儒生说也：你可不能以儒生的身份去游说。[31]第言之：只管把这些话告诉沛公。[32]骑士从容言：那个骑兵落落大方地把郦食其嘱托的话转告给了沛公。[33]如郦生所诫者：完全依照郦食其嘱咐的那样。

沛公至高阳传舍[1]，使人召[2]郦生。郦生至，入谒[3]。沛公方倨床[4]使两女子洗足，而见郦生。郦生入，则长揖不拜[5]，曰："足下欲助秦攻诸侯乎，且[6]欲率诸侯破秦也？"沛公骂曰："竖儒[7]！天下同共苦秦久矣[8]，故诸侯相率而攻秦，何谓助秦攻诸侯乎！"郦生曰："必聚徒、合义兵诛无道秦[9]，不宜倨见长者[10]！”于是沛公辍洗[11]，起，摄衣[12]，延郦生上坐[13]，谢之[14]。郦生因言六国从横时[15]。沛公喜，赐郦生食，问曰：“计将安出？”郦生曰：“足下起纠合之众[16]，收散乱之兵，不满万人；欲以径入强秦，此所谓探虎口者也；夫陈留[17]，天下之冲[18]，四通五达之郊也[19]；今其城中又多积粟。臣善其令[20]，请得使之令下足下[21]；即不听[22]，足下引兵攻之[23]，臣为内应。”于是遣郦生行，沛公引兵随之，遂下陈留；号郦食其为广野君[24]。郦生言其弟商[25]。时商聚少年得四千人，来属沛公，沛公以为将，将陈留兵以从。郦生常为说客，使诸侯。

三月，沛公攻开封[26]，未拔；西与秦将杨熊会战白马[27]，又战曲遇[28]东，大破之。杨熊走之荥阳[29]，二世使使者斩之以徇[30]。

夏，四月，沛公南攻颍川[31]，屠之。因张良，遂略韩地。时赵别将司马卬方欲渡河入关，沛公乃北攻平阴[32]，绝河津[33]。南，战洛阳东。军不利，南出轘辕[34]，张良引兵从沛公；沛公令韩王成[35]留守阳翟，与良俱南。

六月，与南阳守齮战犨东[36]，破之，略南阳郡；南阳守走保城，守宛。沛公引兵过宛，西；张良谏曰：“沛公虽欲急入关，秦兵尚众，距险[37]；今不下宛，宛从后击，强秦在前，此危道也！”于是沛公乃夜引军从他道还，偃旗帜[38]，迟明[39]，围宛城三匝[40]。南阳守欲自刭，其舍人[41]陈恢曰：“死未晚也[42]。”乃逾城见沛公曰：“臣闻足下约先入咸阳者王之。今足下留守宛，宛郡县连城数十，其吏民自以为降必死，故皆坚守乘城[43]。今足下尽日止攻[44]，士死伤者必多；引兵去宛，宛必随足下后。足下前则失咸阳之约[45]，后有强宛之患。为足下计，莫若约降封其守[46]；因使止守[47]，引其甲卒与之西。诸诚未下者，闻声争开门而待足下，足下通行无所累[48]。”沛公曰：“善！”秋，七月，南阳守齮降，封为殷侯；封陈恢千户[49]。

引兵西，无不下者。至丹水[50]，高武侯鳃、襄侯王陵[51]降。还攻胡阳[52]，遇番君别将梅鋗[53]，与偕攻析、郦[54]，皆降。所过亡得卤掠[55]，秦民皆喜。

（以上为第十段，写刘邦率领军队一路向西，沿途得到聚兵于巨野泽的彭城，在高阳谋士郦食其、南阳郡守舍人陈恢等人的帮助下，势如破竹，迅速平定南阳各郡县。）

【注释】

［1］传（zhuàn）舍：古时供行人休息住宿的处所，旅馆。［2］召：请。［3］入谒：进见。［4］倨床：叉腿坐在床边。倨，通“踞”，叉开腿坐着。见宾客而踞坐，不整饬仪容，是一种不礼貌的态度。［5］长揖不拜：深深作揖不下拜。按：郦生长揖不拜，表示不卑不亢。［6］且：还是。［7］竖儒：骂人语，如说你这个浑小子。［8］苦秦久矣：被秦祸害太久了。［9］诛无道秦：讨伐丧失道义的秦国。［10］不宜倨见长者：不应该用这种傲慢无礼的态度来接见年长的人。［11］辍洗：停止洗脚。［12］摄衣：整饬容装。［13］延……上坐：请坐上座。［14］谢之：向郦食其赔礼。［15］言六国从横时：讲战国时各诸侯国合从连横互相斗争的时势，借以为鉴。时，时势。［16］纠合之众：临时聚合的人众，即乌合之众。［17］陈留：县名，县治在今河南开封市祥符区陈留镇。［18］天下之冲：天下的交通要道。冲，要冲，枢纽。［19］四通五达之郊也：四通八达的地方。郊，地方，处所。［20］臣善其令：我与陈留县令交好。善，友好。［21］使之令下足下：让陈留县令向你投降。下，降服。［22］即不听：如果不听从。［23］引兵攻之：领兵攻城。［24］广野君：郦食其替刘邦谋划扩大势力范围，所以号“广野君”。［25］郦生言其弟商：郦食其劝说他的弟弟郦商来投奔刘邦。郦商归汉，多立战功，封曲周侯。传见《史记》卷九十五。［26］开封：县名，县治在今河南开封市南。［27］白马：县名，县治在今河南滑县东。［28］曲遇：邑名，在今河南中牟县东。［29］荥阳：县名，县治在今河南荥阳市东北。［30］徇：示众。［31］颍川：郡名，郡治阳翟，在今河南禹州市。［32］平阴：县名，县治在今河南洛阳市孟津区东。境内平阴津为黄河重要渡口。［33］绝河津：封锁黄河渡口。按：刘邦欲先定关中，所以绝河津，堵截司马卬使其不得渡河。［34］轘辕：在今河南洛阳市偃师区东南，山路险峻，是有名的要隘。［35］韩王成：即横阳君韩成。［36］南阳：郡名，治所宛县，在今河南南阳市。齮（yǐ）：秦南阳太守吕齮。犨（chōu）：县名，县治在今河南鲁山县东南。［37］距险：凭险固守，以拒敌人。距，通“拒”。［38］偃旗帜：放倒旗帜，隐藏起来。［39］迟明：接近天亮。迟，比，近。［40］围宛城三匝：将宛城重重包围。匝，环绕一周。［41］舍人：左右亲近的人。［42］死未晚也：等等再死也不迟。按：这是陈恢说词的最后一句话，意即等我陈恢去游说沛公有条件投降，如不可能，再死不迟。［43］故皆坚守乘城：所以全都登城防守。［44］今足下尽日止攻：现今你整日停留在这里攻打宛城。止攻，被拖在这里攻城。［45］失咸阳之约：耽误了先入关为王的约定。［46］莫若约降封其守：还不如订约受降，加封南阳郡守。［47］因使止守：借此留下南阳郡守替你守城。止守，留守。［48］通行无所累：西进就会畅行无阻。［49］千户：食邑千户的侯爵。［50］丹水：县名，故城在今河南淅川县西丹水（汉水支流）北岸。［51］高

武侯鳃（sāi）：《功臣表》所载之戚鳃。襄侯王陵：汉初官右丞相，封安国侯，襄侯是此时的封号。［52］胡阳：县名，县治在今河南唐河县南。［53］番（pó）君：吴芮，在秦做番阳令，故称番君；后参加反秦起义，汉初封长沙王。梅鋗（juān）：吴芮的部将。［54］析：县名，县治在今河南西峡县。郦：县名，县治在今河南南阳市西北。［55］亡得卤掠：不得掳掠。亡，通“无”，不。卤，通“掳”。

王离军既没，章邯军棘原[1]，项羽军漳南[2]，相持未战。秦军数却，二世使人让章邯。章邯恐，使长史欣请事[3]；至咸阳，留司马门[4]三日，赵高不见[5]，有不信之心。长史欣恐，还走其军[6]，不敢出故道[7]。赵高果使人追之，不及。欣至军，报曰：“赵高用事于中[8]，下无可为者[9]。今战能胜，高必嫉妒吾功；不能胜，不免于死。愿将军孰计之[10]！”

陈馀亦遗章邯书[11]曰：“白起[12]为秦将，南征鄢郢[13]，北坑马服[14]，攻城略地，不可胜计，而竟赐死。蒙恬[15]为秦将，北逐戎人[16]，开榆中地[17]数千里，竟斩阳周[18]。何者？功多，秦不能尽封，因以法诛之[19]。今将军为秦将三岁矣，所亡失以十万数；而诸侯并起滋益多[20]。彼赵高素谀日久[21]，今事急，亦恐二世诛之，故欲以法诛将军以塞责[22]，使人更代将军以脱其祸[23]。夫将军居外久，多内郤[24]，有功亦诛，无功亦诛。且天之亡秦，无愚智皆知之。今将军内不能直谏，外为亡国将[25]，孤特独立[26]而欲常存，岂不哀哉！将军何不还兵与诸侯为从[27]，约共攻秦，分王其地[28]，南面称孤[29]！此孰与身伏鈇质[30]，妻子为戮乎？”

章邯狐疑，阴使候始成使项羽[31]，欲约[32]。约未成，项羽使蒲将军日夜引兵渡三户[33]，军漳南[34]，与秦军战，再破之。项羽悉引兵击秦军汙水上[35]，大破之。章邯使人见项羽，欲约。项羽召军吏[36]谋曰：“粮少，欲听其约[37]。”军吏皆曰：“善！”项羽乃与期洹水南殷虚上[38]。已盟，章邯见项羽而流涕，为言赵高[39]。项羽乃立章邯为雍王[40]，置楚军中；使长史欣为上将军，将秦军为前行。

瑕丘申阳[41]下河南，引兵从项羽。

（以上为第十一段，写秦朝赵高专权，司马欣入朝而不得相见，不被信任，弄得秦将章邯左右不是人；陈馀分析利弊，劝其投降；章邯深感危机重重，有功也要被杀，无功也要被杀，就投奔项羽，被封为雍王。）

【注释】

［1］棘原：地名，在今河北平乡县南。［2］漳南：漳水南岸。［3］请事：请示。［4］司马门：皇宫的外门。宫墙内各处有卫士，门外有司马指挥的卫士把守，故总称宫廷外门为司马门。臣下入宫，在此听候宣召。［5］不见：不接见。［6］还走其军：逃回到自己的军营。［7］出故道：取原路大道。［8］用事于中：专权于朝中。［9］下无可为者：在下位的人不可能有所作为。［10］孰计之：认真考虑该怎么办。孰，通“熟”，指深思熟虑。［11］遗章邯书：送给章邯一封信。遗（wèi），送。书，信。［12］白起：秦昭王时大将，屡建奇功，竟蒙冤被昭王赐死。传见《史记》卷七十三。［13］南征鄢郢：公元前279年白起伐楚取鄢，次年取楚都郢。鄢即今湖北宜城市，郢都即今湖北荆州市之江陵城。［14］北坑马服：公元前260年白起败赵长平军，活埋赵将马服君赵括率领的赵国士兵四十余万人。马服，马服君之省称，赵将赵奢的爵号，其子赵括袭爵。［15］蒙恬：秦大将军，逐匈奴，筑长城，功勋卓著，始皇死，赵高沙丘政变假造秦始皇遗诏赐死蒙恬。［16］戎人：指匈奴。［17］开榆中地：开拓疆域至榆中地区，当今内蒙古包头市以南河套地区。［18］竟斩阳周：蒙恬被下狱阳周，迫令其自杀。斩，犹言死。阳周，县名，县治在今陕西子长市北。［19］因以法诛之：以法令为借口杀掉他们。［20］滋益多：越来越多。滋，增生，漫延。［21］素谀日久：一直蒙蔽二世很久了。谀，阿谀奉承，此指蒙蔽。［22］以塞责：用以掩饰自己的罪行。［23］脱其祸：逃脱自己的灾祸。［24］多内郤：与朝廷有很多矛盾。内，指朝廷内部。郤，同“隙”，裂痕，隔阂，矛盾。［25］亡国将：亡国的将军。［26］孤特独立：孤立无援。特，单，单一。［27］还兵与诸侯为从：倒戈与起义军联合。［28］分王其地：瓜分秦地各自为王。王（wàng），称王。［29］南面称孤：南向称孤道寡。南面，古代帝王座位向南，故“南面”指有帝王之位。［30］身伏铁质：身受死刑。铁质，即斧锧，锧为斩人的砧。［31］“阴使”句：秘密派一个叫始成的军候到项羽那里。［32］欲约：想要签订和约，其实是谈投降条件。［33］三户：三户津，漳河的一个渡口，在河北临漳县西。［34］军漳南：前文“项羽军漳南”，既“渡三户”，则此“南”当是“北”之误。［35］击秦军汙水上：击秦军于汙水岸边。汙（yú）水，在河北临漳县西南，今已涸。［36］军吏：军官。［37］听其约：同意章邯的议和要求。［38］“项羽”句：项羽与章邯约定在洹水南面的殷墟会晤。期，约定。洹（huán）水，即今河南安阳市北的安阳河。殷虚，即殷墟，殷代都城遗址，即今河南安阳县西小屯村。［39］为言赵高：对项羽诉说赵高弄权误国，陷害忠良之事。为言，与……诉说。［40］雍王：三秦王之一的雍地之秦王。雍，县名，县治在今陕西宝鸡市凤翔区南。［41］瑕丘申阳：瑕丘县人申阳。瑕丘，县名，县治在今山东济宁市兖州区东北。

初，中丞相[1]赵高，欲专秦权，恐群臣不听，乃先设验[2]，持鹿献于二世曰："马也。"二世笑曰："丞相误邪，谓鹿为马？"问左右，或默[3]，或言马以阿顺[4]赵高，或言鹿者。高因阴中诸言鹿者以法[5]。后群臣皆畏高，莫敢言其过。

高前数言"关东盗无能为也[6]"；及项羽虏王离等，而章邯等军数败[7]，上书请益助[8]。自关以东，大抵尽畔秦吏，应诸侯[9]；诸侯咸率其众西乡[10]。八月，沛公将数万攻武关，屠之[11]。高恐二世怒，诛及其身，乃谢病[12]，不朝见。

二世梦白虎啮其左骖马，杀之[13]。心不乐，怪问占梦[14]。卜曰[15]："泾水为祟[16]。"二世乃斋[17]于望夷宫[18]，欲祠泾水，沈四白马。使使责让高以盗贼事。

高惧，乃阴与其婿咸阳令阎乐及弟赵成谋曰："上不听谏；今事急，欲归祸于吾。欲易置上[19]，更立子婴。子婴仁俭，百姓皆载其言[20]。"乃使郎中令为内应[21]，诈为有大贼，令乐召吏发卒追，劫乐母置高舍[22]。遣乐将吏卒千余人至望夷宫殿门，缚卫令仆射[23]，曰："贼入此，何不止？"卫令曰："周庐设卒甚谨[24]，安得贼敢入宫！"乐遂斩卫令，直将吏入[25]，行射郎、宦者[26]。郎、宦者大惊，或走，或格[27]；格者辄死，死者数十人。

郎中令与乐俱入，射上幄坐帏[28]。二世怒，召左右；左右皆惶扰不斗[29]。旁有宦者一人侍，不敢去[30]。二世入内，谓曰："公何不早告我，乃至于此！"宦者曰："臣不敢言，故得全；使臣早言，皆已诛，安得至今！"阎乐前即二世[31]，数曰[32]："足下骄恣[33]，诛杀无道[34]，天下共畔足下，足下其自为计[35]！"二世曰："丞相可得见否？"乐曰："不可！"二世曰："吾愿得一郡为王。"弗许。又曰："愿为万户侯。"弗许。曰："愿与妻子为黔首，比诸公子[36]。"阎乐曰："臣受命于丞相，为天下诛足下；足下虽多言，臣不敢报！"麾其兵进[37]。二世自杀。

阎乐归报赵高。赵高乃悉召诸大臣、公子，告以诛二世之状[38]，曰："秦故王国[39]；始皇君天下[40]，故称帝。今六国复自立，秦地益小，乃以空名为帝，不可；宜如故[41]，便。"乃立子婴为秦王。以黔首葬二世杜南宜春苑中[42]。

九月，赵高令子婴斋戒，当庙见[43]，受玉玺；斋五日。子婴与其子二人谋曰："丞相高杀二世望夷宫，恐群臣诛之，乃诈[44]以义立我。我闻赵高乃与楚约[45]，灭秦宗室而分王关中。今使我斋、见庙，此欲因[46]庙中杀我。我称病不行，丞相必自来；来则杀之。"高使人请子婴数辈[47]，子婴不行。高果自往，曰："宗庙重事[48]，王奈何不行？"子婴遂刺杀高于斋宫，三族高家以徇[49]。

遣将兵距峣关[50]，沛公欲击之。张良曰："秦兵尚强，未可轻。愿先遣人益张旗帜于山上为疑兵[51]，使郦食其、陆贾往说秦将，啖以利[52]。"秦将果欲连和[53]；沛公欲许之。张良曰："此独其将欲叛，恐其士卒不从；不如因其懈怠击之[54]。"沛公引兵绕峣关，逾蒉山[55]，击秦军，大破之蓝田[56]南。遂至蓝田，又战其北，秦兵大败。

（以上为第十二段，写秦朝丞相赵高指鹿为马，独操秦朝大权，与女婿咸阳县令阎乐、弟弟赵成商议，杀掉胡亥，拥立子婴；子婴利用斋戒参拜祖先的机会，杀掉赵高，灭其三族；刘邦率军直奔咸阳。）

【注释】

［1］中丞相：禁中丞相。赵高为中人（宦官），又在禁中执政，故名。［2］设验：试探。［3］或默：有的人沉默不说话。［4］阿顺：曲意附和。［5］高因阴中诸言鹿者以法：赵高暗中借秦法陷害那些说是鹿的人。阴中，暗中伤害。以法，捏造罪名，用法律陷害人。［6］无能为也：成不了气候。［7］数（shuò）败：多次打败仗。［8］上书请益助：上奏请求增派援军。［9］"大抵"二句：大体上全都背叛秦朝官吏，响应诸侯。大抵，大都，大体。畔，通"叛"。［10］西乡：西向。乡，通"向"。［11］屠之：屠灭全城。［12］谢病：告病，称说有病。［13］"二世"二句：秦二世梦见一只白虎咬他的左骖马，并把马咬死。啮（niè），咬。左骖马，左边拉车的马。杀之，指白虎咬死了左骖马。［14］占梦：以圆梦为职业的人。［15］卜曰：卦辞上说。［16］泾水为祟：泾水神作怪。泾水，渭水支流，在咸阳附近注入渭水。［17］斋：斋戒。古人在祭祀或举行盛典之前几天不饮酒，不吃荤，沐浴别居，清心寡欲，以示虔敬，叫斋戒。［18］望夷宫：宫名，故址在今陕西泾阳县东南。临泾水北望泾河平原，故称"望夷宫"。夷，指泾河平原。［19］易置上：更换皇帝。［20］百姓皆载其言：百姓都拥护他说的话。载，通"戴"，拥护，爱戴。［21］郎中令为内应：赵高弟赵成为郎中令，故为内应。［22］劫乐母置高舍：劫持阎乐的母亲软禁在赵高家里做人质。［23］缚卫令仆射：把卫令仆射捆绑起来。［24］周庐设卒甚谨：宫内围墙内外各

区庐舍的值勤卫士巡逻得非常谨严。周庐，古代皇宫周围所设警卫庐舍。［25］直将吏入：带着官兵一直进入宫内。［26］行射郎、宦者：一边跑一边射杀郎官和宦官。［27］或走，或格：有的逃跑，有的抵抗。［28］射上幄坐帏：箭射到二世的幄坐和帏帐上。幄（wò）坐，帐内帝、后的座位。［29］惶扰：惊慌混乱。不斗：不抵抗，不护卫二世。［30］不敢去：不敢离开二世。［31］阎乐前即二世：阎乐向前靠近二世。［32］数曰：责备二世说，指列举罪状。［33］足下骄恣：足下骄横放纵。足下，称对方的敬辞，古代下对上，多为平辈相称。阎乐不称二世为"陛下"，可见已不承认胡亥为皇帝了。［34］诛杀无道：滥杀无辜，是个无道的昏君。［35］其自为计：希望你自己拿主意。这是逼迫二世自杀的用语。［36］比诸公子：给我与诸公子同等的待遇。比，同等。［37］麾其兵进：指挥士兵向前。［38］告以诛二世之状：报告诛杀二世的经过。［39］秦故王国：秦国从前本是个王国。［40］君天下：统一了天下。［41］宜如故：应还像先前一样称王才合适。据章校，他本"宜"下有"为王"二字。《史记·秦始皇本纪》有"为王"二字，当补。［42］"以黔首"句：按照平民规格把秦二世埋葬在杜县南宜春苑里。宜春苑，秦离宫有宜春宫，宫东为宜春苑，在今陕西西安市长安区南。［43］庙见：朝拜祖庙。此是皇帝即位后，第一次到宗庙拜祖先、会群臣、受印玺的典礼。［44］诈：欺诈，此处作"佯"字解。［45］赵高乃与楚约：《史记·高祖本纪》中"赵高已杀二世，使人来，欲约分王关中，沛公以为诈"云云，则是与刘邦约。［46］因：趁。［47］数辈：多次。［48］宗庙重事：国家大事。［49］三族高家以徇：诛杀赵高家三族示众。三族，父族、母族、妻族。徇，示众。［50］距：通"拒"。峣（yáo）关：峣山关口。峣山在今陕西商洛市商州区西北。［51］疑兵：为了虚张声势迷惑敌人而布置的军队。［52］啖（dàn）以利：用利益引诱。秦峣关守将为商人之子，刘邦用重利诱其投降。［53］连和：结盟，此处为接受投降条件。［54］因其懈怠击之：趁着秦兵麻痹大意击败他。按：张良之计是击溃秦军，免生后患。［55］蒉山：山名，在今陕西蓝田县南。［56］蓝田：县名，县治即今陕西蓝田县。

【点评】

赵高亡秦。赵高在秦朝的灭亡上，起了举足轻重的作用，甚至是起到了决定性的作用，可以说是秦朝灭亡的第一罪人！何以见得？

首先，赵高在秦始皇嬴政病逝后，发动沙丘政变，与丞相李斯合谋伪造诏书，逼迫秦始皇长子扶苏自杀，另立其幼子胡亥为帝。三人沆瀣一气，而以赵高为首谋，将秦国的根基动摇，这本身就是一个天大的错误。胡亥是赵高的学生，胡亥的能力，赵高当然清楚，赵高拥立胡亥的重要原因，即因为胡亥好掌控，可以弄权专政，为所欲为。其卑鄙行为，断送秦朝矣！

其次，赵高谋害忠良，铲除异己，无所不用其极，使得国无良臣，奸佞当道。赵高伙同李斯，把胡亥推上帝位后非常心虚，生怕有一天阴谋暴露。因此，他鼓动胡亥杀戮秦室公子和大臣，到了丧心病狂的地步。他首先要谋害的是蒙氏兄弟。胡亥杀死扶苏后，便想释放蒙恬，但赵高深恐蒙氏对自己不利，执意要消灭蒙氏，便散布在拥立太子问题上，蒙毅曾在秦始皇面前毁谤胡亥，胡亥于是囚禁并杀死了蒙毅，又派人前往阳周杀掉了威震匈奴的蒙恬，真是“凤凰在笯兮，鸡鹜翔舞”！赵高还蛊惑胡亥，要杀尽公子王孙和朝廷大臣，说：“沙丘之谋，诸公子和大臣们都在怀疑，这些人难保不怀有二心。我每每想到这些，就战战兢兢，恐有不测。心腹大患不除，皇上又怎能安乐一世呢？”就是这样几句话，让胡亥起了杀心，一下子就杀掉了十二个公子、十个公主。当时的右丞相冯去疾、左丞相李斯、将军冯劫三位重臣联合向秦二世进谏，在赵高的怂恿下，秦二世将他们逮捕法办，冯去疾与冯劫不愿受辱，皆自杀而死，李斯求活，讨好秦二世，上书“督责”，把秦朝推向灭亡的深渊。而后李斯被赵高诬陷，下狱治罪，屈打成招，以谋反罪灭其三族。后来，赵高猖獗到极点，指鹿为马，将一些正直的大臣杀害殆尽。有奸邪无比的赵高如此，秦朝焉得不亡？

第三，赵高把胡亥当作自己弄权干政的傀儡，助长了胡亥的邪恶之心，加速了秦朝的灭亡。胡亥本来就贪图享乐，认为做皇帝就是为了追求极乐，“欲悉耳目之所好，穷心志之所乐”。而心术不正的赵高，乘机煽动，认为这是“贤主之所能行而昏乱主之所禁”，简直是荒唐透顶！赵高还别有用心地叫胡亥拱手深居宫禁之中，只管淫乐，群臣只能听到他的声音，而不能见到他的容颜。这样，把胡亥与大臣隔绝开来，而赵高在其中兜售其奸，胡作非为。

第四，赵高私欲熏心，为虎作伥，推行严刑峻法，犹如火上浇油，把秦朝推向灭亡。秦朝刚刚统一，各方面的矛盾非常尖锐，如何用正确的方略来治理国家？这是一个非常关键的问题。用司马迁的话来说就是“秦之初灭诸侯，天下之心未定，痍伤者未瘳”，当务之急是“振百姓之急，养老存孤，务修众庶之和”。而赵高则怂恿胡亥“严法而刻刑，令有罪者相坐”，胡亥深以为然，“乃更为法律，务益刻深”。结果，秦国“奸伪并起，而上下相遁，蒙罪者众，刑戮相望于道，而天下苦之”，导致秦国的土崩瓦解之势迅速形成，被义军群起而推翻。

有赵高如此，秦国不亡何待？后人评论说：“赵高无过人之志，而居万人之位，是以倾覆秦国而祸殃其宗。”诚哉是言！

卷九　汉纪一

汉高帝元年至二年（前206—前205年）

【起旃蒙协洽（乙未，前206年），尽柔兆涒滩（丙申，前205年），凡二年】

【大事提要】

本卷记事起公元前206年，讫公元前205年，凡二年，当汉高帝元年至二年。本卷所载的大事，主要是以下几个方面：其一，子婴投降。公元前206年，刘邦率大军攻破武关，攻下峣关，兵临咸阳，屯兵霸上，派人劝说秦王子婴投降。子婴眼看大势已去，用绳绑缚自己，坐上白马拉着的车，穿着白色衣服，携带玉玺、兵符等物，亲到刘邦军前投降，秦朝灭亡。子婴在位仅四十六天。其二，项羽分封。项羽消灭了秦军主力后，率领诸侯军向关中挺进，攻破函谷关；进入咸阳后，屠毁咸阳城，杀掉子婴，烧掉宫室；然后主持分封，自封为西楚霸王，共封了十八个诸侯王，埋下诸多隐患。其三，还定三秦。项羽封刘邦为汉王，管辖巴、蜀、汉中；将关中封给三个秦朝降将。刘邦建都南郑，任命韩信为大将军，于公元前206年亲率汉军走陈仓道，突袭关中，攻下陈仓，东进咸阳，水淹废丘，历时八个月，平定三秦，为重新统一中国建立了强大根据地。其四，项羽攻齐。项羽分封后，齐、赵诸侯叛乱，项羽率军前往平乱。公元前205年，项羽北至城阳，齐王田荣引兵会战，被击败，逃往平原，被民众杀死。项羽烧杀掳掠，齐人聚集反叛，田荣弟田横收募散兵，在城阳攻打项羽，收复城邑，立田荣子田广为齐王。其五，彭城大战。公元前205年，刘邦还定三秦后，率领大军进攻彭城。因彭城精兵猛将都随项羽攻打齐国，被刘邦攻下，刘邦因此忘乎所以。项羽留下诸将攻齐，自率精骑三万疾驰南下，与汉军大战，大破汉军，斩杀十多万人；汉军几乎全军覆没，刘邦仓皇逃奔。

太祖高皇帝[1]上之上

元年[2]（乙未，前206年）

冬，十月[3]，沛公至霸上[4]；秦王子婴素车、白马[5]，系颈以组[6]，封皇帝玺、符、节[7]，降轵道旁[8]。诸将或言诛秦王[9]。沛公曰："始怀王遣我，固以能宽容[10]。且人已降，杀之不祥[11]。"乃以属吏[12]。

贾谊论曰[13]：秦以区区[14]之地致万乘之权[15]，招八州而朝同列[16]，百有余年[17]，然后以六合为家[18]，殽、函为宫[19]；一夫作难[20]而七庙堕[21]，身死人手[22]，为天下笑者，何也？仁谊不施而攻守之势异也[23]。

沛公西入咸阳，诸将皆争走金帛财物之府分之[24]；萧何独先入收秦丞相府图籍[25]藏之，以此沛公得具知天下厄塞[26]、户口多少、强弱之处。

沛公见秦宫室、帷帐、狗马、重宝、妇女以千数，意欲留居之。樊哙谏曰："沛公欲有天下耶，将为富家翁耶？凡此奢丽之物，皆秦所以亡也，沛公何用焉！愿急还霸上，无留宫中！"沛公不听。张良曰："秦为无道，故沛公得至此。夫为天下除残贼[27]，宜缟素为资[28]。今始入秦，即安其乐，此所谓'助桀为虐'。且忠言逆耳利于行，毒药苦口利于病，愿沛公听樊哙言！"沛公乃还军霸上。

十一月，沛公悉召诸县父老、豪杰[29]，谓曰："父老苦秦苛法久矣！吾与诸侯约，先入关者王之[30]；吾当王关中。与父老约[31]，法三章耳[32]：杀人者死，伤人及盗抵罪[33]。余悉除去秦法，诸吏民皆案堵如故[34]。凡吾所以来，为父老除害，非有所侵暴[35]；无恐[36]！且吾所以还军霸上，待诸侯至而定约束耳[37]。"乃使人与秦吏行县、乡、邑[38]，告谕之[39]。秦民大喜，争持牛、羊、酒食献飨军士[40]。沛公又让不受，曰："仓粟多，非乏，不欲费民[41]。"民又益喜，唯恐沛公不为秦王。

（以上为第一段，写沛公刘邦率先领兵进入关中，秦王子婴投降，刘邦封秦府库，还军霸上，又与秦地父老约法三章，废除秦朝的严刑苛法，民众都欢喜异常，争相慰问，唯恐刘邦不在关中为王。）

【注释】

［1］太祖高皇帝：太祖，为庙号；高皇帝，为谥号。古代帝王死后，在太庙，即祖庙立室奉祀追尊的名号叫庙号。根据皇帝本人一生行迹给予的盖棺论定评语叫谥号。庙号在前谥号在后，构成

全号“太祖高皇帝”。按：诸侯、卿大夫、德高望重的大臣，死后亦可立谥号。谥号起于西周，共有一百零五字，无“高”字。胡三省注引张晏曰：“以帝为功最高而为帝之太祖，故特起此名焉。”［2］元年：汉纪年之始年。公元前206年项羽封刘邦为汉王，故是年为汉纪元之开始。［3］十月：阴历十月，秦以十月以岁首，汉初亦遵此例。［4］霸上：又作“灞上”。地名，在今陕西西安市东，因地处霸水以西的高原上而得名。［5］素车、白马：古时送葬的礼仪，此示投降。［6］系颈以组：亡国之君出降，用丝带把象征国家权柄的玺印系在脖子上，表示投降服罪。［7］封皇帝玺、符、节：手捧封好的皇帝玉玺、符、节。玺，皇帝印章。符，调兵用的铜质虎符，命将时所用，帝、将各持一半，相合以验真伪。节，遣使所用竹节状物，上加旄饰。［8］降轵道旁：跪伏在轵道亭旁。轵道，亭名，在今陕西咸阳市东北。［9］或言诛秦王：有人谏言诛杀秦王子婴。［10］固以能宽容：就是认为我能宽大容人。固，本来，就是。以，认为。［11］杀之不祥：杀降不吉利。［12］乃以属吏：于是把子婴交给主管官吏处理。［13］贾谊论曰：此条借论节选自贾谊《过秦论》上篇。贾谊（前200—前168）：河南洛阳市人，西汉初著名政论家、辞赋家，与晁错齐名，并称“贾晁”。传见《史记》卷八十四。［14］区区：极言其小，指秦原有疆域狭小。［15］万乘之权：指天子。万乘，万乘战车的兵力。［16］招八州而朝同列：控制拥有八州之地与秦国同等的六国诸侯前来朝拜。招，取得，控制。八州，指六国疆域。全天下九州，秦据雍州，六国分别居于其他八州：兖州、冀州、青州、徐州、豫州、荆州、扬州、梁州。朝同列，使同列来朝。同列，指齐、楚、燕、韩、赵、魏六国。［17］百有余年：从秦孝公变法至秦始皇统一六国，公元前356—前221年，凡136年。［18］以六合为家：以天下为一家私有。六合，天下。［19］殽、函为宫：把崤山、函谷关作为自己的宫墙。殽，通“崤”。［20］一夫作难：指陈胜起义。作难，发难，奋起反抗。［21］七庙堕：使宗庙焚毁。七庙，天子的宗庙奉祀七代祖先，是王朝的代称。堕，同“隳”，焚毁。［22］身死人手：指秦二世被赵高杀死，子婴被项羽杀死。［23］仁谊不施而攻守之势异也：不施仁义而使攻和守的形势相反了啊。谊，同“义”。按：六国纷争，故秦始皇兼并天下用暴力，在统一天下以后，形势发生变化，应顺从民意施仁义，才能守成，继续施用暴力，所以被人民推翻。［24］“诸将”句：众将领都争先恐后地奔往秦朝贮藏金帛财物的府库瓜分财宝。争走，争先恐后奔往。［25］图籍：图书户籍。［26］天下厄塞：全国的险关要塞。［27］为天下除残贼：为天下人民扫除残暴之贼。《孟子·梁惠王下》：“贼（损害）仁者谓之‘贼’，贼义者谓之‘残’。残贼之人谓之‘一夫’。”成语“民贼独夫”出此。一夫，孤立无援的独夫。［28］宜缟素为资：应该以崇尚生活俭朴为号召。缟素，丧服，引申为生活俭朴，如同居丧时的生活。资，凭借。［29］父老：父辈老人，对众乡亲老人的敬称。豪杰：乡中有声望的人。［30］王之：称王关中。［31］与父老约：与众乡亲约定，即向众宣誓。［32］法三章耳：只有三条法规。即下文所说：杀人者死罪，打伤人与盗窃判相等罪责。［33］抵罪：当其罪，判与罪行适量的责罚。抵，当，相应。［34］案堵如故：指生活一切照常，平安无事。案堵，即居住的墙垣没有任何变动，安居也。［35］侵暴：侵犯残害。［36］无恐：不要害怕。［37］待诸侯至而定约束耳：只是等待各路诸侯到来一同订立一个约束大家的规章罢了。[38]行县、乡、邑：巡视县、乡、城镇。[39]告谕之：向民众讲明道理。告谕，宣告，宣传。[40]献飨（xiǎng）军士：拿出酒食款待、慰劳将士。[41]不欲费民：不想让百姓破费。

项羽既定河北，率诸侯兵欲西入关[1]。先是，诸侯吏卒、繇使、屯戍过秦中者[2]，秦中吏卒遇之多无状[3]。及章邯以秦军降诸侯，诸侯吏卒乘胜多奴虏使之[4]，轻折辱秦吏卒[5]。秦吏卒多怨，窃言曰[6]：“章将军等诈吾属降诸侯[7]。今能入关破秦，大善；即不能[8]，诸侯虏吾属而东，秦又尽诛吾父母妻子，奈何？”诸将微闻其计[9]，以告项羽。项羽召黥布、蒲将军计曰：“秦吏卒尚众，其心不服；至关不听[10]，事必危。不如击杀之，而独与章邯、长史欣、都尉翳入秦。”于是楚军夜击坑秦卒[11]二十余万人新安[12]城南。

或说沛公曰[13]：“秦富十倍天下，地形强[14]。闻项羽号章邯为雍王[15]，王关中，今则来，沛公恐不得有此。可急使兵守函谷关[16]，无内诸侯军[17]；稍征关中兵[18]以自益，距之[19]。”沛公然其计，从之。

已而项羽至关，关门闭；闻沛公已定关中，大怒，使黥布等攻破函谷关。

十二月，项羽进至戏[20]。沛公左司马[21]曹无伤使人言项羽曰：“沛公欲王关中，令子婴为相，珍宝尽有之[22]。”欲以求封[23]。项羽大怒，飨士卒，期旦日击沛公军[24]。当是时，项羽兵四十万，号百万，在新丰鸿门[25]；沛公兵十万，号二十万，在霸上。

范增说项羽曰：“沛公居山东[26]时，贪财，好色；今入关，财物无所取，妇女无所幸[27]，此其志不在小。吾令人望其气[28]，皆为龙虎，成五采[29]，此天子气也。急击勿失！”

（以上为第二段，写项羽平定河北，坑秦降卒二十余万，进兵关中。沛公已先一月入关，封闭关门。项羽下令军中期旦日灭沛公。）

【注释】

[1]关：函谷关。[2]“先是”二句：在这之前，起义军中的官兵有的曾因服徭役或屯戍经过关中。诸侯吏卒，指起兵反秦的各路将士。繇使，被征为徭役。屯戍，驻守边疆。秦中，关中。

[3]遇之多无状：对待诸侯吏卒粗暴无礼。[4]奴虏使之：把投降的秦兵当奴隶、俘虏使唤。[5]轻折辱秦吏卒：任意折磨和凌辱秦军将士。轻，随意。[6]窃言曰：暗中议论说。[7]诈吾属降诸侯：欺骗我们投降诸侯军。[8]即不能：如果不能破秦。[9]微闻其计：暗中听到了秦吏卒的议论。微闻，听到风声。计，议论。[10]至关不听：谓秦将士到了关中不服从命令。[11]夜击坑秦卒：在夜晚攻杀活埋了秦卒。坑，活埋。[12]新安：县名，县治在今河南渑池县东。[13]或说沛公曰：有人向刘邦建言。据《楚汉春秋》，说沛公者为解先生。[14]地形强：地势非常险要。形，形势。强，固，险要。[15]号章邯为雍王：给章邯的封号叫雍王。[16]可急使兵守函谷关：可火速派兵防守函谷关。此关是河南通往关中的门户。[17]无内诸侯军：不要放进诸侯军。内，通“纳”，收纳，放进。[18]稍征关中兵：逐步征召关中兵。[19]距之：抵抗项羽。距，通“拒”。[20]至戏：到达戏水亭。戏，戏水，源出骊山，下流入渭。戏水亭在今陕西西安市临潼区东北。[21]左司马：司马，掌军需之官，一军两员，分左、右。[22]珍宝尽有之：刘邦“封秦重宝财物府库”以待诸侯，“尽有之”乃曹无伤的捏造、挑拨。[23]欲以求封：曹无伤想通过进谗言求得项羽的封号。[24]期旦日击沛公军：约定第二天攻打沛公军。期，约定。旦日，次日。[25]新丰鸿门：新丰，秦时郦邑，汉改名新丰，在今陕西西安市临潼区东北。鸿门，地名，即前文戏水亭所在地，项羽驻军于此，后名项王营。[26]山东：崤山以东。战国时泛指六国或六国土地。[27]幸：亲近。[28]望其气：秦汉时讲神仙方术的人托言望云气可以测知吉凶，又说在天子所居之处有异样的五彩云气，叫天子气。[29]皆为龙虎，成五采：天宫的云全都成为龙虎形状的五彩云。此迷信之说，一种宣传手段。

楚左尹项伯[1]者，项羽季父也，素善张良[2]，乃夜驰之沛公军，私见张良，具告以事[3]，欲呼与俱去，曰：“毋俱死也[4]！”张良曰：“臣为韩王[5]送沛公；沛公今有急，亡去，不义，不可不语[6]。”

良乃入，具告沛公。沛公大惊。良曰：“料公士卒足以当[7]项羽乎？”沛公默然曰：“固不如也。且为之奈何？”张良曰：“请往谓项伯，言沛公之不敢叛也。”沛公曰：“君安与项伯有故[8]？”张良曰：“秦时与臣游[9]，尝杀人，臣活之[10]。今事有急，故幸来告良[11]。”沛公曰：“孰与君少长[12]？”良曰：“长于臣。”沛公曰：“君为我呼入，吾得兄事之[13]。”

张良出，固要项伯[14]；项伯即入见沛公。沛公奉卮酒为寿[15]，约为婚姻[16]，曰：“吾入关，秋毫不敢有所近[17]，籍吏民[18]，封府库而待将军。所以遣将守关者，备他盗之出入与非常也。日夜望将军至，岂敢反乎！愿伯具言臣之不敢倍德[19]也。”项伯许诺，谓沛公曰：“旦日不可不蚤自来谢[20]。”沛公曰：“诺。”

于是项伯复夜去，至军中，具以沛公言报项羽[21]；因言曰：“沛公不先破关中，公岂敢入乎！今人有大功而击之，不义也；不如因善遇之。”项羽许诺。

沛公旦日从百余骑[22]来见项羽鸿门，谢曰：“臣与将军戮力[23]而攻秦，将军战河北，臣战河南；不自意[24]能先入关破秦，得复见将军于此。今者有小人之言[25]，令将军与臣有隙[26]。”项羽曰：“此沛公左司马曹无伤言之；不然，籍何以至此[27]！”项羽因留沛公与饮[28]。范增数目项羽[29]，举所佩玉玦以示之者三[30]；项羽默然不应。范增起，出，召项庄[31]，谓曰：“君王为人不忍[32]。若入前为寿[33]，寿毕，请以剑舞，因击沛公于坐，杀之。不者[34]，若属皆且为所虏[35]！”

庄则入为寿，寿毕，曰：“军中无以为乐，请以剑舞[36]。”项羽曰：“诺。”项庄拔剑起舞。项伯亦拔剑起舞，常以身翼蔽沛公[37]，庄不得击。

于是张良至军门见樊哙。哙曰：“今日之事何如？”良曰：“今项庄拔剑舞，其意常在沛公也[38]。”哙曰：“此迫矣[39]，臣请入，与之同命[40]！”哙即带剑拥盾入[41]。军门卫士欲止不内，樊哙侧其盾以撞[42]，卫士仆地[43]。遂入，披帷立[44]，瞋目视项羽[45]，头发上指[46]，目眦尽裂[47]。项羽按剑而跽[48]曰：“客何为者[49]？”张良曰：“沛公之参乘樊哙也。”项羽曰：“壮士！赐之卮酒[50]！”则与斗卮酒[51]。哙拜谢，起，立而饮之。项羽曰：“赐之彘肩！”则与一生彘肩[52]。樊哙覆其盾于地[53]，加彘肩其上，拔剑切而啖之[54]。项羽曰：“壮士复能饮乎？”樊哙曰：“臣死且不避，卮酒安足辞！夫秦有虎狼之心，杀人如不能举，刑人如恐不胜[55]；天下皆叛之。怀王与诸将约曰：‘先破秦入咸阳者，王之。’今沛公先破秦，入咸阳，毫毛不敢有所近，还军霸上以待将军。劳苦而功高如此，未有封爵之赏，而听细人之说[56]，欲诛有功之人，此亡秦之续耳[57]，窃为将军不取[58]也！”项王未有以应，曰：“坐！”樊哙从良坐。

坐须臾，沛公起如厕，因招樊哙出。沛公曰："今者出，未辞也[59]，为之奈何？"樊哙曰："如今人方为刀俎[60]，我方为鱼肉[61]，何辞为[62]！"于是遂去。鸿门去霸上四十里，沛公则置车骑[63]，脱身独骑[64]；樊哙、夏侯婴、靳强、纪信[65]等四人持剑、盾步走，从骊山下道芷阳[66]，间行趋霸上[67]。留张良使谢项羽，以白璧献羽，玉斗与亚父[68]。沛公谓良曰："从此道至吾军，不过二十里耳。度[69]我至军中，公乃入。"沛公已去，间至军中[70]，张良入谢曰："沛公不胜杯杓[71]，不能辞，谨使臣良奉白璧一双，再拜献[72]将军足下；玉斗一双，再拜奉亚父足下。"项羽曰："沛公安在？"良曰："闻将军有意督过之[73]，脱身独去，已至军矣。"项羽则受璧，置之坐上。亚父受玉斗，置之地，拔剑撞而破之，曰："唉[74]，竖子不足与谋[75]！夺将军天下者，必沛公也；吾属今为之虏矣！"沛公至军，立诛杀曹无伤。

（以上为第三段，写项羽叔父项伯泄露军情给张良，沛公得以定计赴鸿门宴，宴席上刀光剑影，拉开楚汉相争序幕，刘邦机智脱险。）

【注释】

[1]左尹：楚官名，令尹的助手。项伯：名缠，字伯，项羽的族叔，楚亡后，刘邦封他为射阳侯，赐姓刘。[2]张良：字子房，祖、父相韩五王，反秦起义后，张良为韩王成司徒，随刘邦西征入关，故下文云："臣为韩王送沛公。"张良为刘邦谋主，封留侯。传见《史记》卷五十五。[3]具告以事：把事情一一地全都告诉给张良。事，指曹无伤告密与范增献计之事。[4]毋俱死也：不要跟刘邦一块儿去死。毋，勿，不要。[5]韩王：韩成，项羽立其为韩王。[6]语：告诉。[7]当：匹敌。[8]安：何以。有故：有交情。[9]游：交游，交友。[10]臣活之：我救了他的命。[11]幸来告良：幸亏他来告知我。[12]孰与君少长：你们俩年纪谁大谁小？孰与，用于询问两事物的比较的连词。[13]吾得兄事之：我应当用对待兄长的礼节接待他。得，当。兄，用为动词。[14]固要：坚决邀请。要，通"邀"，请，求。[15]奉卮酒为寿：敬酒祝福。奉卮（zhī），举杯。奉，捧，举。卮，古代盛酒器。为寿，敬酒祝福。[16]约为婚姻：约定做儿女亲家。按：刘邦与项羽为盟兄弟，此与项羽之叔结为亲家，足见其随机应变的政治手腕。[17]秋毫不敢有所近：丝毫也不敢贪占。秋毫，秋天的动物换毛时刚长出的细毛，喻微小。[18]籍吏民：登记官吏和百姓的户籍。籍，登记户籍，用作动词。[19]倍德：背信弃义。倍，通"背"。[20]蚤自来谢：早早地到来亲自向项羽道歉。蚤，通"早"。[21]具以沛公言报项羽：项伯一一把沛公说的话转告项羽。[22]从百余骑：带领一百多位骑兵随从。骑（jì），一人一马，

名词。［23］戮力：合力，并力。［24］不自意：自己没料到。［25］今者有小人之言：现今遭到坏人挑唆。［26］隙：隔阂。［27］籍何以至此：我项籍何至于这样。按：项羽自觉理亏，出卖线人，政治幼稚可笑。［28］与饮：一起共饮。［29］范增数目项羽：范增好几次给项羽使眼色。目，用作动词。［30］举所佩玉玦以示之者三：范增举起他所佩戴的玉玦三次示意项羽杀掉刘邦。玉玦，一种半圆形的佩玉。玦，与“决”谐音，举玉玦示意项羽下决心杀刘邦。［31］项庄：项羽的堂弟。［32］不忍：不狠心，心肠软。按：一是项羽“仁而爱人”，心肠软；二是年轻，缺乏政治经验。［33］若入前为寿：你进帐上前去敬酒。［34］不者：否则。不，通“否”。［35］若属皆且为所虏：你们这些人终将成为他的俘虏。［36］“军中”二句：军营中没有什么可以为乐的，请求舞剑助兴。［37］以身翼蔽沛公：用身体像鸟用翅膀一样掩护沛公。［38］“其意”句：项庄舞剑的用意是奔着沛公去的。其意，用意，不可告人的心思。［39］此迫矣：眼前危急极了。［40］与之同命：与沛公同生死。此句为双关语，谓与项羽拼了。［41］哙即带剑拥盾入：樊哙全副武装拿着宝剑和盾牌闯了进去。拥，持有。［42］侧其盾以撞：横着盾牌撞击卫士。［43］卫士仆地：卫士被撞倒在地。［44］披帷立：揭开军帐站立在项羽对面。按：《史记·项羽本纪》载，项羽东向坐，樊哙“披帷西向立”，正站在项羽对面，摆出拼命的架势。［45］瞋目视项王：瞪大了眼睛直视项羽。［46］头发上指：头发向上竖起，极言其愤怒之状。［47］目眦尽裂：眼眶睁得都裂开了。眦（zì），眼角。按：极意夸张。［48］按剑而跽：提剑跪起。古人席地而坐，两膝着地，臀部坐在小腿上，如若起身就成长跪姿势，这就是跽。项羽按剑而跽，是准备搏斗的戒备姿势。［49］客何为者：这人是干什么的？［50］赐之卮酒：给他一杯酒。［51］斗卮酒：容量一斗的大酒杯。一说“斗”字衍，对照下文不当是衍字。［52］生彘肩：生猪腿。此乃项羽下属故意为难樊哙所为，而且没有切割的刀俎，致使樊哙以盾为俎，以剑为刀，生啖猪肩，一派豪气。［53］覆其盾于地：将盾牌反扣地上，即将平面向上做俎板。［54］啖之：大口吞食。［55］“杀人”二句：杀人唯恐不能杀光，处罚人唯恐不重。［56］细人之说：小人的谗言。［57］此亡秦之续耳：这是继续走秦朝灭亡的道路罢了。［58］窃为将军不取：我私心以为将军的做法不可取。［59］未辞也：没有告辞。［60］刀俎：宰割者。俎，砧板。［61］鱼肉：喻处于被人任意宰割的地位。［62］何辞为：还告什么辞。为，反问句尾助词。［63］置车骑：丢下来时所带车骑。置，搁下，留下。［64］脱身独骑：为了动静小，偷偷牵了一匹马，所以刘邦独骑，樊哙等步从。脱身，极言赶快逃走的情状。［65］樊哙、夏侯婴、靳强、纪信：四人为刘邦心腹将。［66］道芷阳：经过芷阳。芷阳，县名，县治在今陕西西安市长安区东。［67］间行趋霸上：抄小路急行回归霸上军营。［68］玉斗：玉制大酒杯。亚父：项羽敬尊范增为亚父。［69］度（duó）：估计。［70］间至军中：指张良估计刘邦等人抄小路已回到了军中。［71］不胜杯杓：酒量小，已经喝醉了。杯杓，酒的代称。［72］再拜献：谦辞，郑重奉上的意思。［73］有意督过之：有意责备他的错误。［74］唉：叹恨之声。［75］竖子不足与谋：这小子不能和他谋事。范增明骂项庄，暗斥项羽优柔寡断。

居数日，项羽引兵西，屠咸阳，杀秦降王子婴，烧秦宫室，火三月不灭；收其货宝、妇女而东。秦民大失望。

韩生说项羽曰："关中阻山带河，四塞之地[1]，地肥饶，可都以霸[2]。"项羽见秦宫室皆已烧残破，又心思东归，曰："富贵不归故乡，如衣绣夜行[3]，谁知之者！"韩生退曰："人言楚人沐猴而冠[4]耳，果然[5]！"项羽闻之，烹韩生。

项羽使人致命怀王[6]；怀王曰："如约[7]。"项羽怒曰："怀王者，吾家所立耳，非有功伐[8]，何以得专主约[9]！天下初发难时，假立诸侯后以伐秦[10]。然身被坚执锐首事[11]，暴露于野[12]三年，灭秦定天下者，皆将相诸君与籍之力也。怀王虽无功，固当分其地而王之。"诸将皆曰："善！"

春，正月，羽阳尊[13]怀王为义帝，曰："古之帝者，地方千里，必居上游。"乃徙义帝于江南，都郴[14]。

二月，羽分天下王诸将。羽自立为西楚霸王，王梁、楚地九郡，都彭城[15]。羽与范增疑沛公[16]，而业已讲解[17]，又恶负约[18]，乃阴谋曰："巴、蜀道险[19]，秦之迁人[20]皆居之。"乃曰："巴、蜀亦关中地[21]也。"故立沛公为汉王，王巴、蜀、汉中，都南郑[22]。

而三分关中[23]，王秦降将，以距塞汉路[24]：章邯为雍王，王咸阳以西，都废丘[25]；长史欣者，故为栎阳狱掾[26]，尝有德于项梁；都尉董翳者，本劝章邯降楚；故立欣为塞王，王咸阳以东，至河，都栎阳；立翳为翟王，王上郡，都高奴[27]。

项羽欲自取梁地，乃徙魏王豹为西魏王，王河东[28]，都平阳。瑕丘[29]申阳者，张耳嬖臣[30]也，先下河南郡[31]，迎楚河上[32]，故立申阳为河南王，都洛阳。韩王成因故都[33]，都阳翟[34]。赵将司马卬定河内[35]，数有功，故立卬为殷王[36]，王河内，都朝歌[37]。徙赵王歇为代王[38]。赵相张耳素贤，又从入关，故立耳为常山王[39]，王赵地，治襄国[40]。当阳君黥布为楚将，常冠军，故立布为九江王，都六[41]。番君吴芮率百越佐诸侯，又从入关，故立芮为衡山王，都邾[42]。义帝柱国共敖将兵击南郡[43]，功多，因立敖为临江王，都江陵[44]。徙燕王韩广为辽东王，都无终[45]。燕将臧荼从楚救赵，因从入关，故立荼为燕王，都蓟[46]。

徙齐王田市为胶东王，都即墨[47]。齐将田都从楚救赵，因从入关，故立都为齐王，都临菑[48]。项羽方渡河救赵，田安下济北数城，引其兵降项羽，故立安为济北王，都博阳[49]。田荣数负[50]项梁，又不肯将兵从楚击秦，以故不封。

成安君陈馀弃将印去[51]，不从入关，亦不封。客多说项羽曰："张耳、陈馀，一体[52]有功于赵，今耳为王，馀不可以不封。"羽不得已，闻其在南皮[53]，因环封之三县[54]。番君将梅鋗功多，封十万户侯[55]。

（以上为第四段，写项羽烧毁秦朝宫殿，分封十八王，尊奉楚怀王熊心为义帝，将其迁移到江南；自立为西楚霸王，管辖原魏国和楚国九个郡，建都彭城；随后主持分封，封刘邦为汉王，管辖巴、蜀、汉中地区，建都南郑。）

【注释】

[1]四塞之地：四面有险可守的地方。关中东有函谷关，南有武关，西有散关，北有萧关。[2]可都以霸：可以建都称霸。[3]衣绣夜行：穿着锦绣的衣服在黑夜出行。所以下文说"谁知之者"。[4]沐猴而冠：猕猴戴人帽，徒具人形，不能办人事。[5]果然：真是这样。[6]致命怀王：向怀王报告灭秦经过，并请示善后。[7]如约：按先前约定的办。即"先入关者王之"。[8]功伐：功劳，功勋。[9]专主约：独断主持约定。[10]"假立"句：暂时拥立过去各诸侯国国君后裔为王，以利讨伐秦国。[11]被坚执锐首事：身披坚固的铠甲，手执锐利的武器，首先起事。[12]暴露于野：在野外日晒雨淋，风餐露宿。[13]阳尊：表面上推重。[14]郴（chēn）：郴县，县治，即今湖南郴州市。[15]"羽自立"三句：项羽自封为西楚霸王，管辖原魏国和楚国的九个郡，建都彭城。西楚，据《史记·货殖列传》，今豫东、皖北与江苏西北地区为西楚。彭城以东、长江下游一带为东楚；长江中部江南一带为南楚。霸王，诸侯盟主。项羽建都的彭城在西楚，故称"西楚霸王"。九郡，九郡之说，众说纷纭。据王先谦《汉书补注》说，当是楚郡、泗水、薛郡、东海、黔中、会稽、南阳、砀郡、东郡等九郡。[16]疑沛公：疑忌刘邦有统一天下的野心。[17]讲解：和解。[18]恶负约：害怕承担撕毁怀王"先入定关中者王之"之约的罪名。恶（wù），畏忌，害怕。[19]巴、蜀道险：巴、蜀与中原交通不便，项羽于是把刘邦封在那里。[20]迁人：指流放的罪犯。[21]巴、蜀亦关中地：巴、蜀战国时为秦所并，在函谷关之西，故云亦关中地。[22]汉中：郡名，郡治即在南郑。南郑，县名，县治即今陕西汉中市。[23]三分关中：项羽分关中为雍、塞、翟三国。[24]距塞汉路：切断刘邦回关中的通路。

距，通“拒”。拒塞，阻断。［25］废丘：县名，县治在今陕西兴平市东南。［26］栎（yuè）阳：县名，县治在今陕西西安市临潼区东北。狱掾：主管狱囚的官吏。［27］高奴：县名，县治在今陕西延安市东北。［28］河东：郡名，郡治平阳，在今山西临汾市西南。［29］瑕丘：县名，县治在今山东济宁市兖州区西。［30］嬖臣：宠幸之臣。［31］河南郡：即秦的三川郡，当今河南西北部黄河以南地区。郡治洛阳，即今洛阳市。［32］迎楚河上：在郡境的黄河岸上迎接楚军。［33］因故都：仍居旧都。因，沿袭。［34］阳翟（zhái）：县名，县治在今河南禹州市。阳翟为韩旧都。［35］河内：地区名，包括今河南黄河以北、山西东南部。［36］殷王：因封于殷商故地，故名。［37］朝歌：本殷都，故城在今河南淇县东北。［38］代王：项羽徙赵歇为代王。代在战国时为赵的一个郡，地跨今山西的东北部和河北的西北部。［39］常山王：张耳。常山，郡名，战国为赵地，本名恒山，因避汉文帝讳，改为常山，在今河北石家庄市一带。［40］襄国：县名，县治在今河北邢台市西南。［41］九江王：黥布。九江，郡名，郡治六县，在今安徽六安市北。［42］衡山王：吴芮。封地包括今湖南省全部，以及广东、湖北之一部分。因境内有五岳之一衡山，故名。邾：县名，县治在今湖北黄冈市西北。［43］南郡：郡名，其辖境约当今湖北襄阳市以南地区。［44］临江王：共敖。江陵：县名，县治在今湖北荆州市之江陵城。［45］辽东王：韩广。无终：县名，县治在天津市蓟州区。［46］燕王：臧荼。蓟：原燕国之都，在今北京市西郊。［47］胶东王：田市。即墨：县名，县治在今山东平度市东南。［48］齐王：田都。临菑，原齐国故都，在今山东淄博市临淄区。菑，通“淄”。［49］济北王：田安。博阳：王伯祥选注之《史记选》疑为齐之博临邑，故城即今山东聊城市茌平区博平镇。［50］数（shuò）负：多次得罪。［51］陈馀弃将印去：指巨鹿之战后，张耳责备陈馀畏秦兵不救援危城，陈馀一怒之下弃印出走，没有带兵追随项羽，故不封。［52］一体：一同，一样。［53］南皮：县名，县治在今河北南皮县东北。［54］环封之三县：把环绕南皮的三个县封给陈馀。［55］十万户侯：食采邑十万户的列侯。

汉王怒，欲攻项羽；周勃、灌婴、樊哙皆劝之。萧何谏曰：“虽王汉中之恶[1]，不犹愈于死乎[2]？”汉王曰：“何为乃死也？”何曰：“今众弗如，百战百败，不死何为！夫能诎于一人之下而信于万乘之上者，汤、武是也[3]。臣愿大王王汉中，养其民以致贤人[4]，收用巴、蜀[5]，还定三秦[6]，天下可图也。”汉王曰：“善！”乃遂就国[7]；以何为丞相。

汉王赐张良金百镒[8]，珠二斗；良具[9]以献项伯。汉王亦因令良厚遗项伯[10]，使尽请汉中地[11]，项王许之。

夏，四月，诸侯罢戏下兵，各就国[12]。项王使卒三万人从汉王之国[13]。楚与诸侯之慕从者数万人[14]，从杜南入蚀中[15]。张良送至褒中[16]，汉王遣良归韩[17]；良因说汉王烧绝所过栈道[18]，以备诸侯盗兵，且示[19]项羽无东意。

田荣闻项羽徙齐王市于胶东，而以田都为齐王[20]，大怒。五月，荣发兵距[21]击田都，都亡走楚。荣留齐王市，不令之胶东。市畏项羽，窃亡之国[22]。荣怒[23]，六月，追击杀市于即墨，自立为齐王。

是时，彭越在巨野，有众万余人，无所属。荣与越将军印，使击济北。秋，七月，越击杀济北王安[24]。荣遂并王三齐[25]之地，又使越击楚。项王命萧公角[26]将兵击越，越大破楚军。

张耳之国[27]，陈馀益怒曰："张耳与馀，功等也；今张耳王，馀独侯，此项羽不平！"乃阴使张同、夏说[28]说齐王荣曰："项羽为天下宰[29]，不平，尽王诸将善地，徙故王于丑地[30]。今赵王乃北居代[31]，馀以为不可。闻大王起兵，不听不义[32]；愿大王资馀兵[33]击常山，复赵王[34]，请以赵为扞蔽[35]！"齐王许之，遣兵从陈馀。

项王以张良从汉王，韩王成又无功，故不遣之国[36]，与俱至彭城[37]，废以为穰侯[38]；已，又杀之。

（以上为第五段，项羽主持分封后，诸侯各就国，立脚未稳，新的矛盾产生。汉王刘邦不服，谋东归；田荣兼并了齐、济北、胶东三齐土地，随即又让彭越攻打楚国；陈馀认为张耳的功劳与他相等，项羽分封不公平，向田荣借兵赶走张耳，另立赵王。）

【注释】

[1]恶：坏，不好。 [2]不犹愈于死乎：不是比死还好些吗？愈，胜，强。 [3]"夫能诎"二句：能够屈居于一人之下而伸展于万乘大国之上的，是商汤王和周武王。诎，通"屈"。信，通"伸"。 [4]致贤人：招揽贤人。 [5]收用巴、蜀：收用巴、蜀二郡的资财。 [6]还定三秦：挥师还击，夺回雍、翟、塞三国所占关中之地。 [7]就国：到自己封国去。 [8]镒：金二十两或二十四两为一镒。 [9]具：全部。 [10]因令良厚遗项伯：趁便让张良也给项伯送厚礼。因，因此，趁便。遗，赠送。 [11]使尽请汉中地：让项伯替刘邦请求项羽把汉中地全部封给刘邦。尽请，尽最大努力请求。 [12]诸侯罢戏下兵，各就国：各路诸侯都离开主帅项羽，回到各自的封国去。罢，离开。戏下，即"麾下"，帅旗下，指主将项羽。 [13]"项王"句：项王派三万士兵随从汉王前往他的封国汉中。按：刘邦在霸上已拥兵十万，现在从者仅三万，可见项羽已解散了他的大部分兵力。 [14]慕从者数万：因仰慕而追随汉王的有几万人。按：慕从者，其实是被项羽

遣散的士兵又追随自己的主子。汉王带到汉中的士众，仍有近十万人。［15］从杜南入蚀中：从杜县南边进入蚀中谷道。杜，县名，县治在今陕西西安市东南。蚀（lì）中，谷道名，在今西安市西南。按：刘邦从杜南出发是走子午道，进入蚀中则向西走转入褒斜道。关中到汉中越秦岭有三条通道，东子午谷，中傥骆道，西褒斜道。子午谷最险，不利大军行走，刘邦驻兵霸上在东，由东转西乃正常行军。［16］褒中：邑名，在今陕西勉县东南，是褒斜道的南口。［17］归韩：回归韩王成。［18］烧绝所过栈道：烧毁所过的全部栈道。栈道，在悬崖绝壁上凿孔架木桩，铺上木板而成的架空的通道。亦称"栈阁"。［19］示：告，显示。［20］田荣：原齐国王族后裔，随其堂兄田儋起兵重建齐国。儋死，立战国齐末代君田建之弟田假为齐王，田荣逐王假而立儋子市为齐王。至是，项羽徙田市为胶东王，立田都为齐王。胶东王都即墨，齐王都临淄。田都：田假部将。［21］距：通"拒"。［22］窃亡之国：偷偷地逃出自己的封国。即田市出走即墨。［23］荣怒：田荣恼恨项羽不封己为王。［24］济北王安：战国齐末代君田建孙田安，项羽立以为济北王。［25］三齐：秦亡，项羽把齐国故地分封给三人为王，田市为胶东王，田都为齐王，田安为济北王，皆在今山东东部，统称"三齐"。［26］萧公角：曾任萧县县令，名角，楚国称县令为公。［27］国：封国。［28］张同、夏说（yuē）：为陈馀将，夏说后为代相，被韩信所破。［29］天下宰：天下的主宰、主持。［30］丑地：坏地。［31］今赵王乃北居代：现今赵王被迁居到北边的代郡。赵王，赵歇，陈馀故主。［32］不听不义：不接受乱命。是说不接受项羽不合理的命令。［33］愿：希望。资馀兵：以兵资助我陈馀。［34］复赵王：恢复赵王原有的领地。［35］扞蔽：屏障。［36］不遣之国：不让韩成到自己的封国。［37］与俱至彭城：让韩成同项羽一起到了彭城。也就是项羽扣留了韩成。［38］废以为穰侯：把韩成贬为穰县侯。穰，县名，县治在今河南邓州市。

初，淮阴人韩信[1]，家贫，无行，不得推择[2]为吏，又不能治生商贾[3]，常从人寄食饮[4]，人多厌之。信钓于城下，有漂母[5]见信饥。饭信[6]。信喜，谓漂母曰："吾必有以重报母[7]。"母怒曰："大丈夫不能自食[8]；吾哀王孙[9]而进食，岂望报乎！"淮阴屠中[10]少年有侮信者曰："若虽长大[11]，好带刀剑，中情怯耳[12]。"因众辱之曰："信能死[13]，刺我；不能死，出我袴下[14]！"于是信孰视之[15]，俯[16]出袴下，蒲伏[17]。一市人皆笑信，以为怯。

及项梁渡淮，信杖剑从之[18]；居麾下[19]，无所知名[20]。项梁败，又属项羽，羽以为郎中[21]；数以策干羽[22]，羽不用。汉王之入蜀，信亡楚归汉，未知名。为连敖[23]，坐当斩[24]；其辈十三人皆已斩，次至信，信乃仰视，适见滕公[25]，曰："上不欲就天下乎[26]，何为斩壮士[27]？”滕公奇其言，壮其貌，释而不斩；与语，大说之[28]，言于王。王拜以为治粟都尉[29]，亦未之奇[30]也。

信数与萧何语，何奇之。汉王至南郑，诸将及士卒皆歌讴思东归，多道亡[31]者。信度[32]何等已数言王，王不我用[33]，即亡去。何闻信亡，不及以闻[34]，自追之。

人有言王曰：“丞相何亡。”王大怒，如失左右手。居一二日，何来谒王[35]。王且怒且喜[36]，骂何曰：“若亡，何也？”何曰：“臣不敢亡也，臣追亡者耳。”王曰：“若所追者谁？”何曰：“韩信也。”王复骂曰：“诸将亡者以十数，公无所追；追信，诈也[37]！”何曰：“诸将易得耳；至如信者，国士无双[38]。王必欲长王汉中[39]，无所事信[40]；必欲争天下，非信无可与计事者[41]。顾王策安所决耳[42]！”王曰：“吾亦欲东耳，安能郁郁久居此乎[43]！”何曰：“计必欲东[44]，能用信，信即留，不能用信，终亡耳。”王曰：“吾为公以为将[45]。”何曰：“虽为将，信不留。”王曰：“以为大将。”何曰：“幸甚！”

于是王欲召信拜之。何曰：“王素慢无礼[46]；今拜大将，如呼小儿，此乃信所以去也。王必欲拜之，择良日，斋戒，设坛场，具礼[47]，乃可耳。”王许之。诸将皆喜，人人各自以为得大将。至拜大将，乃韩信也，一军皆惊。

（以上为第六段，写韩信从无赖到大将军。韩信家贫，在乡里受到凌辱；投奔项梁，又归项羽，无所知名；改投汉王刘邦，开始也不被重视，又离去，而萧何识才，将其追回，劝说刘邦，拜其为大将军。）

【注释】

[1]淮阴：县名，县治在今江苏淮安市淮阴区。韩信：初从项梁举兵，后归刘邦，拜为大将，为汉室打下半壁江山，封齐王，后徙为楚王，再后被告谋反，废为淮阴侯，被灭三族。传见《史记·淮阴侯列传》。 [2]推择：推选。 [3]治生商贾：做买卖来谋生。 [4]常从人寄食饮：经常到别人家吃闲饭。寄食，乞讨饮食。 [5]漂母：在河边漂洗丝帛的老大娘。母，对中老年妇女的尊称，如今之大娘、阿姨。 [6]饭信：给韩信饭吃。 [7]必：一定。重报母：重重地报答您老人家。 [8]大丈夫不能自食：一个大男子汉不能自食其力。 [9]哀王孙：可怜你这位公子。王孙，古时对人的尊称，如称“公子”。 [10]屠中：屠宰市中。 [11]若虽长大：你虽然身高体

壮。若，你。［12］中情怯耳：内心却是胆小如鼠。［13］能死：敢死，不怕死。［14］不能死：怕死。出我袴下：从我的胯下爬过去。袴，通“胯”。［15］孰视之：仔细打量。孰，通“熟”，仔细。按：韩信熟视，其实是认真思考与一个无赖拼命值不值。［16］俯：趴下身体。［17］蒲伏：同“匍匐”，爬行。［18］杖剑从之：持剑投军项梁。［19］麾下：部下。［20］知名：出名。［21］郎中：随身警卫。［22］以策干羽：给项羽献计。干，请求，进献。［23］连敖：楚官名，掌接待宾客。［24］坐当斩：因犯法判处斩刑。［25］滕公：汉王心腹将夏侯婴。［26］上不欲就天下乎：汉王难道不想取得天下吗？就，成就，获得。［27］壮士：好汉，指意气豪壮而勇敢的人。［28］大说之：非常高兴。说，通“悦”。［29］治粟都尉：管理粮饷的军官。［30］未之奇：“未奇之”的倒装。没有看重他。［31］道亡：在行进路上逃亡，即半途逃亡。［32］信度（duó）：韩信猜想。［33］不我用：不用我。［34］不及以闻：来不及把韩信逃走的事报告汉王。［35］居：过了。谒王：拜见汉王。［36］王且喜且怒：汉王高兴见萧何回来，一想到萧何逃跑又十分恼怒。［37］诈也：撒谎。［38］国士无双：全国最顶尖的一个人，找不出第二个。［39］王必欲长王汉中：大王只想永久地做一个汉中王。必，只是，仅仅。［40］无所事信：没有什么事用得着韩信的。［41］非信：除了韩信。计事者：商议大事的人。［42］顾王策安所决耳：只看大王对“长王汉中”与“争天下”做哪种选择了。［43］安能郁郁久居此乎：哪能窝窝囊囊老待在这里呢？郁郁，忧郁沉闷，窝窝囊囊。［44］计必欲东：决计向东进取，即与项羽争天下。［45］吾为公以为将：我看你的面子任命韩信为将军。为公，看你的面子。［46］王素慢无礼：大王你向来傲慢无礼。［47］具礼：全套拜将的正式仪式。

信拜礼毕，上坐[1]。王曰：“丞相数言将军，将军何以教寡人计策？”信辞谢[2]，因问王曰：“今东乡争权天下[3]，岂非项王耶？”汉王曰：“然。”曰：“大王自料，勇悍仁强孰与项王[4]？”汉王默然良久，曰：“不如也。”

信再拜贺曰[5]：“惟信亦为大王不如也。然臣尝事之，请言[6]项王之为人也：项王喑噁叱咤[7]，千人皆废[8]，然不能任属贤将[9]；此特匹夫之勇[10]耳。项王见人，恭敬慈爱，言语呕呕[11]，人有疾病，涕泣分食饮；至使人[12]，有功当封爵者，印刓弊[13]，忍不能予[14]；此所谓妇人之仁[15]也。项王虽霸天下而臣诸侯，不居关中而都彭城；背义帝之约，而以亲爱王[16]，诸侯不平；逐其故主而王其将相[17]，又迁逐义帝置江南，所过无不残灭；百姓不亲附，特劫于威强耳[18]。名虽为霸，实失天下心，故其强易弱[19]。今大王诚能反其道[20]，任天下武勇，何所不诛[21]；以天下城邑封功臣，何所不服[22]；以义兵从思东归之士，何所不散[23]！且三秦王为秦将[24]，将秦子弟数岁矣，所杀亡不可胜计[25]；又欺其众[26]，降诸侯[27]，至新安，项王诈坑秦降卒二十余万，唯独邯、欣、翳得脱。秦父兄怨此三人，痛入骨髓。今楚强以威王此三人，秦民莫爱也。大王之入武关，秋毫无所害；除秦苛法，与秦民约法三章；秦民无不欲得大王王秦者。于诸侯之约[28]，大王当王关中，关中民咸知之；大王失职[29]入汉中，秦民无不恨者。今大王举而东，三秦可传檄而定[30]也。"

于是汉王大喜，自以为得信晚。遂听信计，部署诸将所击[31]；留萧何收巴、蜀租，给军粮食。

八月，汉王引兵从故道[32]出，袭雍[33]；雍王章邯迎击汉陈仓[34]。雍兵败，还走；止，战好畤[35]，又败，走废丘[36]。汉王遂定雍地，东至咸阳；引兵围雍王于废丘，而遣诸将略地。塞王欣、翟王翳皆降，以其地为渭南、河上、上郡[37]。令将军薛欧、王吸出武关，因王陵兵以迎太公、吕后[38]。项王闻之，发兵距之阳夏[39]，不得前。

王陵[40]者，沛人也，先聚党数千人，居南阳，至是始以兵属汉。项羽取陵母置军中，陵使至，则东乡坐陵母[41]，欲以招陵。陵母私送使者，泣曰："愿为老妾语陵[42]：善事汉王。汉王长者[43]，终得天下，毋以老妾故持二心[44]。妾以死送使者！"遂伏剑而死[45]。项王怒，烹陵母[46]。

项王以故吴令郑昌为韩王[47]，以距汉[48]。

张良遗项王书曰："汉王失职，欲得关中；如约即止，不敢东[49]。"又以齐、梁反书遗项王[50]曰："齐欲与赵并灭楚。"项王以此故无西意，而北击齐。

燕王广不肯之辽东；臧荼击杀之，并其地[51]。

是岁，以内史沛周苛为御史大夫[52]。

项王使趣义帝行[53]，其群臣、左右稍稍叛之[54]。

（以上为第七段，写韩信汉中对，分析楚汉两方形势，向汉王刘邦陈述战胜项羽的策略；而后从故道出汉中，打败雍王章邯，塞王司马欣、翟王董翳也都投降，平定三秦，东出秦关。）

【注释】

[1]上坐：汉王就座。[2]信辞谢：韩信谦让了一番。[3]东乡：向东。乡，通“向”。争权天下：争夺主宰天下之权，即争天下。[4]勇悍仁强：个人的勇敢、猛悍、仁爱、刚强四个方面。孰与项王：与项王比，谁强呢？孰，谁。[5]信再拜贺曰：韩信拜了两拜赞许、敬佩地说。贺，贺喜，此为敬佩、赞许。汉王谦和就能得人，值得庆贺。[6]请言：请允许我说一说。请，表示谦敬。[7]喑噁叱咤：厉声呵斥，怒吼。喑（yīn）噁（wù），发怒声。叱咤，发怒吆喝。[8]废：因惊吓畏缩不知所措的样子。[9]任属贤将：放手使用有才能的将领。[10]特：只不过。匹夫之勇：指不用智谋，单凭个人血气之勇，并无大用。[11]呕呕：同“煦煦”。婆婆妈妈，形容语言温和的样子。[12]使人：所任用的人。[13]印刓弊：刻好的官印，在自己手里摩弄得把印角都磨平了。刓（wán），通“玩”。[14]忍不能予：即“不忍予”。还舍不得授给应受封的人。忍，舍得。能，语助词。[15]妇人之仁：女人见识，只认小恩小惠，不明大局，不识大体。[16]以亲爱王：把自己亲信和偏爱的人封王。[17]逐其故主：驱逐原来的诸侯国主，指迁徙齐王田市、赵王赵歇等。[18]特：只不过。劫于威强耳：在他的威力逼迫下勉强服从而已。劫，胁迫。强（qiǎng），勉强。[19]其强易弱：他现在虽强很容易就会变弱。[20]反其道：意即不逞匹夫之勇，不行妇人之仁。[21]何所不诛：还有什么敌人不能消灭。[22]何所不服：还有什么人不心悦诚服。[23]“以义兵”二句：率领正义之师顺从思念东归故乡的将士，还有什么敌人打不垮。以，率领。从，顺从。散，溃散，打垮。[24]三秦王为秦将：指雍王章邯、塞王司马欣和翟王董翳，原是秦将，不得人心。[25]所杀亡不可胜计：指三秦王率领的士卒死的逃的多得无法统计，不知有多少。[26]欺其众：三秦王欺骗了部下的士兵。[27]降诸侯：指投降项羽。[28]诸侯之约：指楚怀王与诸将之约，“先入定关中者王之”的约定。[29]失职：指汉王失去关中王的封地与爵号。[30]三秦可传檄而定：是说刘邦取关中不必打仗，只要发布一道声讨敌人的文告（檄）就可以平定。按：以上韩信拜将答汉王之问，可称为楚汉相争的“汉中对”。韩信从天时、地利、人和三个方面论说楚汉相争以弱克强的策略。《资治通鉴》摘引自《史记·淮阴侯列传》。[31]部署诸将所击：安排众将领所要攻击的目标。[32]故道：县名，县治在今陕西凤县西北。[33]袭雍：袭击雍王章邯。袭，突然攻其不备。[34]陈仓：县名，县治在今陕西宝鸡市东。[35]好畤（zhì）：县名，县治在今陕西乾县东。[36]废丘：县名，县治在今陕西兴平市东南。[37]渭南：郡名，后来为京兆。河上：后来为左冯（píng）翊（yì）。上郡：郡名，郡治肤施，在今陕西榆林市。[38]因王陵兵以迎太公、吕后：会合王陵的军队去迎接太公和吕后。因，凭借，依仗，此为会合。按：王陵兵，当时驻扎在南阳。太公，刘邦的父亲。吕后，名雉，字娥姁，刘邦妻。[39]阳夏（jiǎ）：县名，县治在今河南太康县。[40]王陵：秦末起兵，有众数千人，活动在南阳一带，归刘邦后官至丞相，封安国侯。[41]东乡坐陵母：接待王陵使者时，让王陵母向东坐，以便招降王陵。古代以东向为尊。乡，通“向”。[42]语陵：告语王陵。[43]汉王长者：汉王是宽厚大度的人。[44]二心：三心二意，不专一，不忠诚。[45]伏剑

而死：用剑自杀而死。王陵母以死激励王陵投汉。［46］烹陵母：烹，煮杀。陵母已死，项羽烹死者适见其残暴无道，毫无政治头脑。［47］吴令郑昌为韩王：郑昌，项羽部将，首任吴县县令。项羽废韩王韩成，今以郑昌为韩王拒汉。［48］距汉：抵抗汉兵。距，通“拒”。［49］如约即止，不敢东：按照怀王的旧约，刘邦得到关中，就停止进兵，不再向东。这是张良为麻痹项羽并为刘邦“定三秦”找的借口。［50］又以齐、梁反书遗项王：又把齐国田荣、梁地彭越反叛楚国的文书送给项王。齐，指田荣。梁，指彭越。［51］并其地：燕王臧荼杀了辽东王韩广，兼并了辽东地域。［52］“以内史”句：汉王调任内史周苛为御史大夫。内史，掌治京畿地方的长官。周苛，汉三年守荥阳，骂项羽，项羽攻下荥阳烹杀了周苛。御史大夫，副丞相，权位高于内史。［53］趣义帝行：项羽催促义帝赶快离开彭城到郴县去。［54］左右稍稍叛之：指义帝的近侍逐渐背离了义帝。

二年（丙申，前205年）

冬，十月，项王密使九江、衡山、临江王击义帝，杀之江中[1]。

陈馀悉三县兵[2]，与齐兵共袭常山[3]。常山王张耳败，走汉，谒汉王于废丘；汉王厚遇之[4]。陈馀迎赵王于代，复为赵王。赵王德陈馀[5]，立以为代王[6]。陈馀为赵王弱，国初定，不之国[7]，留傅赵王[8]；而使夏说以相国守代。

张良自韩间行归汉[9]：汉王以为成信侯。良多病，未尝特将[10]，常为画策臣[11]，时时从汉王。

汉王如陕[12]，镇抚[13]关外父老。

河南王申阳降，置河南郡[14]。

汉王以韩襄王孙信[15]为韩太尉[16]，将兵略韩地。信急击韩王昌于阳城，昌降。十一月，立信为韩王；常将韩兵从汉王。

汉王还都栎阳[17]。

诸将拔陇西[18]。

春，正月，项王北至城阳[19]。齐王荣将兵会战，败，走平原[20]，平原民杀之。项王复立田假为齐王。遂北至北海[21]，烧夷[22]城郭、室屋，坑田荣降卒，系虏[23]其老弱、妇女，所过多所残灭。齐民相聚叛之。

汉将拔北地[24]，虏雍王弟平[25]。

三月，汉王自临晋[26]渡河。魏王豹[27]降，将兵从；下河内，虏殷王印[28]，置河内郡[29]。

（以上为第八段，写汉王刘邦平定三秦，张良归汉封为成信侯，为刘邦出谋划策；常山王张耳、河南王申阳、韩王韩昌投降刘邦；立原韩襄王孙子韩信为韩王；项羽攻灭齐王田荣，齐都遭到毁灭性破坏。）

【注释】

[1]杀之江中：义帝行进到长江途中遭到杀害。九江王黥布、衡山王吴芮、临江王共敖均受到项羽密令，层层阻击杀灭义帝，最终不知为谁所杀，史事缺失。[2]悉三县兵：全部结集南皮等三个县的兵力。[3]袭常山：攻袭常山王张耳。[4]厚遇之：张耳受到隆重接待。遇，对待。[5]赵王德陈馀：赵王感谢陈馀。[6]立以为代王：赵王封立陈馀为代王。[7]不之国：陈馀不到自己的封国上任。[8]留傅赵王：陈馀留在赵国辅佐赵王。傅，辅佐。[9]间行归汉：抄小道秘密地回到汉王处。[10]特将：单独统帅军队。特，独。[11]画策臣：谋臣。画策，出谋划策。[12]如陕：到陕县汉军前线。陕，县名，县治在今河南三门峡市西。[13]镇抚：安抚慰问。[14]河南郡：郡治洛阳，在今洛阳市东北。[15]韩襄王孙信：战国时韩襄王之孙韩信，追随刘邦入汉中，至是任命为韩王的太尉，领兵略定韩地，封为韩王，后守边降匈奴被汉兵击杀。为了与淮阴侯韩信区别，史书一般称“韩王信”。传见《史记》卷九十三。[16]韩太尉：为韩王韩成的太尉。太尉，一国的最高军政长官。[17]栎阳：县名，县治在今陕西西安市临潼区东北，时为汉王临时都城。[18]陇西：郡名，辖今甘肃东南部，郡治狄道，在今甘肃临洮县东北。[19]城阳：县名，县治在今山东菏泽市东北。[20]平原：县名，县治在山东平原县南。[21]北海：郡名，今山东淄博市临淄区以东、莱州市以西一带。[22]烧夷：烧毁夷平。[23]系虏：拘缚掳掠。[24]北地：郡名，郡治义渠，在今甘肃宁县西北。[25]平：章邯之弟章平。[26]临晋：临晋关，又称蒲津关、蒲坂关，为黄河渡口，在今山西永济市西，接陕西大荔县东。[27]魏王豹：项羽封他为西魏王，豹不满，背楚归汉，后又叛汉，为韩信所俘。传见《史记》卷九十。[28]印：司马印。[29]河内郡：治所怀县，在今河南武陟县西南。

初，阳武[1]人陈平，家贫，好读书。里中社[2]，平为宰[3]，分肉甚均。父老曰：“善，陈孺子[4]之为宰！”平曰：“嗟乎，使平得宰天下，亦如是肉矣！”及诸侯叛秦，平事魏王咎于临济[5]，为太仆[6]，说魏王，不听。人或谗之，平亡去。

后事项羽，赐爵为卿[7]。殷王反[8]，项羽使平击降之；还，拜为都尉，赐金二十镒。

居无何[9]，汉王攻下殷[10]。项王怒，将诛定殷将吏。平惧，乃封其金与印，使使[11]归项王；而挺身间行[12]，杖剑亡，渡河，归汉王于修武[13]，因魏无知[14]求见汉王。汉王召入，赐食，遣罢就舍[15]。平曰："臣为事来，所言不可以过今日。"于是汉王与语而说之[16]。问曰："子之居楚何官？"曰："为都尉。"是日，即拜平为都尉，使为参乘，典护军[17]。诸将尽讙曰："大王一日得楚之亡卒，未知其高下，而即与同载[18]，反使监护长者！"汉王闻之，愈益幸平[19]。

汉王南渡平阴津[20]，至洛阳新城[21]。三老董公遮说王曰[22]："臣闻'顺德者昌，逆德者亡'；'兵出无名[23]，事故不成'。故曰：'明其为贼，敌乃可服[24]。'项羽为无道，放杀其主[25]，天下之贼也。夫仁不以勇，义不以力[26]，大王宜率三军之众为之素服[27]，以告诸侯而伐之[28]，则四海之内莫不仰德[29]，此三王之举也[30]。"

于是汉王为义帝发丧，袒而大哭[31]，哀临三日[32]，发使告诸侯曰："天下共立义帝，北面事之[33]。今项羽放杀义帝江南，大逆无道！寡人悉发关中兵，收三河士[34]，南浮江、汉以下[35]，愿从诸侯王击楚之杀义帝者！"

使者至赵，陈馀曰："汉杀张耳，乃从。"于是汉王求人类张耳者[36]斩之，持其头遗陈馀；馀乃遣兵助汉。

田荣弟横收散卒，得数万人，起城阳；夏，四月，立荣子广为齐王，以拒楚。项王因留，连战，未能下。虽闻汉东[37]，既击齐，欲遂破之而后击汉，汉王以故得率诸侯兵[38]凡五十六万人伐楚。

到外黄[39]，彭越将其兵三万余人归汉。汉王曰："彭将军收魏地得十余城，欲急立魏后。今西魏王豹，真魏后。"乃拜彭越为魏相国，擅将其兵略定梁地[40]。汉王遂入彭城，收其货宝[41]、美人，日置酒高会[42]。

（以上为第九段，写陈平背楚投汉，得到重用；项羽杀掉义帝熊心，刘邦反其道，为义帝发丧，号召各诸侯国起兵攻打无道项羽；项羽被齐事滞留，无暇分身，刘邦率军攻入彭城，被胜利冲昏头脑，日置酒高会。）

【注释】

[1]阳武：县名，县治在今河南原阳县东南。[2]里中社：里（乡村）中的土地神祠。[3]宰：祭祀活动的主持人。[4]陈孺子：陈家这小子，姓陈的后生。按：孺子，小子。是一种昵称。[5]临济：邑名，在今河南封丘县东。[6]太仆：秦汉官名，九卿之一，管理帝王车马。[7]赐爵为卿：只是享有卿礼的待遇，没有卿的实职。[8]殷王反：据章校，他本“反”下有“楚”字。《史记·陈丞相世家》同。[9]居无何：待了不久。[10]攻下殷：攻占了殷王地。殷王封地在今河南省，都朝歌，今河南淇县。[11]使使：派遣使者。[12]挺身间行：独身从小道逃亡。[13]修武：邑名，在今河南获嘉县。[14]因魏无知：通过魏无知。因，通过，依靠。魏无知，刘邦的近臣。[15]遣罢就舍：让他吃完饭到客舍去休息。遣，让，使。[16]说之：十分喜欢陈平。说，通“悦”。[17]典护军：掌理护军之职。护军，监督和协调诸将事务。[18]同载：同乘一辆车。指陈平为参乘。[19]愈益幸平：更加亲近陈平。幸，宠信，亲近。[20]平阴津：渡口名，在今河南洛阳市孟津区东北。[21]新城：县名，县治在今河南伊川县西南。[22]三老：古代掌教化的官。秦置乡三老，汉置县三老，东汉以后有郡三老。董公：董老先生，史失其名。《史记·高祖本纪·正义》引《楚汉春秋》云：“董公八十二遂封为成侯。”遮说：拦路进谏。[23]兵出无名：出兵要有正当的名义，无名则为贼兵，非正义之师。名，名义，理由。[24]明其为贼，敌乃可服：布告天下，说明要讨伐的人是乱臣贼子，敌人才可以被征服。[25]放杀其主：放，指迁义帝于郴；杀，指杀之江中。[26]仁不以勇，义不以力：仁德之师不逞一时之勇，正义之军不拼一己之力。[27]为之素服：为义帝穿丧服。[28]伐之：讨伐“天下之贼”项羽。[29]莫不仰德：没有人不仰慕你汉王的德行。[30]此三王之举也：这是如同夏、商、周三代圣王的行动啊。[31]袒而大哭：袒露着左臂，痛哭流涕。袒，脱衣袖露臂。古时凡事不论吉凶皆袒左。[32]哀临三日：全军举哀三天。临，公祭。聚众举哀，祭吊死者。[33]北面事之：北面称臣。北面，向北。古代君主向南而坐，臣下向北朝见。[34]收三河士：结集河南、河东、河内的全部士兵。[35]南浮江、汉以下：向南沿长江、汉水而下。浮，顺流。[36]类张耳者：找了一个与张耳很相像的人。类，像，似。[37]虽闻汉东：项羽已经听到了汉军向东进攻的消息。[38]诸侯兵：追随汉王的有五路诸侯之师，五诸侯是常山王张耳、河南王申阳、韩王郑昌、魏王魏豹、殷王司马印。[39]外黄：县名，县治在今河南民权县西北。[40]擅将其兵略定梁地：让彭越独自率领自己的兵马去夺取魏地。擅将，独领。略定，攻克平定。梁地，魏地。[41]货宝：财货珍宝。[42]日置酒高会：每天都大摆酒席宴会。按：汉王轻易得彭城，天天沉醉在胜利的喜悦中，松懈防范项羽的反扑，此为汉王兵败彭城伏笔。

项王闻之，令诸将击齐，而自以精兵三万人南，从鲁出胡陵至萧[1]。晨，击汉军而东至彭城，日中，大破汉军。汉军皆走，相随入谷、泗水[2]，死者十余万人。

汉卒皆南走山，楚又追击至灵璧东睢水上[3]；汉军却，为楚所挤[4]，卒十余万人皆入睢水，水为之不流。围汉王三匝[5]。会[6]大风从西北起，折木，发屋[7]，扬沙石[8]，窈冥昼晦[9]，逢迎楚军[10]，大乱坏散[11]，而汉王乃得与数十骑遁去[12]。欲过沛收家室[13]，而楚亦使人之沛取汉王家；家皆亡[14]，不与汉王相见[15]。

汉王道逢孝惠、鲁元公主[16]，载以行。楚骑追之，汉王急，推堕二子车下[17]。滕公为太仆[18]，常下收载之；如是者三，曰："今虽急，不可以驱，奈何弃之[19]！"故徐行[20]。汉王怒，欲斩之者十余；滕公卒保护，脱二子[21]。

审食其从太公[22]、吕后间行求汉王[23]，不相遇，反遇楚军；楚军与归，项王常置军中为质[24]。

是时，吕后兄周吕侯为汉将兵[25]，居下邑[26]；汉王间往从之，稍稍收其士卒[27]。诸侯皆背汉，复与楚[28]。塞王欣、翟王翳亡降楚。

田横进攻田假，假走楚，楚杀之；横遂复定三齐[29]之地。

汉王问群臣曰："吾欲捐关以东[30]；等弃之[31]，谁可与共功者[32]？"张良曰："九江王布，楚枭将[33]，与项王有隙[34]；彭越与齐反梁地；此两人可急使[35]。而汉王之将，独韩信可属大事[36]，当一面[37]。即欲捐之，捐之此三人[38]，则楚可破也！"

初，项王击齐，征兵九江，九江王布称病不往，遣将将军数千人行。汉之破楚彭城，布又称病不佐楚。楚王由此怨布，楚使使者诮让[39]，召布。布愈恐，不敢往。项王方北忧齐、赵，西患汉，所与者独九江王[40]；又多布材[41]，欲亲用之，以故未之击[42]。

汉王自下邑徙军砀，遂至虞[43]，谓左右[44]曰："如彼等者，无足[45]与计天下事！"谒者随何[46]进曰："不审陛下所谓[47]。"汉王曰："孰能为我使九江[48]，令之发兵倍楚[49]？留项王数月[50]，我之取天下可以百全[51]。"随何曰："臣请使之！"汉王使与二十人俱。

五月，汉王至荥阳，诸败军皆会，萧何亦发关中老弱未傅者[52]悉诣荥阳，汉军复大振。楚起于彭城，常乘胜逐北[53]，与汉战荥阳南京、索间[54]。

楚骑来众，汉王择军中可为骑将者，皆推故秦骑士重泉人李必、骆甲[55]；汉王欲拜之。必、甲曰："臣故秦民，恐军不信臣；愿得大王左右善骑者傅之[56]。"乃拜灌婴为中大夫[57]，令李必、骆甲为左右校尉，将骑兵击楚骑于荥阳东，大破之，楚以故不能过荥阳而西。汉王军荥阳，筑甬道属之河[58]，以取敖仓[59]粟。

（以上为第十段，写西楚霸王项羽回军攻下彭城，汉军大败，刘邦狼狈出逃；刘邦抵达荥阳，收合溃散士兵，征发关中老少，建立骑兵队伍，劝说九江王英布起兵叛楚，汉军士气再次大振，楚汉相争进入相持阶段。）

【注释】

[1]鲁：县名，县治在今山东曲阜市。胡陵：县名，县治在今山东鱼台县东南。萧：县名，县治在今安徽萧县北。[2]谷、泗水：二水名，谷水为泗水支流，在彭城东北入于泗水。泗水为山东省境内之河，经彭城东，向南入淮水。[3]灵璧：县名，县治在今安徽宿州市西北。睢水：又名濉河，流经今安徽灵璧县，至江苏宿迁市南入泗水。"睢水上"指在灵璧县以东的一段。[4]挤：冲击推压。[5]三匝：包围了好几层。三，表多数。匝，四周环绕合围。[6]会：正赶上。[7]发屋：掀去屋顶。[8]扬沙石：飞沙走石。[9]窈冥昼晦：天昏地暗，白昼如同黑夜。窈冥，幽暗昏黑。晦，昏暗。[10]逢迎楚军：指楚军迎着扑面而来的飞沙走石。[11]坏散：楚汉两军阵容混乱。[12]遁去：四散奔逃。[13]收家室：接取家眷。[14]家皆亡：刘邦家眷闻乱逃难，都已走散。[15]不与汉王相见：没有能够与汉王相见。[16]孝惠：刘邦嫡子惠帝刘盈。鲁元公主：刘盈姐。嫁张耳之子张敖，生子张偃，封为鲁王，她生前为鲁太后，死后谥元，故云"鲁元"。按：此处"孝惠""鲁元"，皆追书之辞。[17]推堕二子车下：楚军尾追，刘邦嫌车重不能疾驰，故把子、女推下车。[18]滕公为太仆：滕公，夏侯婴，为刘邦驾车。西汉建立，夏侯婴官太仆，此为追书之辞。[19]"今虽急"三句：现在尽管情势紧急，车子也不可赶得太快，怎能抛下孩子呢？[20]故徐行：为保护孩子，夏侯婴只能慢慢赶车。[21]滕公卒保护，脱二子：滕公终于保护着两个孩子，脱离了危险。[22]审食（yì）其（jī）：吕后幸臣，后封辟阳侯，为左丞相，文帝时，被淮南王刘长所杀。太公：刘邦父亲。[23]间行求汉王：从小路寻找汉王。[24]置军中为质：安置在军营中作人质。[25]周吕侯：吕后兄吕泽。"周吕"为封号。此追书之辞。为汉将兵：替汉王带领一支军队。[26]居下邑：驻扎在下邑。下邑，县名，县治在今安徽砀山县东。[27]稍稍收其士卒：逐渐收编一些溃散的士兵。[28]复与楚：重新亲附项羽。[29]三齐：项羽分齐地立了三个齐王，田市为胶东王，田都为齐王，田安为济北王，故称三齐。[30]捐关以东：把函谷关以东之地送人，让其立功共破楚。[31]等弃之：送人与抛弃是一样的。[32]谁可与共功者：谁是可以与我共建统一天下功业的人？[33]布：黥布。枭将：猛将。枭，

猛禽，喻勇猛。［34］隙：隔阂，矛盾。［35］急使：可立即使用。［36］可属大事：可以托付大事。［37］当一面：独当一面。当，承担。一面，一个方面的重任。［38］捐之此三人：你要送出的关东地就赏给这三个人吧。之，关东之地。三人，黥布、彭越、韩信。［39］诮让：谴责。［40］所与者独九江王：项羽的同盟只有九江王。与，亲附，同盟。［41］又多布材：又看重九江王黥布的才能。多，看重，欣赏。［42］未之击：才没有攻打黥布。［43］虞：县名，县治在今河南虞城县。［44］左右：指汉王的亲随侍从。［45］无足：不可以，没有。［46］谒者：官名，掌接待宾客，传达文书。随何：辩士，说降黥布归汉，顶五万之师，官至护军中尉。［47］不审：不明白。所谓：所说的意思。［48］九江：指九江王黥布。［49］倍楚：背叛楚国。倍，通“背”，背叛。［50］留项王数月：把项羽拖住几个月。留，指让黥布拖住项羽，不让项羽借彭城大战乘胜进攻。［51］百全：万无一失。［52］未傅者：指法律免除兵役的老弱人群。未傅，没有载入服役簿籍。秦汉时二十至二十三岁入簿（中间有变化），五十六岁免归田里。傅，著。言著名籍，给公家服役。［53］逐北：追击败军。北，败逃。［54］京：邑名，在今河南荥阳市东南。索：索亭，在今荥阳市。汉军在京索一带阻击楚军取得胜利，止住了项羽的进攻，楚汉相争进入相持阶段。［55］重泉：县名，在今陕西蒲城县东南。李必、骆甲：降汉的秦将，汉王任用二人为校尉组建骑兵。校尉，低于将军的武官。［56］傅之：李必、骆甲愿为汉王亲信将的辅佐。傅，辅佐。之，汉王身边的亲信将，即李必、骆甲请求汉王派个亲信将做领导。［57］中大夫：议论之官，隶属郎中令，直接服务于帝王。［58］属之河：筑甬道一直连接到黄河岸，以便取敖仓之粮。属（zhǔ），连接。之，到。［59］敖仓：秦在荥阳北敖山上修建的大粮仓，下临黄河。

周勃、灌婴等言于汉王曰：“陈平虽美如冠玉[1]，其中未必有也[2]。臣闻平居家时盗其嫂[3]；事魏不容[4]，亡归[5]楚；不中[6]，又亡归汉。今日大王尊官之，令护军。臣闻平受诸将金，金多者得善处[7]，金少者得恶处。平，反覆乱臣也，愿王察之！”汉王疑之，召让魏无知[8]。无知曰：“臣所言者能[9]也，陛下所问者行[10]也。今有尾生、孝己[11]之行，而无益胜负之数，陛下何暇用之乎[12]！楚、汉相距[13]，臣进[14]奇谋之士，顾其计诚足以利国家不耳[15]。盗嫂、受金，又何足疑乎！”

汉王召让平曰：“先生事魏不中，事楚而去，今又从吾游，信者固多心乎[16]？”平曰：“臣事魏王，魏王不能用臣说[17]，故去事项王。项王不能信人，其所任爱[18]，非诸项[19]，即妻之昆弟[20]，虽有奇士不能用。闻汉王能用人，故归大王。臣裸身来[21]，不受金无以为资[22]。诚臣计画有可采者[23]，愿大王用之；使无可用者，金具在[24]，请封输官[25]，得请骸骨[26]。”汉王乃谢[27]，厚赐，拜为护军中尉[28]，尽护诸将。诸将乃不敢复言。

魏王豹谒归[29]视亲疾；至则绝河津[30]，反为楚。

六月，汉王还栎阳。

壬午，立子盈[31]为太子；赦罪人。

汉兵引水灌废丘，废丘降，章邯自杀。尽定雍地[32]，以为中地、北地、陇西郡[33]。

关中大饥，米斛万钱[34]，人相食。令民就食蜀、汉[35]。

初，秦之亡也，豪杰争取金玉[36]，宣曲任氏独窖仓粟[37]。及楚、汉相距荥阳，民不得耕种，而豪杰金玉尽归任氏，任氏以此起，富者数世[38]。

秋，八月，汉王如荥阳，命萧何守关中侍太子[39]，为法令约束[40]，立宗庙、社稷、宫室、县邑[41]；事有不及奏决者，辄以便宜施行[42]，上来以闻[43]。计关中户口，转漕[44]、调兵以给军，未尝乏绝。

汉王使郦食其往说魏王豹，且召之。豹不听，曰：“汉王慢而侮人，骂詈诸侯[45]、群臣如骂奴耳，吾不忍[46]复见也！”于是汉王以韩信为左丞相[47]，与灌婴、曹参俱击魏[48]。

汉王问食其：“魏大将谁也？”对曰：“柏直。”王曰：“是口尚乳臭[49]，安能当韩信[50]！”“骑将谁也？”曰：“冯敬。”曰：“是秦将冯无择子也，虽贤，不能当灌婴。”“步卒将谁也？”曰：“项它[51]。”曰：“不能当曹参。吾无患矣！”韩信亦问郦生：“魏得无用周叔为大将乎？”郦生曰：“柏直也。”信曰：“竖子[52]耳！”遂进兵。

魏王盛兵[53]蒲坂以塞临晋[54]。信乃益为疑兵[55]，陈船欲渡临晋，而伏兵从夏阳以木罂渡军[56]，袭安邑[57]。魏王豹惊，引兵迎信。九月，信击虏豹，传诣荥阳[58]；悉定魏地，置河东、上党、太原郡。

汉之败于彭城而西[59]也，陈馀亦觉张耳不死，即背汉。韩信既定魏，使人请兵三万人，愿以北举燕、赵，东击齐，南绝楚粮道。汉王许之，乃遣张耳与俱，引兵东，北击赵、代[60]。

后九月[61]，信破代兵，禽夏说于阏与[62]。信之下魏破代，汉辄使人收其精兵[63]诣荥阳以距楚。

（以上为第十一段，写汉王刘邦重用陈平、张良等谋士，在成皋与项羽对峙；萧何镇守关中，侍奉太子；韩信与灌婴、曹参一起开辟北方战场，韩信俘获了魏王魏豹，攻下了代国，在河北高奏凯歌。）

【注释】

[1]冠玉：帽子用美玉作装饰，意即外表好看。[2]其中未必有也：腹中未必有奇策妙计。[3]盗其嫂：与他的嫂子私通。[4]不容：不容于人，待不下去。[5]归：投靠。[6]中：中意。[7]善处：好的待遇。[8]召让魏无知：宣召责备魏无知。[9]能：才能。[10]行：品行。[11]尾生、孝己：尾生守信，孝己孝顺，两人是品德优秀的人。相传尾生与一女子约会于桥下，女子未至而洪水涌来，尾生守约在原地不动被淹死。孝己是殷高宗之子，孝顺后母如同生母，仍受后母之馋遭放逐而死。[12]何暇用之乎：哪有闲工夫去使用他们呢。[13]楚、汉相距：楚汉相持不下。距，通“拒”。[14]进：推荐。[15]“顾其计”句：只是考虑他的计谋是否确实对国家有用罢了。顾，考虑。诚，真正、确实。不，同“否”。[16]信者固多心乎：一个守信义的人原本就是这样三心二意的吗？信者，坚守信约的人。固，原本。多心，三心二意。[17]说：主张。[18]任爱：信任和宠爱。[19]诸项：姓项的本家人。[20]昆弟：兄弟。[21]臣裸身来：我赤条条空手而来。裸身，空身。[22]资：费用，日常开销。[23]“诚臣”句：如果我的计策还有可取的地方。诚，如果。[24]金具在：金钱原封未动。[25]封输官：封存上交官府。[26]请骸骨：请求辞职。[27]谢：道歉。[28]拜为护军中尉：任命陈平为监督诸将的护军中尉。[29]谒归：请假回家。[30]绝河津：切断蒲津关的黄河渡口，阻止汉军东渡。[31]盈：汉惠帝刘盈。[32]尽定雍地：完全平定了雍王的领地。[33]“以为”句：把雍地设置为中地、北地、陇西三个郡。中地郡，即右扶风，郡治长安，在今西安市长安区。北地郡，郡治在今甘肃宁县西。[34]米斛万钱：米一斛值一万钱。平价半斛数十钱。斛，十斗。[35]就食蜀、汉：去蜀、汉谋生。[36]争取金玉：争先恐后夺取金玉财宝。争取，争夺。[37]宣曲任氏独窖仓粟：只有宣曲的任氏挖窖贮存粮食。宣曲，地名，武帝时建有离宫宣曲，旧址在今西安市长安区西南。窖仓粟，挖地窖为仓库储粮食。[38]富者数世：家中富有，延续好几代。[39]太子：刘盈，后来的惠帝。[40]为法令约束：制定法令规章供大众遵守。为，制定。约束，遵守。[41]县邑：指建立县、邑的办事机构。[42]辄以便宜施行：酌情灵活处理。辄，总是，酌情。便宜，权宜，灵活。[43]上来以闻：等汉王回关中后再作报告。[44]转漕：运送军粮草料。转，陆运。漕，水运。[45]骂詈（lì）诸侯：责骂诸侯。[46]不忍：不愿。[47]左丞相：秦置左、右丞相，以右为尊。汉王承其制。此左丞相系加官，只是一个名号，尊其地位，而无实职。[48]俱击魏：一起攻打魏豹之国。按：韩信为大将独当一面，汉王派了三位心腹将在韩信左右掌控军事。张耳为监军，曹参、灌婴为副将。曹参统步兵，灌婴统骑兵。[49]口尚乳

臭：言少不更事，弱不任职，如婴儿未离乳母之怀。［50］安：何，怎么。当：对抗。［51］项它（tuó）：又作“项佗”。［52］竖子：臭小子。［53］盛兵：结集重兵。［54］塞临晋：阻塞、封锁临晋关。［55］疑兵：虚张旗鼓以迷惑敌人。［56］“而伏兵”句：而埋伏的奇袭部队从夏阳用木罂偷渡黄河。夏阳，县名，县治在今陕西韩城市南。木罂，木制大腹小口瓮，缚在身上渡河。［57］安邑：县名，县治在今山西夏县西北。［58］传诣荥阳：把魏豹用驿站的车押送到荥阳。传，驿站的车。按：汉王行辕在荥阳。［59］汉之败于彭城而西：汉二年四月，刘邦率领张耳等五王的军队，乘项羽攻齐的机会，突袭楚国，攻入彭城，项羽回军猛攻，大败汉军，刘邦向西败退。此即著名的彭城之战，汉王联军五十六万被项羽的三万轻骑兵击溃。［60］北击赵、代：赵、代两国均在西魏的北面。［61］后九月：即汉二年，公元前205年闰九月。［62］禽：通“擒”。夏说（yuè）：代国的相国。阏与：邑名，在今山西和顺县西北。［63］收其精兵：征调韩信的精锐之兵。

【点评】

项羽败亡。公元前206年，是中国历史上的转折之年。这一年，秦王子婴向刘邦投降，标志着秦朝灭亡，历史进入新的时期，即楚汉相争时期。相争初期，项羽力量非常强大，刘邦根本不是他的对手，但风云际会，峰回路转，刘邦逐渐强大，而项羽逐渐削弱，以致败亡。项羽的败亡，并不是后来的垓下之战导致的，而是在他强盛之时，就埋下了失败的隐患，失败是他的必然结果。这里仅对本卷所记载的楚汉相争前两年项羽的所作所为做出评论。

首先，项羽在鸿门宴上优柔寡断，放走刘邦，才有了后来的楚汉相争。项羽裹挟着胜利的雄风，率领各路诸侯进入关中，可恼的是，刘邦已经率先进入，并且封锁关门，把他挡在关外。对于有四十万大军的项羽来说，这并不算什么，刘邦不肯放而进，那就打而进，靠“拳头”开路，这是项羽的看家本领。项羽入关，进军到新丰鸿门，打算灭了力量弱小的刘邦。可就在这时，出了岔子，项羽的叔父左尹项伯把信息透露给了汉军的张良以及刘邦，让刘邦与张良有了应对的策略，乃至于有了扭转乾坤的机会！而后，刘邦亲赴鸿门，便有了千古流传的“鸿门宴”，项羽的谋臣范增力主杀掉刘邦，而项羽则模棱两可，才有了后来的项庄舞剑、樊哙闯宴、刘邦逃走。如果刘邦被杀，或许还会有张邦、李邦。但纵观当时的风云人物，没有哪一个能和刘邦相比，因而，项羽也不可能有强劲的对手。机不可失，时不再来，项羽将要为自己的“妇人之仁”付出自身灭亡的代价！

其次，项羽烧秦宫室，思念东归，放弃立国之地，将自己置于万劫不复的被动之中。项羽进入秦都咸阳，干了些什么呢？史书记载是：“引兵西屠咸阳，杀秦降王子婴，烧秦宫室，火三月不灭。”就是烧杀掳掠，把咸阳变成一片焦土。好好的一座城市，就这么被毁了！项羽因而也就失去了咸阳，失去了三秦，失去了天下。当时，秦王子婴已经投降了，咸阳已经没有对手了，可以直接过去“拥抱”了，可是，项羽的脑海里只有“复仇”，使出浑身解数，不是“破坏”就是“毁灭”，而全没有“建设”或“发展”二字，这样的人，能担当建立国家的重任吗？项羽的这一行为，就自己判处了自己在政治上的死刑！接着，项羽收其货宝妇女，打算引兵东归。有人对项羽说：“关中阻山河四塞，地肥饶，可都以霸。”而项羽想的则是：“富贵不归故乡，如衣绣夜行，谁知之者！”说到底，项羽得胜了，是要在家乡炫耀，显摆自己，而不是要继续把成功的事业推向前进，建立一统的国家。正如时人所说，项羽是一只穿衣戴帽的猴子而已！

再次，项羽主持分封，捧了一只“烫手的山芋”，怎么做都不可能得到圆满的结局。其实，这分封本身就是一个致命的错误，项羽就没有想过像秦始皇当年那样，建立一个“大楚帝国”；也没有想过像刘邦后来那样，苦心经营，统一天下。而这时候的项羽，是有统一天下的基础条件的。他丝毫不稀罕这个来之不易的局面，他只想当一个霸王而已！他要将大好江山拱手相送，分封给十八路诸侯，结果由一个统一的国家变成了十八个国家，这天下怎么能不乱呢？项羽自以为是天下唯我独尊的霸王，有能力、有实力面对和处理这一切，这实在是有些托大了。后来的事实证明，项羽只是充当了“救火队长”，这边的“火”还没有扑灭，那边的“火”又着了，救着救着，这“火”就烧到自己身上来了，而自己也葬身于“火海”了！

最后，项羽放逐义帝，并派兵追杀，虽然称心如意，但给了对手刘邦以口实，是政治上极不成熟的表现。项羽与义帝熊心，说到底，只是偶合而已，两人貌合神离，“同床异梦”，才有了后来的放逐、追杀行为。当年，项梁主持各路诸侯的“英雄会”，并没有想立一个王来管自己，而范增出了这个馊主意，才从山沟里找到熊心这个牧羊娃，让他凭空当上了怀王。熊心当上怀王，没有任何实权，被项梁牢牢地掌控着，倒好像项梁是主宰，而他是部下，他从内心并不感激项家，甚至想要摆脱项家，或者将项家消灭掉，他才能够“咸鱼”翻身，能够掌控楚国。项梁去世后，熊心采取了几个应对措施，任命宋义为上将军，让项羽作为副手，后面还有范增，分明是用宋义和范增来压制项羽；在入关为王问题上，熊心做出“先入定关中者王之”的决策，而只派遣当时力量比较弱小的刘邦一路向西，叫项羽去救援巨鹿，明显表现出对项羽的不信任和排斥，而项羽也深知这一点，才有了后来的杀宋义而夺军救巨鹿。即使后来项羽统领各路诸侯，风光无限，熊心还是那句话，就是“先入定关中者王之”，从不改口。从人格上来说，熊心是完美的，即使自己置身于虎口，也仍然不改初衷。而此时的项羽，自以为放逐、杀掉熊心就万事大吉了。其实，与其把义帝放逐、杀灭，还不如干脆把义帝晾在一边，也会主动得多。项羽政治上不成熟，封王去请示，实属多此一举；不听就放逐，又错上加错。刘邦抓住这一机会，做足了文章，以项羽“大逆不道，杀君不臣”之名，缟素三军，会盟诸侯，号召天下共同讨伐项羽，于是，引发了“楚汉之争”，使项羽陷于非常被动的地步。对于项羽来说，这一壶苦酒，是他亲自酿成的。

仅从以上四点就可以看出，在项羽的鼎盛时期，就显现出败亡的端倪！而项羽的失败和灭亡，是他自己亲手造成的，既怨不得天，也尤不得人！并非如他自己所说的“天亡我”，而是“我自亡”矣！

卷一〇　汉纪二

汉高帝三年至四年（前 204—前 203 年）

【起强圉作噩（丁酉，前 204 年），尽著雍阉茂（戊戌，前 203 年），凡二年】

【大事提要】

本卷记事起公元前 204 年，讫公元前 203 年，凡二年，当汉高帝三年至四年。本卷所载大事，主要是以下几个方面：其一，井陉之战，韩信灭赵。公元前 204 年，韩信统率汉军，越过太行山，对赵国发起攻击。赵王赵歇、赵军主帅陈馀听说后集结大军于井陉口防守。韩信以不到三万的兵力，背水列阵，奇袭赵营，出奇制胜，一举歼灭了号称二十万的赵军，阵斩陈馀，活捉赵歇，灭亡了赵国。其二，随何策反，英布投汉。公元前 204 年，刘邦要攻打楚国，但忌惮楚国大将英布的骁勇善战，于是指使谒者随何去策反英布。随何接受指令，前去游说。当时，英布与项羽已有嫌隙，担心项羽起了杀心。随何加以点拨，杀死项羽使者，英布背楚投汉，被封为淮南王。其三，楚汉相争，荥阳相持。刘邦据守荥阳，与项羽对峙，双方进入相持状态。项羽发动攻势，多次切断甬道，使汉军乏食。刘邦采纳陈平之谋，派奸细散布流言，离间项羽君臣关系，项羽中计，范增愤然辞去。楚军围困刘邦，刘邦遣使求和，采用金蝉脱壳之计，而后复振。其四，食其说齐，不幸遭烹。郦食其在楚汉对峙相持阶段，建议汉王刘邦夺取荥阳，占据敖仓，获得巩固的据点和粮食补给；后又出使齐国，劝说齐王田广归汉，齐王乃放弃战备，以七十余城降汉。而后，汉大将军韩信嫉妒其功，发兵袭击齐国，田广以为被骗，就烹杀了郦食其。其五，潍水之战，击杀龙且。韩信袭破齐国都城临淄，项羽派遣大将龙且率军救援齐王田广。龙且轻视韩信，又急求战功，率军与韩信军队隔着潍水摆开阵势。韩信用奇计，在龙且军渡河时挥军猛烈截杀，杀死龙且，楚军大败，韩信取得潍水之战全胜。公元前 203 年，平定齐地。

太祖高皇帝上之下

三年（丁酉，前204年）

冬十月，韩信、张耳以兵数万东击赵。赵王及成安君陈馀闻之，聚兵井陉口[1]，号二十万。

广武君李左车[2]说成安君曰："韩信、张耳乘胜而去国远斗[3]，其锋不可当[4]。臣闻'千里馈粮，士有饥色；樵苏后爨，师不宿饱[5]。'今井陉之道，车不得方轨[6]，骑不得成列[7]；行数百里[8]，其势粮食必在其后。愿足下假臣奇兵[9]三万人，从间路绝其辎重[10]；足下深沟高垒[11]勿与战。彼前不得斗，退不得还，野无所掠[12]，不至十日，而两将之头可致于麾下[13]；否则必为二子所禽矣。"成安君尝自称"义兵[14]不用诈谋奇计"，曰："韩信兵少而疲，如此避而不击，则诸侯谓吾怯而轻来伐我[15]矣。"

韩信使人间视[16]，知其不用广武君策，则大喜，乃敢引兵遂下。未至井陉口三十里，止舍[17]。夜半，传发[18]，选轻骑二千人，人持一赤帜[19]，从间道萆山[20]而望赵军。诫[21]曰："赵见我走[22]，必空壁[23]逐我；若疾入赵壁[24]，拔赵帜，立汉赤帜。"令其裨将传餐[25]，曰："今日破赵会食[26]！"诸将皆莫信，佯应[27]曰"诺。"信曰："赵已先据便地为壁[28]；且彼未见吾大将旗鼓[29]，未肯击前行[30]，恐吾至阻险而还也。"乃使万人先行，出，背水陈[31]；赵军望见而大笑[32]。

平旦[33]，信建大将旗鼓[34]，鼓行出井陉口[35]；赵开壁击之，大战良久。于是信与张耳佯弃鼓旗，走水上军[36]；水上军开入之[37]，复疾战。赵果空壁争汉旗鼓，逐信、耳。信、耳已入水上军，军皆殊死战[38]，不可败。信所出奇兵二千骑共候赵空壁逐利[39]，则驰入赵壁，皆拔赵旗，立汉赤帜二千[40]。赵军已不能得信等[41]，欲还归壁；壁皆汉赤帜，见而大惊[42]，以为汉皆已得赵王将矣，兵遂乱，遁走[43]，赵将虽斩之，不能禁也。于是汉兵夹击，大破赵军，斩成安君泜水[44]上，禽赵王歇。

诸将效首虏[45]，毕贺[46]，因[47]问信曰："兵法：'右、倍山陵，前、左水泽[48]。’今者将军令臣等反背水陈，曰‘破赵会食’，臣等不服，然竟以胜[49]。此何术也？”信曰：“此在兵法，顾诸君不察耳！兵法不曰：‘陷之死地而后生，置之亡地而后存[50]’？且信非得素拊循士大夫[51]也，此所谓‘驱市人[52]而战之’，其势非置之死地，使人人自为战[53]；今予之生地，皆走[54]，宁尚可得而用之乎[55]！”诸将皆服，曰：“善！非臣所及也。”

（以上为第一段，写汉大将军韩信率领不到三万的兵力攻打赵国，在井陉口背水列阵，奇袭赵营，一举歼灭号称二十万的赵军，阵斩主将陈馀，活捉赵王歇，灭亡赵国，留下了“破赵会食”的千古佳话。）

【注释】

[1]聚兵：结集重兵。井陉（xíng）口：为太行八隘之一，称井陉关，又叫土门关，在今河北井陉县东北的井陉山上。［2］李左车：赵国的谋士，广武君是他的封号。［3］乘胜：乘攻取代国的胜势。去国远斗：离开本国远征。［4］锋不可当：士气正盛不可抵挡。锋，锐势，势头，士气。［5］“千里馈粮”四句：古代谚语。是说千里送粮解不了近饥，靠临时打柴生火做饭，经常吃不饱肚子。樵，打柴。苏，割草。爨，烧饭。师，军队。宿，久，经常。［6］方轨：两车并行。方，并列。轨，车。［7］成列：排成行列。［8］行数百里：行军队伍拉开几百里。［9］假臣奇兵：借我一支奇袭部队。奇兵，出其不意的部队。［10］从间路绝其辎重：抄小路去切断对方的辎重粮草。绝，切断。辎重，载运物资的车辆，主要是粮饷。［11］深沟：挖深护营的战壕。高垒：加高兵营的围墙。［12］野无所掠：在野外没有什么东西可抢。［13］致于麾下：送到将军的帐前。致，送达。麾下，旗下，对统帅的尊称。［14］义兵：正义之师。［15］而轻来伐我：就会轻易地来攻打我们。［16］间视：暗中刺探。［17］止舍：停下来扎营。［18］传发：传令出发。［19］赤帜：红旗。［20］从间道萆山：从小道上山隐蔽起来。萆，通“蔽”。［21］诫：下达必须执行的死命令。［22］走：败逃。［23］空壁：全军出动。［24］若疾入赵壁：你们迅速冲入赵军营垒。若，你们。疾，赶快。［25］裨将传餐：派副将传送一些食品给战士。传餐，分发一些干粮食品，如今之快餐，暂作充饥。［26］破赵会食：等攻破赵军后再正式集合会餐。［27］佯应：假意答应。［28］赵已先据便地为壁：赵军已抢先占据有利地势安营扎寨。便地，有利的地势。为壁，扎下营垒。［29］大将旗鼓：军中帅旗和仪仗鼓乐。［30］前行（háng）：先头部队。［31］出：出井陉口。背水陈：面向赵军，背向河水，摆开阵势。水，指绵蔓水，发源于山西寿阳县东，东经河北井陉县，流入滹沱河。陈，同“阵”。［32］大笑：得意地狂笑。赵军笑汉军“背水阵”违背兵法，处于险地。按：韩信以“陷之死地而后生”这一兵法原理而布“背水阵”，此为兵行险旗。［33］平旦：天刚亮。［34］建大将旗鼓：打出大将的旗鼓。［35］鼓行

出井陉口：汉军鼓乐喧天地开出了井陉口。［36］走水上军：汉军逃回河边的背水阵。［37］开入之：大开营门让逃回的赵军进营。［38］殊死战：拼死战斗。［39］逐利：入赵营争夺战利品。［40］立汉赤帜二千：两千汉兵在赵营插了两千面红旗。立，插。［41］得信等：活捉韩信等人。［42］见而大惊：汉军望见自己营垒插遍汉军旗帜，惊慌失措。大惊，惊慌丧胆。［43］遁走：赵兵逃跑。［44］泜（zhí）水：水名，即今槐河，源出河北赞皇县西南，东流入滏阳河。［45］效首虏：呈上敌人的首级和俘虏。效，献。［46］毕贺：全都向韩信道贺。［47］因：趁机。［48］右、倍山陵，前、左水泽：布军列阵要右边和背面靠山，前边和左边临水。倍，通"背"。《孙子·行军》："丘陵堤防，必处其阳，而右背之。"［49］竟以胜：终于取胜。［50］"陷之"二句：必须把军队置于危困的境地，士兵就能发挥最大的战斗力，绝处逢生。《孙子·九地》："投之亡地然后存，陷之死地然后生。夫众陷于害，然后能为胜败。"［51］素拊循士大夫：平时训练有素的将士。素，一向。拊循，训练。士大夫，指将士。［52］市人：集市上的人群，即乌合之众。［53］"其势"二句：照此情况，一定要把军队安排在绝死之地，使每个人都为自己的生存而拼死战斗。［54］今予之生地，皆走：如今给他们留下活路，全都跑光了。［55］"宁尚"句：难道还能够用他们去冲锋陷阵吗？宁，怎么，难道。尚可得，还能够。

信募生得[1]广武君者予千金。有缚致麾下者[2]，信解其缚，东乡坐[3]，师事之[4]。问曰："仆欲北伐燕，东伐齐，何若[5]而有功？"广武君辞谢[6]曰："臣，败亡之虏[7]，何足以权大事乎[8]！"信曰："仆闻之：百里奚[9]居虞而虞亡，在秦而秦霸；非愚于虞而智于秦也，用与不用，听与不听也。诚令[10]成安君听足下计，若信者亦已为禽矣[11]；以不用足下，故信得侍[12]耳。今仆委心归计[13]，愿足下勿辞！"

广武君曰："今将军涉西河，虏魏王，禽夏说；东下井陉，不终朝[14]而破赵二十万众，诛成安君；名闻海内，威震天下，农夫莫不辍耕释耒，褕衣甘食，倾耳以待命者，此将军之所长也[15]。然而众劳卒罢[16]，其实难用。今将军欲举倦敝之兵，顿之燕坚城之下[17]，欲战不得[18]，攻之不拔[19]，情见势屈[20]；旷日持久[21]，粮食单竭[22]。燕既不服，齐必距境[23]以自强。燕、齐相持而不下，则刘、项之权未有所分[24]也，此将军所短也。善用兵者，不以短击长而以长击短。"

韩信曰："然则何由[25]？"广武君对曰："方今为将军计，莫如按甲休兵[26]，镇抚赵民[27]，百里之内，牛酒日至，以飨士大夫[28]；北首燕路[29]，而后遣辨士奉咫尺之书[30]，暴其所长于燕[31]，燕必不敢不听从。燕已从而东临齐[32]，虽有智者，亦不知为齐计[33]矣。如是，则天下事皆可图也[34]。兵固有先声而后实者[35]，此之谓也。”韩信曰：“善！”从其策，发使使燕，燕从风而靡[36]。

遣使报汉，且请以张耳王赵，汉王许之[37]。楚数使奇兵渡河击赵，张耳、韩信往来救赵，因行定赵城邑[38]，发兵诣汉。

（以上为第二段，写汉大将军韩信虚心听从赵国降将李左车的意见，不急着出兵攻打燕国，而是宣其兵威，派使者出使燕国，劝其投降；韩信抗击楚军，平定赵地，还派兵增援汉王。）

【注释】

[1]募：悬赏。生得：活捉。 [2]有缚致麾下者：有人缚送李左车到韩信帐前。麾下，旗下，此指韩信军帐，即韩信。 [3]东乡坐：面向东坐。乡，通“向”。汉初以东向为尊。 [4]师事之：韩信以师礼对待李左车。 [5]何若：如何。 [6]辞谢：谦让。 [7]臣，败亡之虏：我是一个兵败国亡的俘虏。 [8]何足以权大事乎：哪有资格来谋划大事啊！权，衡量，谋划。[9]百里奚：春秋时虞国大夫，虞君不听百里奚劝谏而亡国，秦穆公重用百里奚为秦相，秦国称霸。[10]诚令：如果能使。[11]“若信”句：像我韩信这样的人也早就被俘虏了。禽，同“擒”。[12]得侍：能够侍奉左右而求教。 [13]委心归计：全心全意地听从你的计谋。委心，倾心，真心。归，依从。 [14]不终朝：不到一个上午。 [15]“农夫”四句：农夫们无不放下农具停止耕作，只图穿好的吃好的，侧耳倾听，等候你进军的号令。辍耕释耒，停止耕种放下农具。耒（lěi），犁上的木柄。这里借指农具。褕衣甘食，穿好的吃好的。褕，美。这几句胡三省谓，当时的人害怕韩信的声威，胆战心惊，不事耕作，吃好穿好，过一天算一天，不作长远打算。 [16]众劳卒罢：百姓劳苦，士卒疲困。罢，通“疲”。 [17]“今将军”二句：现今将军想要调动疲惫困乏的军队，围攻燕国防守坚固的城池。举，率领。倦敝，疲惫劳乏。顿，停留，围攻。坚城，防守坚固的城池。 [18]欲战不得：想打打不了，敌人坚守不出。 [19]不拔：打不下城池。 [20]情见势屈：我方的军情暴露给敌方，自己的威势也就随之减弱。见（xiàn），显露。 [21]旷日：耗费时日。持久：拖延很久。 [22]单竭：耗尽。单，通“殚”，同竭，尽。 [23]距境：拒守边境。距，通“拒”。 [24]刘、项之权未有所分：刘邦和项羽双方胜负的趋势难见分晓。权，秤锤，这里指胜负的比重。未有所分，分不出来。 [25]然则何由：既然这样，那怎么办呢？然则，既然如此，那么。何由，走哪条道呢，即该怎么办呢。由，从，遵循。 [26]按甲休兵：停止战事，休养士卒。 [27]镇抚赵民：安顿抚慰赵国民众。 [28]飨士大夫：犒赏将士。飨，宴请。 [29]北首燕路：将部队向北移动，指向通往燕国的道路。北首，北向。 [30]咫尺之书：即书信。八寸

为咫，当时写书信的竹简为八寸简，称咫尺。［31］暴其所长于燕：把自己的优势显示给燕国。暴（pù），显露。［32］东临齐：向东逼近齐国。［33］不知为齐计：不知如何为齐出谋划策。［34］皆可图也：就都好办了。图，设法对付。［35］“兵固有”句：用兵之道原本便有先造声势而后才实际行动的。声，宣传攻势。实，指进行军事行动。［36］从风而靡：顺着风倒下去。喻燕立即投降。［37］汉王许之：汉王听从韩信之请立张耳为赵王。按：韩信为张耳请王已犯军人干政之忌，取死之道。此为韩信后来请王齐地，以及汉王夺赵兵伏笔。［38］行定赵城邑：韩信在救赵的行动过程中占领并安定了赵国城邑。

甲戌晦[1]，日有食[2]之。

十一月，癸卯晦，日有食之。

随何至九江，九江太宰主之[3]，三日不得见。随何说太宰曰：“王之不见何，必以楚为强，汉为弱也。此臣之所以为使[4]。使[5]何得见，言之而是，大王所欲闻也；言之而非，使何等二十人伏斧质[6]九江市，足以明王倍汉而与楚[7]也。”太宰乃言之王[8]。

王见之。随何曰：“汉王使臣敬进书大王御者[9]，窃怪[10]大王与楚何亲[11]也？”九江王曰：“寡人北乡[12]而臣事之。”随何曰：“大王与项王俱列为诸侯，北乡而臣事之者，必以楚为强，可以托国也。项王伐齐，身负版筑[13]，为士卒先。大王宜悉九江之众，身自将之[14]，为楚前锋；今乃发四千人以助楚。夫北面而臣事人者，固若是乎？汉王入彭城，项王未出齐也。大王宜悉九江之兵渡淮，日夜会战彭城下[15]；大王乃抚[16]万人之众，无一人渡淮者，垂拱[17]而观其孰胜。夫托国于人者，固若是乎？大王提空名以乡楚而欲厚自托[18]，臣窃为大王不取[19]也！然而大王不背楚者，以汉为弱也。夫楚兵虽强，天下负之以不义之名[20]，以其背盟约而杀义帝也。汉王收诸侯[21]，还守成皋、荥阳，下蜀、汉之粟[22]，深沟壁垒[23]，分卒守徼乘塞[24]。楚人深入敌国八九百里[25]，老弱转粮[26]千里之外。汉坚守而不动，楚进则不得攻，退则不能解[27]，故曰楚兵不足恃[28]也。使[29]楚胜汉，则诸侯自危惧而相救；夫楚之强，适足以致天下之兵[30]耳。故楚不如汉，其势易见也。今大王不与万全之汉而自托于危亡之楚，臣窃为大王惑之[31]！臣非以九江之兵足以亡楚也[32]；大王发兵而倍楚[33]，项王必留；留数月，汉之取天下可以万全。臣请与大王提剑而归汉，汉王必裂地而封大王[34]；又况九江必大王有也[35]。”九江王曰：“请奉命[36]。”阴许畔楚与汉[37]，未敢泄也[38]。

楚使者在九江，舍传舍[39]，方急责布发兵[40]。随何直入，坐楚使者上，曰：“九江王已归汉，楚何以得发兵？”布愕然。楚使者起。何因说布曰：“事已构[41]，可遂杀[42]楚使者，无使归[43]，而疾走汉并力[44]。”布曰：“如使者教[45]。”于是杀楚使者，因起兵而攻楚。

楚使项声、龙且攻九江，数月，龙且破九江军。布欲引兵走汉，恐楚兵杀之，乃间行与何俱归汉。

十二月，九江王至汉。汉王方踞床洗足[46]，召布入见。布大怒，悔来，欲自杀；及出就舍，帐御、饮食、从官皆如汉王居[47]，布又大喜过望[48]。于是乃使人入九江；楚已使项伯收九江兵，尽杀布妻子[49]。布使者颇得故人、幸臣[50]，将众数千人归汉。汉益[51]九江王兵，与俱屯成皋。

（以上为第三段，写汉王刘邦派使者随何出使九江王，策动黥布叛楚归汉，削弱了楚国实力。）

【注释】

[1]晦：农历月末，每月的最后一天。[2]食：日食。[3]九江太宰主之：九江王太宰出面接待随何。太宰，官名，掌管膳食。[4]此臣之所以为使：这正是我出使的原因。[5]使：如果，假使。[6]伏斧质：被处死。斧质，杀人刑具。质，砧板。[7]倍汉而与楚：谓九江王背叛汉王而与楚王相亲善。倍，通“背”。[8]太宰乃言之王：太宰于是向九江王作了汇报。[9]进书大王御者：呈书信给大王。御者，替大王赶车的人。随何谦称，进书不敢直呈大王，呈献给大王的赶车人传达。[10]窃怪：私下感到奇怪、迷惑。[11]何亲：什么关系，为何这样亲近。[12]北乡：向北。乡，通“向”。古代君主面南而坐，臣向北而朝。黥布以臣事项羽，故言。[13]身负版筑：背负修筑营墙的墙板和筑杵。版，筑墙用的夹板。筑，筑墙用的筑杵。[14]身自将之：亲自率领将士。[15]“日夜”句：日夜兼程奔赴彭城会合楚军作战。[16]抚：拥有。[17]垂拱：垂衣拱手，喻袖手旁观。[18]“大王”句：大王是借依附楚国之名而想要行独立自主之实。提空名以乡楚，借着依靠楚国的空名。乡，通“向”，依靠，依附。[19]不取：不可取，不能这样做。[20]“天下”句：在天下人面前背上了不义的恶名。负，背上。[21]收诸侯：联合诸侯。[22]下蜀、汉之粟：运来蜀地和汉中的粮食。下，指蜀粮顺江而下。[23]深沟壁垒：

犹“深沟高垒”，深挖沟，高筑墙。［24］分卒守徼乘塞：分兵把守边防要塞。徼（jiào），边境亭障。塞，险要关口。［25］深入敌国八九百里：楚自彭城至荥阳、成皋，中隔敌国梁地八九百里。［26］转粮：运粮。［27］解：脱身，指脱离战场。［28］不足恃：不值得依赖。［29］使：如果。［30］致天下之兵：招致全天下的人来攻击。［31］惑之：困惑不解。［32］“臣非以”句：我并不认为九江王的兵足可以灭亡楚国。非以，不认为。［33］倍楚：背叛楚国。［34］必裂地而封大王：一定会割地封你为王。裂地，割地，划分疆域。［35］“又况”句：再说九江之地一定为大王所有。又况，更何况，再说。［36］奉命：遵命。［37］阴许畔楚与汉：秘密地承诺背叛楚国归附汉王。阴，暗中，秘密。［38］未敢泄也：没敢泄漏，即没有公开宣布。［39］舍传（zhuàn）舍：安置住在客馆。［40］方急责布发兵：正加紧督促黥布发兵援楚。责，要求。［41］事已构：事已至此。指大王归汉之事已定。构，成，定。［42］遂杀：就杀，立即除掉。［43］无使归：不要让楚使回归。［44］疾走汉并力：火速投奔汉王合力抗楚。［45］如使者教：就按您说的办。使者，指汉使随何。［46］踞床洗足：两脚岔开坐在床上洗脚。踞，傲慢无礼的样子。按：刘邦此举先杀黥布之气。［47］帐御：泛指屋内陈设及日用品。从官：随从官员。如汉王居：与汉王的住所相同。［48］大喜过望：结果比原来希望的更好，因而感到特别高兴。布见寓所与汉王一样气派，故大喜过望。刘邦的御人之术非同一般。［49］尽杀布妻子：项羽尽灭黥布的妻室儿女，即灭族。［50］故人：老朋友。幸臣：宠信的大臣。［51］益：加强，增加。

楚数侵夺汉甬道，汉军乏食。汉王与郦食其谋桡楚权[1]。食其曰：“昔汤伐桀，封其后于杞；武王伐纣，封其后于宋[2]。今秦失德弃义，侵伐诸侯，灭其社稷，使无立锥之地。陛下[3]诚能[4]复立六国之后，此其君臣、百姓必皆戴陛下之德[5]，莫不向风慕义[6]，愿为臣妾[7]。德义已行，陛下南乡称霸，楚必敛衽而朝[8]。”汉王曰：“善！趣刻印[9]，先生因行佩之[10]矣。”

食其未行，张良从外来谒[11]。汉王方食[12]，曰：“子房前[13]！客有为我计桡楚权者。”具以郦生语告良，曰：“何如？”良曰：“谁为陛下画此计者？陛下事去矣[14]！”汉王曰：“何哉？”对曰：“臣请借前箸[15]，为大王筹之[16]：昔汤、武封桀、纣之后者，度[17]能制其死生之命也；今陛下能制项籍之死命乎？其不可一也。武王入殷，表商容之闾[18]，释箕子之囚[19]，封比干之墓[20]；今陛下能乎？其不可二也。发巨桥之粟[21]，散鹿台之钱[22]，以赐贫穷；今陛下能乎？其不可三也。殷事已毕，偃革为轩[23]，倒载干戈[24]，示天下不复用兵；今陛下能乎？其不可四也。休马华山之阳，示以无为[25]；今陛下能乎？其不可五也。放牛桃林之阴，以示不复输积[26]；今陛下能乎？其不可六也。天下游士[27]，离其亲戚，弃坟墓，去故旧，从陛下游者，徒欲日夜望咫尺之地[28]。今复立六国之后，天下游士各归事其主，从其亲戚，反其故旧、坟墓，陛下谁与取天下[29]乎？其不可七也。且夫楚唯无强，六国立者复桡而从之，陛下焉得而臣之[30]？其不可八也。诚用[31]客之谋，陛下事去矣！”汉王辍食，吐哺[32]，骂曰：“竖儒几败而公事[33]！”令趣销印[34]。

荀悦论曰[35]：夫立策决胜之术，其要有三：一曰形，二曰势，三曰情[36]。形者，言其大体得失之数[37]也；势者，言其临时之宜、进退之机[38]也；情者，言其心志可否之实[39]也。故策同、事等而功殊[40]者，三术不同也。

初，张耳、陈馀说陈涉以复六国，自为树党；郦生亦说汉王。所以说者同而得失异者，陈涉之起，天下皆欲亡秦；而楚、汉之分未有所定，今天下未必欲亡项也。故立六国，于陈涉，所谓多己之党而益秦之敌也；且陈涉未能专天下之地也，所谓取非其有以与于人[41]，行虚惠而获实福也。立六国，于汉王，所谓割己之有而以资敌[42]，设虚名而受实祸也。此同事而异形者也[43]。

及宋义待秦、赵之毙，与昔卞庄刺虎同说者也[44]。施之战国之时，邻国相攻，无临时之急，则可也。战国之立，其日久矣，一战胜败，未必以存亡也；其势非能急于亡敌国也，进乘利，退自保，故累力待时[45]，乘敌之毙[46]，其势然也。今楚、赵所起，其与秦势不并立[47]，安危之机，呼吸成变，进则定功[48]，退则受祸。此同事而异势者也。

伐赵之役，韩信军于泜水之上而赵不能败[49]。彭城之难，汉王战于睢水之上，士卒皆赴入睢水而楚兵大胜。何则？赵兵出国迎战，见可而进[50]，知难而退，怀内顾之心[51]，无出死之计[52]；韩信军孤在水上，士卒必死[53]，无有二心，此信之所以胜也。汉王深入敌国，置酒高会[54]，士卒逸豫[55]，战心不固[56]；楚以强大之威而丧其国都，士卒皆有愤激之气[57]，救败赴亡之急[58]，以决一旦之命[59]，此汉之所以败也。且韩信选精兵以守，而赵以内顾之士[60]攻之；项羽选精兵以攻，而汉以怠惰之卒应之。此同事而异情者也。

故曰：权不可豫设[61]，变不可先图[62]；与时迁移，应物变化[63]，设策之机也[64]。

（以上为第四段，写汉王刘邦因汉军粮食短缺，与谋臣郦食其谋划如何削弱楚国实力，郦食其提出分封六国后代，培植党羽，给项羽树敌，张良力主不可实行，刘邦立即采纳。荀悦的评论透彻地解析了张良的建议。）

【注释】

［1］桡（náo）楚权：削弱楚国的实力。［2］“昔汤伐桀”四句：据《史记·陈杞世家》，周武王灭商，封夏后于杞以祀禹，《史记·宋世家》，周成王封纣庶兄微子启于宋承商祀。此云汤封夏后于杞，周武王封商后于宋，郦食其之言有误。［3］陛下：臣称皇帝为“陛下”，此时刘邦未称帝，乃追书之辞。［4］诚能：真能，如果能。［5］戴陛下之德：感激皇上恩德。戴，感激。［6］莫不向风慕义：无不向往大王的风范，仰慕大王的仁义。［7］愿为臣妾：愿做大王的臣民。［8］敛衽而朝：整肃衣服，恭恭敬敬地朝拜汉王。敛，束。衽，衣襟。［9］趣刻印：赶快刻六国王印。［10］先生因行佩之：先生就可带上六国王印出使各国了。行，指出使。［11］谒：拜见。［12］方食：正在吃饭。［13］子房：张良字。前：上前来。［14］事去矣：统一天下的大事完了。［15］前箸：指刘邦面前的筷子。［16］筹之：指划形势。筹，计算，筹谋。［17］度（duó）：估计。［18］表商容之闾：把商容的旧居特别标示出来，表示对商容的尊敬。表，标记。商容，殷纣时贤臣。［19］释箕子之囚：武王灭纣，释放了被囚禁的箕子。箕子，纣的远房叔父，谏纣不听，为纣所囚。［20］封比干之墓：武王灭纣，重新修整了比干的坟墓。封，坟上加土。比干，纣王叔父，多次谏纣，被剖心而死。［21］发巨桥之粟：发放巨桥粮仓的粮食。巨桥，商纣积粟的粮仓名，故址在今河北曲周县东北。［22］散鹿台之钱：散发鹿台府库的金钱。鹿台，亦名南单台，为商纣储财之所，故址在殷都朝歌城中，朝歌即今河南淇县。［23］偃革为轩：废弃战车，改作乘车。偃，息，废除。革，指军用的兵车。为，改造成。轩，平时载人的车。［24］倒载干戈：倒置兵器。载，置，收藏。干，盾。戈，矛。［25］“休马”二句：把战马放养到华山的南面，显示不再驱使。华山，在今陕西华阴市南。阳，山南为阳。［26］“放牛”二句：将牛放牧到桃林的北面，表示不再用来运输粮草。桃林，即桃林塞，在今河南灵宝市西。阴，山北为阴。输积，运送囤积的粮草。［27］游士：游说之士。［28］望咫尺之地：希望得到一块封地。咫尺，比喻狭小。［29］谁与取天下：你和谁夺取天下。［30］“且夫”三句：况且，当今只有楚国强大，尚无超过它的，假如复立的六国后代又屈从楚国，那么，大王还怎么使他们臣服于汉呢？唯，只有。无强，无可匹敌，最强。强，当，敌。复桡而从之，又会屈从楚国。［31］诚用：真使

用，假如使用。［32］辍食：停止吃饭。吐哺：把正在口里嚼的饭吐出。哺，在口里咀嚼着的食物。［33］“竖儒”句：这书呆子几乎把你老子的大事给坏了。而公，你的老子。刘邦惯用的骂人俗语，又作“乃公”。［34］令趣销印：立即下令赶快销毁那些印玺。［35］荀悦论曰：此条借论引自荀悦《汉纪》。荀悦（148—209）：东汉颍川颍阴人，字仲豫，政论家，历史学家。汉献帝时官至秘书监、侍中。著有《申鉴》《汉纪》。传见《后汉书》卷六十二。［36］“其要”四句：要取得战场胜算，要点有三：一是战场布局；二是战场变化的形势；三是取胜的意志与决心。［37］大体得失之数：总体胜败的布局与趋向。［38］临时之宜、进退之机：对临时情况的灵活处理和对进与退随机应变。［39］心志可否之实：意志是坚定还是懈怠的实际。［40］功殊：效果各异。［41］取非其有以与于人：陈胜立六国后，并不是把自己取得的东西分给别人。［42］割己之有而以资敌：刘邦若立六国后，则是把自己的胜利果实送给敌对势力。［43］此同事而异形者也：说到陈胜与汉王立六国后，这便是事情相同，而灵活应用与随机应变的形势完全不同。［44］“及宋义”二句：再比较宋义先斗秦、赵与卞庄子先斗二虎的同一策略，宋义身死，卞庄子获利的形势吧。按：《史记·项羽本纪》载，秦二世三年，宋义救赵，留兵安阳不进，曰：“今秦攻赵，战胜则兵罢，我承其敝；不胜，则我引兵鼓行而西，必举秦矣。故不如先斗秦、赵。”因贻误军机为项羽所杀。《战国策·秦策二》：“有两虎诤人而斗者，管庄子将刺之，管与止之曰：‘虎者戾虫，人者甘饵也。今两虎诤人而斗，小者必死，大者必伤，子待伤虎而刺之，则是一举而兼两虎也。无刺一虎之劳，而有刺两虎名。’”［45］累力待时：积蓄力量，等待时机。［46］毙：败伤。［47］势不并立：即“势不两立”。［48］定功：成功。定，《汉纪》正作“成”。［49］赵不能败：赵军不能打败韩信的背水之军。［50］见可而进：看到有利就进攻。可，适宜，有利。［51］怀内顾之心：怀着贪生怕死的心理。［52］无出死之计：毫无出战拼死一搏的打算。出死，效死，献出生命。［53］士卒必死：士兵不拼死战斗必然会死。［54］置酒高会：盛大的宴会。［55］士卒逸豫：士兵安逸享乐。［56］战心不固：战斗意志不坚强。［57］愤激之气：义愤填膺的豪气，即士气高昂。［58］救败赴亡之急：急于挽救败局，无所畏惧地奔向死亡。［59］以决一旦之命：用以决出一时的胜败命运。［60］内顾之士：瞻前顾后贪生怕死的士兵。［61］权不可豫设：权宜应变不可能预先设计。［62］变不可先图：事态的变化不可以事先谋划。［63］应物变化：根据客观条件而变化。［64］设策之机也：这是制定策略的关键。

汉王谓陈平曰：“天下纷纷，何时定乎[1]？”陈平曰：“项王骨鲠[2]之臣，亚父、钟离眛、龙且、周殷之属[3]，不过数人耳。大王诚能捐[4]数万斤金，行反间[5]，间[6]其君臣，以疑其心[7]；项王为人，意[8]忌信谗，必内相诛，汉因举兵而攻之，破楚必矣。”汉王曰：“善！”乃出黄金四万斤与平，恣所为[9]，不问其出入[10]。

平多以金纵反间于楚军[11]，宣言："诸将钟离昧等为项王将，功多矣，然而终不得裂地而王，欲与汉为一，以灭项氏而分王其地。"项羽果意不信钟离昧等。

夏，四月，楚围汉王于荥阳，急；汉王请和，割荥阳以西者为汉。亚父劝羽急攻荥阳；汉王患之。项羽使使至汉，陈平使为大牢具[12]。举进[13]，见楚使，即佯惊曰："吾以为亚父使，乃[14]项王使！"复持去[15]，更以恶草具[16]进楚使。楚使归，具以报项王[17]；项王果大疑亚父。亚父欲急攻下荥阳城，项王不信，不肯听。亚父闻项王疑之，乃怒曰："天下事大定矣，君王自为之，愿赐骸骨归！"未至彭城，疽发背而死[18]。

（以上为第五段，写汉王刘邦听从谋士陈平建议，离间项羽君臣关系，中伤钟离昧、范增。范增被逐，疽发背而死，项羽失去主心骨，从此走下坡路。）

【注释】

[1]纷纷：混乱。定：安定。[2]骨鲠：刚直。鲠，正直。[3]亚父：范增，项羽重要谋臣。钟离昧：项羽的将领，羽死，投靠韩信，后被迫自杀。龙且：项羽属下猛将，救援齐军，被韩信所杀。周殷：项羽的大司马，后降汉。[4]捐：拿出。[5]反间：诱使敌方的间谍或其他人反为我用，制造其内讧，伺机取胜。[6]间：离间。[7]疑其心：使其互相猜疑。[8]意：猜疑。[9]恣所为：任意使用。恣，任意。[10]不问其出入：不过问他开支的情况。[11]纵反间于楚军：大量派出间谍人员到楚军中进行反间工作。[12]大牢具：丰盛隆重最高规格的筵席。大，古"太"字。太牢，指祭祀或筵席牛、羊、豕齐备。[13]举进：献上。[14]乃：却是，怎么是。[15]持去：把太牢具撤除。[16]更以恶草具：更换粗劣饭食。[17]具以报项王：把上述情况一一地报告给项王。[18]疽发背而死：背上毒疮发作而死。疽（jū），结成块状的恶疮，大而浅的为痈，深的为疽。

五月，将军纪信言于汉王曰："事急矣！臣请诳楚[1]，王可以间出。"于是陈平夜出女子东门二千[2]余人，楚因四面击之。纪信乃乘王车，黄屋，左纛[3]，曰："食尽，汉王降。"楚皆呼万岁，之城东观。以故汉王得与数十骑出西门遁去，令韩王信与周苛、魏豹、枞公守荥阳。羽见纪信，问："汉王安在？"曰："已出去矣。"羽烧杀信。周苛、枞公相谓曰：

"反国之王[4]，难与守城！"因杀魏豹。

汉王出荥阳，至成皋，入关，收兵欲复东。辕生说汉王曰："汉与楚相距荥阳数岁，汉常困。愿君王出武关，项王必引兵南走。王深壁勿战[5]，令荥阳、成皋间且得休息，使韩信等得安辑[6]河北赵地，连[7]燕、齐，君王乃复走荥阳。如此，则楚所备者多，力分[8]；汉得休息，复与之战，破之必矣！"汉王从其计，出军宛、叶间[9]。与黥布行收兵[10]。羽闻汉王在宛，果引兵南；汉王坚壁不与战。

汉王之败彭城，解而西[11]也，彭越皆亡其所下城[12]，独将其兵北居河上，常往来为汉游兵击楚[13]，绝其后粮。是月，彭越渡睢，与项声、薛公战下邳[14]，破，杀薛公。羽乃使终公守成皋，而自东击彭越。汉王引兵北，击破终公，复军成皋。

六月，羽已破走彭越，闻汉复军成皋，乃引兵西拔荥阳城，生得周苛。羽谓苛："为我将，以公为上将军，封三万户。"周苛骂曰："若不趋[15]降汉，今为虏矣；若非汉王敌也！"羽烹周苛，并杀枞公而虏韩王信，遂围成皋。汉王逃，独与滕公共车出成皋玉门[16]，北渡河，宿小修武[17]传舍。

晨，自称汉使，驰入赵壁[18]。张耳、韩信未起，即其卧内，夺其印符以麾召诸将，易置之[19]。信、耳起，乃知汉王来，大惊。汉王既夺两人军，即令张耳循行，备守赵地[20]。拜韩信为相国[21]，收赵兵未发者击齐[22]。诸将稍稍[23]得出成皋从汉王。楚遂拔成皋，欲西；汉使兵距之巩[24]，令其不得西。

（以上为第六段，写项羽围困刘邦于荥阳，形势危急，纪信假扮刘邦投降，刘邦逃脱；刘邦驰入韩信军帐，接管了他的军队。）

【注释】

[1]诳楚：扮作刘邦欺骗楚军。 [2]二千：《史记·项羽本纪》"二千"上有"被甲"二字。[3]黄屋：天子用车，以黄绸作顶篷。左纛（dào）：天子用车，左边插着用牦牛尾或雉鸡尾做的装饰物。 [4]反国之王：骂魏豹之语。魏豹原被项羽封为西魏王，刘邦伐楚，豹又归汉；刘邦败于彭城，豹又反汉。后韩信破魏掳豹，刘邦赦免了他。 [5]深壁勿战：坚守深沟高垒，不要出战，只牢牢地牵引住项羽。 [6]安辑：安抚。辑，安。 [7]连：联合。 [8]力分：兵力分散。

[9]出军宛、叶间：汉军活动在宛、叶一带。宛城在今河南南阳市。叶（shè）邑，在今河南叶县。[10]行收兵：沿路征集兵员。[11]解而西：向西溃散。[12]亡其所下城：丢掉了所攻占的城邑。亡，丢掉。[13]为汉游兵击楚：作为汉军的游击部队往来袭击楚军。[14]下邳：县名，县治在今江苏邳州市。[15]趋（cù）：赶快。[16]玉门：成皋北门。[17]小修武：邑名，县治在今河南获嘉县境。[18]赵壁：赵军营垒。[19]“夺其”二句：夺了韩信的帅印和兵符，用以指挥召集诸将，调动了他们的职位。麾，用于指挥军队的旗帜。易置，调动职位。[20]“即令”二句：就任命张耳为行政官巡视、守备赵地。[21]拜韩信为相国：授予韩信以相国的职衔。虚加空名提升韩信，以为被夺军之安慰。[22]收赵兵未发者击齐：结集未被调往荥阳的军队进攻齐国。[23]稍稍：陆续。[24]距之巩：在巩县抗击楚军。距，通“拒”。巩，县名，在今河南巩义市西南。

秋，七月，有星孛于大角[1]。

临江王敖薨[2]，子尉嗣。

汉王得韩信军，复大振。八月，引兵临河，南乡[3]，军小修武，欲复与楚战。郎中[4]郑忠说止汉王，使高垒深堑勿与战。汉王听其计，使将军刘贾、卢绾[5]将卒二万人，骑数百，渡白马津[6]，入楚地，佐彭越，烧楚积聚[7]，以破其业[8]，无以给项王军食而已。楚兵击刘贾，贾辄坚壁不肯与战，而与彭越相保[9]。

彭越攻徇梁地[10]，下睢阳、外黄[11]等十七城。

九月，项王谓大司马曹咎[12]曰：“谨守[13]成皋！即[14]汉王欲挑战，慎勿与战，勿令得东而已[15]。我十五日必定梁地，复从将军[16]。”羽引兵东行，击陈留[17]、外黄、睢阳等城，皆下之。

汉王欲捐[18]成皋以东，屯[19]巩、洛以距楚。郦生[20]曰：“臣闻‘知天之天者[21]，王事可成’；王者以民为天，而民以食为天。夫敖仓，天下转输[22]久矣，臣闻其下乃有藏粟甚多。楚人拔荥阳，不坚守敖仓，乃引而东，令适卒分守成皋[23]，此乃天所以资汉也[24]。方今楚易取而汉反却[25]，自夺其便[26]，臣窃以为过矣[27]！且两雄不俱立，楚、汉久相持不决，海内摇荡[28]，农夫释耒[29]，工女下机[30]，天下之心未有所定也。愿足下急复进兵，收取荥阳，据[31]敖仓之粟，塞[32]成皋之险，杜[33]太行之道，距蜚狐之口[34]，守白马之津，以示诸侯形制之势[35]，则天下知所归[36]矣。”王从之，乃复谋取敖仓。

食其又说王曰：“方今燕、赵已定，唯齐未下。诸田宗强[37]，负海、岱[38]，阻河、济[39]，南近于楚，人多变诈；足下虽遣数万师，未可以岁月破也。臣请得奉明诏说齐王，使为汉而称东藩[40]。”上曰：“善！”

乃使郦生说齐王曰：“王知天下之所归[41]乎？”王曰：“不知也。天下何所归？”郦生曰：“归汉！”曰：“先生何以言之？”曰：“汉王先入咸阳；项王负约，王之汉中。项王迁杀义帝；汉王闻之，起蜀、汉之兵击三秦，出关而责义帝之处[42]。收天下之兵[43]，立诸侯之后；降城即以侯其将[44]，得赂即以分其士[45]；与天下同其利，豪英贤才皆乐为之用。项王有倍约之名[46]，杀义帝之负[47]；于人之功无所记，于人之罪无所忘；战胜而不得其赏，拔城而不得其封，非项氏莫得用事[48]；天下畔[49]之，贤才怨之，而莫为之用。故天下之事归于汉天，可坐而策[50]也！夫汉王发蜀、汉，定三秦；涉西河，破北魏[51]；出井陉，诛成安君[52]；此非人之力也，天之福[53]也！今已据敖仓之粟，塞成皋之险，守白马之津，杜太行之阪[54]，距蜚狐之口；天下后服者先亡矣。王疾先下汉王[55]，齐国可得而保[56]也；不然，危亡可立而待也[57]！”先是，齐闻韩信且东兵[58]，使华无伤、田解将重兵屯历下[59]，军以距汉。及纳郦生之言，遣使与汉平[60]，乃罢历下守战备，与郦生日纵酒为乐。

韩信引兵东，未度平原[61]，闻郦食其已说下齐，欲止。辨士蒯彻[62]说信曰：“将军受诏击齐，而汉独发间使下齐，宁有诏止将军乎[63]，何以得毋行[64]也？且郦生，一士，伏轼掉三寸之舌[65]，下齐七十余城；将军以数万众，岁余乃下赵五十余城。为将数岁，反不如一竖儒之功乎[66]！”于是信然之，遂渡河。

（以上为第七段，写汉王刘邦得到韩信的军队，士气重又大振；接受郦食其的建议，谋取敖仓；协助彭越，烧毁楚国积聚的粮草，破坏楚国的后勤基地；派郦食其出使齐国，凭轼下东藩，说降齐国七十余城。）

【注释】

[1]有星孛于大角：有彗星出现在大角星旁。孛（bèi），光芒四射。彗星带芒，故又称孛星。古人认为彗星出现为不祥之兆，预示有大战斗发生。大角，星名，北天的橙色亮星，属亢宿，在

摄提间即牧夫座第一星。《史记·天官书·正义》:“大角一星在两摄提间,人君之象也。”[2]敖薨:临江王共敖死了。[3]南乡:南向。乡,通“向”。[4]郎中:帝王警卫官。[5]刘贾:刘邦堂兄,汉初封荆王,后为黥布所杀。卢绾:刘邦的同乡好友,汉初封长安侯,后封燕王,因谋反逃入匈奴。[6]白马津:黄河津渡名,在河南滑县北。[7]积聚:指军中储备的粮草。[8]以破其业:用以破坏楚国的后备基础。[9]相保:相互救援。[10]徇梁地:攻占梁国土地。徇,掠取。[11]睢阳:县名,县治在今河南商丘市南。外黄:县名,县治在今河南民权县。[12]大司马:官名,掌管军政的高级官员。曹咎:原为蕲县狱掾,曾救助项梁脱罪,深受项梁、项羽亲信,封为海春侯。[13]谨守:小心谨慎地守住。[14]即:如果。[15]勿令得东而已:不让汉军东进就行了。[16]复从将军:再与将军会合。从,聚合,会合。[17]陈留:郡名,治所陈留,今河南开封市陈留镇。[18]捐:放弃。[19]屯:驻守。[20]郦生:郦食其。[21]知天之天者:懂得天之所以为天这一道理的人。按:天,是天下所有人赖以生存、不可缺少的事物,则天之天,是重要事物中最重要的,喻事物的关键。[22]转输:转送运输。[23]令适卒分守成皋:只派一些获罪的士兵分守成皋。适,通“谪”,因罪被征来的刑徒士兵。[24]此乃天所以资汉也:这真是上天对汉军的帮助啊。按:项羽占荥阳,不乘势西进,却东攻彭越,又令疲惫的谪卒守成皋,丧失了扩大战果的时机,所以说天助汉军。资,助。[25]却:后退。[26]自夺其便:自己放弃了有利的时机。夺,丧失。便,利。[27]过矣:大错特错。[28]海内摇荡:全国动荡。摇,动。[29]释耒:放下农具,停止耕作。[30]工女下机:织女离开织机,不再纺纱织布。[31]据:占有。[32]塞:堵塞。[33]杜:切断。[34]距:通“拒”,扼制。蜚狐之口:蜚狐口,要隘名,在今河北涞源县北、蔚县东南。[35]形制之势:凭借控制的有利地形制服敌人的形势。[36]天下知所归:天下人都知道自己的归宿。即投向刘邦。[37]诸田宗强:田氏宗族,势力强大。[38]负海、岱:以东海、泰山为依靠。负,仗恃,依靠。[39]阻河、济:依仗黄河、济水的阻隔。[40]东藩:东边的属国。[41]所归:人心所向。[42]责义帝之处:责问、追查义帝的下落。[43]收天下之兵:结集全国的兵员。[44]侯其将:封攻下城池的将领为侯。[45]“得赂”句:获得了财物就把它封赐给手下的士兵。赂,财货。[46]倍约之名:违约背信的恶名。倍,通“背”。约,指怀王与诸将约“先破秦入咸阳者王之”。[47]杀义帝之负:杀害义帝忘恩负义的行为。负,背恩忘德。[48]用事:掌权,任官。[49]畔:通“叛”。[50]可坐而策:足不出户坐着就可策算得出。言形势显而易见。[51]北魏:指魏豹的西魏,其地位于黄河以北,故称“北魏”。[52]成安君:陈馀的封号。[53]天之福:上天保佑。[54]太行之阪:即羊肠坂道,在今山西晋城市大井关南,地形险要。[55]王疾先下汉王:大王你要赶快投降汉王。疾,赶快。下,投降,归顺。[56]齐国可得而保:齐国便可以得到保全。[57]危亡可立而待也:危亡的结局片刻就会到来。立而待,即“立待”,很短时间。[58]且东兵:将领军东击齐。[59]重兵屯历下:重兵驻防历下。历下,历城,邑名,在今山东济南市。[60]与汉平:有条件地投降。平,媾和。[61]平原:平原津,当时黄河渡口,在今山东平原县西南。［62］蒯彻：因避汉武帝刘彻讳，改为蒯通，在韩信军为谋士。［63］“而汉”二句：而汉王只不过另派密使去劝降齐国，难道又另发出诏令制止将军进攻了吗？独，只不过。间使，密使。按：蒯彻认为进攻与劝降是汉王的两手策略，韩信趁齐不备而攻之，没有违背汉王的命令。［64］毋行：停止进军。［65］伏轼掉三寸之舌：俯身在车前的横木上摇动那三寸不烂之舌就立了大功。极言其轻而易举。［66］反不如一竖儒之功乎：反倒不如一个书呆子的功劳啊！

四年（戊戌，前203年）

冬，十月，信袭破齐历下军，遂至临淄。齐王以郦生为卖己，乃烹之；引兵东走高密[1]，使使之楚请救。田横走博阳[2]，守相田光走城阳[3]，将军田既军于胶东。

楚大司马咎[4]守成皋，汉数挑战，楚军不出。使人辱之，数日，咎怒，渡兵汜水[5]。士卒半渡，汉击之，大破楚军，尽得楚国金玉、货赂[6]，咎及司马欣皆自刭汜水上。汉王引兵渡河，复取成皋，军广武[7]，就敖仓食[8]。

项羽下梁地十余城，闻成皋破，乃引兵还。汉军方围钟离眛于荥阳东，闻羽至，尽走险阻[9]。羽亦军广武，与汉相守。数月，楚军食少。项王患之，乃为俎[10]，置太公[11]其上，告汉王曰：“今不急下[12]，吾烹太公！”汉王曰：“吾与羽俱北面受命怀王，约为兄弟，吾翁即若翁[13]；必欲烹而翁[14]，幸分我一杯羹[15]！”项王怒，欲杀之。项伯曰：“天下事未可知；且为天下者不顾家[16]，虽杀之无益，只益祸耳[17]！”项王从之。

项王谓汉王曰：“天下匈匈[18]数岁者，徒以[19]吾两人耳。愿与汉王挑战，决雌雄，毋徒苦天下之民父子为也[20]！”汉王笑谢曰：“吾宁斗智，不能斗力。”项王三令壮士出挑战，汉有善骑射者楼烦[21]辄射杀之。项王大怒，乃自被甲持戟挑战。楼烦欲射之，项王瞋目叱之，楼烦目不敢视，手不敢发，遂走还入壁[22]，不敢复出。汉王使人间问之[23]，乃项王也，汉王大惊。

于是项王乃即汉王[24]，相与临广武间而语[25]。羽欲与汉王独身挑战。汉王数羽曰[26]：“羽负约，王我于蜀、汉，罪一；矫杀卿子冠军。罪二；救赵不还报，而擅劫诸侯兵入关，罪三；烧秦宫室，掘始皇帝冢[27]，收私其财[28]，罪四；杀秦降王子婴，罪五；诈坑秦子弟新安二十万，罪六；王诸将善地而徙逐故王，罪七；出逐义帝彭城，自都之，夺韩王地，并王梁、楚，多自与，罪八；使人阴杀义帝江南，罪九；为政不平，主约不信，天下所不容，大逆无道，罪十也。吾以义兵从诸侯诛残贼，使刑余罪人击公，何苦乃与公挑战[29]！”

羽大怒，伏弩射中汉王。汉王伤胸，乃扪足曰[30]：“虏中吾指[31]。”汉王病创卧，张良强请汉王起行劳军，以安士卒，毋令楚乘胜。汉王出行军，疾甚[32]，因驰入成皋。

（以上为第八段，写汉大将军韩信攻下齐国；汉王刘邦乘胜收复成皋，驻扎广武，取用敖仓粮食；战线东移，楚汉两军对峙广武。项羽要单挑刘邦，刘邦宁肯斗智，不肯斗力，数说项羽十大罪状，项羽暗箭射伤刘邦。）

【注释】

[1]走：逃往。高密：县名，县治在今山东高密市西南。[2]博阳：邑名，在今山东泰安市东南。[3]守相：代理相国。城阳：县名，县治在今山东鄄城县东南。[4]大司马咎：曹咎。[5]渡兵汜水：领兵渡过汜水应战。汜（sì）水，水名，源于今河南巩义市东南的方山，北流经成皋东入黄河。[6]货赂：财物。[7]广武：城名，在今河南荥阳市东北广武山上。[8]就敖仓食：靠近敖仓取得军粮。就，靠近。[9]尽走险阻：汉军全部撤到险要地带。[10]俎：古代切肉用的砧板。[11]太公：刘邦的父亲。[12]下：投降。[13]吾翁即若翁：我的父亲就是你的父亲。[14]必欲烹而翁：你一定要煮杀你的父亲。[15]幸分我一杯羹：希望分给我一杯肉汤。[16]且为天下者不顾家：再说争夺天下的人是不顾及家人的。[17]只益祸耳：只不过是增加祸患罢了。[18]匈匈：动乱，纷扰。[19]徒以：只是因为。[20]毋徒苦天下之民父子为也：此句“毋徒苦……为”，是“毋为徒苦……”的倒装，意谓不要再做让天下黎民大众白白地忍受病苦的事了。[21]楼烦：北方善骑射的少数民族。汉军的优秀射手选自楼烦。[22]遂走还入壁：随即逃回营垒。[23]间问之：暗中打听。[24]即汉王：靠近汉王。[25]“相与”句：相互隔着广武涧对话。间，通“涧”。广武间，即广武涧。[26]汉王数羽曰：汉王数落项羽罪过说。数，责备。[27]掘始皇帝冢：据《光明日报》1985年3月29日报道，始皇陵考古队历时12年，在始皇陵，虽发现了两个盗洞，但没有接近地宫，项羽掘冢未遂。[28]收私其财：收取财物以为私有。指项羽劫掠秦宫室美女输入彭城。[29]何苦乃与公挑战：何苦要与你单独挑战。按：此不合刘邦自称“乃公”口吻，此句当作“何苦与乃公挑战”，意为：你

有什么资格与你老子单独挑战。［30］乃扪足曰：却趁势俯身摸着脚说。［31］虏中吾指：这贼子射中我的脚趾了。［32］疾甚：伤势加重。

韩信已定临淄，遂东追齐王[1]。项王使龙且将兵，号二十万，以救齐，与齐王合军高密[2]。

客或说龙且曰："汉兵远斗穷战[3]，其锋不可当。齐、楚自居其地[4]，兵易败散[5]。不如深壁[6]，令齐王使其信臣招所亡城[7]；亡城闻王在，楚来救，必反汉。汉兵二千里客居齐地，齐城皆反之，其势无所得食，可无战而降也。"龙且曰："吾平生知韩信为人，易与耳[8]！寄食于漂母，无资身之策[9]；受辱于袴下，无兼人[10]之勇；不足畏也。且夫救齐，不战而降之，吾何功！今战而胜之，齐之半可得也[11]。"

十一月，齐、楚与汉夹潍水而陈[12]。韩信夜令人为万余囊，满盛沙，壅水上流[13]；引军半渡击龙且，佯不胜，还走[14]。龙且果喜曰："固知信怯也！"遂追信。信使人决壅囊[15]，水大至，龙且军太半[16]不得渡。即急击[17]杀龙且，水东军散走[18]，齐王广亡去。信遂追北[19]至城阳，虏齐王广。汉将灌婴追得齐守相田光，进至博阳[20]。田横闻齐王死，自立为齐王，还击婴，婴败横军于嬴下[21]。田横亡走梁，归彭越。婴进击齐将田吸于千乘[22]，曹参击田既于胶东[23]，皆杀之，尽定齐地。

立张耳为赵王。

汉王疾愈，西入关。至栎阳，枭故塞王欣头栎阳市[24]。留四日，复如军[25]，军广武。

韩信使人言汉王曰："齐伪诈多变，反覆之国也；南边楚[26]。请为假王[27]以镇之。"汉王发书[28]，大怒，骂曰："吾困于此，旦暮望若来佐我[29]；乃欲[30]自立为王！"张良、陈平蹑汉王足[31]，因附耳语曰："汉方不利，宁能禁信之自王乎[32]！不如因而立之[33]，善遇，使自为守；不然，变生[34]。"汉王亦悟，因复骂曰："大丈夫定诸侯[35]，即[36]为真王耳，何以假为！"

春，二月，遣张良操印立韩信为齐王，征其兵击楚。

（以上为第九段，写韩信平定了齐国都城临淄后，向东追击齐王田广；项羽派龙且率领大军前去援救，两军在潍水大战，韩信取得全胜；而后向汉王刘邦请求封为代理齐王，刘邦不得已而允之，韩信自己种下杀身之祸。）

【注释】

［1］齐王：田广。［2］高密：县名，县治在今山东高密市西南。［3］穷战：拼死作战。穷，极。［4］自居其地：指在本乡本土。［5］易败散：因眷恋家室，故“易败散”。《孙子·九地》：“诸侯自战其地者为散地。”［6］深壁：深沟高垒，坚守不战。［7］“令齐王”句：让齐王派遣他的心腹大臣去收复已经失去的城邑。［8］易与耳：容易对付。［9］无资身之策：没有养活自己的办法。资身，养生，糊口。［10］兼人：超过他人。［11］齐之半可得也：半个齐国就可以得到了。［12］潍水：即今山东的潍河。陈：摆开阵势。陈，通“阵”。［13］壅水上流：堵住潍水的上游。［14］还走：往回奔逃。［15］决壅囊：挖开堵塞在潍水上游的沙袋。［16］太半：大半。［17］急击：快速攻击。［18］水东军散走：阻留在潍水东岸的楚军四散奔逃。［19］追北：追赶败兵。北，败。［20］博阳：邑名，今山东泰安市东南。［21］嬴下：嬴县城下。嬴县治所在今山东济南市莱芜区西北。［22］千乘：县名，县治在今山东博兴县东北。［23］田既：齐胶东将军。胶东：封国名，治所在即墨，今山东平度市东南。［24］枭：悬头示众。栎阳：原塞王司马欣的都城，故刘邦将其头带到栎阳示众。［25］复如军：又回到军中。如，往。［26］南边楚：南面接近楚国。［27］假王：暂时立为代理的王。［28］发书：打开书信。［29］旦暮望若来佐我：朝思暮想地盼你来协助我。若，你。［30］乃欲：竟然想。［31］蹑汉王足：踩汉王的脚。暗示刘邦不应显露不满情绪。［32］宁能禁信之自王乎：哪能禁止韩信自立为王呢！［33］不如因而立之：不如顺水推舟立他为王。因，趁势，顺水推舟。［34］变生：兵变发生。［35］大丈夫定诸侯：一个男子汉平定了诸侯国。指韩信灭魏破代，平定赵、燕、齐等诸侯国。［36］即：就。

项王闻龙且死，大惧，使盱台[1]人武涉往说齐王信曰：“天下共苦[2]秦久矣，相与戮力[3]击秦。秦已破，计功割地，分土而王之[4]，以休士卒。今汉王复兴兵而东，侵人之分[5]，夺人之地；已破三秦，引兵出关，收诸侯之兵以东击楚，其意非尽吞天下者不休，其不知厌足如是甚也[6]！且汉王不可必[7]：身居项王掌握中数矣[8]，项王怜而活之[9]；然得脱，辄倍约[10]，复击项王，其不可亲信如此。今足下虽自以汉王为厚交，为之尽力用兵，必终为所禽矣。足下所以得须臾至今[11]

者，以项王尚存也。当今二王之事[12]，权在足下[13]，足下右投[14]则汉王胜，左投[15]则项王胜。项王今日亡，则次取足下。足下与项王有故[16]，何不反汉与楚连和，参分[17]天下王之！今释此时而自必于汉以击楚[18]，且为智者固若此乎[19]？”

韩信谢曰：“臣事项王，官不过郎中，位不过执戟[20]；言不听，画不用，故倍楚而归汉。汉王授我上将军印，予我数万众，解衣衣我，推食食我[21]，言听计用，故吾得以至于此。夫人深亲信我，我倍之不祥；虽死不易[22]！幸为信谢项王[23]。”

武涉已去，蒯彻知天下权在信，乃以相人之术说信[24]曰：“仆相君之面，不过封侯，又危不安；相君之背，贵乃不可言[25]。”韩信曰：“何谓也？”

蒯彻曰：“天下初发难[26]也，忧在亡秦而已。今楚、汉分争，使天下之人肝胆涂地[27]，父子暴骸骨于中野[28]，不可胜数。楚人走彭城[29]，转斗逐北[30]，乘利席卷[31]，威震天下；然兵困于京、索之间，迫西山[32]而不能进者，三年于此矣。汉王将十万之众[33]，距巩、雒[34]，阻山河之险[35]，一日数战，无尺寸之功，折北不救[36]。此所谓智勇俱困[37]者也。百姓罢极怨望[38]，无所归倚[39]；以臣料之，其势非天下之贤圣固不能息天下之祸。当今两主之命，县于足下[40]，足下为汉则汉胜，与楚则楚胜。诚能听臣之计，莫若两利而俱存之，参分天下，鼎足而居，其势莫敢先动。夫以足下之贤圣，有甲兵之众，据强齐，从赵、燕[41]，出空虚之地而制其后[42]，因民之欲，西乡为百姓请命[43]，则天下风走而响应矣[44]，孰敢不听！割大、弱强以立诸侯[45]，诸侯已立，天下服听，而归德于齐。案齐之故[46]，有胶、泗之地，深拱揖让[47]，则天下之君王相率而朝于齐矣。盖闻‘天与弗取，反受其咎；时至不行，反受其殃[48]’。愿足下熟虑之！”韩信曰：“汉王遇我甚厚，吾岂可乡利而倍义乎[49]！”

蒯生曰：“始常山王、成安君为布衣时，相与为刎颈之交[50]；后争张黡、陈泽之事[51]，常山王杀成安君泜水之南，头足异处。此二人相与，天下至欢[52]也，然而卒相禽者，何也？患生于多欲而人心难测也[53]。

今足下欲行忠信以交于汉王，必不能固于二君之相与[54]也，而事多大于张黡、陈泽者；故臣以为足下必汉王之不危己[55]，亦误矣！大夫种存亡越，霸句践，立功成名而身死亡[56]，野兽尽而猎狗烹[57]。夫以交友言之，则不如张耳之与成安君者也；以忠信言之，则不过大夫种之于句践也：此二者足以观矣[58]，愿足下深虑之！且臣闻'勇略震主者身危，功盖天下者不赏[59]'。今足下戴震主之威，挟不赏之功[60]，归楚，楚人不信；归汉，汉人震恐。足下欲持是安归乎[61]？"韩信谢曰："先生且休矣，吾将念之[62]。"

后数日，蒯彻复说曰："夫听者，事之候也[63]；计者，事之机也[64]；听过计失而能久安者鲜矣[65]！故知者，决之断也[66]；疑者，事之害也。审豪厘之小计，遗天下之大数[67]，智诚知之，决弗敢行者，百事之祸也[68]。夫功者，难成而易败，时者[69]，难得而易失也；时乎时，不再来！"

韩信犹豫，不忍倍汉；又自以为功多，汉终不夺我齐，遂谢蒯彻。因去，佯狂为巫[70]。

（以上为第十段，写齐王韩信打败了项羽的干将龙且，项羽非常害怕，坐不住了，立刻派盱眙人武涉去游说韩信，劝韩信背弃汉王刘邦，三分天下，各自为王；范阳人蒯彻也如此劝说，被韩信坚决地回绝了。）

【注释】

[1]盱台（yí）：县名，在今江苏盱眙县东北。［2］苦：痛恨。［3］戮（lù）力：合力。［4］"计功"二句：指项羽分封诸侯王。［5］分（fèn）：职权。［6］其不知厌足如是甚也：真不知贪得无厌竟然到了如此过分的地步。厌足，满足。如是甚，实在是太过分了。［7］不可必：靠不住，不值得信赖。必，信任。［8］"身居"句：刘邦的性命捏在项王手心里多次了。［9］怜而活之：可怜刘邦留他活下来。［10］然得脱，辄倍约：但他一脱身，就背弃盟约。脱，脱身，离开危险。辄，就，总是。［11］须臾至今：苟延时日活到今天。须臾，片刻。引申为"拖延"。［12］二王之事：指汉王、项王两人成败之事。［13］权在足下：掌握在你手里。权，秤锤，决定轻重的砝码。［14］右投：向西倒向汉王。［15］左投：向东倒向项王。［16］有故：有交情。韩信曾为项羽部属郎中。［17］参分：三分，指刘邦、项羽、韩信三分天下，各自称王。参，通"三"。［18］释此时：放弃这个机会。自必于汉：自认为汉王可以信赖。［19］为智者固若此乎：

作为一个明智的人原本是这样的吗？［20］执戟：执戟的卫士，即郎中。［21］解衣衣我，推食食我：脱下衣服给我穿，推过他的食物给我吃。［22］虽死不易：就是死也不变心。易，变心。［23］幸为信谢项王：希望你替我向项王致谢。［24］以相人之术说信：用给人看相的办法劝说韩信。［25］“相君之背”二句：用隐语说动韩信，示意他背叛刘邦则大贵。［26］初发难：最初起义。［27］肝胆涂地：形容尸横遍野的惨状。［28］中野：旷野，田野。［29］楚人走彭城：楚国人从彭城起兵。按：“走”字不顺。据章校，他本“走”作“起”。《史记·淮阴侯列传》作“起”，当改作“起”。起，兴兵起事。［30］转斗逐北：辗转作战，追逃逐败。北，败逃。［31］乘利席卷：乘着胜利势如席卷。［32］迫西山：被阻隔在成皋以西的山险地带。迫，阻。［33］十万之众：据章校，他本“十”上有“数”字。《史记·淮阴侯列传》《汉书·蒯通传》“十”上并有“数”字。当补“十”上“数”字。［34］距巩、雒：据守巩县、洛阳一带抵抗楚军。距，通“拒”。雒，同“洛”。［35］阻山河之险：凭借山河地形的险要。［36］折北不救：受挫败逃，难以自救。［37］智勇俱困：智者、勇者都已困窘不堪。刘邦用智，项羽用力，两者势均力敌，相争不解。［38］罢极怨望：筋疲力尽，怨声载道。罢，通“疲”。［39］归倚：依靠，依附。［40］县于足下：攥在你的手里。县，通“悬”。［41］据强齐，从赵、燕：谓韩信占据强大的齐国，胁迫赵、燕附从。［42］出空虚之地而制其后：出击刘、项兵力薄弱的地区以牵制住他们的后方。空虚，指兵力薄弱。［43］“因民”二句：顺应百姓的意愿，向西去制止刘、项纷争，替老百姓解除疾苦，保全其生命。乡，通“向”。［44］则天下风走而响应矣：那么，天下的人就会随风响应你。风走，比喻传播迅速。［45］割大、弱强以立诸侯：分割大国，削弱强国，重新分封诸侯。按：大、强指刘、项。［46］案齐之故：据守住齐国旧有的疆域。案，据守。［47］深拱揖让：恭敬谦让。［48］“盖闻”四句：古代谚语，意谓丧失机会将遭祸患。天与不取，上天的赐予不接受。时至不行，时机到来不行动。［49］吾岂可乡利而倍义乎：我怎么能因贪图私利而忘恩负义啊。乡，通“向”。倍，通“背”。［50］刎颈之交：共生死的朋友。言虽割颈也不背叛的交情。［51］后争张黡、陈泽之事：后来为张黡、陈泽的事发生争执，二人成为仇敌。事详《史记·张耳陈馀列传》。事起章邯围巨鹿，张耳与赵王困于城中，陈馀领兵在外，寡不敌众，不敢救援。张耳派张黡、陈泽去督促，陈馀给二人五千兵试攻秦军，全部战没，张耳疑二人为陈馀所杀，不听陈馀解释，两人翻脸成仇敌。井陉口之战，张耳杀陈馀。［52］至欢：交情最好。［53］多欲：贪心不足。人心难测：人心不可预料。［54］二君之相与：指张耳、陈馀二人的相交。［55］必汉王之不危己：坚信汉王绝不会谋害自己。［56］立功成名而身死亡：指春秋时越国大夫文种佐越王勾践成霸业，功成名就却被杀死。［57］野兽尽而猎狗烹：此句为古谚语“飞鸟尽，良弓藏；狡兔死，走狗烹”的缩写。［58］此二者：指陈馀、文种二人被杀的结局。足以观：可以用来作为借鉴。［59］“勇略”二句：勇敢、谋略过人会使国君为之震动，自身就有危险；功勋冠盖天下，则无法得到封赏。［60］戴震主之威：拥有震主的威势。戴，拥有。挟不赏之功：握持无法封赏的伟绩。挟，持有。［61］足下欲持是安归乎：您持有这样大的功绩和威势，还能到哪里去安身呢？［62］念之：认真考虑。［63］听：

能听取好的谋略。事之候：事情成功的征兆。［64］计：能谋划得当。事之机：事情成功的关键。［65］听过计失：听错了意见，定错了谋划。能久安者鲜矣：能长久地保有安全，天下少有。［66］知者，决之断也：有智慧的人，做事坚决果断。［67］“审豪厘”二句：一味在极其微小的枝节末梢问题上精打细算，往往遗漏了关系国家存亡的大事。审，精打细算。豪厘之计，一毫一厘的小事。豪，通“毫”。大数，国家大事。［68］“智诚知之”三句：智慧足以预知事情该怎么做，而做出了决断却不去执行，这是一切事情的祸端。即迟疑乃百祸之首。决弗敢行，决定了却不敢去做。［69］时者：时机。［70］佯狂为巫：蒯彻就假装疯癫，扮成算命先生以避祸。

秋，七月，立黥布为淮南王。

八月，北貉燕人来致枭骑助汉[1]。

汉王下令：军士不幸死者，吏为衣衾棺敛[2]，转送其家[3]。四方归心焉[4]。

是岁，以中尉周昌为御史大夫[5]。昌，苛从弟也。

项羽自知少助；食尽，韩信又进兵击楚，羽患之。汉遣侯公说羽请太公[6]。羽乃与汉约，中分天下，割洪沟[7]以西为汉，以东为楚。

九月，楚归太公、吕后，引兵解而东归[8]。汉王欲西归，张良、陈平说曰：“汉有天下太半[9]，而诸侯皆附；楚兵疲食尽，此天亡之时也。今释弗击，此所谓‘养虎自遗患’也。”汉王从之。

（以上为第十一段，写在楚汉相争中，项羽兵疲粮尽，刘邦由弱转强，项羽与汉王刘邦约定，双方以鸿沟为界，平分天下，项羽解兵东去，刘邦也想西行回国，而张良、陈平劝说刘邦乘势追击楚军，灭亡楚国。）

【注释】

［1］北貉（mò）：北方少数民族。致枭骑助汉：派勇猛的骑兵前来协助汉军。枭，猛禽，喻勇健。［2］为衣衾棺敛：为死者制备衣被、敛尸入棺。［3］转送其家：用驿站车马辗转送达死者家中。［4］四方归心焉：四面八方的人诚心归服。［5］中尉：武官，负责首都治安。御史大夫：副丞相，掌监察、执法，兼管重要文书典籍。［6］侯公：史失其名，据《史记·项羽本纪》《汉纪》载，汉封他为平国君。请太公：向项羽请求迎接汉王父亲回去。太公，汉王父。［7］洪沟：即鸿沟，古运河，自今河南荥阳市北引黄河水，东流，经中牟县至开封市，南折流入淮阳市南入颍水。［8］引兵解而东归：项羽领兵撤退东行回楚国。解，脱离战场，撤退。［9］太半：大半。古人以三分之二为大半，三分之一为少半。

【点评】

郦食其“下齐”与韩信“攻齐”的是与非。在楚汉相争的第四个年头，即公元前203年，在汉国一方发生了一件怪事，即谋士郦食其逞其口舌，下齐七十余城，被诗人称为“凭轼下东藩”；而后，韩信又率领大军灭了齐国。这历来论说纷纭，莫衷一是。而对此究竟做何评价？

首当其冲的是，我们要弄清事情的原委。话从刘邦兵败彭城说起，当时的形势对刘邦非常不利，几次差点丢了性命，魏王豹原来投靠刘邦，看刘邦不行了，就以探视母病为由回到封国，而后封锁河关，叛汉与楚约和。刘邦派郦食其游说魏豹没有效果，便任命韩信为左丞相，率兵攻打魏国，开辟侧翼战场，以声援正面战场。韩信以木盆、木桶代船从夏阳渡河，袭击魏都安邑，获得大胜，俘虏魏豹，平定了魏国。接着，又破赵下燕，平定了河北。此时刘邦的荥阳正面战场非常狼狈，用“金蝉脱壳”之计，逃出项羽的包围圈，单骑与夏侯婴跑到修武，径直进入韩信军中，夺取了他的印信兵符，调兵遣将，任命韩信为相国，收整没有调到荥阳的赵兵去攻打齐国。韩信唯命是从。

而刘邦做了这样的部署，又听从了谋士郦食其的建议，游说齐国。郦食其凭着他三寸口舌，果真说动齐王降汉，撤除了历下的兵守战备，天天和郦食其一起纵酒作乐。

韩信听到这一消息后，非常困惑，一方面是刘邦下达的作战命令，要攻打齐国；一方面是郦食其已经说服了齐国，无须再攻打了，非常为难。这时，范阳辩士蒯彻劝说韩信道：“将军奉命攻打齐国，而汉王只不过派密使说服齐国归顺，难道有命令叫您停止进攻吗？况且，郦生不过是个说客，凭三寸之舌就降服了齐国七十多个城邑，将军统帅几万人马，一年多时间才攻占了赵国五十多个城邑，一个将军反倒不如一个儒生的功劳吗？”于是，韩信听从蒯彻意见，率兵渡河击齐，齐王田广认为自己被骗，于是烹杀了郦食其。韩信一举攻下齐国，杀掉齐王田广，而后有潍水之战、称王齐国等史事。

对此，如何评价？王夫之《读通鉴论》评道：“郦生说下齐，齐已受命，而汉东北之虑纾，项羽右臂之援绝矣。……乃韩信一启贪功之心，从蒯彻之说，疾击已降，而郦生烹；历下之军，喋血盈野，诸田卒以殄其宗。惨矣哉！贪功之念发于隐微，而血已漂卤（橹）也。”唐代诗人李白《梁甫吟》写道：“君不见高阳酒徒起草中，长揖山东隆准公。入门不拜骋雄辩，两女辍洗来趋风。东下齐城七十二，指挥楚汉如旋蓬。”后来，有人为这几句诗续写道：“不料韩信不听话，十万大军下历城。齐王火冒三千丈，抓了酒徒付鼎烹。”这是两种典型的评论，一说韩信“贪功”，一说韩信“不听话”，似乎过错都在韩信一方，这样的评论，妥当吗？郦食其游说齐国，齐国投汉，韩信又再去攻打，灭掉齐国，虽然两者都取得了成功，但这在道义上则说不通，结果郦食其被烹杀，韩信被认为“贪功”“不听话”，那么，问题的根源到底出在哪里呢？

难道是郦食其错了吗？不是。郦食其向刘邦提出建议，得到刘邦的同意才去游说齐王，这正显示了郦食其的谋划能力和游说能力。通观郦食其投汉后的所作所为，他在刘邦西进、兵临陈留而前途未卜时投奔过去，用计攻克陈留，使刘邦得到大批军粮。而后，郦食其常常担任说客，以使臣的身份奔走于诸侯之间，多有建树。后人评说，在汉朝的开国谋士中，郦食其纵酒使气，疏阔狂放，跟刘邦很对脾气，不仅富于谋略，而且敢作敢为，勇于冒险，以非凡的政治远见和卓越的军事见解，为刘邦成就大业做出了无可替代的贡献。郦食其积极进取，冒险说齐，而被齐王烹死，不仅是个人的悲剧，也是汉国的一个重大损失。

难道是韩信错了吗？也不尽然。刘邦对韩信下达了攻打齐国的命令，韩信正整装待发，而这时听到了郦食其说下齐国的事情，他颇感意外，有些犹豫不决，一下子不知道该怎么办了。进吧，齐国已同意投降了，齐国已下，无须再费力劳神；退吧，他并没有接到停止攻打齐国的命令。权衡再三，他有些偏向于退军了，后来在蒯彻的劝说下，他也认识到刘邦在其中耍了花招，更觉得郦食其的功劳里有很大一部分应属于他，他是郦食其劝降工作的军事后盾，可现在一切好像都与他无关，他心有不甘。而现在正是攻齐的最好时机，田横、田广正和郦食其纵酒作乐，对他疏于戒备，这使攻齐变得容易很多。因此，他下了决心，攻打齐国。可以说，韩信的攻齐行动，即使有贪功之念，也是无可非议的，当然，这样所付出的代价有点大了。再换一下思路，如果韩信根据已经变化的新的形势，再向汉王刘邦请示是否继续攻打齐国，按照刘邦新的决定行事，这样，虽然在时间上会拖延一些，但韩信的行为不会受半点非议，也不会再被人说成“贪功”了。至于说韩信“不听话”，则史无所据。既然刘邦没有下达停止攻打齐国的命令，韩信就不存在“不听话”的问题。

那么问题出在哪里呢，难道是刘邦错了吗？确实是。刘邦口头上答应了郦食其的建议，让郦食其前去劝降齐国，但在他的心中还是希望韩信用兵力把齐国彻底平定下来，以达到一劳永逸的目的。所以，刘邦并没有把郦食其前去齐国劝降的事情通知韩信；郦食其劝降齐国之后，刘邦也没有命令韩信停止对齐国用兵。这样，他不对任何人说明意图，而让韩信、郦食其各行其是，而韩信、郦食其只能按照他的想法去做，这样，出了问题，当然是他的责任啊！因此，对于郦食其的说齐与韩信的破齐，使汉国失信于天下，要谴责的是刘邦，而不是韩信，更不是郦食其！

话又说回来，这也许是刘邦的高明之处，如果韩信不去攻打齐国，虽然齐国被说服，将来难免不会有反复，如果齐国再倒向项羽，对刘邦将是重大的打击。而韩信破齐，一了百了，要比郦食其说齐投汉要痛快得多。这样，项羽成了孤家寡人，完全失去了同盟力量，只能完全靠自己的力量去应付势力渐长的汉军发起的攻势，使楚汉斗争的优势明显地倾向刘邦一边。

卷一一　汉纪三

汉高帝五年至七年（前 202—前 200 年）

【起屠维大渊献（己亥，前 202 年），尽重光赤奋若（辛丑，前 200 年），凡三年】

【大事提要】

本卷记事起公元前 202 年，讫公元前 200 年，凡三年，当汉高帝五年至七年。本卷所载大事，主要是以下几个方面：其一，项羽败亡。号称“西楚霸王”的项羽主持分封后，汉王刘邦从汉中出兵进攻，项羽与其展开了历时四年的楚汉战争，其间也曾大破刘邦，但没有固定的后方补给，又猜疑亚父范增，最后反被刘邦消灭。公元前 202 年，项羽兵败垓下，突围至乌江边，自刎而死。其二，刘邦建汉。消灭暴秦后，刘邦被封为汉王。后从汉中出兵，与项羽争夺天下。他善于用人，善于采纳谋臣意见，充分发挥部下才能，并注意联合各地反对项羽的力量，终于反败为胜。公元前 202 年，刘邦于定陶即皇帝位，建立汉朝，定都长安，史称“西汉”。其三，定都关中。刘邦听从娄敬的提醒，将都城从洛阳迁到长安。娄敬从山东赶来进见刘邦，认为刘邦不应该像周朝那样以洛阳为都城，应该到关中定都。这样，在秦地固守险地，国家才能长治久安。张良同意娄敬的建议，刘邦恍然大悟，很快将都城迁到了长安。其四，论功行赏。刘邦夺取天下，认为是重用了萧何、张良、韩信三位“人杰”。定萧何为首功，封其为酂侯，食邑最多，又把萧何的位次排为第一；拟封给张良三万户，张良只选择了留地；又听从张良建议，将平时最为痛恨的雍齿封为什方侯，以安众将士之心。其五，剪灭异姓王。刘邦建国后，吸取秦亡教训，也为了安抚异姓功臣，分封了八个异姓王，张敖为赵王，英布为淮南王，臧荼为燕王，韩信为楚王，彭越为梁王，韩襄王后代为韩王，吴芮为长沙王，后消灭臧荼，封卢绾为燕王。为了巩固皇权，陆续予以剪灭。

太祖高皇帝中

五年（己亥，前202年）

冬，十月，汉王追项羽至固陵[1]，与齐王信、魏相国越期会[2]击楚；信、越不至，楚击汉军，大破之。汉王复坚壁自守，谓张良曰："诸侯不从，奈何？"对曰："楚兵且破，二人未有分地[3]，其不至固宜；君王能与共天下[4]，可立致也[5]。齐王信之立，非君王意[6]，信亦不自坚[7]；彭越本定梁地，始，君王以魏豹故拜越为相国；今豹死，越亦望王[8]，而君王不早定[9]。今能取睢阳以北至谷城皆以王彭越，从陈以东傅海与韩王信[10]。信家在楚，其意欲复得故邑。能出捐此地[11]以许两人，使各自为战[12]，则楚易破也。"汉王从之。于是韩信、彭越皆引兵来。

十一月，刘贾南渡淮，围寿春[13]，遣人诱楚大司马周殷。殷畔楚[14]，以舒屠六[15]，举九江兵迎黥布，并行屠城父[16]，随刘贾皆会。

十二月，项王至垓下[17]，兵少，食尽，与汉战不胜，入壁[18]；汉军及诸侯兵围之数重[19]。项王夜闻汉军四面皆楚歌[20]，乃大惊曰："汉皆已得楚乎？是何楚人之多也[21]！"则夜起，饮帐中，悲歌慷慨，泣数行下；左右皆泣，莫能仰视[22]。于是项王乘其骏马名骓[23]，麾下[24]壮士骑从者[25]八百余人，直夜[26]，溃围南出驰走[27]。平明[28]，汉军乃觉之，令骑将灌婴以五千骑追之。项王渡淮，骑能属者[29]才百余人。至阴陵[30]，迷失道，问一田父[31]，田父绐曰"左"[32]。左，乃陷大泽[33]中，以故汉追及之。

项王乃复引兵而东，至东城[34]，乃有二十八骑；汉骑追者数千人。项王自度不得脱[35]，谓其骑曰："吾起兵至今，八岁矣；身[36]七十余战，未尝败北，遂霸有天下。然今卒困于此，此天之亡我，非战之罪也！今日固决死，愿为诸君快战[37]，必溃围，斩将，刈旗[38]，三胜之，令诸君知天亡我，非战之罪也。"

乃分其骑以为四队，四乡[39]。汉军围之数重。项王谓其骑曰："吾为公取彼一将。"令四面骑驰下[40]，期山东为三处[41]。于是项王大呼驰下，汉军皆披靡[42]，遂斩汉一将。是时，郎中骑杨喜[43]追项王，项王瞋目而叱之，喜人马俱惊，辟易数里[44]。项王与其骑会为三处，汉军不知项王所在，乃分军为三，复围之。项王乃驰，复斩汉一都尉，杀数十百人；复聚其骑，亡其两骑耳。乃谓其骑曰："何如？"骑皆伏[45]曰："如大王言！"

（以上为第一段，写刘邦会同韩信、彭越围攻项羽，项羽垓下战败，弃军突围，以图东山再起。项羽到达东城，只剩二十八骑，败亡已成定局，项羽认为是上天要灭亡他，不肯服输，要痛痛快快地打一仗向天抗议。）

【注释】

［1］固陵：邑名，在今河南太康县南。［2］期会：约期会合。［3］未有分地：没有确定封地的疆界。［4］与共天下：和他们共分天下。［5］可立致也：可以立即把他召来。［6］非君王意：韩信乃自请代理齐王，并非刘邦的本意。［7］信亦不自坚：韩信自己也不放心。自坚，自信，放心。［8］望王：希望正式封王。［9］君王不早定：汉王您却不早做决定。按：韩信诸王，刘邦不得已而封，派出高规格使者张良到齐国宣布，但只是一个空头支票，没有划出疆界。［10］"今能"二句：现今，汉王若把从睢阳以北到谷城的地区封给彭越，把从陈县以东到沿海地区的区域划给韩信。傅海，近海，沿海。［11］能出捐此地：能够拿出这些地方。出、捐，拿出，舍得放弃，两字义近重叠，加强语气。［12］各自为战：即各为自战，各人为自己的封地而战。［13］寿春：县名，县治在今安徽寿县。［14］畔楚：背叛楚国。畔，通"叛"。［15］以舒屠六：用舒地军队屠杀六地的军民。舒，县名，县治在今安徽舒城县。六，县名，县治在今安徽六安市。［16］城父：邑名，在今安徽亳州市东南城父村。［17］垓下：地名，在今安徽灵璧县南的沱河北岸。［18］入壁：项羽收缩部队进入营垒。［19］围之数重：把楚军重重包围。［20］四面皆楚歌：项羽军营四面都响起了楚歌。按：楚军多已降汉，韩信利用"四面皆楚歌"瓦解楚军士气。楚歌，楚地小曲，勾起项羽士兵的思乡之情。［21］是何楚人之多也：要不然，怎能有这么多楚人呢！是何，是什么原因，此作"要不然"解。［22］莫能仰视：都低头哭泣，没有人能够抬头看项王。不忍心看走投无路的项羽。［23］骓（zhuī）：毛色苍、白相杂的马。［24］麾下：部下。［25］骑从者：跟随的骑兵。［26］直夜：午夜，或当夜。［27］溃围南出驰走：突围往南奔驰。［28］平明：天刚亮。［29］骑能属者：还能跟随项王逃奔的骑士。［30］阴陵：县名，县治在今安徽定远县西北。［31］田父：老农。［32］绐曰"左"：欺骗项羽说：向左走。［33］大泽：阴陵泽，在阴陵县南，今已涸。［34］东城：县名，在今安徽定远县东南。［35］度（duó）：估计。不得脱：不能逃脱。［36］身：亲自参加。［37］快战：痛痛快快打一仗。［38］刈旗：砍倒敌方军旗。［39］四乡：向着四面。乡，通"向"。［40］驰下：自山头奔驰而下。［41］期山东为

三处：约定在山的东面分三处集合。山，《汉书·项籍传》为四隤山，在今安徽和县北。［42］披靡：草木顺风倒伏的样子，比喻汉军溃散像草随风倒伏一样。［43］杨喜：为汉骑将，封为赤泉侯。［44］辟易数里：因惊惧，吓得连人带马倒退了好几里。［45］伏：通“服”，心服。

于是项王欲东渡乌江[1]，乌江亭长㦬船待[2]，谓项王曰：“江东虽小，地方千里，众数十万人，亦足王也。愿大王急渡！今独臣有船，汉军至，无以渡。”项王笑曰：“天之亡我，我何渡为[3]！且籍与江东子弟八千人渡江而西，今无一人还；纵江东父兄怜而王我[4]，我何面目见之！纵彼不言，籍独不愧于心乎！”

乃以所乘骓马赐亭长，令骑皆下马步行[5]，持短兵接战。独籍所杀汉军数百人，身亦被十余创[6]。顾见[7]汉骑司马吕马童，曰：“若非吾故人乎？”马童面之[8]，指示中郎骑王翳曰：“此项王也。”项王乃曰：“吾闻汉购[9]我头千金，邑万户；吾为若德[10]。”乃自刎而死。王翳取其头；余骑相蹂践[11]，争项王，相杀者[12]数十人；最其后，杨喜、吕马童及郎中吕胜、杨武各得其一体；五人共会其体[13]，皆是[14]，故分其户[15]，封五人皆为列侯[16]。

楚地悉定，独鲁不下；汉王引天下兵欲屠之。至其城下，犹闻弦诵之声[17]；为其守礼义之国，为主死节[18]，乃持项王头以示鲁父兄[19]，鲁乃降。汉王以鲁公礼葬项王于谷城[20]，亲为发哀[21]，哭之而去。诸项氏枝属[22]皆不诛。封项伯等四人皆为列侯[23]，赐姓刘氏；诸民略在楚者皆归之[24]。

太史公曰[25]：羽起陇亩之中[26]，三年，遂将五诸侯[27]灭秦，分裂天下而封王侯，政由羽出[28]；位虽不终[29]，近古[30]以来未尝有也！及羽背关怀楚[31]，放逐义帝而自立；怨王侯叛己，难矣[32]！自矜功伐[33]，奋其私智而不师古[34]，谓霸王之业，欲以力征[35]经营天下。五年，卒亡其国[36]，身死东城；尚不觉悟而不自责，乃引[37]“天亡我，非用兵之罪也”，岂不谬哉[38]！

扬子《法言》[39]：或问：“楚败垓下，方死[40]，曰‘天也！’谅乎[41]？”曰：“汉屈群策[42]，群策屈群力；楚憞[43]群策而自屈其力[44]。屈人者克[45]，自屈者负[46]；天曷故焉[47]！”

（以上为第二段，写乌江亭长在乌江边等待项羽，项羽有机会逃奔江东，但他放弃了，自刎乌江向江东父老谢罪，成为一位名存千古的悲剧英雄。项羽将失败归咎于天的说法，受到司马迁和扬雄的批评。）

【注释】

［1］乌江：今安徽和县东北乌江浦。今和县东北苏、皖交界处的乌江镇即其故址。［2］亭长：亭是乡以下的行政机构，十里设一亭，设亭长一人。杈船待：停船靠岸等待项羽。［3］何渡为：渡江干什么。［4］纵江东父兄怜而王我：即使江东父老可怜我，仍然以我为王。纵，即使。［5］下马步行：汉骑兵追击，项羽下马步战，已下定死战的决心。［6］创：伤。［7］顾见：回头看见。［8］面之：面对面观看。按：吕马童原为项羽部将，今被认出，只好面对。［9］购：悬赏。［10］吾为若德：我就给你个方便吧。意思是我送个人情给你，拿我的人头去领赏。［11］相蹂践：为了争夺项羽的尸体，互相争斗践踏。［12］相杀者：因争抢而互相残杀的人。［13］五人共会其体：将五人所得项羽尸体并合。［14］皆是：确是项羽。［15］故分其户：因此把悬赏的万户分而为五。［16］五人皆为列侯：吕马童封中水侯，王翳封杜衍侯，杨喜封赤泉侯，杨武封吴防侯，吕胜封涅阳侯。［17］犹闻弦诵之声：仍然听到城中礼乐弦诵的声音。弦，依琴瑟而咏歌。诵，口诵歌乐之篇章。［18］为主守节：鲁县人为自己的君主尽忠守节。按：汉王重兵围鲁，鲁县人坚守而弦歌，显示了尽忠守节视死如归的意志，汉王感动撤销屠城令。［19］持项王头以示鲁父兄：把项王头颅展示给鲁父兄。示意主已死，不应再守城。［20］礼葬项王于谷城：按鲁公的仪礼安葬项羽于鲁县之谷城。谷城，顾炎武《日知录》卷四引宋人孙复《春秋尊王发微》说：“曲阜西北有故小谷城，……葬项羽谷城当即此地。”［21］亲为发哀：汉王亲自主持项王丧礼。发哀，发丧。［22］枝属：宗族旁枝。［23］四人皆为列侯：封项伯为射阳侯。此外，桃侯、平皋侯、玄武侯，亦项氏。［24］诸民略在楚者皆归之：那些被掳掠到楚国的民众仍归诸项列侯所有。即未动诸项列侯的财产奴仆。［25］太史公曰：司马迁的评论。此条借论摘自《史记·项羽本纪》的“太史公曰”。［26］羽起陇亩之中：项羽兴起于田野民间。陇亩，田野，此指民间。［27］五诸侯：指齐、赵、韩、魏、燕五国的诸侯军。［28］政由羽出：政令全由项羽发布。指羽分封十八王。［29］位虽不终：王位未能善终。［30］近古：近代。指战国及秦、楚之际。［31］背关：放弃关中形胜之地。背，弃。怀楚：思东归而都彭城。［32］难矣：是说项羽在上述情况下还想成大事那就太难了。［33］自矜功伐：自以为有功。矜，夸耀。伐，功勋。［34］奋其私智而不师古：施展自己的聪明而不效法古人。奋，逞，施展。私智，个人的小聪明。［35］力征：只用武力征服。［36］卒亡其国：终于失掉了自己的国家。［37］引：借口。［38］岂不谬哉：难道不是荒谬的吗！［39］扬子《法言》：此条借论摘自《法言·重黎》。［40］方死：临死时。［41］曰“天也！”谅乎：项羽说“天亡我”，真是这样的吗？［42］汉屈群

策：汉王融汇众人的策谋。屈，集中，融汇。［43］憞（duì）：同“憝”，憎恶。［44］自屈其力：只发挥个人的作用。［45］屈人者克：善于使用群众力量的人就能胜利。［46］自屈者负：只凭一己的私智必然失败。负，失败。［47］天曷故焉：这和天有什么关系呢！曷，何。

汉王还，至定陶，驰入齐王信壁[1]，夺其军[2]。

临江王共尉[3]不降，遣卢绾、刘贾击虏之。

春，正月，更立齐王信为楚王，王淮北，都下邳[4]。封魏相国建城侯彭越为梁王，王魏故地，都定陶。

令曰：“兵不得休八年，万民与苦甚[5]；今天下事毕，其赦天下殊死[6]以下。”

诸侯王皆上疏请尊汉王为皇帝。二月甲午[7]，王即皇帝位于氾水之阳[8]。更王后曰皇后，太子曰皇太子；追尊先媪[9]曰昭灵夫人。

诏曰[10]：“故衡山王吴芮，从百粤之兵[11]，佐诸侯，诛暴秦，有大功；诸侯立以为王，项羽侵夺之地，谓之番君[12]。其以芮为长沙王。”又曰：“故粤王无诸，世奉粤祀；秦侵夺其地，使其社稷不得血食[13]。诸侯伐秦，无诸身率闽中[14]兵以佐灭秦，项羽废而弗立。今以为闽粤王，王闽中地。”

帝西都洛阳。

夏，五月，兵皆罢归家[15]。

诏：“民前或相聚保山泽[16]，不书名数[17]。今天下已定，令各归其县，复故爵、田宅[18]；吏以文法教训辨告[19]，勿笞辱军吏卒[20]；爵及七大夫[21]以上，皆令食邑[22]，非七大夫已下[23]，皆复其身及户[24]，勿事[25]。”

帝置酒洛阳南宫[26]，上曰[27]：“彻侯、诸将毋敢隐朕[28]，皆言其情[29]：吾所以有天下者何？项氏之所以失天下者何？”高起、王陵[30]对曰：“陛下使人攻城略地，因以与之[31]，与天下同其利；项羽不然，有功者害之，贤者疑之，此其所以失天下也。”上曰：“公知其一，未知其二。夫运筹帷幄[32]之中，决胜千里之外，吾不如子房[33]；填国家，抚百姓，给饷馈，不绝粮道，吾不如萧何[34]；连[35]百万之众，战必胜，攻必取，吾不如韩信。三者皆人杰[36]，吾能用之，此吾所以取天下者也。项羽有一范增而不能用，此所以为我禽[37]也。”群臣说服[38]。

（以上为第三段，写汉王刘邦打败项羽后，建立汉朝，登上帝位，建都洛阳，总结夺取天下的原因，认为是能够任用萧何、张良、韩信三位人杰，而项羽有一范增而不能用，故被打败，大家心悦诚服。）

【注释】

[1]驰入：飞马直入。壁：军营。 [2]夺其军：夺了韩信的军权。 [3]共尉：临江王共敖的儿子。 [4]下邳：县名，县治在今江苏睢宁县东。 [5]万民与苦甚：万民饱受战乱之苦。与，语助词，无实义。 [6]殊死：死刑。 [7]甲午：二月三日。 [8]氾水之阳：氾水的北岸。氾（fàn）水，在今山东曹县北，从南济水分出，东北流入菏泽。 [9]先媪：先母。刘邦死去的母亲。[10]诏曰：皇帝说。诏，告。自秦、汉以后，皇帝颁布的命令称“诏”。 [11]从百粤之兵：率领百越的部族军队。粤，又作“越”。百越，古部族名，福建、两广及越南广大地区散布的越人，部族众多，故称百越。 [12]番君：又作鄱君。 [13]不得血食：不能再祭祀先王之灵，即国家被灭亡。血食，言杀牲取血以祭祀。 [14]闽中：郡名，今福建。 [15]罢归家：遣散军队，复员归农。罢，遣散，复员。 [16]相聚保山泽：相聚守在深山大泽躲避战乱。 [17]不书名数：没有登记在户籍中。书，登记。名数，户籍。 [18]复故爵、田宅：恢复他们过去的爵位和田地住宅。复，恢复，退还。重申前朝的身份地位有效。 [19]吏以文法教训辨告：官吏要按照法律义理进行教导，处理纠纷。辨告，处理纠纷。 [20]勿笞辱军吏卒：不要鞭笞侮辱复员的官兵。军吏卒，军官、士兵。 [21]七大夫：爵位名，即公大夫，秦二十等爵中的第七级。 [22]皆令食邑：第七级以上至第二十级的爵位都给予食邑。按：秦制，第二十级的列侯才能食邑，现在七大夫以上皆令食邑，这是汉初为恢复生产、安置复员有功军人的恩惠，也是战乱后有大量无主地以及无户籍散户带来的条件，这也是对全国进行的一次恢复国家秩序的户籍整顿。 [23]已下：以下。已，通“以”。 [24]皆：指第七级以下各级爵位。复其身：免除个人徭役。户：免除户口赋税。 [25]勿事：不予征收。 [26]南宫：在洛阳城内，秦时洛阳已有南宫、北宫。 [27]上曰：皇上说。上，指高帝刘邦。 [28]彻侯：爵位名，秦二十级军功爵中最高级，汉初因袭之，多授予有功的异姓大臣。后避武帝刘彻讳，改称通侯或列侯。毋敢隐朕：不要隐瞒我。 [29]言其情：说老实话。情，实。 [30]高起、王陵：大臣名。王陵，官至丞相。 [31]因以与之：因其攻城略地之功将城邑、土地分封给他。 [32]运筹：运用谋略。帷幄：军帐。 [33]子房：张良的字。 [34]“填国家”五句：镇守国家，安抚百姓，供给粮饷，保持运粮道路畅通，我比不上萧何。[35]连：统领。 [36]人杰：人中俊杰。 [37]禽：同“擒”。 [38]说服：心悦诚服。说，通“悦”。

韩信至楚[1]，召漂母，赐千金。召辱己少年令出跨下者，以为中尉[2]；告诸将相曰："此壮士也。方辱我时，我宁[3]不能杀之邪？杀之无名[4]，故忍而就此[5]。"

彭越既受汉封，田横惧诛，与其徒属五百余人入海，居岛中。帝以田横兄弟本定齐地，齐贤者多附焉；今在海中，不取，后恐为乱。乃使使赦横罪，召之。横谢曰："臣烹陛下之使郦生[6]，今闻其弟商[7]为汉将；臣恐惧，不敢奉诏[8]，请为庶人[9]，守海岛中。"使还报，帝乃诏卫尉郦商曰："齐王田横即至[10]，人马从者敢动摇者，致族夷[11]！"乃复使使持节具告以诏商状[12]，曰："田横来，大者王，小者乃侯耳；不来，且举兵加诛焉。"

横乃与其客二人乘传诣洛阳[13]。未至三十里，至尸乡厩置[14]。横谢使者曰："人臣见天子，当洗沐[15]。"因止留，谓其客曰："横始与汉王俱南面称孤[16]；今汉王为天子，而横乃为亡虏[17]，北面事之，其耻固已甚矣[18]。且吾烹人之兄，与其弟并肩而事主[19]；纵[20]彼畏天子之诏不敢动，我独[21]不愧于心乎！且陛下所以欲见我者，不过欲一见吾面貌耳；今斩吾头，驰三十里间，形容尚未能败[22]，犹可观也。"遂自刭，令客奉[23]其头，从使者驰奏之[24]。帝曰："嗟乎！起自布衣，兄弟三人更王[25]，岂不贤哉！"为之流涕。

而拜其二客为都尉，发卒二千人，以王者礼葬之[26]。既葬，二客穿其冢傍孔[27]，皆自刭，下从之[28]。帝闻之，大惊。以横客皆贤，余五百人尚在海中，使使召之；至，则闻田横死，亦皆自杀。

初，楚人季布[29]为项籍将，数窘辱帝[30]。项籍灭，帝购求[31]布千金；敢有舍匿[32]，罪三族[33]。布乃髡钳为奴[34]，自卖于鲁朱家[35]。朱家心知其[36]季布也，买置田舍[37]；身之洛阳见滕公[38]，说曰："季布何罪！臣各为其主用，职[39]耳；项氏臣岂可尽诛邪？今上始得天下，而以私怨求一人，何示不广也[40]！且以季布之贤，汉求之急，此不北走胡，南走越[41]耳。夫忌壮士以资敌国，此伍子胥所以鞭荆平之墓也[42]。君何不从容[43]为上言之！"滕公待间[44]，言于上，如朱家指[45]。上乃赦布，召拜郎中[46]，朱家遂不复见之。

布母弟丁公[47]，亦为项羽将，逐窘帝[48]彭城西。短兵接，帝急，顾[49]谓丁公曰："两贤岂相厄[50]哉！"丁公引[51]兵而还。及项王灭，丁公谒见。帝以丁公徇军中[52]，曰："丁公为项王臣不忠，使项王失天下者也。"遂斩之，曰："使后为人臣无效[53]丁公也！"

臣光曰：高祖起丰、沛以来，罔罗[54]豪桀，招亡纳叛，亦已多矣。及即帝位，而丁公独以不忠受戮[55]，何哉？夫进取之与守成[56]，其势[57]不同。当群雄角逐[58]之际，民无定主；来者受之，固其宜也。及贵为天子，四海之内[59]，无不为臣；苟不明礼义以示之[60]，使为臣者，人怀贰心以徼大利[61]，则国家其能[62]久安乎！是故断[63]以大义，使天下晓然皆知[64]为臣不忠者无所自容[65]；而怀私结恩[66]者，虽至于活己，犹以义不与也[67]。戮一人而千万人惧，其虑事[68]岂不深且远哉！子孙享有天禄[69]四百余年[70]，宜矣！

（以上为第四段，写韩信报恩，酬漂母千金，以德报怨，无赖任中尉；田横不愿北面事奉汉高帝，自杀以明志；汉高帝赦季布面斩丁公，司马光评论称赞高帝刘邦处置得当。）

【注释】

[1]楚：韩信改封为楚王，都下邳，此"楚"当指下邳。[2]中尉：管巡城捕盗的武官。[3]宁：岂，难道。[4]名：名义。[5]故忍而就此：所以忍了下来，才有今天的成就。就此，今天有所成就。[6]郦生：郦食其。[7]弟商：郦食其弟郦商，其时官卫尉。[8]奉诏：接受诏命。即遵命。[9]庶人：普通老百姓。[10]即至：如果到来。[11]"人马从者"二句：谁敢动一动田横的随从人马，就灭他的家族。族夷，族灭。[12]"乃复"句：又派使者拿着符节一一告知高帝命令郦商的情况。节，皇帝使者所持证明身份的信物。具告，细告，一一告知。[13]乘传：古代驿站用四匹马拉的车子。传（zhuàn），传车，古代驿站的专用车辆。诣：到。洛阳：西汉初的临时都城，在今洛阳市东北。[14]尸乡：邑名，今河南洛阳市偃师区西。厩置：驿站。[15]洗沐：沐浴。[16]南面称孤：面向南称王。南面，古代以坐北朝南为尊位，故帝王、诸侯见僚属皆面向南而坐。称孤，称王。[17]亡虏：逃亡的罪人。[18]其耻固已甚矣：这耻辱实在太过分了。[19]事主：臣事汉王。[20]纵：即使。[21]独：难道。[22]形容尚未能败：容貌还没有变坏。[23]奉：捧。[24]从使者驰奏之：田横客跟随汉使疾驰洛阳奏报。驰奏，快马加鞭去报告。[25]兄弟三人更王：田儋、田荣、田横兄弟三人相继为王。[26]以

王者礼葬之：依照诸侯王的礼仪安葬田横。按：《史记·田儋列传·正义》："田横墓在偃师西十五里。"［27］穿其冢傍孔：在坟旁挖洞穴。［28］下从之：倒在坑里为田横殉葬。［29］季布：曾为项羽将，以重然诺闻名于关中，时有"得黄金百斤，不如得季布一诺"之谚。传见《史记》卷一百。［30］数窘辱帝：多次困窘羞辱高帝。指在楚汉战争中多次让汉王刘邦吃苦头。［31］购求：悬赏征求。［32］舍匿：收留隐藏。［33］罪三族：株连三族之罪，即灭父族、母族、妻族三族。［34］髡钳为奴：用铁箍箍住脖子当奴隶。髡钳，古代刑罚名。髡（kūn），剃去头发。钳，用铁箍束颈。此指季布扮成一个刑徒奴隶，逃避追捕。［35］朱家：汉初著名游侠，脱季布于危难。传见《史记》卷一百二十四。［36］其：是。［37］买置田舍：把季布买来安置在农舍。［38］身之：朱家亲自到。滕公：夏侯婴，高帝亲信，西汉开国功臣，官至太仆。传见《史记》卷九十五。［39］职：职分内的事。意谓季布忠于项羽，职责所系，乃常理，非罪也。［40］何示不广也：为什么要显示自己如此的心胸狭隘而不宽广呢！［41］不北走胡，南走越：不是向北逃奔匈奴，就是向南逃奔南越。走，逃。胡，泛指北方各部族，也特指匈奴。越，南方部族，因部落多，故称百越，这里指南越。［42］"夫忌壮士"二句：忌恨壮士以此资助敌国，这是伍子胥所以要掘墓鞭打楚平王尸体的缘由啊！忌，恨。资，助。伍子胥，楚大夫，为报父冤死之仇，借吴兵破楚鞭尸楚平王。事详《史记·伍子胥列传》。［43］从容：光明正大、堂而皇之。［44］待间：等待机会。［45］如朱家指：完全达到了朱家的意图。指，通"旨"，意。［46］郎中：官名，属郎中令，宫廷近侍，内守门户，外充车骑。［47］丁公：丁固，季布的舅父。［48］逐窘：追迫。帝：刘邦。［49］顾：回头。［50］两贤：咱们两条好汉。指刘邦、丁固。岂相厄：难道要互相迫害吗。厄，为难，困迫。［51］引：领。［52］徇军中：绑缚丁公到军营中示众。［53］效：仿效。［54］罔罗：广泛收纳。罔，同"网"。［55］受戮：被杀。［56］进取：指开创基业。守成：指保守基业。［57］势：时势。指社会的客观形势和条件。［58］角逐：博弈，指用武力竞争取胜。角（jué），竞争。［59］四海之内：全天下，全国。［60］苟不明礼义以示之：如果不宣传让大家明白礼义。［61］怀贰心：对国君不尽忠。以：而。徼：追求。［62］其能：岂能，难道可以。反诘问句，表肯定。［63］断：判断，决断。［64］晓然皆知：人人都明明白白地知道。［65］无所自容：无处容身。意思是没有活路。［66］怀私结恩：心怀私情结恩于人，即结党营私，拉帮派。［67］虽至于活己，犹以义不与也：即使救过自己的命，依大义仍不可宽容。活己，指丁公救过刘邦的命。与，许，宽容。［68］虑事：谋事。［69］天禄：天赐的福禄。指帝位。［70］四百余年：指西汉、东汉刘姓两朝天下共四百余年。

齐人娄敬戍陇西[1]，过洛阳，脱挽辂[2]，衣羊裘[3]，因齐人虞将军[4]求见上。虞将军欲与之鲜衣[5]。娄敬曰："臣衣帛[6]，衣帛见；衣褐[7]，衣褐见；终不敢易衣。"

于是虞将军入言上；上召见，问之。娄敬曰："陛下都洛阳，岂欲与周室比隆哉[8]？"上曰："然。"娄敬曰："陛下取天下与周异。周之先，自后稷封邰[9]，积德累善，十有余世，至于太王、王季[10]、文王、武王而诸侯自归之，遂灭殷为天子。及成王即位，周公相[11]焉，乃营洛邑[12]，以为此天下之中[13]也，诸侯四方纳贡职[14]，道里均[15]矣。有德则易以王[16]，无德则易以亡，故周之盛时，天下和洽[17]，诸侯、四夷莫不宾服[18]，效其贡职[19]。及其衰也，天下莫朝，周不能制也；非唯其德薄也，形势弱也。今陛下起丰、沛[20]，卷蜀、汉[21]，定三秦，与项羽战荥阳、成皋之间，大战七十，小战四十；使天下之民，肝脑涂地[22]，父子暴骨中野[23]，不可胜数，哭泣之声未绝，伤夷者未起[24]；而欲比隆于成、康之时[25]，臣窃以为不侔[26]也。且夫秦地被山带河[27]，四塞以为固[28]；卒然[29]有急，百万之众可立具[30]也。因秦之故，资甚美膏腴之地，此所谓天府[31]者也。陛下入关而都之，山东虽乱，秦之故地可全而有也。夫与人斗，不搤其亢[32]，拊其背[33]，未能全其胜也；今陛下案[34]秦之故地，此亦搤天下之亢而拊其背也。"

帝问群臣。群臣皆山东人，争言："周王数百年，秦二世即亡。洛阳东有成皋[35]，西有殽、渑[36]，倍河[37]，乡伊、洛[38]，其固亦足恃也。"

上问张良。良曰："洛阳虽有此固，其中小不过数百里，田地薄，四面受敌，此非用武之国也。关中左殽、函[39]，右陇、蜀[40]，沃野千里；南有巴、蜀之饶[41]，北有胡苑之利[42]。阻三面而守[43]，独以一面东制诸侯；诸侯安定，河、渭漕挽[44]天下，西给京师[45]；诸侯有变，顺流而下，足以委输[46]；此所谓金城千里[47]，天府之国也。娄敬说是也。"

上即日车驾[48]西都长安。拜娄敬为郎中，号曰奉春君，赐姓刘氏。

张良素[49]多病，从上入关，即道引[50]，不食谷[51]，杜门不出[52]，曰："家世相韩；及韩灭，不爱万金之资，为韩报仇强秦，天下振动。今以三寸舌为帝者师[53]，封万户侯，此布衣之极，于良足矣。愿弃人间事，欲从赤松子[54]游耳。"

臣光曰：夫生之有死，譬犹夜旦[55]之必然；自古及今，固未有超然而独存者[56]也。以子房之明辨达理，足以知神仙之为虚诡矣；然其欲从赤松子游者，其智可知也[57]。夫功名之际，人臣之所难处[58]。如高帝所称者，三杰[59]而已；淮阴诛夷[60]，萧何系狱[61]，非以履盛满[62]而不止耶！故子房托于神仙，遗弃人间，等功名于外物[63]，置[64]荣利而不顾，所谓"明哲保身"者，子房有焉。

（以上为第五段，写娄敬建言汉高帝都关中，得到张良的肯定。高帝随即迁都。兴汉三杰，韩信受族诛，萧何下狱，张良功成身退，不眷念权势荣名，辟谷，隐居，不问凡间之事，是明哲保身的典范，受到司马光的好评。）

【注释】

[1]娄敬：赐姓刘，拜郎中，号奉春君，封为建信侯。传见《史记》卷九十九。戍：驻防。陇西：郡名，郡治狄道，在今甘肃临洮县南。 [2]脱挽辂：解下引车的横木，即下车。脱，卸下。挽，拉。辂（lù），挽车的横木，缚在辕上，供人拉车使用。 [3]衣羊裘：穿着羊皮袄。衣（yì），穿。 [4]虞将军：汉高帝将领，娄敬老乡，史失其名。 [5]鲜衣：华美的新衣。 [6]帛：丝绸。 [7]褐：用兽或粗麻制成的短衣。 [8]周室：周王朝。隆：兴盛，尊威。 [9]后稷：周始祖，名弃，善种庄稼，曾在尧、舜时代做过农官，教民耕种。邰：邑名，在今陕西武功县西南。 [10]太王：周文王之祖古公亶父的尊号。王季：太王幼子，文王父，名季历。季历卒，文王即位。其后文王子武王灭商，追尊季历为"王季"。 [11]相：辅佐。 [12]营洛邑：兴建洛邑。洛邑故址在今河南洛阳市的瀍水东西两岸。 [13]天下之中：全国的中心位置。中，中心。 [14]纳贡职：交纳贡品和赋税。 [15]道里均：道路里程相等。 [16]有德则易以王：国君有德则容易依靠德统治天下。"以"后省介词宾语"之"。 [17]和洽：和睦。 [18]四夷：古代华夏族对四方少数民族的统称。东方称夷，南方称蛮，西方称戎，北方称狄。宾服：心悦诚服，指臣服。 [19]效：献。职：贡品。 [20]陛下起丰、沛：皇上从丰、沛起兵抗秦。丰、沛，刘邦故里。丰，丰邑，沛县所属之镇，西汉建为县。沛，沛县。 [21]卷蜀、汉：席卷蜀郡、汉中郡。蜀、汉，刘邦封汉王所据有之地。 [22]肝脑涂地：形容民众饱受战乱之惨烈。 [23]暴骨中野：抛尸野外。[24]伤夷者未起：伤残的人还不能行走。夷，创伤。起，治愈，行走。 [25]成、康之时：指周成王与周康王的时代，其时天下安宁，刑措不用，故用"成、康"称至治之世。 [26]不侔：不相等。 [27]秦地被山带河：秦地关中依靠华山，濒临黄海。被，通"披"，背靠。 [28]四塞以为固：四面都有险关为屏障。关中东有函谷关，南有武关，西有散关，北有萧关，故谓"四塞"。[29]卒然：突然。卒（cù），通"猝"。 [30]具：齐备。 [31]天府：天然的府库。指自然条件优越，形势险固、物产富饶之地。巴蜀、关中，古有"天府"之称。 [32]扼其亢：掐住他的咽喉。扼，用力掐住。亢，同"吭"，咽喉。[33]拊其背：拍击他的背。按：扼亢拊背，皆谓控制要害。

[34]案：据有。[35]成皋：邑名，在今河南荥阳市汜水镇。[36]殽：通“崤”。山名，在今河南洛宁县北。渑：渑塞，又名平靖关。在今河南信阳市西南豫、鄂交界处。[37]倍河：黄河在洛阳城北，故曰“倍河”。倍，通“背”。[38]乡伊、洛：伊、洛二水在洛阳城南，故曰“乡”。乡，通“向”。[39]殽、函：崤山和函谷关，并称“殽函”“崤函”。[40]陇、蜀：四川岷山与陇山相连，故曰“陇蜀”。陇山为六盘山南段别称，古称陇阪，亦称陇坻。北连沙漠，南带泾渭，为关中四塞西面的险塞。[41]饶：物产丰富。[42]胡苑之利：畜牧之利。胡苑，胡人牧养禽兽的范围。[43]阻三面而守：倚仗三面险要的地形防守。按：秦地南、北、西三面皆有险阻。[44]漕挽：指水运和陆运。黄河水运至渭水，自渭水登陆，陆运至长安。水运曰漕，陆运曰转。挽，拉车，即陆运。[45]京师：长安。[46]委输：转运。[47]金城千里：坚固的千里城墙。金城，金属铸的城墙，喻防守坚固。按：关中千里漕转，保障京师供给，有如金城千里。[48]即日车驾：当日就起驾动身迁都。此夸张形容高帝刘邦从善如流。依梁玉绳《史记志疑》考证，“入都关中乃居栎阳宫，至七年始徙居长安。”[49]素：平日。[50]道引：导引，导气引体。古医家、道家的养生术。即呼吸俯仰、屈伸手足相结合的体育运动疗法。据古书记载，春秋战国时，“导引”已成为一种流行的疗病、保健和养生的方法。[51]不食谷：亦称“辟谷”，即不吃粮食而食用药物。也就是道家所谓的养生法。[52]杜门不出：闭门不迎宾客，不外访。[53]“今以”句：指靠口才为刘邦出谋划策。三寸之舌，舌长三寸，喻善言词。[54]赤松子：传说中的仙人。[55]夜旦：黑夜与白昼。[56]超然而独存者：超越自然而独立存在的事物。[57]其智可知也：他的智慧由此可以看出来。知，认识到，看出来。[58]“夫功名”二句：在评定功、名的时候，做人臣的处境非常为难。[59]三杰：高帝评价功臣，将淮阴侯韩信、相国萧何、留侯张良三人相提并论，称为“三杰”。[60]诛夷：杀戮。[61]系狱：汉十二年，萧何为民请地，触怒汉王，下狱。[62]履盛满：脚已登上顶峰，喻功名荣显至极。[63]等功名于外物：视功名如同身外之物。[64]置：安置，此指抛弃，把功名利禄丢在一边。

六月，壬辰，大赦天下。

秋，七月，燕王臧荼反；上自将征之。

赵景王耳、长沙文王芮皆薨。

九月，虏臧荼。壬子，立太尉[1]长安侯卢绾为燕王。绾家与上同里闬[2]，绾生又与上同日；上宠幸绾，群臣莫敢望[3]，故特王之。

项王故将利几反[4]；上自击破之。

后九月，治长乐宫[5]。

项王将钟离眛，素与楚王信善。项王死后，亡归信。汉王怨眛，闻其在楚，诏楚捕眛。信初之国，行县邑[6]，陈兵出入[7]。

六年（庚子，前201年）

冬，十月，人有上书告楚王信反者。帝以问诸将，皆曰："亟发兵，坑竖子耳[8]！"帝默然。又问陈平，陈平曰："人上书言信反，信知之乎？"曰："不知。"陈平曰："陛下精兵孰与楚[9]？"上曰："不能过[10]。"平曰："陛下诸将，用兵有能过韩信者乎？"上曰："莫及也。"平曰："今兵不如楚精而将不能及，举兵攻之，是趣之战也[11]，窃为陛下危之！"上曰："为之奈何？"平曰："古者天子有巡狩[12]，会诸侯。陛下第出[13]，伪游云梦，会诸侯于陈[14]。陈，楚之西界；信闻天子以好出游[15]，其势必无事而郊迎谒[16]；谒而陛下因禽[17]之，此特[18]一力士之事耳。"帝以为然；乃发使告诸侯会陈，"吾将南游云梦。"上因随以行[19]。

楚王信闻之，自疑惧，不知所为。或说信曰："斩钟离眛以谒上，上必喜，无患。"信从之。

十二月，上会诸侯于陈，信持眛首谒上；上令武士缚信，载后车[20]。信曰："果若人言：'狡兔死，走狗烹；高鸟尽，良弓藏；敌国破，谋臣亡[21]。'天下已定，我固当烹！"上曰："人告公反。"遂械系[22]信以归，因赦天下。

田肯贺上曰："陛下得韩信，又治秦中[23]。秦，形胜之国[24]也，带河阻山[25]，地势便利；其以下兵[26]于诸侯，譬犹居高屋之上建瓴水也[27]。夫齐，东有琅邪、即墨之饶[28]，南有泰山之固，西有浊河之限[29]，北有勃海之利[30]；地方二千里，持戟百万；此东西秦[31]也，非亲子弟，莫可使王齐者。"上曰："善！"赐金五百斤。

上还，至洛阳，赦韩信，封为淮阴侯。信知汉王畏恶其能[32]，多称病[33]，不朝从[34]；居常鞅鞅[35]，羞与绛、灌等列[36]。尝过[37]樊将军哙。哙跪拜送迎，言称臣，曰："大王乃肯临臣！"信出门，笑曰："生乃与哙等为伍[38]！"

上尝从容与信言诸侯能将兵多少。上问曰："如我能将几何？"信曰："陛下不过能将十万。"上曰："于君何如？"曰："臣多多而益善耳。"上笑曰："多多益善，何为为我禽[39]？"信曰："陛下不能将兵而善将将，此乃信之所以为陛下禽也。且陛下，所谓‘天授，非人力[40]’也。”

（以上为第六段，写刘邦着手铲除异姓王，灭燕王臧荼；因项羽部将钟离昧匿藏楚王韩信，而以谋反罪废韩信封王为淮阴侯。韩信失势而心怀怏怏，羞与樊哙为伍，曾与刘邦谈论带兵打仗，认为自己带兵多多益善。）

【注释】

［1］太尉：官名，为全国行政首长，与丞相、御史大夫合称“三公”。［2］同里闬：住在同一条街巷。闬（hàn），里巷的门。［3］望：怨恨。［4］利几反：项羽败，利几为陈令，降汉，高帝封他为颍川侯，至是反叛。［5］长乐宫：本秦之兴乐宫，高帝改修，在长安城东隅。［6］行县邑：巡视所管辖的县邑。［7］陈兵出入：出入都派军队戒严。［8］亟：马上。坑竖子：活埋了这小子。［9］孰与楚：与楚比起来谁更厉害？孰，谁，哪个。［10］过：超过，胜过。［11］趣之战也：促使他起兵反抗。［12］巡狩：也作“巡守”。古时皇帝巡视诸侯国所守的疆土。就是“视察”。［13］陛下第出：皇上只管出巡视察。第，但，只管。［14］陈：县名，县治在今河南淮阳市。［15］以好出游：以友好会见诸侯而出游。［16］郊迎谒：到郊外迎接晋见皇上。［17］禽：通“擒”。［18］特：只不过。［19］随以行：使者出发后，高帝随即起程南巡。［20］后车：随侍皇帝后面的副车。［21］“狡兔死”六句：古代流行的谚语。前四句是比喻，后二句是本意，言敌国既已消灭，谋臣就要被杀害了。［22］械系：戴上镣铐，囚禁起来。械，枷锁之类的刑具。［23］治秦中：建都关中。［24］形胜之国：地形险要能够制胜的地方。形胜，地理位置优越，形势险要。［25］带河阻山：有黄河的环绕，有崤山的阻隔。［26］下兵：出兵。从关中东向出兵征诸侯，居高临下，故称“下兵”。［27］“譬犹”句：就像在高的屋脊上把水倒入瓦沟一样。比喻居高临下势不可挡。建，倒水，泼水。瓴，瓦沟。［28］琅邪：县名，县治在今山东青岛市黄岛区。即墨：县名，县治在今山东平度市。以两地代表齐地的富饶之区。［29］浊河之限：黄河的险阻。浊河，指黄河，因河水浑浊而得名。［30］勃海之利：指鱼盐之利。［31］东西秦：是说齐地形优越，物产富饶，齐在东，秦在西，向东足以与秦抗衡。所以下文说“非亲子弟，莫可使王齐”。［32］畏：惧怕。恶（wù）：嫉恨。其：指韩信自己。［33］多：常常。称病：声言有病，托病。［34］不朝从：不朝见皇上，不扈从出行。［35］鞅鞅：通“怏怏”，不服气，愁闷失意的样子。［36］绛、灌：绛侯周勃、颍阴侯灌婴。二人的功绩和声望远不如韩信，故“羞与绛、灌等列”。［37］过：拜访。［38］生乃与哙等为伍：我活着竟然落到与樊哙同列。生，活着。［39］禽：同“擒”。［40］天授，非人力：上天赐予的能力，而不是人的努力能够取得的。

甲申，始剖符[1]封诸功臣为彻侯。萧何封酂[2]侯，所食邑独多。

功臣皆曰："臣等身披坚执锐，多者百余战，小者数十合[3]。今萧何未尝有汗马之劳[4]，徒持文墨议论[5]，顾反[6]居臣等上，何也？"帝曰："诸君知猎乎？夫猎，追杀兽兔者，狗也；而发纵指示[7]兽处者，人也。今诸君徒能得走兽耳，功狗也[8]；至如萧何，发纵指示，功人也[9]。"群臣皆不敢言。

张良为谋臣，亦无战斗功；帝使自择齐三万户。良曰："始，臣起下邳，与上会留[10]，此天以臣授陛下；陛下用臣计，幸而时中。臣愿封留足矣，不敢当[11]三万户。"乃封张良为留侯。

封陈平为户牖[12]侯，平辞曰："此非臣之功也。"上曰："吾用先生谋，战胜克敌，非功而何[13]？"平曰："非魏无知，臣安得进[14]？"上曰："若子，可谓不背本[15]矣！"乃复赏魏无知。

帝以天下初定，子幼，昆弟少，惩[16]秦孤立而亡，欲大封同姓以填抚[17]天下。

春，正月，丙午[18]，分楚王信地为二国：以淮东五十三县立从兄将军贾为荆王[19]，以薛郡、东海、彭城三十六县立弟文信君交为楚王[20]。

壬子[21]，以云中、雁门、代郡五十三县立兄宜信侯喜为代王[22]，以胶东、胶西、临淄、济北、博阳、城阳郡七十三县立微时外妇之子肥为齐王[23]；诸民能齐言者皆以与齐[24]。

上以韩王信材武[25]，所王北近巩、洛[26]，南迫宛、叶[27]，东有淮阳[28]，皆天下劲兵处[29]；乃以太原郡[30]三十一县为韩国，徙[31]韩王信王太原以北，备御胡[32]，都晋阳。信上书曰："国被边[33]，匈奴数入寇；晋阳去塞远[34]，请治马邑[35]"上许之。

上已封大功臣二十余人，其余日夜争功不决[36]，未得行封。上在洛阳南宫，从复道[37]望见诸将，往往相与坐沙中语[38]。上曰："此何语[39]？"留侯曰："陛下不知乎？此谋反耳！"上曰："天下属安定[40]，何故反乎？"留侯曰："陛下起布衣，以此属取天下[41]；今陛下为天子，而所封皆故人所亲爱，所诛皆生平所仇怨。今军吏计功，以天下不足遍封[42]；此属畏陛下不能尽封，恐又见疑[43]平生过失及诛，故即相聚谋反耳。"上乃忧曰："为之奈何？"留侯曰："上平生所憎、群臣所共知，谁最甚者？”上曰：“雍齿与我有故怨[44]，数尝窘辱[45]我；我欲杀之，为其功多，故不忍。”留侯曰：“今急先封雍齿，则群臣人人自坚[46]矣。”于是上乃置酒，封雍齿为什方[47]侯；而急趋[48]丞相、御史定功行封[49]。君臣罢酒，皆喜，曰：“雍齿尚为侯，我属无患矣！”

臣光曰：张良为高帝谋臣，委以心腹[50]，宜其知无不言；安有[51]闻诸将谋反，必待高帝目见偶语，然后乃言之邪！盖以[52]高帝初得天下，数用爱憎行诛赏，或时害至公[53]，群臣往往有觖望自危之心[54]；故良因事纳忠以变移帝意，使上无阿私之失[55]，下无猜惧之谋[56]，国家无虞[57]，利及后世。若良者，可谓善谏矣。

列侯毕[58]已受封，诏定元功十八人位次[59]。皆曰：“平阳侯曹参，身被七十创，攻城略地，功最多，宜第一。”谒者、关内侯鄂千秋[60]进曰：“群臣议皆误，夫曹参虽有野战略地之功，此特[61]一时之事耳。上与楚相距[62]五岁，失军亡众，跳身遁者数矣[63]；然萧何常从关中遣军补其处[64]，非上所诏令召[65]，而数万众会上之乏绝者数矣。又军无见粮[66]，萧何转漕关中，给食不乏。陛下虽数亡山东[67]，萧何常全关中以待陛下。此万世之功[68]也。今虽无曹参等百数，何缺于汉；汉得之，不必待以全[69]。奈何欲以一旦之功而加万世之功哉！萧何第一，曹参次之。”上曰：“善！”于是乃赐萧何带剑履上殿[70]，入朝不趋[71]。

上曰：“吾闻‘进贤受上赏’。萧何功虽高，得鄂君乃益明。”于是因鄂千秋所食邑，封为安平侯[72]。是日，悉封何父子兄弟十余人，皆有食邑；益封何二千户。

上归栎阳。

夏，五月，丙午[73]，尊太公为太上皇[74]。

（以上为第七段，写汉高帝刘邦论功行赏，谋臣萧何、张良、陈平，首先受封，萧何封邑最多，位居第一；汉高帝采张良建言，封赏有旧怨的雍齿为侯，打消了功臣们的猜疑。司马光评论，高度赞赏张良。）

【注释】

[1]剖符：古代帝王分封诸侯、功臣时，以竹符为信证，剖分为二，君臣各执其一，后因以“剖符”为分封、授官之称。 [2]酂（cuó）：县名，县治在今河南永城市西南。 [3]小者数十

合：少的也战斗了几十个回合。小，少。合，古代打斗时双方对打一次为一合，也叫“回合”。[4]汗马之劳：指征战的劳苦，亦指战功。汗马，战马奔走而出汗，喻劳苦有功。[5]徒：只不过。持：依仗。文墨：文书辞章。萧何初为刀笔吏。议论：发发论议。[6]顾反：反而。[7]发纵指示：放开系狗绳，指示野兽所在。[8]功狗：功劳像猎狗。[9]功人：功劳如猎人。[10]留：县名，县治在今江苏沛县东南。[11]当：接受。[12]户牖：乡名，在今河南原阳县东北。[13]非功而何：不是功劳却是什么呢？[14]安得进：哪里能够进见啊？安，何，怎么。[15]不背本：不忘恩。[16]惩：鉴于。[17]填抚：镇守安抚。填，通“镇”。[18]丙午：正月二十一日。[19]淮东：指今安徽淮河东部和南部一带。荆王：荆，吴地，因有荆山，以山名国，故号荆王。刘邦堂兄刘贾封荆王，传见《史记》卷五十一。[20]楚王：刘邦同母弟刘交封楚王，王淮西地三十六县。淮西，指今安徽淮河西部和北部一带。刘交传见《史记》卷五十。[21]壬子：正月二十七日。[22]代王：史实不详。《史记》《汉书》两书均未载刘邦有兄刘喜封代王事，不知《资治通鉴》何据。云中、雁门、代三郡，云中郡在今内蒙古呼和浩特市与托克托县之间，雁门郡在今山西右玉县南，代郡在今山西东北部和河北北部。[23]齐王：刘邦长子刘肥封齐王。刘肥为刘邦为亭长时非正妻姘妇所生，故称“微时外妇”。传见《史记》卷五十二。[24]“诸民”句：凡讲齐语的地区、百姓，都划归齐王管辖。[25]以：认为。韩王信：战国时韩王室后裔，汉封以为韩王，后降匈奴。传见《史记》卷九十三。材武：有才能而且勇武。[26]近巩、洛：靠近巩邑与洛邑。巩邑在今河南巩义市，洛邑在今洛阳市东北。[27]迫宛、叶：迫近宛邑和叶县。迫，同“近”。宛邑在今河南南阳市，叶县在今河南叶县。[28]淮阳：城名，在今河南周口市淮阳区西南。[29]劲兵处：可以屯驻强大军队的地方。[30]太原郡：治所晋阳，在今山西太原市西南。[31]徙：迁调。[32]备御胡：防备抵御匈奴。[33]国被边：韩国北靠边界。[34]去塞远：晋阳离边塞遥远。去，距离。[35]治马邑：把国都从晋阳迁到马邑。马邑，县名，县治在今山西朔州市。[36]不决：没有作出决定。[37]复道：上下有道，上者为天桥。[38]语：窃窃私语。[39]此何语：这些人在说些什么。[40]属安定：刚刚安定。[41]以此属取天下：依靠这帮人打天下。[42]遍封：所有立功的人全部有封。遍，一一，都。[43]见疑：被猜忌。[44]雍齿：沛人，从刘邦起兵，守卫丰邑降魏，反抗刘邦，多次制造困难，尔后回归刘邦，多立战功。有故怨：有旧怨。[45]窘辱：困辱。[46]自坚：心情稳定。指坚信自己能得到封赏。[47]什方：县名，县治在今四川什邡市南。[48]急趋：急速催促。趋，通“促”，催促。[49]定功行封：论定功劳，进行封赏。[50]委以心腹：视为心腹亲信。委，交心，信任。[51]安有：哪能，怎么会。[52]盖以：这是由于。以，由于，因为。[53]害至公：有损公平。[54]觖望：因不满而怨恨。觖（jué），不满。自危：感到自己有危险。[55]阿私之失：徇私而犯下错误。[56]猜惧之谋：猜疑恐惧而图谋不轨。[57]国家无虞：国家无忧患。[58]毕：全，都。[59]诏：皇帝下达命令。元功：开国元勋。十八人位次：萧何、曹参、张敖、周勃、樊哙、郦商、奚涓、夏侯婴、灌婴、傅宽、靳歙、王陵、陈武、王吸、薛欧、周昌、丁复、虫达，自第一至十八。［60］鄂千秋：随刘邦起兵。时为谒者，关内侯。［61］特：只是。［62］相距：相拒，对抗。距，通“拒”。［63］跳身遁者数矣：只身轻装逃脱好几次。跳身遁，只身轻装逃跑。跳，通“逃”。［64］遣军补其处：派遣兵员补充缺额。［65］非上所诏令召：并不是皇上下令要他征募的。谓萧何运筹后勤配合前线战事。［66］军无见粮：军中没有现成粮食。［67］数亡山东：多次丢掉崤山以东的地方。［68］万世之功：永久之功，不朽之功。［69］汉得之，不必待以全：如果汉朝有一百个像曹参那样的人，也不一定能保全天下。［70］赐：特许。带剑履上殿：带剑穿鞋上殿朝见皇上。这是帝王给有功之臣的特殊恩荣。［71］趋：低头小步快走。这是古代下级见上级表示崇敬的礼节。［72］“于是”二句：于是，依据鄂千秋原来所封食邑，加封为安平侯。因，因袭，依据。所，据章校，他本“所”字上有“故”字。《史记·萧相国世家》有“故”字，当补“故”字。故所食邑，指原来享有关内侯的食邑。食邑，封地，封邑。秦汉行郡县制，受封爵者在其封邑内无统治权，以封邑内民户赋税充食禄，故称封邑为食邑，得世袭。［73］丙午：五月二十三日。［74］太上皇：帝王对父亲的尊称。

初，匈奴畏秦，北徙十余年。及秦灭，匈奴复稍南渡河。

单于头曼有太子曰冒顿[1]。后有所爱阏氏[2]，生少子[3]，头曼欲立之。是时，东胡强而月氏盛[4]，乃使冒顿质于月氏。既而头曼急击月氏，月氏欲杀冒顿。冒顿盗其善马骑之，亡归[5]；头曼以为壮[6]，令将万骑[7]。

冒顿乃作鸣镝[8]，习勒[9]其骑射。令曰：“鸣镝所射而不悉射者，斩之！”冒顿乃以鸣镝自射其善马，既又射其爱妻；左右或不敢射者，皆斩之。最后以鸣镝射单于善马，左右皆射之。于是冒顿知其可用；从头曼猎，以鸣镝射头曼，其左右亦皆随鸣镝而射。遂杀头曼，尽诛其后母与弟及大臣不听从者。冒顿自立为单于。

东胡闻冒顿立，乃使使谓冒顿：“欲得头曼时千里马。”冒顿问群臣，群臣皆曰：“此匈奴宝马也，勿与[10]！”冒顿曰：“奈何与人邻国而爱一马乎！”遂与之。居顷之，东胡又使使谓冒顿：“欲得单于一阏氏。”冒顿复问左右，左右皆怒曰：“东胡无道，乃求阏氏[11]！请击之！”冒顿曰：“奈何与人邻国爱一女子乎！”遂取所爱阏氏予东胡。东胡王愈益骄。东胡与匈奴中间，有弃地莫居[12]，千余里，各居其边，为瓯脱[13]。东胡使使谓冒顿：“此弃地，欲有之。”冒顿问群臣，群臣或曰：“此弃地，予之亦可，勿与亦可。”于是冒顿大怒曰：“地者，国之本也，奈何予之！”诸言予之者，皆斩之。冒顿上马，令：“国中有后出者斩！”遂袭击东胡。东胡初轻冒顿，不为备；冒顿遂灭东胡。

既归，又西击走月氏，南并楼烦[14]、白羊河南王[15]，遂侵燕、代，悉复收蒙恬所夺匈奴故地与汉关故河南塞[16]，至朝那、肤施[17]。是时，汉兵方与项羽相距，中国罢于兵革[18]，以故冒顿得自强，控弦之士[19]三十余万，威服诸国。

秋，匈奴围韩王信于马邑。信数使使胡[20]，求和解。汉发兵救之；疑信数间使[21]，有二心，使人责让信。信恐诛，九月，以马邑降匈奴。匈奴冒顿因引兵南逾句注[22]，攻太原，至晋阳[23]。

（以上为第八段，写匈奴部落在秦朝灭亡、楚汉相争时逐渐强大起来，冒顿杀掉其父头曼单于自立，后又灭掉东胡，四处扩张，包围韩王韩信，韩王韩信举马邑城投降匈奴，匈奴趁势进攻太原，抵达晋阳。）

【注释】

[1]单（chán）于（yú）：匈奴君主称号。“撑犁孤涂单于”的省称。匈奴语“撑犁孤涂”为“天子”，“单于”为“广大”。头曼：人名。冒（mò）顿（dú）：公元前207年杀父自立单于，建立军政制度，征服四邻部族，是匈奴族历史上最伟大的单于之一。西汉初侵扰汉王朝，公元前174年卒。[2]阏（yān）氏（zhī）：匈奴君主正妻的称号，等同汉朝的皇后。[3]少子：小儿子。[4]东胡：部族名，分布在今河北和内蒙古交界地带。月氏（zhī）：部族名，分布在今甘肃西部与青海交界地区。冒顿单于立，东胡、月氏，皆为匈奴所并。月氏残余西走中亚。[5]亡归：逃回匈奴。[6]壮：强壮勇武。[7]将万骑：统率一万名骑兵。[8]鸣镝：响箭。[9]习勒：训练。[10]勿与：不要给东胡。与，予，给。[11]乃求阏氏：竟然索求阏氏。乃，竟然。[12]弃地：荒废不用之地。莫居：无人居住。[13]瓯脱：不同种姓游牧部族相邻双方中间隔绝的缓冲地带。[14]楼烦：部族名，分布在今山西和内蒙古交界地带。[15]白羊河南王：白羊是匈奴的一部，居住在河套以南地区，故称。[16]与汉关故河南塞：与汉朝以原河南塞为界。关，边关。[17]朝（zhū）那：县名，县治在今宁夏固原市东南。肤施：县名，县治在今陕西榆林市东南。[18]中国罢于兵革：中原地区被战争拖累得疲惫不堪。罢，通“疲”。兵革，指战争。兵，兵器。革，甲胄。[19]控弦之士：能够射箭的射手，即战士。[20]数使使胡：多次派使者出使匈奴。[21]间使：暗中派使者。[22]句注：山名，在今山西代县西北。[23]太原：郡名，郡治晋阳，在今太原市西南。

帝悉去秦苛仪法[1]，为简易[2]。群臣饮酒争功，醉，或妄呼[3]，拔剑击柱，帝益厌之[4]。叔孙通说上曰："夫儒者难与进取[5]，可与守成[6]。臣愿征鲁诸生，与臣弟子共起朝仪[7]。"帝曰："得无难乎[8]？"叔孙通曰："五帝异乐[9]，三王不同礼[10]；礼者，因时世[11]、人情为之节文[12]者也。臣愿颇采古礼[13]，与秦仪杂就之[14]。"上曰："可试为之，令易知[15]，度吾所能行者为之！"

于是叔孙通使[16]，征鲁诸生[17]三十余人。鲁有两生不肯行，曰："公所事者且十主[18]，皆面谀以得亲贵[19]。今天下初定，死者未葬，伤者未起，又欲起礼、乐。礼、乐所由起[20]，积德百年而后可兴也。吾不忍为公所为[21]；公去矣，无污我[22]！"叔孙通笑曰："若真鄙儒也[23]，不知时变[24]！"遂与所征三十人西[25]，及上左右为学者[26]与其弟子百余人，为绵蕞野外[27]。习之月余，言于上曰："可试观矣。"上使行礼；曰："吾能为此。"乃令群臣习肄[28]。

（以上为第九段，写汉高帝刘邦去除秦朝烦琐的礼仪，群臣饮酒争功，叔孙通征召鲁地儒生，与弟子一起制定朝廷君臣礼仪规则，在野外经过一个多月的演练，让刘邦试看。刘邦说："吾能为此。"）

【注释】

[1]帝悉去秦苛仪法：高帝全部废除秦朝烦琐的礼仪。悉，全部。去，废除。苛，烦琐。仪法，礼仪法规。[2]为简易：力求简便易行。[3]妄呼：乱喊乱叫。[4]益厌之：逐渐产生反感。益，日益，一天天，逐渐。[5]进取：指攻战夺取天下。[6]守成：指保守巩固国家。[7]起朝仪：制定朝会的礼仪。[8]得无难乎：该不会繁难吧？[9]五帝：上古传说时代的帝王。《史记·五帝本纪》以黄帝、颛顼、帝喾、唐尧、虞舜为五帝。异乐：乐教不一样。乐，乐制，乐教。[10]三王：夏商周三代开国圣王，即夏禹王、商汤王、周文王与周武王。不同礼：礼制不相同。礼，有广狭两义。广义指礼制，如规定人们行动的法则、规范、仪式的总称。狭义指礼仪，如祭祀、丧葬、军旅、朝会、冠婚等方面的仪式。[11]因时世：根据时代社会。[12]节文：对人们的言语行动加以节制修饰。文（wèn），饰。[13]颇采古礼：参照古礼。颇，略，稍微。[14]杂就之：结合制定，参酌制定。[15]令易知：让人容易理解、明白。[16]使：为使者。[17]诸生：儒生。[18]事：侍，服务。且十主：将近十个主子。按：叔孙通事秦始皇、二世、陈涉、项梁、楚怀王心、项羽及刘邦共七主，"且十主"云云并非夸张。[19]皆面谀以得

亲贵：都是靠着当面阿谀奉承而获得亲近、尊贵。[20]所由起：产生。[21]吾不忍为公所为：我不愿去做你所要做的事。忍，愿意。[22]无污我：不要玷污我。无，勿，不要。[23]若真鄙儒也：你们真是浅陋迂腐的儒生。鄙儒，书呆子。[24]不知时变：不懂得时势的变化。[25]西：西入长安。[26]上左右：皇上身边的近臣。为学者：素有学术修养的人。[27]为绵蕞野外：在野外空旷地建立礼仪演习场。为，建立，制作。绵蕞，古代演习朝会礼仪时，牵引绳索表示演习的处所，称为绵；树立茅草表示尊卑位次，称为蕞（zuì）。[28]习肄：练习。

七年（辛丑，前200年）

冬，十月，长乐宫成[1]，诸侯群臣皆朝贺。先平明[2]，谒者治礼[3]，以次引入殿门[4]，陈东、西乡[5]。卫官侠陛及罗立廷中[6]，皆执兵[7]，张旗帜[8]。于是皇帝传警[9]，辇出房[10]；引诸侯王以下至吏六百石以次奉贺[11]，莫不振恐[12]肃敬。至礼毕[13]，复置法酒[14]。诸侍坐殿上，皆伏，抑首[15]；以尊卑次起上寿[16]。觞九行，谒者言"罢酒[17]"，御史执法举不如仪者，辄引去[18]。竟朝置酒[19]，无敢谨哗失礼者[20]。于是帝曰："吾乃今日知为皇帝之贵也！"乃拜叔孙通为太常[21]，赐金五百斤。

初，秦有天下，悉内[22]六国礼仪，采择其尊君、抑臣[23]者存之。及通制礼[24]，颇有所增损[25]，大抵皆袭秦故，自天子称号下至佐僚[26]及宫室、官名，少所变改。其书[27]，后与律、令同录，藏于理官[28]；法家又复不传，民臣莫有言者焉。

臣光曰：礼之为物大矣[29]！用之于身，则动静有法而百行备焉[30]；用之于家，则内外有别而九族睦焉[31]；用之于乡，则长幼有伦而俗化美焉[32]；用之于国，则君臣有叙而政治成焉[33]；用之于天下，则诸侯顺服而纪纲正焉[34]；岂直几席之上、户庭之间得之而不乱哉[35]！夫以高祖之明达，闻陆贾之言而称善[36]，睹叔孙之仪而叹息；然所以不能肩于三代之王[37]者，病于不学而已。

当是之时，得大儒[38]而佐之，与之以礼为天下[39]，其功烈[40]岂若是而止哉！惜夫[41]，叔孙生之器[42]小也！徒窃礼之糠秕[43]，以依世、谐俗、取宠[44]而已，遂使先王之礼沦没而不振，以迄于今，岂不痛甚矣哉！是以扬子讥之曰[45]："昔者鲁有大臣，史失其名。曰：'何如其大也！'曰：'叔孙通欲制君臣之仪，召先生于鲁，所不能致者二人。'曰：'若是，则仲尼之开迹诸侯[46]也非邪？'曰：'仲尼开迹，将以自用也[47]。如委己而从人[48]，虽有规矩、准绳，焉得而用之[49]！'"善乎扬子之言也！夫大儒者，恶肯[50]毁其规矩、准绳以趋[51]一时之功哉！

（以上为第十段，写叔孙通制定的朝仪完成，在长乐宫首次使用，庄严肃静，汉高帝刘邦非常高兴地说："吾乃今日知为皇帝之贵也！"而司马光予以讥评，认为是使先代所建立的礼制沦没而不能振兴。）

【注释】

[1]长乐宫成：长乐宫建成。长乐宫，萧何改建秦代的兴乐宫而成，西汉主要宫殿之一。旧址在今陕西西安市西北。汉初皇帝在此举行朝会，惠帝后朝会移至未央宫，长乐宫常为太后住所。[2]先平明：天亮之前。平明，天刚亮的时候。 [3]谒者：官名，属郎中令，掌管傧礼、赞礼。治礼：主持典礼。 [4]"以次"句：按次序将所有人员引导进入大殿门。引，引导。 [5]陈东：排列在东边。西乡：面向西。乡，通"向"。 [6]侠陛：指侍卫站立在殿下台阶两旁。侠，通"夹"。陛，台阶。罗立：排列站立。 [7]执兵：手持兵器。兵，兵器。 [8]张旗帜：布列旗帜。[9]传警：皇帝将出，为他传呼警戒。俗称鸣锣开道。 [10]辇出房：指皇帝乘坐辇车出来。辇，古代由人推拉的车子，秦、汉以后特指皇帝、后、妃乘坐的车子。 [11]六百石：中级官员，每月得俸禄七十斛谷。这里是官阶的代称。石（dàn），官俸的计量单位，秦、汉时以为官位的品级。奉贺：祝贺。 [12]振恐：震惊恐惧。 [13]礼毕：朝拜完毕。 [14]法酒：古代朝廷举行大礼时酒宴，进酒有一定的礼数法度。 [15]皆伏，抑首：全体弯腰、低头。依礼法，卑者不得对尊者平坐而视。 [16]上寿：敬酒祝福。 [17]觞九行：敬过九次酒。罢酒：宴会结束。 [18]举不如仪者：所有违反礼仪的。辄引去：就让他离席。 [19]竟朝置酒：整个朝会典礼及酒宴完成。竟朝，整个朝会过程。置酒，酒宴过程。 [20]谨哗：高声说话。谨，通"喧"。失礼者：不合礼节的人。 [21]太常：官名，秦设奉常，掌宗庙礼仪，汉初沿用，景帝时改称"太常"。 [22]内：通"纳"，采用。 [23]尊君、抑臣：尊崇君主，卑抑臣下。 [24]通制礼：叔孙通制定礼仪规则。 [25]颇有所增损：稍微有些增减的修订。颇，略微。 [26]佐僚：副职和辅助性质的官员。[27]其书：指记载叔孙通制礼的文本。 [28]藏于理官：收藏在司法机关。理官，法官，治狱之官。此指司法机关。 [29]礼之为物大矣：礼的功能太大了。物，事，即指礼本身，意译为"功能"。《荀子·礼论》："礼，上事天，下事地，尊先祖而隆君师。"可见礼是大事。 [30]"用之于身"二句：把礼用到人身上，一切动与静就有了规范，所有行为就会完备无缺。百行，一切行为。

[31]"用之于家"二句：把礼用到家事上，内与外就井然有别，九族之间就会和睦融洽。九族，高祖、曾祖、祖、父、本人、子、孙、曾孙、玄孙。[32]俗化美焉：风俗教化就会美好清明。[33]政治成焉：政治成功稳定。[34]纪纲正焉：法制纪律就会整肃严正。[35]"岂直"二句：难道仅仅只是把它用在宴会仪式之上、门户庭院之间维持秩序的吗？岂直，岂特，难道仅仅是。几席，古代凭依的几和坐卧的席，用以指代觥筹交错的宴席。[36]陆贾：楚人，秦汉间著名策士，为高帝谋臣，官拜太中大夫。传见《史记》卷九十七。称善：陆贾著《新语》，总结秦之所以亡、汉之所以兴的原因，高帝听了称善。事详《资治通鉴》卷十二。[37]不能肩于三代之王：不能与夏商周三代圣王并列。按：疑"肩"上脱"比"字。"比肩"为常语，即"并肩"，同等并列。[38]大儒：能治国平天下的学者。[39]为天下：治天下。[40]功烈：功业。[41]惜夫：可惜啊。夫，叹词。[42]叔孙生之器：据章校，他本"之"下有"为"字。前文有"礼之为物大矣"，句式同，疑脱"为"字。器，器度，才略。[43]糠秕：糟粕。[44]依世：曲从于世俗。谐俗：附和庸俗。取宠：博取别人喜爱、称赞。[45]讥之曰：批评说。引文见扬雄《法言·五百》。[46]开迹诸侯：指孔子周游列国以求聘用。[47]将以自用也：是为了要按照自己的理想、意图行事。自用，按自己的意图做事。[48]委己而从人：放弃自己的立场来顺从迁就他人。[49]焉得而用之：又怎能拿来应用呢？此指立场不稳，委己从人，制定的规矩、准绳又有何用。[50]恶肯：不肯。[51]趋：追求。

上自将击韩王信，破其军于铜鞮[1]，斩其将王喜。信亡走匈奴；白土[2]人曼丘臣、王黄等立赵苗裔赵利为王，复收信败散兵，与信及匈奴谋攻汉。匈奴使左、右贤王[3]将万余骑，与王黄等屯广武[4]以南，至晋阳，汉兵击之，匈奴辄败走，已复屯聚[5]，汉兵乘胜追之。会[6]天大寒，雨雪[7]，士卒堕指者什二三[8]。

上居晋阳，闻冒顿居代谷[9]，欲击之。使人觇[10]匈奴，冒顿匿其壮士、肥牛马，但见老弱及羸畜[11]。使者十辈[12]来，皆言匈奴可击。上复使刘敬往使匈奴，未还；汉悉兵[13]三十二万北逐之，逾句注[14]。

刘敬还，报曰："两国相击，此宜夸矜[15]，见所长[16]；今臣往，徒见羸瘠、老弱，此必欲见短[17]，伏奇兵[18]以争利。愚以为匈奴不可击也。"是时，汉兵已业行[19]，上怒，骂刘敬曰："齐虏以口舌得官[20]，今乃妄言沮吾军[21]！"械系[22]敬广武。

帝先至平城[23]，兵未尽到；冒顿纵精兵四十万骑[24]，围帝于白登[25]，七日，汉兵中外不得相救饷[26]。帝用陈平秘计，使使间[27]厚遗阏氏。阏氏谓冒顿曰："两主不相困。今得汉地，而单于终非能居之也。且汉主亦有神灵，单于察之[28]！"冒顿与王黄、赵利期[29]，而黄、利兵不来，疑其与汉有谋，乃解围之一角。会天大雾，汉使人往来，匈奴不觉。陈平请令强弩傅两矢，外乡[30]，从解角直出。帝出围，欲驱；太仆滕公固徐行。至平城，汉大军亦到，胡骑遂解去。汉亦罢兵归，令樊哙止定代地[31]。

上至广武，赦刘敬，曰："吾不用公言，以困平城；吾皆已斩前使十辈矣。"乃封敬二千户为关内侯，号为建信侯。帝南过曲逆[32]，曰："壮哉县[33]！吾行天下，独见洛阳与是耳[34]。"乃更封[35]陈平为曲逆侯，尽食之[36]。平从帝征伐，凡六出奇计[37]，辄益封邑焉[38]。

（以上为第十一段，写韩王韩信叛汉降匈奴，汉高帝兵征韩王韩信而攻打匈奴，被围困在白登山七天七夜，用陈平之计突围脱险。）

【注释】

[1]铜鞮：县名，县治在今山西沁县西南。[2]白土：县名，县治在今陕西神木市西。[3]左、右贤王：左贤王、右贤王，匈奴官号，地位仅次于单于，皆由单于的近支贵族担任。左贤王负责统辖匈奴东部，在今晋冀北面长城北。右贤王负责统辖西部，在今河西地区。[4]屯：驻扎。广武：县名，县治在今山西代县西。[5]"汉兵"三句：汉军进攻，匈奴总是败逃，随后又聚集起来。辄败走，总是败逃。按：匈奴佯败诱汉军深入。[6]会：正赶上。[7]雨雪：下雪。[8]什二三：十分之二三。什，同"十"。[9]代谷：地名，在句注山北，今山西代县西北。[10]觇（chān）：侦察。[11]但见（xiàn）：只显露。老弱及羸畜：老弱之兵及瘦小牲畜。[12]十辈：十批。[13]汉悉兵：汉朝集中了全部兵力。[14]逾：越过。句注：山名，在今山西代县西北。一名雁门山，又名西陉山，古九塞之一。[15]夸矜：炫耀。[16]见所长：展示自己的优势。[17]必欲见短：一定是想要显示自己的不足。[18]奇兵：出乎对方预料而突然袭击的部队。奇，意料之外。[19]已业行：已经出发。[20]"齐虏"句：你这个齐地混蛋，靠耍嘴皮子得官。虏，俘虏，奴隶，此作骂人语。以，凭，靠。口舌，耍嘴皮子。[21]妄言：胡说八道。沮：败坏。[22]械系：戴上镣铐，拘禁起来。[23]平城：县名，县治在今山西大同市东北。[24]纵：全线展开。骑：一人一马为一骑。[25]白登：山名，在今山西大同市。[26]中外不得相救饷：内外无法呼应、救援，断了粮。饷，粮。[27]间：暗中，秘密。[28]察之：仔细考虑我说的话。[29]期：约定时间会师。[30]乡：通"向"。[31]止：留下来。定：平定。[32]曲逆：县名，县治在今河北顺平县东南。[33]壮哉县：好大的县啊。壮，

壮观，大。[34]与是耳：与这个县而已。[35]更封：改封。陈平原封户牖侯，今改封曲逆侯。曲逆，秦时三万户，战乱后仍有五千户。[36]尽食之：把全县都给他作食邑。[37]六出奇计：离间项羽、范增计一，夜出女子突荥阳围计二，蹑汉王足谏立韩信为齐王计三，伪游云梦擒韩信计四，解平城围计五，从击臧荼、陈豨、英布计六。[38]辄益封邑焉：每次妙计后都增加了封邑。辄，每每。

十二月，上还，过赵。赵王敖执子婿礼甚卑[1]，上箕倨[2]慢骂之。赵相贯高、赵午等皆怒，曰："吾王，孱王[3]也！"乃说王曰："天下豪杰并起，能者先立。今王事帝甚恭，而帝无礼；请为王杀之！"张敖啮其指出血[4]，曰："君何言之误！先人亡国，赖帝得复国，德流子孙；秋豪[5]皆帝力也。愿君无复出口[6]！"贯高、赵午等皆相谓曰："乃吾等非也。吾王长者，不倍德[7]；且吾等义不辱[8]。今帝辱我王，故欲杀之，何洿王为[9]！事成归王，事败独身坐[10]耳。"

匈奴攻代。代王喜弃国自归[11]，赦为郃阳侯[12]。辛卯[13]，立皇子如意[14]为代王。

春，二月，上至长安。萧何治[15]未央宫，上见其壮丽，甚怒，谓何曰："天下匈匈[16]，劳苦数岁，成败未可知，是何治宫室过度也！"何曰："天下方未定，故可因以就宫室[17]。且夫天子以四海为家，非壮丽无以重威[18]，且无令后世有以加[19]也。"上说[20]。

臣光曰：王者以仁义为丽[21]，道德为威，未闻其以宫室填服[22]天下也。天下未定，当克己节用以趋民之急[23]；而顾[24]以宫室为先，岂可谓之知所务哉[25]！昔禹卑宫室[26]而桀为倾宫[27]。创业垂统之君[28]，躬行节俭以示子孙，其末流犹入于淫靡[29]，况示之以侈乎！乃云"无令后世有以加"，岂不谬哉！至于孝武[30]，卒以宫室罢敝天下[31]，未必不由酂侯启之也[32]！

上自栎阳徙都长安。

初置宗正官[33]，以序九族[34]。

夏，四月，帝行如洛阳[35]。

（以上为第十二段，写汉高帝回长安途经赵国，因轻视赵王，险遭赵臣贯高等人谋害。萧何主持营建未央宫，十分壮丽，开启奢侈之风。）

【注释】

[1]赵王敖：张耳子张敖。子婿礼：高帝长女鲁元公主为赵王敖后。甚卑：十分谦卑。[2]箕倨：坐而伸两脚，形如簸箕，这是一种傲慢的态度。[3]孱（chán）王：胆小懦弱的王。[4]啮其指出血：自咬其指出血，以表示至诚而为誓，决不背汉。[5]秋豪：言极细微。豪，通“毫”。[6]无复出口：不要再说这样的话。[7]不倍德：不会背弃恩德，不忘德。倍，通“背”。[8]吾等义不辱：我们的原则是决不能接受侮辱。[9]何洿王为：又何必连累我王呢！洿（wū）王，玷污王，陷王于不义，连累王。[10]独身坐：我等甘愿承担弑帝之罪。坐，犯罪。[11]喜：刘邦的二哥，名喜字仲。自归：向高帝自首。[12]赦为郃阳侯：赦免刘喜弃国之罪，改封为郃阳侯。郃阳，县名，县治在今陕西合阳县。[13]辛卯：十二月无辛卯日，疑误。[14]如意：戚夫人之子，后徙为赵王。[15]治：营建。[16]匈匈：纷扰，动乱。[17]因以就宫室：趁着天下未定建好宫室。[18]无以重威：不能显示威武。重威，使威重。即充分显示威严。[19]无令后世有以加：不能让后世的建筑规模有可能超过它。[20]上说：高帝这才高兴起来。说，同“悦”。[21]丽：美。[22]填服：安服。填，通“镇”，安。[23]趋民之急：奔走解救百姓的急难。[24]而顾：反而。[25]岂：难道。所务：急于要完成的事。[26]禹卑宫室：大禹住得很简陋。[27]桀为倾宫：夏桀建造奢华的宫殿。倾宫，高大的宫殿，望之似欲倾坠，故名。[28]创业垂统之君：开创基业把王位传承下去的君王。垂统，把基业传承下去。[29]淫靡：过分享受，恣意浪费。[30]孝武：汉武帝。[31]罢敝天下：使天下困苦穷乏。罢，通“疲”。[32]酂侯：萧何。启之：开其端，带头。[33]宗正：官名，掌管王室亲族的事务。平帝元始四年（公元4年）改名宗伯。[34]序九族：管理皇室宗族。序，管理。[35]帝行如洛阳：高帝巡视到达洛阳。

【点评】

刘邦建国取胜的主观因素。在消灭暴秦、楚汉相争中，刘邦“笑”到了最后，打败了项羽，建立了汉朝。那么，刘邦为什么能够从弱小到强大，剪灭群雄，自立于世？这固然有多方面的因素，但最根本的、最关键的，还在于刘邦本身，这里说一说刘邦取胜的主观因素，主要是有以下五个方面。

第一，刘邦交游广泛，善于结交各类朋友。刘邦本身没有多少文化，是个“玩角儿”，甚至是个“混混”，年少时不务正业，喜欢赌博，也好色，有些玩世不恭。但他广结人缘，情商高，人脉非常广，无论是官府，还是民间，甚至是三教九流，都会成为他的朋友，对他关照有加，甚至死心塌地为他鞍前马后奔走。他后来打天下的骨干团队，几乎都是他的铁杆朋友。一一数来，萧何、周勃、樊哙、夏侯婴、灌婴、曹参、卢绾、雍齿等都是。这无疑为刘邦的事业取得成功打下了雄厚的人才基础。而刘邦的对手项羽则相反，他的个人能力很强，即使兵败垓下，也能显示出他的英雄本色，但他的致命弱点就是眼中只有自己，别人都不放在眼里，结果真正成了孤家寡人。

第二，刘邦具有仁义之心，被称为“长者”“仁者”，深得人心。这恰恰与秦朝的暴虐、项羽的暴行相反。因而，他得到人们的拥护。秦朝刑罚暴酷，人们不得安生，生怕哪一天就遭遇“暴行”；项羽攻城略地，每到一处，不是屠，就是杀，实行“三光”政策，人们深恶痛绝，称之为“屠夫”。而刘邦善于听从谋臣意见，爱抚民众，行仁仗义。当初，楚怀王熊心主政时，做出“先入定关中者王之”的约定，而“西行”的最佳人选，就是刘邦。当时刘邦虽然力量不很强大，但有一颗仁义之心，楚怀王独让刘邦西行，被称为“扶义”入关。刘邦进入咸阳后，秋毫无犯，封秦府库，退回霸上，又与秦地父老“约法三章”，去秦苛暴，秦人欢喜若狂，担羊载酒，唯恐刘邦不为秦王；而项羽到了秦都咸阳，将咸阳宫殿一把火烧光，大火三月不灭，这其实是烧了他自己，使他失去了天下人心。刘邦与项羽的成败，在这个时候就已经见分晓了。

第三，刘邦非常“大度”，善于得人、用人，听从别人意见。刘邦本身的作战能力并不强，手不能挽弓，也没有多少气力，但他悟性高，不管什么事，或许他没有想到，只要别人一点拨，他就豁然开朗，并立即行动，凡事说干就干，并具有很强的行动能力。他起兵后，遇到张良，张良熟读兵书，本来带着一百多人去投奔他人，与刘邦一阵交谈后，就像被摄魂似的，一生就跟定了刘邦，从未反悔；陈平从项羽那儿投诚过来，与刘邦一阵交谈，刘邦就非常相信他，授予他监军之职，遭到老臣的嫉妒，刘邦仍然不改初衷；刘邦称帝后，娄敬戍边回山东路过洛阳晋见刘邦，建议将都城从洛阳迁到关中，刘邦认为有理，在征求张良意见后，不顾众臣反对，随即迁都，等等，这样的事例很多。刘邦的这种用人不疑、从善如流的做法，没有谁能够比得上。

第四，刘邦具有坚韧的毅力，在失败面前不灰心，不丧气，善于化解矛盾，反败为胜。刘邦开始起兵的时候，力量非常弱小，项梁拥有十万人马的时候，他只有区区几千人。项梁在薛城举行“英雄会”，他虽然也参加了，但微不足道，没有他说话的份儿，仅仅是旁听而已。后来，项羽入关时，号称有四十万兵马，而刘邦只有十万人。因项羽入关，战争一触即发，刘邦哪里是项羽的对手？刘邦听到消息，就到项羽的驻地鸿门周旋，才化险为夷。彭城大战后，刘邦被彻底打败，仓皇逃命，也顾不得家人和子女。但是，他的意志没有被摧垮，没有悲伤，没有哭泣，东山再起的意念非常强烈，在逃命半途，在下邑画策，思考打败项羽的策略，派随何到九江去挖项羽的墙角，说黥布归流。接着继续与项羽争强斗胜；在荥阳相持中，刘邦被项羽团团包围，差点丢了性命，他用金蝉脱壳之计，逃出包围圈，又在思考着怎样与项羽相斗。可见，刘邦的抗争意识非常强烈，善于在困苦中成长，在失败中崛起，不达目的，誓不罢休。而项羽则相反，兵败如山倒时，心灰意懒，最后即使有重回江东、东山再起的机会，他也放弃了，而“成全”了刘邦。

第五，刘邦的目标意识非常强烈，为了打败项羽，无所不用其极，没有什么力量能够阻止他为了实现目标而顽强奋斗。刘邦虽然起步晚，起点低，但他朝着目标一步一步前进，不沉沦，不徘徊，直到达到胜利的终点。彭城大战失败后，项羽把刘邦的父亲和妻子捉去，在荥阳相持的关键时刻，项羽要烹杀刘邦的父亲，要挟刘邦投降。要是换了一般人，可能只好乖乖就范，因为眼看着父亲被杀而不救，这是大不孝，将来何以立足？可刘邦不管这些，他说出了一番匪夷所思的话，说他和项羽同时受命反秦，两人就是兄弟，自己的父亲就是项羽的父亲，你杀了你的父亲，也分一杯羹给自己尝尝。这样的话，也只有刘邦才能说得出，结果成功地化解了这一危机。后来，大将军韩信取得河北大捷，灭魏，破赵，降燕，又攻下齐国，势力非常强大，韩信向刘邦请求封自己为代理齐王，以镇齐地。刘邦开始很不以为然，觉得韩信很不仗义。头脑清醒的张良分析当时的严峻形势，认为不能得罪韩信。刘邦恍然大悟，迅速反应过来，说大丈夫要封王，就玩真的，还弄什么假的？就假戏真做，封韩信为齐王，让韩信非常满意，得到了韩信的拥戴。后来，刘邦相约韩信、彭越围攻项羽，而韩信、彭越不能应约，刘邦被项羽打得大败。这时，刘邦又听从张良意见，确定韩信、彭越二人的封地，许诺他们在打败项羽后得到好处，果然他们都前来合力攻打项羽，才把项羽消灭。

卷一二 汉纪四

汉高帝八年至汉惠帝七年（前 199—前 188 年）

【起玄黓摄提格（壬寅，前 199 年），尽昭阳赤奋若（癸丑，前 188 年），凡十二年】

【大事提要】

本卷记事起公元前 199 年，讫公元前 188 年，凡十二年，当汉高帝八年至汉惠帝七年。本卷所载的大事，主要是以下几个方面：其一，陆贾和越。刘邦平定中原后，赵佗已在南越称王，因国家初定，刘邦派陆贾出使南越，游说赵佗归附汉朝。陆贾细数赵佗的中原出身，斥责他忘本而不讲礼仪，指出南越和汉朝实力上的强弱悬殊，晓以情理，迫使赵佗遵从汉朝约束，接受南越王封号，称汉臣。其二，杀戮功臣。吕后性格刚毅，秉性狠毒，趁刘邦在外征战之际，与萧何用计诛杀韩信，韩信冤死于长乐宫钟室；不久，梁王彭越被刘邦废为庶人，削职流放蜀地。彭越途中遇到吕后，诉说无罪，吕后将其带回洛阳，劝说刘邦将其处死，剁成肉酱分赐其他诸侯王。其三，逼反英布。吕后诛杀了淮阴侯韩信，后又诛杀了梁王彭越，赐予肉酱，英布内心恐惧，暗中使人部署，集结军队，以备不测；部将贲赫上书言变，朝廷查验，英布无奈之下起兵造反，出兵攻打荆国、楚国。刘邦带病率军平叛，两军大战，英布战败，被诛杀。其四，刘邦去世。公元前 195 年，刘邦因率军攻打英布，被流矢射中，其后病重不起，于同年去世，享年六十二岁，庙号“太祖”，谥号“高皇帝”。有人诗论：“汉皇千古一英雄，休笑当年马上功。试问后来为帝者，谁人曾出范围中？”刘邦去世后，太子刘盈即位。其五，萧规曹随。汉朝刚刚建立时，人民饱受战乱之苦，迫切需要休养生息，发展经济。相国萧何顺应民意，制定了一系列鼓励人民安居乐业的积极措施。萧何去世，举荐曹参。曹参担任相国，审时度势，继续采取“无为而治”的治国方略，国家无事，留下一段佳话。

太祖高皇帝下

八年（壬寅，前199年）

冬，上东击韩王信余寇于东垣[1]，过柏人[2]。贯高等壁人于厕中[3]，欲以要上[4]。上欲宿[5]，心动[6]，问曰："县名为何？"曰："柏人。"上曰："柏人者，迫于人也[7]。"遂不宿而去。十二月，帝行自东垣至[8]。

春，三月，行如洛阳。

令贾人毋得衣锦、绣、绮、縠、絺、纻、罽，操兵、乘、骑马[9]。

秋，九月，行自洛阳至[10]；淮南王、梁王、赵王、楚王皆从[11]。

匈奴冒顿数苦[12]北边。上患之，问刘敬，刘敬曰："天下初定，士卒罢于兵[13]，未可以武服[14]也。冒顿杀父代立，妻群母[15]，以力为威[16]，未可以仁义说也。独可以计，久远子孙为臣耳[17]；然恐陛下不能为。"上曰："奈何[18]？"对曰："陛下诚能[19]以适长公主妻之[20]，厚奉遗之[21]，彼必慕[22]，以为阏氏，生子，必为太子。陛下以岁时汉所余彼所鲜数问遗[23]，因使辨士风谕[24]以礼节。冒顿在，固为子婿；死，则外孙为单于；岂尝闻外孙敢与大父抗礼[25]者哉！可无战以渐臣也[26]。若陛下不能遣长公主，而令宗室及后宫诈称公主[27]，彼知，不肯贵近[28]，无益也。"帝曰："善！"欲遣长公主。吕后日夜泣曰："妾唯太子、一女，奈何弃之匈奴！"上竟不能遣[29]。

（以上为第一段，写公元前199年史事，写汉高帝刘邦在东垣攻打韩王韩信的余党，回到长安，对匈奴侵扰不已感到非常忧虑，向刘敬询问对策，刘敬提出让嫡长公主和亲，刘邦同意，吕后反对，嫡长公主和亲事作罢。）

【注释】

[1]余寇：叛军残部。东垣：县名，高帝十一年（前196）改名真定。县治在今河北石家庄市东北。[2]柏人：县名，县治在今河北隆尧县西。[3]壁人：把人藏在夹墙中。壁，墙，用作动词。厕：通"侧"，隐蔽的地方。[4]要上：劫杀皇上。[5]欲宿：打算留宿。[6]心动：心惊。动，惊。[7]迫于人也：受迫于人，即被人迫。高帝直觉周围异样，心惊，联想，"柏人者，迫于人也"。[8]至：到达，指回到长安。[9]"令贾人"句：高帝下令，商人不准穿锦、

绣、细绫、绮罗、绉纱、细葛布、苎麻布、毛织品，不准持兵器、乘车、骑马。衣，穿。锦，带花纹的丝织品。绣，细绫。绮，彩色丝织品。縠（hú），绉纱。絺，细葛布。纻，用苎麻织成的布。罽（jì），毡类毛织品。兵，兵器。乘，驾车。［10］至：到达，指回到长安。［11］淮南王：黥布。梁王：彭越。赵王：张敖。楚王：韩信。［12］数（shùo）苦：多次困扰。［13］罢于兵：疲于战争。罢，通“疲”，疲惫。［14］武服：用武力征服。［15］妻群母：占有父亲的群妃为妻子。按：匈奴之俗，妻群母，妻兄嫂弟媳。目的是家族财产不外流，并使人丁兴旺。［16］以力为威：用暴力建立权威。［17］独可以计：只有用高妙的策略。久远子孙为臣：让单于的子孙世世代代为汉家之臣。［18］奈何：怎么做呢？［19］诚能：如果这样做。［20］以适长公主妻之：把嫡女大公主嫁给单于为妻。适，通“嫡”。［21］厚奉遗（wèi）之：多多赠送财礼。［22］彼必慕：那单于一定仰慕汉朝。慕，敬仰，亲爱。［23］以岁时汉所余彼所鲜：每年按时拿汉朝多余的而他们缺少的东西。数问遗：多次馈赠慰问。［24］风谕：用委婉的语言暗示对方明白己意。风，通“讽”。［25］大父：祖父，外祖父。抗礼：平起平坐。［26］可无战以渐臣也：可以不用打仗而使匈奴渐渐臣服。［27］诈称公主：冒称公主。诈，假冒。［28］不肯贵近：就不会尊贵亲近。［29］上竟不能遣：高帝终于没有把鲁元公主远嫁匈奴。按：鲁元公主已为赵王张敖妻，岂可夺乎。

九年（癸卯，前198年）

冬，上取家人子[1]名为长公主，以妻单于；使刘敬往结和亲约[2]。

臣光曰：建信侯谓冒顿残贼[3]，不可以仁义说[4]，而欲与为婚姻[5]，何前后之相违[6]也！夫骨肉之恩[7]，尊卑之叙[8]，唯仁义之人为[9]能知之；奈何欲以此服冒顿哉！盖上世帝王之御[10]夷狄也，服则怀之以德[11]，叛则震之以威[12]，未闻与为婚姻也。且冒顿视其父如禽兽而猎之[13]，奚有于妇翁[14]！建信侯之术，固已疏矣；况鲁元已为赵后[15]，又可夺乎！

刘敬从匈奴来，因言：“匈奴河南白羊、楼烦王[16]，去长安近者七百里，轻骑一日一夜可以至秦中[17]。秦中新破[18]，少民[19]，地肥饶，可益实[20]。夫诸侯初起时[21]，非齐诸田、楚昭、屈、景莫能兴[22]。今陛下虽都关中，实少民，东有六国之强族[23]，一日有变，陛下亦未得高枕而卧也[24]。臣愿陛下徙六国后及豪桀、名家居关中[25]，无事可以备胡，诸侯有变[26]，亦足率以东伐。此强本弱末[27]之术也。”上曰：“善！”十一月，徙齐、楚大族昭氏、屈氏、景氏、怀氏、田氏五族及豪桀于关中，与利田、宅[28]，凡十余万口。

十二月，上行如洛阳。

贯高怨家知其谋[29]，上变[30]告之。于是上逮捕赵王及诸反者。赵午等十余人皆争自刭，贯高独怒骂曰："谁令公为之？今王实无谋，而并捕王。公等皆死，谁白王不反者[31]？"乃槛车胶致[32]，与王诣[33]长安。高对狱[34]曰："独吾属为之[35]，王实不知。"吏治[36]，搒笞[37]数千，刺爇[38]，身无可击者，终不复言。吕后数言[39]："张王以公主故，不宜有此[40]。"上怒曰："使张敖据天下，岂少而女乎[41]！"不听。

廷尉以贯高事辞闻[42]。上曰："壮士！谁知者？以私问之[43]。"中大夫[44]泄公曰："臣之邑子[45]，素知之[46]，此固赵国立义不侵，为然诺者也[47]。"上使泄公持节[48]往问之箯舆[49]前。泄公与相劳苦[50]，如生平欢[51]，因问："张王果有计谋不[52]？"高曰："人情宁不各爱其父母、妻子乎？今吾三族皆以论死，岂爱王过于吾亲哉？顾为[53]王实不反，独吾等为之。"具道本指所以为者[54]、王不知状[55]。于是泄公入，具以报上。

春，正月，上赦赵王敖，废为宣平侯，徙代王如意为赵王。

上贤[56]贯高为人，使泄公具告之曰："张王已出。"因赦贯高。贯高喜曰："吾王审出乎[57]？"泄公曰："然。"泄公曰："上多[58]足下，故赦足下。"贯高曰："所以不死，一身无余[59]者，白张王不反也。今王已出，吾责已塞[60]，死不恨矣。且人臣有篡弑之名，何面目复事上哉！纵上不杀我，我不愧于心乎！"乃仰绝亢[61]，遂死。

荀悦论曰[62]：贯高首为乱谋[63]，杀主之贼[64]；虽能证明其王，小亮不塞大逆[65]，私行不赎[66]公罪。《春秋》之义大居正[67]，罪无赦可也。

臣光曰：高祖骄以失臣，贯高狠以亡君[68]。使贯高谋逆者，高祖之过也；使张敖亡国者，贯高之罪也。

诏："丙寅前有罪，殊死已下[69]，皆赦之。"

二月，行自洛阳至。

初，上诏："赵群臣宾客敢从张王者，皆族。"郎中田叔、客孟舒皆自髡钳[70]为王家奴以从。及张敖既免，上贤田叔、孟舒等。召见，与语，汉廷臣无能出其右者[71]。上尽拜为郡守、诸侯相。

夏，六月，乙未晦[72]，日有食之。

是岁[73]，更以丞相何为相国[74]。

（以上为第二段，写公元前198年汉高帝刘邦采纳刘敬建议，以庶民女为大公主和亲匈奴；移齐、楚大族及六国后十万口实关中。赵王张敖的相国贯高谋反，祸及赵王，被逮而后释放，降为侯爵。）

【注释】

[1]家人子：庶民女子。此指良家女子刚被选入宫廷，尚未取得职号的宫女。 [2]结和亲约：订定和亲的盟约。和亲，指封建王朝利用婚姻关系与各族统治者结亲和好。 [3]建信侯：刘敬。残贼：残忍暴虐。 [4]不可以仁义说：听不进仁义道德的理论。说，讲道理，理论。亦可解为说服，劝说。 [5]与为婚姻：和他建立婚姻关系。 [6]相违：互相矛盾，不一致。 [7]恩：情爱，恩情。 [8]尊卑之叙：长幼尊卑的秩序。叙，秩序，次序。 [9]为：才。 [10]御：控制，驾驭。 [11]怀之以德：用德安抚归化夷狄。 [12]震之以威：用威严来震慑叛乱的夷狄。 [13]猎之：猎杀其父。 [14]妇翁：丈人。 [15]况鲁元已为赵后：何况鲁元公主已为赵王张敖之妻。 [16]河南：指今河套南。白羊、楼烦王：居住在今河套以南地区的两个匈奴王。 [17]秦中：关中。 [18]新破：指秦末战乱，关中残破，尚未恢复。 [19]少民：居民稀少。 [20]益实：移民来充实加强关中。 [21]诸侯初起时：指陈胜起义时，六国旧时王族纷纷响应。 [22]“非齐诸田”句：没有齐国的田氏和楚国的昭、屈、景等大族，大规模的反秦运动不能够发动。诸田，指田儋、田荣、田间、田角等。楚昭、屈、景，楚国本芈姓，昭、屈、景为楚王族的三个分支。 [23]六国之强族：指战国时期东方六国王族的后代。 [24]未得：不能。高枕而卧：把枕头垫得高高地睡大觉。比喻无忧无虑。 [25]“臣愿”句：秦始皇灭六国后，“徙天下豪富于咸阳十二万户”，刘敬的建议乃效法秦始皇移民实关中。愿，希望。 [26]诸侯有变：指汉初所封诸侯王如有异动。主要指高帝所封异姓诸侯王，如楚王韩信、韩王信、梁王彭越、燕王臧荼、淮南王黥布等。 [27]强本弱末：加强中央集权，削弱地方分权。 [28]与利田、宅：给以便利的土地、住宅。 [29]怨家：仇家。谋：谋杀高帝。 [30]上变：向朝廷检举告发谋反的非常事变。上，呈报，揭发。变，专指谋反事变。 [31]谁白王不反者：哪个来洗刷赵王不谋反的事啊。白，表白，证明，洗刷。 [32]槛车：囚车。胶致：密封押送。 [33]诣：到。 [34]对狱：对簿公堂，接受审讯。 [35]独吾属为之：只是我们这帮人干的。 [36]吏治：狱吏惩处贯高。 [37]搒笞：拷打。搒（péng），拷打。 [38]刺爇：古代的一种酷刑。以铁器刺人身体。爇（duō），刺。 [39]数言：多次替赵王说情。 [40]不宜有此：不应有谋反杀害高帝的事。

[41]岂少而女乎：难道还缺少你女儿吗？而，你。［42］廷尉：官名，掌管刑狱，为九卿之一。以贯高事辞闻：把贯高的事及口供上报。［43］以私问之：凭私人交情问他。［44］中大夫：官名，掌谏议，属郎中令。［45］邑子：同乡。［46］素知之：一向和我交好。［47］"此固"二句：这人本来就是赵国一个以义自立、不受侵辱、信守诺言的人。固，原本，本来。立义，为人仗义。［48］节：符节，古代使者所持的凭证。［49］箯舆：竹制躺椅。［50］与相劳苦：向他慰问辛苦。与，向。劳，慰问。［51］如生平欢：如同往常一样欢好。生平，平日，往常。［52］不：同"否"。［53］顾为：然而，只是。［54］具道：原原本本地说出。本指所以为者：当初谋反的原因。本，原本，当初。［55］王不知状：赵王不知道的情况。［56］贤：赞赏，称许。［57］审出乎：果真出狱了吗？［58］多：称赞。［59］一身无余：（被打得）体无完肤。［60］吾责已塞：我的责任尽到了。塞，漏洞被阻塞，喻过错已弥补。［61］绝亢（háng）：割断喉咙。［62］荀悦论曰：引文见《前汉纪》。［63］首为乱谋：是策划叛乱的首犯。［64］贼：作乱叛国危害社会的人。［65］小亮：小信。小事情上的诚信。亮，诚信。塞：掩盖。大逆：封建时代称危害君父、宗庙、宫阙等罪行为"大逆"，为"十恶"之一。［66］赎：抵消。［67］大居正：遵循正道最为重要。［68］狠：凶猛，毒辣。指谋杀高帝。亡君：指赵王张敖失国被废为侯。［69］殊死已下：死罪以下。殊死，斩首的死刑。殊，谓身首异处。已，通"以"。［70］髡钳：古刑罚名。髡（kūn），剃去头发。钳，用铁圈束颈。［71］无能出其右者：才干没有能超过他们的。右，古时以右为尊。［72］乙未晦：六月三十日。"乙未"二字据章校补。［73］是岁：二字据章校补。［74］相国：《汉书·百官公卿表》序文曰："高帝即位置一丞相，十一年更名相国。"而表文曰："丞相何迁为相国。"此乃高帝九年，司马光取表文说，而不取序文说，当从之。

十年（甲辰，前197年）

夏，五月，太上皇崩于栎阳宫[1]。秋，七月，癸卯，葬太上皇于万年[2]。楚王、梁王[3]皆来送葬。赦栎阳囚[4]。

定陶[5]戚姬有宠于上，生赵王如意[6]。上以太子仁弱[7]，谓如意类己[8]；虽封为赵王，常留之长安。上之关东，戚姬常从，日夜啼泣，欲立其子。吕后年长，常留守，益疏[9]。上欲废太子而立赵王，大臣争之[10]，皆莫能得[11]。御史大夫周昌廷争之强[12]，上问其说。昌为人吃[13]，又盛怒，曰："臣口不能言，然臣期期[14]知其不可！陛下欲废太子，臣期期不奉诏！"上欣然而笑。吕后侧耳于东厢[15]听，既罢，见昌，为跪谢，曰："微君[16]，太子几废[17]！"

时赵王年十岁，上忧万岁之后不全也[18]；符玺御史[19]赵尧请为赵王置贵强相[20]，及吕后、太子、群臣素所敬惮者[21]。上曰："谁可者？"尧曰："御史大夫昌，其人也[22]。"上乃以昌相赵，而以尧代昌为御史大夫。

初，上以阳夏侯陈豨[23]为相国，监赵、代边兵；豨过辞[24]淮阴侯。淮阴侯挈其手[25]，辟左右[26]，与之步于庭，仰天叹曰："子可与言乎？"豨曰："唯将军令之[27]！"淮阴侯曰："公之所居[28]，天下精兵处也；而公，陛下之信幸臣[29]也。人言公之畔[30]，陛下必不信；再至[31]，陛下乃疑矣；三至，必怒而自将。吾为公从中起[32]，天下可图也。"陈豨素知其能也，信之，曰："谨奉教[33]！"

豨常慕魏无忌[34]之养士，及为相守边，告归[35]，过赵，宾客随之千余乘，邯郸官舍皆满。赵相周昌求入见上，具言豨宾客甚盛，擅兵于外数岁，恐有变。上令人覆案[36]豨客居代者诸不法事[37]，多连引豨[38]。豨恐，韩王信因使王黄、曼丘臣等说诱之[39]。

太上皇崩，上使人召豨，豨称病不至[40]；九月，遂与王黄等反，自立为代王，劫略赵、代[41]。上自东击之。至邯郸，喜曰："豨不据邯郸而阻漳水[42]，吾知其无能为[43]矣。"

周昌奏："常山[44]二十五城，亡[45]其二十城；请诛守、尉[46]。"上曰："守、尉反乎？"对曰："不[47]。"上曰："是力不足，亡罪[48]。"

上令周昌选赵壮士可令将者，白见四人[49]。上嫚骂[50]曰："竖子能为将乎？"四人惭，皆伏地；上封各千户，以为将。左右谏曰："从入蜀、汉，伐楚，赏未遍行；今封此，何功？"上曰："非汝所知。陈豨反，赵、代地皆豨有。吾以羽檄[51]征天下兵，未有至者，今计唯独邯郸中兵[52]耳。吾何爱[53]四千户，不以慰赵子弟！"皆曰："善！"

又闻豨将皆故贾人，上曰："吾知所以与之[54]矣。"乃多以金购豨将，豨将多降。

（以上为第三段，写公元前197年史事，写刘邦宠幸戚夫人，欲立其子赵王如意为太子，御史大夫周昌强谏而作罢，又担心将来赵王被吕后所害，于是"置贵强相"护佑赵王，以周昌为赵相。监赵、代边兵的相国陈豨谋反，自封为代王，刘邦亲征。）

【注释】

［1］太上皇崩：高帝父死。崩，古代称帝王、皇后之死。栎阳宫：在今陕西西安临潼区东北，高帝初居于此，太上皇也居此。按：据《史记·高祖本纪》《汉书·高帝纪》并云“七月太上皇崩”，此从荀悦《前汉纪》。［2］万年：高帝葬其父于栎阳北原。因置万年县为奉陵之邑，故城在今西安临潼区东北。［3］楚王：高帝弟刘交。梁王：彭越。［4］赦栎阳囚：万年陵在栎阳县，故特赦栎阳囚。［5］定陶：县名，在今山东菏泽市定陶区西北。［6］赵王如意：高帝九年立，高帝死，吕后毒死赵王。［7］太子：刘盈，后立为惠帝。仁弱：仁慈懦弱。［8］类己：像自己。［9］益疏：越来越疏远。［10］争之：规劝，反对。争，通“诤”。［11］皆莫能得：全都没能成功。［12］周昌：沛人，从刘邦起事，封汾阴侯，为人刚强耿直。廷争之强：在朝廷上强硬地争执、规劝。［13］吃：口吃，说话不顺畅。［14］期期：形容口吃时断续重叠的样子。［15］东厢：正厅东边的侧室。［16］微君：没有您，要不是您。［17］几废：险些儿给废掉了。［18］“上忧”句：高帝担忧自己死后赵王难以保全。万岁，帝王“死”的委婉说法。不全，指赵王不能保全自己。［19］符玺御史：御史大夫的属官，掌管皇帝符信、印章。［20］置贵强相：给赵王配置一个尊贵而有能力的国相保护他。［21］素所敬惮者：平时敬畏的人，即威望极高的人。［22］其人也：他就是最合适的人选。［23］陈豨（xī）：宛朐（今山东菏泽市西南）人，佐汉建国，因功封阳夏侯，为代相国。后反叛，兵败被杀。［24］过辞：拜访并辞行。［25］挈其手：握着陈豨的手。［26］辟左右：屏退左右随从。辟，通“避”，屏退。［27］唯将军令之：一切听从将军的吩咐。［28］公之所居：你所管辖的地区。［29］信幸臣：亲信而宠爱的大臣，即心腹臣。［30］畔：通“叛”。［31］再至：说你反叛的话再一次传给高帝。［32］从中起：从京城发兵内应。［33］谨奉教：敬遵指教。［34］魏无忌：战国时魏公子信陵君，招致天下贤士，有食客三千人。［35］告归：休假回家。［36］覆案：查证。［37］诸不法事：种种违法之事。［38］多连引豨：很多不法事都牵连到陈豨。［39］韩王信：战国时韩王后裔，秦末在韩地起兵随从刘邦入关，封韩王，高帝七年叛汉入匈奴。说诱之：劝诱陈豨叛汉。［40］称病不至：假托有病不入朝。［41］劫略赵、代：率军劫掠赵国、代国。［42］豨不据邯郸而阻漳水：陈豨不占据邯郸而去扼守漳水。［43］无能为：无能为力，没有多大作为。［44］常山：常山郡，属赵。［45］亡：丢失。［46］守：郡的行政首长。尉：郡的军事首长。［47］不：同“否”，没有反。［48］亡罪：无罪，没有罪。亡，无。［49］白见四人：报告说有四人进见。［50］嫚骂：随口谩骂。嫚，侮骂。［51］羽檄：插上羽毛表示紧急的公文。如近世的“鸡毛信”。檄，古代用作证召、晓谕、声讨等的文书。［52］独邯郸中兵：只有守卫邯郸城的这些士兵。按：邯郸为赵地，陈豨所有，四人投汉，邯郸兵不为陈豨所有。［53］爱：吝惜。［54］所以与之：如何对付他们的办法。商人贪利，多以金收买，所以下文云“多以金购”。

十一年（乙巳，前196年）

冬，上在邯郸。陈豨将侯敞将万余人游行[1]，王黄将骑[2]千余军曲逆[3]，张春[4]将卒万余人渡河攻聊城[5]。汉将军郭蒙[6]与齐将[7]击，大破之。太尉周勃道太原入定代地[8]，至马邑，不下，攻残之[9]。赵利守东垣[10]，帝攻拔之，更命曰真定。帝购王黄、曼丘臣以千金，其麾下[11]皆生致之[12]。于是陈豨军遂败[13]。

淮阴侯信称病，不从击豨，阴使[14]人至豨所，与通谋[15]。信谋与家臣夜诈诏赦诸官徒、奴[16]，欲发以袭吕后、太子；部署已定，待豨报。其舍人得罪于信，信囚，欲杀之。春，正月，舍人弟上变[17]，告信欲反状于吕后。吕后欲召，恐其傥不就[18]，乃与萧相国谋，诈令人从上所来[19]，言豨已得[20]，死，列侯、群臣皆贺。相国绐信[21]曰："虽疾，强入贺。"信入，吕后使武士缚信，斩之长乐钟室[22]。信方斩，曰："吾悔不用蒯彻之计，乃为儿女子所诈[23]，岂非天哉！"遂夷信三族。

臣光曰：世或以韩信首建大策[24]，与高祖起汉中，定三秦，遂分兵以北，禽魏，取代，仆赵，胁燕，东击齐而有之，南灭楚垓下，汉之所以得天下者，大抵[25]皆信之功也。观其距蒯彻之说[26]，迎高祖于陈[27]，岂有反心哉！良由失职怏怏[28]，遂陷悖逆[29]。夫以卢绾里闬旧恩[30]，犹南面王燕，信乃以列侯奉朝请[31]，岂非高祖亦有负于信哉！臣[32]以为高祖用诈谋禽信于陈，言负则有之；虽然[33]，信亦有以取之[34]也。始，汉与楚相距荥阳，信灭齐，不还报而自王[35]；其后汉追楚至固陵，与信期共攻楚而信不至。当是之时，高祖固有取信之心矣[36]，顾力不能耳。及天下已定，则信复何恃哉！夫乘时以徼利者[37]，市井之志[38]也；酬功而报德者，士君子之心也。信以市井之志利其身，而以君子之心望于人，不亦难哉！是故太史公论之曰[39]："假令韩信学道谦让[40]，不伐己功，不矜其能[41]，则庶几哉[42]！于汉家勋，可以比周、召、太公之徒[43]，后世血食矣[44]！不务出此[45]，而天下已集[46]，乃谋畔逆[47]；夷灭宗族，不亦宜乎！"

将军柴武[48]斩韩王信于参合[49]。

上还洛阳，闻淮阴侯之死，且喜且怜之[50]，问吕后曰："信死亦何言？"吕后曰："信言恨不用蒯彻计。"上曰："是齐辩士蒯彻也。"乃诏齐捕蒯彻。蒯彻至，上曰："若教淮阴侯反乎？"对曰："然，臣固教之。竖子不用臣之策，故令自夷于此[51]；如用臣之计，陛下安得而夷之乎[52]！"上怒曰："烹之[53]！"彻曰："嗟乎！冤哉烹也[54]！"上曰："若教韩信反，何冤？"对曰："秦失其鹿[55]，天下共逐之，高材疾足者先得焉。跖之狗吠尧[56]，尧非不仁，狗固吠非其主。当是时，臣唯独知韩信，非知陛下也。且天下锐精持锋[57]欲为陛下所为者甚众[58]，顾力不能耳，又可尽烹之邪？"上曰："置之[59]。"

（以上为第四段，写汉高帝刘邦攻灭叛将陈豨。吕后萧何用计斩杀淮阴侯韩信于长乐宫钟室，刘邦得知，且喜且怜。蒯彻曾教韩信谋反，高帝赦免其罪。司马光评论，韩信之死，自取之也。）

【注释】

[1]游行：流动作战。[2]骑：骑兵。[3]军曲逆：驻扎军队在曲逆。曲逆，县名，县治在今河北顺平县东南。[4]张春：陈豨部将。[5]聊城：县名，县治在今山东聊城市西北。[6]郭蒙：汉将，曾以都尉为汉守敖仓，后封东武侯。[7]齐将：齐国将领率领的地方部队。齐国，高帝庶长子刘肥的封国。[8]道太原入定代地：取道太原进攻平定了代地。[9]不下，攻残之：久攻不下，攻下后大行杀戮。[10]赵利：陈豨部将。东垣：县名，县治在今河北石家庄市东。[11]麾下：王黄、曼丘臣的部下。[12]生致之：生擒活捉了王黄、曼丘臣。[13]败：覆灭。[14]阴使：暗中、秘密派出使者。[15]通谋：勾结谋划。[16]官徒：古代有罪入官府供使役的人。奴：古代有罪入官府为主人从事无偿劳动的人。[17]舍人：据《史记·高祖功臣侯者年表》，舍人指栾说，他因告密被封为慎阳侯。上变：上书密告谋反之事。[18]傥不就：万一不服从。傥，倘，万一。[19]上所来：从高帝处来，即从前线报喜回来。[20]言豨已得：报告陈豨已被擒获。[21]绐信：欺骗韩信。[22]长乐：长乐宫，本秦之兴乐宫，汉修饰之，周围二十里，故址在西安市西北郊。钟室：宫中悬钟之室。[23]乃为儿女子所诈：竟然上了一个妇人的当。儿女子，女流之辈，一个妇人。有轻蔑之意。诈，被欺诈，上当。[24]或以：有人认为。人策：指韩信建议刘邦"举而东，三秦可传檄而定"。[25]大抵：总的说来。[26]距蒯彻之说：拒绝蒯彻谋反的建议。距，通"拒"。[27]迎高祖于陈：指高帝六年"伪游云梦，会诸侯于陈"，韩信出迎被擒。[28]"良由"句：实在是因为失去诸侯王的地位后怏怏不悦。良，实在是。怏怏，失意不快。[29]悖逆：大逆不道，抗命反叛。[30]里闬旧恩：邻居友好的交情。闬（hàn），里巷的门。按：卢绾与刘邦同乡，其父又与刘邦父友爱，故言。[31]奉朝请：

古代诸侯春季朝见天子叫朝，秋季朝见叫请。因称定期参加朝会为“奉朝请”。［32］臣：我。司马光自称。［33］虽然：虽然如此，话又说回来。［34］有以取之：有被捉拿的客观理由。以，所。［35］自王：指韩信灭齐后，要求“为假王以镇之”。［36］固有取信之心矣：刘邦本来就有诛杀韩信的念头。［37］乘时以徼利者：抓住机会去谋取私利的人。［38］市井之志：市井小人的志向。市井，古代城邑中买卖货物的场所。此指商人，其思想境界只会投机取巧。［39］太史公论之曰：即《史记·淮阴侯列传》篇末的“太史公曰”。［40］学道谦让：懂得君尊臣卑之道，谦虚礼让。［41］不伐己功，不矜其能：不夸耀自己的功劳，不自恃自己的才能。伐、矜，都是“自我夸耀”的意思。［42］则庶几哉：命运就会大不相同。［43］比周、召、太公之徒：可以与周公、召公、太公这些人相比了。周、召、太公，周公姬旦、召公姬奭、太公吕望。之徒，他们这些人，周初开国功臣。［44］后世血食矣：韩信的后代可以世世代代受到祭祀。血食，古代祭祀常用语，言杀牲取血以祭祀。［45］不务出此：不去这样做，即不“学道谦让”。出，于，在。［46］天下已集：天下已经安定之时。集，安定。［47］畔逆：造反。畔，通“叛”。［48］柴武：又名陈武，以军功封棘蒲侯。［49］参合：县名，县治在今山西阳高县东北。［50］喜：欣喜除掉了威胁。怜：惜其才高功大，于心不忍。［51］自夷于此：自取灭亡，落得如此下场。夷，灭绝。［52］“陛下”句：皇上怎么能诛杀他呢？［53］烹之：煮死他。烹，古代用鼎镬煮人的酷刑。［54］冤哉烹也：煮死我实在是冤枉。［55］鹿：与“禄”同音，用来比喻帝位和爵位。［56］跖之狗吠尧：大盗跖养的狗对着圣王尧吠叫。喻各为其主。蒯彻此言隐喻自己忠于主，高祖烹杀他就是灭忠臣。［57］锐精持锋：磨快武器，拿着利剑。锐，使锐利。精，纯金属。锋，锋利的武器。［58］所为者甚众：想要夺取天下的人很多。［59］置之：放掉他。置，赦免。

立子恒[1]为代王，都晋阳[2]。

大赦天下。

上之击陈豨也，征兵于梁；梁王[3]称病，使将将兵诣邯郸。上怒，使人让之[4]。梁王恐，欲自往谢[5]。其将扈辄曰：“王始不往，见让而往，往则为禽矣[6]。不如遂发兵反。”梁王不听。梁太仆得罪，亡走汉，告梁王与扈辄谋反。于是上使使掩梁王[7]，梁王不觉，遂囚之洛阳。有司治[8]：“反形已具[9]，请论如法[10]。”上赦以为庶人，传处蜀青衣[11]。西至郑[12]，逢吕后从长安来。彭王为吕后泣涕，自言无罪，愿处故昌邑[13]。吕后许诺，与俱东。至洛阳，吕后白上曰：“彭王壮士，今徙之蜀，此自遗患[14]；不如遂诛之[15]。妾谨[16]与俱来。”于是吕后乃令其舍人[17]告彭越复谋反。廷尉王恬开[18]奏请族之[19]，上可其奏[20]。

三月，夷越三族。枭越首洛阳[21]，下诏："有收视[22]者，辄捕之[23]。"

梁大夫栾布[24]使于齐，还，奏事越头下[25]，祠而哭之[26]。吏捕以闻[27]。上召布，骂，欲烹之。方提趋汤[28]，布顾曰[29]："愿一言而死。"上曰："何言？"布曰："方上之困于彭城，败荥阳、成皋间，项王所以遂不能西者，徒以彭王居梁地，与汉合从苦楚也[30]。当是之时，王一顾[31]，与楚则汉破，与汉则楚破[32]。且垓下之会[33]，微彭王[34]，项氏不亡。天下已定，彭王剖符受封[35]，亦欲传之万世。今陛下一征兵于梁，彭王病不行。而陛下疑以为反；反形未具[36]，以苛小案诛灭之[37]。臣恐功臣人人自危也。今彭王已死，臣生不如死，请就烹。"于是上乃释布罪，拜为都尉[38]。

丙午[39]，立皇子恢[40]为梁王。丙寅[41]，立皇子友[42]为淮阳王。罢东郡，颇益梁[43]；罢颍川郡，颇益淮阳。

夏，四月，行自洛阳至。

（以上为第五段，写梁王彭越在汉高帝讨伐陈豨时，没有亲自领兵参与而被疑造反，遭高帝突然袭击被捕流放，路遇吕后声言无罪。吕后诳骗彭越到洛阳，对高帝说："彭越壮士，不可放纵，自留后患。"彭越被灭族，枭首示众。彭越大夫栾布奉使返回，奏事彭越头颅下，高帝壮其节，赦免并用为都尉。）

【注释】

[1]恒：即后来的汉文帝刘恒。[2]晋阳：县名，县治在今山西太原市西南。[3]梁王：彭越。[4]让之：斥责梁王。[5]谢：道歉，请罪。[6]为禽矣：被擒拿。禽，通"擒"。[7]掩梁王：突然袭击梁王。掩，隐秘地突然出击。[8]有司治：主管官员判定。治，经审讯后定罪。[9]反形已具：谋反罪证确凿。扈辄劝彭越谋反，而彭越不诛之，是"反形已具"。[10]请论如法：奏请依法惩处。谋反罪当灭族。[11]传处蜀青衣：押送到蜀郡青衣看管。传处，用囚车押送到流放地。蜀，蜀郡。青衣，在今四川雅安市北。[12]郑：县名，县治在陕西渭南市华州区西北。[13]愿处故昌邑：希望回到老家昌邑居住。昌邑，县名，县治在今山东金乡县西北。彭越本昌邑人，故云"故昌邑"。[14]遗患：留后患。[15]遂诛之：就此杀了他。遂，一不做二不休，干脆做了。[16]谨：很注意，很小心。[17]舍人：家臣。[18]廷尉：官名，掌管刑狱，为九卿之一。王恬开：本名王恬启，避景帝刘启讳改。[19]奏请族之：奏请将彭越灭三族。[20]上可其奏：高帝予以批准。可，批准。[21]枭越首洛阳：割下彭越的首级

在洛阳示众。枭首，斩首悬挂示众。［22］收视：收殓照顾。［23］辄捕之：一律逮捕。辄，就，一律。［24］梁大夫栾布：栾布与彭越有旧交。栾布后为燕王臧荼的将领，臧荼反，汉攻燕，俘虏了栾布。梁王彭越为他赎罪，让他任梁国的大夫。大夫，主谏议的官。［25］奏事越头下：在彭越的头颅下奏报。按：栾布受故梁王彭越之命出使齐国，所以他要在彭越的人头下面向彭越奏事，以尽臣职，兼报旧恩。［26］祠而哭之：一边祭祀，一边大哭。祠，祭祀。［27］以闻：上报高帝。［28］方提趋汤：正要把他举起来往开水里扔。［29］顾曰：回头说。［30］"徒以"二句：只是因为彭越守住梁地，与汉联合才使楚国为难。徒以，只是因为。合从，联合。苦，困难。［31］顾：偏向。［32］与：联合。破：溃败。［33］垓下之会：垓下会战。［34］微彭王：没有彭越王。微，没有。［35］彭王剖符受封：彭越接受符节，受封为王。剖符，破符。古代帝王分封诸侯、功臣时，以竹符为信证，剖分为二，君臣各执其一，后因以剖符为分封、授官之称。［36］反形未具：没有构成谋反的事实。［37］以苛小案诛灭之：便以苛求细小过错判罪诛杀彭越。苛小，苛察细小的过错。案，通"按"，判刑。［38］拜：任命，授予官职。都尉：次于将军的武官。［39］丙午：是年三月无丙午。《史记·汉兴以来诸侯王年表》为："二月丙午"，即二月二十日。［40］恢：刘恢，高帝第五子，后徙为赵共王。［41］丙寅：三月十一日。［42］友：刘友，高帝第六子，后徙为赵幽王。［43］罢东郡，颇益梁：废除东郡，较大地扩充梁国。颇益，较大地增加。

五月，诏立秦南海尉赵佗[1]为南粤王，使陆贾即授玺绶[2]，与剖符通使，使和集百越[3]，无为南边患害。

初，秦二世时，南海尉任嚣病且死[4]。召龙川[5]令赵佗，语[6]曰："秦为无道，天下苦之。闻陈胜等作乱，天下未知所安。南海僻远，吾恐盗兵侵地至此，欲兴兵绝新道自备[7]，待诸侯变；会病甚。且番禺负山险，阻南海[8]，东西数千里，颇有中国人相辅；此亦一州之主也，可以立国。郡中长吏，无足与言者，故召公告之。"即被佗书[9]，行南海尉事[10]。嚣死，佗即移檄告横浦、阳山、湟溪关曰[11]："盗兵且至，急绝道，聚兵自守！"因稍以法诛秦所置长吏，以其党为假守[12]。秦已破灭，佗即击并桂林、象郡[13]，自立为南越武王。

陆生至，尉佗魋结、箕倨见陆生[14]。陆生说佗曰："足下中国人，亲戚、昆弟、坟墓在真定。今足下反天性[15]，弃冠带[16]，欲以区区之越与天子抗衡为敌国，祸且及身矣[17]！且夫秦失其政，诸族、豪桀并起，唯汉王先入关，据咸阳。项羽倍约[18]，自立为西楚霸王，诸侯皆属，可谓至强[19]。然汉王起巴、蜀，鞭笞天下[20]，遂诛项羽，灭之。五年之间，海内平定。此非人力，天之所建也[21]。天子闻君王王南越[22]，不助天下诛暴逆[23]，将相欲移兵而诛王[24]。天子怜百姓新劳苦，故且休之，遣臣授君王印，剖符通使。君王宜郊迎，北面称臣；乃欲以新造未集之越[25]，屈强于此[26]！汉诚闻之[27]，掘烧王先人冢，夷灭宗族，使一偏将将十万众临越[28]，则越杀王降汉如反覆手[29]耳！”

于是尉佗乃蹶然起坐[30]，谢陆生曰：“居蛮夷中久，殊失礼义！”因问陆生曰：“我孰与萧何、曹参、韩信贤？”陆生曰：“王似贤也[31]。”复曰：“我孰与皇帝贤？”陆生曰：“皇帝继五帝、三皇之业，统理中国[32]；中国之人以亿计，地方万里，万物殷富；政由一家，自天地剖判未始有也[33]。今王众不过十万，皆蛮夷，崎岖山海间[34]，譬若汉一郡耳，何乃比于汉[35]！”尉佗大笑曰：“吾不起中国[36]，故王此；使我居中国，何遽不若汉[37]！”乃留陆生与饮。

数月，曰：“越中无足与语[38]。至生来[39]，令我日闻所不闻[40]。”赐陆生橐中装直千金[41]，他送亦千金[42]。陆生卒拜尉佗为南越王，令称臣，奉汉约。归报，帝大悦，拜贾为太中大夫[43]。

陆生时时前说称[44]《诗》《书》，帝骂之曰：“乃公居马上而得之[45]，安事《诗》《书》！”陆生曰：“居马上得之，宁可以马上治之乎？且汤、武逆取而以顺守之[46]；文武并用，长久之术也。昔者吴王夫差、智伯、秦始皇，皆以极武[47]而亡。乡使[48]秦已并天下，行仁义，法先圣，陛下安得而有之！”帝有惭色，曰：“试为我著秦所以失天下、吾所以得之者及古成败之国。”陆生乃粗述[49]存亡之征[50]，凡著十二篇。每奏一篇，帝未尝不称善，左右呼万岁；号其书曰“《新语》[51]”。

（以上为第六段，写陆贾出使南越，封立原秦朝南海尉赵佗为南越王，不辱使命；陆贾还时时在刘邦面前称道《诗经》《尚书》，写成《新语》十二篇论秦之所以亡汉之所以得，及古成败之国，奏上，得到刘邦及群臣的称赞。）

【注释】

［1］赵佗：真定人，秦二世时代理南海尉，秦亡，自立为南越武王。传见《史记·南越列传》。［2］“使陆贾”句：派陆贾前往授予印信绶带。玺绶，印信和系印的彩色丝带。［3］和集百越：

团结安抚百越。和，和睦，团结。集，安集，安抚。［4］病且死：病重将死。［5］龙川：县名，县治在今广东龙川县西北。［6］语：告诉，交代后事。［7］绝新道自备：切断新修的道路自卫。新道，指秦朝辟地南越修筑的交通道路。［8］番禺：县名，为南海郡治，即今广州市。负山险，阻南海：指番禺城背靠山，前有大海阻隔，易守难攻。［9］即被佗书：便为赵佗写下委托书。［10］行南海尉事：代理南海尉之职事。［11］移：传递文书。横浦、阳山、湟溪：三关名。横浦关，在广东南雄市北。阳山关，在阳山县西北；湟溪关，在连州市西北。［12］"因稍以法"二句：逐渐利用法律诛杀秦朝所设官员，用他的同党做代理郡守。稍，逐渐的。其党，赵佗的亲信。假守，代理郡守。［13］击并：进攻吞并。桂林：郡名，治所在今广西桂平市西南。象郡：治所一说在象林，在今越南维川县南茶桥；一说在临尘，今广西崇左市境。［14］魋（chuí）结（jié）：即"椎髻"。锥形发髻，越俗。箕倨见陆生：伸开两脚并坐着接见陆贾。此是傲慢无礼之态。［15］反天性：违反天性，忘了祖宗。陆贾斥责赵佗背父母之国，不念故墓、宗族，是反天性。［16］弃冠带：不穿汉俗服装，抛弃汉族礼仪教化。冠带，戴帽子束腰带，是中原华夏民族的礼俗，故中国又称冠带之国。［17］祸且及身矣：大祸就要临头了。［18］项羽倍约：项羽违背"先入定关中者王之"的公约。倍，通"背"。［19］至强：最强。［20］鞭笞天下：横扫天下。鞭笞，鞭打，谓征服、横扫。［21］天之所建也：是上天的建树啊。［22］王（wàng）南越：做南越王。［23］诛暴逆：诛杀暴逆。按：暴逆，指项羽，他是一个凶暴而背信弃义的人。［24］移兵而诛王：调兵诛讨南越王。［25］新造未集之越：新近缔造尚未安定的南越国。新造，新建立。集，安定。［26］屈强于此：对汉朝如此倔强不服从。屈强，倔强，强硬直傲不屈于人。屈，通"倔"。［27］汉诚闻之：汉朝要是知道了。诚，如果。［28］偏将：副将。临越：逼近南越。［29］如反覆手：易如反掌。［30］蹶然起坐：突然收腿正坐。按：赵佗由"箕倨"换成两膝着地而坐的正常姿势，对汉使陆贾肃然起敬。［31］王似贤也：大王似乎要高明些。贤，能，高明。［32］统理中国：统一治理中原。中国，指中原地区。［33］自天地剖判未始有也：是开天辟地以来未曾有过的大事。天地剖判，开天辟地。剖，开。判，分。［34］"皆蛮夷"二句：全都是蛮夷，又散布在崎岖的崇山大海之间。崎岖，山路高低不平。喻处境困厄。［35］何乃比于汉：怎么能与汉朝相比。［36］吾不起中国：我没有在中国兴起。起，兴起，发迹。［37］何遽不若汉：怎么就见得不如汉朝。何遽，怎么就，哪能。［38］越中无足与语：越地没有人能和我谈话。［39］至生来：直到先生到来。［40］不闻：未闻。不，未。［41］橐中装：囊中所装之物。指珠宝财物。直千金：价值一千两黄金。直，通"值"。［42］他送亦千金：别的赠品也值一千两黄金。［43］太中大夫：在皇帝左右掌言论的官，郎中令属官。［44］说称：引用。［45］乃公居马上而得之：你老子在马上取得天下。［46］逆取：用武力夺取。顺守：以仁义之道治国。［47］极武：穷兵黩武。［48］乡使：假使。乡，通"向"。［49］粗述：大略地论述。［50］存亡之征：国家存亡的征兆。征，征兆，苗头。［51］《新语》：今本分两卷，共十二篇。

帝有疾，恶[1]见人，卧禁中[2]，诏户者无得入群臣[3]，群臣绛、灌[4]等莫敢入，十余日。舞阳侯樊哙排闼直入[5]，大臣随之。上独枕一宦者卧[6]。哙等见上，流涕曰："始陛下与臣等起丰、沛[7]，定天下，何其壮也[8]！今天下已定，又何惫也[9]！且陛下病甚，大臣震恐；不见臣等计事，顾独与一宦者绝[10]乎？且陛下独不见赵高之事[11]乎？"帝笑而起。

秋，七月，淮南王布反。

初，淮阴侯死，布已心恐。及彭越诛，醢[12]其肉以赐诸侯。使者至淮南，淮南王方猎，见醢，因大恐，阴令人部聚兵[13]，候伺[14]旁郡警急[15]。布所幸姬[16]，病就医，医家与中大夫贲赫对门，赫乃厚馈遗，从姬饮医家；王疑其与乱[17]，欲捕赫。赫乘传诣长安上变[18]，言："布谋反有端[19]，可先未发诛[20]也。"上读其书，语萧相国，相国曰："布不宜有此，恐仇怨妄诬之。请系赫，使人微验[21]淮南王。"淮南王见赫以罪亡上变，固已疑其言国阴事；汉使又来，颇有所验；遂族赫家[22]，发兵反。反书闻[23]，上乃赦贲赫，以为将军。

上召诸将问计，皆曰："发兵击之，坑竖子耳[24]，何能为乎[25]！"汝阴侯滕公召故楚令尹[26]薛公问之。令尹曰："是固当反。"滕公曰："上裂地而封之，疏爵[27]而王之；其反何也？"令尹曰："往年杀彭越，前年杀韩信[28]；此三人者，同功一体之人[29]也，自疑祸及身，故反耳。"滕公言之上，上乃召见，问薛公，薛公对曰："布反不足怪也。使布出于上计[30]，山东非汉之有也；出于中计，胜败之数未可知也；出于下计，陛下安枕而卧矣。"

上曰："何谓上计？"对曰："东取吴[31]，西取楚[32]，并齐[33]，取鲁[34]，传檄燕、赵[35]，固守其所，山东非汉之有也[36]。""何谓中计？""东取吴，西取楚，并韩，取魏[37]，据敖仓之粟[38]，塞成皋之口[39]，胜败之数[40]未可知也。""何谓下计？""东取吴，西取下蔡[41]，归重于越[42]，身归长沙[43]，陛下安枕而卧[44]，汉无事矣。"上曰："是计将安出[45]？"对曰："出下计。"上曰："何为废上、中计而出下计？"对曰："布，故丽山之徒[46]也，自致万乘之主，此皆为身，不顾后、为百姓万世虑者也。故曰出下计。”上曰：“善！”封薛公千户。乃立皇子长为淮南王[47]。

是时，上有疾，欲使太子往击黥布。太子客东园公、绮里季、夏黄公、角里先生[48]说建成侯吕释之[49]曰：“太子将兵，有功则位不益[50]，无功则从此受祸矣。君何不急请吕后，承间[51]为上泣言：‘黥布，天下猛将也，善用兵。今诸将皆陛下故等夷[52]，乃令太子将此属，无异使羊将狼，莫肯为用；且使布闻之，则鼓行而西[53]耳！上虽病，强载辎车[54]，卧而护之[55]，诸将不敢不尽力。上虽苦，为妻子自强[56]！’”于是吕释之立夜[57]见吕后。吕后承间为上泣涕而言，如四人意[58]。上曰：“吾惟竖子固不足遣[59]，而公自行耳[60]。”

于是上自将兵而东[61]，群臣居守[62]，皆送至霸上。留侯病，自强起，至曲邮[63]，见上曰：“臣宜从，病甚。楚人剽疾[64]，愿上无与争锋[65]！”因说上令太子为将军，监关中兵。上曰：“子房虽病，强卧而傅[66]太子。”是时，叔孙通为太傅[67]，留侯行少傅事[68]。发上郡、北地、陇西车骑[69]、巴蜀材官[70]及中尉[71]卒三万人为皇太子卫，军[72]霸上。

布之初反，谓其将曰：“上老矣，厌兵[73]，必不能来。使诸将，诸将独患[74]淮阴、彭越，今皆已死，余不足畏也。”故遂反。果如薛公之言，东击荆[75]。荆王贾走死富陵[76]；尽劫其兵，渡淮击楚。楚发兵与战徐、僮间，为三军，欲以相救为奇[77]。或说楚将曰：“布善用兵，民素畏之。且兵法[78]：‘诸侯自战其地为散地[79]’，今别为三[80]，彼败吾一军，余皆走[81]，安能相救！”不听。布果破其一军，其二军散走；布遂引兵而西。

（以上为第七段，写淮阴侯韩信、梁王彭越相继被杀，淮南王英布非常恐惧而被逼反。英布攻打楚王刘交，刘交兵分三路，布破其一军，另两路作鸟兽散。）

【注释】

[1]恶（wù）：不愿。 [2]禁中：宫中。 [3]诏户者：下令门卫。无得入群臣：不准放群臣入宫。 [4]绛：绛侯周勃。灌：灌婴。 [5]排闼直入：闯开宫门直冲而入。排，推开，闯开。闼（tà），宫中小门。 [6]独枕一宦者卧：独自头枕一个宦官在睡觉。 [7]起丰、沛：从沛

县丰邑起兵。［8］何其壮也：多么豪壮啊！［9］何惫也：多么疲惫不堪。［10］绝：一同死。［11］赵高之事：指赵高于秦始皇死后，与丞相李斯伪造遗诏，逼死太子扶苏，立胡亥为二世皇帝，倒行逆施，加速了秦朝的灭亡。最后赵高又谋杀二世，被秦王子婴所杀。［12］醢：古代酷刑之一，把人剁成肉酱。［13］阴令人部聚兵：暗中派人部署结集军队。［14］候伺：刺探，侦察。［15］旁郡警急：邻郡的紧急情报。警，危险紧急的情况或消息。［16］幸姬：爱妾。［17］乱：私通。［18］传（zhuàn）：驿站的车马。上变：上书报告黥布谋反。［19］有端：有头绪，有迹象。［20］先未发诛：赶在英布造反以前杀掉他。［21］微验：暗中调查。［22］族赫家：杀了贲赫的全家。［23］反书闻：高帝接到了英布反叛的报告。［24］坑竖子耳：活埋这小子。竖子，这小子，这家伙。骂人语。［25］何能为乎：他有什么能耐。［26］滕公：即夏侯婴。故楚令尹：指先前楚国的令尹，即国相。［27］疏爵：分封爵位。疏，分。［28］往年、前年：韩信、彭越都是在高帝十一年春被杀，同年七月黥布反。此言“往年”“前年”，变化行文，避免重复呆板。［29］同功一体之人：他们三人功劳相同，是一类功高震主的人。一体，一类。［30］上计：上策。［31］吴：荆王刘贾都吴。［32］楚：楚王刘交都徐州下邳。［33］齐：齐悼惠王刘肥都临淄。［34］鲁：指春秋战国时期鲁国旧地，当时已归入楚。［35］燕：燕王卢绾的封国。赵：赵隐王如意的封国，都邯郸。［36］山东非汉之有也：黥布用上计，那么崤山以东就不再是汉朝所有了。按：黥布夺取吴、楚，靠海则无后顾之忧，就可全力向西与汉抗衡，故谓“上计”。［37］并韩，取魏：韩，为淮阳王刘友的封地。魏，为梁王刘恢的封地。［38］据敖仓之粟：占有敖仓的储粮。敖仓，秦时在荥阳西北敖山上建造的大粮仓。［39］塞成皋之口：封锁成皋的要道。成皋，今河南荥阳市，自古为兵家必争之地。［40］胜败之数：成败的命运。数，命运。［41］下蔡：县名，县治在今安徽凤台县。［42］归重于越：把辎重送到越地。重，辎重。一说“借重”，从别人那里得到支援，两说皆通。［43］身归长沙：自己栖身长沙。这时长沙王为吴芮的儿子吴臣。按：黥布向南越、长沙边隅方向托身，是苟延残喘的行为，无进取之志，故为“下计”。［44］安枕而卧：高枕无忧。［45］是计将安出：黥布会使用哪一种计策呢？是，此，指黥布。［46］故丽山之徒：黥布在秦末获罪被送往骊山服劳役。徒，服劳役的犯人，没有见识，不懂大局，只能出下计。“丽”通“骊”。［47］立皇子长为淮南王：长，刘长，刘邦的第七子，封淮南王。文帝六年谋反，废为平民，流放蜀地，途中绝食而死。传见《史记》卷一百一十八、《汉书》卷四十四。［48］太子客：太子刘盈的宾客有商山四皓东园公、绮里季、夏黄公、角里先生。东园公：姓唐，字宣明，居园中，因以为号。绮里季：或曰居绮里，季为其字；或曰姓乐名晖。夏黄公：姓崔，名广，字少通，齐人，隐夏里修道，故号夏黄公。角里先生：河内轵人，姓周，名术，字元道，京师号曰霸上先生，一作角（lú）里先生。此四人须眉皆白，秦末避乱，隐于商山，故名“商山四皓”。［49］吕释之：吕后兄，太子刘盈的舅舅，高帝六年封建成侯。［50］不益：不增加，指不会超过太子。［51］承间：找机会。［52］故等夷：从前是平辈的人。刘邦旧将与刘邦平起平坐，太子的宾客顾虑他们会不服太子统领。夷，平。［53］鼓行而西：大张旗鼓地杀向长安。

西，向西。［54］强载辎车：勉强乘坐卧车。辎车，有帷盖可坐卧载物的车。［55］卧而护之：躺着指挥。护之，监护、指挥诸将。［56］为妻子自强：为了妻子儿女自己也要振作起来。自强，自己强打精神。［57］立夜：当夜。［58］如四人意：照四皓的意思说了。如，按照。［59］固不足遣：本来不能派他这个差事。［60］而公自行耳：你老子只好亲自走一趟了。［61］东：向东进发。［62］居守：留守。［63］曲邮：地名，在今陕西西安市临潼区东。［64］楚人：指黥布军。剽疾：强悍敏捷。［65］争锋：争一时之胜。［66］傅：辅佐。［67］太傅：辅导太子的官，不领官属。［68］行：兼任。少傅：辅导太子的官，领东宫官属。［69］车骑：战车战马。［70］材官：武卒或供差遣的低级武职。［71］中尉：官名，武职，掌管京师治安。［72］军：驻扎。［73］厌兵：讨厌战争。［74］独患：只害怕。［75］荆：刘邦堂兄荆王刘贾的封国，即上文“东取吴”的“吴”。［76］走死富陵：败逃死于富陵。富陵，县名，县治在今江苏盱眙县东北。［77］“为三军”二句：楚军分为三部分，想以此互相救援出奇制胜。［78］兵法：引语见《孙子·九地》：“诸侯自战其地者，为‘散地’。”［79］自战其地：在本国作战的地区。散地：战事发生在诸侯本土，战士眷恋家室，容易逃亡、溃散。［80］别为三：分军为三。别，分。［81］走：逃散。

十二年（丙午，前195年）

冬，十月，上与布兵遇于蕲西[1]，布兵精甚。上壁庸城[2]，望布军置陈[3]如项籍军，上恶之。与布相望见，遥谓布曰：“何苦而反？”布曰：“欲为帝耳！”上怒骂之，遂大战。布军败走，渡淮，数止战，不利，与百余人走江南[4]，上令别将[5]追之。

上还，过沛，留，置酒沛宫[6]，悉召故人、父老、诸母、子弟佐酒[7]，道旧故为笑乐。酒酣，上自为歌，起舞，慷慨伤怀，泣数行下，谓沛父兄曰：“游子悲故乡[8]。朕自沛公以诛暴逆，遂有天下；其以沛为朕汤沐邑[9]，复其民[10]，世世无有所与[11]。”乐饮十余日，乃去[12]。

汉别将击英布军洮水南、北[13]，皆大破之。布故与番君婚[14]，以故长沙成王臣[15]使人诱布，伪欲与亡走越[16]，布信而随之。番阳人杀布兹乡民田舍[17]。

周勃悉定代郡、雁门、云中地，斩陈豨于当城[18]。

上以荆王贾无后[19]，更以荆为吴国。辛丑[20]，立兄仲之子濞为吴王[21]，王三郡、五十三城。

十一月，上过鲁，以太牢祠孔子[22]。

上从破黥布归，疾益甚，愈欲易太子。张良谏不听，因疾不视事。叔孙通谏曰："昔者晋献公以骊姬之故，废太子，立奚齐，晋国乱者数十年[23]，为天下笑。秦以不蚤[24]定扶苏，令赵高得以诈立胡亥，自使灭祀[25]，此陛下所亲见。今太子仁孝，天下皆闻之。吕后与陛下攻苦食啖[26]，其可背哉[27]！陛下必欲废嫡而立少[28]，臣愿先伏诛[29]，以颈血污地！"帝曰："公罢矣，吾直戏耳[30]！"叔孙通曰："太子，天下本，本一摇，天下振动；奈何以天下为戏乎！"时大臣固争[31]者多；上知群臣心皆不附赵王，乃止不立。

（以上为第八段，写汉高帝带病出征黥布，得胜回故乡与父老纵酒，回到长安急欲更换太子，因群臣反对而作罢。）

【注释】

[1]遇于蕲西：两军在蕲县西交战。蕲（qí），县名，县治在安徽宿州市南。 [2]上壁庸城：高帝在庸城筑垒坚守不出城。壁，垒。此作"坚守不出战"解。庸城，地名，在蕲西。 [3]置陈：布阵。陈，通"阵"。 [4]走江南：逃到长江南岸。 [5]别将：另派一将。 [6]沛宫：高祖在故地沛县所建行宫，在今徐州沛县东南。 [7]佐酒：陪同饮宴。 [8]悲故乡：眷恋故乡。悲，思念，眷恋。 [9]汤沐邑：周制，诸侯朝见天子，天子赐王畿以内封邑，供诸侯住宿和斋戒沐浴，此即"汤沐邑"。后来，皇帝、皇后、公主等收取赋税的私邑也称汤沐邑。此指后者。 [10]复其民：免除人民的赋税劳役。 [11]世世无有所与：世世代代不用缴纳赋税。与，给予，指缴纳赋税。 [12]乃去：才离去。 [13]洮水南、北：夹洮水南北两岸。洮水，有多种说法，从黥布由宿县败走江南，死于番阳的路线来看，洮水当是泚水，今之淠水，源于大别山，经霍山、六安入淮。 [14]布故与番君婚：黥布曾与番阳县令吴芮结有婚姻之好。吴芮，秦番阳县令，佐项羽反秦，汉初为长沙王。 [15]成王臣：吴芮子吴臣。 [16]亡走越：逃奔南越。 [17]兹乡：番阳县乡名。田舍：农舍。 [18]当城：邑名，在今河北蔚县东。 [19]荆王贾：高祖六年封其从兄刘贾为荆王。十一年刘贾为黥布所杀，无后。 [20]辛丑：十二月二十五日。 [21]吴王：刘濞，封吴王，景帝三年反汉国除。传见《史记》卷一百六。 [22]以太牢祠孔子：用太牢祭祀孔子。古时祭祀或宴会，牛、羊、猪三牲齐全称太牢。 [23]晋国乱者数十年：春秋时晋献公姬诡诸有子九人，申生为太子，其母已死。献公宠姬骊姬生子奚齐，欲立为太子，于是骊姬迫使太子申生自杀，放逐诸子重耳（晋文公）、夷吾（晋惠公）等。献公死后，诸公子争位，晋国长期混乱，杀戮时起，直到晋文公回国继位，晋国才得以安定。 [24]蚤：通"早"。 [25]灭祀：断绝宗庙祭祀。

指秦朝灭亡。[26]攻苦食啖：过艰苦的生活。攻苦，刻苦，做艰苦的工作。食啖，吃粗劣的饮食。啖，通“淡”。[27]其可背哉：怎可背弃。其，怎么，难道。[28]嫡：指太子。少：指赵王如意。[29]伏诛：受死刑。[30]“公罢矣”二句：您不要这样，我只是开玩笑罢了。公，您。直，只是。[31]固争：坚定地直言规劝。争，通“诤”，直言。

相国何以长安地狭[1]，上林中多空地[2]，弃[3]；愿令民得入田[4]，毋收稿，为禽兽食[5]。上大怒曰：“相国多受贾人财物，乃为请吾苑！”下相国廷尉，械系之[6]。数日，王卫尉侍，前问曰：“相国何大罪，陛下系之暴[7]也？”上曰：“吾闻李斯相秦皇帝，有善归主，有恶自与[8]。今相国多受贾竖金，而为之请吾苑自媚于民[9]，故系治之。”王卫尉曰：“夫职事[10]苟有便于民而请之[11]，真宰相事；陛下奈何乃疑相国受贾人钱乎？且陛下距楚数岁，陈豨、黥布反，陛下自将而往；当是时，相国守关中，关中摇足[12]，则关以西非陛下有也！相国不以此时为利[13]，今乃利贾人之金乎？且秦以不闻其过亡天下[14]；李斯之分过[15]，又何足法哉[16]！陛下何疑宰相之浅也[17]！”帝不怿[18]。

是日，使使持节赦出相国。相国年老，素恭谨，入，徒跣谢[19]。帝曰：“相国休矣[20]！相国为民请苑，吾不许，我不过为桀、纣主，而相国为贤相。吾故系相国，欲令百姓闻吾过也[21]。”

陈豨之反也，燕王绾发兵击其东北[22]。当是时，陈豨使王黄求救匈奴；燕王绾亦使其臣张胜于匈奴，言豨等军破。张胜至胡，故燕王藏荼子衍出亡在胡，见张胜曰：“公所以重于燕者，以习胡事也；燕所以久存者，以诸侯数反，兵连不决[23]也。今公为燕，欲急灭豨等；豨等已尽，次亦至燕，公等亦且为虏矣[24]。公何不令燕且缓陈豨[25]，而与胡和！事宽[26]，得长王燕[27]；即有汉急[28]，可以安国[29]。”张胜以为然，乃私令匈奴助豨等击燕。燕王绾疑张胜与胡反，上书请族张胜。胜还，具道所以为者；燕王乃诈论他人[30]，脱胜家属[31]，使得为匈奴间[32]。而阴[33]使范齐之陈豨所，欲令久亡[34]，连兵勿决[35]。

汉击黥布，豨常将兵居代；汉击斩豨，其裨将降[36]，言燕王绾使范齐通计谋于豨所。帝使使召卢绾，绾称病；上又使辟阳侯审食其、御史大夫赵尧往迎燕王[37]，因验问左右[38]。绾愈恐，闭匿[39]，谓其幸臣[40]曰："非刘氏而王，独我与长沙耳。往年春，汉族淮阴，夏，诛彭越，皆吕氏计。令上病，属任吕后[41]；吕后妇人，专欲以事诛异姓王者及大功臣。"乃遂称病不行，其左右皆亡匿。语颇泄[42]，辟阳侯闻之，归，具报上，上益怒。又得匈奴降者，言张胜亡在匈奴为燕使。于是上曰："卢绾果反矣！"

春，二月，使樊哙以相国将兵击绾，立皇子建为燕王[43]。

诏曰："南武侯织[44]，亦粤之世也，立以为南海王。"

（以上为第九段，写汉高帝怀疑相国萧何收买人心，下狱治罪，而后释放；燕王卢绾心怀二心，刘邦派樊哙以相国名义出征。）

【注释】

[1]狭：狭窄。[2]上林中多空地：皇家上林苑中有很多空地。上林，秦所置苑名，在咸阳南，专供皇帝行猎用。汉初荒废，高帝十二年许民入苑开垦。[3]弃：荒废。[4]令民得入田：让民众进入苑内耕种。田，开垦种植。[5]"毋收稿"二句：留下禾秆不割，作为苑中鸟兽的饲料。稿：禾秆、麦秸。[6]械系之：带上刑具拘禁起来治罪。[7]系之暴：囚禁他如此严厉。[8]有恶自与：有过失自己承担。恶，过失。自与，留给自己。[9]自媚于民：自己讨好民众。[10]职事：职责之事，分内之事。[11]苟有便于民而请之：如果有利于百姓的事向皇上请求、建议。[12]摇足：稍有举动。[13]"相国"句：萧相国不在那时为自己谋利。为利，贪利，谋利。[14]不闻其过亡天下：听不到自己的过错丢了天下。[15]分过：分担过错。[16]何足法哉：有什么值得效法呢！[17]陛下何疑宰相之浅也：皇上为什么如此轻易地怀疑相国呢！浅，薄，轻易。[18]不怿：不愉快。[19]入，徒跣谢：萧何进宫，光着脚向高帝请罪谢恩。徒跣，赤脚。一种谢罪的表示。[20]相国休矣：相国不要这样，事情已经过了。休矣，算了，事已过去。[21]闻吾过也：知道我的过失。[22]击其东北：陈豨反于代，代在燕之西南，故绾击其东北。[23]兵连不决：连年战争胜负未定。[24]且为虏矣：将要成为俘虏。且，将要。[25]且缓陈豨：暂且放过陈豨。[26]宽：情况缓和，留有余地。[27]得长王燕：便可长久地在燕称王。王（wàng），称王。[28]即有汉急：如果汉朝征讨得急。急，急变，指征讨紧急。[29]安国：凭着匈奴的外援保全燕王。[30]乃诈论他人：于是假判另外的人。论，判罪。[31]脱胜家属：开脱了张胜家属。[32]间：间谍。[33]阴：秘密。[34]久亡：长期流亡匈奴。[35]连兵勿决：持续抗汉，不作决战。[36]裨将降：副将投降汉朝。[37]迎燕王：迎请燕王卢绾入朝。[38]验问左右：查验盘问燕王身边的人。[39]闭匿：藏身在秘密处。[40]幸臣：宠信之臣。[41]属任吕后：大权委托吕后。属（zhǔ），通"嘱"，委托。[42]语颇

泄：燕王数落吕后的话有所泄漏。［43］皇子建为燕王：刘建，高帝第八子。［44］织：南海王之名。

上击布时，为流矢所中，行道，疾甚[1]。吕后迎良医[2]。医入见，曰："疾可治[3]。"上嫚骂[4]之曰："吾以布衣提三尺[5]取天下，此非天命乎！命乃在天，虽扁鹊何益[6]！"遂不使治疾，赐黄金五十斤，罢之。

吕后问曰："陛下百岁后，萧相国既死，谁令代之？"上曰："曹参可。"问其次，曰："王陵可，然少戆[7]，陈平可以助之。陈平知有余[8]，然难独任。周勃重厚少文[9]，然安刘氏者必勃也，可令为太尉。"吕后复问其次，上曰："此后亦非乃所知也[10]。"

夏，四月，甲辰[11]，帝崩于长乐宫。丁未[12]，发丧，大赦天下。

卢绾与数千人居塞下候伺[13]，幸[14]上疾愈，自入谢。闻帝崩，遂亡入匈奴。

五月，丙寅[15]，葬高帝于长陵[16]。

初，高祖不修文学，而性明达[17]，好谋，能听，自监门、戍卒[18]，见之如旧。初顺民心作三章之约。天下既定，命萧何次律、令[19]，韩信申军法[20]，张苍定章程[21]，叔孙通制礼仪[22]；又与功臣剖符作誓[23]，丹书、铁契[24]，金匮、石室，藏之宗庙[25]。虽日不暇给[26]，规摹弘远[27]矣。

己巳[28]，太子即皇帝位，尊皇后曰皇太后。

初，高帝病甚，人有恶[29]樊哙，云："党于吕氏，即一日上晏驾[30]，欲以兵诛赵王如意之属。"帝大怒，用陈平谋，召绛侯周勃受诏床下[31]，曰："陈平亟驰传[32]载勃代哙将；平至军中，即斩哙头！"二人既受诏，驰传，未至军，行计[33]之曰："樊哙，帝之故人也，功多，且又吕后弟吕媭之夫[34]，有亲且贵。帝以忿怒故欲斩之，则恐后悔；宁囚而致上[35]，自诛之[36]。"未至军，为坛[37]，以节[38]召樊哙。哙受诏，即反接[39]，载槛车传诣长安[40]；而令绛侯勃代将，将兵定燕反县[41]。

平行[42]，闻帝崩，畏吕媭谗之于太后，乃驰传先去[43]。逢使者，诏平与灌婴屯[44]荥阳。平受诏，立复驰至宫[45]，哭殊悲；因固请得宿卫中[46]。太后乃以为郎中令[47]，使傅教惠帝。是后吕媭谗乃不得行。樊哙至，则赦，复爵邑。

太后令永巷[48]囚戚夫人，髡钳，衣赭衣，令舂[49]。遣使召赵王如意。使者三反[50]，赵相周昌谓使者曰："高帝属臣赵王，王年少，窃闻太后怨戚夫人，欲召赵王并诛之，臣不敢遣王。王且亦病，不能奉诏。"太后怒，先使人召昌。昌至长安，乃使人复召赵王。王来，未到；帝知太后怒，自迎赵王霸上，与入宫，自挟与起居饮食[51]。太后欲杀之，不得间[52]。

（以上为第十段，写刘邦去世，嘱托后事；太子刘盈继位；刘邦生前要杀掉樊哙，陈平随机应变，既保住了樊哙，也保住了自己；吕太后嫉妒戚夫人，将其关入永巷，又欲召杀赵王如意。）

【注释】

[1]行道，疾甚：行军途中，病势沉重。[2]迎良医：请来好医生。[3]疾可治：不治之症的委婉说法。[4]嫚骂：辱骂。嫚，辱骂。[5]三尺：指宝剑。[6]虽扁鹊何益：即使扁鹊复生也没有用。扁鹊，传说黄帝时名医，后人即以"扁鹊"称良医。[7]少戆：稍嫌憨直认死理。戆（gàng），迂愚而刚直。[8]知有余：智谋有余。知，通"智"。[9]重厚少文：稳重厚道，但缺少文才。[10]"此后"句：这以后的事就不是你能操心的了。此后，指以后之事。乃，你。[11]甲辰：四月二十五日。[12]丁未：四月二十八日。[13]候伺：等待观望。[14]幸：希望。[15]丙寅：五月十七日。[16]长陵：在今咸阳市渭城区毛庞村西。[17]性明达：秉性聪明通达，对事理有透彻的认识。[18]监门：守门小吏。戍卒：守边防的士卒。[19]次律、令：编纂法令。[20]申军法：申明军法。[21]定章程：制定历法及度量衡标准。章程，标准。[22]制礼仪：制定礼节仪式。[23]剖符作誓：剖分符节，立下誓言。按：《史记·高祖功臣侯者年表》载"封爵之誓曰：'使河如带，泰山如厉（砺）。国以永宁，爰及苗裔'"。[24]丹书、铁契：古代帝王赐给功臣世袭的享有免罪等特权的证件。以铁为契，以丹书之。[25]"金匮、石室"二句：以丹写盟誓之言于铁券，装入金匮石室，加封藏于宗庙。金匮、石室，古代保存书契之所。[26]日不暇给：事务繁忙，时间不够，来不及做完。[27]规摹弘远：指创立的制度，规模宏大。规摹，即规模。[28]己巳：五月二十日。[29]恶（wù）：诬陷。[30]上晏驾：皇上过世。晏驾，皇帝死的避讳说法。[31]受诏床下：在病床前接受命令。[32]亟驰传（zhuàn）：立即乘驿车。[33]行计：边走边商量。[34]弟吕媭之夫：樊哙是吕后妹妹吕媭的丈夫。弟，女弟，妹妹。[35]宁囚而致上：宁可抓起来送到皇上那里。[36]自诛之：让皇上自己诛杀樊

哙。"自"前"上"字承前省。［37］为坛：筑高台。筑台宣布皇帝诏书，是隆重的礼仪。［38］节：符节，使者的凭证。［39］反接：反缚两手。［40］载槛车传诣长安：用囚车押送到长安。槛车，有木栏的囚车。传诣，通过驿站押送。［41］定燕反县：平定燕地参与反叛的各县。［42］行：在归京师途中。［43］去：离开。［44］屯：驻扎。［45］立复驰至宫：立刻又驱车赶至皇宫。［46］固请：坚决请求。宿卫：担任宫中警卫。［47］郎中令：官名，九卿之一，为皇帝的侍从近卫长官。［48］永巷：宫中署名，掌后宫人事，有狱，可监禁有罪的宫人。此为"永巷令"的省称。［49］髡钳：古代刑罚名。剃去头发叫髡，用铁钳束颈叫钳。衣（yì）赭衣：穿着红色的囚衣。令舂：做舂米的活。舂，用杵臼捣去谷物的皮壳。［50］三反：使者三次往返。反，通"返"。［51］自挟与起居饮食：惠帝亲自带着赵王一同吃饭睡觉。挟，携带。引申为伴随，守护。［52］不得间：找不到机会。

孝惠皇帝[1]

元年（丁未，前194年）

冬，十二月，帝晨出射。赵王年少[2]，不能蚤[3]起；太后使人持鸩[4]饮之。犁明，帝还，赵王已死。太后遂断戚夫人手足，去眼，煇耳[5]，饮喑药[6]，使居厕中，命曰"人彘[7]"。居数日，乃召帝观人彘。帝见，问知其戚夫人[8]，乃大哭，因病，岁余不能起。使人请太后[9]曰："此非人所为[10]。臣为太后子，终不能治天下[11]。"帝以此日饮为淫乐，不听政[12]。

臣光曰：为人子者，父母有过则谏；谏而不听，则号泣而随之。安有守高祖之业，为天下之主，不忍[13]母之残酷，遂弃国家而不恤[14]，纵酒色以伤生！若孝惠者，可谓笃于小仁而未知大谊也[15]。

徙淮阳王友为赵王[16]。

春，正月，始作长安城西北方[17]。

（以上为第十一段，写吕太后惨无人道地迫害戚夫人，又毒死赵王如意；汉惠帝刘盈得知此事，一病不起，不齿于母亲的恶行，弃国家于不顾，纵酒作乐，司马光予以讥评。）

【注释】

［1］孝惠皇帝：刘盈，公元前194年至公元前188年在位。"孝惠"是刘盈的谥号。《汉书·惠帝记》颜师古注："孝子善述父之志，故汉家之谥自惠帝已下皆称'孝'也。"［2］年少：年纪小。

当时赵王十二岁。［3］蚤：同“早”。［4］鸩：毒酒。传说鸩是一种毒鸟，以其羽毛浸酒，人饮则死。［5］去眼，煇耳：挖去眼珠，熏聋耳朵。煇（xún）：通“熏”，用火灼烧。熏耳使聋。［6］饮喑药：灌哑药，使其不能说话。［7］人彘（zhì）：人猪。［8］知其戚夫人：知道这就是戚夫人。［9］请太后：告诉太后。［10］此非人所为：这不是人干的事。［11］“臣为”二句：我虽然是您太后的儿子，到底还是治不了这个天下。按：惠帝自认不能使先父宠姬免祸，终究无能治天下。［12］不听政：不理朝政。［13］不忍：受不了。［14］不恤：不顾惜，不顾念。［15］“可谓”句：可以说只是坚守了小的仁爱，而不知道大义啊。笃，坚守，忠实于，固执于。谊，义。［16］徙：徙调，改封。友：刘友，高帝第六子，高帝十一年封友为淮阳王。［17］始作长安城西北方：开始修筑长安城西北面的城墙。按：《三辅黄图》载：“惠帝元年正月，初城长安城。三年春，发长安六百里内男女十四万六千人，三十日罢。城高三丈五尺，下阔一丈五尺，六月发徒隶二万人常役。至五年复发十四万五千人，三十日乃罢。九月城成，高三丈五尺，下阔一丈五尺，上阔九尺，雉高三坂，周回六十五里。”

二年（戊申，前193年）

冬，十月，齐悼惠王[1]来朝，饮于太后前。帝以齐王，兄也，置之上坐[2]。太后怒，酌鸩酒置前，赐齐王为寿[3]。齐王起，帝亦起取卮[4]；太后恐，自起泛帝卮[5]。齐王怪之，因不敢饮，佯醉去；问知其鸩[6]，大恐。齐内史[7]士[8]说王，使献城阳郡[9]为鲁元公主汤沐邑。太后喜，乃罢归齐王[10]。

春，正月，癸酉，有两龙[11]见兰陵家人井中[12]。

陇西地震。

夏，旱。

郃阳侯仲薨[13]。

酂文终侯萧何病[14]，上亲自临视[15]，因问曰：“君即百岁后[16]，谁可代君者？”对曰：“知臣莫如主。”帝曰：“曹参何如？”何顿首[17]曰：“帝得之矣，臣死不恨[18]！”

秋，七月，辛未，何薨。何置田宅，必居[19]穷僻处，为家[20]，不治垣屋[21]。曰：“后世贤[22]，师吾俭[23]；不贤，毋为势家所夺[24]。”

癸巳[25]，以曹参为相国。参闻何薨，告舍人[26]：“趣治行[27]！吾将入相[28]。”居无何[29]，使者果召参。始，参微时[30]，与萧何善；及为将相，有隙[31]；至何且死，所推贤惟参。参代何为相，举事无所变更[32]，一遵何约束[33]。择[34]郡国吏木讷[35]于文辞、重厚长者[36]，即召除[37]为丞相史[38]；吏之言文刻深[39]、欲务声名者[40]，辄斥去之[41]。日夜饮醇酒[42]。卿、大夫以下吏及宾客见参不事事[43]，来者皆欲有言，参辄饮以醇酒；间[44]，欲有所言，复饮之，醉而后去，终莫得开说[45]，以为常。见人有细过[46]，专掩匿覆盖之，府中无事。

参子窋为中大夫。帝怪相国不治事，以为"岂少朕与[47]？"使窋归，以其私问参[48]。参怒，笞窋二百，曰："趣入侍[49]！天下事非若[50]所当言也！"至朝时，帝让参[51]曰："乃者[52]我使谏君也。"参免冠[53]谢曰："陛下自察[54]圣武孰与高帝[55]？"上曰："朕乃安敢望先帝[56]！"又曰："陛下观臣能孰与萧何贤？"上曰："君似不及也。"参曰："陛下言之是也。高帝与萧何定天下，法令既明。今陛下垂拱[57]，参等守职[58]，遵而勿失[59]，不亦可乎？"帝曰："善！"

参为相国，出入三年[60]，百姓歌之曰："萧何为法，较若画一[61]；曹参代之，守而勿失。载其清净[62]，民以宁壹[63]。"

（以上为第十二段，写吕太后打算害死齐王刘肥，刘肥曲意逢迎而得免祸灾；相国萧何去世，举荐曹参继任；曹参一遵萧何律令，守而勿失，后世称为"萧规曹随"，得到百姓称赞。）

【注释】

[1]齐悼惠王：高帝庶长子刘肥。[2]坐：通"座"。[3]为寿：敬酒为齐王祝福。[4]取卮（zhì）：取酒杯。[5]泛帝卮：泼去汉惠帝手中杯的酒。[6]知其鸩：知道那是一杯毒酒。[7]内史：官名，治理京师及其附近地域的高级官员，相当于后来的京兆尹。汉初诸侯国在丞相之下也设内史，掌民政。[8]士：人名。[9]城阳郡：辖今山东沂南县一带，郡治莒县。[10]乃罢归齐王：便放走了齐王。归，回到封国。[11]两龙：两条蛇。[12]见兰陵家人井中：出现在兰陵一平民家的井中。见，同"现"。兰陵，县名，县治在今山东枣庄市南峄城镇东，今有兰陵镇。[13]仲薨：刘仲去世。仲，刘喜，仲是排行，为高帝次兄。[14]萧何：封为酂侯，"文终"为他的谥号。病：此指病危。[15]临视：探望。[16]百岁后：死后。百岁，"死"的委婉说法。[17]顿首：九拜之一，即头叩地而拜。[18]不恨：没有遗憾。[19]居：居处，选位。[20]为家：修建住宅。[21]不治垣屋：从不修建高墙大屋。治，修建。垣，墙垣。[22]后世贤：子孙后代贤能。[23]师吾俭：学习我的俭朴。[24]毋为势家所夺：这些劣房差

地不会被权势之家夺占。［25］癸巳：七月二十七日。［26］告舍人：通知门客。［27］趣治行：赶快准备行装。趣，通“促”，赶快。［28］入相：到朝廷去担任相国。［29］居无何：过了不久。［30］微时：卑贱而未显达的时候。［31］有隙：有隔阂，有矛盾。［32］举事无所变更：所有条令不作变更。举，一切，所有。［33］一遵何约束：一律遵照萧何当年的规定。［34］择：选用人才。［35］木讷：指人质朴而不善辞令。［36］重厚长者：端庄敦厚有德行的人。［37］召除：召来任命。［38］丞相史：丞相属官，长史以下有掾史、令史等。［39］言文刻深：言谈行文苛刻。［40］欲务声名者：一心追逐名声的官员。［41］辄斥去之：都予以解职辞退。［42］醇酒：味道醇厚的美酒。［43］不事事：不理政事。［44］间：饮酒的间隙。［45］开说：开口劝谏。［46］细过：小的过失。［47］岂少朕与：难道是看不起我吗？少，轻视。［48］以其私问参：以私人身份探问曹参。［49］趣入侍：赶快进宫侍奉皇上去。趣，通“促”，赶快。［50］若：你。［51］让参：责备曹参。［52］乃者：往日。［53］免冠：脱下帽子。古人谢罪的一种方式。［54］自察：自己仔细考虑。［55］圣武孰与高帝：圣明威武与高帝相比哪一个强？［56］朕乃安敢望先帝：我怎么敢比高帝。乃，竟然，怎么。望，比。［57］垂拱：垂衣拱手。即垂手治国，不必亲理事务。［58］参等守职：我们臣下恭谨守职。［59］遵而勿失：遵守萧何定下的法令制度。勿失，不放弃，不违反。［60］出入三年：前后整三年。［61］较若画一：整齐划一。较（jué）若，较然，清楚明白，引申为整齐。［62］载其清净：执行清净无为的政策。载，执行，做事。清净，指无为政策。［63］民以宁壹：百姓安心。宁壹，安宁统一。

三年（己酉，前 192 年）

春，发[1]长安六百里内男女十四万六千人城长安[2]，三十日罢[3]。

以宗室女为公主，嫁匈奴冒顿单于。

是时，冒顿方强，为书[4]，使使遗高后，辞极亵嫚[5]。高后大怒，召将相大臣，议斩其使者，发兵击之。樊哙曰：“臣愿得十万众横行匈奴中！”中郎将季布曰：“哙可斩也！前匈奴围高帝于平城[6]，汉兵三十二万，哙为上将军，不能解围。今歌吟之声未绝[7]，伤夷者甫起[8]，而哙欲摇动天下[9]，妄言[10]以十万众横行，是面谩[11]也。且夷狄譬如禽兽，得其善言不足喜，恶言不足怒也。”高后曰：“善！”令大谒者[12]张释报书[13]，深自谦[14]逊以谢之，并遗以车二乘，马二驷[15]。冒顿复使使来谢，曰：“未尝闻中国礼义，陛下幸而赦之。”因献马，遂和亲。

夏，五月，立闽越君摇为东海王[16]。摇与无诸[17]，皆越王句践之后也，从诸侯灭秦，功多，其民便附[18]，故立之。都东瓯[19]，世号[20]东瓯王。

六月，发诸侯王、列侯徒隶[21]二万人城长安。

秋，七月，都厩灾[22]。

是岁，蜀湔氐反[23]，击平之。

（以上为第十三段，写公元前192年史事，着重写匈奴单于冒顿依仗强大，写信给吕太后，言辞亵渎，将军樊哙愿以十万大军征讨，中郎将季布予以谏止，汉朝回信屈辱言和；朝廷立名为摇的闽越君为东海王。）

【注释】

[1]发：动员。 [2]城长安：修筑长安城。 [3]三十日罢：只修筑三十天就停工。即只用农闲三十天筑城。 [4]为书：修国书。 [5]辞极亵嫚：措辞极为亵污傲慢。亵嫚，低俗粗鲁。按：冒顿书中有如下话语："孤偾之君，生于沮泽之中，长于平野牛马之域，数至边境，愿游中国。陛下独立，孤偾独居，两主不乐，无以自娱，愿以所有，易其所无。" [6]围高帝于平城：汉七年，韩王信勾结匈奴在太原谋反，高帝往击，在平城被冒顿单于围困七日，后用陈平计脱围。[7]今歌吟之声未绝：如今四方百姓哀苦之声尚未断绝。歌吟，歌唱吟咏，于此为哀吟之声。[8]伤夷者甫起：受伤士兵刚能起身。甫，刚刚。 [9]摇动天下：使天下动乱不安。 [10]妄言：胡说。 [11]面谩：当面撒谎。谩，欺骗。 [12]大谒者：官名，为谒者之长。掌管为皇帝接收文件、传达诏令、接待宾客等事宜。 [13]报书：回报匈奴的国书。 [14]深自谦：十分谦逊。谦，同"逊"，顺。按：高后回报国书云："单于不忘弊邑，赐之以书，弊邑恐惧。退日自图，年老气衰，发齿堕落，行步失度，单于过听，不足以自污。弊邑无罪，宜在见赦。窃有御车二乘，马二驷，以奉常驾。"上引两国书均见《汉书·匈奴传》。 [15]遗以车二乘，马二驷：送给匈奴二乘车，马八匹。乘，一车四马为一乘。驷，计算马匹的单位。马四匹为驷。 [16]立闽越君摇为东海王：朝廷封立名为摇的闽越君为东海王。摇，越王勾践七世孙，秦末曾助刘邦击项羽。东海，今浙江南部滨海地区。 [17]无诸：汉五年立为闽越王，都东冶，在今福建福州市。 [18]便附：顺从依附。 [19]东瓯：在今浙江东南部瓯江北岸永嘉县境。 [20]世号：俗称，民间称。 [21]徒隶：服劳役的犯人。 [22]都厩灾：太仆的马厩起火。都厩，大厩，天子车马所在，属太仆所管。灾，失火。 [23]蜀湔氐反：蜀郡湔氐部族反叛。湔氐，氐、羌所居之地，在今四川松潘县西北。

四年（庚戌，前191年）

冬，十月，立皇后张氏[1]。后，帝姊鲁元公主女也，太后欲为重亲[2]，故以配帝。春，正月，举民孝、弟、力田者，复其身[3]。

三月，甲子，皇帝冠[4]，赦天下。

省法令妨吏民者[5]；除挟书律[6]。

帝以朝太后于长乐宫及间往[7]，数跸烦民[8]，乃筑复道于武库南[9]。奉常[10]叔孙通谏曰："此高帝月出游衣冠之道也[11]，子孙奈何乘宗庙道上行哉[12]！"帝惧曰："急坏之！"通曰："人主无过举[13]。今已作，百姓皆知之矣。愿陛下为原庙渭北[14]，衣冠[15]月出游之，益广宗庙[16]，大孝之本。"上乃[17]诏有司立原庙。

臣光曰：过者，人之所必不免也，惟圣贤为能知而改之。古之圣王，患[18]其有过而不自知也，故设诽谤之木，置敢谏之鼓[19]，岂畏百姓之闻其过哉！是以仲虺美成汤曰[20]："改过不吝。"傅说戒高宗[21]曰："无耻过作非[22]。"由是观之，则为人君者，固不以无过为贤，而以改过为美也。今叔孙通谏孝惠，乃云"人主无过举"，是教人君以文过遂非[23]也，岂不缪哉！

长乐宫鸿台灾[24]。

秋，七月，乙亥[25]，未央宫凌室[26]灾；丙子[27]，织室[28]灾。

五年（辛亥，前 190 年）

冬，雷；桃李华，枣实[29]。

春，正月，复发长安六百里内男女十四万五千人城长安，三十日罢。

夏，大旱，江河水少，溪谷水绝。

秋，八月，平阳懿侯[30]曹参薨。

六年（壬子，前 189 年）

冬，十月，以王陵为右丞相，陈平为左丞相。

齐悼惠王肥薨。

夏，留文成侯[31]张良薨。

以周勃为太尉。

七年（癸丑，前 188 年）

冬，发车骑、材官[32]诣荥阳，太尉灌婴将。

春，正月，辛丑朔[33]，日有食之。

夏，五月，丁卯[34]，日有食之，既[35]。

秋，八月，戊寅[36]，帝崩于未央宫。大赦天下。九月，辛丑[37]，葬安陵[38]。

初，吕太后命张皇后取他人子养之，而杀其母，以为太子[39]。既葬，太子即皇帝位，年幼；太后临朝称制[40]。

（以上为第十四段，写公元前191年至公元前188年四年史事，在吕太后淫威下，汉惠帝刘盈垂拱无为，朝廷没有什么事情记载，只是记载了修建汉高帝刘邦的原庙以及修建长安城以及一些天象而已。）

【注释】

[1]张氏：赵王张敖之女。 [2]重亲：亲上加亲。 [3]“举民”句：朝廷下令推荐民间孝顺父母、和睦兄长、努力耕作的人，免除本人的赋役。复其身：免除本人的赋役。按：孝、弟（悌）人伦之大事，力田为人生之根本，所以郡国要推举这样的人。 [4]冠：男子成人进行戴帽的典礼。惠帝十七岁即位，至今二十岁始行冠礼。 [5]省法令妨吏民者：取消法令中对官民有妨害的那些条目。省，取消，消减。 [6]除挟书律：废除妨民的挟书律。按：秦始皇三十四年颁布民间有私藏《诗》《书》和百家书籍者族诛的法令，称为“挟书律”。 [7]间往：正式朝拜之外，中间的小谒见，即平时的谒见。 [8]数跸烦民：经常清道警戒，惊扰百姓。数（shuò），频繁。跸（bì），帝王出行时，开路清道，禁止通行。 [9]复道：阁道。在高楼间修建的架空通道。武库：《三辅黄图》：“在未央宫，萧何造，以藏兵器。” [10]奉常：官名，九卿之一，掌宗庙礼仪。 [11]“此高帝”句：复道下正是每月天子将高帝衣冠从高帝寝庙中取出出游必经的通道。衣冠，指高帝生前所用衣冠，藏在高帝寝庙中。 [12]“子孙”句：子孙后代怎么能在祖宗的道路上面行走呢！按：惠帝行于复道上，等于高帝子孙凌驾在高帝之上，故言“乘宗庙道上行”。乘，凌驾。 [13]过举：错误的行动。 [14]愿陛下为原庙渭北：希望皇上在渭河北面再建一个原庙。原庙，再盖一座高帝庙。 [15]衣冠：据章校补。 [16]益广宗庙：这样也扩大了宗庙。益广，进一步扩大。[17]乃：才。 [18]患：担心。 [19]诽谤之木，置敢谏之鼓：《邓析子·转辞》：“尧置敢谏之鼓，舜立诽谤之木。”欲谏者击其鼓；书其善否于表木。 [20]仲虺美成汤曰：引语见《尚书·仲虺之诰》。仲虺，商代汤王的左丞相。成汤，商开国之君。 [21]傅说（yuè）：商王武丁的大臣。高宗：商王武丁，盘庚小乙的儿子，中兴商朝。 [22]无耻过作非：不要为了掩饰小过失而发展成为大错误。其语见《尚书·说命中》。 [23]文过遂非：掩饰过失，顺从错误。 [24]鸿台灾：鸿台火灾。鸿台，《三辅黄图》：“秦始皇二十七年筑，高四十丈，上起观宇，帝尝射飞鸿于台上，故号鸿台。” [25]乙亥：七月二十日。 [26]凌室：古代藏冰室。 [27]丙子：七月二十一日。[28]织室：汉代掌管皇室丝帛织染的机构，在未央宫，有东西织室。 [29]“冬，雷”四句：冬季，打雷，桃树、李树开花，枣树结果。此为气候失常。 [30]平阳懿侯：曹参在高帝六年爵平

阳侯，死后又谥懿侯，故称“平阳懿侯”。［31］留文成侯：高帝六年封张良为留侯，死后谥文成侯。［32］车骑：战车战马。材官：武卒或供差遣的低级武官。［33］辛丑朔：正月一日。朔，农历每月一日为朔日。［34］丁丑：五月二十九日。［35］既：日全食。［36］戊寅：八月十二日。［37］辛丑：九月五日。［38］安陵：距高帝长陵十里，在长安城北三十五里。［39］为太子：《史记·吕太后本纪》：“孝惠皇后时无子，佯为有身，取美人子名之，杀其母，立所名子为太子。”［40］太后临朝称制：太后坐朝行使天子权力。

【点评】

论韩信。韩信，曾被刘邦认为是建立汉朝的大功臣，说：“连百万之众，战必胜，攻必取，吾不如韩信。”他是刘邦分封的异姓王之一，打败项羽后，将其由齐王改封为楚王，而后贬为淮阴侯，最后被吕后用萧何计策诓骗到皇宫，被斩于长乐宫钟室。

关于韩信的死，千百年来，众说纷纭，大都为韩信鸣冤叫屈，认为韩信没有谋反，是刘邦妒害功臣。唐代诗人刘禹锡的诗说：“将略兵机命世雄，苍黄钟室叹良弓。遂令后代登坛者，每一寻思怕立功。”其实，韩信之死，是死在他自己的行为上，是死在天下大势之下，其中有着深层次的原因，并非简单的冤与不冤的问题。

首先，韩信与刘邦貌合神离。韩信被刘邦的“大度”“重用”所感动，而刘邦并没有被韩信的奇才、奇功所感动；韩信对刘邦是死心塌地，忠心无二；而刘邦对韩信则是心存芥蒂，仅用其才而已。韩信的军事才能，在当时可以说是盖世无双；而所立下的战功，也是赫赫辉煌，没有人能够与之相比。他率军出陈仓，定三秦，擒魏，破代，灭赵，降燕，伐齐，直至垓下全歼楚军，无一败绩。从表面上看，刘邦是在重用他，起初听从萧何的建议，封他为大将军，又派兵给他开辟河北战场，取得了一连串的胜利。故此，韩信被感动了，从后来拒绝蒯彻劝其背叛刘邦的一段说辞中就完全可以看得出来，他是铁了心要跟随刘邦了。可是，刘邦如何看待韩信的呢？可以说，自始至终，刘邦都在利用和猜忌韩信，而不是如韩信自己所认为的推食解衣、推心置腹地信任，刘邦也并不像始终信任张良那样信任韩信。刘邦拜韩信为大将军，是碍于萧何的面子，而韩信确有才能，一番对话，才使刘邦不得不佩服；而后韩信开辟北方战场，立下奇功，刘邦对韩信存有戒心。韩信灭赵后，刘邦潜入其卧室，“偷”其印信，调动军队；后来，消灭项羽后，刘邦又故技重演，驰入韩信军中，收夺他的兵权，而后将封给韩信的齐王改封为楚王，这哪里是把韩信当作一个功勋之臣来看待？这说明，刘邦对韩信的利用和猜忌，是从一开始就存在的，只是韩信自己一直被蒙在鼓中罢了。可想而知，一直被刘邦利用和猜忌的韩信，一旦没有了对手，失去了战场，等待他的，将是什么样的后果。

其次，韩信智商很高，才华横溢，在军事上屡出奇谋，指挥若定；而在情商上，则是低能，不善于藏其锋芒，保护自己。韩信葬母，行营高敞地，一心向往的是封侯封王，一副市井之心的利禄观，立功则忘乎所以，最终败亡，也是咎由自取。韩信取死之道有五。当韩信攻下齐国时，刘邦被项羽弄得焦头烂额，差点要了性命，日夜盼望着韩信前来救援。而韩信则沉醉在功劳簿上，洋洋自得，一封书信过去，请求刘邦封他为代理齐王。在刘邦看来，这分明是要挟，按照当时的实力，韩信又成了当年的项羽，刘邦只有答应的份儿，哪有不予准奏的能力？虽然刘邦任命韩信为齐王，但他是一百个不情愿啊！此取死之道一也。最后与项羽决战时，刘邦约韩信与彭越前来共同围攻项羽，韩信仍然是考虑自己的利害得失，背约而不前，而刘邦提出优惠的分封条件，他才踊跃前来，这分明是把自己唯利是图的市侩嘴脸暴露无遗，怎么能不让刘邦恨之于心呢？此取死之道二也。天下太平了，韩信私藏项羽部将钟离昧，也是举措失当。钟离昧投奔韩信，是看在昔日的交情上；韩信收留钟离昧，也是情有可原，问题是，你要么就铁了心，与钟离昧同进同退，荣辱与共；要么就与钟离昧一刀两断；或者将钟离昧转移他方；或者向朝廷陈情，但韩信是直肠子，做不到。而钟离昧为了成全韩信，自刎而死，结果把韩信弄得里外不是人，失去了朋友，也失去了汉朝的信任。在刘邦看来，韩信收留钟离昧，虽然不是谋反，但也和谋反差不多，更增加了怀恨之意。此取死之道三也。韩信被刘邦用计擒拿，成了“阶下囚”，曾与刘邦谈论用兵打仗，全然忘记了老虎和猫在玩生死游戏，还自以为是，认为自己才能比刘邦强，率兵打仗是“多多益善”。这岂不是在向刘邦示威、显摆，让刘邦浑身不自在吗？此取死之道四也。后来韩信已经是虎落平阳，只剩下空架子了，还说羞与周勃、樊哙等人为伍，这不明显是要将自己孤立起来，而自断后路吗？此取死之道五也。凡此种种，并不是说韩信在处理这些问题上有多大的过错，而是说韩信做人粗疏，不善于自处，不善于保全自己，徒留孤傲和幼稚而已！

第三，韩信不反也要被逼反。在刘邦等人的头脑中，根深蒂固地存在着异姓王必反的思维定式，总认为不杀不足以维护国家安定，而韩信，就是其中的牺牲品。在刘邦等人看来，异姓王就是一个个“定时炸弹”，即使现在不反，将来终究是要反的，迟解决不如早解决，只有他们不存在了才放心。刘邦在建国后，总觉得自己在世的时日不多了，想把该做的事情都做完，不把麻烦和祸患留给下一代，这样才走得心安。刘邦所要解决的是两大问题，一是接班人问题，他觉得太子刘盈过于文弱，不能担起治国的重任（而事实上也是如此），要更换赵王刘如意为接班人，这要了戚夫人和赵王刘如意的命，还直接导致了以后诸吕的猖獗。第二个就是解决异姓王问题，这从他分封异姓王就开始考虑了。这并不是异姓王有没有谋反的问题，而是让不让异姓王存在的问题。在汉朝建国初期，分封异姓王，也是对这些功臣的妥善安排，否则，他们心里怎么能平衡呢？而分封以后，他们的心安了，想过一段安稳日子，怎么会想着要再动干戈呢？纵观刘邦开始所封的七个异姓王，没有一个是真心要造反的。韩信当然也是如此，至于后来与陈豨通谋，也是被逼迫出来的。可以说，韩信造反亦不诬，韩信长期被软禁在长安，最终走上与陈豨通谋的路，是被逼上梁山。韩信就是在这样的大背景下，被吕后杀害。完全可以说，韩信的被诛杀，具有历史的必然性。我们再来推论，刘邦等人的思维定式有没有道理。那些异姓王，在其有生之年，基本上都解决了，只有卢绾逃到匈奴，后来也被消灭了。这样做，虽然残酷了一些，但对于汉朝的巩固来说，确实是一件大好事。可以设想，刘邦去世后，吕后是那么的不得人心，汉惠帝刘盈又是那样的文弱，那些异姓王哪一个是省油的灯？又有谁能担保他们不会造反？而一旦他们想要出掉心中那口恶气，造起反来，有谁能够制止得住？对于韩信，刘邦在世时，他还有几分心悦诚服，而刘邦对他却忌惮三分，后来只有用智取的办法才能降服他；而刘邦不在了，韩信连周勃、樊哙等人都不屑一顾，还能看得起谁？他一旦举起反旗，那汉朝还是汉朝吗？恐怕要打上个大大的问号！因此，刘邦不遗余力地剪除异姓王，对于国家来说，是幸甚！而对于韩信来说，则是悲剧！

卷一三　汉纪五

吕太后元年至汉文帝前元二年（前 187—前 178 年）

【起阏逢摄提格（甲寅，前 187 年），尽昭阳大渊献（癸亥，前 178 年），凡十年】

【大事提要】

本卷记事起公元前 187 年，讫公元前 178 年，凡十年，当吕太后元年至汉文帝前元二年。本卷所载大事，主要是以下几个方面：其一，吕太后当政。公元前 188 年，汉惠帝刘盈去世，年幼的太子即位，称少帝。少帝本非刘盈所生，皇后张嫣无子，佯为有身，取美人子名之，而杀其母。少帝知其母死，而自己非真皇后子，出言不逊，被太后吕雉囚于永巷，后被处死。后命常山王刘义继帝位，太后掌控朝政。其二，诸吕封王。公元前 187 年，吕太后吕雉执掌朝政，提出要分封诸吕为王。右丞相王陵不同意，太后提升王陵为太傅，剥夺了他的实权；左丞相陈平、太尉周勃耍了滑头，认为没有什么不可以的，太后非常高兴，侄子和侄孙先后封王，汉朝成了吕家的天下。其三，平定诸吕。公元前 180 年，吕太后病死，诸吕姓官员阴谋叛乱。丞相陈平与太尉周勃合谋，在南、北军将士的策应下，入宫杀死掌握大权的太后亲信吕产、吕禄等人，消灭了诸吕势力。诸吕不分男女老幼，全部被处死，吕氏集团彻底被消灭，避免了社会动乱。其四，刘恒即位。平定诸吕后，丞相陈平、太尉周勃等人商议由谁来继承皇位，他们认为当时太后立的小皇帝刘弘不是汉惠帝后代，不符合皇位继承法统。最后，他们相中了宽厚仁慈、名声较好的代王刘恒。于是，派使者去接刘恒到长安继承皇位，史称汉文帝。其五，赵佗归汉。刘邦去世后，太后吕雉临朝，发布了禁止对南越出售铁器和其他物品的禁令。于是，南越王赵佗自称“南越汉武帝”，发兵攻打长沙国，以皇帝身份发号施令。汉文帝令太中大夫陆贾再次出使南越，晓以利害关系，说服赵佗去除帝号，归附汉朝。

高皇后[1]

元年（甲寅，前 187 年）

冬，太后议欲立诸吕为王[2]，问右丞相陵[3]。陵曰："高帝刑白马盟[4]曰：'非刘氏而王，天下共击之。'今王吕氏，非约也[5]。"太后不说[6]，问左丞相平、太尉勃[7]，对曰："高帝定天下，王子弟[8]；今太后称制[9]，王诸吕，无所不可[10]。"太后喜，罢朝[11]。王陵让[12]陈平、绛侯曰："始与高帝喋血盟[13]，诸君不在邪？今高帝崩，太后女主，欲王吕氏；诸君纵欲阿意背约[14]，何面目见高帝于地下乎？"陈平、绛侯曰："于今，面折廷争[15]，臣不如君；全社稷[16]，定刘氏之后，君亦不如臣。"陵无以应之[17]。

十一月，甲子[18]，太后以王陵为帝太傅[19]，实夺之相权。陵遂病免归[20]。

乃以左丞相平为右丞相[21]，以辟阳侯审食其[22]为左丞相，不治事[23]，令监宫中，如郎中令。食其故得幸于太后，公卿皆因而决事[24]。

太后怨赵尧为赵隐王谋，乃抵尧罪[25]。

上党[26]守任敖[27]尝为沛狱吏，有德于太后[28]；乃以为御史大夫。

太后又追尊其父临泗侯吕公为宣王[29]，兄周吕令武侯泽为悼武王[30]，欲以王诸吕为渐[31]。

春，正月，除[32]三族罪、妖言令[33]。

夏，四月，鲁元公主[34]薨。封公主子张偃[35]为鲁王，谥公主曰鲁元太后。

辛卯[36]，封所名[37]孝惠子山为襄城侯，朝为轵侯，武为壶关侯。

太后欲王吕氏，乃先立所名孝惠子强为淮阳王，不疑为恒山王；使大谒者张释风大臣[38]。大臣乃请立悼武王长子郦侯台为吕王[39]，割齐之济南郡为吕国[40]。

五月，丙申[41]，赵王宫丛台灾[42]。

秋，桃、李华[43]。

（以上为第一段，写太后吕雉在汉惠帝刘盈去世后走上前台，掌控朝政，她首先要解决的问题，是封诸吕为王，右丞相王陵反对，被夺实权；陈平、周勃巧妙周旋，得以保全。）

【注释】

[1]高皇后：吕雉（？—前180），字娥姁。秦末单父（今山东单县）人。后移居沛县。为刘邦之妻。刘邦称帝，立为皇后。助刘邦定天下，屠灭多位功臣。惠帝时，临朝称制，在位八年（前187—前180年）。传见《史记》卷九、《汉书》卷三。［2］太后：即高皇后。皇帝的母亲称“太后”。诸吕：指吕后本家吕禄等人。［3］陵：王陵（？—前181），泗水沛县（今属江苏）人。传见《史记》卷五十六、《汉书》卷四十。［4］高帝刑白马盟：刘邦称帝后，杀白马歃血，与群臣订立盟约：“非刘氏不王，非有功不侯。”［5］非约也：不符合盟约。［6］说：通“悦”。［7］平：陈平（？—前169），汉初大臣。传见《史记》卷五十六、《汉书》卷四十。勃：周勃（？—前169），汉初大臣。传见《史记》卷五十七、《汉书》卷四十。［8］王子弟：分封刘氏子弟为王。王（wàng），封王。［9］太后称制：太后临朝管理国家。称制，皇帝发号施令称“制曰”。［10］无所不可：没有什么不可以的。［11］罢朝：退朝，即停止朝会。［12］让：责备。［13］喋血盟：即歃血盟。古时订盟要含血，或以血涂口，盟誓的一种仪式。［14］纵（zòng）：纵令，即使。阿意背约：逢迎太后意旨而违背盟约。［15］面折廷争：谓当朝犯颜直谏。［16］全社稷：保全国家。［17］无以应之：无话应答，无话可说。［18］甲子：十一月无甲子日，有误。［19］太傅：官名，古代帝王的师傅。［20］病免归：因病免职致仕。［21］右丞相：左右相对，右高于左。陈平由左丞相调任右丞相是一种提升。［22］审食其：泗水郡沛县人，高后宠臣，封辟阳侯。传见《史记》卷五十六、《汉书》卷四十。［23］不治事：不署理左丞相的职事，只是名义上的左丞相。［24］公卿皆因而决事：公卿大臣都要通过审食其才能裁决事务。［25］“太后”二句：太后怨恨御史大夫赵尧为高帝设谋保全赵隐王刘如意，罢免了他的官职。当年赵尧觉察高帝忧心赵王的安全，献计以周昌为赵王的贵强相。吕后称制，报复赵尧，免其职。抵，抵偿，当。［26］上党：郡名，郡治长子，在今山西长治市西南。［27］任敖（？—前174）：泗水沛县（今属江苏）人。官室御史大夫。传见《史记》卷九十六、《汉书》卷四十二。［28］有德于太后：秦末，吕雉曾受辱于沛吏，任敖曾击伤该吏保护了吕雉。［29］吕公：吕雉之父。汉高帝封其为临泗侯。高后称制，吕公已死，追尊他为宣王。［30］周吕令武侯：周、吕，国名；令武，谥号。泽，吕泽。吕雉之兄。初封为吕侯。高后称制，追尊他为悼武王。［31］渐：萌芽，指事物发展的开始。［32］除：废除。［33］妖言令：言论犯罪的法令。妖言，指错误之言或怪诞之说。［34］鲁元公主：汉高帝刘邦的长女，吕后所生。食邑鲁，故称鲁元公主，赵王张敖之妻。［35］张偃：张敖与鲁元公主所生。［36］辛卯：四月二十八日。［37］所名：所谓，名义上。［38］大谒者：官名，谒者的长官。掌传宣帝命。张释：或作张泽、张择。此从《史记·吕太后本纪》及《汉书·恩泽侯表》。风：通“讽”。［39］郦侯台：吕台（yī），吕后之侄。汉高帝八年嗣父爵为周吕侯，次年更封郦侯（或

作鄛侯)。吕后称制后封为吕王。［40］吕国：高后元年割齐之济南郡为吕国，封吕台为王。文帝元年复属齐国。后来或称郡或称国。［41］丙申：五月四日。［42］丛台：台名。在赵王国邯郸。灾：失火。［43］秋，桃、李华：秋季，桃树、李树开花。此为气候反常。

二年（乙卯，前 186 年）

冬，十一月，吕肃王台薨[1]。

春，正月，乙卯[2]，地震；羌道、武都道[3]山崩。

夏，五月，丙申[4]，封楚元王子郢客[5]为上邳侯，齐悼惠王子章为朱虚侯[6]，令入宿卫[7]，又以吕禄女妻章。

六月，丙戌晦[8]，日有食之。

秋，七月，恒山哀王不疑薨。

行八铢钱[9]。

癸丑[10]，立襄成侯山[11]为恒山王，更名义。

三年（丙辰，前 185 年）

夏，江水、汉水溢[12]，流[13]四千余家。

秋，星昼见[14]。

伊水、洛水[15]溢，流千六百余家。汝水[16]溢，流八百余家。

四年（丁巳，前 184 年）

春，二月，癸未[17]，立所名孝惠子太为昌平侯。

夏，四月，丙申[18]，太后封女弟媭[19]为临光侯。

少帝浸长[20]，自知非皇后[21]子，乃出言曰："后安能杀吾母而名我[22]！我壮[23]，即为变[24]！"太后闻之，幽之永巷中[25]，言帝病，左右莫得见。太后语群臣曰："今皇帝病久不已[26]，失惑昏乱[27]，不能继嗣治天下；其代之[28]。"群臣皆顿首言[29]："皇太后为天下齐民计[30]，所以安宗庙、社稷甚深[31]。群臣顿首奉诏。"遂废帝，幽杀之[32]。

五月，丙辰[33]，立恒山王义为帝[34]，更名曰弘，不称元年，以太后制天下事[35]故也。以轵侯朝为恒山王[36]。

是岁，以平阳侯曹窋[37]为御史大夫。

有司请禁南越关市、铁器[38]。南越王佗曰："高帝立我，通使物[39]。

今高后听谗臣，别异蛮夷[40]，隔绝器物，此必长沙王计[41]，欲倚中国[42]击灭南越而并王之[43]，自为功也。”

五年（戊午，前 183 年）

春，佗自称南越武帝，发兵攻长沙[44]，败数县而去[45]。

秋，八月，淮阳怀王强[46]薨；以壶关侯武为淮阳王[47]。

九月，发河东、上党骑屯北地[48]。

初令戍卒岁更[49]。

六年（己未，前 182 年）

冬，十月，太后以吕王嘉居处骄恣[50]，废之。十一月，立肃王弟产为吕王[51]。

春，星昼见[52]。

夏，四月，丁酉[53]，赦天下。

封朱虚侯章弟兴居为东牟侯[54]，亦入宿卫。

匈奴寇狄道[55]，攻阿阳[56]。

行五分钱[57]。

宣平侯张敖卒，赐谥曰鲁元王。

（以上为第二段，写公元前 186 年至公元前 182 年五年史事。这几年是太后吕雉当政，继续推行高帝定下的无为政治，政局稳定，百姓衣食滋殖。）

【注释】

[1]吕肃王台：即吕王吕台。薨：诸侯王死称薨。 [2]乙卯：正月二十七日。 [3]羌道：地名，在今甘肃舟曲县境。武都道：地名，在今甘肃陇南市武都区东北。县内有少数民族聚居，称“道”。 [4]丙申：五月九日。 [5]郢客：楚元王刘交之子，传附《史记》卷五十，《汉书》卷三十六。 [6]章为朱虚侯：刘章，齐悼惠王刘肥第二子，封朱虚侯。朱虚，县名，县治在今山东临朐县东。 [7]宿卫：在宫中值宿、警卫。 [8]丙戌晦：六月三十日。 [9]行：推行，实行。八铢钱：古钱币名，重半两。 [10]癸丑：七月二十七日。 [11]襄成侯山：名义上汉惠帝之子。高后元年封为襄成侯。 [12]江水：长江。溢：泛滥。 [13]流：因水灾而漂泊迁徙。[14]星昼见：星星在白天出现。见，通“现”。 [15]伊水、洛水：皆在今河南西部。洛水，今洛河。 [16]汝水：今河南南部之汝河。 [17]癸未：二月七日。 [18]丙申：四月二十一日。[19]女弟媭：吕后之妹妹吕媭。 [20]少帝：后宫美人之子。吕后杀其母，以其为张皇后之子，立为少帝。浸长：逐渐长大。 [21]皇后：指张皇后。鲁元公主和张敖之女。 [22]后：指张皇

后。安能：怎么能。名我：意谓以我为子。［23］我壮：我成人之后。［24］变：谓改变名义，复仇。［25］幽之永巷中：囚之于后宫的永巷署中。永巷，汉时宫中长巷，设有后宫官署，往往在这里幽禁宫中的罪人。［26］病久不已：久病不愈。［27］失惑昏乱：精神失常。［28］其代之：应当另立皇帝代替他。［29］顿首言：叩拜回答。顿首，叩首，头磕地而拜。［30］为天下齐民计：替全天下老百姓考虑。［31］安宗庙、社稷甚深：安定宗庙、保卫国家影响深远。宗庙，本指天子或诸侯祭祀祖宗的处所，此指刘氏祖宗。社稷，谓国家、政权。［32］幽杀之：暗中杀害少帝。［33］丙辰：五月十一日。［34］立恒山王义为帝：刘义，原名山，改名义，又改名弘，名义上的惠帝之子。高后二年封为恒山王。［35］制天下事：掌管国家大事。［36］以轵侯朝为恒山王：升任轵侯刘朝为恒山王。［37］曹窋（zhuó）：曹参之子。袭父爵平阳侯，官至御史大夫。［38］“有司”句：主管官员奏请太后禁止在与南越国的边贸中输出铁器。请禁，请求禁止。关市，汉于边关所设与异族通商的市场。［39］通使物：通使往来，物流畅通。［40］别异蛮夷：歧视蛮夷。［41］此必长沙王计：这一定是长沙王的计谋。此时长沙王为吴芮后裔吴右。［42］欲倚中国：想依靠汉朝。［43］并王之：兼并南越而称王。［44］长沙：指长沙王国，治所临湘，在今湖南长沙市。［45］败：打败。去：退去，撤离。［46］怀王强：名义上的惠帝之子刘强，高后元年立为淮阳王。死后谥为“怀”。《谥法》：“慈仁短折曰怀。”［47］壶关侯武：名义上的惠帝子刘武，高后元年封为壶关侯，五年为淮阳王。［48］发：调发，调动。河东：郡名，治所安邑，在今山西夏县西北。上党：郡名，治所长子，在今山西长治市西南。北地：郡名，治所马岭，在今甘肃庆阳市马岭镇。［49］戍卒：秦汉时被征发到边塞戍守服役的士兵。岁更：每年更替。戍卒服役时间，秦时往往很长，汉朝初年开始每一年更替。［50］吕王嘉：吕嘉，吕台之子。高后二年嗣为吕王。骄恣：骄横、放肆。［51］肃王：吕台的谥号。弟产：吕台之弟吕产，历位汶侯、吕王、梁王，汉相国。吕后死，诸吕为乱之首恶，被诛死。［52］见：通“现”。［53］丁酉：四月三日。［54］兴居为东牟侯：兴居，齐悼惠王刘肥之子。传附见《史记》卷五十二、《汉书》卷三十八。东牟，县名，县治在今山东烟台市牟平区。［55］狄道：县名，治所在今甘肃临洮县。［56］阿阳：县名，治所在今甘肃静宁县。［57］行：发行。五分钱：汉钱币名。铜质“荚钱”的一种。

七年（庚申，前181年）

冬，十二月，匈奴寇狄道，略[1]二千余人。

春，正月，太后召赵幽王友[2]。友以诸吕女为后，弗爱，爱他姬。诸吕女怒，去，谗之于太后曰：“王言[3]‘吕氏安得王[4]！太后百岁后[5]，吾必击之。’”太后以故召赵王，赵王至，置邸[6]，不得见[7]，令卫围守之[8]，弗与食；其群臣或窃馈[9]，辄捕论之[10]。丁丑[11]，赵王饿死，以民礼葬之长安民冢次[12]。

己丑[13]，日食，昼晦[14]。太后恶之[15]，谓左右曰："此为我也！"

二月，徙梁王恢[16]为赵王，吕王产为梁王。梁王不之国，为帝太傅[17]。

秋，七月，丁巳[18]，立平昌侯太[19]为济川王。

吕媭女为将军、营陵侯刘泽[20]妻。泽者，高祖从祖昆弟也。齐人田生为之说大谒者张卿[21]曰："诸吕之王也，诸大臣未大服[22]。今营陵侯泽，诸刘最长[23]；今卿言太后王之，吕氏王益固[24]矣。"张卿入言太后，太后然之[25]，乃割齐之琅邪郡封泽为琅邪王。

赵王恢之徙赵，心怀不乐。太后以吕产女为王后，王后从官皆诸吕[26]，擅权，微伺[27]赵王，赵王不得自恣[28]。王有所爱姬，王后使人鸩杀之。六月，王不胜悲愤[29]，自杀。太后闻之，以为王用妇人弃宗庙礼[30]，废其嗣[31]。

是时，诸吕擅权用事。朱虚侯章，年二十，有气力，忿刘氏不得职[32]。尝入侍太后燕饮[33]，太后令章为酒吏[34]。章自请曰："臣将种[35]也，请得以军法行酒[36]。"太后曰："可。"酒酣，章请为《耕田歌》[37]，太后许之。章曰："深耕穊种[38]，立苗欲疏；非其种者，锄而去之！"太后默然。顷之[39]，诸吕有一人醉，亡酒[40]，章追，拔剑斩之而还，报曰："有亡酒一人，臣谨行法斩之！"太后左右皆大惊，业已许其军法[41]，无以罪也[42]；因罢[43]。自是之后，诸吕惮朱虚侯，虽大臣皆依朱虚侯[44]，刘氏为益强。

陈平患诸吕，力不能制，恐祸及己。尝燕居深念[45]，陆贾往[46]，直入坐[47]，而陈丞相不见[48]。陆生曰："何念之深[49]也！"陈平曰："生揣我何念[50]？"陆生曰："足下极富贵，无欲矣；然有忧念，不过患诸吕、少主耳[51]。"陈平曰："然！为之奈何[52]？"陆生曰："天下安，注意相；天下危，注意将。将相和调[53]，则士豫附[54]；天下虽有变，权不分。为社稷计，在两君掌握耳[55]。臣尝欲谓太尉绛侯[56]，绛侯与我戏[57]，易吾言[58]。君何不交欢[59]太尉，深相结[60]？"因为陈平画吕氏数事[61]。陈平用其计，乃以五百金为绛侯寿[62]，厚具乐饮[63]；太尉报亦如之[64]。两人深相结，吕氏谋益衰。陈平以奴婢百人、车马五十乘、钱五百万遗陆生为饮食费[65]。

太后使使告代王[66]，欲徙王赵。代王谢[67]之，愿守代边[68]。太后乃立兄子吕禄为赵王[69]，追尊禄父建成康侯释之为赵昭王。

九月，燕灵王建[70]薨，有美人子[71]，太后使人杀之。国除[72]。

遣隆虑侯周灶[73]将兵击南越。

（以上为第三段，写公元前181年史事。刘氏反对诸吕的势力渐起，朱虚侯刘章以《耕田歌》暗讽太后吕雉；丞相陈平苦心思虑，陆贾造访，剖明利害关系，陈平与周勃深为相结，将相相合，抑制诸吕。）

【注释】

[1]略：通“掠”，掠夺。 [2]幽王友：高帝庶子刘友。高帝十一年立为淮阳王，惠帝元年徙为赵王。高后七年被谗幽闭而死。谥曰幽王。 [3]王言：赵王刘友说。 [4]吕氏安得王：吕氏怎么能称王。王（wàng），称王、封王。 [5]百岁后：死后。 [6]置邸：安置在赵国的驻京公馆。邸，当时郡国在京居住之所称邸。 [7]不得见：见不到太后。 [8]令卫围守之：太后令卫士围守赵王官邸，即幽囚软禁。 [9]窃馈：偷偷地送饭。 [10]辄捕论之：一概逮捕定罪。[11]丁丑：正月十八日。 [12]民冢次：平民公墓区。 [13]己丑：正月三十日。 [14]昼晦：白天昏暗。 [15]太后恶之：太后讨厌昼晦的天气。恶（wù），讨厌。 [16]梁王恢：汉高帝庶子刘恢，高帝十一年立为梁王。高后七年徙为赵王。因爱姬被王后（吕产之女）所害，悲愤而自杀。 [17]太傅：官名，职掌辅导少帝。 [18]丁巳：七月无丁巳日，有误。 [19]平昌侯太：平昌，“昌平”之误，参考《汉书·诸侯王表》。太，名义上的惠帝子刘太，高后四年封为昌平侯。七年封为济川王。 [20]刘泽：泗水郡沛县人，刘邦从祖兄弟。汉高帝十一年封为营陵侯，娶吕媭之女。高后七年为琅邪王。后为燕王。谥敬王。 [21]大谒者张卿：即前大谒者张释。[22]未大服：并不心悦诚服。 [23]诸刘最长（zhǎng）：刘姓诸王中最年长。 [24]益固：更加牢固。 [25]然之：赞同他的意见。 [26]从官皆诸吕：侍从官员都是吕氏家人。 [27]微伺：暗中监视。 [28]自恣：自己随心所欲。恣，放纵。 [29]不胜悲愤：非常痛苦。 [30]弃宗庙礼：赵王刘恢因妇人而自杀，自绝宗庙之祀，故以弃宗庙礼论罪。 [31]废其嗣：废除赵王刘恢的继承人，即废除了刘姓赵国。 [32]忿：怒恨。不得职：谓失去权力。 [33]燕饮：宴饮。燕，通“宴”。 [34]酒吏：掌酒令的官。 [35]将种（zhǒng）：将门之后。 [36]行酒：行令饮酒。 [37]《耕田歌》：此歌意谓汉朝应当发展刘氏权势，消除异姓诸吕势力。 [38]概种：播种。 [39]顷之：不一会。 [40]亡酒：不能饮酒而逃跑。 [41]业已许其军法：已经同意他用军法监酒。 [42]无以罪也：无法将他治罪。 [43]因罢：于是散席，宴会不欢而散。 [44]依

朱虚侯：依靠朱虚侯。［45］燕居：闲居。深念：深思策略。［46］往：造访，探望。［47］直入坐：不因门人通报而径自入座。［48］不见：没有察觉。［49］何念之深：为什么这样深思，全神贯注。［50］生揣我何念：先生推测我在想什么？揣，猜测。［51］患诸吕、少主耳：忧虑诸吕和皇上年幼的事罢了。［52］为之奈何：怎么办呢？［53］和调：团结一致。［54］士豫附：士人归附。［55］在两君掌握耳：就在你们文武两位大臣掌控之中。［56］尝：曾经。太尉绛侯：周勃。［57］与我戏：常与我开玩笑。［58］易吾言：不重视我说的话。易，轻视。［59］交欢：结交和好。［60］深相结：密切相交，加深友谊。［61］画吕氏数事：谋划铲除诸吕的几个关键大事。［62］寿：祝福，送礼。［63］厚具乐饮：置办丰盛的宴席畅快饮酒。［64］报亦如之：回报的礼品与送的相当。［65］遗：赠送。饮食费：生活费。［66］使使：派遣使者。代王：指刘恒（前202—前157）。刘邦之子。高帝十一年立为代王。后立为帝，是为汉文帝。传见《史记》卷十、《汉书》卷四。［67］谢：谢绝，回绝。［68］愿守代边：自愿留守代国的边地。代，王国名。都晋阳，在今山西太原市西南。［69］吕禄：吕太后之侄、吕释之之子，原封汉阳侯，今为赵王，任上将军，掌北军。吕太后死，功臣灭诸吕，吕禄被诛死。［70］燕灵王建：高帝庶子刘建，高帝十二年立为燕王。死后，其子被吕太后所杀，国除。［71］美人子：燕王刘建美人所生之子。［72］国除：燕国被裁撤。［73］周灶：随刘邦起义，为将，封隆虑侯。

八年（辛酉，前180年）

冬，十月，辛丑[1]，立吕肃王子东平侯通为燕王[2]；封通弟庄为东平侯。

三月，太后祓[3]，还，过轵道[4]，见物如苍犬，撠太后掖[5]，忽不复见。卜之[6]，云“赵王如意为祟[7]”。太后遂病掖伤。

太后为外孙鲁王偃[8]年少孤弱，夏，四月，丁酉[9]，封张敖前姬两子侈为新都侯，寿为乐昌侯，以辅鲁王。又封中[10]大谒者张释为建陵侯，以其劝王诸吕，赏之也。

江、汉水溢[11]，流万余家[12]。

秋，七月，太后病甚，乃令赵王禄为上将军，居北军[13]；吕王产居南军[14]。太后诫[15]产、禄曰：“吕氏之王，大臣弗平[16]。我即崩，帝年少，大臣恐为变[17]。必据兵卫宫，慎毋送丧，为人所制[18]！”

辛巳[19]，太后崩，遗诏[20]：大赦天下，以吕王产为相国，以吕禄女为帝后。高后已葬，以左丞相审食其为帝太傅[21]。

诸吕欲为乱，畏大臣绛、灌[22]等，未敢发。朱虚侯以吕禄女为妇[23]，故知其谋，乃阴令人[24]告其兄齐王[25]，欲令发兵西[26]，朱虚侯、东牟侯为内应[27]，以诛诸吕，立齐王为帝。齐王乃与其舅驷钧、郎中令祝午、中尉魏勃阴谋发兵[28]。齐相召平弗听[29]。

八月，丙午[30]，齐王欲使人诛相。相闻之，乃发卒卫王宫[31]。魏勃绐召平[32]曰："王欲发兵，非有汉虎符[33]验也。而相君围王固善，勃请为君将兵卫王。"召平信之。勃既将兵，遂围相府，召平自杀。于是齐王以驷钧为相，魏勃为将军，祝午为内史[34]，悉发国中兵。

使祝午东诈琅邪王[35]曰："吕氏作乱，齐王发兵欲西诛之。齐王自以年少，不习兵革之事[36]，愿举国委大王[37]。大王，自高帝将也[38]。请大王幸之临菑[39]，见齐王计事。"琅邪王信之，西驰见齐王。齐王因留[40]琅邪王，而使祝午尽发琅邪国兵，并将之。

琅邪王说齐王曰："大王，高皇帝适长孙[41]也，当立。今诸大臣狐疑未有所定，而泽于刘氏最为长年，大臣固待泽决计[42]。今大王留臣，无为也[43]，不如使我入关计事。"齐王以为然，乃益具车送琅邪王。琅邪王既行，齐遂举兵西攻济南[44]。遗诸侯王书，陈诸吕之罪，欲举兵诛之。

相国吕产等闻之，乃遣颍阴侯灌婴将兵击之。灌婴至荥阳[45]，谋曰："诸吕拥兵关中[46]，欲危刘氏而自立。今我破齐还报，此益吕氏之资[47]也。"乃留屯荥阳[48]，使使谕[49]齐王及诸侯与连和，以待吕氏变[50]，共诛之。齐王闻之，乃还兵西界待约[51]。

（以上为第四段，写吕太后吕雉去世，遗命吕氏诸王掌握军权；朱虚侯刘章暗中派人告知其兄齐王刘襄，让其统兵西征，图谋诛除吕氏，立齐王为汉帝。相国吕产派颍阴侯灌婴统兵攻打，灌婴首鼠两端。）

【注释】

[1]辛丑：十月十六日。[2]东平侯通：吕肃王吕台之子吕通，由东平侯升格为燕王。[3]祓（fú）：古时除灾求福的祭祀。[4]轵道：地名，在今陕西西安市东北。[5]撠太后掖：猛扑太后腋窝。撠（jǐ），撞及。掖，通"腋"。[6]卜之：占卜此事。[7]祟（suì）：鬼怪。此指鬼怪带来的灾祸。[8]鲁王偃：张偃，太后外孙，鲁王张敖之子，承袭鲁王。[9]丁酉：四月十七日。[10]中：诸官名上加"中"者，多为宦者。[11]江、汉水溢：长江、汉水泛滥。

[12]流万余家：冲毁了一万多户百姓家园。流，冲毁，冲走。［13］北军：汉代卫戍京师的屯兵。其营垒在未央宫、长乐宫之北，故名。因其地位重要，故吕后病重时，令吕禄为上将军，统率北军。［14］南军：西汉守卫皇宫的禁卫军。因其守卫的未央宫与长乐宫均在城南，故名。南军地位更在北军之上，故吕后病重时，令吕产统率南军。［15］诫：告诫。［16］弗平：心中不服。［17］变：发难。指诛诸吕。［18］制：控制。［19］辛巳：七月三十日。［20］遗诏：帝、后的遗嘱称遗诏。［21］以左丞相审食其为帝太傅：审食其是吕后宠臣，吕后死，由左丞相调为帝太傅，实际上是夺了他的行政大权。［22］绛：绛侯周勃，时任太尉。灌：大将军灌婴。绛、灌，功臣集团的代表人物。［23］朱虚侯：刘章。妇：妻子。［24］阴令人：暗中派人。［25］齐王：刘襄，刘章之兄。［26］发兵西：统兵西征。［27］内应：在内部策应。［28］郎中令、中尉：此均为齐王国的属官。［29］齐相召平弗听：齐相召平反对起兵。召平，秦汉之际有三个召平。此人任齐王国丞相。其子名奴，以父死事封黎侯，见《史记》和《汉书》的《功臣表》。另外两召平，一为广陵人召平，二为东陵侯召平。［30］丙午：七月二十六日。［31］卫王宫：守卫王宫，实为把齐王刘襄软禁在宫里。［32］绐召平：欺骗召平。［33］虎符：兵符，古代调兵遣将的信物。铜铸，虎形，背有铭文，分两半，右半留在朝廷，左半授予统兵将帅或地方长官。调兵时由朝廷使臣持符验合而生效。［34］内史：此指齐王的属官，职掌王国民政。［35］琅邪王：指刘泽，高后三年封为琅邪王。［36］兵革之事：用兵战阵之事。兵革，本指兵器甲胄，代指战斗打仗。［37］委大王：听命于大王。委，托付，听命。［38］自高帝将也：自从高帝时已为将。［39］幸之临菑：光临临淄。［40］留：扣留。［41］适长孙：齐王刘襄乃悼惠王之子、高帝之长孙。适，通“嫡”。［42］大臣固待泽决计：大臣们本为等待我决断拥立皇帝。［43］无为也：没有什么作为。［44］济南：指济南王国。高后元年以封吕台；台卒，吕产嗣封。［45］荥阳：县名，汉时军事要地，在今河南荥阳市东北。［46］拥兵关中：在关中掌握重兵。［47］益吕氏之资：增加吕氏的资本。［48］留屯荥阳：在荥阳停留驻扎下来。［49］谕：告知。［50］待吕氏变：等待吕氏发起变乱。［51］西界：指齐王国西面的边界。待约：等待订约。

吕禄、吕产欲作乱，内惮绛侯、朱虚等，外畏齐、楚兵，又恐灌婴畔[1]之。欲待灌婴兵与齐合而发[2]，犹豫未决。

当是时，济川王太、淮阳王武、常山王朝及鲁王张偃皆年少，未之国[3]，居长安；赵王禄、梁王产各将兵居南、北军。皆吕氏之人也。列侯群臣莫自坚其命[4]。

太尉绛侯勃不得主兵。曲周侯郦商老病[5]，其子寄[6]与吕禄善。绛侯乃与丞相陈平谋，使人劫郦商[7]，令其子寄往绐说吕禄曰：“高帝与吕后共定天下，刘氏所立九王[8]，吕氏所立三王[9]，皆大臣之议，事已布告诸侯，皆以为宜。今太后崩，帝少，而足下佩赵王印，不急之国守藩[10]，乃为上将，将兵留此，为大臣诸侯所疑。足下[11]何不归将印[12]，以兵属太尉[13]，请梁王归相国印，与大臣盟[14]而之国。齐兵必罢[15]，大臣得安，足下高枕而王千里，此万世之利也。”吕禄信然其计[16]，欲以兵属太尉。使人报吕产及诸吕老人，或以为便，或曰不便，计犹豫未有所决。

吕禄信郦寄，时与出游猎，过其姑吕媭。媭大怒曰：“若为将而弃军[17]，吕氏今无处[18]矣！”乃悉出珠玉、宝器散堂下，曰：“毋为他人守也！”

九月，庚申旦[19]，平阳侯窋行[20]御史大夫事，见相国产计事。郎中令贾寿使从齐来，因数产[21]曰：“王不早之国，今虽欲行，尚可得邪[22]！”具[23]以灌婴与齐、楚合从[24]欲诛诸吕告产，且趣[25]产急入宫。平阳侯颇闻其语，驰告丞相、太尉。

太尉欲入北军，不得入。襄平侯纪通尚符节[26]，乃令持节矫内太尉北军[27]。太尉复令郦寄与典客[28]刘揭先说吕禄曰：“帝使太尉守北军，欲足下之国。急归将印，辞去！不然，祸且起。”吕禄以为郦况不欺已[29]，遂解印属典客，而以兵授太尉。太尉至军，吕禄已去。太尉入军门，行令军中[30]曰：“为吕氏右袒[31]，为刘氏左袒！”军中皆左袒。太尉遂将北军；然尚有南军。丞相平乃召朱虚侯章佐太尉；太尉令朱虚侯监军门，令平阳侯告卫尉[32]：“毋入相国产殿门！”

吕产不知吕禄已去北军，乃入未央宫[33]，欲为乱。至殿门，弗得入，徘徊往来。平阳侯恐弗胜，驰语太尉[34]。太尉尚恐不胜诸吕，未敢公言诛之，乃谓朱虚侯曰：“急入宫卫帝[35]！”朱虚侯请卒[36]，太尉予卒千余人。入未央宫门，见产廷中。日晡时[37]，遂击产；产走[38]。天风大起，以故其从官乱[39]，莫敢斗[40]；逐产，杀之郎中府[41]吏厕中。朱虚侯已杀严，帝命谒者[42]持节劳朱虚侯。朱虚侯欲夺其节，谒者不肯。朱虚侯则从与载，因节信驰走[43]，斩长乐卫尉[44]吕更始。还，驰入北军报太尉，太尉起拜贺[45]。朱虚侯曰：“所患独吕产[46]；今已诛，天下定矣！”遂遣人分部悉捕诸吕男女，无少长皆斩之。

辛酉[47]，捕斩吕禄而笞杀吕媭，使人诛燕王吕通而废鲁王张偃。

戊辰[48]，徙济川王王梁[49]。遣朱虚侯章以诛诸吕事告齐王，令罢兵。

灌婴在荥阳，闻魏勃本教齐王举兵，使使召魏勃至，责问之。勃曰："失火之家，岂暇先言丈人而后救火乎[50]？"因退立，股战而栗[51]，恐不能言者，终无他语。灌将军熟视[52]笑曰："人谓魏勃勇；妄庸人耳[53]，何能为乎！"乃罢魏勃[54]。灌婴兵亦罢荥阳归[55]。

班固赞曰[56]："孝文时，天下以郦寄为卖友[57]。夫卖友者，谓见利而亡义也。若寄父为功臣而又执劫[58]；虽摧吕禄以安社稷，谊存君亲可也[59]。"

（以上为第五段，写丞相陈平与太尉周勃谋划诛除诸吕，利用郦商的儿子郦寄与相国吕产的关系，骗其交出军权。太尉周勃进入北军，取得控制权；朱虚侯刘章杀掉吕产。于是，平定诸吕，吕氏全族均被处斩。）

【注释】

[1]畔：通"叛"。 [2]发：发动变乱。 [3]未之国：没有到自己的封地去。 [4]莫自坚其命：没有人能自己拿定主意。 [5]郦商老病：郦商，汉初功臣之一，封曲周侯，官至右丞相。此时因年老，卧病在家。传见《史记》卷九十五、《汉书》卷四十一。 [6]寄：郦商之子郦寄，字况。 [7]劫郦商：劫持郦商为人质。 [8]刘氏所立九王：楚王交，高帝弟。代王恒、淮南王长，高帝子。吴王濞，高帝侄。琅邪王泽，刘氏疏属。齐王襄，高帝孙。常山王朝、淮南王武、济川王太，此三王为名义上的惠帝子。 [9]吕氏所立三王：梁王吕产，赵王吕禄，燕王吕通。 [10]不急之国守藩：不急着返回封国守土。守藩，守住封国。 [11]足下：对人的敬称。 [12]归将印：交出将印。 [13]以兵属太尉：把兵权交给太尉周勃。 [14]盟：订立誓约。 [15]罢：休兵，停战。 [16]信然其计：相信而同意其计谋。 [17]弃军：丢掉军权。 [18]无处：无处安身。 [19]庚申旦：九月十日早晨。 [20]行：代理官职。 [21]数产：责备吕产。 [22]尚可得邪：还能行吗！ [23]具：详细，一一。 [24]合从：合纵，联合。 [25]趣：通"促"。[26]尚符节：主管皇帝符节。 [27]"乃令"句：太尉于是命令纪通拿着符节伪称奉皇帝诏令允许太尉进入北军。矫，假传圣旨。内，通"纳"。 [28]典客：官名，职掌少数民族事务。 [29]不欺己：不会欺骗自己，不会卖友。 [30]行令军中：下令军中。 [31]右袒：脱去上衣，露出右臂膀。袒，赤臂。 [32]卫尉：官名，汉九卿之一，主管宫门警卫，南军属卫尉。 [33]未央宫：宫殿名。汉初建于长安，在今西安市西北。 [34]驰语太尉：策马告知太尉。驰语，送紧急口

信。［35］急入宫卫帝：立即入宫保卫皇帝。这是托词，实是欲入宫诛诸吕。［36］请卒：要求增加兵力。［37］日晡（bū）时：申时。即午后三时至五时。［38］产走：吕产奔逃。［39］从官乱：随从官员一片慌乱。［40］莫敢斗：不敢同朱虚侯刘章战斗。［41］郎中府：郎中令的府署。因郎中令掌宫殿守卫，故其府在宫中。［42］谒者：官名，皇帝的侍从官员，常充皇帝的使者。［43］因节信驰走：因谒者持节为信物，故朱虚侯得以在宫中驰走。［44］长乐卫尉：官名，掌长乐宫警卫。［45］太尉起拜贺：太尉起身向朱虚侯祝贺胜利。［46］所患独吕产：最令人担忧的就一个吕产。独，唯独，只有。［47］辛酉：九月十一日。［48］戊辰：九月十八日。［49］徙济川王王梁：改封济川王刘太为梁王。［50］"失火"二句：家中失火，难道还有闲工夫先请示长辈而后才救的吗？［51］股战而栗：大腿发抖，十分恐惧貌。［52］灌将军：灌婴。熟视：仔细审视魏勃。［53］妄庸人耳：狂妄而平庸的人罢了。［54］罢魏勃：赦免魏勃。［55］罢荥阳归：从荥阳撤兵回到长安。罢，撤兵。归，回京师长安。［56］班固赞曰：班固评论。引语见《汉书》卷四十一赞语。［57］卖友：出卖朋友。［58］寄父：郦寄的父亲郦商，汉初功臣。又执劫：又被劫持。［59］"虽摧吕禄"二句：即使朋友吕禄被杀，却安定了国家，顾全了君臣父子的伦理大义，还是应肯定的。摧吕禄，摧折吕禄，使之被杀。谊，通"义"，指忠孝大义。君亲，皇帝、父亲。

诸大臣相与阴谋曰："少帝及梁、淮阳、恒山王，皆非真孝惠子也；吕后以计诈名他人子，杀其母养后宫，令孝惠子之[1]，立以为后及诸王，以强吕氏。今皆已夷灭[2]诸吕，而所立即长[3]，用事[4]，吾属无类矣[5]！不如视诸王最贤者立之。"或言："齐王，高帝长孙，可立也。"大臣皆曰："吕氏以外家恶而几危宗庙[6]，乱功臣。今齐王舅驷钧，虎而冠[7]；即立齐王，复为吕氏矣。代王方今高帝见子最长[8]，仁孝宽厚；太后家薄氏谨良[9]。且立长固顺，况以仁孝闻天下乎！"乃相与共阴使人[10]召代王。

代王问左右，郎中令张武等曰："汉大臣皆故高帝时大将，习兵，多谋诈。此其属意非止此也[11]，特畏高帝、吕太后威耳。今已诛诸吕，新喋血京师[12]，此以迎大王为名，实不可信。愿大王称疾毋往，以观其变。"中尉宋昌进曰："群臣之议皆非也。夫秦失其政，诸侯、豪杰并起[13]，人人自以为得之者以万数[14]，然卒[15]践天子之位者，刘氏也，天下绝望[16]，一矣。高帝封王子弟，地犬牙相制[17]，此所谓磐石[18]之宗也；天下服其强，二矣。汉兴，除秦苛政，约法令，施德惠，人人自安，难动摇，三矣。夫以吕太后之严，立诸吕为三王，擅权专制；然而太尉以一节[19]入北军一呼，士皆左袒，为刘氏，叛诸吕，卒以灭之。此乃天授，非人力也。今大臣虽欲为变，百姓弗为使[20]，其党宁能专一邪[21]！方今内有朱虚、东牟之亲[22]，外畏吴、楚、淮阳、琅邪、齐、代[23]之强。方今[24]高帝子，独淮南王[25]与大王；大王又长，贤圣仁孝闻于天下，故大臣因天下之心而欲迎立大王。大王勿疑也！”

代王报太后计之[26]，犹豫未定。卜之[27]，兆得大横[28]，占曰[29]：“大横庚庚，余为天王，夏启以光[30]。”代王曰：“寡人固已为王矣，又何王？”卜人曰：“所谓天王者，乃天子也。”

于是代王遣太后弟薄昭往见绛侯，绛侯等具为昭言所以迎立王意[31]。薄昭还报曰：“信矣，毋可疑者。”代王乃笑谓宋昌曰：“果如公言。”

乃命宋昌参乘[32]，张武等六人乘传[33]，从诣长安。至高陵[34]。休止，而使宋昌先驰之长安观变[35]。昌至渭桥[36]，丞相以下皆迎。昌还报。代王驰至渭桥，群臣拜谒称臣，代王下车答拜。太尉勃进曰：“愿请间[37]。”宋昌曰：“所言公[38]，公言之[39]；所言私，王者无私。”太尉乃跪上天子玺、符[40]。代王谢曰：“至代邸[41]而议之。”

后九月[42]，己酉晦[43]，代王至长安，舍代邸，群臣从至邸。丞相陈平等皆再拜言曰：“子弘等皆非孝惠子，不当奉宗庙。大王，高帝长子，宜为嗣。愿大王即天子位！”代王西乡让者三，南乡让者再[44]，遂即天子位；群臣以礼次侍[45]。

东牟侯兴居曰：“诛吕氏，臣无功，请得除宫[46]。”乃与太仆汝阴侯滕公[47]入宫，前谓少帝曰：“足下非刘氏子，不当立！”乃顾麾左右执戟者掊兵罢去[48]；有数人不肯去兵[49]，宦者令张释谕告[50]，亦去兵。滕公乃召乘舆车[51]载少帝出。少帝曰：“欲将我安之乎[52]？”滕公曰：“出就舍。”舍少府[53]。

乃奉天子法驾[54]迎代王于邸[55]，报曰：“宫谨除[56]。”代王即夕[57]入未央宫。有谒者十人持戟卫端门[58]，曰：“天子在也，足下何为者而入[59]！”代王乃谓太尉。太尉往谕[60]，谒者十人皆掊兵而去，代王遂人。夜，拜宋昌为卫将军[61]，镇抚南北军；以张武为郎中令，行殿中[62]。有司分部[63]诛灭梁、淮阳、恒山王及少帝于邸。文帝还坐前殿，夜，下诏书赦天下。

（以上为第六段，写汉大臣诛灭诸吕后，拥立代王刘恒为帝，因为刘恒是刘邦在世诸子中年龄最长的一位，为人仁孝宽厚，而太后薄氏一家谨慎温良。代王进入皇宫，即皇帝位，是为汉文帝。）

【注释】

[1]子之：以其为子，养以为子。[2]夷灭：消灭。[3]即长：即将长大成人。[4]用事：掌管政事，即掌权。[5]吾属无类矣：我们恐怕都要被灭族。吾属，我们这些人。无类，无遗类，被灭族。[6]“吕氏”句：吕氏正因为是凶恶的外戚，几乎危害国家。外家恶，外戚凶恶。宗庙，皇室宗庙，指国家。[7]虎而冠：如虎戴冠，谓为人如虎。[8]见子最长：现在的儿子中最年长。见，通“现”。[9]太后家薄氏：指代王刘恒生母薄姬。谨良：谨慎善良。[10]阴使人：秘密派人出使。[11]此其属意非止此也：这帮人的意愿并不止于已有的权位。此其属，这些人，这帮人。非止此，不止于，不满足已有的权位。此，指功臣们现有的权位。[12]新喋血京师：刚刚洒血京师。喋血，谓杀人多，踏血行走。[13]诸侯、豪杰：此指有政治地位及才能出众的人。并起：蜂拥而起。[14]以万数：数以万计。[15]卒：终于。[16]天下绝望：意谓刘氏汉家已定，天下诸侯豪杰对践天子之位已经绝望，再不妄想。[17]地犬牙相制：地界交错，形势如犬牙，互相牵制。[18]磐石：巨石。喻牢固。[19]节：指符节。[20]弗为使：谓不被利用。[21]宁能：岂能。专一：谓团结一致。[22]朱虚、东牟之亲：朱虚侯刘章、东牟侯刘兴居，皆刘氏宗亲。[23]吴、楚、淮阳、琅邪、齐、代：吴王刘濞、楚王刘郢、淮阳（淮南）王刘长、琅邪王刘泽、齐王刘襄、代王刘恒，皆刘姓王国。淮阳，《史记》作“淮南”，是，当从之。[24]方今：当今，现在。[25]独：只有。淮南王：指淮南王刘长。[26]代王报太后计之：代王刘恒禀报薄太后商议入承大统这件事。太后，即文帝母薄氏，将为皇太后。[27]卜之：卜卦问吉凶。卜，用火灼龟甲，以观察裂纹状况。[28]兆得大横：得到了大横的裂纹。兆，龟甲上的裂纹。[29]占曰：占辞说。[30]“大横”三句：横线直贯多强壮，我做天王，夏启的事业得到光大发扬。庚庚，形容兆纹横线粗壮的样子。夏启，大禹之子，承父业传子，此为文帝自比，将同夏启一样把汉家基业一代代传下去。[31]迎立王意：迎立代王入继大统的真实意图。[32]参乘：陪乘。[33]传（zhuàn）：传车，驿车。[34]高陵：县名，县治即在今陕西西安市高陵区。[35]观变：观察事态变化。[36]渭桥：横跨渭水之桥，汉时在长安北三里。[37]请间：请求与代王谈话。间，间隙，指单独谈话的短暂时间，机会。[38]所言公：你要说的如果是公事。公，公私之公。[39]公言之：就公开说。公，公开，当众。[40]玺（xǐ）：印

章。秦以后专指帝王之印。符：符节。朝廷遣使和调兵所使用的信物。［41］代邸：代王在京师活动所用的公馆。［42］后九月：闰九月。［43］己酉：二十九日。晦：月末。［44］“代王西乡”二句：代王面向西以宾主之礼接待众人，三次谦让；又面向南以君臣之礼对待群臣，再次谦让。乡，通“向”。［45］以礼次侍：按君臣之礼依次侍候。［46］除宫：清除宫廷。即将少帝赶出宫廷。［47］滕公：夏侯婴，时任太仆。［48］“乃顾”句：刘兴居转身命令少帝身边的持戟卫士，放下兵器退出皇宫。麾，通“挥”，指挥，命令。掊，通“踣（bó）”。掊兵，放下武器。罢去，退出皇宫。［49］不肯去兵：不愿放下兵器。［50］谕告：告知诛诸吕废除非刘氏的少帝缘由。［51］乘舆车：指宫中专供皇上用的车驾。［52］安之乎：安置在何处？［53］舍少府：安置在少府的官衙中。［54］天子法驾：《汉官仪》：“天子卤簿有大驾、法驾、小驾。大驾，公卿奉引、大将军参乘，属车八十一乘。法驾，公卿不在卤簿中，惟京兆尹、执金吾、长安令奉引，侍中参乘，属车三十六乘。”蔡邕曰：“天子有大驾、小驾、法驾，上乘金根车，驾六马，有五时副车，驾四马；侍中骖乘，属车三十六乘。”［55］邸：指代王邸。即代王在京师的公馆。［56］宫谨除：皇宫已被肃清。［57］即夕：当夜。［58］端门：未央宫前殿的正南门。［59］足下何为者而入：你进入皇宫要干什么。［60］往谕：前去告谕。［61］拜：任命。卫将军：武官名，位次上卿。［62］行殿中：巡视、管理殿中事务。［63］分部：分别派遣。

太宗孝文皇帝[1]上

元年（壬戌，前179年）

冬，十月，庚戌[2]，徙琅邪王泽为燕王[3]；封赵幽王子遂为赵王[4]。

陈平谢病[5]；上问之，平曰：“高祖时，勃功不如臣，及诛诸吕，臣功亦不如勃；愿以右丞相让勃[6]。”

十一月，辛巳[7]，上徙平为左丞相，太尉勃为右丞相，大将军灌婴为太尉。诸吕所夺齐、楚故地，皆复与之[8]。

论诛诸吕功，右丞相勃以下益户、赐金各有差[9]。绛侯朝罢趋出，意得甚[10]；上礼之恭[11]，常目送之[12]。郎中安陵袁盎谏曰[13]：“诸吕悖逆[14]，大臣相与共诛之。是时丞相为太尉，本兵柄，适会其成功。今丞相如有骄主色[15]，陛下谦让；臣主失礼[16]，窃为陛下弗取[17]也！”后朝[18]，上益庄[19]，丞相益畏。

十二月，诏曰：“法者，治之正[20]也。今犯法已论[21]，而使无罪之父母、妻子、同产坐之[22]，及为收帑[23]，朕甚不取[24]！其除收帑诸相坐律令！”

春，正月，有司请蚤建太子[25]。上曰：“朕既不德[26]，纵不能博求天下贤圣有德之人而禅天下焉[27]，而曰豫建太子，是重吾不德也；其安之[28]！”有司曰：“豫建太子，所以重宗庙、社稷，不忘天下也。”上曰：“楚王[29]，季父也；吴王[30]，兄也；淮南王[31]，弟也：岂不豫哉[32]？今不选举焉，而曰必子[33]；人其以朕为忘贤有德者而专于子[34]，非所以优[35]天下也！”有司固请[36]曰：“古者殷、周有国[37]，治安[38]皆千余岁，用此道[39]也；立嗣必子，所从来远矣。高帝平天下为太祖，子孙继嗣世世不绝，今释宜建[40]而更选于诸侯及宗室，非高帝之志也。更议不宜[41]。子启最长[42]，纯厚慈仁，请建以为太子。”上乃许之。

三月，立太子母窦氏为皇后[43]。皇后，清河观津[44]人。有弟广国[45]，字少君，幼为人所略卖[46]，传十余家，闻窦后立，乃上书自陈[47]。召见，验问，得实，乃厚赐田宅、金钱，与兄长君[48]家于长安。绛侯、灌将军等曰[49]：“吾属不死，命乃且县此两人[50]。两人所出微[51]，不可不为择师傅、宾客；又复效吕氏，大事也！”于是乃选士之有节行者与居[52]。窦长君、少君由此为退让君子[53]，不敢以尊贵骄人。

诏振贷鳏、寡、孤、独、穷困之人[54]。又令：“八十已上[55]，月赐米、肉、酒；九十已上，加赐帛、絮[56]。赐物当禀鬻米者[57]，长吏阅视[58]，丞若尉致[59]；不满九十，啬夫、令史[60]致；二千石遣都吏循行[61]，不称者督之[62]。”

楚元王交薨。

夏，四月，齐、楚地震，二十九山同日崩，大水溃出。

时有献千里马者。帝曰：“鸾旗[63]在前，属车[64]在后，吉行日五十里[65]，师行三十里[66]；朕乘千里马，独先安之[67]？”于是还其马，与道里费[68]；而下诏曰：“朕不受献[69]也。其令四方毋求来献[70]。”

帝即施惠天下，诸侯、四夷[71]远近欢洽[72]；乃修代来功[73]，封宋昌为壮武侯。

（以上为第七段，写汉文帝刘恒即位后任命在平叛诸吕中功劳大的周勃为右丞相，改任陈平为左丞相；立刘启为太子，立太子生母窦氏为皇后；救济孤寡老人；

拒不接受贡献之物。）

【注释】

［1］太宗孝文皇帝：即刘恒，高帝十一年立为代王。高后八年被大臣迎立为帝。公元前 179 年至公元前 157 年在位。［2］庚戌：十月一日。［3］泽为燕王：刘泽，吕后七年封为琅邪王。与大臣共立刘恒为帝，因功徙封燕王。［4］遂为赵王：刘遂，赵幽王刘友之长子，吕后七年赵王友被幽死，此时复封遂为赵王。［5］谢病：借口有病而引退。［6］以右丞相让勃：让周勃任右丞相。汉时尚右，故陈平以右丞相让周勃。［7］辛巳：十一月二日。［8］皆复与之：齐、楚两国封地被吕太后削夺的郡县重新还给齐、楚两国。［9］益户、赐金各有差：增加封邑户数、赏赐黄金各有差别。差，等次。［10］意得甚：非常得意，自满。［11］上礼之恭：文帝对周勃以礼相待，十分恭敬。［12］常目送之：文帝经常目送周勃退朝。［13］郎中：官名，宫廷警卫。安陵：陵名、县名，县治在今陕西咸阳市东北。袁盎：安陵人，字丝。文帝时为郎中，官至太常。传见《史记》卷一百一、《汉书》卷四十九。［14］悖逆：犯上作乱。［15］骄主色：对君主有傲慢之色。［16］臣主失礼：臣骄气君谦恭，即臣慢君恭，君臣两失，君不像君，臣不像臣，秩序颠倒。［17］弗取：不可取。［18］后朝：此后的朝会。［19］益庄：更加严肃。［20］治之正：治理的正道。［21］论：定罪，指犯法者本人已论罪。［22］同产坐之：同母兄弟受株连定罪。坐，连坐，受株连。［23］收帑（nú）：即收孥。帑，同“孥”，妻子儿女。古时连坐之律，一人犯法，牵累妻子儿女被没为官奴，称“收孥”。［24］不取：连坐之律不可取。［25］蚤建太子：早早确立太子。蚤，通“早”。太子，皇位继承人。［26］不德：没有德行。［27］禅天下焉：把天下禅让给贤能的人。［28］其安之：早立太子之事暂缓讨论。安，徐也，暂缓之意。［29］楚王：指楚元王刘交，汉高帝同父异母弟。［30］吴王：指吴王刘濞，汉高帝之侄，长于文帝，故称“兄”。［31］淮南王：指淮南王刘长，汉高帝的少子，文帝之弟。［32］岂不豫哉：难道他们不是早就存在的继承人吗？豫，通“预”，早就存在。［33］必子：指一定要以亲子为太子。［34］专于子：唯独专注于亲子为太子。［35］优：通“忧”。他本正作“忧”。［36］固请：坚持请求。［37］殷、周有国：谓商代、周代。［38］治安：长治久安。［39］用此道：意谓商、周即用了预建太子的办法。虽然商朝多有兄终弟及的情况，但子承父业是主流。［40］今释宜建：如果现今放弃应当立为太子的规矩。释，放弃，废除。［41］更议不宜：在皇子之外另议继承人是不应当的。更议，改变皇子继承的制度。不宜，不应当，不妥。［42］子启最长：文帝儿子刘启年纪最大，即长子。［43］皇后：汉文帝所立皇后窦氏，景帝之母。景帝即位，窦皇后为窦太后，好黄老言，坚持无为政治，掌控朝政直至终世。传见《史记》卷四十九、《汉书》卷九十七上。［44］清河：郡名，治所清阳，在今河北清河县东南。观津：县名，治所在今河北武邑县东南。［45］广国：窦广国，字少君，窦皇后之弟，文帝后元七年封章武侯。［46］略卖：被人拐卖。略，通“掠”，被拐骗。［47］上书自陈：上书自言身世。［48］兄长君：窦广国的哥哥叫窦长君。［49］绛侯：周

勃。灌将军：灌婴。［50］命乃且县此两人：我们的命运将掌控在这两人手中。县，通“悬”，掌控，取决。两人，指窦长君、窦广国两个外戚。［51］微：卑微。指社会底层的人。［52］乃选士之有节行者与居：从士人中挑选有节操的人与二人同住。有节行，指有节操的士人。［53］退让君子：谦恭君子。［54］“诏振贷”句：汉文帝下诏令救济鳏寡孤独和穷困的人。振贷，救济。振，通“赈”。［55］八十已上：八十岁以上的老人。已，通“以”。［56］加赐帛、絮：增加帛和絮。帛，丝织品的总称。絮，指粗丝绵。［57］赐物当禀鬻米者：凡是应为赐给米的人。禀（bǐng）鬻（zhōu）米：送给煮粥的米。禀，给。鬻，“粥”本字。［58］长吏阅视：各县的县令县长要亲自检查。长吏，长官。县的长官，万户以上的县为令，万户以下的县为长。［59］丞若尉致：或丞、或尉亲自送到。县长官之下，有属官丞、尉。致，送到。［60］啬夫、令史：下级小吏。［61］二千石遣都吏循行：郡国二千石长官郡守国相要派出负责监查的都吏，巡视监察所属各县。二千石，指郡国长官郡守、国相。都吏，官名，即督邮。［62］不称者：谓不称职者。督：督责，问责。［63］鸾旗：天子车上绣有鸾鸟、编有羽毛之旗。［64］属（shǔ）车：天子的侍从车。［65］吉行日五十里：行走顺利，每天只是五十里。［66］师行三十里：按军队整齐地行进，每天只是三十里。［67］独先安之：独自领先往哪里去。安，哪儿。［68］与道里费：给他因献马往来的交通费用。［69］不受献：不接受贡献物品。［70］其令四方毋求来献：我命令全国不要请求来京献物。四方，指全国。［71］四夷：四方各族。［72］远近欢洽：远近的诸侯与四方部族都与朝廷的关系很融洽。［73］修代来功：表彰赏赐跟随文帝从代国来京的旧部功臣。修，治，指表彰、奖励。

帝益明习国家事。朝而问右丞相勃曰：“天下一岁决狱几何[1]？”勃谢不知[2]；又问：“一岁钱谷入几何？”勃又谢不知；惶愧[3]，汗出沾背。上问左丞相平。平曰：“有主者[4]。”上曰：“主者谓谁？”曰：“陛下即问决狱，责廷尉[5]；问钱谷，责治粟内史[6]。”上曰：“苟各有主者，而君所主者何事也[7]？”平谢曰：“陛下不知其驽下[8]，使待罪宰相[9]。宰相者，上佐天子，理阴阳，顺四时；下遂万物之宜；外镇抚四夷诸侯；内亲附百姓，使卿大夫各得任其职焉[10]。”帝乃称善。右丞相大惭，出而让陈平曰：“君独不素教我对[11]！”陈平笑曰：“君居其位，不知其任邪[12]？且陛下即问长安中盗贼数，君欲强对邪[13]？”于是绛侯自知其能不如平远矣[14]。居顷之[15]，人或说勃曰：“君既诛诸吕，立代王，威震天下。而君受厚赏，处尊位，久之，即祸及身矣[16]。”勃亦自危[17]，乃谢病[18]，请归相印[19]，上许之[20]。

秋，八月，辛未[21]，右丞相勃免，左丞相平专为丞相[22]。

初，隆虑侯灶击南越，会暑湿，士卒大疫，兵不能隃领[23]。岁余，高后崩，即罢兵。赵佗因此以兵威财物赂遗[24]闽越、西瓯、骆[25]，役属[26]焉。东西万余里[27]，乘黄屋左纛[28]，称制与中国侔[29]。

（以上为第八段，写汉文帝越来越明习国家政事，询问右丞相周勃诸事，周勃不能回答，非常惭愧，请辞丞相，于是汉文帝以陈平一人专为丞相。）

【注释】

[1]决狱几何：判决、狱讼的案件有多少。 [2]谢不知：谢罪说不知道。谢，道歉，认罪。 [3]惶愧：惶恐惭愧。 [4]主者：主管者。 [5]责廷尉：责问廷尉。廷尉，官名，九卿之一，掌刑狱。 [6]责治粟内史：官名，掌钱谷货物。 [7]君所主者何事也：您所主管的是什么事？ [8]驽下：劣等马，喻才能低下，多用为自谦词。 [9]待罪宰相：任职宰相。待罪，臣对君语时自谦之词，意谓力不胜任要职，必将获罪，故称待罪。 [10]“宰相”等句：言宰相之职，乃协助皇帝处理国家大事。 [11]独不素教我对：怎么平时不教我如何应对。 [12]不知其任邪：不知道宰相的职责吗？ [13]君欲强对邪：您想勉强回答吗？ [14]不如平远矣：远不如陈平啊。 [15]居顷之：过了不久。 [16]久之，即祸及身矣：时间一长，将有大祸临头啊。 [17]自危：替自己担忧。 [18]谢病：称病谢罪。 [19]请归相印：请求归还丞相之印，即请求辞丞相之职。 [20]上许之：汉文帝允准周勃的辞职请求。 [21]辛未：八月二十七日。 [22]专为丞相：专任，独任丞相。即丞相一人，不再设左、右二相。 [23]兵不能隃领：汉兵未能过五领。隃，同“逾”。领，通“岭”。 [24]赂遗：行贿，贿赂，用钱收买。 [25]闽越、西瓯、骆：皆古代越族的分支。处于中国东南今浙江、福建一带。 [26]役属：使闽越、西瓯、骆等从属于南越王赵佗。 [27]东西万余里：指南越的势力范围东西万余里。南越及所属诸越的地域当今五岭之南的两广及浙闽，东西万里。 [28]黄屋：帝王乘舆以黄缯裹着的车盖。左纛：帝王乘舆车衡左边所设以牦牛尾或雉尾制成的装饰物。 [29]称制：行使皇帝的权力。中国：指汉朝。侔：相等。

帝乃为佗亲冢[1]在真定者置守邑[2]，岁时奉祀[3]；召其昆弟[4]，尊官、厚赐宠之。复使陆贾使南越，赐佗书曰：“朕[5]，高皇帝侧室之子[6]也，弃外[7]，奉北藩于代。道里辽远，壅蔽朴愚[8]未尝致书[9]。高皇帝弃群臣[10]，孝惠皇帝即世[11]；高后自临事[12]，不幸有疾[13]，诸吕为变，赖功臣之力，诛之已毕。朕以王、侯、吏不释之故[14]，不得不立[15]；今即位。乃者闻王遗将军隆虑侯书[16]，求亲昆弟，请罢长沙两将军[17]。朕以王书罢将军博阳侯[18]，亲昆弟在真定者，已遣人存问[19]，修治先人冢[20]。前日闻王发兵于边，为寇灾不止[21]。当其时，长沙苦之[22]，南郡尤甚[23]；虽王之国，庸独利乎[24]！必多杀士卒[25]，伤良将吏[26]，寡人之妻，孤人之子，独人父母[27]；得一亡十[28]，朕不忍为[29]也。朕欲定地犬牙相入者[30]；以问吏，吏曰：'高皇帝所以介长沙土也'，朕不得擅变焉[31]。今得王之地，不足以为大；得王之财，不足以为富。服领以南，王自治之[32]。虽然，王之号为帝。两帝并立，亡一乘之使以通其道[33]，是争也；争而不让，仁者不为也。愿与王分弃前恶[34]，终今以来[35]，通使如故。"

贾至南越。南越王恐，顿首谢罪；愿奉明诏[36]，长为藩臣，奉贡职[37]。于是下令国中曰："吾闻两雄不俱立，两贤不并世。汉皇帝，贤天子。自今以来，去帝制[38]、黄屋、左纛。"

因为书，称："蛮夷大长、老夫臣佗昧死[39]再拜上书皇帝陛下曰："老夫，故越吏也，高皇帝幸赐臣佗玺，以为南越王。孝惠皇帝即位，义不忍绝，所以赐老夫者厚甚。高后用事，别异蛮夷[40]，出令曰：'毋与蛮夷越金铁、田器、马、牛、羊；即予[41]，予牡[42]，毋予牝[43]。'老夫处僻[44]，马、牛、羊齿已长[45]。自以祭祀不修，有死罪，使内史藩、中尉高、御史平凡三辈上书谢过，皆不反[46]。又风闻[47]老夫父母坟墓已坏削[48]，兄弟宗族已诛论[49]。吏相与议曰：'今内不得振于汉[50]，外亡以自高异[51]'，故更号为帝，自帝其国[52]，非敢有害于天下。高皇后闻之，大怒，削去南越之籍[53]，使使不通[54]。老夫窃疑长沙王谗臣[55]，故发兵以伐其边。老夫处越四十九年，于今抱孙焉。然夙兴夜寐[56]，寝不安席[57]，食不甘味[58]，目不视靡曼之色[59]，耳不听钟鼓之音[60]者，以不得事汉[61]也。今陛下幸哀怜，复故号[62]，通使汉如故；老夫死，骨不腐。改号[63]，不敢为帝矣！"

齐哀王襄薨[64]。

上闻河南守吴公治平为天下第一[65]，召以为廷尉。吴公荐洛阳人贾谊[66]，帝召以为博士[67]。是时贾生年二十余。帝爱其辞博[68]，一岁中，超迁至太中大夫[69]。贾生请改正朔[70]，易服色[71]，定官名[72]，兴礼乐[73]，以立汉制，更秦法[74]；帝谦让未遑[75]也。

（以上为第九段，写南越王赵佗称制，汉文帝派陆贾出使南越国，说服赵佗去帝号，称王；洛阳人贾谊文辞可观，年二十余被河南守吴公举荐为博士，一岁中超迁为太中大夫。）

【注释】

[1]亲冢：亲人的坟墓。[2]置守邑：为守护墓地而置邑。[3]岁时奉祀：按每年四季祭祀。岁时，一年的四季之节。[4]召其昆弟：召来赵佗的兄弟。[5]朕：皇帝自称。[6]侧室之子：非嫡母所生之子，即庶子。[7]弃外：谓抛弃于外地。指代国处于边地。[8]壅蔽朴愚：闭塞鲁顿。自谦眼界不开阔，朴实愚笨。[9]未尝致书：不曾通书信。[10]弃群臣：离开群臣而去，即死的委婉说法。[11]即世：即位面世。语气未完，此谓孝惠帝即位后也随高帝走了，亦死了。[12]高后自临事：高后亲自临朝称制。[13]不幸有疾：指高后不幸病逝。[14]不释之故：不丢弃我的缘故，指诸侯大臣拥戴。不释，不弃，拥戴。[15]不得不立：我不得不登基。[16]乃者：往昔，前不久。遗将军隆虑侯书：指赵佗送信给隆虑侯周灶寻找兄弟。[17]请罢长沙两将军：请求罢免守备长沙国的两位将军。罢，罢免，裁撤。长沙，指长沙王国。两将军，指高后七年南越攻长沙王国时，汉派去长沙王国守备的两位将军，即隆虑侯周灶、博阳侯陈濞。[18]“朕以王书”句：文帝说，按赵佗来信的要求，汉朝已撤回了博阳侯陈濞的部众。[19]存问：抚慰。[20]先人冢：指赵佗先人的坟墓。[21]寇灾不止：指南越军侵扰带来的灾难没有停止。[22]长沙苦之：长沙王国受害。[23]南郡尤甚：南郡受害尤为严重。南郡，郡名，治所江陵，在今湖北荆州市江陵城。[24]庸独利乎：难道能在战争中只得利而不受损害吗！[25]必多杀士卒：一定使许多士兵丧生。[26]伤良将吏：使优秀的将吏伤身。[27]“寡人之妻”三句：造成许多寡妇、孤儿和无人赡养的老人。[28]得一亡十：得一失十，即得不偿失。[29]不忍为：不忍心干这种事。[30]“朕欲”句：我本想把犬牙相错的地界做出调整。[31]“吏曰”三句：主管官员回答说：“这是高皇帝为了隔离长沙国而划定的地界。”朕不得擅自变更。[32]服领以南，王自治之：五岭以南的荒服之地，大王尽可自行治理。服领，谓五岭之南乃荒服之区。服，荒服，边远地区。领，通“岭”，指五岭。[33]亡一乘之使以通其道：既然两帝并立，却没有一个使者互通消息。亡，通“无”，没有。一乘之使，一辆车的使者，即一介之使。[34]分弃前恶：双方都放弃前嫌。[35]终今以来：从今往后。[36]愿奉明诏：愿意遵奉皇帝明诏。[37]奉贡职：奉行向朝廷贡献方物的职责，即臣服汉朝。[38]去帝制：取消帝号，废去帝制。[39]昧死：冒死。犹言冒昧而犯死罪。臣下上书惯用的谦卑套话。[40]别异蛮夷：分别隔绝蛮夷。[41]即予：如果给他牲畜。即，如果。予，给予，实指交易。[42]予牡：只卖雄性牲畜。牡，牲畜之雄性，指公马、公牛、公羊。[43]牝（pìn）：牲畜之雌性。指母马、母牛、母羊。[44]处僻：处于偏僻之地。[45]齿已长：指牲畜已经老了。[46]“自以”四句：赵佗自以为

未行祭祀之礼，犯下死罪，所以派了三批使者上书朝廷请罪，都没有回来。内史、中尉、御史，皆官名，此南越王国之官，与汉朝内地王国之官一致。藩、高、平，皆人名。三辈，三次之多。反，同“返”。［47］风闻：传闻。［48］坏削：毁坏平。［49］诛论：以罪论死。［50］内不得振于汉：对内不能得到汉朝的尊重。振，兴起，受尊重。［51］外亡以自高异：对外没有自我显示与众不同的地方。亡，通“无”。高异，突出，高超，与众不同。［52］自帝其国：只在南越境内关门称帝。［53］削去南越之籍：削去南越王的封号。籍，指汉朝封王的登记簿，南越王被除名。［54］使使不通：使得使者不能往来。即断绝使者往来。［55］窃疑：私自怀疑。谗臣：奸佞之臣。［56］夙兴夜寐：起早睡迟，形容勤奋不懈，或内心不宁。［57］寝不安席：睡不安稳。［58］食不甘味：吃饭不香。［59］靡曼之色：美色。［60］钟鼓之音：音乐。［61］事汉：侍奉汉朝。［62］复故号：恢复原来南越王的封号。［63］改号：谓改掉帝号。［64］齐哀王襄：刘襄。哀，为谥号。恭仁短折曰“哀”。薨：去世。［65］河南：郡名，郡治洛阳，在今河南洛阳市东北。吴公：姓吴。公，尊称，佚名。治平：执法公正。［66］贾谊（前200—前168）：洛阳人。西汉著名政论家。著有《过秦论》《陈政事疏》等。传见《史记》卷八十四、《汉书》卷四十八。［67］博士：官名，隶属于奉常。通晓古今，备位顾问。［68］辞博：赡于文辞，博学多识。［69］超迁：越级提升，破格任用。太中大夫：官名，掌议论，属郎中令。博士，秩六百石，太中大夫秩千石。［70］改正朔：正朔，历法。按三统说，三代历法，夏正建寅，商正建丑，周正建子；秦正建亥，不符合三统说，而汉因之，故当改。［71］易服色：按五行说，周以火德，色尚赤；秦德水，色尚黑。而汉继周，以土继火，色宜尚黄，故当易。［72］定官名：周官齐备，六卿各率其属，凡三百六十。秦立百官之职名，汉因循未改，当修定。［73］兴礼乐：秦人未兴礼乐，叔孙通草创未备，当创兴。［74］更秦法：更改秦的正朔、服色、官名、礼乐之法。［75］谦让未遑：谦逊而未付诸实行。遑，闲暇。

二年（癸亥，前178年）

冬，十月，曲逆献侯陈平薨[1]。

诏列侯各之国；为吏及诏所止者，遣太子[2]。

十一月，乙亥[3]，周勃复为丞相。

癸卯晦[4]，日有食之。诏：“群臣悉思朕之过失及知见之所不及，丐以启告朕[5]。及举贤良、方正、能直言极谏者[6]，以匡朕之不逮[7]。”因各敕以职任[8]，务省徭费以便民[9]；罢卫将军[10]；太仆见马遗财足，余皆以给传置[11]。

颍阴侯骑贾山[12]上书言治乱之道曰：“臣闻雷霆[13]之所击，无不摧折者；万钧[14]之所压，无不糜灭[15]者。今人主之威，非特雷霆也；势重[16]，非特万钧也。开道而求谏[17]，和颜色而受之[18]，用其言而显其身[19]，士犹恐惧而不敢自尽[20]；又况于纵欲恣暴[21]、恶闻其过[22]乎！震之以威，压之以重，虽有尧、舜[23]之智，孟贲[24]之勇，岂有不摧折[25]者哉！如此，则人主不得闻其过，社稷[26]危矣。

"昔者周盖千八百国，以九州[27]之民，养千八百国之君，君有余财，民有余力，而颂声作[28]，秦皇帝以千八百国之民自养[29]，力罢不能胜其役[30]，财尽不能胜其求。一君之身耳，所自养者驰骋弋猎[31]之娱，天下弗能供也。秦皇帝计其功德，度其后嗣世世无穷[32]；然身死才数月耳，天下四面而攻之，宗庙灭绝[33]矣。秦皇帝居灭绝之中而不自知者，何也？天下莫敢告[34]也。其所以莫敢告者，何也？亡养老之义[35]，亡辅弼[36]之臣；退诽谤之人[37]，杀直谏之士。是以道谀[38]、偷合苟容[39]，比其德则贤于尧、舜，课其攻则贤于汤、武[40]；天下已溃[41]而莫之告也。

"今陛下使天下举贤良方正之士，天下皆䜣䜣[42]焉曰：'将兴尧舜之道、三王[43]之功矣。'天下之士，莫不精白以承休德[44]。今方正之士皆在朝廷矣；又选其贤者，使为常侍、诸吏[45]，与之驰驱射猎，一日再三出[46]。臣恐朝廷之解弛[47]，百官之堕于事[48]也。陛下即位，亲自勉以厚天下，节用爱民，平狱缓刑；天下莫不说喜[49]。臣闻山东吏布诏令，民虽老羸癃疾[50]，扶杖而往听之，愿少须臾毋死[51]，思见德化之成也。今功业方就[52]，名闻方昭[53]，四方乡风而从[54]；豪俊之臣，方正之士，直与之日日射猎，击兔、伐狐，以伤大业，绝天下之望，臣窃悼之[55]！古者大臣不得与宴游[56]，使皆务其方而高其节[57]，则群臣莫敢不正身修行[58]，尽心以称大礼[59]。夫士，修之于家而坏之于天子之廷[60]，臣窃愍之[61]。陛下与众臣宴游，与大臣、方正朝廷论议，游不失乐，朝不失礼[62]，轨[63]事之大者也。"上嘉纳其言[64]。

上每朝，郎、从官上书疏，未尝不止辇受其言[65]。言不可用置之[66]，言可用采之，未尝不称善。

（以上为第十段，写汉文帝因日食下诏求言，创立举贤良文学制度；颍阴侯灌婴的骑从贾山上书谈论治乱之道，汉文帝赞许并采纳其言。）

【注释】

［1］陈平：封曲逆侯，死后谥献。《谥法》：“聪明睿哲曰献。” ［2］遣太子：指列侯在朝廷担任官职或诏令留京者，则派其太子到封国去。［3］乙亥：十一月二日。［4］癸卯：十一月三十日。晦：阴历月末。［5］丐以启告朕：请大家告知我。丐，乞求。［6］贤良、方正：皆汉代察举科目。贤良，或称贤良方正。始于文帝二年。直言极谏者：指说真话敢说话的人。按：汉文帝因日食下诏求言，创立了举贤良方正的求贤才的察举科目，举贤是为了求言，所以“直言极谏”是入选人的条件。［7］以匡朕之不逮：用以弥补我的不足。匡，纠正。不逮，力所不及。逮，及。［8］因各敕以职任：根据他们的才能分别任职。敕，令，任命。职任，因才任职。［9］务省徭费以便民：务必减轻徭役赋税以便利百姓。省，减轻。［10］罢卫将军：罢废卫将军。按：胡三省疑“军”下脱一“军”字，《汉书·文帝纪》有之。如此，则指裁撤卫将军军队。两者其实指一事。［11］“太仆”二句：太仆要减少见存之马，留下够朝廷使用就可以，多余的马全部拨给驿站使用。太仆，官名，掌天子舆马。见马，现存之马。见，通“现”。遗，保留。财足，刚够用就行了。财，通“才”，仅仅，够用。［12］颍阴侯骑贾山：颍阴侯灌婴的骑从贾山。贾山，西汉颍川（今河南禹州市）人，为颍阴侯骑从。向文帝上书，名《至言》。载《汉书》卷五十一《贾山传》。［13］雷霆：迅雷，响雷。［14］钧：形容重量之大。三十斤为钧。万钧，三十万斤。［15］糜灭：碎灭，粉碎。［16］势重：指君王权势。［17］开道而求谏：开放言路，主动求谏。［18］和颜色而受之：和颜悦色接受谏议。［19］显其身：使建言人显贵，即提拔重用。［20］自尽：谓人尽其言。［21］纵欲恣暴：随心所欲，肆意残暴。［22］恶闻其过：讨厌听到自己的过失。［23］尧、舜：传说的古代圣王唐尧、虞舜。两人传见《史记》卷一。［24］孟贲：古代勇士。［25］摧折：摧毁折断。［26］社稷：土神、谷神，指代国家。［27］九州：周职方氏所掌九州是扬、荆、豫、青、兖、雍、幽、冀、并州。［28］颂声：称颂盛德之声。作：兴起。此指歌声响起。［29］自养：奉养自己一人。［30］罢：通“疲”。胜（shēng）：能承受。［31］驰骋：驰马飞奔之乐。弋猎：射鸟捕兽。［32］度（duó）：估计，推测。世世无穷：世世代代相传以至于无穷。［33］宗庙灭绝：谓亡国。［34］莫敢告：没人敢上报情况。［35］亡养老之义：没有尊老养老的道义。亡，通“无”。下句同。［36］辅弼：辅佐。［37］退诽谤之人：斥退、罢免批评朝廷的大臣。［38］道谀：诱导阿谀、曲意迎逢。道，通“导”。引导。［39］偷合苟容：苟且迎合，以求容身。［40］汤、武：商汤王、周武王。［41］天下已溃：天下将要土崩瓦解。溃，散，土崩瓦解。［42］䜣䜣：喜悦的样子。䜣，同“欣”。［43］三王：指夏商周三代之王，即夏禹王、商汤王、周文王和周武王。［44］精白：洁白，纯洁。喻士人努力自我完善。承休德：发扬美德，意谓能被皇上选用。休德，美德。［45］常侍、诸吏：皆加官。有此加官，可入宫廷，扈从皇上。［46］一日再三出：一天出宫两次游猎，极言逸乐过度。［47］解弛：朝政懈弛。解，通“懈”。［48］堕于事：谓怠于事，玩忽职守。［49］说喜：高兴。说，通“悦”。［50］老羸癃疾：老弱病残。［51］愿少须臾毋死：希望多活片刻，听完皇上诏令。少，暂时，稍微，须臾，

片刻。[52]方就：刚刚有所成就，刚刚建立。[53]名闻方昭：名声刚刚显著。昭，显著，传播。[54]乡风而从：随风附从，即仰慕跟随。乡，通“向”。[55]悼之：痛惜这种情况。[56]与：通“预”，参与。宴游：宴饮游乐。[57]务其方而高其节：致力于保持大臣的品格和节操。方，指品格端方。节，臣节操守。[58]正身修行：严格约束自己，提高品行修养。[59]尽心：尽心于君。称大礼：办事合于君臣之礼。[60]修之于家：士人的品德养成于自己家中。而坏之于天子之廷：却在天子的朝廷之上被破坏。谓士人之行，在君臣过度逸乐中丧失。[61]愍：惋惜。愍之，同前文“悼之”。[62]朝不失礼：朝会不失礼。[63]轨：法度。据章校。他本“轨”上有“议不失计”四字。[64]上嘉纳其言：汉文帝赞许并采纳了他的意见。嘉，称赞，赞扬。纳，采纳。[65]止辇受其言：停下辇车接受意见。辇（niǎn），帝、后坐的车。[66]置之：搁下，放到一边。

帝从霸陵[1]上欲西驰下峻阪[2]。中郎将袁盎骑[3]，并车擥辔[4]。上曰：“将军怯邪？”盎曰：“臣闻‘千金之子，坐不垂堂[5]’。圣主不乘危，不徼幸[6]。今陛下骋六飞驰[7]下峻山，有如马惊车败[8]。陛下纵自轻，奈高庙、太后何[9]！”上乃止。

上所幸[10]慎夫人，在禁中[11]常与皇后同席坐。及坐郎署[12]，袁盎引却慎夫人坐[13]。慎夫人怒，不肯坐；上亦怒，起，入禁中。盎因前说曰：“臣闻‘尊卑有序，则上下和’。今陛下既已立后，慎夫人乃妾；妾、主[14]岂可与同坐哉！且陛下幸之，即厚赐之；陛下所以为慎夫人，适[15]所以祸之也。陛下独不见‘人彘[16]’乎！于是上乃说[17]，召语慎夫人[18]，慎夫人赐盎金五十斤。”

（以上为第十一段，写直臣袁盎劝说汉文帝不要纵马驰骋，宠妾不能和皇后平起平坐，文帝均予采纳。）

【注释】

[1]霸陵：汉文帝陵墓，在今陕西西安市东北。[2]峻阪（bǎn）：陡坡。[3]中郎将：官名，主管中郎，属郎中令。骑：指骑马随从。[4]擥：同“揽”。辔（pèi）：驾驭牲口的缰绳和嚼子。[5]千金之子，坐不垂堂：家有千金资财的人，不能坐在堂屋的边缘。谓有点资财的人尚爱惜生命，不坐房檐下以防坠落。堂，指堂屋边缘，即房檐下。[6]不乘危，不徼幸：不能冒险，不求侥幸。[7]骋六飞驰：六马奔驰。帝王用六匹马驾车。飞，奔驰如飞。[8]有如：如果发生。马惊车败：马匹受惊，车辆撞毁。[9]奈高庙、太后何：对高庙、太后怎么交代意思是刘氏皇位就断绝了。[10]幸：宠爱。[11]禁中：宫中。[12]坐郎署：到郎官府署就座。

[13]引却慎夫人坐：撤了慎夫人的同席座位。引却，撤去。[14]主：指皇后。[15]适：恰巧。[16]人彘：事见《资治通鉴》上卷惠帝元年，戚夫人被吕太后加害的事件。[17]说：通“悦”。[18]召语慎夫人：文帝召来慎夫人，把袁盎的话告诉了她。

贾谊说上曰[1]：“《管子》曰[2]：‘仓廪实而知礼节，衣食足而知荣辱。’民不足[3]而可治者，自古及今，未之尝闻。古之人曰：‘一夫不耕，或受之饥；一女不织，或受之寒。’生之有时而用之无度[4]，则物力必屈[5]。古之治天下，至纤，至悉[6]，故其畜积足恃[7]。今背本而趋末[8]者甚众，是天下之大残[9]也；淫侈之俗，日日以长[10]，是天下之大贼[11]也。残、贼公行，莫之或止[12]；大命将泛[13]，莫之振救[14]。生之者甚少而靡之者甚多[15]，天下财产何得不蹶[16]！

“汉之为汉，几四十年矣[17]，公私之积，犹可哀痛。失时不雨，民且狼顾[18]；岁恶不入[19]，请卖爵子[20]；既闻耳[21]矣。安有为天下阽危者若是而上不惊者[22]！

“世之有饥、穰[23]，天之行[24]也；禹、汤被之[25]矣。即不幸有方二三千里之旱，国胡以相恤[26]？卒然边境有急[27]，数十百万之众，国胡以馈之[28]？兵、旱相乘[29]，天下大屈[30]，有勇力者聚徒而衡击[31]，罢夫、羸老[32]，易子咬其骨[33]。政治未毕通[34]也，远方之能僭拟者并举而争起矣[35]；乃骇而图之[36]，岂将有及乎[37]！夫积贮者，天下之大命[38]也；苟粟多而财有余，何为而不成[39]！以攻则取，以守则固，以战则胜，怀敌附远[40]，何招而不至！

“今驱民而归之农，皆著于本[41]；使天下各食其力，末技、游食之民转而缘南亩[42]，则畜积足而人乐其所矣。可以为富安天下，而直为此廪廪[43]也，窃为陛下惜之！”

上感谊言，春，正月，丁亥[44]，诏开藉田[45]，上亲耕以率天下之民[46]。

三月，有司请立皇子为诸侯王。诏先立赵幽王少子辟强为河间王[47]，朱虚侯章为城阳王，东牟侯兴居为济北王[48]；然后立皇子武为代王，参为太原王，揖为梁王。

五月，诏曰："古之治天下，朝有进善之旌[49]，诽谤之木[50]，所以通治道而来谏者也[51]。今法有诽谤、妖言之罪，是使众臣不敢尽情而上无由闻过失也，将何以来远方之贤良！其除之[52]！"

九月，诏曰："农，天下之大本也，民所恃以生也；而民或不务本而事末，故生不遂[53]。朕忧其然[54]，故今兹亲率群臣农以劝之[55]；其赐天下民今年田租之半[56]。"

燕敬王泽薨。

（以上为第十二段，写贾谊向汉文帝刘恒上《积贮疏》，强调重农抑商，增加积蓄，得到汉文帝的肯定和重视，汉文帝亲耕籍田，下令重农，减少田租；还封诸子为王，除去了"诽谤罪"和"妖言罪"。）

【注释】

[1]贾谊说上曰：以下为贾谊上书汉文帝的《积贮疏》。[2]《管子》曰：引语见《管子·牧民》。《管子》一书相传为管仲之书，实是后人纂辑，多有战国至汉初间的作品。[3]民不足：民众不富裕。[4]生之有时：物品生产有一定的时令季节。用之无度：消费物品没有限度。[5]物力必屈：物资必然匮乏。屈，尽。[6]至纤，至悉：非常细致，非常周到。[7]畜积足恃：国家的蓄积足以依靠。畜，通"蓄"。[8]背本而趋末：弃农业而务工商。末，指工商业。[9]大残：大祸害。[10]日日以长：一天天增长。[11]大贼：同大残。大祸害，大流弊。[12]残、贼公行，莫之或止：背本趋末与淫侈之俗这两种大祸害盛行，没有人能制止。[13]大命将泛：天命将要覆没，即政权面临毁坏。[14]莫之振救：没有谁能挽救。振，兴起。[15]"生之"句：谓天下财富，生产的人很少而挥霍的人却很多。靡，挥霍，消耗。[16]蹶(jué)：减缩，枯竭。[17]几四十年矣：几三十年之误。西汉建立于公元前206年，到汉文帝二年公元前178年为二十九年，应说"几三十年"。几，差不多，接近。[18]狼顾：惶恐不安。按：狼疑惧被袭击，行走时常反顾。以此比喻人有所畏惧、惶恐不安的样子。[19]岁恶不入：凶岁而无收入。岁恶，年成不好，指天灾，水、旱、虫等灾。[20]请卖爵子：卖爵卖子女。爵，指爵位，或军功得爵，或入粟得爵，应急时可以出卖。[21]闻耳：卖爵卖子女的事已经发生，已有耳闻。[22]"安有"句：哪有天下如此危险而主上不惊惧的。阽(diàn)危，面临危险。若是，如此，这个样子。惊，惊恐。[23]饥：歉收年。穰：丰收年。[24]天之行：自然规律，天气影响；天道所致。[25]禹、汤被之：饥、穰的自然规律，古代圣王夏禹王、商汤王也都经历过。被，遭受，经历。[26]胡以相恤：如何抚恤？拿什么去救济民众？[27]边境有急：边境突然有紧急情况。急，指战争。[28]胡以馈之：如何供应粮饷？[29]兵、旱相乘：战争和旱灾加到一起。即战争与灾害一起发生。[30]天下大屈：天下大乱。屈，折，乱。[31]聚

徒：聚众。衡击：闹事。衡，通“横”。［32］罢夫、羸老：疲困和老弱的人。罢，通“疲”。［33］易子：交换孩子。咬其骨：啃骨头，即吃人。［34］政治未毕通：政治未上正轨，不通畅。毕，尽，全。毕通，畅通。［35］能僭拟者：有称帝野心的人。并举而争起矣：就会一起举兵争着起事。［36］图之：计划谋取。［37］岂将有及乎：难道还来得及吗？［38］大命：命脉，要害。［39］何为而不成：还有什么不成的事呢。［40］怀敌附远：怀柔敌人而使远方的人来归附。［41］皆著于本：使民众都依附在土地上务农。本，农业。［42］缘南亩：都从事农耕。［43］廪廪：危惧的样子。［44］丁亥：正月十五日。［45］藉田：同“籍田”。帝王于春耕前亲耕农田，以奉祀宗庙。寓有劝农之意。［46］率天下之民：为天下臣民做出表率。率，表率，示范。［47］辟强为河间王：辟强，赵幽王之少子、赵遂之弟。［48］城阳王、济北王：城阳、济北皆齐国的两个郡，今分出封刘章为城阳王、刘兴居为济北王。刘章、刘兴居皆齐悼惠王刘肥之子，齐王刘襄之弟。［49］进善之旌：相传尧在大路上设置旗幡，让人民在旌旗下进言。［50］诽谤之木：相传尧设诽谤之木，让人民在木版上书写政治过失。［51］通治道：保证朝廷的清明。来谏者：鼓励臣民前来进谏。来，招致。［52］其除之：废除诽谤罪，妖言罪。汉文帝废除言论治罪，在历史上是第一人，也是唯一的一人。［53］生不遂：民众生活艰难。不遂，不顺人意。［54］忧其然：为这种情况担忧。［55］今兹：现在。亲率群臣农以劝之：亲自率领群臣从事农业耕作，做出示范。［56］赐天下民今年田租之半：从今年起全国民众只缴纳一半田租。按：汉初田租十五税一，今起执行三十税一。

【点评】

论陈平。陈平，是在楚汉相争、汉朝建国时期不可多得的谋臣，可以说，他是精于谋国、善于谋身的典型。

陈平的谋国，司马迁说他是“常出奇计，救纷纠之难，振国家之患”，“六奇既用，诸侯宾从于汉”。也就是说，陈平曾六出奇计，为刘邦夺取天下、巩固政权起了重要的作用。后人总结其六大奇计是：离间项羽、范增，楚势由此颓衰；乔装诱敌，使刘邦从荥阳安全撤退；封王韩信，使韩信效命刘邦；联齐灭楚，使刘邦战胜项羽；计擒韩信，使刘邦翦灭异姓王而固其刘家天下；白登解围，使刘邦脱离匈奴险境。这“六奇”，所说的都是刘邦在世时的事情，还不包括刘邦去世后吕太后当政以及消灭诸吕的谋略。司马迁将汉兴以来的萧何、曹参、张良、陈平、周勃五人列为世家，充分肯定了陈平的功绩。

当时人以及后人一般将陈平与张良相比较，认为：“张子房青云之士，诚非陈平之伦。然汉之谋臣，良、平而已。”“张良、陈平，皆汉元臣也。从龙开辟，权谋固可尽黜乎？然良之术多正，平之术多谲，故平有阴祸以贻后，良以寡欲而昌终。”其说诚是。陈平的谋略，一般被人称为是“阴谋”。他自己曾说：“我多阴谋，是道家之所禁。”所谓“阴谋”，本是贬义词，是指见不得光的权谋，而对于陈平来说，则指的是秘计、诡计，一般人不能识透其中奥秘，而行之则大有成效。例如，陈平离间项羽与谋士范增的君臣关系，使得范增离去，犹如断去项羽臂膀；刘邦被困荥阳，陈平让纪信乔装刘邦，用花枝招展的女子为兵，出东门“投降”，而刘邦乘机从西门逃之夭夭；刘邦被围白登，陈平献上美人图，说动匈奴单于的阏氏，才得以解围；韩信被疑谋反，刘邦一筹莫展，陈平也是用阴谋之计，让刘邦游于云梦而韩信被擒；等等。这些计谋起到了意想不到的效果。刘邦当时总结汉兴楚亡，认为是萧何、张良、韩信“三杰”起了重大的作用，其实，如果再数下去，就应当是陈平了，陈平的谋划，在汉兴中起到了关键性的作用。

而刘邦去世后，太后吕雉弄权，欲王诸吕，政治形势非常凶险，在这种情况下，如何自处？右丞相王陵比较耿直，被太后削去实权；陈平则玩起了滑头，虽说不是曲意迎合太后，但也让太后的计划得以实现。太后去世后，陈平联手周勃平定了诸吕之乱，恢复了刘氏政权。司马迁评论：“及吕后时，事多故矣，然平竟自脱，定宗庙，以荣名终，称贤相，岂不善始善终哉！”充分肯定了陈平运用谋略，使得自己脱去祸患，也使得汉朝得以为继。这可谓是大智慧、大智谋啊！

在中国古代，有舍身谋国，为国而不顾身者，晁错是也；有为国家做出大贡献，而一旦涉及自身利益，则背叛国家，只顾自己，而不得善终者，李斯是也；有功高威重，被人主猜忌，而不惜自污名节以求自保者，萧何是也；有功成身退，不问人间世事，远离是非，而终了其身者，张良是也；有立功于朝廷，也留下致命祸患，而急流勇退，以保性命者，范雎是也。而唯有陈平，一直激流勇进，身在朝廷，处于政治漩涡之中，却始终能够游刃有余，与国家的命运融为一体，善始善终，可谓“中流砥柱”，诚如司马迁所称赞：“非知谋孰能当此者乎？”

在吕太后当政前后，陈平的谋略之要，是先国家而后自己，还是先自己而后国家？平心而论，应当是后者，即首先要自保，然后相机行事，再来谋划国家之事。刘邦晚年时，最担心的是老将将来会起来造反，便要诛杀殆尽，几个异姓王都先后被除掉了。而当时最有能耐的是手握重兵的樊哙，有人说他要谋反，刘邦毫不犹豫地要陈平出马，于军中立斩樊哙。可陈平却极有心机，认为刘邦活不了几天了，而太子仁弱，将来掌权的必定是吕太后，而樊哙是太后的妹夫，怎么能说杀就杀呢？于是，他左右周旋，保住了樊哙性命，实际上也就是保住了自己。再者，太后当政，欲王诸吕，在太后的淫威下，不从者肯定没有好处。而陈平说了模棱两可的话，认为既然是太后当政，王诸吕，也是顺理成章，太后很高兴，把他提拔为右丞相。当王陵责问陈平为什么不忠于刘邦的“白马”誓言，陈平说：“面折廷争，臣不如君；全社稷，定刘氏之后，君亦不如臣。”这话说得冠冕堂皇，好像这时的陈平已经想到将来要颠覆吕氏，恐怕并非如此，这从后来陆贾进入陈平寓所，而陈平苦思冥想不得其策的情状就可得知。在太后权势熏天的时候，他首先想到的是如何自保，能够占住朝廷一席之地，将来的事，将来再做打算，根本没有想到那么多。尽管后来确实是陈平用计平定诸吕，那是以后的事情了，并不是在太后当政之始就有此明晰的打算，而是后人据此往前推测，美化陈平而已。而在当时，保全性命和权力则是最重要的，否则什么都无从说起！

应当说，陈平的善于谋身，是非常了不起的。他处于风口浪尖之上，不仅能够善始善终，而且能够始终掌握权柄，非常人之所能为也！善于谋国，固然可贵；既谋国，又谋身，谋身而为谋国，更是难能可贵！唯有陈平，能当之也！

卷一四　汉纪六

汉文帝前元三年至前元十年（前 177—前 170 年）

【起阏逢困敦（甲子，前 177 年），尽重光协洽（辛未，前 170 年），凡八年】

【大事提要】

本卷记事起公元前 177 年，讫公元前 170 年，凡八年，当汉文帝前元三年至前元十年。本卷所载大事，主要是以下几个方面：其一，刘长骄横。刘长为汉高帝刘邦少子，封为淮南王。汉文帝刘恒时，刘长骄纵跋扈，常与帝同车出猎，在封地不用汉法，自作法令。公元前 174 年，与匈奴、闽越联络，图谋叛乱，事泄被拘。朝臣议以死罪，汉文帝赦之，废王号，迁蜀郡，途中绝食而死，谥号厉王。其二，周勃就国。汉文帝欲削去权臣官职，下令列侯就国，要求周勃带头。周勃被免去丞相而到封国。周勃回到封地，畏惧被诛，经常身披铠甲，被诬谋反，下廷尉，拘捕治罪。周勃被凌辱，以千金贿赂狱吏，示意他“请公主作证”，而得释放，恢复其爵位和封邑。其三，释之护法。张释之十年未得升迁，被举荐，后得到汉文帝刘恒的赏识，升任廷尉。他严于执法，当皇帝的命令与法律发生抵触时，仍然执意守法；曾经弹劾时为太子的刘启“过司马门不下车”，以执法公正不阿而闻名。时人称赞张释之为廷尉，天下无冤民。其四，纵民铸钱。汉文帝刘恒颁布“铸钱令”，放纵民众铸钱，虽然增加了货币的流通量，但能够铸钱的人，大都是大冶铸业主和诸侯王，以致在汉文帝时期出现了以铸钱币致富的不法之徒，吴王刘濞即山铸钱，山东奸猾纷纷聚集而来，富埒天子，其后发动叛乱。其五，贾谊上书。贾谊才能突出，汉文帝刘恒拟任为公卿，受到大臣谗毁，被贬出朝廷，出任梁怀王太傅。他身在梁国，但仍体察政事，居安思危。他多次上书陈述政事，围绕匈奴侵边、制度疏阔、诸侯王谋反等问题展开论述，对西汉王朝长治久安起了重要作用。

太宗孝文皇帝中

前三年（甲子，前 177 年）

冬，十月，丁酉晦[1]，日有食之。

十一月，丁卯[2]晦，日有食之。

诏曰："前遣列侯之国[3]，或辞未行。丞相，朕之所重，其为朕率[4]列侯之国！"十二月，免丞相勃，遣就国。乙亥[5]，以太尉灌婴为丞相；罢太尉官[6]，属丞相。

夏，四月，城阳景王章薨。

初，赵王敖[7]献美人于高祖，得幸，有娠[8]。及贯高事发[9]，美人亦坐系河内[10]。美人母弟赵兼因[11]辟阳侯审食其[12]言吕后；吕后妒，弗肯白[13]。美人已生子，恚[14]，即自杀。吏奉其子诣上[15]，上悔，名之曰长，令吕后母之[16]，而葬其母真定[17]。后封长为淮南王[18]。

淮南王早失母，常附吕后，故孝惠、吕后时得无患[19]；而常心怨辟阳侯，以为不强争[20]之于吕后，使其母恨而死也。及帝即位[21]，淮南王自以最亲[22]，骄蹇[23]，数不奉法[24]；上常宽假[25]之。

是岁，入朝[26]，从上入苑囿猎，与上同车，常谓上"大兄[27]"。王有材力，能扛鼎[28]。乃往见辟阳侯，自袖铁椎椎辟阳侯[29]，令从者魏敬刭之[30]；驰走阙下[31]，肉袒谢罪[32]。帝伤其志为亲，故赦弗治[33]。

当是时，薄太后及太子、诸大臣皆惮[34]淮南王。淮南王以此，归国益骄恣，出入称警跸[35]，称制拟于天子[36]。袁盎谏曰："诸侯太骄，必生患。"上不听。

五月，匈奴右贤王入居河南地[37]，侵盗上郡保塞蛮夷[38]，杀掠人民。上幸甘泉[39]。遣丞相灌婴发车骑八万五千，诣高奴[40]击右贤王；发中尉材官属卫将军，军长安[41]。右贤王走出塞[42]。

上自甘泉之高奴，因幸太原[43]，见故群臣，皆赐之；复晋阳、中都民三岁租[44]。留游太原十余日。

初，大臣之诛诸吕也，朱虚侯功尤大，大臣许[45]尽以赵地王朱虚侯，尽以梁地王东牟侯。及帝立，闻朱虚、东牟之初欲立齐王[46]，故绌其功[47]，及王诸子，乃割齐二郡以王之。兴居自以失职夺功[48]，颇怏怏[49]；闻帝幸太原，以为天子且自击胡，遂发兵反。帝闻之，罢丞相及行兵皆归长安[50]，以棘蒲侯柴武为大将军，将四将军、十万众击之；祁侯缯贺为将军，军荥阳[51]。秋，七月，上自太原至长安。诏[52]："济北吏民[53]，兵未至先自定及以军城邑降者，皆赦之，复官爵[54]；与王兴居去来者[55]，赦之。"八月，济北王兴居兵败，自杀。

（以上为第一段，写汉文帝刘恒免去周勃的丞相职务，令其带头去封国；朱虚侯刘章、东牟侯刘兴居诛除诸吕的功劳很大，当初想拥立齐王刘襄，汉文帝便贬抑其功，刘章忧郁而死，刘兴居起兵造反，被平定。）

【注释】

[1]丁酉：十月三十日。晦：阴历月末。 [2]丁卯：十一月三十日。 [3]遣列侯之国：事见《资治通鉴》文帝前二年。 [4]率：率先，带头。 [5]乙亥：十二月十四日。 [6]罢太尉官：裁撤太尉官府。 [7]赵王敖：张敖（？—前182），张耳之子，汉高帝五年嗣爵为赵王。传见《史记》卷八十九、《汉书》卷三十二。 [8]有娠（shēn）：怀孕。 [9]贯高事发：见《资治通鉴》卷十二高祖九年。 [10]坐：坐罪。系：拘禁。河内：郡名，郡治怀县，在今河南武陟县西南。 [11]因：请托，请求。 [12]审食其（？—前177）：封辟阳侯。传见《史记》卷五十六、《汉书》卷四十。 [13]白：报告。 [14]恚（huì）：怨恨。 [15]诣上：送到高祖跟前。 [16]令吕后母之：命令吕后为其母。 [17]真定：县名，治所在今河北石家庄市东北。 [18]封长为淮南王：事见《资治通鉴》卷十二高祖十一年。 [19]无患：没有灾祸。指没受到迫害。 [20]强争：力争。指审食其没有全力维护刘长的母亲。 [21]及帝即位：等到汉文帝即位。 [22]最亲：刘长自认为与汉文帝最亲，其时，高祖诸子，只有汉文帝、刘长两兄弟还在世，故刘长有此自信。 [23]骄蹇（jiǎn）：骄慢不驯。 [24]数不奉法：多次违法乱纪。数（shuò），屡次。 [25]宽假：宽容。 [26]入朝：诸侯王按时进京朝见天子。此指淮南王。 [27]大兄：大哥。按：刘长以家人礼见文帝，不以臣礼，骄恣的一种表现。 [28]扛鼎：举鼎。 [29]椎辟阳侯：用椎击杀审食其。 [30]刭（jǐng）之：用刀割下人头。 [31]驰走阙下：刘长疾驰到皇宫门前。阙下，宫阙之下，指帝王居处。 [32]肉袒谢罪：袒露上身，表示请罪。 [33]"帝伤其志"二句：汉文帝感念刘长为母亲报仇之心，没有治他的罪。 [34]惮：敬畏。 [35]警跸：道路戒严。按：帝王出入称警跸，左右侍卫为警，止人清道为跸，以禁止通行。 [36]称制拟于天子：发号施令称制，比于天子。拟，比拟。 [37]右贤王：匈奴之王号。河南：指河套以南地区。 [38]上郡：郡名，治所肤施，在今陕西榆林市东南。保塞蛮夷：指汉朝边塞地区的少数民族。 [39]上幸甘泉：汉文帝亲临甘泉宫。甘泉，行宫名，在今陕西淳化县西北甘泉山上。 [40]高奴：县名，治所在今

陕西延安市北。［41］“发中尉”二句：征发中尉所掌领的强弩步兵，由卫将指挥，驻守长安。中尉，武官名，位低于将军。材官，秦汉时能引强弓的特种步兵。军，驻扎。［42］走出塞：逃出塞外。［43］太原：郡名，郡治晋阳，在今山西太原市西南。［44］复晋阳、中都民三岁租：免除三年田租。中都，县名，治所在今山西平遥县西南。［45］许：允许，承诺。［46］欲立齐王：事见《资治通鉴》吕后八年。［47］故绌其功：有意贬抑二人的功劳。绌，通“黜”，贬抑。［48］失职夺功：失去了梁王之职，功劳被夺。［49］怏怏：失意不满的样子。［50］“罢丞相”句：下令丞相和已行进在路上出击匈奴的军队都返回长安。罢，指停止出击匈奴。行兵，已行进在路之兵。［51］军荥阳：缯贺驻军荥阳为策应的友军。［52］诏：字下当有“回”字。此诏是向刘兴居所居济北国官民发布的招降诏。［53］济北吏民：济北境内的官民。济北，为刘兴居所居之国，都于卢，在今山东济南市长清区南。［54］复官爵：恢复济北归附汉朝的官民原有的官位爵位。［55］去来者：追随刘兴居反叛投降的人。

初，南阳张释之为骑郎[1]，十年不得调[2]，欲免归。袁盎知其贤而荐之，为谒者仆射[3]。

释之从行，登虎圈[4]，上问上林尉诸禽兽簿[5]。十余问[6]；尉左右视，尽不能对[7]。虎圈啬夫[8]从旁代尉对。上所问禽兽簿甚悉[9]，欲以观其能[10]；口对响应[11]，无穷者。帝曰：“吏不当若是邪！尉无赖[12]！”乃诏释之拜啬夫为上林令[13]。释之久之前，曰：“陛下以绛侯周勃何如人[14]也？”上曰：“长者[15]也。”又复问：“东阳侯张相如[16]何如人也？”上复曰：“长者。”释之曰：“夫绛侯、东阳侯称为长者，此两人言事曾不能出口[17]，岂效此啬夫喋喋利口捷给哉[18]！且秦以任刀笔之吏[19]，争以亟疾苛察相高[20]。其敝，徒文具而无实[21]，不闻其过，陵迟至于土崩[22]。今陛下以啬夫口辨而超迁[23]之，臣恐天下随风而靡[24]，争为口辨而无其实。夫下之化上[25]，疾于景响[26]，举错[27]不可不审也。”帝曰：“善！”乃不拜啬夫。

上就车，诏释之参乘[28]。徐行，问释之秦之敝，具以质言[29]。至宫，上拜释之为公车令[30]。

顷之，太子与梁王共车入朝，不下司马门[31]。于是释之追止太子、梁王，无得[32]入殿门，遂劾[33]：“不下公门，不敬[34]”，奏之。薄太后闻之；帝免冠，谢教儿子不谨[35]。薄太后乃使使承诏赦太子、梁王，然后得入。帝由是奇释之，拜为中大夫[36]；顷之，至中郎将[37]。

从行至霸陵[38]，上谓群臣曰："嗟乎！以北山石为椁[39]，用纻絮斫陈漆其间[40]，岂可动哉！"左右皆曰："善！"释之曰："使其中有可欲者[41]，虽锢南山[42]犹有隙；使其中无可欲者，虽无石椁，又何戚焉[43]！"帝称善。

是岁，释之为廷尉[44]。上行出中渭桥[45]，有一人从桥下走，乘舆马惊。于是使骑捕之，属[46]廷尉。释之奏当[47]："此人犯跸[48]，当罚金。"上怒曰："此人亲惊吾马，马赖和柔，令他马[49]，固不败伤我乎！而廷尉乃当之罚金。"释之曰："法者，天下公共也[50]。今法如是[51]；更重之[52]，是法不信于民也。且方其时，上使使诛之则已[53]。今已下廷尉；廷尉，天下之平[54]也，一倾[55]，天下用法皆为之轻重，民安所错其手足[56]！唯陛下察之。"上良久曰："廷尉当是[57]也。"

其后人有盗高庙坐前玉环[58]，得[59]；帝怒，下廷尉治。释之按"盗宗庙服御物[60]者"为奏当弃市[61]。上大怒曰："人无道，乃盗先帝器！吾属廷尉者，欲致之族[62]；而君以法奏之[63]，非吾所以共承宗庙意也[64]。"释之免冠顿首谢[65]曰："法如是，足也。且罪等，然以逆顺为差[66]。今盗宗庙器而族之，有如万分一，假令愚民取长陵一抔土[67]，陛下且何以加其法乎？"帝乃白太后许之。[68]

（以上为第二段，写直臣张释之的事迹，虎圈啬夫口才很好，应答如流，汉文帝刘恒打算升迁他，被劝止；无论是惊动皇上车驾，还是偷盗高庙宝物，都依法判处，不因汉文帝盛怒而逢迎、重处。）

【注释】

[1]张释之：南阳堵阳（今河南方城县东）人，字季，官至廷尉。传见《史记》卷一百二、《汉书》卷五十。骑郎：郎官之一，属郎中令，秩四百石。 [2]调：调迁，提升。 [3]谒者仆射：官名，谒者的长官。秩千石。谒者掌礼仪，秩六百石。 [4]虎圈（juàn）：养虎之处。在上林苑中。 [5]上林尉：官名，主管上林苑的副职，武官。禽兽簿：禽兽登记册。 [6]十余问：提了十多个问题。 [7]尽不能对：连一个问题也答不上来。 [8]虎圈啬夫：掌管虎圈的小吏。[9]甚悉：十分详尽。 [10]欲以观其能：想要考察虎圈啬夫的才能。 [11]口对响应：随问随答，如响应声，谓非常敏捷。 [12]尉无赖：上林尉不可信赖。无赖，不可信赖，不称职。 [13]上林令：官名，掌管上林苑的正职主管。 [14]何如人：什么样的人。 [15]长者：谨厚的人。

[16]张相如：汉初功臣。［17］言事曾不能出口：谈事情口齿不伶俐。［18］喋喋：多言。利口捷给：嘴快善辩。［19］刀笔之吏：指主办文案的官吏。古时简牍记事，以刀、笔为书写工具，故称主办文案者为刀笔吏。［20］“争以”句：官场上争着用办事急快和督过苛刻来比较高低。亟疾苛察，急剧猛烈，以苛刻烦琐为明察。［21］徒文具：只是表面文章。无实：没有真才实能。［22］陵迟：衰落。土崩：垮台。［23］超迁：越级提升。［24］随风而靡：随风而倒。喻争先效仿，一边倒。［25］下之化上：谓下层受上级的潜移默化。［26］景响：如影随形，如响应声。景，同“影”。［27］举错：同“举措”。此指君王的处置，一举一动。［28］参乘：陪乘。此指作陪乘人。［29］质言：诚恳质直地回答。［30］公车令：官名，即公车司马令，属卫尉，职掌皇宫司马门警，及夜间在宫中巡逻。吏民上书、四方贡献、征诣公车皆由其转达。［31］不下司马门：谓乘车至司马门不下车。据《宫卫令》规定：诸出入殿门、公车司马门者，皆下车；否则，要受处罚。［32］无得：不能，不允许。［33］劾：揭发他人的罪状。［34］不敬：对皇帝不敬之罪。［35］谢：谢罪。道歉赔礼。不谨：教子不严。［36］中大夫：官名，掌议论，属郎中令。［37］中郎将：官名，皇帝的侍卫官，位次于将军。［38］霸陵：当时在建的文帝寿陵，后置县名霸陵，在今陕西西安市东北。［39］椁：外棺为椁。［40］用纻絮斫陈漆其间：把麻絮切碎用漆黏合，填充在石椁隙缝中成为坚固的一体。纻，苎麻。絮，粗丝绵。陈漆，用漆黏合。［41］有可欲者：谓可贪求之物，如金玉等厚葬品。［42］锢南山：熔化金属把整个南山封起来。锢，封锢。［43］又何戚焉：有什么可担忧的呢？戚，担忧。［44］廷尉：官名，掌刑狱。［45］中渭桥：在长安故城北面渭河上的桥。［46］属：交付。［47］奏当：上奏判决结果。［48］犯跸：违反戒严令。［49］令他马：如果是其他马。［50］“法者”二句：法，是天下公共的，对天下人都一样公平。［51］今法如是：犯跸，只是惊了舆马，依法只能这样判处罚金。［52］更重之：若随意加重判罪。［53］“且方其时”二句：如果刚惊舆马的时候，皇上派使者当场杀了这个人也就罢了。［54］天下之平：廷尉是天下人的一杆秤。平，指秤，即公平之意。［55］一倾：倾向一面。［56］民安所错其手足：百姓还怎么安放自己的手脚呢？错，同“措”，措置。［57］当是：判罪正确。［58］高庙：高祖庙。坐前玉环：置放在神位前的玉环。坐，同“座”，指高祖的神位。［59］得：捕得，落网。［60］服御物：衣服车马等器物。［61］当弃市：判处死刑。［62］“吾属”二句：我特意交给廷尉审判，是要灭他的全族。属，交付。致之族，灭族。［63］君以法奏之：你竟然只依法判处。［64］“非吾”句：这是违背我恭奉宗庙的本意啊。［65］免冠顿首谢：脱帽、叩头、请罪。此是臣下向君主请罪的程式动作。［66］且罪等，然以逆顺为差：况且罪有差等，要依据情节顺逆区别轻重。罪等，罪有等次，即轻重差别。［67］长陵：汉高祖陵，在今陕西咸阳市东北。取长陵一抔土：盗墓的委婉说法。抔（pǒu），用手捧物，此指掘墓。［68］许之：批准张释之的判决。

四年（乙丑，前176年）

冬，十二月，颍阴懿侯灌婴薨。

春，正月，甲午[1]，以御史大夫阳武张苍[2]为丞相。苍好书，博闻，尤邃律历。[3]

上召河东守季布[4]，欲以为御史大夫。有言其勇、使酒、难近者[5]；至[6]，留邸一月[7]，见罢[8]。季布因进曰[9]："臣无功窃宠[10]，待罪河东[11]，陛下无故召臣，此人必有以臣欺陛下者[12]。今臣至，无所受事[13]，罢去，此人必有毁臣者[14]。夫陛下以一人之誉而召臣，以一人之毁而去臣，臣恐天下有识闻之[15]，有以窥陛下之浅深[16]也！"上默然，惭，良久曰："河东，吾股肱郡[17]，故特召君耳。"

上议以贾谊任公卿之位。大臣多短之[18]曰："洛阳之人，年少初学，专欲擅权，纷乱诸事[19]。"于是天子后亦疏之[20]，不用其议，以为长沙王太傅[21]。

绛侯周勃既就国，每河东守、尉行县至绛[22]，勃自畏恐诛，常被甲，令家人持兵以见之[23]。其后人有上书告勃欲反，下廷尉[24]。廷尉逮捕勃，治之。勃恐，不知置辞[25]。吏稍侵辱之，勃以千金与狱吏[26]，吏乃书牍背示之曰："以公主为证。"[27]公主者，帝女也，勃太子胜之尚之。薄太后亦以为勃无反事。帝朝太后[28]，太后以冒絮提帝曰[29]："绛侯始诛诸吕，绾皇帝玺[30]，将兵于北军[31]，不以此时反，今居一小县，顾欲反邪[32]？"帝既见绛侯狱辞，乃谢曰："吏方验而出之[33]。"于是使使持节赦绛侯[34]，复爵邑。绛侯既出，曰："吾尝将百万军，然安知狱吏之贵[35]乎！"

作顾成庙[36]。

（以上为第三段，写汉文帝刘恒治政之短，轻听轻信，听赞誉季布之言而召之，听诋毁之言又弃之；欲用贾谊，听大臣的贬责之言就疏远之；绛侯周勃被诬为谋反，以公主为证而释之。）

【注释】

[1]甲午：正月四日。 [2]张苍：阳武（今河南原阳县东南）人，长于律历，官至丞相。传见《史记》卷九十六、《汉书》卷四十二。 [3]尤邃律历：尤精于律历之学。邃，精通。 [4]河

东：郡名，治所安邑，在今山西夏县西北。季布：两汉楚人，以任侠闻名于世，曾为河东郡守。传见《史记》卷一百、《汉书》卷三十七。［5］使酒、难进者：季布是一个要酒疯、难以做皇帝亲近大臣的人。使酒，酗酒。难近，难以为近臣。［6］至：到了京师。［7］留邸一月：在官邸停留了一个月。邸，住处。犹今官方招待所。［8］见罢：皇上接见没有任何交代，回归原任。罢，回归原任。［9］因进曰：趁此进言说。［10］窃宠：得到宠幸的谦辞。［11］待罪河东：任职河东太守。待罪，古时大臣对帝王陈奏时的谦辞。意谓身居要职而力不胜任，必将获罪，故称待罪。［12］欺陛下者：有人欺骗了皇上。指有人妄言称誉季布。欺，妄言不实。［13］无所受事：没有新的使命。［14］毁臣者：有人说我坏话。［15］有识闻之：有识之士得知此事。［16］窥陛下之浅深：窥测陛下识断的深浅或高低。［17］股肱郡：河东乃京师附近之郡，如左膀右臂，故称股肱郡。按：汉文帝自我解嘲之语。［18］短之：批评贾谊的短处。［19］专欲擅权，纷乱诸事：醉心于揽权，扰乱朝廷大事。［20］疏之：疏远贾谊。［21］为长沙王太傅：当时长沙王为吴差。诸侯王国的太傅职掌辅佐国王。［22］行县：循行属县。绛：县名，为周勃所封侯国，治所在今山西绛县西北。［23］“勃自畏”三句：周勃害怕被抓捕处死，经常身穿盔甲，令家中人手执兵器，然后与郡守、郡尉相见。被甲，即身穿盔甲。被，通“披”。［24］下廷尉：交给廷尉查办。［25］置辞：谓如何对答。［26］与狱吏：贿赂狱吏。［27］书：写。牍：木牍。写狱辞之用。示之：狱吏在公文木牍背面写了“以公主为证”的话提示周勃。［28］帝朝太后：汉文帝拜见薄太后。［29］太后以冒絮提帝曰：薄太后用头巾扔向汉文帝说。冒絮，护头丝巾。冒，通“帽”。提，掷击。［30］绾皇帝玺：手系皇帝印玺。［31］将兵于北军：统率北军将士。北军，汉代警卫皇宫的一支劲兵，因屯驻于未央、长乐两宫北，故名。［32］顾欲反邪：反而要谋反吗？顾，反而。［33］吏方验而出之：狱吏刚刚查验他无罪，就要释放了。方，正在，刚刚。［34］使使持节赦绛侯：文帝派出使者持符节赦免周勃。节，符节，使臣执以示信之物。［35］安知狱吏之贵：怎知狱吏的权重。贵，贵重，这里指权重。［36］作：兴建。顾成庙：文帝自为庙，制度卑狭，工程简略，故曰顾成。

五年（丙寅，前175年）

春，二月，地震。

初，秦用半两钱[1]，高祖嫌其重，难用，更铸荚钱[2]。于是物价腾踊[3]，米至石万钱[4]。夏，四月，更造四铢钱[5]，除盗铸钱令[6]，使民得自铸。

贾谊谏曰[7]：“法使天下公得雇租铸铜、锡为钱[8]，敢杂以铅、铁为他巧者[9]，其罪黥[10]。然铸钱之情，非殽杂为巧，则不可得赢[11]；而殽之甚微，为利甚厚。夫事有召祸而法有起奸[12]；今令细民人操造币之势[13]，各隐屏而铸作[14]，因欲禁其厚利微奸[15]，虽黥罪日报[16]，其势不止[17]。乃者[18]，民人抵罪[19]多者一县百数，及吏之所疑搒笞奔走者甚众[20]。夫县法以诱民使入陷阱[21]，孰多于此！又民用钱，郡县不同：或用轻钱，百加若干[22]；或用重钱，平称不受[23]。法钱不立[24]，吏急而壹之乎[25]？则大为烦苛而力不能胜；纵而弗呵[26]乎？则市肆异用[27]，钱文大乱；苟非其术，何乡而可哉[28]！今农事弃捐而采铜者日蕃，释其耒耨[29]，冶熔炊炭[30]；奸钱[31]日多，五谷不为多。善人怵而为奸邪[32]，愿民陷而之刑戮[33]；刑戮将甚不详[34]，奈何而忽[35]！国知患此，吏议必曰'禁之[36]'。禁之不得其术[37]，其伤必大。令禁铸钱[38]，则钱必重[39]；重则其利深[40]，盗铸如云而起[41]，弃市之罪又不足以禁矣。奸数不胜而法禁数溃[42]，铜使之然也。铜布于天下，其为祸博[43]矣，故不如收之[44]。"

贾山[45]亦上书谏，以为："钱者，亡用器[46]也，而可以易富贵。富贵者，人主之操柄[47]也；令民为之，是与人主共操柄，不可长也[48]。"上不听。

是时，太中大夫邓通[49]方宠幸，上欲其富，赐之蜀严道铜山[50]，使铸钱。吴王濞有豫章铜山[51]，招致天下亡命者[52]以铸钱；东煮海水为盐；以故无赋而国用饶足[53]。于是吴、邓钱布天下。

初，帝分代为二国[54]，立皇子武为代王，参为太原王。是岁，徙代王武为淮阳王；以太原王参为代王，尽得故地[55]。

（以上为第四段，写公元前175年史事，写汉文帝刘恒下令铸造四铢钱，废除禁止私人铸钱禁令，允许民间自行铸钱，谋臣贾谊、贾山予以谏阻，汉文帝不予采纳；吴国因即山铸钱、煮海为盐，富甲一方。）

【注释】

[1]半两钱：秦半两钱，重如其文。 [2]更：改。荚钱：一名榆荚钱，铜质，形如榆荚，面值"半两"，重三铢，半径五分，文曰"汉兴"。 [3]腾踊：飞涨。 [4]米至石万钱：一石米价值一万钱。 [5]四铢钱：重四铢，文曰"半两"。 [6]除：取消。盗铸钱令：汉初规定钱币由官府铸造，禁止私铸。私铸曰"盗铸"。定有"盗铸钱令"。是时除此令，听民私铸。 [7]贾谊谏曰：引文为贾谊《谏铸钱疏》。 [8]"法使"句：现行法令允许天下公开雇人熔铸铜、锡为钱币。公，

公然；公开。雇租，谓雇用劳力、租借资本。［9］杂：掺杂。他巧：其他弊端。［10］黥：刑名，脸上刺字或纹，以墨黥面。［11］非殽杂为巧，则不可得赢：如果不掺杂铅、铁作弊，就不可能获利。殽杂，在铜、锡中掺杂铅、铁作弊。赢，获利。［12］召祸：引起后患。起奸：导致违法犯罪。［13］细民：平民。操造币之势：把持铸币大权。［14］各隐屏而铸作：各自隐蔽地铸造。［15］禁其厚利微奸：禁止他们为了获得厚利而取巧舞弊。微奸，取巧舞弊。［16］日报：每天都有人被判罪。［17］其势不止：指铸钱作弊的情势不能制止。［18］乃者：往日。［19］抵罪：被判罪。［20］吏之所疑：被留名官府的嫌疑犯。搒笞：拷打审讯。奔走：被传讯而奔走的人。［21］县（xuán）法：公布法令。陷阱：指弊法诱人犯罪受刑。［22］百加若干：因钱轻，一百要加上若干枚。［23］平称不受：用重钱，又不能按标准使用。谓钱重，使用者不肯按标准出手。［24］法钱不立：法定之钱没有权威。不立，不能流通。［25］吏急：官府用强硬手段。壹之：统一钱币。指官府强行让法币流通。［26］纵而弗呵：放纵而不追求。［27］市肆异用：市场上就会流行各种货币。［28］苟非其术，何乡而可哉：如果钱币的法律不完善，到哪里去找标准呢？乡，通“向”。［29］释其耒耨：扔下农具。耒耨（nòu），古代农具。［30］冶熔炊炭：炼铜烧炭以铸钱。［31］奸钱：掺杂铅、铁的劣质铜钱。［32］善人怵而为奸邪：善良者受此风引诱而为罪恶勾当。怵，通“怵”，利诱。［33］愿民陷而之刑戮：朴实者陷入罪恶泥坑以至于受刑遭杀。愿民，朴实之民。［34］刑戮将甚不详：惩罚诛杀过多很不吉祥。详，通“祥”。［35］忽：疏忽。［36］禁之：禁止私人铸钱。［37］不得其术：方法不对。［38］令禁铸钱：颁布法令禁止私人铸钱。令，指专门的禁铸钱令。［39］钱必重：禁铸钱币值就要增加。重，钱重，币值增加。［40］利深：利厚。［41］如云而起：如同云集一样涌起。［42］奸数不胜而法禁数溃：违法犯罪防不胜防，法律禁令多次遭破坏。［43］祸博：祸大。［44］故不如收之：所以应由朝廷掌控钱币的流通，收回铸币权力。［45］贾山：西汉颍川（今河南禹州市）人，政论家。传见《汉书》卷五十一。［46］亡用器：无用之物。亡，通“无”。［47］人主之操柄：君主所掌握的权柄。［48］不可长也：不应该再继续下去。即立即终止私铸钱。［49］邓通：汉文帝宠臣。［50］赐之蜀严道铜山：汉文帝把蜀郡严道县一座产铜的山赏赐给邓通。蜀郡治成都。严道县治在今四川荥经县。［51］豫章铜山：豫章郡的一座产铜山。豫章郡治南昌，即今江西南昌市。［52］亡命者：流民。［53］无赋：没有赋税。汉代赋税有户口人头税、田赋。吴王刘濞因有铜山铸钱，不向百姓征税。饶足：丰足。［54］分代为二国：汉文帝分代国为二国，事见《资治通鉴》卷十三汉文帝前元元年。［55］故地：指代国原有之地。

六年（丁卯，前174年）

冬，十月，桃、李华[1]。

淮南厉王长自作法令行于其国[2]，逐汉所置吏，请自置相、二千石[3]；帝曲意从之[4]。又擅刑杀不辜及爵人至关内侯[5]；数上书不逊顺。帝重自切责之[6]，乃令薄昭与书风谕之[7]，引管、蔡及代顷王、济北王兴居以为儆戒[8]。

王不说[9]，令大夫但、士伍开章等七十人与棘蒲侯柴武太子奇谋以辇车四十乘反谷口[10]；令人使闽越、匈奴。事觉[11]，有司治之[12]。使使召淮南王。王至长安，丞相张苍、典客冯敬行御史大夫事[13]，与宗正、廷尉奏[14]："长罪当弃市[15]。"制曰[16]："其赦长死罪，废，勿王；徙处蜀郡严道邛邮[17]。"尽诛所与谋者。载长以辎车[18]，令县以次传之[19]。

袁盎谏曰："上素骄淮南王，弗为置严傅、相[20]，以故致[21]此。淮南王为人刚，今暴摧折之[22]，臣恐卒逢雾露病死[23]，陛下有杀弟之名，奈何？"上曰："吾特苦之耳，今复之[24]。"

淮南王果愤恚[25]不食死。县传至雍[26]，雍令发封[27]，以死闻[28]。上哭甚悲，谓袁盎曰"吾不听公言，卒亡[29]淮南王！今为奈何？"盎曰："独斩丞相、御史以谢天下乃可。"上即令丞相、御史逮考[30]诸县传送淮南王不发封馈侍者[31]，皆弃市；以列侯葬淮南王于雍，置守冢三十户[32]。

（以上为第五段，写淮南王刘长骄横不法，欲举兵谋反，被汉文帝刘恒召至京城，流放蜀地，绝食而死）

【注释】

[1]华（huā）：作动词用，开花。十月桃、李开花，气候反常。 [2]自作法行于其国：淮南王刘长擅自颁布法令在封国内执行。 [3]"逐汉"二句：汉代诸侯王的国相、内史、中尉等二千石高官由朝廷委派，刘长赶走，自请置之。 [4]帝曲意从之：汉文帝违心地同意了。 [5]关内侯：秦汉二十级爵的第十九级，仅次于第二十级的列侯。刘长随意杀人，竟擅杀关内侯。 [6]帝重自切责之：汉文帝不愿意亲自严厉训教刘长。重，严厉。责，管教。 [7]薄昭：薄太后之弟，文帝之舅。薄昭出面，长辈重使。风谕：婉言相劝。风，通"讽"。 [8]管、蔡：西周的管叔、蔡叔。因犯上而被杀。代顷王：汉高祖之兄刘仲。代顷王刘仲废为侯，事见《资治通鉴》卷十一高祖七年。济北王：刘兴居，叛乱败亡，事见《资治通鉴》文帝三年。 [9]说：通"悦"。 [10]"令大夫但"句：刘长指派大夫但、士伍开章等七十人与荆蒲侯柴武的太子柴奇合谋，计划用四十辆辇车在谷口反叛。但、开章，人名。奇，汉初功臣荆蒲侯柴武的太子。辇车，人力拉的运输车。谷

口，县名，县治在今陕西礼泉县东北。［11］事觉：其事被发觉。［12］有司治之：主管机构追究这一事件。［13］典客：官名，掌民族事务。后更名大行令、大鸿胪。冯敬：汉初大臣。行御史大夫事：兼职代理副丞相御史大夫职位。［14］宗正：官名，掌管皇室事务。廷尉：官名，掌刑狱。［15］当弃市：判处弃市罪。弃市，在闹市腰斩。［16］制曰：诏令说。皇帝诏令称“制”。［17］徙：流放。严道：县名，今四川荥经县西。邛邮：驿舍名，在今四川荥经县西。［18］辎（zī）车：有帷帐可乘人载物的车。［19］令县以次传之：汉文帝下令沿途各县依次传送刘长。传（zhuàn）：驿站辗转相传。［20］严傅、相：谓严明的辅佐之臣。［21］致：通“至”。据章校，他本正作“至”。［22］暴摧折之：突然折磨他。［23］卒逢雾露病死：突然遭受风霜生病死了。卒，通“猝”，突然。［24］吾特苦之耳，今复之：我只是让刘长经受一点困苦罢了，现在就召他回来。特，只是。复，召回。［25］愤恚：愤恨恼怒。［26］县传至雍：囚车依次到达雍县。雍，县名，治所在今陕西宝鸡市凤翔区南。［27］发封：揭开囚车的帷帐。［28］以死闻：向朝廷报告了刘长的死讯。［29］卒亡：终于失去。［30］逮考：逮捕审讯。［31］不发封馈侍者：不开启封门就送食物的官员。［32］置守冢三十户：配置了看护坟墓的人共三十户。

匈奴单于遗汉书曰：“前时，皇帝言和亲事，称书意[1]，合欢[2]。汉边吏侵侮右贤王[3]；右贤王不请[4]，听后义卢侯难支[5]等计，与汉吏相距[6]。绝二主之约[7]，离兄弟之亲，故罚右贤王，使之西求月氏[8]击之。以天之福，吏卒良，马力强，以夷灭月氏，尽斩杀、降下，定之[9]；楼兰、乌孙、呼揭[10]及其旁二十六国，皆已为匈奴，诸引弓之民并为一家[11]，北州以定[12]。愿寝兵[13]，休士卒，养马，除前事[14]，复故约，以安边民。皇帝即不欲匈奴近塞[15]，则且诏吏民远舍[16]。”

帝报书曰：“单于欲除前事，复故约，朕甚嘉之。此古圣王之志也。汉与匈奴约为兄弟，所以遗单于甚厚[17]；倍约[18]、离兄弟之亲者，常在匈奴。然右贤王事已在赦前，单于勿深诛[19]！单于若称书意，明告诸吏，使无负约，有信[20]，敬如单于书。”

后顷之[21]，冒顿死[22]，子稽粥立[23]，号曰老上单于。老上单于初立，帝复遣宗室女翁主为单于阏氏[24]，使宦者燕人中行说[25]傅翁主。说不欲行，汉强使之[26]。说曰：“必我[27]也，为汉患者！”中行说既至，因降单于，单于甚亲幸之。

初，匈奴好汉缯絮、食物[28]。中行说曰：“匈奴人众不能当汉之一郡，然所以强者，以衣食异，无仰于汉[29]也。今单于变俗，好汉物；汉物不过什二[30]，则匈奴尽归于汉矣[31]。”其得汉缯絮，以驰草棘中，衣袴皆裂敝[32]，以示不如旃裘[33]之完善也；得汉食物，皆去之，以示不如湩酪[34]之便美也。于是说教单于左右疏记[35]，以计课其人众、畜牧[36]。其遗汉书牍及印封，皆令长大，倨傲其辞，自称“天地所生、日月所置匈奴大单于”。

汉使或訾笑匈奴俗无礼义者[37]，中行说辄穷汉使[38]曰：“匈奴约束径[39]，易行；君臣简，可久；一国之政，犹一体也。故匈奴虽乱，必立宗种[40]。今中国虽云有礼义，及亲属益疏则相杀夺，以至易姓，皆从此类也。嗟[41]！土室之人[42]，顾无多辞[43]，喋喋占占[44]！顾汉所输匈奴缯絮、米糵[45]，令其量中[46]，必善美而已矣[47]，何以言为乎！且所给，备、善，则已[48]；不备、苦恶[49]，则候秋熟，以骑驰蹂而稼穑耳[50]！”

（以上为第六段，写匈奴单于素无礼仪，非常傲慢，汉朝以宗室女嫁之，强令中行说辅佐，中行说投降匈奴，祸害汉朝。）

【注释】

[1]称书意：与书信之意相符。[2]合欢：双方和好。[3]右贤王：匈奴王号，地位仅次于单于，有左、右两贤王。左贤王位高于右贤王居匈奴东部，当今河套以北内蒙古地区。右贤王，居匈奴西部，当今甘肃西部河西走廊地区。[4]不请：谓不经过请示。[5]后义卢侯难支：难支，匈奴将之名。后义卢侯，难支的封号。[6]相距：相对抗。距，通“拒”。[7]绝二主之约：断绝了汉、匈奴的友好盟约。[8]月（ròu）氏（zhī）：原居于敦煌、祁连间的一个民族，在河西走廊上，被匈奴右贤王驱逐西迁去中亚。[9]定之：平定。[10]楼兰、乌孙、呼揭：西汉时西域古国名。[11]引弓之民：指游牧狩猎民族。并为一家：谓合并在一起。[12]北州以定：北方地区实现了统一安定。北州，泛指北方地区。[13]愿寝兵：希望放下武器。寝，搁置，放下。[14]除前事：消除前嫌。[15]不欲匈奴近塞：不希望匈奴靠近汉朝边境。[16]远舍：让匈奴远离汉朝边境居住。[17]遗单于甚厚：汉朝赠送单于的礼物十分丰厚。[18]倍约：违背盟约。倍，通“背”。[19]勿深诛：不要过重责罚。[20]有信：遵守信用。[21]后顷之：过后不久。[22]冒（mò）顿（dú）：汉初匈奴的一个单于，他统一匈奴，灭东胡，东西万里，使匈奴达于极盛，是匈奴族的英雄。传附见《史记·匈奴列传》《汉书·匈奴传》。[23]子稽粥立：冒顿单于之子稽粥继立，为匈奴老上单于。[24]翁主：汉宗室诸王之女称翁主。阏（yān）氏（zhī）：匈奴王后的称号。[25]燕：地区名，指战国时燕国旧地，当今河北北部地区。中行说：人名。

复姓中行（háng），名说（yuè）。文帝时陪翁主和亲匈奴的一个宦官。［26］强使之：强迫地派他去。［27］必我：一定要我去。［28］缯絮、食物：缯帛、丝绵和食品。［29］无仰于汉：不须依赖汉朝。仰，仰给，依赖。［30］什二：十分之二。［31］匈奴尽归于汉矣：匈奴就要全被汉化了。尽归，全被汉化，同化。［32］裂敝：破坏，撕破。［33］旃裘：毛皮制品。旃，通“毡”，毛线制品。裘，兽皮制品。［34］湩（dòng）酪：乳汁、乳酪。［35］疏记：分门别类记事。［36］计课其人众、畜牧：统计匈奴的人口、畜牧。［37］訾笑匈奴俗无礼义者：讥笑匈奴习俗不讲礼仪。［38］穷汉使：驳难汉使。［39］约束径：约束简洁明确。径，直截了当。［40］匈奴虽乱，必立宗种：匈奴的伦常虽乱，却一定拥立宗族的子孙为首领。［41］嗟：叹词。［42］土室之人：住房屋之人，指中原人。匈奴人住庐帐，而不住房屋。［43］顾无多辞：谓不必多说废话。［44］喋喋占占：喋喋不休，沾沾自喜。［45］输：输送。蘖（niè）：曲，酿酒用的发酵剂。［46］量中：数量满足。中，犹“满”。［47］必善美而已矣：一定要质量好就行。［48］所给，备、善，则已：所给的东西，数量足、质量好，那就算了。［49］不备、苦恶：数量不够、质量又低劣。［50］“则候秋熟”二句：那就等到秋熟时，用我们匈奴的铁骑去践踏你们的庄稼！

梁太傅贾谊上疏曰[1]：“臣窃惟今之事势，可为痛哭者一，可为流涕者二；可为长太息者六[2]；若其他背理而伤道者，难遍以疏举[3]。进言者皆曰：‘天下已安已治矣’，臣独以为未也。曰安且治者，非愚则谀，皆非事实知治乱之体[4]者也。夫抱火厝[5]之积薪之下而寝其上，火未及然[6]，因谓之安；方今之势，何以异此！陛下何不壹令臣得孰数之于前[7]，因陈治安之策，试详择[8]焉！

“使为治，劳志虑[9]，苦身体，乏钟、鼓之乐，勿为可也。乐与今同，而加之诸侯轨道[10]，兵革不动[11]，匈奴宾服[12]，百姓素朴[13]，生为明帝，没为明神[14]，名誉之美垂于无穷，使顾成之庙称为太宗[15]，上配太祖[16]，与汉亡极[17]，立经陈纪[18]，为万世法。虽有愚幼、不肖之嗣，犹得蒙业而安[19]。以陛下之明达，因使少知治体者得佐下风[20]，致此非难也。

“夫树国固必相疑之势[21]，下数被其殃[22]，上数爽其忧[23]，甚非所以安上而全下也。今或亲弟谋为东帝[24]，亲兄之子西乡而击[25]，今吴又见告[26]矣。天子春秋鼎盛[27]，行义未过[28]，德泽有加[29]焉，犹尚如是；况莫大诸侯[30]，权力且十此[31]者乎！

“然而天下少安[32]，何也？大国之王幼弱未壮，汉之所置傅、相方握其事[33]。数年之后，诸侯之王大抵皆冠[34]，血气方刚；汉之傅、相称病而赐罢[35]，彼自丞、尉以上遍置私人[36]。如此，有异淮南、济北之为邪[37]？此时而欲为治安，虽尧、舜不治[38]。

“黄帝曰：‘日中必熭，操刀必割[39]！’今令此道顺而全安甚易[40]，不肯早为，已乃堕骨肉之属而抗刭之[41]，岂有异秦之季世乎[42]！其异姓负强而动[43]者，汉已幸而胜之矣，又不易其所以然；同姓袭是迹而动，既有征矣[44]，其势尽又复然。殃祸之变，未知所移，明帝处之尚不能以安，后世将如之何！

“臣窃迹前事[45]，大抵强者先反。长沙[46]乃二万五千户耳，功少而最完，势疏而最忠，非独性异人也，亦形势然也。曩令樊、郦、绛、灌据数十城而王，今虽以残亡可也[47]；令信、越之伦列为彻侯而居，虽至今存可也[48]。然则天下之大计可知已：欲诸王之皆忠附，则莫若令如长沙王；欲臣子勿菹醢[49]，则莫若令如樊、郦等；欲天下之治安，莫若众建诸侯而少其力[50]。力少则易使以义[51]，国小则亡邪心[52]。令海内之势，如身之使臂，臂之使指，莫不制从[53]，诸侯之君不敢有异心，辐凑并进而归命天子[54]。割地定制[55]，令齐、赵、楚[56]各为若干国，使悼惠王、幽王、元王之子孙毕以次各受祖之分地[57]，地尽而止[58]；其分地众而子孙少者，建以为国，空而置之[59]，须其子孙生者举使君之[60]；一寸之地，一人之众，天子亡所利[61]焉，诚以定治而已[62]。如此，则卧赤子天下之上而安[63]，植遗腹[64]，朝委裘而天下不乱[65]；当时大治，后世诵圣[66]。陛下谁惮而久不为此[67]！

“天下之势方病大瘇[68]，一胫之大几如要[69]，一指之大几如股[70]，平居不可屈伸[71]，一二指慉[72]，身虑亡聊[73]。失今不治，必为锢疾[74]，后虽有扁鹊[75]，不能为已。病非徒瘇也[76]。又苦跖戾[77]。元王之子，帝之从弟[78]也；今之王者，从弟之子[79]也。惠王之子，亲兄子[80]也；今之王者，兄子之子[81]也。亲者或亡分地以安天下[82]，疏者或制大权以逼天子[83]，臣故曰非徒病瘇也，又苦蹠戾。可痛哭者，此病是也。

“天下之势方倒县[84]。凡天子者，天下之首。何也？上也。蛮夷[85]者，天下之足。何也？下也。今匈奴嫚侮侵掠[86]，至不敬也[87]；而汉岁致金絮采缯以奉之[88]。足反居上，首顾居下[89]，倒县如此，莫之能解[90]，犹为国有人乎[91]？可为流涕者此也。

“今不猎猛敌而猎田彘[92]，不搏反寇而搏畜兔[93]，玩细娱而不图大患[94]，德可远加而直数百里外威令不胜[95]，可为流涕者此也。

“今庶人屋壁得为帝服，倡优下贱得为后饰[96]；且帝之身自衣皂绨[97]，而富民墙屋被文绣[98]；天子之后以缘其领[99]，庶人孽妾以缘其履[100]；此臣所谓舛[101]也。夫百人作之不能衣一人，欲天下亡寒，胡可得也[102]；一人耕之，十人聚而食之，欲天下亡饥，不可得也；饥寒切于民之肌肤，欲其亡为奸邪，不可得也。可为长太息者此也。

“商君遗礼义[103]，弃仁恩，并心[104]于进取；行之二岁，秦俗日败。故秦人家富子壮则出分[105]，家贫子壮则出赘[106]；借父耰锄，虑有德色[107]；母取箕帚，立而谇语[108]；抱哺其子，与公并倨[109]；妇姑不相说[110]，则反唇而相稽[111]；其慈子、耆利[112]，不同禽兽者亡几[113]耳。今其遗风余俗，犹尚未改，弃礼义，捐廉耻日甚[114]，可谓月异而岁不同矣。逐利不耳，虑非顾行也[115]；今其甚者杀父兄矣。而大臣特以簿书不报、期会之间以为大故[116]，至于俗流失，世坏败，因恬而不知怪[117]，虑不动于耳目[118]，以为是适然[119]耳。夫移风易俗，使天下回心而乡道[120]，类非俗吏之所能为也。俗吏之所务，在于刀笔、筐箧而不知大体[121]。陛下又不自忧，窃为陛下惜之！岂如今定经制[122]，令君君、臣臣，上下有差[123]，父子六亲[124]各得其宜。此业壹定，世世常安，而后有所持循[125]矣；若夫经制不定，是犹渡江河亡维楫[126]，中流而遇风波，船必覆[127]矣。可为长太息者此也。

“夏、殷、周为天子皆数十世，秦为天子二世而亡。人性不甚相远也，何三代之君有道之长而秦无道之暴也？其故可知也。古之王者，太子乃生[128]，固举以礼[129]，有司齐肃端冕[130]，见之南郊[131]，过阙则下[132]，过庙则趋[133]，故自为赤子，而教固已行矣[134]。孩提有识[135]，三公、三少明孝仁礼义以道习之[136]，逐去邪人，不使见恶行[137]，于是皆选天下之端士[138]、孝悌博闻有道术者以卫翼[139]之，使与太子居处出入。故太子乃生而见正事，闻正言，行正道，左右前后皆正人也。夫习与正人居之不能毋正，犹生长于齐不能不齐言也；习与不正人居之不能毋不正，犹生长于楚之地不能不楚言也[140]。孔子曰[141]：'少成若天性，习贯[142]如自然。'习与智长，故切而不愧[143]；化与心成，故中道若性。

"夫三代之所以长久者，以其辅翼太子有此具也。及秦而不然，使赵高傅胡亥而教之狱[144]，所习者非斩、劓人，则夷人之三族也[145]。胡亥今日即位而明日射人，忠谏者谓之诽谤，深计者谓之妖言，其视杀人若艾草菅然[146]。岂惟胡亥之性恶哉？彼其所以道之者非其理故也[147]。鄙谚曰：'前车覆，后车诫。'秦世之所以亟绝[148]者，其辙迹可见也；然而不避，是后车又将覆也。天下之命，县于太子[149]，太子之善，在于早谕教与选左右[150]。夫心未滥[151]而先谕教，则化易成也；开于道术智谊之指[152]，则教之力也；若其服习积贯，则左右而已[153]。夫胡、粤之人[154]，生而同声[155]，嗜欲不异[156]；及其长而成俗[157]，累数译而不能相通[158]，有虽死而不相为[159]者，则教习然也[160]。臣故曰选左右、早谕教最急。夫教得而左右正[161]，则太子正矣，太子正而天下定矣。《书》曰[162]：'一人有庆，兆民赖之[163]。'此时务也。

"凡人之智，能见已然[164]，不能见将然[165]。夫礼者禁于将然之前，而法者禁于已然之后[166]，是故法之所为用易见而礼之所为生难知[167]也。若夫庆赏以劝善，刑罚以惩恶，先王执此之政，坚如金石[168]；行此之令，信如四时[169]；据此之公，无私如天地[170]，岂顾不用哉[171]？然而曰礼云、礼云[172]者，贵绝恶于未萌而起教于微眇[173]，使民日迁善、远罪而不自知也[174]。

"孔子曰[175]：'听讼，吾犹人也；必也使毋讼乎[176]！'为人主计者，莫如先审取舍，取舍之极定于内而安危之萌应于外矣[177]。秦王[178]之欲尊宗庙而安子孙，与汤、武[179]同。然而汤、武广大其德行，六七百岁而弗失，秦王治天下十余岁则大败[180]。此亡他故[181]矣：汤、武之定取舍审而秦王之定取舍不审矣。夫天下[182]，大器也；今人之置器，置诸安处则安，置诸危处则危。天下之情，与器无以异，在天子之所置之[183]。汤、武置天下于仁、义、礼、乐，累子孙数十世[184]，此天下所共闻也；秦王置天下于法令、刑罚，祸几及身[185]，子孙诛绝，此天下之所共见也。是非其明效大验邪[186]！

“人之言曰：‘听言之道，必以其事观之，则言者莫敢妄言。’今或言礼谊之不如法令，教化之不如刑罚，人主胡不引[187]殷、周、秦事以观之也！人主之尊譬如堂，群臣如陛，众庶如地[188]。故陛九级上，廉远地[189]，则堂高；陛无级，廉近地，则堂卑[190]。高者难攀，卑者易陵[191]，理势然也。故古者圣王制为等列[192]，内有公、卿、大夫、士，外有公、侯、伯、子、男[193]，然后有官师、小吏，延及庶人，等级分明而天子加焉[194]，故其尊不可及[195]也。

“里谚曰：‘欲投鼠而忌器[196]。’此善谕也。鼠近于器，尚惮不投，恐伤其器，况于贵臣之近主乎！廉耻节礼以治君子，故有赐死而亡戮辱[197]。是以黥、劓之罪不及大夫，以其离主上不远也。礼：不敢齿君之路马[198]，蹴其刍者有罚[199]，所以为主上豫远不敬[200]也。今自王、侯、三公之贵，皆天子之所改容而礼之[201]也，古天子之所谓伯父、伯舅[202]也；而令与众庶同黥、劓、髡、刖、笞、傌、弃市[203]之法，然则堂不无陛乎！被戮辱者不泰迫乎[204]！廉耻不行，大臣无乃握重权、大官而有徒隶无耻之心乎！夫望夷之事[205]，二世见当以重法者[206]，投鼠而不忌器之习也。

“臣闻之：履虽鲜不加于枕，冠虽敝不以苴履[207]。夫尝已在贵宠之位，天子改容而礼貌之[208]矣，吏民尝俯伏以敬畏之矣；今而有过[209]，帝令废之可也，退之可也，赐之死可也，灭之可也；若夫束缚之，系绁[210]之，输之司寇，编之徒官[211]，司寇小吏詈骂而搒笞之[212]，殆非所以令众庶见也[213]。夫卑贱者习知尊贵者之一旦吾亦乃可以加此也，非所以尊尊、贵贵之化也[214]。

“古者大臣有坐不廉[215]而废者，不谓不廉，曰簠簋不饰[216]’；坐污秽淫乱、男女无别者，不曰污秽，曰‘帷薄不修[217]’；坐罢软[218]不胜任者，不谓罢软，曰‘下官不职[219]’。故贵大臣[220]定有其罪矣，犹未斥然正以呼之[221]也，尚迁就而为之讳也。故其在大谴、大何之域者[222]，闻谴、何则白冠牦缨，盘水加剑，造请室而请罪耳[223]，上不执缚系引而行[224]也；其有中罪者，闻命而自弛[225]，上不使人颈戾而加[226]也；其有大罪者，闻命则北面再拜，跪而自裁[227]，上不使人捽抑而刑之也[228]。曰：'子[229]大夫自有过耳，吾遇子有礼矣。'遇之有礼，故群臣自憙[230]；婴以廉耻[231]，故人矜节行[232]。上设廉耻、礼义以遇其臣而不以节行报其上者，则非人类也。故化成俗定[233]，则为人臣者皆顾行而忘利，守节而伏义，故可以托不御之权[234]，可以寄六尺之孤[235]，此厉[236]廉耻、行礼谊之所致也，主上何丧[237]焉！此之不为而顾彼之久行[238]，故曰可为长太息者此也。"

谊以绛侯前逮系狱，卒无事[239]，故以此讥上[240]。上深纳其言，养臣下有节，是后大臣有罪，皆自杀，不受刑。

（以上为第七段，写梁国太傅贾谊向汉文帝刘恒上《治安策》，认为在当时表面平静的景象下隐藏着种种矛盾和行将到来的社会危机，社会风气每况愈下，并提出了改革的举措，长篇大论，振聋发聩。）

【注释】

[1]梁：王国名，都睢阳（今河南商丘市南）。时贾谊为梁怀王太傅。梁怀王刘揖，汉文帝少子。贾谊上疏曰：引文为贾谊《陈政事疏》，又称《治安策》。[2]长太息：深深的叹息。[3]疏举：逐条一一列举。[4]治乱之体：治与乱的大要。[5]厝（cuò）：放置。[6]然：通"燃"。[7]孰数之于前：在你面前详细说明。孰，通"熟"，详尽。数，列举。[8]试详择：供皇上斟酌而仔细选择。[9]劳志虑：劳神苦思。按：据章校，他本"志"作"智"，则"劳智虑"为"费心思"，"用智慧"，两者义近，不改"志"为佳。[10]诸侯轨道：诸侯上轨道，走上正路，谓遵守法制。[11]兵革不动：战争不起。兵革，兵器，代战争。[12]宾服：归顺，臣服。[13]素朴：温良朴实。[14]生为明帝，没为明神：皇上在世时为明君，死后成为明神。没，通"殁"，死亡。[15]顾成之庙：汉文帝生前为自己所建的庙。这里指文帝及其帝业。太宗：汉文帝庙号。[16]太祖：始祖，指汉高祖。[17]亡极：没有终极，即永世长存。亡，通"无"。[18]立经陈纪：创设准则，建立纲纪。[19]"虽有"二句：即使出现了愚鲁、幼稚、不成器的子孙，仍将继承您的大业而安享天下。不肖之嗣，不肖子孙，不成器的后代。[20]少知治体：略微懂得治国之道。少，稍许。佐下风：在下面辅佐。[21]树国固必相疑之势：封立的诸侯国过于强大，本来就必然产生上下互相猜疑的形势。固，本来。相疑之势，指王国与朝廷的对立态势。[22]下：指诸侯。被其殃：遭受其祸殃。[23]上：指帝王。爽其忧：失落忧伤。[24]亲弟谋为东帝：指淮南王刘长。[25]亲兄之子西乡而击：指济北王刘兴居，汉文帝堂侄，反叛向西进

兵。乡，通“向”。［26］今吴又见告：现今吴王刘濞被告发图谋不轨。［27］春秋鼎盛：年纪正当壮年。春秋，指年龄。［28］行义未过：朝政没有过失。过，过错。［29］德泽有加：恩德更好。［30］莫大诸侯：指最大的诸侯国。莫大，没有比它更大，即最大。［31］十此：言十倍于此。［32］少安：稍安。指当前社会基本安定，没有动乱。［33］方握其事：指汉朝廷所置诸侯王的相、傅，正掌控诸侯王国的政务。［34］冠：戴帽，指诸侯王长大成人。［35］赐罢：下令罢免。这句言汉朝所置的傅、相，或被迫称病退休或被罢官。［36］彼：他们。这里指诸侯王。丞、尉：皆官名，泛指中级文武官。遍置私人：全都是诸侯王安插的私人党羽。［37］“如此”二句：到了这种地步，诸侯王们还能做出不同于淮南王、济北王谋反的事情吗？意谓都会步两王的后尘，走上谋反的道路。［38］“此时”二句：到了这时，还想治安，就是尧舜再世也无能为力。［39］“日中”二句：见《六韬》。意思是中午太阳当头，赶快晒东西，有刀在手赶快杀牲畜。比喻及时行动而不失时机。熭（wèi），晒。［40］“今令”句：现在如果按这个道理推行，保全臣子、安定君主很容易。此道顺，按此道理推行。顺，推行。［41］“已乃”句：等到骨肉至亲已犯罪，就不得不去诛杀了。堕，同“隳”毁坏，不可挽救。抗刭，以刀割脖子，指诛杀。［42］岂有异秦之季世乎：这难道和秦朝末年的骨肉相残有什么区别吗？岂，难道。季世，末世、末年。［43］异姓负强而动：汉初异姓诸侯王自恃强大而反叛。负，自恃。［44］“同姓”二句：同姓诸侯王仿效图谋不轨，已经有征兆了。袭，仿效。征，兆，苗头。［45］窃迹前事：私下寻前事之迹。［46］长沙：指长沙王国，汉初所封异姓王，只有长沙王吴芮传国至文帝之时。［47］“曩令”二句：假如以前给樊哙、郦商、绛侯周勃、灌婴，也给他们分数十城的地而封王，到今天很可能已经残灭了。曩，往昔。［48］“令信、越”二句：韩信、彭越，只给他们封侯，到今天仍可保全无虞。［49］菹（zū）醢（hǎi）：杀人剁成肉酱。［50］众建：多建立。少其力：减弱诸侯王的力量。少，削弱，减少。［51］使以义：使之遵守礼仪。［52］亡（wú）邪心：不会有野心。［53］莫不制从：没有不服从命令的。［54］辐凑并进而归命天子：诸侯从四面八方一致听命于天子指挥。辐凑，车辐集中于轴心。喻人或物聚集一处。此指全国诸侯从四面八方归心于朝廷。归命，听命。［55］割地定制：分割封地，定立制度。［56］齐、赵、楚：汉初同姓王三个大诸侯国。齐悼惠王刘肥，赵幽王刘友，楚元王刘交。［57］毕以次各受祖之分地：齐、赵、楚三王的子孙，全都按等次分得一份祖上留下来的封地。毕，全部子孙。分，通“份”。［58］以上“割地定制”到“地尽而止”四句：意思是把齐、赵、楚三个大诸侯国，分成若干个小国，三王之子孙全都按等差每人分得一份封地，直到把地分完为止。［59］空而置之：暂时空悬封君之位。［60］“须其子孙”句：等到有了子孙，再让他们去做空悬封君的封国之君。须，等待。［61］亡所利：不贪图利益。［62］诚以定治而已：只是为了天下大治罢了。［63］卧赤子天下之上而安：即使让一个婴儿做皇帝也安宁无事。卧赤子，襁褓中的婴儿。［64］植遗腹：等待先皇的遗腹子出生。植，栽培，此为等待。［65］朝委裘而天下不乱：谓群臣在等待遗腹子时，对先帝的衣物朝拜天下也不乱。委裘，先帝留下的衣物。委，留下。裘，皮衣。［66］后世诵圣：后代人也会称颂圣明。［67］谁惮：怕什么人。久不为此：

长久地不做众建诸侯之事。［68］瘇（zhǒng）：足腫。［69］“一胫”句：一只小腿几乎与腰一样粗。胫，小腿。要，通“腰”。［70］指：脚趾。股：大腿。［71］平居：平时，平常。屈伸：屈指伸腰。［72］一二指慉：一两个脚趾抽痛。慉，《汉书》作“搐”，抽搐。［73］身虑亡聊：全身无法安放。亡聊，难受，不自在。［74］锢疾：顽疾，久治不愈的疾病。锢，同“痼”。［75］扁鹊：传说的古代良医。战国时秦越人号扁鹊，传见《史记》卷一百五。［76］病非徒瘇也：目前的病并不只是脚肿。［77］又苦跖戾：还遭受脚掌反转难行的痛苦。跖，脚掌。戾，乖戾，指反转。［78］从弟：堂弟。按：楚文王刘交之子，高帝之孙，与文帝是从侄，此云“从弟”有误。［79］从弟之子：指当时的楚王刘戊，是刘交之孙，与文帝是堂侄，其子为堂孙。亲属关系疏远了。［80］亲兄子：指齐王刘襄是文帝亲兄齐悼惠王刘肥之子。［81］兄子之子：指今齐王刘则是刘肥之孙，与文帝则是兄子之子，为侄孙。［82］“亲者”句：亲者，指文帝的子孙还没有被封立为王，用以安定天下。［83］“疏者”句：指楚元王、齐悼惠王的子孙拥有大块封地手握大权，形成对天子的威胁。逼天子，威胁天子。［84］倒县：倒挂。县，通“悬”。［85］蛮夷：对少数民族之蔑称。［86］嫚侮侵掠：侮辱朝廷，侵夺地方。［87］至不敬也：极为不敬。匈奴冒顿单于曾致国书戏辱吕太后。［88］致：赠送。金絮采缯：黄金、丝绵、彩色丝绸。奉之：奉送给匈奴。［89］首顾居下：头颅反而在下面。［90］莫之能解：没有人能解救。［91］犹为国有人乎：还能说国家有贤能之人吗？［92］猎猛敌：进攻强敌，指匈奴。猎田彘：猎野猪。［93］搏反寇：讨叛逆。搏畜兔：抓家兔。［94］顽细娱而不图大患：沉湎于精妙的娱乐而不致力于消除大患。［95］“德可远”句：德泽本来可以施之很远，而现在仅数百里外威令就行不通。胜，据章校，他本作“伸”，伸张，发扬，是，应改。［96］后饰：像皇后一样打扮。［97］衣皂绨：穿黑色粗丝衣。皂，黑色。绨（tì），粗缯。［98］墙屋被文绣：墙壁上装饰绣有花纹的绸缎。被，通“披”，装饰。［99］天子之后以缘其领：皇后用于镶在衣领边缘的材料。天子之后，皇后。缘，镶边。［100］庶人孽妾以缘其履：平民婢妾用来镶鞋口。［101］舛：悖乱，尊卑颠倒。［102］胡可得也：怎么能办到呢。［103］商君：商鞅，魏人，入秦变法，使秦国富强。传见《史记》卷六十八。遗礼义：抛弃礼义。商鞅是法家，他在秦焚灭《诗》《书》。［104］并心：专心，一门心思。［105］出分：分家另居。［106］出赘：离家为赘婿。秦时，贫家子弟以身典于富家，过期不赎，便沦为奴隶。富人给予婚配，称其为赘婿。其身份地位仍然不变。［107］借父耰锄，虑有德色：儿子借农具给父亲，脸上就露出施恩的表情。耰（yōu），故时用以击碎土块、平整土地的农具。［108］母取箕帚，立而谇语：婆母拿走簸箕扫帚，儿媳立即责骂。谇（suì），责骂。［109］与公并倨：儿媳与公公并排叉腿而坐，很不礼貌。倨，箕倨而坐，席地坐，伸两腿形如簸箕。［110］妇姑不相说（yuè）：婆媳不和睦。［111］反唇：顶嘴。相稽：互相讥讽。此指婆媳吵吵嚷嚷。［112］耆利：贪利。耆，通“嗜”，爱好。［113］亡几：差不多。亡，通“无”。［114］捐廉耻日甚：不顾廉耻的风俗一天比一天更严重。捐，抛弃，不顾。［115］“逐利”二句：人们做事只考虑能不能获利，不考虑应不应该做。不，通“否”。非顾行，不考虑行为该不该。［116］“大臣”句：大臣们只把地方公文是否按规定期限上报作为大事。特，只是。簿书，泛指公文。期会之间，定期上报的时间。大故，大事。［117］“至于”三句：对于风俗恶化，世风败坏，却安然不觉惊怪。恬，安然。［118］虑不动于耳目：耳闻目睹习以为常。［119］适然：理所当然。［120］乡道：归向正道。乡，通“向”。［121］“在于”句：只能处理一些文字工作，不懂得治国的大体。刀笔，书写的工具。筐箧，盛文书或财币的器具。两者指代文字工作。［122］定经制：确立根本的规章制度。［123］上下有差：君臣上下各有等差。［124］六亲：谓父、子、兄、弟、夫、妇。［125］持循：遵循。［126］维楫：拉船的绳索和划船的船桨。［127］覆：翻船。［128］乃生：始生，一出生。［129］固举以礼：就用礼义教养他。固，本来，就。举，教养。［130］齐：通“斋”。斋肃，认真斋戒。端冕：端正衣冠。［131］南郊：古时帝王祭天之处。［132］阙：古代宫殿、祠庙、陵墓前两旁对峙的建筑物。［133］庙：宗庙。趋：俯身小步快走。［134］赤子：婴儿。按：上述从“古之王者”到本句“教固已行矣”等句，意谓古代英明的君王，在太子刚出生就施行礼义的教化。主管官员衣冠整齐，庄重严肃。到南郊祭天，路过宫门要下车，经过宗庙要俯身小跑，因此，太子从小就受到良好的教育。［135］孩提有识：指太子到了儿童时期，略懂人事。［136］三公：太师、太傅、太保。三少：少师、少傅、少保。明孝仁礼义以道习之：三公、三少用孝道、仁爱、礼仪、节义引导教育太子。道，通“导”。［137］不使见恶行：不让太子看到罪恶的行为。［138］端士：行为正直的士人。［139］卫翼：卫护，辅佐。［140］“夫习与正人居”四句：意谓习惯与品行端正的人相处，品行不能不端正，如同生长于齐国不能不讲齐语；习惯与品行恶劣的人相处，品行就不能端正，如同生长在楚国不能不讲楚语。［141］孔子曰：引语见《大戴礼·保傅》。［142］习贯：习惯。贯，通“惯”。［143］习与智长，故切而不愧：学习礼义与开发智力同步进行，所以，如何切磋都无愧于心。切，切磋。［144］教之狱：教他学习判案定刑。［145］“所习者”二句：胡亥学习的尽是斩首、割鼻和灭族的事。［146］艾草菅然：随意杀人如同割野草。艾，同“刈”。草菅（jiān），野草。［147］道之者非其理故也：引导胡亥学习的东西不符正道的缘故。非其理，不合理。故，缘故。［148］亟绝：速亡。［149］县于太子：国家命运取决于太子。县，通“悬”。［150］早谕教：及早进行教育。选左右：选择贤士在太子左右。左右，指太子的亲随。［151］滥：放荡。［152］“开于”句：使太子知晓仁义道德的要旨。开于，领悟，知晓。道术智谊，道德智识的义理，即仁义道德。指，要旨，要领。［153］“若其”二句：若要太子在习惯中养成善良的品行，那要看他身边跟随的人。服习积贯，养成习惯。贯，通“惯”。［154］胡、粤之人：北方的胡人和南方的越人。粤，同“越”。［155］生而同声：出生时哭声一样。［156］嗜欲不异：幼小时吃奶与嗜好没有什么不同。［157］长而成俗：长大之后形成了不同的风俗习惯。［158］数译：多次翻译。不能相通：谓不能互相交谈。［159］虽死而不相为：宁死也不愿互相改变。［160］教习然也：教育和习惯所造成。［161］教得而左右正：教育得当而左右伴随的都是正人。［162］《书》曰：引文见《尚书·吕刑》。［163］一人有庆，兆民赖之：天子一人善良，天下百姓全都仰仗他。庆，庆幸，善良。兆民，亿万民众，全天下的百姓。赖，仰仗。

[164]已然：已经发生的事。[165]将然：将要发生的事。[166]“夫礼者”二句：礼义教化可以把将要发生的不当行为予以制止，法律则是对已发生的行为进行惩罚。[167]礼之所为生难知：礼义教化的预防作用隐微难知。[168]坚如金石：坚定不移像金石。[169]信如四时：准确无误像春夏秋冬四季时令一样。[170]无私如天地：像天覆地载一样无偏无私。[171]岂顾不用哉：怎能认为先王不使用奖励和刑罚呢？[172]礼云、礼云：谓一再称道礼教。[173]“贵绝”句：最可贵的是能将罪恶杜绝在尚未形成之前。[174]不自知也：自己还没觉察。谓向善远恶在不知不觉中做到了。[175]孔子曰：引语见《论语·颜渊》。[176]“听讼”三句：审理诉讼，我同别人差不多，然而我的目标一定要做到诉讼不再发生。毋讼，没人打官司。[177]“为人主计者”三句：为君王出谋划策，首先要明白选择什么，舍弃什么，在心内确立取舍标准，安危应对的苗头就会表现出来。审，明白。定于内，心内，思想上首先确立取与舍的标准。萌，苗头。[178]秦王：指秦始皇。[179]汤、武：商汤王、周武王。[180]大败：大坏，灭亡。[181]亡他故：没有别的原因。亡，通“无”。[182]天下：国家政权。[183]在天子之所置之：就在于天子把它安置在什么地方。[184]累子孙数十世：子孙相传几十代。累，累计，承传。[185]祸几及身：祸害几乎牵累自身。[186]是非其明效大验邪：这不就是取舍不同的显明效验吗！[187]胡不引：为何不参照。[188]“人主”三句：君王的尊贵好比殿堂，臣子就像堂下的阶梯，百姓就是平地。陛，台阶。[189]廉远地：堂基的边缘离地远。廉，棱，指堂基的边缘。[190]卑：低矮。[191]陵：通“凌”，指践踏。[192]等列：等级。[193]“内有”二句：朝内有公、卿、大夫、士各级官员，朝外地方有公、侯、伯、子、男各级封爵。[194]天子加焉：天子凌驾于官僚等级最顶端。加，高高在上。[195]尊不可及：尊贵高不可攀。[196]投鼠而忌器：投东西打老鼠，担心打坏老鼠附近的器物。比喻欲除恶人而有所顾忌。[197]赐死：命令其自杀。无戮辱：不施加大臣以刑杀和侮辱。[198]不敢齿君之路马：礼法规定，不能随便察看路马的年龄。齿，观马齿察其年龄。路马，专拉皇帝车驾的马。[199]蹴其刍者有罚：践踏了路马的草料要受处罚。蹴（cù），践踏。刍，喂马的草料。[200]豫远不敬：预先防止臣对君的不敬行为。远，离。不敬，指不敬天子之罪。[201]改容而礼之：对他们恭敬地以礼相待。[202]伯父、伯舅：古代天子称呼诸侯长者，同姓则称伯父，异姓则称伯舅。伯，长辈。[203]黥、劓、髡、刖、笞、骂、弃市：皆古代刑罚名。髡（kūn），剃去头发。刖，断足。笞，用鞭、木杖或竹板等打。[204]泰迫乎：太靠近皇帝了吗。泰，同“太”。迫，逼近，靠近。[205]望夷之事：赵高使阎乐杀秦二世于望夷宫。[206]二世见当以重法者：秦二世被判以重罪，指被杀。见，被。当，判罪。[207]“履虽鲜”二句：鞋子即使是新的，也不能放在枕头上，帽子不管怎么破旧也不能做鞋垫。鲜，光鲜，新美。敝，破败。苴（jū），鞋垫。[208]礼貌之：以礼相待。[209]有过：有罪。[210]系绁（xiè）：以绳捆绑。[211]输之司寇，编之徒官：押送到管理刑徒的司寇官府，编入官府的刑徒中。按：汉无司寇之官。汉有都司空令、左右司空令，均是管徒隶役作之官。此处“司寇”与下文“司寇”，疑为“司空”之误。[212]詈：骂。搒（péng）笞：用棍子或竹板打。

[213]殆非所以令众庶见也：大臣受辱这样的事，恐怕是不应该让老百姓看到的。［214］非所以尊尊、贵贵之化也：这不利于尊重高官、礼敬显贵风气的形成。尊尊，尊重尊者。贵贵，礼敬贵者。［215］坐不廉：因不廉洁而判罪。［216］簠簋不饰：指代“不廉”的罪名。簠（fǔ）簋（guǐ），商周时盛食物之器。［217］帷薄不修：指代“淫乱”的罪名。帷，帐幔；薄，帘子，用以遮隔内外。［218］罢软：疲弱无能。罢（pí），通“疲”。［219］下官不职：下属官吏不称职。［220］贵大臣：在高位的大臣。［221］未斥然正以呼之：不直接说出大臣所犯罪行。［222］在大谴、大何之域者：罪在严厉训斥范围的大臣。何，通“呵”，斥责。［223］“闻谴”三句：知道犯了重罪的大臣，就身穿丧服，戴白帽悬挂毛缨，带着盛水的盘和佩剑，自己来到官员请罪的地方接受处置。白冠牦缨，古代出丧时所用之冠。牦缨，以牦牛尾作缨。盘水加剑，古代请罪的一种形式。在盛水的盘上放一把剑，盘水平，喻君以平法治罪；盘上加剑，表示自己有罪，请求准予自刎。［224］上：指皇帝。不执缚系引而行：不去捆绑拘牵而来。［225］自弛：言自毁容貌，以表示认罪。［226］颈戾而加：刀架在脖子上，即砍头。［227］“闻命”二句：官员听到判有重罪，就面朝北跪拜两次，而后自杀。自裁，自杀。［228］捽抑：揪住头发按着头。刑之：对他动刑。［229］子：古时对男子的美称。［230］自憙（xǐ）：自爱。［231］婴以廉耻：君王用廉耻约束臣子。婴，约束。［232］人矜节行：臣子用气节品行报答君王。［233］化成俗定：教化成，风俗定。［234］托不御之权：委托给臣子治国大权，而不必监管。御，驾驭，控制，监管。［235］寄六尺之孤：可以把未成人的君位继承人交给大臣辅佐。六尺之孤，指尚未成人的幼主。［236］厉：通“励”，鼓励。［237］丧：失。［238］“此之”句：放着这样的事不做，却长期地实行杀辱大臣的错误办法。［239］卒无事：终于没有获罪。［240］讥上：讥喻皇上。

七年（戊辰，前173年）

冬，十月，令列侯太夫人、夫人、诸侯王子及吏二千石无得擅征捕[1]。

夏，四月，赦天下。

六月，癸酉[2]，未央宫东阙罘罳灾[3]。

民有歌淮南王[4]者曰：“一尺布，尚可缝；一斗粟，尚可舂；兄弟二人不相容[5]！”帝闻而病[6]之。

八年（己巳，前172年）

夏，封淮南厉王子安等四人为列侯[7]。贾谊知上必将复王之也[8]，上疏[9]谏曰：“淮南王之悖逆无道，天下孰不知其罪[10]！陛下幸而赦迁之，自疾而死，天下孰以王死之不当！今奉尊罪人之子，适足以负谤于天下耳[11]。此人少壮[12]，岂能忘其父哉！白公胜所为父报仇者，大父与叔父也[13]。白公为乱，非欲取国代主，发忿快志[14]，剡手以冲仇人之匈[15]，固为俱靡而已[16]。淮南虽小，黥布尝用之[17]矣，汉存，特幸耳。夫擅仇人[18]足以危汉之资，于策不便。予之众，积之财，此非有子胥、白公报于广都[19]之中，即疑有刬诸、荆轲起于两柱之间[20]，所谓假贼兵[21]，为虎翼[22]者也。愿陛下少留计[23]！"上弗听。

有长星[24]出于东方。

九年（庚午，前171年）

春，大旱。

十年（辛未，前170年）

冬，上行幸甘泉[25]。

将军薄昭杀汉使者。帝不忍加诛，使公卿从之饮酒。欲令自引分[26]，昭不肯；使群臣丧服往哭之，乃自杀。

臣光曰：李德裕[27]以为："汉文帝诛薄昭，断则明矣[28]，于义则未安[29]也。秦康送晋文，兴如存之感[30]；况太后尚存[31]，唯一弟薄昭，断之不疑，非所以慰母氏之心也。"臣愚以为法者天下之公器，惟善持法者，亲疏如一，无所不行[32]，则人莫敢有所恃而犯之也。夫薄昭虽素称长者[33]，文帝不为置贤师傅而用之典兵[34]；骄而犯上，至于杀汉使者，非有恃而然乎[35]！若又从而赦之，则与成、哀之世何异哉[36]！魏文帝尝称汉文帝之美，而不取其杀薄昭[37]，曰："舅后之家，但当养育以恩而不当假借以权，既触罪法，又不得不害[38]。"讥文帝之始不防闲昭[39]也，斯言得之矣。然则欲慰母心者，将慎之于始乎！

（以上为第八段，写公元前173年至公元前170年四年史事，写梁国太傅贾谊上书汉文帝刘恒，劝阻其封淮南厉王的儿子刘安等四人为列侯；汉文帝舅舅、将军薄昭杀了朝廷的使者，汉文帝逼其自杀。）

【注释】

[1]列侯太夫人：列侯之妻称夫人，侯死，嗣侯者之母称太夫人。无得：不得，不能。擅征捕：擅自征发捕人。[2]癸酉：四月二日。[3]罘(fú)罳(sī)：设在宫阙上交疏透孔的窗棂。灾：失火。[4]淮南王：指淮南王刘长。文帝之弟。[5]“一尺布”等五句：淮南王死后，其地流传这首政治民谣。意思是，一尺布，一斗粟，兄弟尚可共衣食；而以天下之广，兄弟间却不相容。讽喻汉文帝拥有天下却容不下一个弟弟。[6]病：忧虑。[7]安等四人为列侯：汉文帝裂淮南王领地为四，封其四子为列侯。安封阜陵侯，勃封安阳侯，赐封阳周侯，良封东城侯。[8]复王之也：恢复淮南国地方的王爵。[9]上疏：上奏谏疏。此疏史称《谏立淮南诸子疏》。[10]天下孰不知其罪：天下尽知淮南王之罪。孰，谁。孰不知，没有谁不知。[11]“今奉尊”二句：现在奉尊淮南王刘长之子为王，恰要承受诽谤汉朝枉杀刘长之名。负谤，承受诽谤。[12]少壮：指刘安兄弟年少气盛。[13]“白公胜”二句：春秋时楚平王之孙，其父太子建被害，后乃为父报仇，起兵针对其祖父楚平王，以及楚平王继任者叔父楚昭王等。大父，祖父。[14]发忿快志：发泄怒火，实现报复愿望。[15]剡手以冲仇人之匈：亲手把利刃插入仇人的胸膛。剡(yǎn)，削尖，引申为利剑、利刃。匈，通“胸”。[16]固为俱靡而已：本是要同归于尽罢了。俱靡，一起糜烂，同归于尽。[17]黥布尝用之：黥布曾凭借淮南反叛汉朝，事见《资治通鉴》卷十二高祖十一年。[18]擅仇人：让仇人据有。擅，占有。主动让仇人占有，就是送给仇人。[19]广都：大都。[20]刳诸：即专诸春秋时人，受吴国公子光之命刺杀吴王僚。荆轲：战国末年人，受燕太子丹之托，行刺秦王政未遂。两柱之间：指殿堂。[21]假贼兵：把兵器借给盗贼。[22]为虎翼：替老虎插上翅膀。[23]少留计：稍加考虑。[24]长星：流星。流光似长线。[25]甘泉：宫名，在今陕西淳化县西北。[26]引分：犹言“引决”，自杀。[27]李德裕：字文饶，中唐时官至丞相，力主削弱藩镇。在唐朝牛李党争中，为李党首领，遭牛党打击，被贬而死，两《唐书》有传。[28]断则明矣：果断英明。[29]于义则未安：亲情大义却受到损害。[30]“秦康”二句：秦康，指秦康公，其母为晋献公之女，晋文公是其舅。晋文，指晋文公重耳，晋君，春秋五霸之一。在晋国内乱之时，重耳流亡十九年，后借秦兵之力回国为君。秦兵送重耳回国，其时秦康公为太子，送重耳于渭之阳，思念已亡的生母，见到舅氏心里产生了如母犹存的感情。兴如存之感，发生好似母亲尚存的感情。[31]太后尚存：太后健在。太后，薄太后，薄昭之姐，薄昭是文帝之舅。[32]无所不行：不论什么情况都一样处理。[33]素称长者：向来是一个谨厚的人。[34]典兵：掌管军队。[35]非有恃而然乎：难道不是有恃无恐所致吗！[36]则与成、哀之世何异哉：那与后来的汉成帝、汉哀帝时纲纪废弛的局面有什么两样。[37]“魏文帝”二句：魏文帝曹丕曾称赞汉文帝的美德，却不赞成他杀薄昭。[38]不得不害：不得不按法律论处。害，加害。处死。[39]文帝之始不防闲昭：汉文不及早限制薄昭生出的事。防闲，防，堤，用以制水；闲，阑，用以制兽。引申为防备和禁阻。

【点评】

论贾谊。贾谊，是西汉时期不可多得的杰出的治国谋臣，“贾生才调世无伦”。可惜的是，才不尽用，年纪轻轻就忧伤而死，这不仅是贾谊个人的悲剧，也是汉朝国家的悲剧。“少年倜傥廊庙才，壮志未酬事堪哀。”

在汉文帝刘恒时代，贾谊应时而出，年少而有才华，锐于进取，二十一岁时就为汉朝博士，每逢皇帝出题讨论时，他每每都有精辟见解，应答如流，汉文帝非常欣赏，破格提拔，一年之内便升任为太中大夫，离公卿之职只差一点点儿。汉文帝还想任命他为公卿，但遭到一班老臣的诋毁和反对，认为贾谊是“年少初学，专欲擅权，纷乱诸事”。汉文帝屈从了老臣意见，就疏远贾谊，将其贬出朝廷。或许汉文帝也有保护贾谊的意思，让其远离京师。贾谊后来因为梁怀王坠马而死，伤心自责，忧郁而死，悲哉哀哉！

贾谊首先有一颗为国事操劳的赤诚之心，这是极为难能可贵的。纵观贾谊一生，在朝廷任职的时间不长，也就是数年，但他只要发现朝廷在政策举措上有问题，或是发觉社会上有弊端，都是大声疾呼，和盘托出，从来不怕得罪权贵，不怕引起皇上不满，因而也从不隐晦曲折，而是一吐为快。贾谊敏锐地觉察到，当时汉朝在表面平静的形势下隐藏着各种矛盾，潜伏着各种社会危机。因此，他大声疾呼：我看天下的形势，可为痛哭的有一个问题，可为流涕的有两个问题，可为长叹息的有六个问题，其他违法悖理的事情就更多了。一颗忧国忧民之心跃然纸上。刘向评论说：“贾谊言三代与秦治乱之意，其论甚美，通达国体，虽古之伊、管，未能远过也。使时见用，功化必盛。为庸臣所害，甚可悼痛。”

其次，贾谊才华横溢，具有盖世文章盖世才。贾谊的政论文，如《过秦论》《论积贮疏》《陈政事疏》等，评论时政，风格朴实，议论酣畅，全面地阐述了深刻的政治思想和高瞻远瞩的治国方略，鲜明地体现了汉初知识分子积极用世的人生态度和昂扬向上的精神风貌，代表了汉初政论文的最高成就。他一方面吸取了战国时期的儒道法三家思想，而又密切关注“当今之务”，使其文具有适应时代需要而“经世致用”的特色，具有很强的针对性；另一方面，他继承了战国之文“敷张文辞”的写作手法，而又更加疏直激切，尽所欲言，说理透辟，逻辑严密，感情充沛，气势非凡，使其文具有将说理与情感、气势、形象相结合而耸人视听的特色，具有很强的感染力。鲁迅曾说，他与晁错的文章“皆为西汉鸿文，沾溉后人，其泽甚远”。毛泽东曾评论说，贾谊的政论文“是西汉一代最好的政论文”。

最后，贾谊的上书、陈述，切中当时要害，具有很强的时代性，可谓治国之良策。例如，他认为诸侯王的存在以及他们的企图叛乱，是危害汉朝政治安定的首要因素。他指出诸侯王的叛乱，并不是取决于是疏是亲，而是取决于“形势”，取决于他们力量的强弱，从而提出了“众建诸侯而少其力”的方针，在原有的诸侯王的封地上分封更多的诸侯，从而分散削弱他们的力量。诸侯王的封地，一代一代分割下去，愈分愈少，直到“地尽而止”，力量也就愈来愈弱，无力造反了。后来，汉武帝就是采取这样的措施，削弱了诸侯王的力量，有效地解决了诸侯王的问题。再如，富商大贾与诸侯王相勾结，有恃无恐，僭越礼制，又要农民供给他们以奢侈的生活资料，因而导致广大农民贫困不堪。因此，他主张重视农民，提倡俭约，反对奢侈之风。史学家班固曾评论说：“追观孝文玄默躬行以移风俗，谊之所陈略施行矣。”王安石亦说：“一时谋议略施行，谁道君王薄贾生？爵位自高言尽废，古来何啻万公卿！”其说虽然有些牵强，有为汉文帝“贴金之嫌”，但说明贾谊的一些建议和主张，绝大部分得到汉文帝采纳，对汉朝的巩固和稳定起了极为重要的作用；有些主张虽然没有被采纳，但被后来的实践证明是正确的。

宋代文学家苏轼曾有著名的读史论文《贾谊论》，认为“贾生，王者之佐，而不能自用其才”，“贾生志大而量小，才有余而识不足也”。苏轼强调要“有所待”“有所忍”，要“自爱其身”，善于“自用其才”。其观点不可不谓新颖别致，也得到后人的欣赏和称赞，但其立论实在是有些偏颇。首先，贾谊没有自用其才吗？不是。贾谊对于自己的才华，在有限的时空里，可以说是进行了超常的发挥，十数篇上书，可谓不遗余力，针砭时弊，针针见血！其次，贾谊是“志大而量小”吗？不是。贾谊的“志大”是事实，“量小”则未必。他的忧伤过度，则是表现了他对国事的关切，对梁怀王坠马而死的自责，他心中只有国家和君王，这难道是气量狭小吗？这实在是心胸宏大啊！如果贾谊是只顾自己，受到一些挫折就一蹶不振，不问世事和他人，还会得忧郁之症吗？最后，贾谊是“见识不足”吗？忍耐就能成就大事吗？显然不是。贾谊遇上了不温不火的汉文帝，既是有幸，也是不幸。即使是再等待十年八年，即使是那些老将都离世而去，汉文帝还是汉文帝，他的性格就能改变吗？他能够大刀阔斧地起用贾谊而大力改革弊政吗？未必如此。他后来召见贾谊，向贾谊询问鬼神之事，不自知膝之前移，他的心中哪有改革之事、民生之事？李商隐有诗讥讽说：“宣室求贤访逐臣，贾生才调更无伦。可怜夜半虚前席，不问苍生问鬼神！”如此汉文帝，还能指望他在改革上有什么大作为？而秦朝的商鞅能够大刀阔斧地推行改革，是等来的吗？是忍耐出来的吗？是待时了吗？是秦孝公在大力支持他啊！可见，“忍耐”“待时”之说，用在贾谊身上，是非常不妥的！

卷一五　汉纪七

汉文帝前元十一年至汉景帝前元二年（前169—前155年）

【起玄黓涒滩（壬申，前169年），尽柔兆淹茂（丙戌，前155年），凡十五年】

【大事提要】

本卷记事起公元前169年，讫公元前155年，凡十五年，当汉文帝（刘恒）前元十一年至汉景帝（刘启）前元二年。本卷所载大事，主要是以下几个方面：其一，宽刑减租。公元前169年，汉文帝刘恒在废除连坐法的基础上，废除肉刑，改为处以笞刑。汉文帝曾两次“除田租税之半”，即租率由十五税一减为三十税一，成为汉代定制。公元前167年，还全部免去田租。对成年男子徭役，减为每三年服役一次。其二，众建诸侯。谋臣贾谊上《治安策》，提出众建诸侯的建议，汉文帝刘恒十分欣赏，耐心等待时机予以实施。公元前164年，齐文王刘则去世，无子嗣位，汉文帝趁机将最大的齐国分为六国；封刘长的三子刘安、刘勃、刘赐为王，将其国一分为三，以谋弱诸侯。其三，募民实边。公元前158年，军臣单于绝和亲之约，对汉朝发动战争。汉文帝刘恒排兵布将，抵御匈奴。匈奴见汉军加强了守备，遂退出塞外。汉军也罢兵撤警。而后，实行“募民实边”策略，在边地建立城邑，招募内地人民迁移边地，一边种田，一边备“胡”。其四，刘恒去世。公元前157年，汉文帝刘恒去世，享年四十七岁。群臣上庙号为太宗，谥号孝文皇帝，葬于霸陵。刘恒在位二十三年，车骑、服御之物都没有增添，禁止郡国贡献奇珍异宝，平时穿戴简陋，为自己预修陵墓也要求从简，一生都注重简朴，为世人称道。其五，刘启即位。公元前157年，太子刘启继承帝位，是为汉景帝。刘启为太子时，吴王刘濞太子刘贤入京，陪刘启喝酒下棋。两人博弈时，为棋路相争，刘贤态度不恭敬，刘启就拿起棋盘，打死了刘贤，汉文帝派人将其遗体送回吴国埋葬。从此，刘濞怨恨刘启。

太宗孝文皇帝下

前十一年（壬申，前169年）

冬，十一月，上行幸代[1]。春，正月，自代还。

夏，六月，梁怀王揖[2]薨，无子。贾谊复上疏[3]曰："陛下即不定制[4]，如今之势，不过一传、再传，诸侯犹且人恣而不制[5]，豪植而大强[6]，汉法不得行矣。陛下所以为藩扞及皇太子之所恃者[7]，唯淮阳、代二国耳[8]。代，北边匈奴，与强敌为邻，能自完则足矣[9]；而淮阳之比大诸侯，廑如黑子之著面[10]，适足以饵大国[11]，而不足以有所禁御[12]。方今制在陛下，制国而令子适足以为饵，岂可谓工[13]哉！

"臣之愚计，愿举淮南地以益淮阳，而为梁王立后[14]，割淮阳北边二、三列城与东郡以益梁。不可者，可徙代王而都睢阳[15]。梁起于新郪而北著之河[16]，淮阳包陈而南揵之江[17]，则大诸侯之有异心者破胆而不敢谋。梁足以扞齐、赵[18]，淮阳足以禁吴、楚[19]，陛下高枕，终无山东之忧[20]矣，此二世之利[21]也。

"当今恬然[22]，适遇诸侯之皆少[23]；数岁之后，陛下且见之矣。夫秦日夜苦心劳力以除六国之祸；今陛下力制天下，颐指如意[24]，高拱以成六国之祸[25]，难以言智，苟身无事，畜乱，宿祸[26]，孰视而不定[27]；万年之后[28]，传之老母、弱子，将使不宁，不可谓仁。"

帝于是从谊计，徙淮阳王武为梁王，北界泰山，西至高阳[29]，得大县四十余城。后岁余，贾谊亦死，死时年三十三矣。

（以上为第一段，写贾谊再次针对诸侯王强大不可制的情况上书，建议扩大淮阳国、梁国封地，以亲制疏，被汉文帝刘恒采纳；贾谊因梁怀王刘揖坠马而死，自认为没有尽到太傅职责，忧郁而死。）

【注释】

[1]上：指文帝。代：王国名。都晋阳，在今山西太原市西南。 [2]梁怀王揖：文帝刘恒之子。其受封事，见《资治通鉴》卷十三文帝二年。 [3]复上疏：贾谊继《谏立淮南诸子疏》又上此疏，史称《请封建子弟疏》。两疏一是阻封，一时请封，情势相反。请封是为加强亲子之国以为皇室屏藩。 [4]不定制：不确立制度。定制，指定下封藩制度。 [5]诸侯犹且人恣而不制：诸侯

尚且各行其是不受朝廷节制。人恣，人人自恣。［6］豪植而大强：自矜挺立而太强。植，挺立。大，读“太”。句意谓扩张强大。［7］以为藩扞：皇上视为屏藩。皇太子之所恃：皇太子将能依靠的。［8］唯淮阳、代二国耳：只有淮阳国、代国两个罢了。淮阳王刘武、代王刘参，二王为文帝之子，太子之弟，故云所恃唯此二国。［9］能自完则足矣：能够自保就足够了。［10］“而淮阳”二句：意谓淮阳王国与大的诸侯王国相比，犹如脸上的黑痣，小得很。黑子，黑痣。［11］适足以饵大国：恰恰成为诱使大国吞并的饲饵。［12］不足以有所禁御：不能够对大国有所牵制。禁御，封锁大国，牵制大国。［13］工：完善、精细，此指设计得好。［14］梁王：梁怀王刘揖，文帝之子。立后：确定继承人。［15］睢阳：县名，县治在今河南商丘市南。［16］新郪（qī）：县名，治所在今安徽太和县北。著之河：直达黄河。著，附着，连接。［17］陈：县名，县治在今河南周口市淮阳区。揵（jiàn）：接。江：长江。［18］扞齐、赵：抗拒齐、赵两国。扞，捍卫、抗拒，阻挡。［19］禁吴、楚：禁制吴国、楚国。［20］无山东之忧：没有崤山以东的忧患了。山东，崤山以东。［21］二世之利：可保两代皇帝的平安。二世，二代，指汉文帝及其太子继位两代。［22］当今恬然：现今安然无事。恬，安。［23］少：指各诸侯王年少。［24］颐指如意：以面颊表情示意指使他人，则所欲皆如意。即一切举动皆如人意。［25］“高拱”句：高拱两手安坐，造成新的六国之祸。高拱，指无所作为。［26］畜乱，宿祸：蓄积祸乱。畜，通“蓄”。［27］孰视而不定：看到了危机却不去解决。孰，通“熟”。［28］万年之后：死的委婉说法。［29］高阳：小邑名，在今河南杞县西南。

徙城阳王喜[1]为淮南王。

匈奴寇狄道[2]。

时匈奴数为边患，太子家令颍川晁错上言兵事曰[3]：“《兵法》曰：‘有必胜之将，无必胜之民。’由此观之，安边境，立功名，在于良将，不可不择也。

“臣又闻，用兵临战合刃之急者三[4]：一曰得地形，二曰卒服习[5]，三曰器用利[6]。兵法：步兵、车骑、弓弩、长戟、矛鋋、剑楯之地[7]，各有所宜；不得其宜者，或十不当一。士不选练，卒不服习，起居不精[8]，动静不集[9]，趋利弗及[10]，避难不毕[11]，前击后解[12]，与金鼓之指相失[13]，此不习勒卒之过也[14]，百不当十。兵不完利[15]，与空手同；甲不坚密[16]，与袒裼[17]同；弩不可以及远[18]，与短兵[19]同；射不能中[20]，与无矢同；中不能入，与无镞[21]同；此将不省兵之祸也[22]，五不当一。故《兵法》曰：‘器械不利，以其卒予敌[23]也；卒不可用，以其将予敌也；将不知兵，以其主予敌[24]也；君不择将，以其国予敌[25]也。’四者，兵之至要也[26]。

“臣又闻：小大异形，强弱异势，险易异备[27]。夫卑身以事强[28]，小国之形[29]也；合小以攻大，敌国[30]之形也；以蛮夷攻蛮夷，中国[31]之形也。今匈奴地形、技艺与中国异，上下山阪，出入溪涧，中国之马弗与[32]也；险道倾仄[33]，且驰且射，中国之骑弗与也；风雨罢劳[34]，饥渴不困，中国之人弗与也；此匈奴之长技也。若夫平原、易地、轻车、突骑[35]，则匈奴之众易桡乱[36]也；劲弩、长戟、射疏、及远[37]，则匈奴之弓弗能格[38]也；坚甲、利刃，长短相杂，游弩往来，什伍俱前[39]，则匈奴之兵弗能当也；材官驺发[40]，矢道同的[41]，则匈奴之革笥、木荐弗能支也[42]；下马地斗，剑戟相接，去就相薄[43]，则匈奴之足弗能给[44]也；此中国之长技也。以此观之，匈奴之长技三，中国之长技五。陛下又兴数十万之众以诛数万之匈奴，众寡之计，以一击十之术也。

“虽然，兵，凶器；战，危事也。故以大为小，以强为弱，在俯仰之间[45]耳。夫以人之死争胜，跌而不振[46]，则悔之无及也。帝王之道，出于万全。今降胡、义渠、蛮夷之属来归谊者[47]，其众数千，饮食、长技与匈奴同。可赐之坚甲、絮衣、劲弓、利矢，益以边郡之良骑[48]，令明将能知其习俗、和辑其心者，以陛下之明约将之[49]。即有险阻，以此当之[50]；平地通道，则以轻车、材官制之；两军相为表里[51]，各用其长技，衡加之以众[52]，此万全之术也。”

帝嘉之，赐错书，宠答焉。

（以上为第二段，写汉朝太子家令晁错上书言事，详细分析匈奴与汉朝的强弱优劣，认为匈奴有三项优势，汉军有五项优势，利用已经归降的胡人，发挥他们的优势，以众击寡，攻打匈奴，万无一失。）

【注释】

[1]城阳王喜：刘喜，城阳王刘章之子、齐悼惠王刘肥之孙。 [2]狄道：县名，县治在今甘肃临洮县。 [3]太子家令：官名，太子的属官，主管庶务。颍川：郡名，郡治阳翟，在今河南禹州市。上言兵事：即《言兵事疏》，下文即是。 [4]用兵临战合刃之急者三：在战场上与敌人交锋，

最重要的事有三件。合刃，交兵，交锋。急，最紧急，最重要的事。[5]卒服习：士兵训练有素。[6]器用利：武器锋利。[7]铤（chán）：铁把短矛。楯：通“盾”。[8]起居不精：谓行动不灵活。[9]动静不集：谓动作不一致。[10]趋利弗及：有利时机抓不住，赶不及时。[11]避难不毕：应该避开危险而不能及时隐蔽。[12]前击后解：前军已与敌刀兵相击，后军却仍松松垮垮。解，通“懈”。[13]与金鼓之指相失：士兵不能随着鸣金击鼓进退。金，金钲，鸣金止众。鼓，击鼓前进。相失，不协调，不配合。指士兵不能配合指挥进退。[14]此不习勒卒之过也：这是没有严格训练军队的错误。习勒，习，训练；勒，严格要求。[15]兵不完利：兵器不齐备、不锋利。[16]甲：铠甲。坚密：坚固。[17]袒裼：袒胸露体。[18]不可以及远：射不到远处。[19]短兵：短武器。[20]中：中的，射中目标。[21]镞：矢锋，箭头。[22]此将不省兵之祸也：这是将领不检查武器带来的祸害。省，省视，检查。[23]卒予敌：把士兵奉送给敌人。[24]主予敌：把君王送给敌人。[25]国予敌：把国家送给敌人。[26]兵之至要也：用兵的关键。[27]险易异备：对待险要和平坦的地形，采取不同的对策。险，险阻，险要。易，平坦。[28]卑身以事强：自我贬抑去事奉强国。卑身，放低身段。[29]形：表现的形象，即办法。[30]敌国：势均力敌之国。[31]中国：中原王朝，当时指汉朝。[32]弗与：不如。[33]险道倾仄：危险道路，倾斜路面。仄，古“侧”字。[34]风雨罢劳：意谓敢冒风雨、不怕疲劳。罢，通“疲”。[35]平原：平坦原野。易地：地势平缓。轻车：轻便的战车。突骑：突击的精锐骑兵。[36]桡乱：搅乱，冲乱。[37]射疏、及远：射得宽，刺得远。[38]格：抵挡。[39]什伍俱前：士兵按什伍编制统一进攻。古代军队编制，五人为伍，二伍为什。[40]材官：汉代能使用强弩的步兵。驺发：发射特制的利箭。驺，利箭。[41]矢道同的：众箭射向同一目标。的，目标。[42]革笥：皮制的铠甲。木荐：木制的盾牌。弗能支：招架不住，抵挡不了。[43]去就相薄：谓近身搏斗。薄，迫。[44]足弗能给：脚力跟不上。[45]俯仰之间：低头仰头之间，喻瞬息之间。[46]跌而不振：失利之后就难以重振国威。跌，蹉跌、失利。[47]胡：指匈奴。义渠：汉代西北地区的一个少数民族。蛮夷：指南方的少数民族。来归谊者：来归顺汉朝的。谊，同“义”。[48]益以边郡之良骑：增加边郡的精锐骑兵。[49]“令明将”二句：起用通晓兵法并了解蛮夷部族风俗、能笼络人心的将领，按皇上明确的约定统率他们。明将，通晓兵法的将领。和辑其心，笼络人心，使他们齐心一致。辑，通“集”，团结。[50]即有险阻，以此当之：有了险阻，就用这些民族的战士冲锋陷阵。当，抵挡。[51]两军相为表里：两支军队互相策应，互为表里。[52]衡加之以众：再加上以众击寡。衡，同“横”，横生。再加上之意。

错又上言曰[1]：“臣闻秦起兵而攻胡、粤者，非以卫边地而救民死也，贪戾而欲广大也[2]，故功未立而天下乱。且夫起兵而不知其势，战则为人禽[3]，屯则卒积死[4]。夫胡、貉[5]之人，其性耐寒；扬、粤[6]

之人，其性耐暑。秦之戍卒不耐其水土，戍者死于边，输者偾于道[7]。秦民见行，如往弃市，因以谪发之[8]，名曰‘谪戍’[9]；先发吏有谪及赘婿、贾人[10]，后以尝有市籍[11]者，又后以大父母[12]、父母尝有市籍者，后入闾取其左[13]。发之不顺，行者愤怨，有万死之害而亡铢两之报[14]，死事之后，不得一算之复[15]，天下明知祸烈及己也。陈胜行戍[16]，至于大泽[17]，为天下先倡[18]，天下从之如流水者，秦以威劫而行之之敝也[19]。

“胡人衣食之业，不著于地[20]，其势易以扰乱边境，往来转徙，时至时去。此胡人之生业，而中国之所以离南亩也[21]。今胡人数转牧、行猎于塞下，以候备塞之卒[22]，卒少则入。陛下不救，则边民绝望而有降敌之心；救之，少发则不足，多发，远县才至，则胡又已去。聚而不罢[23]，为费甚大；罢之，则胡复入。如此连年，则中国贫苦而民不安矣。陛下幸忧边境，遣将吏发卒以治塞，甚大惠也。然今远方之卒守塞，一岁而更[24]，不知胡人之能[25]。不如选常居者家室田作，且以备之，以便为之高城深堑[26]；要害之处，通川之道，调立城邑[27]，毋下千家。先为室屋，具田器，乃募民，免罪，拜爵[28]，复其家[29]，予冬夏衣、禀食[30]，能自给而止[31]。塞下之民，禄利不厚，不可使久居危难之地。胡人入驱而能止其所驱者，以其半予之[32]，县官为赎[33]。其民如是，则邑里相救助，赴胡不避死。非以德上[34]也，欲全亲戚而利其财也；此与东方之戍卒不习地势而心畏胡者功相万[35]也。以陛下之时，徙民实边，使远方无屯戍之事；塞下之民，父子相保，无系虏之患[36]；利施后世，名称圣明，其与秦之行怨民[37]，相去远矣。”

上从其言，募民徙塞下[38]。

错复言[39]：“陛下幸募民徙以实塞下，使屯戍之事益省，输将之费益寡[40]，甚大惠[41]也。下吏诚能称厚惠[42]，奉明法，存恤所徙之老弱，善遇其壮士，和辑其心而勿侵刻[43]，使先至者安乐而不思故乡，则贫民相募而劝往矣[44]。臣闻古之徙民者，相其阴阳之和[45]，尝其水泉之味，然后营邑、立城、制里、割宅[46]，先为筑室家，置器物焉[47]。民至有所居，作有所用[48]。此民所以轻去故乡[49]而劝之新邑也。为置医、巫以救疾病，以修祭祀，男女有昏[50]，生死相恤，坟墓相从，种树畜长[51]，室屋完安。此所以使民乐其处而有长居之心也。

"臣又闻古之制边县以备敌也，使五家为伍，伍有长；十长一里，里有假士[52]；四里一连，连有假五百；十连一邑，邑有假候。皆择其邑之贤材有护[53]、习地形、知民心者。居则习民于射法[54]，出则教民于应敌[55]。故卒伍成于内，则军政定于外。服习以成[56]，勿令迁徙，幼则同游，长则共事。夜战声相知[57]，则足以相救；昼战目相见，则足以相识；欢爱之心，足以相死[58]。如此而劝以厚赏[59]，威以重罚，则前死不还踵矣[60]。所徙之民非壮有材者，但费衣粮，不可用也；虽有材力，不得良吏，犹亡功也。

"陛下绝匈奴不与和亲，臣窃意其冬来南也[61]；壹大治[62]，则终身创矣[63]。欲立威者，始于折胶[64]；来而不能困[65]，使得气去[66]，后未易服也。"

错为人峭直刻深[67]，以其辩得幸太子[68]，太子家号曰"智囊[69]"。

（以上为第三段，写晁错再次上书言事，建议招募民众以充实边塞。）

【注释】

[1]错又上言曰：晁错又一次上书说。此疏为《守边劝农疏》。 [2]贪戾而欲广大也：贪婪残暴想要扩大秦朝的疆域。 [3]为人禽：被敌人俘虏。禽，通"擒"。 [4]屯则卒积死：驻守就会被敌人所困死。积，被围困。 [5]胡、貉：北方民族，耐寒。貉，同"貊"，古代东北地区的一个少数民族。 [6]扬、粤：南方民族，耐热。扬，扬州。粤，同"越"。 [7]输者偾于道：输送给养的死在路上。偾（fèn），扑倒而死。 [8]因以谪发之：于是就用征发罪犯去守边。谪，罪徒。[9]名曰"谪戍"：征发罪徒守边叫"谪戍"。 [10]赘婿：贫家子弟抵押于富家，无法赎身，便成为奴隶，富家为其娶妇，仍为奴隶身份，称"赘婿"。贾人：商人。 [11]市籍：商人的户籍。[12]大父母：祖父母。 [13]闾：里巷之行门。取其左：征发闾左的平民服役。按：秦时闾左之民往往不服役。 [14]有万死之害而无铢两之报：服役的人遭受必死的危害，朝廷却不给丝毫的报偿。万死，死一万次，即必死。铢两，古代重量单位，二十四铢为一两，比喻微少。 [15]不得一算之复：不能减少一算之税。汉律，成人每年纳税一算，一百二十钱。 [16]陈胜行戍：陈胜前去戍边。行戍，行进在路途的戍卒。陈胜，秦末起义首领。传见《史记》卷四十八、《汉书》卷三十一。 [17]至于大泽：行进到了大泽乡。大泽乡，在今安徽宿县东南。 [18]先倡：首先举起义旗。 [19]"秦以"句：这是秦朝以严威强制征兵导致的恶果。威劫，严威强迫。敝，祸

害，恶果。［20］不著于地：不固定于一个地方。游牧民族，逐水草而居，迁徙不定。［21］中国：中原。南亩：指农田。这里指家乡。中原农业民族，离开农田就无法安生了。［22］以候备塞之卒：侦察汉军守边士兵的情况。候，侦察。［23］聚而不罢：聚守在边境的大军不撤退。［24］一岁而更：汉制，守边士卒一年一更换。［25］不知胡人之能：戍兵一年一换，故不了解匈奴人的本领。能，本领。［26］以便为之高城深堑：为长住之民在有利地形上修筑高城深沟。［27］"要害之处"三句：在战略要地、交通要道，规划建立城镇。调立，规划建立。［28］免罪，拜爵：有罪者免其罪，无罪者拜爵，以劝勉其迁徙。［29］复其家：免除迁徙者全家的劳役或赋税。［30］禀食：以官仓之粮供给移民。禀，通"廪"，粮仓。［31］能自给而止：言移民能自给衣食，才停止供给。［32］"胡人入驱"二句：胡（匈奴）人来掠夺财物，有能阻止而夺回所掠财物，则分给其一半，以为奖励。［33］县官为赎：或由官府折价赎回财物。［34］非以德上：并不是对皇上感恩戴德而报答。［35］功相万：塞上之民防御匈奴的功效比起从东方征发的戍卒比较要高出一万倍。［36］无系虏之患：避免被匈奴俘虏的祸患。［37］怨民：指秦时强行征发的戍边之民心生怨恨。［38］募民徙塞下：招募民众迁往边塞定居。［39］复言：又一次上疏。下文所引为《募民实塞疏》。［40］输将之费：运输的费用。益寡：日益减少。［41］甚大惠：非常大的恩惠。［42］下吏诚能称厚惠：管理民众的下级官吏，真能体现皇上对民众的深厚恩惠。诚能，真能，如果能够。称，体现，相符。皇上对民众的厚恩要从官吏的管理上体现出来。［43］和辑其心而勿侵刻：谓官吏团结民众而不是欺凌他们。和辑其心，团结民众，赢得其真诚拥护。［44］则贫民相募而劝往矣：那么贫民就会感到羡慕，而互相鼓励前往边地了。募，通"慕"。据章校，他本正作"慕"。劝，鼓励。［45］相其阴阳之和：察看所迁居地是否阴阳调和，指气候是否宜于人居。相，察看，实地考察。［46］营邑、立城、制里、割宅：营建集镇、修筑城池、规划里巷，划分住宅地。［47］"先为"二句：先为迁往的民众修建房屋，配置器物。［48］作有所用：有可使用的器物。作，运用，使用。［49］轻去故乡：愿意离开故乡。［50］男女有昏：民众得以男女婚配。即移民男女比例相当。昏，通"婚"。［51］种树畜长：栽种树木，豢养六畜。［52］假士：此与下文之"假五百""假候"，都是乡邑编制之长。［53］贤材有护：在贤才中选择有保护能力的人担任各级长官。有护，有保护能力的人。［54］居则习民于射法：安居时就教民众学习射箭。［55］出则教民于应敌：出外轮值戍守就教民众学习与敌人战斗。［56］服习以成：达到训练有素。［57］夜战声相知：夜间战斗闻声就能互相了解。［58］欢爱之心，足以相死：友爱之心，足以使他们生死与共。［59］劝以厚赏：朝廷再加以重赏奖励。［60］威以重罚，则前死不还踵矣：再用重罚威逼，民众就会勇往直前战斗，没有一个逃兵了。前死，勇往直前不畏死。不还踵，不转身跑，不当逃兵。还踵，脚后跟往后转。踵，脚后跟。［61］窃意：私下估计，个人想法。其冬来南：匈奴人冬天南下侵扰。［62］壹大治：边境一旦大治。［63］则终身创矣：就可重创匈奴，使他们终身不振。［64］欲立威者，始于折胶：想要树立汉朝的威名，就要在秋天匈奴入侵时给予狠狠打击。折胶，指秋天。到了秋天，采取树胶，以制弓弩。指出军。[65]困：大败匈奴，使之受困。[66]得气去：得志而去，得意而归。[67]错为人峭直刻深：晁错为人刚直而又严峻苛刻。[68]辩：口才好。太子：当时的皇太子刘启，即后来的景帝。[69]智囊：指足智多谋的人。

十二年（癸酉，前168年）

冬，十二月，河决酸枣[1]，东溃金堤、东郡[2]；大兴卒塞之。

春，三月，除关[3]，无用传[4]。

晁错言于上[5]曰："圣王在上而民不冻饥者，非能耕而食之，织而衣之也[6]，为开其资财之道也。故尧有九年之水[7]，汤有七年之旱，而国亡捐瘠者[8]，以畜积多而备先具也[9]。今海内为一[10]，土地、人民之众不减汤、禹[11]，加以无天灾数年之水旱，而畜积未及者，何也？地有遗利[12]，民有余力；生谷之土未尽垦，山泽之利未尽出[13]，游食之民未尽归农也。

"夫寒之于衣，不待轻暖[14]；饥之于食，不待甘旨[15]；饥寒至身，不顾廉耻。人情，一日不再食则饥，终岁不制衣则寒。夫腹饥不得食，肤寒不得衣，虽慈母不能保其子，君安能以有其民哉！明主知其然也，故务民于农桑[16]，薄赋敛[17]，广畜积，以实仓廪[18]，备水旱，故民可得而有也。民者，在上所以牧之[19]；民之趋利，如水走下，四方无择也。

"夫珠、玉、金、银，饥不可食，寒不可衣；然而众贵之者，以上用之故也。其为物轻微易藏，在于把握，可以周海内而无饥寒之患[20]。此令臣轻背其主，而民易去其乡，盗贼有所劝[21]，亡逃者得轻资[22]也。粟、米、布、帛，生于地，长于时，聚于力，非可一日成也；数石之重[23]，中人弗胜[24]，不为奸邪所利[25]，一日弗得而饥寒至。是故明君贵五谷而贱金玉。

"今农夫五口之家，其服役[26]者不下二人，其能耕者不过百亩，百亩之收不过百石。春耕，夏耘，秋获，冬藏，伐薪樵[27]，治官府[28]，给繇役[29]；春不得避风尘，夏不得避暑热，秋不得避阴雨，冬不得避寒冻，四时之间亡日休息；又私自送往迎来、吊死问疾、养孤长幼在其中[30]。勤苦如此，尚复被水旱之灾，急政暴赋[31]，赋敛不时[32]，朝令而暮改。有者半贾而卖，无者取倍称之息[33]，于是有卖田宅、鬻妻子以偿责者矣[34]。

"而商贾大者积贮倍息，小者坐列贩卖[35]，操其奇赢[36]，日游都市，乘上之急，所卖必倍[37]。故其男不耕耘，女不蚕织，衣必文采，食必粱肉[38]；无农夫之苦，有仟佰之得[39]。因其富厚，交通王侯[40]，力过吏势，以利相倾[41]；千里游敖[42]，冠盖相望[43]，乘坚、策肥[44]，履丝、曳缟[45]。此商人所以兼并农人，农人所以流亡者也。

"方今之务，莫若使民务农而已矣。欲民务农，在于贵粟[46]。贵粟之道，在于使民以粟为赏罚[47]。今募天下入粟县官，得以拜爵[48]，得以除罪[49]。如此，富人有爵，农民有钱，粟有所渫[50]。夫能入粟以受爵，皆有余者也。取于有余以供上用，则贫民之赋可损[51]，所谓损有余，补不足，令出而民利者也。今令民有车骑马一匹者，复卒三人[52]；车骑者，天下武备也，故为复卒。

"神农之教曰[53]：'有石城十仞[54]，汤池百步[55]，带甲百万[56]，而无粟，弗能守也。'以是观之，粟者，王者大用，政之本务[57]。令民入粟受爵至五大夫[58]以上，乃复一人[59]耳，此其与骑马之功相去远矣。爵者，上之所擅[60]，出于口而无穷[61]；粟者，民之所种，生于地而不乏。夫得高爵与免罪，人之所甚欲也；使天下人入粟于边以受爵、免罪，不过三岁，塞下之粟必多矣。"

帝从之，令民入粟边，拜爵各以多少级数为差[62]。

错复奏言："陛下幸使天下入粟塞下以拜爵，甚大惠也[63]。窃恐塞卒之食不足用，大渫天下粟[64]。边食足以支五岁，可令入粟郡县矣；郡县足支一岁以上，可时赦，勿收农民租[65]。如此，德泽加于万民，民愈勤农，大富乐矣。"

上复从其言，诏曰："道民之路[66]，在于务本[67]。朕亲率天下农，十年于今，而野不加辟[68]，岁一不登[69]，民有饥色；是从事焉尚寡而吏未加务[70]。吾诏书数下，岁劝民种树而功未兴，是吏奉吾诏不勤而劝民不明也。且吾农民甚苦而吏莫之省[71]，将何以劝焉！其赐农民今年租税之半[72]。”

（以上为第四段，写晁错继续上书言事，强调重农抑商和增加积蓄，输粟入边，以换取爵位，免除罪名；输粟郡县，减免土地税收等，均得到汉文帝的重视和采纳。）

【注释】

［1］河决：黄河决口。酸枣：县名，县治在今河南延津县西南。［2］金堤：河堤名，指酸枣以东一带河堤。东郡：郡名，郡治濮阳，在今河南濮阳市西南。［3］除关：开放关津。［4］传：出入关卡的凭证。［5］言于上：下面引文见晁错《论贵粟疏》。［6］“非能”二句：并不是帝王亲自耕作给他们吃，亲自织布给他们穿。食（sì）之，给他们吃。衣（yì）之，给他们穿。［7］尧有九年之水：传说古代尧时天下洪水泛滥，尧用鲧治水，九年未曾平息。后由禹治理成功。［8］国亡捐瘠者：全国没有饿死饿瘦的人。亡，同“无”。捐瘠，捐，丢弃，遗弃。瘠，瘦弱。没有被抛弃的瘦饿者，即没有被饿死饿瘦的人。［9］以畜积多而备先具也：这是因为积蓄多并事先做了充分预防。畜，通“蓄”。［10］海内为一：天下大统一。［11］不减汤、禹：不亚于、不少于商汤王、夏禹王时代。［12］地有遗利：土地还有余利没有利用。［13］山泽之利未尽出：山林湖泊中的财富还没有全部开发。［14］轻暖：又轻又暖之衣。［15］甘旨：美味的食物。［16］务民于农桑：引导民众从事农桑耕织。务，劝勉，引导。［17］薄赋敛：少收赋税。［18］广畜积，以实仓廪：多多蓄积，充实府库。［19］民者，在上所以牧之：民众的善恶，就看帝王如何引导、统治。牧，养，引申为统治。［20］周海内而无饥寒之患：周游天下而不受饥寒之苦。［21］劝：刺激盗贼的贪欲。［22］轻资：便于携带之财物。［23］数石之重：几石粮食布帛的重量。石，重量单位，一百二十斤为一石。［24］中人弗胜：中等力气的人搬不动。中人，一般的人，多数的人。［25］不为奸邪所利：不会成为盗贼夺取的目标。［26］服役：给官府服徭役。［27］伐薪樵：割柴草。［28］治官府：为官府办事。［29］给繇役：当官差。繇，同“徭”。［30］“又私自”句：还有民间的人情往来、吊唁死者、慰问病人、赡养父母、哺育子女等负担，也得从一百石的收获物中支付。私自，个人交往。养孤，养老。长幼，哺育幼小。［31］急政暴赋：严苛的政令，繁重的赋税。急政，也可解为临时突然的加征。政，同“征”。［32］赋敛不时：不按时节地加征赋税。按：据此句，则上句的“急政”作本字解为是。政，政令。［33］“有者”“无者”二句：有资财的农家，半价出卖；没有资财的农家，只好去借双倍利息的高利贷。［34］鬻妻子：卖老婆孩子。偿责：还债。责，通“债”。［35］“而商贾”二句：那些行商坐贾，实力大的投放双倍利息的高利贷，实力小的坐在店铺中做买卖。［36］操其奇赢：掌控手中囤积的物品。奇赢，囤积货好卖高价。［37］乘上之急，所卖必倍：趁着皇上急用，出卖两倍的高价。［38］衣必文采，食必粱肉：穿的是华丽的绸缎，吃的是好米好肉。粱，好的小米，这里泛指好米。［39］仟佰之得：得到千百倍的钱财。仟佰，通“千百”。亦可作本字解，仟佰指田地，仟佰

之得，谓享受地上所有的物产。[40]交通王侯：与王侯显贵结交。交通，交往勾结。[41]以利相倾：用钱财互相倾轧。[42]千里游敖：商人到千里之外游玩。[43]冠盖相望：交游的车子在路上前后相望，络绎不绝。冠盖，帽子和车盖，指代交游之车。[44]乘坚、策肥：乘坐好的车马。[45]履丝、曳缟：穿用高级的丝织衣物。曳，拖。[46]贵粟：珍贵粮食。[47]以粟为赏罚：用粮食作为奖惩的手段统治民众。[48]入粟县官，得以拜爵：民众向官府缴纳粮食，可以买爵位。[49]得以除罪：可以免除罪名。[50]粟有所渫：粮食就不会被囤积。渫，疏通，流通。[51]损：减少。[52]"今令民"二句：现今的法律规定，缴纳一匹战马的人家，免除三人的兵役。复卒，免除兵役。[53]神农之教曰：神农的教令说。神农，传说的古代圣王，教民种植务农。[54]石城十仞：十仞高的石头城墙。八尺为一仞，十仞为八丈高。[55]汤池百步：百步宽的沸水护城河。汤，沸水。六尺为一步，百步为六十丈宽。[56]带甲百万：武装部队一百万。[57]政之本务：国家政务的根本。[58]入粟受爵至五大夫：用粮食四千石可以买爵至五大夫。五大夫为二十级爵的第九级，已是高爵。[59]乃复一人：五大夫爵可免除一人的兵役。[60]上之所擅：君主所掌握。擅，专有之意。[61]出于口而无穷：爵位的数量出于皇上之口，无穷无尽。即没有限额。[62]"拜爵"句：拜爵按入粟多少划分不同的等级。为差，分等级。[63]甚大惠也：对民众的很大恩德。[64]大渫天下粟：让天下的囤粮大批流入边塞。[65]可时赦，勿收农民租：可以及时下令，免除农民的农业税。可时赦，边塞粮仓足供五年，郡县粮仓足供一年，就可及时发布免租赦令。[66]道民之路：引导民众的正路。道，通"导"。[67]务本：从事农业生产。意即这一根本就是民众的正路。[68]野不加辟：荒地的开垦没有增加。[69]岁一不登：年岁只要有一年歉收。登，丰收。[70]吏未加务：官吏没有重视这事。[71]吏莫之省：官吏没有关心农民的疾苦。省，省察，了解民众的疾苦。[72]赐：给予。租税之半：收一半税租。汉初农民纳租税，即农业税为十五税一，今半租，为三十税一。

十三年（甲戌，前167年）

春，二月，甲寅[1]，诏曰："朕亲率天下农耕以供粢盛[2]，皇后亲桑以供祭服[3]；其具礼仪[4]。"

初，秦时祝官有秘祝[5]，即有灾祥[6]，辄移过于下。夏，诏曰："盖闻天道，祸自怨起而福由德兴[7]，百官之非，宜由朕躬。[8]今秘祝之官移过于下，以彰吾之不德[9]，朕甚弗取。其除之[10]！"

齐太仓令淳于意有罪[11]，当刑[12]，诏狱逮系长安[13]。其少女缇萦[14]上书曰："妾父为吏，齐中皆称其廉平[15]；今坐法当刑。妾伤[16]夫死者不可复生，刑者不可复属[17]，虽后欲改过自新[18]，其道无由[19]也。妾愿没入[20]为官婢，以赎父刑罪，使得自新。"

天子怜悲其意[21]，五月，诏曰："《诗》曰[22]：'恺弟君子[23]，民之父母。'今人有过，教未施而刑已加焉，或欲改行为善而道无由至[24]，朕甚怜之！夫刑至断支体[25]，刻肌肤，终身不息[26]，何其刑之痛而不德也[27]！岂为民父母之意哉！其除肉刑，有以易之[28]；及令罪人各以轻重，不亡逃[29]，有年而免[30]。具为令[31]！"

丞相张苍、御史大夫冯敬奏请定律曰[32]："诸当髡者为城旦、舂[33]；当黥者髡钳为城旦、舂[34]；当劓者笞三百[35]；当斩左止[36]者笞五百；当斩右止及杀人先自告及吏坐受赇、枉法、守县官财物而即盗之、已论而复有笞罪皆弃市[37]。罪人狱已决为城旦、舂者，各有岁数以免[38]。"

是时，上既躬修玄默[39]，而将相皆旧功臣，少文多质[40]。惩恶亡秦之政[41]，论议务在宽厚，耻言人之过失，化行天下，告讦之俗易[42]。吏安其官，民乐其业，畜积岁增[43]，户口浸息[44]。风流笃厚[45]，禁罔疏阔[46]，罪疑者予民[47]，是以刑罚大省，至于断狱四百，有刑错[48]之风焉。

六月，诏曰："农，天下之本，务莫大焉[49]。今勤身从事而有租税之赋，是为本末者无以异[50]也，其于劝农之道未备。其除田之租税[51]！"

（以上为第五段，写公元前167年史事，写汉文帝刘恒重视农业，亲自耕作，减免田租；废除秘祝移过于下的做法；重视修订刑法，废除肉刑，让罪人改过自新。）

【注释】

[1]甲寅：二月十六日。 [2]粢（zī）盛：祭品。指盛在祭器内的黍稷。 [3]亲桑：亲自从事蚕桑。祭服：祭祀服装。[4]其具礼仪：制定有关此事的礼仪。[5]祝官：主司祭礼告神之官。秘祝：遇有灾殃，祝官移过于臣民而为君王讳之，故曰秘祝。 [6]灾祥：灾异。 [7]祸自怨起而福由德兴：祸从怨而起，福由德而兴。 [8]"百官"二句：百官的过失，应由我一人负责。非，过错。 [9]彰吾之不德：显扬我的失德。彰，显。 [10]其除之：应予废除。 [11]齐：王国名。太仓令：掌太仓的长官。淳于意：姓淳于，名意。传见《史记》卷一百五。[12]当刑：判刑。[13]诏狱：奉诏令而设的监狱。逮系长安：逮捕关押在长安天牢。 [14]少女缇萦：最小的女儿叫缇萦。 [15]齐中：齐王国之中。廉平：廉洁公平。 [16]伤：悲痛伤心。 [17]刑者不可复属：受了刑断了肢体不可能再连接起来。 [18]改过自新：改正错误，重新做人。 [19]其道无由：却无路可走。 [20]没入：没籍官府为奴婢。 [21]天子怜悲其意：汉文帝十分怜悯和同情缇萦的孝心。意，救父的心意，孝心。 [22]《诗》曰：引文见《诗经·大雅·泂酌》。 [23]恺

弟君子：开明宽厚的帝王。恺悌，慈爱。弟，通“悌”。君子，比喻汉文帝。［24］改行为善：改变行为向善。道无由至：没有道路到达，即前文的“其道无由”。［25］断支体：肉刑残伤肢体。支，通“肢”。［26］刻肌肤，终身不息：指残人的皮肉，终生无法生长。［27］何其刑之痛而不德也：肉刑是多么的残酷不合道德啊。［28］其除肉刑，有以易之：废除肉刑，用别的惩罚代替它。易，交换，代替。［29］不亡逃：不从服刑的地方逃走。［30］有年而免：服刑一定年限，提前释放。［31］具为令：一一定出法律条文来。［32］张苍：汉初大臣，官至丞相。传见《史记》卷九十六、《汉书》卷四十二。冯敬：西汉功臣，官至御史大夫。奏请定律：上奏请求制定代替肉刑的法律。［33］当髡者为城旦、舂：髡（kūn），古代刑罚之一，剃去男子头发。《孝经》云：“身体发肤，受之父母，不敢毁伤。”剃发是不孝，故古代男子也蓄发。髡刑剃发，亦是肉刑。城旦，筑城劳役，四年刑，一般男子服城旦刑。舂，舂米劳役，四年刑，一般女子服舂刑。［34］当黥者髡钳为城旦、舂：判处黥髡刑的，改为钳刑城旦、舂。黥，古代肉刑之一，以墨黥面。钳，古代刑罚之一，以铁圈束颈。按：黥刑重于髡刑和钳刑，故在城旦、舂刑上也小一些。［35］当劓者笞三百：用笞三百代劓刑。劓，割鼻子。笞，刑名。以鞭、木杖或竹板等打。［36］斩左止：斩左趾之刑。止，同“趾”。［37］“斩右止”句：判处斩右趾，以及杀人自首的，官吏受贿、枉法、监守自盗等已判罪，而后又犯了笞刑的，全都改为闹市斩首。［38］“罪人狱”二句：监狱中的罪犯已判决为城旦、舂的，已服刑到一定年限的予以释放。［39］上既躬修玄默：皇上自谦无为。上，汉文帝。躬，亲自。修玄默，实行无为之治。玄，沈静，自谦。默，不说话，即无为，不干预臣职。［40］少文多质：缺乏文雅而大多质朴。［41］惩恶亡秦之政：以亡秦的弊政为警戒。惩，警戒。恶（wù），憎恶。［42］告讦之俗易：改变那种揭发检举的恶劣风气。告讦（jié），揭发检举。［43］岁增：年年增加。［44］浸息：逐渐繁衍生息。［45］风流笃厚：风俗归于笃实厚道。［46］禁罔疏阔：各种禁令宽松。罔，通“网”。［47］罪疑者予民：意谓罪有可疑者以轻判决。［48］刑错：无所用刑。错，置。［49］务莫大焉：再没有比农业更大的事啊。［50］本末者无以异：从事农业与工商业的人都要上税，就没有差别了。［51］除田之租税：免除农业税。

十四年（乙亥，前 166 年）

冬，匈奴老上单于十四万骑入朝那、萧关[1]，杀北地都尉卬[2]，虏人民畜产甚多；遂至彭阳[3]，使奇兵入烧回中宫[4]，候骑至雍甘泉[5]。帝以中尉[6]周舍、郎中令张武为将军，发车千乘、骑卒十万军长安旁[7]，以备胡寇；而拜昌侯卢卿为上郡将军[8]，宁侯魏遬为北地将军，隆虑侯周灶为陇西[9]将军，屯三郡[10]。上亲劳军，勒兵，申教令，赐吏卒，自欲征匈奴[11]。群臣谏，不听；皇太后固要[12]，上乃止。于是以东阳侯张相如为大将军，成侯董赤、内史[13]栾布皆为将军，击匈奴。单于留塞内月余[14]，乃去。汉逐出塞即还，不能有所杀[15]。

上辇过郎署[16]，问郎署长冯唐[17]曰："父家安在[18]？"对曰："臣大父赵人，父徙代[19]。"上曰："吾居代时，吾尚食监高祛数为我言赵将李齐之贤[20]，战于巨鹿下[21]。今吾每饭意未尝不在巨鹿[22]也。父知之乎？"唐对曰："尚不如廉颇、李牧之为将也[23]。"上搏髀曰[24]："嗟乎！吾独不得[25]廉颇、李牧为将！吾岂忧匈奴哉！"唐曰："陛下虽得廉颇、李牧，弗能用也[26]。"

上怒，起[27]，入禁中[28]，良久，召唐，让[29]曰："公奈何众辱我[30]，独无间处乎[31]！"唐谢曰[32]："鄙人不知忌讳[33]。"

上方以胡寇为意，乃卒复问唐[34]曰："公何以知吾不能用廉颇、李牧也？"唐对曰："臣闻上古王者之遣将也，跪而推毂[35]，曰：'阃以内者[36]，寡人制之；阃以外者，将军制之。'军功爵赏皆决于外，归而奏之，此非虚言也。臣大父言：李牧为赵将，居边，军市之租[37]，皆自用飨士[38]；赏赐决于外，不从中覆[39]也。委任而责成功，故李牧乃得尽其智能；选车千三百乘，彀骑[40]万三千，百金之士[41]十万，是以北逐单于，破东胡[42]，灭澹林[43]，西抑强秦[44]，南支韩、魏[45]。当是之时，赵几霸[46]。其后会赵王迁立[47]，用郭开谗[48]，卒诛李牧，令颜聚代之；是以兵破士北[49]，为秦所禽灭[50]。今臣窃闻魏尚为云中守[51]，其军市租尽以飨士卒，私养钱五日一椎牛[52]，自飨宾客、军吏、舍人[53]，是以匈奴远避，不近云中之塞。虏曾一入，尚率车骑[54]击之，所杀甚众。夫士卒尽家人子[55]，起田中从军[56]，安知尺籍、伍符[57]！终日力战，斩首捕虏[58]，上功幕府[59]，一言不相应[60]，文吏以法绳之[61]，其赏不行，而吏奉法必用。臣愚以为陛下赏太轻，罚太重。且云中守魏尚坐上功首虏差六级[62]，陛下下之吏[63]，削其爵，罚作之[64]。由此言之，陛下虽得廉颇、李牧，弗能用也！"

上说[65]。是日，令唐持节赦魏尚[66]，复以为云中守，而拜唐为车骑都尉[67]。

春，诏广增诸祀坛场、珪币[68]，且曰："吾闻祠官祝釐[69]，皆归福于朕躬[70]，不为百姓，朕甚愧之。夫以朕之不德，而专飨独美其福，百姓不与[71]焉，是重吾不德[72]也。其令祠官致敬，无有所祈[73]！”

是岁，河间文王辟强薨[74]。

初，丞相张苍以为汉得水德[75]，鲁人公孙臣以为汉当土德[76]，其应[77]，黄龙见[78]；苍以为非[79]，罢之。

（以上为第六段，写匈奴骑兵气焰嚣张，大肆侵扰汉朝边郡；汉朝组织反击，把匈奴骑兵赶出边塞了事；汉文帝刘恒与冯唐讨论用兵之事，冯唐直言不讳，汉文帝赦免魏尚，重用冯唐。）

【注释】

［1］朝那：县名，治所在今宁夏固原市东南。萧关：关名，在今宁夏固原市东南。［2］北地：郡名，治所马领，在今甘肃庆阳市西北。都尉卬：郡都尉孙卬。［3］彭阳：县名，县治在今甘肃镇原县东南。［4］回中宫：在今陕西宝鸡市凤翔区以西。［5］候骑：侦察骑兵。雍：县名，县治在今陕西宝鸡市凤翔区南。甘泉：山名，又宫名，在今陕西淳化县西北。［6］中尉：官名，掌京师治安，汉代兼主北军。［7］骑卒：骑兵。军长安旁：驻扎在长安附近。［8］上郡将军：驻军上郡的将军。上郡，郡名，治所肤施，在今陕西榆林市东南。［9］陇西：郡名，郡治狄道，在今甘肃临洮市。［10］屯三郡：驻军上郡、北地、陇西三个郡。［11］“上亲劳军”五句：汉文帝亲自慰劳军队，操演军队，颁布军事训令，奖赏将士，准备亲征匈奴。［12］皇太后固要：皇太后坚持阻止。［13］内史：官名，掌治京畿地方，后来改名京兆尹。［14］单于留塞内月余：匈奴单于在汉朝塞内停留一个多月。［15］不能有所杀：对匈奴没有斩获。汉军只是逼走匈奴，未出击。［16］上辇：皇帝的车舆。郎署：郎官的府署。［17］郎署长：官名，掌管郎署事务。冯唐：内史安陵（今陕西咸阳市西北）人。曾对文帝谈用将之道。传见《史记》卷一百二、《汉书》卷五十。［18］父家何在：您家在哪里。父（fǔ），对老年男子的敬称，您。［19］大父：祖父。代：郡国名，在今河北北部及山西北部一带。［20］尚食监：官名，主管膳食。高祛、李齐：均人名。贤：贤能。［21］战于巨鹿下：讲述李齐在巨鹿城与秦兵大战的故事。巨鹿，城名，在今河北巨鹿县西南。［22］意未尝不在巨鹿：言尽想着巨鹿之事。［23］廉颇、李牧：皆战国时赵国的名将。尚不如……之为将：李齐比不上廉颇、李牧的将才。［24］上搏髀曰：汉文帝拍着大腿说。搏，拍，拊。髀（bì），股部；大腿。［25］吾独不得：我怎么偏偏得不到。此为“我只要得到”的反说，强调得贤能将的意愿。［26］弗能用也：不能任用。［27］起：起身。［28］禁中：宫中。［29］让：责备。［30］众辱我：当众侮辱我。［31］独无间处乎：难道没有适当的机会说话吗？［32］唐谢曰：冯唐道歉说。［33］鄙人不知忌讳：我是个粗俗人，不知道忌讳。［34］卒复问唐：终于再次征询冯唐意见。［35］跪而推毂：跪着推动将军的车子起程。［36］阃以内者：国

门之内的事。阃（kǔn），门槛。此指都城的廓门，喻国门之内，即国内的事。［37］军市之租：从军中交易市场收得的市税。［38］自用飨士：自行用来犒赏将士。飨（xiǎng），宴享，酒食待人。［39］不从中覆：不用请示朝廷获得答复。中，朝中。［40］彀（gòu）骑：能射的骑兵。［41］百金之士：能受赏百金的战士。［42］破东胡：灭了东胡。东胡，古代游牧民族，因处于匈奴族之东，故称东胡。［43］澹林：又称“林胡”，处于代郡之北。［44］西抑强秦：西边抑制了强大的秦国。［45］南支韩、魏：在南边抵御了韩国、魏国。支，抗拒。［46］几霸：几乎称霸。［47］会：恰值。赵王迁：战国时赵国末代君王。［48］郭开：赵臣。谗：谗佞之徒。［49］北：败。［50］禽灭：公元前229年，赵国兵败，赵王迁降秦，赵亡。禽，通“擒”。［51］云中：郡名，郡治云中，在今内蒙古托克托县东北。守：郡的长官。［52］私养钱：即个人俸给。五日一椎牛：犒赏将士，五天一次宴会。椎（chuí）牛，以椎击杀牛，即杀牛。［53］军吏：军中佐吏。舍人：对门客或亲近属官的通称。［54］车骑：战车骑兵。此泛指军队。［55］家人子：平民子弟。［56］起田中从军：从田间出来参军出征。起，出身。谓战士都是农民出身。［57］安知尺籍、伍符：哪里知道“尺籍”“伍符”的军规。尺籍，记功簿。伍符，军籍凭证。［58］斩首捕虏：杀敌抓俘虏。指一心用在战斗上。［59］上功：呈报功绩。幕府：统兵将领的府署。［60］一言不相应：一个字不相符。即说错一句话。［61］文吏以法绳之：那些舞文弄墨的刀笔吏就搬出法律来制裁。［62］坐：所犯罪名。上功首虏差六级：呈报战功相差六个首级。［63］陛下下之吏：皇上就把魏尚交给司法官处治。［64］削其爵，罚作之：削除爵位，判了一年徒刑。［65］上说：汉文帝听了很高兴。说，通“悦”。［66］令唐持节赦魏尚：文帝派冯唐为特使，持符节赦免了魏尚。［67］车骑都尉：武官名，掌车骑，位次于车骑将军。［68］祀坛场：祭祀用的坛场。筑土为坛，除土为场。珪币：祭祀用的玉和帛。［69］祠官：掌祭祀之官。祝釐：祝福。釐，“禧”之假借。［70］朕躬：皇帝自称。［71］不与：不能分享，没有份。［72］重吾不德：加重我的过失。［73］无有所祈：不要专为我个人祈祷。［74］辟强：河间文王辟强，赵幽王刘友之子。［75］水德：秦汉盛行五德终始说，以为土、木、金、火、水五行循环相克，关系王朝更迭兴替，帝王受命依五德相胜（或相生）转移政权。天命以符瑞为标志，受命帝王要按“德”改正朔、易服色。水德，即五德之一，尚黑。［76］土德：五德之一，尚黄。按：汉承秦制，秦为水德，故张苍说汉为水德。汉代秦，土灭水，故公孙臣认为汉得土德。［77］其应：当有与土德相应的祥瑞。［78］黄龙见：当有黄龙出现。见，通“现”。［79］苍以为非：张苍认为公孙臣说的不对。

十五年（丙子，前165年）

春，黄龙见成纪[1]。帝召公孙臣，拜为博士[2]，与诸生申明土德[3]，草改历、服色事[4]。张苍由此自绌[5]。

夏，四月，上始幸雍[6]，郊见五帝[7]，赦天下。

九月，诏诸侯王、公卿、郡守举贤良、能直言极谏者[8]，上亲策之[9]。太子家令晁错对策高第[10]，擢为中大夫[11]。错又上言宜削诸侯及法令可更定者[12]，书凡三十篇。上虽不尽听，然奇其材。

是岁，齐文王则、河间哀王福皆薨[13]，无子，国除[14]。

赵人新垣平以望气见上[15]，言长安东北有神气，成五采，于是作渭阳五帝庙[16]。

（以上为第七段，写汉文帝下令举荐贤良、能直言极谏的人才，亲自策问考试。晁错高中，又上书谈论应该削减诸侯王的实力以及应该更改的法令，共三十篇。）

【注释】

[1]成纪：县名，治所在今甘肃静宁县。[2]拜：任命。博士：官名，通古今，掌议论，秩六百石。[3]诸生：众儒生。申明土德：论证汉得土德的理论。[4]草改历、服色事：起草改换历法和改变舆服的颜色的方案。[5]自绌：自我贬绌。[6]雍：县名，治所在今陕西宝鸡市凤翔区南。雍地设有五天帝的祭祠。[7]郊见五帝：在五帝庙举行郊祀之礼。五帝，秦立白帝、赤帝、黄帝、青帝于雍，汉高帝立黑帝于畤，故雍有五帝畤。[8]举：推荐。贤良：汉代选拔官吏的科目之一。又称"贤良文字"。极谏者：直言敢谏的人。此为入选条件。[9]上亲策之：皇上亲自策问他们。[10]对策：应对策问。高第：优等。[11]擢：提拔。中大夫：官名，掌议论，秩千石。[12]削诸侯：制定削弱诸侯的法令。更定：改革。[13]齐文王则：齐悼惠王刘肥之孙，齐哀王襄之子。河间哀王福：河间文王刘辟强之子。[14]国除：撤除王国，其地纳入郡县。[15]新垣平：汉初方士。望气：观察云气以卜吉凶之术。[16]渭阳：地名，在渭水之北，长安的东北方。

十六年（丁丑，前164年）

夏，四月，上郊祀五帝于渭阳五帝庙。于是贵新垣平至上大夫[1]，赐累千金；而使博士、诸生刺《六经》中作《王制》[2]，谋议巡狩、封禅事[3]。又于长门[4]道北立五帝坛。

徙淮南王喜复为城阳王[5]，又分齐为六国[6]；丙寅[7]，立齐悼惠王子在者六人[8]：杨虚侯将闾为齐王，安都侯志为济北王，武成侯贤为菑川王，白石侯雄渠为胶东王，平昌侯卬为胶西王，扐侯辟光为济南王。淮南厉王子在者三人[9]：阜陵侯安为淮南王，安阳侯勃为衡山王，阳周侯赐为庐江王。

秋，九月，新垣平使人持玉杯上书阙下献之。平言上曰："阙下有宝玉气来者。"已[10]，视之，果有献玉杯者，刻曰"人主延寿"。平又言："臣候日再中[11]。"居顷之[12]，日却，复中[13]。于是始更以十七年为元年，令天下大酺[14]。平言曰："周鼎亡在泗水中[15]。今河决，通于泗[16]，臣望东北汾阴直有金宝气[17]，意周鼎其出乎！兆见[18]，不迎则不至。"于是上使使治庙汾阴[19]，南，临河[20]，欲祠出周鼎[21]。

（以上为第八段，写汉文帝谋划议论巡狩、封禅等事；把淮南王刘喜封为城阳王，把齐国分为六国；把淮南厉王在世的三个儿子封为王；把在位的第十七年改称为元年。）

【注释】

[1]贵：使新垣平尊贵，授之官。上大夫：《汉书·百官表》无上大夫之官。周官有此职。比照上大夫，秩一千石。 [2]刺：采取。《六经》：指《诗》《书》《易》《礼》《乐》《春秋》六种典籍。今无《乐经》。《王制》：今《礼记》中有《王制》篇，但非仅代诸生所汇辑。 [3]谋议：谋划讨论。巡狩：皇帝视察各地。封禅（shàn）：帝王祭祀天地的典礼。在泰山顶筑坛祭天称封。在泰山下梁父山辟场祭地称禅。 [4]长门：亭名，在长安城东南。 [5]淮南王喜：城阳王刘章之子。嗣为城阳王。徙淮南王，复为城阳王。 [6]分齐为六国：分割齐王国为六个小王国。 [7]丙寅：四月十七日。 [8]齐悼惠王：刘肥。在者六人：他的儿子还活着的有六人。全都封王如次：齐王刘将间，都临淄，在今山东淄博市临淄区；济北王刘志，都卢，在今山东济南市长清区西南；菑（淄）川王刘贤，都剧，在今山东昌乐县西北；胶东王刘雄渠，都即墨，在今山东青岛市即墨区西北；胶西王刘卬，都高苑，在今山东桓台县西；济南王刘辟光，都东平陵，在今山东济南市章丘区西北。 [9]淮南厉王子在者三人：淮南厉王刘长的儿子，活着的有三人，分王淮南地。淮南王子三王如次：淮南王刘安，都寿春，在今安徽寿县；衡山王刘勃，都六，在今安徽六安市东；庐江王刘赐，都江南。 [10]已：旋即，随后。 [11]再中：太阳在一天中两次出现在正中。 [12]居顷之：过了一会儿。 [13]日却，复中：太阳偏斜了，又回到了正中。 [14]令天下大酺：下诏令，全国民众可以聚会饮酒。汉律规定，平时民众不得三人以上聚会饮酒。特殊欢乐事，如太子成婚，新皇登基，允许天下大酺，一般为五天。酺（pú），聚会饮酒。 [15]亡：失落。泗水：水名，流经山东、苏北，入淮河。 [16]今河决，通于泗：文帝时黄河决口，横流入于泗水，注入淮河。泗，泗水。 [17]汾阴直有金宝气：汾阴的上空有金宝之气。汾阴，县名，治所在今山西万荣县西。直，正当。 [18]兆见：征兆已出现。见，通"现"。 [19]治庙汾阴：在汾阴修庙。治，修建。 [20]南，临河：庙的南面靠近黄河。 [21]欲祠出周鼎：想要通过祭祀求得周鼎现世。

后元年（戊寅，前163年）

冬，十月，人有上书告新垣平“所言皆诈也”；下吏治[1]，诛夷平[2]。是后，上亦怠于改正、服、鬼神之事[3]，而渭阳、长门五帝，使祠官领[4]，以时致礼，不往焉[5]。

春，三月，孝惠皇后张氏薨[6]。

诏曰：“间者数年不登[7]，又有水旱、疾疫之灾，朕甚忧之。愚而不明，未达其咎[8]：意者朕之政有所失而行有过与[9]？乃天道有不顺，地利或不得，人事多失和，鬼神废不享与？何以致此[10]？将百官之奉[11]养或废，无用之事或多与？何其民食之寡乏也？夫度田非益寡[12]，而计民未加益[13]，以口量地，其于古犹有余[14]，而食之甚不足者，其咎安在[15]？无乃百姓之从事于末以害农者蕃[16]，为酒醪以靡谷者多[17]，六畜之食焉者众[18]与？细大之义，吾未得其中[19]，其与丞相、列侯、吏二千石、博士议之[20]。有可以佐百姓[21]者，率意远思[22]，无有所隐[23]！”

（以上为第九段，写汉文帝发现新垣平所说的一切都是诈骗，诛灭其三族，从此对于改变历法、服色及祭祀鬼神等事有所疏怠；下令百官检讨自己的过失，寻求发生灾害的根源。）

【注释】

[1]下吏治：交给司法主管官吏查办。 [2]诛夷平：杀了新垣平及其家族。 [3]怠于改正、服、鬼神之事：汉文帝对改历法、变服色，以及祭祀鬼神都疏怠了。 [4]使祠官领：交给祠官去管理。 [5]以时致礼，不往焉：按时节由祠官祭祀，汉文帝不亲临了。 [6]孝惠皇后张氏薨：汉惠帝皇后，张敖之女，诸吕之乱以后，徙居北宫。因其党于吕氏，故此处不曰崩，而言“薨”，有贬义。 [7]间者数年不登：近年来连续几年歉收。 [8]未达其咎：不明白祸根在哪里。未达，不明，不知晓。咎，过错，祸根。 [9]“意者”句：或许是我治国有失误、行为有过错吗？意者，想来是，或许是。 [10]何以致此：为何造成这种情况？ [11]奉：通“俸”，俸禄。 [12]度田非益寡：估计土地没有减少。 [13]计民未加益：统计人口并没有增加。 [14]于古犹有余：按人均占有的耕地，比古代还要多。按：此说太夸张，汉文帝时人口增益，应比古时多，人均耕地应比古时少。 [15]其咎安在：问题出在哪里？咎，过错，问题，指口粮不足。 [16]“无乃”句：恐怕是从事商业、抛弃农业的百姓太多。蕃，多，众。 [17]为酒醪以靡谷者多：酿酒靡费粮食的百姓太多。 [18]六畜之食焉者众：饲养六畜的百姓太多吧？六畜，马、牛、羊、鸡、犬、豕。

食（sì），给吃。与，同“欤”。［19］细大之义，吾未得其中：这些大大小小的原因，我不知道哪个是最主要的。得其中，抓住要害，找到主因。［20］议之：深入讨论。［21］佐百姓：能帮助百姓。［22］率意远思：尽情地深入考虑，畅所欲言。［23］无有所隐：不要有保留。

二年（己卯，前162年）

夏，上行幸雍棫阳宫[1]。

六月，代孝王参[2]薨。

匈奴连岁入边，杀略人民、畜产甚多；云中、辽东[3]最甚，郡万余人[4]。上患之，乃使使遗匈奴书[5]。单于亦使当户报谢[6]，复与匈奴和亲。

八月，戊戌[7]，丞相张苍免。帝以皇后弟窦广国贤，有行[8]，欲相之[9]，曰：“恐天下以吾私广国[10]，久念不可[11]。”而高帝时大臣，余见无可者[12]。御史大夫梁国[13]申屠嘉[14]，故以材官蹶张[15]从高帝，封关内侯[16]；庚午[17]，以嘉为丞相，封故安侯。嘉为人廉直[18]，门不受私谒[19]。是时，太中大夫邓通[20]方爱幸，赏赐累巨万[21]。帝尝燕饮通家[22]，其宠幸无比。嘉尝入朝，而通居上旁，有怠慢之礼，嘉奏事毕，因言曰：“陛下幸爱群臣，则富贵之；至于朝廷之礼，不可以不肃[23]。”上曰：“君勿言，吾私之[24]。”

罢朝，坐府中，嘉为檄召通诣丞相府[25]，不来，且斩通[26]。通恐[27]，入言上；上曰：“汝第往[28]，吾令使人召若[29]。”通诣丞相，免冠、徒跣，顿首谢嘉[30]。嘉坐自如[31]，弗为礼，责曰：“夫朝廷者，高帝之朝廷也。通小臣，戏殿上，大不敬，当斩。吏！今行斩之！”通顿首，首尽出血，不解[32]。上度丞相已困通[33]，使使持节召通而谢丞相[34]：“此吾弄臣[35]，君释之！”邓通既至，为上泣曰[36]：“丞相几杀臣[37]！”

（以上为第十段，写匈奴连年入寇汉朝边境，汉文帝送去书信，双方恢复和亲关系；汉文帝任命申屠嘉为丞相，申屠嘉为人廉洁正直，整肃朝廷之礼，惩治汉文帝宠臣邓通。）

【注释】

[1]棫阳宫：行宫名，在今陕西扶风县东北。[2]代孝王参：文帝刘恒之子。文帝前元二年封其为太原王，三年更为代王。[3]云中、辽东：皆郡名，云中郡治云中，在今内蒙古托克托县东北。辽东郡治襄平，在今辽宁辽阳县。[4]郡万余人：指云中、辽东两郡被掠人口各万余。[5]乃使使遗匈奴书：于是派使者送和亲国书给匈奴单于。[6]单于亦使当户报谢：单于派出高官当户回报致谢。[7]戊戌：八月丁卯朔，无戊戌。疑"戊戌"是"戊辰"之误。戊辰，八月二日。[8]有行：有德行，品行好。[9]欲相之：欲任他为相。[10]私广国：对窦广国有私心。[11]久念不可：考虑了很久才打消了任用的念头。[12]余见无可者：现在无可为相之人。见，读"现"。[13]梁国：汉文帝弟刘武的封国，都睢阳，在今河南商丘市南。[14]申屠嘉：梁国人，汉初功臣，官至丞相。传见《史记》卷九十六、《汉书》卷四十二。[15]材官蹶张：特种步兵。材官，勇武之卒。蹶张，能脚踏强弩使其张开。[16]关内侯：秦二十级爵之第十九级高爵，有食邑。[17]庚午：八月四日。[18]廉直：廉洁正直。[19]门不受私谒：从不在家接见私下拜谒的人。门，指家门。[20]邓通：汉文帝宠臣。[21]累巨万：累积一万万。巨万，一万万。[22]尝燕饮通家：曾在邓通家宴饮。[23]肃：严肃，整肃。[24]吾私之：我私下告诫他。[25]"嘉为檄"句：申屠嘉用正式公文传讯邓通到丞相府。檄，木制的文书。诣，往，到。[26]且斩通：将要诛杀邓通。[27]通恐：邓通恐惧。[28]汝第往：你只管去。第，但，只。[29]吾令使人召若：我会派人来召你。[30]免冠、徒跣，顿首谢嘉：邓通摘下帽子、光着双脚，向申屠嘉叩头请罪。免冠、徒跣是请罪人的一种姿态。[31]嘉坐自如：申屠嘉安然自若。即安坐不动。[32]不解：不制止，不表示宽恕。[33]已困通：已让邓通吃够了苦头。[34]"使使"句：派使者持皇帝符节前来传唤邓通向丞相道歉。[35]弄臣：供戏弄的小臣。[36]为上泣曰：对着汉文帝哭着诉说。[37]几杀臣：差点杀了臣。

三年（庚辰，前161年）

春，二月，上行幸代[1]。

是岁，匈奴老上单于死，子军臣单于立。

四年（辛巳，前160年）

夏，四月，丙寅晦[2]，日有食之。

五月，赦天下。

上行幸雍。

五年（壬午，前159年）

春，正月，上行幸陇西[3]；三月，行幸雍；秋，七月，行幸代。

六年（癸未，前 158 年）

冬，匈奴三万骑入上郡，三万骑入云中，所杀略甚众，烽火通于甘泉、长安。以中大夫令免[4]为车骑将军，屯飞狐[5]；故楚相苏意为将军[6]，屯句注[7]；将军张武屯北地[8]；河内太守周亚夫为将军，次细柳[9]；宗正刘礼为将军，次霸上[10]，祝兹侯徐厉为将军，次棘门[11]；以备胡[12]。

上自劳军[13]，至霸上及棘门军，直驰入，将以下骑送迎。已而之细柳军[14]，军士吏被甲[15]，锐兵刃[16]，彀弓弩持满[17]，天子先驱至[18]，不得入。先驱曰："天子且至！"军门都尉[19]曰："将军令曰：'军中闻将军令，不闻天子之诏！'"居无何[20]，上至，又不得入。于是上乃使使持节诏将军："吾欲入营劳军。"亚夫乃传言"开壁门[21]"。壁门士请车骑[22]曰："将军约：军中不得驰驱[23]。"于是天子乃按辔徐行[24]。至营，将军亚夫持兵揖曰[25]："介胄之士不拜[26]，请以军礼见。"天子为动，改容[27]，式车[28]，使人称谢[29]："皇帝敬劳将军。"成礼而去。既出军门，群臣皆惊[30]。上曰："嗟乎，此真将军矣！曩者[31]霸上、棘门军若儿戏耳，其将固可袭而虏[32]也。至于亚夫，可得而犯耶[33]！"称善者久之。月余，汉兵至边，匈奴亦远塞，汉兵亦罢[34]。乃拜周亚夫为中尉[35]。

夏，四月，大旱，蝗。令诸侯无入贡[36]；弛山泽[37]，减诸服御[38]，损郎吏员[39]；发仓庾以振民[40]；民得卖爵[41]。

（以上为第十一段，写公元前 161 年至公元前 158 年四年史事，写匈奴军队大规模入侵，报警的烽火一直传到甘泉和长安，汉文帝刘恒分派将军守卫边境，亲自劳军，细柳营治军有方，称赞周亚夫是真正的将军。）

【注释】

[1]代：县名，县治在今河北蔚县东北代王城。[2]丙寅：四月丁亥朔，无丙寅。疑是"丙辰"之误。丙辰，四月三十日。晦：每月之末日。[3]陇西：郡名，郡治狄道，在今甘肃临洮县。[4]中大夫：官名，掌议论，属郎中令，秩千石。令免：人名，姓令，名免。[5]屯飞狐：驻军在飞狐。飞狐，飞狐口，地名，在今河北蔚县东南。[6]故楚相：原先的楚王国相。苏意：人名。[7]句注：山名，在今山西代县西。[8]北地：郡名，郡治马领，在今甘肃庆阳市西北。

[9]次：驻扎。细柳：地名，在今陕西咸阳市西南渭水北岸。［10］霸上：地名，在今陕西西安市东，霸水西岸高原上。［11］棘门：地名，在今陕西咸阳市东北。［12］备胡：防备匈奴侵扰。［13］上自劳军：汉文帝亲自慰问军队。［14］已而之细柳军：随后到了细柳军营。［15］被甲：披着铠甲。［16］锐兵刃：武器锋利。［17］彀（gòu）：弓弩上弦。持满：张足了弓。［18］先驱：先导骑兵队。至：到了细柳军营门。［19］军门都尉：守卫营门的武官。［20］居无何：过了不久。［21］开壁门：打开驻军营垒之门。［22］请车骑：对皇帝的卫队提出要求。［23］军中不得驰驱：军营中不可驱马疾驰。［24］按辔（pèi）徐行：拉着缰绳慢行。［25］持兵揖曰：手执兵器，对着汉文帝拱手行礼说。［26］介胄之士不拜：穿甲戴盔的将士不便跪下行礼。介，铠甲。胄（zhòu），头盔。［27］天子为动，改容：汉文帝被打动，脸色变得庄重严肃。［28］式车：俯身凭轼（车前横木），表示敬意。式，通“轼”。［29］使人称谢：派专使向周亚夫致歉意。［30］惊：惊讶。［31］曩者：先前，前面的。［32］袭而虏：袭击而俘虏。［33］可得而犯耶：可能侵犯吗？［34］汉兵亦罢：汉军也撤退了。［35］中尉：官名，掌管京师的治安，并统领北军。［36］令诸侯无入贡：诏令诸侯不要向皇上贡献方物。［37］弛山泽：开放山泽供黎民樵采。［38］减诸服御：减少宫中所用的衣服、车马等各种物品。［39］损郎吏员：减少郎官的数额。［40］发仓庾以振民：开仓济民。庾，露天的谷堆。［41］民得卖爵：允许民众出卖爵位。

七年（甲申，前157年）

夏，六月，己亥[1]，帝崩于未央宫[2]。遗诏[3]曰：“朕闻之：盖天下万物之萌生，靡不有死[4]。死者，天地之理，万物之自然[5]，奚可甚哀[6]！当今之世，咸嘉生而恶死[7]，厚葬以破业，重服以伤生[8]，吾甚不取。且朕既不德，无以佐百姓；今崩，又使重服久临[9]以罹寒暑之数[10]，哀人父子，伤长老之志，损其饮食，绝鬼神之祭祀，以重[11]吾不德，谓天下何[12]！朕获保宗庙[13]，以眇眇之身[14]托于天下君王之上[15]，二十有余年矣[16]。赖天之灵，社稷之福，方内安宁[17]，靡有兵革[18]。朕既不敏[19]，常惧过行以羞先帝之遗德[20]，惟年之久长，惧于不终[21]。今乃幸以天年得复供养于高庙[22]，其奚哀念之有[23]！其令天下吏民：令到，出临三日，皆释服[24]；毋禁取妇、嫁女、祠祀、饮酒、食肉[25]，自当给丧事服临者，皆无跣[26]；绖带毋过三寸[27]；毋布车及兵器[28]；毋发民哭临宫殿中；殿中当临者，皆以旦夕各十五举音[29]，礼毕罢；非旦夕临时，禁毋得擅哭临；已下棺[30]，服大功十五日[31]，小功十四日[32]，纤七日[33]，释服。他不在令中者，皆以此令比类从事[34]。布告天下，使明知朕意。霸陵山川因其故，毋有所改[35]。归夫人以下至少使[36]。”

乙巳[37]，葬霸陵。

帝即位二十三年，宫室、苑囿、车骑、服御[38]，无所增益；有不便[39]，辄弛[40]以利民。尝欲作露台[41]，召匠计之，直百金[42]。上曰：“百金，中人十家之产也[43]。吾奉先帝宫室，常恐羞之，何以台为[44]！”身衣弋绨[45]；所幸慎夫人，衣不曳地[46]；帷帐无文绣[47]；以示敦朴，为天下先[48]。治霸陵[49]，皆瓦器，不得以金、银、铜、锡为饰，因其山，不起坟[50]。吴王诈病不朝[51]，赐以几杖[52]。群臣袁盎等谏说虽切[53]，常假借纳用焉[54]。张武等受赂金钱，觉[55]，更加赏赐以愧[56]其心；专务以德化民。是以海内安宁，家给人足，后世鲜能及之[57]。

丁未[58]，太子[59]即皇帝位，尊皇太后薄氏曰太皇太后[60]，皇后曰皇太后。

九月，有星孛于西方[61]。

是岁，长沙王吴著[62]薨，无子，国除。

初，高祖贤文王芮[63]，制诏御史[64]：“长沙王忠，其定著令[65]。”至孝惠、高后时，封芮庶子二人为列侯，传国数世绝。

（以上为第十二段，写汉文帝刘恒去世。汉文帝留下遗诏，丧事一切从简。太子刘启即位，是为汉景帝。）

【注释】

［1］己亥：六月一日。［2］未央宫：汉初在长安兴建的宫殿，皇帝所居之宫。皇太后居长乐宫。［3］遗诏：汉文帝留下的遗嘱诏令。［4］萌生：始生。靡不有死：没有不死的，有生即有死。［5］自然：谓凡生之物皆有死是自然规律。［6］奚可甚哀：有什么值得悲哀呢！［7］咸嘉生而恶死：世人都喜欢生而讨厌死。［8］厚葬以破业，重服以伤生：为了厚葬而破产，过于注重守丧而损害身体。［9］久临：长久地哭吊。临，哭吊。［10］以罹寒暑之数：经历寒来暑往的季节变化太久了。按：古时儒家强调三年之丧，经历几个寒暑。［11］重：加重。［12］谓天下何：意谓怎对得起天下百姓。［13］朕获保宗庙：我获得保护宗庙的权力。喻掌控国家权力。［14］眇眇之身：我个人是渺小的，微不足道。［15］托于天下君王之上：却托身在帝王的

位置之上。［16］二十有余年矣：汉文帝公元前179年继位，公元前157年去世，在位二十三年。［17］方内安宁：国内安宁。［18］靡有兵革：没有战争。［19］朕既不敏：我不够聪明。不敏，不敏捷，没有才干。［20］“常惧过行”句：时常担心自己做错了事，而使先帝留下来的美德蒙受耻辱。遗德，遗留下来的美德。［21］惧于不终：害怕不得善终。［22］“今乃”句：现在万幸的是我得以享尽天年，又可在高庙陪伴高帝。天年，享尽自然的寿数。养，奉养，陪伴。［23］其奚哀念之有：哪里还有什么值得悲哀的呢！［24］释服：除去丧服。［25］“毋禁”句：指三天后就可除去丧服，不要再禁止人们的一切正常生活。居丧期间不可娶妇、嫁女、祭祀、饮酒、吃肉。取妇，娶媳妇。取，通“娶”。［26］无跣：不要光着脚走地。跣，赤足践地，以示哀痛。［27］绖（dié）带：服丧时系于头上或腰间的麻带。毋过三寸：宽度不要超过三寸，节约布料。［28］毋布车及兵器：不要用布盖在车辆和兵器上。［29］旦夕各十五举音：只在早晚分别哭十五声。［30］下棺：下葬，棺椁入土。［31］大功：丧服五服之一，原服期五月，文帝改为十五日。其服用熟麻制成，用于为近亲服丧。［32］小功：丧服五服之一，原服期九月，文帝改为十四日。其服用较粗的熟麻布制成，用于为近亲服丧。［33］纤：细麻布制的丧服，远亲服用，文帝定服用七日。［34］比类从事：比照、参照办理。［35］霸陵：汉文帝陵墓，后置县，在今陕西西安市东北。毋有所改：不许改动原有的自然状态。［36］归：发遣宫妃出宫回家。夫人以下至少使：指后宫妃嫔的职级。此是众多的中下级的宫妃，发遣的对象。［37］乙巳：六月七日。［38］苑囿：有花木禽兽的园林，供帝王与显贵游猎。服御：服饰器具。［39］有不便：谓如有不便于百姓。［40］辄弛：就废除。［41］露台：不加屋顶的观景台。［42］直百金：耗费一百金。直，通“值”。［43］中人：中等人家。产：产业，财产。［44］何以台为：何必修建露台。［45］衣：穿。弋（yì）：黑色。绨（tì）：一种粗厚的丝织品。［46］衣不曳地：裙子不拖在地上，即制作短裙。衣，指裙子。曳地，拖到地上。［47］文绣：绣着彩色花纹。文，花纹。［48］为天下先：为天下人做出表率。先，表率，榜样。［49］治霸陵：修建霸陵。［50］因其山，不起坟：利用山陵形势，不用人工垒坟冢。坟，古时封土成丘称“坟”。［51］吴王：刘濞。诈病不朝：谎称有病而不朝见。［52］赐以几杖：几，小木几，供坐时依靠之用。杖，手杖。按：汉文帝此举表示敬老，也是宽厚，默认吴王不朝。［53］谏说虽切：谏说直切，不留情面。［54］常假借纳用焉：经常宽容采纳他们的批评意见。假借，宽容。［55］觉：受贿暴露，被发觉。［56］愧：使之羞愧，觉醒。［57］后世鲜能及之：后世帝王很少能赶得上汉文帝。鲜，很少。［58］丁未：六月九日。［59］太子：指刘启，即位为孝景帝。［60］太皇太后：皇帝祖母之称。［61］星孛（bèi）：古代指彗星出现。［62］长沙王吴著：吴芮之后，第四代孙。［63］文王芮：长沙王吴芮，谥曰“文”。［64］制诏御史：汉朝诏令的执行程序，诏书下发御史大夫，御史大夫转丞相执行。御史大夫有监察之责。［65］其定著令：允许吴王芮的子孙继承王位，写入律令。按：汉初订约：“非刘氏不王”。因吴王忠于刘邦，故特著令使其为王。

孝景皇帝上

元年（乙酉，前156年）

冬，十月，丞相嘉[1]等奏：“功莫大于高皇帝，德莫盛于孝文皇帝。高皇帝庙，宜为帝者太祖之庙；孝文皇帝庙，宜为帝者太宗之庙。天子宜世世献祖宗之庙[2]，郡国诸侯宜各为孝文皇帝立太宗之庙。”制曰：“可。”

夏，四月，乙卯[3]，赦天下。

遣御史大夫青[4]至代下与匈奴和亲。

五月，复收民田半租[5]，三十而税一[6]。

初，文帝除肉刑[7]，外有轻刑之名，内实杀人；斩右止者又当死[8]；斩左止者笞五百，当劓者笞三百，率多死。是岁，下诏曰：“加笞与重罪无异[9]；幸而不死，不可为人[10]。其定律：笞五百曰三百，笞三百曰二百[11]。”

以太中大夫周仁为郎中令[12]，张欧为廷尉[13]，楚元王子平陆侯礼为宗正[14]，中大夫晁错为左内史[15]。仁始为太子舍人，以廉谨得幸。张欧亦事帝于太子宫，虽治刑名家[16]，为人长者[17]，帝由是重之，用为九卿[18]。欧为吏未尝言按人[19]，专以诚长者处官[20]；官属以为长者，亦不敢大欺[21]。

（以上为第十三段，写公元前156年史事，汉景帝刘启继续实行与匈奴和亲的政策；在汉文帝刘恒废除肉刑的基础上，继续减轻刑罚；任命周仁、张欧、刘礼、晁错等为官。周仁廉谨，张欧宽厚。）

【注释】

[1]嘉：申屠嘉。[2]献：献祭，供奉。祖宗之庙：太祖、太宗之庙。[3]乙卯：四月二十二日。[4]青：陶青，封开封侯。汉初功臣陶舍之子，官至御史大夫。[5]复收民田半租：文帝十二年赐民田租之半，次年尽除田租；今又收半租。[6]三十而税一：税率是三十分之一。[7]文帝除肉刑：事见《资治通鉴》卷十五汉文帝十三年。[8]止：通“趾”。下同。又当死：又改为判处死刑。[9]加笞与重罪无异：增加笞打数，往往将犯人打死，故与处死没有区别。加笞，增加笞打数。重罪，谓死刑。[10]不可为人：没有生存能力。重笞下的幸存者，已成残疾不能独立生活。[11]“笞五百”二句：这是减刑，原笞五百改为三百，原笞三百改二百。[12]周仁：

西汉任城（今山东济宁市东南）人，官至郎中令，以淳谨著名。传见《史记》卷一百三、《汉书》卷四十六。郎中令：官名，九卿之一，掌守卫宫殿门户。［13］张欧：字叔，官至御史大夫。传见《史记》卷一百三、《汉书》卷四十六。廷尉：官名，九卿之一，掌刑狱。［14］礼：刘礼，封平陆侯，楚元王刘交之子。宗正：官名，掌宗室事务。［15］左内史：官名，内史掌治京畿地方。汉景帝时分左右内史。［16］治：研习。刑名家：战国时法家的一派，讲求循名责实，用以强化上下关系。［17］长者：为人宽厚。［18］用为九卿：指追随太子的周仁、张欧、刘礼、晁错等人被景帝任用为九卿的高官。秦汉九卿职位为：奉常（太常）、郎中令（光禄勋）、卫尉、太仆、廷尉、典客（大鸿胪）、宗正、治粟内史（大司农）、少府。内史，比列九卿。［19］未尝言按人：没有惩治过人。［20］专以诚长者处官：一心以谨慎宽厚居官用事。［21］大欺：出格地欺蒙长官。此谓张欧宽厚，但十分精明，下属不敢过分欺瞒他。

二年（丙戌，前 155 年）

冬，十二月，有星孛于西南。

令天下男子年二十始傅[1]。

春，三月，甲寅[2]，立皇子德为河间王，阏为临江王，余为淮阳王，非为汝南王，彭祖为广川王，发为长沙王[3]。

夏，四月，壬午[4]，太皇太后薄氏崩。

六月，丞相申屠嘉薨。时内史晁错数请间言事[5]，辄听，宠幸倾九卿[6]，法令多所更定。丞相嘉自绌[7]所言不用，疾错[8]。错为内史，东出不便，更穿一门[9]南出。南出者，太上皇庙堧垣[10]也。嘉闻错穿宗庙垣，为奏，请诛错。客有语错，错恐，夜入宫上谒，自归上[11]。至朝，嘉请诛内史错。上曰："错所穿非真庙垣，乃外堧垣，故冗官居其中[12]；且又我使为之，错无罪。"丞相嘉谢。罢朝，嘉谓长史[13]曰："吾悔不先斩错乃请之，为错所卖[14]。"至舍，因欧血而死[15]。错以此愈贵。

秋，与匈奴和亲。

八月，丁未[16]，以御史大夫开封侯陶青为丞相。丁巳[17]，以内史晁错为御史大夫。

彗星出东北。

秋，衡山雨雹[18]，大者五寸[19]，深者二尺[20]。

荧惑逆行守北辰[21]，月出北辰间；岁星逆行天廷中[22]。

梁孝王以窦太后少子故，有宠，王四十余城[23]，居天下膏腴地。赏赐不可胜道[24]，府库金钱且百巨万[25]，珠玉宝器多于京师。筑东苑[26]，方三百余里[27]，广睢阳城七十里[28]，大治宫室，为复道[29]，自宫连属于平台三十余里[30]。招延四方豪俊之士，如吴人枚乘、严忌，齐人羊胜、公孙诡、邹阳，蜀人司马相如之属皆从之游[31]。

每入朝，上使使持节以乘舆驷马迎梁王于关下[32]。既至，宠幸无比，入则侍上同辇，出则同车，射猎上林中[33]。因上疏请留，且半岁。梁侍中、郎、谒者著籍引出入天子殿门[34]，与汉宦官无异。

（以上为第十四段，写汉景帝重用晁错，言听计从，升任其为御史大夫；梁王刘武受到宠信，封国内有四十多座城邑，封地是全国最肥沃富饶的土地，财富多得数也数不清。）

【注释】

[1]傅：傅籍。秦汉男子成年登记姓名于版籍，亦称占著名数。官府据此征发徭役。傅籍年龄，各代不一。[2]甲寅：三月二十七日。[3]立皇子：景帝封立六位皇子为王。河间王：刘德，都乐成，在今河北献县东南；临江王刘阏，都江陵，在今湖北江陵县；淮阳王刘余，都陈，在今河南周口市淮阳区；汝南王刘非，都平舆，在今河南平舆县北；广川王刘彭祖，都信都，在今河北衡水市冀州区；长沙王刘发，都临湘，在今湖南长沙市。按：景帝十三子，先后均封立为王，此处列举了六位皇子，司马光认为这六位为景帝二年所封。[4]壬午：四月二十五日。[5]请间言事：找机会单独说事。间，找机会，单独密谈。[6]倾九卿：超过九卿。[7]自绌：自行贬绌，低调行事。[8]疾错：痛恨晁错。[9]更穿一门：重新打开一个门。[10]堧垣：空地上的围墙。堧（ruán），空地。垣，外围墙。[11]自归上：亲自向皇帝请罪，说明情况。[12]冗官居其中：散官临时的居住地。[13]长（zhǎng）史：汉时丞相、太尉、御史大夫等均有属官长史，协助处理日常事务。[14]卖：欺骗，戏弄。[15]欧血而死：气愤得吐血而死。欧，通“呕”。[16]丁未：八月丙辰朔，无丁未，疑误。[17]丁巳：八月二日。[18]雨雹：落下冰雹。[19]大者五寸：冰雹大个的直径有五寸。[20]深者二尺：冰雹堆积最厚的达二尺。按：这是一场发生在衡山国的罕见冰雹灾害。[21]荧惑逆行守北辰：火星逆行靠近了北极星。[22]岁星逆行天廷中：木星逆行在太微星座。[23]王四十余城：谓梁孝王据有四十多个县城。[24]赏赐不可胜道：赏赐多到无法统计。[25]且百巨万：将近一百万万。巨万，一万万，即一亿。[26]东苑：梁王修建的苑囿，在睢阳城东。[27]方三百余里：苑的周长三百多里。[28]睢阳：梁王国都，在今河南商丘南市。城七十里：城墙周长七十里。[29]复道：楼阁间构架的上下两

层通道。此天子宫苑的排场。［30］自宫连属于平台三十余里：指复道连接从王宫到行宫的平台达三十余里。［31］"招延"四句：招揽延聘四方的豪杰之士，如蜀人司马相如这些人都是梁王的座上宾。这些都是当时著名的文学士、辞赋家。枚乘、严忌、邹阳、司马相如，传见《史记》《汉书》两书。羊胜、公孙诡，奸邪之士，教唆梁王为非，被诛死。［32］关下：函谷关下。梁王自东方入京，必经此关。朝廷使者远出至函谷关迎接梁王刘武。［33］"既至"五句：梁王到达京师，所受宠信无人可比，进入皇宫陪坐在汉景帝旁，外出也与皇上同坐一辆车，一起到上林苑中射猎。［34］梁侍中、郎、谒者：梁王国的侍中、郎、谒者等官。著籍引出入天子殿门：谓登记于名册可以出入天子殿门。著籍，登记在册。

【点评】

论汉文帝刘恒。汉文帝刘恒，是汉朝的一个极为重要的守成之帝，他和其子汉景帝刘启的治国，被称为"文景之治"。对于汉文帝，诚如后人所评说："汉兴，至汉文帝而天下大定。""孝文为三代以后第一贤君。"

刘恒能成为汉朝皇帝，具有很大的偶然性，可以说是天上掉下个帝王帽，一下子砸到他的头上。

刘恒的母亲薄氏，是刘邦的最有运气、又很不走运的一个妃子。她原是魏王豹的小妾，魏豹被韩信打败后，薄氏被召入汉宫，一年多，连刘邦的面都没有见上。后来，刘邦听到别人谈论起薄氏，非常怜惜，当晚就召见她，被临幸一次就生下了儿子刘恒，这算是非常幸运了！当然，薄氏以后也很少见到刘邦，正因为如此，薄氏才没有受到太后吕雉的嫉妒和打击，刘邦去世后，准许她出宫，到代地，与儿子刘恒相依为命。这也就是说，刘恒除了是刘邦的儿子之外，没有任何的背景和靠山。

刘恒在代地，整天想的是如何当好代王，做梦也没有想到能够当上汉朝的皇帝。当时，平定诸吕后，汉惠帝刘盈还有几个儿子。即使要在刘邦的孙子辈中选皇帝，其长孙齐王刘襄在当时是实力最为强大的诸侯王，他的弟弟刘章在平定诸吕中出力最多，似乎这皇位非刘襄莫属。而刘邦健在的儿子还有刘长，因其母自杀，被吕后抚养，在汉朝的影响力要比刘恒大多了。可是，这好事偏偏落到刘恒的头上。其实，这好事落到刘恒身上，与他是否具有治国的能力一点儿不相关，倒是与刘恒的母亲薄氏有关。原来，周勃、陈平等汉朝大臣平定诸吕后，选立皇帝的标准，首先要看是否对自己绝对有利。汉惠帝的儿子刘弘正当着皇帝，大臣们大权在握，说废就废。还把汉惠帝的其他几个儿子也都说成是"野种"，一笔勾销了他们的继承权。再说刘襄，能力倒是有，但他的舅舅驷钧为人非常凶残，被称为戴着官帽的老虎。汉高帝的老臣刘泽等人极力反对，认为如果立了刘襄，大权被外戚驷钧掌握，就等于再扶植了一个吕氏集团。再说刘长，是吕后带大的，与吕后多少有些干系，也不在拥立范围之内。拥立谁呢？刘恒！大臣们的理由是，代王的母亲薄氏是忠厚的正人君子；代王是高帝的亲子，最为年长，作为儿子继位顺理成章，辅佐善良厚道的人继位则大臣放心。这里最重要的是“大臣放心”四个字！其他的都不重要，因为拥立刘恒，这些大臣们可以放倒枕头睡觉，无后顾之忧了！

这下就成全了刘恒，也成全了汉朝，当然也成全了这帮拥立的大臣！

人们常说，性格决定命运。而对于刘恒来说，倒是命运决定性格，也决定了汉朝的未来！由于刘恒没有任何势力可依靠，整日里如履薄冰，战战兢兢，一举手一投足，都要好好掂量掂量，一旦哪一步迈错了，将是万劫不复！当大臣把拥立他当皇帝的天大的好事告诉他时，他将信将疑，还以为是一个骗局呢。

这种凡事三思而行，以及过度谨小慎微的性格，使得刘恒当上皇帝以后，行事非常谨慎；再加上他年少时封为代王，在荒僻的地方，有机会接触中下层民众，知道民生疾苦以及民众的所思所想，知道在推翻暴秦和楚汉相争中，打了数年的仗，民众在动荡不安中度过，需要休养生息，安居乐业。基于此，刘恒知道这皇帝应当怎么做，知道怎样才算是一个民众拥护的好皇帝。

于是，刘恒在位期间，顺应时势需要，做了几件非常出色的事情，可以说是汉朝其他任何皇帝都不能比拟的。首先是妥善处理各种矛盾，千方百计予以弱化、钝化，以保持社会的稳定。例如对诸侯王，采用贾谊的建议，众建诸侯而少其力，将齐国分为六国，将淮南国分为三国；对待气势汹汹的匈奴，采取和亲的方法，巧妙地与其周旋，实行战略防御，尽量避免大规模战争发生。其二，汉文帝睿智，外柔内刚，朝内无权臣。文帝的“外柔”表现为谨慎小心；“内刚”表现为该出手就出手，偶露峥嵘。他先是小心打探，得知大臣诚心拥护，毫不含糊，轻车疾进，到京当日，就在代邸即位，立即入宫，乘新皇帝即位之势，当夜连发三诏：一是掌握军权，“夜拜宋昌为卫将军，镇抚南北军”，“以张武为郎中令，行殿中”；二是清除政敌，“夜，有司分部诛灭梁、淮阳、常山王及少帝于邸”；三是施惠全国民众，“夜下诏书……赦天下，赐民爵一级，女子百户牛酒，酺五日”。三件大事，一夜办完，真是雷厉风行。文帝夺了周勃兵权，升任他为右丞相，赐金五千斤，食邑万户，用重赏安抚。后又借故下狱，杀其威风。周勃战战兢兢，功臣集团安分守己。其三，鼓励重农、积蓄，徙民实边，入粟拜爵，宽徭减租。采取这些措施，在当时极度困难的情况下是非常重要的，实现了民富，增强了国力。第四，约法省禁。约法，指减轻刑罚，取消了连坐法，汉文帝有感于缇萦救父，废除肉刑，改为笞刑和杖刑，是一个历史性的进步。省禁，指国家施政放宽对社会的约束，取消关卡，便于商旅，开放山林水泽，供平民樵采狩猎。第五，开放言论，言者无罪，于是有贾谊、晁错等人上疏言事。第六，非常节俭，在位二十三年，车骑服御之物都没有增添；屡次下令禁止郡国贡献奇珍异宝；平时穿戴都是粗糙的黑丝绸衣服；为自己预修的陵墓，也要求从简。刘恒也以注重简朴而为世人称道。总括汉文帝政绩，可用五个第一与五个唯一来概括：其一，汉文帝是第一个也是唯一的一个开放言论、实行言者无罪的皇帝；其二，汉文帝是第一个也是唯一的一个免除农民农业税的皇帝；其三，汉文帝是第一个也是唯一的一个不以意为法，放手司法独立办案的皇帝；其四，汉文帝是第一个也是唯一的一个实行"善者因之"，主张市场经济的皇帝；其五，汉文帝是第一个也是唯一的一个厉行节俭、示范薄葬的皇帝。司马迁称许汉文帝为"仁"，当之无愧。

人无完人，尺有所短。刘恒在位期间，也有许多缺憾。他由于过于谨慎，轻听轻信，缺乏魄力，如召用季布为御史大夫，听一美言而召之，听一毁言又弃之。且不说季布的能力如何，这种举措，就说明了刘恒的优柔寡断，没有主见。同样，对待贾谊，也是如此。他非常欣赏贾谊，拟任公卿之职，而一帮老臣予以诋毁，他就放弃初衷，将贾谊贬出朝廷。结果迎合了一帮守旧的老臣，而断送了一个具有绝世才华的年轻人的生命！如果刘恒重用贾谊，朝局可能将会有一些更好的气象！还有，张释之十年不见升迁，冯唐白首屈于郎，功臣周勃犹见疑，也都是十分可惜的事情。

总之，汉文帝在天下初定时，与民休息，是一位"德至盛"的明君，此言不虚。

卷一六　汉纪八

汉景帝前元三年至后元三年（前 154—前 141 年）

【起强圉大渊献（丁亥，前 154 年），尽上章困敦（庚子，前 141 年），凡十四年】

【大事提要】

本卷记事起公元前 154 年，讫公元前 141 年，凡十四年，当汉景帝（刘启）前元三年至后元三年。本卷所载大事，主要是以下几个方面：其一，吴王谋反。吴王刘濞因太子被汉太子刘启失手所杀，衔恨在心，在封国内大量铸钱、煮盐，招纳“任侠奸人”，处处与朝廷对抗，图谋篡夺帝位。公元前 154 年，带领楚、赵等七国公开叛乱，史称“七国之乱”，被汉军主将周亚夫击败，兵败被杀，封国被废除。其二，晁错遭斩。晁错为太子家令，得到汉景帝刘启宠信，官至御史大夫。他进言削藩，剥夺诸侯王政治特权，以巩固中央集权，损害了诸侯王利益。以吴王刘濞为首的七国诸侯，以“诛晁错，清君侧”为名，举兵反叛。汉景帝听袁盎之计，腰斩晁错于东市。其三，周亚夫平乱。吴楚叛乱，来势汹汹，猛攻梁国，汉景帝刘启提升周亚夫为太尉，领兵平叛。他向汉景帝提出了“放弃梁国，从背后断其粮道，然后伺机击溃叛军”的计划，得到肯定。叛军由于缺粮，只好退却，周亚夫趁机派精兵追击，取胜，而与梁王刘武结怨。其四，梁王欲继位。七国之乱时，梁王刘武率兵抵御吴楚联军，死守梁都睢阳，拱卫国都长安，功劳极大，后仗窦太后宠爱和梁国地广兵强，非常骄横，欲继汉景帝刘启之位，被汉朝大臣袁盎等人谏阻，怀恨在心，便派人刺杀袁盎等大臣，遭到汉景帝怨恨，后心神恍惚而去世。其五，景帝去世。公元前 141 年，汉景帝患病，死于长安未央宫，在位十六年，享年四十八岁。在位期间，推行“削藩”，平定“七国之乱”，继续奉行“与民休息”政策，发展生产、减轻赋税。与其父共创“文景之治”，为刘彻开创“汉武盛世”奠定基础。

孝景皇帝下

前三年（丁亥，前 154 年）

冬，十月，梁王来朝[1]。时上未置太子，与梁王宴饮，从容言曰[2]：“千秋万岁后[3]传于王。”王辞谢，虽知非至言[4]，然心内喜，太后亦然[5]。詹事窦婴引卮酒进上曰[6]：“天下者，高祖之天下，父子相传，汉之约[7]也，上何以得传梁王！”太后由此憎婴。婴因病免；太后除婴门籍[8]，不得朝请。梁王以此益骄。

春，正月，乙巳[9]，赦。

长星出西方。

洛阳东宫灾[10]。

初，孝文时，吴太子入见[11]，得侍皇太子饮、博[12]。吴太子博争道[13]，不恭[14]；皇太子引博局提吴太子[15]，杀之。遣其丧[16]归葬，至吴，吴王愠曰[17]：“天下同宗[18]，死长安即葬长安，何必来葬为！”复遣丧之长安葬。吴王由此稍失藩臣之礼，称疾不朝[19]。京师知其以子故，系治、验问[20]吴使者；吴王恐[21]，始有反谋[22]。

后使人为秋请[23]，文帝复问之，使者对曰：“王实不病；汉系治使者数辈[24]，吴王恐，以故遂称病。夫察见渊中鱼不祥[25]，唯上弃前过[26]，与之更始[27]。”于是文帝乃赦吴使者，归之[28]，而赐吴王几杖[29]，老，不朝[30]。吴得释其罪，谋亦益解[31]。然其居国，以铜、盐[32]故，百姓无赋[33]；卒践更，辄予平贾[34]；岁时存问茂材[35]，赏赐闾里[36]；他郡国吏欲来捕亡人[37]者，公共禁弗予[38]。如此者四十余年。

晁错数上书言吴过[39]，可削[40]；文帝宽，不忍罚，以此吴日益横[41]。及帝即位，错说上曰：“昔高帝初定天下，昆弟少，诸子弱，大封同姓，齐七十余城，楚四十余城，吴五十余城；封三庶孽[42]，分天下半[43]。今吴王前有太子之隙[44]，诈称病不朝，于古法当诛。文帝弗忍，因赐几杖，德至厚，当改过自新，反益骄溢，即山铸钱[45]，煮海水为盐，诱天下亡人谋作乱。今削之亦反，不削亦反。削之，其反亟[46]，祸小；不削，反迟[47]，祸大。”

上令公卿、列侯、宗室杂议[48]，莫敢难[49]；独窦婴争之[50]，由此与错有隙[51]。及楚王戊来朝[52]，错因言：“戊往年为薄太后服[53]，私奸服舍[54]，请诛之。”诏赦，削东海郡[55]。及前年，赵王有罪，削其常山郡[56]；胶西王卬以卖爵事有奸，削其六县。

（以上为第一段，写晁错建言景帝削藩，吴王刘濞首当其冲。吴太子在文帝时入朝被刘启失手误杀，吴王心怀怨望久不入朝，有叛汉之心。景帝先从弱小诸侯国动手，楚王刘戊、赵王刘遂、胶西王刘卬有罪，均被削地，吴王恐惧，加紧谋反。）

【注释】

[1]梁王来朝：梁王进京朝见汉景帝。梁王刘武，景帝之弟。 [2]从容言曰：爽快地说。[3]千秋万岁后：死后。千秋万岁，是死的委婉说法。 [4]非至言：不是真心话。至言，深切中肯，真心之言。 [5]太后亦然：太后也这样想。太后，景帝与梁王之母窦太后。 [6]詹事：官名，掌皇后、太子家。窦婴（？—前131）：信都观津（今河北武邑县东南）人，字王孙。文帝窦皇后之从兄子。平定吴楚七国之乱有功，封魏其侯。官至丞相。传见《史记》卷一百七、《汉书》卷五十二。卮（zhī）：古时的酒杯。上：指景帝。 [7]约：约法；规定。 [8]除婴门籍：取消出入宫殿门登记簿上窦婴的名字。除，取消。门籍，指出入宫殿的登记簿。 [9]乙巳：正月二十二日。 [10]洛阳：县名，在今河南洛阳市东北。东宫：汉初所筑的宫殿。 [11]吴太子：名贤，字德明，吴王刘濞之子。入见：入京朝见皇帝。 [12]侍：侍从。皇太子：指刘启。博：一种棋类游戏。 [13]争道：争抢棋子落点的位置，所谓棋路。 [14]不恭：态度粗鲁，不恭敬。[15]引博局提吴太子：举起棋盘掷击吴太子。博局，犹棋盘。提，掷击。 [16]丧：吴太子的尸体。 [17]愠曰：愤怒地说。 [18]天下同宗：全国同姓的都是一家。 [19]称疾不朝：推托有病不入京朝见皇帝。 [20]验问：按验审讯。 [21]恐：害怕，恐惧。 [22]始有反谋：开始产生了谋反的念头。 [23]使人为秋请：吴王派使者秋季朝见皇帝。古代诸侯入朝一年春秋两次，春曰朝，秋曰请。 [24]数辈：多批使者。 [25]察见渊中鱼不祥：见《韩子》及《文子》。深渊清澈见底就无鱼，所以看得见渊中鱼不吉祥，喻用法苛细则不吉祥。 [26]弃前过：放过已往的过失，原谅过去。 [27]与之更始：让他改过自新。 [28]归之：放吴王使者回到吴国。[29]赐吴王几杖：送给吴王伏几和手杖，以示敬老。 [30]老，不朝：明令吴王年老，可以不入京朝见。 [31]谋亦益解：谋反的念头逐渐消除。 [32]铜、盐：吴王国出产铜、盐，有铸钱、煮盐之利。 [33]无赋：吴王不向百姓征税。 [34]卒践更，辄予平贾：民众应该服役的，吴王总是发给合于市场价的代役金，可以雇人应役。卒，指应服役的平民。践更，汉代徭役制度。即成年男女每年按国家规定到指定地点更替服役。亲身前往服役曰“践更”，雇人代役曰“过更”。平贾，

市场价。贾，通“价”。吴王付给践更的人代役钱，而不是践更的人向政府交代役钱。［35］岁时存问茂材：每到年节，慰问贤才人士。存问，抚慰。茂材，有优秀才能之人。［36］赏赐闾里：赏赐平民。闾里，指闾里之人，即平民。［37］亡人：逃到吴国的人。［38］公共禁弗予：吴国公开阻止，不交出罪犯。公，公然，公开。共，一律，全部亡人。禁弗予，阻止交出。按：吴王容纳他郡国的逃犯，为谋反储备人才。［39］过：过错，罪过。［40］可削：削减其封地，使之弱小。按：晁错建言削藩。［41］横：骄横。［42］庶孽：庶子。［43］分天下半：诸侯王封地分去全国一半的土地。［44］前有太子之隙：指吴太子与刘启争博被杀事件。［45］即山铸钱：依靠铜山铸钱。［46］削之，其反亟：削减他的封地，反叛加速。［47］反迟：反叛推迟。［48］杂议：共同议论。［49］莫敢难：没有人敢责难晁错。难，责难，反对。［50］争之：与晁错争论。［51］有隙：有隔阂，有矛盾。［52］楚王戊：刘戊，楚王刘交之孙。来朝：来京朝见景帝。［53］薄太后：文帝刘恒的生母。服：服丧。［54］服舍：居丧的处所。［55］东海郡：郡治郯县，治所在今山东郯城县西北。［56］常山郡：郡治元氏，治所在今河北元氏县西北。

廷臣方议削吴。吴王恐削地无已[1]，因发谋举事。念诸侯无足与计者，闻胶西王勇[2]，好兵[3]，诸侯皆畏惮之，于是使中大夫应高口说胶西王曰：“今者主上任用邪臣[4]，听信谗贼，侵削诸侯，诛罚良重[5]，日以益甚[6]。语有之曰：‘狧糠及米[7]。’吴与胶西，知名[8]诸侯也，一时见察[9]，不得安肆[10]矣。吴王身有内疾，不能朝请二十余年，常患见疑，无以自白[11]，胁肩累足[12]，犹惧不见释[13]。窃闻大王以爵事有过。所闻诸侯削地，罪不至此[14]；此恐不止削地而已。”王曰：“有之。子将奈何[15]？”高曰：“吴王自以与大王同忧[16]，愿因时循理[17]，弃躯以除患[18]于天下，意亦可乎[19]？”胶西王瞿然骇曰[20]：“寡人何敢如是[21]！主上虽急，固有死耳，安得不事[22]！”高曰：“御史大夫晁错，营惑[23]天子，侵夺诸侯，朝廷疾怨[24]，诸侯皆有背叛之意，人事极矣[25]。彗星出，蝗虫起，此万世一时[26]；而愁劳，圣人所以起也[27]。吴王内以晁错为诛，外从大王后车，方洋[28]天下，所向者降，所指者下，莫敢不服。大王诚幸而许之一言，则吴王率楚王略函谷关[29]，守荥阳、敖仓之粟[30]，距汉兵[31]，治次舍[32]，须大王[33]。大王幸而临之，则天下可并，两主分割[34]，不亦可乎！”王曰：“善！”

归[35]，报吴王，吴王犹恐其不果，乃身自为使者，至胶西面约之[36]。胶西群臣或闻王谋，谏曰："诸侯地不能当汉十二[37]，为叛逆以忧太后[38]，非计[39]也。今承一帝[40]，尚云不易[41]；假令事成，两主分争，患乃益生。"王不听，遂发使约齐、菑川、胶东、济南[42]，皆许诺[43]。

初，楚元王好书[44]，与鲁申公、穆生、白生俱受《诗》于浮丘伯[45]；及王楚[46]，以三人为中大夫。穆生不耆酒[47]；元王每置酒，常为穆生设醴[48]。及子夷王、孙王戊即位[49]，常设，后乃忘设焉。穆生退，曰："可以逝矣[50]！醴酒不设，王之意怠；不去，楚人将钳我于市[51]。"遂称疾卧。申公、白生强起之[52]，曰："独不念先王之德与！今王一旦失小礼，何足至此！"穆生曰："《易》称[53]：'知几其神乎[54]！几者，动之微，吉凶之先见[55]者也。君子见几而作，不俟终日[56]。'先王之所以礼吾三人者，为道存[57]也。今而忽之，是忘道也。忘道之人，胡可与久处[58]，岂为区区之礼哉[59]！"遂谢病去[60]。申公、白生独留。

王戊稍淫暴，太傅韦孟作诗讽谏，不听，亦去，居于邹[61]。戊因坐削地事，遂与吴通谋。申公、白生谏戊，戊胥靡[62]之，衣之赭衣[63]，使雅舂于市[64]。休侯富[65]使人谏王。王曰："季父不吾与[66]，我起[67]，先取季父矣！"休侯惧，乃与母太夫人奔京师。

及削吴会稽、豫章郡书至[68]，吴王遂先起兵，诛汉吏二千石[69]以下；胶西、胶东、菑川、济南、楚、赵亦皆反。楚相张尚、太傅赵夷吾谏王戊，戊杀尚、夷吾。赵相建德、内史王悍谏王遂，遂烧杀建德、悍。齐王后悔，背约城守。济北王城坏未完[70]，其郎中令劫守[71]，王不得发兵。胶西王、胶东王为渠率[72]，与菑川、济南共攻齐，围临菑[73]。赵王遂发兵住其西界，欲待吴、楚俱进，北使匈奴与连兵[74]。

吴王悉其士卒[75]，下令国中曰："寡人年六十二，身自将[76]；少子年十四，亦为士卒先。诸年上与寡人同，下与少子等，皆发[77]。"凡二十余万人。南使闽、东越[78]，闽、东越亦发兵从。吴王起兵于广陵[79]，西涉淮[80]，因并楚兵，发使遗诸侯书[81]，罪状晁错[82]，欲合兵诛之。吴、楚共攻梁[83]，破棘壁[84]，杀数万人；乘胜而前，锐甚[85]。梁孝王遣将军击之，又败梁两军[86]，士卒皆还走。梁王城守睢阳[87]。

（以上为第二段，写吴王刘濞连合胶西、胶东、菑川、济南、楚、赵六国，与吴国共七国一同反汉，只要朝廷削夺吴国封地的文书一到达，就起兵反叛，其他六国一起行动；吴楚联军西进，兵锋甚锐。）

【注释】

［1］无已：没完没了。［2］胶西王：指刘卬，齐悼惠王刘肥之子。勇：武勇。［3］好兵：喜欢军事。［4］主上：指景帝。邪臣：奸佞之臣。［5］良重：很重，十分严厉。［6］日以益甚：一天比一天加重。［7］舐（tà）糠及米：起初以舌舔米外的糠，一直舔到里面的米。喻朝廷对诸侯逐步进逼，侵削不已。［8］知名：著名。［9］一时见察：一旦被朝廷审察。［10］安肆：自由自在，安宁。［11］常患见疑，无以自白：经常担忧被猜疑，无法自己表白。［12］胁肩累足：缩紧肩膀，碎步走路。形容恐惧。累足，脚压着脚，即碎步小心地行走。［13］犹惧不见释：仍然忧虑得不到朝廷宽容。释，放过，宽容。［14］罪不至此：罪过达不到削地。［15］子将奈何：您看怎么办？子，尊称。［16］同忧：与吴王有共同的忧患。［17］因时循理：要顺应时势，遵循情理办事。［18］弃躯以除患：不惜牺牲性命来消除祸患。暗示反叛。［19］意亦可乎：你也同意吗？［20］瞿然骇曰：严肃而惊骇地说。即大吃一惊地说。［21］何敢如是：怎么敢这样干！［22］“主上”三句：皇上即使很严苛，我只有一死，怎能不事奉。意谓怎能反叛呢？［23］营惑：迷惑。同“荧惑”。［24］朝廷疾怨：朝廷十分怨恨诸侯。按：四字原无，据章校补。［25］人事极矣：人事矛盾已发展到了极点。［26］万世一时：谓万世难遇的时机。［27］“而愁劳”二句：而怨愁劳苦的情势，正是圣贤之人所以振奋兴起的原因。［28］方洋：同“彷徉”。游荡无定，引申为驰骋，飞翔。［29］略函谷关：直捣函谷关。略，攻占。［30］守荥阳、敖仓之粟：据守荥阳、敖仓的粮库。敖仓，秦汉时重要的大粮仓，在荥阳背面敖山上。［31］距汉兵：抗击汉军。距，通“拒”。［32］治次舍：建造军营。次舍，部队休止的地方。［33］须大王：等待大王。［34］两主分割：指吴王与胶西王平分天下。［35］归：应高回到吴国。［36］面约之：吴王与胶西王当面订约。［37］十二：十分之二。［38］忧太后：使太后忧愁。［39］非计：不是高明之策。［40］今承一帝：当今事奉一个天子。一帝，指汉景帝。［41］尚云不易：还说不容易。［42］齐、菑川、胶东、济南：皆诸侯王国名，齐王名将闾，菑川王名贤，胶东王名雄渠，济南王名辟光，都是汉文帝所封。［43］皆许诺：齐、菑川、胶东、济南四国都应允吴王反汉。四国加吴、楚、胶西，共七国反汉，吴楚带头，故史称吴楚七国之乱。［44］楚元王：刘交。好书：喜欢读书。［45］鲁申生、穆生、白生、浮丘伯：皆儒生，汉初《诗》学大家。［46］王楚：指刘交为楚王。［47］不耆酒：不会喝酒。耆，通“嗜”。［48］醴：甜酒。［49］夷王：刘郢客。楚元王刘交之子。戊：楚元王刘交之孙。［50］可以逝矣：我该离开楚国了。逝，离去。［51］钳我

于市：会给我戴上刑具游街示众。钳，以铁圈束颈。［52］强起之：极力要穆生从病床起来继续为楚王刘戊效力。［53］《易》称：《易经》说。引语见《易·系辞下》。［54］知几其神乎：知道契机的神妙吗？几，契机，指吉凶的征兆。［55］先见：谓契机，即征兆是吉凶的预先显现。指楚王在宴会中不摆设甜酒就是不尊重儒生的先兆。［56］"君子"二句：君子看到契机要果断采取行动，不要整天等待。俟，等待。［57］道存：指先王刘交尊重学者是尊崇仁义之道。［58］"今而忽之"四句：如今楚王刘戊怠慢学者，是丢弃仁义之道，这样的人怎么可以和他长期共处。忽，忽视，怠慢。胡，何，怎么。［59］岂为区区之礼哉：难道我是计较那区区的一点礼节吗？区区，言小。［60］遂谢病去：穆生推托有病离开了楚国。［61］"太傅韦孟"四句：太傅韦孟作诗隐喻批评，楚王刘戊不理睬，也离开了楚国，到邹地居住。太傅，官名，指王国太傅，掌辅佐国王。邹，县名，治所在今山东邹城市。［62］胥靡：拘系而强迫劳动。［63］衣之赭衣：让他穿上赭色的囚衣。即成为囚犯。［64］雅舂于市：一直在街市上舂米。雅，素，一直。舂，处罚囚犯的劳作，还放在街市示众。［65］休侯富：刘富，楚元王刘交之子，楚夷王之弟，楚王刘戊的叔父，封休侯。［66］不吾与：不帮助我。［67］我起：我一旦起兵。［68］会稽、豫章：两郡名，原属吴王国，今削去。书至：通知到来。［69］吏二千石：一般指郡守、王国相。［70］未完：城墙的修建未完成。［71］劫守：劫持了济北王并把他看守起来。［72］渠率：统帅。［73］临菑：齐王国之都，在今山东淄博市临淄区。［74］北使匈奴与连兵：向北方匈奴派出使者，与其联络一同举兵。［75］悉其士卒：征发他的全部士兵。悉，尽，全部。［76］身自将：亲自带兵。［77］皆发：年十四到六十二的男子全部被征发。［78］闽、东越：皆古代越人之支系，活动于今福建、浙江一带，建有政权。［79］广陵：吴王国都，在今江苏扬州市西北。［80］涉淮：渡过淮河。［81］发使遗诸侯书：吴王派出使者致书诸侯。遗（wèi），送给。［82］罪状晁错：列举晁错罪行。吴王反汉以"诛晁错，清君侧"为号召。［83］共攻梁：吴楚联兵攻打刘武的梁国。按：梁国都睢阳挡在吴楚兵西进的道路上，故首当其冲。［84］棘壁：小邑名，在今河南永城市西北。［85］锐甚：兵锋锐不可当。即士气高昂。［86］又败梁两军：接着打败了梁国两支军队。［87］城守睢阳：固守国都睢阳城。睢阳在今河南商丘市南。

初，文帝且崩，戒[1]太子曰："即有缓急[2]，周亚夫真可任将兵。"及七国反书闻，上乃拜中尉周亚夫为太尉[3]，将三十六将军往击吴、楚，遣曲周侯郦寄[4]击赵，将军栾布[5]击齐；复召窦婴[6]，拜为大将军，使屯荥阳监齐、赵兵。

初，晁错所更令三十章[7]，诸侯讙哗[8]。错父闻之，从颍川来[9]，谓错曰："上初即位，公为政用事[10]，侵削诸侯，疏人骨肉[11]，口语多怨[12]，公何为也[13]？"错曰："固也[14]。不如此，天子不尊，宗庙不安[15]。”父曰：“刘氏安矣而晁氏危，吾去公归矣[16]！”遂饮药死，曰：“吾不忍见祸逮身[17]！”后十余日，吴、楚七国俱反，以诛错为名。

上与错议出军事，错欲令上自将兵而身居守[18]；又言：“徐、僮[19]之旁吴所未下者，可以予吴。”错素与吴相袁盎[20]不善，错所居坐，盎辄避；盎所居坐，错亦避；两人未尝同堂语。及错为御史大夫，使吏按盎受吴王财物，抵罪[21]；诏赦以为庶人。吴、楚反，错谓丞、史[22]曰：“袁盎多受吴王金钱，专为蔽匿[23]，言不反；今果反，欲请治盎[24]，宜知其计谋。”丞、史曰：“事未发[25]，治之有绝[26]；今兵西向，治之何益！且盎不宜有谋。”错犹与未决。

人有告盎，盎恐，夜见窦婴，为言吴所以反，愿至前，口对状[27]。婴入言，上乃召盎。盎入见，上方与错调兵食[28]。上问盎：“今吴、楚反，于公意何如[29]？”对曰：“不足忧也！”上曰：“吴王即山铸钱，煮海为盐，诱天下豪杰；白头举事[30]，此其计不百全，岂发乎[31]！何以言其无能为也？”对曰：“吴铜盐之利则有之，安得豪杰而诱之！诚令吴得豪杰，亦且辅而为谊[32]，不反矣。吴所诱皆亡赖子弟、亡命[33]、铸钱奸人，故相诱以乱。”错曰：“盎策之善。”上曰：“计安出？”盎对曰：“愿屏左右[34]。”上屏人，独错在。盎曰：“臣所言，人臣不得知。”乃屏错。错趋避东厢[35]，甚恨。

上卒问盎，对曰：“吴、楚相遗书，言高皇帝王子弟各有分地[36]，今贼臣晁错擅适诸侯[37]，削夺之地，以故反，欲西共诛错，复故地而罢[38]。方今计独有斩错，发使赦吴、楚七国，复其故地，则兵可毋血刃而俱罢。”于是上默然良久，曰：“顾诚何如[39]？吾不爱一人以谢天下[40]。”盎曰：“愚计出此，唯上孰计之[41]！”乃拜盎为太常[42]，密装治行[43]。

后十余日，上令丞相青、中尉嘉、廷尉欧劾奏错[44]：“不称主上德信[45]，欲疏群臣、百姓[46]，又欲以城邑予吴，无臣子礼，大逆无道。错当要斩[47]，父母、妻子、同产无少长皆弃市[48]。”制曰：“可。”错殊不知。壬子[49]，上使中尉召错，绐载行市[50]，错衣朝衣斩东市[51]。上乃使袁盎与吴王弟子宗正德侯通使吴[52]。

谒者仆射邓公为校尉[53]，上书言军事，见上，上问曰："道军所来[54]，闻晁错死，吴、楚罢不[55]？"邓公曰："吴为反数十岁矣；发怒削地，以诛错为名，其意不在错也。且臣恐天下之士拑口不敢复言矣[56]。"上曰："何哉？"邓公曰："夫晁错患诸侯强大不可制，故请削之以尊京师，万世之利也。计画[57]始行，卒受大戮。内杜[58]忠臣之口，外为诸侯报仇，臣窃为陛下不取也。"于是帝喟然长息[59]曰："公言善，吾亦恨之[60]！"

袁盎、刘通至吴，吴、楚兵已攻梁壁矣。宗正以亲故，先入见，谕吴王[61]，令拜受诏。吴王闻袁盎来，知其欲说[62]，笑而应曰："我已为东帝，尚谁拜[63]！"不肯见盎，而留军中，欲劫使将[64]；盎不肯，使人围守，且杀之。盎得间[65]，脱亡归报。

（以上为第三段，写吴楚之乱爆发，御史大夫晁错成了替罪羊。晁错与袁盎原来有矛盾，互相都欲置对方于死地。袁盎请汉景帝诛杀晁错以使吴楚退兵，结果晁错被冤杀，吴楚叛乱照样猖狂。）

【注释】

[1]戒：告诫。[2]缓急：偏义复词，急难。[3]上：指景帝。太尉：官名，掌全国军事。[4]郦寄：郦商之子。传附见《史记》卷九十五、《汉书》卷四十一。[5]栾布：西汉将领。传见《史记》卷一百、《汉书》卷三十七。[6]窦婴：字王孙，文帝窦太后从兄子，官至丞相。传见《史记》卷一百七、《汉书》卷五十二。[7]更令三十章：变更法令三十条。章，条。[8]讙哗：喧哗，纷纷议论。[9]颍川：郡名，郡治阳翟，在今河南禹州市。晁错是颍川人。[10]公：汉时对第二人称常用的敬语。晁错高官，其父对他用敬语，带讥讽之意。为政用事：掌权治事。[11]疏人骨肉：疏离人家的骨肉亲情。骨肉，喻至亲。当时诸侯都是刘姓。[12]口语多怨：众人之口多出怨言。[13]公何为也：你为什么这样干呀？[14]固也：诚然，就这样。[15]宗庙不安：国家政权不稳。[16]吾去公归矣：我要离开你回家了。归，回家。此双关语，归天，即死。[17]祸逮身：大祸落到自身。即大祸临头。逮，及。[18]身居守：晁错自己留守京师。[19]徐、僮：两县名，临近吴国，晁错建言割让吴国请其罢兵。这是一个不当的建议，足见晁错不知兵。[20]袁盎：字丝，曾为吴王国相，与晁错不睦。[21]抵罪：定罪。[22]丞、史：御史丞、侍御史，御史大夫下属官吏。[23]蔽匿：掩饰，隐瞒。[24]治盎：惩治袁盎。[25]事未发：指吴楚未发兵，即还没叛乱。[26]治之有绝：惩治袁盎，或许会中止叛乱发生。[27]愿至前，口对状：希望在皇帝面前，亲口说明情况。[28]调兵食：调度军粮。[29]于公

意何如：您的看法怎样？［30］白头举事：年老发白时才举兵叛乱。［31］计不百全，岂发乎：吴王没有万全的计谋，难道会反叛吗？百全，万全，百分之百的把握。［32］辅而为谊：辅佐吴王施行仁义。谊，通“义”。［33］亡命：指流民。［34］屏左右：回避身边的人。［35］趋避东厢：退避到议事厅的东厢房。［36］各有分地：各诸侯都有一份分封的土地。［37］擅适诸侯：擅自贬谪诸侯。适，通“谪”，贬斥，指削地。［38］复故地而罢：诸侯起兵的目的，就是要恢复原有的封地才肯罢休。［39］顾诚何如：不这样还有别的办法吗？［40］吾不爱一人以谢天下：我不会为了爱惜他一个人而得罪天下的人。［41］唯上孰计之：希望皇上仔细考虑。［42］太常：官名，掌宗庙礼仪，九卿之一。［43］密装治行：秘密整装，准备出使吴国。［44］青：陶青。嘉：人名，不知何姓。欧：张欧。劾奏错：向皇帝上奏揭发晁错。［45］不称主上德信：晁错辜负了皇上的恩德和信任。不称，辜负。［46］欲疏群臣、百姓：想使皇上疏远群臣、百姓。［47］错当要斩：晁错应判处腰斩。要，通“腰”。［48］弃市：公开处死在闹市。［49］壬子：正月二十九日。［50］绐载行市：欺骗晁错坐车巡视街市。［51］错衣朝衣斩东市：晁错穿着上朝的官服在东市被腰斩。［52］“上乃使袁盎”句：汉景帝于是派袁盎与吴王的侄儿宗正德侯刘通为使臣，出使吴国。弟子，弟弟的儿子，即侄儿。［53］谒者仆射（yè）：官名，掌管接待宾客和传达事务，属郎中令。邓公：姓邓，佚名。公，是尊称。校尉：武官名，位低于将军。［54］道军所来：经由军中而来。［55］吴、楚罢不：吴、楚撤兵了没有？不，通“否”。［56］拑口不敢复言矣：闭口不敢再向朝廷进忠言了。［57］计画：计划。画，通“划”。［58］杜：堵塞。［59］喟然长息：深深叹息。［60］恨之：后悔杀了晁错。［61］谕吴王：告知吴王已斩晁错，请罢兵。［62］说：游说。［63］尚谁拜：还向谁跪拜。［64］劫使将：劫持袁盎为吴军将领，即强使袁盎投降吴王。［65］得间：找到了出逃的机会。按：袁盎曾有恩于吴军看管他的小头目，被其放跑。

太尉亚夫言于上曰：“楚兵剽轻[1]，难与争锋，愿以梁委之[2]，绝其食道[3]，乃可制[4]也。”上许之。亚夫乘六乘传[5]，将会兵[6]荥阳。发至霸上[7]，赵涉遮说[8]亚夫曰：“吴王素富，怀辑死士久矣[9]。此知将军且行，必置间人于殽、渑厄狭之间[10]；且兵事上神密，将军何不从此右[11]去，走蓝田[12]，出武关[13]，抵洛阳！间[14]不过差一二日，直入武库[15]，击鸣鼓。诸侯闻之，以为将军从天而下[16]也。”太尉如其计，至洛阳，喜曰：“七国反，吾乘传至此[17]，不自意全[18]。今吾据荥阳，荥阳以东，无足忧者。”使吏搜殽、渑间[19]，果得吴伏兵[20]。乃请赵涉为护军[21]。

太尉引兵东北走昌邑[22]。吴攻梁急，梁数使使条侯[23]求救，条侯不许。又使使诉条侯于上[24]。上使告条侯救梁，亚夫不奉诏，坚壁不出[25]；而使弓高侯等将轻骑兵出淮泗口[26]，绝吴、楚兵后，塞其饷道[27]。

梁使中大夫韩安国[28]及楚相尚弟羽为将军；羽力战[29]，安国持重，乃得颇败吴兵。吴兵欲西，梁城守，不敢西；即走条侯军，会下邑[30]，欲战。条侯坚壁不肯战；吴粮绝卒饥，数挑战，终不出。

条侯军中夜惊，内相攻击，扰乱至帐下[31]，亚夫坚卧不起[32]，顷之[33]，复定。吴奔壁东南陬[34]，亚夫使备西北[35]；已而其精兵果奔西北[36]，不得入。吴、楚士卒多饥死叛散，乃引而去[37]。

二月，亚夫出精兵追击，大破之。吴王濞弃其军，与壮士数千人夜亡走[38]；楚王戊自杀。

（以上为第四段，写太尉周亚夫与汉景帝设计平定吴楚之乱，以牺牲梁国为代价阻击叛军，又断绝吴楚叛军的粮草供应，吴楚叛军攻打周亚夫大营，周亚夫识破叛军计谋，早有防备，一招制敌，打败叛军。）

【注释】

［1］剽（piāo）轻：凶悍轻捷。［2］以梁委之：把梁国交给吴国。委，放弃。谓汉兵不救梁国，使其阻挡削弱吴军。［3］绝其食道：切断吴军的粮道。食道，运输给养的线路。［4］制：制服、控制。［5］六乘传：六匹马拉的车。［6］会兵：集结大军。［7］发至霸上：周亚夫从霸上出发。霸上，地名，在今陕西西安市东北。［8］遮说：拦路进言。［9］怀辑：笼络，收买。死士：敢死之徒，刺客。［10］置间人于殽、渑厄狭之间：一定埋伏间谍在崤山、渑池之间的峡谷暗杀将军。置，安置，埋伏。间人，间谍刺客。殽，通“崤”。［11］从此右：改变路线，从崤、渑道的右边走。即不东向走崤、渑，改从南向走武关。［12］蓝田：县名，县治在今陕西蓝田县。［13］武关：关名，在今陕西商洛市。［14］间：时间。［15］武库：洛阳的兵器库。［16］从天而下：周亚夫越过崤、渑到达洛阳，仿佛从天上下来一样。［17］乘传至此：乘驿站车到洛阳，即没有护卫军队。［18］不自意全：没有料到能安全到达。［19］使吏搜殽、渑间：派官吏搜索崤、渑之间的峡谷。［20］伏兵：埋伏的刺客。［21］护军：武官名，［22］昌邑：县名，治所在今山东金乡县西北。［23］条侯：指周亚夫。［24］诉条侯于上：向皇上告条侯不救梁的状。［25］坚壁：深沟高垒。不出：不出兵。［26］弓高侯：韩颓当。韩王信之子。自匈奴来归，封弓高侯。淮泗口：泗水入淮河之处。在今江苏淮阴市北。［27］塞：阻塞。饷道：运输军粮之道。［28］韩安国：梁国睢阳人，字长孺，平吴楚之乱有功，官至御史大夫。传见《史记》卷一百八、《汉书》卷五十二。［29］力战：奋力作战。［30］下邑：县名，县治在今安徽砀山县

东。［31］帐下：指主帅的中军帐下。［32］坚卧不起：安睡不起床。以示镇定。［33］顷之：过了一会儿。［34］吴奔壁东南陬：吴军向汉军营垒的东南角集结。陬（zōu），角。［35］备西北：防备西北角。［36］已而：一会儿。果奔西北：吴军果然进攻汉营的西北角。［37］乃引而去：吴王领兵撤退了。［38］亡走：逃跑。

吴王之初发也，吴臣田禄伯为大将军。田禄伯曰："兵屯聚而西，无他奇道[1]，难以立功。臣愿得五万人，别循江、淮而上[2]，收淮南、长沙[3]，入武关，与大王会[4]，此亦一奇也[5]。"吴王太子谏曰："王以反为名，此兵难以借人，人亦且反王，奈何？且擅兵而别[6]，多他利害，徒自损耳！"吴王即不许田禄伯。

吴少将[7]桓将军说王曰："吴多步兵，步兵利险[8]；汉多车骑，车骑利平地，愿大王所过城不下[9]，直去，疾西据洛阳武库[10]，食敖仓粟[11]，阻山河之险以令诸侯，虽无入关，天下固已定矣。大王徐行留下城邑[12]，汉军车骑至，驰入梁、楚之郊，事败矣[13]。"吴王问诸老将，老将曰："此年少，椎锋可耳，安知大虑[14]！"于是王不用桓将军计。

王专并将兵[15]。兵未度淮，诸宾客皆得为将、校尉、候、司马，独周丘不用。周丘者，下邳[16]人，亡命吴[17]，酤酒无行[18]；王薄之[19]，不任[20]。周丘乃上谒，说王曰："臣以无能，不得待罪行间[21]。臣非敢求有所将也，愿请王一汉节[22]，必有以报。"王乃予之。周丘得节，夜驰入下邳；下邳时闻吴反，皆城守。至传舍[23]，召令入户[24]，使从者以罪斩令，遂召昆弟所善豪吏告曰："吴反，兵且至，屠下邳不过食顷[25]；今先下，家室必完[26]，能者封侯矣。"出，乃相告，下邳皆下[27]。周丘一夜得三万人，使人报吴王，遂将其兵北略城邑；比至阳城[28]，兵十余万，破阳城中尉军；闻吴王败走，自度无与共成功[29]，即引兵归下邳，未至，疽发背死[30]。

壬午晦[31]，日有食之。

吴王之弃军亡也，军遂溃，往往稍降太尉条侯及梁军。吴王渡淮，走丹徒[32]，保东越[33]，兵可万余人，收聚亡卒[34]。汉使人以利啖东越[35]，东越即绐吴王出劳军[36]，使人鏦杀吴王[37]，盛其头，驰传以闻[38]。吴太子驹亡走闽越。

吴、楚反，凡三月，皆破灭，于是诸将乃以太尉谋为是；然梁王由此与太尉有隙。

（以上为第五段，写吴楚叛军失败的原因，吴王刘濞没有听从大将军田禄伯出奇兵西进的计策，也没有听从青年将领桓将军迅速占领洛阳武库、凭借黄河天险号令天下的劝说，最后兵败被杀。）

【注释】

[1]奇道：出奇兵的道路。 [2]别循江、淮而上：开辟另外一条进兵路线，沿着长江、淮河逆流而上。别，另外，别出一道。循，沿着。 [3]收淮南、长沙：占领淮南、长沙。 [4]入武关，与大王会：从武关进入，与大王会师关中。 [5]此亦一奇也：这是一路奇兵。 [6]擅兵而别：让人全权指挥一支独立军队。别，独立别行。 [7]少将：年轻的将领。 [8]步兵利险：步兵利于在山地险阻地方作战。 [9]过城不下：不要占领经过的城邑。即不攻城略地，快速进兵。 [10]“直去”二句：挥兵直进，迅速向西推进，占领洛阳武库。 [11]食敖仓粟：利用敖仓的粮食。 [12]徐行留下城邑：进军缓慢，延误在攻占城邑中。 [13]事败矣：大事就败坏了。 [14]“此年少”三句：此人年轻，冲锋还可以，怎么懂得全局战略呢？ [15]王专并将兵：吴王集中统领全军。 [16]下邳：县名，县治在今江苏睢宁县。 [17]亡命吴：逃亡到吴国。[18]酤酒无行：卖酒为生，品行不端。 [19]王薄之：吴王看不起他。薄，轻视。 [20]不任：不用他。 [21]不得待罪行间：不能在军队中为你效力。待罪，等待处罚，指效劳。古时做官的谦称。行间，在军队中。行，行伍，军队。 [22]汉节：官方符节，使者的凭信。 [23]传舍：供办差往来行人住宿的官方客馆。 [24]召令入户：宣召县令进入传舍室内。 [25]食顷：吃一顿饭的时间。 [26]家室必完：家室必定保全。 [27]下邳皆下：下邳县官民全都归顺吴王。[28]阳城：《汉书》作“城阳”。阳城，在今河南登封市，距下邳甚远；城阳（即成阳），在今山东鄄城县东南，距下邳近。当以《汉书》“城阳”为是。 [29]度（duó）：估计。无与共成功：没有人与己共成大功业。 [30]疽发背死：背上生毒疮死去。疽，一种化脓性毒疮。 [31]壬午晦：二月三十日。 [32]丹徒：县名，县治在今江苏镇江市丹徒区。 [33]保东越：依附东越求得保护。 [34]收聚亡卒：集合逃散的士兵。 [35]利啖东越：利诱收买东越。 [36]绐吴王出劳军：欺骗吴王出来慰劳军队。 [37]纵（cōng）杀：用矛戟刺杀。纵，一种矛戟兵器。 [38]驰传以闻：驿传飞骑到汉朝廷报告。

三王之围临菑[1]也，齐王使路中大夫[2]告于天子。天子复令路中大夫还报，告齐王坚守，“汉兵今破吴楚矣。”路中大夫至，三国兵围临菑数重[3]，无从入[4]。三国将与路中大夫盟曰："若反言[5]：'汉已破矣，齐趣下三国[6]，不，且见屠[7]。'"路中大夫既许，至城下，望见齐王曰："汉已发兵百万，使太尉亚夫击破吴、楚，方引兵救齐[8]，齐必坚守无下！"三国将诛路中大夫。

齐初围急，阴与三国通谋[9]，约未定；会路中大夫从汉来，其大臣乃复劝王无下三国。会汉将栾布、平阳侯[10]等兵至齐，击破三国兵。解围已[11]，后闻齐初与三国有谋，将欲移兵伐齐[12]。齐孝王惧，饮药自杀。

胶西、胶东、菑川王各引兵归国。胶西王徒跣、席藁、饮水谢太后[13]。王太子德曰："汉兵还，臣观之，已罢[14]。可袭，愿收王余兵击之！不胜而逃入海，未晚也。"王曰："吾士卒皆已坏，不可用。"弓高侯韩颓当遗胶西王书曰："奉诏诛不义[15]，降者赦除其罪，复故；不降者灭之。王何处[16]？须以从事[17]。"王肉袒叩头[18]，诣汉军壁谒曰："臣卬奉法不谨，惊骇百姓，乃苦将军远道至于穷国，敢请菹醢[19]之罪！"弓高侯执金鼓见之[20]曰："王苦军事，愿闻王发兵状。"王顿首膝行[21]，对曰："今者晁错天子用事臣，变更高皇帝法令，侵夺诸侯地。卬等以为不义，恐其败乱天下，七国发兵且诛错。今闻错已诛，卬等谨已罢兵归[22]。"将军曰："王苟以错为不善，何不以闻[23]？及未有诏、虎符[24]，擅发兵击义国[25]？以此观之，意非徒欲诛错也。"乃出诏书，为王读之，曰："王其自图[26]！"王曰："如卬等死有余罪！"遂自杀，太后、太子皆死。胶东王、菑川王、济南王皆伏诛。

郦将军兵至赵，赵王引兵还邯郸城守[27]。郦寄攻之，七月不能下。匈奴闻吴、楚败，亦不肯入边。栾布破齐还，并兵[28]引水灌赵城。城坏，王遂自杀。

帝以齐首善[29]，以迫劫有谋[30]，非其罪也[31]，召立齐孝王太子寿，是为懿王。

济北王[32]亦欲自杀，幸全其妻子[33]。齐人公孙玃谓济北王曰："臣请试为大王明说梁王，通意天子；说而不用，死未晚也[34]。"公孙玃遂见梁王曰："夫济北之地，东接强齐，南牵吴、越，北胁燕、赵。此四分五裂之国[35]。权不足以自守[36]，劲不足以捍寇[37]，又非有奇怪云以待难[38]也；虽坠言[39]于吴，非其正计也。乡使济北见情实[40]，示不从之端[41]，则吴必先历齐[42]，毕济北[43]，招燕、赵而总之[44]，如此，则山东之从结而无隙矣[45]。今吴王连诸侯之兵，驱白徒之众[46]，西与天子急衡[47]，济北独底节不下[48]；使吴失与而无助[49]，跬步独进[50]，瓦解土崩，破败而不救者，未必非济北之力也。夫以区区之济北而与诸侯争强[51]，是以羔犊之弱而扞虎狼之敌也[52]。守职不桡[53]，可谓诚一矣。功义如此，尚见疑于上，胁肩低首[54]，累足抚衿[55]，使有自悔不前[56]之心，非社稷之利也。臣恐藩臣守职者疑之。臣窃料[57]之，能历西山[58]，径长乐[59]，抵未央[60]，攘袂而正议者[61]，独大王耳。上有全亡之功[62]，下有安百姓之名，德沦于骨髓[63]，恩加于无穷，愿大王留意详惟之[64]。”孝王大说[65]，使人驰以闻[66]；济北王得不坐[67]，徙封于菑川。

河间王太傅卫绾[68]击吴、楚有功，拜为中尉[69]。绾以中郎将事文帝，醇谨无他[70]。上为太子时，召文帝左右饮，而绾称病不行。文帝且崩，属上[71]曰："绾长者，善遇之[72]。”故上亦宠任焉。

夏，六月，乙亥[73]，诏："吏民为吴王濞等所诖误当坐及逋逃亡军者[74]，皆赦之。”

帝欲以吴王弟德哀侯广之子续吴[75]，以楚元王子礼[76]续楚。窦太后曰："吴王，老人也，宜为宗室顺善；今乃首率七国纷乱天下，奈何续其后！”不许吴，许立楚后。

乙亥，徙淮阳王馀为鲁王；汝南王非为江都王，王故吴地；立宗正礼为楚王；立皇子端为胶西王，胜为中山王。

（以上为第六段，写平定吴楚七国之乱以及善后事宜。胶西王刘卬等三个诸侯王的叛军围困齐国临淄城，被打败；齐王刘将闾曾与三个王国有串联，畏罪自杀；赵王刘遂守城七个月，城破自杀。）

【注释】

[1]三王之围临菑：上文云胶西王、胶东王、菑川王、济南王四国共围齐国临淄。此言“三王”，有误。 [2]路中大夫：姓路的一位中大夫。 [3]数重：数层。 [4]无从入：无法入城。

[5]若反言：你反过来说。［6］齐趣下三国：齐国赶快向三国投降。［7］不，且见屠：否则，将要屠城。不，同“否”。［8］方引兵救齐：正领兵前来救齐国。［9］阴：暗中。通谋：联络。［10］平阳侯：曹襄，汉初功臣曹参之后嗣。［11］解围已：解除了叛军对临淄的包围。［12］移兵伐齐：调转汉兵讨伐齐国。［13］徒跣、席藁、饮水：赤着脚，坐于席，喝冷水，以表示谢罪。太后：胶西王太后，刘印母亲。［14］罢：通“疲”。［15］不义：不守信义的人。［16］王何处：大王你选择哪一条路呢？［17］须以从事：等待你作出决定，以便采取处置措施。须，等待。［18］肉袒：袒胸露臂，以表示谢罪。叩头：磕头。［19］菹（zū）醢（hǎi）：将人剁成肉酱，是一种酷刑。［20］执金鼓见之：手执金鼓接见刘印。金鼓，古代军中指挥进军的乐器，击鼓进军。执金鼓是为了壮军威。［21］顿首膝行：一边叩头，一边跪着行进，以示服罪。［22］谨已罢兵归：谨慎地撤兵回国。［23］何不以闻：为什么不把情况报告皇帝？［24］虎符：调兵遣将的凭信，虎形两半，一半在皇宫，一半在郡国，调用兵将，合符验证。［25］义国：守礼之国，此指齐国。［26］自图：自己了断吧。［27］还邯郸城守：回兵坚守邯郸。邯郸，赵都，在今河北邯郸市。［28］并兵：合兵。［29］首善：首先抗击叛军。［30］以迫劫有谋：齐国因受胁迫而生二心。［31］非其罪也：不是他的罪过。［32］济北王：刘志，齐悼惠王之子，文帝十六年受封。［33］幸全其妻子：希望保全他的妻子儿女的生命。［34］死未晚也：不获恩准再死也不迟。［35］四分五裂之国：一个四面受敌、随时被瓜分的国家。［36］权不足以自守：权势谋略不足以自守封地。［37］劲不足以捍寇：实力不足以抵御外敌入侵。［38］非有奇怪云以待难：没有神灵可以化解灾难。奇怪云，奇方妙计，或神灵。此是毫无办法的即兴语。［39］坠言：失言，说错了话。［40］乡使济北见情实：假如当初济北王就流露出忠于朝廷的真心。乡，通“向”。乡使，当初。见，通“现”，显现，流露。［41］示不从之端：显示出不顺从吴王的痕迹。［42］历齐：越过、放过齐国。［43］毕济北：攻占济北国。毕，完成，此指控制、占领。［44］招燕、赵而总之：招诱燕国、赵国合为一体。总，合一，统一。［45］从结而无隙矣：合纵完成连成无缝的一片。从，通“纵”。无隙，无缝隙，连成一片。［46］白徒之众：素未受训的徒众，白丁。［47］争衡：角力，指争夺天下。［48］底节不下：固守臣节不归降吴王。底，通“砥”，磨炼，固守。［49］吴失与而无助：使吴国丧失盟友而孤立无援。与，盟友。［50］跬步独进：指吴军艰难地独自进军。跬步，半步，喻行进艰难。［51］区区之济北：微不足道的济北。区区，言小。与诸侯争强：和多个叛国争胜。［52］“是以”句：这就如同弱小的羊羔牛犊与凶猛的虎狼搏斗一样。［53］守职不桡：谓济北王恪尽职守，不肯屈服。桡，弯曲，屈服。［54］胁肩低首：缩敛肩膀，低着脑袋。［55］累足抚衿：小步走路，抚摸衣襟。［56］自悔不前：自悔不从吴而又不敢归汉。［57］窃料：私下猜想。［58］历西山：经历西方的山险。西山，指崤山、华山。［59］径长乐：直通太后的长乐宫。［60］抵未央：到达皇上的未央宫。［61］攘袂而正议者：在太后和皇上面前勇于据理力争。攘袂，捋臂，奋勇的样子。正议，据理论议。［62］全亡之功：指保全济北国不亡的功劳。［63］德沦于骨髓：恩德深入骨髓。［64］详惟之：认真思

考这事。［65］说：通“悦”。［66］使人驰以闻：梁王派人飞骑报告皇帝。［67］不坐：不定罪。［68］卫绾：汉臣，以淳谨著名。传见《史记》卷一百三、《汉书》卷四十六。［69］拜：任命。中尉：官名，掌京师治安，汉代兼主北军。［70］醇谨无他：除了宽厚谨慎，没有别的特长。［71］属上：嘱咐太子刘启，即当今皇上景帝。属，通“嘱”。［72］善遇之：好好对待他。［73］乙亥：六月二十五日。［74］“吏民”句：官吏民众被吴王刘濞等人连累而应当判罪的，以及逃亡犯、逃避军役的，全都予以赦免。诖（guà）误，因被牵连而受罚。逋逃，逃亡的罪人。亡军者，从军而逃者。［75］德：刘德，哀侯刘广之子。续：嗣位。［76］礼：刘礼，楚元王刘交之子，时封平陆侯，为宗正。

四年（戊子，前153年）

春，复置关，用传出入[1]。

夏，四月，己巳[2]，立子荣为皇太子，彻[3]为胶东王。

六月，赦天下。

秋，七月，临江王阏薨。

冬，十月，戊戌晦[4]，日有食之。

初，吴、楚七国反，吴使者至淮南，淮南王欲发兵应之。其相曰：“王必欲应吴，臣愿为将。”王乃属之[5]。相已将兵，因城守，不听王而为汉，汉亦使曲城侯将兵救淮南，以故得完[6]。

吴使者至庐江[7]，庐江王不应，而往来使越。至衡山[8]，衡山王坚守无二心。及吴、楚已破，衡山王入朝。上以为贞信，劳苦之[9]，曰：“南方卑湿。”徙王王于济北以褒之。庐江王以边越[10]，数使使相交，徙为衡山王，王江北[11]。

（以上为第七段，写吴楚之乱中的淮南、庐江、衡山三王的情况。淮南王刘安被国相所阻挡；庐江王刘赐不答应与吴王刘濞联合，与南越国多次互通使臣；衡山王刘勃坚守城池，对朝廷忠心不二。）

【注释】

［1］复置关：恢复设关用传制度。文帝十三年，除关，无用传。传：通行关卡的通行证。今复用，是因时局不宁，以备非常。［2］己巳：四月二十三日。［3］彻：刘彻，即后来的汉武帝。［4］戊戌晦：十月末为戊戌日。按：景帝四年冬，十月己酉朔，无戊戌，疑误。［5］属之：委任他以兵事。［6］完：完好，保全。［7］庐江：刘长子刘赐的封地。［8］衡山：刘长子刘赐的

封地。［9］劳苦之：慰劳他。［10］边越：边界与越相邻。［11］王江北：在长江以北为王。

五年（己丑，前 152 年）

春，正月，作阳陵邑[1]。夏，募民徙阳陵，赐钱二十万。

遣公主嫁匈奴单于。

徙广川王彭祖为赵王。

济北贞王勃[2]薨。

六年（庚寅，前 151 年）

冬，十二月，雷，霖雨[3]。

初，上为太子，薄太后以薄氏女为妃；及即位，为皇后，无宠[4]。秋，九月，皇后薄氏废。

楚文王礼薨。

初，燕王臧荼有孙女曰臧儿，嫁为槐里王仲妻，生男信与两女而仲死；更嫁长陵田氏，生男蚡、胜[5]。文帝时，臧儿长女为金王孙妇，生女俗。臧儿卜筮[6]之，曰："两女皆当贵。"臧儿乃夺金氏妇[7]，金氏怒，不肯予决[8]；内之太子宫[9]，生男彻[10]。彻方在身时[11]，王夫人梦日入其怀。

及帝即位[12]，长男荣为太子。其母栗姬，齐人也。长公主嫖欲以女嫁太子[13]，栗姬以后宫诸美人皆因长公主见帝，故怒而不许；长公主欲与王夫人男彻，王夫人许之。由是长公主日谗栗姬而誉王夫人[14]之美；帝亦自贤之，又有曩者所梦日符[15]，计未有所定。王夫人知帝嗛栗姬[16]，因怒未解，阴使人趣大行请立栗姬为皇后[17]。帝怒曰："是而所宜言邪[18]！"遂按诛大行[19]。

七年（辛卯，前 150 年）

冬，十一月，己酉[20]，废太子荣为临江王。太子太傅窦婴力争不能得，乃谢病免。栗姬恚恨而死。

庚寅[21]晦，日有食之。

二月，丞相陶青免。乙巳[22]，太尉周亚夫为丞相。罢太尉官[23]。

夏，四月，乙巳[24]，立皇后王氏。

丁巳[25]，立胶东王彻为皇太子。

是岁，以太仆刘舍[26]为御史大夫，济南太守郅都[27]为中尉。

始，都为中郎将，敢直谏。尝从入上林[28]，贾姬如厕[29]，野彘卒来入厕[30]。上目都[31]，都不行；上欲自持兵[32]救贾姬。都伏上前[33]曰："亡一姬[34]，复一姬进，天下所少，宁贾姬等乎！陛下纵自轻[35]，奈宗庙、太后何[36]！"上乃还，彘亦去。太后闻之，赐都金百斤，由此重都。都为人，勇悍公廉[37]，不发私书，问遗无所受[38]，请谒无所听[39]。及为中尉，先严酷，行法不避贵戚。列侯、宗室见都，侧目而视[40]，号曰"苍鹰[41]。"

（以上为第八段，写汉景帝曾立刘荣为太子，长公主想把女儿刘嫖嫁给太子，太子母栗姬没有同意，长公主就把刘嫖嫁给王夫人所生子刘彻，长公主毁损栗姬而称誉刘彻，结果景帝改立刘彻为太子。）

【注释】

[1]阳陵邑：景帝预作的寿陵名阳陵，因置县，在今陕西咸阳市东北。 [2]勃：刘勃，济北王，谥贞。 [3]霖雨：连绵的雨。 [4]无宠：不受喜爱。 [5]蚡、胜：田蚡、田胜。景帝王皇后同母异父之两弟。田蚡为人奸险，官至太尉、丞相，封武安侯。与窦婴、灌夫交恶而害两人。传见《史记》卷一百七、《汉书》卷五十二。 [6]卜筮：占卜，算命。 [7]夺金氏妇：与金家夫婿金王孙离婚。 [8]不肯予决：不肯断绝这个婚姻关系。 [9]内之太子宫：臧儿把女儿送进太子宫。内，通"纳"，送入。太子，即刘启，汉景帝。 [10]生男彻：生下儿子刘彻，后为汉武帝。 [11]在身时：刘彻母亲怀孕时。 [12]帝即位：景帝即位。 [13]长公主嫖欲以女嫁太子：长公主嫖，文帝之女，景帝之姊。嫖年最长，故称之"长公主"。嫖下嫁堂邑侯陈午，生女，为武帝陈皇后。 [14]誉王夫人：据章校，他本"人"下有"男"字。从下文"帝亦自贤之"来看，当有"男"字。即长公主称誉刘彻。 [15]曩者：往昔。所梦日符：指王夫人编造的"梦日入怀"而有身。 [16]知帝嗛栗姬：王夫人知晓景帝怀恨栗姬。嗛（xián），同"衔"，怀恨。 [17]"阴使"句：暗中派人催促大行令请求景帝册立栗姬为皇后。阴，暗中。大行，指大行令，官名，原名典客，掌民族事务，景帝十六年更名大行令，此为追书。按：王夫人明知景帝怀恨栗姬，而故意做手脚激怒景帝，大行令冤死，栗姬被废，足见王夫人阴险之甚。 [18]是而所宜言邪：是你应该说的话吗？而，第二人称"你"。 [19]按诛大行：定罪诛杀了大行令。按，审查定罪。 [20]己酉：十一月辛酉朔，无己酉，疑误。 [21]庚寅：十一月三十日。 [22]乙巳：二月十六日。 [23]罢太尉官：裁撤太尉官。按：汉代太尉时废时置。太尉强势，有损皇权则罢之。 [24]乙巳：四月十七日。 [25]丁巳：四月二十九日。 [26]刘舍：高帝功臣桃安侯刘襄之子。 [27]郅

都：西汉河东杨县（今山西洪洞县东南）人。景帝时为济南太守，雁门太守。执法不避贵戚，严酷，号称“苍鹰”。传见《史记》卷一百二十二、《汉书》卷九十。［28］上林：秦汉时的皇家林苑，在今陕西西安市西南郊。［29］贾姬：即贾夫人，赵王刘彭祖、中山王刘胜的生母。如厕：上厕所。［30］野彘卒来入厕：一只野猪突然进入厕所。卒，通“猝”，突然。［31］上目都：景帝以目示意郅都入厕赶野猪。［32］兵：兵器。［33］都伏上前：郅都拜伏在景帝面前。［34］亡一姬：失去一个姬妾。［35］自轻：不爱惜自己生命。［36］奈宗庙、太后何：对宗庙、太后怎么交代？宗庙，刘氏祖宗。太后，景帝母。［37］勇悍公廉：勇猛彪悍，公正廉洁。［38］问遗无所受：问候馈赠的礼品，一概不接受。［39］请谒无所听：请托拉关系，一律拒绝。［40］侧目而视：言不敢正视。［41］苍鹰：人们送给郅都的外号，喻凶猛。

中元年（壬辰，前 149 年）

夏，四月，乙巳[1]，赦天下。

地震。衡山原都雨雹[2]，大者尺八寸。

二年（癸巳，前 148 年）

春，二月，匈奴入燕[3]。

三月，临江王荣坐侵太宗庙壖垣[4]为宫，征诣中尉府对簿[5]。临江王欲得刀笔[6]，为书谢上[7]，而中尉郅都禁吏不予[8]；魏其侯使人间与临江王[9]。临江王既为书谢上，因自杀。窦太后闻之，怒，后竟以危法中都而杀之[10]。

夏，四月，有星孛[11]于西北。

立皇子越为广川王，寄为胶东王。

秋，九月，甲戌[12]晦，日有食之。

初，梁孝王以至亲有功[13]，得赐天子旌旗[14]。从千乘万骑[15]，出跸入警[16]。王宠信羊胜、公孙诡，以诡为中尉。胜、诡多奇邪计，欲使王求为汉嗣[17]。栗太子之废也，太后意欲以梁王为嗣，尝因置酒谓帝曰：“安车大驾，用梁王为寄[18]。”帝跪席举身曰：“诺。”

罢酒，帝以访诸大臣，大臣袁盎等曰：“不可。昔宋宣公不立子而立弟，以生祸乱，五世不绝[19]。小不忍，害大义，故《春秋》大居正[20]。”由是太后议格[21]，遂不复言。王又尝上书：“愿赐容车之地[22]，径至长乐宫[23]，自使梁国士众筑作甬道朝太后[24]。”袁盎等皆建以为不可[25]。

梁王由此怨袁盎及议臣，乃与羊胜、公孙诡谋，阴使人刺杀袁盎及他议臣十余人。贼未得也，于是天子意梁[26]；逐贼[27]，果梁所为。上遣田叔、吕季主往按梁事[28]，捕公孙诡、羊胜；诡、胜匿王后宫，使者十余辈至梁，责二千石急[29]。

梁相轩丘豹及内史韩安国以下举国大索[30]，月余弗得。安国闻诡、胜匿王所，乃入见王而泣曰："主辱者臣死。大王无良臣，故纷纷至此[31]。今胜、诡不得，请辞，赐死[32]！"王曰："何至此[33]！"安国泣数行下，曰："大王自度[34]于皇帝，孰与临江王亲[35]？"王曰："弗如也。"安国曰："临江王适长太子[36]，以一言过[37]，废王临江；用宫垣事，卒自杀中尉府[38]。何者？治天下终不用私乱公。今大王列在诸侯，诉邪臣浮说[39]，犯上禁，桡明法[40]。天子以太后故，不忍致法于大王；太后日夜涕泣，幸大王自改，大王终不觉寤[41]。有如太后宫车即晏驾[42]，大王尚谁攀乎[43]？"语未卒，王泣数行而下，谢安国曰："吾今出胜、诡[44]。"王乃令胜、诡皆自杀，出之。上由此怨望梁王。

梁王恐[45]，使邹阳[46]入长安，见皇后兄王信说曰："长君弟[47]得幸于上，后宫莫及；而长君行迹多不循道理者。今袁盎事即穷竟[48]，梁王伏诛，太后无所发怒[49]，切齿侧目[50]于贵臣，窃为足下忧之。"长君曰："为之奈何？"阳曰："长君诚能精为上言之[51]，得毋竟梁事[52]；长君必固自结于太后，太后厚德长君入于骨髓[53]，而长君之弟幸于两宫[54]，金城之固[55]也。昔者舜之弟象，日以杀舜为事，及舜立为天子，封之于有卑[56]。夫仁人之于兄弟，无藏怒，无宿怨，厚亲爱而已。是以后世称之。以是说天子，徼幸梁事不奏[57]。"长君曰："诺。"乘间入言之[58]。帝怒稍解。

是时，太后忧梁事不食[59]，日夜泣不止，帝亦患之。会[60]田叔等按梁事来还，至霸昌厩[61]，取火悉烧梁之狱辞[62]，空手来见帝。帝曰："梁有之乎？"叔对曰："死罪。有之[63]。"上曰："其事安在？"田叔曰："上毋以梁事为问也。"上曰："何也？"曰："今梁王不伏诛，是汉法不行也；伏法而太后食不甘味，卧不安席，此忧在陛下也[64]。"上大然之[65]，使叔等谒太后[66]，且曰：“梁王不知[67]也。造为之者[68]，独在幸臣[69]羊胜、公孙诡之属为之耳，谨已伏诛死，梁王无恙[70]也。”太后闻之，立起坐餐[71]，气平复[72]。

梁王因上书请朝[73]。既至关[74]，茅兰说王，使乘布车，从两骑入[75]，匿于长公主园[76]。汉使使迎王，王已入关，车骑尽居外[77]，不知王处。太后泣曰：“帝果杀吾子！”帝忧恐。于是梁王伏斧质于阙下谢罪[78]。太后、帝大喜，相泣，复如故，悉召王从官入关。然帝益疏王[79]，不与同车辇[80]矣。帝以田叔为贤，擢为鲁相[81]。

（以上为第九段，写梁王刘武欲继承大位，大臣袁盎等谏阻，梁王派人暗杀袁盎等，汉朝追查，梁王在梁国内史韩安国的劝说下，被迫交出主谋羊胜、公孙诡，两人自杀。）

【注释】

[1]乙巳：四月三十日。[2]衡山原都雨雹：衡山郡原都地方落下冰雹。[3]燕：地区名，泛指六国时燕国地方，在今河北北部地区。[4]坐侵太宗庙壖垣：刘荣侵占汉文帝太宗庙前空地上的围墙而犯罪。坐，定罪。壖，空地。垣，围墙。[5]对簿：被质讯。[6]刀笔：书写工具，如今之纸笔。汉时简牍，读书用刀刮削。[7]为书谢上：写信向景帝请罪。[8]禁吏不予：禁止官吏提供刀笔。[9]使人间与临江王：派人找机会送刀笔给临江王。[10]后竟以危法中都而杀之：窦太后最终用严酷之法问罪杀了郅都。危法，严酷之法，严法。中（zhòng）都，伤害郅都，使之有罪。[11]星孛：出现彗星。[12]甲戌：九月三十日。[13]梁孝王：刘武，文帝之子。至亲：梁孝王刘武是景帝刘启的同母弟，故曰至亲。有功：梁孝王有破吴楚之功。[14]得赐天子旌旗：梁王得到使用天子旌旗的赏赐。[15]从千乘万骑：随从的车马人员成千上万。[16]出跸入警：出行与回王府清道戒严。按：以上都是天子排场，梁王公开僭越。[17]汉嗣：汉朝皇位的继承人。[18]安车大驾，用梁王为寄：皇上出入乘坐安车大驾，让梁王在您身边。寄，贴身侍从。窦太后言此有以梁孝王为皇位继承人之意。[19]“昔宋宣公”三句：春秋时代，宋宣公不立其子与夷，而立弟穆公；穆公又不立其子冯，而立与夷。其后冯和与夷争权，致几代纷乱，影响很坏。事见《左传》。[20]《春秋》大居正：意谓《春秋》重视王位传承之止。[21]太后议格：太后立梁王为嗣的意见被阻止。格，被阻止，搁置。[22]容车之地：即修一条行车的道路。[23]径至：直达。长乐宫：皇太后所居之宫。[24]甬道：有夹墙的通道。梁王要派梁国士兵来修筑这条通长乐宫的甬道。[25]建：建言，建议。[26]意梁：猜测是梁王所为。[27]逐贼：追查凶手。[28]按梁事：查处梁王刺杀大臣事件。[29]责二千石急：追责二千石十分严苛。二千石，梁国相、内史。[30]举国大索：在梁国实施全国大搜捕。

[31]纷纷至此：扰乱到这地步。[32]请辞，赐死：请求辞官，赐我自杀。[33]何至此：何至于这样？[34]自度（duò）：自己估计，自己比较。[35]孰与临江王亲：你和临江王，哪一个与皇上更亲？孰，谁，哪一个。梁王，皇上之弟，临江王刘荣，皇上之子。[36]适长太子：嫡子，又是太子。适，通“嫡”。[37]以一言过：一句话的过错。[38]卒：终于。[39]訹邪臣浮说：被邪臣的胡言乱语所诱惑。訹（xù），利诱。[40]桡明法：违犯皇上禁令。[41]不觉寤：不醒悟。[42]宫车即晏驾：宫车晏驾，帝王死的讳称。[43]大王尚谁攀乎：大王还能依靠谁呢？[44]吾今出胜、诡：我今天就交出羊胜、公孙诡。[45]恐：恐惧。[46]邹阳：西汉齐人，辞赋家。先后仕于吴、梁等王国。传见《史记》卷八十三、《汉书》卷五十一。[47]长君：王信的字，景帝大舅兄。弟：女弟，即妹，指景帝王皇后。[48]穷竟：追查到底，揪出幕后主使。[49]无所发怒：怒气无处发泄。[50]切齿侧目：咬牙横眼，极端痛恨。[51]精为上言之：精细透彻地向皇上说明白。[52]毋竟梁事：不要彻底追查梁王这件事。[53]德：感恩。入于骨髓：刻骨铭记。[54]两宫：长乐宫与未央宫。特指太后与皇帝，因太后居于长乐宫，皇帝在未央宫。[55]金城之固：谓牢不可损。[56]有卑：地名。[57]徼幸：即侥幸。不奏：不追查了。[58]乘间：趁机。入言之：入宫对皇帝说了这事。[59]忧梁事不食：担忧梁王事而吃不下饭。[60]会：恰巧。[61]霸昌厩：厩名，在今西安市。[62]梁之狱辞：在梁王家追查取得的证词。[63]死罪。有之：犯下死罪，确有这事。[64]“今梁王不伏诛”五句：不诛杀梁王是汉法废弃，杀了梁王太后不安，那时忧患就是您皇上的了。伏诛，服法。不行，法不执行。[65]上大然之：景帝非常赞同。[66]谒太后：晋见太后。[67]梁王不知：梁王不知情。[68]造为之者：主持这件事的人。[69]独在幸臣：只是宠幸之臣干出的事。[70]无恙：没受到牵连。恙，病，受牵连。[71]立起坐餐：立即起来坐着吃饭。[72]气平复：情绪也稳定了，即神情恢复正常。[73]请朝：要求朝见。[74]关：指函谷关，在今河南灵宝市东北。[75]布车：人们平常所乘之车，非王侯专车。从两骑入：只带两骑侍从入京。梁王低调，以示有过。[76]匿于长公主园：躲藏到长公主的园内。长公主刘嫖，景帝与梁王的亲姐。[77]车骑尽居外：梁王的随从车骑全都在函谷关外。[78]“梁王伏斧质”句：梁王来到皇宫门前，伏在刑具上，表示认罪，请求处置。斧质，古时杀人的刑具。阙下，宫阙之下。谢罪，认罪。[79]益疏王：更加疏远梁王。[80]不与同车辇：不与梁王同乘一个车辇。[81]鲁相：鲁王国之相。

三年（甲午，前147年）

冬，十一月，罢诸侯御史大夫官[1]。

夏，四月，地震。

旱，禁酤酒[2]。

三月，丁巳[3]，立皇子乘为清河王。

秋，九月，蝗[4]。

有星孛于西北。

戊戌[5]晦，日有食之。

初，上废栗太子，周亚夫固争之，不得[6]；上由此疏之。而梁孝王每朝，常与太后言条侯之短[7]。窦太后曰："皇后兄王信可侯也[8]。"帝让曰[9]："始，南皮、章武[10]，先帝不侯[11]，及臣即位乃侯之[12]；信未得封也[13]。"窦太后曰："人生各以时行[14]耳。自窦长君在时，竟不得侯，死后，其子彭祖顾得侯，吾甚恨之[15]！帝趣侯信也[16]。"帝曰："请得与丞相议之[17]。上与丞相议。亚夫曰："高皇帝约：'非刘氏不得王，非有功不得侯。'今信虽皇后兄，无功，侯之，非约也[18]。"帝默然而止[19]。其后匈奴王徐庐等六人[20]降，帝欲侯之以劝后[21]。丞相亚夫曰："彼背主[22]降陛下，陛下侯之，则何以责人臣不守节者乎[23]？"帝曰："丞相议不可用。"乃悉封徐庐等为列侯[24]。亚夫因谢病[25]。

九月，戊戌，亚夫免；以御史大夫桃侯刘舍为丞相。

四年（乙未，前 146 年）

夏，蝗。

冬，十月，戊午[26]，日有食之。

五年（丙申，前 145 年）

夏，立皇子舜为常山王。

六月，丁巳[27]，赦天下。

大水。

秋，八月，己酉[28]，未央宫东阙灾。

九月，诏："诸狱疑[29]，若虽文致于法，而于人心不厌者[30]，辄谳之[31]。"

地震。

六年（丁酉，前 144 年）

冬，十月，梁王来朝，上疏欲留[32]；上弗许。王归国，意忽忽不乐。

十一月，改诸廷尉、将作等官名[33]。

春，二月，乙卯[34]，上行幸雍[35]，郊五畤[36]。

三月，雨雪。

夏，四月，梁孝王薨。窦太后闻之，哭极哀，不食，曰："帝果杀吾子！"帝哀惧，不知所为[37]；与长公主计之，乃分梁为五国，尽立孝王男五人为王：买为梁王，明为济川王，彭离为济东王，定为山阳王，不识为济阴王[38]；女五人皆食汤沐邑[39]。奏之太后，太后乃说[40]，为帝加一餐[41]。孝王未死时，财以巨万计，及死，藏府[42]余黄金尚四十余万斤。他物称是[43]。

上既减笞法[44]，笞者犹不全；乃更减笞三百曰二百，笞二百曰一百。又定棰令[45]：棰长五尺，其本大一寸[46]，竹也；末薄半寸[47]，皆平其节[48]。当笞者笞臀[49]；毕一罪，乃更人[50]。自是笞者得全。然死刑既重而生刑又轻，民易犯之。

（以上为第十段，写梁王刘武抑郁而死，汉景帝将梁王的几个儿子都封为王，以宽慰窦太后；汉景帝减轻刑罚，规定具体的处罚细节。）

【注释】

[1]罢诸侯御史大夫官：撤销诸侯王国御史大夫这个官职。 [2]禁酤酒：禁止卖酒。酿酒耗粮，故禁之。 [3]丁巳：三月壬申朔，无丁巳，疑误。 [4]蝗：发生蝗灾。 [5]戊戌：九月三十日。 [6]不得：不成功。 [7]言条侯之短：梁王说条侯周亚夫的过错。短，缺点，过错。按：梁王怀恨周亚夫在吴楚反叛时不发兵救梁，故数落他的过错。 [8]王信可侯也：应当给王信封侯。 [9]帝让曰：景帝谦虚地说。 [10]南皮、章武：指南皮侯窦彭祖、章武侯窦广国。窦彭祖是窦太后弟窦长君之子，窦广国是窦太后小弟。 [11]先帝不侯：南皮、章武两侯均不是汉文帝封的。先帝，指文帝。 [12]乃侯之：才封侯。南皮、章武两侯均景帝所封。 [13]信未得封也：王信不能由我封他为侯。 [14]以时行：根据时机行事。 [15]吾甚恨之：我十分遗憾。窦太后谓窦长君活着时不得封侯，死后儿子得封，想起来就后悔。恨，遗憾，后悔。 [16]帝趣侯信也：皇上赶快给王信封侯吧。 [17]与丞相议之：与丞相周亚夫商议王信封侯事。 [18]非约也：不符合高皇帝留下的约定。 [19]帝默然而止：景帝沉默不再提封王信封侯的事。 [20]徐庐等六人：原是匈奴的王者，降汉，封为容城侯。 [21]侯之以劝后：封徐庐等人为侯，用以鼓励更多的人投降汉朝。劝，鼓励。 [22]背主：背叛自己的君主。 [23]"陛下侯之"二句：皇上封背主的人为侯，还怎么责问不守节操的臣子呢？责，谴责。节，节操。 [24]悉封徐庐等为列侯：封徐庐为容城侯，赐为桓侯，陆强为遒侯，仆黚为易侯，范代为范阳侯，邯郸为翕侯。 [25]谢病：称

病不朝。[26]戊午：十月二十日。[27]丁巳：六月二十九日。[28]己酉：八月二十二日。[29]诸狱疑：各种可疑狱案。[30]文致于法：刻意用法律条文给人定罪。人心不厌：人们思想上不服。厌，服。[31]辄谳之：一律予以平议。辄，一律，总是。谳，复审平议。[32]留：留于京师。[33]改诸廷尉、将作等官名：时改廷尉称大理，改将作少府称大匠，改奉常称太常，改典客称大行令，改长信詹事称长信少府，改将行称大长秋，改主爵中尉称都尉。[34]乙卯：二月一日。[35]雍：县名，县治在今陕西宝鸡市凤翔区南。[36]郊五畤：在五天帝的庙畤进行郊祀。[37]不知所为：不知怎么办才好。[38]"尽立"等句：把梁孝王的五个儿子全都封为诸侯王。刘买封为梁王，都睢阳；刘明封为济川王，其国在陈留、东郡之间；刘彭离封为济东王，其国后为东平国；刘定封为山阳王，王山阳郡之地；刘不识封为济阴王，王济阴郡之地。[39]汤沐邑：赐予食邑，供作汤沐之用。[40]说：通"悦"。[41]为帝加一餐：太后因为景帝的做法而吃了一顿饭。[42]藏府：贮藏财富的库房。[43]他物称是：其他财物估计与此相当。称是，相当于此。[44]减笞法：见《资治通鉴》卷十五景帝元年。[45]定棰令：制定棍打的法令。[46]本大一寸：竹制的笞杖，手握的根部厚一寸。本，根部，手握的一头。[47]末薄半寸：打人的一头末梢薄半寸。[48]皆平其节：笞杖的竹节全都磨平。[49]笞臀（tún）：打屁股。以往是笞背。[50]毕一罪，乃更人：一个罪人打完之后，才更换行刑的人。按：两个以上行刑的人打一个罪人，笞打则力重，往往打人致死。

六月，匈奴入雁门[1]，至武泉[2]，入上郡[3]，取苑马[4]。吏卒战死者二千人。

陇西李广[5]为上郡太守，尝从百骑出，遇匈奴数千骑。见广，以为诱骑[6]，皆惊，上山陈[7]。广之百骑皆大恐，欲驰还走。广曰："吾去大军[8]数十里，今如此以百骑走，匈奴追射我立尽。今我留，匈奴必以我为大军之诱，必不敢击我。"广令诸骑曰："前！"未到匈奴阵二里所[9]，止，令曰："皆下马解鞍！"其骑曰："虏多且近，即有急[10]，奈何？"广曰："彼虏以我为走[11]；令皆解鞍以示不走[12]，用坚其意。"于是胡骑[13]遂不敢击。有白马将出，护其兵[14]；李广上马，与十余骑奔，射杀白马将而复还，至其骑中解鞍，令士皆纵马卧[15]。是时会暮[16]，胡兵终怪之，不敢击。夜半时，胡兵亦以为汉有伏军于旁，欲夜取之，胡皆引兵而去。平旦[17]，李广乃归其大军。

秋，七月，辛亥[18]晦，日有食之。

自郅都之死，长安左右宗室多暴犯法[19]。上乃召济南都尉南阳宁成[20]为中尉[21]。其治效郅都[22]，其廉弗如[23]。然宗室、豪桀皆人人惴恐[24]。

城阳共王喜[25]薨。

（以上为第十一段，写匈奴骑兵大肆入侵。）

【注释】

[1]雁门：关名，郡名，郡治善无，在今山西右玉县。[2]武泉：县名，县治在今内蒙古呼和浩特市东北。[3]上郡：郡名，郡治肤施，在今陕西榆林市东南。[4]苑马：汉有养马之苑三十六所，设在西北边地，以郎官为苑监，养马达数十万匹。[5]李广：陇西成纪（今甘肃秦安县北）人。西汉抗匈良将，善骑射，匈奴誉其为"飞将军"。传见《史记》卷一百九、《汉书》卷五十四。[6]诱骑：诱敌的骑兵。[7]陈：通"阵"。[8]吾去大军：我们离开大军。去，离开。[9]二里所：二里左右。所，通"许"。[10]即有急：如有紧急情况。[11]走：逃跑。[12]令皆解鞍以示不走：李广下令都解下马鞍表示不逃跑。按：据章校，他本"令"作"今"，不如"令"字义长，不取。[13]胡骑：匈奴骑兵。[14]护其兵：监护整顿骚动的匈奴军队。按：双方心理战，匈奴兵输了一着。[15]纵马卧：放开战马，卧地休息。[16]是时会暮：这时正好天色黑了下来。[17]平旦：天明。[18]辛亥：七月二十九日。[19]暴犯法：凶暴犯法。[20]宁成：西汉南阳穰县（今河南邓州市）人，仕于景帝、武帝之时，执法严酷。传见《史记》卷一百二十二、《汉书》卷九十。[21]为中尉：出任中尉，整顿京师治安。[22]其治效郅都：宁成治理仿效郅都。[23]其廉弗如：宁成的廉洁赶不上郅都。[24]惴恐：恐惧，整天提心吊胆。[25]共：读"恭"。喜：刘喜，刘章之子。

后元年（戊戌，前143年）

春，正月，诏曰："狱，重事也[1]。人有智愚，官有上下[2]。狱疑者谳有司[3]；有司所不能决[4]，移廷尉[5]；谳而后不当[6]，谳者不为失[7]。欲令治狱者务先宽[8]。"

三月，赦天下。

夏，大酺[9]五日，民得酤酒[10]。

五月，丙戌[11]，地震。上庸[12]地震二十二日。坏城垣[13]。

秋，七月，丙午[14]，丞相舍免[15]。

乙巳晦[16]，日有食之。

八月，壬辰[17]，以御史大夫卫绾为丞相，卫尉南阳直不疑[18]为御史大夫。初，不疑为郎[19]，同舍有告归[20]，误持其同舍郎金去。已而同舍郎觉亡[21]，意不疑[22]，不疑谢有之[23]，买金偿[24]。后告归者至而归金[25]，亡金郎大惭[26]。以此称为长者[27]，稍迁至中大夫[28]。人或廷毁不疑[29]，以为盗嫂[30]，不疑闻，曰："我乃无兄[31]。"然终不自明也。

帝居禁中[32]，召周亚夫赐食，独置大胾[33]，无切肉，又不置箸[34]。亚夫心不平，顾谓尚席取箸[35]。上视而笑曰："此非不足君所乎[36]！"亚夫免冠谢上，上曰："起。"亚夫因趋出。上目送之曰："此鞅鞅[37]，非少主臣[38]也。"

居无何[39]，亚夫子为父买工官尚方甲楯五百被[40]，可以葬者。取庸苦之[41]，不与钱。庸知其盗买县官器[42]，怨而上变[43]，告子[44]，事连污亚夫[45]。书既闻，上下吏[46]。吏簿责亚夫[47]。亚夫不对。上骂之曰："吾不用也[48]！"召诣廷尉[49]。

廷尉责问曰："君侯欲反何[50]？"亚夫曰："臣所买器，乃葬器也，何谓反乎？"吏曰："君纵不欲反地上，即欲反地下耳[51]！"吏侵之益急[52]。初，吏捕亚夫，亚夫欲自杀，其夫人止之，以故不得死，遂入廷尉，因不食五日[53]，呕血而死。

是岁，济阴哀王不识薨。

二年（己亥，前142年）

春，正月，地一日三动[54]。

三月，匈奴入雁门，太守冯敬与战，死。发车骑、材官[55]屯雁门。

春，以岁不登[56]，禁内郡食马粟[57]；没入之[58]。

夏，四月，诏曰："雕文刻镂[59]，伤农事者也；锦绣纂组[60]，害女工[61]者也。农事伤则饥之本，女工害则寒之原也。夫饥寒并至而能亡[62]为非者寡矣。朕亲耕，后亲桑[63]，以奉宗庙粢盛、祭服[64]，为天下先[65]；不受献[66]，减太官[67]，省繇赋[68]，欲天下务农蚕，素有蓄积，以备灾害。强毋攘弱[69]，众毋暴寡[70]；老耆以寿终[71]，幼孤得遂长[72]。今岁或不登，民食颇寡，其咎安在？或诈伪为吏[73]，以货赂为市[74]，渔夺百姓[75]，侵牟万民[76]。县丞，长吏也[77]；奸法与盗盗[78]，甚无谓也[79]！其令二千石各修其职[80]；不事官职[81]、耗[82]乱者，丞相以闻，请其罪[83]。布告天下，使明知朕意。”

五月，诏算赀四得官[84]。

秋，大旱。

（以上为第十二段，写汉景帝重视案件复审，以求量刑准确；猜忌功臣周亚夫，借故下狱，周亚夫绝食自杀。又写景帝不受献，减太官，省徭赋，重视农业。）

【注释】

[1]狱，重事也：审判案件，是国家的重大政务。[2]官有上下：官员有上级与下级。[3]狱疑者：有疑问的案件。谳有司：交给上一级主管官员复审。谳，复审。[4]有司所不能决：复审官员仍不能作出判决。[5]移廷尉：移送国家最高司法官廷尉审理。廷尉，最高司法官，九卿之一。[6]谳而后不当：复审发现判决有错误。[7]谳者不为失：呈送复审的官员没有错误。[8]务先宽：审案首先要考虑从宽判决。[9]大酺：民众可以公开聚会饮酒。[10]民得酤酒：景帝中三年禁民酤酒，今取消此禁。[11]丙戌：七月九日。[12]上庸：县名，治所在今湖北竹山县西南。[13]坏城垣：地震毁坏了城墙。[14]丙午：七月三十日。[15]丞相舍免：丞相刘舍被免职。[16]乙巳晦：七月二十九日，月末最后一天。按：晦日为七月三十日丙午，疑此“乙巳”与上文“丙午”错简，两者都应更正。[17]壬辰：八月丁未朔，无“壬辰”，疑误。[18]直不疑：南阳人，官至御史大夫。传见《史记》卷一百三、《汉书》卷四十六。[19]郎：官名，宫廷警卫。[20]告归：告假回家。[21]觉亡：发现自己金子丢失。[22]意不疑：怀疑直不疑拿了金子。[23]谢有之：道歉说确实有这事。[24]买金偿：直不疑买了金子还给失金郎。[25]归金：交还了错拿的黄金。[26]亡金郎大惭：丢失金子的那位郎官十分惭愧。[27]长者：诚实厚道的人。[28]中大夫：官名，掌议论。郎官，秩三百石至六百石。中大夫，秩千石。均为郎中令属官。[29]廷毁不疑：有人在朝廷上公开诋毁直不疑。[30]盗嫂：与嫂子私通。[31]无兄：没有兄长。[32]禁中：宫中。[33]独置大胾（zì）：只放了一块肉。[34]无切肉，又不置箸：肉没切开，也没筷子。[35]顾谓尚席取箸：周亚夫回头向主管宴席的官员索要筷子。尚席，主管宴席的官员。[36]此非不足君所乎：这还不满足你的意愿吗？[37]鞅鞅：愤愤不平的样子。鞅，同“怏”。[38]非少主臣：不是将来新帝之顺臣。[39]居无何：过不多久。[40]工官：主管制造器物的官府。尚方：主管制造皇家所用器物的官署。甲楯：铠甲和盾牌。五百被：五百件。[41]取庸苦之：搬运器物的佣工受到虐待。[42]盗买县官器：偷偷买皇家用品。[43]怨而上变：佣工怨恨，上书揭发谋叛。上变，专指揭发谋反事变，告发者可以直通皇帝，俗称告御状。[44]告子：告发对象是周亚夫的儿子。[45]事连污亚夫：事情牵连玷污到周亚夫。[46]上下吏：景帝交给主管官吏审讯。[47]吏簿责亚夫：主

审官对周亚夫讯问记录。簿责，又称“对簿”，即质询记录，留下在案证据。［48］吾不用也：我不必要你的供词。［49］召诣廷尉：下令周亚夫到廷尉接受审讯。［50］欲反何：为何谋反。［51］“君纵”二句：你即使不在地上造反，也要在地下造反。纵，即使。即欲，也要。［52］吏侵之益急：狱官的逼供越来越严酷。侵，指刑讯逼供。［53］不食五日：绝食五天。［54］地一日三动：大地一天接连发生三次地震。［55］车骑、材官：精锐的战车、骑兵与特种步兵。材官，勇猛善射的步兵。［56］不登：歉收。［57］食马粟：喂马的粮食。［58］没入之：没收马匹。［59］雕文刻镂：雕刻彩饰。［60］纂组：彩色的绶带。［61］女工：即女红。［62］亡：通“无”。［63］朕亲耕，后亲桑：皇上亲自从事农耕，皇后亲自种桑养蚕。［64］粢盛：指盛在祭器的黍稷。祭服：祭祀衣服。［65］先：表率，榜样。［66］不受献：不接受贡物。［67］减太官：节省皇家费用。［68］省繇赋：轻徭薄赋。繇，同“徭”。［69］强毋攘弱：强者不要抢夺弱者。［70］众毋暴寡：人多势众不要欺凌少数。［71］老耆以寿终：老年人可以安享天年。七十为老，八十为耆。［72］幼孤得遂长：年幼孤儿可以平安长大成人。遂长，平安成长。［73］诈伪为吏：奸诈的人做了官吏。［74］货赂为市：行贿受贿作交易。［75］渔夺百姓：盘剥百姓。［76］侵牟万民：侵夺万民。［77］县丞：县令、县长之副，此指县中之中下级佐吏。长吏：令、长高官为长吏。［78］奸法与盗盗：执法犯法，与盗贼一样是盗贼。［79］甚无谓也：太不像话。［80］二千石：郡国守相高官。各修其职：严格遵守职责。［81］不事官职：做官不办事，不作为，不称职。［82］耗：同“眊”。昏昧不明。［83］请其罪：议定处置的罪名。［84］诏算赀四得官：景帝下诏：家中资产达到四万钱的，就可以做官。按：汉初规定，家资十算（十万钱）以上才得当官。此时诏令家资四算（四万钱）即可为官。算，一百二十钱，家资一万税钱一算，故一算为一万家资的代名词。

三年（庚子，前141年）

冬，十月，日月皆食，赤五日[1]。

十二月晦，雷；日如紫；五星逆行守太微[2]；月贯天廷中[3]。

春，正月，诏曰：“农，天下之本也。黄金、珠、玉，饥不可食，寒不可衣，以为币用[4]，不识其终始[5]。间岁或不登[6]，意为末者众[7]，农民寡也。其令郡国务劝农桑，益种树[8]，可得衣食物。吏发民若取庸采黄金、珠、玉者，坐赃为盗[9]。二千石听者，与同罪[10]。”

甲寅[11]，皇太子冠[12]。

甲子[13]，帝崩于未央宫。太子即皇帝位，年十六。尊皇太后为太皇太后[14]，皇后为皇太后[15]。

二月，癸酉[16]，葬孝景皇帝于阳陵[17]。

三月，封皇太后同母弟田蚡分为武安侯，胜为周阳侯。

班固《赞》曰[18]：孔子称："斯民也，三代之所以直道而行也[19]。"信哉！周、秦之敝，罔密文峻[20]，而奸轨不胜[21]。汉兴，扫除烦苛[22]，与民休息；至于孝文，加之以恭俭；孝景遵业。五六十载之间[23]，至于移风易俗，黎民醇厚[24]。周云成、康[25]，汉言文、景[26]，美矣[27]！

（以上为第十三段，写汉景帝刘启去世，太子刘彻即位，是为汉武帝。史学家班固认为，说到天下大治的时代，周代有成王和康王时期，汉代有汉文帝和汉景帝时期，真是美好啊！）

【注释】

[1]赤五日：日、月、星呈现红色，持续了五天。[2]五星：古代水星、金星、火星、木星、土星的统称。太微：星垣名，位于北斗七星之南，在紫微垣下的东北角。[3]月贯天廷中：月亮从天廷中穿过。贯，穿过。天廷，星座名，又作"天庭"。[4]币用：作钱币用。[5]不识其终始：不知从何时起始用，何时废止。[6]间岁或不登：近年歉收。[7]意为末者众：或许是从事工商末业的人太多。[8]益种树：多种树。[9]"吏发民"二句：官吏如果征发民众、雇用他们去开采黄金、珍珠、美玉，所得赃物按偷盗定罪。[10]"二千石"二句：郡国守相二千石高官听之任之，按同等罪名定罪。[11]甲寅：正月十七日。[12]皇太子冠：皇太子刘彻成年，举行加冕礼。按：加冠礼一般在年十八或二十举行，是年刘彻年十六岁，提前举行，因景帝病重，为即位做准备。[13]甲子：正月二十七日。[14]太皇太后：汉武帝祖母文帝皇后窦氏。[15]皇太后：汉武帝生母王氏。[16]癸酉：二月六日。[17]阳陵：景帝陵，在今陕西咸阳市东北。[18]班固《赞》曰：引文见《汉书·景帝纪》。[19]"斯民也"二句：见《论语·卫灵公》。意思是这些人，夏、商、周三代都能直道而行。三代，夏代、商代、周代。[20]罔密文峻：严刑峻法。[21]奸轨：同"奸宄"。为非作歹的人。不胜：不能制服。[22]扫除烦苛：革除烦琐苛暴的法律。[23]五六十载之间：汉兴从高帝公元前206年建国到景帝之终年公元前141年，共五十六年。[24]醇厚：淳朴敦厚。[25]成、康：所谓"成康之治"，指西周成王、康王之治世。[26]文、景：所谓"文景之治"，指西汉文帝、景帝之治世。[27]美矣：史家赞扬之词。

汉兴[1]，接秦之弊[2]，作业剧而财匮[3]，自天子不能具钧驷[4]，而将相或乘牛车，齐民无藏盖[5]。天下已平[6]，高祖乃令贾人不得衣丝、乘车[7]，重租税[8]以困辱之。孝惠、高后时，为天下初定，复弛商贾之律[9]；然市井之子孙[10]，亦不得仕宦为吏。量吏禄[11]，度官用[12]，以赋于民[13]。而山川、园池、市井租税之入[14]，自天子以至于封君汤沐邑[15]，皆各为私奉养[16]焉，不领于天下之经费[17]。漕转山东粟以给中都官[18]，岁不过数十万石。

继以孝文、孝景，清净恭俭，安养天下，七十余年之间，国家无事，非遇水旱之灾，民则人给家足。都鄙廪庾皆满[19]，而府库余货财；京师之钱累巨万[20]，贯朽而不可校[21]；太仓之粟陈陈相因[22]，充溢露积于外[23]，至腐败不可食。众庶街巷有马[24]，而阡陌之间成群[25]，乘字牝者摈而不得聚会[26]。守闾阎者食粱肉[27]，为吏者长子孙[28]，居官者以为姓号[29]。故人人自爱而重犯法[30]，先行义而后诎辱焉[31]。当此之时，罔疏[32]而民富，役财骄溢[33]，或至兼并、豪党之徒[34]，以武断于乡曲[35]。宗室有土，公、卿、大夫以下[36]，争于奢侈，室庐、舆服僭于上，无限度[37]。物盛而衰[38]，固其变也[39]。自是之后，孝武内穷侈靡[40]，外攘夷狄[41]，天下萧然[42]，财力耗矣[43]！

（以上为第十四段，写文景之治积累了丰厚的国家财富，为汉武帝的外征内作打下了厚实的基础。）

【注释】

[1]汉兴：汉朝兴起之时。 [2]弊：凋敝，衰败。 [3]作业剧而财匮：兴作繁多而财力匮乏。剧，多。 [4]具：备齐。钧驷：四匹套车的马毛色一样。钧，同“均”，即一样。驷，古代一车四马。 [5]齐民：平民。藏盖：没有加盖而藏之物，即无物积蓄。 [6]已平：已经平定。[7]贾人：商人。衣（yì）丝：穿丝绸之衣。乘车：指马拉的车。汉初不许商人坐马拉的车，只可坐牛车。 [8]重租税：商人加倍征税。汉律，民年十五至六十五岁，每人每年交赋税一百二十钱，称为一算。商人与奴婢加重一倍。 [9]弛商贾之律：放宽限制商人的法律。弛，松开。 [10]市井之子孙：工商子弟。市井，市场，指代商贾。 [11]量吏禄：计量官吏的俸禄。 [12]度官用：预算政府支出。 [13]赋于民：向民众征收赋税。 [14]而山川、园池、市井租税之入：指利用山川、园池从事生产和经营工商业的收入，归于皇室所有，由少府管理。 [15]封君汤沐邑：封君的采邑。诸侯王、列侯、公主等享有封邑称封君。汉代京师附近的封邑称汤沐邑，一向是太后、皇后、公主、外戚所享有。 [16]私奉养：私人生活费用。 [17]不领于天下之经费：皇帝有山川、园池之入，封君有封邑之入，皆不得向国库领取俸禄。天下之经费，指大司农所入之赋税为军

国之用。［18］漕转：水陆运输。水运为漕，陆运为转。山东：指崤山或华山以东广大地区。以给中都官：供给京师诸官府。［19］都鄙：京都及各地城邑。廪庾（yǔ）皆满：粮仓都装满了粮食。［20］累巨万：积累达万万。［21］贯：穿钱的绳索，每千文为一贯。校：计数。［22］太仓：京都的大粮仓。陈陈相因：陈粮加陈粮，层层堆积。［23］充溢露积于外：谓仓内堆积不下，只能堆在仓外。［24］众庶：民众。街巷有马：大街小巷都可以看到马匹。按：汉朝初建，将相乘牛车，马匹如晨星，此时情景发生了巨变。［25］阡陌之间成群：田野间的马匹成群结队。阡陌，田间小路。［26］乘字牝者摈而不得聚会：骑母马的人要受到排斥而不能与人聚会。字牝（pìn），母马。摈，排斥。［27］闾阎：里巷的门。粱肉：谓美食。［28］为吏者长子孙：做官的不轻易调动，在一个任上就把儿孙养大成人。［29］居官者以为姓号：做官任久，便以官名为姓氏。如有“仓氏”“庾氏”等等。［30］重犯法：不轻易犯法。［31］先行义而后诎辱焉：把行义看作是首要的事，而鄙视耻辱的行为。诎，通“黜”，摈弃。诎辱，摈除受耻辱，即鄙视耻辱。［32］罔疏：法网宽松。罔，通“网”。［33］役财骄溢：依仗财力，骄横霸道。［34］或至兼并、豪党之徒：有的人兼并土地，成为豪强恶党之徒。［35］武断于乡曲：倚仗势力横行乡里。［36］宗室：与皇帝同宗之贵族。有土：指有封邑的封君。公、卿：汉有三公九卿，此指朝廷大臣。［37］“争于”三句：争相奢侈，住房、车马、服饰超越身份，没有限度。室庐，房屋庭院。舆服，车舆服饰。僭（jiàn），超越本分。［38］物盛而衰：事物达于极盛，便趋向衰落。［39］固其变也：本来就是事物自然的变化。［40］孝武内穷侈靡：汉孝武皇帝对内穷奢极侈。［41］外攘夷狄：对外征伐周边各少数民族。［42］天下萧然：全国萧条。萧然，萧索的样子。［43］财力耗矣：财富全都消耗完了。

【点评】

论汉景帝刘启。汉景帝刘启，是西汉时期一位十分关键的皇帝，起到了承上启下的重要作用。他继承了汉兴以来所实行的“与民休息”政策，鼓励发展农业生产，使国力得到进一步增强；他进一步减刑宽法，强调用法谨慎，增强司法过程中的公平性；他果断地平定“七国之乱”，巩固了中央集权，维持了汉朝的统一和稳定；他选定了具有雄才大略的刘彻为接班人，把汉朝继续推向强盛。史学家班固曾评论说：“汉兴，扫除烦苛，与民休息；至于孝文，加之以恭俭；孝景遵业。五六十载之间，至于移风易俗，黎民醇厚。周云成、康，汉言文、景，美矣！”

对于汉景帝治国十六年的功绩，应当充分肯定。但是，对于汉景帝的为人，对于汉景帝在治国中的瑕疵，对于汉景帝屈杀、摧折栋梁之材的行为，我们也无须为之遮掩，要做出正确的评价。

首先，吴王刘濞发动叛乱，其祸端就起于刘启。刘启为太子时，刘濞的太子刘贤入京，陪伴刘启喝酒下六博棋。刘贤的师傅是楚人，使太子养成了轻佻、剽悍的个性，与刘启博弈时，为棋路相争，态度极不恭敬。刘启拿起棋盘就砸过去，把吴太子砸死了。从此，吴王刘濞怨恨刘启。尽管吴太子刘贤有些不敬行为，但作为皇太子的刘启，难道就不能稍微谦让一些吗？即使是要惩罚一下，何至于下手如此之重，一下子要了吴太子的命？或许是失手，但也是过失啊！吴太子被打致死，如何善后？刘启有过失却没有任何地方看出刘启有道歉行为。毕竟是把人打死了，人家怎么能咽得下这口气？吴王刘濞的造反，虽然隐忍了数十年，而这件事情就是导火线啊！

其次，晁错一片忠心可对天，却被冤杀，反映了刘启的轻听妄信，为人阴狠。晁错是汉朝有名的才子，曾为太子刘启家令，在汉文帝时，就上书言事，得到了汉文帝的采纳和重用；汉景帝刘启更是非常宠信他。晁错对于诸侯王谋反的可能性，是有充分认识的。他不顾自身安危，忠心为国，强烈主张削藩，认为“削亦反，反速，祸小；不削亦反，反迟，祸大”。结果，吴楚七国以“清君侧”为名，发动叛乱。汉景帝与晁错共商退敌之策，晁错提出要汉景帝亲征，自己留守，再割让一些地方给叛军，予以缓冲。而汉景帝听信了袁盎的一番话，就定下了杀晁错以谢天下的毒计，将晁错“衣朝衣斩于东市”。真是可悲、可怜、可叹、可恨啊！我们辩证地看晁错的削藩之策，也确实有些强硬，让诸侯王一时接受不了，很容易激化矛盾。而前者贾谊在汉文帝时期提出“众建诸侯而少其力”，后者主父偃在汉武帝时期提出“推恩分子弟”，就要缓和得多，诸侯王也容易接受，何乐而不为呢？晁错为汉景帝所设计的退敌之策，恰好留下了是非的口舌。汉景帝亲征，固然能在平叛中起着重要作用，但把汉景帝推上前线，显然没有考虑到汉景帝的内心感受，汉景帝愿意吗？汉景帝不同于汉高祖刘邦，刘邦身经百战，视打仗为家常便饭，也乐于到前线去，在战斗中享受成功的喜悦。而汉景帝生长于和平时期，几时见过刀枪？对于指挥作战，又有何经验，有何胜算？与其让汉景帝亲征，不如选择能干的将领担任前线总指挥！至于割地之说，也有失考虑。而袁盎之说，弄不清吴楚叛乱的真实目的，显得非常幼稚，要么就是“借刀杀人”，有意陷害晁错。因为他们两人有着很深的矛盾，似乎到了你死我活的地步。可汉景帝居然就相信了袁盎的话，觉得只要杀了晁错，吴楚就真的能退兵，也不用打仗了，也不用亲征了，于是，他为了天下安宁而不惜杀掉晁错一人。

第三，吴楚之乱虽然平定了，但汉景帝内心阴暗，既削弱了梁国实力，又制造了梁王刘武与功臣的矛盾，为杀掉周亚夫埋下了伏笔。汉景帝任命周亚夫为太尉，统兵出征攻打吴楚叛军，周亚夫在出征前，与汉景帝共商秘计，就是把梁国这块“肥肉”甩给叛军，既消耗叛军的实力，也乘机削弱梁国。为什么要这样做？因为梁王刘武是汉景帝的嫡亲弟弟，得到窦太后的宠爱，无论是窦太后，还是刘武，都希望在汉景帝之后，由刘武来继承皇位，而汉景帝也曾半真半假地说过“千秋之后传梁王”，但只是逢场作戏，做做样子给太后看看，以讨得太后欢心而已。这次，他要借助叛军之手，把刘武彻底打垮。谋计确定后，周亚夫率军在梁国后方观战，刘武再三催促，周亚夫就是不出兵。结果，周亚夫与刘武结下了“梁子”。平叛胜利了，但对于周亚夫来说，却是悲剧。刘武在太后面前一个劲地说周亚夫的坏话，再加上汉景帝也嫉妒周亚夫的守正不阿、宁死不屈，怕自己一旦去世，儿子们无法对付他，要在在世时把周亚夫灭掉。于是，就污蔑周亚夫造反，甚至还有“将军不反地上，将来也要反于地下”的谬论，最后周亚夫被逼无奈，绝食而死。汉景帝的“一石三鸟”，其用心可谓险恶啊！

宋代文学家苏辙曾有评论说：“汉之贤君，皆曰文景。文帝宽仁大度，有高帝之风。景帝忌克少恩，无人君之量，其实非文帝比也。”其说有一定的道理，就从人格完美的角度来说，汉景帝比其父汉文帝刘恒似乎要差一些。以上所列举的三点，正说明了这些。“无情最是帝王心”，这话用在汉景帝身上，似乎倒是很确切的。

卷一七　汉纪九

汉武帝建元元年至元光元年（前 140—前 134 年）

【起重光赤奋若（辛丑，前 140 年），尽强圉协洽（丁未，前 134 年），凡七年】

【大事提要】

本卷记事起公元前 140 年，讫公元前 134 年，凡七年，当汉武帝（刘彻）建元元年至元光元年。本卷所载大事，主要是以下几个方面。其一，广招贤才。汉武帝刘彻即位后，就下令，举贤良方正直言极谏之士对策，亲自策问，选拔人才。董仲舒上“天人三策”，主张“罢黜百家，独尊儒术”，结束先秦以来“师异道，人异论，百家殊方”的局面，以儒家思想作为统治思想，得到汉武帝采纳。其二，窦氏干政。汉武帝刘彻崇尚儒家学说，将赵绾、王臧等儒者任为公卿。他们建议汉武帝建立明堂，研究皇帝出巡、封禅、改换历法服色等制度，而窦太后崇奉黄老道家学说，排斥儒术，派人私下察访赵绾、王臧的贪赃行为，传讯审查，逼迫两人自杀。其三，汉武帝宠幸卫子夫。汉长公主刘嫖将女儿陈阿娇许配给刘彻，又用计将刘彻立为太子，登上帝位。陈阿娇恃宠生娇，不能生育，汉武帝渐生嫌弃之心。平阳公主献歌女卫子夫，被汉武帝宠幸，后来竟取代陈阿娇为皇后。其四，庄助征闽。公元前 138 年，闽越兵围攻东瓯，东瓯向朝廷告急求救。汉武帝就此事询问太尉田蚡，田蚡力主不救，认为东瓯不隶属于中原。庄助与之辩论，占得上风，汉武帝决定援救，派庄助凭符节到会稽调兵，出动军队从海上前往救援。闽越引兵撤退。其五，救援南越。公元前 135 年，闽越又出动军队，攻打南越。南越派人上书，报告朝廷。汉武帝称赞他们守道义，派遣两位将军率军诛讨闽越。淮南王刘安上书谏阻。这时汉朝军队已经出动，还未越过南岭，恰好闽越王弟余善杀了闽越王来投降，汉朝军队才撤回。

世宗孝武皇帝[1]上之上

建元[2]元年（辛丑，前140年）

冬，十月，诏举贤良方正直言极谏之士[3]，上亲策问[4]以古今治道，对者百余人[5]。广川董仲舒[6]对曰：

“道者，所由适于治之路也[7]，仁、义、礼、乐，皆其具[8]也。故圣王已没，而子孙长久，安宁数百岁，此皆礼乐教化之功也。夫人君莫不欲安存[9]，而政乱国危[10]者甚众；所任者非其人而所繇者非其道，是以政日以仆灭也。夫周道衰于幽、厉[11]，非道亡[12]也，幽、厉不由[13]也。至于宣王[14]，思昔先王之德，兴滞补敝[15]，明文、武[16]之功业，周道粲然复兴[17]，此夙夜不懈[18]行善之所致也。

“孔子曰[19]：‘人能弘道，非道弘人[20]。’故治乱废兴在于己[21]，非天降命，不可得反；其所操持悖谬，失其统也[22]。为人君者，正心[23]以正朝廷，正朝廷以正百官，正百官以正万民，正万民以正四方。四方正，远近莫敢不壹于正[24]，而亡有邪气奸其间者[25]，是以阴阳调而风雨时[26]，群生和而万民殖[27]，诸福之物，可致之祥，莫不毕至[28]，而王道终矣[29]！

“孔子曰[30]：‘凤鸟不至，河不出图，吾已矣夫[31]！’自悲可致此物[32]，而身卑贱不得致也。今陛下贵为天子，富有四海，居得致之位，操可致之势，又有能致之资[33]；行高[34]而恩厚，知明而意美[35]，爱民而好士，可谓谊主[36]矣。然而天地未应而美祥莫至者，何也？凡以教化不立而万民不正也。夫万民之从利也，如水之走下，不以教化堤防[37]之，不能止也。古之王者明于此，故南面而治天下，莫不以教化为大务。立太学[38]以教于国，设庠序[39]以化于邑[40]，渐民以仁[41]，摩民以谊[42]，节民以礼[43]，故其刑罚甚轻而禁不犯者，教化行而习俗美也。圣王之继乱世也，扫除其迹而悉去之[44]，复修教化而崇起之[45]；教化已明，习俗已成，子孙循之[46]，行五六百岁尚示败也。秦灭先圣之道，为苟且之治[47]，故立十四年而亡[48]，其遗毒余烈[49]至今未灭，使习俗薄恶[50]，人民嚚顽[51]，抵冒殊扞[52]，孰烂如此之甚者也[53]。窃譬之[54]：琴瑟不调[55]，甚者必解而更张之[56]，乃可鼓也；为政而不行，甚者必变而更化之[57]，乃可理也[58]。故汉得天下以来，常欲治而至今不可善治者，失之于当更化而不更化也[59]。

“臣闻圣王之治天下也，少则习之学[60]，长则材诸位[61]，爵禄以养其德，刑罚以威其恶，故民晓于礼谊而耻犯其上。武王行大谊[62]，平残贼，周公作礼乐以文之[63]；至于成、康之隆[64]，囹圄[65]空虚四十余年。此亦教化之渐而仁谊之流[66]，非独伤肌肤之效也[67]。至秦则不然。

“师申、商之法[68]，行韩非之说[69]，憎帝王之道，以贪狼为俗[70]，诛名而不察实[71]，为善者不必免而犯恶者未必刑也[72]。是以百官皆饰虚辞而不顾实，外有事君之礼，内有背上之心[73]，造伪饰诈[74]，趋利无耻，是以刑者甚众，死者相望[75]，而奸不息，俗化使然[76]也。

“今陛下并有天下[77]，莫不率服[78]，而功不加于百姓者，殆王心未加焉[79]。《曾子》曰[80]：‘尊其所闻，则高明矣；行其所知，则光大矣[81]。高明光大，不在于他，在乎加之意而已[82]。’愿陛下因用所闻，设诚于内而致行之[83]，则三王何异哉[84]！

“夫不素养士[85]而欲求贤，譬犹不琢玉[86]而求文采也。故养士之大者，莫大乎太学；太学者，贤士之所关[87]也，教化之本原[88]也。今以一郡、一国之众对[89]，亡应书者[90]，是王道往往而绝[91]也。臣愿陛下兴太学，置明师[92]，以养天下之士，数考问以尽其材，则英俊宜可得矣。今之郡守、县令，民之师帅[93]，所使承流而宣化也[94]；故师帅不贤，则主德不宣，恩泽不流。今吏既亡教训于下[95]，或不承用主上之法，暴虐百姓，与奸为市[96]，贫穷孤弱，冤苦失职[97]，甚不称陛下之意；是以阴阳错缪[98]，氛气充塞[99]，群生寡遂[100]，黎民未济，皆长吏[101]不明[102]使至于此也！

“夫长吏多出于郎中、中郎、吏二千石子弟[103]，选郎吏又以富赀[104]，未必贤也。且古所谓功者，以任官称职为差[105]，非谓积日累久[106]也；故小材虽累日，不离于小官，贤材虽未久，不害为辅佐[107]，是以有司竭力尽知[108]，务治其业而以赴功。今则不然，累日以取贵，积久以致官，是以廉耻贸乱[109]，贤不肖浑殽[110]，未得其真。

“臣愚以为使诸列侯、郡守、二千石各择其吏民之贤者，岁贡各二人以给宿卫[111]，且以观大臣之能；所贡贤者有赏，所贡不肖者有罚。夫如是，诸吏二千石皆尽心于求贤，天下之士可得而官使也[112]。遍得天下之贤人，则三王之盛易为，而尧、舜之名可及也[113]。毋以日月为功[114]，实试贤能为上[115]，量材而授官[116]，录德而定位[117]，则廉耻殊路，贤不肖异处矣[118]！

“臣闻众少成多[119]，积小致巨[120]，故圣人莫不以暗致明，以微致显；是以尧发于诸侯[121]，舜兴乎深山[122]，非一日而显[123]也，盖有渐以致之[124]矣。言出于己，不可塞也；行发于身，不可掩也；言行，治之大者，君子之所以动天地也。故尽小者大[125]，慎微者著[126]；积善在身，犹长日加益而人不知[127]也；积恶在身，犹火销膏而人不见也；此唐、虞之所以得令名而桀、纣之可为悼惧者也[128]。

“夫乐而不乱[129]，复而不厌[130]者，谓之道。道者，万世亡敝[131]；敝者，道之失也。先王之道，必有偏而不起之处[132]，故政有眊而不行[133]，举其偏者以补其敝而已矣[134]。三王之道，所祖不同[135]，非其相反[136]，将以救溢扶衰[137]，所遭之变然也[138]。故孔子曰：‘无为而治者其舜乎[139]！’改正朔[140]，易服色[141]，以顺天命而已；其余尽循尧道[142]，何更为哉[143]！故王者有改制之名，亡变道之实[144]。然夏尚忠[145]，殷尚敬[146]，周尚文[147]者，所继之救当用此也[148]。

“孔子曰[149]：‘殷因[150]于夏礼，所损益[151]可知也；周因于殷礼，所损益可知也；其或继周者，虽百世可知也[152]。’此言百王之用，以此三者[153]矣。夏因于虞，而独不言所损益者，其道一而所上同[154]也。道之大原出于天，天不变，道亦不变，是以禹继舜，舜继尧，三圣相受而守一道，亡救敝之政[155]也，故不言其所损益也。繇是观之，继治世者其道同，继乱世者其道变[156]。

“今汉继大乱之后，若宜少损周之文致[157]，用夏之忠者。夫古之天下，亦今之天下，共是天下，以古准今[158]，一何不相逮之远也[159]！安所缪盭而陵夷若是[160]？意者有所失于古之道与，有所诡于天之理与[161]？

“夫天亦有所分予[162]：予之齿者去其角[163]，傅其翼者两其足[164]，是所受大者不得取小也。古之所予禄者[165]，不食于力[166]，不动于末[167]，是亦受大者不得取小，与天同意者也。夫已受大，又取小，天不能足，而况人乎！此民之所以嚣嚣苦不足也[168]。身宠而载高位[169]，家温而食厚禄，因乘富贵之资力以与民争利于下，民安能如之哉[170]！民日削月朘[171]，浸以大穷[172]。富者奢侈羡溢[173]，贫者穷急愁苦；民不乐生，安能避罪！此刑罚之所以蕃而奸邪不可胜者也[174]。

“天子大夫[175]者，下民之所视效[176]，远方之所四面而内望[177]也。近者视而放之[178]，远者望而效之，岂可以居贤人之位而为庶人行哉！夫皇皇求财利[179]，常恐乏匮者[180]，庶人之意也[181]；皇皇求仁义，常恐不能化民者，大夫之意也。《易》曰[182]：‘负且乘，致寇至[183]。’乘车者，君子之位也；负担者，小人之事也。此言居君子之位而为庶人之行者，患祸必至也。若居君子之位，当君子之行，则舍公仪休之相鲁[184]，无可为者矣。

“《春秋》大一统者[185]，天地之常经[186]，古今之通谊[187]也。今师异道，人异论，百家殊方[188]，指意[189]不同，是以上无以持一统，法制数变，下不知所守。臣愚以为诸不在《六艺》之科[190]、孔子之术[191]者，皆绝其道[192]，勿使并进[193]，邪辟之说灭息[194]，然后统纪可一而法度可明，民知所从矣[195]！”

天子善其对，以仲舒为江都相[196]。

会稽庄助[197]亦以贤良对策，天子擢为中大夫[198]。丞相卫绾[199]奏：“所举贤良，或治申、韩、苏、张之言乱国政者[200]，请皆罢[201]。”奏可。

董仲舒少治《春秋》，孝景时为博士，进退容止[202]，非礼不行，学者皆师尊之。及为江都相，事易王[203]。易王，帝兄，素骄，好勇。仲舒以礼匡正，王敬重焉。

（以上为第一段，写汉武帝刘彻雄才大略，即位之始，就着手选拔治国人才，令大臣举荐贤良方正直言极谏之士，儒生董仲舒对“天人三策”，主张独尊儒术，得到汉武帝的充分肯定，任命他做江都国的国相。）

【注释】

［1］世宗孝武皇帝：刘彻（前156—前87），景帝刘启之子。西汉第五位皇帝，在位五十四年，公元前140年至前87年在位。武帝外伐四夷，内革制度，把西汉推向极盛，创造了四个空前：政治上空前统一，经济上空前繁荣，国力上空前强盛，文化上空前发展。文治武功，无论在当时还是后世，都具有独特的历史意义。中华民族又称为汉人，这与汉武帝是分不开的。当然，汉武帝的过分使用民力也给社会带来一些负面影响。汉武帝谥曰武，庙号世宗。传见《史记》卷十二、《汉书》卷六。［2］建元：汉武帝第一个年号。年号之起，始于元鼎；元鼎以前的年号，乃有司追命。［3］诏举：皇帝下诏选举。贤良方正：汉代选拔官吏的科目之一，又省称“贤良”。直言极谏之士：敢于讲真话的人士，这是入选贤良的条件，举贤良就是要听取民意。［4］上亲策问：汉武帝亲自策问对策的人，即亲自策问所举贤良。皇帝出题，贤良按问题回答，所以叫策问。［5］对者百余人：参与对策的人，即所举贤良共一百余人。［6］董仲舒：西汉广川（今河北枣强县东）人，著名的儒者，是建元元年举贤良的举首，即对策者的第一名。主张罢黜百家，独尊儒术，宣扬天人感应学说及“天不变，道亦不变”的思想。传见《史记》卷一百二十一、《汉书》卷五十六。［7］道者，所由适于治之路也：道，就是一条通达大治的道路。［8］具：指仁、义、礼、乐就是“道”的具体内容。［9］安存：国家（即政权）安宁长存。［10］政乱国危：政治昏乱，国家衰亡。［11］幽、厉：周幽王、周厉王。［12］亡：消失，消亡。［13］不由：不走正道，不依循道义。［14］宣王：西周中兴之主周宣王。［15］兴滞补敝：发扬先王的善政，弥补残缺。滞，停滞，指遗失了先王的善政。［16］文、武：周初开国圣王周文王、周武王。［17］周道粲然复兴：周代的王道再次焕发出灿烂的光辉。［18］夙夜不懈：早晚都不懈怠。［19］孔子曰：引语见《论语·卫灵公》。［20］人能弘道，非道弘人：人可以发扬光大道，而不是道弘扬人。谓人要勤勉努力，不能懈怠坐等道的光大。［21］己：自己，主观拼搏。［22］“非天降命”四句：只要不是天意改换朝代，统治权就不会丧失；帝王的作为悖理错误，就会丧失统治权。降命，改换天命。操持悖谬，作为荒唐错误。统，统治权力。［23］正心：端正思想，端正作为。［24］壹于正：统一于正道。［25］亡有邪气奸其间者：天地之间没有邪气冲犯。亡，同“无”，没有。奸，冲犯，扰乱。［26］阴阳调：阴阳和谐。风雨时：风调雨顺。句意谓一年四季气候宜人，风雨恰到好处，宜于万物生长。［27］殖：繁衍生息。［28］莫不毕至：吉祥事物全都出现。［29］王道终矣：这就是王道的最佳境界。终，极点，顶点。［30］孔子曰：引语见《论语·子罕》。［31］吾已矣夫：我的理想完了。孔子感叹他理想的王道不能实现了，因为没有河出图、洛水出书的祥瑞。［32］自悲可致此物：孔子自己哀伤地位卑贱未能招致祥瑞出现。［33］“居得”三句：身居得以招致祥瑞的尊位，手持可以招致祥瑞的权势，又有能够招致祥瑞的资质。操，执持。资，材质。［34］行高：品行高尚。［35］知明：智慧明达。知，通“智”。意美：心地善良。［36］谊主：有德义之主，即有道之君。谊，通“义”。［37］教化堤防：用教化导民知义，是阻止逐利的堤防。［38］太学：设立于京师的最高学府。［39］庠序：地方学府。［40］化于邑：教化民众。

[41]渐民以仁：用仁德感化民众。渐民，潜移默化，养成民众向义风习。[42]摩民以谊：用义勉励民众。摩，勉励。[43]节民以礼：节制民众遵守礼仪。[44]悉去之：乱世之俗全部消除。[45]修教化：推行教化。崇起之：提高教化。崇，推崇，提高。[46]子孙循之：好的风俗子孙继承。循，沿袭，继承不变。[47]苟且之治：不合正道，只顾眼前的统治方法。[48]十四年而亡：指秦统一至亡国，从公元前221年至公元前207年共十五年，实年十四年。[49]遗毒余烈：遗留的恶劣影响。[50]习俗薄恶：风俗浅薄恶劣。[51]嚚（yín）顽：奸诈，恶劣。[52]抵冒殊扞：谓触犯法律，抗拒到底。抵，抵触。冒，冒犯。殊，绝。扞，拒。[53]熟烂：腐朽，败坏。如此之甚：这样严重的程度。[54]窃譬之：私下比喻它。[55]琴瑟不调：琴瑟的声音不和谐。[56]甚者：琴瑟之声严重失调。必解而更张之：一定解下旧弦，更换新弦。[57]必变而更化之：一定要改变政治革新变化。[58]乃可理也：才能治理好国家。[59]当更化而不更化也：政治应当改革的时候没有改革它。[60]少：年幼，幼年。习之学：学习知识和道理。[61]长：成人。材诸位：量材而授之职位。[62]武王：周武王。行大谊：奉行天下大义。谊，通“义”。[63]周公：姬旦，佐周武王、周成王治理，为贤相。作礼乐以文之：周公制礼乐来修饰周朝政治。[64]成、康之隆：周成王、周康王之世安定隆盛，史称“成康之治”。[65]囹（líng）圄（yǔ）：牢狱。[66]教化之渐：教化的逐渐感染。仁谊之流：仁义的流布。[67]伤肌肤：指残害人体的酷刑。效：指刑罚达到的成效。[68]师申、商之法：提倡申、商的法治。申、商，申不害、商鞅都是先秦的法家，主张尚法严刑。[69]行韩非之说：实行韩非的主张。韩非，又称韩非子。先秦法家之集大成者，主张集权尚法。[70]以贪狼为俗：以凶猛的贪欲为时尚。[71]诛名：只图虚名。察实：注意实际。[72]不必免：不一定能幸免于刑罚。未必刑：不一定受到惩处。[73]内：内心，思想。背上之心：背叛君主的想法。[74]造伪饰诈：弄虚作假。[75]死者相望：死人一个挨着一个。[76]俗化使然：风俗及其影响所造成的。[77]并有天下：统治全国。[78]莫不率服：没有不服从的。[79]殆：恐怕。未加：没有注意到这点。[80]《曾子》曰：引语见《大戴礼·曾子疾病》。[81]“尊其所闻”四句：尊重所听到的道理，他就高明；实践所知道的知识，他就能发扬光大。[82]“高明光大”三句：要做到高明光大，不在于别的，就在于认真注意罢了。加之意，认真注意，多加留心。[83]设诚于内而致行之：真诚地信奉它并把它推行开来。[84]则三王何异哉：你的成就与夏商周三代圣王没有什么不同。三王，一般指夏商周的开国君主，即夏禹王、商汤王、周文王、周武王。[85]不素养士：平时不培养和尊重人才。素，平时，一向。[86]琢玉：雕琢玉石。玉石的文采经过雕琢才能显现。[87]关：关键，来源。[88]本原：根基。[89]对：参与对策。[90]亡应书者：没有一个合格的人才。亡，通“无”。书，诏书，此指合于诏书要求的人才标准。[91]绝：指王道断绝，灭绝。[92]置明师：设置学识渊博的老师。[93]民之师帅：民众的表率。[94]所使承流而宣化也：其职责就是上承仁德而向下传播教化。所使，指郡守、县令的职责。承流，秉承朝廷政令。宣化，向下宣布贯彻。[95]今吏既亡教训于下：如今的官吏都不能教化民众。[96]与奸为

市：谓地方长官与坏人勾结，暗中交易。［97］冤苦失职：冤屈痛苦，无法维持生计。失职，失去职业。［98］阴阳错缪：阴阳失调。［99］氛气充塞：乌烟瘴气弥漫。［100］群生寡遂：万物都不正常。遂，顺利。［101］长吏：指各部门长官，以及郡守、县令等地方长官。［102］不明：昏庸，腐败。［103］郎中、中郎：均为职掌宫门的郎官。郎中，秩三百石，中郎，秩六百石。郎官积资外放出任为各部门长官，或任郡守、县令。所以长吏多出于郎官。吏二千石子弟：汉代二千石大官可以保任其子弟为郎吏，进而当上长吏。［104］选郎吏又以富赀：汉制，限令具有资财十万才得以入选，后降为四万。［105］差：差等，级别。［106］非谓积日累久：做官不是依靠积资升迁。积日累久，积累时间，混日子升迁，所谓老资格。［107］不害：不妨。辅佐：辅政大臣高官。［108］竭力尽知：即尽心竭力。知，通“智”。［109］廉耻贸乱：廉洁与耻辱相混杂，即不分廉耻。［110］浑殽：即混淆，与贸乱同义。［111］岁贡各二人：每年举荐，即选派部属两人。给宿卫：到宫中执勤。［112］可得而官使也：可得为国家之才为官，供皇上驱使。即贤才为国所用。［113］“则三王”二句：那么，三代圣王的功业不难造就，而且尧舜的美名也可到达。可及，可以到达，比得上。［114］毋以日月为功：不要用做官时间长短来计算功劳。［115］为上：为上等。［116］量材而授官：根据才能大小而授予不同的官职。量，衡量。［117］录德而定位：考察品德而确定不同的官位。［118］“则廉耻”二句：这样，就会使廉洁与耻辱、贤与不肖区别得很清楚了。［119］众少成多：很多的“少”集中起来，就成了“多”。［120］积小致巨：把小的积累起来，便成了大。［121］尧发于诸侯：传说尧从唐侯升为天子。［122］舜兴乎深山：传说舜曾耕于历山，后来才称帝。［123］非一日而显：不是一天之内突然显贵。显，显贵，显赫。［124］有渐以致之：是逐渐积累的结果。［125］尽小者大：能尽众小之功，则能成高大之业。［126］慎微者著：能慎于微小之处，则其德行才显著。［127］长（zhǎng）日加益而人不知：自身天天长高长大而自己不觉察。［128］“积恶在身”三句：本身积累恶行，就像灯火消耗灯油一样，自己也没有觉察，这正是唐尧、虞舜成就美名而夏桀、商纣令人可悲可怕的原因。令名，美名。悼惧，可悲可怕。［129］乐而不乱：娱乐而不淫乱。［130］复而不厌：反复做好事而不厌倦。［131］道者，万世亡敝：循道行事，千年万年也无弊害。亡，通“无”。［132］“先王之道”二句：执行先王之道，一定有片面的且没有执行的地方。偏，片面。不起，不被执行，没有执行。［133］故政有眊而不行：所以政治才有昏乱。眊（mào），不明，昏乱。［134］举其偏者以补其敝而已矣：补救的方法，就是推行王道中被偏废的部分去补救积弊罢了。［135］所祖不同：侧重点各有不同。祖，依据的根源，出发点。［136］非其相反：不是它们相互矛盾。［137］救溢扶衰：医治社会积弊。溢，过分。衰，不足，均指积弊。［138］所遭之变然也：所遇形势不同，才形成这种情况。［139］“无为而治者”句：见《论语·卫灵公》。无为而治的人，当首推舜吧！［140］改正朔：改换历法。［141］易服色：变更服饰颜色。［142］尽循尧道：完全遵循尧的治国之道。［143］何更为哉：何必更改呢？［144］亡变道之实：没有改变治道的实际内容。［145］尚：崇尚；提倡。忠：朴直。［146］敬：恭敬。［147］文：文明，指礼仪。［148］所继之救当用此也：他们面对前代不同的缺失而补救，必须用各自不同的方法。继，承继，谓面对。救，指救前朝之弊。［149］孔子曰：引语见《论语·为政》。［150］因：承继。［151］损益：废除和增加。［152］虽百世可知也：后世继承周代制度的，即使经历百世，也可推测个大概。［153］三者：指忠、敬、文三王之道。［154］所上同：所崇尚的治道相同。上，通“尚”。［155］亡救敝之政：没有需要改革的弊政。［156］“繇是观之”三句：由此看来，继承一个大治的朝代，继起者需用原来相同的治国之道；继承一个昏乱的朝代，继起者要改变原来的治国之道。繇，同“由”。［157］少损：略为改变。周之文致：周代礼仪制度的缺陷。文致，文弊，礼仪过分的弊端。［158］以古准今：用古代来对比今日。准今，推今，比今。［159］一何不相逮之远也：相差多么远呀！一何，多么。［160］“安所”句：为什么败坏到如此程度？安，何。陵夷，衰落。若是，如此。［161］“意者”二句：估计或许是因为没有遵循古代的治国之道吧，或许是因为违背了天理吧？意者，估计，想来。诡，违背。与，欤。［162］夫：语气词。天亦有所分予：天对万物是有分配原则而区别对待的。分予，分配。这里指分配原则和区别对待。［163］予之齿者去其角：赐予利齿的动物不让它再长犄角。［164］傅其翼者两其足：赐给双翅的鸟类只让它有两只脚。［165］古之所予禄者：古代所给予俸禄的人。禄，俸禄。［166］不食于力：不用从事工农劳作。［167］不动于末：不能经营商业。［168］此民之所以嚣嚣苦不足也：这正是民众纷纷怨叹困苦难熬的原因。嚣（áo）嚣，众怨愁声。［169］身宠而载高位：身受朝廷荣宠而爬上高级官位。宠，荣宠，宠幸。载，乘，登。［170］民安能如之哉：百姓怎能与他们抗衡啊！［171］民日削月朘（juān）：谓时时受搜刮。朘，减少。［172］浸以大穷：逐渐陷入最贫困的底层。浸，逐渐。大穷，最穷，贫困的底层。［173］奢侈羡溢：穷奢极侈。羡，饶。［174］蕃：多。不可胜：不可胜数，谓多。［175］天子大夫：天子的官吏。［176］下民之所视效：是民众观察仿效的对象。［177］四面而内望：四方看着京师，地方看着朝廷。［178］放之：与下文“效之”同义，即仿效。［179］皇皇：同“遑遑”，匆忙貌。求财利：追逐财利。［180］恐：害怕。乏匮：穷乏。［181］庶人之意也：平民的心理状态。意，心理。［182］《易》曰：引文见《易·解卦·爻辞》。［183］负且乘，致寇至：既背负又用车拉着货物，招致了抢劫者。负，背物。且，犹“而”。乘，乘车，车载。致，招致。寇，盗贼。［184］则舍公仪休之相鲁：这是抛弃了公仪休为鲁相的精神。舍，丢弃。公仪休，春秋时鲁相，不准妻子种菜织布与民争利。事详《史记·循吏列传》。［185］《春秋》大一统者：《春秋》推崇天下大一统。《春秋》，孔子编修的鲁国编年史书，被儒家尊为六经之一。［186］天地之常经：天地之间通行的原则。［187］古今之通谊：古往今来一致的道义。谊，同“义”。［188］百家殊方：百家学说各有一套。［189］指意：旨趣，主张。指，同“旨”。［190］《六艺》：即《六经》，包括《诗》《书》《易》《礼》《春秋》《乐》。科：科条，范围。［191］孔子之术：孔子的学术思想。［192］皆绝其道：都把它们禁绝。按：这就是董仲舒在他的“天人三策”中提出的禁锢思想的主张，“罢黜百家，独尊儒术”，被汉武帝采用为国策。［193］并进：并存，一同发展。［194］邪辟之说灭息：邪恶的学说归于灭绝。［195］“然后”二句：这样做了之后，就能使政令统一，法度明确，臣民就知道该遵循什么了。［196］江都相：江都王国之相。相，掌王国的行政。［197］庄助：西汉会稽（郡治吴县，今江苏苏州市）人。传见《汉书》卷六十四上。［198］擢为中大夫：提升庄助为中大夫。［199］卫绾：西汉代郡大陵（今山西文水县东北）人。官至丞相。传见《史记》卷一百三、《汉书》卷四十六。［200］申、韩：申不害、韩非，战国时代法家。苏、张：苏秦、张仪，两人都是战国时代的纵横家。乱国政者：他们的学说都是扰乱国家政治的。［201］请皆罢：请求全都予以遣返，废除他们的学说。罢，遣返，取消贤良资格。此指废除其学说，即罢黜百家。［202］进退容止：上朝退朝的仪容举止。［203］事：侍奉，辅佐。易王：江都易王刘非，景帝之子，武帝之兄。

春，二月，赦。

行三铢钱[1]。

夏，六月，丞相卫绾免。

丙寅[2]，以魏其侯窦婴为丞相，武安侯田蚡为太尉。上雅向儒术[3]，婴、蚡俱好儒，推毂代赵绾为御史大夫[4]，兰陵王臧为郎中令[5]。绾请立明堂[6]以朝诸侯，且荐其师申公[7]。秋，天子使使束帛加璧、安车驷马以迎申公[8]。既至，见天子。天子问治乱之事，申公年八十余。对曰："为治者不至多言，顾力行何如耳[9]。"是时，天子方好文词，见申公对，默然，然已招致，则以为太中大夫[10]，舍鲁邸[11]，议明堂、巡狩、改历、服色事。

是岁，内史[12]宁成抵罪髡钳[13]。

（以上为第二段，写汉武帝重视儒学，重用精通儒术之人；御史大夫赵绾奏请兴建明堂，以接受诸侯王的朝见；又迎接申公入朝，商议有关兴建明堂、天子视察各地、改换历法和服色等事情。）

【注释】

［1］三铢钱：西汉铜钱的一种，重如其文。铢，重量单位，二十四铢为一两。［2］丙寅：六月七日。［3］上雅向儒术：汉武帝素来向往儒术。［4］推毂：推车前进，一人推车，一个助推曰毂。喻互相推荐引达。代：县名，治所在今河北蔚县东北。赵绾：当时的一位大儒。御史大夫：副丞相，监察百官。［5］兰陵：县名，治所在今山东枣庄市东南。郎中令：官名，九卿之一，掌卫皇宫。［6］明堂：古时天子宣明政教、接见诸侯的地方。［7］申公：当时的《诗》学大儒。［8］束帛加璧：束帛之上又加玉璧，古代贵重的礼物。安车：以蒲裹轮，以减少震动的乘车。驷马：用四匹马拉，供尊长乘用的高规格公务车。［9］顾力行何如耳：只看努力实干得怎么样。力

行，实行；实践。何如，怎么样。［10］太中大夫：官名，掌议论，属郎中令。［11］舍：住宿。鲁邸：鲁王国在京的官邸。［12］内史：官名，掌治京畿地方。［13］宁成：西汉酷吏之一。时任内史，被判髡钳罪。传见《史记》卷一百二十二、《汉书》卷九十。髡钳：古代刑罚名。髡，剃去男子头发。钳，以铁圈束颈。

二年（壬寅，前139年）

冬，十月，淮南王安来朝[1]。上以安属为诸父而材高[2]，甚尊重之，每宴见谈语，昏暮然后罢[3]。

安雅善[4]武安侯田蚡，其入朝，武安侯迎之霸上[5]，与语曰："上无太子，王亲高皇帝孙，行仁义，天下莫不闻。宫车一日晏驾[6]，非王尚谁立[7]者！"安大喜，厚遗蚡金钱财物。

太皇窦太后好黄、老言，不悦儒术。赵绾请毋奏事东宫[8]。窦太后大怒曰："此欲复为新垣平[9]邪！"阴求[10]得赵绾、王臧奸利事，以让上[11]。上因废明堂事，诸所兴为皆废[12]。下绾、臧吏[13]，皆自杀。丞相婴、太尉蚡免[14]，申公亦以疾免归。

初，景帝以太子太傅石奋[15]及四子皆二千石，乃集其门，号奋为"万石君"。万石君无文学[16]，而恭谨无与比[17]。子孙为小吏，来归谒，万石君必朝服见之[18]，不名[19]。子孙有过失，不责让[20]，为便坐[21]，对案不食[22]；然后诸子相责[23]，因长老肉袒谢罪[24]，改之，乃许。子孙胜冠者在侧[25]，虽燕居必冠[26]。其执丧，哀戚甚悼。子孙遵教，皆以孝谨闻乎郡国。及赵绾、王臧以文学获罪，窦太后以为儒者文多质少[27]，今万石君家不言而躬行，乃以其长子建为郎中令，少子庆为内史。建在上侧[28]，事有可言，屏人恣言极切[29]，至廷见[30]，如不能言者；上以是亲之。庆尝为太仆[31]，御出[32]，上问车中几马，庆以策数马毕[33]，举手曰："六马。"庆于诸子中最为简易[34]矣。

窦婴、田蚡既免，以侯家居。蚡虽不任职，以王太后故亲幸[35]，数言事多效[36]。士吏趋势利者，皆去婴而归蚡，蚡日益横[37]。

（以上为第三段，写太皇太后窦氏干预朝政，她喜好黄老学说，不喜欢儒家学说，暗中查找御史大夫赵绾、郎中令王臧的贪赃证据，使其双双被下狱而被逼自杀；罢免了丞相窦婴、太尉田蚡的官职，朝政一切照旧。）

【注释】

[1]淮南王安来朝：淮南王刘安入京朝见汉武帝。刘安，西汉宗室，淮南厉王刘长之长子，好宾客，编纂《鸿烈》，即《淮南子》。因谋反事觉，自杀。传见《史记》卷一百十八、《汉书》卷四十四。 [2]安属为诸父：刘安为景帝的堂弟，是汉武帝的堂叔。材高：才能卓著。材，通“才”。 [3]昏暮然后罢：宴饮交谈，总是到黄昏后才停止。 [4]雅善：一直友好。 [5]霸上：地名，在今陕西西安市东，霸水西岸，是当时京师迎来送往的地方。 [6]宫车晏驾：讳称皇帝死。一日：如有一天。 [7]非王尚谁立：不是您还有谁立为帝。 [8]东宫：指居住于长乐宫的窦太皇太后。长乐宫在未央宫以东，故曰东宫。按：毋奏事东宫，意在不让窦氏过问政治。这是汉武帝初即位与祖母窦太皇太后一场权力博弈的斗争，窦氏取得胜利，两个党附汉武帝的外戚丞相窦婴、太尉田蚡被罢免。御史大夫赵绾、郎中令王臧下狱自杀。 [9]新垣平：文帝时方士，欺诈被杀。事详《资治通鉴》卷十五文帝十六年。 [10]阴求：暗中搜集证据。 [11]让上：责备汉武帝。 [12]诸所兴为皆废：赵绾等人主张的一切都被废止。武帝初年的一场儒学革新被窦太皇太后叫停，仍奉行黄老之学直到建元末。 [13]下绾、臧吏：把赵绾、王臧交司法官办理。 [14]免：罢免丞相窦婴、太尉田蚡的职务。 [15]太子太傅：官名，辅导太子。石奋：即万石君。西汉温（今河南温县西南）人。自身及四子皆官至二千石，故号“万石君”。以孝谨闻名。传见《史记》卷一百三、《汉书》卷四十六。 [16]文学：指经学，即儒术。 [17]无与比：没有与他可比的。 [18]朝服见之：万石君居家见子侄，也一定穿上朝会时的礼服。 [19]不名：不称呼人名。 [20]不责让：不责备。 [21]便坐：不在正堂而坐于侧室。 [22]对案不食：对着几案不吃饭。 [23]诸子相责：几个儿子互相责备，检讨。 [24]因：通过。长老：年长者。肉袒：袒胸露体，以示惶恐。谢罪：承认过错。 [25]胜冠者在侧：已成年子孙在身边。胜冠者，指已成年可以加冠的男子。 [26]虽燕居必冠：石奋即使闲居，也一定衣冠整齐。 [27]文多质少：富于文采缺少质朴。 [28]建在上侧：石建当时在汉武帝身边。 [29]屏人恣言极切：让人回避之后，对汉武帝尽情诉说，极为恳切。 [30]廷见：朝见，百官朝会之时。 [31]太仆：官名，九卿之一，掌皇帝车马。 [32]御出：为皇帝驾车外出。 [33]庆以策数马毕：石庆举起马鞭，一匹一匹清点拉车的马完毕。 [34]简易：简便，不讲究繁文缛礼。 [35]以王太后故亲幸：因田蚡是王太后弟，与武帝是甥舅关系，故亲幸。 [36]多效：多被采纳。 [37]日益横：一天比一天骄横。

春，二月，丙戌朔[1]，日有食之。

三月，乙未[2]，以太常柏至侯许昌[3]为丞相。

初，堂邑侯陈午尚[4]帝姑馆陶公主嫖[5]，帝之为太子，公主有力[6]焉；以其女为太子妃[7]，及即位，妃为皇后。窦太主恃功[8]，求请无厌，上患之。皇后骄妒[9]，擅宠而无子[10]，与医钱凡九千万，欲以求子，然卒[11]无之。后宠浸衰。皇太后[12]谓上曰："汝新即位，大臣未服，先为明堂，太皇太后已怒。今又忤长主[13]，必重得罪。妇人性易悦[14]耳，宜深慎之！"上乃于长主、皇后复稍加恩礼[15]。

上祓[16]霸上，还，过上姊平阳公主[17]，悦讴者卫子夫[18]。子夫母卫媪[19]，平阳公主家僮[20]也。主因奉送子夫入宫，恩宠日隆。陈皇后闻之，恚[21]，几死者数矣[22]。上愈怒。

子夫同母弟卫青[23]，其父郑季，本平阳县吏[24]，给事[25]侯家，与卫媪私通而生青，冒姓卫氏[26]。青长，为侯家骑奴。大长公主执囚青[27]，欲杀之。其友骑郎公孙敖与壮士篡取之[28]。上闻，乃召青为建章监、侍中[29]，赏赐数日间累千金。既而以子夫为夫人，青为太中大夫。

夏，四月，有星如日，夜出。

初置茂陵邑[30]。

时大臣议者多冤晁错之策[31]，务摧抑诸侯王，数奏暴其过恶[32]，吹毛求疵[33]，笞服其臣，使证其君[34]。诸侯王莫不悲怨。

（以上为第四段，写陈皇后没有生育能力，其母亲窦太主刘嫖又自恃立汉武帝有功，无休无止地请求赏赐，干预国政，汉武帝因而疏远陈皇后，一日在姐姐平阳公主家，看中了卫子夫，纳入宫中，立为夫人。）

【注释】

[1]丙戌朔：二月一日。[2]乙未：三月丙辰朔，无乙未。疑为"己未"之误。己未，三月四日。[3]许昌：高祖功臣许盎之孙。[4]陈午：高祖功臣陈婴之孙。尚：娶帝王之女为妇曰"尚"。[5]馆陶公主嫖：文帝之长女，武帝之姑刘嫖。[6]公主有力：馆陶公主为刘彻立太子出了力，事见上卷景帝前七年。[7]其女：指馆陶公主之女陈氏，小名阿娇。为太子妃：汉武帝即位后为陈皇后。[8]窦太主：馆陶公主是文帝与窦后所生，故于武帝可称窦太主。恃功：自恃立汉武帝为太子有功。[9]骄妒：骄横嫉妒。[10]擅宠而无子：独占君宠，却没有生育孩子。[11]卒：终于。[12]皇太后：汉武帝生母王太后。[13]忤长主：得罪馆陶公主。[14]妇人性易悦：女人性情容易高兴起来。即女人好哄。[15]稍加恩礼：稍稍以恩礼相待。[16]祓（fú）：古代因迷信为除灾去邪而举行的仪式。[17]过：经过，造访。平阳公主：景帝之女，武帝之姐，下嫁平阳侯曹寿，故称平阳公主。[18]悦：喜爱。讴者：歌女。卫子夫：姓卫，名子夫，卫青之姐。[19]卫媪：卫系其夫家之姓。媪（ǎo），年老的妇女之称。[20]僮：女奴婢。

[21]恚（huì）：愠怒。［22］几死者数矣：陈皇后好几次差点被气死。［23］卫青：西汉河东平阳（今山西临汾市西南）人，字仲卿。本姓郑，冒姓卫。武帝时，因击匈奴有功，封长平侯。为大将军、大司马。传见《史记》卷一百十一、《汉书》卷五十四。［24］平阳：县名，县治在今山西临汾市西南。县吏：县中小官吏。［25］给事：供职，应差做事。［26］冒姓卫氏：冒充姓卫，借卫氏为姓。［27］大长公主：陈皇后母馆陶公主。执囚青：抓捕卫青禁闭起来。［28］骑郎：郎官之一。公孙敖：西汉将领，卫青挚友，后为卫青部属。篡取：强力夺取。［29］建章监：建章宫监。侍中：官名，侍从皇帝。［30］茂陵邑：因武帝于茂乡建寿陵而置邑。在今陕西咸阳市西。［31］多冤晁错之策：多为晁错建议削藩之策而被害感到冤屈。事见上卷景帝前三年。［32］"数奏"句：多次弹劾揭露诸侯王的过失和罪恶。数奏，多次弹劾。暴，暴露。过恶，过失和罪恶。［33］吹毛求疵：故意找毛病。［34］使证其君：迫使诸侯王的臣属证明主子有罪。

三年（癸卯，前138年）

冬，十月，代王登、长沙王发、中山王胜、济川王明来朝[1]。上置酒，胜[2]闻乐声而泣。上问其故，对曰："悲者不可为累欷，思者不可为叹息[3]。今臣心结日久，每闻幼眇之声[4]，不知涕泣之横集也[5]。臣得蒙肺附为东藩[6]，属又称兄[7]。今群臣非有葭莩之亲、鸿毛之重[8]，群居党议[9]，朋友相为，使夫宗室摈却[10]，骨肉冰释[11]，臣窃伤之！"具以吏所侵闻[12]。于是上乃厚诸侯之礼，省[13]有司所奏诸侯事，加亲亲之恩[14]焉。

河水溢于平原[15]。

大饥，人相食。

秋，七月，有星孛于西北。

济川王明坐杀中傅[16]，废迁房陵[17]。

七国之败也，吴王子驹亡走闽越[18]，怨东瓯[19]杀其父，常劝闽越击东瓯。闽越从之，发兵围东瓯，东瓯使人告急天子。天子问田蚡，蚡对曰："越人相攻击，固其常[20]；又数反覆[21]，自秦时弃不属[22]，不足以烦中国往救也。"庄助[23]曰："特患力不能救，德不能覆[24]。诚能[25]，何故弃之！且秦举咸阳而弃之[26]，何但越也！今小国以穷困来告急，天子不救，尚安所诉[27]，又何以子万国[28]乎！"上曰："太尉不足与计[29]。吾新即位，不欲出虎符发兵郡国[30]。"乃遣助以节发兵会稽。会稽守欲距法不为发[31]，助乃斩一司马[32]，谕意指[33]，遂发兵浮海救东瓯。未至，闽越引兵罢。东瓯请举国内徙，乃悉举其众来，处于江、淮之间[34]。

（以上为第五段，写汉武帝听从中山王刘胜的意见，对诸侯王施行优待亲属的恩惠；听从庄助的意见，派庄助持节征发会稽郡军队，渡海前去救援东瓯，东瓯举国内迁，被安置在长江和淮河之间。）

【注释】

[1]代王登：代王刘参之子，文帝之孙。长沙王发、中山王胜：皆景帝之子。济川王明：梁孝王刘武之子。［2］胜：中山王刘胜。［3］“悲者”二句：悲伤的人听不得抽噎的声音，忧愁的人听不得叹息的声音。累欷，多次唏嘘，即抽噎声。［4］幼眇之声：幽妙清微的音乐。幼（yòu）眇（miǎo），微妙。［5］不知涕泣：不知不觉地流泪。横集：横流。［6］肺附：喻帝王的近亲。东藩：东方的藩国。中山王国在关东，故刘胜曰“东藩”。［7］属：亲属。以亲属言，刘胜是武帝刘彻之兄。［8］“今群臣”句：现在朝廷群臣与皇上之间没有血缘关系，没有承担国家的重任。葭莩，芦苇茎中的薄膜，非常轻薄。喻关系疏远。鸿毛，亦喻责任轻微。［9］群居党议：结成朋党，发出偏私的议论。［10］宗室摈却：使宗室皇族受到排斥。［11］骨肉冰释：亲情如同冰雪般融化。冰释，冰化。［12］具以吏所侵闻：把官吏侵犯诸侯之事，一一报告皇帝。［13］省：减省，撤销。［14］加亲亲之恩：对宗室亲属施加优待的恩惠。［15］河水溢于平原：黄河在平原郡泛滥成灾。溢，水涨漫过堤岸。平原，郡名，郡治平原，在今山东平原县南。［16］济川王明：梁孝王刘武之子。坐：定罪。中傅：出入王宫以辅佐王之官。［17］废迁房陵：废除王位，流放到房陵。房陵，县名，县治在今湖北房县。［18］驹：刘驹，刘濞之子。亡走：逃跑。闽越：又作闽粤，越族之一支，活动于今福建、浙东一带。［19］东瓯：越族之一支，活动于今闽、浙部分地区。［20］固其常：原来是他们的平常事。［21］数反覆：与汉朝关系多次反复无常。［22］弃：放弃。不属：谓不臣属于朝廷。［23］庄助：西汉会稽吴（今江苏苏州市）人，辞赋家，仕于武帝时。《汉书》因避明帝讳改庄为严。传见《汉书》六十四上。［24］覆：覆盖，此指保护。［25］诚能：如果能力足够。［26］秦举咸阳而弃之：秦朝把整个都城咸阳都放弃了。举，整个。［27］尚安所诉：还向哪里申诉。［28］子万国：以万国为子民。［29］不足与计：不值得与他商量大事。［30］虎符：朝廷调兵的凭证。发兵郡国：用符节调兵。［31］会稽：郡名，治吴，在今江苏苏州市。距法不为发：依据虎符调兵的法令，因未见虎符而不发兵。距，通“据”。［32］斩一司马：庄助杀了一位军法官司马。［33］谕意指：告知汉武帝的旨意。［34］处于江、淮之间：把归附的东瓯人安置在长江、淮河之间。

九月，丙子晦[1]，日有食之。

上自初即位，招选天下文学材智之士，待以不次[2]之位。四方士多上书言得失，自眩鬻[3]者以千数。上简拔其俊异者宠用之[4]。庄助最先进[5]；后又得吴人朱买臣、赵人吾丘寿王、蜀人司马相如、平原东方朔、吴要枚皋、济南终军等[6]，并在左右[7]，每令与大臣辨论，中外相应以义理之文[8]，大臣数屈[9]焉。然相如特以辞赋得幸；朔、皋不根持论[10]，好诙谐，上以俳优畜之[11]，虽数赏赐，终不任以事也[12]。朔亦观上颜色，时时直谏，有所补益。

是岁，上始为微行[13]，北至池阳[14]，西至黄山[15]，南猎长杨[16]，东游宜春[17]，与左右能骑射者期诸殿门[18]。常以夜出，自称平阳侯[19]；旦明，入南山[20]下，射鹿、豕、狐、兔，驰骛禾稼之地，民皆号呼骂詈[21]。鄠、杜令欲执之[22]，示以乘舆物[23]，乃得免。

又尝夜至柏谷[24]，投逆旅宿[25]，就逆旅主人求浆[26]，主人翁曰："无浆，正有溺[27]耳！"且疑上为奸盗，聚少年欲攻之。主人妪睹上状貌而异之[28]，止其翁曰："客非常人也，且又有备，不可图[29]也。"翁不听，妪饮翁以酒，醉而缚之。少年皆散走，妪乃杀鸡为食以谢客。明日，上归，召妪，赐金千斤，拜其夫为羽林郎[30]。后乃私置更衣[31]，从宣曲以南十二所[32]，夜投宿长杨、五柞等诸宫[33]。

上以道远劳苦，又为百姓所患，乃使太中大夫吾丘寿王举籍阿城以南[34]，盩厔[35]以东，宜春[36]以西，提封顷亩[37]，及其贾直[38]，欲除以为上林苑[39]，属之南山[40]。又诏中尉、左右内史[41]表属县草田[42]，欲以偿鄠、杜之民。寿王奏事，上大说称善[43]。

时东方朔在傍，进谏曰："夫南山，天下之阻[44]也。汉兴，去三河[45]之地，止霸、浐[46]以西，都泾、渭[47]之南，此所谓天下陆海之地[48]，秦之所以虏西戎、兼山东者也。其山出玉石、金、银、铜、铁、良材，百工所取给，万民所仰足[49]也。又有粳、稻、梨、栗、桑、麻、竹箭之饶，土宜姜、芋，水多蛙、鱼，贫者得以人给家足，无饥寒之忧；故丰、镐之间，号为土膏[50]，其贾亩一金[51]。今规以为苑[52]，绝陂池水泽之利[53]而取民膏腴之地，上乏国家之用，下夺农桑之业，是其不可一也。盛荆、棘之林，广狐、菟之苑，大虎、狼之虚[54]，坏人冢墓，发人室庐，令幼弱怀土而思，耆老泣涕而悲，是其不可二也。斥而营之，垣而囿之[55]，骑驰东西[56]，车骛南北[57]，有深沟大渠。夫一日之乐，不足以危无堤之舆[58]，是其不可三也。夫殷作九市之宫而诸侯畔[59]，灵王起章华之台而楚民散[60]，秦兴阿房之殿而天下乱[61]。粪土愚臣[62]，逆盛意，罪当万死[63]！”上乃拜朔为太中大夫、给事中[64]，赐黄金百斤。然遂起上林苑，如寿王所奏。

上又好自击熊、豕[65]，驰逐野兽。司马相如上疏谏曰：“臣闻物有同类而殊能[66]者，故力称乌获[67]，捷言庆忌[68]，勇期贲、育[69]，臣之愚，窃以为人诚有之[70]，兽亦宜然[71]。今陛下好陵阻险[72]，射猛兽，卒然遇逸材之兽[73]，骇不存之地[74]，犯属车之清尘[75]，舆不及还辕[76]，人不暇施巧[77]，虽有乌获、逢蒙之技不得用[78]，枯木朽株，尽为难矣。是胡、越起于毂下而羌、夷接轸也[79]，岂不殆哉[80]！虽万全而无患，然本非天子之所宜近也。且夫清道而后行，中路而驰，犹时有衔橛之变[81]，况乎涉丰草[82]，骋丘虚，前有利兽之乐，而内无存变之意，其为害也不难[83]矣。夫轻万乘之重不以为安[84]，乐出万有一危之涂以为娱[85]，臣窃为陛下不取。盖明者远见于未萌[86]，而知者避危于无形[87]，祸固多藏于隐微而发于人之所忽者也[88]。故鄙谚曰：‘家累千金[89]，坐不垂堂[90]。’此言虽小，可以谕大[91]。”上善之。

（以上为第六段，写汉武帝刘彻招选博学多才的人，予以破格重用，得到了一大批人才；同时，汉武帝年少轻狂，经常夜间出猎，又建造上林苑，东方朔、司马相如等谏阻，汉武帝称善而依旧我行我素。）

【注释】

[1]丙子晦：九月三十日。[2]不次：不拘常格，可超越，即破格起用。[3]自眩鬻：自我吹嘘，自荐。[4]简拔：挑选。俊异者：优秀的人才。[5]最先进：最先，第一个得到任用。[6]朱买臣、吾丘寿王、司马相如、东方朔、枚皋、终军：这些是汉武帝从全国四方招来的俊秀，安置在身边为文学侍从，平时唱和，每遇大事垂询听取。《汉书》均有传。[7]并在左右：都在皇帝身边。即侍从之官。[8]中外：指皇帝左右的中朝官，朝廷大臣等外朝官。武帝时有内朝（中朝）、外朝之分。相应以义理之文：中朝官与外朝官用义理文辞相互驳难。按：汉武帝时

值青壮年，雄才大略，思想急进，通过中朝官向外朝官灌输自己的想法。驳难最大问题是伐匈奴，其文辞见《汉书》各人相关传记。［9］数（shuò）屈：屡次失败。［10］朔、皋不根持论：东方朔、枚皋两人的言论没有根据，擅长诡辩。［11］好诙谐，上以俳优畜之：东方朔等喜欢幽默嘲讽，汉武帝把他们当作演艺人收养。［12］终不任以事也：终究不委任他们管理政务。［13］微行：便服私自出行。［14］池阳：县名，治所在今陕西泾阳县。［15］黄山：宫名，在今陕西兴平市南。［16］长杨：宫名，在今陕西周至县境内。［17］宜春：宫名，在今陕西西安市东南曲江池一带。［18］期诸殿门：约定时间在殿门会合。［19］自称平阳侯：平阳侯曹寿，汉武帝的姐夫，故汉武帝冒称。［20］南山：即终南山，今秦岭。［21］号呼骂詈：大声怒骂。［22］鄠、杜令欲执之：鄠县和杜县的县令要把这些人抓捕起来。鄠县治所在今陕西西安市鄠邑区，杜县治所在今陕西西安市长安区西。［23］示：出示。乘舆物：皇帝乘舆之物。［24］柏谷：地名，在今河南灵宝市西。［25］投逆旅宿：去旅店投宿。［26］求浆：讨酒喝。［27］正有溺：恰有一泡尿。［28］主人妪：旅店女主人。睹上状貌而异之：看了汉武帝的容貌认为不寻常。［29］图：图谋，祸害。［30］羽林郎：郎官之一，掌宫廷警卫，属郎中令。［31］私置：私密地设置。更衣：休息的地方。［32］从宣曲以南十二所：从宣曲以南共私设十二处休息地。宣曲，宫名，在汉昆明池西。［33］夜投宿长杨、五柞等诸宫：夜间投宿在长杨宫、五柞宫等宫殿中。长杨宫在今陕西周至县东南，因宫中有长杨树而得名。五柞宫在长杨宫的东北方。［34］举籍：登记入册。阿城：本是秦朝的阿房宫，俗称阿城。［35］盩厔：县名，今作周至，县治在今陕西周至县东。［36］宜春：宫名，在今陕西西安市东南曲江池一带。［37］提封顷亩：区域内的全部土地。提封，分割土地的界墙。此指界区之内。顷亩，百亩之地。此指界区内的全部土地。［38］贾直：同“价值”。［39］欲除以为上林苑：开辟修建成上林苑。［40］属之南山：连接到终南山。属，连接。按：“乃使”等七句，谓汉武帝派太中大夫吾丘寿王去调查统计，把阿城以南，周至以东，及宜春以西这一区域的全部田亩及其价值造册登记，把它开辟修建成上林苑，与南山相连接。［41］中尉：官名，掌京师治安。左右内史：即左内史、右内史，分掌京畿地方。左内史掌京师以东地区，右内史掌京师以西地区。太初元年，改左内史为左冯翊，右内史为右扶风。［42］表属县草田：上报所属各县的荒田数量。表，章奏的一种。属县，所属之县，即划入要建上林苑的各县。草田，未耕垦的荒田。［43］上大说称善：汉武帝对吾丘寿王的报告很高兴，连声称好。说，通“悦”。［44］天下之阻：国家的天然屏障。［45］三河：河南、河内、河东三郡为“三河”。［46］霸、浐：二水名。皆源于蓝田县南山谷北流。浐水入霸水，霸水北入于渭水。霸水即今灞河。［47］泾、渭：二水名。是陕西二大水。渭水横流于关中。［48］陆海之地：富饶的高原平地，谓之“陆海”。［49］万民所仰足：成千上万的民众，依靠这些物产维持生活。［50］故丰、镐之间，号为土膏：所以丰水、镐水之间的土地，称为“土膏”。丰、镐二水，丰水源于南山，北流与镐水合，入渭水。丰水即今沣河，镐水即滈河，今下游称潏河。土膏，土地肥美如脂。［51］其贾亩一金：一亩地价值一斤黄金。［52］今规以为苑：如今规划为上林苑。［53］绝陂池水泽之利：断绝了陂池沿湖泽的财利来源。［54］虎、狼之虚：虎狼出没的场所。虚，同“墟”，荒野。［55］斥而营之，垣而囿之：开拓为上林苑，周围筑墙成了禁地。［56］骑驰东西：策马东西奔驰。［57］车骛南北：驱车南北追逐。［58］不足以危无堤之舆：不值得天子去涉险犯难。无堤之舆，谓车骑驰骋，失之大意，则有颠蹶之患。［59］殷：即商代。这里指殷纣王。九市之宫：纣于宫中设九市。九，泛指多。九市，多个交易点。畔：通“叛”。［60］灵王：楚灵王。楚灵王筑章华台，网罗逃亡者，终于有乾溪之祸。［61］秦：指秦始皇。秦始皇统一天下后，在咸阳兴建豪华的阿房宫，不久便有人民起义。［62］粪土愚臣：东方朔自谦，称自己是一个如粪土的卑贱臣仆。［63］逆盛意，罪当万死：冒犯皇上旨意，罪该万死。［64］给事中：官名，在宫中侍从天子。［65］豕：野猪。［66］殊能：特出的才能，奇才。［67］乌获：战国时期秦武王的力士，传说他能力举千钧。［68］捷：快走。庆忌：春秋时吴王僚之子，传说他跑起来比马还快。［69］期：期望。贲、育：孟贲、夏育，战国时代的两个勇士。［70］人诚有之：人中确有奇才。［71］兽亦宜然：野兽也是这样，必有异能。［72］陵阻险：攀登陡峭的险坡。陵，通“凌”。［73］卒然：突然。逸材之兽：力大快跑的野兽。［74］骇不存之地：惊骇的野兽无路可逃。［75］犯属车之清尘：野兽拼死冒犯皇上的随从车辆。属车，后车。犯属车，是犯皇上的委婉说法。清尘，车辆卷起的尘土。［76］舆：指皇帝的乘舆。还辕：调转车的方向。［77］不暇：来不及。施巧：施展应变的办法。［78］乌获、逢蒙之技不得用：乌获、逢蒙的超群技艺没有施展的地方。逢蒙，古代的善射者。［79］“是胡、越”句：这种情况，相当于匈奴、越族突然进犯京城，而羌人、夷人出现在皇上的车下。毂下，辇毂之下，指京师。轸（zhěn），车厢的底框。［80］岂不殆哉：难道不是危险万分吗？［81］犹时有衔橛之变：还常有马惊失驭的意外事故。衔橛（jué），马口所勒的横木。衔橛之变，谓衔橛失灵或发生危险。［82］涉丰草：穿过茂密的荒草。［83］其为害也不难：谓野兽对皇帝构成危害是容易的。不难，谓容易。［84］不以为安：言不注意安全。［85］“乐出”句：乐于行进在潜伏着危险的道路上寻求刺激和娱乐。［86］明者远见于未萌：聪明人能预见尚未出现的苗头。［87］而知者避危于无形：明智者能避开尚未出现的危险。知，通“智”。［88］“祸固”句：灾祸本来大多隐藏在不易被察觉的细微之处，而发生在容易被人忽略的地方。隐微，不明显，细小。所忽，容易疏忽。［89］家累千金：家中积累千金财产。［90］坐不垂堂：不坐于堂屋的边侧，怕檐瓦落下伤人或怕坠落。［91］此言虽小，可以谕大：这句话说的是小事，却可以比喻大事。

四年（甲辰，前137年）

夏，有风赤如血[1]。

六月，旱。

秋，九月，有星孛于东北。

是岁，南越王佗[2]死，其孙文王胡立。

五年（乙巳，前136年）

春，罢三铢钱[3]，行半两钱。

置五经博士[4]。

夏，五月，大蝗[5]。

秋，八月，广川惠王越、清河哀王乘[6]皆薨，无后，国除。

（以上为第七段，写自然灾害和星象异常情况。在政事上，记载了停止使用三铢钱，发行半两钱；广川、清河的封国被废除等。）

【注释】

[1]有风赤如血：刮起一场血红色的风。即红色的沙尘暴。 [2]佗：赵佗。 [3]罢三铢钱：废除三铢钱。 [4]置五经博士：设《诗》《书》《易》《礼》《春秋》的博士。博士各专攻一经。 [5]大蝗：很大的蝗灾。 [6]广川惠王越、清河哀王乘：皆景帝之子。

六年（丙午，前135年）

春，二月，乙未[1]，辽东高庙灾[2]。

夏，四月，壬子[3]，高园便殿火[4]。上素服[5]五日。

五月，丁亥[6]，太皇太后崩。

六月，癸巳[7]，丞相昌免[8]；武安侯田蚡为丞相。蚡骄侈，治宅甲诸第[9]，田园极膏腴；市买郡县物[10]，相属于道；多受四方赂遗；其家金玉、妇女，狗马、声乐、玩好[11]，不可胜数。每入奏事，坐语移日[12]，所言皆听。荐人或起家至二千石[13]，权移主上[14]。上乃曰："君除吏已尽未[15]？吾亦欲除吏。"尝请考工地益宅[16]，上怒曰："君何不遂取武库[17]！"是后乃稍退。

秋，八月，有星孛于东方，长竟天[18]。

闽越王郢兴兵击南越边邑，南越王[19]守天子约，不敢擅兴兵，使人上书告天子。于是天子多南越义[20]，大为发兵，遣大行王恢出豫章[21]，大农令韩安国出会稽[22]，击闽越。

淮南王安上书谏[23]曰："陛下临天下，布德施惠，天下摄然[24]，人安其生，自以没身不见兵革[25]。今闻有司举兵将以诛越，臣安窃为陛下重[26]之。

“越，方外[27]之地，剪发文身之民也[28]，不可以冠带之国法度理也[29]。自三代之盛[30]，胡、越不与受正朔[31]，非强勿能服，威弗能制也[32]，以为不居之地[33]，不牧之民[34]，不足以烦中国也。自汉初定以来七十二年[35]，越人相攻击者不可胜数，然天子未尝举兵而入其地也。

“臣闻越非有城郭邑里也，处溪谷之间，篁竹之中[36]，习于水斗，便于用舟，地深昧而多水险[37]，中国之人不知其势阻[38]而入其地，虽百不当其一。得其地，不可郡县[39]也；攻之，不可暴取[40]也。以地图察其山川要塞，相去不过寸数，而间独数百千里[41]，险阻、林丛弗能尽著[42]；视之若易，行之甚难。天下赖宗庙之灵，方内大宁[43]，戴白之老不见兵革[44]，民得夫妇相守，父子相保，陛下之德也。越人名为藩臣，贡酎之奉不输大内[45]，一卒之奉[46]不给上事[47]；自相攻击，而陛下发兵救之，是反以中国而劳蛮夷也[48]。且越人愚戆轻薄[49]，负约反覆[50]，其不用天子之法度，非一日之积也[51]。一不奉诏，举兵诛之，臣恐后兵革无时得息[52]也。

“间者[53]，数年岁比不登[54]，民待卖爵、赘子[55]以接衣食。赖陛下德泽振救之，得毋转死沟壑。四年不登[56]，五年复蝗[57]，民生未复[58]。今发兵行数千里，资衣粮[59]，入越地，舆轿而逾领[60]，拕舟而入水，行数百千里，夹以深林丛竹，水道上下击石[61]，林中多蝮蛇[62]、猛兽，夏月暑时，欧泄霍乱[63]之病相随属也；曾未施兵接刃，死伤者必众矣。

“前时南海王反，陛下先臣[64]使将军间忌[65]将兵击之，以其军降，处之上淦[66]。后复反，会天暑多雨，楼船卒水居击棹[67]，未战而疾死者过半；亲老涕泣，孤子啼号，破家散业，迎尸千里之外，裹骸骨而归。悲哀之气，数年不息，长老至今以为记[68]，曾未入其地而祸已至此矣。

“陛下德配天地，明象日月[69]，恩至禽兽，泽及草木，一人有饥寒，不终其天年而死者[70]，为之凄怆于心。今方内无狗吠之警，而使陛下甲卒死亡，暴露中原[71]，沾渍山谷[72]，边境之民为之早闭晏开[73]，朝不及夕[74]，臣安窃为陛下重之。

“不习南方地形者，多以越为人众兵强，能难边城[75]。淮南全国之时[76]，多为边吏[77]，臣窃闻之，与中国异[78]。限以高山，人迹绝，车道不通，天地所以隔外内也。其入中国，必下领水[79]，领水之山峭峻，漂石破舟[80]，不可以大船载食粮下也。越人欲为变[81]，必先田余干界中[82]，积食粮，乃入，伐材治船[83]。边城守候诚谨，越人有入伐材者，辄收捕，焚其积聚，虽百越，奈边城何！且越人绵力薄材[84]，不能陆战，又无车骑、弓弩之用，然而不可入者[85]，以保地险[86]，而中国之人不耐其水土也。

“臣闻越甲卒不下数十万，所以入之，五倍乃足[87]，挽车奉饷者不在其中。南方暑湿[88]，近夏瘅热[89]，暴露水居，蝮蛇蠚生[90]，疾疢多作[91]，兵未血刃而病死者什二三[92]，虽举越国而虏之，不足以偿所亡。

“臣闻道路言：闽越王弟甲弑而杀之[93]，甲以诛死，其民未有所属。陛下若欲来[94]，内处之中国[95]，使重臣临存[96]，施德垂赏以招致之，此必携幼扶老以归圣德。若陛下无所用之，则继其绝世，存其亡国，建其王侯，以为畜越[97]，此必委质为藩臣[98]，世共贡职[99]。陛下以方寸之印，丈二之组[100]，填抚方外[101]，不劳一卒，不顿一戟[102]，而威德并行。

“今以兵入其地，此必震恐，以有司为欲屠灭之也，必雉兔逃[103]，入山林险阻。背而去之[104]，则复相群聚；留而守之，历岁经年，则士卒罢倦[105]，食粮乏绝，民苦兵事，盗贼必起。

“臣闻长老言：秦之时，尝使尉屠睢击越[106]，又使监禄凿渠通道[107]，越人逃入深山林丛，不可得攻；留军屯守空地，旷日引久[108]，士卒劳倦；越出击之，秦兵大破，乃发适戍以备之[109]。当此之时，外内骚动，皆不聊生，亡逃相从，群为盗贼，于是山东之难始兴[110]。兵者凶事，一方有急，四面皆耸[111]。臣恐变故之生，奸邪之作，由此始也[112]。

“臣闻天子之兵有征而无战，言莫敢校[113]也。如使越人蒙徼幸以逆执事之颜行[114]，厮舆之卒有一不备而归者[115]，虽得越王之首，臣犹窃为大汉羞之。陛下以四海为境，生民之属[116]，皆为臣妾。垂德惠以覆露之[117]，使安生乐业，则泽被万世，传之子孙，施之无穷。天下之安，犹泰山而四维之[118]也；夷狄之地，何足以为一日之闲，而烦汗马之劳乎[119]！《诗》云[120]：‘王犹允塞，徐方既来[121]。’言王道甚大而远方怀之[122]也。臣安窃恐将吏之以十万之师为一使之任[123]也。”

（以上为第八段，写武安侯田蚡仗着自己是汉武帝刘彻的舅舅，为所欲为，专权干政；闽越王郢发兵进攻南越国的边境城邑，汉武帝调集大批军队前去援救，派兵合力进攻闽越，淮南王刘安上书予以劝阻。）

【注释】

[1]乙未：二月三日。[2]辽东：郡名，郡治襄平，在今辽宁辽阳市。高庙灾：汉高帝庙大火。景帝曾令郡国各立高帝庙。[3]壬子：四月二十一日。[4]高园：高帝陵园。便殿：即陵园之正殿。因宫庙均有正殿，乃称陵园之殿曰便殿。[5]素服：白色的丧服。[6]丁亥：五月二十六日。[7]癸巳：六月三日。[8]丞相昌免：丞相许昌被免职。许丞相，窦太皇太后所置，窦氏死，立即被免职。[9]治宅：修建住宅。甲诸第：比其他住宅都高级。[10]市买郡县物：派人到各郡县去购买地方特产玩好之物。[11]玩好：言玩好之物。[12]坐语移日：田蚡进见与武帝坐谈，一坐大半天，太阳都倾斜了，谓时间久。[13]起家至二千石：言当上二千石的大官。[14]权移主上：侵夺了皇上的权力。[15]除吏：任命官吏。已尽未：已完了没有？[16]尝请考工地益宅：田蚡请求把考工官府的空闲地拨给他扩建住宅。考工，官署名，专门制造皇室所用器具，属少府。[17]君何不遂取武库：此是指责田蚡贪求过分。武库，国家之武器仓库。[18]长竟天：出现的彗星长尾横贯天空。[19]南越王：指赵胡，赵佗之子。[20]多南越义：称赞南越忠义。[21]大行：官名，即大行令，掌民族事务。王恢：西汉将领。豫章：郡名，郡治南昌，在今江西南昌市。[22]大农令：官名，掌租税等国家财政收支。韩安国：西汉将领。传见《史记》卷一百八、《汉书》卷五十二。会稽：郡名，郡治吴县，在今江苏苏州市。[23]上书谏：即《上书谏伐闽越》。[24]摄然：安静的样子，即太平。[25]不见兵革：没有战争。兵革，兵器，指代战争。[26]重：难，担忧。[27]方外：境外。[28]剪发：即断发。文身：身上刺画有色的图案或花纹。[29]冠带之国：文明之国，礼仪之邦。理：治理。[30]三代：夏、商、周。盛：强盛之时。[31]不与受正朔：不接受中原的统治。正朔，历法。受正朔，接受历法，接受文明统治。[32]“非强”二句：不是三代不强不能征服，也不是威势不能压制。[33]不居之地：谓越人的土地无法居住。[34]不牧之民：民众野蛮不服统治。[35]七十二年：汉朝建立到武帝建元六年，公元前206年到公元前135年，为72年。[36]篁竹之中：竹林密布在田野之中。[37]地深昧：地形复杂，草木丛生。多水险：有许多河流险阻。[38]势阻：地势险阻。[39]不可郡县：不可设置郡县统治。[40]不可暴取：不能迅速占领。暴，急，迅速。[41]“相去”二句：看起来相距只有几寸地方，而实际距离却有几百里、几千里。

极度夸张山高沟深难行。［42］险阻、林丛弗能尽著：险阻、丛林无法一一标注在地图上。尽著，谓全载于地图。［43］方内大宁：全境安宁。［44］不见兵革：没见过兵器甲仗，即没有战争。［45］贡酎之奉：贡，土特产。酎，献于皇家祖庙的纯酒，以金代称酎金。大内：国家收藏财宝之处。句意谓越人不向国家交纳财税。［46］一卒之奉：不承担一兵一卒的徭役。［47］不给上事：不承担上面的差事。［48］“是反”句：这真是反过来让中原之民受蛮夷的困苦。［49］愚戆轻薄：愚笨鄙陋。［50］负约反覆：违背盟约，反复无常。［51］非一日之积也：累积的陋习不是一天形成的。［52］兵革无时得息：战争没有停止的时间。［53］间者：近年来。［54］比不登：连年歉收。比，频频，连年。［55］赘子：淮南俗卖子与人作奴婢，名“赘子”，三年不能赎，遂沦为奴婢。［56］四年不登：建元四年歉收。［57］五年复蝗：建元五年又闹蝗灾。［58］民生未复：民众生活没有恢复正常。生，生产，生活。［59］资衣粮：自带衣粮。［60］舆轿而逾领：抬着轿子翻山越岭。舆轿，两人肩抬的轿子。领，通“岭”。［61］水道上下击石：船行水中，经常撞上石头。击石，撞上石头。［62］蝮蛇：一种毒蛇。［63］欧泄霍乱：欧，通“呕”，上吐。泄，下泄。上呕下泄，霍乱的症状。霍乱，一种可怕的病毒传染病，死亡率极高。［64］陛下先臣：陛下已逝去的臣子，指刘安的先父刘长。［65］间忌：人名，《汉书·淮南王传》作“简忌”。［66］处之上淦：安置降民在上淦地区。上淦，地名，不详所在。［67］楼船卒水居击棹：平叛的楼船水军将士长期居住在水面上。楼船，一种有高层船舱的大船。击棹，击棹以行船。［68］长老：老年人。记：记述，记忆。［69］“陛下”二句：皇上的仁德如同天高地厚，英明如同日月高照。［70］不终其天年而死者：谓夭折，指战死。天年，自然的寿数。［71］暴露中原：尸身暴露原野。［72］沾渍山谷：鲜血浸染山谷。［73］早闭晏开：谓边城因有兵难而早闭晚开。晏，晚。［74］朝不及夕：谓担忧危亡而不能自保。［75］能难边城：以为能够骚扰边城。［76］淮南全国之时：谓早年淮南王国全境尚未分为淮南、衡山、庐江三个王国的时候。［77］多为边吏：多任命一些边境官吏。边吏，指接近南越边境地区的官吏。［78］与中国异：风土人情与中原不同。［79］必下领水：一定要沿着领水而下。领水，赣水。［80］漂石破舟：水（水流湍急）能冲滚巨石，摧毁船只。［81］为变：图谋进犯。［82］田余干界中：在余干境内开垦种田。余干，县名，治所在今江西余干县。［83］伐材治船：砍伐木材以造船。越人之船不能过岭，所以要在岭北另行造船，以供军用。［84］绵力薄材：力气柔弱，身体单薄。绵，弱。绵力，谓柔弱如绵。［85］然而不可入者：然而不可以进入越地占领它。入，入越，占领越地。［86］以保地险：固守其险要。［87］五倍乃足：言入越的汉军兵员要五倍于敌，才足以取胜。［88］暑湿：天热潮湿。［89］瘅（dān）热：盛热。［90］蝮蛇蠚生：毒蛇繁衍为害。蠚（hē），通“蜇”，虫蛇咬或刺。［91］疾疢（chèn）多作：疾病不断发生。［92］什二三：十分之二三。［93］闽越王弟甲：闽越王郢之弟余善。淮南王刘安上书时不知其名，故谓之“甲”。弑：余善弑其兄而自立。［94］欲来：想招来。［95］内处之中国：把他们安置在中原。内，通“纳”，接纳。中国，中原。［96］使重臣临存：派遣大臣前去抚慰。存，抚慰。［97］畜越：保存越国，畜养越人。［98］此必委质为藩臣：这些越人一定会送来人质，归顺为朝廷的藩臣。委质，送来人质。［99］世共贡职：世世代代缴纳贡品和赋税。共，通“供”。［100］方寸之印：小小的印章。丈二之组：长长一丈二尺的印绶。组，印绶。［101］填抚方外：镇抚境外民族。填，通“镇”。［102］不顿一戟：不损坏一件武器。顿，坏。［103］必雉兔逃：受惊的越人，必定如山鸡、野兔一样惊恐逃跑。［104］背而去之：离开原居地。即背井离乡成为难民。［105］罢倦：疲倦。罢，通“疲”。［106］尝使尉屠睢击越：曾经派郡都尉屠睢率兵进攻越人。屠睢，人名。［107］使监禄凿渠通道：派一个名叫禄的郡监开凿河渠，打通道路。按：此指秦始皇进兵岭南，修凿灵渠。［108］引久：持久。［109］乃发适戍以备之：于是征发罪犯充军防守越人。适，通“谪”。［110］山东之难始兴：崤山以东大规模起义爆发了。此指陈胜、刘邦、项羽等纷纷起义。［111］四面皆耸：四面八方惊动。耸，惊动。［112］由此始也：变乱、奸邪这一切都会从进攻越人开始兴起。［113］莫敢校：没有人敢计较。天子之军伐罪而吊其民，故没有人敢与其计较强弱曲直。校，计较。［114］“如使”句：假如越人怀着侥幸心理迎战领兵将领的先锋部队。徼幸，即侥幸。逆，迎战。执事，指将领。颜行，犹雁行，在前行，即先锋。［115］厮舆之卒：打柴、架车之卒。归者：逃回来，当了逃兵。此为投敌或溃散的隐讳说法。［116］生民之属：指生活在四海之内的所有民众，即全国人民。［117］垂德惠以覆露之：皇上降下德政恩泽养育全民。［118］犹泰山而四维之：国家安定，如同泰山屹立而四面又维系绳子加固那样稳定。维之，以绳索维系之。［119］“夷狄之地”三句：夷狄的土地，只够一天的游乐使用，不值得兴师动众。一日之闲，只够一天的游乐。［120］《诗》云：引诗见《诗经·大雅·常武》。［121］王犹允塞，徐方既来：大王仁德满天下，徐方部族自动来归顺。允塞，诚信充实，仁德普施。徐方，古族名，东夷之一。［122］远方怀之：远方各族都十分仰慕。［123］一使之任：十万大军只起到一个使臣的作用。谓不用劳师，派一介之使就能搞定。

是时，汉兵遂出，未逾领[1]，闽越王郢发兵距险[2]。其弟余善乃与相、宗族谋曰：“王以擅发兵击南越不请[3]，故天子兵来诛。汉兵众强，即幸胜之，兵来益多，终灭国而止。今杀王以谢天子，天子听，罢兵，固国完[4]；不听，乃力战；不胜，即亡入海[5]。”皆曰：“善！”即鏦杀王[6]，使使奉其头致大行[7]。

大行曰：“所为来者，诛王。今王头至，谢罪；不战而殒[8]，利莫大焉。”乃以便宜案兵[9]，告大农军[10]，而使使奉王头驰报天子。诏罢两将兵，曰：“郢等首恶，独无诸孙繇君丑[11]不与谋焉。”乃使中郎将立丑为越繇王，奉闽越先祭祀。

余善已杀郢，威行于国，国民多属，窃自立为王，繇王不能制。上闻之，为余善不足复兴师，曰："余善数与郢谋乱，而后首诛郢，师得不劳[12]。"因立余善为东越王，与繇王并处。

上使庄助谕意南越。南越王胡顿首[13]曰："天子乃为臣兴兵讨闽越，死无以报德！"遣太子婴齐入宿卫，谓助曰："国新被寇[14]，使者行矣，胡方日夜装[15]，入见天子。"助还，过淮南[16]，上又使助谕淮南王安以讨越事，嘉答其意[17]，安谢不及[18]。

助既去南越，南越大臣皆谏其王曰："汉兴兵诛郢，亦行以惊动南越。且先王昔言：'事天子期无失礼[19]。'要之，不可以说好语入见[20]，则不得复归，亡国之势也。"于是胡称病，竟不入见。

（以上为第九段，写汉武帝发兵攻打闽越，救援南越，闽越王的弟弟余善杀掉闽越王，向汉军谢罪；汉军见好就收，撤兵回国；汉武帝封无诸的孙子繇君丑为越繇王，又封余善为东越王，两王并存。）

【注释】

[1]未逾领：没有越过山岭。领，通"岭"，指阳山岭。 [2]距险：凭险抗拒。距，通"拒"。 [3]不请：谓没有请示汉天子。 [4]固国完：自然国家安全。 [5]亡入海：逃入海中。 [6]鏦杀王：用鏦刺杀闽越王郢。鏦，短矛。 [7]奉其头致大行：把郢的头颅送给了大行王恢。 [8]殒：死。指闽越王郢。 [9]便宜案兵：随机应变，灵活处置，停止进兵。案，停止。[10]告大农军：通告大农令韩安国的一路军队。 [11]无诸孙繇君丑：闽越王无诸，高帝五年所立。其孙名丑，号繇君。[12]师得不劳：使汉军免于劳苦。[13]胡：南越王之名。顿首：磕头。[14]新被寇：刚遭到侵扰。[15]方日夜装：正在日夜准备行装。[16]过淮南：路过淮南王国。[17]嘉答其意：称赞他上书的善意。[18]安谢不及：淮南王表示自己没有天子的远见而致歉意。[19]事天子期无失礼：事奉天子只求不失大礼就可以了。期，希望。 [20]不可以说好语入见：不可以听了使者几句好话，一高兴就入京朝见天子。说，通"悦"。入见，入朝见天子。

是岁，韩安国为御史大夫。

东海[1]太守濮阳汲黯[2]为主爵都尉[3]。始，黯为谒者[4]，以严见惮[5]。东越相攻[6]，上使黯往视之；不至，至吴[7]而还，报曰："越人相攻，固其俗然，不足以辱天子之使。"河内失火[8]，延烧千余家，上使黯往视之；还，报曰："家人失火[9]，屋比延烧[10]，不足忧也。臣过河南[11]，河南贫人伤水旱万余家，或父子相食，臣谨以便宜[12]，持节发河南仓粟以振贫民[13]。臣请归节[14]，伏矫制之罪[15]。”上贤而释之。

其在东海，治官理民，好清静，择丞、史[16]任之，责大指而已[17]，不苛小[18]。黯多病，卧闺阁内不出[19]。岁余，东海大治[20]，称之。上闻，召为主爵都尉，列于九卿[21]。其治务在无为[22]，引大体[23]，不拘文法[24]。

黯为人，性倨少礼[25]，面折[26]，不能容人之过[27]。时天子方招文学儒者[28]，上曰："吾欲云云[29]。”黯对曰："陛下内多欲而外施仁义，奈何欲效唐、虞之治乎[30]！”上默然，怒，变色而罢朝[31]，公卿皆为黯惧[32]。上退，谓左右[33]曰："甚矣，汲黯之戆也[34]！”群臣或数黯[35]，黯曰："天子置公卿辅弼之臣，宁令从谀承意[36]，陷主于不义[37]乎？且已在其位，纵爱身，奈辱朝廷何[38]！”

黯多病，病且满三月[39]；上常赐告者数[40]，终不愈。最后病，庄助为请告[41]。上曰："汲黯何如人哉？”助曰："使黯任职居官，无以逾人[42]；然至其辅少主，守城深坚[43]，招之不来，麾之不去[44]，虽自谓贲、育亦不能夺之矣[45]！”上曰："然。古有社稷之臣[46]，至如黯，近之矣[47]。”

匈奴来请和亲，天子下其议[48]。大行王恢，燕人也，习胡事[49]，议曰："汉与匈奴和亲，率[50]不过数岁，即复倍约[51]；不如勿许，兴兵击之。”韩安国曰："匈奴迁徙鸟举[52]，难得而制[53]，自上古不属为人[54]。今汉行数千里与之争利，则人马罢乏[55]；虏以全制其敝[56]，此危道也。不如和亲。”群臣议者多附安国[57]。于是上许和亲。

（以上为第十段，写汉武帝任命韩安国为御史大夫；任命汲黯为主爵都尉。汲黯性情刚直，处理政务，主张清净无为；匈奴前来请求和亲结好，韩安国主张和亲，武帝予以采纳。）

【注释】

[1]东海：郡名，郡治郯县，在今山东郯城县西北。[2]汲黯：西汉濮阳（今河南濮阳县西南）人，字长孺，治尚无为。传见《史记》卷一百二十、《汉书》卷五十。[3]主爵都尉：官名，掌列侯封爵事务，秩二千石，与九卿同级。[4]谒者：官名，掌宫廷收发传达之事，属郎中

令。［5］以严见惮：以严肃而为众所敬畏。严，严肃。惮，敬畏。［6］东越相攻：东越与闽越相攻。两越均在今福建境内。［7］吴：县名，县治在今江苏苏州市。［8］河内：郡名，郡治怀县，在今河南武陟县西南。失火：发生火灾。［9］家人失火：平民之家偶发的火灾。［10］屋比延烧：因房屋毗连使火蔓延成灾。屋比，房屋毗连。比，通“毗”。［11］河南：郡名，郡治洛阳，在今河南洛阳市东北。［12］便宜：相机行事。［13］持节：拿着钦差使臣的符节。振：救济。［14］归节：向天子奉还汉节。［15］伏矫制之罪：愿服假托圣命之罪。伏，通“服”。矫制，假托皇帝之命。［16］丞、史：小吏名。郡守下属，有丞、掾史等，可选择任之。［17］责大指而已：只关注大事罢了。指，通“旨”，要旨，要务。［18］不苛小：不苛求细枝末节。［19］卧闺阁内不出：汲黯多病，躺在内室中不出门。闺阁，内室。［20］大治：治理得很好。［21］列于九卿：待遇与九卿并列。九卿为朝廷重臣。［22］务在无为：力求清净无为。［23］引大体：把握好大的方向，大原则。［24］不拘文法：不拘泥于法律条文，即办事决不形式主义。［25］性：秉性。倨：倨傲。少礼：不大讲究礼仪。［26］面折：敢当面顶撞上司。［27］不能容人之过：不能宽容别人的过失。［28］招文学儒者：招揽文学之士和儒家学者。［29］云云：如此如此。《汉纪》记载其内容曰：“吾欲兴政治，法尧舜，何如。”［30］“陛下内多欲”二句：皇上心中藏着很多欲望，只在表面上施行仁义，怎么能效法唐尧、虞舜，取得那样的治绩呢？奈何，怎么。［31］变色而罢朝：汉武帝变了脸色，宣布结束朝会。［32］公卿皆为黯惧：朝中公卿大臣都替汲黯担惊受怕。［33］左右：皇帝身边的近侍之臣。［34］甚矣，汲黯之戆也：汲黯的刚直太过分了。戆（zhuàng），刚直，鲁莽。［35］或数黯：有的大臣责备汲黯不给皇上留脸面。［36］宁：难道。从（sǒng）谀承意：阿谀奉承。［37］陷主于不义：使君主陷入不仁不义的地步。［38］奈辱朝廷何：污辱了朝廷怎么办！辱，污辱。［39］满三月：满了三个月的假期。汉制，官吏病满三个月当免官。［40］赐告：准予休假。数（shuò）：多次。［41］为请告：替汲黯请假。［42］“使黯”二句：让汲黯任职当官，没有可以超过别人的才能。逾人，超过别人。［43］守城深坚：维护既定国策，沉着坚定。如同守卫城邑，牢不可破。［44］招之不来，麾之不去：意谓利诱不动心，驱赶不离去。麾，通“挥”。［45］贲、育亦不能夺之矣：像孟贲、夏育那样的勇猛之士也动摇不了汲黯的耿耿忠心。贲、育，古代的勇士孟贲、夏育。［46］社稷之臣：谓与国家同患难共存亡的忠臣。［47］至如黯，近之矣：至于汲黯，接近社稷之臣的标准了。［48］下其议：交付群臣朝议。［49］习胡事：熟习匈奴事务。［50］率：大致。［51］倍约：背叛盟约。倍，通“背”。［52］迁徙鸟举：谓匈奴逐水草迁徙，如鸟轻易起飞。［53］制：控制，臣服。［54］不属为人：不把他们看作人类。谓匈奴人不明礼达义，不以礼待之。［55］罢乏：人疲马乏。罢，通“疲”。［56］以全制其敝：匈奴人以逸待劳后发制人。全，安全，以逸蓄养了完整的士众和完全的体力。［57］附安国：附和，赞同韩安国的和亲主张。

元光元年（丁未，前134年）

冬，十一月，初令郡国举孝廉[1]各一人，从董仲舒之言也。

卫尉李广为骁骑将军，屯云中[2]；中尉程不识[3]为车骑将军，屯雁门[4]。六月，罢[5]。广与不识俱以边太守将兵，有名当时。广行无部伍、行陈[6]，就善水草舍止[7]，人人自便，不击刁斗以自卫[8]，莫府省约文书[9]；然亦远斥候[10]，未尝遇害。程不识正部曲、行伍、营陈[11]，击刁斗，士吏治军簿至明，军不得休息；然亦未尝遇害。不识曰："李广军极简易，然虏卒犯之[12]，无以禁[13]也。而其士卒亦佚乐[14]，咸乐为之死。我军虽烦扰，然虏亦不得犯我。"然匈奴畏李广之略[15]，士卒亦多乐从李广而苦程不识[16]。

臣光曰：《易》曰[17]："师出以律，否臧凶[18]。"言治众而不用法[19]，无不凶也。李广之将，使人人自便。以广之材，如此焉可也；然不可以为法[20]。何则？其继者难也[21]；况与之并时而为将乎！夫小人之情[22]，乐于安肆而昧于近祸[23]，彼既以程不识为烦扰而乐于从广，且将仇其上而不服[24]。然则简易之害，非徒广军无以禁虏之仓卒[25]而已也。故曰"兵事以严终[26]"，为将者，亦严而已矣。然则效程不识，虽无功，犹不败；效李广，鲜不覆亡[27]哉！

夏，四月，赦天下。

五月，诏举贤良文学，上亲策之。

秋，七月，癸未[28]，日有食之。

（以上为第十一段，写汉武帝刘彻采纳董仲舒建议，下令各郡国察举孝廉；又下令察举贤良文学；免去李广、程不识的军事职务。李广治军偏宽，士兵多数愿意跟随李广作战。）

【注释】

[1]孝廉：汉代选举官吏的科目之一。孝，孝顺父母。廉，清廉有方。 [2]云中：郡名，郡治云中，在今内蒙古托克托县东北。 [3]程不识：西汉将领，与李广同时而齐名。程不识治军严厉，李广宽松。 [4]雁门：郡名，郡治善无，在今山西右玉县南。 [5]罢：罢军。 [6]部伍：指部队的编制组织。行（háng）陈：行列阵势。陈，通"阵"。 [7]舍止：驻扎。 [8]不击刁斗以自卫：不派巡逻士兵敲打刁斗警卫营盘。刁斗，铜锅。白日用以做饭，晚间敲着巡逻。击刁斗，

一用于巡更报时，二用于报警。［9］莫府省约文书：指挥部的文书简约，省去许多环节。莫，通“幕”。幕府，主将的营帐，在此处理日常军务。［10］远斥候：远远派出侦察哨兵。［11］程不识正部曲、行伍、营陈：程不识则整肃军事编制，讲究队列和安营布阵。部曲，部队的编制组织。汉制，将军所率部队皆有部曲。大将军营五部，部下有曲，曲下有屯。部置校尉，曲置军侯，屯置屯长，以为长官。［12］卒犯之：突然来袭。卒，通“猝”。［13］无以禁：没有办法抵御。禁，禁阻抵御。［14］佚（yì）乐：安逸快乐。佚，通“逸”。［15］略：谋略。［16］苦程不识：苦于跟随程不识。［17］《易》曰：引文见《易·师卦·爻辞》。［18］师出以律，否臧凶：军队出动须有纪律，不遵守纪律则凶。师，军队。律，纪律。否，通“不”。臧，通“遵”。［19］治众而不用法：统领大军而不用法纪约束。［20］不可以为法：不可以效法。［21］其继者难也：后人难以效法李广的做法。［22］小人之情：普通人的情性。小人，民众，普通人。［23］乐于安肆而昧于近祸：乐于安逸而不知接近了祸害。肆，放纵。昧，不知，糊涂。［24］仇其上：对上级仇视。不服：不听从指挥。［25］仓卒：匆忙。［26］兵事以严终：军纪要始终严格。［27］鲜不覆亡：不垮台的很少。鲜，少。［28］癸未：七月二十九日。

【点评】

论董仲舒。董仲舒，是汉代的大儒家，他的学问，被称为“新儒学”，意义十分重大，影响十分深远。

汉武帝崇尚儒家学说，即位之后，就通过贤良方正的科目招纳贤士，并亲自策问，称为“贤良对策”。董仲舒应运而出，对“天人三策”，系统地提出了“大一统”的学说和“诸不在六艺之科、孔子之术者，皆绝其道，勿使并进”的“罢黜百家，独尊儒术”的主张，为汉武帝所欣赏和采纳，使儒学成为治理国家的主导思想，影响中国长达两千多年。

首先，董仲舒是汉兴以来的真儒士，倡导的是“真儒学”。汉代儒学，是在继承先秦时期孔孟学说的基础上，吸收其他各家的思想精华建立的一个具有神学倾向的儒学体系，称为“新儒学”，其突出的内容，就是主张以仁政作为约束统治者的道德规范，缓解各方面的矛盾；主张强化中央集权，削弱割据势力；主张儒法结合，以德为主，以刑为辅，重视道德教化，实行“逆取顺守”的治国方略，也可以称之为“治国之学”。简括为一句话就是主张“大一统”和“三纲五常”。董仲舒，就是汉代“新儒学”的杰出代表，他具有儒学的真学问，追求儒学的真精神，将儒学的真精神发扬光大，虽有功利，但不是唯功利是图，是汉代新儒学的开创者，因而被称为汉代的“君子儒”。当然，汉代也有“利禄儒”，则是以追求儒学精神为幌子，甚至丢弃儒学的真精神，善于伪装、乔装自己，“缘饰以儒术”，以儒学为标签，以追求利禄为目标。而公孙弘就是这一类的代表。对于“新儒学”，人们一般予以讥评。但是我们只要弄清“新儒学”的真精神，将“新儒学”与“利禄儒”“伪儒学”相区别，就可以看出，新儒学是先秦儒学的继承和创新，更加注重于经世治国，更加具有积极的意义，应当予以褒扬。

其次，董仲舒致力于新儒学的研究和传播，是新儒学的集大成者，为汉朝培养了一大批治国人才。董仲舒曾走出家门，设坛教授儒学，下帷讲诵，精彩纷呈，有很多弟子，弟子再传弟子，一些再传弟子甚至只是听说过董仲舒的大名，而没有见过其面。董仲舒一门心思教学和研究，甚至三年都没有回家看一看。董仲舒的行为举止，都遵循礼节，很多读书人都尊他为师。他的弟子，有不少人做到了大夫的官；做谒者、掌故的有一百多人。在当时，公孙弘研究《春秋》的成就不及董仲舒，但是他行事善于迎合世俗，因此能够身居高位做了公卿大臣。董仲舒认为公孙弘为人阿谀逢迎，公孙弘非常憎恨，就对汉武帝说：“只有董仲舒可以担当胶西王的国相。”而胶西王刘端是汉武帝的哥哥，为人狠毒暴戾。公孙弘就是想借胶西王来打击董仲舒。董仲舒害怕居官日久会惹祸上身，就称病辞官回家，仍然干起老本行，一心研究儒学。自汉朝开国以来历经五朝，对《春秋》的研究以董仲舒最为精通，名望最高。董仲舒，真儒士也！

最后，董仲舒为官，是以新儒学的精神来治理其政。董仲舒的“贤良对策”，阐述了一系列的儒学新观点，与汉武帝刘彻的治政理念非常契合。那么，他的实践才能如何呢？汉武帝想考验他一下，就把他派到江都王刘非那里当国相。刘非是汉武帝的哥哥，粗暴、蛮横，完全是一介武夫。董仲舒当时的声望很高，刘非对董仲舒非常尊重。但刘非的出发点，是希望董仲舒像管仲辅助齐桓公一样辅助他，以夺取中央政权。这与董仲舒提出的“大一统”思想相违背，也是逆历史潮流而动，怎么能行呢？董仲舒就借古喻今进行规劝，指出：作为王者，要端正自己奉行道义，而不要谋求眼前的小利；要修养自己，信奉理念，而不要急于取得成果；要致力于以德教化民众，从而使社会风气大变，这才是为王的最高境界！暗示刘非不要称霸，不要心生妄想。后来，董仲舒弃官在家，钻研学问，而朝廷每有大事商议，汉武帝总是下令使者和廷尉前去听取董仲舒的建议。

可见，董仲舒的“新儒学”是应时而生。在当时，清净无为的黄老思想已经不能满足汉初的政治需求，儒家的“大一统”等理论更适合汉武帝时代。董仲舒建议统一学术，统一思想，直截了当地提出“大一统”的政治思想，把儒学发展到一个新的阶段，为儒学的发展做出了巨大贡献。董仲舒的“新儒学”，维护了汉武帝的集权统治，为当时社会政治和经济的稳定发展做出了重大的贡献！

卷一八 汉纪十

汉武帝元光二年至元朔四年（前 133—前 125 年）

【起著雍涒滩（戊申，前 133 年），尽柔兆执徐（丙辰，前 125 年），凡九年】

【大事提要】

本卷记事起公元前 133 年，讫公元前 125 年，凡九年，当汉武帝元光二年至元朔四年。本卷所载大事，主要是以下几个方面。其一，凿空西域。汉武帝欲联合大月氏共击匈奴，张骞应募而出使，于公元前 139 年出陇西，经匈奴，被俘而逃出，西行至大宛，经康居，抵达大月氏，再至大夏，历时十三年回到长安，被誉为“凿空西域”，打通了汉朝通往西域的道路，其二，主父偃献策。公元前 134 年，主父偃上书汉武帝，当天就被召见，拜为郎中。不久，又升为谒者、中郎、中大夫，一年升迁四次，破格任用。他向汉武帝提出“推恩分封子弟”“徙富豪于茂陵”等主张，后任为齐相，被冤杀。其三，马邑设谋。公元前 133 年，汉武帝听从大行王恢建议，在马邑策划了一场对匈奴的诱敌歼灭战。匈奴军臣单于贪图马邑城的财物，亲率十万大军进入武州塞，差一点就要进入汉朝的埋伏圈，最后识破圈套，迅速撤退。自此，西汉开始与匈奴进行大规模交战。其四，经略西南。汉武帝时，唐蒙上书建议开通夜郎道，被任命为郎中将，奉命出使夜郎，以厚礼说服夜郎侯多同归汉，汉在其地设置犍为郡。汉武帝又任命司马相如为中郎将，令持节出使，威震西夷。邛、筰、冉駹、斯榆的君长都请求臣属汉朝。其五，出击匈奴。公元前 129 年，匈奴兴兵南下直指上谷郡。汉武帝任命卫青为车骑将军，率领一万骑兵，深入敌境，直捣匈奴祭天圣地龙城，首虏七百人而凯旋，卫青被封为关内侯。这是汉初以来出击匈奴的首次胜利，为汉朝的进一步反击打下了良好的基础。

世宗孝武皇帝上之下

元光二年（戊申，前 133 年）

冬，十月，上行幸雍[1]，祠五畤[2]。

李少君以祠灶却老方见上[3]，上尊之。少君者，故深泽侯舍人[4]，匿其年及其生长[5]，其游以方遍诸侯[6]，无妻子。人闻其能使物及不死[7]，更馈遗之[8]，常余金钱、衣食。人皆以为不治生业而饶给[9]，又不知其何所人[10]，愈信，争事之。

少君善为巧发奇中[11]。尝从武安侯饮[12]，坐中有九十余老人，少君乃言与其大父游射处[13]；老人为儿时从其大父[14]，识其处[15]，一坐尽惊。

少君言上曰："祠灶则致物[16]，致物而丹沙可化为黄金[17]，寿可益，蓬莱[18]仙者可见；见之，以封禅则不死[19]，黄帝是也[20]。臣尝游海上，见安期生[21]，食臣枣[22]，大如瓜。安期生仙者，通蓬莱中，合则见人[23]，不合则隐。"于是天子始亲祠灶[24]，遣方士入海求蓬莱安期生之属[25]，而事化丹沙诸药齐[26]为黄金矣。居久之，李少君病死，天子以为化去，不死；而海上燕、齐怪迂之方士多更来言神事矣[27]。

亳人谬忌奏祠太一[28]。方曰："天神贵者太一，太一佐曰五帝[29]。"于是天子立其祠长安东南郊。

雁门马邑豪聂壹[30]，因大行王恢言："匈奴初和亲，亲信边，可诱以利致之[31]，伏兵袭击，必破之道也。"上召问公卿。

王恢曰："臣闻全代之时[32]，北有强胡之敌，内连中国[33]之兵，然尚得养老、长幼，种树以时，仓廪常实，匈奴不轻侵也。今以陛下之威，海内为一，然匈奴侵盗不已者，无他，以不恐之故[34]耳。臣窃以为击之便。"

韩安国曰："臣闻高皇帝尝围于平城[35]，七日不食；及解围反位，而无忿怒之心[36]。夫圣人以天下为度者也，不以己私怒伤天下之功，故遣刘敬结和亲，至今为五世利[37]。臣窃以为勿击便。"

恢曰："不然。高帝身被坚执锐[38]，行几十年[39]，所以不报平城之怨者，非力不能，所以休天下之心也。今边境数惊，士卒伤死，中国槥车相望[40]，此仁人之所隐[41]也。故曰击之便。"

安国曰："不然。臣闻用兵者以饱待饥，正治以待其乱[42]，定舍以待其劳[43]；故接兵覆众[44]，伐国堕城[45]，常坐而役敌国[46]，此圣人之兵也。今将卷甲轻举[47]，深入长驱，难以为功；从行则迫胁[48]，衡行则中绝[49]，疾则粮乏[50]，徐则后利[51]，不至千里，人马乏食。《兵法》曰：'遗人，获也[52]'，臣故曰勿击便。"

恢曰："不然。臣今言击之者，固非发而深入也。将顺因单于之欲，诱而致之边，吾选枭骑、壮士阴伏而处[53]以为之备，审遮险阻[54]以为其戒。吾势已定，或营其左，或营其右，或当其前，或绝其后，单于可禽[55]，百全必取[56]。"上从恢议。

夏，六月，以御史大夫韩安国为护军将军，卫尉李广为骁骑将军，太仆公孙贺为轻车将军，大行王恢为将屯将军，太中大夫李息为材官将军，将车骑、材官三十余万匿[57]马邑旁谷中，约单于入马邑纵兵[58]。阴使聂壹为间[59]，亡入匈奴[60]，谓单于曰："吾能斩马邑令、丞，以城降，财物可尽得。"单于爱信[61]，以为然而许之。聂壹乃诈斩死罪囚，县[62]其头马邑城下，示单于使者为信[63]，曰："马邑长吏已死，可急来！"

于是单于穿塞[64]，将十万骑入武州塞[65]。未至马邑百余里，见畜布野而无人牧者[66]，怪之[67]。乃攻亭，得雁门尉史[68]，欲杀之，尉史乃告单于汉兵所居[69]。单于大惊曰："吾固疑之。"乃引兵还，出曰："吾得尉史，天也[70]！"以尉史为天王。塞下传言单于已去，汉兵追至塞，度弗及[71]，乃皆罢兵。王恢主别从代出击胡辎重[72]，闻单于还，兵多，亦不敢出。

上怒恢。恢曰："始，约为入马邑城，兵与单于接，而臣击其辎重，可得利。今单于不至而还，臣以三万人众不敌[73]，只取辱。固知还而斩，然完[74]陛下士三万人。"于是下恢廷尉[75]。廷尉当[76]"恢逗桡[77]，当斩。"

恢行[78]千金丞相蚡，蚡不敢言上，而言于太后曰："王恢首为马邑事，今不成而诛恢，是为匈奴报仇也。"上朝太后[79]，太后以蚡言告上。上曰："首[80]为马邑事者恢，故发天下兵数十万，从其言为此。且纵单于不可得[81]，恢所部击其辎重，犹颇可得以慰士大夫心[82]。今不诛恢，无以谢天下[83]。"于是恢闻，乃自杀。

自是之后，匈奴绝和亲，攻当路塞[84]，往往入盗于汉边，不可胜数；然尚贪乐关市[85]，嗜汉财物；汉亦关市不绝，以中其意[86]。

（以上为第一段，写公元前133年重大史事，汉朝设谋马邑，吹响反击匈奴的号角。大行王恢建议，发三十万大军伏击匈奴；匈奴十万骑兵入塞，看出汉军破绽，全军撤回，汉军无功而返，王恢自杀。）

【注释】

[1]上：指武帝。雍：县名，治所在今陕西宝鸡市凤翔区南。 [2]祠五畤：祭祀五天帝。五畤，供奉五天帝的处所。 [3]李少君以祠灶却老方见上：李少君凭借祭祀灶神求长生不老的方术进见汉武帝。李少君，西汉方士。祠灶，祭灶。却老方，防止衰老之方。 [4]深泽侯：疑指赵修。高帝功臣有深泽侯赵将夕，其孙赵修于景帝三年嗣侯，七年获罪。舍人：家臣。 [5]匿其年：隐瞒自己的年龄。生长：生平经历。 [6]其游以方遍诸侯：凭借他的方术游遍诸侯国。[7]使物：能役使鬼神万物。不死：有长生不老的方术。 [8]更馈遗之：争相、轮替赠送财物给李少君。 [9]饶给：富有。 [10]何所人：哪里人。 [11]巧发奇中（zhōng）：谓伺机发言而往往猜中。 [12]尝从武安侯饮：曾经陪同武安侯田蚡饮酒。 [13]大父游射处：说起与座中九十老人的祖父一起游玩射猎的地方。 [14]从其大父：跟随祖父。 [15]识其处：记得这个地方。 [16]祠灶则致物：祭祀灶神可招来鬼神。物，与人相异之物，即鬼神。 [17]丹沙：丹砂。化：炼制。 [18]蓬莱：传说在渤海中的仙山，山上有神仙。 [19]见之，以封禅则不死：见了仙人，然后封禅就可以不死。封禅，古代帝王在泰山作坛以祭天，称封；在泰山下梁父山划区以祭地，称禅。 [20]黄帝是也：传说黄帝不死，乘龙升天。 [21]安期生：方士口中编造的仙人之名。 [22]食臣枣：给李少君枣吃。按：《史记·孝武本纪》及《汉书·郊祀志》均作“巨枣”。疑“臣”乃“巨”之误。 [23]合则见人：谁和他投缘就现身见人。合，投缘。 [24]天子：指汉武帝。亲祠灶：亲自祭祀灶神。 [25]之属：与安期生同类的仙人。 [26]药齐：药剂。齐，通“剂”。 [27]更来言神事矣：纷纷前来讲说神仙故事。 [28]亳（bó）：地名。历史上有多处。此取济阳郡薄县。谬忌：姓谬，名忌。方士，济阳郡薄县人。汉薄县，在今山东曹县东南。太一：最尊贵的天神。 [29]五帝：太一的辅佐五天帝，即青帝、赤帝、白帝、黑帝、黄帝。 [30]马邑：县名，治所在今山西朔州市。豪：头领。聂壹：姓聂，名壹。 [31]可诱以利致之：可用财利引诱匈奴前来。致，招来。 [32]全代之时：指代国未分之时。战国初，代自为一国，故曰全代。[33]中国：中原。 [34]不恐之故：原因是不害怕汉朝。 [35]围：被围。平城：县名，在今山西大同市东北。高帝七年，公元前200年，高祖反击匈奴冒顿单于南侵，被围平城七日七夜而后得出。 [36]解围反位，而无忿怒之心：高帝在平城，解围回到京城，没有愤怒之心。反，通“返”。[37]至今为五世利：汉与匈奴和亲，自高帝以来，经过惠帝、高后、文帝、景帝，共五世享和平之利。 [38]被坚执锐：披坚甲，执利兵。喻征战不休。被，通“披”。 [39]行几十年：征战

差不多十年。行，征战。几，差不多，接近。［40］槥车相望：载槥之车相望于道。言其多。槥（huì），小而薄的棺材。从军死者以槥送其归葬，在路上的载槥之车一辆接一辆。［41］隐：悲痛。［42］正治以待其乱：严明军纪等待敌人的混乱。［43］定舍以待其劳：安居军营等待敌人的疲劳。［44］接兵覆众：一旦交战，就要打败敌众。接兵，交战。覆，翻，倾倒，败。［45］伐国：进攻敌国。堕城：占领敌城。［46］常坐而役敌国：经常安坐而迫使敌人俯首听命。［47］卷甲轻举：轻易地发动军队，谓轻易用兵匈奴。［48］从行则迫胁：孤军深入就要受到威胁。从，通"纵"。纵行，指孤军深入。［49］衡行则中绝：多路进攻就没有后继。衡行，齐头并进，喻分兵多路进攻。中绝，接应不继，断了后继。［50］疾则粮乏：进军太快粮食供应不上。［51］徐则后利：进军缓慢丧失有利战机。徐，迟缓。后利，赶不上趋利，丧失战机。［52］遗人，获也：派出军队，被敌人抓获。［53］阴伏而处：暗中埋伏在敌人必经之处。［54］审遮险阻：谨慎地据守险要的地势。遮，挡，据守。［55］"吾势已定"六句：我们的部署已经完成，有的军队攻其左，有的军队攻其右，有的军队挡在正前方，有的军队切断敌人的后路，匈奴单于可以擒获。［56］百全必取：百无一失，一定取胜。［57］匿：藏匿，埋伏。［58］纵兵：全线出击。［59］阴使：暗中派遣。间：间谍。［60］亡入匈奴：假装逃到匈奴。［61］爱信：喜欢而信任他。［62］县：通"悬"。［63］示：显示。信：证据。［64］穿塞：通过边塞。［65］武州塞：武州边塞。武州，边县名，县治在今山西左云县。［66］畜布野：牲畜遍布野地。无人牧者：没有放牧人。［67］怪之：对此觉得奇怪。［68］得雁门尉史：抓了一个雁门关小军官。尉史，小军事官员。［69］汉兵所居：汉军埋伏处所。［70］天也：上天保佑。［71］度弗及：估计追击不上。［72］王恢主别从代出击胡辎重：王恢承担的任务，是指挥另一支军队，从代地出发，准备袭击匈奴的后勤给养。主，承担的任务。辎重，行军时由运输队携带的物资。［73］不敌：不是对手，打不过。［74］完：保全。［75］下：交付。廷尉：官名，九卿之一，最高司法官，掌刑狱。王恢被交给廷尉来主审。［76］当：判决定罪。［77］逗桡：所判罪名，言其畏敌观望、逗留，丧失战机。［78］行：行贿。［79］太后：汉武帝之母王太后，田蚡之姐。［80］首：首谋。［81］纵单于不可得：即使单于没有抓到。纵，即使。［82］慰士大夫心：安慰全军将士的心。［83］谢天下：向天下人致歉。［84］当路塞：交通要塞。［85］乐：喜欢。关市：边界的交易市场。［86］中其意：投其所好。中（zhòng），迎合。

三年（己酉，前132年）

春，河水徙[1]，从顿丘[2]东南流。夏，五月，丙子[3]，复决濮阳瓠子[4]，注巨野[5]，通淮、泗[6]，泛郡十六[7]。天子使汲黯、郑当时发卒十万塞之[8]，辄复坏。是时，田蚡奉邑食鄃[9]，鄃居河北，河决而南，则鄃无水灾，邑收多。蚡言于上曰："江、河之决皆天事[10]，未易以人力强塞，塞之未必应天[11]。”而望气用数者亦以为然[12]。于是天子久之不复事塞[13]也。

【注释】

[1]河水徙：黄河水改道。 [2]顿丘：县名，县治在今河南清丰县西。 [3]丙子：五月二日。 [4]决：决口。濮阳：县名，县治在今河南濮阳县西南。瓠子：地名，在濮阳境内黄河岸边。汉武帝元兴三年，公元前132年夏五月，黄河决堤瓠子，水南流淮、泗，淹没十六郡。 [5]注巨野：流掩巨野县。巨野县治在今山东巨野县东北。 [6]通淮、泗：通向淮河、泗水。 [7]泛郡十六：泛滥淹没十六个郡。 [8]塞之：堵塞决口。 [9]奉邑：即食邑。鄃：县名，县治在今山东夏津。 [10]天事：这是上天的安排。 [11]塞之未必应天：堵塞黄河缺口未必符合天意。 [12]望气：古代迷信活动，望气而卜吉凶。用数者：玩弄术数之人。以为然：以为是这样。[13]久之不复事塞：长久不进行堵塞决口之事。

初，孝景时，魏其侯窦婴[1]为大将军，武安侯田蚡乃为诸郎[2]，侍酒跪起如子侄[3]。已而蚡日益贵幸[4]，为丞相。魏其失势[5]，宾客益衰，独故燕相颍阴灌夫[6]不去。婴乃厚遇夫[7]，相为引重[8]，其游如父子然[9]。

夫为人刚直，使酒[10]，诸有势在己之右者必陵之[11]；数因酒忤[12]丞相。丞相乃奏案[13]：“灌夫家属横颍川[14]，民苦之。”收系夫及支属[15]，皆得弃市[16]罪。

魏其上书论救[17]灌夫，上令与武安东朝廷辨之[18]。魏其、武安因互相诋讦[19]。上问朝臣：“两人孰是[20]？”唯汲黯是魏其，韩安国两以为是；郑当时是魏其，后不敢坚[21]。上怒当时曰[22]：“吾并斩若属[23]矣。”即罢[24]。起，入[25]。上食太后[26]，太后怒不食，曰：“今我在也，而人皆藉吾弟[27]；令我百岁后[28]，皆鱼肉之[29]乎！”上不得已，遂族灌夫[30]；使有司案治魏其[31]，得弃市罪。

（以上为第二段，写黄河决口，十六郡被淹，丞相田蚡借天意放弃堵口，任其泛滥；大将军窦婴失势，与灌夫相互援引，灌夫得罪田蚡，被治罪；窦婴营救，亦被斩首。）

【注释】

[1]窦婴：西汉人，官至丞相，封魏其侯。传见《史记》卷一百七、《汉书》卷五十二。

［2］诸郎：指中郎、侍郎、郎中等官。［3］侍酒：侍从宴饮。子侄：儿子、侄儿。［4］已而：不久。贵幸：显贵受宠。［5］失势：失去权势。［6］灌夫：西汉颍阴（今河南许昌市）人，字仲孺，官至太仆。传见《史记》卷一百七、《汉书》卷五十二。［7］厚遇夫：优待灌夫。［8］相为引重：互相称引而倚重。［9］其游如父子然：他们的交往，情深如同父子。［10］刚直：刚强正直。使酒：借酒发疯。［11］在己之右：比自己高贵。陵：通"凌"。［12］忤（wǔ）：违逆，得罪。［13］奏案：奏请查办。［14］横颍川：在颍川横行霸道。［15］收系：拘捕关押。支属：家属。［16］弃市：斩于闹市，陈尸示众。［17］论救：找理由营救。［18］上：指武帝。武安：指武安侯田蚡。东朝：指东宫。即王太后所居之长乐宫。廷辨：在宫廷公开辩论是非。辨，同"辩"。［19］诋讦（jié）：诋毁与揭发阴私。［20］两人孰是：两人谁对？孰，谁。［21］坚：坚持己见。［22］上怒当时曰：汉武帝愤怒地对郑当时说。［23］若属：你们这些人。［24］即罢：立即罢朝，中止了廷辩。［25］起，入：起来，进入宫内。［26］上食太后：送食物给太后。上，送上。［27］藉吾弟：践踏我的弟弟。［28］百岁后：死后。［29］鱼肉之：把他当鱼肉一样宰割。［30］族灌夫：诛灭灌夫全族。［31］使有司案治魏其：派主管官吏查办魏其侯窦婴。

四年（庚戌，前 131 年）

冬，十二月晦[1]，论杀魏其于渭城[2]。春，三月，乙卯[3]，武安侯蚡亦薨。及淮南王安败，上闻蚡受安金[4]，有不顺语[5]，曰："使武安侯在者[6]，族矣[7]！"

夏，四月，陨霜杀草[8]。

御史大夫安国行丞相事[9]，引，堕车，蹇[10]。五月，丁巳[11]，以平棘侯薛泽[12]为丞相，安国病免。

地震。赦天下。

九月，以中尉张欧为御史大夫。韩安国疾愈，复为中尉。

河间王德[13]，修学好古[14]，实事求是，以金帛招求四方善书[15]，得书多与汉朝等。是时，淮南王安亦好书，所招致率多浮辩[16]。

献王所得书，皆古文先秦旧书[17]，采礼乐古事，稍稍增辑至五百余篇，被服、造次必于儒者[18]，山东诸儒多从之游。

【注释】

［1］十二月晦：十二月末。［2］渭城：县名，县治在今陕西咸阳市东北。［3］乙卯：三月十七日。［4］蚡受安金：田蚡接受淮南王刘安贿赂的黄金。［5］有不顺语：说了一些不合宜的话。不顺，大逆不道。田蚡对刘安说，皇上无子，安当作继承人。［6］在者：还活着。［7］族矣：

当灭族。［8］陨霜杀草：天降寒霜，冻死了野草。［9］行丞相事：代理丞相视事。［10］引，堕车，蹇：引导皇上车驾，从车上跌落，成了跛腿。［11］丁巳：五月二十日。［12］薛泽：高帝功臣广平侯薛欧之孙。［13］河间王德：刘德，景帝之子。景帝前二年受封河间王。［14］修学好古：努力钻研学问，喜好古代书籍。［15］善书：内容好的书。［16］率多浮辩：大多是浮滑论辩之书。［17］先秦旧书：秦以前的古籍。［18］被服：感情思想。造次：言谈举止。必于儒者：一定效法儒学老师。

五年（辛亥，前130年）

冬，十月，河间王来朝，献雅乐[1]，对三雍宫[2]及诏策所问三十余事。其对，推道术[3]而言，得事之中[4]，文约指明[5]。天子下太乐官常存肄河间王所献雅声[6]，岁时以备数[7]，然不常御[8]也。

春，正月，河间王薨，中尉常丽以闻，曰："王身端行治[9]，温仁恭俭，笃敬爱下，明知深察[10]，惠于鳏寡[11]。"大行令奏："谥法：'聪明睿知曰献'，谥曰献王。"

班固赞曰[12]：昔鲁哀公有言[13]："寡人生于深宫之中，长于妇人之手，未尝知忧，未尝知惧。"信哉斯言[14]也，虽欲不危亡，不可得已！是故古人以宴安[15]为鸩毒，无德而富贵谓之不幸。汉兴，至于孝平[16]，诸侯王以百数，率多骄淫失道[17]。何则？沈溺放恣之中[18]，居势使然也[19]。自凡人犹系于习俗，而况哀公之伦乎！"夫唯大雅[20]，卓尔不群[21]"，河间献王近之[22]矣。

（以上为第三段，写河间王刘德努力钻研学问，喜好古代典籍，注重实事求是；搜集礼乐制度的古事，稍加增订，编辑成书，有五百多篇；思想和言谈举止，务求符合儒家学说。河间王刘德的学问德行受到了班固的高度称赞。）

【注释】

［1］雅乐：不庸俗的高尚的音乐。［2］对：回答汉武帝所提问。三雍宫：指辟雍、明堂、灵台。指代三雍宫的典章制度。［3］推道术：阐明儒学思想。道，儒家之道。［4］得事之中：抓住问题的关键。中（zhòng），适中，键，要害。［5］文约指明：文辞简约，观点明确。指，通"旨"。［6］"天子下"句：汉武帝下令让掌管宫廷音乐的太乐官经常练习河间献王所献的雅乐。下，下命。常存肄，经常注意练习。肄，学习。［7］岁时以备数：在年节的典礼中演奏。［8］御：进用，演奏。［9］身端行治：立身正直，行为检点。［10］明知深察：聪明智慧，洞察

隐微。知，通“智”。［11］惠于鳏寡：恩惠及于光棍汉和寡妇。［12］班固赞曰：此赞取自《汉书》卷五十三《景十三王传》。［13］鲁哀公：春秋时鲁君。有言：说了这样的话。按：鲁哀公之言，见《孙卿子》载鲁哀公与孔子之言。［14］信哉斯言：这话说得太实在了。［15］宴安：安逸享受。［16］孝平：西汉孝平帝。传见《汉书》卷十二。［17］率多骄淫失道：大多骄横荒淫丧失道德。率，大多，大致。［18］沈溺：谓不改积习。放恣：骄纵恣肆。［19］居势使然也：他们所处的位置导致这样。居势，所处地位和形势。［20］大雅：大度君子，即超群不俗的大才。［21］卓尔不群：出类拔萃。［22］近之：近似这样的人。

初，王恢之讨东越也，使番阳[1]令唐蒙风晓南越[2]。南越食蒙以蜀枸酱[3]，蒙问所从来[4]。曰：“道西北牂柯江[5]。牂柯江广数里，出番禺城下[6]。”蒙归至长安，问蜀贾人。贾人曰：“独蜀出枸酱，多持窃出市夜郎[7]。夜郎者，临牂柯江，江广百余步[8]，足以行船。南越以财物役属夜郎[9]，西至桐师[10]，然亦不能臣使也。”

蒙乃上书说上曰：“南越王黄屋左纛[11]，地东西万余里，名为外臣，实一州主也。今以长沙、豫章往[12]，水道多绝[13]，难行。窃闻夜郎所有精兵可得十余万，浮船牂柯江[14]，出其不意，此制越一奇也[15]。诚以汉之强，巴、蜀之饶[16]，通夜郎道为置吏，甚易。”上许之。

乃拜蒙为中郎将[17]，将[18]千人，食重[19]万余人，从巴、蜀筰关入[20]，遂见夜郎侯多同[21]。蒙厚赐[22]，喻以威德，约为置吏，使其子为令[23]。夜郎旁小邑皆贪汉缯帛[24]，以为汉道险[25]，终不能有[26]也，乃且听蒙约[27]。

还报，上以为犍为郡[28]，发巴、蜀卒治道[29]，自僰道指[30]牂柯江，作者数万人，士卒多物故[31]，有逃亡者。用军兴法诛其渠率[32]，巴、蜀民大惊恐。上闻之，使司马相如责唐蒙等[33]，因谕告巴、蜀民以非上意[34]；相如还报[35]。

是时，邛、筰之君长。闻南夷与汉通[36]，得赏赐多，多欲愿为内臣妾[37]，请吏比南夷[38]。天子问相如，相如曰：“邛、筰、冉駹[39]者近蜀，道亦易通。秦时尝通，为郡县，至汉兴而罢[40]。今诚复通，为置郡县，愈[41]于南夷。”

天子以为然，乃拜相如为中郎将，建节往使[42]，及副使王然于等乘传[43]，因巴、蜀吏币物以赂西夷。邛、筰、冉駹、斯榆[44]之君。皆请为内臣。除边关[45]；关益斥[46]，西至沫、若水[47]，南至牂柯为徼[48]，通零关道[49]，桥孙水[50]以通邛都，为置一都尉、十余县，属蜀[51]。天子大说[52]。

诏发卒万人治雁门阻险[53]。

（以上为第四段，写公元前130年汉武帝任命唐蒙为中郎将，率军进入夜郎境内，在那里设立犍为郡；又任命司马相如为中郎将，持皇帝符节出使西夷，在那里设立都尉管辖。）

【注释】

[1]番（bō）阳：县名，县治在今江西鄱阳县东北。 [2]唐蒙风晓南越：派唐蒙去向南越王说明进军意图。风，读“讽”，晓谕。 [3]“南越”句：南越王请唐蒙吃蜀地所产的枸酱。蜀，郡名，郡治成都，在今四川成都市。枸酱，用枸的果实制作的酱酢。[4]所从来：从什么地方传来。[5]道：由。牂（zāng）柯（kē）江：水名，流经云、贵、两广的珠江上游今北盘江。 [6]出番禺城下：从番禺城旁流过。番禺，今属广州市。 [7]持窃出市夜郎：偷偷地带出去，卖给夜郎。市，交易。夜郎，古小国名，在云南与贵州间。 [8]江广百余步：江面宽一百多步。六尺一步，一百余步，六七十丈宽。 [9]役属夜郎：支配夜郎。 [10]桐师：古部落名，在夜郎西，今云南境内。 [11]黄屋：帝王乘舆的车盖以黄缎衬里，曰“黄屋”。左纛：帝王乘舆左衡上竖着以牦牛尾或雉尾制成的装饰物，曰“左纛”。故以黄屋左纛指称帝王乘舆。此谓南越王僭越。 [12]长沙：王国名，治临湘，在今湖南长沙市。豫章：郡名，郡治南昌，在今江西南昌市。往：前往。此指从长沙、豫章两地进兵南越。 [13]水道多绝：水路多处断绝。 [14]浮船牂柯江：乘船由牂柯江顺流而下。 [15]此制越一奇也：这是制服南越的一条奇计。 [16]饶：富饶，指经济实力。[17]中郎将：官名，侍卫天子，属郎中令。 [18]将：带兵。 [19]食重：谓携带粮食辎重。[20]从巴、蜀筰关入：唐蒙从巴郡筰关进入。《汉书·西南夷传》无“蜀”字，是。巴筰关，即巴符关，在今四川合江县。 [21]多同：夜郎侯之名。 [22]厚赐：优厚赏赐。 [23]使其子为令：委任夜郎侯之子为县令。 [24]旁：附近。小邑：小部落。贪汉缯帛：贪图汉朝的丝绸。缯帛，丝织品的总称。 [25]汉道险：通向汉朝的道路艰险。 [26]终不能有：认为汉朝最终不能占有夜郎。 [27]且听蒙约：暂且听从唐蒙的约定。 [28]犍为郡：初治鳖县，在今贵州遵义市西；后治僰道，在今四川宜宾市西南安边镇。 [29]发：征发。治道：修筑道路。 [30]指：指向。 [31]物故：死亡。 [32]军兴法：汉制，朝廷征集财物以供军用，谓之军兴。违者，以犯法论。渠率：首领，工头。此谓用军法管理修路民工。 [33]责唐蒙等：责备唐蒙等人。按：司马相如此文称《喻巴蜀檄》，载《史记·司马相如列传》。檄文批评唐蒙用军兴法太急，同时告喻巴

蜀之民明大义，服从国家的战略。［34］非上意：谓唐蒙所为不是皇上之意。［35］还报：还京报告天子。［36］邛：古族名，即邛都夷，分布于今四川西昌市地区。筰：古族名，即筰都夷，分布于今四川汉源县一带。君长：首领。南夷：指西南各少数民族。［37］为内臣妾：成为汉朝的臣民。内，内附汉朝。［38］请吏：请求派去官吏。比南夷：与南夷一样。［39］冉駹（máng）：古族名，分布于今四川北部松潘县、茂县一带。［40］罢：废。［41］愈：胜，超过。［42］建节往使：持节出使。节，使者所持的凭证。［43］乘传：乘坐驿车。［44］斯榆：古族名，分布于今四川天全县一带。［45］除边关：除去旧设的边关。［46］关益斥：指新置边关更加开放。［47］沫、若水：两水名。沫水，今称大渡河。若水，今称雅砻江。［48］徼：边界。［49］零关道：即灵关道，在今四川峨边县南。［50］桥孙水：在孙水上架桥。孙水，即今四川西南部之安宁河。［51］属蜀：新置县隶属蜀郡。［52］说：读“悦”。［53］治雁门阻险：修治雁门郡的险要关塞。

秋，七月，大风拔木。

女巫楚服等教陈皇后祠祭厌胜[1]，挟妇人媚道[2]；事觉[3]，上使御史张汤穷治之[4]。汤深竟党与[5]，相连及诛者三百余人，楚服枭首于市[6]。

乙巳[7]，赐皇后册[8]，收其玺绶[9]，罢退[10]，居长门宫[11]。窦太主惭惧[12]，稽颡谢上[13]。上曰：“皇后所为不轨于大义[14]，不得不废。主当信道以自慰[15]，勿受妄言以生嫌惧。后虽废，供奉如法[16]，长门无异上宫[17]也。”

初，上尝置酒窦太主家，主见所幸卖珠儿董偃，上赐之衣冠，尊而不名，称为“主人翁”，使之侍饮；由是董君贵宠，天下莫不闻[18]。常从游戏北宫，驰逐平乐观[19]，鸡、鞠之会[20]，角狗、马之足[21]，上大欢乐之。上为窦太主置酒宣室[22]，使谒者引内董君[23]。是时，中郎东方朔陛戟殿下[24]，辟戟而前[25]曰：“董偃有斩罪三，安得入乎[26]！”上曰：“何谓也[27]？”朔曰：“偃以人臣私侍公主[28]，其罪一也。败男女之化[29]，而乱婚姻之礼，伤王制[30]，其罪二也。陛下富于春秋[31]，方积思于《六经》[32]，偃不遵经劝学，反以靡丽为右[33]，奢侈为务，尽狗马之乐[34]，极耳目之欲[35]，是乃国家之大贼[36]，人主之大蜮[37]，其罪三也。”上默然不应，良久[38]曰：“吾业已设饮，后而自改。”朔曰：

"不可。夫宣室者，先帝之正处[39]也，非法度之政不得入焉[40]。故淫乱之渐[41]，其变为篡[42]。是以竖貂为淫而易牙作患[43]，庆父[44]死而鲁国全。"上曰："善！"有诏止[45]，更置酒北宫，引董君从东司马门[46]入；赐朔黄金三十斤。董君之宠由是日衰。是后，公主、贵人多逾礼制矣[47]。

上以张汤为太中大夫，与赵禹共定诸律令[48]，务在深文[49]。拘守职之吏[50]，作见知法[51]，吏传相监司[52]。用法益刻自此始[53]。

八月，螟[54]。

（以上为第五段，写皇后陈阿娇失宠，进行祈祷诅咒，被汉武帝废去尊号，贬入长门宫；窦太主的男宠董偃得到汉武帝的宠信，被东方朔严词谏止；太中大夫张汤制定法令，用法更加严厉苛刻。）

【注释】

[1]巫（wū）：旧时装神弄鬼替人祈祷以欺世的人。楚服：女巫名。陈皇后：长公主嫖之女。厌（yā）胜：古时骗人的巫术，妄言能以诅咒制服人或物。[2]挟妇人媚道：使出妇人的媚态诅咒。挟，凭，持，使出。[3]事觉：事情败露。[4]御史：官名，掌监察。张汤：西汉杜陵（今陕西西安市东南）人，官至御史大夫，以尚法严刑闻名。传见《史记》卷一百二十二、《汉书》卷九十。穷治：彻底查处。[5]深竟党与：彻查同伙。[6]楚服枭首于市：楚服被斩首于闹市以示众。[7]乙巳：七月十四日。[8]册：同"策"，指废后策书。[9]收其玺绶：收回皇后的印玺。[10]罢退：废除皇后尊号，打入冷宫。[11]长门宫：陈皇后被废所居之宫，在长安城东南。[12]窦太主：即长公主嫖。惧：恐惧。[13]稽颡谢上：向皇上行大礼认罪。稽颡，以额触地的跪拜礼，以示悲痛。[14]不轨于大义：不符合大义。不轨，越出了正常轨道。[15]主当信道以自慰：公主应当相信道义而放宽心怀。[16]供奉如法：供养依照皇后原来的标准。[17]长门无异上宫：陈皇后居住在长门宫与原居住的皇宫没有区别。[18]莫不闻：都知道。[19]平乐观：在未央宫北，周围十五里。[20]鸡、鞠之会：斗鸡和踢球的活动。[21]角狗、马之足：狗、马赛跑。[22]宣室：即未央宫前殿正室，为宣布政教的地方。[23]谒者：官名，为天子掌文书传达。引内：引进。内，通"纳"。[24]陛戟殿下：执戟立于殿陛下。[25]辟戟而前：放下戟走到汉武帝面前。[26]安得入乎：怎么可以进入宣室。[27]何谓也：有什么说法吗？[28]私侍公主：私通公主。[29]败男女之化：败坏男女风化。[30]伤王制：伤害王法。[31]富于春秋：皇上年少。[32]方积思于《六经》：皇上正在努力学习《六经》。积思，努力学习，反复思考。《六经》，指《诗》《书》《易》《礼》《乐》《春秋》。[33]靡丽：浮华。右：崇尚。[34]尽狗马之乐：尽情地享受斗狗赛马的欢乐。[35]极耳目之欲：极力满足耳目的刺

激。［36］大贼：大害虫。贼，一种专吃苗节的害虫。［37］大蜮：大祸害。蜮（yù），古代传说能含沙射人之怪物。［38］良久：好久。［39］正处：处理政务的处所。正，通“政”。［40］非法度之政：不是合法之政教大事。不得入焉：不能进入宣室。［41］淫乱之渐：淫乱苗头的进一步发展。渐，逐步变化、发展。［42］其变为篡：就会变成篡夺君位。［43］竖貂、易牙：二人皆春秋时齐桓公内臣。竖貂自阉而为宦者，易牙烹其子以奉桓公，管仲以为二人诈伪，劝齐桓公去之。管仲死，桓公又召用二人。桓公病，二人作乱，封锁宫门，不给桓公饮食，桓公饿死于寿宫，尸体腐烂生虫，三月不葬。［44］庆父：春秋时鲁桓公之子，庄公之弟。庄公死，庆父杀庄公之子闵公而作乱，不克，奔莒。其后僖公求之于莒，莒遣庆父返，缢之于密，于是僖公乃定其位，鲁国暂安。［45］诏止：诏令停止置酒宣室。［46］东司马门：未央宫东阙内之司马门。［47］多逾礼制矣：大多不遵守礼制，即争相奢侈纵欲。［48］定诸律令：制定各项法律条令。［49］务在深文：务求繁密严苛。［50］拘守职之吏：严格控制现职官员。［51］作见知法：制定检举揭发的“见知法”。该法认定知人犯法不举报，犯故意放纵罪犯的罪，判处同等罪。［52］吏传相监司：用“见知法”使官吏互相监视，互相侦察。［53］“用法”句：从此开始，用法更加严厉苛刻。［54］螟：发生螟虫灾害。螟，专吃稻心的害虫。

是岁，征吏民有明当世之务、习先圣之术者，县次续食[1]，令与计偕[2]。

菑川人公孙弘对策曰[3]：“臣闻上古尧、舜之时，不贵爵赏而民劝善，不重刑罚而民不犯，躬率以正而遇民信也[4]；末世贵爵厚赏而民不劝[5]，深刑重罚而奸不止，其上不正，遇民不信也。夫厚赏重刑，未足以劝善而禁非，必信而已矣[6]。是故因能任官[7]，则分职治[8]；去无用之言，则事情得[9]；不作无用之器，则赋敛省[10]；不夺民时，不妨民力，则百姓富；有德者进[11]，无德者退[12]，则朝廷尊[13]；有功者上[14]，无功者下[15]，则群臣逡[16]；罚当罪[17]，则奸邪止；赏当贤[18]，则臣下劝[19]。凡此八者，治之本也[20]。故民者，业之则不争[21]，理得则不怨[22]，有礼则不暴[23]，爱之则亲上[24]，此有天下之急者也。礼义者，民之所服也[25]；而赏罚顺之，则民不犯禁矣[26]。

“臣闻之：气同则从，声比则应[27]。今人主和德于上[28]，百姓和合于下[29]，故心和则气和，气和则形和，形和则声和，声和则天地之和应矣。故阴阳和，风雨时，甘露降，五谷登[30]，六畜蕃[31]，嘉禾兴，朱草生，山不童[32]，泽不涸[33]，此和之至也[34]。”

时对者百余人，太常奏弘第居下[35]。策奏[36]，天子擢弘对为第一[37]，拜为博士[38]，待诏金马门[39]。

齐人辕固[40]，年九十余，亦以贤良征。公孙弘仄目而事固[41]，固曰："公孙子[42]，务正学[43]以言，无曲学以阿世[44]。"诸儒多疾毁固[45]者，固遂以老罢归。

是时，巴、蜀四郡[46]凿山[47]通西南夷道，千余里戍转相饷[48]。数岁，道不通[49]，士罢饿、离暑湿死者甚众[50]；西南夷又数反，发兵兴击，费以巨万计而无功。上患之，诏使公孙弘视[51]焉。还奏事，盛毁西南夷无所用，上不听。

弘每朝会议，开陈其端[52]，使人主自择，不肯面折廷争[53]。于是上察其行慎厚[54]，辩论有余，习文法吏事[55]，缘饰以儒术[56]，大说[57]之，一岁中迁至左内史[58]。

弘奏事，有不可，不廷辩[59]。常与汲黯请间[60]，黯先发之[61]，弘推其后[62]，天子常说，所言皆听，以此日益亲贵。弘尝与公卿约议[63]，至上前，皆倍其约以顺上旨[64]。汲黯廷诘[65]弘曰："齐人多诈而无情实[66]。始与臣等建此议，今皆倍之，不忠！"上问弘。弘谢曰[67]："夫知臣者[68]，以臣为忠；不知臣者，以臣为不忠。"上然弘言[69]。左右幸臣每毁弘[70]，上益厚遇之[71]。

（以上为第六段，写公孙弘对策，原评为最下，被汉武帝拔为第一；公孙弘曾出使西南夷，极力批评开通西南夷没有什么作用，意见没有被汉武帝采纳；公孙弘熟悉文书法令，善于逢迎，得到汉武帝的欣赏和重用。）

【注释】

[1]县次续食：每到之县均供给饮食。续，似当作"给"。 [2]令与计偕：令应征之人与上计者俱来。 [3]菑川：王国名，都剧城，在今山东寿光市。公孙弘：西汉菑川薛（今山东滕州市南）人。字季，一字次卿。少为狱，后学《春秋》杂说。官至丞相，封平津侯。元光五年对策为举首。传见《史记》卷一百一十二、《汉书》卷五十八。对策：贤良文学士要回答天子的策问，经评阅排出等次授以官职。 [4]躬率：亲自作出表率。遇民信：对待百姓讲信用。 [5]民不劝：民众得不到劝勉。 [6]必信而已矣：一定要讲求诚信。 [7]因能任官：因其才能而任官职。 [8]分职治：各司其职，做好工作。 [9]事情得：得到事情的真相。 [10]赋敛省：减少对民众的税收。

[11]进：重用，升职。 [12]退：罢免。 [13]尊：受到尊崇，朝廷威信高。 [14]上：升职。 [15]下：降职。 [16]群臣逡：群臣明白谦让的道理。逡，谦退之理。 [17]罚当罪：被处罚的确实有罪。 [18]赏当贤：受到奖赏的确实是贤者。 [19]臣下劝：臣子受到劝勉。 [20]凡此八者，治之本也：总上八条，是政治上轨道的根本。按：八条为：其一，因能任官；其二，去无用之言；其三，不做无用之器；其四，不夺民时，不妨百姓；其五，有德者进，无德者退；其六，有功者上，无功者下；其七，罚当罪；其八，赏当贤。 [21]业之则不争：各有生业则不争夺。 [22]理得则不怨：事情合理解决民众没有怨恨。 [23]有礼则不暴：有了礼义就不出现暴力。 [24]爱之则亲上：帝王爱护百姓，百姓就会亲近帝王。 [25]礼义者，民之所服也：礼义，是民众甘愿服从的。 [26]“赏罚顺之”二句：赏罚得到推行，民众不会违法犯禁。顺之，理顺，推行。 [27]“气同”二句：气相同则互动，声相同则互应。比，与“同”同义，和谐，相通。 [28]人主和德于上：帝王的言行在上面合于德义。 [29]百姓和合于下：百姓在下面与帝王相谐调。合，与上合德。 [30]登：丰收。 [31]六畜蕃：六畜兴旺。六畜，牛、马、羊、犬、鸡、豕。蕃，通“繁”。 [32]山不童：山不秃。童，山无草木。 [33]涸：干涸。 [34]此和之至也：这是天地和谐的最高境界。至，最高，最佳。 [35]弘第居下：公孙弘对策名次最末。 [36]策奏：以所对之策奏明天子。 [37]“天子”句：天子提升公孙弘的对策为第一。擢，提升。 [38]拜为博士：任命为博士。博士，官名，通古今，掌议论，又为太学老师，秩六百石。 [39]待诏金马门：在金马门等候皇上召对。待诏，等待任命官职。 [40]辕固：西汉齐人，以治《诗》，景帝时为博士。 [41]仄目而事固：不正视辕固。仄目，斜视。 [42]子：先生，对人尊称。 [43]务正学：务必端正学风。 [44]无曲学：不要歪曲学术。阿世：阿谀随俗。 [45]诸儒多疾毁固：有许多的儒生嫉妒诽谤辕固。疾，通“嫉”。 [46]巴、蜀四郡：指巴郡、蜀郡、广汉郡、犍为郡。 [47]凿山：开通山道。 [48]戍：戍守。转：陆路运输。相饷：供应粮饷。 [49]道不通：道路没有修通。 [50]“士罢”句：筑路士兵疲乏饿死、病死的很多。罢，通“疲”。离暑湿死，遭受炎热潮湿而病死。 [51]视：巡视，调查。 [52]开陈其端：话说开了，把问题都摆了出来。 [53]面折廷争：在朝廷当着皇帝的面提反对的意见。 [54]察其行慎厚：看出公孙弘为人谨慎厚道。行，操行，为人。 [55]习文法吏事：熟习法令条文和官府公务。 [56]缘饰以儒术：用儒学包装。缘饰，譬之衣服，如花边。此为文饰，包装。 [57]说：通“悦”。 [58]迁：升官。左内史：官名，内史掌京畿地方。景帝时分左右内史。左内史掌治京师以东地区。按：元光五年，公孙弘对策为博士，秩六百石，一年内升迁为左内史，秩二千石，位列九卿。 [59]有不可，不廷辩：公孙弘对汉武帝有不同意见，不在朝廷上争辩。 [60]请间：请求皇帝给机会个别谈话。间，方便的时间，找机会。 [61]先发之：首先发言。 [62]推其后：后发言，以便见机行事。 [63]约议：对某一事务的处理已经做了商定。 [64]皆倍其约以顺上旨：在皇上面前，公孙弘总是背弃了原来的商定，迎合皇上心意。倍，通“背”，违背。顺，顺从。 [65]廷诘：在朝廷上当众指责、批评。 [66]无情实：不忠诚老实。 [67]弘谢曰：公孙弘道歉说。 [68]知臣者：真

正了解我的人。［69］上然弘言：汉武帝赞同公孙弘的辩解。［70］幸臣：宠幸之臣。毁弘：说公孙弘的坏话。毁，诋毁。［71］益：更加。厚遇之：优待公孙弘。

六年（壬子，前129年）

冬，初算商车[1]。

大司农郑当时言："穿渭为渠[2]，下至河[3]，漕关东粟径易[4]，又可以溉渠下民田万余顷[5]。"

春，诏发卒数万人穿渠[6]，如当时策[7]；三岁而通[8]，人以为便。

匈奴入上谷[9]，杀略[10]吏民。遣车骑将军卫青[11]出上谷，骑将军公孙敖[12]出代[13]，轻车将军公孙贺出云中[14]，骁骑将军李广出雁门[15]，各万骑，击胡关市[16]下。卫青至龙城[17]，得胡首虏七百人；公孙贺无所得；公孙敖为胡所败，亡七千骑[18]；李广亦为胡所败。胡生得广[19]，置两马间，络而盛卧[20]，行十余里；广佯死[21]，暂腾[22]而上胡儿马上，夺其弓，鞭马南驰，遂得脱归。汉下敖、广吏[23]，当斩，赎为庶人[24]；唯青赐爵关内侯[25]。青虽出于奴虏，然善骑射，材力绝人[26]；遇士大夫以礼[27]，与士卒有恩，众乐为用[28]，有将帅材[29]，故每出辄有功。天下由此服上之知人[30]。

夏，大旱，蝗。

六月，上行幸雍。

秋，匈奴数盗边[31]，渔阳[32]尤甚。以卫尉韩安国为材官将军，屯渔阳。

（以上为第七段，写汉武帝听从大司农郑当时建议，调集民工开掘河道；汉朝由战略防御转入战略进攻，出兵攻打匈奴，卫青首战告捷，攻到龙城，杀敌七百多人，封为关内侯。）

【注释】

［1］初：初次；开始。算商车：征收商人的车税。［2］穿渭为渠：挖开渭水修一条人工渠。穿，挖开。［3］下至河：下连黄河。［4］漕：水运。径易：路线直十分方便。［5］溉渠下民田万余顷：灌溉渠水经过的田地，达一万余顷。［6］穿渠：挖渠。［7］如当时策：按照郑当时的规划。［8］三岁而通：三年修成了人工渠。［9］上谷：郡名，郡治沮阳，在今河北怀来县东

南。[10]略：抢掠。[11]卫青：西汉河东平阳（今山西临汾市西南）人，字仲卿，本姓郑，冒姓卫。汉武帝时为大将军、大司马。征匈奴名将，主将，与霍去病齐名，史称卫霍。传见《史记》卷一百十一、《汉书》卷五十五。[12]公孙敖：西汉将领。[13]代：郡名，郡治代县，在今河北蔚县东北。[14]公孙贺：西汉将领。云中：郡名，郡治云中，在今内蒙古托克托县东北。[15]雁门：郡名，郡治善无，在今山西右玉县东南。[16]关市：边关的交易市场。[17]龙城：匈奴祭天以及单于聚会诸王、各部渠帅的地方，约在今蒙古国杭爱山脉东。[18]亡七千骑：损失七千骑兵。[19]胡生得广：匈奴俘虏了李广。[20]络而盛卧：躺在两马中间的网中。络，网。[21]广佯死：李广装死。[22]暂腾：突然跃起。[23]汉下敖、广吏：朝廷把公孙敖、李广交执法官审理。[24]赎为庶人：出钱赎罪，成为平民。[25]关内侯：爵位名，第十九等爵。[26]绝人：超过一般的人。[27]遇士大夫以礼：对官吏士大夫很尊重，以礼相待。[28]众乐为用：广大将士都愿意为他效力。[29]有将帅材：有出任将帅的才干。[30]知人：识别人才。[31]数（shuò）盗边：屡次掠取边地民物。[32]渔阳：郡名，郡治渔阳，在今北京市密云区西南。

元朔元年（癸丑，前128年）

冬，十一月，诏曰："朕深诏执事[1]，兴廉举孝，庶几成风[2]，绍休圣绪[3]。夫十室之邑[4]，必有忠信[5]；三人并行，厥有我师[6]。今或至阖郡[7]而不荐一人，是化不下究[8]，而积行之君子壅于上闻也[9]。且进贤受上赏[10]，蔽贤蒙显戮[11]，古之道也。其议二千石不举者罪[12]。"有司奏[13]："不举孝[14]，不奉诏，当以不敬论[15]；不察廉，不胜任也，当免[16]。"奏可[17]。

十二月，江都易王非[18]薨。

皇子据生[19]，卫夫人之子[20]也。三月，甲子[21]，立卫夫人为皇后，赦天下。

秋，匈奴二万骑入汉，杀辽西[22]太守，略二千余人，围韩安国壁；又入渔阳、雁门，各杀略千余人。安国益东徙[23]，屯北平[24]；数月，病死。天子乃复召李广，拜为右北平[25]太守。匈奴号曰"汉之飞将军"，避之[26]，数岁不敢入右北平。

车骑将军卫青将三万骑出雁门，将军李息出代；青斩首虏[27]数千人。

东夷薉君南闾等共二十八万人降[28]，为苍海郡[29]；人徒之费[30]，拟于[31]南夷，燕、齐之间[32]，靡然骚动[33]。

是岁，鲁共王余、长沙定王发[34]皆薨。

临菑人主父偃、严安[35]，无终人徐乐[36]，皆上书言事。

始，偃游齐、燕、赵，皆莫能厚遇[37]，诸生相与排摈不容[38]；家贫，假贷无所得，乃西入关上书阙下[39]，朝奏[40]，暮召入。所言九事，其八事为律令，一事谏伐匈奴。其辞曰[41]："《司马法》[42]曰：'国虽大，好战必亡；天下虽平[43]，忘战必危。'夫怒者逆德也，兵者凶器也，争者末节也。夫务战胜，穷武事者，未有不悔者也。

"昔秦皇帝并吞战国[44]，务胜不休，欲攻匈奴。李斯谏曰：'不可。夫匈奴，无城郭之居[45]，委积之守[46]，迁徙鸟举[47]，难得而制[48]也。轻兵深入[49]，粮食必绝；踵粮以行[50]，重不及事[51]。得其地，不足以为利也；得其民，不可调而守也[52]；胜必杀之，非民父母也[53]；靡敝中国[54]，快心匈奴[55]，非长策[56]也。'秦皇帝不听，遂使蒙恬将兵攻胡，辟地千里[57]，以河为境[58]。地固沮泽、咸卤[59]，不生五谷。然后发天下丁男以守北河[60]，暴兵露师[61]十有余年，死者不可胜数，终不能逾河而北，是岂人众不足，兵革[62]不备哉？其势不可也[63]。又使天下蜚刍、挽粟[64]，起于东陲、琅邪负海之郡[65]，转输北河，率三十钟而致一石[66]。男子疾耕[67]，不足于粮饷[68]，女子纺绩[69]，不足于帷幕[70]，百姓靡敝[71]，孤寡老弱不能相养，道路死者相望[72]，盖天下始畔秦[73]也。

"及至高皇帝[74]，定天下[75]，略地于边[76]，闻匈奴聚于代谷之外[77]而欲击之。御史成[78]进谏曰：'不可。夫匈奴之性，兽聚而鸟散[79]，从之如搏影[80]。今以陛下盛德攻匈奴，臣窃危之[81]。'高帝不听，遂北至于代谷，果有平城之围[82]。高皇帝盖悔之甚，乃使刘敬往结和亲之约[83]，然后天下忘干戈之事[84]。

"夫匈奴难得而制，非一世也；行盗侵驱[85]，所以为业[86]也，天性固然[87]。上及虞、夏、殷、周，固弗程督[88]，禽兽畜之[89]，不属为人[90]。夫上不观虞、夏、殷、周之统[91]，而下循近世之失[92]，此臣之所大忧，百姓之所疾苦也。"

严安上书[93]曰："今天下人民，用财侈靡[94]，车马、衣裘、宫室，皆竞修饰，调五声使有节族[95]，杂五色使有文章[96]，重五味方丈于前[97]，以观欲天下[98]。彼民之情，见美则愿之，是教民以侈也；侈而无节[99]，则不可赡[100]，民离本而徼末矣[101]。末不可徒得[102]，故缙绅者不惮为诈[103]，带剑者夸杀人以矫夺[104]，而世不知愧，是以犯法者众。臣愿为民制度以防其淫[105]，使贫富不相耀以和其心；心志定[106]，则盗贼消，刑罚少，阴阳和，万物蕃[107]也。昔秦王意广心逸[108]，欲威海外[109]，使蒙恬将兵以北攻胡[110]，又使尉屠睢将楼船之士以攻越[111]。当是时，秦祸北构于胡，南挂于越[112]，宿兵[113]于无用之地，进而不得退。行十余年，丁男被甲[114]，丁女转输[115]，苦不聊生；自经于道树[116]，死者相望[117]。及秦皇帝崩，天下大畔[118]，灭世绝祀[119]，穷兵之祸也。

"故周失之弱，秦失之强，不变之患也[120]。今徇西夷[121]，朝夜郎[122]，降羌、僰[123]，略薉州[124]，建城邑，深入匈奴，燔其龙城[125]，议者美之。此人臣之利，非天下之长策也。"

徐乐上书曰："臣闻天下之患，在于土崩[126]，不在瓦解[127]，古今一[128]也。

"何谓土崩？秦之末世是也。陈涉无千乘之尊[129]、尺土之地[130]，身非王公、大人、名族之后[131]，乡曲之誉[132]，非有孔、曾、墨子之贤[133]，陶朱、猗顿之富也[134]；然起穷巷，奋棘矜[135]，偏袒大呼[136]，天下从风[137]。此其故何也？由民困而主不恤[138]，下怨而上不知，俗已乱而政不修[139]。此三者，陈涉之所以为资也[140]，此之谓土崩。故曰天下之患在乎土崩。

"何谓瓦解？吴、楚、齐、赵之兵[141]是也。七国谋为大逆[142]，号皆称万乘之君[143]，带甲数十万[144]，威足以严其境内[145]，财足以劝其士民[146]；然不能西攘尺寸之地[147]，而身为禽于中原[148]者，此其故何也？非权轻于匹夫而兵弱于陈涉也。当是之时，先帝[149]之德未衰而安土乐俗之民众，故诸侯无竟外之助[150]，此之谓瓦解。故曰天下之患不在瓦解。

“此二体[151]者，安危之明要[152]，贤主之一留意而深察也。

“间者[153]，关东五谷数不登[154]，年岁未复[155]，民多穷困，重之以边境之事[156]，推数循理而观之[157]，民宜有不安其处者矣[158]。不安，故易动；易动者，土崩之势也。故贤主独观万化之原[159]，明于安危之机[160]，修之庙堂之上而销未形之患[161]也，其要期使天下无土崩之势而已矣。”

书奏，天子召见三人，谓曰：“公等皆安在[162]，何相见之晚也！”皆拜为郎中[163]。主父偃尤亲幸，一岁中凡四迁[164]，为中大夫[165]。大臣畏其口[166]，赂遗累千金[167]。或谓偃曰：“太横矣[168]！”偃曰：“吾生不五鼎食[169]，死即五鼎烹[170]耳！”

（以上为第八段，写汉武帝下令广求贤才，主父偃、严乐、徐安等人纷纷向汉武帝上书，献计献策，汉武帝及时召见，得到重用；主父偃一年中升了四次官。）

【注释】

[1]执事：各部门的任职人员，百官。 [2]庶几成风：希望形成风气。庶几，差不多，或许，引申为希望。 [3]绍休圣绪：继承先圣之美好事业。 [4]十室之邑：小邑，只有十户人家。[5]忠信：忠信之人。 [6]厥有我师：其中必有可为我效法的老师。 [7]阖郡：全郡，整个郡。 [8]化不下究：教化没有贯彻下去。究，到底。 [9]积行之君子：积善累德的贤人。壅于上闻：被阻塞埋没而未闻达于天子。 [10]进贤受上赏：荐用贤才受上等奖励。 [11]蔽贤蒙显戮：埋没贤才要明正典刑，处决示众。蒙，承受。 [12]其议二千石不举者罪：制定郡守等二千石高官不举贤受惩治的法律。 [13]有司奏：主管部门上奏。 [14]不举孝：不举荐孝行部门的长官。 [15]当以不敬论：判不敬的罪名论处。不敬，对皇上不恭，轻者免官，重者死刑，称“大不敬”。 [16]当免：罢官论处。 [17]奏可：皇上批准，同意此奏。 [18]江都易王非：刘非，景帝之子，谥易。 [19]据生：刘据出生，汉武帝的长子。 [20]卫夫人之子：卫子夫夫人所生。由是卫子夫立为皇后。 [21]甲子：三月十三日。 [22]辽西：郡名，郡治阳乐，在今辽宁义县西南。 [23]益东徙：增兵而向东移动。 [24]北平：县名，在今河北保定市满城区北。[25]拜：任命。右北平：郡名，郡治平刚，在今辽宁凌源市南。 [26]避之：避开李广，不敢进犯李广所守之郡。 [27]斩首虏：斩杀与俘虏的敌人。 [28]东夷：东方的民族。薉君：薉貊（民族名）之君主。南闾：薉君之名。降：降于汉朝。 [29]苍海郡：郡名，在今朝鲜半岛临津江与北汉江的上游地区。 [30]人徒之费：安置二十八万降人徒众的费用。 [31]拟于：比拟于，参照。 [32]燕：指旧时燕国地区。齐：指旧时齐国地区。两者当今河北东、北部，辽宁西部，山

东东北部。［33］靡然骚动：纷纷扰动。靡然，随风披靡的样子。［34］鲁共王余、长沙定王发：二王皆景帝子。［35］临菑：县名，治所在今山东淄博市临淄区。主父偃、严安：西汉人。二人同传，见《史记》卷一百一十二、《汉书》卷六十四。［36］无终：县名，治所在今天津市蓟州区。徐乐：西汉人。传见《史记》卷一百一十二、《汉书》卷六十四。［37］皆莫能厚遇：主父偃在齐、燕、赵都没有受到优厚待遇，即都没找到出头的机会。［38］排摈不容：遭到排斥而不被宽容。［39］上书阙下：到皇宫门前上书。汉武帝诏告天下，人人可到阙下自我推荐。［40］朝奏：早朝上奏。［41］其辞曰：引文即《谏伐匈奴书》。［42］《司马法》：古代兵书，又称《司马穰苴兵法》。［43］平：太平。［44］秦皇帝：指秦始皇。并吞战国：统一六国。六国为楚、韩、赵、魏、燕、齐。［45］无城郭之居：匈奴是游牧民族，无定居的城郭。［46］委积之守：没有钱粮藏于仓库。［47］迁徙鸟举：言迁徙游动如鸟起飞之易。［48］制：控制。［49］轻兵：不带辎重的精锐之兵。深入：长驱直入。［50］踵粮以行：运粮络绎不绝随军前行。［51］重不及事：物资沉重难运，补给不上而无济于事。［52］不可调而守也：不可调教和设官府管理。［53］非民父母也：这不是为民父母的明君之所为。［54］靡敝中国：言耗损中原的人力物力。［55］快心匈奴：使匈奴人痛快。［56］长策：良策。［57］辟地千里：开辟拓地千里。［58］以河为境：与匈奴以黄河划界。河，黄河。这里指河套地区的一段黄河。［59］沮（jù）泽：沼泽地带。咸卤：盐碱地。［60］发：征发。丁男：壮年男子。北河：古代黄河自今内蒙古磴口县以下，分为南北二支，北支称“北河”，约当今之乌加河。［61］暴兵露师：军队露宿于野外。［62］兵革：指军队装备，兵器铠甲。［63］其势不可也：这是形势不允许啊。势，指军事形势与地理条件。［64］蜚刍：要求飞速运送刍稿。蜚，通“飞”。挽粟：运输粮食。［65］东陲：《汉书·主父偃传》作“黄腄”，即黄县和腄县。腄县治所在今山东烟台市福山区。琅邪：县名，在今山东青岛市黄岛区。负海：靠海。［66］转输：车辆运输。率三十钟而致一石：大致发送三十钟（一百九十二斛）而到达终点的只有一石（石相等于斛）。足见当时运输线上消耗之大。［67］疾耕：急速耕种。［68］不足于粮饷：不足以供应军队的粮饷。［69］纺绩：纺丝织麻。［70］不足于帷幕：不足以供应军用的帷幕。［71］靡敝：败坏，破落。［72］道路死者相望：路上死去的人一个接一个。［73］畔秦：反叛秦朝。畔，通“叛”。［74］高皇帝：汉高帝刘邦。［75］定天下：平定天下。［76］略地于边：开拓边境。［77］匈奴聚于代谷之外：匈奴在代谷之外结集。代谷，地名，大约在平城，今山西大同市附近。［78］御史：官名，掌监察。成：人名。［79］兽聚而鸟散：言如鸟兽聚散之迅速。［80］从之如搏影：言追逐它犹如与影子搏斗。［81］臣窃危之：我私下认为这很危险。［82］平城之围：指公元前200年汉高帝被匈奴围困于平城白登山七天之事件。［83］刘敬往结和亲之约：事见《资治通鉴》卷十一汉高帝七年。［84］天下忘干戈之事：天下太平没有战争发生。干戈，指代战争。［85］行盗侵驱：盗贼入边境以驱掠人畜。［86］为业：以此为生业。［87］天性固然：天生秉性就是这样。［88］固弗程督：原本就不对匈奴征收贡赋，实施监督。程，考核征赋。督，督察守礼。［89］禽兽畜之：把匈奴人视为禽兽一样养着。［90］不属为人：不把他们看成人。［91］“不观”句：不向前借鉴虞、夏、商、周的传统。观，回顾，借鉴。统，传统，即前文所言“固弗程督”等等。［92］下循近世之失：却向下沿用近代的失误。［93］严安上书：此书即《上书言世务》。［94］侈靡：奢侈浪费。［95］调五声使有节族：谐调音乐使它有节奏。调，谐调，演奏。五声，古乐的五个音阶，即宫、商、角、徵、羽。也称五音。协调五音，就是演奏音乐。节族，节奏。［96］杂五色使有文章：错杂颜色使其斑斓。杂，错杂，调配。五色，青、黄、赤、白、黑五色。文章，错杂的色彩或花纹。古以青、赤相配为文，赤、白相错为章。［97］重五味方丈于前：美味佳肴广列满席。重，加重。五味，酸、苦、甘、辛、咸。方丈，桌面一方丈，代指桌子。［98］以观欲天下：用以显示自己的欲望。观欲，炫耀而使人羡慕。［99］侈而无节：奢侈没有节制。［100］则不可赡：就无法满足欲望。赡，足。［101］离本：脱离农业。徼末：从事、追求工商业。［102］徒得：凭空得到。［103］故缙绅者不惮为诈：当官的不忌惮做欺诈之事。缙绅，古代仕宦者插笏垂绅，故用缙绅指代士大夫。［104］带剑者：强力者。夸杀人以矫夺：争相杀人越货，巧取豪夺。［105］为民制度以防其淫：制定法律规章约束个人的贪欲。［106］心志定：人心安定。［107］万物蕃：万物繁茂。［108］昔秦王意广心逸：先前秦始皇踌躇满志。［109］欲威海外：想要向海外显示威力。［110］北攻胡：北攻匈奴。［111］屠睢：秦将名。楼船之士：水师。攻越：进攻南越。［112］北构于胡，南挂于越：北方与匈奴交战，南方与越人难分胜负。构，交构，交战。挂，被拖住。［113］宿兵：驻军。［114］丁男被甲：成年男子当兵打仗。［115］丁女转输：成年女子运送粮饷。［116］自经于道树：民众活不下去，自己吊死在路边的树上。［117］死者相望：死的人一个接一个。［118］大畔：大乱。畔，通“叛”。［119］灭世绝祀：指秦朝灭亡，绝了祭祀。［120］不变之患也：不改变政治导致的恶果。［121］今徇西夷：现今朝廷又要去攻占西夷。按：章校，他本“西”作“南”。［122］朝夜郎：使夜郎来朝。［123］降羌、僰：降服羌人和僰人。［124］略薉州：攻取薉州。薉州，指薉貊活动的地区，今朝鲜半岛北部。［125］燔其龙城：烧毁匈奴的龙城。［126］土崩：土山倒塌。喻推翻政权。［127］瓦解：瓦片破裂。喻统治阶级内部分裂。［128］一：一样；同样道理。［129］千乘之尊：指诸侯地位。［130］尺土之地：没有一尺土地的分封。［131］后：后裔，后代。［132］乡曲之誉：乡里的赞誉。［133］非有孔、曾、墨子之贤：陈涉没有孔子、曾子、墨子那样的贤德名声。［134］陶朱、猗顿之富：陈涉也没有陶朱公、猗顿那样的财富。陶朱，即陶朱公范蠡，他致仕经商，成为大富翁。猗顿，战国时大商人。［135］奋：举起。棘矜：戟柄。泛指兵器。棘，通“戟”。［136］偏袒大呼：袒露一臂大呼。［137］天下从风：天下民众闻风响应。［138］不恤：不体恤民之困苦。［139］俗已乱而政不修：社会风俗已乱而国家政治仍不改进。［140］此三者：指民困、民怨、俗乱三条。资：凭借。［141］吴、楚、齐、赵之兵：指景帝前三年吴楚七国的叛乱。其事见《资治通鉴》卷十六景帝前三年。［142］大逆：指反抗朝廷和篡夺帝位。［143］万乘之君：有万辆兵车之主，指强大的诸侯王。［144］带甲数十万：拥有武装的士兵数十万。［145］威足以严其境内：威严足以控制封域全境。［146］财足以劝其士民：财力足以奖励属下的官吏和民众。［147］西攘尺寸之地：向西占领一尺一寸的土地。［148］身为禽于中原：指吴王等叛逆者被朝廷所擒获。禽，通“擒”。［149］先帝：指文帝、景帝。［150］诸侯无竟外之助：吴楚七国得不到封土境域之外的援助。竟，通“境”。［151］此二体：这土崩与瓦解两种性质的问题。［152］安危之明要：是关系国家安危的关键。［153］间者：近来。［154］数不登：连年歉收。［155］年岁未复：年成没有好转。［156］重：加上。边境之事：指边境不宁的情况。［157］推数循理而观之：按照规律和常理来看。推数，推度情理，推算运数，即规律之意。循理，按常理。［158］“民宜有”句：民众中该当出现不安分守己的人了。［159］万化之原：各种现象的根由。［160］安危之机：安危的要害、关键。［161］销未形之患：消除未完全形成的祸患。［162］公等皆安在：诸位原来都在哪里。［163］郎中：郎官之一。郎官掌守宫门，出充车骑，贤者为皇帝侍从。［164］四迁：四次升官。［165］中大夫：官名，掌议论，秩千石。［166］畏其口：害怕主父偃那张嘴，不知何时给自己打上小报告。［167］赂遗累千金：所得贿赂和赠礼积累价值一千斤黄金。［168］太横矣：太霸道了。［169］五鼎食：又称列鼎食，指奢侈生活。古时诸侯宴会，以盛有牛、羊、猪、鱼、鹿肉等菜肴的五鼎陈列就餐。后来用以指显贵的地位和奢侈的生活。［170］五鼎烹：指用鼎将人烹死的酷刑。

二年（甲寅，前 127 年）

冬，赐淮南王几杖[1]，毋朝[2]。

主父偃说上曰：“古者诸侯不过百里[3]，强弱之形易制[4]。今诸侯或连城数十[5]，地方千里，缓则骄奢[6]，易为淫乱，急则阻其强而合从以逆京师[7]。以法割削之，则逆节萌起[8]，前日晁错是也[9]。今诸侯子弟或十数[10]，而适嗣代立[11]，余虽骨肉[12]，无尺地之封[13]，则仁孝之道不宣[14]。愿陛下令诸侯得推恩分子弟[15]，以地侯之[16]，彼人人喜得所愿。上以德施，实分其国，不削而稍弱[17]矣。”上从之。

春，正月，诏曰：“诸侯王或欲推私恩分子弟邑[18]者，令各条上[19]，朕且临定其号名[20]。”于是藩国始分，而子弟毕侯[21]矣。

匈奴入上谷、渔阳，杀略吏民千余人。遣卫青、李息出云中以西至陇西[22]，击胡之楼烦、白羊王于河南[23]，得胡首虏数千，牛羊百余万，走[24]白羊、楼烦王，遂取河南地。诏封青为长平侯，青校尉苏建、张次公[25]皆有功，封建为平陵侯，次公为岸头侯。

主父偃言：“河南地肥饶，外阻河[26]，蒙恬城之[27]以逐匈奴，内省转输戍漕[28]，广中国[29]，灭胡之本也。”上下公卿议[30]，皆言不便。

上竟用偃计，立朔方郡[31]，使苏建兴十余万人筑朔方城[32]，复缮故秦时蒙恬所为塞，因河为固[33]。转漕甚远，自山东咸被其劳[34]，费数十百巨万[35]，府库并虚[36]；汉亦弃上谷之斗辟县造阳地以予胡[37]。

三月，乙亥晦[38]，日有食之。

夏，募民徙朔方十万口。

主父偃说上曰："茂陵初立[39]，天下豪杰，并兼之家，乱众之民，皆可徙茂陵；内实京师，外销奸猾[40]，此所谓不诛而害除。"上从之，徙郡国豪杰及訾三百万[41]以上于茂陵。

轵人郭解[42]，关东大侠也，亦在徙中[43]。卫将军为言[44]："郭解家贫，不中徙[45]。"上曰："解，布衣，权至使将军为言，此其家不贫。"卒徙解家[46]。解平生睚眦[47]杀人甚众，上闻之，下吏捕治解[48]，所杀皆在赦前[49]。轵有儒生侍使者坐，客誉郭解[50]，生曰[51]："解专以奸犯公法，何谓贤！"解客闻，杀此生，断其舌。吏以此责解[52]，解实不知杀者，杀者亦竟绝，莫知为谁[53]。吏奏解无罪，公孙弘议曰："解，布衣，为任侠行权，以睚眦杀人。解虽弗知，此罪甚于解杀之[54]。当大逆无道[55]。"遂族郭解[56]。

（以上为第九段，写主父偃向汉武帝献策，提出"推恩分子弟"，削弱诸侯王力量；提出迁移山东的豪强大户充实茂陵，均被采纳与实施。游侠郭解行侠弄权，也被迁移，因手下杀人，被处灭族。）

【注释】

[1]赐淮南王几杖：赠送淮南王扶几和手杖，尊其年长。淮南王，刘安，汉武帝的堂叔。[2]毋朝：不必朝见。[3]百里：谓诸侯国小，封疆的土地方圆百里。[4]形：强弱形势。制：控制。[5]连城数十：有几十个城邑。[6]缓则骄奢：指朝廷对诸侯控制放宽，他们就骄横奢侈。[7]急：控制收紧。合从以逆京师：诸侯联合起来反叛朝廷。从，合纵，连合。逆，反叛。[8]逆节萌起：产生叛乱的苗头。[9]前日晁错是也：先前晁错主张削藩导致的叛乱就是明证。[10]十数：指诸侯子孙繁衍众多。[11]适嗣代立：只有嫡长子继承王位。适，通"嫡"。[12]余虽骨肉：其余子孙也是亲骨肉。[13]无尺地之封：没有一尺的封地。[14]不宣：不明显。[15]推恩分子弟：把恩惠与众子弟分享。推恩，推广恩惠，不能只让嫡子独享。[16]以地侯之：把诸侯王的封地分给众子弟，让他们也封侯。[17]不削而稍弱：朝廷不用采取削夺政策，诸侯国就逐渐削弱了。[18]分子弟邑：分给众子弟采邑。[19]令各条上：朝廷下令各诸

侯国专门条列上报。［20］朕且临定其号名：皇上亲自拟定侯爵的名号。［21］子弟毕侯：诸侯王的众子弟全都封侯。［22］陇西：郡名，郡治狄道，在今甘肃临洮县。［23］楼烦、白羊王：皆匈奴的王号。河南：指河套以南之地。［24］走：赶走了匈奴楼烦王、白羊王。按：汉武帝元朔二年，公元前127年，汉军第一次大捷，夺回河南地。［25］苏建、张次公：卫青部将。闻名于世的苏武即苏建之子。二人事见《汉书》卷五十四。［26］外阻河：谓河套以南地，外有黄河为屏障。阻，险阻，屏障。［27］城之：指筑长城。［28］内省转输戍漕：对内节省了转运输送屯戍漕运的人力物力。［29］广中国：扩大了中国的疆域。［30］上下公卿议：汉武帝下交公卿廷议。［31］立朔方郡：设置朔方郡。［32］筑朔方城：修建朔方郡城。在今内蒙古乌拉特前旗东南。［33］因河为固：利用黄河天险作屏障。固，加固朔方城。［34］山东咸被其劳：崤山以东地区都因筑朔方城运送物资人力而蒙受困苦。［35］费数十百巨万：耗费数十万万。巨万，一万万。［36］府库并虚：钱府粮库都被支付一空。［37］“汉亦弃”句：汉朝也放弃了上谷郡所辖的与匈奴犬牙交错的偏远的造阳地方而给了匈奴。斗辟县，孤悬偏僻。辟，通“僻”。县，通“悬”。造阳，地区名，在汉初上谷郡北部，秦长城以北，今河北张家口市崇礼区至内蒙古正蓝旗之间。［38］乙亥晦：三月三十日。［39］茂陵：汉武帝陵。在今陕西兴平市东北。初立：初建。初建于建元二年。［40］“内实”二句：对内充实京师，对外消除奸邪势力。内实，指朝内，京师人口增殖。外销，朝外，地方消除奸邪。［41］訾三百万：资财达三百万。訾，通“赀”，资财，资产。［42］轵（zhī）：县名，县治在今河南济源市南。郭解：西汉河内轵人，字翁伯，以任侠闻名，在汉武帝整治游侠运动中被点名诛杀。传见《史记》卷一百二十四、《汉书》卷九十二。［43］在徙中：在迁徙的豪民之中。［44］卫将军：指卫青。为言：替郭解说话。［45］不中徙：不合迁徙的规定。［46］卒徙解家：最终迁居郭解全家。［47］睚眦：因发怒而瞪眼。喻小事。［48］下吏：命令官吏。捕治解：逮捕郭解法办。［49］赦前：郭解杀人均在大赦令之前。［50］客誉郭解：一位坐中客人称赞郭解。［51］生曰：陪侍使者的那位儒生反驳客人说。［52］吏以此责解：办案主审官以儒生被杀的事讯问郭解。［53］杀者亦竟绝：杀人凶手消失。莫知为谁：最终也没查出凶手。［54］此罪甚于解杀之：郭解不知情比他亲自杀人罪更大，因他影响太大。［55］当大逆无道：判处大逆无道罪。［56］遂族郭解：终于灭了郭解一家。

班固曰[1]：古者天子建国，诸侯立家，自卿大夫以至于庶人，各有等差[2]，是以民服事其上而下无觊觎[3]。周室既微[4]，礼乐、征伐自诸侯出。桓、文之后[5]，大夫世权[6]，陪臣执命[7]。陵夷至于战国[8]，合从连衡[9]，由是列国公子，魏人信陵，赵有平原，齐有孟尝，楚有春申[10]，皆借王公之势[11]，竞为游侠[12]，鸡鸣狗盗[13]，无不宾礼[14]。而赵相虞卿，弃国捐君，以周穷交魏齐之厄[15]；信陵无忌，窃符矫命[16]，戮将专师[17]，以赴平原之急[18]；皆以取重诸侯，显名天下，扼腕而游谈者[19]，以四豪为称首。于是背公死党之议成[20]，守职奉上之义废矣[21]。及至汉兴，禁网疏阔[22]，未知匡改也[23]。是故代相陈豨从车千乘[24]，而吴濞、淮南皆招宾客以千数[25]。外戚大臣魏其、武安之属竞逐于京师[26]，布衣游侠剧孟、郭解之徒驰骛于闾阎[27]、权行州域[28]。力折公侯[29]，众庶荣其名迹，觊而慕之[30]。虽其陷于刑辟[31]，自与杀身成名[32]，若季路、仇牧[33]，死而不悔。故曾子[34]曰："上失其道，民散久矣[35]。"非明主在上，示之以好恶[36]，齐之以礼法[37]，民曷由知禁而反正乎[38]！古之正法[39]：五伯[40]，三王[41]之罪人也；而六国[42]，五伯之罪人也。夫四豪[43]者，又六国之罪人也。况于郭解之伦，以匹夫之细[44]，窃杀生之权，其罪已不容于诛[45]矣。观其温良泛爱，振穷周急，谦退不伐，亦皆有绝异之姿[46]。惜乎，不入于道德，苟放纵于末流[47]，杀身亡宗，非不幸也。

荀悦论曰[48]：世有三游[49]，德之贼也[50]：一曰游侠[51]，二曰游说[52]，三曰游行[53]。立气势，作威福[54]，结私交以立强于世[55]者，谓之游侠；饰辩辞，设诈谋[56]，驰逐于天下以要时势者[57]，谓之游说；色取仁以合时好[58]，连党类，立虚誉以为权利者[59]，谓之游行。此三者，乱之所由生也；伤道害德，败法惑世[60]，先王之所慎也。国有四民[61]，各修其业。不由四民之业者，谓之奸民[62]。奸民不生，王道乃成。

凡此三游之作，生于季世[63]，周、秦之末尤甚焉。上不明，下不正，制度不立，纲纪弛废[64]；以毁誉为荣辱[65]，不核其真[66]；以爱憎为利害，不论其实；以喜怒为赏罚，不察其理。上下相冒[67]，万事乖错[68]，是以言论者计薄厚而吐辞[69]，选举者度亲疏而举笔[70]，善恶谬于众声[71]，功罪乱于王法。然则利不可以义求[72]，害不可以道避也[73]。是以君子犯礼[74]，小人犯法[75]，奔走驰骋，越职僭度[76]，饰华废实[77]，竞趣时利[78]。简父兄之尊而崇宾客之礼[79]，薄骨肉之恩而笃朋友之爱[80]，忘修身之道[81]而求众人之誉，割衣食之业以供飨宴之好[82]，苞苴盈于门庭[83]，聘问交于道路[84]，书记繁于公文[85]，私务众于官事[86]，于是流俗成而正道坏矣。

是以圣王在上，经国序民[87]，正其制度[88]；善恶要于功罪而不淫于毁誉[89]，听其言而责其事[90]，举其名而指其实[91]。故实不应其声者谓之虚，情不覆其貌者谓之伪[92]，毁誉失其真者谓之诬，言事失其类者谓之罔[93]。虚伪之行不得设，诬罔之辞不得行[94]，有罪恶者无侥幸，无罪过者不忧惧，请谒无所行[95]，货赂无所用[96]，息华文[97]，去浮辞，禁伪辩[98]，绝淫智[99]，放百家之纷乱[100]，壹圣人之至道[101]，养之以仁惠，文之以礼乐[102]，则风俗定而大化成矣[103]。

（以上为第十段，引班固、荀悦两条借论，批评末世产生的游侠与游士宾客在统一盛世的社会中扰乱世风，应予杜绝。）

【注释】

[1]班固曰：节引《汉书》卷九十二《游侠传》。 [2]等差（cī）：等级，次序。 [3]民服事其上：民众诚心，侍奉上司。无觊（jì）觎（yǔ）：没有非分的企图。 [4]周室既微：周朝衰落。 [5]桓、文之后：齐桓公、晋文公之后。 [6]大夫世权：大夫在诸侯国内世代掌权，如晋之六卿、鲁之三桓、齐之田氏。 [7]陪臣执命：大夫的家臣掌权。陪臣，诸侯之大夫，对天子自称陪臣。大夫的家臣，对诸侯也自称陪臣。执命，掌权。 [8]陵夷：衰落。战国：春秋之后的战国时代，七雄并立。 [9]合从连衡：合从，即合纵，东方六国联合对抗秦国。连衡，即连横，秦国与东方六国双边结盟，瓦解合纵。 [10]“由是”五句：由此产生了列国四公子，魏国信陵君魏无忌，赵国平原君赵胜，齐国孟尝君田文，楚国春申君黄歇。四公子招纳四方豪杰游侠为宾客，各有三千人，又称战国“四豪”。 [11]借王公之势：依靠诸侯王的势力。借，凭借。 [12]竞为游侠：争相延揽游侠。 [13]鸡鸣狗盗：孟尝君门客中有鸡鸣狗盗之徒，助孟尝君在秦国脱险。事见《资治通鉴》卷三周赧王十七年。 [14]无不宾礼：鸡鸣狗盗之徒都受到了嘉宾的礼遇。[15]周穷交魏齐之厄：赵国副相虞卿解相印救助走投无路的魏齐的危急。事见《资治通鉴》卷五周赧王五十六年。周穷，救助穷途末路的人。 [16]窃符矫命：窃取兵符假传王命夺军救赵。史称窃符救赵。事见《资治通鉴》卷五周赧王五十七年。 [17]戮将专师：信陵君杀了魏将晋鄙夺了军权。专师，夺了军权。 [18]赴平原之急：赴赵平原君的危急，解赵国邯郸之围。因为平原君所

请，故称赵国之急为平原之急。［19］扼腕而游谈者：张扬游说之士。［20］背公死党：背公义而结死党。成：形成了风气。［21］守职奉上之义：遵守职责事奉帝王的道义。废：被丢弃了。［22］禁网疏阔：法律宽松。［23］未知匡改也：不知道改正法网不严的弊端。［24］从车千乘：代国相陈豨一次回京述职，随从的车有一千多辆。陈豨效法四公子招致宾客，不符合天下一统的政治。［25］以千数：吴王刘濞、淮南王刘安也招致宾客以千数计。两王均陷入叛逆。［26］竞逐于京师：丞相魏其侯窦婴、武安侯田蚡两人也在京师争相招致宾客。［27］“布衣”句：游侠剧孟、郭解横行于乡里。驰骛，跑马飞奔，喻横行。［28］权行州域：称霸一方。［29］力折公侯：势力能折辱公卿王侯。［30］觊而慕之：向往羡慕他们。觊，冀望，向往。［31］陷于刑辟：犯罪而陷入死地。刑辟，刑法，或刑杀，两解均可。［32］自与杀身成名：自己以杀身成名而自豪。［33］季路：春秋时孔子弟子，姓仲名由，赴卫蒯聩之乱，结缨而死。仇牧：春秋时宋大夫，赴宋闵公之难，被宋万所杀。［34］曾子：曾参，孔子弟子。［35］“上失其道”二句：见《论语·子张》。散，离心离德之意。［36］示之以好恶：明示、告示什么是好，什么是恶。［37］齐之以礼法：用礼义法度来约束。齐，整齐，约束。［38］曷由知禁而反正乎：怎么能知犯禁而不改正呢！［39］古之正法：古代的公正法则。［40］五伯：春秋五霸，即齐桓公、晋文公、宋襄公、楚庄王、秦穆公。［41］三王：三代圣王，即夏朝大禹王，商朝商汤王，周朝周文王、周武王。［42］六国：此指战国之世。［43］四豪：即战国四公子。［44］匹夫之细：犹“小民”，小小百姓。［45］不容于诛：非杀不可。［46］绝异之姿：表现不凡。［47］放纵：放肆，无法无天。末流：谓社会下层。［48］荀悦论曰：荀悦，东汉末史学家、政论家。此论引自《汉纪》。［49］世有三游：社会上有三种游走人士：游侠、游说、游行。［50］德之贼也：三游人士是破坏道德的奸贼。［51］游侠：其行为表现为见义勇为、轻生仗义、排难解纷、扶危济困。春秋战国时从西周士人中分化而出，以刺客身份供人驱遣。末流即为荀悦所论之游侠。［52］游说（shuì）：到处宣传个人政治见解与主张的人，称游说之士。战国纵横家即游说之士。［53］游行：结党营私的人。三游中档次最下之徒。［54］立气势，作威福：树立名气和声望，作威作福。［55］立强于世：称霸于世。［56］饰辩辞，设诈谋：修饰言词，设置阴谋诡计。［57］驰逐于天下：四处游走。要时势：谋求操纵时局。［58］色取仁以合时好：表面上和颜悦色称说仁义，骨子里迎合帝王的喜好。色，颜色，表面。合，迎合。［59］连党类，立虚誉以为权利者：结连党羽，扩大虚名以谋取权利。［60］伤道害德，败法惑世：伤害道德，败坏法度，蛊惑民心。［61］四民：四种民众，即士、农、工、商。［62］不由四民之业者，谓之奸民：凡是不从事四民职业的人，都是社会的奸民。由，经由，从事。［63］季世：社会衰败的末世。［64］纲纪弛废：法纪废弛。［65］以毁誉为荣辱：社会舆论左右荣辱。［66］不核其真：不核实舆论的真假。［67］上下相冒：上下互要冒犯。［68］万事乖错：万事都混乱错误。乖，相左，矛盾。［69］言论者：发表评论的人。计薄厚而吐辞：计算交情薄厚决定怎样讲话。计，计算，计较。薄厚，交情与利益的得失。［70］选举者：举荐人。度亲疏而举笔：估量与被举者的亲疏而下笔写推荐意见。［71］善恶谬于众声：善与恶的区分，错误地受制于众人的议论。［72］利不可以义求：只追求利益就不可能遵循道义。按：应正其道不谋其利。［73］害不可以道避也：规避祸害不可以牺牲道义。按：应当行其道而除其害。［74］君子犯礼：君子违背礼义。［75］小人犯法：小人触犯法律。［76］奔走驰骋，越职僭度：奔走游说，越职侵权。僭度，超越本分，侵权夺利。［77］饰华废实：追求浮华，摈弃实质。［78］竞趣时利：争相追求一时之利。［79］简父兄之尊：怠慢尊崇父兄的大义。崇宾客之礼：尊崇对待宾客的礼节。［80］薄：减轻。笃：加厚。［81］忘修身之道：不重视自我修养的原则。忘，忘记，不重视。［82］割衣食之业：损伤衣食来源的农桑本业。供飨宴之好：满足盛宴的欲望与排场。［83］苞苴盈于门庭：馈赠礼物的人挤满门庭。苞苴，裹鱼肉的草包，指馈赠的礼物。［84］聘问交于道路：探访问候的人来往穿梭于道路。［85］书记繁于公文：私交书信多于官府公文。［86］私务众于官事：私人事务多于官府公事。［87］经国序民：治理国家，使民众长幼有序。［88］正其制度：严明有关制度。［89］善恶要于功罪：区分善恶要以立功和犯罪来决定。不淫于毁誉：不应受舆论的惑乱。淫，惑乱。［90］责其事：追究事实。责，追究。［91］指其实：同“责其事”，依靠事实说话。［92］“故实不应”二句：所以，名不副实的叫作“虚”，表里不一的称之“伪”。［93］“毁誉”二句：毁誉不符合实际的叫做“诬”，议论丧失原则的称为“罔”。［94］“虚伪之行”二句：虚伪的行为不许出现，诬罔的言论不得流行。［95］请谒无所行：私人请托处处碰壁。请谒，请托，走后门。［96］货赂无所用：贿赂无人接受。［97］息华文：抛弃浮华虚文。息，止息，抛弃。华文，华丽文字，吹捧虚辞。［98］禁伪辩：禁止强词夺理。［99］绝淫智：杜绝不正当的智谋。淫智，耍小聪明。［100］放百家之纷乱：斥逐百家之学的纷乱。放，放逐，排除。［101］壹圣人之至道：统一于圣人的真理大道。［102］养之以仁惠，文之以礼乐：用仁爱恩德来教育民众，加上礼义作修饰。文，修饰。［103］大化成矣：天下大治成功了。

燕王定国[1]与父康王姬奸，夺弟妻为姬，杀肥如令郢人[2]。郢人兄弟上书告之，主父偃从中发其事[3]。公卿请诛定国，上许之。定国自杀，国除[4]。

齐厉王次昌亦与其姊纪翁主通[5]。主父偃欲纳其女于齐王，齐纪太后不许[6]。偃因言于上曰：“齐临菑[7]十万户，市租千金[8]，人众殷富，巨于长安[9]，非天子亲弟、爱子，不得王此。今齐王于亲属益疏[10]，又闻其姊乱[11]，请治之[12]！”

于是帝拜偃为齐相，且正其事[13]。偃至齐，急治王后宫宦者，辞及王[14]；王惧，饮药自杀。偃少时游齐及燕、赵，及贵，连败燕、齐[15]。赵王彭祖惧[16]，上书告主父偃受诸侯金[17]，以故诸侯子弟多以得封者。及齐王自杀，上闻[18]，大怒，以为偃劫[19]其王令自杀，乃征下吏治[20]。偃服受诸侯金[21]，实不劫王令自杀。

上欲勿诛，公孙弘曰："齐王自杀，无后，国除为郡入汉[22]，主父偃本首恶。陛下不诛偃，无以谢天下。"乃遂族主父偃。

张欧免[23]，上欲以蓼侯孔臧[24]为御史大夫。臧辞[25]曰："臣世以经学为业[26]，乞为太常[27]，典臣家业[28]，与从弟侍中安国纲纪古训[29]，使永垂来嗣[30]。"上乃以臧为太常，其礼赐如三公[31]。

（以上为第十一段，写谋臣主父偃对查处诸侯王的犯罪行为不遗余力，在告发燕王刘定国的弹劾文书上发力，燕王自杀；到齐国查究齐王刘次昌的罪行，齐王自杀；赵王刘彭祖诬告主父偃，主父偃被灭族。）

【注释】

[1]燕王定国：燕王刘泽之孙，燕康王刘嘉之子，文帝九年嗣位。[2]肥如：县名，县治在今河北迁安市东北。令：县令。郢人：县令的姓名。[3]主父偃从中发其事：主父偃从中朝把郢人兄弟的上书转给外朝大臣，公开了燕王的事。发其事，揭发、揭开了这件事。[4]国除：废除燕王国，其地并入辽西郡。[5]齐厉王次昌：齐孝王刘将闾之孙，齐懿王刘寿之子。纪翁主：齐懿王纪后所生。[6]纪太后：次昌之母，齐懿王之后。不许：不同意。[7]临菑：齐国之都，在今山东淄博市临淄区。[8]市租：交易税。千金：一千斤黄金，言其多。[9]巨于长安：大于长安。巨，大，超过。[10]益疏：血缘关系更加疏远。[11]乱：通奸乱伦。[12]请治之：请求朝廷惩治齐王。[13]正其事：审查齐王的事。正，整顿，查处。[14]辞及王：供词牵连到齐王。[15]连败燕、齐：指主父偃接连弄垮了燕王刘定国、齐王刘次昌两个王国。[16]赵王彭祖：景帝刘启之子，景帝前二年由广川王徙为赵王。惧：害怕。主父偃曾游赵不受礼遇，故赵王害怕自己受迫害。[17]受诸侯金：接受诸侯的贿赂。[18]上闻：武帝听到齐王自杀的消息。[19]劫：胁迫。[20]乃征下吏治：于是征召主父偃回京交付司法审讯。[21]偃服受诸侯金：主父偃供认接受了诸侯王贿赂。[22]国除为郡入汉：齐国被废除，纳入汉为齐郡。[23]张欧：西汉大臣，性谨厚，官至御史大夫。传见《史记》卷一百三、《汉书》卷四十六。免：免御史大夫官。[24]孔臧：汉高帝功臣蓼侯孔聚之子，孔安国之从兄。[25]辞：推辞。[26]经学：指儒家经典之学。为业：为追求的事业。[27]乞为太常：请求出任太常。太常，九卿之一，掌宗庙礼仪，兼掌选博士。[28]典臣家业：典掌我家世传的职业。[29]安国：孔臧堂弟孔安国，时任侍中。纲纪古训：总结归纳古人训诫。此指整理五经。[30]永垂来嗣：永远流传后世，嘉惠后学。[31]礼赐如三公：礼遇和赏赐如同三公。即享受三公等级待遇。三公，丞相、太尉、御史大夫。

三年（乙卯，前 126 年）

冬，匈奴军臣单于死，其弟左谷蠡王伊稚斜[1]自立为单于，攻破军臣单于太子於单，於单亡降汉[2]。

以公孙弘为御史大夫。是时，方通西南夷，东置苍海，北筑朔方之郡。公孙弘数谏，以为罢敝[3]中国以奉无用之地，愿罢之[4]。天子使朱买臣[5]等难以置朔方之便；发十策[6]，弘不得一[7]。弘乃谢曰[8]："山东鄙人，不知其便若是，愿罢西南夷、苍海而专奉朔方[9]。"上乃许之，春，罢苍海郡[10]。

弘为布被，食不重肉[11]。汲黯曰："弘位在三公，奉禄甚多；然为布被，此诈也。"上问弘，弘谢曰："有之。夫九卿与臣善者无过黯[12]，然今日廷诘弘[13]，诚中弘之病[14]。夫以三公为布被，与小吏无差，诚饰诈，欲以钓名[15]，如汲黯言。且无汲黯忠，陛下安得闻此言[16]！"天子以为谦让，愈益尊之[17]。

三月，赦天下。

夏，四月，丙子[18]，封匈奴太子於单为涉安侯，数月而卒。

初，匈奴降者言："月氏故居敦煌、祁连间[19]，为强国，匈奴冒顿攻破之。老上单于杀月氏王，以其头为饮器[20]。余众遁逃远去，怨匈奴，无与共击之[21]。"上募能通使月氏者，汉中张骞以郎应募[22]，出陇西[23]，径匈奴中[24]；单于得之[25]，留[26]骞十余岁。骞得间亡[27]，乡月氏西走[28]，数十日，至大宛[29]。大宛闻汉之饶财[30]，欲通不得[31]，见骞，喜，为发导译抵康居[32]，传致大月氏[33]。大月氏太子为王，既击大夏[34]，分其地而居之[35]，地肥饶，少寇，殊无报胡之心[36]。骞留岁余，竟不能得月氏要领[37]，乃还；并南山[38]，欲从羌中归[39]，复为匈奴所得，留岁余。会伊稚斜逐於单，匈奴国内乱，骞乃与堂邑氏奴甘父逃归[40]。上拜骞为太中大夫，甘父为奉使君[41]。骞初行时百余人，去十三岁，唯二人得还[42]。

匈奴数万骑入塞，杀代郡太守恭[43]，及略千余人[44]。

六月，庚午[45]，皇太后崩。

秋，罢西夷[46]，独置南夷、夜郎两县、一都尉，稍令犍为自葆就[47]，专力城朔方。

匈奴又入雁门，杀略千余人。

是岁，中大夫张汤为廷尉。汤为人多诈，舞智以御人[48]。时上方乡文学[49]，汤阳浮慕[50]，事董仲舒、公孙弘等。以千乘兒宽为奏谳掾[51]，以古法义决疑狱[52]。所治[53]，即上意所欲罪[54]，与监、史深祸者[55]；即上意所欲释[56]，与监、史轻平者[57]；上由是悦之[58]。汤于故人子弟调护之尤厚[59]；其造请诸公[60]，不避寒暑。是以汤虽文深、意忌、不专平[61]，然得此声誉。

汲黯数质责汤于上前曰[62]："公为正卿[63]，上不能褒[64]先帝之功业，下不能抑[65]天下之邪心，安国富民，使囹圄空虚[66]，何空取高皇帝约束纷更之为[67]！而公以此无种矣[68]。"黯时与汤论议，汤辩常在文深小苛[69]；黯伉厉守高[70]，不能屈[71]，忿发[72]，骂曰："天下谓刀笔吏不可以为公卿[73]，果然！必汤也，令天下重足而立，侧目而视矣[74]！"

四年（丙辰，前125年）

冬，上行幸甘泉[75]。

夏，匈奴入代郡、定襄、上郡[76]，各三万骑，杀略数千人。

（以上为第十二段，写公元前126年至公元前125年两年史事，写汉武帝重用公孙弘，公孙弘提倡节俭；张骞出使西域，历尽艰辛，十三年而回；重用张汤，张汤看汉武帝脸色行事，受到汲黯多次责问。）

【注释】

[1]伊稚斜：匈奴人，曾为左谷蠡王，自立为单于。 [2]於（wū）单：人名。亡降汉：逃亡投降于汉。 [3]罢敝：疲敝。 [4]罢之：罢废朔方郡。 [5]朱买臣：西汉会稽吴（今江苏苏州市）人，字翁子，曾任会稽太守。传见《汉书》卷六十四上。 [6]发十策：责难发问十题。 [7]不得一：不能对上一策。 [8]弘乃谢曰：公孙弘道歉认错。按：此公孙弘狡黠处，故意十不得一，不忤违汉武帝之旨，不收回罢置朔方郡的提议。 [9]专奉朔方：集中力量经营朔方郡。指全力对付匈奴，不要四面出击。 [10]罢苍海郡：停止设置苍海郡。苍海郡，在今朝鲜半岛北部。 [11]不重肉：言简朴，吃饭不重肉味。 [12]"九卿"句：九卿和我相好的要数汲黯为第一。汲黯

时为主爵都尉，列于九卿。［13］廷诘弘：在朝廷上当众质问我公孙弘。诘，质问。［14］诚中弘之病：真是说中了我的短处。［15］钓名：沽名钓誉。［16］安得闻此言：哪能听得到这样的话。［17］愈益尊之：更加尊重公孙弘。［18］丙子：四月七日。［19］月（ròu）氏（zhī）：即大月氏，古游牧部族名。原分布于敦煌与祁连山之间，公元前二世纪被匈奴逼迫，西迁伊犁河流域，部分未西迁者，保南山羌，号小月氏。不久，月氏为匈奴所破，其王被杀。又因受乌孙攻击，由伊犁南迁妫水（今阿姆河）流域，征服大夏国。张骞西使曾至其国。敦煌：县名，治所在今甘肃敦煌市西。祁连：山名，在今甘肃张掖市、酒泉市南，祁连山脉的中段。［20］饮器：侧耳杯形如人面，故匈奴以月氏王头为饮器，取其形似。［21］无与共击之：没有人与之共同抗击匈奴。言月氏人找不到帮手。［22］张骞以郎应募：张骞以郎官身份应募为使臣。张骞，汉中成固人，凿空西域，返汉后对武帝问，建言开西南夷道，再次出使西域，宣扬大汉威德，深受西域人爱戴。传见《汉书》卷六十一。［23］陇西：郡名，郡治狄道，在今甘肃临洮县。张骞出陇西，时在建元三年。［24］径匈奴中：路径要穿过匈奴地。［25］单于得之：匈奴单于捕捉了张骞。［26］留：拘留。［27］得间亡：找到机会逃亡。［28］乡月氏西走：向着月氏的西方逃走。张骞不忘使命。［29］大宛（yuān）：古西域国名，在今中亚费尔干纳盆地，以产汗血马著称。王治贵山城（今中亚卡散赛）。［30］饶财：富饶有财。［31］欲通不得：大宛早就想与汉通使结交，没有实现。［32］发导译抵康居：派出向导和翻译抵达康居。康居，古西域国名，东界乌孙，西达奄蔡，南接大月氏，东南临大宛，约在今巴尔喀什湖和咸海之间。王都在卑阗城。北部为游牧区，南部为农业区。［33］传致大月氏：再转送张骞到大月氏。［34］大夏：中亚西亚古国。在兴都库什山与阿姆河上游之间（今阿富汗北部）。公元前三、二世纪之交强盛，后国土分裂、势衰，被大月氏人据。［35］分其地而居之：月氏人分割了大夏的土地安居下来。［36］殊无报胡之心：绝没有向匈奴复仇的打算。［37］不能得月氏要领：找不到大月氏人的要害。要（yāo）领，长衣提起腰和领，襟袖自然平贴。比喻纲要、要害。要，通“腰”。［38］并南山：沿着南山。南山，即今喀喇昆仑山脉。［39］从羌中归：经由羌人地区返回汉朝，以避开匈奴。羌，古族名，分布于甘肃、青海等部分地区。［40］堂邑氏奴甘父：堂邑氏之奴，奴名叫甘父。逃归：逃回汉朝。［41］太中大夫：官名，掌议论，属郎中令。奉使君：封号。［42］唯二人得还：只有张骞、甘父两人回来。其他一百余人皆死在匈奴和路途中。［43］恭：人名，代郡太守之名。［44］略：掠夺，抓获。［45］庚午：六月二日。［46］罢西夷：停止经营西夷。罢，停止设郡置吏。［47］稍令犍为自葆就：随后令犍为郡保全并完善地方建制。葆就，维持。犍为郡已在建元六年建置，不在罢废之列，维持原有建制。［48］舞智以御人：耍小聪明以制驭他人。［49］上方乡文学：汉武帝正崇尚儒学。乡，通“向”，崇尚。［50］阳浮慕：假装向慕。阳，通“佯”。［51］千乘：县名，治所在今山东高青县高苑镇北。兒宽：西汉千乘人。家贫，常携带经书务农。因经学为武帝赏识，官左内史，有治绩。后为御史大夫，卒于官。传见《汉书》卷五十八。奏谳掾：专掌申诉和审定案件之吏。［52］古法义：古老的办法和经义。决疑狱：判决疑难案件。［53］所治：张汤所审理的案件。［54］上意所欲罪：皇上想要定罪的案件。［55］与：交给。监、史深祸者：让执法苛酷的下属办理。监、史，廷尉下属官吏。深祸者，深文致祸，即扭曲司法解释罗织罪状。［56］上意所欲释：皇上想要释放的人。［57］轻平者：交给从轻办案的下属审理。［58］上由是悦之：汉武帝因此很喜欢张汤。［59］调护之尤厚：照顾更加周到。调护，调处保护，即照顾。［60］其造请诸公：张汤巴结拜访的各位大臣。［61］文深：执法严苛。意忌：心怀妒忌。不专平：判决不公。［62］“汲黯”句：汲黯多次当着汉武帝的面质问批评张汤。质责，质问批评。［63］正卿：九卿。张汤为廷尉，九卿之一。［64］褒：发扬光大。［65］抑：抵制、纠正。［66］使囹圄空虚：使监狱空置。指太平无事，没人犯罪，监狱空置。［67］何空取高皇帝约束纷更之为：为什么徒然把高皇帝的约束胡乱更改。约束，原定律令。［68］而公以此无种矣：而且你将会因此而断子绝孙。意谓张汤之罪当灭族。［69］汤辩常在文深小苛：张汤的言论紧扣法律条文，在细枝末节上严厉苛求。小苛，在细小处大严厉苛求。［70］黯伉厉守高：汲黯伉直严峻，坚守原则。［71］不能屈：辩不过张汤。屈，使之屈服。［72］忿发：愤怒发作。谓气愤之极。［73］刀笔吏不可以为公卿：主办文案的刀笔吏不能做公卿。［74］“必汤也”三句：一切都照张汤的主张去做，将使天下人处于重足而立、侧目而视的恐惧之中。重足而立，形容不敢跨步走路。侧目而视，斜眼偷觑，形容不敢正视。［75］甘泉：山名，宫名，在今陕西淳化县西北。［76］定襄：郡名，郡治成乐，在今内蒙古和林格尔县西北。

【点评】

论主父偃。主父偃，是汉武帝时代的一个传奇人物。他具有喜剧色彩，也是一个悲剧人物，折射了当时知识分子的一些典型特征，一般论者都被他的“五鼎”之说所迷惑，对他予以否定，其实误矣。

首先，主父偃具有奋发向上、不屈不挠的顽强意志。他出身寒门，从小喜欢读书，什么书都读，早年学长短纵横之术，后学《易》《春秋》和百家之言。他满腹经纶，志欲学成文武之艺，货与帝王家。他自以为学艺已成，就出来“跑江湖”，可是处处碰壁，弄得灰头土脸。他到了齐国，受到儒生的排挤，家里贫穷，没有人肯借钱给他；转而北游燕、赵等诸侯王国，人家也不喜欢他。但他越挫越勇，就到长安去！他去求见卫将军，卫将军几次向汉武帝推荐，汉武帝都没有理会。主父偃身上没有钱了，诸公宾客也都讨厌他，他穷困潦倒，几乎活不下去了。这时候，他没有灰心丧气，也没有一蹶不振，直接向汉武帝上书！这下，他打开了仕途大门。主父偃是当时寒门士子的一个缩影，朱买臣、庄助、司马相如，年轻时也大都如此，都有着一颗不屈的心和奋发向上的情怀，这是多么的难能可贵！

其次，主父偃关心时事，心中充满着治国的大学问。他向汉武帝上书，所言九事，其八事为律令，一事为谏伐匈奴。这说明，主父偃对于治国有着很多的主张和

"闪光点"。司马迁只转录了他的"谏伐匈奴"一事，从中看出，他是不主张攻打匈奴的，这与汉武帝的想法是相矛盾的。但是，汉武帝非常欣赏他的才能，让他和徐乐、严安一起觐见。汉武帝脱口说了这么一句话："公等皆安在，何相见之晚也！"汉武帝被他们的才华所折服，也表达了求贤若渴的情怀，将他们都任为郎中。而主父偃一年中四次升迁，由郎中升为中大夫。这说明汉武帝对主父偃特别看重，也说明主父偃具有治国才华。

事实也正是如此，主父偃提出"推恩分子弟"的建议，被汉武帝采纳，妥善解决了诸侯王尾大不掉而造反的问题。主父偃建议迁移山东豪富到茂陵，既充实京师，又使山东地区得到稳定，也被汉武帝采纳而实施。主父偃还盛言朔方的土地肥饶，外有黄河屏障，内省转输戍漕，是灭胡之本，建议筑城守卫。汉武帝将这个建议交给朝廷大臣讨论，大臣们都认为不妥，公孙弘也提出反对意见，而汉武帝则独具慧眼，既识人，又识计，"竟用偃计，立朔方郡"。可以说，主父偃对于汉武帝的治国，发挥了极大作用。

第三，主父偃揭发燕王刘定国，审理齐王刘次昌乱伦案件，不畏宗室权贵，秉公执法，最终将燕王绳之以法，导致齐王畏罪自杀，表现出一种大无畏的精神。同时释放了自己的一腔怨气，但也种下了灭族的隐患。主父偃年轻时受了太多的磨难，如今飞黄腾达，他要讨旧账了。首先是燕国，当年主父偃流落到燕国，无人问津，而如今，燕王栽到他的手上了。燕王刘定国在治理燕国期间，行为有失检点，违背伦理道德。主父偃查实了燕王种种伤风败俗的行为，马上向汉武帝告状，揭发燕王的罪行。汉武帝听后勃然大怒，派主父偃主持审问。在确凿的证据面前，燕王对自己的所作所为供认不讳，见无路可退，最后自杀了。而后又轮到齐国，主父偃掌握了齐王刘次昌乱伦之事，狠狠地在汉武帝面前参了一本，揭发了齐王与亲姐姐乱伦通奸的罪行。汉武帝十分恼怒，任命主父偃为齐国国相，要他去主持审理此事。主父偃一到齐国，就迅速审讯齐王后宫之人，一心要弄个水落石出。齐王年纪轻，经不起事，畏罪服毒自杀。齐国被撤销了，变成了汉朝直接管辖的郡县。

主父偃一朝发迹，便口无遮拦，得意忘形，最终惨遭灭门之祸。他高调做事，得罪了很多人，有人劝主父偃说，你这样行事，太横了，别人看了不顺眼，凡事要低调。而主父偃却不以为然，说："大丈夫活着，如果不能列五鼎而食，那么，死时就受五鼎烹煮的刑罚。我已经到了日暮途穷的时候，所以要倒行逆施，横暴行事，怎么也停不下来了。"这和当年伍子胥所说的话如出一辙。最后也真应验了。

齐王自杀后，赵王坐不住了，狠狠地参了主父偃一本，说他大量受贿，逼死齐王。汉武帝派人审查，受金是实有其事，逼死齐王则证据不足。汉武帝有意放主父偃一马，不想要主父偃的命。这时候，公孙弘乘机横插一杠子，说："齐王自杀，没有后代，封国被废除而变成郡，归入朝廷，主父偃是这件事情的罪魁祸首，皇上不杀主父偃，如何向天下人交代？”其实，公孙弘是借机公报私仇，铲除政敌。

对主父偃的一生如何评价，我们要进行辩证的思考。主父偃为人狭隘，在朝廷多处树敌，由此遭到朝廷重臣的忌恨，因贪污获罪被抓，最终死在公孙弘的弹劾之下。可以说，主父偃的死，完全是冤死，是封建王朝的政治牺牲品。他虽然受金无数，但也不至于是死罪甚至被族灭啊！而齐王畏罪自杀，这账怎么能算到主父偃的头上？总之，主父偃的一生行事，在总体上应予以肯定，而对于他的得意忘形，在行事中夹带私人恩怨，也是需要辩证看待的；“五鼎”之说，只是他的戏言，并不代表他的全部，他的治国才华以及对于巩固中央集权的重大贡献，不可一概抹杀。

卷一九　汉纪十一

汉武帝元朔五年至元狩四年（前 124—前 119 年）

【起强圉大荒落（丁巳，前 124 年），尽玄黓淹茂（壬戌，前 119 年），凡六年】

【大事提要】

本卷记事起公元前 124 年，讫公元前 119 年，凡六年，当汉武帝元朔五年至元狩四年。本卷所载大事，主要是以下几个方面。其一，漠南大捷。公元前 124 年，卫青率领大军出塞，乘夜包围了毫无防备的右贤王王庭，发起突然进攻，俘获其部众一万五千人，小王十多人，牲畜数十万头，汉军凯旋回至边塞，汉武帝派使者手捧印信赶到军中，在边塞拜卫青为大将军，又封其三个儿子为侯。其二，刘安谋反。淮南王刘安好读书鼓琴，善为文辞，注意抚慰百姓，名声很好。后来存有野心，认为汉武帝没有太子，欲争夺皇位，便与一帮谋士策划造反。伍被开始不肯，后被胁迫，为其策划。而后事情败露，刘安自杀，王后、太子等参与谋反的人被满门杀尽。其三,三出河西。公元前 121 年，汉武帝任命十九岁的霍去病为骠骑将军，于春、夏两次率兵出击占据河西地区的浑邪王、休屠王部，歼敌四万多人；秋季，霍去病奉命迎接率众降汉的匈奴浑邪王，及时控制变乱，使得四万多名将士归汉。汉朝从此控制了河西地区。其四，更钱铸币。汉朝对匈奴的战争牵动全国，为了集聚资财，汉武帝下令实行币制改革，制作白鹿皮币，铸造白金钱币，禁止民间私铸铁器和煮盐，实行算缗、告缗等方法，以筹集战争所需的大量物资；并重用张汤、孔仅、东郭咸阳、桑弘羊等兴利之臣。其五，漠北大战。公元前 119 年，汉武帝制定了集中兵力、深入漠北、寻歼匈奴主力的作战方针，调集十四万骑兵，随军战马十四万匹，步兵及转运夫十万人，由卫青和霍去病统帅，分东西两路进军，共斩获胡虏七万多人，从此，“匈奴远遁，漠南无王庭”。

世宗孝武皇帝中之上

元朔五年（丁巳，前124年）

冬，十一月，乙丑[1]，薛泽免[2]。以公孙弘为丞相，封平津侯。丞相封侯自弘始[3]。

时上方兴功业[4]，弘于是开东阁以延贤人[5]，与参谋议。每朝觐[6]奏事，因言国家便宜[7]，上亦使左右文学之臣与之论难[8]。弘尝奏言："十贼彍弩[9]，百吏不敢前。请禁民毋得挟弓弩[10]，便[11]。"上下其议[12]。侍中吾丘寿王[13]对曰："臣闻古者作五兵[14]，非以相害[15]，以禁暴讨邪也。秦兼天下[16]，销甲兵[17]，折锋刃[18]；其后民以耰鉏、棰梃相挞击[19]，犯法滋众[20]，盗贼不胜[21]，卒以乱亡[22]。故圣王务教化而省禁防[23]，知其不足恃也。《礼》曰[24]：'男子生，桑弧、蓬矢以举之，'明示有事也[25]。大射之礼[26]，自天子降及庶人[27]。三代之道也[28]。愚闻圣王合射以明教[29]矣，未闻弓矢之为禁也。且所为禁者，为盗贼之以攻夺也[30]；攻夺之罪死，然而不止者，大奸之于重诛，固不避也[31]。臣恐邪人挟之而吏不能止，良民以自备而抵法禁[32]，是擅贼威而夺民救也[33]。窃以为大不便。"书奏，上以难弘[34]，弘诎服焉[35]。

弘性意忌[36]，外宽内深[37]。诸尝与弘有隙，无近远，虽阳与善[38]，后竟报其过[39]。董仲舒为人廉直[40]，以弘为从谀[41]，弘嫉之[42]。胶西王端骄恣[43]，数犯法，所杀伤二千石甚众[44]。弘乃荐仲舒为胶西相；仲舒以病免[45]。汲黯常毁儒，面触弘[46]，弘欲诛之以事[47]，乃言上曰："右内史[48]界部中多贵臣、宗室[49]，难治，非素重臣不能任[50]，请徙黯为右内史。"上从之[51]。

春，大旱。

匈奴右贤王[52]数侵扰朔方。天子令车骑将军青将三万骑出高阙[53]，卫尉苏建为游击将军，左内史李沮为强弩将军，太仆公孙贺为骑将军，代相李蔡为轻车将军，皆领属车骑将军[54]，俱出朔方；大行李息、岸头侯张次公为将军[55]，俱出右北平[56]；凡十余万人，击匈奴。右贤王以为汉兵远，不能至，饮酒，醉。卫青等兵出塞六七百里，夜至，围右贤王。右贤王惊，夜逃，独与壮骑数百驰，溃围北去[57]。得右贤裨王[58]十余人，众男女万五千余人，畜数十百万，于是引兵而还。

至塞，天子使使者[59]持大将军印，即军中拜卫青为大将军[60]，诸将皆属焉[61]。

夏，四月，乙未[62]，复益封[63]青八千七百户，封青三子伉、不疑、登皆为列侯[64]。青固谢[65]曰："臣幸得待罪行间[66]，赖陛下神灵[67]，军大捷，皆诸校尉力战之功也。陛下幸已益封臣青；臣青子在襁褓中[68]，未有勤劳，上列地[69]封为三侯，非臣待罪行间所以劝士力战之意[70]也。"天子曰："我非忘诸校尉功也。"乃封护军都尉公孙敖为合骑侯，都尉韩说为龙额侯，公孙贺为南窌侯，李蔡为乐安侯，校尉李朔为涉轵侯，赵不虞为随成侯，公孙戎奴为从平侯，李沮、李息及校尉豆如意[71]皆赐爵关内侯[72]。

于是青尊宠，于群臣无二[73]，公卿以下皆卑奉之[74]，独汲黯与亢礼[75]。人或说黯曰："自天子欲群臣下[76]大将军，大将军尊重[77]，君不可以不拜。"黯曰："夫以大将军有揖客[78]，反不重邪[79]！"大将军闻，愈贤黯[80]，数请问国家朝廷所疑[81]，遇黯加于平日[82]。

大将军青虽贵，有时侍中[83]，上踞厕而视之[84]；丞相弘燕见[85]，上或时不冠[86]；至如汲黯见[87]，上不冠不见也。上尝坐武帐中[88]，黯前奏事，上不冠，望见黯，避帐中，使人可其奏[89]。其见敬礼如此。

夏，六月，诏曰："盖闻导民以礼[90]，风之以乐[91]。今礼坏、乐崩[92]，朕甚闵[93]焉。其令礼官劝学兴礼以为天下先[94]！"于是丞相弘等奏："请为博士官置弟子五十人[95]，复其身[96]；第[97]其高下，以补郎中、文学、掌故[98]；即有秀才异等[99]，辄以名闻[100]；其不事学若下材[101]，辄罢之[102]。又，吏通一艺以上者[103]，请皆选择以补右职[104]。"上从之。自此公卿、大夫、士、吏彬彬多文学之士[105]矣。

秋，匈奴万骑入代[106]，杀都尉朱英[107]，略千余人[108]。

（以上为第一段，写汉武帝任命公孙弘为丞相，封为平津侯，公孙弘注重延请贤才，建议设立博士官弟子；卫青率军出击匈奴，获得大胜，列将皆封侯。）

【注释】

［1］乙丑：十一月五日。［2］薛泽：汉武帝时丞相。免：被免职。［3］丞相封侯自弘始：汉初常以列侯为丞相，而公孙弘以布衣为丞相，后封侯，故云“丞相封侯自弘始”。［4］上方兴功业：汉武帝正在建功立业。［5］东阁：丞相府东边的小门，有别于正门。延贤人：延揽贤人。［6］朝觐：朝见天子。［7］便宜：随机，此指有利于国家的见解，随机奏上。［8］左右文学之臣：皇上身边的儒学近臣。与之论难：与公孙弘辩驳。［9］彍（kuò）弩：拉满了弓。［10］禁民：禁止民众。毋得挟弓弩：不能携带弓箭。［11］便：合宜。［12］下其议：下到朝廷交给群臣讨论。［13］吾丘寿王：西汉赵（今河北邯郸市一带）人，字子赣。传见《汉书》卷六十四上。［14］作五兵：制作矛、戟、弓、剑、戈五种兵器。［15］非以相害：不是用来互相攻杀的。［16］秦兼天下：秦朝统一天下。［17］销甲兵：销毁铠甲兵器。［18］折锋刃：折断刀锋。［19］耰（yōu）：古农具名。用以击碎土块、平整土地，形拟榔头。棰：鞭子。梃：大杖。相挞击：互相攻击。［20］滋众：更加众多。［21］盗贼不胜：盗贼不知有多少，防不胜防。［22］卒以乱亡：终于因大乱而灭亡。［23］务教化：以教育感化为主。省禁防：减少防范和禁令。［24］《礼》曰：引文见《礼记·射义》。［25］“男子生”三句：男孩出生，用桑木制成的弓，用蓬草秆制成的箭，射击天地四方，举行这样的射礼，表现男子志向。［26］大射之礼：古时的射箭礼仪。［27］降及庶人：下至平民。［28］三代之道也：这是夏、商、周三代的传统。［29］合射以明教：用射礼以教化民众。合射，谓射箭合于礼义。［30］“且所为禁者”二句：谓禁民挟弓弩，为盗贼攻夺百姓提供了方便条件。［31］大奸之于重诛，固不避也：大奸大恶之徒，对重刑原本就不回避。重，重刑，死刑。固，本来。［32］“臣恐”二句：我担心坏人持弓箭害人而地方官吏不能禁止，民众却因为用弓箭自卫而触犯法律。［33］是擅贼威而夺民救也：这是助长坏人的气焰而剥夺了民众自救的手段。［34］上以难弘：汉武帝以此责问公孙弘。［35］弘诎服焉：公孙弘无言回答，服输。诎，通“屈”，服输。［36］意忌：猜疑忌妒。［37］外宽内深：表面上宽厚，骨子里严峻苛刻。［38］阳与善：表面上装着友善。阳，表面，并通“佯”。［39］竟：终究。报其过：抓住其过错进行报复。［40］廉直：清廉正直。［41］从谀：阿谀奉承。［42］嫉之：嫉恨董仲舒。［43］胶西王端：景帝子。景帝前三年受封。骄恣：骄横放纵。［44］二千石：指郡国守相。甚众：多人，不止一个。［45］以病免：董仲舒心知公孙弘借刀杀人，称病从江都相任上致仕。［46］面触弘：汲黯当着公孙弘的面冒犯他。［47］弘欲诛之以事：公孙弘想借用政务事来诛杀汲黯。［48］右内史：管理京师长安西北部地区的政务长官，比列九卿，秩二千石。［49］宗室：皇族。［50］素：平素，一向。重臣：有威望的大臣。不能任：不能治理（贵臣、宗室）。［51］上从之：汉武帝采纳了公孙弘的意见，调任汲黯为右内史。［52］右贤王：匈奴的王号，管理匈奴南部西边的地域，边汉西北部，当今甘肃兰州市以西及内蒙古西部和宁夏地区。［53］高阙：关隘名，在河套西北，今内蒙古杭锦后旗北。［54］皆领属车骑将军：指苏建、李沮、公孙贺、李蔡四位将军均受车骑将军卫青节制。领属，从属于。［55］李息、张次公：两

将别出策应卫青主攻。［56］右北平：郡名，郡治平刚，在今辽宁凌源市西南。［57］溃围北去：突围向北逃跑。［58］右贤裨王：右贤王属下的小王。［59］使使者：派遣使者。［60］即军中：就在行进的军中。按：行进中晋职，给足了卫青脸面。大将军：位在诸将上，相当于今之元帅。［61］诸将皆属焉：各路将领皆隶属卫青统领。［62］乙未：四月八日。［63］益封：增加封邑。益，又。［64］“封青三子”句：封卫青的三个儿子都为列侯。封卫伉为宜春侯，卫不疑为阴安侯，卫登为发干侯。［65］固谢：再三推辞。［66］幸：侥幸，运气好。待罪行间：供职军中。待罪，臣对君言自己供职之谦辞。［67］赖陛下神灵：仰仗皇上的神灵。犹言托皇上之福。［68］臣青子在襁褓中：臣的儿子还年幼。襁褓，泛称背负小儿所用的东西，指代小孩。［69］列地：分地。列，通“裂”，分割。［70］非臣待罪行间所以劝士力战之意：不是我效力军中、鼓励将士奋力战斗的本意。［71］豆如意：人名，豆，《汉书》作“窦”。［72］关内侯：秦汉二十级爵之第十九级，有奉邑。［73］于群臣无二：在群臣中没有第二个。［74］卑奉之：谦卑地尊奉他。朝臣见卫青行跪拜礼。［75］亢礼：以平等的礼节相待。相见行拱手作揖礼。亢，通“抗”，抗衡。［76］下：自谦卑下。［77］尊重：地位尊贵。［78］有揖客：有只行拱手礼的客人。此表示大将军礼贤谦逊。［79］反不重邪：反而不是更尊贵了吗？即难道不尊贵吗？［80］愈贤黯：更加认为汲黯贤能。［81］所疑：卫青向汲黯请教国家的疑难大事。［82］遇黯加于平日：比原先更加敬重汲黯。［83］侍中：侍从天子禁中。［84］上踞厕而视之：汉武帝踞坐在床边接见卫青。踞，两腿叉开坐，又称箕踞。厕，指床边。厕，通“侧”。［85］燕见：空闲时随意求见。［86］上或时不冠：汉武帝有时不戴帽。［87］至如汲黯见：只要是汲黯求见。［88］坐武帐中：坐在陈列兵器的帷幕中。［89］使人可其奏：派人批准汲黯的陈奏。［90］导民以礼：用礼仪引导民众。［91］风之以乐：用音乐教化。风，读“讽”，引喻，教化。［92］礼坏、乐崩：礼仪败坏，音乐丧失。［93］闵：忧虑。［94］礼官：指掌教化、礼仪之官。劝学兴礼：鼓励学习，振兴礼教。为天下先：为天下要务。先，放在第一位。［95］博士官置弟子五十人：这是元朔五年初置博士弟子的定员，每经十人，五经共五十人，意义重大，表示朝廷中央正式成立太学。其后博士弟子不断增加，至西汉末达三千人，至东汉末更多达三万人。随之，郡国兴起地方学校。［96］复其身：免除博士弟子本人的赋役。［97］第：等次。这里指考试的名次。［98］补：补充，指进入郎官、文学、掌故的官吏系统。文学：儒学教职。掌故：管理典籍档案。［99］秀才异等：异于常人的优秀人才。［100］辄以名闻：就要推荐上报。［101］不事学：不专于学术。下材：下等人才。［102］辄罢之：就要从博士弟子中除名，罢免。［103］吏：指下级官吏。通一艺：能够通晓一经的人才。［104］右职：重要的官职。［105］彬彬多文学之士：有学问的人越来越多。彬彬，文质兼备的样子。［106］入代：侵入代郡。代郡，郡治代县，在今河北蔚县东北。［107］杀都尉朱英：匈奴杀死了代郡的都尉朱英。都尉，此指郡尉，一郡的军事长官。［108］略千余人：掠取、虏获代郡军民一千余人。

初，淮南王安，好读书属文[1]，喜立名誉，招致宾客方术之士数千人。其群臣、宾客，多江、淮间轻薄士[2]，常以厉王迁死感激安[3]。建元六年[4]，彗星见[5]，或说王曰："先吴军时[6]，彗星出，长数尺，然尚流血千里[7]。今彗星竟天[8]，天下兵当大起[9]。"王心以为然，乃益治攻战具[10]，积金钱[11]。

郎中雷被获罪于太子迁[12]，时有诏，欲从军者辄诣长安[13]，被即愿奋击匈奴。太子恶被于王[14]，斥免之[15]，欲以禁后[16]。是岁，被亡之长安[17]，上书自明[18]。事下廷尉治[19]，踪迹连王[20]，公卿请逮捕治王[21]。太子迁谋令人衣卫士衣[22]，持戟居王旁[23]，汉使有非是者[24]，即刺杀之，因发兵反。天子使中尉宏即讯王[25]，王视中尉颜色和[26]，遂不发[27]。公卿奏："安壅阏奋击匈奴者[28]，格明诏[29]，当弃市[30]。"诏削二县[31]。既而安自伤[32]曰："吾行仁义，反见削地。"耻之[33]，于是为反谋益甚[34]。

安与衡山王赐相责望[35]，礼节间不相能[36]。衡山王闻淮南王有反谋，恐为所并[37]，亦结宾客为反具[38]，以为淮南已西[39]，欲发兵定江、淮之间而有之[40]。衡山王后徐来谮太子爽于王[41]，欲废之而立其弟孝[42]。王囚太子而佩孝以王印[43]，令招致宾客。宾客来者微知淮南、衡山有逆计[44]，日夜从容劝之。王乃使孝客江都人枚赫、陈喜作輣车、锻矢[45]，刻天子玺、将相军吏印[46]。秋，衡山王当入朝，过淮南；淮南王乃昆弟语[47]，除前隙[48]，约束反具[49]。衡山王即上书谢病[50]，上赐书不朝[51]。

（以上为第二段，写淮南王刘安喜欢读书、写文章，又爱沽名钓誉，广招宾客；宾客怂恿刘安起兵造反，刘安抓紧准备；又因雷被应征之事受到朝廷谴责，更加怀恨在心；并与衡山王刘赐联系，相约共叛朝廷。）

【注释】

[1]属文：写文章。淮南王刘安与宾客编纂有《淮南子》传世。 [2]轻薄士：浮泛狂妄之徒。[3]常以厉王迁死感激安：经常拿刘安之父淮南王刘长被流放而死刺激刘安。按：厉王迁死事件，见《资治通鉴》卷十四文帝前元六年，公元前174年。 [4]建元六年：公元前135年。 [5]彗星见：彗星出现。见，通"现"。 [6]吴军时：指吴楚七国之乱的时候。 [7]流血千里：形容死人

极多。［8］竟天：彗星贯穿整个天空。［9］天下兵当大起：天下将有大规模战争发生。兵，战争。［10］益治攻战具：加紧制造进攻性的兵器。［11］积金钱：积聚钱财。［12］雷被：西汉人，为淮南王刘安的郎中。获罪于太子迁：雷被善用剑，淮南王太子刘迁欲与其比试。雷被失手击中之，故得罪了太子。［13］从军者辄诣长安：从军击匈奴者，就到长安集中。［14］恶被于王：太子向淮南王刘安说雷被的坏话。恶，诋毁。［15］斥免之：逐走雷被，罢免了他郎中的官。［16］禁后：禁止以后发生同类事件，即杀鸡儆猴。［17］被亡之长安：雷被逃亡到长安。亡，逃亡。［18］上书自明：上书朝廷自我辩白。［19］事下廷尉治：此事交付廷尉查办。［20］踪迹连王：追踪牵连到淮南王刘安。［21］治王：审查淮南王。［22］衣卫士衣：穿卫士衣服假扮成卫士。［23］持戟居王旁：拿着武器站在淮南王身旁。［24］有非是者：如有不对情况。［25］讯王：讯问淮南王。［26］颜色和：脸色温和，态度好。［27］遂不发：于是没有发动反叛。［28］安壅阏奋击匈奴者：刘安阻挡有志奋击匈奴的壮士，指阻拦雷被到长安。壅阏，阻挡，阻拦。［29］格明诏：阻碍英明的圣旨。格，搁置，阻碍。［30］当弃市：应判罪弃市。［31］削二县：削减二个县的封邑。［32］自伤：自我伤感。［33］耻之：以被削二县感到羞耻。［34］为反谋益甚：谋反的准备越发加紧。［35］衡山王赐：刘赐，刘安之弟。文帝十六年与刘安同时受封为王。相责望：互相责怪。［36］间不相能：隔阂而不和睦。［37］恐为所并：怕被兼并。［38］反具：谋反的器具。［39］淮南已西：指淮南王造反向西进兵。［40］定：平定。江、淮之间：夺取长江、淮河之间的土地。［41］“衡山王后”句：徐来王后在衡山王刘赐面前说太子刘爽的坏话。谮，谗毁。［42］孝：刘孝。［43］佩孝以王印：让刘孝佩带衡山王印。示意孝为太子。［44］微知：隐约知道。逆计：谋反计划。［45］作辅车、锻矢：制造战车、利箭。锻，锻制。［46］将相军吏印：（刻制）用于封赏的将、相、各级军官的印章。［47］乃昆弟语：于是说了些兄弟的亲热话。［48］除前隙：消除以前的矛盾。［49］约束反具：相约共同制造谋反器具。［50］上书谢病：刘赐上书称病告假不入朝。［51］上赐书不朝：汉武帝颁下诏书允许他不入朝。

六年（戊午，前123年）

春，二月，大将军青出定襄[1]，击匈奴。以合骑侯公孙敖为中将军，太仆公孙贺为左将军，翕侯赵信为前将军，卫尉苏建为右将军，郎中令李广为后将军，左内史李沮为强弩将军，咸属大将军。斩首数千级[2]而还，休士马于定襄、云中、雁门[3]。

赦天下。

夏，四月，卫青复将六将军[4]出定襄，击匈奴，斩首虏[5]万余人。右将军建、前将军信并军三千余骑独逢单于兵，与战一日余，汉兵且尽。信故胡小王[6]，降汉，汉封为翕侯，及败，匈奴诱之，遂将其余骑可八百[7]降匈奴。建尽亡其军[8]，脱身亡[9]，自归大将军。

议郎[10]周霸曰：“自大将军出，未尝斩裨将[11]。今建弃军，可斩，以明将军之威。”军正闳、长史安[12]曰：“不然。《兵法》[13]：‘小敌之坚，大敌之禽也[14]。’今建以数千当单于数万，力战一日余，士尽[15]，不敢有二心，自归，而斩之，是示后无反意[16]也，不当斩。”大将军曰：“青幸得以肺腑待罪行间[17]，不患无威，而霸说我以明威，甚失臣意[18]。且使臣职虽当斩将[19]，以臣之尊宠而不敢擅诛于境外[20]，而具归天子[21]，天子自裁[22]之，于以见为人臣不敢专权，不亦可乎？”军吏皆曰：“善！”遂囚建诣行在所[23]。

初，平阳县吏霍仲孺给事平阳侯家[24]，与青姊卫少儿[25]私通，生霍去病。去病年十八，为侍中[26]，善骑射，再从大将军击匈奴，为票姚校尉[27]，与轻骑勇八百[28]，直弃大军数百里赴利[29]，斩捕首虏过当[30]。于是天子曰：“票姚校尉去病，斩首虏二千余级，得相国、当户[31]，斩单于大父行藉若侯产[32]，生捕季父罗姑[33]，比再冠军[34]，封去病为冠军侯。上谷太守郝贤四从大将军[35]，捕斩首虏二千余级，封贤为众利侯。”

是岁，失两将军[36]，亡翕侯[37]，军功不多，故大将军不益封，止[38]赐千金。右将军建至，天子不诛，赎为庶人[39]。

单于既得翕侯，以为自次王[40]，用其姊妻之，与谋汉[41]。信教单于益北绝幕[42]，以诱罢汉兵[43]，徼极而取之[44]，无近塞[45]。单于从其计。

是时，汉比岁[46]发十余万众击胡，斩捕首虏之士受赐黄金二十余万斤，而汉军士马死者十余万，兵甲转漕之费不与焉[47]。于是大司农经用竭[48]，不足以奉战士[49]。

六月，诏令民得买爵及赎禁锢[50]，免臧罪[51]。置赏官[52]，名曰武功爵[53]，级十七万[54]，凡直三十余万金[55]。诸买武功爵至千夫者，得先除为吏[56]。吏道杂而多端[57]，官职耗废矣[58]。

（以上为第三段，写汉武帝派大将军卫青两次率军攻打匈奴，小有收获，而将军赵信被打败而投降匈奴；霍去病逐渐成长起来，在第二次跟随卫青出征中，立下战功，被封为冠军侯。）

【注释】

[1]青：卫青。定襄：郡名，郡治成乐，在今内蒙古和林格尔县西北。[2]级：秦法，斩首一个，赐爵一级，故谓首为级。[3]云中：郡名，郡治云中，在今内蒙古托克托县东北。雁门：郡名，郡治善无，在今山西右玉县东南。[4]六将军：指公孙敖、公孙贺、赵信、苏建、李广、李沮等六将。按：汉军于元朔六年，公元前123年出动六路将军，连续两次不停顿大规模打击匈奴。[5]首虏：首级、俘虏。虏，通“掳”，俘获。[6]故胡小王：原先是匈奴的一个小王。[7]骑可八百：大约八百骑。[8]尽亡其军：全军覆没。[9]脱身亡：只身逃回。[10]议郎：官名，郎中令属官。[11]裨将：小将，副将。[12]军正：军吏名，掌军法。闳：人名，长史：官名，此指大将军的长史。安：人名，[13]《兵法》：《孙子兵法》。[14]小敌之坚，大敌之禽也：小部队的战力无论多么坚强，也会被大部队擒获。禽，通“擒”。[15]士尽：士兵被全歼。[16]反意：返归的意愿。反，通“返”。[17]肺腑：喻血缘近亲。卫青是武帝卫皇后之弟。待罪行间：供职军中。待罪，臣对君言自己供职之谦辞。[18]甚失臣意：很不符合为人臣的本分。[19]臣职虽当斩将：即使我有斩将的权力。[20]不敢擅诛于境外：不能随意在境外诛杀将军。擅，专擅，随意。[21]具归天子：将详情报告天子。[22]裁：裁决，处置。[23]诣行在所：送到天子所住的地方。诣，送。行在，皇帝所到之处。[24]霍仲孺：河东平阳人，平阳县小吏，霍去病生父。给事平阳侯家：平阳侯曹寿，食邑平阳县，故霍仲孺供职其家。给事，服役，供职。[25]卫少儿：霍去病生母，是卫青的姐姐。[26]侍中：官名，皇帝近臣。[27]票姚校尉：官名，位次于将军。[28]轻骑勇八百：轻装勇敢的骑兵八百骑。[29]直弃：一直离开大军，即突击直前脱离了大军。赴利：寻找战机。[30]过当：斩杀俘虏敌人的数目超过自己损失的数目。[31]相国：官名，未闻匈奴设相国之官，大概是指相当于汉朝相国之官。当户：匈奴官名。[32]斩单于大父行藉若侯产：杀死匈奴单于的祖父辈藉若侯栾提产。行，辈。[33]生捕季父罗姑：活捉单于叔父栾提罗姑。[34]比再冠军：连续立军功第一。[35]上谷：郡名，郡治沮阳，在今河北怀来县东南。四从大将军：四次追随卫青出征。[36]失两将军：丧失两位将军。[37]亡翕侯：翕侯赵信逃亡。[38]止：通“只”，仅仅。[39]赎为庶人：用钱赎罪，削职为平民。[40]自次王：仅低于单于的王号名，随机取名。[41]与谋汉：匈奴单于与赵信商议图谋汉朝的策略。[42]益北绝幕：更迁往北方，穿过沙漠。即匈奴退守沙漠之北。幕，通“漠”。[43]以诱罢汉兵：引诱汉兵远征到漠北，使汉军疲敝。罢，通“疲”。[44]徼极而取之：拦截疲困到极点的汉军消灭之。徼，拦截。[45]无近塞：不要靠近汉塞。[46]比岁：连年。[47]兵甲转漕之费：制造兵器以及后勤水陆运输费用。不与焉：没有计算在内。[48]大司农：官名，秦称治粟内史，汉景帝时改称大农令，武帝时改称大司农。掌租税钱谷盐铁和国家的财政收支。经用竭：府库枯竭。经，已经，完全。[49]奉战士：供养、供给战士。[50]赎禁锢：用钱解禁，成为可出仕的良民。按：禁锢，不准做官。汉初，凡贾人、赘婿及贪官污吏，都不能做官。而这时可以出钱解禁。[51]免臧罪：交钱免除贪赃之罪。臧，通“赃”。[52]置

赏官：新置赏赐的官爵。［53］名曰武功爵：叫作“武功爵”。［54］级十七万：每一级爵的定价十七万。按：《茂陵中书》记载武功爵共十一级。爵名一级曰造士，二级曰闲舆卫，三级曰良士，四级曰元戎士，五级曰官首，六级曰秉铎，七级曰千夫，八级曰乐卿，九级曰执戎，十级曰政戾庶长，十一级曰军卫。［55］凡直三十余万金：政府卖爵总筹款三十余亿。金，黄金一斤，值万钱。［56］千夫：武功爵第七级直二十九万。先除为吏：优先授予官职。［57］吏道：做官的途径。杂：人员混杂。多端：多种渠道。［58］官职耗废矣：官职混乱败坏了。

元狩元年（己未，前 122 年）

冬，十月，上行幸雍，祠五畤[1]，获兽，一角而足有五蹄。有司言[2]：“陛下肃祗郊祀[3]，上帝报享[4]，锡一角兽，盖麟云[5]。”于是以庆五畤[6]，畤加一牛，以燎[7]。久之，有司又言：“元宜以天瑞命[8]，不宜以一二数，一元曰建[9]，二元以长星曰光[10]，今元以郊得一角兽曰狩云[11]。”于是济北王以为天子且封禅[12]，上书献泰山及其旁邑[13]。天子以他县偿之[14]。

淮南王安与宾客左吴等日夜为反谋，按舆地图，部署兵所从入[15]。诸使者道长安来[16]，为妄言[17]，言“上无男[18]，汉不治[19]”，即喜；即言“汉廷治[20]，有男”，王怒，以为妄言，非也[21]。

王召中郎伍被[22]与谋反事，被曰：“王安得此亡国之言乎？臣见宫中生荆棘，露沾衣也[23]。”王怒，系伍被父母，囚之[24]。

三月[25]，复召问之，被曰：“昔秦为无道，穷奢极虐，百姓思乱者十家而六七。高皇帝起于行陈之中[26]，立为天了，此所谓蹈瑕候间[27]，因秦之亡而动者也。今大王见高皇帝得天下之易也，独不观近世之吴、楚[28]乎！夫吴王王四郡[29]，国富民众，计定谋成，举兵而西[30]；然破于大梁[31]，奔走而东，身死祀绝[32]者何？诚逆天道而不知时也[33]。方今大王之兵，众不能十分吴、楚之一，天下安宁，万倍吴、楚之时，大王不从臣之计，今见大王弃千乘之君[34]，赐绝命之书[35]，为群臣先死于东宫[36]也。”王涕泣而起[37]。

王有孽子不害[38]，最长[39]，王弗爱，王后、太子皆不以为子、兄数[40]。不害有子建[41]，材高有气[42]，常怨望太子[43]，阴使人告太子谋杀汉中尉事[44]，下廷尉治[45]。

王患之，欲发[46]，复问伍被曰："公以为吴兴兵，是邪？非邪？"被曰："非也。臣闻吴王悔之甚[47]，愿王无为吴王之所悔[48]。"王曰："吴何知反[49]！汉将一日过成皋者四十余人，今我绝成皋之口[50]，据三川之险[51]，招山东之兵[52]，举事如此[53]，左吴、赵贤、朱骄如皆以为什事九成[54]，公独以为有祸无福，何也？必如公言，不可徼幸[55]邪？"被曰："必不得已，被有愚计。当今诸侯无异心，百姓无怨气，可伪为丞相、御史请书[56]，徙郡国豪杰高赀于朔方[57]，益发甲卒[58]，急其会日[59]；又伪为诏狱书[60]，逮诸侯太子、幸臣[61]。如此，则民怨，诸侯惧，即使辩士随而说之[62]，傥可徼幸什得一乎[63]！"王曰："此可也。虽然[64]，吾以为不至若此[65]。"

于是王乃作皇帝玺[66]，丞相、御史大夫、将军、军吏、中二千石及旁近郡太守、都尉印[67]，汉使节[68]。欲使人伪得罪而西[69]，事大将军[70]，一日发兵，即刺杀[71]大将军。且曰[72]："汉廷大臣，独汲黯好直谏[73]，守节死义[74]，难惑以非[75]；至如说丞相弘等，如发蒙振落耳[76]！"

王欲发国中兵，恐其相、二千石不听[77]，王乃与伍被谋先杀相、二千石。又欲令人衣求盗衣[78]，持羽檄从东方来[79]，呼曰："南越兵入界！"欲因以发兵。

会廷尉逮捕淮南太子[80]，淮南王闻之，与太子谋，召相、二千石，欲杀而发兵。召相，相至，内史、中尉皆不至[81]。王念[82]，独杀相无益也，即罢相[83]。王犹豫，计未决。太子即自刭，不殊[84]。

伍被自诣吏[85]，告与淮南王谋反踪迹如此[86]。吏因捕太子、王后，围王宫，尽求捕王所与谋反宾客在国中者[87]，索得反具[88]，以上[89]。下公卿治其党与[90]，使宗正以符节治王[91]。未至[92]，十一月，淮南王安自刭[93]。杀王后荼、太子迁，诸所与谋反者皆族[94]。

天子以伍被雅辞多引汉之美[95]，欲勿诛。廷尉汤[96]曰："被首为王画反计[97]，罪不可赦。"乃诛被。侍中庄助素与淮南王相结交，私论议[98]，王厚赂遗助[99]；上薄其罪[100]，欲勿诛。张汤争[101]，以为：

"助出入禁门[102]，腹心之臣[103]，而外与诸侯交私如此，不诛，后不可治[104]。"助竟弃市。

衡山王上书，请废太子爽[105]，立其弟孝[106]为太子。爽闻[107]，即遣所善白嬴之长安上书，言"孝作輣车、锻矢[108]，与王御者奸[109]"，欲以败孝[110]。会有司捕所与淮南王谋反[111]者，得陈喜[112]于衡山王子孝家，吏劾孝首匿喜。孝闻[113]"律：先自告，除其罪[114]"，即先自告所与谋反者枚赫、陈喜等。公卿请逮捕衡山王治之，王自到死。王后徐来、太子爽及孝皆弃市，所与谋反者皆族。

凡淮南、衡山二狱，所连引[115]列侯、二千石、豪杰等，死者数万人。

（以上为第四段，写淮南王刘安与衡山王刘赐两王谋反，因此案受牵连而被处死的官民达数万人。）

【注释】

[1]祠五畤：祭祀五天帝。[2]有司言：主管部门的官吏上奏。[3]肃祇郊祀：虔诚地举行郊祀。肃祇，恭敬，虔诚。[4]报享：谓一角五蹄兽是上帝的回报。[5]盖麟云：这一角五蹄兽大概就是麒麟罢。按：麒麟，传说中的吉祥动物。鹿身，牛尾，马足，五色，一角，声似音乐，行守规矩，是仁者之兽，太平盛世才出现。[6]以庆五畤：按章校，他本"庆"作"荐"，以"荐"为是。荐，进献。[7]燎：烧柴祭天之礼。[8]元宜以天瑞命：纪元的年号应当用天降祥瑞来命名。[9]一元曰建：第一个年号命名为"建"。[10]二元以长星曰光：第二个年号因长星出现命名为"光"。[11]今元以郊得一角兽曰狩云：今年改年号，因郊祀得到一头独角兽，所以称"狩"。[12]济北王：指济北成王胡，济北王刘勃之子。后天汉四年，国除入汉为泰山郡。且封禅：将要封禅。[13]"上书"句：刘胡上书愿奉献出泰山以及近旁城邑。泰山，世称东岳，在今山东泰安市境内。[14]以他县偿之：把其他的县补偿给济北王胡。[15]部署兵所从入：部署进军路线，从何处入关。按：东方进入关中，正东是函谷关，东南有武关。所入，选择进军的关口。[16]道长安来：从长安来。道，经由。[17]妄言：胡言。[18]上无男：汉武帝没有儿子。[19]汉不治：朝政腐败。[20]汉廷治：朝政清明。[21]非也：不是实情。[22]伍被：刘安的宾客。传见《汉书》卷四十五。[23]"臣见宫中"二句：我将看到王宫中生满荆棘，露水打湿人衣服的悲惨景象了。喻造反将大祸临头，国亡王宫荒芜。[24]系伍被父母，囚之：把伍被的父母抓来，囚禁起来。[25]三月：三个月后。[26]行陈之中：在行伍中崛起。陈，通"阵"。行陈，行伍，平凡的军队之中。[27]蹈瑕候间：意谓利用薄弱环节而抓住时机。瑕，薄

弱环节。候，窥伺。间，间隙，机会。［28］吴、楚：指景帝三年的吴楚七国之乱。事见《资治通鉴》卷十五景帝三年。［29］四郡：吴国封邑四郡，东阳郡、鄣郡、吴郡、豫章郡。［30］举兵而西：发动军队向西进攻。［31］大梁：此指刘武所封梁国，都睢阳，今河南商丘市。吴楚反叛，阻兵于梁国。［32］身死祀绝：指吴王刘濞身死，断了后代。［33］逆天道：违反天道，天道嘉善惩恶。不知时：不懂时势。［34］弃千乘（shèng）之君：丢弃千乘之国的王位。［35］赐绝命之书：指皇上赐死的诏书。［36］东宫：指淮南王宫。此句谓反谋暴露，淮南王将被赐死，在群臣之先，即王为首恶。［37］王涕泣而起：淮南王流着眼泪站起。［38］孽子不害：庶子刘不害。［39］最长：年龄最大，即长子。［40］王后：淮南王后名荼。太子：荼所生子刘迁。不以为子、兄数：王与王后不把刘不害当儿子对待，太子刘迁不把刘不害当兄长对待。［41］建：刘不害之子刘建。［42］材高有气：才高气盛。［43］怨望太子：对太子怨恨。［44］阴使人：暗中派人。谋杀汉中尉事：太子迁阴谋欲杀汉使中尉宏，未遂，事在元朔五年。［45］下廷尉治：朝廷把刘迁的案子交付廷尉查办。［46］王患之，欲发：淮南王担忧这事，想发兵反叛。［47］悔之甚：后悔得很。［48］无为吴王之所悔：不要干吴王所后悔之事。无，通“勿”，不要。［49］吴何知反：吴王哪懂得造反用兵的道理。［50］绝成皋之口：堵塞成皋的关口。成皋，县名，县治在今河南荥阳市西汜水镇，为兵家必争的要地。［51］据三川之险：据守三川这一险要之地。三川，指伊水、洛水、黄河交汇之地。［52］招山东之兵：征召崤山以东的兵马。［53］举事如此：像这样起兵。［54］左吴、赵贤、朱骄如：皆淮南王的部下。什事九成：十成之事能有九成可以成功。什，通“十”。［55］徼幸：即侥幸，碰碰运气。［56］伪：造假。此句谓仿造丞相、御史上奏大规模迁徙地方豪杰富人的奏章，制造恐慌。［57］豪杰：地方知名人士。高赀：富户。元朔二年迁家资三百万者于茂陵。朔方：元朔二年新置郡，守备河套防阻匈奴。郡治朔方城，在今内蒙古乌拉特前旗东南。［58］益发甲卒：大量征发士兵。［59］急其会日：紧急地限期集中会合。［60］又伪为诏狱书：再伪造诏狱捕人的诏书。诏狱，皇帝亲临的重大案件所置监狱。汉代左右都司空、上林、中都官都有诏狱。［61］逮：抓捕。此句谓伪造抓捕诸侯太子、宠臣的假消息。［62］随而说（shuì）之：紧跟着向诸侯王游说。［63］傥可徼幸什得一乎：或许有十分之一成功的运气。［64］虽然：即使这样，不过。［65］吾以为不至若此：我认为用不着这么费事。［66］作皇帝玺：伪造皇帝之印。［67］印：印信。此句谓伪造丞相、御史大夫、将军、军吏、中二千石及旁近郡太守、都尉的官印。［68］汉使节：汉朝使者的符节。［69］伪得罪而西：言假装犯罪而西逃去京师。［70］事大将军：打入大将军府。事，侍奉。大将军，卫青。［71］即刺杀：立即刺杀。［72］且曰：还说。［73］直谏：犯颜直谏。［74］守节死义：恪守节义，甚至为其付出性命。［75］难惑以非：难以迷惑他做错事。［76］发蒙：如揭去蒙覆之物而取物。振落：谓树叶将落，振而坠之。都是比喻轻而易举。［77］二千石不听：二千石高官不听从发兵。王国中相、内史、中尉皆二千石高官，为朝廷委派。［78］衣求盗衣：穿上求盗兵卒的衣服，装扮成求盗卒传报假消息。求盗，卒名，掌逐捕盗贼。［79］持羽檄从东方来：手持告急文书从东方奔来。羽檄（xī），插着羽毛的文书，以示事急。按：用此蒙骗二千石发兵。［80］会：赶上。此时汉朝廷下达了抓捕淮南太子的命令。［81］不至：不听淮南王宣召，不来王宫。［82］王念：淮南王心中打鼓，反复捉摸，犹豫不决。［83］罢相：没有杀相，令其退下。［84］不殊：不死。［85］自诣吏：言向司法官自首。［86］告：告发。踪迹：指前后的情况。［87］尽求：尽力寻找。在国中者：指在淮南王国中的人。［88］索得反具：搜索到谋反的物证。［89］以上：据章校，他本“以”下有“闻”字，以闻上，把此事报告天子，有“闻”字是。［90］下公卿：交付公卿大臣。治其党与：治其同伙。［91］使宗正以符节治王：派宗正手持符节前往淮南国处治刘安。宗正，官名，掌皇室事务。［92］未至：守正尚未到达淮南。［93］自刭：自杀，割颈而死。［94］诸所与谋反者皆族：凡参与谋反的人一律灭族。按：淮南王招致宾客以千数，此案严惩诸侯王招致宾客，诛杀者数万人，全国震动。此后，养士之风熄。［95］雅辞：平时的言论。多引汉之美：多次赞美朝廷。［96］廷尉汤：张汤。［97］画反计：谋划反叛之计。［98］私论议：私下议论。［99］王厚赂遗助：淮南王贿赂赠送庄助许多钱财。［100］上薄其罪：汉武帝认为庄助犯的是小罪。［101］争：坚持诛杀庄助。［102］出入禁门：出入宫廷。［103］腹心之臣：皇上的心腹之臣。［104］后不可治：今后同类的事不能禁止。［105］太子爽：衡山王太子刘爽，王后乘舒所生。［106］孝：刘孝，刘赐之次子，刘爽之胞弟。［107］爽闻：刘爽闻知废己立弟为太子之事。［108］孝作辎车、锻矢：刘孝制作战车、箭矢等兵器。［109］与王御者奸：子通父婢，大逆不道。王御，衡山王的侍婢。［110］败孝：败坏刘孝的太子之位。［111］所与淮南王谋反：参与淮南王谋反。［112］陈喜：参与的谋反者，被刘孝窝藏。［113］孝闻：刘孝了解法律知识。［114］先自告，除其罪：自首的人免罪。［115］连引：株连牵引。

夏，四月，赦天下。

丁卯[1]，立皇子据[2]为太子，年七岁。

五月，乙巳晦[3]，日有食之。

匈奴万人入上谷[4]，杀数百人。

初，张骞自月氏还[5]，具为天子言西域诸国风俗[6]：“大宛[7]在汉正西，可万里。其俗土著，耕田；多善马，马汗血[8]；有城郭、室屋，如中国。其东北则乌孙[9]，东则于窴[10]。于窴之西，则水皆西流注西海[11]，其东，水东流注盐泽[12]。盐泽潜行地下，其南则河源[13]出焉。盐泽去长安五千里。匈奴右方[14]居盐泽以东，至陇西长城，南接羌[15]，鬲汉道焉[16]。乌孙、康居[17]、奄蔡[18]、大月氏[19]，皆行国[20]，随畜牧[21]，与匈奴同俗。大夏[22]在大宛西南，与大宛同俗。臣在大夏时，见邛竹杖、蜀布[23]，问曰：'安得此？'大夏国人曰：'吾贾人往市之身毒[24]。'身毒在大夏东南可数千里，其俗土著[25]，与大夏同。以骞度之[26]，大夏去汉万二千里，居汉西南；今身毒国又居大夏东南数千里，有蜀物，此其去蜀不远矣。今使大夏，从羌中，险，羌人恶之[27]；少北[28]，则为匈奴所得；从蜀，宜径[29]，又无寇[30]。"

天子既闻大宛及大夏、安息[31]之属皆大国，多奇物，土著，颇与中国同业，而兵弱，贵汉财物[32]。其北有大月氏、康居之属，兵强，可以赂遗设利朝也[33]。诚得而以义属之[34]，则广地万里，重九译[35]，致殊俗[36]，威德遍于四海[37]，欣然以骞言为然。乃令骞因蜀、犍为发间使王然于[38]等四道并出[39]，出駹[40]，出冉[41]，出徙[42]，出邛、僰[43]，指求身毒国[44]，各行一二千里，其北方闭氐、莋[45]，南方闭嶲、昆明[46]。昆明之属无君长[47]，善寇盗，辄杀略汉使，终莫得通[48]。

于是汉以求身毒道，始通滇国[49]。滇王当羌[50]谓汉使者曰："汉孰与我大[51]？"及夜郎侯亦然[52]。以道不通，故各自以为一州主，不知汉广大[53]。使者还，因盛言滇大国，足事亲附[54]；天子注意焉，乃复事西南夷[55]。

（以上为第五段，写张骞向汉武帝详细介绍西域各国的风土民情，汉武帝下令分四路使者前往寻找身毒国，打通前往西域的通道，但被阻于昆明一带，无法通行，而考虑重新开始经营西南夷地区。）

【注释】

[1]丁卯：四月二十一日。 [2]皇子据：武帝与卫皇后所生之子刘据，即"戾太子"。传见《汉书》卷六十三。 [3]乙巳晦：五月三十日。 [4]上谷：郡名，郡治沮阳，在今河北怀来县东南。 [5]张骞：西汉汉中成固（今陕西城固县）人，两度出使西域，封博望侯。传见《汉书》卷六十一。月氏：我国古代西北部的一个民族。居于敦煌、祁连山一带，汉初被匈奴驱逐远走中亚，张骞出使月氏，欲联络其攻匈奴。 [6]西域：指今新疆及中亚、西亚一带。诸国风俗：古代中亚各国风土人情，事详《史记·大宛列传》。 [7]大宛（yuān）：古代西域国名，在今中亚费尔干纳盆地，王治贵山城（今中亚卡散赛），以产汗血马著称。 [8]马汗血：马肩膀和脖子出汗，其色似血。 [9]乌孙：古族名，最初在祁连山、敦煌间，公元前一世纪西迁至今伊犁河和伊塞克湖一带，都赤谷城。 [10]于窴：又作于阗，西域国名，王治西城（今新疆和田县南），当丝绸之路南

道。汉初臣服于匈奴，汉武帝时归属于汉，后又有反复。以产美玉著称。［11］西海：指今里海。［12］盐泽：即蒲昌海，今新疆罗布泊。［13］河源：黄河的源头。今调查得知，黄河源于青海巴颜喀拉山脉北麓卡日曲。［14］匈奴右方：即匈奴的西方。［15］羌：古族名，分布于今甘肃及青海部分地区。［16］鬲汉道焉：匈奴隔断了汉与西域的交通道路。鬲，通“隔”。［17］康居：古西域国名，故地在今中亚哈萨克斯坦东南部，锡尔河以北。王治卑阗城，筑于都赖水上。都赖水，即今塔拉斯河。［18］奄蔡：古西域国名，当今西亚里海北部草原地区，即哈萨克斯坦西部及高加索北部地区。［19］大月氏：即西迁至中亚的月氏。［20］行国：游牧民族。［21］随畜牧：逐水草而居。［22］大夏：古西域国名，在今阿富汗北部。［23］见邛竹杖、蜀布：见到邛地出产的竹杖和蜀地的布。邛，古部族名，秦汉时分布于今四川峨眉山西北方一带。蜀，郡名，郡治成都，今四川成都市。［24］身毒：古印度之称。［25］土著：定居，农业国。［26］度之：估计。［27］羌人恶之：羌人厌恶汉人通过。［28］少北：稍往北走。［29］宜径：应当是直路。［30］又无寇：又没有强盗。［31］安息：古西域国名，即今之伊朗。［32］贵汉财物：喜爱汉朝的财物。贵，珍贵，喜爱，作动词用。［33］可以赂遗设利朝也：可以用贿赂、赠送的办法，用利益诱使他们来归附中国。赂遗，贿赂、赠送。［34］以义属之：不用战争而以仁义使之归附。［35］重九译：经过多次翻译。［36］致殊俗：使不同风俗的人来到中国。［37］威德遍于四海：汉朝的声威、文化传遍四海。［38］犍为：郡名，郡治僰道，在今四川宜宾市西南。间使：求间隙而行的使者。王然于：间使之一，人名。［39］四道并出：即下文的出駹，出冉，出徙，出邛、僰。［40］駹（máng）：古部族名，秦汉时分布于今四川松潘县等地区。［41］冉：古部族名，与駹杂处，并称冉駹。［42］徙：古部族名，秦汉时分布于四川天全县一带。［43］邛：古部族名，秦汉时分布于四川峨眉山西北方一带。僰（bó）：古部族名，秦汉时分布于今四川宜宾市西南一带。［44］指求身毒国：四道同时指向身毒国。［45］其北方闭氐、莋：北路被阻于氐、莋。闭，阻塞。氐，古部族名。秦汉时分布于今四川松潘县等地区。莋，古部族名，秦汉时分布于今四川峨眉山以南一带。［46］南方闭嶲、昆明：南路被阻于嶲、昆明。嶲（xī），古部族名，秦汉时活动于今云南保山市一带。昆明，古部族名，秦汉时分布于今云南大理市下关镇一带。［47］无君长：没有行政权及长官。［48］终莫得通：没有一路走通。此指无法与西南夷各族交通，被阻于西南夷地区。［49］始通滇国：因求身毒国，第一次交通滇国。［50］当羌：滇国国王之名。［51］汉孰与我大：汉朝与我滇国哪一个大。［52］夜郎侯亦然：夜郎君长和滇国当羌一样，问汉朝与夜郎哪个大。夜郎，古小国名，在今贵州安顺市等地区。侯，夜郎之君长。［53］广大：指地域广大。［54］足事亲附：值得花代价使滇国归附汉朝。［55］乃复事西南夷：重新开始经营西南夷。

二年（庚申，前121年）

冬，十月，上幸雍，祠五畤。

三月，戊寅[1]，平津献侯公孙弘薨。壬辰[2]，以御史大夫乐安侯李蔡[3]为丞相，廷尉张汤为御史大夫。

霍去病为票骑将军[4]，将万骑出陇西[5]，击匈奴，历五王国[6]，转战六日，过焉支山千余里[7]，杀折兰王，斩卢侯王，执浑邪王子及相国、都尉[8]，获首虏八千九百余级，收休屠王祭天金人[9]。诏益封去病二千户。

夏，去病复与合骑侯公孙敖将数万骑俱出北地[10]，异道[11]。卫尉张骞、郎中令李广俱出右北平[12]，异道。

广将四千骑先行，可数百里，骞将万骑在后。匈奴左贤王[13]将四万骑围广，广军士皆恐；广乃使其子敢独与数十骑驰贯胡骑[14]，出其左右而还，告广曰："胡虏易与耳[15]！"军士乃安。广为圜陈，外向[16]。胡急击之，矢下如雨[17]。汉兵死者过半[18]，汉矢且尽。广乃令士持满毋发[19]，而广身自以大黄射其裨将[20]，杀数人，胡虏益解[21]。会日暮，吏士皆无人色[22]，而广意气自如[23]，益治军[24]，军中皆服其勇。明日，复力战，死者过半，所杀亦过当[25]。会博望侯军亦至[26]，匈奴军乃解去[27]。汉军罢[28]，弗能追，罢归[29]。汉法：博望侯留迟后期[30]，当死，赎为庶人。广军功自如[31]，无赏。

而票骑将军去病深入二千余里，与合骑侯失[32]，不相得[33]。票骑将军逾居延[34]，过小月氏[35]，至祁连山[36]，得单桓、酋涂王[37]，及相国、都尉以众降者二千五百人，斩首虏三万二百级，获裨小王七十余人。天子益封去病五千户，封其裨将有功者鹰击司马赵破奴为从票侯[38]，校尉高不识为宜冠侯[39]，校尉仆多为辉渠侯[40]。合骑侯敖坐行留不与票骑会[41]，当斩，赎为庶人。

是时，诸宿将[42]所将士、马、兵皆不如票骑，票骑所将常选[43]，然亦敢深入[44]，常与壮骑先其大军[45]；军亦有天幸[46]，未尝困绝也。而诸宿将常留落不偶[47]，由此票骑日以亲贵，比大将军[48]矣。

匈奴入代、雁门[49]，杀略数百人。

（以上为第六段，写汉武帝命霍去病以骠骑将军身份两次率领骑兵出击匈奴，获得大胜。霍去病地位越来越尊贵，和大将军卫青差不多了。李广的部队身陷重围，沉着应战，伤亡惨重，但杀掉敌人的人数更多。）

【注释】

[1]戊寅：三月八日。[2]壬辰：三月十二日。[3]李蔡：西汉陇西成纪（今甘肃秦安县北）人。李广从弟，文帝时为郎。武帝时从卫青击匈奴，因功封东安侯，官至丞相，后有罪自杀。[4]票骑将军：即骠骑将军。票，“骠”字之省写。[5]陇西：郡名，郡治狄道，今甘肃临洮县。[6]历五王国：经过匈奴几个封王的地区，有折兰王、卢侯王、浑邪王、休屠王等。[7]焉支山：山名，在今甘肃永昌县西、山丹县东南。[8]折兰王、卢侯王、浑邪王：均匈奴西部地区封王名，当统属于匈奴右贤王之下。相国、都尉：均匈奴内部官名，比拟于汉官名。[9]祭天金人：祭天时的金属偶像；或说是佛像。[10]公孙敖：西汉将领，因功封合骑侯。传附见《史记》卷一百十一、《汉书》卷五十五。北地：郡名，郡治马领，在今甘肃庆阳市西北。[11]异道：不同道路。即两军分道。[12]右北平：郡名，郡治平刚，在今辽宁凌源市西南。[13]左贤王：匈奴的王号，处于匈奴东部地区。[14]敢：李敢，李广之子。贯胡骑：穿过匈奴骑兵阵地。[15]胡虏易与耳：匈奴兵很容易对付。[16]广为圜陈，外向：李广军部署成圆形阵势，士兵面向外，对付匈奴的围攻。陈，通“阵”。[17]矢下如雨：言箭矢如雨点一样多。[18]过半：超过半数。[19]持满毋发：拉开弓而不发射。[20]大黄：当时射程最远的一种弓箭。裨将：副将，偏将。[21]益解：逐渐懈怠。解，通“懈”。[22]无人色：形容极度恐惧。[23]意气自如：神情如同往常一样。[24]益治军：加紧部署阵形。[25]所杀亦过当：杀敌超过我方损失的人数。当，相当，相等。[26]博望侯军亦至：博望侯张骞一路的军队赶到。[27]解去：撤围退走。[28]罢：疲敝。[29]罢归：休兵回归。[30]留迟后期：行军逗留延迟，没有按时到达。[31]军功自如：功过相当。[32]失：迷失道路。[33]不相得：没能会合。[34]逾：跨过。居延：泽名，在今内蒙古额济纳旗北之嘎顺诺尔湖与苏古诺尔湖之间。[35]小月氏：月氏族大部分西迁至中亚细亚，剩下小部分仍处于敦煌与祁连山之间，称“小月氏”。[36]祁连山：山名，当今甘青两省祁连山中段。[37]得：俘虏。单桓、酋涂王：皆匈奴的王号。[38]鹰击司马：司马之号。司马乃将军下属的军官。赵破奴：西汉将领，因功封从票侯。传附见《史记》卷一百十一、《汉书》卷五十五。[39]高不识：西汉将领，因功封宜冠侯。[40]仆多：本匈奴族人，降于汉，因功封辉渠侯。[41]坐行留：判定行军停留迟缓之罪。不与票骑会：没能与骠骑的军队会合。[42]宿将：资格老的将领。[43]常选：言经常挑选之兵。[44]深入：长驱直入，深入敌境、敌后。[45]壮骑：精壮的骑兵。先其大军：走在大部队的前面，即常为先锋。[46]天幸：非常幸运。按：此所谓幸运，实为敢于深入的特种部队出其不意攻敌，多数取胜。[47]留落不偶：迟缓落后而失良机。不偶，不遇敌，丧失战机。[48]比大将军：尊贵与大将军

并列。［49］代、雁门：两边郡名。代郡治代县，在今河北蔚县东北。雁门郡治善无，在今山西右玉县。

江都王建与其父易王所幸淖姬等及女弟徵臣奸[1]。建游雷陂[2]，天大风，建使郎二人乘小船入陂中[3]。船覆，两郎溺[4]，攀船，乍见乍没[5]。建临观大笑，令勿救，皆死。凡杀不辜[6]三十五人，专为淫虐。自知罪多，恐诛，与其后成光共使越婢下神[7]，祝诅上[8]。又闻淮南、衡山阴谋[9]，建亦作兵器，刻皇帝玺，为反具[10]。事发觉，有司请捕诛，建自杀，后成光等皆弃市，国除。

胶东康王寄[11]薨。

秋，匈奴浑邪王降[12]。是时，单于怒浑邪王、休屠王居西方为汉所杀虏数万人，欲召诛之。浑邪王与休屠王恐，谋降汉，先遣使向边境要遮汉人[13]，令报天子[14]。是时，大行李息将城河上[15]，得浑邪王使[16]，驰传以闻[17]。天子闻之，恐其以诈降而袭边，乃令票骑将军将兵往迎之。休屠王后悔，浑邪王杀之，并其众[18]。

票骑既渡河，与浑邪王众相望[19]。浑邪王裨将见汉军，而多不欲降者，颇遁去[20]。票骑乃驰入[21]，得与浑邪王相见，斩其欲亡者八千人，遂独遣浑邪王乘传先诣行在所[22]，尽将其众渡河。降者四万余人，号称十万。既至长安，天子所以赏赐者数十巨万[23]；封浑邪王万户[24]，为漯阴侯，封其裨王呼毒尼等四人皆为列侯[25]。益封票骑千七百户。

浑邪之降也，汉发车[26]二万乘以迎之，县官无钱[27]，从民贳马[28]，民或匿马[29]，马不具[30]。上怒，欲斩长安令[31]，右内史汲黯曰："长安令无罪，独斩臣黯[32]，民乃肯出马。且匈奴畔其主而降汉[33]，汉徐以县次传之[34]，何至令天下骚动，罢敝中国[35]而以事夷狄之人乎！"上默然。及浑邪至，贾人与市者坐当死[36]五百余人。

黯请间见高门[37]，曰："夫匈奴攻当路塞[38]，绝和亲，中国兴兵诛之[39]，死伤者不可胜计，而费以巨万百数[40]。臣愚以为陛下得胡人，皆以为奴婢，以赐从军死事者家[41]，所卤获，因予之[42]，以谢天下之苦[43]，塞百姓之心[44]。今纵不能[45]，浑邪率数万之众来降，虚[46]府库赏赐，发良民侍养[47]，譬若奉骄子[48]，愚民安知市买长安中物，而文吏绳以为阑出财物于边关乎[49]！陛下纵不能得匈奴之资以谢天下[50]，又以微文[51]杀无知者五百余人，是所谓庇其叶而伤其枝[52]者也。臣窃为陛下不取[53]也。”上默然不许，曰：“吾久不闻汲黯之言，今又复妄发[54]矣！”

居顷之[55]，乃分徙降者边五郡故塞外[56]，而皆在河南[57]，因其故俗为五属国[58]。而金城河西[59]，西并南山至盐泽[60]，空无匈奴，匈奴时有候者到而希矣[61]。

休屠王太子日磾与母阏氏、弟伦俱没入官[62]，输黄门养马[63]。久之，帝游宴[64]，见马，后宫满侧[65]，日磾等数十人牵马过殿下，莫不窃视[66]，至日磾独不敢。日磾长八尺二寸[67]，容貌甚严[68]，马又肥好，上异而问之，具以本状对[69]；上奇焉[70]，即日赐汤沐、衣冠，拜为马监[71]，迁侍中、驸马都尉、光禄大夫[72]。日磾既亲近，未尝有过失，上甚信爱之，赏赐累千金，出则骖乘[73]，入侍左右。贵戚多窃怨曰：“陛下妄得一胡儿，反贵重之[74]。”上闻，愈厚焉[75]。以休屠作金人祭天主，故赐日磾姓金氏[76]。

（以上为第七段，写骠骑将军霍去病在一年中三出河西，接受匈奴浑邪王率领的四万士兵投降；休屠王太子日磾被罚到黄门养马，精心饲养，被汉武帝看中，升为侍中，而后至光禄大夫，赐姓“金”。）

【注释】

[1]江都王建：刘建，景帝之孙，江都易王刘非之子。易王：即江都易王刘非。淖姬：姬姓名淖。女弟：妹。徵臣：人名，刘徵臣。[2]雷陂：池名，在今扬州市北。[3]入陂中：进到湖中。[4]溺：落水。[5]乍见乍没：忽然漂浮，忽然沉没。见，通“现”。[6]杀不辜：杀死无罪的人。[7]“与其后”句：刘建和他的妻子成光让越族婢女请神诅咒。成光，刘建妻之名。[8]祝诅上：诅咒汉武帝。[9]淮南、衡山阴谋：指淮南王刘安、衡山王刘赐密谋造反。[10]为反具：制造兵器，以备反叛。[11]胶东康王寄：刘寄，景帝之子，景帝中二年封为胶东王，卒谥康。[12]浑邪王：匈奴的王号，处于匈奴之西部地区。降：向汉朝投降。[13]要遮汉人：拦截经过的汉人。[14]令报天子：使其报告降汉的消息给皇上。[15]城河上：在黄河边筑墙。[16]得浑邪王使：见到了浑邪王的使者。[17]驰传以闻：派传骑飞报天子。[18]并其众：浑邪王兼并了休屠王的人畜。[19]相望：遥遥相对。[20]颇遁去：很多人逃跑。[21]驰

入：纵马驰入浑邪王军中，稳定匈奴军心。［22］行在所：皇上当时所居之处。［23］数十巨万：数十万万。［24］万户：封邑一万户。［25］四人皆为列侯：封匈奴王四人为列侯。呼毒尼为下摩侯，雁（yīng）疵为辉渠侯，禽黎为河綦侯，大当户调虽为常乐侯。［26］发车：派出车辆。［27］县官无钱：政府没钱付给被征用的车辆。［28］贳马：借贷。［29］匿马：隐藏马匹。［30］马不具：马不够征用的数字。［31］长安令：长安县长官。［32］独斩臣黯：只需杀我汲黯。［33］畔其主而降汉：浑邪王降汉是背叛自己的主人。黯之意，背主行为应受惩而不是奖。畔，通"叛"。［34］汉徐以县次传之：我朝应当有秩序地按沿途各县一站接一站传送匈奴降人，不应动员专门车马去迎接。徐，按部就班，从容地。［35］罢敝中国：困苦中国。罢，通"疲"。［36］与市者坐当死：与匈奴降人做买卖被判死罪的人。按：犯禁卖物之罪，重者死罪。例如铁制品就是禁卖物，铁可作兵器。［37］请间：请求在空闲之时被接见：未央宫高门殿。［38］攻当路塞：匈奴攻击汉朝沿边国境路上的要塞。［39］诛之：还击匈奴。［40］巨万百数：以百万万计。［41］以赐从军死事者家：赏赐给在战场上牺牲的将士家属。［42］所卤获，因予之：所缴获的财物，也一并赏赐。卤，通"掳"，缴获。［43］以谢天下之苦：用以酬谢天下的受苦百姓。谢，酬谢，抚慰。［44］塞百姓之心：满足百姓的心。塞，满足。［45］纵不能：即使做不到。［46］虚：空虚，耗尽。［47］发良民侍养：征发民众供奉匈奴降人。［48］譬若奉骄子：好比奉养宠儿一样。［49］"愚民"二句：那些无知民众哪里知道在长安市场做交易，竟会被执法官以走私边关禁物而治罪。市买，市场交易。文吏，舞文弄墨扭曲法律条文的官吏。阑出，走私禁物。按：阑，无符传出入为"阑"。汉律，汉与胡人通市，吏民不得持兵器及铁出关。即使在京师交易，吏民将兵器与铁卖与胡人，也等于犯了上述法令。［50］得匈奴之资以谢天下：用匈奴的财物答谢天下。［51］微文：含糊不清的法令条文，扭曲司法解释。［52］庇其叶而伤其枝：保护树叶而伤害树枝。叶喻匈奴降人，枝喻汉朝良民。爱护降人而伤良民，轻重倒置。［53］窃为陛下不取：个人认为皇上错了。［54］又复妄发：又在胡说八道。［55］居顷之：过不多久。［56］分徙降者：分别迁徙投降的人。边五郡：沿西北边五个郡，即陇西、北地、上郡、朔方、云中等五个郡。故塞：汉以前的关塞。句意，安置匈奴降人在沿边五郡的旧要塞之外。［57］河南：黄河以南河套地区。［58］五属国：五郡匈奴降人均保有匈奴原来五王的国号而隶属汉朝，故称"五属国"。［59］金城：郡名，郡治允吾，在今甘肃永靖县西北。河西：地区名，泛指黄河（今甘肃、宁夏段）以西地区。［60］并：傍，沿着。南山：山名，指今祁连山脉东段。盐泽：即今新疆罗布泊。［61］候者：侦察人员。希：很少。［62］日磾：字翁叔，汉武帝拔于降虏，赐姓金，官至光禄大夫，常侍从天子，以功封秺侯。受遗诏与霍光共辅少主。传见《汉书》卷六十八。阏氏：指休屠王之正妻。伦：人名，金日磾之弟。没入官：没收为官奴。［63］输：分配。黄门：官署名。［64］游宴：游玩宴乐。［65］后宫满侧：指武帝身边一群后妃佳丽陪伴。［66］莫不窃视：牵马的黄门奴仆除金日磾外没有一个不偷看后妃的。［67］长八尺二寸：身高 1.88 米。汉制一尺合 23 厘米，八尺二寸合 1.88 米。［68］严：庄重。［69］具以本状对：把自己的身世一五一十地详细告之。本状，原本的情况，原来的身世。［70］上奇焉：汉武帝认为他奇特。［71］拜为马监：任命为黄门养马的长官。［72］迁：升官。历任侍中、驸马都尉、光禄大夫。侍中：侍从天子。驸马都尉：掌副车之马。光禄大夫：掌议论。［73］骖乘：为汉武帝的陪乘，贴身卫士。［74］反贵重之：竟然当成宝贝。反，反而，竟然。［75］愈厚焉：更加厚待他。［76］“以休屠”二句：因为休屠王制作祭天金人，所以赐日磾汉姓“金”。

三年（辛酉，前120年）

春，有星孛于东方。

夏，五月。赦天下。

淮南王之谋反也，胶东康王寄微闻[1]其事，私作战守备[2]。及吏治淮南事，辞出之[3]。寄母王夫人，即皇太后之女弟[4]也，于上最亲[5]，意自伤，发病而死，不敢置后[6]。上闻而怜之，立其长子贤为胶东王。又封其所爱少子庆为六安王，王故衡山王地[7]。

秋，匈奴入右北平、定襄，各数万骑，杀略千余人。

山东大水[8]，民多饥乏。天子遣使者虚郡国仓廥以振贫民[9]，犹不足[10]，又募豪富吏民能假贷贫民者以名闻[11]，尚不能相救[12]。乃徙贫民于关以西及充朔方以南新秦中七十余万口[13]，衣食皆仰给县官[14]，数岁假予产业[15]。使者分部护之[16]，冠盖相望[17]。其费以亿计，不可胜数。

汉既得浑邪王地，陇西、北地、上郡益少胡寇[18]，诏减三郡戍卒之半[19]，以宽天下之繇[20]。

上将讨昆明[21]，以昆明有滇池[22]方三百里，乃作昆明池以习水战[23]。是时法既益严，吏多废免[24]。兵革数动[25]，民多买复及五大夫[26]，征发之士益鲜[27]。于是除千夫、五大夫为吏[28]，不欲者出马[29]，以故吏弄法[30]，皆谪令[31]伐棘上林[32]，穿昆明池[33]。

是岁，得神马于渥洼水[34]中。上方立乐府[35]，使司马相如等造为诗赋[36]，以宦者李延年为协律都尉[37]，佩二千石印；弦次初诗以合八音之调[38]。诗多尔雅之文[39]，通一经之士不能独知其辞[40]，必集会《五经》家相与共讲习读之[41]，乃能通知其意。及得神马，次以为歌。汲黯曰："凡王者作乐，上以承祖宗[42]，下以化兆民[43]。今陛下得马，诗以为歌，协于宗庙[44]，先帝百姓岂能知其音邪[45]？"上默然不说[46]。

上招延士大夫，常如不足；然性严峻，群臣虽素所爱信者，或小有犯法，或欺罔[47]，辄按诛之，无所宽假[48]。汲黯谏曰："陛下求贤甚劳，未尽其用，辄已杀之。以有限之士恣无已之诛[49]，臣恐天下贤才将尽，陛下谁与共为治乎！"黯言之甚怒，上笑而谕[50]之曰："何世无才，患人不能识之耳，苟能识之，何患无人！夫所谓才者，犹有用之器[51]也，有才而不肯尽用，与无才同，不杀何施[52]！"黯曰："臣虽不能以言屈陛下[53]，而心犹以为非[54]。愿陛下自今改之，无以臣为愚而不知理也。"上顾群臣曰："黯自言为便辟则不可[55]，自言为愚，岂不信然乎[56]！"

（以上为第八段，写公元前120年崤山以东地区发大水，民众陷入饥饿、困苦境地，汉武帝下令当地郡县封国开仓济民，又征集钱粮救灾，并将七十多万灾民迁移到新秦中，由官府供给。）

【注释】

[1]微闻：听到一点风声。 [2]私作战守备：私自做战守的器具准备。 [3]辞出之：淮南王谋反人的口供牵连出刘寄。 [4]皇太后之女弟：女弟，妹妹。刘寄的母亲是汉武帝母亲的妹妹。 [5]于上最亲：刘寄与汉武帝是表兄弟，血缘最亲。 [6]不敢置后：不敢安排后继人。[7]王故衡山王地：刘庆所封王的土地是原衡山王的土地。因都城在六县，所以改衡山为六安王。[8]山东大水：崤山以东广大地区闹水灾。 [9]虚郡国仓廥以振贫民：把水灾区各个郡国仓库的粮食全部拿出来赈济灾民。虚，空，全部拿出来。仓，储粮库。廥，存放干草的仓库。振，通"赈"，救济。 [10]犹不足：还不够。 [11]假贷贫民：借给贫困百姓。以名闻：把姓名报告天子。 [12]尚不能相救：仍然不能全部救助饥乏的贫民。 [13]关以西：函谷关以西，实指河西走廊地区，当时从匈奴手中夺得，是未开垦的牧地。新秦中：是朔方郡的南部，今河套地区，亦从匈奴手中夺得，以待开垦。 [14]仰给县官：依靠县官。 [15]数岁假予产业：在几年之内，政府借给新移民以生产资料。 [16]使者分部护之：朝廷派出使者分区分片进行管理。 [17]冠盖相望：使者一批又一批络绎不绝于道。冠盖，使者之冠与使车之盖。相望，遥相望见。按：汉武帝元狩三年大救灾，因势利导开发河套地区与河西走廊地区，变游牧草地为农耕地，巩固了边防，特别是河西走廊的开发沟通中西交通，意义重大。一箭多雕，纵虚府库犹足多焉。 [18]少胡寇：

很少匈奴侵扰。［19］诏减三郡戍卒之半：汉武帝下诏，减少陇西、北地、上郡等三郡戍卒一半。［20］以宽天下之繇：用以减轻全国民众的徭役负担。［21］昆明：秦汉时小国名，在今云南大理市一带。［22］滇池：湖名，在今云南昆明市南。［23］昆明池：武帝时人工湖，在今陕西西安市西南。习水战：训练水军。［24］废免：罢免官职。［25］兵革数动：战争不断。［26］民多买复及五大夫：民众买爵到五大夫以免除徭役。五大夫，第九级爵。汉律，入粟四千石可买爵五大夫，就可免除徭役。［27］益鲜：官府能征发徭役的人越来越少。鲜，少。［28］除千夫、五大夫为吏：任命有千夫、五大夫爵位的人为下级官吏以补不足。除，委任。千夫，武功爵第七级，与民爵五大夫相当。［29］不欲者出马：不愿为吏的千夫、五大夫则要献马。按：马当时是重要战略物资。马匹缺少时，民献一马者，免除三个人的徭役。［30］弄法：玩弄法律，钻法律空子。［31］谪令：强制发配。谪，贬黜。令，命令。［32］伐棘上林：到上林苑砍伐荆棘。上林，皇家苑名，在今陕西西安市西南。［33］穿昆明池：开挖昆明池。［34］渥洼水：水名，地点不明。旧说在敦煌地区。［35］乐府：官署名，汉武帝新设置，掌音乐诗歌，并采集民风歌谣。［36］司马相如：西汉蜀郡成都人，辞赋家，曾出使西南夷。传见《史记》卷一百十七、《汉书》卷五十七。造为诗赋：创作诗赋。［37］李延年：西汉中山（治今河北定州市）人，与父母兄弟皆为乐师，善歌，为新变声，官至协律都尉。传见《汉书》卷九十三。协律都尉：官名，汉武帝时始置，掌音乐。［38］弦次初诗：将编排的新作诗歌配上弦乐。次，编排，配乐。八音之调：古时金、石、丝、竹、瓠、土、革、木等八种器乐为“八音”。［39］尔雅之文：新作诗歌文辞优美雅正。［40］“通一经之士”句：只通一经的儒学经师读不懂新作诗歌深奥的文辞。［41］共讲习读之：必须汇集五经专家共同钻研诵读。［42］上以承祖宗：上应赞美祖先。承，继承发扬祖宗成就，即赞美祖宗。［43］下以化兆民：下应教化亿万民众。兆，一万万。［44］协于宗庙：在宗庙里演奏。协，调音，即演奏。［45］“先帝”句：谓演奏一首赞马歌，先帝和民众怎么知道唱的是什么呢？音，宫、商、角、徵、羽五声和谐曰音，即歌唱是五声协调。此“音”字作动词用，即演奏，唱歌。按：雅乐要有深厚的文化政治内容，上承祖宗，下化兆民，怎能去演奏一首赞马歌，此汲黯极谏之一例。［46］上默然不说：汉武帝很不高兴，但无言以对。说，通“悦”。［47］欺罔：欺骗君主。［48］无所宽假：从不宽恕。［49］恣无已之诛：肆意的无限诛杀。恣，肆意，放纵。［50］谕：疏导，解释。［51］犹有用之器：人才就好比是有用的器物。犹，好比，好像，如同。［52］不杀何施：不杀留下何用。［53］以言屈陛下：用言词说服陛下。［54］心犹以为非：心里仍然认为是错的。［55］便（biàn）辟：逢迎谄媚。句意：汲黯自称阿谀奉承则不对。［56］自言为愚，岂不信然乎：汲黯自称愚笨，真是说对了。信然，真是这样。

四年（壬戌，前 119 年）

冬，有司言：“县官用度太空[1]，而富商大贾冶铸、煮盐[2]，财或累万金[3]，不佐国家之急[4]；请更钱造币以赡用[5]，而摧浮淫并兼之徒[6]。”是时，禁苑有白鹿而少府多银、锡[7]，乃以白鹿皮方尺[8]，缘以藻缋[9]，为皮币[10]，直四十万[11]。王侯、宗室朝覲聘享必以皮币荐璧[12]，然后得行[13]。又造银、锡为白金三品[14]：大者圜之[15]，其文龙[16]，直三千[17]；次方之[18]，其文马，直五百；小者椭之[19]，其文龟，直三百。令县官销半两钱[20]，更铸三铢钱[21]，盗铸诸金钱罪皆死[22]；而吏民之盗铸白金者不可胜数。

于是以东郭咸阳、孔仅为大农丞[23]，领盐铁事[24]。桑弘羊以计算用事[25]。咸阳，齐之大煮盐[26]；仅，南阳大冶[27]，皆致生累千金[28]。弘羊，洛阳贾人之子[29]，以心计[30]，年十三侍中。三人言利[31]，事析秋毫矣[32]。

诏禁民敢私铸铁器、煮盐者钛左趾[33]，没入其器物[34]。公卿又请令诸贾人末作各以其物自占[35]，率缗钱二千而一算[36]；及民有轺车若船五丈以上者[37]，皆有算[38]。匿不自占，占不悉[39]，戍边一岁[40]，没入缗钱[41]。有能告者[42]，以其半畀之[43]。其法大抵出张汤[44]。汤每朝奏事[45]，语国家用[46]，日晏[47]，天子忘食[48]。丞相充位[49]，天下事皆决于汤[50]。百姓骚动[51]，不安其生[52]，咸指怨汤[53]。

初，河南人卜式[54]，数请输财县官以助边[55]，天子使使问式：“欲官乎[56]？”式曰：“臣少田牧[57]，不习仕宦[58]，不愿也。”使者问曰：“家岂有冤[59]，欲言事乎[60]？”式曰：“臣生与人无分争[61]，邑人贫者贷之[62]，不善者教之，所居人皆从式[63]，式何故见冤于人[64]！无所欲言也[65]。”使者曰：“苟如此[66]，子何欲而然[67]？”式曰：“天子诛匈奴[68]，愚以为贤者宜死节于边[69]，有财者宜输委[70]，如此而匈奴可灭也。”上由是贤之[71]，欲尊显以风百姓[72]，乃召拜式为中郎[73]，爵左庶长[74]，赐田十顷，布告下天，使明知之。未几[75]，又擢式为齐太傅[76]。

（以上为第九段，写汉武帝为了攻打匈奴，千方百计筹集财政资金，采用重新制造钱币、禁止民间私铸铁器和煮盐、算缗、告缗等措施，重用张汤、桑弘羊等人，卜式屡次捐赠家产，受到鼓励和重用。）

【注释】

[1]县官用度太空：国家财政困难。县官，政府，指国家。太空，府库空虚。[2]冶铸、煮盐：冶铁、制盐。[3]财或累万金：积累了很多财富。万金，万斤黄金，形容财多。[4]不佐国家之急：不资助国家的急需。[5]更钱造币：制造新的货币。以赡用：满足用度。赡，足。[6]摧浮淫并兼之徒：打击浮滑不法以及兼并土地的奸邪之徒。[7]禁苑：御苑，皇家花园。少府多银、锡：少府有很多银、锡器皿。少府，九卿之一，皇家私府，掌山川池泽之税租，以及尚方手工作坊，专供皇室所用。[8]白鹿皮方尺：白鹿皮一平方尺。[9]缘以藻缋：用彩绣镶边。[10]为皮币：称作皮币。[11]直四十万：价值四十万。[12]“王侯、宗室”句：凡王侯、宗室进京朝见、互相交往、参加祭祀大典敬献祖宗，都要将呈献的玉璧放在皮币上。即发行的皮币强制王侯、宗室使用，搜刮他们的钱财。朝觐，王侯朝见天子叫朝觐。汉制，王侯每年春、秋季要朝见天子。聘享，聘问献纳。国与国之间遣使访问叫“聘”，王侯向天子进献方物叫“享”。皮币荐璧，呈献的玉璧要放置在皮币之上。荐，垫。璧，平圆形方孔的玉器。古时聘享、祭祀所用的祀器。[13]然后得行：皮币荐璧后，才能通行，即才能过关。[14]白金三品：银、锡所制币白色，称白金，有三种面值，三个品类，即下文圆、方、椭三形。[15]圜之：圆形白金。[16]文龙：龙形花纹图案。[17]直三千：面值三千铜钱。[18]方之：方形白金。[19]椭之：椭圆形白金。[20]销半两钱：销毁重四铢的半两钱。[21]更铸三铢钱：改铸重三铢的半两钱。[22]死：盗铸钱死刑。[23]东郭咸阳：人名，姓东郭，名咸阳。孔仅：人名，大农丞：官名，大农令（大司农）的属官。[24]领盐铁事：管理盐铁事务。[25]桑弘羊：西汉著名理财家，洛阳人，出身商人，十三岁为侍中，官至御史大夫。汉武帝时盐铁官营，平准、均输等财政政策皆出于桑弘羊。传附见《汉书》卷二十四。用事：掌权。[26]咸阳：人名，东郭咸阳。齐之大煮盐：齐地最大的制盐商。[27]仅：人名，孔仅。南阳大冶：南阳郡最大的冶铁商人。[28]皆致生累千金：都在各自的产业中积累了千金财富。[29]贾人之子：商人之子。[30]心计：精于心算。[31]言利：谋划赚钱的事。[32]事析秋毫矣：分析赚钱的事，连细枝末节都不放过。秋毫，鸟兽于秋天新生的细毛。喻细微。[33]钛（dì）左趾：在左脚上戴上铁镣。钛，脚镣，铁制的钳箍。[34]没入其器物：没收铸铁和煮盐的器具。[35]贾人末作：各种工商业者。以其物自占：各自申报自己物业的总资产。自占，自己申报官府。[36]率（shuài）：一律。缗钱二千而一算：工商业者产值缗钱二千出一算。缗钱，缗是穿钱的丝绳，一缗千钱。缗钱是汉代计算资产的单位名称，也是工商业资产税的名称。官府征收工商业资产税叫算缗钱。算，是税额单位名称，每算一百二十文。[37]轺（yáo）车：一马驾驶的轻便车。船五丈以上：即长五丈以上的船。[38]有算：要算缗钱。[39]匿不自占：隐瞒资产不申报。占不悉：申报不实。悉，全部资产。[40]戍边一岁：惩罚戍守边地一年。[41]没入缗钱：没收资产。[42]有能告者：有检举揭发的人。[43]以其半畀之：将没收资产的一半给告发者。畀（bì），给予。[44]其法：指告缗法。出张汤：是张汤提出的。[45]汤每朝奏事：张汤每次朝会奏报。[46]语国家用：奏报国

家财用情况。[47]日晏：用了很长时间，太阳都偏斜了。[48]天子忘食：皇上听得津津有味，忘记了吃饭。[49]丞相充位：丞相只是占了一个位子，不管事。[50]决于汤：由张汤决定。[51]骚动：骚乱。[52]不安其生：无法安定生活。[53]咸指怨汤：都指责、怨恨张汤。怨，怨恨，咒骂。[54]河南：郡名，郡治洛阳，在今河南洛阳市东北。卜式：西汉河南人，以田畜为业，自愿以家财助边，官至御史大夫，主张罢官营盐铁和算缗。传见《史记》卷三十、《汉书》卷五十八。[55]数（shuò）：屡次。输财：输送资财。助边：补助边防费用。[56]欲官乎：想做官吗？[57]少：少年时。田牧：种田，畜牧。[58]不习仕宦：不熟悉做官的规矩。[59]有冤：有冤情。[60]欲言事乎：要申诉吗？[61]无分争：没有纠纷。分，通“纷”。[62]邑人：同乡的人。贷之：借贷给他，或施舍给他。[63]所居人皆从式：我居住的地方，民众都听我的。[64]式何故见冤于人：我卜式怎么会被人冤枉呢！即无冤。[65]无所欲言也：没有什么要申诉的。[66]苟如此：如果像你说的这样。[67]子何欲而然：您想要什么而这样做呢？[68]天子诛匈奴：皇上讨伐匈奴。[69]贤者宜死节于边：有才干的人应当战死边塞保全节义。[70]有财者宜输委：有钱的人应当献出全部蓄积。[71]上由是贤之：皇上因此十分器重卜式。[72]风百姓：劝喻百姓。风，通“讽”。[73]中郎：郎官之一，掌守宫门。[74]爵左庶长：拜爵左庶长，第十级爵。[75]未几：没过多久。[76]齐太傅：齐王太傅。元狩六年齐王为刘闳，武帝之子。太傅，辅佐诸侯王之官。

春，有星孛于东北。夏，有长星[1]出于西北。

上与诸将议曰：“翕侯赵信为单于画计[2]，常以为汉兵不能度幕轻留[3]，今大发士卒，其势必得所欲。”乃粟马十万[4]，令大将军青、票骑将军去病各将五万骑，私负从马复四万匹[5]，步兵转者踵军后又数十万人，而敢力战深入之士皆属票骑[6]。票骑始为出定襄，当单于[7]，捕虏言单于东[8]，乃更令票骑出代郡[9]，令大将军出定襄。

郎中令李广数自请行[10]，天子以为老[11]，弗许；良久，乃许之，以为前将军。太仆公孙贺为左将军，主爵都尉赵食其为右将军，平阳侯曹襄为后将军，皆属大将军。赵信为单于谋曰：“汉兵既度幕，人马罢[12]，匈奴可坐收虏耳[13]。”乃悉远北其辎重[14]，以精兵待幕北[15]。

大将军既出塞，捕虏知单于所居，乃自以精兵走之[16]，而令前将军广并于右将军军[17]，出东道[18]。东道回远而水草少[19]，广自请曰：“臣部为前将军，今大将军乃徙令臣出东道[20]。且臣结发而与匈奴战[21]，今乃一得当单于，臣愿居前，先死单于[22]。”大将军亦阴受上诫[23]，以为“李广老，数奇[24]，毋令当单于，恐不得所欲[25]。”而公孙敖新失侯[26]，大将军亦欲使敖与俱当单于，故徙前将军广。广知之[27]，固自辞于大将军[28]；大将军不听，广不谢而起行，意甚愠怒。

大将军出塞千余里，度幕[29]，见单于兵陈而待[30]。于是大将军令武刚车自环为营[31]，而纵五千骑往当匈奴[32]。匈奴亦纵可万骑。会日且入[33]，大风起，砂砾击面[34]，两军不相见，汉益纵左右翼绕单于[35]。单于视汉兵多而士马尚强，自度战不能如汉兵[36]，单于遂乘六骡[37]，壮骑可数百，直冒汉围[38]，西北驰去。

时已昏[39]，汉匈奴相纷挐[40]，杀伤大当[41]。当军左校捕虏言[42]，单于未昏而去，汉军发轻骑夜追之，大将军军因随其后，匈奴兵亦散走。迟明[43]，行二百余里，不得单于，捕斩首虏万九千级，遂至窴颜山赵信城[44]，得匈奴积粟食军，留一日，悉烧其城余粟而归。

前将军广与右将军食其军无导[45]，惑失道[46]，后大将军[47]，不及单于战。大将军引还[48]，过幕南[49]，乃遇二将军。大将军使长史责问广、食其失道状[50]，急责广之幕府对簿[51]。广曰：“诸校尉无罪，乃我自失道，吾今自上簿至莫府[52]”。广谓其麾下曰：“广结发与匈奴大小七十余战，今幸从大将军出接单于兵，而大将军徙广部行回远，而又迷失道，岂非天哉！且广年六十余矣，终不能复对刀笔之吏[53]！”遂引刀自刭[54]。

广为人廉[55]，得赏赐辄分其麾下[56]，饮食与士共之，为二千石四十余年[57]，家无余财。猿臂[58]，善射，度不中不发[59]。将兵[60]，乏绝之处见水[61]，士卒不尽饮，广不近水，士卒不尽食，广不尝食。士以此爱乐为用[62]。及死，一军皆哭[63]。百姓闻之，知与不知[64]，无老壮皆为垂涕[65]。而右将军独下吏[66]，当死[67]，赎为庶人。

单于之遁走[68]，其兵往往与汉兵相乱[69]而随单于，单于久不与其大众相得[70]。其右谷蠡王[71]以为单于死，乃自立为单于。十余日，真单于复得其众，而右谷蠡王乃去其单于号。

票骑将军骑兵车重与大将军军等，而无裨将[72]，悉以李敢等为大校[73]，当裨将，出代、右北平二千余里，绝大幕[74]，直左方兵[75]，获屯头王、韩王[76]等三人，将军、相国、当户、都尉[77]八十三人，封狼居胥山[78]，禅于姑衍[79]，登临翰海[80]，卤获[81]七万四百四十三级。天子以五千八百户益封票骑将军；又封其所部右北平太守路博德等四人列侯[82]，从票侯破奴等二人益封[83]，校尉敢为关内侯[84]，食邑；军吏卒为官[85]、赏赐甚多。而大将军不得益封，军吏卒皆无封侯者。

两军之出塞，塞阅官及私马凡十四万匹[86]，而复入塞者不满三万匹[87]。

乃益置大司马位[88]，大将军、票骑将军皆为大司马，定令[89]，令票骑将军秩禄与大将军等[90]。自是之后，大将军青日退而票骑日益贵[91]。大将军故人、门下士多去事票骑[92]，辄得官爵，唯任安不肯[93]。

票骑将军为人，少言不泄[94]，有气敢往[95]。天子尝欲教之孙、吴兵法[96]，对曰："顾方略何如耳[97]，不至学[98]古兵法。"天子为治第[99]，令票骑视之，对曰："匈奴未灭，无以家为[100]也！"由此上益重爱之。然少贵[101]，不省士[102]，其从军[103]，天子为遣太官赍数十乘[104]，既还，重车余弃粱肉[105]，而士有饥者；其在塞外，卒乏粮或不能自振[106]，而票骑尚穿域蹋鞠[107]，事多此类。大将军为人仁，喜士退让[108]，以和柔自媚于上[109]。两人志操[110]如此。

是时，汉所杀虏匈奴合八九万，而汉士卒物故[111]亦数万。是后匈奴远遁，而幕南无王庭[112]。汉渡河自朔方以西至令居[113]，往往通渠，置田官[114]，吏卒五六万人，稍蚕食匈奴以北[115]；然亦以马少[116]，不复[117]大出击匈奴矣。

匈奴用赵信计，遣使于汉，好辞请和亲。天子下其议[118]，或言和亲，或言遂臣之[119]。丞相长史任敞曰："匈奴新破困[120]，宜可使为外臣[121]，朝请于边[122]。"汉使任敞于单于，单于大怒，留之不遣[123]。

是时，博士狄山议以为和亲便[124]，上以问张汤，汤曰："此愚儒无知。"狄山曰："臣固愚，愚忠[125]。若御史大夫汤，乃诈忠[126]。"于是上作色[127]曰："吾使生居一郡[128]，能无使虏入盗乎？"曰："不能。"曰："居一县[129]？"对曰："不能。"复曰："居一障间[130]？"山自度[131]，辩穷且下吏[132]，曰："能。"于是上遣山乘障[133]，至月余[134]，匈奴斩山头而去。自是之后，群臣震慑[135]，无敢忤[136]汤者。

（以上为第十段，写汉武帝派大将军卫青和骠骑将军霍去病率军进行漠北大战，消灭匈奴八九万人，从此"漠南无王庭"；李广跟随大将军出战，出东道，迷路，失去封侯机会，愤而自杀。）

【注释】

[1]长星：彗星。[2]画计：出谋划策。[3]度幕轻留：越过沙漠停留。度，通"渡"，越过。幕，通"漠"，沙漠。轻留，轻易久留。[4]粟马十万：用粟养马十万匹。[5]"私负从马"句：个人筹办衣装及马匹的从军者，有人骑四万。[6]力战深入之士：勇敢能长途奔袭的战士，即精选的特种兵。属票骑：隶属霍去病指挥。[7]当单于：正面攻击单于。[8]单于东：单于在东边。[9]更令票骑出代郡：代郡在定襄郡之东。更令霍去病出兵代郡，仍是要他对敌单于，给他提供立大功的机会。[10]数（shuò）自请行：多次请战出征。[11]老：年老。李广时年六十余。[12]罢：通"疲"。[13]坐收虏耳：坐等擒获汉军罢了。言匈奴在漠北以逸待劳，容易取胜。[14]远北：远移至北方。辎重：军需物资。[15]以精兵待幕北：让精锐骑兵在沙漠以北等待汉军。[16]乃自以精兵走之：于是卫青亲自率领精兵追向单于。[17]并：两军合并。令前将军李广与东路的右将军赵食其合并。[18]出东道：由东路进军。即为大将军卫青主力的东翼。[19]回远：绕道而路远。水草少：言难以供给远征军人马的饮用。[20]徙令臣出东道：李广为前锋是正面对敌的，今改令出东路。[21]结发而与匈奴战：从少年时起就与匈奴作战。结发，束发，始可戴冠。谓年少。[22]先死单于：希望第一个与单于死战。[23]阴受上诫：暗中受到汉武帝的告诫。[24]数奇：运气不好。[25]恐不得所欲：担心不能达到擒单于的目的。[26]失侯：公孙敖元狩二年进军迟留，丧失战机，丢了侯爵。[27]广知之：李广知道内情。[28]固自辞于大将军：坚决地向大将军推辞不去东道。[29]度幕：渡过沙漠。[30]陈而待：结阵待敌。陈，同"阵"。[31]武刚车自环为营：用武刚车环绕一周结成营阵。武刚车，有防护设备的战车。[32]纵五千骑：派出五千骑兵冲出营阵。往当匈奴：前往正面攻击匈奴。[33]会日且入：正碰上太阳快下山，即日暮。[34]砂砾击面：狂风吹起的沙石扑打人脸。[35]汉益纵左右翼绕单于：汉军增派左右两翼的军队包围单于。[36]自度战不能如汉军：单于估计对抗打不过汉军。不如，不能抵挡。按：匈奴以逸待劳，一交战不敌汉军，表明匈奴已经衰弱。[37]乘六骡：乘坐六头骡子驾的车。[38]直冒汉围：突击冲破汉军包围。冒，冲破，越出。[39]昏：黄昏。[40]相纷挐：互相搏杀，乱成一团。[41]杀伤大当：双方死伤大体差不多。当，相当。[42]左校捕虏言：汉军左翼校尉从捕获的俘虏中得到消息报告说。[43]迟明：天将黎明。迟，接近。[44]寘颜山：山名，约今蒙古国杭爱山脉南面的一支。赵信城：匈奴为赵信安排的住处，在寘颜山区。[45]无导：没有向导。[46]惑失道：在沙漠里迷失了道

路。[47]后大将军：落到大将军的后面。[48]引还：领军班师。[49]过幕南：过了沙漠以南。[50]长史：大将军属官，高级事务官，当今秘书长。失道状：迷路的情况。[51]急责广之幕府对簿：卫青责令李广立即到大将军帐下听候传讯。对簿，接受审讯。[52]自上簿：亲自去受审。至莫府：到大将军的帐下。莫，通“幕”。[53]终不能复对刀笔之吏：总不能再去面对那些刀笔吏。终，总，毕竟。刀笔之吏，管理文书的官吏。[54]自刭：自刎。[55]廉：廉洁。[56]麾下：部下。[57]为二千石四十余年：汉代九卿、国相、郡守、将军均二千石。李广从文帝十四年（前166）从军至此武帝元狩四年（前119），军旅生活四十八年，文帝末官至陇西都尉即二千石，此后历任上郡、北地、雁门代郡、云中太守、卫尉、前将军，约四十年，一生与匈奴战，流尽最后一滴血，是以全军皆哭。[58]猿臂：两臂如猿臂长而灵活。[59]度不中不发：估计射不中目标便不发箭。不中，指箭矢够不着目标，等敌人靠近一些才发箭。[60]将兵：率领部队出征。[61]乏绝之处见水：指沙漠行军缺水，偶然发现了水。[62]爱乐为用：喜欢跟随李广作战，乐于为之效力。[63]一军皆哭：全军皆哭。[64]知与不知：认识与不认识。知，指直接接触过，认识的人。[65]无老壮：无论老年壮年。垂涕：流泪伤心。[66]独下吏：右将军赵食其一人被审判。[67]当死：判处死罪。[68]遁走：逃走。[69]相乱：汉匈兵互相混杂。此指匈奴兵混于汉兵中。[70]大众：大军。相得：相遇，会合。[71]右谷蠡王：匈奴王号之一，位次贤王，分左、右。右，指匈奴西部。[72]无裨将：不设置副将。[73]为大校：任命为大校。校，指“校尉”军官，位次将军。“校尉”加“大”之号为准裨将。[74]绝大幕：越过大沙漠。[75]直：通“值”，当。左方兵：指匈奴左方（东方）之军，即左贤王之军。[76]屯头王、韩王：皆匈奴的小王。[77]当户、都尉：皆匈奴的官名。[78]封：筑坛祭天。狼居胥山：山名，在今蒙古国乌兰巴托市以东，克鲁伦河之北。[79]禅：为坛祭地。姑衍：山名，在狼居胥山之西。[80]登临翰海：登高遥望大沙漠。翰海，大漠的别名，在今蒙古国境内。[81]卤获：俘获。卤，通“掳”，掠取。[82]四人列侯：路博德为邳离侯，卫山为义阳侯，复陆支为杜侯，伊即靬为众利侯。路博德，传见《汉书》卷五十五。[83]破奴：人名，赵破奴。益封：增加封邑。[84]敢：李敢。关内侯：第十九级爵。[85]军吏卒为官：低级军官及士兵也有为官的。[86]塞阅：出塞时校阅。官及私马：官马，军队之马加私从马。按：官马十万匹，私从马四万匹，共十四万匹。[87]三万匹：入塞时生还马三万匹。此役汉军损失十一万匹马，可见元狩四年的漠北大战付出了沉重代价。[88]益置：新增置的官位。大司马：武官名。元狩四年废太尉而置此官。初为加于将军的一种官号。后来霍光受遗诏托孤时始以大司马秉政，从此执政的贵戚多以将军冠大司马。[89]定令：定为法令。[90]秩：官吏的品级，如六百石、千石、二千石等。禄：俸禄。二千石，月俸百二十斛；千石，月俸九十斛；六百石，月俸七十斛。等：同等待遇，即秩、禄相同。[91]退：疏远。贵：尊贵，受宠。[92]故人：老朋友。门下士：门客。去：离开。事：投靠。[93]唯任安不肯：只有任安不肯这样做。按：还有任安好友田仁也不肯这样做。后两人均被选入郎。任安官至益州刺史，护北军。田仁官至丞相司直。两人均受戾太子事牵连被诛杀。[94]不泄：不露声色，沉稳。［95］有气敢往：有勇气，敢作敢为。［96］孙、吴兵法：孙武、吴起两家兵法。《孙子兵法》今传十三篇，《吴起兵法》已佚。［97］顾方略何如耳：作战谋略要看形势随机应变。顾，看。方略，谋略。何如，形势怎么样。［98］不至学：不必学。［99］治第：修治府第。［100］无以家为：要家干什么？即还不到考虑小家的时候。［101］少贵：年少得志尊贵。［102］不省士：不爱惜部属。［103］其从军：指霍去病带兵出征。［104］“天子”句：汉武帝派宫廷膳食送食物装了几十车。太官，掌宫廷膳食。赍（jī），赠送。乘（shèng），古时一车四马叫一“乘”。［105］重车余弃粱肉：后勤辎重车装满剩余好米好肉弃置。［106］卒乏粮或不能自振：军队缺粮，有的士兵饿倒不能站立。振，站立。［107］穿域：开辟球场。蹋（tà）鞠：踢球。鞠，古时的一种体内装毛的球。古时军队的士兵通过踢球锻炼身体，增强体质和耐力。按：士兵饥乏不能站立，霍去病还要修治临时的踢球场玩乐，不省士卒至此。［108］喜士退让：喜欢儒士，谦虚退让。［109］和柔自媚：温顺柔和。上：汉武帝。［110］志操：志向与操守。［111］物故：死亡。［112］幕南：沙漠南面。王庭：匈奴单于居留的帐幕。［113］朔方：郡名、城名，在今内蒙古乌拉特前旗东南。令居：县名，县治在今甘肃永登县西北。［114］置田官：设置屯田点，置屯田官。［115］稍蚕食匈奴以北：逐渐扩大屯田范围，蚕食匈奴旧地向北扩张。蚕食，如同蚕食叶，逐渐侵占其地。［116］以马少：因马少。［117］不复：不再。［118］下其议：交给群臣议论此事。［119］臣之：使匈奴臣服于汉，即向汉称臣。［120］新破困：最近破败，处于困境。［121］外臣：外国之臣，即为附属国。［122］朝请于边：使匈奴到边境请求入朝。按：汉律，诸侯春天朝见天子曰朝，秋天朝见天子曰请。后来泛称朝见。［123］留之不遣：拘留他不放还。［124］和亲便：和亲对国家有利。和亲，用婚姻联结两国而和平相处。［125］愚忠：竭诚尽忠。［126］诈忠：诈伪而表面尽忠。［127］作色：变了脸色，即脸生怒气。［128］生：对儒生的称谓。居一郡：掌管一个郡。［129］居一县：掌管一个县。［130］居一障间：守护一个要塞。［131］自度（duó）：自己内心忖度。［132］辩穷且下吏：无话可说就要交给司法审判。辩穷，没话可说。［133］山乘障：狄山被派到一个山塞守护。［134］至月余：守障只一个多月。［135］震慑：震惊，恐惧。［136］忤：违抗。

是岁，汲黯坐法免[1]，以定襄太守义纵为右内史[2]，河内太守王温舒为中尉[3]。

先是，宁成为关都尉[4]，吏民出入关者号曰：“宁见乳虎[5]，无值[6]宁成之怒。”及义纵为南阳[7]太守，至关[8]，宁成侧行[9]送迎。至郡，遂按宁氏[10]，破碎其家[11]；南阳吏民重足一迹[12]。后徙定襄太守，初至，掩[13]定襄狱中重罪轻系二百余人[14]，及宾客、昆弟私人视[15]亦二百余人，一捕[16]，鞫曰[17]“为死罪解脱[18]”。是日，皆报杀四百余人[19]。其后郡中不寒而栗[20]。是时，赵禹、张汤以深刻为九卿[21]。然其治尚辅法而行[22]；纵专以鹰击为治[23]。

王温舒始为广平都尉[24]，择郡中豪敢往吏[25]十余人，以为爪牙，皆把其阴重罪[26]，而纵使督盗贼[27]。快其意所欲得[28]，此人虽有百罪[29]，弗法[30]；即有避[31]，因其事夷之[32]，亦灭宗[33]。以其故，齐、赵之郊盗贼不敢近广平[34]，广平声为道不拾遗[35]。

迁河内太守[36]，以九月至，令郡具私马五十匹为驿[37]，捕郡中豪猾[38]，相连坐千余家[39]。上书请[40]，大者至族[41]，小者乃死[42]，家尽没入偿臧[43]。奏行不过二三日得可[44]，事论报[45]，至流血十余里[46]，河内皆怪其奏[47]，以为神速。尽十二月[48]，郡中毋声，毋敢夜行，野无犬吠之盗。其颇不得[49]，失之旁郡国[50]，追求[51]。会春[52]，温舒顿足叹曰[53]："嗟乎！令冬月益展一月[54]，足吾事矣[55]！"

天子闻之，皆以为能[56]，故擢为中二千石[57]。

齐人少翁[58]，以鬼神方见上。上有所幸王夫人[59]卒，少翁以方夜致鬼，如王夫人之貌，天子自帷中望见焉[60]。于是乃拜[61]少翁为文成将军，赏赐甚多，以客礼礼之[62]。文成又劝上作甘泉宫[63]，中为台室，画天、地、太一诸鬼神而置祭具[64]，以致天神[65]。

居岁余，其方益衰[66]，神不至。乃为帛书以饭牛[67]，佯不知，言曰："此牛腹中有奇。"杀视，得书[68]，书言甚怪，天子识其手书[69]，问其人，果是伪书。于是诛文成将军而隐之[70]。

（以上为第十一段，写汉武帝重用义纵、王温舒等酷吏，虽然他们在打击奸猾、豪强方面成效显著，但也带来了极大的负面作用；汉武帝迷信方士少翁，封为文成将军，少翁因弄虚作假而被杀。）

【注释】

[1]坐法免：因犯法而被罢了官。 [2]义纵：西汉河东（郡治安邑，在今山西夏县西北）人，酷吏。传见《史记》卷一百二十二、《汉书》卷九十。右内史：官名，内史掌治京畿地方。汉景帝时分左、右内史。右内史掌治京师西区。 [3]王温舒：西汉酷吏。传见《史记》卷一百二十二、《汉书》卷九十。中尉：官名，掌京师治安，兼治北军。 [4]关都尉：守护函谷关的都尉。 [5]乳虎：谓母老虎。母虎喂仔时，为护养其仔，非常凶猛，故以为喻。 [6]无值：不要遇上。 [7]南

阳：郡名，郡治宛县，治所在今河南南阳市。［8］至关：到达函谷关。［9］侧行：在旁侧行走（不敢并行），以示敬重。［10］按宁氏：查办宁成家庭。［11］破碎其家：族灭全家。［12］重（chóng）足：叠足而立。形容非常恐惧。一迹：因重足只留下一个足迹。［13］掩：封装，堵住牢门。［14］重罪：重罪犯。轻系：轻罪犯。［15］私人视：《史记·酷吏列传》作“私人相视”，指私自探监。［16］一捕：一律抓捕，即把轻重罪犯二百余人与探监亲友二百余人，共四百多人全部抓捕。［17］鞫曰：审后所写判词说。鞫，审问。［18］为死罪解脱：诬指探监人为重罪犯打开了刑具。按：汉律，囚犯私自解脱刑县，加罪一等；为人解脱，与之同罪。［19］是日，皆报杀四百余人：四百余人全部判处死刑，一天杀掉。是日，判决的当天。报杀，判决死刑。［20］不寒而栗：不冷而发抖。形容非常恐惧。［21］深刻为九卿：赵禹、张汤两人因严苛而位列九卿。深刻，深文苛刻。［22］尚辅法而行：还能依法行事。［23］纵专以鹰击为治：义纵专门用凶悍的办法行事。鹰击，如鹰追啄食物。比喻凶悍。［24］广平：郡名，郡治广平，在今河北曲周县北。都尉：官名，掌郡军事。［25］豪敢往吏：豪杰而冒死不顾的人为下属官吏。［26］把其阴重罪：抓住这些人所犯的隐秘重大罪行作为把柄。［27］纵使督盗贼：放纵他们去督捕盗贼。［28］快其意所欲得：谁捕的盗贼使王温舒满意。［29］百罪：罪行累累。［30］弗法：不依法治他的罪。［31］即有避：如果有逃匿的。［32］因其事夷之：就依据他过去所犯的罪诛杀他。按：发挥把柄的作用。［33］亦灭宗：甚至灭他的族。［34］齐、赵之郊：齐地、赵地野外的盗贼。不敢近广平：不敢靠近广平。［35］声为道不拾遗：有“道不拾遗”的好名声。［36］迁河内太守：升迁为河内太守。河内郡治环县，在今河南武陟县西南。［37］令郡具私马五十匹为驿：命河内郡备办五十匹快马作为驿站送信的驿马。［38］豪猾：豪强悍贼。［39］相连坐：株连获罪。千余家：一千多家。言肆意扩大。［40］上书请：向天子上书奏请处治。［41］大者至族：罪大的诛杀全族。［42］小者乃死：罪小的本人处死。［43］家尽没入偿臧：没收全部家产偿还盗取的赃物。臧，通“赃”。［44］得可：得到批准。［45］事论报：对报批的案件进行判决。［46］流血十余里：形容杀人众多。［47］怪其奏：十分惊怪王温舒奏报的神速。［48］尽十二月：过完了十二月。［49］颇不得：也有漏网逃脱的罪犯。颇，此处作少量解，也有。［50］失之旁郡国：逃逸到邻近的郡国。［51］追求：追捕抓获。［52］会春：适值冬尽春来。古代开春后不执行死刑，不犯春生的天道。［53］顿足叹曰：跺着脚叹息。［54］令冬月益展一月：如果冬月延长一个月。令，使，如果。［55］足吾事矣：够办完我的事了。［56］能：有才干。［57］擢：升迁。中二千石：二千石官品有三级：中二千石，二千石，比二千石。中二千石是二千石的最高级。［58］少翁：方士名。［59］王夫人：汉武帝宠姬，赵人，齐王刘闳之母。［60］自帷中望见焉：从帷幕中仿佛看到了王夫人。［61］拜：任命，加称号。［62］以客礼礼之：以客礼待少翁，不以臣礼，以示尊重。［63］作甘泉宫：建造甘泉宫。秦时已有，此为扩建。甘泉宫在今陕西淳化县西北甘泉山上。［64］“中为台室”二句：在甘泉宫中修高台一座，台上筑屋，屋中壁上画天、地、太一等各种神灵，设置祭祀用具。［65］以致天神：用以招请天神。

[66]其方益衰：法术不灵。[67]乃为帛书以饭牛：少翁就把写着字的绸缎让牛吞下。[68]得书：从牛肚子中得到帛书。[69]天子识其手书：汉武帝认出是少翁的笔迹。[70]诛文成将军而隐之：汉武帝秘密杀了文成将军，把这件事隐瞒起来。

【点评】

论李广。李广，被匈奴人称为“汉之飞将军”，闻之而心惊胆寒，也是中国历史上不可多得的得军心、得民心的将军。司马迁满怀深情地写下了《李将军列传》，使李广的事迹和英雄行为深入人心，这里不作细说，只论与李广之材以及与“封侯”相关的几个问题。

首先，李广具有非常过硬的军事素养，非常善于防御，是防守型的优秀军事人才。李广“猿臂善射”，精通骑马射箭，箭法非常精准，还曾徒手与猛虎搏斗，胆气、豪气过人，打起仗来不要命。在汉文帝时，他就因杀敌立功，被提拔为中郎。汉景帝时，他基本上都是担任边郡太守，如转蓬一般，哪里最容易被匈奴进攻，他就出现在哪里，先为上谷太守，后为陇西、雁门、代郡、云中太守，都是奋力作战，令匈奴闻之丧胆。到了汉武帝时代，他被调到都城担任未央宫禁卫军长官，担任起保卫皇宫的重任。李广的青中年时代，都是在文帝、景帝时期，这时候汉朝与匈奴实行和亲，防御匈奴的侵边骚扰，李广在战略防御中功不可没。汉武帝即位后，由战略防御转入战略进攻，所需要的是大兵团作战，以及长途跋涉、快速进攻的才能，很显然，这时候的李广已不是少壮之时，已经不能完全适应这样的作战方式。他几次跟随大将军卫青率军出塞，都没有取得很好的战绩，就能很好地说明这个问题。

其次，李广不是一个失败的英雄，而是一个善于反败为胜的英雄，也是一个悲剧性人物。李广一生的闪光点，除了上面所说的战略防御外，还在于他的机智、果敢，善于反败为胜。李广一生历经七十余战，未曾失败，而被人们津津乐道的是他的三次起死回生，成功脱逃。一是下马解鞍撤回；二是跳脱网兜逃回；三是被围生死对抗。三次都富有传奇色彩。第一次，李广带领一百多名骑兵追击匈奴射雕手，遇到匈奴数千骑兵，如果不是李广装作诱敌的骑兵，故意下马躺卧，使敌骑害怕有埋伏而不敢攻击，恐怕一百多名骑兵都成了敌人射击的靶子。第二次，李广率军出雁门关进攻匈奴，被数倍于己的匈奴军打败而生擒，敌人把满身伤痕的李广放在两马间的网兜上，李广把准机会，突然纵身跳上匈奴人的骏马，脱身而逃，捡得性命。第三次是李广率领四千骑兵从右北平出塞，匈奴左贤王率领十倍的敌人将其团团包围，李广沉着应战，凭借精湛的箭术射杀敌军首领，避免了全军覆没。由此可见，李广是个英雄，是个善于反败为胜的真正英雄，但是与卫青、霍去病的大兵团作战，能够俘获成千上万的敌人，还是有着很大区别的。

再次，在李广的最后一次出击匈奴中，卫青调整李广的出战位置，除了略有私心外，更多的则是关照李广，而李广不予理解。在漠北大战中，汉武帝任命李广为前将军。前将军，就等于是先锋部队，李广满心欢喜，这意味着他有机会杀敌立功而封侯了，即使会血染沙场，也是非常的开心。可是，卫青却将李广调整为右将军，从东道出发，配合主力部队作战。李广认为这是夺去了他杀敌立功的绝好机会，这比杀了他还难受啊！司马迁写卫青调整李广作战线路的动机是要让新近失侯的公孙敖有杀敌立功的机会，是私念在作祟。这固然是其中一个重要原因，但可能还有其他诸多因素。一是汉武帝的顾虑。汉武帝觉得李广年纪已大，本来就没有打算让他参与这次战役，是李广苦苦请求，汉武帝才答应了。二是卫青的顾忌。虽然汉武帝任命李广为前将军，但卫青作为大军统帅，他觉得李广毕竟年纪大了，缺少快速作战的反应能力，担任前将军一职可能不太合适，于是，将李广的前将军位置作了调整。三是卫青的考虑。他要选择与自己想法一致的将军来担任前将军，才能配合默契，取胜的可能性更大。公孙敖，是卫青儿时的铁杆朋友，曾经冒死救过卫青的命，两人可以说是生死与共。就这一点来说，在卫青的心目中，李广怎么能与公孙敖相比呢？当然，如果要深究，汉武帝和卫青对待李广都有不妥之处。汉武帝既然认为李广年老，为什么要将他封为前将军呢？卫青如果要变动李广的作战位置，为什么不禀明汉武帝，让汉武帝作权衡考虑呢？

第四，李广绝望到了极点，横刀自杀，把一腔怒气撒在卫青身上，可谓刚烈，但如果忍耐一下，也是可以保住性命的！为什么要这样极端呢？李广从东道出发，由于没有向导，迷了路，而没有赶上与匈奴作战，完全无功。这时候，李广彻底与“封侯”绝了缘，心中充满一腔怒气。而无巧不成书，卫青要给汉武帝上书报告详细军情，于是就叫李广幕府的人前去说明情况，李广彻底愤怒了，来到大将军幕府，不问青红皂白，就洒去了一腔热血。可悲啊！可叹啊！仔细地想一想，卫青并不是有意要李广难堪，也绝对不是要李广的命，而只是要把迷路失道的情况弄清楚，好向皇上汇报，仅此而已。纵观卫青的为人，是一位比较宽厚的将军，曾在军中坚持不杀失败的将军苏建，后来苏建的命也保住了。纵观汉武帝历次对匈奴作战，没有杀过一个失败的将军，一般都是用钱赎罪，成为平民。李广自己就遇到过这种情况，一旦军情紧急，还是照样启用。李广啊，怎么就忘掉了这些呢？为什么就一根筋地一头撞到南墙上去了呢？

第五，李广念念不忘封侯，结果成了封侯的牺牲品。难道封侯就这么重要吗？甚至比生命还重要吗？自汉武帝出兵攻打匈奴，李广基本上都参与了，而每次都与封侯无缘，这可伤了他的自尊心，论能力，论资格，他自认为比任何人都强，可就是不能取得战功，不能封侯。于是，他心中就有种种假设，或认为是杀降的后果，或认为是自己的命运不好，甚至认为是汉武帝没有重用他，大将军卫青有意排斥他，使他没有封侯的机会。正因为他心中有这些潜意识，才产生了后来的横刀自杀向天笑的结果。如果退一步考虑，封侯，固然是好；不能封侯，也没有什么了不起，已经是身经百战的将军了，是否封侯，真有这么重要吗？如果这么一想，也许李广的心中就释然了，何至于如此呢？

第六，李广横刀自杀，影响的不仅仅是他自己，而是诸多方面，给别人造成的伤害，是他自己所未曾料及的。李广自杀了，他的形象高大了，以至于一军皆哭，老少垂泪，这无疑是对李广一生最好的奖赏，是对李广人格的充分肯定，这相对于封侯来说，那可是荣耀百倍啊！从这个意义上来说，李广是值了，可谓是生哀死荣，流芳百世了！但是，李广的这一行为，带来了很多的影响，也许是李广根本就没有想，或者是想不到的。首当其冲的，是大将军卫青，他成了李广自杀的牺牲品，人们在哀悼李广的时候，无疑会对卫青产生极大的愤恨，把一腔怨气都撒到卫青身上，对卫青的低评甚至诋毁，也就顺应而来，诸如“卫青是外戚而得以重用”“卫青不败由天幸”，等等。卫青固然是外戚，但外戚难道都能像卫青这样吗？卫青的绝世才能却被忽略了。什么是“天幸”，难道卫青出征，每次都能够侥幸取胜吗？如果论说英雄，卫青才是真正的英雄，其他人在他的面前，都会黯然失色！可是，正是这么一个事件，使卫青的形象大打折扣，减分不少。其次影响的是李广的家族。李广走极端了，他的小儿子李敢本来是一个出色的将才，如果不是李广的这种行为，他将来封侯拜将是有很大可能性的。而李广死了，他非常悲伤，认为是大将军卫青逼迫他的父亲自杀，把矛头指向卫青，打伤了卫青。卫青宽宏大量，不予计较，可卫青的外甥霍去病却忍不住，在一次狩猎中射杀了李敢，而且被说成是奔鹿撞死的，多么可惜啊！李广的孙子李陵，颇有李广的风采，他坚决要求出战，要重振李家，结果被匈奴大军包围，弹尽粮绝，投降了匈奴。后来汉朝要引渡他回来，他却宁可死在匈奴，也不愿回来受辱！也许就是这样的思维，使李陵失去了改过自新、重振雄风的机会。从这些方面来看待李广的“封侯”与自杀，是不是死有不值呢？

俗话说，公道自在人心。以上所说，可能有失公允，但并不是要贬低李广，而是试图对李广以及相关的卫青等人做出一个实事求是的评价，以还历史的本来面目。

卷二〇　汉纪十二

汉武帝元狩五年至元封元年（前 118—前 110 年）

【起昭阳大渊献（癸亥，前 118 年），尽重光协洽（辛未，前 110 年），凡九年】

【大事提要】

本卷记事起公元前 118 年，讫公元前 110 年，凡九年，当汉武帝元狩五年至元封元年。本卷所载的大事，主要是以下几个方面。其一，霍去病去世。公元前 117 年，骠骑将军霍去病因病去世，年仅二十四岁。汉武帝非常悲伤，让他陪葬茂陵，调遣边境五郡的铁甲军，从长安到茂陵排列成阵，将霍去病坟墓修成祁连山模样，追谥为景桓侯，彰显其克敌服远、英勇作战的特殊功勋。其二，刘彻求仙。汉武帝企求长生不老，而自称有奇异方术的人不计其数。他被方士们骗了一次又一次，还是痴心不改，不断派人到海上寻找神仙，求取仙药；他自己也四处巡游，行礼祭祀各路神灵，走遍天下所有名山大川，但终究一无所获。其三，平定南越。南越丞相吕嘉背叛汉朝，公元前 112 年，汉武帝调动十万大军前去攻打，路博德一军与杨仆一军先行会合，一同围攻番禺，南越国灭亡。从开国君王赵佗至亡国君王赵建德，整个南越历五王，凡九十三年。汉武帝在原南越统治地域设置了九个郡。其四，举行封禅。公元前 110 年，汉武帝率领群臣浩荡东巡，至泰山，自定封禅礼仪，至梁父山礼祠“地主”神；其后举行封祀礼，独与侍中、奉车子侯登泰山，行封禅礼；后又行祭后土的礼仪，禅泰山东北麓肃然山。而后在明堂接受群臣朝贺，改年号为元封。其五，均输平准。公元前 110 年，由于桑弘羊在理财方面的卓越才能，汉武帝任命其为搜粟都尉，并代理大农令。桑弘羊改革币制，实行盐铁官营，又推行均输平准，纳粟拜爵，增加了财政收入和粮食储存，有力地支持了汉武帝的内兴外攘，“民不益赋而天下用饶”。

世孝武皇帝中之下

元狩五年（癸亥，前118年）

春，三月，甲午[1]，丞相李蔡坐盗孝景园堧地[2]，葬其中，当下吏[3]，自杀。

罢三铢钱，更铸五铢钱[4]。于是民多盗铸钱，楚地尤甚[5]。

上以为淮阳[6]，楚地之郊[7]，乃召拜汲黯为淮阳太守。黯伏谢不受印[8]，诏数强予[9]，然后奉诏。黯为上泣曰："臣自以为填沟壑[10]，不复见陛下，不意陛下复收用之[11]。臣常有狗马病[12]，力不能任郡事。臣愿为中郎[13]。出入禁闼[14]，补过拾遗[15]，臣之愿也。"上曰："君薄淮阳邪[16]？吾今召君矣，顾淮阳吏民不相得[17]，吾徒得君之重[18]，卧而治之[19]。"

黯既辞行，过大行李息[20]曰："黯弃逐居郡，不得与朝廷议[21]矣。御史大夫汤[22]，智足以拒谏[23]，诈足以饰非[24]，务巧佞之语[25]，辩数之辞[26]，非肯正为天下言[27]，专阿主意[28]。主意所不欲，因而毁之；主意所欲，因而誉之。好兴事，舞文法[29]，内怀诈以御主心[30]，外挟贼吏以为威重[31]。公列九卿，不早言之，公与之俱受其戮矣[32]。"息畏汤，终不敢言；及汤败，上抵息罪[33]。

使黯以诸侯相秩居淮阳[34]，十岁而卒。

诏徙奸猾吏民于边[35]。

夏，四月，乙卯[36]，以太子少傅武强侯庄青翟为丞相。

天子病鼎湖甚[37]，巫医无所不致[38]，不愈。游水发根言上郡有巫[39]，病而鬼神下之[40]。上召置，祠之甘泉[41]，及病，使人问神君[42]，神君言曰："天子无忧病[43]；病少愈[44]，强与我会甘泉[45]。"于是病愈，遂起幸甘泉，病良已[46]，置酒寿宫[47]。神君非可得见[48]，闻其言，言与人音等[49]，时去时来，来则风肃然，居室帷中。神君所言，上使人受[50]，书其言[51]，命之曰"画法"。其所语，世俗之所知也，无绝殊者[52]，而天子心独喜；其事秘[53]，世莫知也[54]。

时上卒起[55]，幸甘泉，过右内史界中，道多不治，上怒曰："义纵以我为不复行此道乎！”衔之[56]。

（以上为第一段，写公元前118年汉武帝起用汲黯，任命为淮阳太守，汲黯卧病而治；汉武帝信奉鬼神，生了重病，请来巫师，安置在甘泉宫，假装神灵驱魔治病，其实说话与普通人无异。）

【注释】

[1]甲午：三月十一日。[2]坐盗孝景园堧地：被指控侵占孝景帝陵园外的空地。堧（ruán）地，陵园外空闲地。[3]当下吏：其罪交司法官查处。[4]三铢钱、五铢钱：汉代铜钱品种，钱文为三铢、五铢。[5]楚地尤甚：楚地私铸钱尤为严重。按：文景时吴王刘濞长期招亡铸钱，遗风犹存。[6]淮阳：郡国名，治陈县，在今河南周口市淮阳区。[7]郊：冲要之处。[8]黯伏谢不受印：汲黯伏地辞谢，不肯接受印绶。[9]诏：当面口谕。数强予：多次强使汲黯接太守之印。[10]填沟壑：卑贱的尸骨只配填荒沟野谷。臣下谓死的谦卑用语。[11]不意：没料到。陛下复收用之：皇上还再次任用我。[12]臣常有狗马病：我经常是个病身子。病言狗马，谦卑语。[13]中郎：郎官之一，掌守宫门。[14]出入禁闼：出入宫门。闼，宫中小门。[15]补过拾遗：替皇帝补救过失及提示疏忽。[16]君薄淮阳邪：您看不起淮阳吗？薄，轻视。[17]顾：考虑。不相得：不相安定，谓官民不协调，有矛盾。[18]吾徒得君之重：我只借重您的威望。徒，只。得，借重。重，威望。[19]卧而治之：躺在床上处理郡的政务。谓汲黯威望可坐镇一方。[20]过大行李息：汲黯特意拜访大行令李息。过，拜访。大行，九卿之一，掌民族事务，长官为大行令。[21]不得与朝廷议：不能参与朝廷议事。[22]汤：张汤。[23]智足以拒谏：智谋足以拒绝规劝。[24]诈足以饰非：狡诈足以掩饰错误。[25]务巧佞之语：专门说些乖巧谄媚的话。[26]辩数之辞：擅长诡辩挑唆的辞令。[27]非肯正为天下言：不肯为天下正事说话。[28]专阿主意：专门迎合皇上心意。[29]好兴事，舞文法：好生事端，扭曲法律条文。[30]内怀诈以御主心：满肚子奸诈用以左右皇上心意。御，左右，改变。[31]外挟贼吏以为威重：依靠不法官吏来建立自己的威望。[32]公与之俱受其戮矣：您只怕和张汤一同受到诛杀。[33]上抵息罪：皇上治李息同等的罪。抵，同等。[34]以诸侯相秩居淮阳：任淮阳太守享受诸侯国相的待遇。太守，秩二千石；王国相，中二千石。[35]诏徙奸猾吏民于边：汉武帝下诏，奸猾不法的官民流放到边地。徙，迁移，流放。[36]乙卯：四月二日。[37]天子病鼎湖甚：汉武帝在鼎湖病得很沉重。鼎湖，宫名，在今河南灵宝市西。[38]无所不致：意谓使尽了招数。[39]游水发根：人名，宫中近侍。上郡有巫：在上郡有一个能作法请神的巫师。[40]病而鬼神下之：能使病巫之神附身，即作法术请神驱走病魔。[41]祠之甘泉：在甘泉宫设立祭祠。[42]问神君：告知上郡巫病情。问，告知病情，问结果如何。神君，指上郡巫身所附之神。[43]天子无忧病：天子不要担心，病无大碍。[44]病少愈：病稍有好转。[45]强与我会甘泉：坚持来甘泉宫与我相会。[46]病良已：病完全好转，真的没了。[47]置酒寿

宫：在专设的奉祀神灵的寿宫设酒宴庆贺。寿宫，上郡巫作法请神的场所，武帝建于甘泉宫内，其后又在北宫置寿宫。［48］非可得见：一般人看不到神灵。［49］言与人音等：神君说话的声音与一般人一个样。按：所谓神君，即上郡巫，当然一个样。［50］上使人受：汉武帝派人接受神君的话。［51］书其言：记录下神君的话。［52］无绝殊者：谓神君说的话与一般人一样，没有特别的不同。［53］其事秘：神君的话只传达给汉武帝一人知晓，所以非常机密。［54］世莫知也：外人不知晓。按：这个传达神君说话的使者，不是别人，正是新入仕为郎中的司马迁。见《史记·封禅书》“太史公曰”：“余从巡祭天地诸神名山川而封禅焉，入寿宫侍祠神语”云云。［55］时上卒起：汉武帝突然前往甘泉宫。卒，通“猝”。［56］衔之：怨恨义纵。

六年（甲子，前117年）

冬，十月，雨水，无冰。

上既下缗钱令而尊卜式，百姓终莫分财佐县官[1]，于是杨可告缗钱纵矣[2]。义纵以为此乱民[3]，部吏捕其为可使者[4]。天子以纵为废格沮事[5]，弃纵市[6]。

郎中令李敢[7]，怨大将军之恨其父[8]，乃击伤大将军，大将军匿讳之[9]。居无何[10]，敢从上雍，至甘泉宫猎，票骑将军去病射杀敢。去病时方贵幸[11]，上为讳[12]，云鹿触杀之[13]。

夏，四月，乙巳[14]，庙立皇子闳为齐王，旦为燕王，胥为广陵王[15]，初作诰策[16]。

自造白金、五铢钱后，吏民之坐盗铸[17]金钱死者数十万人，其不发觉者不可胜计，天下大抵无虑[18]皆铸金钱矣。犯者众，吏不能尽诛。

六月，诏遣博士褚大、徐偃等六人分循郡国[19]，举兼并之徒及守、相、为吏有罪者[20]。

秋，九月，冠军景桓侯霍去病薨。天子甚悼[21]之，为冢[22]，像祁连山[23]。

初，霍仲孺吏毕归家[24]，娶妇，生子光[25]。去病既壮大，乃自知父为霍仲孺。会为票骑将军，击匈奴，道出河东[26]，遣吏迎仲孺而见之，大为买田宅奴婢而去；及还，因将光西至长安[27]，任以为郎[28]，稍迁至奉车都尉、光禄大夫[29]。

是岁，大农令颜异诛[30]。

初，异以廉直[31]，稍迁至九卿。上与张汤既造白鹿皮币，问异，异曰：“今王侯朝贺以苍璧[32]，直数千[33]，而以皮荐反四十万[34]，本末不相称[35]。”天子不说[36]。张汤又与异有隙[37]，及人有告异以他事，下张汤治异[38]。异与客语初令下有不便者[39]，异不应，微反唇[40]。汤奏当[41]：“异九卿，见令不便，不入言而腹诽[42]，论死[43]。”自是之后，有腹诽之法比[44]，而公卿大夫多谄谀取容[45]矣。

（以上为第二段，写元狩六年杨可主持告缗运动，惩处申报时产不实的工商业者；郎中令李敢含恨为父亲报仇，击伤大将军卫青被霍去病射杀；汉武帝以“腹诽”罪处死对制造白鹿皮币有异议的大农令颜异。）

【注释】

[1]佐县官：帮助国家。[2]杨可：人名，主持汉武帝的告缗运动打击商贾。告缗：揭发工商者隐瞒资产漏税。纵矣：大规模展开。[3]乱民：扰乱民众正常生活。[4]“部吏”句：部署官员逮捕杨可派出的人。[5]废格：不执行诏令。沮事：败坏了告缗之事。[6]弃纵市：用弃市的死刑诛杀义纵。弃市，腰斩于闹市，陈尸示众。[7]李敢：李广少子，任职郎中令。[8]恨其父：使其父李广抱恨而死。[9]匿讳之：卫青隐瞒自己被李敢击伤之事。[10]居无何：过不多久。[11]方贵幸：正受皇上恩宠。[12]上为讳：汉武帝隐瞒李敢被害事。[13]云鹿触杀之：说李敢是野鹿撞死的。[14]乙巳：四月二十九日。[15]“庙立”三句：庙立，在祖庙告祖册立皇子为王。刘闳为齐王，刘旦为燕王，刘胥为广陵王。[16]初作诰策：封王发布“诰策”策文。初，第一次。[17]坐盗铸：私自铸钱罪，死刑。[18]大抵无虑：大概多数人。[19]分循郡国：分片巡视郡国。[20]“举兼并”句：揭发地方兼并土地的豪富，查证揪出地方高级不法官吏，包括郡守、国相。举，举劾、纠察。[21]悼：哀悼；悼念。[22]冢：坟墓。霍去病墓，在今陕西兴平市东北。[23]祁连山：山名。霍去病曾于此建立大功，故为他筑墓像祁连山。[24]霍仲孺：霍去病之父。仲孺本是河东平阳县吏、给事平阳侯家，与侍者卫少儿私通而生子去病。吏毕：为吏完毕，服事平阳侯家完毕。[25]光：霍光，霍去病同父异母弟，侍从武帝三十余年，武帝临终任其为首席顾命大臣，辅昭宣二帝，成为西汉名臣。传见《汉书》卷六十八。[26]道出河东：经过河东。元狩四年，公元前119年，汉匈漠北大战，东路霍去病取道从河东出军，归途省亲，带出霍光，荐举为郎，从此霍光侍从武帝至后元二年，前后三十四年。[27]将光西至长安：把霍光带到京师。[28]任以为郎：保荐为郎官。汉制，父兄有功，二千石高官均可恩荫子弟为郎，称为任子。[29]奉车都尉：官名，掌天子乘舆。光禄大夫：官名，属郎中令。[30]大农令：官名，九卿之一，掌租税钱谷盐铁及国家财政收支。以前称治粟内史，后又改称大司农。颜异：任大农令。坐腹诽而诛。[31]廉直：廉洁公正。[32]苍璧：青色玉璧。

[33]直数千：只值数千钱。“直”通“值”。[34]皮荐：白鹿皮制的贡物垫子。反四十万：反而值四十万钱。[35]本末不相称：谓贵贱倒置而不相符。本，指璧。末，白鹿皮垫。称（chèn），相符。[36]说：通“悦”。[37]隙：嫌隙，矛盾。[38]下张汤治异：交给张汤治颜异的罪。[39]初令：新令，指关于发行白鹿皮币的诏令。不便：不恰当，不妥。[40]异不应，微反唇：颜异没有说话回应，只稍稍动了一下嘴唇，俗称嘀咕一下。[41]汤奏当：张汤上奏罪名。[42]不入言而腹诽：有意见不入朝上奏天子而在肚子里诽谤。[43]论死：定罪死刑。[44]比：案例，前例。[45]谄谀取容：用阿谀谄媚的办法来保全身家性命。

元鼎元年（乙丑，前116年）

夏，五月，赦天下。

济东王彭离骄悍[1]，昏暮[2]，与其奴、亡命少年数十人行剽杀人[3]，取财物以为好[4]，所杀发觉者[5]百余人，坐废[6]，徙上庸[7]。

二年（丙寅，前115年）

冬，十一月，张汤有罪自杀。

初，御史中丞李文[8]，与汤有郤。汤所厚吏鲁谒居阴使人[9]上变告文奸事[10]，事下汤治[11]，论杀之[12]。汤心知谒居为之，上问：“变事踪迹安起[13]？”汤佯惊曰[14]：“此殆文故人怨之[15]。”谒居病，汤亲为之摩足[16]。赵王素怨汤[17]，上书告：“汤大臣，乃与吏摩足，疑与为大奸。”事下廷尉[18]。谒居病死，事连其弟。弟系导官[19]，汤亦治他囚导官[20]，见谒居弟，欲阴为之[21]，而佯不省[22]。谒居弟弗知，怨汤，使人上书，告汤与谒居谋共变告李文。事下减宣[23]，宣尝与汤有郤，及得此事，穷竟其事[24]，未奏也。

会人有盗发孝文园瘗钱[25]，丞相青翟朝[26]，与汤约俱谢[27]，至前，汤独不谢[28]。上使御史按丞相[29]，汤欲致其文“丞相见知”[30]，丞相患之。丞相长史朱买臣、王朝、边通[31]，皆故九卿、二千石[32]，仕宦绝在汤前[33]。汤数行丞相事[34]，知三长史素贵，故陵折[35]，丞史遇之[36]，三长史皆怨恨，欲死之[37]。乃与丞相谋，使吏捕案贾人田信等[38]，曰：“汤且欲奏请，信辄先知之，居物致富[39]，与汤分之。”

事辞颇闻[40]，上问汤曰：“吾所为，贾人辄先知之，益居其物[41]，是类有[42]以吾谋告之者。”汤不谢[43]，又佯惊曰：“固宜有[44]。”减宣亦奏谒居等事。天子以汤怀诈面欺[45]，使赵禹切责汤[46]，汤乃为书谢[47]，因曰："陷臣者，三长史也。"遂自杀。

汤既死，家产直不过五百金。昆弟诸子欲厚葬汤，汤母曰："汤为天子大臣，被污恶言而死[48]，何厚葬乎！"载以牛车，有棺无椁[49]。天子闻之，乃尽按诛三长史。十二月，壬辰[50]，丞相青翟下狱，自杀。

春，起柏梁台[51]。作承露盘，高二十丈，大七围[52]，以铜为之。上有仙人掌，以承露，和玉屑饮之，云可以长生。宫室之修，自此日盛。

二月，以太子太傅赵周为丞相。

三月，辛亥[53]，以太子太傅石庆为御史大夫。

大雨雪[54]。

夏，大水[55]，关东饿死者以千数。

是岁，孔仅为大农令，而桑弘羊为大农中丞，稍置均输[56]，以通货物[57]。

白金稍贱[58]，民不宝用，竟废之。于是悉禁郡、国无铸钱，专令上林三官铸钱[59]，令天下非三官钱不得行。而民之铸钱益少，计其费不能相当[60]。惟真工、大奸乃盗为之[61]。

（以上为第三段，写济东王彭离为奸盗杀人东窗事发，封王被废，贬逐到上庸。御史大夫张汤意欲陷害丞相庄青翟，又怀诈面欺，被丞相的三位长史告发，汉武帝责令张汤自杀；孔仅、桑弘羊用事，逐渐在郡、国设置均输官，调节各地物资。）

【注释】

[1]济东王彭离：梁孝王刘武之子。景帝中元六年受封。骄悍：骄横凶悍。[2]昏暮：黄昏，夜晚。[3]亡命少年：玩命的青年。行剽杀人：抢劫杀人。[4]取财物以为好：以夺取财物为嗜好。[5]所杀发觉者：被刘彭离杀死而发现的。[6]坐废：定罪废除封国。[7]徙上庸：流放到上庸。上庸，县名，县治在今湖北竹山县西南。[8]御史中丞：官名，是御史大夫的重要助手。李文：人名。[9]所厚吏：关系深厚之吏。鲁谒居：人名。阴使人：暗中派遣人。[10]上变告文奸事：上书告发李文大逆奸恶之事。上变，直接上书皇上告发大奸大恶谋反等非常事称"上变"。[11]下汤治：交给张汤审讯。[12]论杀之：判定死罪。[13]变事踪迹安起：李文非常事变线索在哪里？即何人告发。[14]汤佯惊曰：张汤假装惊愕的样子说。[15]殆文故人怨之：大概是李文的朋友不满告发的。[16]摩足：按摩腿脚。[17]赵王素怨汤：赵王，刘彭祖，景帝之子。他一向怨恨张汤。[18]事下廷尉：张汤摩足事交给廷尉查处。廷尉，

九卿之一，掌刑狱。［19］系：拘禁。导官：官名，主择米，掌御用和祭祀的米食，属少府。导官署本无牢狱，或当时因诸狱关押犯人皆满，权寄此署系之。［20］治他囚导官：审理其他系于导官的囚犯。［21］阴为之：意谓暗中袒护他。［22］佯不省：装作不认识。［23］减宣：人名，西汉酷吏。［24］穷竟其事：深入追查此案。［25］孝文园：文帝陵园。瘗（yì）钱：埋于墓中的送葬钱。［26］朝：朝见天子。［27］约：丞相庄青翟与张汤两人相约。俱谢：两人共同向皇上请罪，分担责任。［28］汤独不谢：张汤违约不请罪。按：丞相四时巡视园陵，孝文园被盗，身为丞相的庄青翟应当谢罪；而身为御史大夫的张汤不预园陵事，故其独不谢罪。［29］按丞相：审理丞相的责任。［30］汤欲致其文"丞相见知"：张汤将法律条文中"丞相见知不举"的罪名扣在丞相头上。见知法有"已知故纵"，即知情不报，窝藏罪犯罪。［31］长史：官名，丞相长史，是丞相的重要助手，犹今之秘书长。朱买臣、王朝、边通：皆人名，三人皆为丞相长史。［32］皆故九卿、二千石：原来都是九卿和二千石的官职。朱买臣尝为主爵都尉，王朝官至右内史，边通官至济南相，位列九卿。［33］仕宦绝在汤前：据《史记》《汉书》记载，朱买臣等三人官至二千石时，张汤还只是小吏；等到张汤官至御史大夫，朱买臣等三人早已失意，只当了丞相长史。［34］行丞相事：代理丞相事务。［35］故陵折：张汤借此案故意在审讯中凌辱压制三长史，使之颜面尽失。陵，通"凌"。［36］丞史遇之：把三长史当作丞史小吏来审讯。［37］欲死之：三长史早想置张汤于死地。［38］捕案贾人田信等：抓捕与张汤有勾连的商人田信等立案审讯。［39］居物致富：囤积货物赚了大钱。［40］事辞颇闻：消息传到汉武帝耳中。［41］益居其物：更加多地囤积货物。［42］类有：好像有。［43］汤不谢：张汤仍装作不知情不向汉武帝谢罪承担责任。［44］固宜有：本当有这回事。意谓按情理是有人泄密了。［45］怀诈面欺：心怀诡计当面欺瞒。［46］赵禹：西汉酷吏。传见《史记》卷一百二十二、《汉书》卷九十。切责：严厉责备。［47］为书谢：上书认罪。［48］被污恶言而死：蒙受污言秽语而冤死。被污，被抹黑，蒙受冤屈。［49］有棺无椁：只有棺材没有外椁。［50］壬辰：十二月二十五日。［51］起柏梁台：修建柏梁台。用香柏为建筑材料，故名。［52］大七围：有七人合围之大。［53］辛亥：三月十五日。［54］大雨雪：下大雪。雨，落下。三月大雨雪，是异常天气，故记之。［55］大水：发生大水灾。［56］均输：汉武帝所创财政经济政策之一，由桑弘羊建议和推行。其法于各地置均输官，将各地贡物，按当地行情折价，交给当地均输官。均输官将部分物资运往京师，以供官需或平准出售；又将其他部分运往高价地区出售，以控制运销和物价，增加国家收入。［57］以通货物：用均输的方法来流通货物。［58］白金稍贱：用银、锡所制大面额的钱币，共三个品类，圆形值三千，方形值五百，椭圆形值三百。武帝元狩四年发行，民不乐用，至此元鼎二年，不到四年即废止。即汉武帝的金融通胀政策宣告失败。［59］上林三官：水衡都尉所属三令丞为钟官、辨铜、技巧。三官铸钱，即由皇室直接控制铸钱。［60］不能相当：铸钱成本高于面值，无利可图。［61］真工：铸钱技术高超。大奸：大盗大富财势雄厚的人。这两种人才有能力私自铸钱。

浑邪王既降汉[1]，汉兵击逐匈奴于幕北[2]，自盐泽[3]以东空无匈奴，西域道可通[4]。于是张骞建言[5]："乌孙王昆莫[6]本为匈奴臣，后兵稍强，不肯复朝事匈奴，匈奴攻不胜而远之[7]。今单于新困于汉，而故浑邪地空无人[8]，蛮夷俗恋故地，又贪汉财物，今诚以此时厚币赂乌孙[9]，招以益东[10]，居故浑邪之地，与汉结昆弟[11]，其势宜听，听则是断匈奴右臂也。既连乌孙，自其西大夏之属皆可招来而为外臣[12]。"天子以为然，拜骞为中郎将[13]，将三百人[14]，马各二匹，牛羊以万数，赍金币帛直数千巨万[15]；多持节副使[16]，道可便[17]，遣之他旁国。

骞既至乌孙，昆莫见骞，礼节甚倨[18]。骞谕指[19]曰："乌孙能东居故地，则汉遣公主为夫人，结为兄弟，共距匈奴[20]，匈奴不足破[21]也。"乌孙自以远汉，未知其大小；素服属匈奴日久，且又近之，其大臣皆畏匈奴，不欲移徙[22]。骞留久之[23]，不能得其要领，因分遣副使使大宛、康居、大月氏、大夏、安息、身毒、于阗及诸旁国[24]，乌孙发译道送骞还[25]，使数十人，马数十匹，随骞报谢，因令窥汉大小。

是岁，骞还，到，拜为大行。后岁余，骞所遣使通大夏之属者，皆颇与其人俱来[26]，于是西域始通于汉矣。

西域凡三十六国[27]，南北有大山[28]，中央有河[29]，东西六千余里，南北千余里，东则接汉玉门、阳关[30]，西则限以葱岭[31]。河有两源[32]，一出葱岭，一出于阗，合流东注盐泽。盐泽去玉门、阳关三百余里。自玉门、阳关出西域有两道：从鄯善傍南山北[33]，循河西行至莎车[34]，为南道；南道西逾葱岭，则出大月氏、安息。自车师前王廷[35]随北山循河西行至疏勒[36]，为北道；北道西逾葱岭，则出大宛、康居、奄蔡[37]焉。故皆役属匈奴[38]，匈奴西边日逐王[39]，置僮仆都尉[40]，使领西域，常居焉耆、危须、尉黎间[41]，赋税诸国，取富给焉。

乌孙王既不肯东还，汉乃于浑邪王故地置酒泉郡[42]，稍发徙民[43]以充实之；后又分置武威郡[44]，以绝匈奴与羌通之道。

天子得宛汗血马[45]，爱之，名曰"天马"。使者相望于道以求之。诸使外国，一辈大者数百[46]，少者百余人，人所赍操大放博望侯时[47]，其后益习而衰少焉[48]。汉率一岁中使多者十余[49]，少者五六辈；远者八九岁，近者数岁而反[50]。

（以上为第四段，写汉军将匈奴势力驱逐到大沙漠以北后，张骞率领使团第二次出使西域，劝说乌孙东迁，没有成功，就在河西建立酒泉郡，从内地迁移民众充实这一地区。）

【注释】

[1]降汉：匈奴浑邪王降汉在元狩元年。 [2]逐匈奴于幕北：汉匈漠北大战在元狩四年。[3]盐泽：即今新疆罗布泊。 [4]西域道可道：前往西域的道路可以通行。西域，古代地区名。狭义西域指今新疆地区，广义西域包括今中亚各国。 [5]张骞建言：张骞建言通西域，联结乌孙断匈奴右臂。 [6]乌孙：古族名。西汉时分布于今伊犁河和伊塞克湖一带，都赤谷城。汉曾与其两次和亲。后来属西域都护。昆莫：乌孙王的名号。 [7]远之：乌孙本分布于祁连、敦煌间，匈奴攻击，西迁远去。 [8]故浑邪地空无人：浑邪王居地在今甘肃河西走廊一带，浑邪王败降后，匈奴失去此地控制势力，故云“空无人”。 [9]厚币赂乌孙：赠送乌孙丰厚的礼物。赂，赠送。[10]招以益东：招他们东迁。 [11]结昆弟：结盟为兄弟之国。 [12]外臣：附属国。 [13]中郎将：中郎之长官，秩二千石。汉时使者常以中郎将或郎中将之名出使。 [14]将三百人：带领三百人的使团。 [15]数千巨万：携带的金币、缯帛等礼品价值数千万万。巨万,万万。此极言其丰厚。 [16]多持节副使：有多位持天子符节的副使，分别出使多个西域国家。 [17]道可便：沿途如有通往别国的道路，即可派副使交通。[18]倨：傲慢。[19]谕指：晓告以天子意旨。指，通“旨”。 [20]共距匈奴：共同抗拒匈奴。距，通“拒”。 [21]不足破：容易打破。 [22]不欲移徙：不愿东迁。 [23]骞留久之：张骞留在乌孙很长时间。 [24]大宛（yuān）：在今中亚费尔干盆地，王治贵山城（今中亚卡散赛），以产汗血马著称。康居：在乌孙之西，约在今巴尔喀什湖和咸海之间，王都在卑阗城。大月氏：古族名，本来分布于敦煌、祁连间，汉初被匈奴所迫，西迁至今新疆西部伊犁河流域一带，称大月氏，又遭乌孙攻击，再度西迁于大夏，在今阿姆河上游。安息：即今伊朗。身毒：在今印度北部。于阗：又作于寘，王治西城，在今新疆和田县南。诸旁国：乌孙周边的各个国家。 [25]乌孙发译道送骞还：乌孙派翻译和向导送张骞回到汉朝。道，通“导”。 [26]皆颇与其人俱来：各个副使回到汉朝都有所出使国的使臣一同来到。其人，该国之人。 [27]西域凡三十六国：《汉书·西域传》记载西域诸国，有婼羌、鄯善、且末、小宛、精绝、戎卢、扜弥、渠勒、于阗、皮山、乌秅、西夜、蒲犁、依耐、无雷、难兜、罽宾、乌弋山离、安息、大月氏、康居、大宛、桃槐、休循、捐毒、莎车、疏勒、尉头、乌孙、姑墨、温宿、龟兹、乌垒、渠犁、尉犁、危须、焉耆、乌贪訾离、卑陆、卑陆后、郁立师、单桓、蒲类、蒲类后、西且弥、东且弥、劫国、狐胡、山国、车师前、车师后等五十一国。 [28]南北有大山：汉时南山即今昆仑山，北山即今天山。 [29]中央有河：汉时称葱岭河及以下入盐泽之河，即今叶尔羌河及塔里木河。 [30]玉门：关名，在今甘肃敦煌市西北。阳关：关名，在今甘肃敦煌市西南。

[31]葱岭：山名，古时对今帕米尔高原及昆仑山、天山西段的统名。［32］河有两源：指黄河有两源。按：此两源即前文所说的“中央有河”，皆流入盐泽的内陆河，西汉人误认为是黄河源头，从盐泽潜行后冒出。［33］鄯善：古西域国名，原名楼兰，元凤四年（前77）改名鄯善。在西域南道上。王居扜泥城，在今新疆若羌县。南山：即今喀喇昆仑山。［34］莎车：古西域国名，王治莎车，在今新疆莎车县。［35］车师前王廷：即车师前部，治交河城（今新疆吐鲁番市西交河古城遗址）。车师，古西域国名，约在初元元年（前48）汉分其地为车师前后两部，后来皆属西域都护。［36］北山：即今天山山脉。疏勒：古西域国名，王治疏勒，在今新疆喀什市。［37］奄蔡：西域古族名、国名，一作阖苏，约分布于今咸海至里海一带，从事游牧。［38］皆役属匈奴：都被匈奴役属，即臣属匈奴。［39］日逐王：居匈奴西部的王号。［40］僮仆都尉：匈奴掌管西域各臣属国的军政长官名。［41］焉耆：西域古国名，在今新疆焉耆县一带。危须：西域古国名，在今新疆焉耆县以北。尉黎：又作尉犁，西域古国名，在今新疆焉耆县西南。［42］酒泉郡：郡名，郡治禄福，在今甘肃酒泉市。［43］稍发徙民：逐渐从内地迁移民众来充实。［44］武威郡：郡名，郡治武威，在今甘肃民勤县东北。［45］汗血马：大宛马，因两肩流汗血色而得名。［46］一辈：一批使者。多的有几百人。此时出使具有商团性质，故频繁而人众。［47］“人所”句：每一批使者都效法博望侯张骞时的做法，多带金币、丝绸。丝绸成为主要商品，故中西交通有丝路之称。［48］其后益习而衰少焉：以后成为惯例，使团人数以及所携带之物也逐渐减少。［49］十余：一年中出使多时十几批。［50］远、近：指耗时长短，非指路途远近。出使路远的国家八九年才返回，路近的也好几年。言中西交通之艰难。反：通“返”。

三年（丁卯，前114年）

冬，徙函谷关于新安[1]。

春，正月，戊子[2]，阳陵园火[3]。

夏，四月，雨雹[4]。

关东郡、国十余饥[5]，人相食[6]。

常山宪王舜[7]薨，子勃嗣，坐宪王病不侍疾，及居丧无礼废，徙房陵[8]。后月余，天子更封宪王子平为真定王，以常山为郡[9]，于是五岳皆在天子之邦矣[10]。

徙代王义为清河王[11]。

是岁，匈奴伊稚斜单于死，子乌维单于立。

四年（戊辰，前113年）

冬，十月，上行幸雍，祠五畤。诏曰：“今上帝[12]，朕亲郊，而后土无祀[13]，则礼不答[14]也，其令有司议。”立后土祠于泽中圜丘[15]。上遂自夏阳东幸汾阴[16]。是时，天子始巡郡、国。河东守不意行至[17]，不办[18]，自杀。十一月，甲子[19]，立后土祠于汾阴脽[20]上，上亲望拜，如上帝礼，礼毕，行幸荥阳[21]，还，至洛阳[22]，封周后姬嘉为周子南君[23]。

春，二月，中山靖王胜[24]薨。

乐成侯丁义荐方士栾大[25]，云与文成将军[26]同师。上方悔诛文成[27]，得栾大，大说[28]。大先事胶东康王[29]，为人长美言[30]，多方略[31]，而敢为大言，处之不疑[32]。大言曰：“臣常往来海中，见安期、羡门之属[33]，顾以臣为贱[34]，不信臣；又以为康王诸侯耳，不足与方[35]。臣之师曰：‘黄金可成而河决可塞，不死之药可得，仙人可致[36]也。’然臣恐效文成[37]，则方士皆掩口[38]，恶敢言方哉[39]！”上曰：“文成食马肝死耳[40]。子诚能修其方[41]，我何爱乎[42]！”大曰：“臣师非有求人，人者求之。陛下必欲致之，则贵其使者，令为亲属，以客礼待之，乃可使通言于神人[43]。”于是上使验小方，斗旗[44]，旗自相触击。是时，上方忧河决而黄金不就[45]，乃拜大为五利将军，又拜为天士将军，地士将军，大通将军。

夏，四月，乙巳[46]，封大为乐通侯，食邑二千户，赐甲第[47]，僮千人，乘舆斥车马、帷帐、器物以充其家[48]，又以卫长公主妻之[49]，赍金十万斤，天子亲如五利之第，使者存问共给[50]，相属于道[51]。自太主、将、相以下[52]，皆置酒其家，献遗之[53]。天子又刻玉印曰“天道将军[54]”，使使衣羽衣[55]，夜立白茅[56]上；五利将军亦衣羽衣，立白茅上，受印[57]，以示不臣[58]。

大见数月[59]，佩六印[60]，贵震天下。于是海上燕、齐之间，莫不扼腕自言有禁方[61]、能神仙矣。

（以上为第五段，写汉武帝信奉方士，栾大又来行骗，把汉武帝哄得团团转，数月之中，栾大佩带六枚印信，贵震天下，燕、齐方士非常振奋，自言能通神仙。）

【注释】

[1]函谷关：关名。秦与汉初设于弘农，在今河南灵宝市东北；元鼎三年冬，向东移至新安，在今河南新安县西。新安：县名，治所在今河南新安县西。[2]戊子：正月二十八日。[3]阳陵园火：阳陵园发生火灾。阳陵园，汉景帝的陵园，在今陕西咸阳市东北。[4]雨（yù）雹：落下冰雹。[5]饥：发生大饥荒。[6]人相食：人吃人。[7]常山宪王舜：刘舜，景帝之子，景帝中五年受封，卒谥宪。[8]徙：流放。房陵：县名，治所在今湖北房县。[9]以常山为郡：常山郡，郡治元氏，在今河北元氏县西北。[10]五岳：泰山、华山、嵩山、衡山、恒山（常山）。在天子之邦：谓在汉朝直辖的郡县之内，而不在诸侯王国的地区。[11]徙代王义为清河王：孝景之子清河王刘乘死，无子，国除，故徙刘义为清河王。代王义，代王刘义，文帝之子，代王刘参之孙。[12]上帝：天帝。[13]后土：土地神。无祀：没有祠庙和祭祀礼仪。[14]礼不答：礼数不合。只祭天不祭地，礼不对称，不合。[15]立后土祠于泽中圜丘：在水泽中圆形丘台上建立后土祠。圜，通“园”。[16]夏阳：县名，县治在今陕西韩城市西南。汾阴：县名，县治在今山西万荣县西。后土祠建于汾阴。[17]河东守不意行至：河东郡太守没料到汉武帝巡幸汾阴。是年，汉武帝已即位二十八年，第一次巡幸郡县，故河东太守不意其至此。河东，郡名，郡治安邑，在今山西夏县西北。[18]不办：一切供应没有准备。[19]甲子：十一月八日。[20]脽（shuí）：小土丘。[21]荥阳：县名，县治在今河南荥阳市东北。[22]洛阳：县名，县治在今河南洛阳市东北。[23]周后：周朝后裔。周子南君：封号名。[24]胜：刘胜，汉景帝之子，景帝中二年封为中山王，卒谥靖。[25]丁义：汉高祖功臣丁礼之曾孙。栾大：西汉方士。[26]文成将军：指方士少翁。[27]方悔：刚刚后悔。诛文成：事见上卷元狩四年。[28]说：通“悦”。[29]胶东康王：刘寄，武帝之弟。[30]长美言：擅长说好听的话。[31]多方略：富于智谋，此指多鬼主意，耍小聪明。[32]敢为大言，处之不疑：敢吹牛皮，神态自若，说大话不脸红，从不犹疑，就像真的一样。[33]安期、羡门之属：安期生、羡门高等神仙。[34]顾以臣为贱：认为我卑贱，看不起我。[35]“又以为”二句：又认为康王只是一个诸侯王，不配给不老方。[36]可致：可以求得。[37]效文成：担心是文成将军的下场。效，步后尘。[38]掩口：闭口不说话。[39]恶敢言方哉：哪还敢说长生不死的药方呢？[40]文成食马肝死耳：文成将军是吃马肝死的。古人认为马肝有毒能致人死。这里是汉武帝讳言诛死的借口。[41]子诚能修其方：你真能找到长生不老方。[42]我何爱乎：我还吝惜什么呢？[43]通言于神人：传话给神人。[44]斗旗：使旗相斗。大概是利用磁性，使两物相撞。乃魔术小计。[45]黄金不就：黄金无法炼成。[46]乙巳：四月二十二日。[47]赐甲第：赏赐高等住宅。[48]“乘舆”句：天子用不着的，多余的车马、帷帐、器物等赏赐给栾大作家用。斥，多余的，备用的。[49]以卫长公主妻之：将卫皇后所生长公主嫁给栾大为妻。[50]存问共给：探问栾大生活情况给予供给。[51]相属于道：络绎不绝。[52]自太主、将、相以下：上自太主、将、相，以及下属都去探问栾大。太主，窦太主，汉武帝姑妈大长公主刘嫖。[53]献遗之：

赠送礼品给栾大。［54］天道将军：意谓为天子导引天神。道，通“导”。［55］使使：派遣使者。衣（yì）：穿。羽衣：羽制的衣服。［56］白茅：白色的茅草。［57］受印：接受“天道将军”印。［58］以示不臣：用以表示不是臣属。抬高天神使者地位，与天子相等。［59］大见数月：栾大见武帝才几个月。［60］佩六印：佩带六枚印信，即六个职位，指五利将军、天士将军、地士将军、大通将军、天道将军及乐通侯。［61］扼腕：握着手腕。显示振奋。禁方：秘方。

六月，汾阴巫锦[1]得大鼎于魏脽后土营旁[2]，河东太守以闻[3]。天子使验问，巫得鼎无奸诈，乃以礼祠，迎鼎至甘泉，从上行[4]，荐之宗庙及上帝[5]，藏于甘泉宫，群臣皆上寿贺[6]。

秋，立常山宪王子商为泗水王[7]。

初，条侯周亚夫[8]为丞相，赵禹为丞相史[9]，府中皆称其廉平，然亚夫弗任[10]，曰：“极知禹无害，然文深，不可以居大府[11]。”及禹为少府[12]，比九卿为酷急[13]；至晚节，吏务为严峻，而禹更名宽平[14]。

中尉尹齐[15]素以敢斩伐著名，及为中尉，吏民益凋敝[16]。是岁，齐坐不胜任抵罪[17]。上乃复以王温舒为中尉，赵禹为廷尉[18]。后四年，禹以老，贬为燕相[19]。

是时吏治以惨刻相尚[20]，独左内史兒宽[21]，劝农业，缓刑罚，理狱讼[22]，务在得人心；择用仁厚士，推情与下[23]，不求名声，吏民大信爱之；收租税时，裁阔狭[24]，与民相假贷[25]，以故租多不入[26]。后有军发[27]，左内史以负租课殿[28]，当免[29]；民闻当免，皆恐失之，大家牛车、小家担负输租[30]，繦属不绝[31]，课更以最[32]。上由此愈奇宽。

初，南越文王遣其子婴齐入宿卫[33]，在长安取邯郸樛氏女[34]，生子兴。文王薨，婴齐立，乃藏其先武帝玺[35]，上书请立樛氏女为后，兴为嗣[36]。汉数使使者风谕婴齐入朝[37]。婴齐尚乐擅杀生自恣[38]，惧入见要[39]，用汉法比内诸侯[40]，固称病[41]，遂不入见[42]。婴齐薨，谥曰明王。太子兴代立，其母为太后。

太后自未为婴齐姬时，尝与霸陵人安国少季通[43]。是岁，上使安国少季往谕王、王太后以入朝[44]，比内诸侯，令辩士谏大夫终军等宣其辞[45]，勇士魏臣等辅其决[46]，卫尉路博德[47]将兵屯桂阳待使者[48]。

南越王年少，太后中国人；安国少季往，复与私通，国人颇知之，多不附太后。太后恐乱起，亦欲倚汉威，数劝王及群臣求内属[49]；即因使者上书，请比内诸侯，三岁一朝，除边关[50]。于是天子许之，赐其丞相吕嘉银印及内史、中尉、太傅印[51]，余得自置[52]；除其故黥、劓刑[53]，用汉法，比内诸侯。使者皆留[54]，填抚之[55]。

上行幸雍，且郊[56]，或曰："五帝，泰一之佐[57]也。宜立泰一，而上亲郊[58]。"上疑未定。齐人公孙卿[59]曰："今年得宝鼎，其冬辛巳朔旦冬至[60]，与黄帝时等[61]。"卿有札书[62]曰："黄帝得宝鼎，是岁己酉朔旦冬至，凡三百八十年，黄帝仙登于天。"因嬖人奏之[63]。上大悦，召问，卿对曰："受此书申公[64]，申公曰：'汉兴复当黄帝之时，汉之圣者在高祖之孙且曾孙也[65]。宝鼎出而与神通，黄帝接万灵明庭[66]，明庭者甘泉也。黄帝采首山铜[67]，铸鼎于荆山[68]下，鼎既成，有龙垂胡髯下迎黄帝[69]，黄帝上骑龙，与群臣后宫七十余人俱登天。'"于是天子曰："嗟乎[70]！诚得如黄帝，吾视去妻子如脱屣耳[71]！"拜卿为郎，使东候神于太室[72]。

（以上为第六段，写左内史兒宽鼓励农业生产，放宽刑罚，得到民众拥护；南越樛太后劝南越王赵兴和南越国群臣归属朝廷，比照内地诸侯；汉武帝刘彻听公孙卿鬼话，梦想成为神仙。）

【注释】

[1]锦：巫之名。 [2]得大鼎于魏脽后土营旁：在魏国后土祠旁公墓区获得大鼎。汾阴脽，原属战国时魏国土地，故称"魏脽"。 [3]以闻：将此事报告天子。 [4]从上行：以鼎随从天子去甘泉宫。 [5]荐之宗庙及上帝：呈献给宗庙和皇天上帝。荐，供祭。 [6]上寿贺：向天子祝酒庆贺。 [7]王子商：常山王刘舜之子刘商。刘舜，景帝子。为泗水王：封刘商为泗水王。[8]周亚夫：西汉名将。传见《史记》卷五十七、《汉书》卷四十。周亚夫于景帝前七年为相，景帝中三年罢相。 [9]赵禹：西汉酷吏。丞相史：丞相的属吏。 [10]弗任：不信任。 [11]"极知"三句：我十分了解赵禹的公平，但执法严苛，不可任职高级长官。无害，办事公平无比。文深，死扣法律条文太苛刻。大府，泛指高官府署。 [12]少府：九卿之一，掌山海池泽收入及皇室手工业制造。 [13]比九卿为酷急：执法比其他九卿都严苛峻急。 [14]更名宽平：酷吏名声改变为以宽平著称。[15]中尉：官名，掌治京师治安，兼主北军。尹齐：西汉酷吏。[16]凋敝：衰败。[17]抵罪：获罪。 [18]廷尉：九卿之一，掌刑狱。 [19]燕相：燕王国之相。 [20]惨刻相

尚：用法严苛成为崇尚的风气。［21］左内史：官名，掌治京师东部地区。兒宽：诗学儒生，官左内史、御史大夫等，治民有成绩。传见《汉书》卷五十八。［22］理狱讼：审理案件。［23］推情与下：与下级推心置腹。［24］裁阔狭：调节缓急。阔，缓，宽裕。狭，急，困窘。［25］与民相假贷：谓借贷与民经营生业。［26］以故租多不入：因此许多租税收不上来。［27］后有军发：后来有军事行动征用财物。［28］负租课殿：欠租过多，考核下等。殿，最末一个。［29］当免：兒宽应免职。［30］大家牛车、小家担负输租：大户人家用牛车、小户人家用肩挑输送租粟。［31］繦属不绝：谓输租者接连不绝于道，连接成一条绳索。繦，绳索。［32］课更以最：征税的重新考核，兒宽跃升第一。最，第一名。［33］南越文王：南越王赵胡，卒谥文王。婴齐入宿卫：婴齐入京充当武帝侍卫，实为人质。［34］取：同“娶”。樛氏女：樛姓女子。［35］武帝玺：南越先王赵佗之玺印。［36］兴为嗣：樛氏女所生赵兴为继承人。［37］风谕婴齐入朝：提醒婴齐入京朝觐皇帝。［38］婴齐尚乐擅杀生自恣：婴齐向往自己掌控生杀予夺大权，随心所欲。擅，掌控。自恣，为所欲为。［39］惧入见要：害怕入京被扣留。要，要挟，扣留。［40］用汉法比内诸侯：用汉法约束婴齐比拟于内地的诸侯王。［41］固称病：坚持说有病。［42］遂不入见：终于没有入京朝见天子。［43］安国少季：姓安国，名少季。通：通奸。［44］往谕：前往告谕。入朝：入京朝见天子。［45］“今辩士”句：派出能言善辩的谏大夫终军等宣谕朝廷的旨意。谏大夫，官名，掌议论，属郎中令。终军，字子云，奉使南越，被杀，死年二十余，时称“终童”。传见《汉书》卷六十四下。［46］辅其决：辅助其决策。［47］卫尉：官名，掌宫门警卫，主南军。路博德：西汉西河平州（今山西介休市西）人，因功封符离侯。传见《汉书》卷五十五。［48］屯：驻扎。桂阳：郡名，郡治郴县，在今湖南郴州市。待使者：等待、接应使者。［49］求内属：请求归属朝廷。［50］除边关：撤除边界上的关卡。［51］“赐其”句：赐给南越国以下印绶：吕嘉丞相印，银质；赐给南越国内史、中尉、太傅玉玺印。朝廷赐印表示朝廷委任。［52］余得自置：其他官员由南越王自行署理。［53］除其故黥、劓刑：废除南越原有的脸上刺字、割鼻子的刑法。［54］使者皆留：汉使皆留驻南越国。［55］填抚之：坐镇安抚南越国。填，通“镇”。［56］郊：郊祀，祭天大典。［57］泰一之佐：五天帝只是泰一神的助手，泰一是天上最尊贵之神。泰一，也作“太一”。［58］宜立泰郊，而上亲郊：应建泰一神庙，由皇上亲自在泰一庙祭天。［59］公孙卿：西汉方士。［60］其冬辛巳朔旦冬至：今年冬季十一月一日辛巳清晨为冬至。［61］与黄帝时等：与黄帝时的冬至时刻一样。黄帝，即中华人文始祖。传见《史记》卷一。［62］卿有札书：公孙卿有一束简书。札，薄小的木简。［63］因嬖人奏之：通过武帝宠信的人呈上札书。［64］受此书申公：札书是申公给我的。申公，方士。［65］“汉之圣者”句：汉朝的圣人是高祖皇帝的孙子或曾孙。［66］黄帝接万灵明庭：黄帝在祭祀神灵的明庭迎接万种神灵。［67］采首山铜：开采首山的铜。首山，在今山西永济市南。［68］荆山：山名，在今河南灵宝市境。［69］“有龙”句：天上有一条龙将龙须垂下来接引黄帝。胡，谓颔下垂的肉。髯（rán），面颊上的须。［70］嗟乎：唉。叹声。［71］如脱屣耳：如同脱掉鞋子一样。［72］太室：山名，在今河南登封市。

五年（己巳，前 112 年）

冬，十月，上祠五畤于雍，遂逾陇[1]，西登崆峒[2]。陇西守以行往卒[3]，天子从官不得食，惶恐，自杀。于是上北出萧关[4]，从数万骑猎新秦中[5]，以勒边兵而归。新秦中或千里无亭徼[6]，于是诛北地[7]太守以下。上又幸甘泉，立泰一祠坛，所用祠具如雍一畤而有加焉[8]。五帝坛环居其下四方地，为醊食群神从者及北斗云[9]。

十一月，辛巳朔[10]，冬至，昧爽[11]，天子始郊拜泰一，朝朝日[12]，夕夕月则揖[13]。其祠，列火满坛[14]，坛旁亨炊具[15]。有司云："祠上有光。"又云："昼有黄气上属天。"太史令谈、祠官宽舒等请[16]三岁天子一郊见[17]，诏从之。

南越王、王太后饬治行装[18]，重赍为入朝具[19]。其相吕嘉，年长[20]矣，相三王[21]，宗族仕宦为长吏者[22]七十余人，男尽尚王女[23]，女尽嫁王子弟、宗室，及苍梧秦王有连[24]，其居国中甚重[25]，得众心愈于王[26]。王之上书[27]，数谏止王[28]，王弗听；有畔心[29]，数称病，不见汉使者。使者皆注意嘉，势未能诛[30]。王、王太后亦恐嘉等先事发[31]，欲介汉使者权[32]，谋诛嘉等，乃置酒请使者[33]，大臣皆侍坐饮[34]。嘉弟为将，将卒居宫外[35]。酒行[36]，太后谓嘉曰："南越内属，国之利也；而相君苦不便者[37]，何也？"以激怒使者，使者狐疑相杖[38]，遂莫敢发[39]。嘉见耳目非是[40]，即起而出。太后怒，欲鏦嘉以矛[41]，王止太后[42]。嘉遂出，介其弟兵就舍[43]，称病，不肯见王及使者，阴与大臣谋作乱。王素无意诛嘉[44]，嘉知之，以故数月不发[45]。

天子闻嘉不听命[46]，王、王太后孤弱不能制[47]，使者怯无决[48]；又以为王、王太后已附汉[49]，独吕嘉为乱，不足以兴兵，欲使庄参以二千人往使。参曰："以好往[50]，数人足矣；以武往[51]，二千人无足以为也[52]。"辞不可[53]，天子罢参[54]。郏壮士故济北相韩千秋奋曰[55]："以区区之越，又有王、王太后应[56]，独相吕嘉为害，愿得勇士三百人，必斩嘉以报。"于是天子遣千秋与王太后弟樛乐将二千人往。

入越境。吕嘉等乃遂反，下令国中曰："王年少。太后，中国人也，又与使者乱[57]，专欲内属[58]，尽持先王宝器入献天子以自媚[59]；多从人行[60]，至长安，虏卖以为僮仆[61]；取自脱一时之利[62]，无顾赵氏社稷、为万世虑计之意[63]。”乃与其弟将卒攻杀王、王太后及汉使者，遣人告苍梧秦王及其诸郡县，立明王长男越妻子术阳侯建德为王[64]。而韩千秋兵入[65]，破数小邑。其后越开直道给食[66]，未至番禺四十里，越以兵击千秋等，遂灭之；使人函封汉使者节置塞上[67]，好为谩辞谢罪[68]，发兵守要害处。

（以上为第七段，写南越国丞相吕嘉反叛汉朝，杀掉南越王、王太后以及汉臣。汉武帝派韩千秋率领二千人往讨，入南越境全军覆没。）

【注释】

[1]陇：陇坻，又名陇坂，今六盘山南段之别称。[2]崆峒：山名，在今甘肃平凉市西。[3]陇西：郡名，郡治狄道，今甘肃临洮县。以行往卒：因皇上来得突然。卒，同“猝”。[4]萧关：关名，在今宁夏固原市南。[5]新秦中：地区名，在今河套及其以南地区。[6]亭徼：亭障，即哨卡。[7]北地：郡名，郡治马领，在今甘肃庆阳市西北。[8]“所用祠具”句：所用祭祀器具仿照雍地五畤中一处所用而有所增添。[9]为醊食群神从者及北斗云：以酒酹地祭祀群神的随从和北斗星。醊（zhuì），祭祀时把酒洒在地上。[10]辛巳朔：十一月一日。[11]昧爽：拂晓。[12]朝（zhāo）朝（cháo）日：早晨朝拜太阳。[13]夕夕月：夜晚祭祀月亮。揖：作揖朝拜。[14]其祠，列火满坛：祭祀时，坛上陈列火炬。[15]坛旁亨炊具：坛旁摆放烹制祭品的炊具。亨，通“烹”。[16]太史令谈、祠官宽舒等请：太史令司马谈、祭祀官宽舒等人建议。[17]三岁天子一郊见：天子每三年祭天一次。[18]饬治行装：整治行装。[19]重赍：带上重礼。具：准备，备办。[20]年长：年老。[21]相三王：相文王赵胡、明王婴齐、今王赵兴。[22]仕宦为长吏者：做官任高官位的人。长吏，高官。[23]男尽尚王女：吕氏男子都娶王室公主为妻。尚，高攀，娶公主称“尚”。[24]及苍梧秦王有连：吕氏与苍梧秦王也有姻亲关系。苍梧秦王，居于苍梧（今两广及湘南交界处）的越人之王赵光。有连：指姻亲。[25]其居国中甚重：吕嘉在南越国内的地位十分重要。甚重（zhòng），很有威信和权力。[26]得众心愈于王：吕嘉赢得民心超过了南越王。[27]王之上书：南越王上书朝廷请内属。[28]数谏止王：吕嘉多次谏阻。[29]有畔心：吕嘉生出背叛之心。畔，通“叛”。[30]势未能诛：吕氏势大未能铲除。[31]先事发：抢先下手，指反叛。[32]介汉使者权：依仗汉使的权威除掉吕嘉。[33]请使者：宴请汉使。[34]侍坐饮：陪坐饮酒。[35]将卒居宫外：率兵在宫外警戒。[36]酒行：敬酒，指宴饮进行间。[37]苦不便者：嫌这样做不便。[38]狐疑相杖：迟疑观望。相杖，相持，互相观望。[39]遂莫敢发：于是谁也没敢动手。[40]嘉见耳目非是：吕嘉观察气氛异常。

耳目非是，指陪侍者神态异常。［41］欲鏦嘉以矛：想用矛击杀吕嘉。［42］王止太后：南越王赵兴阻止了太后。［43］介其弟兵就舍：吕嘉依靠弟弟率领的兵保护回到家中。［44］王素无意诛嘉：南越王从来不想杀吕嘉。［45］数月不发：拖延几个月不发动叛乱。［46］不听命：不听从皇命。［47］不能制：不能控制局势。［48］怯无决：胆小害怕没有决断。［49］附汉：归附朝廷。［50］以好往：友好交往。［51］以武往：以武力胁迫。［52］二千人无足以为也：两千人也没有什么用处，即不够用。［53］辞不可：推辞说不能去。［54］罢参：撤销了对庄参的任命。［55］郏：县名，在今河南郏县。奋曰：自告奋勇说。［56］应：作内应。［57］与使者乱：与汉使安国少季淫乱。［58］专欲内属：一心内附。［59］宝器：指玉玺等珍贵器物。自媚：自动去谄媚、讨好皇上。［60］多从人行：带去大批随从人员。［61］虏卖以为僮仆：强行卖为奴仆。虏卖，掠卖，此指强卖。［62］取自脱一时之利：只顾自己眼前利益。自脱，自己超脱，个人得利。［63］“无顾”句：不顾赵氏政权，不考虑长远万世之利。赵氏社稷，指赵氏在南越的政权。虑计，考虑，着想。［64］“立明王长男”句：拥立南越明王赵婴齐越人发妻所生长子术阳侯赵建德为王。越妻子，越人发妻（元配）所生子。［65］入：进入南越境。［66］越开直道给食：吕嘉让开大道，供给食物，诱使汉军深入。［67］使人函封汉使者节置塞上：派人把汉使的符节用匣封装送到边塞上。函封，用匣（木盒）封装。［68］好为谩辞谢罪：用好听的虚假的言辞谢罪。谩辞，骗人的话。

春，三月，壬午[1]，天子闻南越反，曰：“韩千秋虽无功，亦军锋之冠[2]，封其子延年为成安侯[3]；樛乐姊为王太后，首愿属汉，封其子广德为龙亢侯[4]。”

夏，四月，赦天下。

丁丑晦[5]，日有食之。

秋，遣伏波将军路博德出桂阳，下湟水[6]；楼船将军杨仆出豫章[7]，下浈水[8]；归义越侯严[9]为戈船将军，出零陵[10]，下离水[11]；甲[12]为下濑将军，下苍梧[13]；皆将罪人[14]，江、淮以南楼船十万人[15]。越驰义侯遗别将巴、蜀罪人[16]，发夜郎兵[17]，下牂柯江[18]，咸会番禺[19]。

齐相[20]卜式上书，请父子与齐习船者[21]往死南越。天子下诏褒美式，赐爵关内侯，金六十斤，田十顷，布告天下；天下莫应[22]。是时列侯以百数[23]，皆莫求从军击越[24]。会九月尝酎[25]，祭宗庙，列侯以令献金助祭[26]。少府省金[27]，金有轻及色恶者[28]，上皆令劾以不敬[29]，夺爵者百六人[30]。

辛巳[31]，丞相赵周坐知列侯酎金轻[32]，下狱，自杀。

丙申[33]，以御史大夫石庆为丞相，封牧丘侯。时国家多事，桑弘羊等致利，王温舒之属峻法，而兒宽等推文学，皆为九卿，更进用事。事不关决于丞相[34]，丞相庆醇谨而已[35]。

五利将军装治行[36]，东入海求其师。既而不敢入海，之太山祠[37]。上使人随验[38]，实无所见。五利妄言见其师，其方尽多不售[39]，坐诬罔[40]，腰斩；乐成侯亦弃市[41]。

西羌[42]众十万人反，与匈奴通使，攻故安[43]，围枹罕[44]。匈奴入五原[45]，杀太守。

（以上为第八段，写汉武帝举行酎祭活动，有一百零六个列侯因酎金成色不足而被革去爵位。汉朝派出五路大军大规模讨伐南越。）

【注释】

[1]壬午：三月四日。[2]军锋之冠：最勇敢的先锋。[3]延年：韩千秋之子韩延年，以父功封成安侯。[4]广德：樛乐之子樛广德，以姑母南越王太后归汉功封龙亢侯。[5]丁丑晦：四月三十日。[6]湟水：水名，即今广东连江（北江的支流）。[7]豫章：郡名，郡治南昌，在今江西南昌市。[8]浈水：水名，在今广东北江的上游。[9]归义越侯严：严，人名，原是越人，归汉，封侯，故称归义越侯。[10]零陵：郡名，郡治零陵，在今广西全州县西南。[11]离水：水名，即今漓江。[12]甲：人名，原是越人，归汉，封侯。也是归义越侯。[13]苍梧：郡名，郡治广信，在今广西梧州市。[14]皆将罪人：各路军队都由囚犯组成。按：大赦囚犯从军，立功赎罪。[15]楼船十万人：征发江、淮水师十万人，用高大的楼船作战船。楼船，双层的载人船。[16]越驰义侯遗：遗，人名，原是越人，归汉，封驰义侯。别将：另带一支巴蜀罪人组成的军队。巴、蜀：皆郡名。巴郡治江州，在今重庆市北。蜀郡治成都，今四川成都市。[17]发夜郎兵：征发夜郎国的军队。夜郎，古小国名，在今贵州西北部地区。[18]牂柯江：水名，今红水河。[19]咸会番禺：路博德、杨仆、越侯严、下濑将军甲、越义侯遗所率巴蜀兵与夜郎兵会师番禺。[20]齐相：齐王国之相。[21]齐习船者：齐王国熟习船事的人。[22]天下莫应：全国没有人响应。[23]列侯以百数：以百计数的列侯。按：当时有一百零六侯。[24]皆莫求从军击越：没有一个侯请求从军打击南越的人。[25]会九月尝酎：恰值九月例行助祭献酎。尝酎，常酎，例行献酎。尝，通“常”。按：汉律，每年秋天，天子以酎酒祭宗庙，诸侯王、列侯必须按规定献金助祭，称“酎金”。酎，醇酒。[26]列侯以令献金助祭：列侯要按律令进献黄金助祭。[27]少府省金：少府检查所献黄金。[28]轻：重量轻。色恶：成

色不好。［29］皆令劾以不敬：皇上下令一律按“不敬”罪弹劾。［30］夺爵者百六人：一百零六个侯全部剥夺爵位，家产没收。［31］辛巳：九月六日。［32］丞相赵周坐知列侯酎金轻：丞相赵周被见知不举罪名遭弹劾。他明知列侯献金重量轻却纵容包庇。坐，坐罪。［33］丙申：九月二十一日。［34］事不关决于丞相：国家大事不向丞相汇报，也不由丞相决定。关决，汇报与决定。［35］丞相庆醇谨而已：丞相石庆只是淳朴厚道罢了。醇谨，淳厚谨慎。［36］五利将军：方士栾大。装治行：治装出发。［37］之太山祠：到泰山祭祀。［38］上使人随验：汉武帝派人跟踪核查。［39］不售：不灵验。［40］坐诬罔：定了诈骗欺罔罪。［41］乐成侯亦弃市：乐成侯丁义也被处死弃市。弃市，抛尸闹市示众。［42］西羌：古代居于汉西方的少数民族，在今青海游牧。［43］故安：县名，当是“安故”之倒误，或笔误。故安县，在今河北易县东南；安故县，在今甘肃临洮县南，此县邻近西羌，是。［44］枹罕：县名，治所在今甘肃临夏市。［45］五原：郡名，郡治九原，在今内蒙古包头市西。

六年（庚午，前111年）

冬，发卒十万人，遣将军李息、郎中令徐自为征西羌，平之。

楼船将军杨仆入越地，先陷寻狭[1]，破石门[2]，挫越锋[3]，以数万人待伏波将军路博德至俱进[4]，楼船居前[5]，至番禺。南越王建德、相吕嘉城守[6]。楼船居东南面，伏波居西北面。会暮[7]，楼船攻败越人，纵火烧城。伏波为营[8]，遣使者招降者，赐印绶，复纵令相招[9]。楼船力攻烧敌，驱而入伏波营中。黎旦[10]，城中皆降。建德、嘉已夜亡入海[11]，伏波遣人追之。校尉司马苏弘得建德[12]，越郎都稽得嘉[13]。戈船、下濑将军兵及驰义侯所发夜郎兵未下[14]，南越已平矣。遂以其地为南海、苍梧、郁林、合浦、交趾、九真、日南、珠厓、儋耳九郡[15]。师还[16]，上益封伏波；封楼船为将梁侯，苏弘为海常侯，都稽为临蔡侯，及越降将苍梧王赵光等四人皆为侯[17]。

公孙卿候神河南[18]，言见仙人迹缑氏城[19]上。春，天子亲幸缑氏城视迹[20]，问卿：“得毋效文成、五利乎[21]？”卿曰：“仙者非有求人主[22]，人主者求之。其道非宽假，神不来[23]。言神事如迂诞[24]，积以岁月，乃可致也[25]。”上信之。于是郡、国各除道[26]，缮治宫观、名山、神祠以望幸焉[27]。

赛南越[28]，祠泰一、后土，始用乐舞。

驰义侯发南夷兵[29]，欲以击南越。且兰君[30]恐远行旁国虏其老弱，乃与其众反，杀使者及犍为太守[31]。汉乃发巴、蜀罪人当击南越者八校尉[32]，遣中郎将郭昌、卫广将而击之，诛且兰及邛君、莋侯[33]，遂平南夷为牂柯郡[34]。

夜郎侯始倚南越，南越已灭，夜郎遂入朝，上以为夜郎王。冉駹[35]皆振恐，请臣置吏[36]，乃以邛都为越嶲郡[37]，莋都为沈黎郡[38]，冉駹为汶山郡[39]，广汉西白马[40]为武都郡[41]。

初，东越王余善[42]上书，请以卒八千人从楼船[43]击吕嘉；兵至揭阳[44]，以海风波为解[45]，不行[46]，持两端[47]，阴使南越[48]。及汉破番禺，不至。杨仆上书愿便[49]引兵击东越；上以士卒劳倦，不许，令诸校屯豫章、梅岭以待命[50]。余善闻楼船请诛之，汉兵临境，乃遂反，发兵距汉道[51]，号将军驺力[52]等为吞汉将军，入白沙、武林、梅岭[53]，杀汉三校尉。是时，汉使大农张成[54]、故山州侯齿将屯[55]，弗敢击，却就便处[56]，皆坐畏懦诛[57]。余善自称武帝。

上欲复使杨仆将，为其伐前劳[58]，以书敕责之[59]曰："将军之功独有先破石门、寻狭，非有斩将搴旗[60]之实也，乌足以骄人[61]哉！前破番禺，捕降者以为虏，掘死人以为获，是一过也；使建德、吕嘉得以东越为援，是二过也；士卒暴露连岁[62]，将军不念其勤劳，而请乘传行塞[63]，因用归家[64]，怀银、黄[65]，垂三组[66]，夸乡里[67]，是三过也；失期内顾[68]，以道恶为解[69]，是四过也；问君蜀刀价而阳不知[70]，挟伪干君[71]，是五过也。受诏不至兰池[72]，明日又不对[73]。假令将军之吏，问之不对，令之不从，其罪何如[74]？推此心在外，江海之间可得信乎[75]？今东越深入，将军能率众以掩过不[76]？"仆惶恐对曰："愿尽死赎罪！"上乃遣横海将军韩说出句章[77]，浮海从东方往；楼船将军杨仆出武林，中尉王温舒出梅岭，以越侯为戈船、下濑将军[78]，出若邪[79]、白沙，以击东越。

（以上为第九段，写汉军攻灭了反叛的南越王赵建德，在南越旧地设立南海、苍梧、郁林、合浦、交趾、九真、日南、珠崖、儋耳九郡；后东越王余善策应南越反汉，汉朝出兵征伐。）

【注释】

［1］寻狭：地名，在今广东英德市境内。［2］石门：地名，在今广东广州市西北。［3］挫越锋：挫败南越的前锋。［4］俱进：齐心协力一同进军。［5］居前：为前锋。［6］城守：据城固守。［7］会暮：适值黄昏。［8］为营：设置营垒。［9］复纵令相招：派已降的南越将士回到南越军中招降。［10］黎旦：黎明。［11］夜亡入海：乘夜逃入海中。［12］校尉司马苏弘得建德：校尉司马苏弘俘获了南越王赵建德。校尉司马，校尉官下属司马。校尉，低于将军。［13］南越都稽得嘉：南越投降的郎官叫都稽的人俘虏了吕嘉。［14］未下：未到番禺会师的部队，有戈船将军、下濑将军、驰义侯三支。［15］九郡：南越地所置九个郡。九郡为南海、苍梧、郁林、合浦、交趾、九真、日南、珠崖、儋耳。九郡之郡治分别为：南海，郡治番禺，在今广东广州市；苍梧，郡治广信，在今广西梧州市；郁林，郡治布山，在今广西桂平市西；合浦，郡治合浦，在今广西合浦县东北；交趾，郡治羸陵，在今越南河内市西北；九真，郡治胥浦，在今越南清化市西北；日南，郡治西卷，在今越南广治西北；珠崖，郡治瞫都，在今海南海口市东南；儋耳，郡治儋耳，在今海南儋州市西北。［16］师还：班师还朝。［17］赵光等四人皆为侯：赵光封随桃侯，史定封安道侯，毕取封瞭侯，居翁封湘城侯。［18］候神：等候神来。河南：郡名，郡治洛阳，在今河南洛阳市东北。［19］缑氏城：城名，在今河南洛阳市偃师区东南。［20］视迹：视仙人迹。［21］得毋效文成、五利乎：不会效法少翁、栾大诬罔吧！［22］人主：帝王。［23］其道非宽假，神不来：求神仙之道时间不从容，神就不来。宽假，指放宽时间。［24］言神事如迂诞：说起求神仙，看似遥远荒诞。［25］积以日月，乃可致也：只要积够岁月，神仙就可请到。［26］除道：修治和清扫道路。［27］缮治：修缮，整治。望幸：希望皇帝驾临。［28］赛南越：据《汉书·郊祀志》，汉为了伐南越，曾告祷泰一，故今为伐南越胜利而赛祠。赛，祭祀酬神。［29］发南夷兵：征调南夷之兵。南夷，古时指称西南地区部分少数民族。这里指夜郎。［30］且兰：古西南夷小国，在今贵州黄平县西南。君：部落邦国首领。［31］使者：指汉朝所派的使者。犍为：郡名，郡治僰道，在今四川宜宾市西南。［32］八校尉：八个校尉的兵力，约万余人。一校尉一千余人。按：此八校非指汉武帝设立于京师的八校尉禁军。京师八校尉为：中垒、屯骑、步兵、越骑、长水、胡骑、射声、虎贲。［33］邛君：即邛都之君。邛都，在今四川西昌市。筰侯：即筰都之君。筰都，在今四川汉源县。［34］牂柯郡：郡名，郡治邛都，在今贵州贵定县。［35］冉駹：冉、駹是两个少数民族，混居在今四川茂县、松潘县一带。［36］请臣：向汉朝请求为臣。置吏：朝廷设置郡县之吏。［37］越嶲郡：郡名，郡治邛都，在今四川西昌市东。［38］沈黎郡：郡名，郡治筰都，在今四川汉源县东北。［39］汶山郡：郡名，郡治汶江，在今四川茂县北。［40］广汉：郡名，汉高帝六年置，郡治乘乡（或作绳乡），在今四川金堂县东。白马：少数民族名。［41］武都郡：郡名，郡治武都，在今甘肃陇南市武都区北。［42］东越：古代越人的一支，分布于今浙江东部及福建北部的部分地区。余善：人名，于汉武帝时为东越王。

[43]从楼船：随楼船将军杨仆。从，随，受节制。 [44]揭阳：县名，县治在今广东揭阳市西北。 [45]解：解释，为借口。 [46]不行：不前进。即按兵不动。 [47]持两端：骑墙观望。[48]阴使南越：暗中派人与南越国联络。 [49]愿便：趁机，乘胜。即趁着攻下南越胜利之便进军东越。 [50]“令诸校”句：汉武帝命令各路将军驻军豫章、梅岭一带等待新的命令。诸校，各路将领的营兵。梅岭，即大庾岭，在今赣、粤交界处。 [51]发兵距汉道：派兵在汉军必经的道路抵抗。距，通“拒”。 [52]驺力：东越将领人名。 [53]入白沙、武林、梅岭：东越兵突入白沙、武林、梅岭。白沙，地名，在今江西南昌市东北。武林，山名，在今江西鄱阳县南约百里，临大湖。 [54]大农张成：大农令张成。 [55]故山州侯齿：前山州侯刘齿，城阳共王刘喜之子，原为山州侯，元鼎五年坐酎金失侯。今用将兵。将屯：带兵驻扎。 [56]却就便处：指张成、刘齿不敢迎击东越兵，而是退到安全处避战。 [57]皆坐畏懦诛：张成、刘齿两人都被判决以怯懦畏敌罪而被诛杀。 [58]伐前劳：以前功自傲。 [59]以书敕责之：汉武帝下手诏斥责杨仆夸功。 [60]斩将搴旗：斩杀敌将，夺取敌旗。搴，拔取。 [61]乌足以骄人：有什么值得骄傲的。[62]暴露连岁：将士连年露宿野外。喻征战连年。 [63]请乘传行塞：请求乘坐驿传车巡行边塞。[64]因用归家：借便回家。 [65]怀银、黄：怀揣银印、金印。 [66]垂：垂挂。三组：三印绶。杨仆为主爵都尉，又为楼船将军，还是将梁侯，故有三印绶。 [67]夸乡里：夸耀于乡里。[68]失期内顾：眷恋妻妾，误了回营日期。 [69]以道恶为解：以道路难走作借口。道恶，路难走，路坏。 [70]阳不知：假装不知。阳，通“佯”。 [71]挟伪干君：怀诈欺君。干，犯，此作欺字解。 [72]兰池：宫名，在渭城，在今陕西咸阳市东北。 [73]明日又不对：第二天也不作解释。 [74]“假令”四句：假如你的部下，问话不回答，受令不服从，该当何罪？ [75]“推此心”二句：在外怀有这种心思，天下还有谁会相信你呢？江海之间，指天下。 [76]将军能率众以掩过不：你现在能否带领部队补救过失？掩过，补过。不，通“否”。 [77]韩说：韩悦，西汉将领。句（gōu）章：县名，治所在今浙江余姚市东南。 [78]越侯：指越人归汉而封侯者。戈船、下濑将军：即南越人严和甲。 [79]若邪（yé）：山名，又溪名，在今浙江绍兴市。

博望侯既以通西域尊贵[1]，其吏士争上书言外国奇怪利害求使[2]。天子为其绝远[3]，非人所乐往[4]，听其言[5]，予节[6]，募吏民[7]，毋问所从来[8]，为具备人众遣之，以广其道[9]。来还[10]，不能毋侵盗币物及使失指[11]，天子为其习之，辄覆按致重罪，以激怒令赎，复求使[12]，使端无穷[13]，而轻犯法[14]。其吏卒亦辄复盛推外国所有[15]，言大者予节，言小者为副[16]，故妄言无行之徒皆争效之[17]。

其使皆贫人子，私县官赍物[18]，欲贱市以私其利[19]。外国亦厌汉使，人人有言轻重[20]，度汉兵远不能至[21]，而禁其食物以苦汉使[22]。

汉使乏绝[23]，积怨至相攻击[24]。而楼兰、车师[25]，小国当空道[26]，攻劫汉使王恢等尤甚[27]，而匈奴奇兵又时遮击之[28]。使者争言西域皆有城邑，兵弱易击。

于是天子遣浮沮将军公孙贺将万五千骑，出九原[29]二千余里，至浮沮井[30]而还；匈河将军赵破奴将万余骑出令居[31]数千里，至匈河水[32]而还；以斥逐匈奴[33]，不使遮汉使[34]，皆不见匈奴一人。乃分武威、酒泉地置张掖、敦煌郡[35]，徙民以实之。

是岁，齐相卜式为御史大夫。式既在位，乃言："郡、国多不便县官作盐铁器[36]，苦恶价贵[37]，或强令民买之；而船有算[38]，商者少[39]，物贵[40]。"上由是不悦卜式。

初，司马相如病且死[41]，有遗书，颂功德，言符瑞，劝上封泰山[42]。上感其言[43]，会得宝鼎，上乃与公卿诸生议封禅[44]。封禅用希旷绝[45]，莫知其仪[46]，而诸方士又言："封禅者合不死之名也[47]，黄帝以上[48]，封禅皆致怪物，与神通，秦皇帝不得上封[49]。陛下必欲上[50]，稍上即无风雨[51]，遂上封矣。"上于是乃令诸儒采《尚书》《周官》《王制》之文[52]，草封禅仪[53]，数年不成。

上以问左内史兒宽，宽曰："封泰山[54]，禅梁父[55]，昭姓考瑞[56]，帝王之盛节也；然享荐之义[57]，不著于《经》。臣以为封禅告成，合祛于天地神祇[58]，唯圣主所由[59]，制定其当[60]，非群臣之所能列[61]。今将举大事，优游数年[62]，使群臣得人人自尽[63]，终莫能成。唯天子建中和之极[64]，兼总条贯，金声而玉振之[65]，以顺成天庆，垂万世之基。"上乃自制仪，颇采儒术以文之[66]。上为封禅祠器[67]，以示群儒，或曰"不与古同[68]"，于是尽罢诸儒不用[69]。上又以古者先振兵释旅[70]，然后封禅。

（以上为第十段，写汉武帝不断派出使者通西域。汉武帝与公卿大臣和儒生们商议封禅之事，数年没有理出个头绪，索性将儒生一律罢斥不用，参照传说的古礼筹备封禅。）

【注释】

[1]博望侯：张骞。以：因。尊贵：获得既尊且贵的地位。 [2]其吏士：跟随张骞出使过

西域的部属。奇怪利害：奇异之事和利害关系。求使：请求充任使者。［3］绝远：十分遥远。［4］非人所乐往：不是人们乐意前往的地方。［5］听其言：听从请求。［6］予节：任命为使者，给予符节。［7］募吏民：招募官民。［8］毋问所从来：不问出身。［9］以广其道：用以扩大招募出使人员的途径。［10］来还：出使归来。［11］侵盗币物：指出使者自己的贪污盗窃。使失指：执行使命违背了天子的旨意。［12］“天子”四句：武帝认为他们已经熟习了外国事务，每每找碴把他们判为重罪，以刺激他们为了获得重金赎罪，而再次请求出使。辄覆按，每每反复严查。［13］使端无穷：迫使他们一次又一次出使，无穷无尽。［14］而轻犯法：随意犯法。［15］盛推：鼓吹、夸张。外国所有：外国的珍宝奇物应有尽有。［16］“言大”二句：最善吹牛的人为正使，次一等的为副使。言大，吹大牛皮的人。予节，为正使。［17］无行之徒：品行不端的人。争效之：争着效法吹牛皮求出使。［18］私县官赍物：把所携带的国家财物据为己有。［19］欲贱市以私其利：打算贱卖后私吞其利。［20］言轻重：说话不靠谱。轻重，不实。［21］度：估计，推测。不能至：汉兵来不了。［22］禁：断绝供应。苦汉使：使汉使困苦。［23］汉使乏绝：汉使缺乏食物。［24］积怨至相攻击：积累怨恨以至与各国互相攻击。［25］楼兰：古西域国名，王居扜泥城，在今新疆若羌县，处于汉通西域的南道。车师：古西域国名，一作“姑师”。王治交河城，在今新疆吐鲁番市西北之交河故城，当汉通西域之北道。［26］小国当空道：指楼兰、车师两个小国挡在通西域的南、北两条交通要道上。空道，孔道，即交通要道。［27］王恢：人名。此非汉武帝时之大行令王恢。尤甚：尤其严重。［28］奇兵：突袭部队。遮击：阻击。［29］九原：县名，在今内蒙古包头市西。［30］浮沮井：井名，在匈奴游牧区内，具体地点不详。［31］令居：县名，县治在今甘肃永登县西。［32］匈河水：即今蒙古国拜达里格河。［33］斥逐匈奴：驱逐匈奴。［34］不使遮汉使：不让匈奴阻拦汉使。［35］“乃分”句：分割武威、酒泉二郡，增置张掖、敦煌二郡。至此，河西走廊有四个郡。［36］不便县官作盐铁器：不方便官营盐铁。作盐铁器，当时官营盐铁，包办制作和贩卖。作，制作、经营。［37］苦恶价贵：质量低劣而价高。［38］船有算：船五丈长一算税。［39］商者少：经商的人少了。［40］物贵：物价上涨。［41］病且死：病重将死。［42］劝上封泰山：劝说汉武帝封禅泰山。［43］上感其言：汉武帝为其言感动。［44］上乃与公卿诸生议封禅：汉武帝于是和三公九卿及博士儒生讨论封禅事宜。［45］封禅用希旷绝：封禅自古以来极为少见。希，通“稀”。旷绝，旷古无有。［46］莫知其仪：没人知道封禅的仪式。［47］封禅者合不死之名也：封禅的人与长生不死是一回事。方士言，封禅后就可长生不死，乃谄媚妄语也。［48］黄帝以上：黄帝以前的古代圣王。［49］秦始皇不得上封：秦始皇就没能登上泰山封禅。据说秦始皇封禅为雨所阻。［50］必欲上：一定要上泰山封禅。［51］稍上即无风雨：逐渐登泰山，如果没有风雨。［52］采《尚书》《周官》《王制》之文：采用、汇集《尚书》《周官》《王制》的记载。《周官》，即《周礼》。《尚书》《周礼》，均儒家五经之一。《王制》，《礼记》中的一篇。［53］草封禅仪：起草封禅的礼仪。［54］封泰山：在泰山筑坛祭天，以示报答上天之功，叫“封”。［55］禅梁父：在梁父山（在泰山下的小山）划定地区祭地，以示报地之功，叫“禅”。［56］昭姓考瑞：显扬祖先的姓氏，考核上天的祥瑞。［57］享荐之义：封禅的具体仪式。享荐，献礼天地仪式，即封禅仪式。［58］合祛于天地神祇：要与天地神灵相通。合，闭；祛，开。闭与开，谓相通相连。［59］唯圣主所由：只有圣明的皇上才能明白。所由，其中道理，即封禅礼仪只有圣主明白，应由皇上来制定。［60］制定其当：制定妥当的礼仪。当，适中。［61］能列：能参与，能草拟。［62］优游数年：耗时数年。优游，拖延、虚度了时间。［63］人人自尽：人人各自尽了全力。［64］唯天子建中和之极：只有天子才能掌控中正平和的最高准则。［65］“兼总条贯”二句：综合条理各种头绪，发出金玉般响亮的声音。［66］颇采儒术以文之：多采用儒家的文辞来修饰封禅仪。［67］上为封禅祠器：汉武帝又制作封禅器具。［68］不与古同：与古代不一样。［69］尽罢诸儒不用：汉武帝将儒生一律罢斥不用，即逐出草拟班子。［70］振兵释旅：振奋军威，解散军队。振兵，即检阅军队，显示军威，汉武帝元封元年冬率十八万骑北出长城，向匈奴示威，即振兵也。释旅，解甲归田，不再用军队，这只是一个理想。

元封元年（辛未，前110年）

冬，十月，下诏曰：“南越、东瓯[1]，咸伏其辜[2]；西蛮、北夷，颇未辑睦[3]；朕将巡边垂[4]，躬秉武节[5]，置十二部将军，亲帅师焉[6]。”乃行，自云阳北历上郡、西河、五原[7]，出长城，北登单于台[8]，至朔方[9]，临北河[10]；遣使者郭吉告单于曰：“南越王头已县于汉北阙[11]。今单于能战，天子自将待边；不能，即南面而臣于汉，何徒远走亡匿于幕北寒苦无水草之地[12]，毋为也[13]！”语卒而单于大怒，立斩主客见者[14]，而留郭吉[15]，迁之北海上[16]。然匈奴亦詟[17]，终不敢出。

上乃还，祭黄帝冢桥山[18]，释兵须如[19]。上曰：“吾闻黄帝不死，今有冢，何也？”公孙卿曰：“黄帝已仙上天，群臣思慕，葬其衣冠。”上叹曰：“吾后升天[20]，群臣亦当葬吾衣冠于东陵[21]乎？”乃还甘泉，类祠太一[22]。

上以卜式不习文章[23]，贬秩为太子太傅[24]，以兒宽代为御史大夫。

汉兵入东越境，东越素发兵距险[25]，使徇北将军[26]守武林。楼船将军卒钱塘辕终古斩徇北将军。故越衍侯吴阳以其邑七百人反攻越军于汉阳[27]。越建成侯敖[28]与繇王居股[29]杀余善，以其众降。上封终古为御儿侯，阳为卯石侯，居股为东成侯，敖为开陵侯；又封横海将军说[30]为按道侯，横海校尉福[31]为缭荌侯，东越降将多军[32]为无锡侯。

上以闽地险阻[33]，数反覆[34]，终为后世患，乃诏诸将悉其民徙于江、淮之间[35]，遂虚其地[36]。

春，正月，上行幸缑氏，礼祭中岳太室[37]，从官在山下闻若有言“万岁”者三[38]。诏祠官加增太室祠，禁无伐其草木，以山下户三百为之奉邑[39]。

上遂东巡海上，行礼祠八神[40]。齐人之上疏言神怪、奇方者以万数，乃益发船，令言海中神山者数千人求蓬莱神人。公孙卿持节常先行，候名山，至东莱[41]，言：“夜见大人，长数丈[42]，就之则不见，其迹甚大，类禽兽云。”群臣有言：“见一老父牵狗，言‘吾欲见巨公[43]’，已忽不见[44]。”上既见大迹，未信，及群臣又言老父，则大以为仙人也，宿留[45]海上；与方士传车及间使[46]求神仙，人以千数。

夏，四月，还，至奉高[47]，礼祠地主于梁父[48]。

乙卯[49]，令侍中儒者皮弁、搢绅[50]，射牛行事[51]，封泰山下东方[52]，如郊祠泰一之礼。封[53]广丈二尺，高九尺，其下则有玉牒书，书秘[54]。礼毕，天子独与侍中、奉车都尉霍子侯上泰山[55]，亦有封，其事皆禁[56]。明日，下阴道[57]。

丙辰[58]，禅泰山下址东北肃然山[59]，如祭后土礼，天子皆亲拜见，衣尚黄，而尽用乐焉[60]。江、淮间茅三脊为神藉[61]，五色土益杂封[62]。其封禅祠，夜若有光，昼有白云出封中。

天子从禅还，坐明堂[63]，群臣更上寿颂功德[64]。诏曰：“朕以眇身承至尊[65]，兢兢焉惟德菲薄[66]，不明于礼乐，故用事八神，遭天地况施[67]，著见景象，屑然如有闻[68]，震于怪物，欲止不敢，遂登封泰山，至于梁父，然后升坛肃然自新，嘉与士大夫更始[69]，其以十月为元封元年。行所巡至[70]，博、奉高、蛇丘、历城、梁父[71]，民田租逋赋，皆贷除之[72]，无出今年算[73]。赐天下民爵一级[74]。”又以五载一巡狩，用事泰山，令诸侯各治邸泰山下[75]。

天子既已封泰山，无风雨，而方士更言蓬莱诸神若将可得[76]，于是上欣然庶几遇之[77]，复东至海上望焉。上欲自浮海求蓬莱，群臣谏，莫能止。东方朔曰：“夫仙者，得之自然，不必躁求[78]。若其有道，不忧不得；若其无道，虽至蓬莱见仙人，亦无益也。臣愿陛下第还宫静处以须之[79]，仙人将自至。”上乃止。

会奉车霍子侯暴病[80]，一日死。子侯，去病子也，上甚悼之[81]；乃遂去，并海上[82]，北至碣石[83]，巡自辽西[84]，历北边[85]，至九原[86]。五月，乃至甘泉。凡周行万八千里云[87]。

（以上为第十一段，写汉军攻下东越，将民众迁到江淮地区；汉武帝巡边，向匈奴单于炫耀武力；派遣方士出海寻找蓬莱神仙；登泰山祭祀天神，至梁父，在肃然山升坛祭祀地神。）

【注释】

［1］东瓯：即东越。［2］咸伏其辜：他们都已服罪。［3］西蛮、北夷：皆指匈奴。辑睦：和睦。［4］巡边垂：巡视边境。垂，通“陲”，边疆。［5］躬秉武节：亲自执掌军权。武节，军权的象征。［6］亲帅师焉：亲自率领军队。［7］云阳、上郡、西河、五原：皆北方沿边郡名，汉武帝振兵所经之地。云阳郡，治所在今陕西淳化县西北。上郡，郡治肤施，在今陕西榆林市东南。西河郡，治所平定，在今内蒙古准格尔旗西南。五原郡，治所九原，在今内蒙古包头市西。［8］单于台：在古长城外，具体地点不明。［9］朔方：郡名，郡治朔方，在今内蒙古乌拉特前旗东南。［10］北河：黄河流向河套，在阴山南麓，分为南北二河，北边的称北河。按：据章校，他本“河”下有“勒兵十八万骑，旌旗径千余里，以见武节，威匈奴”十九字。［11］县：通“悬”。北阙：未央宫正门。［12］“何徒远走”句：何苦要远远地逃避到大沙漠以北的寒冷、困苦而又缺乏水草的地方呢？亡匿，逃跑躲藏。幕，通“漠”。［13］毋为也：不要这样做。［14］立斩主客见者：立即斩杀了接待使者引荐郭吉的官员。［15］留郭吉：扣留郭吉。［16］迁之北海：流放到北海。北海，指今贝加尔湖。［17］詟（zhé）：惧怕。［18］黄帝冢：黄帝的坟。桥山：山名，在今陕西黄陵县。［19］释兵：放下武器。须如：地名，地点不明。［20］吾后升天：我以后升了天。［21］东陵：即茂陵，汉武帝寿陵。［22］类祠太一：像祭黄帝陵一样祭祀太一神。类祠，进行类似的祭祀。［23］不习文章：不善文辞。［24］贬秩为太子太傅：降职为太子太傅。卜式任御史大夫，位三公，秩万石。太子太傅，秩二千石，位比九卿。［25］素：一向，此指早已。距险：占据险要地带抗击汉军。距，通“拒”。［26］徇北将军：东越的将军号。［27］其邑：指吴阳的封邑。汉阳：邑名，在今福建浦城县北。［28］敖：人名，东越的建成侯。［29］居股：人名，前代繇王丑之子，故此处称繇王居股。［30］横海将军说：韩说。［31］福：人名，即城阳共王子海常侯刘福，坐法失侯，今以功封缭荌侯。［32］多军：人名，东越人，降汉之后，封为无锡侯。［33］闽地险阻：闽越之地险恶。［34］数反覆：多次反叛。［35］悉：全部。徙于江、淮之间：把东越人迁徙到长江、淮河之间。［36］遂虚其地：于是闽地成为无人区。［37］中岳

太室：山名，在今河南登封市境内。［38］从官：侍从官员。闻若有言“万岁”者三：仿佛听见喊“万岁”的声音三次。若，好像，仿佛。［39］奉邑：为太室祠的俸邑。［40］八神：指天主、地主、兵主、阴主、阳主、月主、日主、四时主等八神。［41］东莱：郡名，郡治掖县，在今山东莱州市。［42］长数丈：身高数丈。［43］巨公：指天子。巨，大也。［44］已忽不见：转眼不见。已忽，转眼，瞬间，忽然。［45］宿留：停留。［46］间使：伺机派人。［47］奉高：县名，治所在今山东泰安市东。［48］地主：八神之一。梁父：山名，泰山北坡下的小山。［49］乙卯：四月十九日。［50］皮弁：鹿皮制的礼帽。搢绅：腰间插笏的垂带。［51］射牛行事：参加杀牛仪式。射牛，天子必亲临，表示亲杀。［52］封泰山下东方：在泰山东坡之下祭祀天神。［53］封：祭坛。［54］玉牒书：帝王封禅的文书。写于简牒，以玉饰之，故名。书秘：玉牒书的内容绝密。［55］奉车都尉：官名，掌天子车马。霍子侯：霍嬗，字子侯，霍去病之子。上泰山：陪同武帝上泰山。［56］禁：保密。［57］阴道：泰山北坡上的路。［58］丙辰：四月二十日。［59］肃然山：山名，泰山东麓，在今山东济南市莱芜区东北。［60］尽用乐焉：武帝拜神一直有音乐伴奏。尽，一直。［61］茅三脊为神藉：用三脊茅草作为供神祭品的衬垫。［62］五色土益杂封：用五种颜色的土相间做祭坛。杂，相间。［63］明堂：古时帝王用以宣明政教、祭祀等的礼堂。［64］更上寿：轮流敬酒祝福长寿。颂功德：歌功颂德。［65］眇身承至尊：渺小的身体继承皇帝的高位。至尊，最高贵的地位，即皇帝之位。［66］兢兢焉惟德菲薄：兢兢业业，唯恐德才不足。菲薄，微薄不足。［67］遭天地况施：蒙天地神灵恩赐祥瑞。［68］屑然如有闻：欣然听到三声“万岁”音。屑然，欣然，喜悦的样子。［69］更始：开始新的政治，新的生活。［70］行所巡至：巡行所到之处。［71］“博、奉高”句：均为所行经之县名。博县，县治在今山东泰安市东南。奉高县，县治在今山东泰安市。蛇（yí）丘县，县治在今山东肥城市东南。历城县，县治在今山东济南市。梁父县，县治在今山东泰安市东南。梁父山在梁父县境内。［72］“民田租”二句：上述各县民众拖欠的赋税，全部免除。逋赋，拖欠的赋税。［73］无出今年算：今年的人口税算赋也免除。［74］赐天下民爵一级：赐民众第一级爵。第一级爵是秦汉二十级爵位最低的一级。［75］邸：府邸，诸侯在外地所建的公馆。泰山脚下建邸，供五年一次封禅使用。［76］若将可得：大概可以请来神仙。若，大概，有可能。［77］庶几遇之：或许遇上神仙。庶几，或许，碰运气。［78］躁求：急求。［79］须之：等待。［80］暴病：突然得病。［81］上甚悼之：汉武帝十分伤感、难过。［82］乃遂去，并海上：这才离开泰山海边，还是沿着海岸走。［83］碣石：山名，在今河北昌黎县北。［84］辽西：郡名，郡治阳乐，在今辽宁义县西南。［85］历北边：行经北部国境。［86］至九原：回程到达九原。［87］周行：指元封元年封禅泰山绕了一个大圈，故称“周行”。总计行程一万八千里。

先是，桑弘羊为治粟都尉[1]，领大农[2]，尽管天下盐铁。弘羊作平准之法[3]，令远方各以其物如异时商贾所转贩者为赋而相灌输[4]。置平准于京师[5]，都受天下委输[6]。大农诸官，尽笼天下之货物[7]，贵即卖之，贱则买之，欲使富商大贾无所牟大利[8]，而万物不得腾踊[9]。

至是，天子巡狩郡县，所过赏赐，用帛百余万匹，钱金以巨万计，皆取足大农。弘羊又请[10]吏得入粟补官[11]及罪人赎罪。山东漕粟益岁六百万石[12]，一岁之中，太仓、甘泉仓满[13]，边余谷[14]，诸物均输[15]，帛五百万匹[16]，民不益赋而天下用饶[17]。于是弘羊赐爵左庶长[18]，黄金再百斤[19]焉。

是时小旱，上令官求雨。卜式言曰："县官当食租衣税而已[20]，今弘羊令吏坐市列肆[21]，贩物求利。亨弘羊，天乃雨。"

秋，有星孛于东井[22]，后十余日，有星孛于三台[23]。望气王朔言[24]："候独见填星出如瓜[25]，食顷[26]，复入。"有司皆曰："陛下建汉家封禅，天其报德星[27]云。"

齐怀王闳[28]薨，无子，国除。

（以上为第十二段，写汉武帝重用桑弘羊，以治粟都尉身份兼任大司农，主持全国盐铁专营事务，实行均输、平准，实施一年大有成效，"民不益赋而天下用饶"。）

【注释】

[1]治粟都尉：汉初官名，汉武帝时改名"搜粟都尉"。 [2]领大农：兼任大司农。 [3]平准之法：汉武帝时初创的经济政策之一。桑弘羊在推行均输法的同时，在京师专设机构，置平准令一人（属大司农），掌官府控制的物资。通过各地均输官，利用货源，贱买贵卖，以调剂市场价格，起平抑物价作用，故曰平准法。 [4]"令远方"句：让相距较远的地方官以各自的地方特产作为赋税，像商人在不同时间转贩不同地方货物一样互相调拨。各以其物，各自的地方特产。如异时商贾所转贩，商贾在不同时间转卖不同地方的物产，地方按此办法互相调转物资。灌输，调转物资。按：各地均输官以所收赋税购买当地特产运销外地，又购外地特产运销本地，故曰相灌输。 [5]置平准于京师：在京师设立平准官。平准，有令、丞，掌物价调节。 [6]都：统管。委输：各郡国积贮的货物随时输送京师。 [7]尽笼天下之货物：控制全国的所有物资。笼，垄断，控制。 [8]无所牟大利：无法牟取暴利。 [9]腾踊：跳跃，指物价暴涨。 [10]请：据章校，他本"请"下有"令"字。 [11]吏得入粟补官：《汉书·食货志》作"民得入粟补吏"。"吏"字乃"民"字之误。 [12]山东漕粟：崤山（或华山）以东地区水运往京师的粮食。益：增加。岁六百万石：每年的总量六百万石。 [13]太仓：京师的大粮仓。甘泉仓：在甘泉山的粮仓。满：粮仓满装。 [14]边余谷：边塞粮食也有盈余。 [15]诸物均输：各种货物通过均输调节赢利。 [16]帛

五百万匹：单是丝织品一项每年就赢利五百万匹。［17］“民不益赋”句：没有增加民众的赋税而国家用度富饶有余。［18］左庶长：二十级民爵的第十级。［19］黄金再百斤：桑弘羊两次得到赏赐的黄金二百斤。［20］“县官”句：国家开支全依靠租税罢了。［21］吏坐市列肆：官吏坐在店铺贩卖货物。［22］有星孛于东井：异星出现在东井天区。［23］三台：星官名，属太微垣。［24］望气：古时望云气以卜吉凶的方法。王朔：西汉著名的望气方士。［25］填星出如瓜：土星出现形状像瓜。填星，土星。［26］食顷：吃一顿饭的工夫。［27］天其报德星：言天以德星报于皇帝。德星，即填星。［28］齐怀王闳：刘闳，元狩六年受封齐王，卒谥怀。

【点评】

论桑弘羊。桑弘羊，是汉武帝时期的财政大臣。他出身于商人家庭，十三岁就以精于心算而入侍宫中，为朝廷做事。在汉武帝的大力支持下，他先后推行了算缗、告缗、盐铁官营、均输、平准、币制改革、酒类专卖等经济政策。这些措施的施行，都在不同程度上取得了成功，大大增加了政府的财政收入，为汉武帝继续推行文治武功事业奠定了雄厚的物质基础。对此，历来褒贬不一，否定者，说汉武帝“用贾人桑弘羊之说，买贱卖贵，谓之均输，于时商贾不行，盗贼滋炽，几至于乱”；肯定者，说“行均输、平准之法，尽笼天下之货，卖贵买贱，以均民用，而利国家，率收国饶民足之效”，是“益国利民，不朽之术”，“桑弘羊者，不可少也”。桑弘羊的历史功绩和是非功过，究竟如何评价？

首先，汉武帝推行文治武功，用兵四夷，需要桑弘羊这样杰出的理财能手。汉兴七十多年，实行无为而治，让民众休养生息，积累了大量的财富。汉武帝即位后，转换治国方略，对北方曾经强盛一时而不断骚扰边境的匈奴民族，由战略防御转入战略进攻，主动出击，大将军卫青、骠骑将军霍去病率领军队数次深入匈奴境内，取得了辉煌的胜利。同时，进行了经略西南，攻灭南越、东瓯以及朝鲜的战争。这些，都需要国家财力来支撑，前期主要靠文景时期的积累，而到了中后期，国家财力到了捉襟见肘的地步，消耗无已，国库空虚，面临着力不能支、国将不国的窘境。这时候，桑弘羊等人应时而出，采取了一系列的财政经济措施，充实了国家财力，解除了财政危机，帮助汉朝度过了危机。由此可以看出，桑弘羊为国理财，是时代的需要，是国家的需要。

其次，桑弘羊具有杰出的经济思想和过人的理财能力，他所推行的各项财政措施，都取得了显著的效果。汉武帝进行全国总动员，采取了各种各样的理财措施，这其中有不少是御史大夫张汤的主张，也有些是孔仅、东郭咸阳等人所实施的，而桑弘羊则是继他们之后，予以继续推行，并又采取了一些新的措施，如实行机构改革，推行盐铁官营、均输平准，实行纳粟拜爵、补官及赎罪政策，以及后来的酒类专卖，成效显著，有力地打击了富商大贾的势力，减轻了人民的负担，增加了政府的财政收入，在一定程度上做到了“民不益赋而天下用饶”。

再次，桑弘羊将国家理财做到这种登峰造极的地步，是源于他进步的财政经济思想。人们常说，思维决定作为，思路决定财路，诚然有理。在桑弘羊看来，农业并非财富的唯一源泉，商业同样是财富的源泉。虽然商业不能直接创造财富，但它却可以带动和刺激其他产业的发展，在很大程度上有助于创造财富。桑弘羊认为，商品流通可以“均有无而通万物”，可以解决各地的资源过剩和短缺；如果商品缺乏流通，那么，许多物资无法交易，必然给人民生活带来极大的不便。桑弘羊在京师设立平准机构，稳定京师物价，当某种商品价格上涨时就贱价抛售；某种商品价格低廉时就加以购买，说明这时已经开始运用市场价值规律来稳定物价了。

最后，桑弘羊具有经济改革的强烈意识，在汉武帝的强力支持下，有力地实施各种财政措施。历史上秦国在秦孝公时的商鞅改革，促进了秦国的发展，为秦国的强盛以及后来的统一天下奠定了坚实的基础。而桑弘羊则是进行一系列的经济改革，首要的是进行产业方面的改革，将盐、铁、酒三大支柱产业收归国营，充实了国家财政；又进行了流通方面的改革，由国家来控制商品的批发与零售价格，进而控制商品的流通渠道，将流通过程中产生的利益归于国家财政。同时，进行了税制改革，征收财产税，鼓励告发漏税，有效地抑制了土地兼并。这几项改革措施，都有利于平抑社会贫富悬殊的矛盾，壮大国家经济实力，从经济上加强中央集权，巩固统一，遏止了富商大贾和豪强兼并势力的发展。

改革，就是要做前人没有做过的事情，走前人没有走过的路，有时候需要“交学费”，改革者也需要付出沉痛的代价。纵观历史上的改革者，几乎都没有好的下场，改革事业成功了，个人却身败名裂了，或者是身败而名不裂。桑弘羊也是如此。由于桑弘羊推行一系列官营政策，国家几乎完全控制了生产、销售和市场，地主官僚、贵族和商贾，以及一些思想观念陈旧的大臣，都强烈反对和抵制这些政策。在当时，就有“烹弘羊，天乃雨”的恶言，好像桑弘羊是天下最恶毒的人，必欲置之死地而方休。汉武帝去世后，桑弘羊的改革措施遭到清算，后来甚至被牵连到政变而被灭族。悲哉，哀哉！

总之，桑弘羊在长达近三十年的时间里，秉持工商富国思想，极力主张和践行工商官营，主持或参与制定一系列的财政经济政策和制度，为汉武帝的文治武功奠定了雄厚的物质基础，在中国是一个有着重要地位和影响的历史人物。即使将其称为“兴利之臣”，也应当是褒义的，应予以赞扬和肯定。当然，桑弘羊的经济举措，也带来了一些负面影响，这是不须讳言的。

卷二一　汉纪十三

汉武帝元封二年至天汉二年（前109—前99年）

【起玄黓涒滩（壬申，前109年），尽玄黓敦牂（壬午，前99年），凡十一年】

【大事提要】

本卷记事起公元前109年，讫公元前99年，凡十一年，当汉武帝元封二年至天汉二年。本卷所载的大事，主要是以下几个方面。其一，平定朝鲜。朝鲜王卫右渠依仗地势险固，与汉朝发生冲突，不肯依附汉朝。公元前109年，汉武帝派遣荀彘、杨仆水陆两路大军，发动对卫氏朝鲜的大规模进攻，卫右渠据城防守，汉军攻入其首府王险城，灭亡了卫氏朝鲜政权，设置玄菟、乐浪、临屯、真番四郡。其二，联姻乌孙。西域乌孙了解到汉朝国富兵强以后，愿与汉朝联姻，借汉朝以自重。汉武帝以宗室刘建之女细君为公主下嫁昆莫，赠送甚丰。细君为人懦弱，年事已高的昆莫出于善意，劝她改嫁孙子军须靡。细君请示汉武帝，汉朝廷命其遵照乌孙习俗行事。其三，西征大宛。大宛以产汗血马闻名。汉武帝欲改良马种，遣使求购而遭拒，便以李广利为贰师将军，率领数万人西攻大宛。因道远饥疲，半途被郁成王击败；后又二次西征，队伍庞大，大宛贵族杀王投降。汉军挑选了好马几十匹，李广利因远征封海西侯。其四，苏武牧羊。公元前100年，苏武奉命以中郎将身份持节出使匈奴，因匈奴上层发生内乱，牵连到苏武一行，苏武被扣留下来，单于许以高官厚禄，要求他背叛汉朝，臣服匈奴。苏武心比磐石坚，宁死不屈。匈奴单于就把苏武囚禁起来，后将他迁送到北海边牧羊。其五，李陵之祸。李广之孙、骑都尉李陵带领步兵五千人出居延，孤军深入浚稽山，与匈奴单于遭遇。匈奴以八万骑兵围攻李陵。经过八昼夜战斗，李陵斩杀了一万多匈奴骑兵，但由于没有后援，结果矢尽粮绝，不幸被俘，然后投降。司马迁为其说情，被判处宫刑。

世宗孝武皇帝下之上

元封二年（壬申，前 109 年）

冬，十月，上行幸雍，祠五畤；还，祝祠泰一[1]，以拜德星[2]。

春，正月，公孙卿言："见神人东莱山[3]，若云欲见天子。"天子于是幸缑氏城[4]，拜卿为中大夫[5]，遂至东莱[6]，宿留之，数日，无所见，见大人迹云。复遣方士求神怪，采芝药[7]，以千数。

时岁旱，天子既出无名，乃祷万里沙[8]。夏，四月，还，过祠泰山。

初，河决瓠子[9]，后二十余岁不复塞[10]，梁、楚之地[11]尤被其害。是岁[12]，上使汲仁、郭昌二卿发卒[13]数万人塞瓠子河决。天子自泰山还，自临决河，沈白马、玉璧于河[14]，令群臣、从官自将军以下皆负薪[15]，卒填决河[16]。筑宫其上，名曰宣防宫[17]。导河北行二渠，复禹旧迹，而梁、楚之地复宁，无水灾。

上还长安。

初令越巫祠上帝[18]、百鬼[19]，而用鸡卜[20]。

公孙卿言仙人好楼居，于是上令长安作蜚廉、桂观[21]，甘泉作益寿、延寿观[22]，使卿持节设具而候神人[23]。又作通天茎台[24]，置祠具其下。更置甘泉前殿，益广诸宫室[25]。

初，全燕之世[26]，尝略属真番、朝鲜[27]，为置吏，筑障塞。秦灭燕，属辽东外徼[28]。汉兴[29]，为其远难守，复修辽东故塞，至浿水为界[30]，属燕[31]。燕王卢绾反，入匈奴。燕人卫满亡命[32]，聚党千余人，椎髻、蛮夷服而东走出塞[33]，渡浿水，居秦故空地上下障，稍役属真番、朝鲜蛮夷及燕亡命者王之[34]，都王险[35]。

会孝惠、高后时，天下初定，辽东太守即约满为外臣[36]，保塞外蛮夷，无使盗边[37]；诸蛮夷君欲入见天子，勿得禁止。以故满得以兵威财物[38]侵降其旁小邑，真番、临屯[39]皆来服属，方数千里。传子至孙右渠[40]，所诱汉亡人滋多[41]，又未尝入见[42]，辰国[43]欲上书见天子，又雍阏不通[44]。

是岁，汉使涉何诱谕[45]，右渠终不肯奉诏。何去至界上，临浿水，使御刺杀送何者朝鲜裨王长[46]，即渡[47]，驰入塞，遂归报天子曰：“杀朝鲜将。”上为其名美，即不诘[48]，拜何为辽东东部都尉[49]。朝鲜怨何，发兵袭攻[50]杀何。

六月，甘泉房中产芝九茎[51]，上为之赦天下。

上以旱为忧，公孙卿曰：“黄帝时，封则天旱，乾封三年。”上乃下诏曰：“天旱，意干封乎[52]！”

秋，作明堂于汶上[53]。

上募天下死罪为兵[54]，遣楼船将军杨仆从齐浮渤海[55]，左将军荀彘出辽东，以讨朝鲜。

初，上使王然于以越破及诛南夷兵威喻滇王入朝[56]。滇王者，其众数万人，其旁东北有劳深、靡莫[57]，皆同姓相杖[58]，未肯听。劳深、靡莫数侵犯使者吏卒。于是上遣将军郭昌、中郎将卫广发巴、蜀兵击灭劳深、靡莫，以兵临滇。滇王举国降，请置吏入朝，于是以为益州郡[59]，赐滇王王印，复长其民[60]。

是时，汉灭两越[61]，平西南夷[62]，置初郡十七[63]，且以其故俗治[64]，毋赋税[65]。南阳、汉中以往郡[66]，各以地比[67]，给初郡吏卒奉食、币物、传车、马被具[68]。而初郡时时小反[69]，杀吏，汉发南方吏卒往诛之，间岁万余人[70]，费皆仰给大农[71]。大农以均输、调盐铁助赋[72]，故能赡[73]之。然兵所过，县为以訾给毋乏而已[74]，不敢言擅赋法[75]矣。

是岁，以御史中丞南阳杜周为廷尉[76]。周外宽[77]，内深次骨[78]，其治大放张汤[79]。时诏狱益多[80]，二千石系者[81]，新故相因[82]，不减百余人[83]；廷尉一岁至千余章[84]，章大者连逮证案数百[85]，小者数十人，远者数千，近者数百里会狱[86]。廷尉及中都官诏狱逮至六七万人[87]，吏所增加[88]，十万余人。

（以上为第一段，写汉武帝派大臣汲仁、郭昌征调数万人堵塞瓠子决口，梁、楚地区恢复安宁；卫氏朝鲜不愿臣服汉朝，汉朝派出两路大军前去征讨；汉朝继续实行严苛的法令、刑罚。）

【注释】

[1]祝祠泰一：祭祀泰一神。[2]以拜德星：敬礼跪拜土星。[3]东莱山：山名，在今山东龙口市东南。[4]缑氏城：在今河南洛阳市偃师区东南。[5]拜卿为中大夫：任命公孙卿为中大夫。中大夫，官名，掌议论，属郎中令。[6]东莱：郡名，郡治掖县，在今山东莱州市。[7]采芝药：采摘灵芝。[8]乃祷万里沙：于是祭祀万里沙神。祷，祈求。万里沙，地名，在今山东莱州市境内。[9]河决瓠子：黄河在瓠子决堤。瓠子，黄河岸地名，在今河南濮阳县境内。河决瓠子事见《资治通鉴》卷十八元光三年，公元前132年。[10]塞：堵塞决堤。元光三年决堤，至元封二年，公元前109年，其间已二十四年未塞决口。[11]梁、楚之地：指今黄河以南豫东、鲁西南、皖北、苏北等一些地区。[12]是岁：元封二年。[13]发卒：征发戍卒，动用军队。[14]沈白马、玉璧于河：沉白马、玉璧以祭祀黄河神。沈，通“沉”。[15]负薪：背负柴草堵黄河决口。[16]卒填决河：元封二年汉武帝东巡，再度封禅泰山，从官、军队又十余万，返程时投入塞河战斗，终于堵塞了黄河瓠子决口。[17]宣防宫：筑宫于瓠子河堤上，纪念庆功，名宣防宫。[18]越巫祠上帝：用越人巫师祭祀上帝。[19]百鬼：泛指众鬼。[20]用鸡卜：杀鸡以卜吉凶。[21]蜚廉、桂观：两座迎仙楼馆名。[22]益寿、延寿观：建于甘泉山的两座迎仙楼馆名。[23]“使卿”句：派公孙卿持皇帝符节布置了全部器具迎候神仙降临。设具，布置供仙人使用的器具。[24]通天茎台：台名，在甘泉宫。据《汉旧仪》，台高五十丈，距长安二百里，在台上可望见长安。[25]益广诸宫室：扩建京师及甘泉宫的各处宫室。[26]全燕之世：指战国时代燕立国全盛之时。[27]“尝略”句：燕国曾经占领真番、朝鲜为属地。略，夺取。真番，朝鲜半岛上的部落，在半岛中部，汉初附属朝鲜。元封三年（前108）汉灭朝鲜后，在真番地置真番郡。朝鲜，半岛古族名，在古营州外域。相传周初箕子封于此。汉武帝时灭之，其南部三韩诸国，皆属于汉。[28]辽东：郡名，郡治襄平，在今辽宁辽阳县。徼：边界。[29]汉兴：汉朝建立。[30]至浿水为界：汉朝边境到达浿水。浿水，今清川江，在今朝鲜半岛北部。[31]属燕：汉初属燕国管辖。时燕王为卢绾。燕都蓟，在今北京市西南隅。[32]卫满：燕王部属。亡命：逃亡朝鲜活命。[33]“聚党”二句：卫满逃亡时，聚集了一千多人，打扮成朝鲜族，发形如椎，穿朝鲜服，向东逃出国境。椎髻，发髻形状如椎。蛮夷服，穿朝鲜族服装。走出塞，逃出国境。[34]王之：卫满称王。[35]都王险：以王险城为都，即今朝鲜平壤。[36]外臣：附属国。[37]无使盗边：不侵扰汉朝边地。[38]以兵威财物：用兵力胁迫加财物引诱。[39]临屯：郡名，汉武帝元封三年置，在今朝鲜半岛中东部。[40]右渠：人名，卫满之孙。[41]诱：诱致。亡人滋多：流亡的人越来越多。[42]又未尝入见：又从没有朝见汉天子。[43]辰国：辰韩之国，在朝鲜半岛南部。[44]雍阏不通：阻隔不许通行。雍，通“壅”。[45]涉何：汉使名。诱谕：劝诱卫右渠。[46]御：驾车的人。裨王：小王。长：裨王的名。[47]即渡：迅速渡过浿水。即，就，迅速。[48]不诘：不追查，不处理。[49]辽东东部都尉：辽东郡的东部都尉，掌郡军事。驻地武次，在今辽宁凤城市东北。[50]袭攻：突然袭击。[51]产芝：生芝草。九茎：谓

一根有九茎。[52]天旱，意干封乎：天大旱，用意是要晒干封土吧。[53]明堂：古时帝王宣明政教、祭祀的礼堂。汶：水名，源于山东济南市莱芜区以北。汶上，指汶水岸上。[54]死罪为兵：赦免死刑犯充入军队。[55]从齐浮渤海：从齐国渡过渤海。齐，封国名，今山东北部地区。[56]威喻滇王入朝：用兵胁迫劝告滇王入朝归附。滇国在今云南昆明市一带。[57]劳深：即劳浸，古、西南夷之一，分布于今云南昆明市东北。靡莫：古、西南夷之一，分布在今昆明市东川区。[58]同姓相杖：滇、劳深、靡莫，都是同族，互相依靠。[59]益州郡：郡名，郡治滇池，在今云南昆明市晋宁区东。[60]复长其民：仍由滇王为君长，统治他的民众。[61]两越：指南越、东越。[62]平西南夷：平定了西南夷各部族。[63]置初郡十七：设置新郡十七个。按：元鼎六年汉灭南越共设十郡，即南海、郁林、苍梧、合浦、九真、日南、交趾、珠崖、儋耳九郡，加零陵为十郡。平定西南夷设七郡，即武都、牂柯、越嶲、沈黎、汶山、益州六郡，加犍为共七郡，总十七郡。[64]以其故俗治：按他们原来的习俗治理。[65]毋赋税：不征收赋税。[66]南阳、汉中以往郡：南阳、汉中原有的郡，给新郡提供一切用度。南阳郡，郡治宛，在今河南南阳市。汉中郡，郡治西城，在今陕西安康市西北。按：这里列举南阳、汉中两郡，指代与新郡连界的原有各郡，包括今河南、陕西、四川等地。[67]各以地比：谓各以境地相接。比，毗连。[68]“给初郡吏卒”句：供给新郡官员和士兵粮食、钱物、邮传车、马匹以及配套用具等物资。给，供给。奉食，官兵的俸禄粮食。奉，通“俸”。[69]小反：小小的骚乱。[70]间岁万余人：差不多每隔一年用兵一万多人。[71]费皆仰给大农：用兵费用依靠国家财政。大农，即大农令，官名，掌山海池泽钱谷收入及国家财政收支。[72]助赋：补充赋税的不足。大农运用国家垄断的货物买卖与盐铁专卖补充财政。[73]赡：财政充足。[74]“县为”句：地方官府提供的军需，只是不缺乏而已。县，兵所过各县政府。訾，通“赀”，费用。[75]擅赋法：擅自在正税之外加征特别税费。[76]杜周：西汉酷吏，历官廷尉、执金吾、御史大夫等。传见《史记》卷一百二十二、《汉书》卷六十。廷尉：官名，掌刑狱。[77]外宽：表面宽宏大度。[78]内深次骨：内心苛刻极毒。[79]其治大放张汤：杜周用法完全效法张汤。放，通“仿”。[80]诏狱益多：特别专案越来越多。诏狱，奉皇帝诏令所设之狱，以及审讯的专案。[81]二千石系者：抓捕的二千石高官。[82]新故相因：新犯旧囚相连。[83]不减百余人：不少于一百多人。[84]章：指揭发控告的奏章。本句意为：经过廷尉的奏章，一年达一千多件。[85]章大者：指奏章有关大案件。连逮证案数百：受牵连被逮捕的人与证人有几百人。[86]“远者”二句：来庭审对证的人，远的几千里，近的几百里。[87]中都官：京师诸官府。逮至六七万人：各种监狱关押的犯人达六七万人。[88]吏所增加：新增加的官吏。

三年（癸酉，前108年）

冬，十二月，雷；雨雹，大如马头。

上遣将军赵破奴击车师[1]。破奴与轻骑七百余先至，虏楼兰[2]王，遂破车师，因举兵威以困乌孙、大宛之属[3]。

春，正月，甲申[4]，封破奴为浞野侯[5]。王恢佐破奴击楼兰，封恢为浩侯。于是酒泉列亭障至玉门矣[6]。

初作角抵、鱼龙曼延之属[7]。

汉兵入朝鲜境，朝鲜王右渠发兵距险。楼船将军将齐兵七千人先至王险。右渠城守，窥知[8]楼船军少，即出城击楼船；楼船军败散，遁山中十余日，稍求退[9]散卒，复聚[10]。左将军击朝鲜浿水西军[11]，未能破。天子为两将未有利，乃使卫山因兵威往谕右渠[12]。右渠见使者，顿首谢[13]："愿降，恐两将诈杀臣，今见信节[14]，请复降。"遣太子入谢[15]，献马五千匹，及馈军粮；人众万余，持兵方渡浿水[16]。使者及左将军疑其为变，谓太子："已服降，宜令人毋持兵[17]。"太子亦疑使者、左将军诈杀之，遂不渡浿水，复引归。山还报天子，天子诛山。

左将军破浿水上军，乃前至城下[18]，围其西北，楼船亦往会，居城南。右渠遂坚守城，数月未能下。左将军所将燕、代卒多劲悍[19]，楼船将齐卒已尝败亡困辱，卒皆恐，将心惭[20]，共围右渠，常持和节[21]。左将军急击之。朝鲜大臣乃阴间使人私约降楼船[22]，往来言尚未肯决[23]。左将军数与楼船期战[24]，楼船欲就其约[25]，不会[26]。左将军亦使人求间隙降下朝鲜[27]，朝鲜不肯，心附楼船，以故两将不相能[28]。左将军心意楼船前有失军罪[29]，今与朝鲜私善，而又不降[30]，疑其有反计[31]，未敢发[32]。

天子以两将围城乖异[33]，兵久不决[34]，使济南太守公孙遂往正之[35]，有便宜得以从事[36]。遂至[37]，左将军曰："朝鲜当下，久之不下者，楼船数期不会[38]。"具以素所意告[39]，曰："今如此不取[40]，恐为大害。"遂亦以为然[41]，乃以节召楼船将军入左将军营计事[42]，即命左将军麾下执楼船将军[43]，并其军[44]。以报天子[45]，天子诛遂。

左将军已并两军，即急击朝鲜。朝鲜相路人、相韩阴、尼溪相参、将军王唊相与谋曰[46]："始欲降楼船，楼船今执[47]，独左将军并将，战益急，恐不能与战[48]；王又不肯降。"阴、唊、路人皆亡降汉[49]，路人道死[50]。

夏，尼溪参使人杀朝鲜王右渠来降。王险城未下，故右渠之大臣成己又反[51]，复攻吏[52]。左将军使右渠子长、降相路人之子最告谕其民[53]。诛成己。以故遂定朝鲜，为乐浪、临屯、玄菟、真番四郡[54]。封参为澅清侯，阴为萩苴侯，唊为平州侯，长为几侯，最以父死颇有功[55]，为涅阳侯。

左将军征至[56]，坐争功相嫉乖计[57]，弃市[58]。楼船将军亦坐兵至列口[59]，当待左将军，擅先纵[60]，失亡多[61]，当诛[62]，赎为庶人[63]。

班固曰[64]：玄菟、乐浪，本箕子所封[65]。昔箕子居朝鲜，教其民以礼义，田蚕织作[66]，为民设禁八条[67]，相杀，以当时偿杀[68]；相伤，以谷偿；相盗者，男没入为其家奴[69]，女为婢；欲自赎者人五十万[70]，虽免为民[71]，俗犹羞之，嫁娶无所售[72]。是以其民终不相盗，无门户之闭，妇人贞信不淫辟[73]。其田野饮食以笾豆[74]，都邑颇放效吏[75]，往往以杯器食[76]。郡初取吏于辽东，吏见民无闭臧[77]，及贾人往者，夜则为盗，俗稍益薄[78]，今于犯禁浸多[79]，至六十余条[80]。可贵哉，仁贤之化也！然东夷天性柔顺，异于三方之外[81]。故孔子悼道不行[82]，设浮桴于海[83]，欲居九夷[84]，有以也夫[85]！

秋，七月，胶西于王端[86]薨。

武都氐反[87]，分徙酒泉[88]。

（以上为第二段，写朝鲜据城而守，两路汉军将领杨仆和荀彘不和睦，因而久攻不下。后朝鲜内部叛乱，臣下杀其王卫右渠投降，平定朝鲜，以其地置乐浪、临屯、玄菟、真番四郡。荀彘争功被诛杀。）

【注释】

[1]车师：古西域国名，王治交河城，在今新疆吐鲁番市西北。 [2]楼兰：古西域国名，都楼兰城，在今新疆罗布泊西北之楼兰故城。 [3]"因举兵"句：趁机以兵威迫乌孙、大宛等国。乌孙，古族名，西汉时分布于今伊犁河和伊塞克湖一带，都赤谷城。汉与其两次和亲。后来属西域都护。大宛（yuān），古西域国名，在今中亚费尔干纳盆地，王治贵山城（今中亚卡散赛），以产汗血马著称。 [4]甲申：是年正月丁亥朔，无甲申日，误。 [5]封破奴为浞野侯：赵破奴原为从票侯，元鼎五年坐酎金失侯，今以功又封浞野侯。 [6]"于是"句：于是从酒泉到玉门沿途

设置了许多哨所。酒泉，郡名，郡治禄福，在今甘肃酒泉市。玉门，关名，在今甘肃敦煌市西北。列亭障，沿线设置多个哨所列成一道防线。［7］“初作”句：开始兴起角抵、鱼龙变幻之类的游戏。角抵，摔跤。鱼龙曼延，鱼龙变幻活灵活现的魔术。［8］窥知：侦察了解。［9］稍求退：据严衍《资治通鉴补》，“退”字作“收”，连下文“收散卒”，即收合散兵，“收”字是。［10］复聚：重新集结起军队。［11］左将军：荀彘。击朝鲜浿水西军：攻击朝鲜浿水西岸的军队。浿水，水名，今清川江，在朝鲜半岛北部。［12］卫山：汉武帝派出的特使。往谕右渠：借着汉军兵临城下的声威劝说朝鲜王卫右渠降汉。［13］顿首谢：叩头请罪。［14］见信节：见到了使臣。信节，作为凭信的符节。［15］遣太子入谢：派太子入驻谢罪。［16］持兵方渡浿水：手持兵器正要渡过浿水。［17］毋持兵：不要携带兵器。［18］至城下：军抵王险城下。王险，今朝鲜平壤市。［19］劲悍：有力，强悍。［20］惭：惭愧不安，指士气低落。［21］持和节：抱着谈判和平解决之意。［22］“朝鲜”句：朝鲜国一些大臣也暗中派人与楼船将军杨仆私自商谈投降事宜。［23］往来言尚未肯决：双方往来交涉还没谈好条件。［24］期战：约期两军同时攻城。［25］楼船欲就其约：杨仆想等待谈判达成和约。［26］不会：不肯与左将军会同作战。［27］求间隙降下朝鲜：左将军也派人寻找机会约降朝鲜。［28］不相能：不合作。［29］心意：心里猜测。前有失军罪：先前有失败丧师的罪过。［30］又不降：指朝鲜没投降楼船将军。［31］疑其有反计：怀疑楼船将军有反叛的计划。［32］未敢发：未敢发难。［33］乖异：行动不协调。［34］兵久不决：军队停留久久不决战。［35］正之：纠正协调两人关系。［36］便宜得以从事：相机行事，有生杀大权。［37］遂至：公孙遂到达后。［38］数期不会：多次失约不会合。［39］以素所意告：把一向疑心楼船将军反叛的想法告知公孙遂。［40］不取：若不拿下杨仆。［41］以为然：认同。［42］计事：商议事情。［43］麾下：部下。执：抓捕。［44］并其军：左将军兼并了楼船将军的部队。［45］以报天子：公孙遂回京报告汉武帝。［46］路人、韩阴、参、王唊：四位朝鲜大臣，三相一将军。尼溪：朝鲜属国。［47］今执：楼船将军已被抓捕。［48］不能与战：朝鲜无法对抗汉军。［49］亡降汉：韩阴、王唊、路人三人向汉军投降。［50］路人道死：路人死在逃亡的路上。［51］成已又反：已投降汉军的朝鲜大臣成已降而复叛。［52］复攻吏：成已又攻击汉朝官吏。［53］长、最：两人名，右渠子卫长、路人之子路最。告谕其民：劝告朝鲜民众投降汉朝。［54］四郡：在朝鲜地区设置了四个郡，为乐浪郡，郡治朝鲜，在今朝鲜平壤市南；临屯郡，在今朝鲜半岛中部，今江陵一带；玄菟郡，在今朝鲜半岛北部，今咸兴一带；真番郡，在今朝鲜半岛中部，今韩国首尔市及其北一带。［55］最以父死颇有功：路最之父路人首谋降汉而道死，有功。［56］征至：召到京师。［57］相嫉：互相嫉妒。乖计：违背军计。［58］弃市：对荀彘执行弃市的死刑，抛尸于闹市示众。［59］列口：地名、邑名，在列水（今称大同江）之出海口。［60］擅先纵：擅自孤军冒进。［61］失亡多：士兵散失死亡多。［62］当诛：判罪死刑。［63］赎为庶人：用钱赎罪成为平民。［64］班固曰：此条借论录自《汉书》卷九十五班固赞语。［65］本箕子所封：相传周武王封箕子于朝鲜。［66］田蚕织作：种田、养蚕、织布帛等作业。[67]设禁八条：制定八条法规。[68]偿杀：偿命。[69]为其家奴：给被盗人家做奴仆。[70]人五十万：每人赎身五十万。[71]虽免为民：虽然免罪成为平民。[72]嫁娶无所雠：想结婚找不到对象。[73]贞信：自守节操。不淫辟：没有淫乱行为。辟，通“僻”。[74]笾豆：存放饮食的竹木器具。[75]放效吏：仿效官吏的文明习惯。放，通“仿”。[76]以杯器食：用餐具吃饭。[77]无闭臧：不关门闭户，不藏盖东西。臧，通“藏”。[78]俗稍益薄：淳朴风俗逐渐遭到破坏。[79]今于犯禁浸多：如今犯禁的范围越来越大。[80]至六十余条：以至于法令条文达六十多条。[81]异于三方之外：与南、西、北三方各民族不同。[82]故孔子悼道不行：所以孔子痛心他的礼义廉耻之道得不到推行。[83]设浮桴于海：打算乘筏出海。桴，小竹筏。[84]九夷：泛指海外各族。[85]有以也夫：孔子的想法是有根据的啊！[86]端：刘端，景帝之子，受封胶西王，死后谥号“于”。[87]武都：郡名，郡治武都，在今甘肃陇南市武都区北。氐：古族名，分布于武都一带。[88]分：分出一部分。徙：迁移。将叛氐迁移到酒泉郡。

四年（甲戌，前107年）

冬，十月，上行幸雍，祠五畤。通回中道[1]，遂北出萧关[2]。历独鹿、鸣泽[3]，自代而还[4]，幸河东[5]。春，三月，祠后土[6]，赦汾阴、夏阳、中都死罪以下[7]。

夏，大旱。

匈奴自卫、霍度幕以来[8]，希复为寇[9]，远徙北方，休养士马，习射猎，数使使于汉，好辞甘言求请和亲[10]。汉使北地人王乌等窥匈奴[11]，乌从其俗[12]，去节入穹庐[13]，单于爱之，佯许甘言[14]，为遣其太子入汉为质[15]。

汉使杨信于匈奴，信不肯从其俗，单于曰：“故约汉尝遣翁主[16]，给缯絮食物有品[17]，以和亲，而匈奴亦不扰边。今乃欲反古[18]，令吾太子为质，无几矣[19]。”信既归，汉又使王乌往，而单于复谄以甘言，欲多得汉财物，绐谓王乌曰[20]：“吾欲入汉见天子，面相约为兄弟。”王乌归报汉，汉为单于筑邸于长安[21]。匈奴曰：“非得汉贵人使，吾不与诚语[22]。”

匈奴使其贵人至汉，病，汉予药[23]，欲愈之，不幸而死。汉使路充国佩二千石印绶往使[24]，因送其丧，厚葬直[25]数千金，曰：“此汉贵人也。”单于以为汉杀吾贵使者，乃留路充国不归[26]。诸所言者，单于特空绐王乌[27]，殊无意入汉及遣太子[28]。于是匈奴数使奇兵侵犯汉边[29]。乃拜郭昌为拔胡将军[30]，及浞野侯[31]屯朔方以东，备胡[32]。

（以上为第三段，写匈奴经过一段时间的休养生息，又逐渐强大起来，对汉朝不再毕恭毕敬，恰逢匈奴来使不幸去世，便借故生事，侵犯汉朝边界，汉朝派军驻边备胡。）

【注释】

［1］通回中道：打通了回中道。回中道，在今陕西陇县与甘肃华亭市之间。［2］萧关：关名，在今宁夏固原市东南。［3］历独鹿、鸣泽：经过独鹿山和鸣泽湖。两地在今北京市西与河北交界的地区。［4］自代而还：从代地回京。代，郡名，郡治代县，在今河北蔚县东北。［5］幸河东：巡视河东。河东，郡名，郡治安邑，在今山西夏县西北。［6］祠后土：祭祀土地神。［7］赦……死罪以下：赦免死罪以下的人，死罪不在赦免之内。汾阴：县名，在今山西万荣县西。夏阳：县名，在今陕西韩城市西南。中都：县名，在今山西平遥县西南。［8］卫、霍：卫青、霍去病。度幕以来：度幕，越过大漠，指元狩四年的漠北大战。幕，通“漠”。［9］希复为寇：匈奴很少侵扰。［10］好辞甘言求请和亲：甜言美语请求和亲。［11］北地：郡名，郡治马领，在今甘肃庆阳市西北。王乌：人名，北地人。窥：侦察。［12］从其俗：随从匈奴习俗。［13］去节：去掉所持之符节。王乌去其节，不以汉使身份见单于。穹庐：毡制的大帐篷。［14］佯许甘言：假意用好听的话承诺汉使。［15］为质：为人质。［16］故约汉尝遣翁主：按以往汉匈和好的约定，汉嫁翁主给单于。遣，送嫁。翁主，汉宗室诸侯之女称“翁主”。［17］给缯絮食物有品：供给缯絮、食物有一个数量。给，赠送。有品，有一定数量。［18］反古：谓违反往昔之约。［19］无几矣：没希望的。几，通“冀”，希望。谓汉不嫁翁主，反而要匈奴太子入质，不可能。单于假意许王乌暴露无遗。［20］绐谓王乌曰：欺骗王乌说。［21］邸：公馆。汉为单于在长安建公馆。［22］“非得”二句：除非汉朝派高贵的使者来，否则不说实话。贵人，尊贵的人，高官或皇上宠幸的人。诚语，实话，真话。［23］汉予药：给以药吃。［24］路充国：西汉人，元封四年为汉使入匈奴，被扣留七年才得返汉。参见《汉书》卷五十四、卷九十四上。佩二千石印绶往使：出使佩带二千石高官印绶，表明尊贵。［25］直：陪葬礼物的价值。［26］留路充国不归：扣留路充国不让回国。［27］空绐王乌：用空话欺骗王乌。［28］“殊无意”句：根本就不想归附汉朝，也根本不打算派太子入质。［29］数使奇兵侵犯汉边：多次派出奇兵偷袭汉边。奇，有本作“骑”，指骑兵犯边，亦通。［30］拔胡将军：灭胡将军，随机所拟将军名号。［31］浞野侯：赵破奴。［32］备胡：防备匈奴。

五年（乙亥，前106年）

冬，上南巡狩，至于盛唐[1]，望祀虞舜于九疑[2]。登灊天柱山[3]，自寻阳浮江[4]，亲射蛟江中，获之。舳舻千里[5]，薄枞阳而出[6]，遂北至琅邪[7]，并海[8]，所过礼祠其名山大川。

春，三月，还至太山[9]，增封。甲子[10]，始祀上帝于明堂，配以高祖，因朝诸侯王、列侯[11]，受郡国计[12]。

夏，四月，赦天下，所幸县毋出[13]今年租赋。还，幸甘泉，郊泰畤[14]。

长平烈侯卫青薨。起冢[15]，象庐山[16]。

上既攘却胡、越[17]，开地斥境，乃置交趾、朔方之州[18]，及冀、幽、并、兖、徐、青、扬、荆、豫、益、凉等州[19]，凡十三部，皆置刺史[20]焉。

上以名臣文武欲尽，乃下诏曰："盖有非常之功，必待非常之人。故马或奔踶[21]而致千里，士或有负俗之累[22]而立功名。夫泛驾之马[23]，跅弛之士[24]，亦在御之而已[25]。其令州、郡察吏、民有茂才、异等[26]可为将、相及使绝国[27]者。"

（以上为第四段，写汉武帝向南巡游，向北至琅邪，沿海前行，一路祭祀名山大川；将全国划分为十三州，设立刺史；有感于朝中有名的文武大臣将尽，发布命令，求取贤才。）

【注释】

[1]盛唐：山名，在今安徽怀宁县城内。 [2]九疑：即"九嶷"，山名，在今湖南南部。 [3]灊（qián）：县名，在今安徽霍山县东北。天柱山：山名，在今安徽潜山市。 [4]寻阳：县名，在今湖北黄梅县。江：长江。 [5]舳舻：泛指船只。舳，船后舵；舻，船头。千里：谓排列千里之长。 [6]薄：迫近。枞阳：县名，在今安徽枞阳县。而出：出长江。谓从接近枞阳的地方出长江，登岸陆行。 [7]琅邪：县名，县中琅邪山上建有琅邪台，临海边，在今山东青岛市黄岛区。 [8]并海：沿海而行。 [9]太山：即泰山。 [10]甲子：三月二十一日。 [11]因朝诸侯王、列侯：趁在明堂祭天接受诸侯王、列侯入朝。 [12]受郡国计：接受各郡国上报的户口税收簿册。每三年上报一次。 [13]毋出：不要缴纳。即免除所过县当年的租赋。 [14]郊泰畤：祭祀太一天神。 [15]起冢：修筑坟墓。卫青墓在今陕西兴平市东北，与汉武帝墓、霍去病墓相近。 [16]庐山：即卢山，在匈奴游牧区，具体地点不明。 [17]胡：指匈奴。越：指南越、东

越。［18］交趾：汉十三刺史部（州）之一。辖南海、郁林、苍梧、交趾、合浦、九真、日南七郡。朔方：汉十三刺史部（州）之一。辖朔方、五原、西河、上郡、北地五郡。［19］冀：冀州，汉十三刺史部（州）之一，辖赵、广平、真定、中山、河间、信都诸王国和魏郡、常山、巨鹿、清河四郡。幽：幽州，汉十三刺史部（州）之一，辖上谷、渔阳、右北平、辽西、辽东、玄菟、乐浪、渤海、涿郡、广阳国十郡国。并：并州，汉十三刺史部（州）之一，辖太原、上党、云中、定襄、雁门、代郡六郡。兖：兖州，汉十三刺史部（州）之一，辖陈留、山阳、济阴、泰山、东郡及城阳、淮阳、东平国。徐：徐州，汉十三刺史部（州）之一，辖琅邪、东海、临淮郡及泗水、广陵、楚国。青：青州，汉十三刺史部（州）之一，辖齐郡、济南、千乘、平原、北海、东莱郡及菑川、胶东国。扬：扬州，汉十三刺史部（州）之一，辖九江、庐江、丹阳、会稽、豫章郡及六安国。荆：荆州，汉十三刺史部（州）之一，辖南阳、江夏、南郡、武陵、零陵、桂阳郡及长沙国。豫：豫州，汉十三刺史部（州）之一，辖颍川、汝南、沛郡及梁国、鲁国。益：益州，汉十三刺史部（州）之一，辖汉中、巴、蜀、武都、广汉、犍为、牂柯、越嶲、益州九郡。凉：凉州，汉十三刺史部（州）之一，辖安定、天水、陇西、金城、武威、张掖、酒泉、敦煌八郡。［20］刺史：官名，汉十三部（州）各置刺史一人，起初，秩六百石，无治所，奉诏巡行诸郡，以六条问事，审察治政，黜陟能否，断理冤狱。后来或称州牧，秩二千石，有固定治所，权力增大，实为比郡守高一级的地方行政长官。［21］奔踶：奔腾，指烈马凶暴不驯，可一日致千里。与下文“负俗之累”相应，指千里马的短处。踶，通“踢”。［22］负俗之累：遭受世俗讥议的拖累。［23］泛驾之马：不听驾驭翻车的马。［24］跅弛之士：放荡不羁的人士。［25］御之而已：看你怎样驾驭罢了。［26］茂才：优秀人才。异等：超凡绝俗的人才。［27］使绝国：能出使遥远的国家。

六年（丙子，前 105 年）

冬，上行幸回中[1]。

春，作首山宫[2]。

三月，行幸河东，祠后土[3]，赦汾阴殊死[4]以下。

汉既通西南夷，开五郡[5]，欲地接以前通大夏[6]，岁遣使十余辈出此初郡[7]，皆闭昆明[8]，为所杀，夺币物。于是天子赦京师亡命[9]，令从军，遣拔胡将军郭昌将以击之，斩首数十万。后复遣使，竟不得通。

秋，大旱，蝗[10]。

乌孙使者见汉广大，归报其国，其国乃益重汉。匈奴闻乌孙与汉通，怒，欲击之。又其旁大宛、月氏之属皆事汉[11]，乌孙于是恐，使使愿得尚汉公主[12]，为昆弟[13]。天子与群臣议，许之。

乌孙以千匹马往聘汉女。汉以江都王建女细君为公主[14]，往妻乌孙[15]，赠送甚盛；乌孙王昆莫以为右夫人[16]。匈奴亦遣女妻昆莫，以为左夫人[17]。公主自治宫室居[18]，岁时一再与昆莫会[19]，置酒饮食。昆莫年老，言语不通，公主悲愁思归，天子闻而怜之，间岁遣使者以帷帐锦绣给遗焉[20]。昆莫曰："我老，"欲使其孙岑娶尚公主[21]。公主不听，上书言状[22]。天子报曰："从其国俗，欲与乌孙共灭胡[23]。"岑娶遂妻公主。昆莫死，岑娶代立，为昆弥。

是时，汉使西逾葱岭[24]，抵安息[25]。安息发使，以大鸟卵及黎轩善眩人献于汉[26]，及诸小国驩潜、大益、车师、扜罙、苏薤之属[27]皆随汉使献见天子，天子大悦。

西国使更来更去[28]，天子每巡狩海上，悉从外国客，大都、多人则过之[29]，散财帛以赏赐，厚具以饶给之，以览示汉富厚焉。大角抵[30]，出奇戏、诸怪物，多聚观者。行赏赐，酒池肉林[31]，令外国客遍观名[32]仓库府藏之积，见汉之广大[33]，倾骇[34]之。

大宛左右多蒲萄[35]，可以为酒；多苜蓿[36]，天马嗜之[37]；汉使采其实以来，天子种之于离宫别观旁，极望[38]。然西域以近匈奴，常畏匈奴使，待之过于汉使焉。

是岁，匈奴乌维单于死，子乌师庐立，年少，号"儿单于"。自此之后，单于益西北徙[39]，左方兵直云中[40]，右方兵直酒泉、敦煌郡[41]。

（以上为第五段，写汉朝改善与西域诸国的关系。乌孙派使臣向汉朝表示愿意娶汉朝公主为妻，汉武帝封江都王刘建的女儿刘细君为公主，嫁给乌孙王，后又嫁给其孙岑娶。）

【注释】

[1]回中：行宫名，在今陕西宝鸡市凤翔区南。 [2]作首山宫：修建首阳山宫。首阳，山名，在今山西永济市南。 [3]祠后土：祭祀土地神。后土神祠建于河东汾阴，故址在今山西万荣县荣河镇庙前村。 [4]殊死：罪大恶极的死罪囚。 [5]开五郡：拓地五郡。汉武帝元狩五年平定西南夷，置牂柯、越嶲、沈黎、汶山、武都五郡。 [6]通大夏：希望在新郡找一条与西域大夏国相通的道路。 [7]出此初郡：从新郡出发。 [8]皆闭昆明：都被昆明阻塞。闭，阻塞，被困。昆明，地名，在今云南大理市。 [9]赦京师亡命：赦免京师关押的死刑罪犯。亡命，罪名，被抓获的死

刑罪犯。［10］蝗：蝗虫灾害。［11］事汉：臣服汉朝。［12］尚汉公主：与汉联姻娶公主为妻。［13］为昆弟：为兄弟之国。［14］细君为公主：汉武帝册封江都王刘建之女刘细君为公主。刘建，景帝之孙。［15］往妻乌孙：前往嫁给乌孙王。妻，嫁人为妻。［16］昆莫：又作昆弥，汉时乌孙王的名号。当时乌孙王的名字是猎骄靡。右夫人：位次左夫人。［17］左夫人：当时匈奴尚左，乌孙也尚左。乌孙畏匈奴，故以匈奴女为左夫人。［18］公主自治宫室居：公主另建一宫室居住。［19］岁时一再与昆莫会：一年与昆莫见一两次面。［20］"间岁"句：每隔一年派使者赠送公主锦帐、绸缎等物。［21］岑娶：《汉书》作"岑陬"，乌孙王猎骄靡之孙，让他娶公主。［22］上书言状：上书于汉天子说明情由。［23］灭胡：消灭匈奴。［24］葱岭：山名，古时对今帕米尔高原及昆仑山、天山西段的统名。［25］抵：到达。安息：今伊朗。［26］大鸟卵：鸵鸟卵。黎轩：古国名，或讹作犁靬、骊靬、犁鞬，在今埃及的亚历山大一带。善眩人：魔术师。献于汉：送给汉朝作礼品。［27］诸小国：中亚各个小国派使随安息使者来汉朝。有驩潜、大益、车师、扜罙、苏𪁉等国。［28］更来更去：谓前后来去不断。［29］悉从外国客：汉武帝东巡把中亚各国来使客人全部带上。大都、多人则过之：经过都市专拣人多的地方通过，招摇显摆。［30］大角抵：举行大规模的摔跤游戏。［31］酒池肉林：谓酒肉丰盛。［32］名：应作"各"。［33］见汉之广大：显示汉朝广大富强。见，通"现"。［34］倾骇：惊骇，倾倒。［35］蒲萄：葡萄。［36］苜蓿：植物名，汉武帝时由大宛传入中原，可为马牛饲料及绿肥作物，其嫩茎叶可充蔬菜。［37］天马嗜之：汗血马最爱吃苜蓿。［38］极望：遥望，看不到边。［39］单于益西北徙：匈奴更加向西北方向远徙。［40］左方兵直云中：匈奴的东边兵力正对汉朝的云中。［41］右方兵直酒泉、敦煌郡：匈奴西边兵力正对汉朝的酒泉、敦煌。

太初[1]元年（丁丑，前104年）

冬，十月，上行幸泰山。

十一月，甲子朔旦[2]，冬至，祠上帝于明堂。东至海上，考入海及方士求神者莫验[3]；然益遣，冀遇之[4]。

乙酉[5]，柏梁台灾[6]。

十二月，甲午朔[7]，上亲禅高里[8]，祠后土，临勃海，将以望祀蓬莱之属，冀至殊廷焉。

春，上还，以柏梁灾，故朝诸侯，受计于甘泉。甘泉作诸侯邸[9]。

越人勇之[10]曰："越俗，有火灾复起屋，必以大[11]，用胜服之。"于是作建章宫[12]，度为千门万户[13]。其东则凤阙[14]，高二十余丈；其西则唐中[15]，数十里虎圈[16]；其北治大池，渐台高二十余丈[17]，命曰太液池[18]，中有蓬莱、方丈、瀛洲、壶梁[19]，象海中神山、龟鱼[20]之属；其南有玉堂、璧门、大鸟之属[21]。立神明台、井干楼，度五十丈，辇道相属焉[22]。

大中大夫公孙卿、壶遂、太史令司马迁等言[23]："历纪坏废[24]，宜改正朔[25]。"上诏兒宽与博士赐等共议[26]，以为宜用夏正[27]。

夏，五月，诏卿、遂、迁等[28]共造汉《太初历》[29]，以正月为岁首，色上黄[30]，数用五[31]，定官名，协音律，定宗庙百官之仪，以为典常[32]，垂之后世云[33]。

匈奴儿单于好杀伐，国人不安；又有天灾，畜多死。左大都尉使人间告汉曰[34]："我欲杀单于降汉，汉远，即兵来迎我，我即发[35]。"上乃遣因杅将军公孙敖筑塞外受降城以应之[36]。

秋，八月，上行幸安定[37]。

汉使入西域者言[38]："宛有善马[39]，在贰师城[40]，匿不肯与汉使。"天子使壮士车令等持千金及金马以请之[41]。宛王与其群臣谋曰："汉去我远，而盐水中数败[42]，出其北有胡寇[43]，出其南乏水草，又且往往而绝邑[44]，乏食者多，汉使数百人为辈来，而常乏食，死者过半，是安能致大军乎！无奈我何[45]。贰师马，宛宝马也。"遂不肯予汉使。汉使怒，妄言[46]，椎金马而去[47]。宛贵人怒曰[48]："汉使至轻我[49]！"遣汉使去，令其东边郁成王遮攻[50]，杀汉使，取其财物。

于是天子大怒。诸尝使宛姚定汉[51]等言："宛兵弱，诚以汉兵不过三千人，强弩射之，可尽虏矣。"天子尝使浞野侯[52]以七百骑虏楼兰王，以定汉等言为然；而欲侯宠姬李氏[53]，乃拜李夫人兄广利[54]为贰师将军，发属国[55]六千骑及郡国恶少年[56]数万人，以往伐宛。期[57]至贰师城取善马，故号贰师将军。赵始成为军正[58]，故浩侯王恢使导军[59]，而李哆为校尉[60]，制军事[61]。

臣光曰：武帝欲侯宠姬李氏，而使广利将兵伐宛，其意以为非有功不侯[62]，不欲负高帝之约也[63]。夫军旅大事，国之安危、民之死生系焉[64]。苟为不择贤愚而授之，欲徼幸咫尺之功[65]，借以为名而私其所爱，不若无功而侯之为愈[66]也。然则武帝有见于封国[67]，无见于置将[68]；谓之能守先帝之约，臣曰过矣[69]。

中尉王温舒坐为奸利[70]，罪当族，自杀；时两弟及两婚家亦各自坐他罪而族[71]。光禄勋徐自为[72]曰：“悲夫！古有三族[73]，而王温舒罪至同时而五族[74]乎！”

关东蝗大起[75]，飞西至敦煌[76]。

（以上为第六段，写柏梁台遭到火灾，又建起规模更大的建章宫；汉武帝下令制定《太初历》；宠幸李夫人，派其弟李广利为贰师将军，率军攻打大宛国，以取善马。）

【注释】

[1]太初：此年改历，初用夏正，以正月为岁首，故改元曰“太初”。 [2]甲子朔旦：十一月一日清晨。 [3]考入海：考查入海寻仙的方士。莫验：没有一个人的话应验。 [4]然益遣，冀遇之：但是派出更多的方士下海，侥幸希望能遇上神仙。 [5]乙酉：十一月二十二日。 [6]柏梁台灾：用香柏建造的柏梁台发生火灾。 [7]甲午朔：十二月一日。 [8]禅高里：在高里山祭地神。高里，山名，在泰山脚下。 [9]甘泉作诸侯邸：在甘泉宫旁甘泉山建造诸侯公馆。按：武帝晚年常住甘泉宫，故此建诸侯邸于此。 [10]勇之：越人之名。 [11]必以大：所建新房必须比被烧屋更大。 [12]作：修建。建章宫：宫名，在汉代长安城西，在今陕西西安市西北。[13]度（duó）：计算，规划。千门万户：极言其壮丽。 [14]凤阙：凤凰门楼。相传高二十五丈，上有铜凤凰。 [15]唐中：宫苑名，位于汉建章宫西。 [16]虎圈：养虎的园林。 [17]大池：太液池。渐台：台名，在太液池中。[18]太液池：在建章宫北。[19]蓬莱、方丈、瀛洲、壶梁：都是假山名，在太液池中。 [20]龟鱼：在太液池中建有石制龟、鱼，像海中的样子。 [21]其南：在建章宫南面。玉堂、璧门：建筑物。玉堂高十二丈。璧门，是门楼，以璧玉贴面，故曰璧门。大鸟：像大鸟的人工制品。 [22]辇道：各建筑物之间的阁道。相属：互相连接。 [23]大中大夫：官名，属郎中令。公孙卿：方士。壶遂：司马迁好友。太史令：官名，掌文史星历，属奉常。司马迁：西汉大历史学家、文学家，《史记》作者，时任太史令。等言：共同上书建言改历。 [24]历纪坏废：历法不准。 [25]宜改正朔：应创建新的历法。正朔，确定每年的正月及正月朔日，喻历法。 [26]兒宽：西汉诗学家，官至御史大夫。传见《汉书》卷五十八。赐：人名，西汉博士。共议：一同讨论。 [27]宜用夏正：应改历用夏正。按：汉初用秦正，以建亥之月（十月）为岁首。夏正以建寅之月（正月）为岁首。 [28]卿、遂、迁等：据史籍记载，当时除公孙卿、壶遂、司马迁外，还有邓平、唐都、落下闳等参与订历。 [29]汉《太初历》：以正月为岁首，规定一回归年为365.25016日，一朔望月等于29.53086日，故又称“八十一分律历”。还首次规定以没有中气的月份为闰月，并计算出交食周期及推步五大行星位置的方法。 [30]色上

黄：崇尚黄色。[31]数用五：如印文用五个字，“丞相之印章”等等。[32]典常：常法，常规。[33]垂之后世云：流传后世。[34]左大都尉：匈奴官名。间告：密告。[35]即兵来迎我，我即发：如果能派兵来接应，我马上就可以发动。第一个“即”字，假设连词，如果，假使。第二个“即”字，时间副词，立即。发，发动变乱，杀单于。[36]受降城：城名，在阴山山脉间，今内蒙古乌拉特中旗以东。应之：接应左大都尉。[37]安定：郡名，郡治高平，在今宁夏固原市。[38]汉使入西域者言：到过西域的汉使上奏说。[39]宛有善马：大宛有好马。[40]贰师城：大宛都城，在今中亚安集延南。[41]请之：求购大宛马。[42]盐水中数败：盐泽中道路艰险，屡屡致人死亡。盐水，即盐泽，在今新疆罗布泊。[43]胡寇：指匈奴。[44]绝邑：没有城邑。[45]无奈我何：拿我没办法。[46]妄言：口出恶言。[47]椎金马而去：汉使车令等用锤击破金马离开。[48]宛贵人怒曰：大宛的权势人物发怒说。[49]轻我：轻视我大宛。[50]郁成王：大宛的王号。王治在贰师城东北方。遮攻：阻击。[51]姚定汉：人名，曾出使大宛。[52]浞野侯：赵破奴。[53]欲侯宠姬李氏：想要宠姬李夫人家的兄弟为侯。[54]广利：汉武帝宠姬李夫人的哥哥李广利。为贰师将军，伐大宛，封海西侯。后伐匈奴，军败投降，西汉庸将。传附见《史记》卷一百二十三、《汉书》卷六十一。[55]发属国：调发属国的汉军。属国，西汉在西北边郡安置匈奴降人，按匈奴原封王号将部众集中在一郡，称属国，共有五个属国，汉置兵护卫。[56]恶少年：横行的青少年。[57]期：期望。[58]赵始成：人名。军正：执法小军官。[59]导军：军前向导。[60]李哆：人名。校尉：官名，位次于将军。[61]制军事：掌管军事。[62]“其意”句：汉武帝的想法是没有功不封侯。意，意图，想法。[63]负：违背。高帝之约：汉高祖有“无功不能封侯”之约。[64]国之安危、民之死生系焉：意即至关重要的关系。[65]徼幸：即侥幸。咫尺之功：谓咫尺长的小小功劳。古代八寸为咫，咫尺，比喻极短。这里以咫尺喻极小。[66]愈：更好。[67]有见于封国：意谓明白封国需要建功。[68]无见于置将：意谓不明白用将不当，则难以建功，反而导致失败。[69]“谓之能守”二句：把汉武帝的做法称为守先帝之约，我认为是错误的。过，错了。[70]坐为奸利：被判有奸诈贪利之罪。[71]坐他罪而族：被判其他罪而灭族。[72]徐自为：人名，官光禄勋（由郎中令所改名）。[73]三族：父母、兄弟、妻子。[74]五族：除三族外，再加两兄弟的妻族。[75]关东：指函谷关以东地区。蝗大起：大规模蝗灾。[76]敦煌：郡名，郡治敦煌，在今甘肃敦煌市西。按：关东大蝗西飞至敦煌两千余里，骇人听闻。

二年（戊寅，前103年）

春，正月，戊申[1]，牧丘恬侯石庆[2]薨。

闰月[3]，丁丑[4]，以太仆公孙贺[5]为丞相，封葛绎侯。时朝廷多事，督责大臣，自公孙弘后，丞相比坐事死[6]。石庆虽以谨得终[7]，然数被谴[8]。贺引拜为丞相，不受印绶[9]，顿首涕泣不肯起。上乃起去[10]，贺不得已拜[11]，出曰："我从是殆矣[12]！"

三月，上行幸河东[13]，祠后土。

夏，五月，籍吏民马补车骑马[14]。

秋，蝗[15]。

贰师将军之西也[16]，既过盐水，当道小国各城守，不肯给食，攻之不能下。下者得食，不下者数日则去。比至郁成[17]，士至者不过数千，皆饥罢[18]。攻郁成，郁成大破之[19]，所杀伤甚众。贰师将军与李哆、赵始成等计："至郁成尚不能举[20]，况至其王都乎！"引兵而还。至敦煌，十不过什一二[21]，使使上书言："道远，多乏食，且士卒不患战而患饥，人少，不足以拔宛。愿且罢兵[22]，益发而复往。"天子闻之，大怒，使使遮玉门曰[23]："军有敢入者，辄斩之！"贰师恐，因留敦煌。

上犹以受降城去匈奴远，遣浚稽将军赵破奴将二万余骑出朔方[24]西北二千余里，期至浚稽山而还[25]。浞野侯既至期，左大都尉欲发而觉[26]，单于诛之，发左方兵[27]击浞野侯。浞野侯行捕首虏[28]，得数千人，还，未至受降城四百里，匈奴兵八万骑围之。浞野侯夜自出求水，匈奴间捕生得浞野侯[29]，因急击其军，军吏畏亡将而诛[30]，莫相劝归者[31]，军遂没于匈奴[32]。儿单于大喜，因遣奇兵[33]攻受降城，不能下，乃寇入边而去。

冬，十二月，兒宽卒。

（以上为第七段，写公元前103年史事，写贰师将军李广利进攻大宛失败，被汉武帝阻拦在玉门关；匈奴左大都尉欲行刺儿单于失败，汉武帝派去接应的二万军队全军覆没，汉将赵破奴被活捉。）

【注释】

[1]戊申：正月丁巳朔，无戊申，有误。 [2]石庆：万石君石奋之子，官至丞相，封牧丘侯，卒谥恬。 [3]闰月：闰正月。据陈垣《二十史朔闰表》，太初二年无闰月。 [4]丁丑：无闰月，则丁丑为正月二十一日。 [5]公孙贺：义渠（今甘肃宁县西）人，匈奴人公孙昆邪之子，西汉将军，以妻为卫皇后姊而得宠。官至丞相，封葛绎侯。传见《汉书》卷六十六。 [6]公孙弘：西汉人，儒生，官至丞相，封平津侯。传见《史记》卷一百一十二、《汉书》卷五十八。丞相比坐事死：自公

孙弘元狩二年（前 121）善终之后，元狩五年丞相李蔡有罪自杀，元鼎二年丞相庄青翟自杀，元鼎五年丞相赵周下狱死，至太初二年（前 103）公孙贺为相，近二十年间，因事获罪死了三个丞相。［7］以谨得终：以谨厚得以善终。［8］数被谴：多次受到谴责。［9］不受印绶：公孙贺不接受丞相印绶。［10］上乃起去：武帝就起身离开。［11］不得已拜：没办法只好跪拜接受丞相印绶。［12］我从是殆矣：我从此时起危险了。［13］河东：郡名，郡治安邑，在今山西夏县西北。［14］"籍吏民"句：登记征用官民的马匹，补充军马。籍，登记。［15］蝗：蝗灾。［16］西也：西征大宛。［17］比至郁成：等到抵达郁成时。郁成，大宛东边的小小属国。［18］饥罢：又饥又疲。罢，通"疲"。［19］大破之：大败汉兵。［20］举：指攻占郁成。［21］十不过什一二：汉兵生还的只剩下十分之一二。［22］愿且罢兵：希望暂且罢兵。［23］使使遮玉门曰：汉武帝派出专使挡在玉门关发布通告。遮，阻拦。［24］朔方：城名，朔方郡治在今内蒙古乌拉特前旗东南。［25］期至浚稽山而还：约定到达浚稽山接应匈奴左大都尉后返还。浚稽山，在今蒙古国境内杭爱山脉东南。［26］欲发而觉：企图发动变乱而被发觉。［27］左方兵：匈奴东方的兵力。［28］行捕首虏：一路行军过程中斩杀、捕获的敌人。［29］匈奴间捕生得浞野侯：匈奴的侦察骑兵活捉了赵破奴。间，间谍，指侦察骑兵。［30］军吏畏亡将而诛：汉军军官害怕丧失主将而被诛杀。［31］莫相劝归者：没有一个说回归汉朝。指诸军吏一致主张投降匈奴。［32］军遂没于匈奴：汉兵二万余人全军覆没，投降匈奴。［33］奇兵：出其不意攻击。

三年（己卯，前 102 年）

春，正月，胶东太守延广[1]为御史大夫。

上东巡海上，考神仙之属皆无验，令祠官礼东泰山[2]。

夏，四月，还，修封泰山，禅石闾[3]。

匈奴儿单于死，子年少，匈奴立其季父右贤王呴犁湖为单于。

上遣光禄勋徐自为出五原塞[4]数百里，远者千余里，筑城、障、列亭[5]，西北至庐朐[6]，而使游击将军韩说、长平侯卫伉屯其旁；使强弩都尉路博德筑居延泽上[7]。

秋，匈奴大入定襄、云中[8]，杀略数千人，败数二千石而去，行破坏光禄所筑城、列亭、障；又使右贤王入酒泉、张掖[9]，略数千人。会军正任文击救，尽复失所得而去。

是岁，睢阳侯张昌坐为太常乏祠，国除[10]。

初，高祖封功臣为列侯百四十有三人。时兵革之余[11]，大城、名都民人散亡[12]，户口可得而数，裁什二三[13]。大侯不过万家，小者五六百户。其封爵之誓曰：“使黄河如带[14]，泰山若厉[15]，国以永存，爰及苗裔[16]。”申以丹书之信[17]，重以白马之盟[18]。及高后时，尽差第列侯位次[19]，藏诸宗庙，副在有司[20]。逮文、景[21]，四五世间，流民既归[22]，户口亦息[23]，列侯大者至三四万户，小国自倍[24]，富厚如之[25]。子孙骄逸[26]，多抵法禁[27]，陨身失国[28]，至是见侯裁四人[29]，罔亦少密焉[30]。

汉既亡浞野之兵[31]，公卿议者皆愿罢宛军[32]，专力攻胡[33]。天子业[34]出兵诛宛，宛小国而不能下[35]，则大夏之属渐轻汉[36]，而宛善马绝不来，乌孙、轮台易苦汉使[37]，为外国笑，乃案言伐宛尤不便者邓光等[38]。赦囚徒，发恶少年及边骑，岁余而出敦煌者六万人，负私从者不与[39]，牛十万，马三万匹，驴、橐驼以万数，赍粮、兵弩甚设[40]。天下骚动[41]，转相奉伐宛五十余校尉[42]。宛城中无井，汲城外流水，于是遣水工徙其城下水[43]，空以穴其城[44]。益发戍甲卒十八万酒泉、张掖北[45]，置居延、休屠屯兵以卫酒泉[46]，而发天下吏有罪者、亡命者及赘婿、贾人、故有市籍、父母大父母有市籍者凡七科[47]，适为兵[48]；及载糒给贰师[49]，转车人徒相连属[50]；而拜习马者二人为执、驱马校尉[51]，备破宛择取其善马云[52]。

于是贰师后复行，兵多，所至小国莫不迎，出食给军。至轮台[53]，轮台不下，攻数日，屠之[54]。自此而西，平行至宛城[55]，兵到者三万。宛兵迎击汉兵，汉兵射败之，宛兵走入[56]，保其城[57]。

贰师欲攻郁成城，恐留行而令宛益生诈[58]，乃先至宛，决其水原移之[59]，则宛固已忧困[60]，围其城[61]，攻之四十余日。宛贵人谋曰：“王毋寡匿善马[62]，杀汉使，今杀王而出善马，汉兵宜解[63]；即不解[64]，乃力战而死，未晚也。”宛贵人皆以为然，共杀王。其外城坏，虏宛贵人勇将煎靡[65]。宛大恐，走入城中，持王毋寡头，遣人使贰师约曰[66]：“汉无攻我，我尽出善马恣所取[67]，而给汉军食[68]。即不听[69]，我尽杀善马，康居之救又且至，至，我居内，康居居外，与汉军战。孰计之，何从[70]？”

是时，康居候视汉兵尚盛[71]，不敢进。贰师闻宛城中新得汉人，知穿井[72]，而其内食尚多[73]，计以为“来诛首恶者毋寡，毋寡头已至，如此不许则坚守[74]，而康居候汉兵罢来救宛[75]，破汉兵必矣；”乃许宛之约。

宛乃出其马，令汉自择之，而多出食食汉军[76]。汉军取其善马数十匹，中马以下牝牡[77]三千余匹，而立宛贵人之故时遇汉善者名昧蔡为宛王[78]，与盟而罢兵[79]。

初，贰师起敦煌西[80]，分为数军[81]，从南、北道[82]。校尉王申生将千余人别至郁成[83]，郁成王击灭之，数人脱亡[84]，走贰师[85]。贰师令搜粟都尉上官桀往攻郁成[86]，郁成王亡走康居，桀追至康居。康居闻汉已破宛，出郁成王与桀[87]，桀令四骑士缚守诣贰师[88]。上邽骑士赵弟恐失郁成王[89]，拔剑击斩其首，追及贰师[90]。

（以上为第八段，写汉高帝刘邦时所封的一百多个功臣侯，到此时只剩下了四个；贰师将军李广利再次率领大军进攻大宛，大宛贵族杀掉国王毋寡投降，汉军终于得到了大宛汗血马。）

【注释】

[1]延广：人名，史逸其姓。 [2]东泰山：山名，在泰山以东，今山东沂源县以东。 [3]石闾：山名，在泰山之南。 [4]五原塞：五原郡边塞。五原郡，郡治九原，在今内蒙古包头市西。 [5]筑城、障、列亭：修筑城墙、防御堡垒、哨卡。 [6]庐朐：山名，在今阴山山脉中。 [7]筑居延泽上：筑城居延泽岸上。居延泽，在今内蒙古额济纳旗东。 [8]定襄：郡名，郡治成乐，在今内蒙古和林格尔县西北。云中：郡名，郡治云中，在今内蒙古托克托县东北。 [9]酒泉：郡名，郡治禄福，在今甘肃酒泉市。张掖：郡名，郡治觻得，在今甘肃张掖市西北。 [10]“睢阳侯”二句：睢阳侯张昌被指控身为太常祭祀缺失，被废除封爵食邑。张昌，高祖功臣张敖的后裔。太常，官名，掌宗庙礼仪。乏祠，祭祀有缺。国除，废除侯爵食邑。 [11]兵革之余：战乱之后。 [12]名都：著名都城。散亡：百姓散失。 [13]裁什二三：才有十分之二三。裁，同“才”。 [14]黄河如带：黄河干枯如同一条腰带。 [15]泰山若厉：泰山像磨刀石一样矮小。 [16]“国以”二句：封国永存，传留给子孙。按：黄河不可能如带，泰山不可能如砺，誓词之意，山河依旧，封国永存。 [17]申以丹书之信：誓词用红色朱砂写在封册书上为凭信。丹书，即封册书。 [18]重以白马之盟：高帝与功臣杀白马歃血为盟誓。 [19]尽差第列侯位次：全部列侯分出了位次等级。差第，等级。 [20]“藏诸”二句：正本封册藏在宗庙，副本由主管部门管理。 [21]逮文、景：到了文帝、景帝时期。 [22]流民既归：流散的民众已回到乡里。 [23]户口亦

息：户口也增殖繁衍了。［24］“列侯”二句：列侯国的户口大的有三四万户，小的也增加了一倍。［25］富厚如之：财富的增长与户口增加相等。［26］骄逸：骄奢淫逸。［27］多抵法禁：大多触犯国家法律。［28］陨身失国：身死国灭。［29］至是：到了这时。指太初年间。见侯：现有的侯，还存留在世的侯。见，通“现”。裁：通“才”。四人：即酂侯萧寿成、缪侯郦世宗、汾阳侯靳石封、睢陵侯张昌。［30］罔亦少密焉：法网也稍微严密了。［31］亡浞野之兵：丧失了浞野侯这支军队。［32］公卿议者：三公九卿朝廷大臣参与议论的。皆愿罢宛军：都希望停止攻打大宛。［33］胡：匈奴。［34］业：已经。攻宛之军业已出发。［35］下：攻下。［36］渐轻汉：大夏等西域国将逐渐轻视汉朝。渐，逐渐，一个接一个。［37］易苦汉使：将随意为难汉使。［38］案：查办、惩治。邓光：人名，发布反对伐宛言论的人。［39］负私从者不与：背负个人装备出征的人没有计算在六万人之内。不与，不计算。［40］甚设：装备齐全，粮饷充足。［41］天下骚动：全国惊动。［42］转相奉：传送供给。五十余校尉：后勤运输按部队组织，五十余校尉，每校尉辖一千多人，有六七万人。［43］徙其城下水：谓使其城下水改道。［44］空以穴其城：挖洞扩大旧水道通向城内以攻城。［45］“益发”句：增调军队十八万进驻酒泉、张掖以北地区，既防匈奴，又为伐大宛军的后援。［46］居延：县名，治所在今内蒙古额济纳旗东北。休屠：县名，治所在今甘肃武威市北。屯兵以卫酒泉：驻军于居延、休屠以防卫酒泉。［47］发……七科：征发七种人从军伐大宛。有罪官吏一，逃亡罪犯二，赘婿三，商人四，先前的商人五，商人之子六，商人之孙七。［48］适为兵：七种人一律贬谪从军。适，通“谪”。［49］载精给贰师：装载粮食供给贰师将军的队伍。［50］转车人徒相连属：运输车辆和役夫络绎不绝。［51］执、驱马校尉：即执马校尉、驱马校尉，是随机设置的官名。［52］“备破宛”句：准备破宛后接收大宛汗血马。［53］轮台：西域小邦名，在今新疆轮台县东南。［54］屠之：屠民毁城。［55］平行至宛城：平安推进到达大宛城。［56］走入：退入城内。［57］保其城：守其城。［58］恐留行：担忧滞留不前进。令宛益生诈：使大宛生出其他计谋。［59］决其水原移之：挖开水源改道。原，通“源”。［60］固已忧困：本已忧愁困扰。［61］围其城：汉兵围困其城。［62］匿善马：隐藏汗血马。［63］汉兵宜解：汉兵得马应该解围。［64］即不解：如果不解围。［65］煎靡：大宛勇将，被汉军活捉。［66］约曰：订立和约条件如下。［67］恣所取：随意挑选。［68］给汉军食：供给汉军食物。［69］即不听：如果不接受供马供粮的和约条件。［70］孰计之，何从：仔细考虑，选择是和还是战。孰，通“熟”。［71］候视：侦视、观察。尚盛：汉兵士气高昂。［72］知穿井：懂得打井技术。［73］内食尚多：城内粮食很多。［74］则坚守：就要坚决守城对抗汉军。［75］汉兵罢来救宛：汉兵久战疲乏康居就要来援救大宛。罢，通“疲”。［76］出食食汉军：献出粮食供给汉军。［77］牝牡：母马、公马。［78］故时：先前。昧蔡：宛贵人，汉军立为新的大宛王。［79］与盟而罢兵：汉军与昧蔡订立盟约后撤军。［80］起敦煌西：从敦煌西起兵出发征大宛。起，开拔，出发。［81］分为数军：分为多路进军。［82］从南、北道：从通西域的南道、北道同时进军。［83］王申生：校尉名，领军一千余。别至郁成：另走一条路先攻郁成。［84］数人脱亡：王申生全军覆没，只有几个人逃脱。［85］走贰师：逃回到大军贰师帐下。［86］上官桀往攻郁成：贰师将军派出上官桀继王申生之后攻打郁成。上官桀时任搜粟都尉，为二千石高职。［87］出郁成王与桀：康居献出郁成王给上官桀。［88］缚守诣贰师：绑缚押送到贰师军营。［89］恐失郁成王：担心路上丢失了郁成王。［90］追及贰师：追上贰师大军。

四年（庚辰，前101年）

春，贰师将军来至京师。贰师所过小国闻宛破，皆使其子弟从入贡献[1]，见天子，因为质焉[2]。军还，入马千余匹[3]。后行[4]，军非乏食，战死不甚多，而将吏贪，不爱卒，侵牟之[5]，以此物故者众[6]。天子为万里而伐[7]，不录其过[8]，乃下诏封李广利为海西侯，封赵弟为新畤侯，以上官桀为少府[9]，军官吏为九卿者三人，诸侯相、郡守、二千石百余人，千石以下千余人，奋行者官过其望[10]，以谪过行[11]，皆黜其劳[12]，士卒赐直四万钱[13]。

匈奴闻贰师征大宛，欲遮之[14]，贰师兵盛，不敢当[15]，即遣骑因楼兰候汉使后过者[16]，欲绝勿通[17]。时汉军正任文将兵屯玉门关，捕得生口[18]，知状以闻[19]。上诏文便道引兵捕楼兰王，将诣阙簿责[20]。王对曰："小国在大国间，不两属无以自安[21]，愿徙国入居汉地。"上直其言[22]，遣归国[23]，亦因使候司匈奴[24]，匈奴自是不甚亲信楼兰。

自大宛破后，西域震惧，汉使入西域者益得职[25]。于是自敦煌西至盐泽往往起亭[26]，而轮台、渠犁皆有田卒数百人[27]，置使者、校尉领护[28]，以给[29]使外国者。

后岁余，宛贵人以为昧蔡善谀[30]，使我国遇屠[31]，乃相与杀昧蔡，立毋寡昆弟蝉封为宛王，而遣其子入侍[32]于汉。汉因使使赂赐[33]，以镇抚之。蝉封与汉约，岁献天马二匹。

秋，起明光宫[34]。

冬，上行幸回中[35]。

匈奴呴犁湖单于死，匈奴立其弟左大都尉[36]且鞮侯为单于。天子欲因伐宛之威遂困胡[37]，乃下诏曰："高皇帝遗朕平城之忧[38]，高后时[39]，单于书绝悖逆[40]。昔齐襄公复九世之仇[41]，《春秋》大之[42]。"

且鞮侯单于初立，恐汉袭之，乃曰："我儿子[43]，安敢望汉天子[44]，汉天子，我丈人行也[45]。"因尽归汉使之不降者路充国等[46]，使使来献[47]。

（以上为第九段，写贰师将军李广利得胜回来，封为海西侯；自从大宛被打败后，西域各国都十分震恐，派往西域的汉使因此能够顺利地完成使命。）

【注释】

[1]从入贡献：随从贰师将军到汉朝贡献。 [2]为质焉：西域各国来汉的王室子弟留汉为人质，即留汉为使者。 [3]军还，入马千余匹：《汉书·李广利传》作"军还，入玉门者万余人，马千余匹"，文详明。按：李广利出酒泉，前文言六万人，牛十万，马三万，未计私从者。还军，人万余，马千余，十之七八亡于征大宛之役。后援军十八万，辎定运输六七万，北防匈奴之军未计，已三十余万人。全国骚动，夫役运输，至少三倍于第一线用兵，则一百余万。汉武帝伐大宛之役，可谓代价沉重。 [4]后行：指第二次征大宛。 [5]侵牟之：军吏侵夺士兵给养。 [6]物故者众：死亡者多。 [7]万里而伐：远出万余里征伐。 [8]不录其过：不追究军吏的过错。录，审查记录。 [9]少府：九卿之一，掌皇室手工业制造及山泽赋入，为皇帝私府。 [10]奋行者：即私从者，自告奋勇参军以求封赏。过其望：授官超出了原来的期望。 [11]以谪过行：因罪过而谪罚出征的人。 [12]皆黜其劳：一律免其罪而不记功劳。 [13]赐直四万钱：对士兵的赏赐价值四万钱。按：汉武帝对伐大宛之役的幸存者，超出意料的优厚赏赐，一是对伐大宛之役重大意义的肯定，再是对将士辛劳的酬答，是圣明的一大表现。此役尽管代价沉重，而断匈奴右臂通西域的历史意义无论怎么评价都不过分。但汉武帝任用庸将，草菅人命，亦是一短。 [14]遮之：阻击汉军。 [15]当：阻挡。 [16]候汉使后过者：等候袭击大军后面的汉朝使者。 [17]绝勿通：切断交通。 [18]捕得生口：抓了匈奴俘虏。 [19]知状以闻：把了解的情况上报天子。 [20]诣阙簿责：把楼兰王押到长安问罪。诣阙，到宫阙。簿责，对簿受审。 [21]不两属：不附属两方。无以自安：便无法自保平安。 [22]直其言：认为他的话有理。 [23]遣归国：遣送楼兰王回国。[24]因使候司匈奴：凭借楼兰与匈奴交往，协助探听匈奴动静。候司，侦察。司，通"伺"。[25]益得职：更加称职，即容易完成使命。 [26]起亭：设立哨卡。 [27]渠犁：西域小国名，在今新疆库尔勒市与尉犁县。田卒数百人：每个屯田点的士兵有几百人。 [28]领护：统领保护。[29]给：供给。屯田点的收获供应出使西域的汉使。 [30]善谀：指善于讨好汉朝。 [31]使我国遇屠：使大宛遭受屠戮。 [32]入侍：即人质。 [33]使使赂赐：汉朝派遣使臣回赠大宛财物。 [34]起：修建。明光宫：宫名，在长乐宫之北、桂宫之南。 [35]幸回中：巡幸回中宫。回中，指回中宫，在今陕西宝鸡市凤翔区南。 [36]左大都尉：匈奴的官名。 [37]遂困胡：乘伐大宛的胜利困扰匈奴。 [38]遗：留下。平城之忧：汉高帝受困平城的忧恨。忧，忧恨，耻辱。

事详《资治通鉴》卷十一高祖七年。［39］高后时：吕太后当政时。［40］单于书绝悖逆：冒顿单于送汉朝的国书狂悖无理。事见《资治通鉴》卷十二惠帝三年。［41］齐襄公：春秋时齐国君，公元前 697 年至公元前 686 年在位。据《公羊传·庄公四年》载，齐襄公的九世祖被纪侯诬陷而受害，襄公为复此仇，于公元前 690 年灭纪。［42］《春秋》大之：受到《春秋》的称赞。此指《春秋公羊传》，该书在庄公四年载："九世犹可以复仇乎？虽百世可也。"［43］我儿子：我是儿子晚辈。［44］安敢望汉天子：岂敢与大汉天子平起平坐。［45］汉天子，我丈人行也：汉朝天子是我长辈。行（háng），辈分。按：汉匈和亲，单于尚公主，故且鞮侯单于以晚辈自称。［46］不降者：不投降匈奴的人。［47］献：贡献财物。

天汉元年（辛巳，前 100 年）

春，正月，上行幸甘泉，郊泰畤。

三月，行幸河东，祠后土。

上嘉匈奴单于之义，遣中郎将苏武[1]送匈奴使留在汉者，因厚赂单于[2]，答其善意[3]。武与副中郎将张胜及假吏常惠等俱[4]，既至匈奴，置币遗单于。单于益骄，非汉所望也[5]。

会缑王[6]与长水虞常[7]等及卫律所将降者[8]，阴相与谋[9]劫单于母阏氏归汉[10]。卫律者，父故长水胡人[11]，律善协律都尉李延年[12]，延年荐言律使于匈奴，使还[13]，闻延年家收[14]，遂亡降匈奴[15]。单于爱之，与谋国事[16]，立为丁灵王[17]。虞常在汉时素与副张胜相知[18]，私候胜曰[19]："闻汉天子甚怨卫律，常能为汉伏弩射杀之。吾母、弟在汉，幸蒙其赏赐[20]。"张胜许之，以货物与常[21]。后月余，单于出猎，独阏氏、子弟在，虞常等七十余人欲发[22]，其一人夜亡告之[23]。单于子弟发兵与战，缑王等皆死，虞常生得[24]。

单于使卫律治其事[25]。张胜闻之，恐前语发[26]，以状语武[27]。武曰："事如此，此必及我[28]，见犯乃死[29]，重负国[30]。"欲自杀，胜、惠共止之[31]。虞常果引张胜[32]。单于怒，召诸贵人议，欲杀汉使者。左伊秩訾[33]曰："即谋单于[34]，何以复加[35]！宜皆降之[36]。"单于使卫律召武受辞[37]。武谓惠等[38]："屈节辱命，虽生，何面目以归汉！"引佩刀自刺。卫律惊，自抱持武，驰召医，凿地为坎[39]，置煴火[40]，覆武其上[41]，蹈其背以出血[42]。武气绝[43]，半日复息[44]。惠等哭，舆归营[45]。单于壮其节，朝夕遣人候问武，而收系张胜[46]。

武益愈，单于使使晓武[47]，欲降之[48]，会论虞常[49]，欲因此时降武；剑斩虞常已[50]，律曰：“汉使张胜谋杀单于近臣[51]，当死，单于募降者赦罪。”举剑欲击之，胜请降[52]。律谓武曰：“副有罪，当相坐[53]。”武曰：“本无谋，又非亲属，何谓相坐！”

复举剑拟之[54]，武不动。律曰：“苏君！律前负汉归匈奴[55]，幸蒙大恩赐号称王，拥众数万，马畜弥山[56]，富贵如此！苏君今日降，明日复然；空以身膏草野[57]，谁复知之！”武不应。

律曰：“君因我降，与君为兄弟；今不听吾计，后虽欲复见我，尚可得乎！”武骂律曰：“汝为人臣子，不顾恩义，畔主背亲[58]，为降虏于蛮夷，何以汝为见[59]！且单于信汝，使决人死生[60]，不平心持正，反欲斗两主[61]，观祸败。南越杀汉使者，屠为九郡[62]；宛王杀汉使者，头县北阙[63]；朝鲜杀汉使者，即时诛灭[64]；独匈奴未耳[65]。若知我不降明[66]，欲令两国相攻，匈奴之祸从我始矣。”

律知武终不可胁[67]，白单于[68]，单于愈益欲降之[69]。乃幽武置大窖中[70]，绝不饮食[71]；天雨雪[72]，武卧，啮雪与旃毛并咽之[73]，数日不死。匈奴以为神，乃徙武北海上无人处[74]，使牧羝[75]，曰“羝乳乃得归[76]。”别其官属常惠等，各置他所[77]。

天雨白氂[78]。

夏，大旱。

五月，赦天下。

发谪戍屯五原[79]。

浞野侯赵破奴自匈奴亡归[80]。

是岁，济南太守王卿[81]为御史大夫。

（以上为第十段，写中郎将苏武持节出使匈奴遭扣留。匈奴贵族多次威胁利诱，欲使其投降，苏武决不屈服，被匈奴流放到北海边牧羊，扬言要公羊生小羊方可放他回国。）

【注释】

［1］苏武：西汉京兆尹杜陵（今陕西西安市东南）人，字子卿，苏建之子，官至典属国。天汉元年以中郎将出使匈奴，留胡十三年不屈节。传见《汉书》卷五十四。［2］厚赂单于：送厚礼给匈奴单于。［3］答其善意：答谢匈奴的好意。［4］张胜、常惠：与苏武一行的汉朝副使。等俱：一同到达匈奴。［5］非汉所望也：让汉朝很失望。［6］会：适值。缑（gōu）王：匈奴的王号。［7］长水：地名，在今陕西西安市鄠邑区。虞常：人名，早先被扣于匈奴。［8］卫律：人名，所将降者：所率领投降于匈奴的人。［9］阴相与谋：暗中一同计谋。［10］劫单于母阏氏归汉：企图劫持匈奴单于母亲阏氏回到汉朝。阏氏，匈奴王后的称号。［11］父故长水胡人：卫律父亲原是居于长水的匈奴人。［12］“律善”句：卫律与汉朝的协律都尉李延年友好。善，友好。协律都尉，官名，掌音乐歌舞。李延年，贰师将军李广利之弟，擅长音律。其妹为武帝李夫人。传见《汉书》卷九十三。［13］使还：卫律出使匈奴回到汉朝。［14］闻延年家收：听到李延年一家被抓捕的消息。［15］遂亡降匈奴：卫律于是逃亡匈奴投降。［16］与谋国事：单于与卫律商讨匈奴国家大事。［17］立为丁灵王：匈奴册立卫律为丁灵王。［18］相知：相好。［19］私候胜曰：虞常私下拜访张胜说。［20］幸蒙其赏赐：虞常希望他的母亲、弟弟蒙受汉朝的赏赐。［21］以货物与常：张胜送了许多财物给虞常。［22］欲发：打算劫持阏氏。［23］夜亡告之：夜间逃去告知单于。［24］虞常生得：虞常被活捉。［25］治其事：审理这一案件。［26］恐前语发：害怕先前与虞常约定的事被揭发。［27］以状语武：把情况告诉苏武。［28］必及我：肯定涉及我。［29］见犯乃死：受到审讯侵犯才死。［30］重负国：更加辜负国家。［31］止之：阻止苏武自杀。［32］引张胜：牵连出张胜。［33］左伊秩訾：匈奴的官号。［34］即谋单于：如果谋害单于。［35］何以复加：再怎么加罪。意谓只是谋杀卫律（并未谋害单于），如果因此而杀汉使，惩罚过重了。［36］宜皆降之：应当让汉使全部投降。［37］召武受辞：宣召苏武，由卫律传达投降的审理决定。［38］武谓惠等：苏武向常惠等汉使交代后事。［39］凿地为坎：挖地为坑。［40］置煴火：点起炭火。按：北方地寒，三月仍冰冻，故挖地洞，生炭火，形成暖炕，便于养伤。［41］覆武其上：把苏武放在暖炕上。［42］蹈其背以出血：用手拍苏武的后背，使淤血流出。蹈，通“搯”，手拍。［43］武气绝：苏武停止呼吸，昏死。［44］半日复息：半天才苏醒有了呼吸。息，呼吸。［45］舆归营：用车把苏武拉回营地，即汉使所驻地。［46］收系张胜：拘囚张胜。［47］使使晓武：派遣使者劝说苏武。［48］欲降之：企图使苏武投降。［49］会论虞常：赶上虞常判定死罪。［50］已：斩杀虞常完毕。［51］单于近臣：卫律自称。［52］胜请降：张胜请求投降。［53］当相坐：判罪应连坐。［54］举剑拟之：举剑作出砍杀苏武的姿态威胁苏武。拟，比拟的动作。［55］负汉归匈奴：背叛汉朝投降匈奴。［56］马畜弥山：马匹牲畜满山。［57］身膏草野：抛尸荒野成肥料。膏（gào），作肥料，动词。［58］畔主背亲：背叛君王和亲人。畔，通“叛”。［59］何以汝为见：为什么要见你呢？谓你这种人不值得见。［60］使决人死生：让你决定别人的生死，即你掌握了生杀大权。［61］斗两主：谓使汉与匈奴两主相斗。

[62]屠为九郡：平定南越地为汉九个郡。九郡事见《资治通鉴》卷二十元鼎五年。 [63]头县北阙：大宛王之头悬挂长安北门示众。县，通“悬”。事见上文太初三年。 [64]即时诛灭：立即招来灭国之祸。灭朝鲜事见上文元封二年。 [65]独匈奴未耳：只剩下匈奴未灭。 [66]若知我不降明：你明明知道我不投降。 [67]不可胁：不畏惧胁迫，不可以胁迫。 [68]白单于：报告单于。 [69]愈益欲降之：更加想要苏武投降。 [70]幽武置大窖中：幽禁苏武在一个大地窖中。 [71]绝不饮食：断绝饮食。 [72]天雨雪：天下雪。 [73]啮雪与旃毛并咽之：苏武把衣裘毡毛拌着落雪一起吞下。啮（niè），咬，吞食。 [74]徙武北海：流放苏武到北海，即今西伯利亚贝加尔湖。无人处：安置在没有人的地方。 [75]使牧羝：让苏武放牧公羊。 [76]羝乳乃得归：等到公羊生子才得回归。意谓永远不得回归。 [77]“别其官属”二句：常惠等不投降的汉使官员，分别安置在其他地方。 [78]雨（yù）：落下。白牦：白色的粗毛，喻大雪。 [79]发谪戍屯五原：征发罪人戍边驻屯五原郡。五原郡治九原，在今内蒙古包头市西。 [80]亡归：逃回了汉朝。 [81]王卿：人名。

二年（壬午，前99年）

春，上行幸东海[1]。□幸回中[2]。

夏，五月，遣贰师将军广利以三万骑出酒泉，击右贤王于天山[3]，得胡首虏万余级而还。匈奴大围贰师将军，汉军乏食数日，死伤者多。假司马陇西赵充国与壮士百余人溃围陷陈[4]，贰师引兵随之，遂得解[5]。汉兵物故什六七[6]，充国身被二十余创[7]。贰师奏状[8]，诏征充国诣行在所[9]，帝亲见，视其创，嗟叹之，拜为中郎[10]。

汉复使因杅将军敖出西河[11]，强[12]弩都尉路博德会涿涂山[13]，无所得。

初，李广有孙陵[14]，为侍中，善骑射，爱人下士[15]。帝以为有广之风[16]，拜骑都尉[17]，使将丹阳、楚人五千人[18]，教射酒泉、张掖以备胡。及贰师击匈奴，上诏陵，欲使为贰师将辎重[19]。陵叩头自请[20]曰：“臣所将屯边者，皆荆楚勇士奇材剑客[21]也，力扼虎[22]，射命中[23]，愿得自当一队，到兰于山[24]南以分单于兵[25]，毋令专乡贰师军[26]。”上曰：“将恶相属邪[27]！吾发军多，无骑予女[28]。”陵对：“无所事骑[29]，臣愿以少击众，步兵五千人涉单于庭[30]。”上壮而许之[31]，因诏路博德将兵半道迎陵军。

博德亦羞为陵后距[32]，奏言：“方秋，匈奴马肥，未可与战，愿留陵至春俱出。”上怒，疑陵悔不欲出而教博德上书，乃诏博德引兵击匈奴于西河。诏陵以九月发[33]，出遮虏障[34]，至东浚稽山南龙勒水上[35]，徘徊观虏[36]，即无所见，还，抵受降城休士[37]。

陵于是将其步卒五千人，出居延，北行三十日，至浚稽山止营[38]，举图所过山川地形，使麾下骑陈步乐还以闻[39]。步乐召见[40]，道陵将率得士死力[41]，上甚悦，拜步乐为郎。

陵至浚稽山，与单于相值[42]，骑可三万围陵军，军居两山间，以大车为营。陵引士出营外为陈[43]，前行持戟、盾，后行持弓、弩。虏见汉军少，直前就营[44]。陵搏战攻之[45]，千弩俱发，应弦而倒，虏还走上山，汉军追击杀数千人。单于大惊，召左、右地兵[46]八万余骑攻陵。陵且战且引南行[47]，数日，抵山谷中，连战，士卒中矢伤[48]，三创者载辇[49]，两创者将车[50]，一创者持兵战[51]，复斩首三千余级。

引兵东南，循故龙城道行[52]，四五日，抵大泽葭苇[53]中，虏从上风纵火[54]，陵亦令军中纵火以自救[55]。南行至山下，单于在南山上，使其子将骑击陵。陵军步斗树木间，复杀数千人，因发连弩射单于，单于下走[56]。

是日捕得虏，言“单于曰：‘此汉精兵，击之不能下，日夜引吾南近塞[57]，得无有伏兵乎？’诸当户君长[58]皆言：‘单于自将数万骑击汉数千人不能灭，后无以复使边臣，令汉益轻匈奴[59]。复力战山谷间，尚四五十里[60]，得平地，不能破，乃还。’”

是时陵军益急[61]，匈奴骑多，战一日数十合[62]，复伤杀虏二千余人。虏不利，欲去，会陵军候管敢为校尉所辱[63]，亡降匈奴[64]，具言[65]：“陵军无后救，射矢且尽，独将军麾下及校尉成安侯韩延年[66]各八百人为前行，以黄与白为帜[67]；当使精骑射之即破矣。”

单于得敢大喜。使骑并攻汉军[68]，疾呼曰：“李陵、韩延年趣降[69]！”遂遮道急攻陵[70]。陵居谷中，虏在山上，四面射，矢如雨下。汉军南行，未至鞮汗山[71]，一日五十万矢皆尽，即弃车去。士尚[72]三千余人，徒斩车辐而持之[73]，军吏持尺刀[74]入狭谷，单于遮其后[75]，乘隅下垒石[76]，士卒多死，不得行。

昏后，陵便衣独步出营，止左右[77]：“毋随我，丈夫一取单于耳[78]！”良久[79]，陵还，太息曰[80]：“兵败，死矣！”于是尽斩旌旗[81]，及珍宝埋地中，陵叹曰：“复得数十矢，足以脱矣[82]。今无兵复战[83]，天明，坐受缚矣，各鸟兽散[84]，犹有得脱归报天子者。”

令军士人持二升糒[85]，一片冰，期至遮虏障者相待[86]。夜半时，击鼓起士[87]，鼓不鸣[88]。陵与韩延年俱上马，壮士从者十余人，虏骑数千追之，韩延年战死。陵曰：“无面目报陛下！”遂降。军人分散，脱至塞者[89]四百余人。

陵败处去塞百余里，边塞以闻[90]。上欲陵死战；后闻陵降，上怒甚，责问陈步乐，步乐自杀。群臣皆罪陵[91]，上以问太史令司马迁，迁盛言[92]：“陵事亲孝，与士信，常奋不顾身以徇国家之急[93]，其素所畜积[94]也，有国士之风[95]。今举事一不幸，全躯保妻子之臣随而媒糵其短[96]，诚可痛也！且陵提步卒不满五千，深蹂戎马之地，抑数万之师，虏救死扶伤不暇，悉举引弓之民共攻围之[97]，转斗千里，矢尽道穷，士张空弮[98]，冒白刃[99]，北首争死敌[100]，得人之死力，虽古名将不过[101]也。身虽陷败，然其所摧败亦足暴于天下[102]。彼之不死，宜欲得当以报汉也[103]。”上以迁为诬罔[104]，欲沮贰师[105]，为陵游说，下迁腐刑[106]。

久之，上悔陵无救[107]，曰：“陵当发出塞，乃诏强弩都尉令迎军[108]；坐预诏之[109]，得令老将生奸诈[110]。”乃遣使劳赐陵余军得脱者[111]。

（以上为第十一段，写汉武帝派李广之孙、骑都尉李陵率领五千步兵出征匈奴，被匈奴八万骑兵围困，李陵进行了生死决战，所杀敌人很多，但全军覆没，最后李陵被俘获。）

【注释】

[1]东海：郡名，郡治郯县，在今山东郯城县西北。[2]还幸回中：巡幸回中宫。还：据章校改。[3]天山：即今新疆境内之天山山脉。[4]假司马：代理司马。司马，掌军法的小军官。赵充国：西汉陇西上邽（今甘肃天水市）人，字翁叔。习知匈奴及羌族事务，因功封营平侯。传见《汉书》卷六十九。溃围陷陈：谓冲决敌围。陈，同“阵”。[5]遂得解：才得解脱困境。即

突围而出。［6］物故：死亡。什六七：十分之六七。［7］创：创伤。［8］贰师奏状：贰师将军上奏赵充国勇敢杀敌的事迹。［9］诏征充国诣行在所：汉武帝下诏征召赵充国到皇上所在的住所。［10］拜为中郎：委任为中郎。中郎，郎官的最高级，秩六百石。［11］因杅将军敖：公孙敖。西河：古时称西北地区南北流向的黄河为“西河”，这里是指今宁夏与内蒙古间黄河自南而北的一段。［12］强：据章校，他本“强”上有“与”字。按：当有“与”字。［13］会：会合。涿涂山：山名，在今蒙古国杭爱山脉南部。［14］陵：李陵，字少卿，李广之孙。善骑射。战败降于匈奴。传见《汉书》传五十四。［15］爱人下士：爱护士兵，尊重士人。［16］有广之风：有李广的风范。［17］骑都尉：军官名。［18］丹阳：郡名，郡治宛陵，在今安徽宣城市。楚：王国名，都彭城，在今江苏徐州市。五千人：从丹阳、楚地挑选出的精勇步兵。［19］将辎重：率领运送物资的运输部队。［20］自请：请求自率一军出战。［21］奇材剑客：有出众才干的击剑之士。［22］力扼虎：力能徒手控扼猛虎。［23］射命中：射箭百发百中。［24］兰于山：章校，他本“于”作“干”是。兰干山，在今甘肃兰州市南，今称皋兰山。［25］分单于兵：分散单于的军队。［26］毋令专乡贰师军：不使匈奴集中兵力指向贰师的军队。乡，通“向”。［27］将恶相属邪：你不愿配合别人作策应吗？恶（wù），不愿；羞耻之意。相属，配合策应。［28］无骑予女：没有骑兵给你。女，通“汝”，你。［29］无所事骑：不需要骑兵。［30］涉单于庭：直捣匈奴单于庭。涉，到达，直捣。［31］上壮而许之：汉武帝十分赞赏李陵的豪情壮志，准许了李陵的请战。［32］后距：指军队的后应。［33］发：出征。［34］遮虏障：障名，在今内蒙古额济纳旗境。［35］东浚稽山：山名，在今蒙古国杭爱山脉东南。龙勒水：在东浚稽山南。［36］徘徊观虏：巡回观察匈奴动静。［37］受降城：边塞城名，在今内蒙古包头市白云鄂博矿区西南。［38］止营：住下安营。［39］骑：骑士。陈步乐：人名，还以闻：回京师报告天子。［40］步乐召见：陈步乐被皇上召见。［41］将率：各级将领。得士死力：得到部下拼死效力。［42］相值：相遇，对阵。［43］陈：通“阵”。［44］直前就营：谓直逼近营前阵地。［45］搏战：展开搏斗。攻之：战斗。［46］召左、右地兵：集中左右两翼的军队。［47］引南行：向南撤退。［48］中矢伤：被箭射伤。［49］三创者载辇：受伤三处的坐在车上。创（chuāng），伤口，伤处。［50］两创者将车：受伤两处的驾车。［51］一创者持兵战：受伤一处的手持武器坚持战斗。［52］循故龙城道行：沿着龙城旧道向东南方撤退。龙城道，汉往龙城的道路。龙城，又称龙庭，为匈奴祭天之处。汉初，龙城在今内蒙古阴山一带，元狩四年后北迁至今蒙古国乌兰巴托市。［53］葭苇：芦苇。［54］虏从上风纵火：匈奴人在上风放火。［55］纵火以自救：预先烧掉阵前的芦苇，则上风来火便不能延及。［56］下走：单于下山逃避。［57］引吾南近塞：引诱我向南接近边塞。［58］当户君长：泛指匈奴大小各部的首领。［59］令汉益轻匈奴：使汉朝更加轻视匈奴。［60］尚四五十里：距离平原差不多还有四五十里。尚，且，差不多。［61］益急：更加危急。［62］数十合：战斗数十次。［63］“会陵”句：适逢李陵军中一个名叫管敢的军候因受到校尉的欺辱。军候，掌军纪的军官，每一部曲有军候一人。校尉，低于将军的军官，职位高于军候。［64］亡降匈奴：逃亡投降于匈奴。［65］具言：详尽报告汉军情况。［66］韩延年：韩千秋之子，因父死南越而受封成安侯。［67］以黄与白为帜：李陵殿后，韩延年前行，两部分汉军以黄旗与白旗为标志。［68］使骑并攻汉军：单于命令匈奴骑兵全线进攻汉军。［69］趣降：赶快投降。［70］遮道急攻陵：切断汉军退路猛攻李陵。［71］鞮汗山：山名，在今蒙古国南部。［72］尚：还有。［73］徒斩车辐而持之：汉军只能砍下车的辐条拿在手上当武器。［74］尺刀：短刀。按：据章校，他本“刀”下有“抵山”二字。［75］遮其后：挡住汉军退路。［76］乘隅下垒石：匈奴沿山崖推下巨石滚入谷中。隅（yú），边侧。［77］止左右：阻止随从跟随。［78］丈夫一取单于耳：我男子汉一人生擒单于罢了。［79］良久：过了好久。［80］太息曰：长叹一声说。［81］尽斩旌旗：砍倒全部旗帜。［82］脱矣：脱身突围。［83］今无兵复战：现今没有武器还要战斗。兵，兵器。［84］各鸟兽散：各人自行走散。［85］二升糒（bèi）：二升干粮。［86］期：约期。相待：互相等待。［87］击鼓起士：击鼓起身。［88］鼓不鸣：鼓破，敲不响。［89］脱至塞者：逃脱到达汉边塞的人。［90］边塞以闻：边塞将领把李陵战败情况报告朝廷。［91］群臣皆罪陵：满朝大臣都说李陵有罪。［92］盛言：全面评说，竭力分辩。［93］徇国家之急：献身国家急难。徇，献身，奔赴。［94］素所畜积：平时的修养，一向的志愿。畜积，修养、志愿。畜，通“蓄”。［95］国士：国中杰出之士。风：风范，气度。［96］全躯：保全自身。媒糵（niè）：酝酿。喻构陷害人。［97］“悉举”句：集中全国能拉弓射箭的人围攻李陵。引弓之民，指匈奴人。［98］空拳（quān）：有弩弓而无箭。［99］冒白刃：冒着敌人锋利的刀刃。［100］北首争死敌：面向北方拼死战斗。［101］不过：不能超过。［102］摧败：谓打败匈奴之兵。暴于天下：扬名于天下。暴，显扬。［103］宜欲得当以报汉也：应当是找机会报效国家。当，适当，机会。［104］诬罔：欺骗君王。［105］欲沮（jū）贰师：想要诋毁李广利。［106］下迁腐刑：将司马迁下狱施以腐刑。腐刑，又称宫刑，毁坏男性生殖功能。［107］上悔陵无救：汉武帝后悔使李陵陷入孤立无援的境地。［108］强弩都尉：路博德。令迎军：命令他为李陵后援。［109］坐预诏之：我犯了预先下命令的过错。［110］令老将生奸诈：指路博德羞为李陵的接应军，而生奸诈之心，致使李陵无救。［111］劳赐：慰问，赏赐。陵余军得脱者：李陵军幸存的逃脱者。

上以法制御下[1]，好尊用酷吏[2]，而郡、国二千石为治者大抵多酷暴[3]，吏民益轻犯法[4]；东方盗贼滋起[5]，大群至数千人，攻城邑，取库兵[6]，释死罪[7]，缚辱郡太守、都尉[8]，杀二千石[9]，小群以百数掠卤乡里[10]者，不可胜数，道路不通[11]。上始使御史中丞、丞相长史督之[12]，弗能禁；乃使光禄大夫范昆及故九卿张德等衣绣衣[13]，持节、虎符，发兵以兴击[14]。斩首大郡或至万余级，及以法诛通行、饮食当连坐者[15]，诸郡甚者数千人[16]。

数岁，乃颇得其渠率[17]，散卒失亡复聚党阻山川者往往而群居[18]，无可奈何。于是作《沈命法》[19]，曰："群盗起，不发觉，发觉而捕弗满品[20]者，二千石以下至小吏，主者皆死[21]。"其后小吏畏诛，虽有盗不敢发，恐不能得，坐课累府[22]，府亦使其不言[23]。故盗贼浸多[24]，上下相为匿，以文辞避法[25]焉。

是时，暴胜之为直指使者[26]，所诛杀二千石以下尤多，威震州郡。至勃海[27]，闻郡人隽不疑贤[28]，请与相见。不疑容貌尊严，衣冠甚伟，胜之蹶履起迎[29]，登堂坐定，不疑据地曰[30]："窃伏海濒[31]，闻暴公子旧矣[32]，今乃承颜接辞。凡为吏，太刚则折[33]，太柔则废[34]，威行，施之以恩，然后树功扬名[35]，永终天禄[36]。"胜之深纳其戒[37]；及还，表荐不疑[38]，上召拜不疑为青州刺史[39]。

济南王贺亦为绣衣御史[40]，逐捕魏郡[41]群盗，多所纵舍[42]，以奉使不称免[43]，叹曰："吾闻活千人[44]，子孙有封[45]，吾所活者万余人，后世其兴乎[46]！"

是岁，以匈奴降者介和王成娩为开陵侯[47]，将楼兰国兵击车师[48]；匈奴遣右贤王将数万骑救之[49]，汉兵不利，引去[50]。

（以上为第十二段，写汉武帝用法律来治理国家，喜欢任用执法严苛的官吏，又命人制定"沈命法"，派出绣花御史，严厉督察，各郡长官因害怕受到牵连，隐瞒不报。）

【注释】

[1]以法制御下：用法律驾驭臣民。［2］好尊用酷吏：喜欢任用执法严苛的官吏。［3］大抵：大概。多酷暴：多用苛酷办法治理。［4］益轻犯法：更加轻易犯法。［5］滋起：增多起来。［6］库兵：库中的武器。［7］释死罪：释放死刑罪犯。［8］缚辱：捆缚污辱。郡太守、都尉：太守是郡的长官，掌行政。都尉在郡中位仅次于太守，掌军事。［9］杀二千石：杀郡国太守、高官。［10］掠卤乡里：抢劫老百姓。卤，通"掳"，劫掠。［11］道路不通：不能通行。［12］御史中丞：官名，御史大夫的重要属官。丞相长史：官名，丞相的重要属官。督：督察。［13］衣绣衣：穿绣衣官服。绣衣，督察抓捕使者的官服，如今之警察服。［14］虎符：铜制的虎形之符。帝王授予臣下兵权或调发军队的信物。兴击：动员军队围剿。［15］通行、饮食：帮助盗贼通行、提供饮食。当连坐者：判罪株连受罚。［16］"诸郡"句：株连严重的一郡有几千人。甚者，株连严重。［17］渠率：大盗头目。率，通"帅"。［18］聚党：结成团伙。群居：啸聚山

林。［19］《沈命法》：处分捕盗不力之官的连坐法。意谓隐藏盗贼者同罪而没其命。［20］满品：达到规定的数量。［21］主者皆死：主管官员死罪。［22］坐课：被判不称职罪。累府：连累上司。［23］府亦使其不言：县有盗贼，郡府也连坐，故郡府使县吏不言之。［24］浸多：越来越多。浸，逐渐增加。［25］以文辞避法：以虚文隐瞒盗贼之事，逃避法律惩处。［26］暴胜之：人名，姓暴，名胜之，字公子。直指使者：官名，朝廷直接派往处理问题的专员。［27］勃海：郡名，在今河北沧州市一带。［28］隽不疑：人名，贤：有贤能名声。［29］蹦履起迎：没穿好鞋，拖着鞋急忙起身迎接。［30］据地曰：以手按地说。即半跪姿势说话，礼敬之意。［31］窃伏海濒：我生长在偏僻的海滨。濒，畔，边。［32］闻暴公子旧矣：久闻暴公子大名。公子，累胜之的字。旧，久。［33］太刚则折：过分刚强就要折断。［34］太柔则废：过分柔弱则法令不行。［35］树功扬名：立功扬名。［36］永终天禄：永远保有上天所赐的福禄。［37］深纳其戒：认真采纳他的告诫。戒，通“诫”。［38］表荐不疑：上表奏章推荐隽不疑。［39］青州：汉十三刺史部（州）之一，辖地在今山东之东北部。刺史：州之长官。［40］济南王贺：济南人王贺。为绣衣御史：也任职绣衣御史。［41］魏郡：郡名，郡治邺县，在今河北临漳县西南。［42］纵舍：宽大舍弃，即放跑罪犯。［43］奉使不称免：以奉命而不称职的罪免去官职。［44］活千人：能使一千人活命。［45］子孙有封：子孙受福有封爵。［46］后世其兴乎：我的后代会有兴旺的人起来吧。［47］介和王：匈奴的王号。成娩：人名，封开陵侯。［48］“将楼兰国”句：成娩出使西域，率领楼兰国兵攻打车师国。将，率领。［49］救之：救援车师。［50］引去：撤退离去。

【点评】

论李陵之祸。李陵，是李广之孙，颇得李广之风，善骑射，爱士卒，颇有美名。公元前99年，李陵奉汉武帝之命出征匈奴，率领五千步兵与八万匈奴骑兵战于浚稽山，最后因寡不敌众而兵败被俘，一去无回。围绕李陵事情，汉朝发生了一系列的故事，酿成惊天大案，李氏被族灭，《史记》作者司马迁受株连被处腐刑，史称李陵之祸，令人嘘唏。

李陵孤军深入，没有救援，遭遇匈奴大军围困，而后兵败投降，汉武帝对此负有不可推卸的责任。贰师将军李广利统领三万骑兵从酒泉出发，攻击在天山一带活动的右贤王，汉武帝召见李陵，要他为大军运送粮草，做好后勤保障工作。这样的安排，对于一般人来说，倒也无话可说，而李陵年少气盛，也比较轻狂，总觉得自己有一腔热血，也有一身本领，怎么甘心当个后勤官呢？他便向汉武帝提出要求，愿意独当一面，用五千步兵直捣单于王庭。汉武帝非常佩服他的勇气，觉得他又是一个前途无量的霍去病，汉朝正缺少这样的将才！于是，就答应了李陵的请求，并且叫老将路博德作为他的后援和接应。哪知道，路博德不愿意，建议汉武帝待到明年春暖花开时再出征。汉武帝却认为是李陵出尔反尔，心想，李陵不是不想出兵吗？我偏要让你出兵，而且没有后援接应。换句话说，李陵是生是死，全靠运气了！就这样，李陵走上了不归之路。

李陵深入匈奴，遭遇匈奴八万骑兵的围攻，箭尽粮绝，被匈奴俘虏，其初衷并不是真心投降，而是要保全性命，以有机会报效汉朝。可是，汉武帝断绝了他的报效之路，让他彻底绝望。李陵遭到十数倍匈奴大军的围攻，充分展示了他高超的指挥才能和不屈不挠的气概。但是，这是一招死棋，无论他怎么英勇，怎么顽强，他都跳不出匈奴的包围圈，必死无疑。在汉武帝的心目中，李陵是个热血青年，如果冲不出敌人的包围圈，必将力战而死，以死报国。可是，李陵的想法却不一样，他还不愿意死，还想继续报国！在当时的情境下，只有一条生路，就是被匈奴活捉而去。但被活捉而去，不等于就是投降！而汉武帝却认为李陵丢了汉朝的脸面，怎么就不能以死报国呢？加上汉武帝误听传言，说李陵在帮助单于练兵以对付汉军。其实，帮助单于练兵的不是李陵，而是李绪！汉武帝却信以为真，将李陵全家处以族刑，他的母亲、兄弟和妻子都被诛杀。这真是天大的冤枉！这让李陵彻底失望，也彻底绝望，才真正投降了匈奴！如果汉武帝宽以待人，李陵也不至于走上绝路啊！

李陵被俘，汉朝君臣一个个都登上了表演的舞台。汉武帝听到李陵全军覆没的消息后，怎么也不敢相信，这支被李陵吹嘘得非常神勇的部队，就这样被打败了；怎么也不敢相信，李陵竟然没有战死，而是被匈奴俘获，汉朝的颜面到哪里去了？他心中的一股怒气直往外冲。这时候的朝廷大臣，看到汉武帝脸色铁青，魂不守舍，一个个呆若木鸡，小心翼翼，即使汉武帝问话，也尽拣好听的话说，生怕戳到汉武帝的痛处。而对于李陵，则落井下石，没有一个人肯为他说句公道话。这时候，司马迁看不下去了，汉武帝也注意到司马迁有着不同于常人的行为，就听听他的想法。司马迁大致说了两层意思，一是李陵的为人，不像大臣们说的那样，而是平时有国士之风，在出击匈奴中孤军奋战，杀伤了许多敌人，立下了赫赫功劳。在救兵不至、箭尽粮绝、走投无路的情况下，仍然奋勇杀敌，就是古代名将也不过如此。二是李陵的被俘，并不是真心投降，而是想寻找适当的机会再报效朝廷。汉武帝听了司马迁的话，就派公孙敖带兵到边境等候李陵回归，李陵被匈奴牢牢看死，公孙敖等了一年不见李陵回归，误信抓捕的匈奴俘虏传言，说李陵帮单于练兵。这下，再次触怒了汉武帝，认为司马迁在替李陵游说，讽刺劳师远征、战败而归的李广利。这时已是天汉三年。汉武帝下令族灭李陵全家，将司马迁打入大牢，处以宫刑。

对于李陵事件、李陵之祸，我们不得不反思：李陵当初的狂野之心以及对匈奴形势不恰当的估计，是导致这次行动失败的首要因素。如果李陵根据汉武帝的安排，去把后勤工作做好，也是可以为汉朝做出贡献的。汉武帝轻率下达命令，让只有五千步兵的一支队伍，行走在非常凶险的茫茫草原之中，又没有安排接应救援，一旦遇到敌军，则是“肉包子打狗，有去无回”。汉武帝的举措失当，是导致李陵部队失败的决定性因素。李陵孤军深入，决一死战的勇气可嘉，而轻弃士兵生命的行为则不可取。李陵被俘后，虽然开始没有真心投降，但后来受了刺激，还是投降了；虽然没有为匈奴做多少事情，但这种行为则是不可取的，毕竟是成了真正的叛徒，辜负了司马迁的一番说辞。司马迁为李陵辩说，实事求是，出以公心，体现了司马迁的无畏精神和公正情怀；而遭李陵之祸，被处宫刑，则是体现了汉武帝的刚愎自用和专断昏昧！

卷二二　汉纪十四

汉武帝天汉三年至后元二年（前98—前87年）

【起昭阳协洽（癸未，前98年），尽阏逢敦牂（甲午，前87年），凡十二年】

【大事提要】

本卷记事起公元前98年，讫公元前87年，凡十二年，当汉武帝天汉三年至后元二年。本卷所载的大事，主要是以下几个方面：其一，巫蛊之祸。汉武帝宠臣江充奉命查巫蛊案，用酷刑和栽赃迫使人认罪；江充与太子刘据有隙，趁机与按道侯韩说、宦官苏文等诬陷太子，太子恐惧，起兵诛杀江充，后遭汉武帝镇压兵败，皇后卫子夫和太子相继自杀。后汉武帝醒悟，夷江充三族，烧死苏文。其二，田千秋拜相。田千秋，原为高寝郎，供奉高祖陵寝。戾太子刘据因江充谗害而死，他上书诉冤，认为是子借父兵，情非得已，阐明太子心迹。汉武帝感悟，认为是高庙显灵，公当为我辅佐，任命其为大鸿胪。几个月后，丞相刘屈氂因罪被斩，田千秋任为丞相，封为富民侯。其三，贰师将军降匈奴。公元前90年，李广利率领七万大军出征匈奴。临行前，与丞相刘屈氂密谋推立李夫人之子刘髆为太子，后事发，刘屈氂被腰斩，李广利原想冒进，立功赎罪，后遭大败，便投降匈奴，其家被族灭。李广利投降后，被卫律忌妒，买通巫师杀之。其四，轮台罪己诏。公元前89年，大司农桑弘羊等人上书汉武帝，建议在轮台戍兵以备匈奴，然而，汉武帝没有同意，驳回了桑弘羊等人的建议，下令反思，称“当今务在禁苛暴，止擅赋，力本农，修马复令，以补缺、毋乏武备而已”，史称“轮台罪己诏”。其五，汉武帝辞世。汉武帝雄才大略，但在后期穷兵黩武，造成“巫蛊之祸”，公元前87年去世，享年七十岁，在位五十四年，谥号孝武皇帝，庙号世宗；死前立幼子刘弗陵为太子；任霍光为大司马、大将军，与车骑将军金日磾、左将军上官桀共同辅政。

世宗孝武皇帝下之下

天汉三年（癸未，前98年）

春，二月，王卿[1]有罪自杀，以执金吾杜周[2]为御史大夫。

初榷酒酤[3]。

三月，上行幸泰山，修封[4]，祀明堂[5]，因受计[6]。还[7]，祠常山[8]，瘗玄玉[9]。方士之候祠神人、入海求蓬莱者终无有验[10]，而公孙卿犹以大人迹为解[11]，天子益怠厌方士之怪迂语矣[12]；然犹羁縻不绝[13]，冀遇其真[14]。自此之后，方士言神祠者弥众[15]，然其效可睹矣[16]。

夏，四月，大旱。赦天下。

秋，匈奴入雁门[17]。太守坐畏愞弃市[18]。

四年（甲申，前97）

春，正月，朝诸侯王于甘泉宫[19]。

发[20]天下七科谪及勇敢士，遣贰师将军李广利将骑六万、步兵七万出朔方；强弩都尉路博德将万余人与贰师会[21]；游击将军韩说将步兵三万人出五原；因杅将军公孙敖将骑万、步兵三万人出雁门。匈奴闻之，悉远其累重于余吾水北[22]；而单于以兵十万待水南[23]，与贰师接战。贰师解而引归[24]，与单于连斗十余日。游击无所得。因杅与左贤王战[25]，不利，引归。

时上遣敖深入匈奴迎李陵，敖军无功还，因曰："捕得生口[26]，言李陵教单于为兵以备汉军，故臣无所得。"上于是族陵家[27]。既而闻之[28]，乃汉将降匈奴者李绪，非陵也。陵使人刺杀绪。大阏氏[29]欲杀陵，单于匿之北方[30]；大阏氏死，乃还。单于以女妻陵[31]，立为右校王[32]，与卫律皆贵用事。卫律常在单于左右；陵居外，有大事乃入议。

夏，四月，立皇子髆为昌邑王[33]。

（以上为第一段，写汉武帝发动数路大军攻打匈奴，结果都无功而返，攻打失利；汉武帝派公孙敖深入匈奴迎接李陵，误听俘虏之言，族杀李陵全家，李陵投降。）

【注释】

[1]王卿：人名，官御史大夫。[2]执金吾：官名，太初元年中尉改名执金吾，掌京师治安。杜周：西汉酷吏。[3]初榷酒酤：开始实行酒类政府专卖。榷(què)，专利，专卖。酤，通“沽”，卖酒。[4]上行幸泰山，修封：汉武帝亲临泰山，扩建祭天神坛。[5]祀：祭祀。明堂：帝王宣明政教、祭祀的礼堂。此明堂建于泰山。[6]因：就此，在泰山的明堂。受计：接受各郡国送上的计簿。[7]还：回京师。[8]祠常山：祭祀恒山。常山，即恒山，避文帝讳改，在今河北唐县西北。[9]瘗玄玉：埋玄玉，以示归于地。瘗(yì)，埋。[10]蓬莱：方士传说是海中神仙所居的岛。终无有验：始终没有得到验证。[11]以大人迹为解：用巨人的脚印来辩解。见巨人迹，见《资治通鉴》卷二十元封元年。[12]“天子”句：汉武帝对方士们的奇谈怪论日益厌倦。怪迂语：奇特怪异的言论。[13]犹羁縻不绝：但仍藕断丝连。羁縻，留恋。[14]冀遇其真：希望遇上真神仙。[15]言神祠者弥众：谈论祭祀神仙的人更多。弥众，更多，很多。[16]然其效可睹矣：但效果可想而知。明摆着是假话，效应可想而知。[17]雁门：郡名，郡治善无，在今山西右玉县东。[18]太守坐畏懦弃市：雁门太守因畏缩惧敌被斩首弃市。畏愞(nuò)，胆怯，不敢抗敌。[19]朝：谓接受朝见。甘泉宫：宫名，在今陕西淳化县西北。[20]发：征发。[21]会：会师，会合。[22]累重：牵累及笨重之物，即家属与财物。余吾水：水名，即今蒙古国境内的图拉河。[23]待水南：匈奴军队十万在余吾水南岸等待迎击汉军。[24]解而引归：脱离战斗，撤退回师。[25]因杅：因杅将军公孙敖。左贤王：匈奴的王号。[26]捕得生口：活捉的匈奴俘虏。[27]族陵家：族灭李陵全家。[28]既而闻之：不久听到了真实情况。[29]大阏氏：匈奴单于之母。[30]匿之北方：藏匿在人烟稀少的北方。[31]以女妻陵：嫁女给李陵为妻。[32]立为右校王：封李陵为匈奴右校王。[33]髆：汉武帝子刘髆。

太始元年（乙酉，前96年）

春，正月，公孙敖坐妻为巫蛊要斩[1]。

徙郡国豪杰于茂陵[2]。

夏，六月，赦天下。

是岁，匈奴且鞮侯单于死；有两子，长为左贤王，次为左大将[3]。左贤王未至，贵人以为有病，更立左大将为单于。左贤王闻之，不敢进；左大将使人召左贤王而让位焉。左贤王辞以病，左大将不听，谓曰：“即不幸死，传之于我。”左贤王许之，遂立，为狐鹿姑单于；以左大将为左贤王。数年，病死[4]；其子先贤掸不得代[5]，更以为日逐王[6]。单于自以其子为左贤王。

二年（丙戌，前 95 年）

春，正月，上行幸回中。

杜周卒，光禄大夫暴胜之为御史大夫。

秋，旱。

赵中大夫白公奏穿渠引泾水[7]，首起谷口[8]，尾入栎阳[9]，注渭中[10]，袤二百里[11]，溉田四千五百余顷，因名曰白渠；民得其饶[12]。

三年（丁亥，前 94 年）

春，正月，上行幸甘泉宫。

二月，幸东海，获赤雁。幸琅邪，礼日成山[13]，登之罘[14]，浮大海而还。

是岁，皇子弗陵[15]生。弗陵母曰河间赵婕妤[16]，居钩弋宫[17]，任身[18]十四月而生。上曰："闻昔尧十四月而生，今钩弋亦然，"乃命其所生门曰尧母门。

> 臣光曰：为人君者，动静举措[19]不可不慎，发于中必形于外[20]，天下无不知之。当是时也，皇后、太子皆无恙，而命钩弋之门曰尧母，非名也[21]。是以奸人逆探上意[22]，知其奇爱[23]少子，欲以为嗣[24]。遂有危皇后、太子之心，卒成巫蛊之祸[25]，悲夫！

赵人江充为水衡都尉[26]。初，充为赵敬肃王[27]客，得罪于太子丹[28]，亡逃；诣阙告赵太子阴事[29]，太子坐废[30]。上召充入见。充容貌魁岸[31]，被服轻靡[32]，上奇之；与语政事，大悦，由是有宠，拜为直指绣衣使者[33]，使督察贵戚、近臣逾侈者[34]。充举劾无所避[35]，上以为忠直，所言皆中意[36]。尝从上甘泉，逢太子家使乘车马行驰道中[37]，充以属吏。太子闻之，使人谢充曰："非爱车马，诚不欲令人闻之，以教敕亡素[38]者；唯江君宽之[39]！"充不听，遂白奏[40]。上曰："人臣当如是矣！"大见信用，威震京师。

四年（戊子，前 93 年）

春，三月，上行幸泰山。壬午[41]，祀高祖于明堂以配上帝[42]，因受计。癸未[43]，祀孝景皇帝于明堂[44]。甲申[45]，修封。丙戌[46]，禅石间[47]。

夏，四月，幸不其[48]。五月，还，幸建章宫[49]，赦天下。

冬，十月，甲寅晦[50]，日有食之。

十二月，上行幸雍[51]，祠五畤[52]；西至安定、北地[53]。

（以上为第二段，写皇子刘弗陵出生，其母怀孕十四个月，汉武帝将其母的钩弋宫门命名为“尧母门”；这一举动使江充之流揣摩帝王心理而曲意逢迎，种下巫蛊之祸，受到司马光的批评。）

【注释】

［1］巫蛊：巫师使用邪术企图嫁祸于人的迷信手段。要斩：腰斩。要，同“腰”。［2］茂陵：汉武帝陵，在今陕西兴平市东北。按：茂陵，武帝建元二年始建，置邑，元朔二年移民充实，至此太始元年第三次移民充实。［3］左大将：匈奴王号，位在左贤王下。［4］病死：左贤王病死。［5］先贤掸：左贤王之子名。不得代：不能继承左贤王之位。［6］更以为日逐王：改立先贤掸为日逐王。居于匈奴的西方。［7］白公：姓名。公，尊称。泾水：水名，在关中，仅次于渭水的大河。［8］谷口：县名，治所在今陕西礼泉县东北。［9］栎阳：县名，治所在今陕西西安市高陵区东北。［10］注渭中：引泾水灌溉渭中地区。注，引水灌注。［11］袤二百里：指白渠长二百里。袤，广，此指长。［12］民得其饶：民得其利而富饶。［13］礼日：即拜日。成山：山名，在今山东威海市文登区东北。［14］之罘：岛名，在今山东烟台市福山区东北海中。［15］皇子弗陵：武帝少子刘弗陵，即后来继位的汉昭帝。［16］赵婕妤：河间（今河北献县东南）人，武帝的宠姬。［17］钩弋宫：宫名，在长安直门外。［18］任身：怀孕。任，通“妊”。［19］动静举措：一举一动，一切措施。［20］发于中必形于外：内心想的事，外表必然表现出来。中，内心，思想。［21］非名也：不符名分，名称不妥。［22］逆探上意：推测皇上意图。［23］奇爱：非常宠爱。［24］嗣：继承人。此指改换继承人。［25］卒成巫蛊之祸：终于酿成巫蛊祸患。戾太子死于巫蛊之祸。［26］江充：西汉赵国邯郸（今河北邯郸市）人，字次倩。本名齐，更名充。曾得武帝信任，为使治巫蛊，败坏戾太子。传见《汉书》卷四十五。水衡都尉：官名，汉武帝时始置，掌上林苑，兼保管皇家财物及铸钱。［27］赵敬肃王：刘彭祖，景帝之子，封为赵王，卒谥敬肃。［28］太子丹：刘丹，赵王彭祖之子。［29］诣阙告赵太子阴事：来到朝廷告发太子丹的隐私。阙，宫阙，指朝廷。［30］坐废：被判罪废太子之位。［31］容貌魁岸：相貌堂堂，十分英俊。［32］被服轻靡：穿着考究，轻细华丽。［33］直指绣衣使者：朝廷派往郡国核查案件的专使。［34］贵戚：皇室成员及外戚。近臣：天子近侍之臣。逾侈者：过分骄奢的人。［35］无所避：不回护任何人，不怕得罪权贵。［36］中意：符合天子的心意。［37］太子家使：卫太子家的使者。驰道：专供天子驰行之道。汉律，他人骑乘车马行驰道中，已论者没收

车马被具。［38］教敕亡素：平素没有管教好左右。［39］宽之：宽容放过。［40］白奏：报告汉武帝。［41］壬午：三月二十五日。［42］祀高祖于明堂：在明堂祭祀汉高祖。即设立高祖灵位。以配上帝：用以配祀上帝。［43］癸未：三月二十六日。［44］祀孝景皇帝于明堂：又在明堂增设孝景皇帝灵位。［45］甲申：三月二十七日。［46］丙戌：三月二十九日。［47］禅石闾：在石闾山祭地神。石闾，山名，在今山东泰安市。［48］不其：山名，在今山东青岛市即墨区西南。［49］建章宫：汉武帝新建宫殿，在故长安西南，今西安市西北。［50］甲寅晦：十月三十日。［51］雍：县名，在今陕西宝鸡市凤翔区南，建有行宫。［52］祠五畤：祭祀五天帝。［53］安定：郡名，郡治高平，在今宁夏固原市。北地：郡名，郡治马领，在今甘肃庆阳市西北。

征和元年（己丑，前92年）

春，正月，上还，幸建章宫。

三月，赵敬肃王彭祖薨。彭祖取江都易王所幸淖姬[1]，生男，号淖子。时淖姬兄为汉宦者，上召问[2]："淖子何如？"对曰："为人多欲。"上曰："多欲不宜君国子民[3]。"问武始侯昌[4]，曰："无咎无誉[5]。"上曰："如是可矣[6]。"遣使者立昌为赵王[7]。

夏，大旱。

上居建章宫，见一男子带剑入中龙华门，疑其异人，命收之[8]。男子捐剑走[9]，逐之弗获。上怒，斩门候[10]。

冬，十一月，发三辅骑士大搜上林[11]，闭长安城门索[12]，十一日乃解[13]，巫蛊始起[14]。

丞相公孙贺夫人君孺[15]，卫皇后姊也，贺由是有宠。贺子敬声代父为太仆[16]，骄奢不奉法，擅用北军钱千九百万[17]；发觉，下狱。

是时诏捕阳陵大侠朱安世甚急[18]，贺自请逐捕安世以赎敬声罪，上许之。后果得安世。安世笑曰："丞相祸及宗矣[19]！"遂从狱中上书，告"敬声与阳石公主[20]私通；上且上甘泉，使巫当驰道埋偶人[21]，祝诅上[22]，有恶言。"

（以上为第三段，写公孙贺的儿子公孙敬声担任太仆，骄横奢侈，不遵法纪，擅自动用军费，事情败露后被捕下狱；公孙贺追捕阳陵大侠客朱安世以赎子之罪，朱安世揭发公孙敬声用巫蛊术诅咒皇上，开启了巫蛊大案之祸。）

【注释】

[1]淖姬：姓淖，江都易王刘非之姬。刘非子刘建曾与淖姬通奸。刘建又有他罪被诛，国除。淖姬改适赵王刘彭祖。淖姬事见《资治通鉴》卷十九元狩二年。 [2]上召问：汉武帝宣召淖姬兄询问刘淖子的情况。 [3]君国子民：为国之君，以民为子。指为王。 [4]问武始侯昌：问武始侯昌怎么样。昌，也是赵敬肃王刘彭祖之子。 [5]无咎无誉：没有过错，也没有好名声。[6]如是可矣：这样的人基本可以。 [7]立昌为赵王：立刘昌为赵王。按：淖姬兄宦者，以己所知真实情况回答武帝，刘昌得以继位赵王。淖姬兄不护短，可谓忠实心善矣。 [8]命收之：下命抓捕。 [9]捐剑走：弃剑逃跑。 [10]斩门候：诛杀了门卫官。门候，掌宫门出入之人。犹今之门卫。 [11]发三辅骑士：征调全京师三辅的骑兵。三辅，即京兆尹、左冯翊、右扶风。大搜上林：对上林苑展开大搜捕。上林苑，皇家林陵，在今陕西西安市西南。 [12]闭长安城门索：关闭长安城门，展开全市大搜捕。 [13]十一日乃解：大搜捕十一天才解除戒严。 [14]巫蛊始起：巫蛊大案出现苗头。 [15]公孙贺：西汉北地义渠（今甘肃宁县西北）人，字子叔，以妻为卫皇后姐而得宠，官至丞相，封葛绎侯。传见《汉书》卷六十六。君孺：卫皇后之姐卫君孺。 [16]敬声：人名，公孙贺之子。太仆：官名，掌乘舆车马。 [17]擅用：私自占用，贪污。北军：汉代守卫京师的屯卫兵，因在未央宫北面而得名。 [18]阳陵：县名，在今陕西西安市高陵区西南。朱安世：人名，西汉的游侠。甚急：钦点要犯，十分紧急。 [19]祸及宗矣：灾祸毁灭全族。[20]阳石公主：武帝之女。 [21]当驰道埋偶人：在汉武帝去甘泉宫的驰道上埋像汉武帝的木偶人。 [22]祝诅上：诅咒皇上。

二年（庚寅，前 91 年）

春，正月，下贺狱[1]，案验[2]；父子死狱中，家族[3]。以涿郡太守刘屈氂[4]为丞相，封澎侯。屈氂，中山靖王子也。

夏，四月，大风，发屋折木[5]。

闰月[6]，诸邑公主、阳石公主及皇后弟子长平侯伉皆坐巫蛊诛[7]。

上行幸甘泉。

初，上年二十九乃生戾太子[8]，甚爱之。及长，性仁恕温谨，上嫌其材能少[9]，不类己[10]；而所幸王夫人生子闳[11]，李姬生子旦、胥[12]，李夫子生子髆[13]，皇后、太子宠浸衰[14]，常有不自安之意。

上觉之，谓大将军青曰："汉家庶事草创[15]，加四夷侵陵中国[16]，朕不变更制度，后世无法；不出师征伐，天下不安；为此者不得不劳民[17]。若后世又如朕所为[18]，是袭亡秦之迹也[19]。太子敦重好静[20]，必能安天下，不使朕忧。欲求守文之主[21]，安有贤于太子者乎！闻皇后与太子有不安之意，岂有之邪[22]？可以意晓之[23]。”大将军顿首谢[24]。皇后闻之，脱簪请罪[25]。太子每谏征伐四夷[26]，上笑曰：“吾当其劳[27]，以逸遗汝[28]，不亦可乎！”

上每行幸，常以后事付太子[29]，宫内付皇后；有所平决[30]，还[31]，白其最[32]，上亦无异[33]，有时不省也[34]。

上用法严[35]，多任深刻吏[36]；太子宽厚，多所平反[37]，虽得百姓心，而用法大臣皆不悦。皇后恐久获罪[38]，每戒太子[39]，宜留取上意[40]，不应擅有所纵舍[41]。上闻之，是太子而非皇后[42]。

群臣宽厚长者皆附太子，而深酷用法者皆毁之；邪臣多党与[43]，故太子誉少而毁多。卫青薨，臣下无复外家为据[44]，竞欲构太子[45]。

上与诸子疏[46]，皇后希得见[47]。太子尝谒皇后，移日乃出[48]。黄门苏文告上曰[49]：“太子与宫人戏[50]。”上益太子宫人满二百人[51]。太子后知之，心衔文[52]。文与小黄门常融、王弼等常微伺太子过[53]，辄增加白之[54]。皇后切齿[55]，使太子白诛文等。太子曰：“第勿为过[56]，何畏文等！上聪明，不信邪佞，不足忧也！”

上尝小不平[57]，使常融召太子，融言“太子有喜色”，上嘿然[58]。及太子至，上察其貌[59]，有涕泣处，而佯语笑[60]，上怪之[61]；更微问[62]，知其情，乃诛融。皇后亦善自防闲[63]，避嫌疑，虽久无宠，尚被礼遇[64]。

是时，方士及诸神巫[65]多聚京师，率皆左道惑众[66]，变幻无所不为。女巫往来宫中，教美人度厄[67]，每屋辄埋木人祭祀之；因妒忌恚詈[68]，更相告讦[69]，以为祝诅上[70]，无道[71]。上怒，所杀后宫延及大臣，死者数百人。

上心既以为疑，尝昼寝[72]，梦木人数千持杖欲击上，上惊寤[73]，因是体不平[74]，遂苦忽忽善忘[75]。江充自以与太子及卫氏有隙[76]，见上年老，恐晏驾[77]后为太子所诛，因是为奸[78]，言上疾祟在巫蛊[79]。

于是上以充为使者，治巫蛊狱[80]。充将胡巫掘地求偶人[81]，捕蛊及夜祠、视鬼[82]，染污令有处[83]，辄收捕验治，烧铁钳灼[84]，强服之[85]。民转相诬以巫蛊[86]，吏辄劾以为大逆无道[87]；自京师、三辅连及郡、国，坐而死者前后数万人[88]。

（以上为第四段，写太子刘据性格仁慈宽厚，汉武帝却嫌其不类己，江充利用巫蛊祸起，诬陷太子，穷追治蛊，有数万人受到无辜牵连而死。）

【注释】

[1]下贺狱：将公孙贺打入监狱。[2]案验：查办。[3]家族：家遭灭族。[4]刘屈氂：中山靖王刘胜之子，官至丞相，封澎侯。在巫蛊案中刘屈氂败太子，春风得意，越年汉武帝平太子冤，刘屈氂被腰斩。传见《汉书》卷六十六。[5]发屋折木：大风吹掀屋顶，吹断树木。[6]闰月：闰四月。[7]诸邑公主、阳石公主：皆武帝与卫皇后所生之女。皇后弟：指卫青。长平侯伉：卫伉，卫青之子。以上诸人，都因巫蛊案被诛杀。[8]戾太子：刘据，又称卫太子。武帝与卫皇后所生子。传见《汉书》卷六十三。[9]少：缺少才干。[10]不类己：不像自己。[11]闳：刘闳，武帝王夫人之子，封齐王，卒谥怀。[12]旦、胥：刘旦、刘胥。武帝李姬之子。刘旦封燕王，卒谥刺。刘胥封广陵王，卒谥厉。[13]髆：刘髆，武帝李夫人之子，封昌邑王，卒谥哀。[14]浸衰：逐渐失宠。[15]庶事草创：众事初创。[16]四夷侵陵中国：周边各族侵扰中国。陵，通“凌”。[17]劳民：劳苦百姓。[18]如朕所为：像我一样行事。[19]袭亡秦之迹也：重走秦朝灭亡的老路。袭，重走。[20]敦重好静：敦厚稳重。[21]守文之主：以文治国的君王。[22]岂有之邪：难道真是这样的吗？[23]以意晓之：把朕的意思转达皇后太子。[24]顿首谢：叩头感谢。[25]脱簪请罪：拔掉头上饰物向皇上请罪。[26]谏征伐四夷：劝止征伐四方。[27]吾当其劳：我担当劳苦。[28]以逸遗汝：把安逸留给你。[29]上每行幸，常以后事付太子：汉武帝每外出，常把随后要办的事交付给太子。[30]有所平决：自己作主办了的事。[31]还：武帝回宫。[32]白其最：向武帝报告最主要的事。[33]上亦无异：武帝也没提出异议。[34]有时不省也：有时根本不过问。[35]用法严：执法严苛。[36]多任深刻吏：多任用执法苛酷的官吏。[37]平反：纠正，重新从宽处理。[38]恐久获罪：害怕长此下去会获罪。[39]每戒太子：经常告诫太子。[40]宜留取上意：应当请示听取皇上的意见。留，一些事要停留请示。[41]不应擅有所纵舍：不应擅自有所纵容宽赦。[42]是太子而非皇后：赞同太子的做法，不赞同皇后的说法。[43]邪臣多党与：奸臣拉帮结派，很多同伙。[44]无复外家为据：谓太子已没有外家做靠山。[45]竞欲构太子：便争相陷害太子。[46]疏：疏远，很少在一起。[47]希得见：很少见，难得在一起。希，通“稀”，少。[48]移日乃出：时间很久才出皇后宫。移日，时间久，太阳移了位置。[49]黄门：宦官之称。苏文：宦者。告上：向汉武帝打小报告诬陷太子。[50]戏：戏耍，不庄重。[51]“上益”句：汉武帝增加太子宫中的宫人到二百人。[52]心衔文：心里怨恨苏文。[53]微伺太子过：暗中侦察太子的过错。[54]辄增加白之：总要添油加醋夸大错误向汉武帝报告。[55]皇后切齿：皇后恨得咬牙切齿。[56]第

勿为过：只要不犯错误。［57］小不平：身体微有不适；不大舒适。［58］上嘿然：汉武帝沉默不语。按：心情沉痛失望。［59］察其貌：观察太子的脸色。［60］佯语笑：假装有说有笑。［61］上怪之：武帝惊怪太子并无喜色而是心忧。［62］更微问：再暗中查问。［63］善自防闲：小心自处，避开嫌疑。［64］尚被礼遇：还能受到皇上的以礼相待。［65］神巫：装神弄鬼的巫者。［66］左道惑众：用奇幻邪术迷惑民众。［67］美人：宫妃一个等级名号。度厄：用迷信除灾的方法，此用埋木偶祭祀，即巫蛊之起也。［68］恚詈：怨恨咒骂。［69］更相告讦（jié）：互相攻击。［70］祝诅上：祈使鬼神降祸于武帝。［71］无道：大逆不道。［72］昼寝：白天睡觉。［73］惊寤：从梦中惊醒。［74］体不平：身体不适。［75］遂苦忽忽善忘：于是精神恍惚，记不起事情，非常苦恼。忽忽，迷迷糊糊。［76］隙：隔阂，猜疑。［77］晏驾：武帝死的讳称。［78］为奸：生出奸计。［79］言上疾祟在巫蛊：说皇上的病是巫蛊为祸。祟（suì），祸祟，鬼怪作祟。［80］治巫蛊狱：主持审理巫蛊大案。［81］掘地求偶人：挖地寻找木偶人。［82］“捕蛊”句：逮捕那些用巫蛊害人、夜晚祷祝、自称能见鬼的人。夜祠，指夜晚祭祀祝诅之人。视鬼，谓使巫视鬼之人。［83］染污令有处：谓江充使胡巫染污土地，伪造祠祭处所。［84］烧铁钳灼：以烧红的铁钳之或灼之。［85］强服之：强迫被捕的人认罪。［86］民转相诬以巫蛊：民众在刑讯逼迫下互相诬指对方用巫蛊害人。［87］吏辄劾以为大逆无道：办案官吏就依据招供来劾奏招供人大逆不道。［88］数万人：从京师以至全国涉案人有几万人。

是时，上春秋高[1]，疑左右皆为蛊祝诅；有与无，莫敢讼其冤者[2]。充既知上意[3]，因胡巫檀何[4]言：“宫中有蛊气；不除之，上终不差[5]。”上乃使充入宫，至省中[6]，坏御座，掘地求蛊[7]；又使按道侯韩说、御史章赣、黄门苏文等助充。充先治后宫希幸夫人[8]，以次及皇后、太子宫，掘地纵横[9]，太子、皇后无复施床处[10]。

充云：“于太子宫得木人尤多[11]，又有帛书[12]，所言不道；当奏闻[13]。”太子惧，问少傅石德[14]。德惧为师傅并诛，因谓太子曰：“前丞相父子[15]、两公主及卫氏[16]皆坐此[17]，今巫与使者掘地得征验，不知巫置之邪，将实有也，无以自明[18]。可矫以节收捕充等系狱[19]，穷治其奸诈[20]。且上疾在甘泉，皇后及家吏请问皆不报[21]；上存亡未可知[22]，而奸臣如此，太子将不念秦扶苏事[23]邪！”太子曰：“吾人子，安得擅诛！不如归谢[24]，幸得无罪。”太子将往之甘泉，而江充持太子甚急[25]；太子计不知所出，遂从石德计。

秋，七月，壬午[26]，太子使客诈为使者，收捕充等；按道侯说疑使者有诈[27]，不肯受诏，客格杀说[28]。太子自临斩充，骂曰："赵虏[29]！前乱乃国王父子[30]不足邪[31]！乃复乱吾父子也！"又炙胡巫上林中[32]。

（以上为第五段，写江充与太子刘据有矛盾，于是勾结按道侯韩说、宦官苏文等四人诬陷太子，太子自保，矫诏抓捕江充、胡巫处死。）

【注释】

[1]春秋高：年事高，年老。 [2]"有与无"二句：那些被捕的人，无论真与假，谁都不敢喊冤。有与无，即真与假。有，犯巫蛊之人；无，没有参与的人。 [3]充既知上意：江充窥探知汉武帝的疑心病，认为身边亲人都在用巫蛊祝诅他。 [4]胡巫檀何：匈奴巫师名叫檀何。江充通过檀何来替自己的奸计代言。 [5]不差：病不痊愈。 [6]省中：宫禁之中，指皇上居处。[7]坏御座，掘地求蛊：毁坏皇帝宝座，挖地找蛊。 [8]先治后宫希幸夫人：先从皇帝很少光顾的后宫夫人的房间下手。希，通"稀"，很少。 [9]掘地纵横：房间被挖得乱七八糟。 [10]无复施床处：找不到一块安放床的地方。 [11]木人尤多：从太子宫中挖出的木偶人最多。按：以及下文帛书等等，皆江充使胡巫伪造的证据。 [12]帛书：写字于帛上的咒语。 [13]当奏闻：应当上奏天子。 [14]少傅：官名，掌辅佐太子。石德：人名。 [15]前丞相父子：指公孙贺父子。 [16]两公主：指诸邑公主、阳石公主。卫氏：指卫伉。 [17]坐此：都因巫蛊获罪。[18]无以自明：无法自己说清楚。 [19]可矫以节收捕充等系狱：只有假传皇上命令用符节把江充等人抓起来关进监狱。矫，假托诏命。节，符节。系狱，拘禁在狱中。 [20]穷治其奸诈：彻底追究他们的奸计。 [21]"皇后"句：皇后和太子派遣的下属向汉武帝请示被阻隔，见不到皇上。皇后及家吏，皇后之吏及太子家吏。 [22]存亡未可知：死活情况不知。 [23]念秦扶苏事：想一想秦朝扶苏的事。指示太子不要步扶苏的后尘。扶苏被害事见《资治通鉴》卷七秦始皇三十七年。[24]"吾人子"三句：我当儿子的，怎能擅自诛东大臣，不如前往甘泉宫请罪。归谢，到天子跟前认错，请罪。 [25]江充持太子甚急：江充却抓住太子的事逼迫十分紧急。 [26]壬午：七月九日。 [27]疑使者有诈：怀疑使者是假的，不是皇上派遣。诈，假。 [28]客格杀说（yuè）：太子门客格斗杀了韩说。 [29]赵虏：你个赵国奴才。 [30]乃国王：你江充的国王。江充赵国人，故称赵王为你的国王。父子：指赵王刘彭祖，及子刘丹。丹为太子，因江充告发其罪被废。[31]不足邪：还不够吗？ [32]炙：用火烧。

太子使舍人无且[1]持节夜入未央宫殿长秋门[2]，因长御倚华具白皇后[3]，发中厩车载射士[4]，出武库兵[5]，发长乐宫卫卒[6]。长安扰乱，言太子反[7]。苏文迸走[8]，得亡归甘泉[9]，说太子无状[10]。上曰："太子必惧，又忿充等，故有此变。”乃使使召太子。使者不敢进，归报云：“太子反已成[11]，欲斩臣，臣逃归。”上大怒。

丞相屈氂闻变，挺身逃[12]，亡其印绶[13]，使长史乘疾置以闻[14]。上问：“丞相何为[15]？”对曰：“丞相秘之[16]，未敢发兵。”上怒曰：“事籍籍如此[17]，何谓秘也[18]！丞相无周公之风[19]矣，周公不诛管、蔡乎[20]！”乃赐丞相玺书曰：“捕斩反者，自有赏罚。以牛车为橹[21]，毋接短兵[22]，多杀伤士众！坚闭城门[23]，毋令反者得出！”太子宣言告令百官云：“帝在甘泉病困，疑有变；奸臣欲作乱。”

上于是从甘泉来，幸城西建章宫，诏发三辅近县兵，部中二千石以下[24]，丞相兼将之。太子亦遣使者矫制[25]赦长安中都官囚徒[26]，命少傅石德及宾客张光等分将[27]；使长安囚如侯持节发长水及宣曲胡骑[28]，皆以装会[29]。侍郎马通使长安[30]，因追捕如侯，告胡人曰[31]：“节有诈[32]，勿听也！”遂斩如侯[33]，引骑入长安；又发楫棹士[34]以予大鸿胪商丘成[35]。初，汉节纯赤[36]，以太子持赤节，故更为黄旄加上以相别[37]。

太子立车北军南门外[38]，召护北军使者任安[39]，与节，令发兵。安拜受节；入，闭门不出。太子引兵去，驱四市人[40]凡数万众，至长乐西阙下[41]，逢丞相军，合战五日，死者数万人，血流入沟[42]中。民间皆云“太子反”，以故众不附太子[43]，丞相附兵浸多[44]。

庚寅[45]，太子兵败，南奔覆盎城门[46]。司直田仁部闭城门[47]，以为太子父子之亲[48]，不欲急之[49]；太子由是得出亡[50]。丞相欲斩仁，御史大夫暴胜之谓丞相曰：“司直，吏二千石，当先请[51]，奈何擅斩之[52]！”丞相释仁。上闻而大怒，下吏责问御史大夫曰：“司直纵反者[53]，丞相斩之，法也[54]；大夫何以擅止之[55]？”胜之惶恐，自杀。

诏遣宗正刘长、执金吾刘敢奉策收皇后玺绶[56]，后自杀。上以为任安老吏，见兵事起，欲坐观成败，见胜者合从之[57]，有两心[58]，与田仁皆要斩[59]。上以马通获如侯，长安男子景建从通获石德[60]，商丘成力战获张光，封通为重合侯，建为德侯，成为秺侯。诸太子宾客尝出入宫门，皆坐诛[61]；其随太子发兵，以反法族[62]；吏士劫略者皆徙敦煌郡[63]。以太子在外，始置屯兵长安诸城门。

（以上为第六段，京师传言太子造反，汉武帝令丞相刘屈氂镇压造反者，调兵与太子大战长安城中，太子兵败外逃，长安各城门置屯兵戒严。）

【注释】

［1］舍人：官名，太子的幕僚。无且：人名。［2］长秋门：长秋殿之门。［3］长御：宫中官名。倚华：人名，具白：详细报告。［4］发：征发。中厩：天子的内厩。射士：弓箭手。［5］出武库兵：打开国家武器库拿出兵器。［6］长乐宫：即汉代东宫。太后住处。卫卒：守卫长乐宫的卫士。［7］言太子反：传言太子造反。［8］迸走：拼命逃跑。［9］亡归甘泉：逃回甘泉宫。［10］无状：不像话，不成体统。［11］太子反已成：太子真的造反了。［12］挺身逃：转身就逃。［13］亡其印绶：把随身的丞相印绶都丢掉了。［14］使长史：派出丞相长史。乘疾置以闻：骑上驿站快马向皇上报告。［15］何为：在干什么？［16］丞相秘之：丞相封锁消息。［17］事籍籍如此：事情纷纷扬扬已到这样的地步。［18］何谓秘也：还能封锁吗？［19］丞相无周公之风：丞相没有一点周公平乱的风度。周公，姬旦，周武王之弟。武王死，管叔姬鲜、蔡叔姬度联合殷后武庚叛乱，周公诛杀了管叔、蔡叔两个兄弟。［20］周公不诛管、蔡乎：周公不是杀了管叔、蔡叔吗？示意丞相可效法周公诛杀太子。刘屈氂与卫太子也是兄弟辈。［21］以牛车为橹：用牛车作掩护。橹，盾，护身兵器。［22］毋接短兵：不要短兵相接。［23］坚闭城门：紧闭长安城门。［24］部中二千石以下：部署京师中二千石以下官员参加平叛的战斗。九卿、郡国守相皆二千石官员。即动员文武百官皆要参战，听候丞相调遣。［25］矫制：假传皇上命令。［26］赦长安中都官囚徒：释放京师各官署的囚徒充作战士。［27］分将：各带一支部队。［28］如侯：人名，发长水及宣曲胡骑：调出长水、宣曲两地的外族骑兵。汉武帝置长水校尉为匈奴人骑兵、宣曲校尉为南越人骑兵，分别屯驻长水、宣曲拱卫京师，示胡人为天子臣民。长水、宣曲，两地名，均在今西安市鄠邑区。［29］皆以装会：一律全副武装会合。［30］侍郎马通使长安：侍郎，官名，宫中近侍。马通，人名，汉武帝派出的使者，也到长安县调发胡骑。［31］告胡人曰：马通向胡骑发出指示说。［32］节有诈：太子使者如侯所持符节是假的。诈，假也。［33］遂斩如侯：于是杀了如侯。［34］发楫棹士：又征发昆明池的船工。楫棹士，船工。楫、棹，皆划船工具。昆明池，靠近长水、宣曲。［35］大鸿胪：官名，掌民族事务。商丘成：人名，胡骑、船工均由商丘成指挥，以攻太子。［36］汉节纯赤：汉朝符节为大红色。［37］更为黄旄加上以相别：由于太子使用了汉符节，所以汉武帝调兵，在符节上增加了黄缨用以区别。黄旄，黄色旄牛毛制作的缨带。［38］北军：屯于未央宫北门外的京师卫兵，故名北军。南门外：北军军营南门外。［39］护北军使者：官名，掌监护北军。任安：人名。［40］驱：强行武装。四市人：长安东西南北各个市场的人员。京师全城共九个市场，合计数万人。［41］长乐西阙下：长乐宫

西门外。长乐宫，皇后、皇太后居住之宫，在未央宫东。［42］沟：街市上的通水沟。［43］不附太子：不依附太子。［44］浸多：越来越多。浸，逐渐。［45］庚寅：七月十七日。［46］覆盎城门：长安城南出东头第一门，又称杜门。［47］司直：官名，元狩五年初置，佐丞相举不法，秩比二千石。田仁：人名。［48］父子之亲：指太子与武帝的关系。［49］不欲急之：不想逼迫太急。［50］出亡：出城逃走。［51］当先请：应当先请示天子。［52］奈何擅斩之：怎么能自作主张杀大臣呢？［53］纵反者：放走造反的人。［54］法也：合法的。［55］擅止之：自作主张阻止丞相执法。［56］奉策：带着皇帝的策书。策，指废后的策命。收皇后玺绶：收缴皇后的印章。［57］合从之：与之联合，即依附胜者。［58］有两心：有二心，脚踏两船，没有忠心。［59］要斩：腰斩。要，通“腰”。［60］从通获石德：跟随马通抓获了石德。［61］皆坐诛：一律判死刑。［62］以反法族：判造反罪灭族，满门抄斩。［63］吏士劫略者皆徙敦煌：被胁迫的官吏将士一律充军到敦煌郡。敦煌，郡名，郡治敦煌，在今甘肃敦煌市西。

上怒甚，群下忧惧，不知所出。壶关三老茂上书曰[1]：“臣闻父者犹天，母者犹地，子犹万物也，故天平，地安，物乃茂成；父慈，母爱，子乃孝顺。今皇太子为汉嫡嗣[2]，承万世之业，体祖宗之重，亲则皇帝之宗子也[3]。江充，布衣之人，闾阎之隶臣耳[4]；陛下显而用之，衔至尊之命以迫蹴皇太子[5]，造饰奸诈[6]，群邪错缪[7]，是以亲戚之路鬲塞[8]而不通。太子进则不得见上，退则困于乱臣，独冤结而无告[9]，不忍忿忿之心，起而杀充[10]，恐惧逋逃[11]，子盗父兵[12]，以救难自免耳，臣窃以为无邪心[13]。《诗》曰[14]：‘营营青蝇止于藩，恺悌君子无信谗言。谗言罔极，交乱四国[15]。’往者江充谗杀赵太子，天下莫不闻。陛下不省察[16]，深过太子[17]，发盛怒，举大兵而求之[18]，三公自将[19]；智者不敢言，辩士不敢说[20]，臣窃痛之[21]！唯陛下宽心慰意[22]，少察所亲[23]，毋患太子之非[24]，亟罢甲兵[25]，无令太子久亡[26]！臣不胜惓惓[27]，出一旦之命，待罪建章宫下。”书奏，天子感寤，然尚未敢显言赦之也[28]。

太子亡，东至湖[29]，藏匿泉鸠里[30]；主人家贫，常卖屦以给太子[31]。太子有故人在湖，闻其富赡[32]，使人呼之而发觉[33]。

八月，辛亥[34]，吏围捕太子。太子自度不得脱[35]，即入室距户自经[36]。山阳[37]男子张富昌为卒，足蹋开户，新安令史[38]李寿趋抱解太子，主人公遂格斗死，皇孙二人[39]并皆遇害。上既伤太子[40]，乃封李寿为邘侯，张富昌为题侯。

初，上为太子立博望苑[41]，使通宾客，从其所好，故宾客多以异端进者[42]。

臣光曰：古之明王教养太子，为之择方正敦良之士[43]，以为保傅、师友[44]，使朝夕与之游处。左右前后无非正人[45]，出入起居无非正道，然犹有淫放邪僻[46]而陷于祸败者焉[47]。今乃使太子自通宾客，从其所好。夫正直难亲[48]，谄谀易合[49]，此固中人之常情[50]，宜太子之不终[51]也！

癸亥[52]，地震。

九月，商丘成为御史大夫。

立赵敬肃王小子偃为平干王[53]。

匈奴入上谷、五原[54]，杀掠吏民。

（以上为第七段，写茂陵三老上书诉说太子刘据的冤情，汉武帝刘彻有所醒悟而犹豫未下达赦令；太子刘据逃到湖县，消息泄露，被围困而自杀，两位皇孙也一同遇害。）

【注释】

[1]壶关：县名，治所在今山西屯留长治市屯留区东。三老：乡官，掌乡里教化。茂：人名，荀悦《汉纪》载，茂姓令狐。[2]汉嫡嗣：汉朝的合法继承人。[3]宗子也：嫡长子。[4]闾阎之隶臣耳：一个乡下的贱民、市井的奴才罢了。[5]衔至尊之命：奉天子之命。迫蹴：欺凌。[6]造饰奸诈：编造罪名，栽赃欺诈。[7]群邪错缪：群奸陷害。[8]亲戚之路鬲塞：父子亲情被隔绝。鬲，通“隔”。[9]独冤结而无告：独自蒙冤纠结于心，无处申诉。[10]“不忍”二句：忍不住愤恨的心情，奋起杀死江充。[11]逋逃：被迫逃亡。[12]子盗父兵：儿子盗用了父亲的兵。[13]无邪心：没有奸心，即不是造反。[14]《诗》曰：引诗见《诗·小雅·青蝇》。[15]“营营青蝇”四句：绿蝇往来落篱笆，谦谦君子不信谗。否则谗言无休止，天下四方出乱子。营营，往来盘旋貌。藩，篱笆。恺悌，和易近人。罔极，无边，没有止境。[16]不省察：不细察。[17]深过太子：过分地责备太子。[18]求之：追捕太子。[19]三公自将：丞相亲自挂帅。三公，指丞相。[20]“智者”二句：智慧的人不敢进言，善辩之士难以开口。[21]臣窃痛之：臣私下深感痛心。[22]陛下宽心慰意：皇上放宽心怀，平息情绪。[23]少察所亲：稍稍想一想父子亲情。少，稍。察，思考，想一想。[24]毋患太子之非：太子的过错不要耿耿于

怀。毋患，不要纠结，不要耿耿于怀。［25］亟罢甲兵：立即停止搜捕。［26］久亡：长久逃亡在外。［27］不胜惓惓：情不自禁唠唠叨叨。惓惓，同“拳拳”，恳切的样子，一片忠心的样子。［28］“然尚未”句：但是还没有公开发布赦免令。［29］湖：县名，治所在今河南灵宝市西。［30］泉鸠里：里名，在河南灵宝市。［31］卖屦以给太子：卖草鞋来奉养太子。屦（jù），麻、葛等制成的鞋。［32］富赡：富有。［33］发觉：暴露，消息泄露。［34］辛亥：八月八日。［35］脱：逃脱。［36］距户自经：闭门上吊自杀。［37］山阳：县名，县治在今河南焦作市东。［38］新安：县名，县治在今河南渑池县东。令史：县中小吏。［39］皇孙二人：太子之子两人。［40］伤太子：为太子哀伤。［41］博望苑：苑名，在故长安杜门外。［42］多以异端进者：太子宾客很多以激进求进用。异端，不敦厚，不符儒家思想。［43］择：挑选。方正敦良之士：正直敦厚、品格优良的人。［44］以为保傅、师友：作为老师、朋友。保傅，太保、太傅、太师，乃帝王之师。少保、少傅、少师，太子之师。友，朋友。这里泛指师友。［45］无非正人：都是正直的人。［46］淫放邪僻：指行为淫乱、放荡、邪恶、乖僻。［47］陷于祸败者焉：必然身败名裂。［48］正直难亲：正直的人难以亲近。谓难以学会正直。［49］谄谀易合：阿谀奉承的人容易投合。［50］固中人之常情：本来就是普通人的常情。中人，普通的人，平凡的人。［51］宜太子之不终：难怪太子没有好结果。不终，太子之位不保。［52］癸亥：八月二十日。［53］小子偃：赵王刘彭祖的小儿子刘偃，册封为平干王。［54］上谷：郡名，郡治沮阳，在今河北怀来县东南。五原：郡名，郡治九原，在今内蒙古包头市西。

三年（辛卯，前90年）

春，正月，上行幸雍，至安定、北地[1]。

匈奴入五原、酒泉[2]，杀两都尉[3]。三月，遣李广利将七万人出五原，商丘成将二万人出西河[4]，马通将四万骑出酒泉，击匈奴。

夏，五月，赦天下。

匈奴单于闻汉兵大出，悉徙其辎重北邸郅居水[5]；左贤王驱其人民度余吾水[6]六七百里，居兜衔山[7]；单于自将精兵渡姑且水[8]。商丘成军至，追邪径[9]，无所见，还。匈奴使大将与李陵将三万余骑追汉军，转战九日，至蒲奴水[10]；虏不利，还去。马通军至天山[11]，匈奴使大将偃渠将二万余骑要汉兵[12]，见汉兵强，引去[13]；通无所得失。是时，汉恐车师[14]遮马通军[15]，遣开陵侯成娩将楼兰、尉犁、危须[16]等六国兵共围车师，尽得其王民众而还。贰师将军出塞，匈奴使右大都尉[17]与卫律将五千骑要击汉军于夫羊句山狭[18]，贰师击破之，乘胜追北至范夫人城[19]；匈奴奔走，莫敢距敌[20]。

初，贰师之出也，丞相刘屈氂为祖道[21]，送至渭桥[22]。广利曰："愿君侯早请昌邑王为太子[23]；如立为帝，君侯长何忧乎[24]！"屈氂许诺。昌邑王者，贰师将军女弟[25]李夫人子也；贰师女为屈氂子妻，故共欲立焉[26]。会内者令郭穰告[27]"丞相夫人祝诅上及与贰师共祷祠，欲令昌邑王为帝"，按验[28]，罪至大逆不道。

六月，诏载屈氂厨车以徇[29]，要斩东市[30]，妻子枭首华阳街[31]；贰师妻子亦收[32]。贰师闻之，忧惧，其掾胡亚夫亦避罪从军[33]，说贰师曰："夫人、室家皆在吏[34]，若还，不称意适与狱会[35]，郅居以北[36]，可复得见乎[37]！"贰师由是狐疑[38]，深入要功[39]，遂北至郅居水上。虏已去，贰师遣护军将二万骑度郅居之水[40]，逢左贤王、左大将将二万骑，与汉兵合战一日[41]，汉军杀左大将，虏死伤甚众。

军长史与决眭都尉煇渠侯谋曰[42]："将军怀异心，欲危众求功，恐必败。"谋共执贰师。贰师闻之，斩长史，引兵还至燕然山[43]。单于知汉军劳倦，自将五万骑遮击贰师[44]，相杀伤甚众；夜，堑汉军前[45]，深数尺，从后急击之，军大乱[46]；贰师遂降。单于素知其汉大将，以女妻之，尊宠在卫律上。宗族遂灭[47]。

秋，蝗。

九月，故城父令公孙勇与客胡倩等谋反[48]，倩诈称光禄大夫[49]，言使督盗贼[50]；淮阳太守田广明觉知[51]，发兵捕斩焉。公孙勇衣绣衣[52]、乘驷马车至圉[53]；圉守尉魏不害[54]等诛之。封不害等四人为侯[55]。

吏民以巫蛊相告言者，案验多不实。上颇知太子惶恐无他意[56]，会高寝郎田千秋[57]上急变[58]，讼太子冤曰[59]："子弄父兵[60]，罪当笞[61]。天子之子过误杀人[62]，当何罪哉[63]！臣尝梦一白头翁教臣言。"上乃大感寤[64]，召见千秋，谓曰："父子之间，人所难言也，公独明其不然[65]。此高庙神灵使公教我，公当遂为吾辅佐。"立拜千秋为大鸿胪[66]，而族灭江充家，焚苏文于横桥[67]上；及泉鸠里加兵刃于太子者，初为北地[68]太守，后族。上怜太子无辜[69]，乃作思子宫，为归来望思之台于湖[70]，天下闻而悲之。

（以上为第八段，写汉武帝令李广利等率军进攻匈奴，李广利兵败降匈奴，全家遭族灭；丞相刘屈氂被告诅咒皇上亦被族灭；高庙郎田千秋上紧急奏章，为太子鸣冤，汉武帝醒悟，平反太子冤狱，族灭江充，烧杀苏文。）

【注释】

[1]安定：郡名，郡治高平，在今宁夏固原市。北地：郡名，郡治马领，在今甘肃庆阳市西北。[2]酒泉：郡名，郡治禄福，在今甘肃酒泉市。[3]都尉：官名，掌一郡之军事。[4]西河：郡名，郡治平定，在今内蒙古鄂尔多斯市东胜区境内。[5]辎重：行军时由运输部队携带的物资。北邸郅居水：向北移辎重到达郅居水。此水源于今杭爱山脉北麓，流入贝加尔湖的色楞格河。[6]度：渡过。余吾水：水名，即今蒙古国乌兰巴托市附近的图拉河。[7]兜衔山：山名，地点不明。[8]姑且水：水名，源于今杭爱山脉东南麓，南流。[9]追邪径：走捷径追击匈奴。邪，通“斜”，斜径，近道，捷径。[10]蒲奴水：水名，源于今杭爱山脉东麓，东南流。[11]天山：即今新疆境内之天山山脉。[12]要汉兵：拦截汉军。要，通“邀”，拦截。[13]引去：退走。[14]车师：西域国名，在今新疆吐鲁番附近。[15]遮马通军：阻击马通的军队。[16]楼兰：西域国名，在今新疆罗布泊西南一带。尉犁：西域国名，在今新疆伊犁一带。危须：西域国名，在今新疆焉耆县东北。[17]右大都尉：匈奴官名。[18]夫羊句（gōu）山狭：峡谷名。在今蒙古国达兰扎达嘎德城西。狭，同“峡”。[19]追北：追击败兵。范夫人城：在夫羊句山峡东北，今蒙古国达兰扎达嘎德城。[20]莫敢距敌：没有哪支匈奴兵敢于抗拒汉军。距，通“拒”。[21]祖道：设宴送行。[22]渭桥：桥名，在汉代长安城北渭水上。[23]君侯：对列侯的尊称。汉丞相均封侯。昌邑王：汉武帝宠姬李夫人所生子刘髆。贰师将军李广利为李夫人之兄，与丞相刘屈氂结为亲家。[24]长何忧乎：想长久为丞相没什么忧虑了。[25]女弟：妹。[26]共欲立焉：立昌邑王为太子，是李广利、刘屈氂两人共同的心愿。[27]内者令：官名，是“内谒者令”的省称，掌宫内卧具帷帐，属少府。郭穰：人名。告：告发。[28]按验：查证。[29]诏载屈氂厨车以徇：诏令用厨车拉上刘屈氂游街示众。厨车，载食之车。徇，游街示众。[30]要斩东市：在长安东市场腰斩。要，通“腰”。[31]枭首：斩首，悬以示众。华阳街：长安街道之一。[32]收：拘捕。[33]掾：幕僚。胡亚夫：人名。避罪从军：因避罪来从军的幕僚，即身负重案。[34]在吏：指李广利家属亦被关押。[35]不称意：不符皇上之意。适与狱会：恰好与家人在狱中相会。意谓，回到汉朝等于自投罗网。[36]郅居以北：郅居水北岸。指李广利当下所处位置，意谓当下未在汉朝还是一个自由人。[37]可复得见乎：可以再现吗？意谓还能像现在这样有自由吗？按：胡亚夫之言，劝李广利降匈奴。[38]狐疑：犹豫不决。[39]深入要功：深入匈奴立功。要，通“邀”，求得功劳。[40]护军：军官名，监护军纪。度：通“渡”，指渡过郅居水。[41]合战一日：会战一天，大战一天。[42]军长史：贰师将军府长史。决眭都

尉：军官名。谋曰：共谋背叛。［43］燕然山：即今蒙古国之杭爱山。［44］遮击贰师：拦击贰师将军。［45］堑汉军前：逼近汉军军营挖壕沟。［46］军大乱：汉军溃乱大败。按：汉军稍一后退即坠入壕沟，因而大溃败。［47］宗族遂灭：李广利家族毁灭。［48］故城父令：前城父县县令。城父，县名，县治在今安徽亳州市东南。公孙勇：人名。胡倩：人名。谋反：共谋造反。［49］诈称：假称。［50］言使督盗贼：称说是朝廷派遣督察缉捕盗贼。［51］"淮阳"句：淮阳太守田广明察觉有诈。淮阳，郡名，郡治陈县，在今河南周口市淮阳区。［52］衣绣衣：穿绣衣，即装扮为抓捕盗贼的专使，绣衣御史。［53］圉：县名，县治在今河南太康县西北。［54］圉守尉：圉县的县尉军官。魏不害：人名。［55］封不害等四人为侯：不害，当涂侯；江德，轑阳侯；苏昌，蒲侯；圉县小史，关内侯，食邑于圉县的遗乡。［56］无他意：没有其他意图。［57］高寝郎：官名，掌高庙卫寝。田千秋：又作车千秋，西汉长陵（今陕西咸阳市东北）人，官至丞相，封富民侯。传见《汉书》卷六十六。［58］上急变：上报非常之事。［59］讼太子冤曰：为太子鸣冤说。讼，诉讼，此指鸣冤。［60］子弄父兵：儿子盗用了一回父亲的军队。弄，戏弄，盗用。［61］罪当笞：其罪应鞭打一顿。［62］过误杀人：失手致人命，不是有意杀人。［63］当何罪哉：皇帝儿子失手杀人，怎么判罪呢？按：子弄父兵，即言"弄"不是造反，如同过误杀人而非有意杀人，不当有死罪。［64］大感寤：彻底醒悟。［65］明其不然：说明了难言的地方，揭示了真相。［66］大鸿胪：官名，九卿之一，掌民族事务。［67］横桥：长安横门外的渭桥。［68］北地：郡名，郡治马领，在今甘肃庆阳市西北。［69］无辜：无罪。［70］湖：县名，治所在今河南灵宝市西。

四年（壬辰，前 89 年）

春，正月，上行幸东莱[1]，临大海，欲浮海求神山。群臣谏，上弗听；而大风晦冥[2]，海水沸涌。上留十余日，不得御楼船，乃还。

二月，丁酉[3]，雍县无云如雷者三[4]，陨石二，黑如黳[5]。

三月，上耕于巨定[6]。还，幸泰山，修封。庚寅[7]，祀于明堂[8]。癸巳[9]，禅石闾[10]，见群臣，上乃言曰："朕即位以来，所为狂悖[11]，使天下愁苦，不可追悔。自今事有伤害百姓，縻费天下者[12]，悉罢之[13]！"

田千秋曰："方士言神仙者甚众，而无显功，臣请皆罢斥遣之[14]！"上曰："大鸿胪言是也。"于是悉罢诸方士候神人者。是后上每对群臣自叹："向时愚惑[15]，为方士所欺。天下岂有仙人，尽妖妄耳[16]！节食服药[17]，差可少病而已[18]。"

夏，六月，还，幸甘泉。

丁巳[19]，以大鸿胪田千秋为丞相，封富民侯[20]。千秋无他材能[21]，又无伐阅[22]功劳，特以一言寤意[23]，数月取宰相，封侯，世未尝有也。然为人敦厚有智，居位自称[24]，逾于前后数公[25]。

先是搜粟都尉[26]桑弘羊与丞相、御史奏言："轮台[27]东有溉田五千顷以上，可遣屯田卒[28]，置校尉三人分护[29]，益种五谷[30]；张掖、酒泉遣骑假司马为斥候[31]；募民壮健敢徙者诣田所[32]，益垦溉田，稍筑列亭[33]，连城而西[34]，以威西国[35]，辅乌孙[36]。"

上乃下诏，深陈既往之悔[37]曰："前有司奏欲益民赋三十[38]，助边用，是重困[39]老弱孤独也。而今又请遣卒田轮台[40]。轮台西于车师千余里，前开陵侯[41]击车师时，虽胜，降其王[42]，以辽远乏食，道死者尚数千人，况益西[43]乎！

"曩者朕之不明[44]，以军候弘[45]上书，言'匈奴缚马前后足置城下，驰言"秦人，我丐若马[46]。"'又，汉，使者久留不还，故兴遣[47]贰师将军，欲以为使者威重也[48]。古者卿、大夫与谋[49]，参以蓍、龟[50]，不吉不行。乃者以缚马书遍视丞相、御史、二千石、诸大夫、郎、为文学者，乃至郡、属国都尉等[51]，皆以'虏自缚其马，不祥甚哉[52]！'或以为'欲以见强[53]，夫不足者视人有余[54]。'公车方士、太史、治星、望气及太卜龟蓍皆以为'吉[55]，匈奴必破，时不可再得[56]也。'又曰：'北伐行将[57]，于鬴山必克[58]。卦，诸将贰师最吉。'故朕亲发贰师下鬴山，诏之必毋深入[59]。今计谋、卦兆皆反缪[60]。重合侯得虏候者[61]，乃言'缚马者匈奴诅军事也'[62]。匈奴常言'汉极大，然不耐饥渴，失一狼，走千羊[63]。'乃者贰师败，军士死略离散[64]，悲痛常在朕心。

"今又请远田轮台[65]，欲起亭隧[66]，是扰劳天下[67]，非所以优民[68]也，朕不忍闻！大鸿胪等又议欲募囚徒送匈奴使者[69]，明封侯之赏以报忿[70]，此五伯所弗为[71]也。且匈奴得汉降者常提掖搜索[72]，问以所闻[73]，岂得行其计乎！当今务在禁苛暴，止擅赋[74]，力本农[75]，修马复令[76]，以补缺、毋乏武备而已[77]。郡国二千石各上进畜马方略补边状[78]，与计对[79]。”

由是不复出军，而封田千秋为富民侯，以明休息[80]，思事养民也。又以赵过[81]为搜粟都尉。过能为代田[82]，其耕耘田器皆有便巧[83]，以教民，用力少而得谷多，民皆便之。

臣光曰：天下信未尝无士[84]也！武帝好四夷之功[85]，而勇锐轻死之士[86]充满朝廷，辟土广地[87]，无不如意。及后息民重农[88]，而赵过之俦[89]教民耕耘，民亦被其利。此一君之身趣好殊别[90]，而士辄应之[91]，诚使武帝兼三王之量以兴商、周之治[92]，其无三代之臣乎！

秋，八月，辛酉晦[93]，日有食之。

卫律害贰师之宠[94]，会匈奴单于母阏氏病，律饬胡巫言[95]：“先单于怒曰：‘胡故时祠兵[96]，常言得贰师以社[97]，何故不用？’”于是收贰师[98]。贰师骂曰：“我死必灭匈奴！”遂屠贰师以祠[99]。

（以上为第九段，写汉武帝深陈既往之悔，转换治国思路，以富民为纲，凡是伤害百姓、浪费天下财力的事情，一律废止，遣散求仙方士，停止轮台之戍，全力务农、养马。）

【注释】

［1］东莱：郡名，郡治掖县，在今山东莱州市。［2］晦冥：昏暗。［3］丁酉：二月三日。［4］雍县：县治在今陕西宝鸡市凤翔区。无云如雷者三：天空无云却三次响起了打雷声。［5］黑如黳：陨石的颜色像漆一样黑。黳（yī），小黑子，欲称痣，色黑如漆。［6］巨定：县名，县治在今山东广饶县北。［7］庚寅：三月二十六日。［8］祀于明堂：在明堂举行祭祀。［9］癸巳：三月二十九日。［10］石闾：山名，在今山东泰安市南。［11］狂悖：狂妄荒谬的事。［12］糜费天下者：浪费国家钱财的事。［13］悉罢之：一律废止。［14］罢斥遣之：废逐遣散方士。［15］向时愚惑：往日糊涂。［16］尽妖妄耳：全是胡说八道罢了。［17］节食服药：节制饮食，服用药物。［18］差可少病而已：也就是少生一些病罢了。意谓正确养身可少生病而不是长生不死。［19］丁巳：六月二十五日。［20］富民侯：欲百姓殷富，故取其嘉名。［21］无他材能：没有多少才能。材，通“才”。能，据章校，他本“能”下有“术学”二字。［22］伐阅：资历。［23］一言寤意：一句话使天子醒悟且符合其心意。［24］居位自称：在丞相位上，还算称职。［25］逾于前后数公：治理成绩超过了之前和之后的几位丞相。［26］搜粟都尉：官名，汉武帝置，属大司农，掌农耕及屯田等事。［27］轮台：西域邑名，在今新疆轮台县东。［28］遣

屯田卒：派遣屯田兵前去屯田。［29］“置校尉”句：派遣三个校尉的屯田兵，共约五千人。一校为一千余人不等。校尉，低于将军的武官名。屯田兵的校尉称屯田校尉。［30］益种五谷：多种五谷。［31］假司马：代理司马。斥候：侦察，瞭望。［32］敢徙者：愿意迁移的人。诣田所：到屯田点。［33］稍筑列亭：逐渐修筑边防哨所连成一线。列亭，相当距离的多个亭连成一道防线。［34］连城而西：连接亭障的边墙不断向西延伸。［35］以威西国：用以威镇西域各国。［36］辅乌孙：辅助乌孙。乌孙，中亚族名、国名，与汉和亲抗击匈奴的盟国。［37］深陈既往之悔：汉武帝发表对已往用兵深深自责的诏书，即以下长篇引用之文。史称“西域屯田诏”，又称“罪己诏”。罪己，自责，自我反省。按：汉武帝此诏为昭宣中兴奠定了政策转轨的理论依据，此汉武帝英明处。［38］益民赋三十：民赋，指成年人的算赋，一年一算一百二十文，为筹措轮台屯田费用，国库无钱，加民赋三十文。［39］重困：加重困苦人民。［40］遣卒田轮台：派戍卒去轮台屯田。田，屯田。［41］开陵侯：成娩。［42］降其王：降服了车师王。［43］益西：更加向西，即更加遥远。［44］曩者：先前。朕之不明：我一时糊涂。［45］军候：侦察兵。弘：人名。［46］秦人：中国人。我丐若马：我给你马匹。丐，给。若，你。［47］兴遣：兴师遣将。［48］欲以为使者威重也：目的是维护汉朝使者的威信。［49］古：指商周时。卿、大夫：商周时朝廷大臣。古时重大国策，卿、大夫要会议。谋：会议。［50］参以蓍、龟：用蓍草卜筮，用乌龟占卜。参，加上。［51］“乃者”二句：先前，我把军候弘关于“匈奴捆缚其马”的奏章，下发丞相、御史大夫、二千石大臣、各位大夫、郎官，以及郡国守相都尉等广泛讨论。［52］不祥甚哉：匈奴自缚其马，是最大的不祥。即对匈奴最不吉利。［53］见强：显示强大。见，通“现”。［54］视人有余：外强中干，自显强大。视，通“示”。［55］吉：认为伐匈奴吉。说吉的人有：公车方士，方士之待诏公车者；太史，官名，属太常；治星，天文学者；望气，古代望云气以卜吉凶者；太卜，官名，掌占卜，属太常。［56］时不可再得：此时是最好的时机，错过了再不会有。［57］北伐行将：遣将北伐。［58］于鬴山必克：只要到达鬴山一定获胜。鬴山，山名，其地不详。［59］诏之必毋深入：诏令贰师，这次出征不要深入。［60］今计谋、卦兆皆反缪：现今所有计谋、占卜与结果完全相反。反缪，相反，错谬。缪，通“谬”。［61］重合侯得虏候者：马通将军活捉了匈奴的侦察兵。［62］乃言“缚马者匈奴诅军事也”：才说匈奴人捆缚战马，是诅咒汉军的。［63］失一狼，走千羊：漏死一只狼，就要损失千只羊。喻汉军将如狼，士如羊，只要失一将则士众散。［64］死略离散：或战死，或被俘，四散逃亡。略，通“掠”，被俘。［65］远田轮台：到遥远的轮台去屯田。［66］起亭隧：修建亭障、烽火台。隧，通“燧”，指烽燧。［67］扰劳天下：困扰劳苦全国民众。［68］优民：优待民众，爱护民众。［69］送匈奴使者：护送匈奴使者回国。［70］明封侯之赏以报忿：意谓以封侯作为奖赏条件，使罪犯随匈奴使者去暗刺单于，以泄愤恨。［71］五伯所弗为：意谓这是五霸所不干之事，堂堂大汉岂能搞暗杀这等勾当。伯，通“霸”。五霸，即指春秋时齐桓公、晋文公、秦穆公、宋襄公、楚庄王。［72］降者：投降的汉人。常提掖搜索：经常浑身上下，严密搜查。提掖，提挈，挟持，即搜身。搜索，查找随身武器。［73］问以所闻：

盘问口供。［74］禁苛暴，止擅赋：严禁官吏苛待民众，不准擅自加征税费。［75］力本农：努力发展农业。［76］修马复令：恢复免除养马者服役纳税的法令。［77］补缺：指补充边防减损的马匹。毋乏武备：不能缺乏军备。［78］郡国二千石：指郡太守、王国相。上进：上报。畜马方略补边状：畜养马匹补充边备的具体情况。方略，指具体措施。［79］与计对：与上计掾同来京师报告。计，各郡国的上计掾，掌户口财赋的统计。［80］以明休息：用以宣示使民众休养生息。明，宣示，表明。［81］赵过：西汉人，农学家。武帝末年任搜粟都尉。曾总结旱地耕作的代田法，增加农业收入；又制作三脚耧，改进农作器具。［82］代田：即代田法。于同一块旱地上作物种植位置隔年代换，故名。其法是将耕地分成圳和垄，圳垄相间，圳宽、深各一尺，垄宽一尺。种子播于圳中，苗发之后，中耕锄草则以垄土及草逐次入圳，培壅苗根，使作物根深叶茂，可以增加产量。［83］田器：种田的器具。便巧：轻巧。［84］信未尝无士：果然并不是没有人才。即天下总是有人才。［85］好四夷之功：喜欢征服四方建立功业。［86］勇锐轻死之士：涌现出来武勇不怕死的人士。［87］辟土广地：开疆拓土。［88］息民重农：使民休息，重视农业。［89］俦：辈，这样的人。［90］趣好殊别：兴趣爱好完全不同。［91］士辄应之：总有人才相应。［92］兼三王之量：兼有夏、商、周三代圣王的气度。三王，三代的开国圣王，指夏禹、商汤、周文王、周武王。兴商、周之治：复兴殷、周的太平政治。［93］辛酉晦：八月三十日。［94］害：忌恨。宠：贰师受单于尊宠，卫律忌妒。［95］律饬胡巫言：卫律指使胡人巫师编造祸害贰师的说辞。饬，通“敕”，发令，指使。言，说辞。［96］胡故时祠兵：匈奴人从前出兵打仗时要祭祠土地神。［97］常言得贰师以社：每次祭祀都说活捉了贰师用来祭祀土地神。［98］收贰师：逮捕贰师。［99］屠贰师以祠：杀了贰师用来祭祀。

后元元年（癸巳，前 88 年）

春，正月，上行幸甘泉，郊泰畤［1］；遂幸安定［2］。

昌邑哀王髆薨。

二月，赦天下。

夏，六月，商丘成坐祝诅自杀［3］。

初，侍中仆射马何罗与江充相善［4］。及卫太子起兵，何罗弟通以力战封重合侯［5］。后上夷灭充宗族、党与［6］，何罗兄弟惧及［7］，遂谋为逆［8］。侍中驸马都尉金日磾视其志意有非常［9］，心疑之，阴独察其动静［10］，与俱上下［11］。何罗亦觉日磾意［12］。以故久不得发［13］。

是时上行幸林光宫［14］，日磾小疾卧庐［15］，何罗与通及小弟安成矫制夜出［16］，共杀使者，发兵［17］。明旦［18］，上未起［19］，何罗无何从外入[20]。日磾奏厕[21]，心动，立入[22]，坐内户下[23]。须臾[24]，何罗袖白刃从东厢上[25]，见日磾，色变[26]；走趋卧内[27]，欲入，行触宝瑟[28]，僵[29]。日磾得抱何罗，因传曰[30]："马何罗反！"上惊起。左右拔刃欲格之[31]，上恐并中日磾[32]，止勿格[33]。日磾投何罗殿下，得擒缚之。穷治[34]，皆伏辜[35]。

秋，七月，地震。

燕王旦自以次第当为太子[36]，上书求入宿卫[37]。上怒，斩其使于北阙[38]；又坐藏匿亡命[39]，削良乡、安次、文安三县[40]。上由是恶旦[41]。旦辩慧博学[42]，其弟广陵王胥[43]，有勇力，而皆动作无法度[44]，多过失，故上皆不立[45]。

时钩弋夫人之子弗陵[46]，年数岁，形体壮大，多知，上奇爱之，心欲立焉；以其年稚[47]，母少[48]，犹与久之[49]。欲以大臣辅之，察群臣，唯奉车都尉、光禄大夫霍光[50]，忠厚可任大事，上乃使黄门画周公负成王朝诸侯以赐光[51]。后数日，帝谴责钩弋夫人；夫人脱簪珥[52]，叩头。帝曰："引持去[53]，送掖庭[54]狱！"夫人还顾[55]，帝曰："趣行[56]，汝不得活！"卒赐死[57]。

顷之[58]，帝闲居，问左右曰："外人言云何[59]！"左右对曰："人言'且立其子，何去其母乎[60]？'"帝曰："然[61]，是非儿曹愚人之所知也[62]。往古国家所以乱，由主少、母壮[63]也。女主独居骄蹇[64]，淫乱自恣[65]，莫能禁也。汝不闻吕后邪[66]！故不得不先去之也。"

（以上为第十段，写汉武帝考虑接班人的继立问题，燕王刘旦聪明善辩，博学多才，广陵王刘胥勇武有力，但两人举动不合法度，均被汉武帝排除，欲立小儿子刘弗陵，于是将其母赐死。）

【注释】

[1]郊泰畤：郊祀泰一神。 [2]安定：郡名，郡治高平，在今宁夏固原市。 [3]坐祝诅自杀：被指控诅咒皇上而自杀。 [4]侍中仆射：官名，侍中的长官。马何罗：人名，《汉书》作莽何罗。相善：相爱、相友好。 [5]以力战封重合侯：马通因奋力作战被封重合侯。 [6]党与：江充同党、帮凶。 [7]惧及：害怕牵连自己。 [8]逆：叛逆，造反。 [9]侍中：官名，侍从天子，可出入宫禁。驸马都尉：官名，掌天子从车。金日磾视其志意有非常：金日磾觉察到马氏兄弟神

态异常。［10］阴独察其动静：暗中独自观察马氏兄弟的行动。动静，一举一动。［11］与俱上下：与之一起进出。［12］何罗亦觉日磾意：马何罗也看出了金日磾的用意。［13］以故久不得发：所以过了很久马氏兄弟没敢发难。［14］林光宫：宫名，在甘泉宫附近。［15］庐：宫中的小房间。［16］安成：马安成，人名，马何罗小弟。矫制夜出：假传圣旨，连夜出宫。［17］共杀使者，发兵：马氏兄弟一起杀了朝廷使者，发兵造反。［18］明旦：第二天清晨。［19］上未起：汉武帝还未起床。［20］何罗无何从外入：马何罗在天亮没多久从宫外进入宫中。无何，指天亮没多久。［21］日磾奏厕：金日磾正走向厕所。［22］心动，立入：心惊动了一下，立即入殿。［23］坐内户下：坐在武帝的卧室前殿门下。内户，指汉武帝卧室。［24］须臾：不一会。［25］何罗袖白刃从东厢上：马何罗袖里藏了一把利刀从东厢房上殿。［26］色变：脸色大变。［27］走趋卧内：跑向汉武帝卧室。［28］欲入，行触宝瑟：想进入卧室，奔跑中撞到陈放的宝瑟。［29］僵：倒在地上。［30］因传曰：随即大喊。［31］欲格之：想刺杀马何罗。［32］恐并中日磾：担心会一同刺伤金日磾。［33］止勿格：制止刺杀马何罗。［34］穷治：彻底追查审讯。［35］皆伏辜：造反的人全部伏法。［36］燕王旦：刘旦，武帝次子，元狩六年受封燕王。次第：按次序。［37］入宿卫：入京师宿卫天子。［38］北阙：皇宫的北阙。［39］坐藏匿亡命：被指控私藏逃犯。［40］削：削夺。良乡：县名，治所在今北京市房山区东南。安次：县名，治所在今河北廊坊市安次区西北。文安：县名，治所在今河北文安县东北。［41］由是恶旦：从此厌恶刘旦。［42］旦辩慧博学：刘旦聪明善辩，博学多才。［43］胥：刘胥，武帝之子，受封广陵王。［44］无法度：不遵守法纪。［45］不立：不立为太子。［46］弗陵：武帝之子，武帝与钩弋夫人所生。［47］年稚：年幼。［48］母少：母亲年轻。［49］犹与久之：犹豫不决很长时间。与，通“豫”。［50］奉车都尉：官名，掌天子乘舆车马。光禄大夫：官名，属光禄勋。霍光：西汉河东平阳（今山西临汾市西南）人，字子孟。霍去病的异母弟。为人谨慎，为武帝亲信，任为大司马大将军，受遗诏托孤，为首席顾命大臣。昭、宣时，专朝政。传见《汉书》卷六十八。［51］黄门：宦者。周公负成王朝诸侯：周公是周武王之弟。武王死，成王即位，年少，周公辅佐之，安定天下。武帝命黄门画此历史情节，意在使霍光辅佐少主。［52］脱簪珥：脱去头饰耳环。［53］引持去：带出去。引，退。［54］掖庭：后宫官名，属少府。设有秘狱，处治宫内有罪者。［55］还顾：回头看武帝，眷恋情意。［56］趣行：赶快走。［57］卒赐死：终于赐死钩弋夫人。［58］顷之：过不多久。［59］言云何：有什么议论。［60］何去其母乎：为什么除掉他的母亲呢？去，除掉。［61］然：是，对。［62］是非：这不是。儿曹愚人之所知也：你们这些愚笨的人所能够懂得的。［63］主少、母壮：国君年少，母亲盛壮。［64］骄蹇：傲慢不顺。［65］淫乱自恣：荒淫秽乱，为所欲为。恣，放纵。［66］汝不闻吕后邪：你没有听说过吕后临朝称制的故事吗？吕后，即吕雉，汉高帝之后。

二年（甲午，前 87 年）

春，正月，上朝诸侯王于甘泉宫。

二月，行幸盩厔五柞宫[1]。

上病笃[2]，霍光涕泣问曰："如有不讳[3]，谁当嗣者[4]？"上曰："君未谕前画意邪[5]？立少子，君行周公之事！"光顿首让曰[6]："臣不如金日磾！"日磾亦曰："臣，外国人[7]，不如光；且使匈奴轻汉矣！"

乙丑[8]，诏立弗陵为皇太子，时年八岁。

丙寅[9]，以光为大司马、大将军[10]，日磾为车骑将军，太仆上官桀为左将军[11]，受遗诏辅少主，又以搜粟都尉桑弘羊为御史大夫，皆拜卧内床下[12]。

光出入禁闼二十余年[13]，出则奉车[14]，入侍左右，小心谨慎，未尝有过[15]。为人沈静详审[16]，每出入、下殿门，止进有常处[17]，郎、仆射窃识视之[18]，不失尺寸[19]。

日磾在上左右，目不忤视者数十年[20]；赐出宫女，不敢近[21]；上欲内其女后宫[22]，不肯；其笃慎如此[23]，上尤奇异之。日磾长子为帝弄儿[24]，帝甚爱之。其后弄儿壮大，不谨，自殿下与宫人戏[25]；日磾适见之[26]，恶其淫乱[27]，遂杀弄儿。上闻之，大怒。日磾顿首谢[28]，具言所以杀弄儿状[29]。上甚哀，为之泣；已而心敬日磾[30]。

上官桀始以材力得幸[31]，为未央厩令[32]；上尝体不安，及愈[33]，见马，马多瘦，上大怒曰："令以我不复见马邪[34]！"欲下吏。桀顿首曰[35]："臣闻圣体不安，日夜忧惧，意诚不在马[36]。"言未卒，泣数行下[37]。上以为爱己，由是亲近，为侍中[38]，稍迁至太仆[39]。

三人皆上素所爱信者，故特举之，授以后事[40]。

丁卯[41]，帝崩于五柞宫[42]；入殡未央宫前殿[43]。

（以上为第十一段，写汉武帝临终，选立幼子刘弗陵为皇太子，任命霍光、金日磾、上官桀三人为顾命大臣，溘然长逝。）

【注释】

[1]盩厔：县名，县治在今陕西周至县东。五柞宫：汉离宫之一，在汉长杨宫东北。 [2]病

笃：病情严重。［3］不讳：谓死。［4］嗣者：继承人。［5］谕：明白；知晓。前画意：日前画“周公负成王朝诸侯”的意图。［6］光顿首让曰：霍光叩头谦让地说。［7］外国人：匈奴人。［8］乙丑：二月十二日。［9］丙寅：二月十三日。［10］大司马：汉武帝元狩四年始置，初为加于将军之前的一种官号。武帝临终以霍光为大司马、大将军，辅佐少主，为中朝官领袖。大将军：官名，为将军的最高称号，汉代多由贵戚担任，掌握朝政。［11］上官桀：西汉陇西上邽（今甘肃天水市）人，字少叔。受武帝信用，遗诏托孤。昭帝时，与霍光争权结怨，因谋反被族诛。左将军：汉代将军有五府，左、右、前、后、中。上官桀为左将军。［12］皆拜卧内床下：汉武帝病重起不了床，诸位顾命大臣在汉武帝卧室床前接受顾命，拜于床下谢恩。［13］二十余年：应为三十余年。霍光元狩四年入京为郎，至武帝后元二年，即从公元前119年至公元前87年，出入宫禁33年。［14］奉车：为天子掌车驾。［15］过：过错。［16］沈静详审：沉着冷静，十分细心。［17］止进有常处：停步与行进，每次落脚都在原地。即霍光入宫上殿与退朝所走路线、踏步每次都一样在原线路。喻沉静详审于细处可见。［18］郎、仆射：皆官名，这里泛指官员。窃识视之：暗自记下霍光行步路径及踏步情况。［19］不失尺寸：分毫不差。［20］“目不忤视”句：不看他不该看的东西，数十年如此。不忤视，不逆视。［21］不敢近：不靠近赐给他的宫女。［22］“上欲”句：武帝想接纳金日磾之女为宫妃。内，通“纳”。［23］笃慎如此：诚笃谨慎竟是这样。［24］弄儿：供戏耍的幼童。［25］戏：嬉戏。［26］适见之：恰好被金日磾看见了。［27］恶其淫乱：十分讨厌儿子的淫乱行为。［28］谢：认罪。［29］具言所以杀弄儿状：详细陈述杀弄儿的缘由。［30］心敬日磾：内心敬重日磾。［31］以材力得幸：上官桀因臂力过人得到汉武帝赏识。幸，宠爱，赏识。［32］为未央厩令：任为未央宫养马令。［33］及愈：等到病好了。［34］令以我不复见马邪：你认为我看不到马了吗？责备上官桀失职没养好马，认为我病好不了吗？［35］桀顿首曰：上官桀叩头认错说。［36］意诚不在马：臣真的没心思养马。［37］言未卒，泣数行下：话没说完，眼泪不断线地流，十分痛心的样子。［38］侍中：官名，侍从天子，可出入宫禁。［39］稍迁至太仆：逐步升官到太仆。太仆，九卿之一，掌天子车马。［40］“三人”三句：霍光、金日磾、上官桀，三人为汉武帝特别亲信大臣，特以委托后事。［41］丁卯：二月十四日。［42］崩：帝王死如山崩，故名。五柞宫：行宫，在盩厔。按：汉武帝年十七即位，在位五十四年，享年七十一岁。［43］入殡：将尸体入棺。未央宫：宫名，汉初所建，天子朝会处。

帝聪明能断，善用人，行法无所假贷[1]。隆虑公主子昭平君尚帝女夷安公主[2]。隆虑主病困[3]，以金千斤、钱千万为昭平君豫赎死罪，上许之[4]。隆虑主卒，昭平君日骄[5]，醉杀主傅[6]，系狱[7]；廷尉以公主子上请[8]。左右人人为言[9]：“前又入赎，陛下许之。”上曰：“吾弟老有是一子[10]，死，以属我[11]。”于是为之垂涕，叹息良久，曰：“法令者，先帝所造[12]也，用弟故而诬先帝之法[13]，吾何面目入高庙[14]乎！又下负[15]万民。”

乃可其奏[16]，哀不能自止，左右尽悲[17]。待诏东方朔前上寿[18]，曰：“臣闻圣王为政，赏不避仇雠[19]，诛不择骨肉[20]。《书》曰[21]：‘不偏不党，王道荡荡[22]。’此二者[23]，五帝所重[24]，三王所难[25]也，陛下行之[26]，天下幸甚！臣朔奉觞昧死再拜上万寿[27]！”上初怒朔[28]，既而善之，以朔为中郎[29]。

班固赞曰[30]：汉承百王之弊，高祖拨乱反正，文、景务在养民[31]，至于稽古礼文之事[32]，犹多阙[33]焉。孝武初立[34]，卓然罢黜百家[35]，表章《六经》[36]，遂畴咨海内[37]，举其俊茂[38]，与之立功；兴太学[39]，修郊祀[40]，改正朔[41]，定历数，协音律[42]，作诗乐[43]，建封禅[44]，礼百神[45]，绍周后[46]，号令文章，焕然可述，后嗣得遵洪业而有三代之风[47]。如武帝之雄材大略，不改文、景之恭俭以济斯民，虽《诗》《书》所称何有加焉[48]！

臣光曰：孝武穷奢极欲[49]，繁刑重敛[50]，内侈宫室，外事四夷[51]，信惑神怪[52]，巡游无度[53]，使百姓疲敝，起为盗贼，其所以异于秦始皇者无几[54]矣。然秦以之亡，汉以之兴者，孝武能尊先王之道，知所统守[55]，受忠直之言[56]，恶人欺蔽[57]，好贤不倦[58]，诛赏严明，晚而改过，顾托得人[59]，此其所以有亡秦之失而免亡秦之祸[60]乎！

戊辰[61]，太子即皇帝位[62]。帝姊鄂邑公主共养省中[63]，霍光金日磾、上官桀共领尚书事[64]。光辅幼主，政自己出[65]，天下想闻其风采[66]。殿中尝有怪，一夜，群臣相惊，光召尚符玺郎[67]，欲收取玺。郎不肯授[68]，光欲夺之。郎按剑曰：“臣头可得，玺不可得也！”光甚谊之[69]。明日，诏增此郎秩二等[70]。众庶莫不多光[71]。

三月，甲辰[72]，葬孝武皇帝于茂陵[73]。

夏，六月，赦天下。

秋，七月，有星孛于东方。

济北王宽坐禽兽行自杀[74]。

冬，匈奴入朔方[75]，杀略吏民；发军屯西河[76]；左将军桀行北边[77]。

（以上为第十二段，写汉武帝严法，不避亲情；晚年改过，顾托得人，有亡秦之失而免亡秦之祸，受到班固和司马光的赞扬。）

【注释】

[1]行法：执法。无所假贷：不宽宥。 [2]隆虑公主：景帝之女，武帝之妹。尚：指与帝王之女成婚。夷安公主：武帝之女。按：昭平君，汉武帝外侄、女婿，骨肉至亲。 [3]病困：病危。[4]许之：允准。 [5]日骄：日益骄纵。 [6]主傅：公主之师傅或保姆。 [7]系狱：关在狱中。[8]廷尉：官名，掌刑狱。上请：请示天子核准昭平君死刑。 [9]左右人人为言：武帝身边的人个个为昭平君求情。 [10]吾弟：我妹。老有是一子：年老才得这一个儿子。 [11]属我：托付给我。属，通“嘱”。 [12]先帝所造：是先帝创立的。 [13]诬先帝之法：破坏了先帝的法律。诬，抹黑，染上污点，引申为坏了规矩。 [14]吾何面目入高庙：意谓我哪有脸到高庙去拜见老祖宗。高庙，汉高帝庙。 [15]负：辜负；对不起。 [16]可其奏：批准廷尉的上奏。 [17]左右尽悲：身边的人全都悲伤。 [18]待诏：候补官员。汉时候补官在宦者署等待任职诏令，称待诏。东方朔：西汉平原厌次（今山东惠民县东）人，字曼倩。性滑稽，常劝谏武帝。著有《答客难》《非有先生论》等辞赋。传见《汉书》卷六十五。前上寿：上前祝酒。朝会时前上寿，即上前致祝辞。 [19]赏不避仇雠：奖励不避开仇人。 [20]诛不择骨肉：诛罚不区分骨肉。 [21]《书》曰：引文见《书·周书·洪范》。 [22]不偏不党，王道荡荡：不偏袒，不结党，君王的大道坦荡荡。荡荡，平坦貌，喻公平。 [23]二者：指赏、诛两者。 [24]五帝所重：五帝非常重视。五帝，古代传说圣王，黄帝、颛顼、帝喾、唐尧、虞舜。 [25]三王所难：三代圣王难以做到。[26]行之：推行，办到了。 [27]奉觞：捧杯。觞，古代的酒杯。昧死：臣对君之谦辞。意谓冒昧犯了死罪。上万寿：祝福万寿。 [28]怒朔：恼恨东方朔。 [29]中郎：官名，宫廷警卫，属光禄勋。 [30]班固赞曰：引文见《汉书》卷六《武帝纪》。 [31]文、景：汉文帝、汉景帝。务在养民：致力于休养百姓。 [32]稽古：研习古代。礼文之事：礼节仪式。 [33]阙：同“缺”。[34]初立：初即位，指建元元年，公元前140年。 [35]卓然：卓越的气概。罢黜百家：武帝建元元年举贤良，不录取百家学说之士，史称罢黜百家。百家，申商刑名等诸子之学。 [36]表章《六经》：独尊儒术。《六经》，皆儒家典籍，《诗》《书》《礼》《易》《春秋》《乐》。《乐经》亡逸，只有五经。 [37]畴咨海内：咨询海内贤人。 [38]举其俊茂：选拔其中的优秀人才。 [39]兴太

学：兴办太学。太学，古代的国立大学。［40］修郊祀：制定郊祀礼仪。［41］改正朔：制定新历法，即《太初历》。［42］协音律：调和音乐。［43］作诗乐：制作诗赋采风乐府。汉武帝置乐府，采风民间歌谣。［44］建封禅：封泰山，禅梁父。［45］礼百神：完善祭祀山川百神的礼仪。［46］绍周后：封周子南君，接续周朝。［47］后嗣：后代子孙。洪业：大事业。三代之风：继承夏商周三代的遗风。［48］虽《诗》《书》所称何有加焉：即使是《诗》《书》上所称道的古代圣王也不过如此。按："不改"云云，在称美武帝雄才大略中，犹讥其稍欠文景之恭俭，可谓平和中肯。［49］穷奢极欲：极为奢侈贪求。［50］繁刑重敛：刑法赋敛都很繁重。［51］四夷：四周各族。［52］信惑神怪：迷惑于神怪之说。［53］巡游无度：巡游没有节制。按：武帝在位五十四年，前期二十七年致力于伐四夷，未遑巡游，后期二十七年，巡幸全国二十三次，差不多无岁不游。［54］无几：汉武帝与秦始皇在劳民上差不了多少，几乎一样。［55］知所统守：知道怎样治理国家。统守，统一与守成的道理。［56］受忠直之言：能接受忠直刚正的谏言。［57］恶人欺蔽：厌恶被人欺瞒蒙蔽，谓尚能分辨假意的阿谀。［58］好贤不倦：始终喜欢贤才。［59］顾托得人：指托孤于霍光、金日磾十分得体。［60］有亡秦之失而免亡秦之祸：谓汉武帝有秦始皇一样亡国的错误，但避免了秦朝灭亡的祸患。［61］戊辰：二月十五日。［62］太子即皇帝位：太子刘弗陵即位，是为汉昭帝。［63］鄂邑公主：即盖长公主，武帝之女。共：通"供"。省中：即宫中。［64］领：兼任较低的职务曰"领"。尚书：官名，掌文书章奏。［65］政自己出：国家政令都由霍光自己发出。即大权独揽。［66］风采：风度。［67］尚符玺郎：官名，掌符节、玉玺。［68］不肯授：不肯交出符玺。［69］谊之：认为他处事合乎正义。谊，通"义"。［70］增此郎秩二等：提升尚符玺郎职位品级两级。［71］众庶：众人。多：称赞，敬重。［72］甲辰：三月二十二日。［73］茂陵：汉武帝陵，在今陕西兴平市东北。［74］济北王宽：刘宽，济北王刘勃之孙。坐：坐罪。禽兽行：在家庭内有淫乱行为，叫"禽兽行"。［75］朔方：郡名，郡治朔方，在今内蒙古乌拉特前旗东南。［76］西河：郡名，郡治平定，在今内蒙古鄂尔多斯市东胜区。［77］桀：上官桀。行：巡行。

【点评】

论汉武帝刘彻。汉武帝刘彻，于公元前87年去世。一般说，盖棺定论，但对于刘彻来说，盖棺却定不了论。他的功过是非，两千多年来一直争论不休，见仁见智。如何正确评价？这的确是一个非常严肃的问题。我们试对他的几项重大事项做一些分析和评价。

首先，独尊儒术。刘彻在即位后的几年，就考虑寻求治国之材，实施新时期下的治国方略，下令举荐贤良、文学，并亲自策问，董仲舒上了"天人三策"，提出了"大一统""独尊儒术"的学说和主张，得到汉武帝的肯定和采纳，逐步成为治国的主导思想。所谓"大一统"，并不是指单纯的地域上的统一，而更多的是指在国家政治上的整齐划一、经济制度和思想文化上的高度集中。所谓“独尊儒术”，也并非指春秋战国时期单纯的儒家思想，而是掺杂了道家、法家、阴阳五行家的一些思想，是一种与时俱进的新思想，使全国上下全体民众有一个共同的信仰，即使现代国家也是必需的。这种“大一统”和“独尊儒术”，维护了封建统治秩序，神化了专制王权，因而受到了汉武帝的推崇，历经了罢黜百家、议立明堂、增置博士、绌抑黄老、制策贤良和任用儒吏六个阶段，才得以确立和巩固，是一种适应了汉武帝时期政治、思想和社会转轨需要的重大举措，逐步成为中国历代统治者治国的正统思想。这对于封建时期有效治理国家，是一个重大贡献，其积极作用不可低估。当然，也带来了一些负面作用和影响。

其次，用兵四夷。汉武帝利用汉兴以来积累的国家财力、物力，在对外战略上，实行由战略防御转为战略进攻，主动出击，开展了对四夷的用兵，主要是击溃匈奴，收复南越，开拓西南，远征大宛，吞并朝鲜，还派遣张骞出使西域，开拓了连接欧亚大陆的丝绸之路。特别是开展攻打匈奴的战争。汉武帝在位五十四年，打了四十多年，分为前后两个时期。前期派名将卫青、霍去病三次大规模出击匈奴，收复河套地区，夺取河西走廊，封狼居胥，将当时汉朝的北部疆域从长城沿线推至漠北，取得了辉煌的胜利，基本上解决了北方匈奴对汉朝的威胁。历代对于汉武帝所采取的军事行动，一般用“穷兵黩武”四个字来概括。其实，这是不妥的，对于汉武帝的用兵四夷，我们应当予以充分肯定。在当时的情势下，对四夷用兵是必须的，不可避免的。可以说，只有雄才大略的汉武帝才能做到这一点。特别指出的是，汉武帝发动汉匈大战，是古代的一场决定人类命运转折的世界大战。汉匈是当时世界的两个超级大国，汉朝是农耕民族、先进农耕文化的代表，匈奴是游牧文化的代表，汉胜匈败，象征先进农耕文化战胜掠夺的游牧文化，意义十分重大。汉武帝奠定中国版图，断匈奴右臂，开通河西走廊，隔断羌胡交通，保障云贵及西藏高原并入中国版图，延续五千年中华文化不中断，意义何其重大。至于在用兵四夷中所带来的负面作用，有些则是不可避免的，只要处理得当，相对于战争所带来的积极作用来说，则是微不足道的。后之赵翼评论说：“仰思汉武帝之雄才大略，正在武功！”可谓独具慧眼！

第三，轮台罪己诏。晚年的汉武帝，似乎与前期判若两人，变得比较刚愎自用，信奉神仙，垒筑高坛，多次封禅出游，令大批所谓“方士”入海求仙；还听信方士之言，建造铜柱仙人承露盘，追求长生不老；并且惧怕被人诅咒，宠幸江充，最终酿成“巫蛊之祸”，逼死太子刘据和卫子夫皇后，受到株连的有数万人。贰师将军李广利率领七万人出兵攻打匈奴，在出征的前夕，与丞相刘屈氂合谋立李夫人之子昌邑王刘髆为太子。后刘屈氂夫人被告有诅咒汉武帝的行为，汉武帝下令彻查，刘屈氂和李广利的阴谋彻底败露，刘屈氂被腰斩，李广利妻被下狱。此时李广利正在匈奴杀敌，听到消息后恐遭大祸，只得投降匈奴。汉武帝利用酷吏，严刑峻法，民众不安其生，出现了多起反叛事件。如此等等，国家几乎到了大乱的地步。后来，汉武帝对自己的施政主张开始反思，觉得不能再这样下去了，要改弦更张了。于是，在公元前 89 年，当桑弘羊等人上书汉武帝，建议在轮台戍兵屯田以备匈奴，汉武帝没有同意，下了“罪己诏”，提出“自今事有伤害百姓，糜费天下者，悉罢之！”“当今务在禁苛暴，止擅赋，力本农，修马复令，以补缺、毋乏武备而已”。也就是说，要转变治国方略，重拾汉初息兵养民、轻徭薄赋的国策。其实，关于轮台戍兵屯田的建议，其本身并没有错，只是汉朝到了这种地步，实在是力不从心，没有能力去兴办这些事情而已。汉武帝的“罪己诏”，是中国历史上第一份帝王罪己文书。汉武帝敢于反思自己，检查过失，不怕引起国人批评，这样的心胸和胆量，无疑是中国第一人。汉武帝通过“罪己”这种方式调整国策，以缓和社会矛盾，为后世治国者奠定全新的治国方略，可谓明智矣！为接之而来的昭宣中兴打下了基础。非至伟之人，焉能如此？

第四，托孤霍光。晚年，汉武帝心力交瘁，太子刘据在巫蛊之祸中已经去世，之后数年一直没有再立太子。国家将由谁来继承皇位？如果不能妥善解决好，汉朝很有可能由此夭折，国家重新大乱。对此，汉武帝可谓煞费苦心。首先是立谁的问题。当时，汉武帝的次子刘旦、三子刘胥、四子刘髆都想做太子。这一问题，是非常棘手但又必须面对的问题。汉武帝看中了幼子刘弗陵，认为刘弗陵有贵兆，其母钩弋夫人怀孕十四个月而生，而尧母生尧也是十四个月，于是，就将刘弗陵母亲居住的钩弋宫门改为“尧母门”。而且刘弗陵自幼体格健壮、聪明伶俐，很像汉武帝少年之时，他特别宠爱，对刘弗陵寄托了很大期望。当汉武帝决定立其幼子刘弗陵为太子时，有感于历史上汉太后吕雉等人干扰朝政而无人能制，便狠心地将其母亲钩弋夫人赐死，这一招虽然狠毒，但对于治国而言，则是不同凡响之举。幼子刘弗陵还是个娃娃，究竟托付给谁呢？汉武帝反复寻思，觉得奉车都尉霍光是个可托付之人，他侍奉皇帝左右，前后出入宫禁三十多年，未曾犯过一次错误。于是，汉武帝叫内廷画工绘制“周公辅成王”的图画赐给霍光，对霍光寄予厚望。临终前，任命霍光为大司马、大将军，接受遗诏辅政；加封金日磾为车骑将军、太仆上官桀为左将军，搜粟都尉桑弘羊为御史大夫，共同辅佐少主。事实证明，霍光等人不负汉武帝所望，使汉朝继续向前，出现了“昭宣中兴”的可喜局面。可见，汉武帝顾托得人，是他在临死前所做出的重大贡献！

综上所述，汉武帝真正具有雄才大略，是中国封建王朝中最为杰出的帝王之一。他的功业，对中国历史进程和之后西汉王朝的发展影响深远。他奠定了汉朝强盛的局面，成为中国封建王朝的第一个发展高峰，还开辟了辽阔的疆域，其贡献大矣！其实，中国历史上的主流舆论将汉武帝与秦始皇相提并论，十分得体，而且汉武帝胜过秦始皇多矣！司马光评论说："孝武能尊先王之道，知所统守，受忠直之言，恶人欺蔽，好贤不倦，诛赏严明，晚而改过，顾托得人，此其所以有亡秦之失而免亡秦之祸乎！"可谓确评矣！